Camionetas Chevrolet y GMC Manual de Reparación Automotriz

por Jeff Kibler
y John H Haynes
Miembros de la Sociedad de Escritores automotrices

Modelos cubiertos:

Camionetas Chevrolet Silverado, GMC Sierra y Sierra Denali
(1999 a 2006 y modelos "clásicos" de 2007)
Chevrolet Suburban y Tahoe, GMC Yukon,
Yukon XL y Yukon Denali (de 2000 a 2006)
Chevrolet Avalanche (de 2002 a 2006)
Versiones con tracción en dos ruedas y doble tracción

No incluye el C/K Classic de 1999 y 2000, Sierra Classic de 1999 y 2000 ni información específica sobre modelos con motor diesel, modelos de motores 8.1L, modelos con GNC, híbridos, ni modelos con dirección en las ruedas traseras o información sobre modelos para trabajos pesados

ABCDE
FGHIJ
KLMNO
PQRST

Haynes Publishing Group
Sparkford cerca de Yeovil
Somerset BA22 7JJ Inglaterra

Haynes North America, Inc
861 Lawrence Drive
Newbury Park
California 91320 EE. UU.

Reconocimientos
Los escritores técnicos que contribuyeron con este proyecto son Eric Godfrey, Bob Henderson, Robert Maddox, Jay Storer y Larry Warren. Los diagramas de cableado fueron creados exclusivamente para Haynes North America, Inc. por Valley Forge Technical Information Services.

© **Haynes North America, Inc. 2011**

Con permiso de J.H. Haynes & Co. Ltd.

Un libro de la Serie de Manuales de reparación automotriz de Haynes

Impreso en los EE. UU.

Todos los derechos reservados. Prohibida la reproducción o transmisión de ninguna parte de este libro, de ninguna forma y por ningún medio, electrónico o mecánico, incluido el fotocopiado, grabación o sistema de almacenamiento o recuperación informático, sin permiso por escrito del propietario de los derechos de autor.

ISBN-13: 978-1-56392-918-2
ISBN-10: 1-56392-918-X

Número de Control de la Biblioteca del Congreso: 2011926656

Aunque se hace todo lo posible para garantizar que la información incluida en este manual es la correcta, ni los autores ni los editores se responsabilizan por ninguna pérdida, daño o lesión causada por errores u omisiones en la información proporcionada.

Contenido

Prólogo

Acerca de este manual	0-5
Introducción	0-5
Números de identificación del vehículo	0-6
Piezas compradas	0-8
Técnicas de mantenimiento, herramientas e instalaciones de trabajo	0-8
Sistema de audio antirrobo	0-16
Arranque (con cables pasacorriente) de la batería de refuerzo	0-16
Elevado y remolque	0-17
Químicos y lubricantes automotrices	0-18
Factores de conversión	0-19
Equivalentes de fracción/decimal/milímetro	0-20
¡Seguridad primero!	0-21
Diagnóstico de fallas	0-22

Capítulo 1
Afinación y mantenimiento rutinario — 1-1

Capítulo 2 Parte A
Motor V6 — 2A-1

Capítulo 2 Parte B
Motores V8 — 2B-1

Capítulo 2 Parte C
Procedimientos generales de reacondicionamiento del motor — 2C-1

Capítulo 3
Sistemas de enfriamiento, calefacción y aire acondicionado — 3-1

Capítulo 4
Sistemas de combustible y escape — 4-1

Capítulo 5
Sistemas eléctricos del motor — 5-1

Capítulo 6
Sistemas del motor y de emisiones — 6-1

Capítulo 7 Parte A
Transmisión manual — 7A-1

Capítulo 7 Parte B
Transmisión automática — 7B-1

Capítulo 7 Parte C
Caja de transferencia — 7C-1

Capítulo 8
Embrague y tren de potencia — 8-1

Capítulo 9
Frenos — 9-1

Capítulo 10
Sistemas de suspensión y dirección — 10-1

Capítulo 11
Carrocería — 11-1

Capítulo 12
Sistema eléctrico del chasis — 12-1

Diagramas de cableado — 12-20

Índice — IND-1

Autor de Haynes, fotógrafo y mecánico con una camioneta Chevrolet Silverado de 2000

Acerca de este manual

Su propósito

El propósito de este manual es ayudarlo a sacar el máximo provecho de su vehículo. Puede hacerlo de distintas maneras. Puede ayudarlo a decidir qué trabajo se debe hacer, incluso si decide que se haga en un departamento de servicio de un concesionario o taller mecánico; proporciona información y procedimientos para el mantenimiento y servicio de rutina y ofrece procedimientos de diagnóstico y reparación a seguir cuando ocurre un problema.

Esperamos que utilice este manual para hacer usted mismo el trabajo. Para muchos trabajos simples, puede ser más rápido que lo haga usted a que haga una cita para llevar el vehículo a un taller y hacer los viajes para dejarlo y recogerlo. Aún más importante, puede ahorrar mucho dinero evitando la cuenta que le dará el taller para cubrir la mano de obra y los gastos generales. Un beneficio extra es la satisfacción y el logro que se siente después de hacer el trabajo usted mismo.

Uso de este manual

El manual está dividido en Capítulos. Cada Capítulo está dividido en Secciones numeradas que están resaltadas en negrita entre líneas horizontales. Cada Sección consiste en párrafos numerados consecutivamente.

Al comienzo de cada Sección numerada, se le indicará cualquier ilustración que aplique los procedimientos en esa Sección. Los números de referencia utilizados en las ilustraciones identifican a la Sección pertinente y el Paso dentro de esa Sección. Es decir, la ilustración 3.2 significa que se refiere a la Sección 3 y al Paso (o párrafo) 2 de esa Sección.

Los procedimientos, una vez descritos en el texto, no suelen repetirse. Cuando es necesario hacer referencia a otro Capítulo, se hará dando el número de Capítulo y Sección. Las referencias cruzadas dadas sin el uso de la palabra "Capítulo" se aplican a las Secciones o párrafos de ese mismo Capítulo. Por ejemplo, "vea la Sección 8" significa en ese mismo Capítulo.

Las referencias al lado izquierdo o derecho del vehículo son asumiendo que usted está sentado en el asiento del conductor, mirando hacia adelante.

Aunque preparamos este manual con extremo cuidado, ni el editor ni el autor se harán responsables de cualquier error en, o de omisión de la información dada.

NOTA

Una **Nota** proporciona información necesaria para completar correctamente un procedimiento o información que facilitará el entendimiento del ejercicio.

PRECAUCIÓN

Una **Precaución** proporciona pasos o procedimientos especiales que deben seguirse mientras completa el procedimiento en donde se encuentra la Precaución. No considerar una Precaución puede dañar el conjunto en el que está trabajando.

ADVERTENCIA

Una **Advertencia** proporciona pasos o procedimientos especiales que deben seguirse mientras completa el procedimiento en donde se encuentra la Advertencia. No considerar una Advertencia puede causar lesiones personales.

Introducción

Aunque los modelos Silverado y Sierra de 1999 y posteriores son similares en apariencia a los modelos anteriores, son un nuevo diseño. Las camionetas están disponibles con carrocerías estándar de dos puertas o, en los modelos con cabina extendida, con una tercera puerta (más pequeña) detrás de la puerta derecha del pasajero y una cuarta puerta opcional detrás de la puerta de conductor. Los modelos deportivos utilitarios, introducidos en el 2000, tienen cuatro puertas con una compuerta levadiza o puertas mellizas opcionales en la parte de atrás. Los motores pueden ser V6 o V8, equipados con inyección de combustible multipuerto, electrónico y secuencial.

La disposición del chasis es convencional, con el motor montado en el frente y la potencia transmitida por la transmisión automática de cuatro velocidades o manual de cinco velocidades o un eje propulsor en el eje trasero. En los modelos con doble tracción, una caja de transferencia transmite la potencia al diferencial delantero y luego a las ruedas delanteras mediante ejes impulsores independientes.

Estos modelos presentan suspensión delantera independiente con resortes helicoidales (modelos de camionetas con tracción en dos ruedas) o barras de torsión (camionetas con doble tracción o todos los modelos SUV) y amortiguadores delanteros. Todos los modelos tienen ejes traseros macizos que, en las camionetas y en los modelos SUV serie 2500, están soportados por resortes de hojas y amortiguadores; y, en los modelos SUV serie 1500, están soportados por resortes helicoidales con amortiguadores.

La dirección hidráulica asistida es de tipo cremallera y piñón (camionetas 1500 con tracción en dos ruedas) o de tipo de bola de recirculación convencional (en los demás modelos). La dirección de cremallera y piñón está montada en el frente del motor y la caja de dirección convencional se encuentra en el riel del bastidor del lado izquierdo.

Algunos modelos 2002 y posteriores están equipados con un sistema de dirección de cuatro ruedas opcional, llamado Quadrasteer™. El sistema permite que el conductor decida entre distintos modos de dirección para mejorar la maniobrabilidad bajo condiciones de baja velocidad, alta velocidad o remolque.

La mayoría de los modelos tienen un sistema de freno de disco delantero y trasero con asistencia hidráulica con sistema antibloqueo (ABS) estándar. Algunos equipos posteriores están equipados con frenos de tambor traseros.

Números de identificación del vehículo

Números de identificación del vehículo

Las modificaciones son un proceso continuo que no se publicita en la fabricación de vehículos. Como las listas de las piezas de repuesto y los manuales se compilan en forma numérica, los números de cada vehículo son esenciales para identificar correctamente los componentes necesarios.

Número de identificación del vehículo (VIN)

El número de identificación del vehículo (VIN), que aparece en el Certificado de título e inscripción del vehículo, también está estampado en un plato gris ubicado en la esquina izquierda superior del tablero (del lado del conductor), cerca del parabrisas (**vea la ilustración**). El VIN le informa cuándo y dónde se fabricó el vehículo, país de origen, marca, tipo, sistema de seguridad para pasajeros, línea, serie, estilo de carrocería, motor y planta de ensamblaje.

Códigos de motor y de año del modelo en el VIN

Dos informaciones particularmente importantes encontradas en el VIN son el código del motor y el del año del modelo. Desde la izquierda, el carácter designado para el código del motor es el 8º y el del código del año del modelo es el 10º.

En los años de los modelos cubiertos en este manual, los códigos de motor son:

B	5.3L V8 (L33)
N	6.0L V8 (LQ9)
T	5.3L V8 (LM7)
U	6.0L V8 (LQ4)
V	4.8L V8 (LR4)
W	4.3L V6 (L35)
X	4.3L V6 (LU3)
Z	5.3L V8 (L59)

En los modelos cubiertos en este manual, los códigos de los años de los modelos son:

X	1999
Y	2000
1	2001
2	2002
3	2003
4	2004
5	2005
6	2006
7	2007

Etiqueta de certificación de seguridad del vehículo

La etiqueta de certificación de seguridad del vehículo está fijada en el borde trasero de la puerta del conductor (**vea la ilustración**). La etiqueta contiene el nombre del fabricante, mes y año de fabricación, la Clasificación del peso bruto del vehículo (GVWR), la Clasificación del peso bruto del eje (GAWR) y la declaración de certificación. En la mayoría de los modelos, la etiqueta también incluye los tamaños y la presión de los neumáticos OEM.

El plato VIN se ve desde afuera del vehículo, a través del parabrisas del lado del conductor

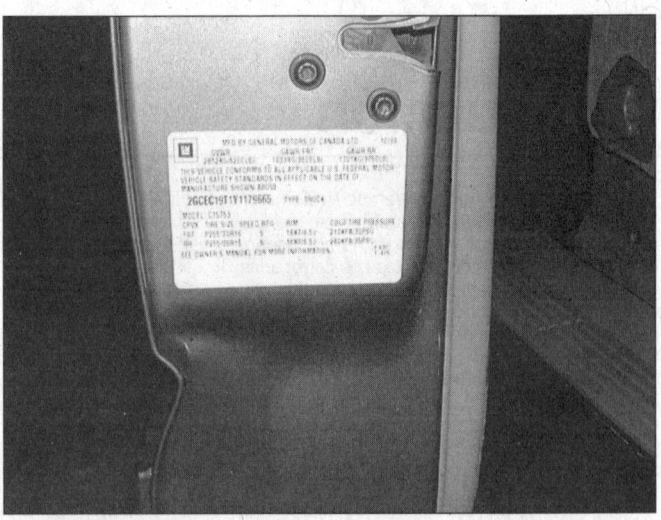

La etiqueta de certificación de seguridad del vehículo está fijada en el extremo de la puerta o de la columna del lado del conductor

Números de identificación del vehículo

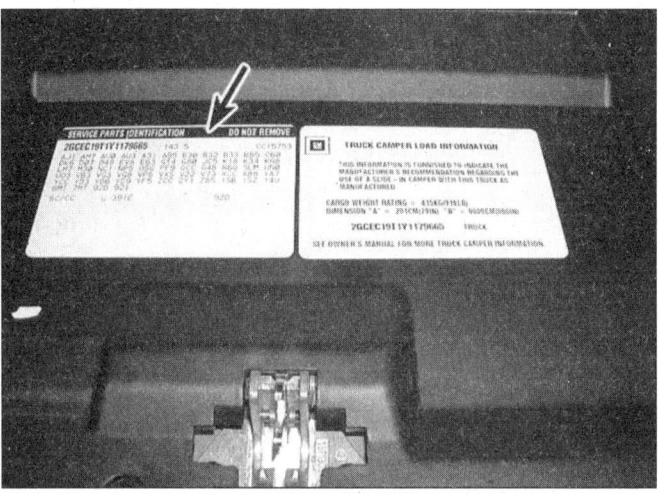

La etiqueta de Identificación de las piezas para el servicio (flecha) contiene información sobre las opciones y los códigos de los adornos y la pintura

En los motores V8, el número de identificación (flecha) se encuentra en la parte trasera izquierda del motor (aquí se ve desde abajo)

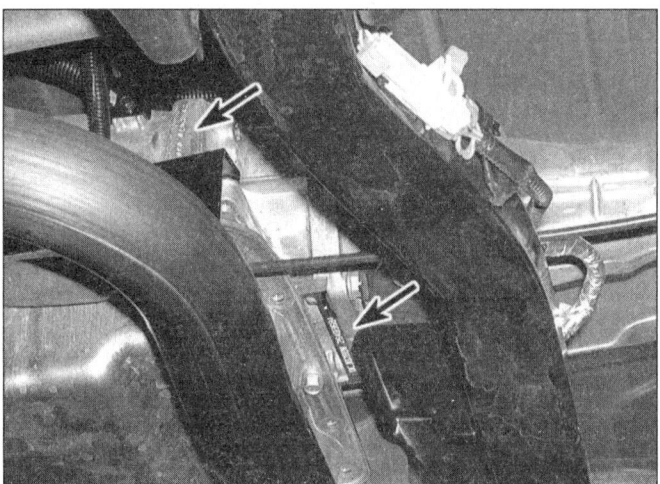

Ubicaciones típicas del número de identificación de la transmisión automática

Ubicación de la pestaña de identificación de la caja de transferencia

Etiqueta de identificación de las piezas para el servicio

Ubicada dentro de la puerta del compartimiento de la guantera, esta etiqueta contiene información sobre las opciones para su vehículo y los códigos de la pintura y del panel de adorno (vea la ilustración). Esta información es importante para cuando pida piezas o trabaje en la carrocería y haga reparaciones.

Número de identificación del motor (EIN)

El número de identificación del motor (EIN), en los motores V8, está estampado en la parte trasera del bloque del motor, justo debajo de la culata de cilindros del lado izquierdo (vea la ilustración). En los motores V6, el EIN se puede encontrar en el bloque debajo de la culata de cilindros del lado izquierdo o en la parte trasera del bloque, cerca de la culata de cilindros del lado derecho.

Número de identificación de la transmisión (TIN)

El número de identificación de la transmisión (TIN) manual se encuentra en una pestaña o etiqueta en la parte superior de la porción izquierda del área de la campana de embrague de la transmisión. En las transmisiones automáticas, el TIN está estampado dentro de la caja de transmisión (vea la ilustración).

Etiqueta de identificación de la caja de transferencia

La información de identificación de la caja de transferencia está en una pestaña fijada en la parte trasera de la caja (vea la ilustración).

Piezas compradas

Puede conseguir piezas de reemplazo a través de muchas fuentes, normalmente se dividen en dos categorías: departamentos de piezas de un concesionario o una tienda minorista independiente de autopartes. Nuestro concepto relacionado con estas piezas es el siguiente:

Tiendas de autopartes minoristas: Las buenas tiendas de autopartes guardan en existencias piezas que se necesitan con frecuencia y que se desgastan rápido, como partes de embrague, sistemas de escape, piezas de los frenos, piezas de afinación, etc. Estas tiendas normalmente ofrecen piezas nuevas o reacondicionadas mediante intercambio, lo que puede ahorrarle una gran cantidad de dinero. Las tiendas de autopartes con descuentos normalmente son buenos lugares para comprar materiales y piezas necesarias para el mantenimiento general del vehículo, como aceite, grasa, filtros, bujías, correas, pintura para retoques, bombillas, etc. También suelen vender herramientas y accesorios en general, tienen horarios de atención convenientes, precios bajos y suelen estar cerca del hogar.

Departamentos de piezas de un concesionario autorizado: Esta es la mejor fuente de piezas que son únicas para el vehículo y no suelen estar disponibles en otros lugares (como tiendas mayoristas de piezas para el motor, piezas para la transmisión, piezas de adorno, etc.).

Información sobre la garantía: Si el vehículo todavía está cubierto por la garantía, asegúrese de no comprar ninguna pieza de reemplazo (sin importar la fuente), ¡no invalide la garantía!

Para estar seguro de que obtiene las piezas correctas, tenga a mano los números de motor y chasis y, de ser posible, lleve las piezas viejas para obtener una identificación positiva.

Técnicas de mantenimiento, herramientas e instalaciones de trabajo

Técnicas de mantenimiento

Hay una gran cantidad de técnicas involucradas en el mantenimiento y la reparación a las que se hará referencia a lo largo del manual. La aplicación de estas técnicas permitirá al mecánico doméstico ser más eficiente, organizarse mejor y tener la capacidad para realizar correctamente distintas tareas, lo que garantizará que la reparación sea meticulosa y completa.

Sujetadores

Los sujetadores son tuercas, pernos, pernos prisioneros y tornillos utilizados para sostener dos o más piezas juntas. Hay unas cuantas cosas para tener en cuenta cuando trabaja con sujetadores. Casi todos utilizan un elemento de fijación de algún tipo, como una arandela de seguridad, una tuerca de seguridad, una pestaña de bloqueo o un compuesto adhesivo. Todos los sujetadores roscados tienen que estar limpios y rectos, las roscas no deben estar dañadas y las esquinas de la cabeza hexagonal donde calza la llave tampoco deben estar dañadas. Desarrolle el hábito de reemplazar todas las tuercas y pernos dañados por nuevos. Las tuercas de seguridad especial con insertos de nailon o fibra pueden utilizarse solo una vez. Si las quita, pierden su capacidad de bloqueo y debe reemplazarlas por nuevas.

Debe tratar las tuercas y los pernos oxidados con líquido penetrante para facilitar la extracción y evitar que se rompan. Algunos mecánicos utilizan aguarrás en una lata de aceite con pico, ya que funciona bastante bien. Después de aplicar el penetrante de óxido, déjelo trabajar por unos minutos antes de intentar aflojar la tuerca o perno. Los sujetadores que estén muy oxidados tendrán que ser cincelados, recortados o quitados con una herramienta especial para romper tuercas, disponible en tiendas de herramientas.

Si un perno o perno prisionero se rompe en un conjunto, puede perforarlo o quitarlo con una herramienta especial, comúnmente disponible para este propósito. La mayoría de las tiendas de maquinado de automóviles pueden realizar esta tarea y otros procedimientos de reparación, como la reparación de orificios roscados que se han quedado sin revestimiento.

Cuando quite arandelas planas y arandelas de seguridad de un conjunto, debe volver a colocarlas exactamente como las quitó. Reemplace cualquier arandela dañada por una nueva. Nunca utilice una arandela de seguridad en ninguna superficie de metal blando (como el aluminio), hoja metálica fina o plástico.

Tamaños de sujetadores

Debido una gran cantidad de razones, los fabricantes de automóviles están utilizando sujetadores métricos cada vez más anchos. Por esto es importante poder diferenciar entre herramientas estándar (a veces llamadas U. S. o SAE) y métricas, ya que no se pueden intercambiar.

Todos los pernos, estándar o métricos, se miden de acuerdo al diámetro, el espacio roscado y la longitud. Por ejemplo, un perno estándar de 1/2 - 13 x 1 tiene 1/2 pulgada de diámetro, 13 ros-

Técnicas de mantenimiento, herramientas e instalaciones de trabajo　　0-9

cas por pulgada y 1 pulgada de largo. Un perno métrico de M12 - 1.75 x 25 tiene un diámetro de 12 mm, un espacio roscado de 1.75 mm (la distancia entre las roscas) y 25 mm de largo. Los dos pernos son casi idénticos y es fácil confundirlos, pero no se pueden intercambiar.

Además de las diferencias en diámetro, espacio roscado y longitud, los pernos métricos y estándar se pueden distinguir examinando sus cabezas. Para empezar, la distancia de un lado a otro de las caras planas de un perno estándar se mide en pulgadas, mientras que la misma dimensión en los pernos métricos se mide en milímetros (lo mismo ocurre con las tuercas). Como resultado, una llave estándar no debe utilizarse en pernos métricos y una llave métrica no debe utilizarse en pernos estándar. También, la mayoría de los pernos estándar tienen cortes hacia fuera desde el centro de la cabeza para denotar el grado y la fuerza del perno, que es una indicación de la cantidad de torque que se le puede aplicar. A mayor cantidad de cortes, mayor fuerza tiene el perno. En automóviles normalmente se utilizan de grados 0 a 5. Los pernos métricos tienen un número de clase de propiedad (grado), en vez de cortes, marcado en las cabezas para indicar su fuerza. En este caso, mientras más alto el número, más fuerte es el perno. En automóviles, normalmente se utilizan los números de clase de propiedades 8.8, 9.8 y 10.9.

Las marcas de fuerza también se pueden utilizar para distinguir las tuercas hexagonales estándar y métricas. Muchas tuercas estándar tienen puntos estampados en un lado, mientras que las tuercas métricas están marcadas con números. Mientras más cantidad de puntos, o mayor número, mayor es la fuerza de la tuerca.

Los pernos prisioneros métricos también están marcados en sus extremos de acuerdo a la clase de propiedad (grado). Los pernos prisioneros más grandes están numerados (al igual que los pernos métricos), mientras que los pernos prisioneros más pequeños tienen un código geométrico para denotar el grado.

Debe tener en cuenta que muchos sujetadores, especialmente los de grado 0 a 2, no tienen marcas que los distingan. Cuando éste sea el caso, la única forma de determinar si es estándar o métrico es medir el espacio roscado o compararlo con un sujetador identificado del mismo tamaño.

A los sujetadores estándar, normalmente se los conoce como SAE para diferenciarlos de los métricos. Sin embargo, debe tener en cuenta que SAE técnicamente se refiere sólo a sujetadores no métricos con rosca delgada. Los sujetadores no métricos gruesos se conocen como de tamaños USS.

Grado 1 ó 2　　Grado 5　　Grado 8

Marca de resistencia del perno (estándar SAE/USS; inferior – métrico)

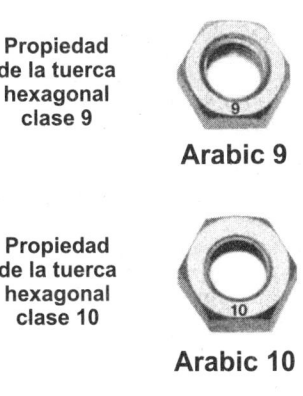

Grado	Identificación
Tuerca hexagonal grado 5	3 puntos
Tuerca hexagonal grado 8	6 puntos

Marcas de la resistencia de tuercas hexagonales estándar

Grado	Identificación
Propiedad de la tuerca hexagonal clase 9	Arabic 9
Propiedad de la tuerca hexagonal clase 10	Arabic 10

Marcas de la resistencia de tuercas hexagonales métricas

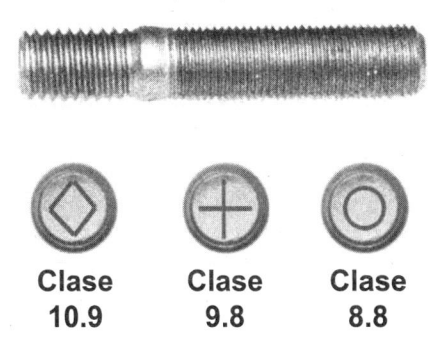

Clase 10.9　　Clase 9.8　　Clase 8.8

Marcas de resistencia de espárragos métricos

00-1 HAYNES

Como los sujetadores del mismo tamaño (tanto estándar como métricos) pueden tener distintos valores de fuerza, asegúrese de volver a colocar cualquier perno, perno prisionero o tuerca en su ubicación original. También, cuando reemplace un sujetador por uno nuevo, asegúrese de que el nuevo tenga un valor de fuerza igual o mayor al original.

Secuencias y procedimientos de apriete

La mayoría de los sujetadores roscados deben estar apretados a un valor de torque específico (el torque es la fuerza de giro aplicada al componente roscado como una tuerca o perno). Apretar de más el sujetador puede debilitarlo y romperlo, mientras que apretarlo de menos puede hacer que eventualmente se afloje. Los pernos, tornillos y pernos prisioneros, dependiendo del material del que sean y sus diámetros de rosca, tienen valores de torque específicos, muchos de los cuales están indicados en las Especificaciones al comienzo de cada capítulo. Asegúrese de seguir atentamente las recomendaciones de torque. Para aquellos sujetadores que no tienen asignado un torque específico, mostramos un cuadro de valores de torque generales como guía. Estos valores de torque son para sujetadores secos (sin lubricar) que se enroscan dentro de acero o hierro fundido (no aluminio). Como se mencionó anteriormente, el tamaño y grado de un sujetador determina la cantidad de torque que puede aplicarle con seguridad. Los números indicados aquí son para sujetadores de aproximadamente grados 2 y 3. Grados mayores pueden tolerar valores de torque mayores.

Los sujetadores distribuidos en un patrón, como los pernos de la culata de cilindros, pernos para bandejas de aceite, pernos para cubiertas de diferenciales, etc., deben aflojarse o apretarse en secuencia para evitar el desgaste del componente. Esta secuencia normalmente se mostrará en el capítulo apropiado. Si no se da un patrón específico, se pueden utilizar los siguientes procedimientos para evitar el desgaste.

	Lb-pie	Nm
Tamaños métricos de las roscas		
M-6	De 6 a 9	De 9 a 12
M-8	De 14 a 21	De 19 a 28
M-10	De 28 a 40	De 38 a 54
M-12	De 50 a 71	De 68 a 96
M-14	De 80 a 140	De 109 a 154
Tamaños de rosca de los tubos		
1/8	De 5 a 8	De 7 a 10
1/4	De 12 a 18	De 17 a 24
3/8	De 22 a 33	De 30 a 44
1/2	De 25 a 35	De 34 a 47
Tamaños de rosca U. S.		
1/4 - 20	De 6 a 9	De 9 a 12
5/16 - 18	De 12 a 18	De 17 a 24
5/16 - 24	De 14 a 20	De 19 a 27
3/8 - 16	De 22 a 32	De 30 a 43
3/8 - 24	De 27 a 38	De 37 a 51
7/16 - 14	De 40 a 55	De 55 a 74
7/16 - 20	De 40 a 60	De 55 a 81
1/2 - 13	De 55 a 80	De 75 a 108

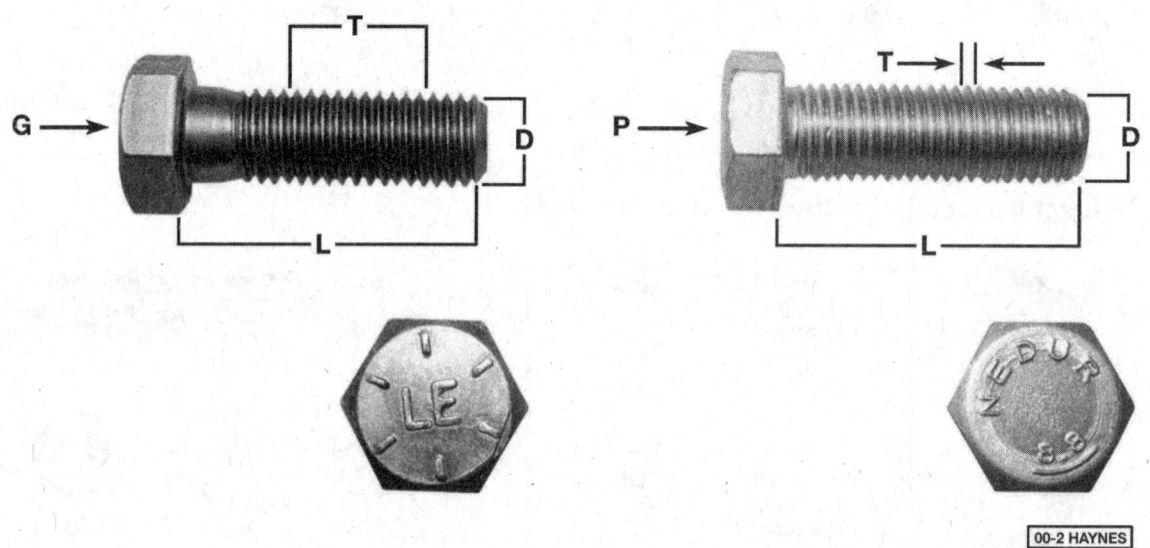

Dimensiones/marcas de grado estándar (SAE y USS) de pernos
- G Marcas de grado (fuerza del perno)
- L Largo (en pulgadas)
- T Espacio roscado (cantidad de roscas por pulgada)
- D Diámetro nominal (en pulgadas)

Dimensiones/marcas de grado métricas de pernos
- P Clase de propiedad (fuerza del perno)
- L Largo (en milímetros)
- T Espacio roscado (distancia entre las roscas en milímetros)
- D Diámetro

Técnicas de mantenimiento, herramientas e instalaciones de trabajo

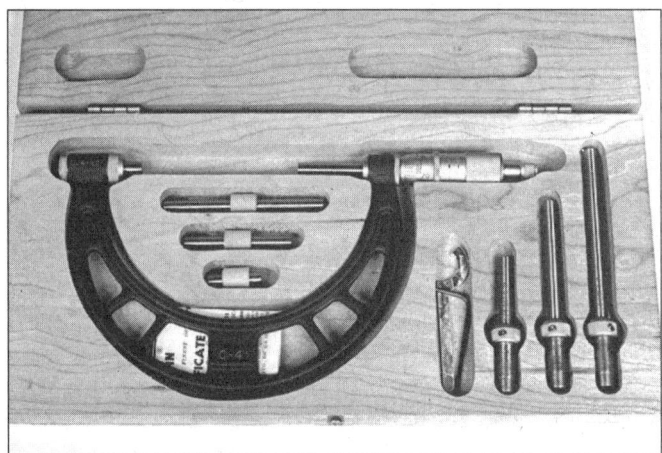

Juego de micrómetros

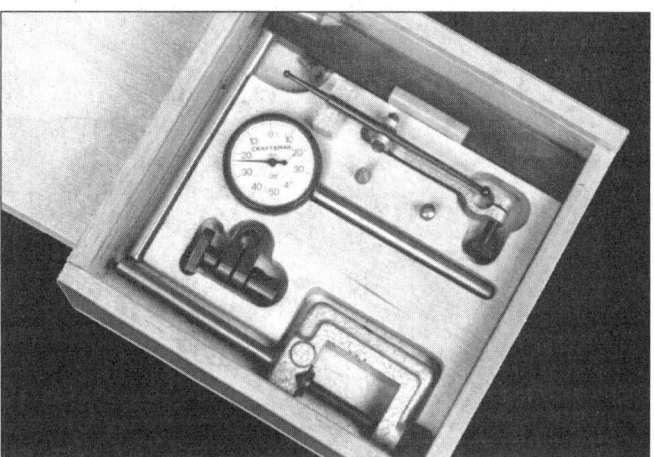

Juego de indicadores de esfera

Inicialmente, debe colocar los pernos o tuercas sólo a mano. Luego, debe darle un giro completo a cada uno, en un patrón cruzado o diagonal. Después de haber apretado a cada uno una vuelta entera, vuelva al primero y apriételo medio giro, siguiendo luego el mismo patrón. Finalmente, apriete cada uno un cuarto de giro a la vez hasta que cada sujetador esté al torque adecuado. Para aflojar o quitar los sujetadores, el procedimiento debe hacerse al revés.

Desarmado de componentes

El desarmado de componentes se debe hacer con cuidado y con la finalidad de asegurar que el ensamble de las piezas sea el correcto. Mantenga siempre un registro de la secuencia en que quitó las piezas. Tenga en cuenta las características o marcas especiales de las piezas que pueden instalarse de más de una forma, como una arandela de empuje ranurada sobre un eje. Es una buena idea dejar las piezas desarmadas en una superficie limpia y en el orden en que las quitó. También puede ser útil hacer un bosquejo o tomar fotografías instantáneas de los componentes antes de desmontarlos.

Cuando quite los sujetadores de los componentes, mantenga un registro de sus ubicaciones. A veces, volver a enroscar un perno en su pieza, o colocar las arandelas y tuercas en un perno prisionero puede evitar confusiones más adelante. Si no puede volver a colocar las tuercas y los pernos en sus ubicaciones originales, debe guardarlas en una caja con compartimientos o en varias cajas pequeñas. Los moldes para pastelitos y panecillos son ideales para este propósito porque en cada cavidad se pueden guardar los pernos y tuercas de un área en particular (es decir, los pernos de la bandeja de aceite, los de la tapa de válvulas, los de las monturas del motor, etc). Una bandeja de este tipo es especialmente útil cuando trabaje con conjuntos con piezas muy pequeñas, como el carburador, alternador, tren de válvulas o las piezas internas del tablero y el panel de adorno. Puede marcar las cavidades con pintura o cinta para identificar el contenido.

Cada vez que separe los cableados internos, arneses eléctricos o conectores, es buena idea que identifique las dos mitades con piezas numeradas con cinta de enmascarar para que pueda reconectarlas con facilidad.

Superficies de sellado de juntas

En todos los vehículos, las juntas se utilizan para sellar las superficies de contacto entre dos piezas y contener los lubricantes, líquidos, vacío y presión en un conjunto.

Muchas veces, estas juntas se cubren con un sellador de juntas líquido o pastoso antes del armado. El tiempo, el calor y la presión a veces pueden hacer que las dos piezas se peguen tan fuerte que es muy difícil separarlas. Con frecuencia, el conjunto se puede aflojar golpeándolo con un martillo de superficie blanda cerca de las superficies de contacto. Si coloca un bloque de madera entre el martillo y la pieza, puede utilizar un martillo regular. No martille sobre piezas fundidas o piezas que se pueden dañar con facilidad. Con cualquier pieza particularmente atascada, siempre revise para asegurarse de haber quitado todos los sujetadores.

No utilice un destornillador o barra para separar un conjunto, ya que puede estropear fácilmente las superficies de sellado de juntas de las piezas, que deben permanecer lisas. Si es necesario hacer palanca, utilice el mango de una escoba vieja, pero tenga en mente que será necesario realizar una limpieza extra si la madera se astilla.

Después de separar las piezas, debe raspar cuidadosamente las juntas viejas y limpiar las superficies. El material de juntas atascado se puede empapar con penetrante para óxido o puede tratarse con un químico especial para ablandarlo y poder rasparlo con facilidad. **Precaución:** *Nunca utilice soluciones de extracción de juntas o químicos cáusticos sobre plástico y otros componentes compuestos.* Puede crear un raspador de un trozo de tubo de cobre alisándolo y sacándole punta a un extremo. Se recomienda el cobre porque suele ser más suave que las superficies a raspar, lo que reduce las posibilidades de deformar la pieza. Algunas juntas pueden ser extraídas con un cepillo de alambre, pero sin importar el método que utilice, las superficies de contacto deben quedar limpias y lisas. Si por alguna razón la superficie de la junta se raya, deberá utilizar un sellador de juntas lo suficientemente grueso para rellenar los rasguños durante el rearmado de los componentes. Para la mayoría de las aplicaciones, debe utilizar un sellador de juntas que no seque (o con secado medio).

Consejos para el desmontaje de mangueras

Advertencia: *Si el vehículo está equipado con aire acondicionado, no desconecte ninguna de las mangueras del A/C sin primero hacer que despresuricen el sistema en un departamento de servicio de un concesionario o estación de servicio.*

Las precauciones para el desmontaje de mangueras son muy similares a las precauciones de extracción de juntas. Evite rayar o deformar la superficie con la que entra en contacto la manguera o puede causar fugas en la conexión. Esto es especialmente así para las mangueras del radiador. Debido a distintas reacciones químicas, el caucho de las mangueras se puede doblar hacia la espiga metálica en la que encaja. Para quitar una manguera, primero afloje las abrazaderas que aseguran la manguera a la espiga. Luego, con tenazas para juntas deslizantes, tome la manguera por la abrazadera y gírela alrededor de la espiga. Trabaje de atrás hacia adelante hasta que esté completamente suelta, luego tire hacia afuera. Si puede aplicar silicona y otros lubricantes entre la manguera y la parte externa de la espiga, facilitará la extracción. Aplique el mismo lubricante en la parte interna de la manguera y en la parte externa de la espiga para simplificar la instalación.

Como último recurso (y si de cualquier manera debe reemplazar la manguera por una nueva), puede hacer un corte en el caucho con un cuchillo y pelar la manguera para que salga de la espiga. Si debe hacer esto, tenga cuidado de no dañar la conexión de metal.

Si se rompe o daña una abrazadera de la manguera, no vuelva a utilizarla. Las abrazaderas de alambre, normalmente se debilitan con el tiempo, así que es una buena idea reemplazarlas por abrazaderas con tornillos cuando quite una manguera.

Herramientas

Para cualquier persona que planee hacer el mantenimiento y las reparaciones de su propio vehículo es un requerimiento básico tener una buena selección de herramientas. Para el propietario que tiene pocas herramientas, la inversión inicial puede parecer grande, pero cuando se compara con los costos en aumento del mantenimiento y la reparación profesional del vehículo, es una inversión sabia.

Para ayudar al propietario a decidir qué herramientas son necesarias para realizar las tareas detalladas en este manual, se ofrece la siguiente lista de herramientas: *Mantenimiento y reparaciones menores; reparaciones/reacondicionamiento y especial.*

0-12 Técnicas de mantenimiento, herramientas e instalaciones de trabajo

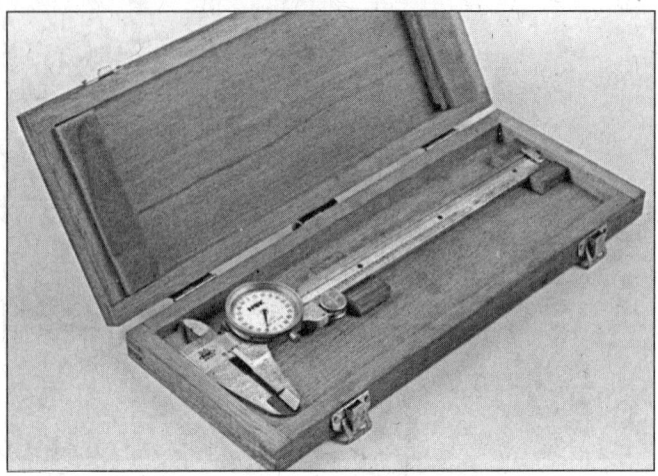
Calibrador de esfera

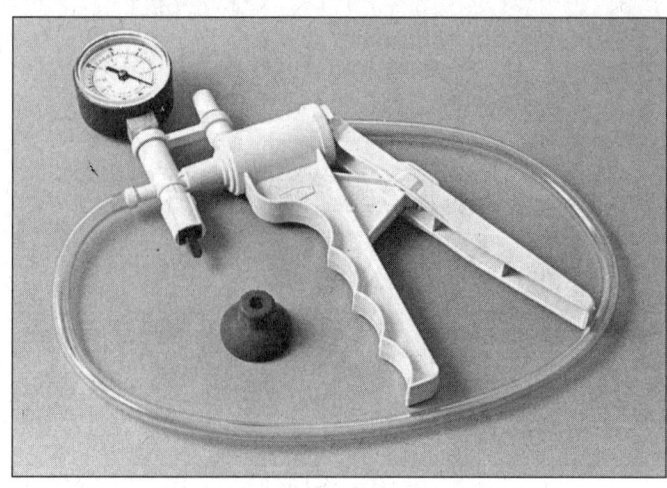
Bomba de vacío operada manualmente

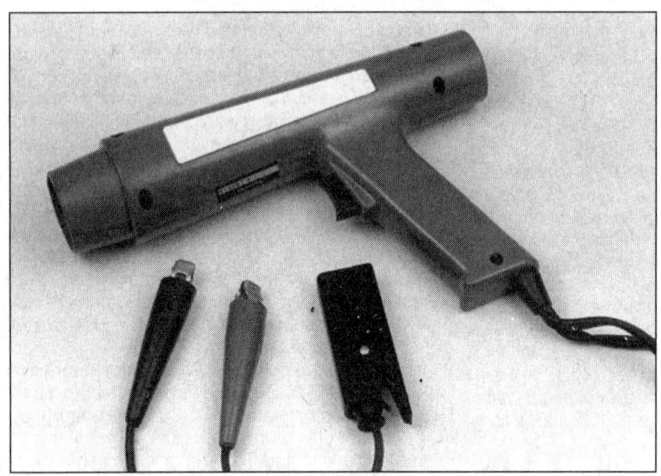
Luz de sincronización

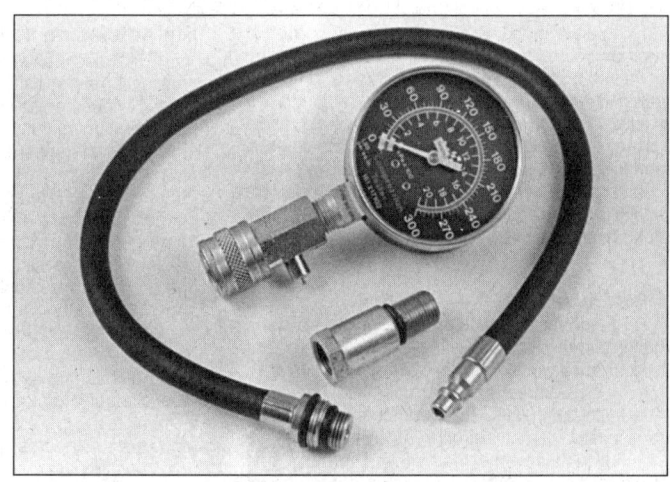
Medidor de compresión con adaptador de orificio para bujías

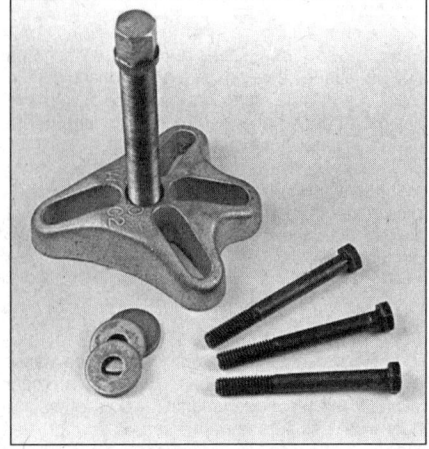
Extractor de rueda de dirección/amortiguador

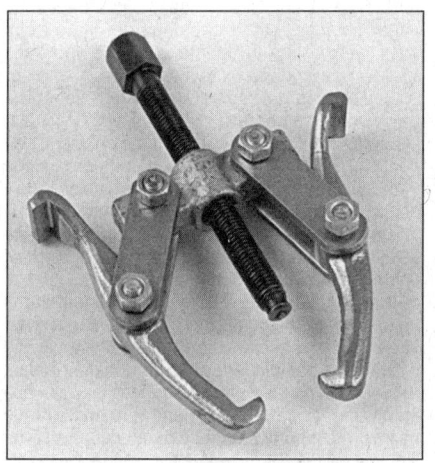
Extractor para propósitos generales

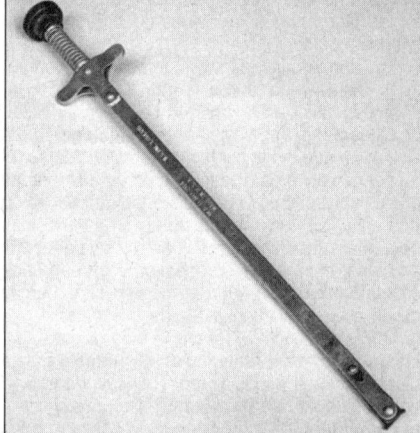
Herramienta hidráulica de desmontaje por elevación

El novato de la mecánica práctica debe comenzar con el kit de herramientas para el *mantenimiento y reparaciones menores*, que es adecuado para los trabajos simples que se realizan en un vehículo. Luego, a medida que crezca la confianza y la experiencia, el propietario puede realizar tareas más difíciles, comprando las herramientas adicionales a medida que las va necesitando. Eventualmente, el kit básico crecerá hasta ser un juego de herramientas de *reparación y reacondicionamiento*. Después de un período de tiempo, quien adquiera experiencia realizando la reparación tendrá un juego de herramientas lo suficientemente completo para la mayoría de los procedimientos de reparación y reacondicionamiento y agregará herramientas de una categoría especial cuando sienta que el gasto se justifica por la frecuencia de uso.

Kit de herramientas para el mantenimiento y las reparaciones menores

Debe considerar las herramientas de esta lista como lo mínimo requerido para realizar el mantenimiento de rutina, el servicio y las repara-

Técnicas de mantenimiento, herramientas e instalaciones de trabajo

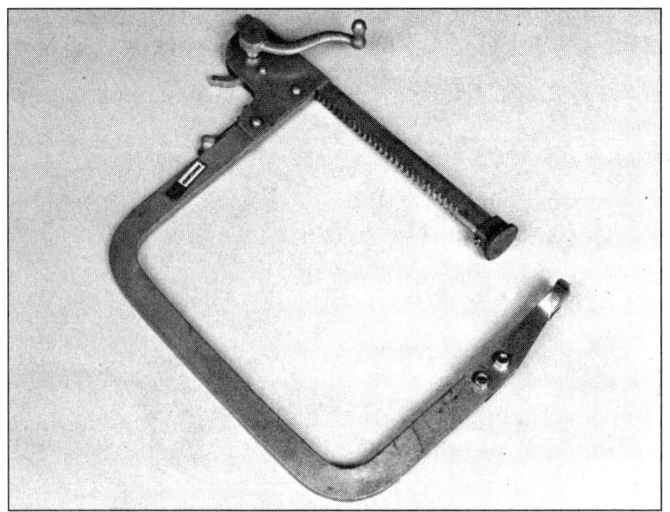

Compresor del resorte de válvula

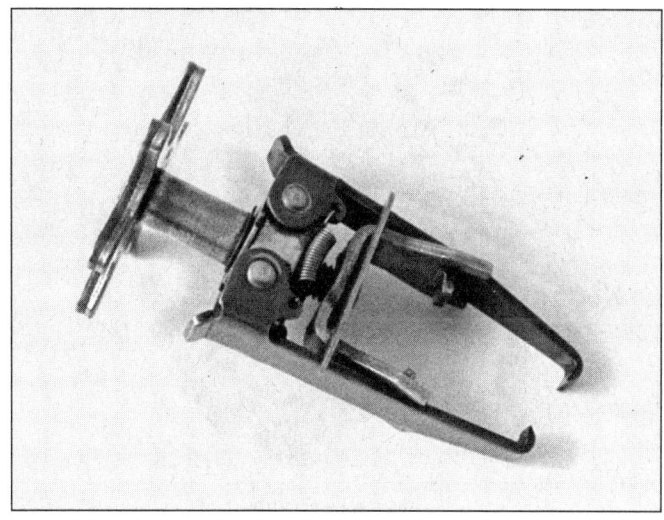

Compresor del resorte de válvula

Escariador para cilindros

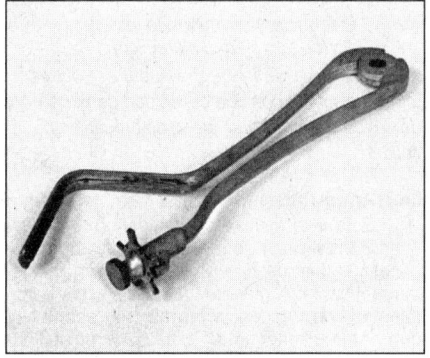

Herramienta para limpiar las ranuras de los anillos de pistones

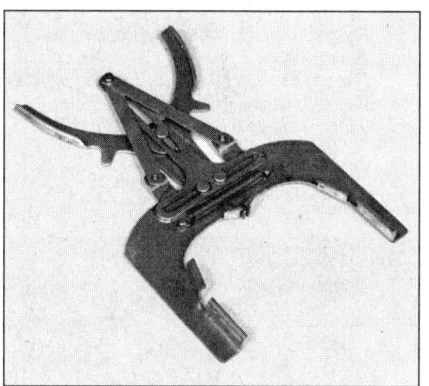

Herramientas de desmontaje/ instalación de anillo

ciones menores. Le recomendamos que compre una combinación de llaves (extremos de estría y abiertos combinados en una llave). Aunque cuestan más que las llaves de boca, ofrecen la ventaja de tener ambos tipos de llaves.

    Juego de llaves combinadas
       (de 1/4 de pulgada a 1 pulgada
       o de 6 mm a 19 mm)
    Llave ajustable, 8 pulgadas
    Llave para bujías con inserto de caucho
    Herramienta de ajuste de luz de bujías
    Juego de galgas
    Llave para drenar el freno
    Destornillador estándar
       (5/16 pulg x 6 pulg)
    Destornillador Phillips (n.º 2 x 6 pulg)
    Tenazas combinadas - 6 pulg
    Sierra de mecánico y variedad de hojas
    Medidor de la presión de neumáticos
    Pistola de grasa
    Lata de aceite
    Lija de esmeril fina
    Cepillo de alambre
    Herramienta para limpiar terminales
       y cables de batería
    Llave para filtro de aceite
    Embudo (tamaño mediano)
    Gafas de seguridad
    Soportes de gato (2)
    Colector para drenaje

Nota: *Si va a realizar afinaciones básicas como parte del mantenimiento de rutina, deberá comprar una luz de sincronización estroboscópica y un tacómetro y medidor de ángulo de cierre combinado. Aunque se los incluye en la lista de herramientas especiales, se mencionan aquí porque son completamente necesarios para afinar correctamente casi todos los vehículos.*

Juego de herramientas de reparación y reacondicionamiento

    Estas herramientas son esenciales para cualquier persona que planee realizar reparaciones importantes y se agregan al kit de herramientas de mantenimiento y reparaciones menores. Incluye un juego completo de dados que, aunque sean caros, son invaluables por su versatilidad, especialmente cuando dispone de distintas extensiones y llaves dinamométricas. Recomendamos la llave dinamométrica de 1/2 pulgada más que la de 3/8 de pulgadas. Aunque la llave más grande es pesada y cuesta más, tiene la capacidad de aceptar una mayor variedad de dados grandes. Sin embargo, lo ideal sería que el mecánico tenga un juego de llaves dinamométricas de 3/8 de pulgadas y otra de 1/2 pulgada.

    Juego(s) de dado(s)
    Trinquete reversible
    Extensión - 10 pulgadas
    Juntas universales
    Llave de torque (mismo tamaño de
       llave dinamométrica que los dados)
    Martillo de bola - 8 onzas
    Martillo de superficie blanda
       (plástico o caucho)

Compresor de anillo

    Destornillador estándar (1/4 pulg x 6 pulg)
    Destornillador estándar (corto - 5/16 pulg)
    Destornillador Phillips (n.º 3 x 8 pulg)
    Destornillador Phillips (corto - n.º 2)
    Tenazas - alicate de sujeción
    Tenazas - napoleón
    Tenazas - punta de aguja
    Tenazas - anillo de resorte
       (interno y externo)
    Cincel corta frío - 1/2 pulgada
    Trazador

Afilador de cilindros

Herramienta de resortes para retención de frenos

Raspador (hecho de tubo de cobre liso)
Sacabocado
Punzón pasador (1/16, 1/8, 3/16 de pulgadas)
Regla de acero - 12 pulgadas
Juego de llave Allen (de 1/8 a 3/8 pulg o de 4 mm a 10 mm)
Una selección de limas
Cepillo de alambre (grande)
Soportes de gato (segundo juego)
Gato (de tipo tijera o hidráulico)

Nota: *Otra herramienta que suele ser útil es un taladro eléctrico con una capacidad de portabroca de 3/8 de pulgadas y un juego de brocas de buena calidad.*

Herramientas especiales

Esta lista incluye herramientas que no se usan normalmente, que cuestan caro o que es necesario usar de acuerdo con las instrucciones del fabricante. A menos que utilice estas herramientas con frecuencia, no es muy económico que compre muchas de ellas. Una posibilidad sería dividir el costo y uso entre usted y algún o algunos amigos. Además, puede alquilar la mayoría de estas herramientas en una tienda de alquiler de herramientas temporalmente.

Esta lista contiene principalmente sólo esas herramientas e instrumentos con gran disponibilidad al público, y no las herramientas especiales producidas por los fabricantes de vehículos para distribuir en los departamentos de servicio. Ocasionalmente, en el texto de este manual, se hace referencia a las herramientas especiales del fabricante. Normalmente, se ofrece un método alternativo para realizar el trabajo sin la herramienta especial. Sin embargo, a veces no hay alternativas a su uso. Cuando éste es el caso y no se puede comprar ni pedir prestada la herramienta, el trabajo debe hacerse en un departamento de servicios o en un taller de reparación automotriz.

Compresor del resorte de válvula
Herramienta para limpiar las ranuras de los anillos de pistones
Compresor del anillo del pistón
Herramienta de instalación del anillo del pistón
Medidor de compresión del cilindro
Escariador para cilindros
Rectificador para superficies de cilindros
Medidor de hueco del cilindro
Micrómetros y/o calibrador de esfera
Herramienta hidráulica de desmontaje por elevación
Separador de rótulas
Extractor universal
Destornillador de impacto
Juego de indicadores de esfera
Luz de sincronización estroboscópica (captador inductivo)
Bomba de vacío/presión manual
Tacómetro/medidor de ángulo de cierre
Multímetro eléctrico universal
Elevador de cable
Herramientas de desmontaje e instalación de resorte de freno
Gato de piso

Medidor del ángulo de torque

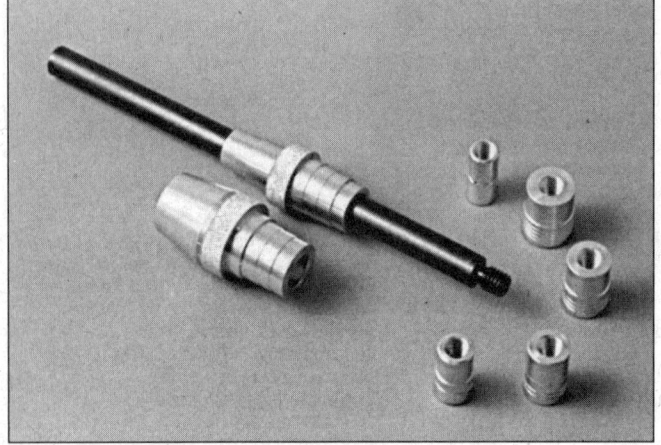
Herramienta de alineamiento del plato del embrague

Juego de roscador y matriz

Comprar herramientas

Para el que quiere hacer su propia reparación y recién comienza a involucrarse con el mantenimiento y la reparación del vehículo, hay una gran cantidad de opciones disponibles para comprar herramientas. Si todo el trabajo que va a realizar es de mantenimiento y reparaciones menores, le alcanzará con comprar herramientas individuales. Si, por otro lado, tiene planificado hacer un trabajo extenso, es una buena idea que adquiera un juego pequeño de herramientas en alguna de las grandes cadenas de venta minoristas. Normalmente, puede comprar un juego logrando un ahorro importante sobre los precios individuales de cada herramienta y suelen venir en una caja de herramientas. A medida que va necesitando más herramientas, puede comprar juegos adicionales, herramientas individuales y cajas grandes de herramientas para agrandar la selección de herramientas. Armar un juego de herramientas permite dividir el costo en un período de tiempo y le da al mecánico la libertad de elegir sólo las herramientas que utilizará.

Las tiendas de herramientas serán, muchas veces, la única fuente de las herramientas especiales necesarias, pero, sin importar dónde compra las herramientas, intente evitar las baratas, especialmente cuando compre destornilladores y dados, porque no durarán demasiado. El gasto por reemplazar herramientas baratas, será mayor con el tiempo que el costo inicial de las herramientas de calidad.

Cuidado y mantenimiento de las herramientas

Las buenas herramientas son caras, por lo que tiene sentido tratarlas con respeto. Manténgalas limpias y en buenas condiciones de uso y guárdelas correctamente cuando ya no las utilice. Siempre quítele toda la tierra, grasa o astillas de metal antes de guardarlas. Nunca deje las herramientas dispersas en el área de trabajo. Después de terminar un trabajo, siempre revise cuidadosamente debajo del capó para ver que no hayan quedado herramientas y que no se pierdan cuando pruebe el vehículo.

Algunas herramientas, como destornilladores, tenazas, llaves y dados, se pueden colgar en un panel montado en la pared del garaje o taller, mientras que otras se deben mantener en una caja de herramientas o bandeja. Debe guardar con mucho cuidado los instrumentos de medición, indicadores, metros, etc. en un lugar donde no se puedan dañar por el clima o el impacto de otras herramientas.

Cuando utiliza las herramientas con cuidado y las guarda adecuadamente, duran más tiempo. Sin embargo, incluso con el mejor de los cuidados se desgastarán con el uso frecuente. Cuando se dañe o desgaste alguna herramienta, reemplácela. Si hace esto, los siguientes trabajos serán más seguros y los disfrutará más.

Cómo reparar las roscas dañadas

Algunas veces, las roscas internas de un orificio de tuerca o perno se pueden dañar, normalmente por apretarlas de más. Las roscas dañadas son un problema recurrente, especialmente cuando se trabaja con piezas de aluminio, ya que el aluminio es tan blando que se daña con facilidad.

Normalmente, las roscas externas o internas sólo se dañan parcialmente. Después de limpiarlas con roscador o matriz, siguen funcionando. Sin embargo, a veces las roscas se dañan gravemente. Cuando esto sucede, tiene tres opciones:

1) Taladre y haga un orificio roscado con el siguiente tamaño conveniente e instale un perno, tornillo o perno prisionero de mayor diámetro.
2) Taladre y rosque el agujero para que entre un tapón roscado, luego taladre y rosque el tapón para el tamaño del tornillo original. También puede comprar un tapón ya roscado para el tamaño original. Luego, sólo taladre un orificio del tamaño especificado, coloque el tapón roscado en él con un perno y contratuerca. Una vez que el tapón esté completamente asentado, quite la contratuerca y el perno.
3) El tercer método utiliza un kit de reparación de roscas como Heli-Coil o Slimsert. Estos kits fáciles de usar están diseñados para reparar roscas dañadas en agujeros pasantes y agujeros ciegos. Ambos están disponibles como kits capaces de manejar una variedad de tamaños y patrones de rosca. Taladre el orificio, luego rósquelo con el roscador especial incluido. Instale el Heli-Coil y el orificio estará en su diámetro y espacio roscado original.

Sin importar el método que utilice, asegúrese de proceder tranquila y cuidadosamente. Un poco de impaciencia o falta de cuidado durante uno de estos procedimientos relativamente simples puede arruinarle el día de trabajo y costarle caro si destroza una pieza cara.

Instalaciones de trabajo

Algo que no hay que pasar por alto cuando se analizan las herramientas es el taller. Si va a realizar más que el mantenimiento de rutina, es esencial que tenga algún área de trabajo adecuado.

Se entiende y aprecia, que muchos mecánicos domésticos no tienen un buen taller o garaje disponible y que terminan quitando el motor o realizando las reparaciones importantes al aire libre. Sin embargo, se recomienda que complete el reacondicionamiento o la reparación bajo techo.

Una mesa de trabajo o con una altura cómoda para trabajar que esté limpia y lisa es absolutamente necesaria. La mesa de trabajo debe estar equipada con una prensa cuya abertura de mordazas sea al menos de cuatro pulgadas.

Como se mencionó anteriormente, también es necesario un espacio limpio y seco para guardar las herramientas, así como también lubricantes, líquidos, solventes de limpieza, etc. que pronto se vuelven necesarios.

A veces el aceite o los líquidos para desechar, drenados del motor o sistema de enfriamiento durante el mantenimiento o las reparaciones normales, representan un problema. Para evitar verterlos en el suelo o en un alcantarillado, vierta los líquidos usados en contenedores grandes, séllelos con tapas y llévelos a un sitio de desecho autorizado o centros de reciclaje. Las jarras de plástico, como los contenedores viejos de anticongelante, son ideales para este propósito.

Siempre mantenga periódicos viejos y trapos limpios a mano. Los toallones viejos son excelentes para limpiar los derrames. Muchos mecánicos utilizan rollos de toallas de papel para la mayoría de los trabajos porque siempre están disponibles y son desechables. Para mantener limpia el área debajo del vehículo y proteger el piso del garaje o taller, puede cortar y aplanar una caja grande de cartón.

Cuando trabaje sobre una superficie pintada, como cuando se apoye sobre un guardafango para hacer el servicio a alguna pieza debajo del capó, siempre cúbrala con una manta o cubrecama viejo para proteger el acabado. Almohadillas cubiertas de vinilo, hechas especialmente para este propósito, se venden en los talleres de autopartes.

Sistema de audio antirrobo

Información general

Advertencia: Consulte las **Advertencias** y **Precauciones** del Capítulo 5, Sección 1, bajo "Desconexión de la batería" antes de continuar con los pasos siguientes.

1 Algunos de estos modelos están equipados con sistemas de audio THEFTLOCK, que incluyen una función antirrobo que hará que el estéreo no funcione si es robado. Si se corta la fuente de energía al estéreo con la función antirrobo activada, el estéreo no funcionará. Aunque vuelva a conectar la fuente de energía inmediatamente, el estéreo no funcionará.

2 Si su vehículo está equipado con este sistema antirrobo, no desconecte la batería, quite el estéreo o desconecte los componentes relacionados a menos que haya desactivado la función o tenga el número de ID individual (código) del estéreo.

Desactivación de la función antirrobo

3 Presione los botones 1 y 4 del estéreo al mismo tiempo durante cinco segundos con la ignición encendida y la radio apagada. En la pantalla aparecerá la inscripción SEC, indicando que la unidad está en el modo seguro (la función antirrobo está activada).

4 Presione el botón MN. En la pantalla se verá "000".

5 Presione el botón MN hasta que los últimos dos números sean los mismos que los del código secreto.

6 Presione HR hasta que el primero o los dos números coincidan con los del código. Los números se mostrarán como los ingresó.

7 Presione AM/FM. Si la pantalla muestra "_ _ _ _" ha desactivado con éxito la función antirrobo. Si se muestra SEC, el código ingresado es incorrecto y la función antirrobo sigue activada.

Cómo desbloquear el estéreo después de un corte de energía

8 Cuando vuelva la energía al estéreo, el estéreo no se encenderá y aparecerá LOC en la pantalla. Ingrese el código de ID de la siguiente forma, sin tardar más de 15 segundos entre cada Paso.

9 Gire el interruptor de ignición a la posición ON, pero deje el estéreo apagado.

10 Presione el botón MN. Se debe ver "000".

11 Presione el botón HR para hacer que los últimos dos números coincidan con el código, luego suelte el botón.

12 Presione el botón HR hasta que el primer o los dos números coincidan con los del código.

13 Presione AM/FM. Debe aparecer SEC, indicando que el estéreo está desbloqueado. Si aparece LOC, los números ingresados no son correctos y el estéreo todavía no funcionará.

14 Debe escribir el código en un lugar seguro para poder utilizarlo para desbloquear la función THEFTLOCK. **Nota:** *Sólo tiene ocho intentos para realizar los procedimientos anteriores. Después de eso, el sistema se desconecta durante una hora y muestra la inscripción "INOP". Cuando finaliza ese periodo, tiene otros tres intentos, después de los cuales tendrá que llevar el vehículo al concesionario para que lo activen.*

Arranque (con cables pasacorriente) de la batería de refuerzo

Tenga en cuenta estas precauciones cuando utilice una batería de refuerzo para encender el vehículo:

a) Antes de conectar la batería de refuerzo, asegúrese de que el interruptor de ignición esté en la posición Off (apagado).
b) Apague las luces, el calefactor y otras cargas eléctricas.
c) Sus ojos deben estar cubiertos. Es una buena idea utilizar gafas de seguridad.
d) Asegúrese de que la batería de refuerzo sea del mismo voltaje que la batería descargada del vehículo.
e) ¡Los dos vehículos NO DEBEN TOCARSE!
f) Asegúrese de que el transeje esté en Neutral (manual) o Park (Estacionamiento) (automático).
g) Si la batería de refuerzo no es libre de mantenimiento, quite las tapas de ventilación y coloque una tela sobre los orificios de ventilación.

La batería principal de estos vehículos (algunos modelos tienen una segunda batería opcional) se encuentra en la esquina izquierda delantera del compartimiento del motor, donde es difícil acceder a las conexiones de los cables con cables puente. Debido a esta falta de accesibilidad, las conexiones remotas a la batería se encuentran dentro del compartimiento del motor para arrancar con cables pasacorrientes **(vea la ilustración)**.

Conecte el cable puente rojo en las terminales positivas (+) de cada batería.

Conecte un extremo del cable negro a la terminal negativa (-) de la batería de refuerzo. El otro extremo de este cable debe conectarse a una conexión a tierra probada en el bloque del motor **(vea la ilustración)**. Asegúrese de que el cable no entre en contacto con el ventilador, las correas de transmisión y otras piezas que se muevan dentro del motor.

Arranque el motor utilizando la batería de refuerzo, luego encienda el vehículo de refuerzo en una marcha mínima rápida durante unos minutos para cargar un poco la batería agotada. Deje el motor en marcha mínima, luego desconecte los cables puentes de forma inversa a como los conecto. Para cargar la batería lo suficiente y que el vehículo pueda arrancar de forma independiente, puede tener que conducirlo durante 20 minutos o más.

En estos vehículos es más fácil conectar los cables puente de batería a los terminales remotos que a la batería en sí - abra esta cubierta de plástico rojo (A) y conecte el cable positivo al perno prisionero interno. Conecte la abrazadera del cable de refuerzo negativo al reborde metálico de la conexión a tierra (B), debajo del alternador

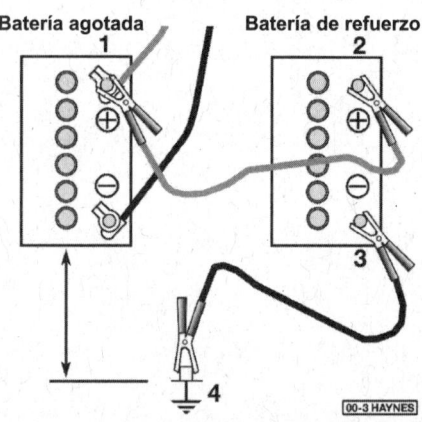

Haga las conexiones de los cables de la batería de refuerzo en el orden numérico que se muestra (note que el cable negativo de la batería de refuerzo NO está conectado al terminal negativo de la batería agotada)

Elevado y remolque

Elevado

El gato suministrado con el vehículo sólo debe utilizarse para elevar el vehículo cuando cambie un neumático o coloque soportes de gatos debajo del bastidor. NUNCA trabaje debajo del vehículo ni arranque el motor cuando el auto esté apoyado sólo sobre un gato.

El vehículo debe estar estacionado al nivel del suelo, con las ruedas bloqueadas, el freno de estacionamiento aplicado y con la transmisión en Park (Estacionamiento) (automática) o en Reverse (Marcha atrás) (manual). Si el vehículo está estacionado en la banquina o en cualquier otra situación peligrosa, encienda las luces intermitentes de emergencia. Si debe cambiar un neumático, afloje las tuercas de orejeta media vuelta antes de elevar el vehículo.

Coloque el gato debajo del vehículo en las posiciones indicadas **(vea las ilustraciones)**. Maneje el gato con un movimiento lento y parejo hasta que la rueda esté despegada del suelo. Quite las tuercas de orejeta, saque la rueda, instale la rueda de repuesto y vuelva a enroscar las tuercas con los lados biselados mirando hacia dentro. Apriete las tuercas de forma ajustada, baje el vehículo hasta que haya algún peso sobre la rueda, apriételas por completo en un patrón cruzado y quite el gato.

Remolque

Se debe utilizar equipo diseñado específicamente para remolcar y debe conectarlo a las partes estructurales principales del vehículo. Puede conectar ganchos de remolque opcionales en el bastidor en ambos extremos del vehículo, sólo están destinados para casos de emergencia, para rescatar a un vehículo varado. No utilice los ganchos de remolque para remolcar en la carretera. Mantenga la distancia cuando utilice correas o cadenas de remolque (se pueden romper y causar lesiones graves).

El fabricante recomienda que estos vehículos sean remolcados sólo por equipo de elevación de ruedas o por un transportador de superficie plana.

La seguridad es de gran consideración cuando se remolca y se deben obedecer todas las leyes estatales y locales aplicables. Cada vez que remolque, tiene que usar una barra de remolque y una cadena de seguridad.

Los vehículos con tracción en dos ruedas con transmisión automática se pueden remolcar con las dos ruedas traseras en un vehículo de remolque sin restricción de millaje (a las velocidades señalizadas). Si las ruedas delanteras están en el vehículo de remolque, la velocidad no debe pasar los 35 mph durante no más de 50 millas, o la transmisión automática se podría dañar.

Los vehículos con tracción en dos ruedas y transmisión manual se pueden remolcar durante 50 millas con la llave de ignición en la posición Off (apagado) y la transmisión en Neutral (neutro).

Los vehículos con doble transmisión se deben remolcar con la caja de transferencia en Neutral. Si el extremo delantero está elevado, se puede remolcar sin límites, pero si el extremo trasero está elevado y la parte delantera en el suelo, se puede remolcar a un máximo de 50 millas de distancia.

Posición para la elevación delantera para las camionetas con tracción en dos ruedas con el gato de fábrica

Si debe remolcar un vehículo con las ruedas delanteras en el suelo y las traseras elevadas, la llave de ignición debe estar en la posición OFF (apagado) para desbloquear la columna de dirección y el volante de dirección. Se debe utilizar un equipo de sujeción diseñado para remolcar o podría dañar el seguro de la columna de dirección.

Posición para la elevación con el gato de fábrica en el resto de las Series

Posición para la elevación trasera - el eje debe estar apoyado en las ranuras de la cabeza del gato

Químicos y lubricantes automotrices

Una cantidad de químicos y lubricantes automotrices están disponibles para utilizar durante el mantenimiento y la reparación del vehículo. Incluyen una amplia variedad de productos que incluyen desde solventes de limpieza y desengrasantes sólo lubricantes y aerosoles protectores para caucho, plástico y vinilo.

Limpiadores

El *limpiador del carburador y del estrangulador* es un solvente fuerte para la goma, el barniz y el carbón. La mayoría de los limpiadores para carburador dejan una capa de lubricante seco que no endurece ni se apelmaza. Debido a esta capa, no es recomendable utilizarlos sobre componentes eléctricos.

El *limpiador para sistemas de frenos* se utiliza para quitar el polvo del freno, la grasa y el aceite de freno del sistema de frenos, donde se necesitan superficies limpias. No deja residuos y suele eliminar el chillido de los frenos causado por contaminantes.

El *limpiador eléctrico* quita los depósitos por oxidación, corrosión y de carbón de los contactos eléctricos, restableciendo la capacidad completa del flujo de corriente. También puede utilizarse para limpiar bujías, las boquillas del carburador, los reguladores de voltaje y otras piezas donde se desea tener una superficie libre de aceite.

Los productos *antihumedad* eliminan el agua y la humedad de los componentes eléctricos, como alternadores, reguladores de voltaje, conectores eléctricos y bloques de fusibles. No son conductivos ni corrosivos.

Los *desengrasantes* son solventes pesados utilizados para quitar la grasa del exterior del motor y de los componentes del chasis. Se pueden pulverizar o cepillar y, dependiendo del tipo, se puede enjuagar con agua o solvente.

Lubricantes

El *aceite para motor* es el lubricante formulado para utilizar en motores. Normalmente contiene una gran variedad de aditivos para evitar la corrosión y reducir la espuma y el desgaste. El aceite para motor viene en varios pesos (valores de viscosidad) desde 0 hasta 50. El peso recomendado del aceite depende de la estación, la temperatura y las demandas del motor. El aceite liviano se utiliza en climas fríos y bajo condiciones de carga liviana. El aceite pesado se utiliza en climas calientes y con cargas pesadas. Los aceites multiviscosos están diseñados para tener las características de los aceites livianos y pesados y están disponibles en una gran cantidad de pesos desde 0W-20 hasta 20W-50.

El *aceite de engranajes* está diseñado para utilizarse en diferenciales, transmisiones manuales y otras áreas donde se requiere lubricación de alta temperatura.

La *grasa para chasis y rodamientos de ruedas* es una grasa pesada que se usa donde se encuentran cargas aumentadas y donde se produce fricción, como en los rodamientos de las ruedas, las rótulas, los extremos de la barra de acoplamiento y las juntas universales.

La *grasa de rodamientos de ruedas de alta temperatura* está diseñada para resistir las temperaturas extremas que enfrentan los rodamientos de las ruedas en los vehículos equipados con frenos de disco. Normalmente contiene disulfuro de molibdeno (molibdeno) que es un lubricante seco.

La *grasa blanca* es una grasa pesada para aplicaciones de metal a metal donde el agua es un problema. La grasa blanca se mantiene blanda bajo temperaturas bajas y altas (normalmente desde -100 hasta +190 °F) y no se lavará ni diluirá con la presencia de agua.

El *lubricante de armado* es un lubricante especial de presión extrema, que normalmente tiene molibdeno, utilizado para lubricar las piezas de carga pesada (como rodamientos principales y de bielas y lóbulos de leva) para el arranque inicial de un motor nuevo. Los lubricantes de armado lubrican las piezas sin que se salgan ni se laven hasta que el sistema de aceitado del motor comience a funcionar.

Los *lubricantes de silicona* se utilizan para proteger las piezas de caucho, plástico, vinilo y nailon.

Los *lubricantes de grafito* se utilizan donde no pueden usarse aceites debido a problemas de contaminación, como en seguros. El grafito seco lubrica las piezas de metal y evita la contaminación por tierra, agua, aceite o ácidos. Es un conductor eléctrico y no hará que fallen los contactos eléctricos en los seguros, como el interruptor de ignición.

Los *penetrantes de molibdeno* aflojan y lubrican los sujetadores trabados, oxidados y corroídos y evita que se oxiden o traben en el futuro.

La *grasa disipadora de calor* es una grasa que no conduce electricidad y se utiliza para montar los módulos de ignición eléctrica donde es esencial que se transfiera el calor hacia afuera del módulo.

Selladores

El *sellador RTV* es uno de los compuestos para juntas más usados. El RTV, hecho de silicona, es un curador por aire que sella, une, impermeabiliza, rellena las irregularidades de la superficie, permanece flexible, no se contrae, es relativamente fácil de quitar y se utiliza como un sellador suplementario con casi todas las juntas de baja y media temperatura.

El *sellador anaeróbico* es muy parecido al RTV ya que se lo puede utilizar para sellar juntas o para formarlas. Permanece flexible, es resistente a solventes y rellena las imperfecciones de la superficie. La diferencia entre un sellador anaeróbico y uno de tipo RTV está en la curación. El RTV cura cuando se expone al aire mientras que el sellador anaeróbico sella sólo con la ausencia de aire. Esto significa que un sellador anaeróbico cura sólo después del armado de piezas, sellándolas juntas.

El *sellador de roscas y tubos* se utiliza para sellar las conexiones hidráulicas y neumáticas y las líneas de vacío. Normalmente, está hecho de un compuesto de Teflón y viene en spray, líquido para pintar y como una cinta para envolver.

Químicos

El *compuesto antiadherente* evita la adhesión, las escorias, la fusión en frío, la oxidación y la corrosión de los sujetadores. El antiadherente de alta temperatura, normalmente fabricado con lubricantes de cobre y grafito, se utiliza para el sistema de escape y los pernos del múltiple de escape.

Los compuestos fijadores anaeróbicos se utilizan para evitar que los sujetadores vibren o se aflojen y cura sólo después de la instalación, con la ausencia de aire. El compuesto fijador de resistencia media se utiliza para tuercas, pernos y tornillos pequeños que puede llegar a quitar luego. El compuesto fijador de alta resistencia es para tuercas, pernos y pernos prisioneros grandes que no se quiten regularmente.

Los *aditivos de aceite* varían desde los mejoradores del índice de viscosidad hasta los tratamientos químicos que dicen reducir la fricción interna del motor. Debe tener en cuenta que la mayoría de los fabricantes de aceites advierten contra el uso de aditivos con sus aceites.

Los *aditivos de gas* tienen distintas funciones, dependiendo de su composición química. Normalmente contienen solventes que ayudan a disolver el pegamento y el barniz que se acumula en el carburador, la inyección de combustible y las piezas de admisión. También sirven para descomponer los depósitos de carbón que se forman dentro de las superficies de las cámaras de combustión. Algunos aditivos contienen lubricantes de cilindros superiores para válvulas y anillos de pistón y otros contienen químicos para eliminar la condensación del tanque de gasolina.

Varios

El *aceite de freno* es un líquido hidráulico especialmente formulado, capaz de resistir el calor y la presión que se encuentran en los sistemas de frenos. Debe tener cuidado para que el líquido no entre en contacto con las superficies pintadas o de plástico. Siempre volver a sellar un contenedor abierto para evitar que se contamine por agua o suciedad.

El *adhesivo para burletes* se utiliza para unir los burletes alrededor de las puertas, ventanas y la puerta del maletero. A veces se utiliza para unir las piezas de adorno.

El *tratamiento anticorrosivo del chasis* es una sustancia a base de petróleo como el alquitrán, diseñado para evitar que las superficies metálicas de la parte inferior del vehículo se corroan. También actúa como un agente atenuador de sonido al aislar la parte inferior del vehículo.

Las *ceras y los pulidores* se utilizan para ayudar a proteger del clima las superficies pintadas y brillantes. Distintos tipos de pintura pueden necesitar el uso de distintos tipos de ceras y pulidores. Algunos pulidores utilizan un limpiador químico o abrasivo para ayudar a mejorar la capa superior de pintura (opaca) de los vehículos viejos para que no se oxide. En los últimos años, se introdujeron muchos pulidores sin cera que contienen una gran cantidad de químicos como polímeros y siliconas. Estos pulidores sin cera suelen ser más fáciles de aplicar y duran más que las ceras y los pulidores convencionales.

Factores de conversión

Longitud (distancia)
Pulgadas (in)	X	25.4	=	Milímetros (mm)	X	0.0394	= Pulgadas (in)
Pies (ft)	X	0.305	=	Metros (m)	X	3.281	= Pies (ft)
Millas	X	1.609	=	Kilómetros (km)	X	0.621	= Millas

Volumen (capacidad)
Pulg. cúbicas (cu in; in^3)	X	16.387	=	Centímetros cúbicos (cc; cm^3)	X	0.061	= Pulg. cúbicas (cu in; in^3)
Pintas imperiales (Imp pt)	X	0.568	=	Litros (l)	X	1.760	= Pintas imperiales (Imp pt)
Cuartos imperiales (Imp qt)	X	1.137	=	Litros (l)	X	0.880	= Cuartos imperiales (Imp qt)
Cuartos imperiales (Imp qt)	X	1.201	=	Cuartos EE.UU. (US qt)	X	0.833	= Cuartos imperiales (Imp qt)
Cuartos EE.UU. (US qt)	X	0.946	=	Litros (l)	X	1.057	= Cuartos EE.UU. (US qt)
Galones Imperiales (Imp gal)	X	4.546	=	Litros (l)	X	0.22	= Galones Imperiales (Imp gal)
Galones Imperiales (Imp gal)	X	1.201	=	Galones EE.UU. (US gal)	X	.0833	= Galones Imperiales (Imp gal)
Galones EE.UU. (US gal)	X	3.785	=	Litros (l)	X	.0264	= Galones EE.UU. (US gal)

Masa (peso)
Onzas (oz)	X	28.35	=	Gramos (g)	X	0.035	= Onzas (oz)
Libras (lb)	X	0.454	=	Kilogramos (kg)	X	2.205	= Libras (lb)

Fuerza
Onzas-fuerza (ozf; oz)	X	0.278	=	Newtons (N)	X	3.6	= Onzas-fuerza (ozf; oz)
Libras-fuerza (lbf; lb)	X	4.448	=	Newtons (N)	X	0.225	= Libras-fuerza (lbf; lb)
Newtons (N)	X	0.1	=	Kilogramos-fuerza (kgf; kg)	X	9.81	= Newtons (N)

Presión
Libras-fuerza por pulg. cuadr. (psi; lbf/in^2; lb/in^2)	X	0.070	=	Kilogramos-fuerza por cent. cuadrado (kgf/cm^2; kg/cm^2)	X	14.223	= Libras-fuerza por pulg. cuadr. (psi; lbf/in^2; lb/in^2)
Libras-fuerza por pulg. cuadr. (psi; lbf/in^2; lb/in^2)	X	0.068	=	Atmósferas (atm)	X	14.696	= Libras-fuerza por pulg. cuadr. (psi; lbf/in^2; lb/in^2)
Libras-fuerza por pulg. cuadr. (psi; lbf/in^2; lb/in^2)	X	0.069	=	Barias	X	14.5	= Libras-fuerza por pulg. cuadr. (psi; lbf/in^2; lb/in^2)
Libras-fuerza por pulg. cuadr. (psi; lbf/in^2; lb/in^2)	X	6.895	=	Kilopascal (kPa)	X	0.145	= Libras-fuerza por pulg. cuadr. (psi; lbf/in^2; lb/in^2)
Kilopascal (kPa)	X	0.01	=	Kilogramos-fuerza por cent. cuadrado (kgf/cm^2; kg/cm^2)	X	98.1	= Kilopascal (kPa)

Torque (momento de fuerza)
Libras-fuerza pulgadas (lbf in; lb in)	X	1.152	=	Kilogramos-fuerza centímetro (kgf cm; kg cm)	X	0.086	= Libras-fuerza pulgadas (lbf in; lb in)
Libras-fuerza pulgadas (lbf in; lb in)	X	0.113	=	Newton-metros (Nm)	X	8.85	= Libras-fuerza pulgadas (lbf in; lb in)
Libras-fuerza pulgadas (lbf in; lb in)	X	0.083	=	Libras-fuerza pies (lbf ft; lb ft)	X	12	= Libras-fuerza pulgadas (lbf in; lb in)
Libras-fuerza pies (lbf ft; lb ft)	X	0.138	=	Kilogramos-fuerza metros (kgf m; kg m)	X	7.233	= Libras-fuerza pies (lbf ft; lb ft)
Libras-fuerza pies (lbf ft; lb ft)	X	1.356	=	Newton-metros (Nm)	X	0.738	= Libras-fuerza pies (lbf ft; lb ft)
Newton-metros (Nm)	X		=	Kilogramos-fuerza metros (kgf m; kg m)	X	9.804	= Newton-metros (Nm)

Vacío
Pulg. mercurio (in. Hg)	X	3.377	=	Kilopascal (kPa)	X	0.2961	= Pulg. mercurio
Pulg. mercurio (in. Hg)	X	25.4	=	Milímetros mercurio (mm Hg)	X	0.0394	= Pulg. mercurio

Potencia
Caballaje (hp)	X	745.7	=	Watt (W)	X	0.0013	= Caballaje (hp)

Velocidad
Millas por hora (millas/h; mph)	X	1.609	=	Kilómetros por hora (km/hr; kph)	X	0.621	= Millas por hora (millas/h; mph)

Consumo de combustible*
Millas por galón, Imperial (mpg)	X	0.354	=	Kilómetros por litro (km/l)	X	2.825	= Millas por galón, Imperial (mpg)
Millas por galón, EE.UU. (mpg)	X	0.425	=	Kilómetros por litro (km/l)	X	2.352	= Millas por galón, EE.UU. (mpg)

Temperatura

Grados Fahrenheit = (°C x 1.8) + 32   Grados Celsius (Grados centígrados; °C) = (°F - 32) x 0.56

*Es una práctica común convertir millas por galón (mpg) a litros/100 kilómetros (l/100km), (Imperial) x l/100km = 282 y mpg (US) x l/100km = 235

DECIMALES a MILÍMETROS

Decimal	mm	Decimal	mm
0.001	0.0254	0.500	12.7000
0.002	0.0508	0.510	12.9540
0.003	0.0762	0.520	13.2080
0.004	0.1016	0.530	13.4620
0.005	0.1270	0.540	13.7160
0.006	0.1524	0.550	13.9700
0.007	0.1778	0.560	14.2240
0.008	0.2032	0.570	14.4780
0.009	0.2286	0.580	14.7320
		0.590	14.9860
0.010	0.2540		
0.020	0.5080		
0.030	0.7620		
0.040	1.0160	0.600	15.2400
0.050	1.2700	0.610	15.4940
0.060	1.5240	0.620	15.7480
0.070	1.7780	0.630	16.0020
0.080	2.0320	0.640	16.2560
0.090	2.2860	0.650	16.5100
		0.660	16.7640
0.100	2.5400	0.670	17.0180
0.110	2.7940	0.680	17.2720
0.120	3.0480	0.690	17.5260
0.130	3.3020		
0.140	3.5560		
0.150	3.8100	0.700	17.7800
0.160	4.0640	0.710	18.0340
0.170	4.3180	0.720	18.2880
0.180	4.5720	0.730	18.5420
0.190	4.8260	0.740	18.7960
		0.750	19.0500
0.200	5.0800	0.760	19.3040
0.210	5.3340	0.770	19.5580
0.220	5.5880	0.780	19.8120
0.230	5.8420	0.790	20.0660
0.240	6.0960		
0.250	6.3500		
0.260	6.6040	0.800	20.3200
0.270	6.8580	0.810	20.5740
0.280	7.1120	0.820	21.8280
0.290	7.3660	0.830	21.0820
0.300	7.6200	0.840	21.3360
0.310	7.8740	0.850	21.5900
0.320	8.1280	0.860	21.8440
0.330	8.3820	0.870	22.0980
0.340	8.6360	0.880	22.3520
0.350	8.8900	0.890	22.6060
0.360	9.1440		
0.370	9.3980		
0.380	9.6520		
0.390	9.9060		
		0.900	22.8600
0.400	10.1600	0.910	23.1140
0.410	10.4140	0.920	23.3680
0.420	10.6680	0.930	23.6220
0.430	10.9220	0.940	23.8760
0.440	11.1760	0.950	24.1300
0.450	11.4300	0.960	24.3840
0.460	11.6840	0.970	24.6380
0.470	11.9380	0.980	24.8920
0.480	12.1920	0.990	25.1460
0.490	12.4460	1.000	25.4000

FRACCIONES a DECIMALES a MILÍMETROS

Fracción	Decimal	mm	Fracción	Decimal	mm
1/64	0.0156	0.3969	33/64	0.5156	13.0969
1/32	0.0312	0.7938	17/32	0.5312	13.4938
3/64	0.0469	1.1906	35/64	0.5469	13.8906
1/16	0.0625	1.5875	9/16	0.5625	14.2875
5/64	0.0781	1.9844	37/64	0.5781	14.6844
3/32	0.0938	2.3812	19/32	0.5938	15.0812
7/64	0.1094	2.7781	39/64	0.6094	15.4781
1/8	0.1250	3.1750	5/8	0.6250	15.8750
9/64	0.1406	3.5719	41/64	0.6406	16.2719
5/32	0.1562	3.9688	21/32	0.6562	16.6688
11/64	0.1719	4.3656	43/64	0.6719	17.0656
3/16	0.1875	4.7625	11/16	0.6875	17.4625
13/64	0.2031	5.1594	45/64	0.7031	17.8594
7/32	0.2188	5.5562	23/32	0.7188	18.2562
15/64	0.2344	5.9531	47/64	0.7344	18.6531
1/4	0.2500	6.3500	3/4	0.7500	19.0500
17/64	0.2656	6.7469	49/64	0.7656	19.4469
9/32	0.2812	7.1438	25/32	0.7812	19.8438
19/64	0.2969	7.5406	51/64	0.7969	20.2406
5/16	0.3125	7.9375	13/16	0.8125	20.6375
21/64	0.3281	8.3344	53/64	0.8281	21.0344
11/32	0.3438	8.7312	27/32	0.8438	21.4312
23/64	0.3594	9.1281	55/64	0.8594	21.8281
3/8	0.3750	9.5250	7/8	0.8750	22.2250
25/64	0.3906	9.9219	57/64	0.8906	22.6219
13/32	0.4062	10.3188	29/32	0.9062	23.0188
27/64	0.4219	10.7156	59/64	0.9219	23.4156
7/16	0.4375	11.1125	15/16	0.9375	23.8125
29/64	0.4531	11.5094	61/64	0.9531	24.2094
15/32	0.4688	11.9062	31/32	0.9688	24.6062
31/64	0.4844	12.3031	63/64	0.9844	25.0031
1/2	0.5000	12.7000	1	1.0000	25.4000

¡Seguridad primero!

Sin importar el entusiasmo que tenga por comenzar con el trabajo manual, tómese el tiempo para asegurarse de que su seguridad no peligra. La falta de atención por un instante puede resultar en un accidente y provocar un error al momento de observar ciertas precauciones de seguridad simples. La posibilidad de un accidente siempre está y no debe considerar los siguientes puntos como una lista completa de todos los peligros. Por el contrario, su intención es que tome conciencia de los riesgos y que tenga una conciencia de seguridad durante todos los trabajos que realice en su vehículo.

Cosas esenciales permitidas y no permitidas

NO confíe en el gato cuando trabaje debajo del vehículo. Siempre utilice soportes de gato aprobados para apoyar el peso del vehículo y colóquelos debajo de los puntos de elevación o apoyo recomendados.

NO intente aflojar los sujetadores extremadamente apretados (es decir, las tuercas de orejetas de las ruedas) mientras el vehículo está sobre un gato, porque se puede caer.

NO encienda el motor sin primero asegurarse de que la transmisión esté en Neutral (o Park donde se aplique) y de que el freno de estacionamiento esté aplicado.

NO quite el tapón del radiador del sistema de enfriamiento caliente, déjelo enfriar o cúbralo con una tela y libere gradualmente la presión.

NO intente drenar el aceite del motor hasta que esté seguro de que se enfrió al punto en el que usted no se queme.

NO toque ninguna pieza del motor o sistema de escape hasta que se haya enfriado lo suficiente para evitar quemaduras.

NO utilice su boca para transvasar líquidos tóxicos como la gasolina, anticongelante y aceite de freno, ni permita que permanezcan en su piel.

NO inhale el polvo del forro de freno, es potencialmente peligroso (vea *Amianto* a continuación).

NO permita que el aceite o grasa derramada permanezca en el suelo, límpielo antes de que alguien se patine.

NO utilice llaves con adaptadores flojos y otras herramientas que podrían patinarse y causar lesiones.

NO empuje sobre las llaves cuando afloje o apriete tuercas o pernos. Siempre intente llevar la llave hacia usted. Si la situación requiere que empuje sobre la llave, empuje con una mano abierta para evitar lastimarse los nudillos en el caso de que la llave se deslice.

NO intente levantar solo un componente pesado, pídale a alguien que lo ayude.

NO *se apure o tome atajos poco seguros para terminar el trabajo.*

NO permita que haya niños o mascotas dentro o cerca del vehículo mientras usted está trabajando.

UTILICE protección para ojos cuando use herramientas eléctricas, como taladros, lijadoras, amoladoras de banco, etc. y cuando trabaje debajo del vehículo.

MANTENGA la ropa suelta y el cabello largo alejados de las piezas que se mueven.

ASEGÚRESE de que cualquier elevador que utilice tenga un valor de carga segura de trabajo adecuada para la tarea.

PÍDALE a alguien que lo controle periódicamente cuando trabaje en el vehículo estando solo.

HAGA el trabajo en una secuencia lógica y asegúrese de que todo esté correctamente armado y apretado.

MANTENGA los químicos y líquidos bien tapados y fuera del alcance de niños y mascotas.

RECUERDE que la seguridad de su vehículo afecta su seguridad y la de otros. Si tiene dudas sobre algún punto, pídale consejo a un profesional.

Dirección, suspensión y frenos

Estos sistemas son esenciales para conducir con seguridad, así que asegúrese de que un taller o persona calificada revise su trabajo. También, los resortes de suspensión comprimidos pueden causar lesiones si se liberan repentinamente, asegúrese de utilizar un compresor para resortes.

Bolsas de aire

Las bolsas de aire son dispositivos que pueden **CAUSAR** lesiones si se despliegan mientras usted trabaja en el vehículo. Siga las instrucciones del fabricante para desactivar las bolsas de aire cada vez que trabaje cerca de sus componentes.

Amianto

Ciertos productos de fricción, aislamiento, selladores y de otro tipo, como los forros de freno, bandas de freno, forros de embrague, convertidores de torque, juntas, etc. pueden contener amianto u otros materiales de fricción peligrosos. Debe tener un cuidado extremo para evitar la inhalación del polvo de estos productos, ya que son peligrosos para la salud. Si tiene dudas, asuma que sí contienen amianto.

Fuego

Siempre recuerde que la gasolina es altamente inflamable. Nunca fume o tenga ningún tipo de llama abierta mientras trabaje en el vehículo. Pero el riesgo no termina allí. Una chispa causada por un cortocircuito eléctrico, por el contacto de superficies de metal, o incluso por la estática de su cuerpo en ciertas condiciones, puede encender los vapores de la gasolina, que, en lugares cerrados, son altamente explosivos. Bajo ninguna circunstancia utilice gasolina para la limpieza de las piezas. Utilice un solvente seguro aprobado.

Siempre desconecte el cable a tierra (-) de la batería antes de trabajar con cualquier pieza del sistema de combustible o del sistema eléctrico. Nunca se arriesgue a derramar combustible sobre un componente del motor o escape caliente. Se recomienda firmemente que tenga todo el tiempo un extinguidor de fuego a mano adecuado para incendios por combustible y electricidad en el garaje o taller. Nunca intente extinguir los incendios por combustible o electricidad con agua.

Gases

Ciertos gases son altamente tóxicos y pueden dejarlo inconsciente rápidamente o incluso llevarlo a la muerte si los inhala en exceso. Los vapores de gasolina entran en esta categoría, junto con los vapores de algunos solventes de limpieza. Cualquier drenaje o vertido de estos líquidos tan volátiles deben realizarse en un área bien ventilada.

Cuando utilice líquidos y solventes de limpieza, lea cuidadosamente las instrucciones del contenedor. Nunca utilice los materiales de contenedores sin marcar.

Nunca encienda el motor en un espacio cerrado, como un garaje. Los gases del escape contienen monóxido de carbono, que es extremadamente venenoso. Si debe encender el motor, hágalo al aire libre o al menos tenga la parte trasera del vehículo fuera del área de trabajo.

La batería

Nunca cree una chispa ni deje un foco desnudo cerca de la batería. Normalmente liberan una cierta cantidad de gas hidrógeno, que es altamente explosivo.

Siempre desconecte el cable a tierra (-) de la batería antes de trabajar en los sistemas de combustible o eléctrico.

Si es posible, afloje el tapón de llenado o cubierta cuando cargue la batería desde una fuente externa (esto no se aplica a las baterías selladas o libres de mantenimiento). No cargue la batería con un valor excesivo o puede romperse.

Tenga cuidado cuando agregue agua a una batería con mantenimiento o cuando traslade una batería. El electrolito, aunque esté diluido, es muy corrosivo y no debe permitir que entre en contacto con la ropa o la piel.

Siempre utilice protección para ojos cuando limpie la batería para evitar que los depósitos cáusticos entren en los ojos.

Corriente doméstica

Cuando utilice una herramienta eléctrica, luz de inspección, etc., que funciona con corriente doméstica, siempre asegúrese de que la herramienta esté correctamente conectada al tomacorrientes y que, donde sea necesario, tenga la descarga correcta a tierra. No utilice estos elementos si están húmedos y, nuevamente, no cree una chispa ni aplique calor excesivo cerca del combustible o los vapores del combustible.

Voltaje del sistema de ignición secundario

Puede sufrir una descarga eléctrica grave si toca ciertas piezas del sistema de ignición (como los cables de bujías) cuando el motor esté encendido o girando, particularmente si los componentes están húmedos o el aislante está defectuoso. En el caso de un sistema de ignición electrónico, el voltaje del sistema secundario es mucho más alto y puede ser fatal.

Ácido fluorhídrico

Este ácido extremadamente corrosivo se forma cuando ciertos tipos de caucho sintético, que se encuentran en los anillos O, sellos de aceite, mangueras de combustible, etc. se exponen a temperaturas superiores a los 750 °F (400 °C). El caucho se transforma en una sustancia calcinada o pegajosa que contiene el ácido. *Una vez formado, el ácido sigue siendo peligroso durante años. Si penetra la piel, puede ser necesario amputar el miembro afectado.*

Cuando trabaje con un vehículo que ha sufrido un incendio o con componentes rescatados de un vehículo que haya sufrido uno, utilice guantes protectores y deséchelos después de utilizarlos.

Diagnóstico de fallas

Contenido

Síntomas	Sección
Motor	
El motor continúa funcionando (sigue encendido) después de colocar el interruptor en apagado	15
El motor de arranque funciona sin que el motor esté girando	3
El motor enciende pero se apaga inmediatamente	7
El motor falla en marcha mínima	9
El motor falla en todo el rango de velocidad	10
El motor "galopa" cuando va en marcha mínima o lo hace erráticamente	8
El motor gira pero no enciende	2
El motor no gira cuando intenta encenderlo	1
El motor no tiene potencia	12
El motor se ahoga	11
Es difícil encender el motor cuando está caliente	5
Es difícil encender el motor cuando está frío	4
Explosiones del motor	13
Motor de arranque ruidoso o excesivamente duro cuando engrana	6
Sonidos metálicos o golpeteos durante la aceleración o cuesta arriba	14
Sistema eléctrico del motor	
La batería no se mantiene cargada	16
La luz del alternador no se apaga	17
La luz del alternador no se enciende cuando se gira la llave a encendido	18
Sistema de combustible	
Consumo excesivo de combustible	19
Fuga de combustible y/o olor a combustible	20
Sistema de enfriamiento	
Fuga externa de refrigerante	23
Fuga interna de refrigerante	24
Pérdida de refrigerante	25
Poca circulación de refrigerante	26
Sobrecalentamiento	21
Sobreenfriamiento	22
Embrague	
Amarre (vibración) cuando se engrana el embrague	29
Chirrido o ruido sordo con el embrague completamente desengranado (pedal presionado)	31
Chirrido o ruido sordo con el embrague completamente engranado (pedal liberado)	30
El pedal del embrague permanece en el piso cuando se lo desengrana	32
Falla la liberación (pedal presionado al piso, la palanca de cambios no se mueve libremente desde y hacia Reverse [marcha atrás])	27
Patina el embrague (la velocidad del motor aumenta sin aumento de la velocidad del vehículo)	28
Transmisión manual	
Dificultad para engranar los engranajes	37
Fugas de aceite	38
Ruido en neutro con el motor en funcionamiento	33
Ruido en todos los engranajes	34
Ruido en un engranaje en particular	35
Se sale de la velocidad alta	36

Síntomas	Sección
Transmisión automática	
Fuga de líquido	42
La transmisión no hace el cambio descendente con el pedal del acelerador presionado al piso	40
La transmisión salta, los cambios están duros, hace ruido o no tiene impulso en la marcha hacia adelante o en reversa	41
Problemas generales del mecanismo de cambios	39
Caja de transferencia	
Es difícil cambiar la caja de transferencia al rango deseado	43
Fugas del lubricante en los sellos de la ventilación o del eje de salida	46
La caja de transferencia hace ruido en todos los engranajes	44
Ruidos o salta fuera del rango Bajo de la doble tracción	45
Eje propulsor	
Chirrido metálico consistente con la velocidad del vehículo	49
Fuga de aceite en la parte delantera del eje propulsor	47
Golpe o ruido cuando la transmisión está en carga inicial (justo después de poner la transmisión en el engranaje)	48
Vibración	50
Ejes	
Fugas de aceite	53
Ruido	51
Vibración	52
Ejes impulsores (doble tracción)	
Sonido de clic	54
Vibración en la carretera	56
Vibraciones durante la aceleración	55
Frenos	
Cuando presiona el pedal del freno se siente esponjoso	60
El pedal de freno vibra durante la aplicación del freno	63
El pedal llega al piso con poca resistencia	62
El vehículo tira hacia un lado cuando frena	57
Recorrido excesivo del pedal de freno	59
Ruido (chirrido agudo cuando aplica los frenos)	58
Se requiere un esfuerzo excesivo para frenar el vehículo	61
Sistemas de suspensión y dirección	
Bamboleo, agitación o vibración	65
Banda de rodadura del neumático gastada en un sitio	73
Chirrido o giros excesivos en las esquinas o cuando frena	66
Desgaste excesivo del neumático en el borde interno	72
Desgaste excesivo del neumático en el borde externo	71
Desgaste excesivo del neumático (no específico en un área)	70
Dirección excesivamente dura	67
El vehículo tira hacia un lado	64
Falta de asistencia hidráulica	69
Juego excesivo en la dirección	68

Diagnóstico de fallas

Esta sección brinda una guía de referencia sencilla sobre los problemas más comunes que pueden ocurrir durante el funcionamiento del vehículo. Estos problemas y las causas posibles se agrupan según distintos componentes o sistemas; es decir, Motor, Sistema de enfriamiento, etc. También se hace referencia al Capítulo o Sección en el que se trata el problema.

Recuerde que el diagnóstico de fallas exitoso no es magia negra misteriosa que sólo practican los mecánicos profesionales. Es, simplemente, el resultado de un poco de conocimiento combinado con un abordaje inteligente y sistemático del problema. Siempre trabaje siguiendo un proceso de eliminación, comience con la solución más simple y trabaje hasta llegar a la más compleja, y nunca omita lo obvio. Cualquiera puede olvidarse de llenar el tanque de gas o dejar las luces encendidas toda la noche, así que no dé por sentado que no debe tener en cuenta tales descuidos.

Finalmente, clarifique siempre los motivos por los que ha ocurrido un problema y haga lo necesario para asegurarse de que no volverá a suceder. Si el sistema eléctrico falla debido a una mala conexión, revise todas las otras conexiones del sistema para asegurarse de que tampoco fallarán. Si un fusible en particular sigue quemándose, averigüe el por qué, no se limite a únicamente reemplazar fusibles. Recuerde, la falla de un componente pequeño a menudo puede ser la señal de posibles fallas o funcionamiento incorrecto de un componente o sistema más importante.

Motor

1 El motor no gira cuando intenta encenderlo

1 Conexiones de los terminales de batería flojos o corroídos. Revise los terminales de los cables en la batería. Apriete el cable o elimine la corrosión según sea necesario.
2 Batería descargada o con fallas. Si las conexiones de los cables en los bornes de la batería están limpios y apretados, gire la llave a la posición On (encendido) y encienda las luces o los limpiaparabrisas. Si no funcionan, la batería está descargada.
3 La transmisión automática no está completamente acoplada en estacionamiento o neutro, o el pedal del embrague no está presionado del todo.
4 Cables rotos, flojos o desconectados en el circuito de arranque. Inspeccione todos los cables y conectores de la batería, el solenoide de arranque y el interruptor de ignición.
5 El piñón del motor de arranque está trabado en la corona del volante del motor. Si la transmisión es manual, coloque la transmisión en marcha y balancee el vehículo para girar el motor manualmente. Desmonte el arranque e inspeccione el piñón y el volante del motor en cuanto sea posible (Capítulo 5).
6 Falla del solenoide de arranque (Capítulo 5).
7 Falla del motor de arranque (Capítulo 5).
8 Falla del interruptor de ignición (Capítulo 12).

2 El motor gira pero no enciende

1 El tanque de combustible está vacío, el filtro de combustible obstruido o la línea de combustible restringida.
2 Falla en el sistema de inyección de combustible (Capítulo 4).
3 Batería descargada (el motor gira lentamente). Revise el funcionamiento de los componentes eléctricos, tal como se describe en la sección anterior.
4 Conexiones de los terminales de batería flojos o corroídos (vea la sección anterior).
5 Bomba de combustible defectuosa (Capítulo 4).
6 Los componentes de ignición están demasiado húmedos o dañados por la humedad (Capítulo 5).
7 Bujías gastadas, falladas o separadas incorrectamente (Capítulo 1).
8 Cables rotos, flojos o desconectados en el circuito de arranque (vea la sección anterior).
9 Cables rotos, flojos o desconectados en las bobinas de ignición (Capítulo 5).

3 El motor de arranque funciona sin que el motor esté girando

1 Adhesión del piñón de arranque. Desmonte el arranque (Capítulo 5) e inspecciónelo.
2 Dientes del piñón de arranque o del volante del motor desgastados o rotos. Desmonte la cubierta de acceso al volante del motor o al plato de transmisión e inspeccione.

4 Es difícil encender el motor cuando está frío

1 Batería descargada o con poca carga. Revise como se indica en la Sección 1.
2 Falla en los sistemas de combustible o ignición (Capítulos 4 y 5).
3 Fugas en los inyectores (Capítulo 4).
4 El rotor del distribuidor está cubierto con carbón (Capítulo 1).

5 Es difícil encender el motor cuando está caliente

1 Filtro de aire obstruido (Capítulo 1).
2 Falla en los sistemas de combustible o ignición (Capítulos 4 y 5).
3 El combustible no llega a los inyectores (vea el Capítulo 4).
4 Poca compresión del cilindro (Capítulo 2).
5 Mal funcionamiento del sistema EVAP (Capítulo 6).

6 Motor de arranque ruidoso o excesivamente duro cuando engrana

1 Dientes del engranaje del piñón o del volante del motor desgastados o rotos. Desmonte la cubierta en la parte trasera del motor (si está equipada) e inspeccione.
2 Pernos de montaje del motor de arranque flojos o faltantes.

7 El motor enciende pero se apaga inmediatamente

1 Las conexiones eléctricas al distribuidor (V6), a la bobina o al alternador están flojas o defectuosas.
2 Falla en los sistemas de combustible o ignición (Capítulos 4 y 5).
3 Pérdida de vacío en las superficies de la junta del múltiple de admisión o del cuerpo del acelerador. Asegúrese de que todos los pernos/tuercas de montaje estén apretados firmemente y todas las mangueras de vacío conectadas al múltiple correctamente y en buenas condiciones.
4 Sistema de escape o de admisión restringido (Capítulo 4).

8 El motor "galopa" cuando va en marcha mínima o lo hace erráticamente

1 Pérdida de vacío. Revise que los pernos/tuercas de montaje en el cuerpo del acelerador y en el múltiple de admisión estén apretados correctamente. Asegúrese de que todas las mangueras de vacío estén conectadas y en buenas condiciones. Mientras el motor esté en funcionamiento, coloque un estetoscopio o apoye un largo de manguera de combustible en su oreja para escuchar si hay pérdidas de vacío. Escuchará un zumbido. Una solución de agua jabonosa también detectará las pérdidas.
2 Falla en los sistemas de combustible o ignición (Capítulos 4 y 5).
3 Válvula de ventilación positiva del cárter (PCV) o manguera tapada (vea los Capítulos 1 y 6).
4 Filtro de aire obstruido (Capítulo 1).
5 La bomba de combustible no entrega combustible suficiente a los inyectores de combustible (vea el Capítulo 4).
6 Fuga en la junta de la culata. Realice una revisión de la compresión (Capítulo 2C).
7 Lóbulos del árbol de levas desgastados (Capítulo 2).

9 El motor falla en marcha mínima

1 Bujías desgatadas, empastadas o separadas incorrectamente (Capítulo 1).
2 Falla en los sistemas de combustible o ignición (Capítulos 4 y 5).
3 Cables de bujía con fallas (Capítulo 1).
4 Pérdida de vacío en el múltiple de admisión o en las conexiones de la manguera. Revise como se describe en la Sección 8.
5 Compresión del cilindro despareja o baja. Revise la compresión tal como se describe en el Capítulo 2C.

10 El motor falla en todo el rango de velocidad

1 Filtro de combustible obstruido e impurezas en el sistema de combustible (Capítulo 1).
2 Bujías defectuosas o separadas incorrectamente (Capítulo 1).
3 Falla en los sistemas de combustible o ignición (Capítulos 4 y 5).
4 Cables de bujía defectuosos (Capítulo 1).
5 Componentes del sistema de emisiones defectuosos (Capítulo 6).
6 Presiones de compresión del cilindro bajas o desparejas. Extraiga las bujías y pruebe la compresión con un medidor (Capítulo 2C).
7 Pérdidas de vacío en el cuerpo del acelerador, en el múltiple de admisión o en las mangueras de vacío (vea la Sección 8).

11 El motor se ahoga

1. Filtro de combustible obstruido y agua e impurezas en el sistema de combustible (Capítulo 1).
2. Falla en el sistema de combustible o en los sensores (Capítulos 4 y 6).
3. Componentes del sistema de emisiones defectuosos (Capítulo 6).
4. Bujías defectuosas o separadas incorrectamente (Capítulo 1). También revise los cables de bujía (Capítulo 1).
5. Pérdida de vacío en el cuerpo del acelerador, en el múltiple de admisión o en las mangueras de vacío. Revise como se indica en la Sección 8.

12 El motor no tiene potencia

1. Falla en los sistemas de combustible o ignición (Capítulos 4 y 5).
2. Bujías defectuosas o separadas incorrectamente (Capítulo 1).
3. Bobinas defectuosas (Capítulo 5).
4. Inmovilidad en los frenos (Capítulo 1).
5. El nivel de líquido de la transmisión automática es incorrecto (Capítulo 1).
6. El embrague patina (Capítulo 8).
7. Filtro de combustible obstruido e impurezas en el sistema de combustible (Capítulo 1).
8. El sistema de control de emisiones no funciona correctamente (Capítulo 6).
9. Uso de combustible de baja calidad. Llene el tanque con el combustible adecuado.
10. Presiones de compresión del cilindro bajas o desparejas. Pruebe la compresión con un medidor, este instrumento detectará fugas en las válvulas y juntas de culatas fundidas (Capítulo 2).
11. Restricción en el sistema de escape o de admisión (Capítulo 4).

13 Explosiones del motor

1. El sistema de emisiones no funciona correctamente (Capítulo 6).
2. Falla en los sistemas de combustible o ignición (Capítulos 4 y 5).
3. Sistema de ignición secundario defectuoso (aislante de bujía rajado o cables de bujías defectuosos) (Capítulos 1 y 5).
4. El sistema de inyección de combustible no funciona correctamente (Capítulo 4).
5. Pérdida de vacío en el cuerpo del acelerador, en el múltiple de admisión o en las mangueras de vacío. Revise como se indica en la Sección 8.
6. Válvulas adheridas (Capítulo 2).
7. Cables de bujía cruzados (Capítulo 1).

14 Sonidos metálicos o golpeteos durante la aceleración o cuesta arriba

1. Grado de combustible incorrecto. Llene el tanque con un combustible del valor de octanos correcto.
2. Falla en los sistemas de combustible o ignición (Capítulos 4 y 5).
3. Bujías incorrectas. Revise si el tipo de bujía es el indicado en la etiqueta VECI ubicada en el compartimiento del motor. También revise las bujías y los cables en busca de daños (Capítulo 1).
4. Sistema de emisiones defectuoso (Capítulo 6).

5. Pérdida de vacío. Revise como se indica en la Sección 9.

15 El motor continúa funcionando (sigue encendido) después de colocar el interruptor en apagado

1. La marcha mínima es muy alta (Capítulo 4).
2. Falla en los sistemas de combustible o ignición (Capítulos 4 y 5).
3. Temperatura de funcionamiento del motor excesiva. Las causas probables de esto son: nivel bajo de refrigerante (vea el Capítulo 1), malfuncionamiento del termostato, radiador obstruido o bomba de agua defectuosa (vea el Capítulo 3).

Sistema eléctrico del motor

16 La batería no se mantiene cargada

1. Correa de transmisión del alternador defectuosa o no está ajustada correctamente (Capítulo 1).
2. Nivel de electrolitos bajo o batería descargada (Capítulo 1).
3. Los terminales de la batería están flojos o corroídos (Capítulo 1).
4. El alternador no carga correctamente (Capítulo 5).
5. Cables flojos, rotos o con fallas en el circuito de carga (Capítulo 5).
6. Cortocircuito en el cableado del vehículo que provoca el drenaje continuo de la batería (consulte el Capítulo 12 y los diagramas de cableado).
7. Batería defectuosa internamente.

17 La luz del alternador no se apaga

1. Falla en el alternador o circuito de carga (Capítulo 5).
2. Correa de transmisión del alternador defectuosa o no está ajustada correctamente (Capítulo 1).

18 La luz del alternador no se enciende cuando se gira la llave a encendido

1. Foco de la luz de advertencia del grupo de instrumentos defectuosa (Capítulo 12).
2. Alternador defectuoso (Capítulo 5).
3. Falla en el circuito impreso del grupo de instrumentos, cableado del tablero o soporte del foco (Capítulo 12).

Sistema de combustible

19 Consumo excesivo de combustible

1. Elemento del filtro de aire sucio u obstruido (Capítulo 1).
2. El sistema de emisiones no funciona correctamente (Capítulo 6).
3. Falla en los sistemas de combustible o ignición (Capítulos 4 y 5).
4. Presión del neumático baja o tamaño de neumático incorrecto (Capítulo 1).
5. Sistema de escape restringido (Capítulo 4).

20 Fuga de combustible y/o olor a combustible

1. Fuga en una línea de alimentación de combustible o de ventilación (Capítulo 4).
2. Tanque demasiado lleno. Llene sólo hasta que se cierre automáticamente.
3. Cartucho del sistema de emisiones por evaporación obstruido (Capítulo 6).
4. Fugas de vapor de las líneas o los inyectores del sistema (Capítulo 4).

Sistema de enfriamiento

21 Sobrecalentamiento

1. El refrigerante del sistema es insuficiente (Capítulo 1).
2. Correa de transmisión de la bomba de agua defectuosa o no está ajustada correctamente (Capítulo 1).
3. Núcleo del radiador bloqueado o parrilla del radiador sucia y restringida (vea el Capítulo 3).
4. Termostato defectuoso (Capítulo 3).
5. Aspas del ventilador rotas o rajadas (Capítulo 3).
6. La tapa del tanque de compensación no mantiene la presión adecuada. Haga que prueben la presión de la tapa en una gasolinera o taller.
7. Falla en el circuito eléctrico de los ventiladores de enfriamiento (Capítulo 3).

22 Sobreenfriamiento

1. Termostato defectuoso (Capítulo 3).
2. Indicador de temperatura inexacto (Capítulo 12).
3. Falla en el circuito eléctrico de los ventiladores de enfriamiento (Capítulo 3).

23 Fuga externa de refrigerante

1. Mangueras deterioradas o dañadas o abrazaderas flojas. Reemplace las mangueras y ajuste las abrazaderas en las conexiones de la manguera (Capítulo 1).
2. Sellos de bomba de agua defectuosos. Si éste es el caso, el agua goteará del orificio de ventilación en el cuerpo de la bomba de agua (Capítulo 3).
3. Pérdida del núcleo del radiador o del tanque o tanques laterales. Esto necesita que un profesional repare el radiador (vea el Capítulo 3 para conocer los procedimientos de desmontaje).
4. Fuga en el tapón de drenaje del motor (Capítulo 1) o fuga en los tapones del núcleo de la camisa de agua (vea el Capítulo 2C).
5. Fuga en el núcleo del calefactor. Deben aparecer señales de fuga en la alfombra del interior (Capítulo 3).

24 Fuga interna de refrigerante

Nota: *Las fugas del refrigerante interno se pueden detectar generalmente al examinar el aceite. Revise la varilla de medir y dentro de la tapa de válvulas para detectar depósitos de agua y una consistencia de aceite como de malteada.*

Diagnóstico de fallas 0-25

1 Fuga en la junta de la culata de cilindros. Haga probar la presión del sistema de enfriamiento.
2 Hueco del cilindro o culata de cilindros rajado. Desmonte la(s) culata(s) (Capítulo 2) e inspecciónelas.
3 Fuga en la junta del múltiple de admisión (Capítulo 2).

25 Pérdida de refrigerante

1 Demasiado refrigerante en el sistema (Capítulo 1)
2 El refrigerante se hierve debido al sobrecalentamiento (vea la Sección 15).
3 Fuga externa o interna (vea las Secciones 23 y 24).
4 Tapa del tanque de compensación defectuosa. Pida que prueben la presión de la tapa.

26 Poca circulación de refrigerante

1 La bomba de agua no funciona. Una forma de probarlo rápidamente es pellizcar la parte superior de la manguera del radiador con la mano mientras el motor está en velocidad mínima, luego suéltela. Si la bomba funciona correctamente, debería sentir una compensación del refrigerante (vea el Capítulo 1).
2 Restricción en el sistema de enfriamiento. Drene, enjuague y rellene el sistema (Capítulo 1). De ser necesario, quite el radiador (Capítulo 3) y pida que lo enjuaguen en sentido contrario.
3 Correa de transmisión de la bomba de agua defectuosa o no está ajustada correctamente (Capítulo 1).
4 Termostato adherido (Capítulo 3).
5 El recorrido de la correa de transmisión es incorrecto y hace que la bomba gire hacia atrás (Capítulo 1).

Embrague

27 Fallo al liberar (pedal presionado al piso - la palanca de cambios no se mueve libremente desde y hacia marcha atrás).

1 Fuga en el sistema hidráulico del embrague. Revise el cilindro principal, el cilindro esclavo y las líneas (Capítulos 1 y 8).
2 El plato del embrague está deformado o dañado (Capítulo 8).
3 Rodamiento de desembrague roto (Capítulo 8).

28 Patina el embrague (la velocidad del motor aumenta sin aumento de la velocidad del vehículo)

1 El plato del embrague está empapado con aceite o el forro está desgastado. Quite el embrague (Capítulo 8) e inspecciónelo.
2 El plato del embrague no está asentado. Puede tomar entre 30 o 40 arranques para que el plato nuevo se asiente.
3 El plato de presión está desgastado (Capítulo 8).

29 Amarre (vibración) cuando se engrana el embrague

1 Aceite en el forro del plato de embrague. Quítelo (Capítulo 8) e inspecciónelo. Corrija cualquier fuente de fuga.
2 Las monturas del motor o la transmisión están desgastadas o flojas. Estas unidades se mueven ligeramente cuando libera el embrague. Inspeccione las monturas y los pernos (Capítulo 2).
3 Las estrías del cubo del plato del embrague están desgastadas. Desmonte los componentes del embrague (Capítulo 8) e inspecciónelos.
4 Plato de presión o volante del motor deformado. Desmonte los componentes del embrague e inspecciónelos.

30 Chirrido o ruido sordo con el embrague completamente engranado (pedal liberado)

1 El rodamiento de desembrague se agarrota en el retenedor del rodamiento de la transmisión. Quite los componentes del embrague (Capítulo 8) y revise el cilindro esclavo y el conjunto del rodamiento de desembrague. Quite cualquier rebaba o hendidura, limpie y vuelva a lubricar antes de volver a instalarlo.

31 Chirrido o ruido sordo con el embrague completamente desengranado (pedal presionado)

1 Rodamiento de desembrague desgastado, defectuoso o roto (Capítulo 8).
2 Resortes (o dedos del diafragma) del plato de presión desgastados o rotos (Capítulos 8).

32 El pedal del embrague permanece en el piso cuando se lo desengrana

1 El rodamiento de desembrague está agarrotado o hay una falla en el sistema hidráulico (Capítulo 8).
2 El cilindro principal del embrague está defectuoso (Capítulo 8).

Transmisión manual
Nota: *Todas las siguientes referencias están en el Capítulo 7A, a menos que se indique otra cosa.*

33 Ruido en neutro con el motor en funcionamiento

1 El rodamiento del eje de entrada está desgastado.
2 Rodamiento del engranaje impulsor principal dañado.
3 Los rodamientos del eje intermedio están desgastados.
4 Las laminillas del juego longitudinal están desgastadas o dañadas.

34 Ruido en todos los engranajes

1 Cualquiera de las causas anteriores y/o:
2 Lubricante insuficiente (vea los procedimientos de revisión en el Capítulo 1).

35 Ruido en un engranaje en particular

1 Los dientes de ese engranaje en particular están gastados, dañados o astillados.
2 El sincronizador de ese engranaje en particular está gastado o dañado.

36 Se sale de la velocidad alta

1 La transmisión de la caja del embrague está floja.
2 Suciedad entre la caja de la transmisión y el motor, o desalineamiento de la transmisión.

37 Dificultad para engranar los engranajes

1 El embrague no se libera completamente (vea el ajuste del embrague en el Capítulo 1).
2 El dispositivo de cambios está flojo o dañado. Haga una inspección meticulosa o reemplace las piezas que sean necesarias.

38 Fugas de aceite

1 Cantidad de lubricante excesiva en la transmisión (vea el Capítulo 1 para conocer los procedimientos de revisión correctos). Drene el lubricante como sea necesario.
2 El sello de aceite de la transmisión debe ser reemplazado.

Transmisión automática
Nota: *Debido a la complejidad de la transmisión automática, es difícil para el mecánico doméstico diagnosticar correctamente y hacer el servicio de este componente. Por otros problemas que no sean los siguientes, debe llevar el vehículo a un departamento de servicio o a un taller de transmisión.*

39 Problemas generales del mecanismo de cambios

1 El Capítulo 7B trata sobre la revisión y el ajuste del cable de cambios en transmisiones automáticas. Los problemas comunes atribuibles a un cable mal ajustado son:
 a) *El motor arranca en otros engranajes que no son Park o Neutral.*
 b) *El indicador del dispositivo de cambios señala otro engranaje que no es el seleccionado.*
 c) *El vehículo se mueve cuando está en estacionamiento.*
2 Consulte el Capítulo 7A para ajustar el mecanismo de cambios.

Diagnóstico de fallas

3 Problema con el solenoide del cambio electrónico. Revise los códigos de diagnóstico de falla (Capítulo 6).

40 La transmisión no hará el cambio descendente con el pedal del acelerador presionado al piso

La válvula del solenoide de control de presión de la transmisión está defectuosa. Revise los códigos de diagnóstico de falla (Capítulo 6).

41 La transmisión salta, los cambios están duros, hace ruido o no tiene impulso en la marcha hacia adelante o en reversa

1 De las muchas causas probables para los problemas anteriores, el mecánico doméstico debe preocuparse por solo una posibilidad: el nivel del líquido.
2 Antes de llevar el vehículo a un taller, revise el nivel y las condiciones del líquido tal como se describe en el Capítulo 1. Corrija el nivel del líquido como sea necesario o cambie el líquido y el filtro según sea necesario. Si el problema continua, haga que un profesional diagnostique la causa probable.
3 Si la transmisión cambia tarde y los cambios están duros, es posible que la válvula del solenoide de control de presión de la transmisión esté defectuosa. Revise los códigos de diagnóstico de falla (Capítulo 6).

42 Fuga de líquido

1 El líquido de la transmisión automática es de color rojo profundo. No debe confundir las fugas de líquido con las del aceite del motor, que pueden ser enviadas fácilmente por el flujo de aire a la transmisión.
2 Para localizar una fuga, primero quite toda la suciedad y el hollín acumulados alrededor de la transmisión. Logrará esto con agentes desengrasantes y limpieza con vapor. Con la parte inferior limpia, conduzca el vehículo a velocidades bajas para que el flujo de aire no aleje la fuga de su fuente. Eleve el vehículo y determine de dónde viene la fuga. Las áreas comunes para las fugas son:
   a) *Bandeja:* Apriete los pernos de montaje y reemplace la junta de la bandeja según sea necesario (vea el Capítulo 1).
   b) *Tubo de llenado:* Reemplace el sello de caucho en donde el tubo entra a la caja de transmisión.
   c) *Líneas de aceite de la transmisión:* Apriete los conectores donde las líneas entran a la caja de transmisión y/o reemplace las líneas.
   d) *Tubo de ventilación:* La transmisión está llena de más o hay agua en el líquido (vea los procedimientos de revisión en el Capítulo 1).
   e) *Conector del sensor de velocidad:* Reemplace el anillo O donde entra el sensor de velocidad del vehículo en la caja de transmisión (Capítulo 6).

Caja de transferencia

43 Es difícil cambiar la caja de transferencia al rango deseado

1 La velocidad puede ser muy alta para permitir el acoplamiento. Frene el vehículo y ponga el cambio en el rango deseado.
2 El mecanismo de cambios está flojo, doblado o deformado. Revise el mecanismo para detectar daños o desgastes y reemplace o lubrique según sea necesario (Capítulo 7C).
3 Si el vehículo se condujo durante algún tiempo sobre una superficie pavimentada, el torque del tren de potencia puede dificultar el cambio. Frene y cambie a tracción en dos ruedas en superficies pavimentadas o duras.
4 Grado de lubricante insuficiente o incorrecto. Drene y rellene la caja de transferencia con el lubricante especificado (Capítulo 1).
5 Componentes internos gastados o dañados. Puede ser necesario que se realice el desarmado y el reacondicionamiento de la caja de transferencia en un taller calificado.
6 Falla en el sistema eléctrico del eje delantero o en la caja de transferencia automática. Revise los códigos de diagnóstico de falla (Capítulo 6).

44 La caja de transferencia hace ruido en todos los engranajes

Grado de lubricante insuficiente o incorrecto. Drene y rellene (Capítulo 1).

45 Ruidos o salta fuera del rango Bajo de la doble tracción

1 La caja de transferencia no se acopla por completo. Frene el vehículo y coloque el cambio en neutro y luego acople en 4L.
2 El mecanismo de cambios está flojo, gastado o deformado. Apriete, repare o lubrique el mecanismo según sea necesario.
3 La horquilla de cambios está rajada, los insertos gastados o la horquilla está deformada en el bastidor. Desarme y repare de ser necesario (Capítulo 7C).
4 Falla en el sistema eléctrico del eje delantero o en la caja de transferencia automática. Revise los códigos de diagnóstico de falla (Capítulo 6).

46 Fugas del lubricante en los sellos de la ventilación o del eje de salida

1 La caja de transferencia está sobrellenada. Drénela al nivel adecuado (Capítulo 1).
2 La ventilación está obstruida o trabada en cerrado. Despeje o reemplace la ventilación.
3 El sello del eje de salida está instalado incorrectamente o dañado. Reemplace el sello y revise las superficies de contacto para detectar hendiduras y rayones.

Eje propulsor

47 Fuga de aceite en extremo del sello del eje propulsor

Transmisión o sello del aceite de la caja de transferencia defectuosa. Vea el Capítulo 7 para conocer los procedimientos de reemplazo. Mientras hace esto, revise el yugo estriado para detectar rebabas o malas condiciones que puedan estar dañando el sello. Puede quitar las rebabas con un trapo pulidor o una piedra de amolar fina.

48 Golpe o ruido cuando la transmisión está bajo carga inicial (justo después de poner la transmisión en el engranaje)

1 Los componentes de la suspensión trasera están flojos o desconectados. Revise todos los pernos, tuercas y bujes de montaje (vea el Capítulo 10).
2 Los pernos del eje propulsor están flojos. Inspeccione todos los pernos y tuercas y ajústelos al torque especificado.
3 Los rodamientos de la junta universal están gastados o dañados. Revise para detectar desgaste (vea el Capítulo 8).

49 Chirrido metálico consistente con la velocidad del vehículo

Desgaste pronunciado en los rodamientos de la junta universal. Revise tal como se describe en el Capítulo 8.

50 Vibración

Nota: *Antes de asumir que el eje propulsor está fallando, asegúrese de que los neumáticos estén perfectamente balanceados y realice las siguientes pruebas.*
1 Instale un tacómetro dentro del vehículo para monitorear la velocidad del motor a medida que lo maneja. Maneje el vehículo y anote la velocidad del motor en que la vibración (asperezas) es más pronunciada. Cambie la transmisión a un engranaje distinto y lleve la velocidad del motor hasta el mismo punto.
2 Si la vibración ocurre a la misma velocidad del motor (rpm) sin importar en qué engranaje esté la transmisión, el eje propulsor NO está fallando, ya que su velocidad varía.
3 Si la vibración disminuye o frena cuando la transmisión está en un engranaje distinto a la misma velocidad de motor, consulte las siguientes causas probables.
4 El eje propulsor está doblado o tiene abolladuras. Inspeccione y reemplace según sea necesario (vea el Capítulo 8).
5 Hay revestimiento interior o suciedad acumulada, etc. en el eje propulsor. Limpie el eje en profundidad y vuelva a revisar.
6 Los rodamientos de la junta universal están desgastados. Quítelos e inspecciónelos (vea el Capítulo 8).

Diagnóstico de fallas

7   El eje propulsor y/o la brida acompañante están desbalanceados. Revise que no falten pesos sobre el eje. Desmonte el eje propulsor (vea el Capítulo 8) y vuelva a instalarlo a 180 grados de la posición original, luego vuelva a probarlo. Si el problema continúa, haga que balanceen profesionalmente el eje propulsor.

Ejes

51   Ruido

1   Ruidos en la carretera. No hay procedimientos correctivos.
2   Ruidos del neumático. Inspeccione los neumáticos y vuelva a revisar la presión de los neumáticos (Capítulo 1).
3   Los rodamientos de las ruedas traseras están gastados o dañados (Capítulo 8).

52   Vibración

Vea las causas probables en *Eje propulsor*. Proceda según las pautas indicadas para el eje propulsor. Si el problema continúa, revise los rodamientos de las ruedas traseras elevando la parte de atrás del vehículo y girando a mano las ruedas traseras. Escuche si los rodamientos están ásperos (ruidosos). Quítelos e inspecciónelos (vea el Capítulo 8).

53   Fugas de aceite

1   El sello del piñón está dañado (vea el Capítulo 8).
2   Los sellos de aceite del semieje están dañados (vea el Capítulo 8).
3   Fugas en la cubierta de inspección del diferencial. Apriete los pernos o reemplace la junta según sea necesario (vea el Capítulo 8).

Ejes impulsores (doble tracción)

54   Ruido de clic en los giros

Juntas externas CV gastadas o dañadas (Capítulo 8).

55   Temblor o vibración durante la aceleración

1   Convergencia excesiva. Haga revisar el alineamiento.
2   Altura de resorte incorrecta (Capítulo 10).
3   Juntas externas o internas CV gastadas o dañadas (Capítulo 8).
4   El conjunto de la junta interna CV está adherido (Capítulo 8).

56   Vibración en las velocidades de carretera

1   Ruedas y/o neumáticos delanteros desbalanceados (Capítulos 1 y 10).

2   Neumáticos delanteros ovalados (Capítulo 1 y 10).
3   Juntas CV desgastadas (Capítulo 8).

Frenos

Nota: *Antes de asumir que hay un problema con los frenos, asegúrese de que los neumáticos estén en buen estado e inflados correctamente* (vea el Capítulo 1), *que la alineación del extremo delantero sea correcta y que el vehículo no esté cargado en forma desigual.*

57   El vehículo tira hacia un lado cuando frena

1   Las pastillas del freno de disco de un lado están defectuosas, dañadas o contaminadas por aceite. Inspeccione tal como se describe en el Capítulo 9.
2   Desgaste excesivo en un lado del material de la pastilla del freno o disco. Inspeccione y corrija según sea necesario.
3   Los componentes de la suspensión delantera están flojos o desconectados. Inspeccione y apriete todos los pernos al torque especificado (Capítulo 10).
4   Conjunto del caliper del freno defectuoso. Desmonte el caliper e inspecciónelo para detectar si hay algún pistón atascado u otros daños (Capítulo 9).
5   Lubricación insuficiente en las clavijas de deslizamiento del caliper del freno delantero. Retire el caliper y lubrique las clavijas de deslizamiento (Capítulo 9).

58   Ruido (chirrido agudo cuando aplica los frenos)

1   Las pastillas del freno de disco están gastadas. El ruido viene del sensor gastado frotándose contra el disco (no se aplica a todos los vehículos) o del mismo plato de apoyo de las pastillas si el material se desgastó por completo. Reemplace las pastillas por unas nuevas inmediatamente (Capítulo 9). Si el material de las pastillas se desgastó por completo, debe inspeccionar los discos del freno para detectar si hay algún daño, tal como se describe en el Capítulo 9.
2   Forros contaminados con tierra o grasa. Reemplace las pastillas.
3   Forros incorrectos. Reemplácelos por los correctos.

59   Recorrido excesivo del pedal de freno

1   Fallo del sistema de frenos parcial. Inspeccione el sistema completo (Capítulo 9) y corrija según sea necesario.
2   Líquido insuficiente en el cilindro principal. Revise (Capítulo 1), agregue líquido y, de ser necesario, purgue el sistema (Capítulo 9).

60   Cuando presiona el pedal del freno se siente esponjoso

1   Aire en las líneas hidráulicas. Purgue el sistema de frenos (Capítulo 9).

2   Mangueras flexibles defectuosas. Inspeccione todas las mangueras y líneas del sistema. Remplace las piezas según sea necesario.
3   Los pernos/tuercas de montaje del cilindro principal están flojos.
4   Cilindro principal defectuoso (Capítulo 9).

61   Se requiere un esfuerzo excesivo para frenar el vehículo

1   El reforzador del freno de potencia no funciona correctamente (vea el procedimiento de revisión en el Capítulo 1 y el de reparación en el Capítulo 9).
2   Pastillas excesivamente gastadas. Inspeccione y reemplace de ser necesario (vea el Capítulo 9).
3   Uno o más pistones del caliper están adheridos o pegados. Inspeccione y reconstruya según sea necesario (vea el Capítulo 9).
4   Las pastillas de freno están contaminadas con aceite o grasa. Inspeccione y reemplace según sea necesario (vea el Capítulo 9).
5   Pastillas nuevas instaladas y todavía no se asientan. Tomará un tiempo hasta que el material nuevo se asiente en el disco.

62   El pedal llega al piso con poca resistencia

1   Poco o sin líquido en el depósito del cilindro principal a causa de fugas en el(los) pistón(es) del caliper y líneas de freno flojas, dañadas o desconectadas. Inspeccione el sistema entero y corrija según sea necesario.
2   Sellos del cilindro principal desgastados (Capítulo 9).

63   El pedal de freno vibra durante la aplicación del freno

1   El caliper está instalado incorrectamente. Quítelo e inspecciónelo (vea el Capítulo 9).
2   Disco(s) defectuoso(s). Quítelo (Capítulo 9) y revíselo para detectar desviación y paralelismo lateral excesivo. Haga que rectifiquen el(los) disco(s) o reemplácelo por uno nuevo.

Sistemas de suspensión y dirección

64   El vehículo tira hacia un lado

1   La presión de los neumáticos está despareja o los neumáticos varían (Capítulo 1).
2   Neumático defectuoso (Capítulo 1).
3   Desgaste excesivo en los componentes de la suspensión y la dirección (Capítulo 10).
4   El extremo delantero necesita alineamiento.
5   Los frenos delanteros se arrastran. Inspeccione los frenos tal como se describe en el Capítulo 9.

65   Bamboleo, agitación o vibración

1   El neumático o la rueda está desbalanceada u ovalada. Haga que la balanceen profesionalmente.

2   Los rodamientos de la rueda delantera están flojos, desgastados o desajustados (Capítulo 1).
3   Los componentes de los amortiguadores y/o de la suspensión están gastados o dañados (Capítulo 10).

66   Chirrido o giros excesivos en las esquinas o al frenar

1   Amortiguadores defectuosos. Reemplácelos como un conjunto (Capítulo 10).
2   Los componentes de los resortes y/o la suspensión están rotos o débiles. Inspeccione tal como se describe en los Capítulos 1 y 10.

67   Dirección excesivamente dura

1   Falta de líquido en el depósito de la dirección hidráulica (Capítulo 1).
2   Presión de neumáticos incorrecta (Capítulo 1).
3   Falta de lubricación en las juntas de dirección (vea el Capítulo 1).
4   Extremo delantero desalineado.
5   Falta de asistencia hidráulica (vea la Sección 69).

68   Juego excesivo en la dirección

1   Los rodamientos de las ruedas delanteras están flojos (Capítulos 1 y 10).
2   Desgaste excesivo en los componentes de la suspensión y la dirección (Capítulo 10).
3   La caja de engranajes de la dirección está dañada o desajustada (Capítulo 10).

69   Falta de asistencia hidráulica

1   Correa de transmisión de la bomba de dirección defectuosa o no está ajustada correctamente (Capítulo 1).
2   Nivel bajo de líquido (Capítulo 1).
3   Mangueras o líneas restringidas. Inspeccione y reemplace las piezas según sea necesario.
4   Aire en el sistema de la dirección hidráulica. Purgue el sistema (Capítulo 10).

70   Desgaste excesivo del neumático (no específico en un área)

1   Presión de neumáticos incorrecta (Capítulo 1).
2   Neumáticos desbalanceados. Haga que la balanceen profesionalmente.
3   Ruedas dañadas. Inspeccione y reemplace según sea necesario.
4   Los componentes de la suspensión o dirección están excesivamente gastados (Capítulo 10).

71   Desgaste excesivo del neumático en el borde externo

1   La presión de inflación es incorrecta (Capítulo 1).
2   Velocidad excesiva en los giros.
3   Alineamiento del extremo delantero incorrecto. Haga que un profesional alinee el extremo delantero.
4   Brazo de suspensión deformado o retorcido (Capítulo 10).

72   Desgaste excesivo del neumático en el borde interno

1   La presión de inflación es incorrecta (Capítulo 1).
2   Alineamiento del extremo delantero incorrecto. Haga que un profesional alinee el extremo delantero.
3   Los componentes de la dirección están flojos o dañados (Capítulo 10).

73   Banda de rodadura del neumático gastada en un sitio

1   Neumáticos desbalanceados.
2   Rueda dañada o combada. Inspeccione y reemplace de ser necesario.
3   Neumático defectuoso (Capítulo 1).

Capítulo 1
Afinación y mantenimiento de rutina

Contenido

	Sección
Cambio de lubricante de la caja de transferencia (modelos de doble tracción)	32
Cambio de lubricante del diferencial	34
Cambio del aceite de freno	24
Cambio del filtro y el aceite del motor	8
Cambio del líquido y el filtro de la transmisión automática	30
Cambio del lubricante de la transmisión manual	31
Información general sobre afinación	3
Inspección de la válvula de EGR (recirculación de gases de escape)	33
Inspección y reemplazo de la hoja del limpiaparabrisas	10
Introducción	2
Lubricación del chasis	17
Programa de mantenimiento	1
Reemplazo de la válvula de PCV (ventilación positiva del cárter)	35
Reemplazo de las bujías	27
Reemplazo del filtro de aire	25
Reemplazo del filtro de combustible	26
Reemplazo del filtro de ventilación interior	23
Revisión, ajuste y reemplazo de la correa de transmisión	12
Revisión, mantenimiento y carga de la batería	11

	Sección
Revisión de la suspensión, la dirección y la funda del eje impulsor	29
Revisión de los niveles de líquidos	4
Revisión de neumáticos y de presión de neumáticos	5
Revisión del cinturón de seguridad	9
Revisión del nivel de aceite de la dirección hidráulica	6
Revisión del nivel de líquido de transmisión automática	7
Revisión del nivel de lubricante de la caja de transferencia (modelos de doble tracción)	22
Revisión del nivel de lubricante de la transmisión manual	21
Revisión del nivel de lubricante del diferencial	16
Revisión del sistema de combustible	18
Revisión del sistema de enfriamiento	14
Revisión del sistema de escape	20
Revisión del sistema de freno	19
Revisión y reemplazo de cables de bujía, tapa del distribuidor y rotor	36
Revisión y reemplazo de las mangueras de debajo del capó	13
Rotación de neumáticos	15
Servicio del sistema de enfriamiento (drenaje, enjuague y rellenado)	28

Especificaciones

Líquidos y lubricantes recomendados

Nota: *A continuación hay una lista de las recomendaciones de los fabricantes en el momento en que se escribió este manual. Ocasionalmente, los fabricantes mejoran las especificaciones de sus líquidos y lubricantes, por lo que le sugerimos que consulte en la tienda de autopartes local cuáles son las recomendaciones actualizadas.*

Aceite del motor	"Certificado para motores a gasolina" por la API
Viscosidad	Vea la tabla adjunta
Combustible	Gasolina sin plomo, 87 octanos o más
Líquido de transmisión automática	Líquido de transmisión automática DEXRON III (los modelos 2006 y posteriores requieren DEXRON VI)
Lubricante de transmisión manual	
NV 3500	Líquido de transmisión Synchromesh o equivalente
NV 4500	Líquido sintético de transmisión Syntorq o equivalente
ZF S6-650	Líquido sintético de transmisión Trans-Synd o equivalente

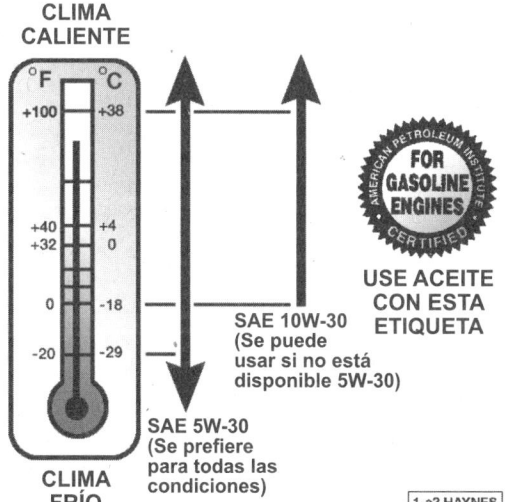

Cuadro de viscosidad de aceite para motor: para una mejor economía de combustible y mejor arranque en climas fríos, elija la calificación de viscosidad SAE más baja recomendada para el rango de temperatura de funcionamiento esperado

Capítulo 1 Afinación y mantenimiento de rutina

Caja de transferencia manual
   New Venture 261 NP2 .... Líquido de transmisión automática DEXRON III
(los modelos 2006 y posteriores requieren DEXRON VI)

Caja de transferencia automática
   New Venture 236 NP8, New Venture 246-NP8, ... Líquido GM Auto Trak II para caja de transferencia
   Todas las demás .... Líquido de transmisión automática DEXRON III
(los modelos 2006 y posteriores requieren DEXRON VI)

Diferencial
   Delantero
      Doble tracción seleccionable .... Aceite de engranajes SAE 80W90 GL-5
      Doble tracción permanente .... Aceite de engranajes sintético SAE 75W90
   Trasero .... Aceite de engranajes sintético SAE 75W90
   Eje trasero Quadrasteer .... Lubricante de eje sintético GM
Aceite de dirección hidráulica .... Aceite de dirección hidráulica GM
Aceite hidráulico de freno .... Aceite de freno DOT 3
Líquido hidráulico de embrague
   Transmisión de 5 velocidades .... Aceite de freno DOT 3
   Transmisión de 6 velocidades .... Líquido hidráulico de embrague GM
Refrigerante del motor .... Mezcla 50/50 de refrigerante DEX-COOL y agua desmineralizada
Grasa de mecanismo de freno de estacionamiento .... Grasa blanca a base de litio NLGI n.º 2
Grasa de lubricación del chasis .... Grasa de chasis NLGI de grado 2 LB o GC-LB
Lubricante de bisagras de capó, puertas y cajuela o maletero .. Lubricante en aerosol Lubriplate
Grasa de bisagras de puertas y resortes de retención .... Grasa de uso múltiple NLGI n.º 2 o equivalente
Lubricante de cilindro de cerradura .... Spray de grafito
Lubricante del conjunto de traba del capó .... Grasa de uso múltiple NLGI n.º 2 o equivalente
Lubricante de traba de puertas .... Grasa de uso múltiple NLGI n.º 2 o equivalente

Capacidades*

Aceite del motor (incluido el filtro)
   Motor V6 .... 4.5 cuartos
   Motor V8 .... 6.0 cuartos
Transmisión manual
   New Venture 3500 .... 2.2 cuartos
   New Venture 4500 .... 4.0 cuartos
   ZF S6-650 .... 6.3 cuartos
Transmisión automática
   Cambio del líquido y el filtro
      4L60-E/4L65-E .... 5.0 cuartos
      4L80-E/4L85-E .... 7.7 cuartos
   Desde condición seca, incluido el convertidor de torque
      4L60-E/4L65-E .... 11.2 cuartos
      4L80-E/4L85-E .... 13.5 cuartos
Caja de transferencia
   New Venture 246-NP8
      De 1999 a 2001 .... 2.4 cuartos
      2002 y posteriores .... 2.0 cuartos
   New Venture 236-NP8 .... 2.0 cuartos
   New Venture 149-NP .... 2.4 cuartos
   New Venture 263-NP1 .... 2.0 cuartos
   New Venture 149-NP3 .... 2.2 cuartos
   New Venture 261-NP2
      De 1999 a 2001 .... 2.3 cuartos
      2002 y posteriores .... 2.0 cuartos
   Borg Warner 4481-NR3 .... 1.5 cuartos
   Borg Warner 4482-NR4 .... 1.5 cuartos
Sistema de enfriamiento**
   Motor V6 .... 13.0 cuartos
   Motor V8
      4.8L y 5.3L .... 16.7 cuartos
      6.0L
         Yukon Denali, Yukon XL Denali .... 19.0 cuartos
         Todos los demás .... 16.8 cuartos

*Todas las capacidades son aproximadas. Agregue la cantidad necesaria para llegar al nivel adecuado.
**Las capacidades del sistema de enfriamiento varían según el paquete de motor/transmisión, el radiador y el tipo de sistema de A/C (aire acondicionado). Agregue la cantidad de refrigerante necesaria para llegar al nivel adecuado.

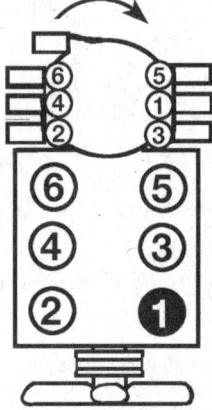

Diagrama de numeración de cilindros y rotación del distribuidor en motores V6

Diagrama de numeración de cilindros en motores V8

Frenos

Límite de desgaste de la pastilla del freno de disco.................................... 3/32 pulgadas
Límite de desgaste de la zapata del freno de tambor .... 1/16 pulgadas
Límite de desgaste de la zapata del freno de estacionamiento .... 1/16 pulgadas

Sistema de ignición

Tipo de bujías
  1999
    Motor V6.. AC Delco 41-932 o equivalentes
    Motor V8.. AC Delco 41-952 o equivalentes
  2000
    Motor V6.. AC Delco 41-932 o equivalentes
    Motor V8.. AC Delco 41-952 o equivalentes
  2001
    Motor V6.. AC Delco 41-932 o equivalentes
    Motor V8.. NGK PZTR-5A15 o equivalentes
  2002
    Motor V6.. AC Delco 41-932 o equivalentes
    Motor V8.. NGK PZTR-5A15 o equivalentes
  2003
    Motor V6.. AC Delco 41-932 o equivalentes
    Motor V8.. AC Delco 41-974 o equivalentes
  De 2004 a 2005
    Motor V6.. AC Delco 41-932 o equivalentes
    Motor V8.. AC Delco 41-985 o equivalentes
  2006 y posteriores
    Motor V6.. AC Delco 41-932 o equivalentes
    Motor V8.. AC Delco 25171803 o equivalentes
Luz de bujía
  Motor V6... 0.060 pulgadas
  Motor V8
    De 1999 a 2003 .... 0.060 pulgadas
    2004 y posteriores .... 0.040 pulgadas
Orden de encendido
  Motor V6... 1-6-5-4-3-2
  Motor V8... 1-8-7-2-6-5-4-3

Especificaciones de torque

Lb-pie (a menos que se indique lo contrario)

Bujías   132 lb-pulg
Tuercas de orejeta de la rueda 140
Transmisión automática
  4L60-E/4L65-E
    Pernos del colector .... 97 lb-pulg
    Tapón de drenaje .... 156 lb-pulg
  4L80-E/4L85-E
    Pernos del colector
      modelos 2004 y 2005 18
      Todos los demás .... 97 lb-pulg
    Tapón de drenaje .... 156 lb-pulg
Tapón de drenaje del aceite del motor 18
Tapones de llenado y drenaje de la transmisión manual
  New Venture 3500 22
  New Venture 4500 27
  ZF S6-650 26
Tapón de drenaje y llenado de la caja de transferencia 15
Tapones de drenaje y llenado del diferencial
  Diferencial delantero 24
  Diferencial trasero
    1999 45
    2000 y 2001 24
    2002 y posteriores
      Tapón de drenaje
        Corona de 9.75 pulgadas 20
        Todas las coronas, excepto las de 9.75 pulgadas 24
      Tapón de llenado
        Corona de 9.75 pulgadas 15
        Todas las coronas, excepto las de 9.75 pulgadas 24

Capítulo 1 Afinación y mantenimiento de rutina

Componentes del compartimiento del motor (se muestra un motor V8; el V6 es similar)

1. Varilla de medir el líquido de transmisión automática
2. Varilla de medir el aceite del motor
3. Tapa de presión del depósito de compensación
4. Tapón de llenado de aceite
5. Caja del filtro de aire
6. Manguera superior del radiador
7. Correa de transmisión
8. Depósito de aceite de la dirección hidráulica
9. Depósito del líquido lavaparabrisas
10. Batería
11. Caja de fusibles/relés de debajo del capó
12. Depósito de aceite de freno
13. Indicador de obstrucción del filtro de aire (2002)

Componentes típicos del lado de abajo de la parte trasera

1. Amortiguador
2. Resorte de hojas
3. Caliper de freno
4. Cables del freno de estacionamiento
5. Tanque de combustible
6. Juntas universales
7. Silenciador
8. Cubierta del diferencial

Capítulo 1 Afinación y mantenimiento de rutina   1-5

Componentes inferiores del compartimiento del motor típicos (Pick/up 1500 de tracción en dos ruedas con motor V8)

1. Rótula
2. Tapón de drenaje de la bandeja de aceite del motor
3. Tapón de drenaje del líquido de transmisión automática
4. Filtro de aceite del motor
5. Tubo de escape
6. Amortiguador (se muestra montaje inferior)
7. Extremo de la barra de acoplamiento
8. Funda del mecanismo de la dirección
9. Barra estabilizadora
10. Buje del brazo de control inferior

1 Programa de mantenimiento

Los siguientes intervalos de mantenimiento están basados en la suposición de que el propietario del vehículo es quien hará los trabajos de mantenimiento o servicio en lugar de encargar estas tareas al departamento de servicio de un distribuidor. Estos son los intervalos de mantenimiento mínimo recomendados por el fabricante para vehículos que se conducen a diario. Si desea que su vehículo siempre esté en las mejores condiciones posibles, tal vez prefiera realizar algunos de estos procedimientos con mayor frecuencia. Como el mantenimiento frecuente mejora la eficacia, el desempeño y el valor de reventa del automóvil, le recomendamos que lo haga. Si conduce en zonas polvorientas, lleva remolques, usa el vehículo en marcha mínima o conduce a baja velocidad por períodos prolongados o conduce por trayectos cortos (menores de cuatro millas) en temperaturas por debajo del punto de congelación, se recomiendan intervalos aún menores.

Mientras el vehículo sea nuevo, siga el programa de mantenimiento al pie de la letra, registre las tareas de mantenimiento realizadas en el manual del propietario y conserve todos los recibos para proteger la garantía del vehículo nuevo. En muchos casos, la primera revisión de mantenimiento es gratuita para el propietario (consulte con el departamento de servicio de su distribuidor para obtener más información).

Cada 250 millas o semanalmente, lo que ocurra primero

Revise el nivel de aceite del motor (Sección 4)
Revise el nivel de refrigerante (Sección 4)
Revise el nivel de líquido lavaparabrisas (Sección 4)
Revise el nivel de aceite de freno y del líquido de embrague (Sección 4)
Revise los neumáticos y la presión de los neumáticos (Sección 5)

Cada 3,000 millas o 3 meses, lo que ocurra primero

Todo lo anterior, más:
Revise el nivel de aceite de la dirección hidráulica (Sección 6)
Revise el nivel de líquido de transmisión automática (Sección 7)
Cambie el aceite y el filtro del motor (Sección 8)

Cada 6,000 millas o 6 meses, lo que ocurra primero

Todo lo anterior, más:
Revise los cinturones de seguridad (Sección 9)
Inspeccione las hojas del limpiaparabrisas (Sección 10)
Revise la batería y efectúele el servicio correspondiente (Sección 11)
Revise la correa de transmisión del motor (Sección 12)
Inspeccione las mangueras de debajo del capó (Sección 13)
Revise el sistema de enfriamiento (Sección 14)
Rote los neumáticos (Sección 15)
Revise el nivel de lubricante en los ejes delanteros (4x4) y traseros (Sección 16)

Cada 15,000 millas o 12 meses, lo que ocurra primero

Todo lo anterior, más:
Lubrique el chasis (Sección 17)
Revise el sistema de combustible (Sección 18)
Revise el sistema de freno (Sección 19)*
Revise el sistema de escape (Sección 20)
Revise el nivel de lubricante de la transmisión manual (Sección 21)
Revise el nivel de lubricante de la caja de transferencia, doble tracción (Sección 22)
Reemplace el filtro de ventilación interior (Sección 23)*

Cada 30,000 millas o 30 meses, lo que ocurra primero

Todo lo anterior, más:
Cambie el aceite de freno (Sección 24)
Reemplace el filtro de aire (Sección 25)*
Reemplace el filtro de combustible (Sección 26)
Reemplace las bujías (convencionales, de iridio o de cualquier material, excepto platino) (Sección 27)**
Haga el servicio del sistema de enfriamiento (drenaje, enjuague y rellenado) (sólo para anticongelante de etilenglicol de color verde) (Sección 28)
Revise la dirección, la suspensión y las fundas del eje impulsor (Sección 29)
Cambie el líquido y el filtro de la transmisión automática (Sección 30)**

Cada 60,000 millas o 48 meses, lo que ocurra primero

Cambie el lubricante de la transmisión manual (Sección 31)
Cambie el lubricante de la caja de transferencia (Sección 32)
Inspeccione la válvula de EGR (Sección 33)
Cambie el lubricante del diferencial (Sección 34)**
Reemplace la válvula de PCV (Sección 35)

Cada 100,000 millas o 60 meses, lo que ocurra primero

Inspeccione y reemplace los cables de bujía (Sección 36)
Reemplace las bujías (de platino o iridio) (Sección 27)
Haga el servicio del sistema de enfriamiento (drenaje, enjuague y rellenado) (sólo para anticongelante DEX-COOL de color naranja) (Sección 28)

* *Este elemento se ve afectado por condiciones de funcionamiento intensivas, según se describe a continuación. Si se utiliza el vehículo en condiciones intensivas, realice todas las tareas de mantenimiento indicadas con un asterisco (*) a la mitad de los intervalos indicados. Condiciones intensivas son las que se presentan cuando utiliza el vehículo principalmente . . .*

en áreas polvorientas;
para llevar remolques;
en marcha mínima durante períodos prolongados;
en velocidades bajas con temperaturas exteriores por debajo del punto de congelación por trayectos en su mayoría de menos de cuatro millas.

** *Realice este procedimiento a la mitad del intervalo recomendado si utiliza el vehículo en al menos una de las siguientes condiciones:*

en tráfico de ciudad pesado, con temperaturas exteriores usuales de 90 °F, o con temperaturas más altas en terrenos accidentados o montañosos;
arrastre frecuente de remolques;
después de conducir el vehículo en aguas profundas.

2 Introducción

Este capítulo está destinado a ayudar al mecánico doméstico a realizar el mantenimiento de las Pick-up Chevrolet y GMC y los vehículos Tahoe, Yukon y Suburban con los máximos objetivos de rendimiento, economía, seguridad y confiabilidad en mente.

Se incluye un programa de mantenimiento maestro, seguido de procedimientos que tratan específicamente cada punto del programa. Se incluyen revisiones visuales, ajustes, reemplazo de componentes y otros puntos útiles. Vea las ilustraciones adjuntas del compartimiento del motor y la parte inferior del vehículo para conocer la ubicación de los distintos componentes.

El servicio del vehículo de acuerdo con el programa de mantenimiento de millaje/tiempo y con los procedimientos paso a paso, dará como resultado un programa de mantenimiento planificado que le dará una vida útil larga y confiable. Tenga en cuenta que este es un plan completo, por lo que darle mantenimiento sólo a algunos elementos y no a todos en los intervalos especificados no producirá los mismos resultados.

Mientras realiza el servicio del vehículo, descubrirá que muchos procedimientos pueden, y deben agruparse, ya sea por la naturaleza del procedimiento en curso o por la proximidad de dos componentes no relacionados.

Por ejemplo, si alza el vehículo para lubricar el chasis, debería inspeccionar los sistemas de escape, suspensión, dirección y combustible mientras se encuentra debajo del vehículo. Cuando se rotan los neumáticos, es lógico revisar los frenos ya que los neumáticos no están colocados. Finalmente, supongamos que tiene que pedir prestada o rentar una llave de torque. Aunque sólo necesite ajustar las bujías, también puede revisar los torques de tantos sujetadores importantes como el tiempo se lo permita.

El primer paso en el programa de mantenimiento es que se prepare antes de comenzar el verdadero trabajo. Lea todos los procedimientos que planea realizar; luego, reúna todas las piezas y herramientas necesarias. Si piensa que puede llegar a tener dificultades para realizar un trabajo en particular, pídale consejo a un mecánico o a una persona con experiencia en realizar sus propias reparaciones.

Manual del propietario e información de la etiqueta VECI (información de control de emisiones)

El manual del propietario de su vehículo se escribió para su año y modelo en particular y contiene información muy específica sobre ubicaciones de componentes, especificaciones, clasificaciones de fusibles, números de piezas, etcétera. El manual del propietario es un recurso importante para quien hace sus propias reparaciones. Si no le entregaron una copia con el vehículo, por lo general puede ordenar una al departamento de piezas de un distribuidor.

Entre otros datos importantes, la etiqueta VECI contiene especificaciones y procedimientos para ajustes de afinación (si corresponde) y de bujías (vea el Capítulo 6 para más información sobre la etiqueta VECI). La información contenida en esta etiqueta refleja los datos de mantenimiento *exactos* recomendados por el fabricante. Estos datos a menudo varían según la altitud a la que se planea usar el vehículo, las regulaciones de emisiones locales, el mes de fabricación, etcétera.

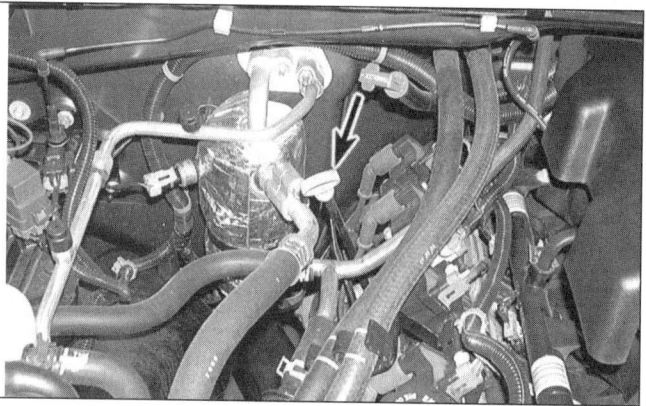

4.2 La varilla de medir el aceite del motor (flecha) está claramente marcada

Este capítulo contiene detalles de procedimientos, información de seguridad e intervalos de mantenimiento más ambiciosos de los que podría encontrar en los materiales del fabricante. Sin embargo, es posible que en el manual del propietario o en la etiqueta VECI encuentre procedimientos y especificaciones distintos de los incluidos aquí. En esos casos, el manual del propietario o en la etiqueta VECI pueden considerarse correctos, dado que se trata de materiales específicos para su vehículo en particular.

3 Información general sobre afinación

En este manual, el término afinación se utiliza para indicar una combinación de operaciones individuales antes que un procedimiento específico para mantener un motor de gasolina afinado correctamente.

Si, desde el momento en que el vehículo es nuevo, se sigue el programa de mantenimiento de rutina de manera minuciosa y se revisan con frecuencia los niveles de los líquidos y las piezas que se gastan mucho tal como se sugiere en este manual, el motor se conservará en condiciones de funcionamiento relativamente buenas y se minimizará la necesidad de trabajo adicional.

Sin embargo, es muy probable que haya momentos en los que el motor funcione mal debido a la falta de mantenimiento regular. Esto es aún más probable si compra un vehículo usado al que no se le hicieron revisiones de mantenimiento regulares y frecuentes. En esos casos, se necesitará una afinación del motor fuera de los intervalos de mantenimiento regular de rutina.

El primer paso en cualquier procedimiento de afinación o de diagnóstico para corregir el mal funcionamiento del motor es una revisión de la compresión del cilindro. La revisión de la compresión (vea el Capítulo 2) le ayudará a determinar el estado de los componentes internos del motor, y debe utilizarse como guía para los procedimientos de afinación y reparación. Si, por ejemplo, una revisión de la compresión indica un gran desgaste interno del motor, una afinación convencional no mejorará el funcionamiento del motor y sería una pérdida de tiempo y dinero. Debido a su importancia, la revisión de la compresión debe realizarla alguien con el equipo adecuado y los conocimientos para utilizarlo correctamente.

Los siguientes procedimientos son los que se necesitan con más frecuencia para volver a poner un motor que funciona mal en el estado de afinación correcto.

Afinación menor

Revise todos los líquidos relacionados con el motor (Sección 4)
Limpie, inspeccione y pruebe la batería (Sección 11)
Revise y ajuste la correa de transmisión (Sección 12)
Revise todas las mangueras de debajo del capó (Sección 13)
Revise el sistema de enfriamiento (Sección 14)
Revise el filtro de aire (Sección 25)
Reemplace las bujías (Sección 27)
Inspeccione los cables de bujía (Sección 36)

Afinación mayor

Todos los puntos de la afinación menor, más lo siguiente . . .

Reemplace el filtro de aire (Sección 25)
Reemplace los cables de bujía (Sección 36)
Revise el sistema de ignición (Sección 5)
Revise el sistema de carga (Sección 5)

4 Revisión de los niveles de líquidos (cada 250 millas o semanalmente)

Nota: *Las siguientes son las revisiones de nivel de líquido que deben hacerse cada 250 millas o semanalmente. En los procedimientos de mantenimiento específicos que se detallan más adelante se incluyen otras revisiones de nivel de líquido. Al margen de los intervalos, esté atento a las fugas de líquidos debajo del vehículo, las que son indicio de una falla que debe corregirse de inmediato.*

1 Los líquidos son una parte esencial de los sistemas de lubricación, enfriamiento, freno, embrague y lavaparabrisas. Como los líquidos se agotan o contaminan gradualmente durante el funcionamiento normal del vehículo, se los debe reponer de manera periódica. Vea *Lubricantes y líquidos recomendados* al comienzo de este capítulo antes de agregar líquido a cualquiera de los componentes siguientes. **Nota:** *El vehículo debe estar sobre un piso nivelado cuando se revisen los niveles de los líquidos.*

Aceite del motor

Vea las ilustraciones 4.2, 4.4 y 4.6

2 El nivel de aceite del motor se revisa con una varilla de medir que se extiende a través de un tubo hasta alcanzar la bandeja de aceite que se encuentra en la base del motor **(vea la ilustración)**.

1-8 Capítulo 1 Afinación y mantenimiento de rutina

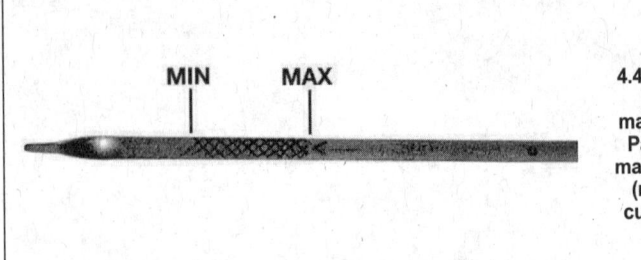

4.4 El nivel de aceite debe mantenerse entre las marcas en todo momento. Para elevar el nivel de la marca MIN (mínimo) a MAX (máximo), hace falta un cuarto de galón de aceite

3   El nivel de aceite se debe revisar antes de manejar el vehículo o 5 minutos después de haber apagado el motor. Si lo revisa inmediatamente después de haber conducido el vehículo, parte del aceite permanecerá en los componentes de la parte superior del motor, lo que dará una lectura incorrecta en la varilla de medir.

4   Saque la varilla de medir del tubo y quite todo el aceite del extremo con un trapo o una toalla de papel. Vuelva a introducir la varilla de medir limpia hasta el fondo del tubo y sáquela nuevamente. Mire el aceite en el extremo de la varilla de medir. Agregue la cantidad necesaria de aceite para mantener el nivel entre las marcas MIN (mínimo) y MAX (máximo) o dentro de la zona SAFE (segura) de la varilla de medir **(vea la ilustración)**.

5   No agregue demasiado aceite de manera de sobrecargar el motor dado que esto puede hacer que se empasten las bujías u ocasionar fugas de aceite o fallas en los sellos de aceite.

6   Para agregar aceite al motor es necesario desenroscar un tapón de la tapa de válvulas **(vea la ilustración)**. Puede ser útil usar un embudo para evitar derrames.

7   Revisar el nivel de aceite es un paso importante de mantenimiento preventivo. Un nivel de aceite bajo constante indica una fuga de aceite a través de sellos dañados o juntas defectuosas, o desgaste de los anillos o las guías de válvulas. Si el color del aceite es de aspecto lechoso o tiene gotas de agua, las juntas de la culata de cilindros pueden estar fundidas, o las culatas o el bloque pueden estar rajados. En ese caso, debe revisar el motor inmediatamente. También debe revisar el estado del aceite. Cada vez que revise el nivel del aceite, deslice los dedos pulgar e índice por la varilla de medir antes de quitarle el aceite.

Si detecta pequeñas partículas de polvo o metal en la varilla de medir, debe cambiar el aceite (vea la Sección 8).

Refrigerante del motor
Vea la ilustración 4.9

Advertencia: *No permita que el anticongelante entre en contacto con su piel o con las superficies pintadas del vehículo. Enjuague inmediatamente los derrames con abundante agua. El anticongelante es altamente tóxico si se ingiere. Nunca deje el anticongelante con el envase abierto ni deje charcos de anticongelante en el suelo; a los niños y las mascotas les atrae su olor dulce y podrían beberlo. Consulte con las autoridades locales cómo desechar el anticongelante usado. Muchas comunidades disponen de centros de recolección que se ocupan de que el anticongelante se deseche en forma segura.*

Nota: *Actualmente se fabrica anticongelante no tóxico, el que se consigue en tiendas de autopartes locales, pero incluso este tipo debe desecharse de la manera adecuada.*

Precaución: *Nunca mezcle anticongelante de etilenglicol de color verde con refrigerante "DEX-COOL" de color naranja libre de silicatos. Hacerlo anulará la eficacia del refrigerante "DEX-COOL", diseñado para durar 100,000 millas o cinco años.*

8   Todos los vehículos incluidos en este manual cuentan con un depósito de compensación de refrigerante presurizado, ubicado en la parte derecha del compartimiento del motor y conectado mediante mangueras al radiador y al sistema de enfriamiento.

9   El nivel de refrigerante en el depósito de compensación se debe revisar periódicamente.

Advertencia: *No quite la tapa de presión para revisar el nivel de refrigerante cuando el motor está caliente.* El nivel de refrigerante en el depósito de compensación varía según la temperatura del motor. Cuando el motor está frío, el nivel de refrigerante debe estar en la marca COLD (frío) del depósito de compensación, o apenas por encima de ella **(vea la ilustración)**. Cuando el motor ya se ha calentado, el nivel debe estar en la marca HOT (caliente) o cerca de ella. En caso contrario, agregue refrigerante al depósito de compensación. Para agregar refrigerante, simplemente gire la tapa para abrirla y agregue una mezcla 50/50 de anticongelante con base de etilenglicol de color verde o refrigerante "DEX-COOL" de color naranja libre de silicatos y agua (vea la **Precaución** al comienzo de esta sección).

10   Conduzca el vehículo y vuelva a controlar el nivel de refrigerante. Si para llegar al nivel adecuado del sistema sólo se requiere una pequeña cantidad de refrigerante, puede utilizar agua. Sin embargo, la adición repetida de agua diluirá la solución de anticongelante y agua. Para mantener la proporción adecuada de anticongelante y agua, siempre llene el nivel de refrigerante hasta el máximo con la mezcla correcta. Una botella de leche o blanqueador vacía son un envase excelente para mezclar el refrigerante. No utilice inhibidores de óxido ni aditivos.

11   Si el nivel del refrigerante baja constantemente, puede haber una fuga en el sistema. Inspeccione el radiador, las mangueras, el tapón de llenado, los tapones de drenaje y la bomba de agua (vea la Sección 14). Si no detecta ninguna fuga, haga revisar la tapa de presión en una estación de servicio.

12   Si necesita quitar la tapa de presión, espere hasta que el motor se haya enfriado por completo; luego, envuelva la tapa con un paño grueso y desenrósquela lentamente. Si se produce un escape de refrigerante o vapor, deje que el motor se enfríe por más tiempo antes de quitar la tapa.

13   También debe revisar el estado del refrigerante. Debe ser relativamente transparente. Si es de color marrón u óxido, debe drenar el sistema, enjuagarlo y volverlo a llenar. Incluso si el refrigerante parece estar en condiciones normales, los inhibidores de corrosión se gastan, por lo que debe cambiarlo en los intervalos especificados. Si el sistema se llenó con una mezcla de refrigerante estándar de color verde y agua, debe desecharlo y cambiarlo con más frecuencia que si conserva el refrigerante original "DEX-COOL".

4.6 Para agregar aceite al motor debe desenroscarse el tapón de llenado de aceite (flecha). Asegúrese siempre de que la zona alrededor de la abertura esté limpia antes de quitar la tapa para evitar que el motor se contamine con suciedad

4.9 El depósito de compensación de refrigerante está ubicado en el lado derecho, cerca del filtro de aire. Mantenga el nivel cerca de la marca Hot (caliente) o Cold (frío) en el costado del depósito, según la temperatura del motor

Capítulo 1 Afinación y mantenimiento de rutina

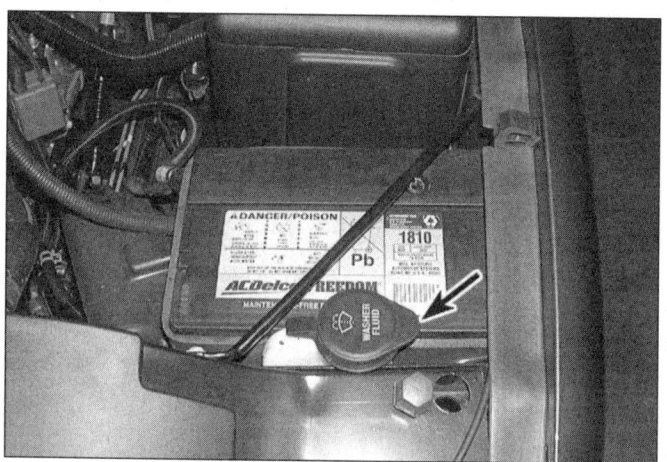

4.14 Abra la tapa (flecha) para revisar el nivel de líquido en el depósito del líquido lavaparabrisas

4.19 Nunca permita que el nivel de aceite del freno caiga por debajo de la marca MIN (mínimo) (flecha)

Líquido lavaparabrisas
Vea la ilustración 4.14

14 El líquido del sistema lavaparabrisas se almacena en un depósito plástico ubicado en el costado izquierdo del compartimiento del motor (**vea la ilustración**).

15 En climas templados, el depósito se puede llenar con agua corriente, pero no debe llenarse más de 2/3 para permitir la expansión del agua si se congela. En climas más fríos, utilice anticongelante para sistemas lavaparabrisas, disponible en cualquier tienda de autopartes, para disminuir el punto de congelamiento del líquido. Mezcle el anticongelante con agua de acuerdo con las indicaciones del fabricante que figuran en el envase. **Precaución:** *No utilice anticongelante para sistemas de enfriamiento; de lo contrario, dañará la pintura del vehículo.*

16 Para evitar la escarcha en climas fríos, caliente el parabrisas con el desempañador antes de utilizar el lavaparabrisas.

Electrolito de batería

17 Estos vehículos cuentan con una batería permanentemente sellada (excepto por los orificios de ventilación) sin tapones de llenado. No se debe agregar agua a estas baterías en ningún momento. Si se instala una batería que requiere mantenimiento, los tapones en la parte superior de la batería deben quitarse periódicamente para revisar si el nivel de electrolito es bajo. Esta revisión es especialmente importante durante los meses calurosos de verano. Sólo agregue agua destilada a las baterías.

Aceite de freno y líquido de embrague
Vea la ilustración 4.19

18 El cilindro principal del freno está montado en la esquina superior izquierda del panel contra fuego del compartimiento del motor. El cilindro del embrague utilizado en modelos con transmisión manual se encuentra montado junto al cilindro principal.

19 El depósito de plástico transparente permite revisar el líquido que tiene dentro sin tener que quitar la tapa (**vea la ilustración**). Tenga en cuenta que el sistema de embrague consiste en una unidad sellada y que, en la mayoría de los casos, no debería ser necesario agregarle más líquido (vea el Capítulo 8 para obtener más información). Asegúrese de limpiar la parte superior de los tapones de los depósitos con un trapo limpio antes de quitar la cubierta para evitar la contaminación de los sistemas de freno y de embrague.

20 Al agregar líquido, viértalo en el depósito con cuidado y evite derramarlo sobre las superficies pintadas circundantes. Asegúrese de utilizar el líquido especificado, dado que mezclar diferentes tipos de aceite de freno puede causar daños al sistema. Vea *Lubricantes y líquidos recomendados* al comienzo de este capítulo o consulte el manual del propietario. **Advertencia:** *El aceite de freno puede ser dañino para los ojos y perjudicar las superficies pintadas, de modo que sea extremadamente cuidadoso al manipularlo o verterlo. No use aceite de freno que se haya guardado abierto o que tenga más de un año. El aceite de freno absorbe la humedad del aire. La humedad en el sistema puede ocasionar una pérdida peligrosa de rendimiento de los frenos.*

21 En este momento, debe inspeccionar el líquido y el cilindro principal en busca de contaminación. Si se encuentran partículas de polvo, gotas de agua o materiales depositados en el líquido, debe vaciarse el sistema y volverlo a llenar.

22 Después de llenar el depósito hasta el nivel adecuado, asegúrese de apretar el tapón o la cubierta para evitar la fuga del líquido.

23 El nivel de aceite de freno en el cilindro principal disminuye ligeramente a medida que las pastillas de freno de las ruedas delanteras se gastan durante el funcionamiento normal. Si el cilindro principal requiere que se agregue líquido repetidamente para mantenerlo en el nivel adecuado, es indicio de una fuga en el sistema de freno que se debe corregir de inmediato. Revise todas las líneas y conexiones de los frenos (vea la Sección 19 para obtener más información).

24 Si al revisar el nivel de líquido del cilindro principal descubre que uno de los depósitos o ambos están vacíos o casi vacíos, se debe purgar e inspeccionar minuciosamente el sistema de freno (vea el Capítulo 9).

5 Revisión de los neumáticos y de la presión de los neumáticos (cada 250 millas o semanalmente)

Vea las ilustraciones 5.2, 5.3, 5.4a, 5.4b y 5.8

1 La inspección periódica de los neumáticos puede ahorrarle el inconveniente de quedar varado con un neumático pinchado. También puede proporcionarle información vital sobre posibles problemas en los sistemas de suspensión y dirección antes de que ocurran daños importantes.

2 Los neumáticos originales en este vehículo cuentan con bandas de media pulgada de ancho que aparecerán cuando la profundidad de la banda de rodamiento alcance 1/16 de pulgada, momento en que se pueden considerar gastados. El desgaste de la banda de rodamiento se puede monitorear con un dispositivo simple de bajo costo conocido como indicador de profundidad de la banda de rodamiento (**vea la ilustración**).

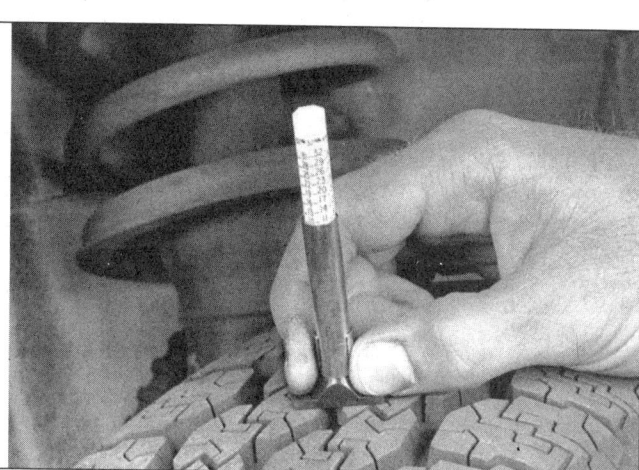

5.2 Utilice un indicador de profundidad de la banda de rodamiento para monitorear el desgaste de los neumáticos. Estos elementos se consiguen en las tiendas de autopartes y estaciones de servicio y no son costosos

INFLADO INSUFICIENTE

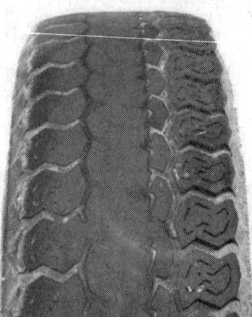
TOE-IN INCORRECTO O ÁNGULO CAMBER EXTREMO

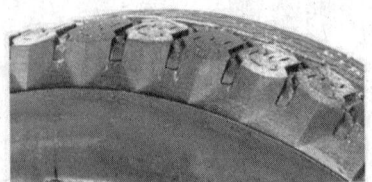
DESGASTE EN FORMA DE COPAS

El desgaste en forma de copas puede ser ocasionado por:

- Inflado insuficiente y/o irregularidades mecánicas como una rueda y/o neumático fuera de balance o una rueda deformada o dañada.
- Barra de acoplamiento o brazo auxiliar de la dirección flojo o desgastado.
- Partes de la suspensión delantera flojas, dañadas o desgastadas.

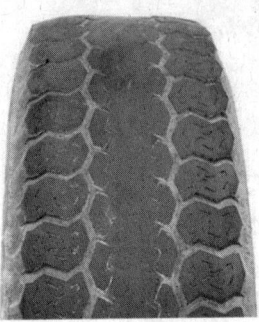
INFLADO EXCESIVO

DESGASTE EN FORMA DE ESCAMAS DEBIDO AL DESALINEAMIENTO

5.3 Este cuadro le ayudará a determinar el estado de los neumáticos y las causas probables de desgaste anormal

3 Observe si hay desgaste anormal en la banda (**vea la ilustración**). Irregularidades en el patrón de la banda tales como desgaste en forma de copa, sitios planos y mayor desgaste de un lado que de otro son indicadores de problemas de alineamiento o balanceo del tren delantero. Si nota alguna de estas condiciones, lleve el vehículo a un taller de reparación de neumáticos o a una estación de servicio para corregir el problema.

4 Mire atentamente para ver si hay cortes, pinchaduras o clavos o tachuelas incrustados. A veces, los neumáticos conservan la presión de aire durante un período corto o se desinflan muy lentamente después de que un clavo se incrusta en la banda. Si la fuga lenta de aire persiste, revise el núcleo del vástago para asegurarse de que esté ajustado (**vea la ilustración**). Examine la banda en busca de un objeto que se pueda haber incrustado en el neumático o un tapón que haya comenzado a tener fugas (las pinchaduras de los neumáticos radiales se reparan con un tapón que se coloca en la pinchadura). Si sospecha que hay una pinchadura, se puede verificar fácilmente rociando una solución de agua jabonosa en el área pinchada (**vea la ilustración**). Si hay una fuga, la solución jabonosa hará burbujas. A menos que la pinchadura sea inusualmente grande, por lo general el neumático se puede reparar en un taller de reparación de neumáticos o en una estación de servicio.

5 Inspeccione cuidadosamente el panel lateral interno de cada neumático para detectar fugas de aceite de freno. Si las detecta, inspeccione los frenos inmediatamente.

6 La presión de aire correcta agrega millas a la vida útil de los neumáticos y mejora el millaje

5.4a Si un neumático pierde aire de forma constante, primero revise el núcleo del vástago de la válvula para asegurarse de que esté firme (en las tiendas de autopartes se suelen conseguir llaves especiales de bajo costo)

5.4b Si el núcleo del vástago de la válvula está apretado, eleve la esquina del vehículo donde se encuentra el neumático bajo y rocíe una solución de agua jabonosa sobre la banda mientras gira lentamente el neumático. Las fugas formarán pequeñas burbujas

5.8 Para prolongar la vida útil de los neumáticos, revise la presión de aire al menos una vez a la semana con un medidor preciso (no olvide el neumático de repuesto)

6.2 La varilla de medir el aceite de la dirección hidráulica en los modelos V6 y V8 está ubicada en el depósito de la bomba de dirección hidráulica. Gire la tapa en sentido antihorario para extraerla

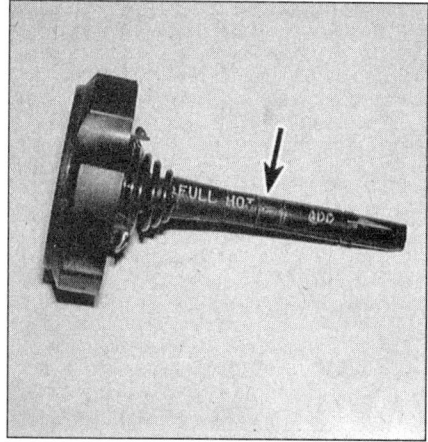

6.6 La varilla de medir el aceite de la dirección hidráulica tiene marcas para que el aceite se pueda medir caliente (flecha) o frío

7.3 La varilla de medir de la transmisión automática (flecha) está ubicada en el engranaje derecho del compartimiento del motor. Despliegue la manija antes de extraer la varilla

y la calidad de marcha general. La presión de un neumático no se puede estimar correctamente mediante la observación, sobre todo si es radial. Es esencial contar con un medidor de presión de neumáticos. Lleve un medidor preciso en el vehículo. Los medidores de presión fijados a las boquillas de las mangueras de aire de las gasolineras no suelen ser precisos.

7   Siempre revise la presión de los neumáticos cuando estén fríos. En este caso, frío significa que no ha manejado el vehículo por más de una milla en las tres horas previas a la revisión de la presión de los neumáticos. Con los neumáticos calientes, es común que la presión aumente de cuatro a ocho libras.

8   Desenrosque la tapa de la válvula que sobresale de la rueda o tapacubos y presione el medidor firmemente sobre el vástago de la válvula **(vea la ilustración)**. Observe la lectura del medidor y compare el valor con la presión de neumáticos recomendada que se muestra en el cartel ubicado en el parante de la puerta del lado del conductor. Asegúrese de volver a colocar la tapa de la válvula para evitar que entren suciedad y humedad en el mecanismo del vástago. Revise los cuatro neumáticos y, si es necesario, agregue la cantidad de aire suficiente para llegar al nivel de presión recomendado.

9   No olvide tener inflado el neumático de repuesto a la presión especificada (consulte el manual del propietario o el panel lateral del neumático).

6   Revisión del nivel de aceite de la dirección hidráulica (cada 3,000 millas o 3 meses)

Vea las ilustraciones 6.2 y 6.6

1   A diferencia de la dirección manual, el sistema de dirección hidráulica depende de aceite que, con el tiempo, debe reponerse.

2   En todos los modelos, el depósito de aceite para la bomba de dirección hidráulica se encuentra ubicado en el cuerpo de la bomba, en el frente del motor **(vea la ilustración)**.

3   Para la revisión, las ruedas delanteras deben estar en posición recta hacia adelante, y el motor debe estar apagado.

4   Use un trapo limpio para limpiar la tapa del depósito y los alrededores de la tapa. Esto ayudará a evitar que entren materias extrañas al depósito durante la revisión.

5   Gire la tapa para abrirla y revise la temperatura del aceite al final de la varilla de medir con el dedo.

6   Quite el aceite con un trapo limpio, vuelva a insertar la varilla, retírela y lea el nivel de aceite. El aceite debe estar en el nivel adecuado, según lo haya revisado estando caliente o frío **(vea la ilustración)**. Nunca permita que el nivel de aceite caiga por debajo de la marca más baja en la varilla de medir.

7   Si se necesita más líquido, vierta el tipo de aceite especificado directamente en el depósito. Utilice un embudo para evitar derrames.

8   Si debe agregar líquido al depósito con frecuencia, revise cuidadosamente todas las mangueras de la dirección hidráulica, las conexiones de las mangueras, la bomba de dirección hidráulica y el mecanismo de la dirección en busca de fugas.

7   Revisión del nivel de líquido de transmisión automática (cada 3,000 millas o 3 meses)

Vea las ilustraciones 7.3 y 7.6

1   El nivel de líquido de transmisión automática se debe mantener minuciosamente. Un nivel de líquido bajo puede hacerle perder el control del vehículo o hacer que el vehículo patine, mientras que llenarlo de más puede producir espuma y pérdida de líquido.

2   Con el freno de estacionamiento aplicado, arranque el motor y mueva la palanca de cambios por todas las velocidades hasta llegar a Park (estacionamiento). Para revisar el nivel de líquido, el vehículo debe estar sobre una superficie nivelada y con el motor en marcha mínima. **Nota:** *Si se acaba de conducir el vehículo a altas velocidades por un tiempo prolongado o en tráfico de ciudad con clima caluroso, o si el vehículo acaba de llevar un remolque, las lecturas del nivel de líquido serán incorrectas. Si se dio alguna de estas condiciones, espere hasta que el líquido se haya enfriado (alrededor de 30 minutos).*

3   Con la transmisión a temperatura de funcionamiento normal, quite la varilla de medir del tubo de llenado. La varilla de medir se encuentra en la parte trasera del compartimiento del motor, del lado del pasajero **(vea la ilustración)**.

4   Limpie el líquido de la varilla de medir con un trapo limpio y vuelva a insertarla en el tubo de llenado hasta que la tapa se apoye.

5   Retire nuevamente la varilla y observe el nivel de líquido.

6   Si el líquido está tibio, el nivel debería estar entre las dos hendiduras **(vea la ilustración)**. Si está caliente, el nivel debería encontrarse en la zona cuadriculada, cerca de la línea MAX (máximo). Si se necesita más líquido, agréguelo directamente en el tubo con la ayuda de un embudo. Se necesita aproximadamente una pinta para elevar el nivel desde la base de la zona cuadriculada hasta la línea MAX (máximo) cuando la transmisión está caliente, por lo que debe agregar líquido de a poco y seguir revisando el nivel hasta que sea el correcto.

7   Junto con el nivel, también debe revisar el estado del líquido. Si el líquido en el extremo de la varilla de medir es de un color marrón rojizo oscuro o si huele a quemado, es necesario cambiarlo. Si tiene dudas sobre el estado del líquido, compre líquido nuevo y compare el color y el olor de los dos.

7.6 El líquido de transmisión automática debe mantenerse en las zonas marcadas, según la temperatura del líquido

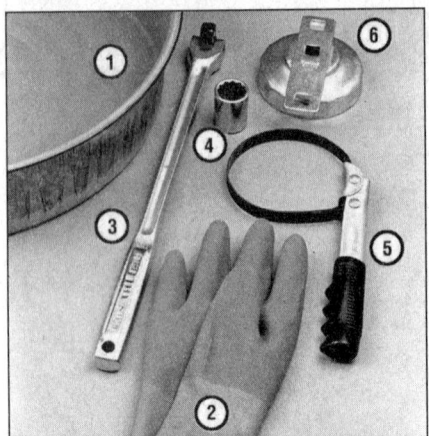

8.3 Se necesitan estas herramientas para cambiar el aceite y el filtro del motor

1. **Colector para drenaje** - debe ser poco profundo, pero ancho para evitar derrames.
2. **Guantes de caucho** - cuando quite el tapón de drenaje y el filtro, se ensuciará las manos con aceite (los guantes previenen quemaduras).
3. **Llave de cubo** - a veces, el tapón de drenaje de aceite está muy apretado y se necesita una llave de cubo larga para aflojarlo.
4. **Dado** - para utilizarlo con la llave de cubo o un trinquete (debe ser del tamaño correcto para el tapón de drenaje, preferiblemente de seis puntos).
5. **Llave para filtro** - esta es una llave de metal de banda que necesita espacio alrededor del filtro para poder funcionar.
6. **Llave para filtro** - este tipo se coloca en la base del filtro y puede girarse con un trinquete o llave de cubo (hay llaves de distintos tamaños para distintos tipos de filtros).

8 Cambio del filtro y el aceite del motor (cada 3,000 millas o 3 meses)

Vea las ilustraciones 8.3, 8.9, 8.14 y 8.18

Nota: *Estos vehículos cuentan con un sistema indicador de vida útil del aceite que enciende una luz o un mensaje en el tablero de instrumentos cuando considera que es necesario cambiar el aceite. Para determinar que el aceite está gastado, deben tomarse en consideración varios factores. Por lo general, este sistema le permitirá al vehículo acumular más millas entre cambios de aceite que el intervalo tradicional de 3,000 millas; sin embargo, consideramos que los cambios de aceite frecuentes son un "seguro de bajo costo" que prolonga la vida útil del motor. Si decide no cambiar el aceite cada 3,000 millas y depender del indicador de vida útil del aceite, asegúrese de no superar las 7,500 millas sin cambiar el aceite, más allá de lo que muestre el indicador.*

1. Los cambios de aceite frecuentes son el procedimiento de mantenimiento preventivo más importante que puede realizar el mecánico doméstico. A medida que el aceite del motor se pone viejo, se diluye y contamina, lo que puede llevar a un desgaste prematuro del motor.
2. Si bien algunas fuentes recomiendan cambiar el filtro de aceite en uno de cada dos cambios de aceite, consideramos que el costo mínimo del filtro de aceite y la relativa facilidad con la que se

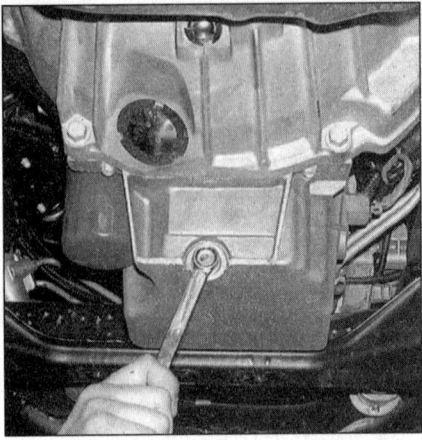

8.9 Utilice una llave o un dado de extremo cuadrado del tamaño correcto para quitar el tapón de drenaje del aceite sin redondearlo

lo instala imponen la instalación de un filtro nuevo con cada cambio de aceite.

3. Reúna todas las herramientas y los materiales necesarios antes de comenzar el procedimiento **(vea la ilustración)**.
4. Necesitará gran cantidad de trapos limpios y periódicos para secar posibles derrames. Puede facilitar el acceso a la parte de abajo del vehículo si lo levanta con un elevador, lo coloca sobre una rampa o lo sostiene sobre soportes de gato. **Advertencia:** *No trabaje debajo de un vehículo sostenido sólo por un gato hidráulico, de defensa o de tijera.*
5. Si este es su primer cambio de aceite, úselo para familiarizarse con las ubicaciones del tapón de drenaje de aceite y del filtro de aceite.
6. Caliente el motor hasta la temperatura de funcionamiento normal. Si necesita aceite nuevo o alguna herramienta, use este tiempo de calentamiento para buscar todo lo necesario para la tarea. Puede encontrar el tipo de aceite correcto para su necesidad en *Lubricantes y líquidos recomendados* al comienzo de este capítulo.
7. Con el aceite del motor tibio (el aceite tibio se drenará más fácilmente y llevará consigo más lodo acumulado), levante y apoye el motor. Asegúrese de que esté sostenido de manera segura.
8. Lleve todas las herramientas, los trapos y los periódicos necesarios debajo del vehículo. Coloque el colector para drenaje debajo del tapón de drenaje. Al comienzo, el aceite fluirá de la bandeja con un poco de fuerza; posicione el colector con esto en mente.
9. Use una llave para quitar el tapón de drenaje que se encuentra cerca de la base de la bandeja de aceite. Tenga cuidado de no tocar ninguno de los componentes calientes del escape **(vea la ilustración)**. Según cuán caliente esté el aceite, tal vez prefiera usar guantes para darle las últimas vueltas al tapón.
10. Deje que el aceite drene al colector. Puede ser necesario mover el colector para drenaje cuando el flujo de aceite se convierte en un goteo.
11. Después de drenar todo el aceite, limpie el tapón de drenaje con un trapo limpio. Pueden pegarse al tapón partículas pequeñas de metal y contaminar inmediatamente el aceite nuevo.
12. Limpie el área alrededor de la abertura del tapón de drenaje y vuelva a colocar el tapón. Apriete el tapón de manera segura con una llave. Si cuenta con una llave de torque, úsela para apretar el tapón al torque indicado en las Especificaciones de este capítulo.

8.14 Como el filtro de aceite está muy apretado, necesita una llave especial para quitarlo. NO use esta llave para apretar el filtro nuevo

13. Posicione el colector para drenaje debajo del filtro de aceite.
14. Use la llave para filtro de aceite para aflojarlo **(vea la ilustración)**.
15. Desenrosque completamente el filtro viejo. Tenga cuidado: está lleno de aceite. Vacíe el aceite del filtro en el colector para drenaje; luego, baje el filtro.
16. Compare el filtro viejo con el nuevo para asegurarse de que sean del mismo tipo.
17. Use un trapo limpio para quitar todo el aceite, la suciedad y el lodo del sector donde el filtro de aceite se monta en el motor. Revise el filtro viejo para asegurarse de que la junta de caucho no haya quedado en el motor. Si la junta quedó en el motor (use una linterna si es necesario), quítela.
18. Aplique una capa delgada de aceite limpio a la junta de caucho del filtro nuevo **(vea la ilustración)**.
19. Fije el filtro nuevo al motor. Siga las instrucciones de ajuste impresas en el envase o el empaque del filtro. La mayoría de los fabricantes de filtros desaconsejan utilizar una llave para filtros debido a la posibilidad de apretarlo más de lo necesario y dañar el sello.
20. Quite todas las herramientas, trapos y demás materiales de debajo del vehículo, con cuidado de no derramar el aceite del colector para drenaje, y baje el vehículo.

8.18 Lubrique la junta del filtro de aceite con aceite para motor limpio antes de instalar el filtro en el motor

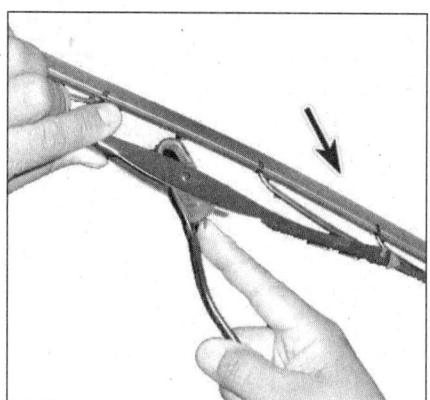

10.3 Presione la palanca de liberación (el dedo está apoyado en ella) y deslice el conjunto de limpiaparabrisas hacia abajo por el brazo del limpiaparabrisas y sáquelo del gancho que se encuentra en el extremo del brazo

21   Vaya al compartimiento del motor y localice el tapón de llenado de aceite.
22   Vierta el aceite nuevo en la abertura de llenado. Puede ser útil contar con un embudo.
23   Vea la capacidad de aceite del motor en las Especificaciones de este capítulo y agregue la cantidad adecuada de aceite nuevo al motor. Espere unos minutos para permitir que el aceite drene hasta la bandeja; luego, revise el nivel con la varilla de medir aceite (vea la Sección 4 si es necesario). Si el nivel de aceite está por encima del área entramada, arranque el motor para permitir que el aceite nuevo circule.
24   Mantenga el motor en funcionamiento por alrededor de un minuto; luego, apáguelo. En seguida, mire debajo del vehículo y revise que no haya fugas en el tapón de drenaje de la bandeja de aceite ni alrededor del filtro de aceite.
25   Una vez que el aceite nuevo circuló, y con el filtro completamente lleno, vuelva a revisar el nivel en la varilla de medir y agregue más aceite según sea necesario.
26   En los primeros viajes después de cambiar el aceite, revise el nivel con frecuencia y asegúrese de que no haya fugas.
27   El aceite viejo que se drenó del motor no puede reutilizarse en ese estado y debe desecharse. Consulte en la tienda de autopartes, el centro de procesamiento de desechos o la agencia ambiental local para saber si aceptan aceite para reciclarlo. Después de que se haya enfriado, se puede verter el aceite en un recipiente (jarra de plástico con tapa, botella con tapón, cartón de leche, etc.) para llevarlo a uno de estos sitios de desecho. No deseche el aceite en el suelo ni en el desagüe.

Monitor de vida útil del aceite

28   El monitor de vida útil del aceite es una función del PCM (módulo de control del tren de potencia) que revisa la temperatura de funcionamiento y las rpm del motor. Si el PCM determina que el aceite del motor se ha usado lo suficiente, se encenderá un indicador con la leyenda "Change Engine Oil" (cambie el aceite del motor) en el tablero de instrumentos.
29   Cuando cambie el aceite y el filtro del motor, ya sea que lo haga en el intervalo recomendado en este capítulo o sólo cuando se enciende la luz, deberá reiniciar el sistema para que se apague el indicador.

30   Para reiniciarlo, gire la llave de ignición a la posición Run (marcha) con el motor apagado y presione y suelte el pedal del acelerador rápidamente tres veces. La luz debería parpadear durante cinco segundos, lo que indica que el sistema se restableció correctamente.

9   Revisión de los cinturones de seguridad (cada 6,000 millas o 6 meses)

1   Revise los cinturones de seguridad, las hebillas, los platos de cierre y los bucles guía para detectar daños evidentes y signos de desgaste.
2   Revise que los pernos que fijan el receptáculo del cinturón al piso estén ajustados de manera segura.
3   Verifique si la luz que recuerda ajustarse el cinturón de seguridad se enciende cuando la llave se coloca en la posición Run (en marcha) o Start (arranque). También se debería oír una campanada.

10   Inspección y reemplazo de la hoja del limpiaparabrisas (cada 6,000 millas o 6 meses)

Vea la ilustración 10.3

1   Las hojas del limpiaparabrisas deben revisarse periódicamente en busca de rajaduras o deterioro.
2   Levante el conjunto de hoja del limpiaparabrisas para separarlo del vidrio.
3   Presione la palanca de liberación y deslice el conjunto de hoja para retirarlo del gancho que se encuentra en el extremo del brazo del limpiaparabrisas **(vea la ilustración)**.
4   Apriete los dos dientes de caucho en el extremo de la hoja y deslice este elemento hacia afuera del bastidor. **Nota:** *Estos elementos pueden reemplazarse con la mano, sin necesidad de tenazas.*
5   Compare el elemento nuevo con el viejo en cuanto a longitud, diseño, etcétera. Algunos elementos de reemplazo consisten en tres piezas (dos tiras de metal, una a cada lado del caucho) que se mantienen unidas mediante varios manguitos pequeños de plástico. En estos modelos, mantenga los manguitos en su lugar hasta comenzar a deslizar el elemento en el bastidor. Retire los manguitos de plástico a medida que lleguen al bastidor.
6   Deslice en elemento nuevo en el bastidor (el extremo con muesca debe ser lo último en entrar) y fije los clips a las muescas del bastidor.
7   Vuelva a instalar el conjunto de hoja en el brazo, moje el parabrisas y compruebe que funcione correctamente.

11   Revisión, mantenimiento y carga de la batería (cada 6,000 millas o 6 meses)

Vea las ilustraciones 11.1, 11.5, 11.7a, 11.7b y 11.7c
Advertencia: Vea la **Advertencia** y la **Precaución** del Capítulo 5, Sección 1, bajo el título "Desconexión de la batería" antes de realizar los pasos siguientes.
Advertencia: *Se deben tomar ciertas precauciones al revisar la batería y darle servicio. Las celdas de batería siempre contienen gas hidrógeno,*

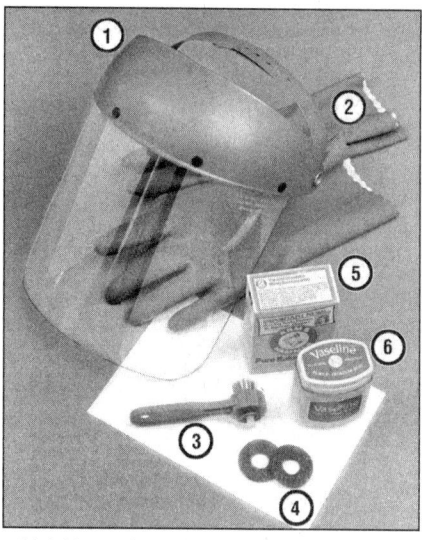

11.1 Herramientas y materiales necesarios para el mantenimiento de la batería

1   **Máscara protectora/gafas protectoras** - al quitar la corrosión con un cepillo, las partículas ácidas pueden llegar a sus ojos con facilidad.
2   **Guantes de caucho** - otra herramienta de seguridad que debe tener en cuenta al hacer el servicio de la batería. Recuerde que dentro de la batería hay ácido.
3   **Limpiador de bornes/cables de batería** - este cepillo de alambre quitará todos los rastros de corrosión de los bornes de la batería y las abrazaderas de los cables.
4   **Arandelas de fieltro tratadas** - colocar una de estas en cada uno de los bornes, directamente debajo de las abrazaderas de los cables, ayudará a prevenir la corrosión.
5   **Bicarbonato de sodio** - se puede usar una solución de bicarbonato de sodio y agua para neutralizar la corrosión.
6   **Vaselina** - una capa de esta sustancia en los bornes de la batería ayudará a prevenir la corrosión.

que es altamente inflamable; el tabaco encendido y todo otro tipo de llamas expuestas y chispas deben mantenerse lejos de la batería. El electrolito dentro de la batería es en realidad ácido sulfúrico diluido, que le causará lesiones si lo salpica en la piel o en los ojos. También arruina la ropa y las superficies pintadas. Cuando quite los cables de la batería, siempre desconecte primero el cable negativo y conéctelo último.
1   La única manera de asegurar un encendido rápido y confiable es seguir un programa de mantenimiento preventivo de rutina para la batería de su vehículo. No obstante, antes de realizar cualquier tipo de mantenimiento a la batería, asegúrese de tener el equipo adecuado para trabajar de modo seguro con ella **(vea la ilustración)**. **Nota:** *Algunos de los modelos incluidos en este manual tienen una batería auxiliar además de la batería estándar. Todos los cuidados y procedimientos de mantenimiento siguientes deben aplicarse a ambas baterías.*
2   Además, deben tomarse varias precauciones cada vez que se realice el mantenimiento de la batería. Antes de dar servicio a la batería, siempre apague el motor y todos los accesorios y desconecte el cable del terminal negativo de la batería.

Capítulo 1 Afinación y mantenimiento de rutina

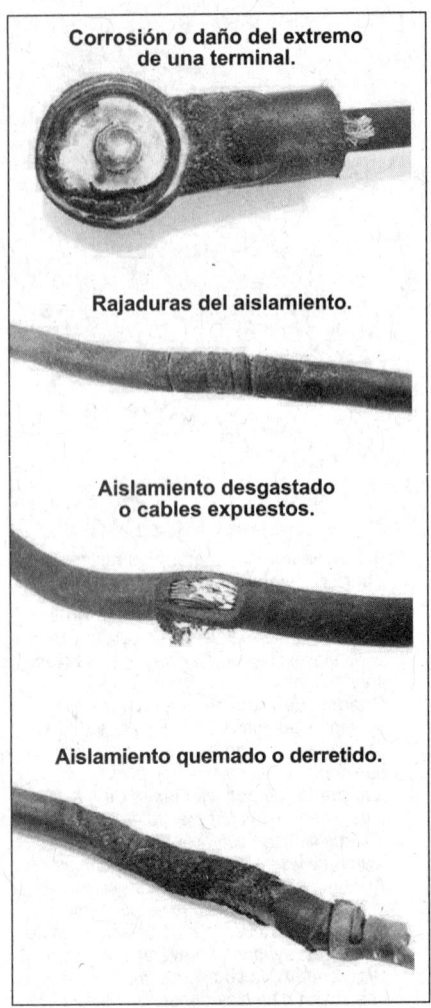

11.5 Problemas típicos de los cables de la batería

11.7a Para limpiar la zona de contacto de los cables en los terminales laterales de la batería se usa una herramienta como esta (disponible en tiendas de autopartes)

11.7b Use el cepillo de la herramienta para terminar el trabajo

11.7c Independientemente del tipo de herramienta usada en la batería y en los cables, debe quedar una superficie limpia y brillante

3   La batería produce gas hidrógeno, que es inflamable y explosivo. Nunca genere una chispa ni fume o encienda un fósforo cerca de la batería. Siempre cargue la batería en un área ventilada.
4   El electrolito contiene ácido sulfúrico, que es tóxico y corrosivo. No permita que entre en contacto con los ojos, la piel ni la ropa. Nunca lo ingiera. Use gafas protectoras de seguridad cuando trabaje cerca de la batería. Mantenga a los niños alejados de la batería.
5   Observe el estado exterior de la batería. Si el terminal positivo y la abrazadera del cable de la batería de su vehículo tienen un protector de caucho, asegúrese de que no esté roto ni dañado. Debe cubrir el terminal por completo. Busque conexiones corroídas o flojas, rajaduras en la caja y la cubierta o abrazaderas de retención flojas. También revise la longitud total de cada cable para comprobar si hay rajaduras y conductores deshilachados **(vea la ilustración)**.
6   Si la corrosión (que se observa como depósitos esponjosos color blanco) es evidente, sobre todo alrededor de los terminales, se debe quitar la batería para limpiarla. Afloje los pernos de los cables con una llave, con cuidado de quitar en primer lugar el cable a tierra, y deslícelos fuera de los terminales. Luego, desconecte la tuerca y el perno de la abrazadera de retención, quite la abrazadera y retire la batería del compartimento del motor.

7   Limpie los extremos de los cables minuciosamente con un cepillo para baterías o con un limpiador para terminales y una solución de agua tibia y bicarbonato de sodio. Lave los terminales y el costado de la caja de la batería con la misma solución; tenga cuidado de que el líquido no entre en la batería. Al limpiar los cables, los terminales y la caja de la batería, use gafas de seguridad y guantes de caucho para evitar que la solución entre en contacto con los ojos o con las manos. También use ropa vieja. Si el ácido sulfúrico salpica la ropa, aunque esté diluido, le hará agujeros. Si los terminales están corroídos, límpielos con un limpiador para terminales **(vea las ilustraciones)**. Lave a fondo con agua todas las áreas limpiadas.
8   Asegúrese de que la bandeja de la batería esté en buenas condiciones y de que los pernos de las abrazaderas de retención estén apretados. Si saca la batería de la bandeja, asegúrese de que no queden piezas en el fondo de la bandeja cuando la vuelva a instalar. Cuando instale los pernos de las abrazaderas de retención nuevamente, no los apriete demasiado.
9   Todas las partes metálicas del vehículo dañadas por la corrosión se deben cubrir con un imprimador a base de zinc y luego pintar.
10   En el Capítulo 5 puede encontrar información sobre cómo retirar e instalar la batería. En el frente de este manual puede encontrar información sobre el arranque con cables pasacorriente. Para más detalles sobre los procedimientos de revisión de la batería, consulte el *Manual Haynes de electricidad del automóvil.*

Carga

Advertencia: *Cuando las baterías se están cargando, se produce gas hidrógeno, que es altamente explosivo e inflamable. No fume ni permita que haya llamas expuestas cerca de una batería que se está cargando o que se cargó recientemente. Use protección para los ojos cuando esté cerca de la batería durante la carga. Además, asegúrese de que el cargador esté desenchufado antes de conectar o desconectar la batería del cargador.*
Nota: *El fabricante recomienda que la batería se quite del vehículo para cargarla, dado que el gas que se emite durante este procedimiento puede dañar la pintura. Realizar una carga rápida con los cables de la batería conectados puede ocasionar daños al sistema eléctrico.*

11   La carga lenta es la mejor manera de restaurar una batería que se descargó al punto de no poder encender el motor. También es una buena manera de mantener la carga de la batería en un vehículo que sólo se usa por unas poca millas cada vez. Mantener la batería cargada es particularmente importante en invierno, cuando debe realizar un esfuerzo mayor para encender el motor y se usan más los accesorios eléctricos que agotan la batería.
12   Es mejor usar un cargador de uno o dos amperios (a veces llamado cargador de mantenimiento). Son los más seguros y agotan menos la batería. También son los más económicos. Para una carga rápida, puede usar un cargador con mayor amperaje, pero no use uno con una clasificación mayor que 1/10 de amperio-hora de la clasificación de la batería. Las cargas rápidas que afirman restaurar la energía de la batería en una o dos horas son más duras con las baterías y pueden dañarlas si no están en buen estado. Este tipo de carga sólo se debe usar en situaciones de emergencia.
13   El tiempo promedio necesario para cargar una batería debe estar mencionado en las instrucciones que vienen con el cargador. Como norma general, un cargador de mantenimiento cargará una batería en un lapso de 12 a 16 horas.

Capítulo 1 Afinación y mantenimiento de rutina

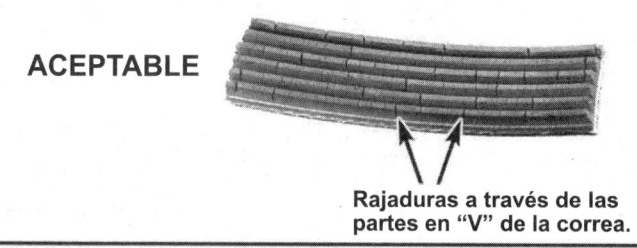

ACEPTABLE

Rajaduras a través de las partes en "V" de la correa.

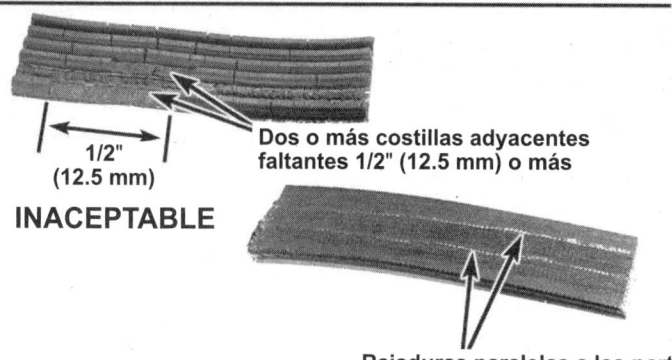

1/2" (12.5 mm)

Dos o más costillas adyacentes faltantes 1/2" (12.5 mm) o más

INACEPTABLE

Rajaduras paralelas a las partes en "V" de la correa.

12.2 Revise las correas con nervaduras (correas serpentinas) en busca de desgastes como este. Si se ve gastada, reemplácela

18 Si la batería tiene la cubierta sellada y no tiene un hidrómetro integrado, puede conectar un voltímetro digital a los terminales de la batería para revisar la carga. Una batería completamente cargada debería dar una lectura de 12.5 voltios o más.

19 En el Capítulo 5 y al principio de este manual puede encontrar más información sobre la batería y el arranque con cables pasacorriente.

12 Revisión, ajuste y reemplazo de la correa de transmisión (cada 6,000 millas o 6 meses)

Vea las ilustraciones 12.2, 12.4a, 12.4b, 12.5 y 12.7

1 Las correas de transmisión en serpentina están ubicadas en la parte delantera del motor y desempeñan un papel importante en el funcionamiento general del motor y de sus componentes. Debido a la función que tienen y al material con que están hechas, las correas de transmisión tienden a gastarse y deben inspeccionarse de manera periódica. La correa serpentina impulsa el alternador, la bomba de dirección hidráulica, la bomba de agua y el compresor del aire acondicionado. **Nota:** *Los modelos V6 tienen una sola correa. Los modelos V8 tienen una correa principal y una segunda correa interna dedicada únicamente al compresor del aire acondicionado (si lo tiene).*

2 Con el motor apagado, abra el capó y pase los dedos por la correa (use una linterna si es necesario) para revisar en busca de rajaduras y separación de las hebras de la correa. También revise si está deshilachada y vidriada, lo que le da un aspecto brilloso **(vea la ilustración)**. Se deben inspeccionar ambos lados de la correa, de modo que tendrá que torcerla para revisar la parte de abajo.

3 Revise las nervaduras en la parte de abajo de la correa. Todas deben tener la misma profundidad, sin desniveles en la superficie.

4 La tensión de la correa se mantiene por medio de un conjunto de tensor accionado por resorte y no es ajustable. Cuando la flecha indicadora de la correa se alinea con la marca indicadora del conjunto de tensor, debe reemplazarse la correa **(vea las ilustraciones)**.

14 Retire todas las tapas de las celdas (si las tiene) y cubra los orificios con un paño limpio para evitar que el electrolito salpique. Desconecte el cable negativo de la batería y enganche las abrazaderas de los cables del cargador de la batería a los bornes de la batería (el positivo al positivo; el negativo al negativo); luego, enchufe el cargador. Si tiene un interruptor selector, asegúrese de que esté fijado en 12 voltios.

15 Si está utilizando un cargador de más de dos amperios, revise regularmente la batería durante la carga para asegurarse de que no se sobrecaliente. Si está usando un cargador de mantenimiento, puede dejar la batería cargando durante la noche sin preocuparse después de revisarla regularmente durante las primeras horas.

16 Si la batería tiene tapas de celdas desmontables, use un hidrómetro para medir el peso específico una vez por hora durante las últimas horas del ciclo de carga. Los hidrómetros se consiguen a precios módicos en las tiendas de autopartes. Siga las instrucciones que acompañan al instrumento. Considere que la batería está cargada cuando pasen dos horas sin cambios en la lectura del peso específico y el electrolito en las celdas comience a emitir gases (burbujee) libremente. La lectura del peso específico de cada celda debe ser muy similar entre todas las celdas. Si no lo es, es probable que la batería tenga celdas defectuosas.

17 Algunas baterías con la cubierta sellada tienen hidrómetros integrados en la cubierta que indican el estado de carga mediante el color que se muestra en la ventana del hidrómetro. Normalmente, un hidrómetro que muestra un color vivo indica una carga completa, y un hidrómetro opaco indica que la batería todavía necesita carga.

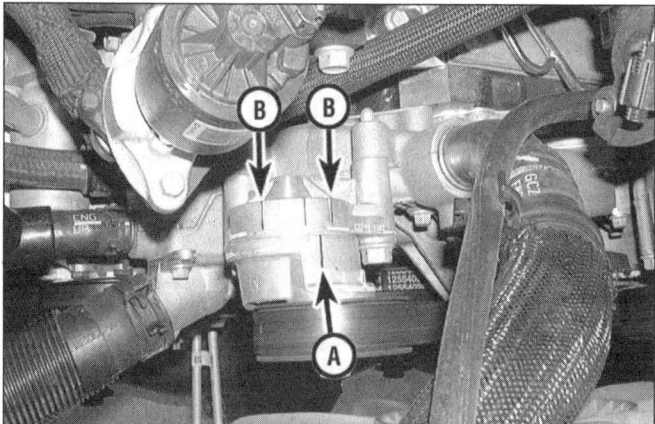

12.4a La flecha indicadora (A) en el tensor de la correa principal debe permanecer entre las marcas (B) del conjunto de tensor (se muestra la correa principal de un motor V8)

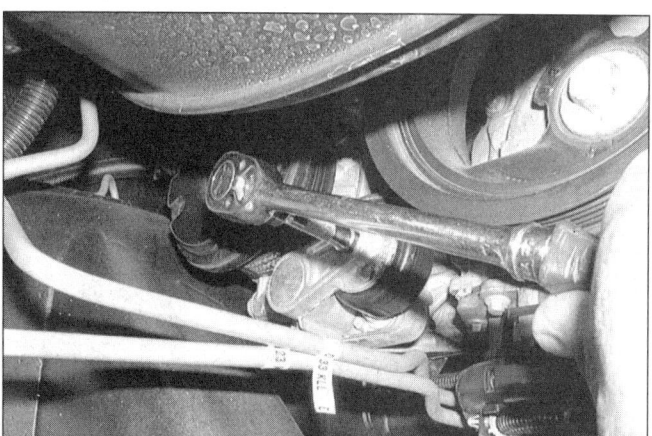

12.4b En modelos V8 con aire acondicionado, es más fácil acceder al tensor de la correa interna (flecha) desde abajo. Use una herramienta de guía de 3/8 pulg en el orificio cuadrado del tensor para rotarlo y quitar la correa

Capítulo 1 Afinación y mantenimiento de rutina

12.5 Use una herramienta para correa de transmisión para girar el perno del tensor y quitar la correa. Es posible que no haya lugar para usar un dado y una llave de cubo estándar

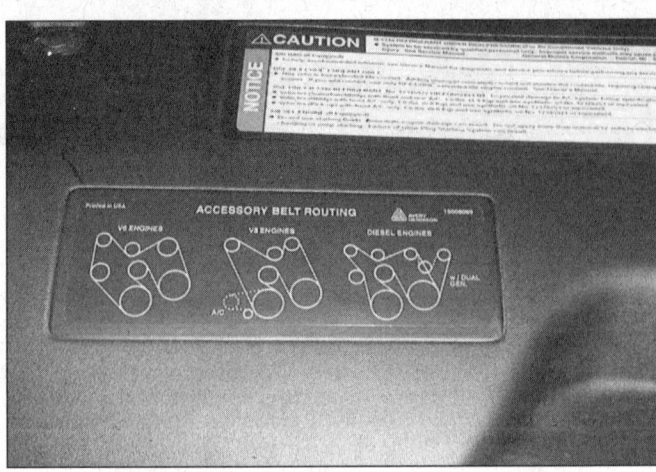

12.7 El diagrama del recorrido de la correa de transmisión se encuentra en el soporte del radiador (se muestra un motor V8)

5   Para reemplazarla, gire el tensor para liberar la tensión de la correa (**vea la ilustración**).

6   Retire la correa del tensor y de los componentes auxiliares, y suelte con cuidado el tensor.

7   Guíe la correa nueva por las distintas poleas mientras gira nuevamente el tensor para permitir la instalación de la correa; luego, suelte el tensor. **Nota:** *En el soporte del radiador hay una calcomanía con el recorrido de la correa de transmisión para ayudarlo durante la instalación* (**vea la ilustración**).

Reemplazo del tensor
Vea las ilustraciones 12.8a y 12.8b

8   Para reemplazar un tensor que no está dentro del rango de tensión adecuado aun cuando se lo usa con una correa nueva, o que presenta agarrotamiento o tiene una polea o un rodamiento gastados, quite los pernos de montaje (**vea las ilustraciones**).

9   La instalación se realiza en forma inversa al procedimiento de desmontaje.

---

13   Revisión y reemplazo de las mangueras de debajo del capó (cada 6,000 millas o 6 meses)

General
Precaución: *El reemplazo de las mangueras del aire acondicionado debe realizarse en el departamento de servicio de un distribuidor o en un taller de aire acondicionado que cuente con el equipo necesario para despresurizar el sistema de manera segura y para recuperar el refrigerante. Nunca quite los componentes ni las mangueras del aire acondicionado hasta que el sistema se haya despresurizado.*

1   Las altas temperaturas en el compartimiento del motor pueden ocasionar el deterioro de las mangueras de caucho y de plástico que se utilizan para el funcionamiento del motor y de los sistemas de accesorios y de emisiones. Se debe realizar una inspección periódica en busca de rajaduras, abrazaderas sueltas, endurecimiento del material y fugas. La información específica sobre las mangueras del sistema de enfriamiento se encuentra en la Sección 14.

2   La mayoría de las mangueras, pero no todas, se fijan a las conexiones por medio de abrazaderas. Donde se usan abrazaderas, revise que no hayan perdido la tensión, lo que permite que la manguera tenga fugas. Si no se utilizan abrazaderas, asegúrese de que la manguera no se haya expandido o endurecido donde se desliza sobre la conexión, dando lugar a fugas.

Mangueras de vacío

3   Es bastante común que las mangueras de vacío, especialmente las del sistema de emisiones, estén codificadas por color o que se identifiquen con rayas de color moldeadas en ellas. Los distintos sistemas requieren mangueras de diferentes espesores, resistencia al colapso y a la temperatura. Cuando reemplace mangueras, asegúrese de que las nuevas estén hechas del mismo material.

4   A menudo, la única manera efectiva de revisar una manguera es sacarla completamente del vehículo. Si saca más de una, asegúrese de etiquetar las mangueras y las conexiones para asegurar la instalación correcta.

5   Cuando revise las mangueras de vacío, asegúrese de incluir las conexiones T de plástico en la revisión. Inspeccione las conexiones para detectar rajaduras y revise la manguera donde encaja sobre la conexión para ver si está deformada, lo que puede causar fugas.

6   Se puede utilizar un pequeño trozo de manguera de vacío (de 1/4 de pulgada de diámetro interno) como estetoscopio para detectar pérdidas de vacío. Sostenga un extremo de la manguera cerca del oído y sondee las mangueras de vacío y las conexiones para escuchar el siseo característico de una pérdida de vacío. **Advertencia:** *Cuando examine con la manguera de vacío como estetoscopio, tenga cuidado de no entrar en contacto con los componentes móviles del motor, tales como la correa de transmisión, el ventilador de enfriamiento, etcétera.*

Manguera de combustible
Advertencia: *La gasolina es extremadamente inflamable; por lo tanto, tome precauciones adicionales cuando trabaje en cualquier parte del sistema de combustible. No fume ni permita llamas expuestas o focos descubiertos cerca del área de trabajo y no trabaje en un garaje donde haya algún dispositivo de gas natural (como un calentador de agua o un secador de ropa). Como la gasolina es carcinogénica, use guantes de látex cuando exista la posibilidad de estar expuesto al combustible; y, si derrama combustible sobre la piel, enjuáguese inmediatamente con agua y jabón. Limpie todo derrame de inmediato y no guarde trapos empapados en combustible donde puedan encenderse. Cuando realice cualquier tipo de trabajo con el sistema de combustible, use gafas de seguridad y tenga a mano un extintor de incendios Clase B. El sistema de combustible está bajo presión; por lo tanto, si tiene que desconectar alguna línea,*

12.8a Pernos de montaje del tensor de la correa principal (flechas)

12.8b Pernos de montaje (flecha) del tensor de la correa de aire acondicionado de un motor V8

Revise por un área con rozamiento que pudiera fallar prematuramente.

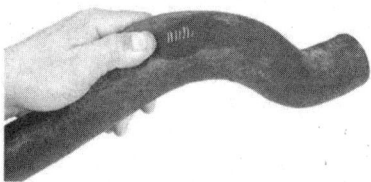

Revise por un área blanda que indica que la manguera está deteriorada por dentro.

El excesivo apriete de la abrazadera en una manguera endurecida dañará la manguera y causará fugas.

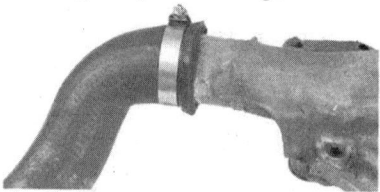

Revise cada manguera por hinchazón y por extremos con aceite. Se pueden encontrar rajaduras y roturas comprimiendo la manguera.

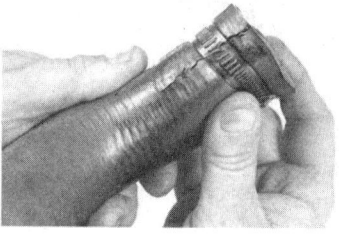

14.4 Las mangueras, como los cinturones de seguridad, suelen fallar en el peor momento posible. Para evitar el inconveniente de que explote una manguera del radiador o del calefactor, inspecciónelas cuidadosamente como se muestra aquí

primero debe liberarse la presión en el sistema (vea el Capítulo 4 para más información).
7 Revise todas las líneas de caucho de combustible para detectar deterioro y escoriaciones. Revise especialmente las áreas donde la manguera se dobla y justo antes de las conexiones, como donde la manguera se conecta al filtro de combustible y a la unidad de inyección de combustible, para detectar rajaduras.
8 Para reemplazar una línea de combustible, se debe usar una línea de combustible de alta calidad especialmente diseñada para sistemas de inyección de combustible de alta presión. Nunca, bajo ninguna circunstancia, utilice una línea de combustible común, una línea de vacío sin reforzar, un tubo de plástico transparente o una manguera para agua como línea de combustible.
9 En las líneas de combustible se suelen utilizar abrazaderas de resorte (retenedoras). Estas abrazaderas a menudo pierden la tensión con el tiempo y pueden "saltar" cuando se las saca. Reemplace todas las abrazaderas de resorte por abrazaderas con tornillo cada vez que reemplace una manguera.

Líneas metálicas

10 Las secciones de las líneas metálicas están tendidas junto al bastidor, entre el tanque de combustible y el motor. Revísela cuidadosamente para asegurarse de que la línea no esté doblada ni plegada y que no comenzó a rajarse.
11 Si debe reemplazar una sección de la línea metálica de combustible, use solamente tubos de acero sin soldaduras, ya que los tubos de cobre y aluminio no tienen la fuerza necesaria para resistir la vibración causada por el motor.
12 Revise la líneas metálicas de freno donde entran en el cilindro principal y en la unidad de proporción de freno para detectar rajaduras en las líneas o conexiones flojas. Todo signo de fuga de aceite de freno requiere una inspección inmediata y completa del sistema de freno.

14 Revisión del sistema de enfriamiento (cada 6,000 millas o 6 meses)

Vea la ilustración 14.4
Advertencia: *Espere a que el motor esté completamente frío antes de comenzar este procedimiento.*
Precaución: *Nunca mezcle anticongelante de etilenglicol de color verde con refrigerante "DEX-COOL" de color naranja libre de silicatos. Hacerlo anulará la eficacia del refrigerante "DEX-COOL", diseñado para durar 100,000 millas o cinco años.*
1 Muchas fallas importantes del motor se pueden atribuir a un sistema de enfriamiento defectuoso. Si el vehículo está equipado con transmisión automática, el sistema de enfriamiento también enfría el líquido de transmisión y, por lo tanto, desempeña un papel importante en la extensión de la vida útil de la transmisión.
2 El sistema de enfriamiento debe revisarse con el motor frío. Haga esta revisión antes de comenzar a utilizar el vehículo en el día o después de que haya estado apagado por un mínimo de tres horas.
3 Desenrosque lentamente la tapa de presión del refrigerante en el depósito de compensación para quitarla. Si se escucha un siseo (que indica que todavía hay presión en el sistema), espere hasta que se detenga. Limpie la tapa a fondo, por dentro y por fuera, con agua limpia. También limpie el cuello de llenado del depósito de compensación. Deben quitarse todos los rastros de corrosión. El refrigerante dentro del depósito de compensación debe ser relativamente transparente. Si tiene color óxido, es necesario vaciar el sistema y volverlo a llenar (vea la sección 28). Si el nivel de refrigerante no llega hasta la marca Cold (frío), agregue mezcla de anticongelante o refrigerante (vea la sección 4).
4 Revise cuidadosamente las mangueras grandes superior e inferior del radiador, junto con todas las mangueras del calefactor de diámetro más pequeño que vayan desde el motor al panel contra fuego. Inspeccione cada manguera en toda su extensión y reemplace las mangueras que estén rajadas, hinchadas o que muestren signos de deterioro. Si se aprieta la manguera, pueden verse mejor las rajaduras (**vea la ilustración**).
5 Asegúrese de que las conexiones de todas las mangueras estén ajustadas. Las fugas en el sistema de enfriamiento usualmente se muestran como depósitos blancos o de color óxido en el área anexa a la pérdida. Si se utilizan abrazaderas de alambre en los extremos de las mangueras, puede ser una buena idea reemplazarlas por abrazaderas con tornillo, que son más seguras.
6 Use aire comprimido o un cepillo blando para quitar insectos, hojas, etc., del frente del radiador y del condensador del aire acondicionado. Tenga cuidado de no dañar las delicadas aletas del radiador y de no cortarse los dedos con ellas.
7 Una vez cada dos inspecciones, o al primer indicio de problemas en el sistema de enfriamiento, revise la presión de la tapa y del sistema. Si no tiene un medidor de presión, podrá hacer esta revisión en la mayoría de las gasolineras y talleres de reparaciones con un costo mínimo.

Modo de funcionamiento de protección contra recalentamiento

8 Los modelos con motor V8 cuentan con un sistema para proteger el motor de daños ocasionados por recalentamiento excesivo. Cuando la computadora detecta una condición de recalentamiento, en el tablero de instrumentos se enciende una luz de advertencia con la leyenda "reduced power" (potencia reducida). En este modo, la computadora activa y desactiva el encendido de las bobinas individuales de cada cilindro para que haya ciclos de enfriamiento entre los ciclos de encendido. El motor presentará una pérdida de potencia drástica, pero permitirá el funcionamiento del vehículo en una emergencia.
9 Si esta luz se encuentra encendida, busque un lugar seguro donde salir del camino lo antes posible y deje que el motor se enfríe por completo.
10 Revise el nivel de refrigerante e inspeccione el sistema en busca de mangueras divididas o de signos claros de fuga de refrigerante.
11 Al funcionar en este modo, el aceite del motor quedará arruinado, dado que ingresa combustible sin quemar en el aceite. Después de solucionar el problema de recalentamiento, cambie el aceite y el filtro lo antes posible y reinicie el monitor de vida útil del aceite (vea la Sección 8).

15 Rotación de neumáticos (cada 6,000 millas o 6 meses)

Vea la ilustración 15.2
1 Los neumáticos deben rotarse a los intervalos especificados y cuando se observe desgaste desparejo.
2 Los neumáticos deben rotarse según el patrón recomendado (**vea la ilustración**).

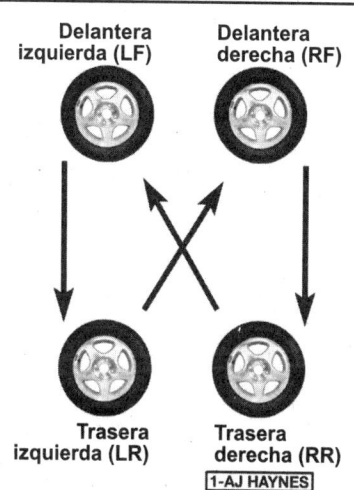

15.2 Patrón recomendado de rotación de neumáticos para neumáticos radiales no-direccionales

1-18   Capítulo 1   Afinación y mantenimiento de rutina

16.2a Quite el tapón de llenado del eje trasero (A) para revisar el nivel de lubricante del diferencial. Algunos modelos tienen una etiqueta con información específica sobre el lubricante requerido (B)

16.2b Quite el tapón de llenado (A) del eje delantero (doble tracción) para revisar el nivel de lubricante del diferencial. B es el tapón de drenaje

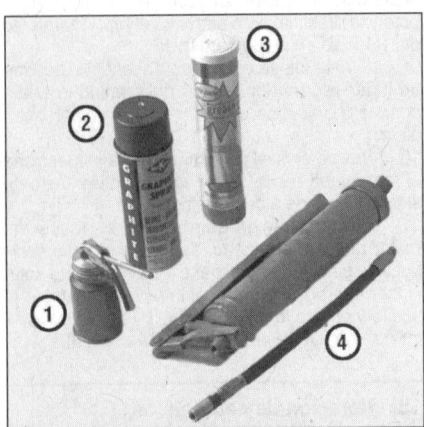

17.1 Materiales necesarios para la lubricación del chasis y la carrocería

1   *Aceite para motor* - puede utilizarse aceite liviano para motor en una lata como ésta para las bisagras de las puertas y el capó.
2   *Spray de grafito* - se utiliza para lubricar los cilindros de las cerraduras.
3   *Grasa* - se puede conseguir grasa, en una gran variedad de tipos y pesos, para utilizar con una pistola de grasa. Revise las especificaciones para conocer sus requisitos.
4   *Pistola de grasa* - para la lubricación del chasis se necesita un pistola de grasa como la que se muestra aquí, con manguera y boquilla desmontables. Después de utilizarla, límpiela minuciosamente.

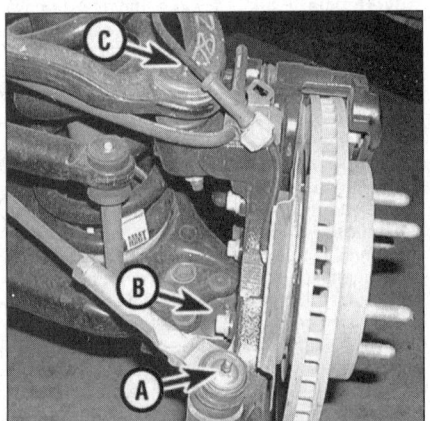

17.2a Limpie la suciedad de las graseras antes de insertar la boquilla de la pistola de grasa en ellas. Lubrique el extremo de la barra de acoplamiento (A), la rótula inferior (B) y la rótula superior (C)

17.2b En ejes propulsores con junta deslizante, lubrique la grasera (flecha) al lubricar el chasis

3   Consulte la información incluida en *Elevado y remolque* al comienzo de este manual para conocer los procedimientos correctos para elevar el vehículo y cambiar un neumático. Si se deben revisar los frenos, no aplique el freno de estacionamiento como se indica allí. Asegúrese de que los neumáticos estén bloqueados para evitar que el vehículo se mueva mientras lo levanta.

4   Preferiblemente, debe levantarse todo el vehículo al mismo tiempo. Esto puede hacerse con un elevador o mediante levantar cada una de las esquinas con un gato y luego bajar el vehículo sobre soportes de gato colocados debajo de los rieles del bastidor. Siempre utilice cuatro soportes de gato y asegúrese de que el vehículo quede apoyado de manera segura.

5   Después de rotarlos, revise y ajuste la presión de los neumáticos según sea necesario. Apriete las tuercas de orejeta al torque indicado en las Especificaciones de este capítulo.

16   Revisión del nivel de lubricante del diferencial (cada 6,000 millas o 6 meses)

Vea las ilustraciones 16.2a y 16.2b

Nota: *Los vehículos de doble tracción tienen dos diferenciales: uno en el centro de cada eje. Los vehículos de tracción en dos ruedas tienen un solo diferencial, en el centro del eje trasero. En vehículos de doble tracción, asegúrese de revisar el nivel de lubricante de los dos diferenciales.*

1   El tapón de llenado de todos los diferenciales delanteros, y de la mayoría de los traseros, es un tapón metálico roscado. Si el vehículo se levanta para acceder al tapón, asegúrese de sostenerlo de modo seguro sobre soportes de gato. NO se arrastre debajo de un vehículo que esté sostenido únicamente por un gato. Asegúrese de que el vehículo esté nivelado; en caso contrario, la revisión puede ser inexacta.

2   Quite el tapón del orificio de llenado que se encuentra en la caja o en la cubierta del diferencial **(vea las ilustraciones)**.

3   Si está revisando el diferencial trasero y se utilizó lubricante sintético para llenarlo, el nivel de lubricante debería llegar a la base del orificio de llenado. En modelos de la Serie 1500, el nivel debería estar 1-5/8 pulg por debajo de la abertura del tapón de llenado, y no debería estar más de 3/8 de pulgada por debajo del orificio en modelos de la Serie 2500. En caso contrario, use una bomba o una botella compresible para agregar el lubricante recomendado hasta que empiece a salir por la abertura. En algunos modelos, hay una etiqueta en el área del tapón con información sobre el tipo de lubricante recomendado.

4   Instale el tapón de manera segura en el orificio de llenado.

17   Lubricación del chasis (cada 15,000 millas o 12 meses)

Vea las ilustraciones 17.1, 17.2a y 17.2b

1   Vea *Líquidos y lubricantes recomendados* al comienzo de este capítulo para saber qué grasa, etc., necesita. También necesitará una pistola de grasa **(vea la ilustración)**. Los componentes de la suspensión que no tienen grasera están sellados

Capítulo 1 Afinación y mantenimiento de rutina 1-19

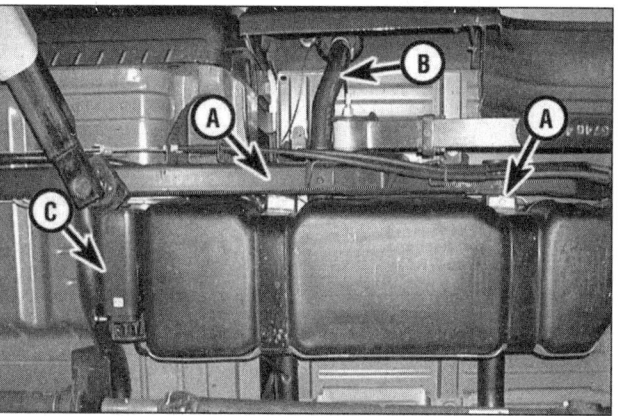

18.7 Inspeccione las correas de montaje del tanque de combustible (A), todas las líneas de combustible y de vapor (B señala la manguera de llenado) y el recipiente de emisiones por evaporación (C)

y no requieren lubricación periódica. Algunos componentes de los modelos de doble tracción tienen graseras que no se encuentran en los modelos de tracción en dos ruedas, y viceversa. En modelos 2002 con dirección en las cuatro ruedas Quadrasteer, lubrique las rótulas traseras y los componentes traseros de la dirección que tienen graseras.

2 Mire debajo del vehículo y ubique las graseras **(vea las ilustraciones)**.

3 Para obtener un mejor acceso debajo del vehículo, levántelo con un gato y coloque soportes de gato debajo del bastidor. Asegúrese de que esté bien sostenido por los soportes. Si debe quitar las ruedas en este intervalo para la rotación de los neumáticos o la inspección de los frenos, afloje ligeramente las tuercas de orejeta mientras el vehículo todavía está en el piso.

4 Antes de comenzar, saque un poco de grasa por la boquilla de la pistola para sacarle la suciedad que pueda haber allí. Limpie la boquilla con un trapo.

5 Con la pistola de grasa y suficientes trapos limpios, métase debajo del vehículo y comience a lubricar los componentes.

6 Limpie la grasa de una de las graseras y coloque la boquilla firmemente sobre ella. Accione la pistola hasta que el componente esté completamente lubricado. En las rótulas, deje de bombear grasa cuando el sello de caucho se sienta firme al tacto. No bombee demasiada grasa en las graseras porque puede romper el sello. En el resto de los componentes de la suspensión y de la dirección, bombee grasa en las graseras hasta que se escurra por las juntas entre los dos componentes. Si escapa alrededor de la boquilla de la pistola de grasa, la grasera está obstruida o la boquilla no está completamente asentada en la grasera. Reasegure la boquilla de la pistola en la grasera e intente otra vez. Si es necesario, reemplace la grasera con una nueva.

7 Limpie la grasa excedente de los componentes y de las graseras. Repita el procedimiento para las graseras restantes.

8 Limpie la grasera y bombee grasa en las juntas universales del tren de potencia hasta que pueda verse salir grasa por los puntos de contacto. Las demás juntas U están selladas y no requieren lubricación. **Nota:** *La mayoría de las juntas U de reemplazo para ejes propulsores no están selladas de manera permanente e incluyen graseras. Si reemplazó las juntas U, asegúrese de incluirlas en la lubricación de rutina del chasis.*

9 También limpie y lubrique las guías y las palancas del cable del freno de estacionamiento. **Precaución:** *No use el lubricante del chasis en los cables del freno. Esta grasa deteriorará el alojamiento de los cables.*

18 Revisión del sistema de combustible (cada 15,000 millas o 12 meses)

Vea la ilustración 18.7

Advertencia: *La gasolina es extremadamente inflamable; por lo tanto, tome precauciones adicionales cuando trabaje en cualquier parte del sistema de combustible. No fume ni permita llamas expuestas o focos descubiertos cerca del área de trabajo y no trabaje en un garaje donde haya algún dispositivo de gas natural (como un calentador de agua o un secador de ropa). Como la gasolina es carcinogénica, use guantes de látex cuando exista la posibilidad de estar expuesto al combustible; y, si se derrama combustible sobre la piel, enjuáguese inmediatamente con agua y jabón. Limpie todo derrame de inmediato y no guarde trapos empapados en combustible donde puedan encenderse. Cuando realice cualquier tipo de trabajo con el sistema de combustible, use gafas de seguridad y tenga a mano un extintor de incendios Clase B. El sistema de combustible está bajo presión constante; por lo tanto, si se tiene que desconectar alguna línea de combustible, primero debe liberarse la presión del sistema de combustible* (vea el Capítulo 4).

1 Si huele gasolina mientras conduce o después de que el vehículo haya permanecido al sol, inspeccione el sistema de combustible inmediatamente.

2 Retire el tapón de llenado de combustible e inspecciónelo para detectar daños o corrosión. La junta debe tener una impresión de sellado intacta. Si la junta está dañada o corroída, instale un tapón nuevo.

3 Inspeccione las líneas de suministro y de retorno de combustible para detectar rajaduras. Asegúrese de que las conexiones entre las líneas de combustible y el sistema de inyección de combustible estén bien ajustadas. **Advertencia:** *Su vehículo está equipado con inyección de combustible, por lo que debe liberar la presión del sistema de combustible antes de realizar el servicio de los componentes de dicho sistema. El procedimiento para aliviar la presión del sistema de combustible se explica en el Capítulo 4.*

4 Si los inyectores de combustible están a la vista, busque indicios de fuga de combustible (sitios húmedos) alrededor de los inyectores; puede que necesiten nuevos anillos O (vea el Capítulo 4).

5 Dado que algunos componentes del sistema de combustible (el tanque de combustible y parte de las líneas de suministro y retorno de combustible, por ejemplo) se encuentran debajo del vehículo, es más fácil inspeccionarlos si se levanta el vehículo con un elevador. De no ser posible, eleve el vehículo y sosténgalo sobre soportes de gato.

6 Con el vehículo elevado y sostenido de modo seguro, inspeccione el tanque de combustible y el cuello de llenado para detectar pinchaduras, rajaduras y otros daños. La conexión entre el cuello de llenado y el tanque es especialmente crítica. A veces, los cuellos de llenado de caucho tienen pérdidas debido a abrazaderas flojas o al deterioro del caucho. Inspeccione todos los soportes y correas de montaje del tanque de combustible para asegurarse de que el tanque esté bien sujeto al vehículo. **Advertencia:** *Nunca, bajo ninguna circunstancia, trate de reparar un tanque de combustible (excepto los componentes de caucho). Una soldadora o cualquier llama expuesta pueden hacer que los vapores de combustible dentro del tanque exploten fácilmente.*

7 Revise cuidadosamente todas las mangueras de caucho y las líneas de metal que salen del tanque de combustible **(vea la ilustración)**. Revise en busca de conexiones flojas, mangueras deterioradas, líneas plegadas y otros daños. Repare o reemplace las secciones dañadas según sea necesario (vea el Capítulo 4).

8 El sistema de control de emisiones por evaporación también puede ser una fuente de olor a combustible. La función del sistema es almacenar los vapores de combustible del tanque de combustible en un recipiente de carbón hasta que se los pueda dirigir al múltiple de admisión, donde se mezclan con el aire que ingresa en este antes de quemarse en las cámaras de combustión.

9 El síntoma más común de un sistema de control de emisiones por evaporación defectuoso es un fuerte olor a combustible en el compartimiento del motor. Si detectó un fuerte olor a combustible y ya revisó los sectores descritos anteriormente, revise el recipiente de carbón (ubicado debajo de la parte trasera del vehículo) y las mangueras conectadas a él **(vea la ilustración 18.7)**.

19 Revisión del sistema de freno (cada 15,000 millas o 12 meses)

Advertencia: *El polvo generado por el sistema de freno es perjudicial para la salud. Nunca lo sople con aire comprimido ni lo inhale. Debe usar una mascarilla con filtro aprobada al trabajar en los frenos. Nunca, bajo ninguna circunstancia, use solventes a base de petróleo para limpiar las piezas del freno. Utilice solamente un limpiador para sistemas de freno. Cuando sea posible, trate de usar repuestos sin amianto.*

Nota: *Consulte el Capítulo 9 para ver fotografías detalladas del sistema de freno.*

1 Además de en los intervalos especificados, se deben revisar los frenos cada vez que se quiten las ruedas o si se sospecha un defecto.

2 Cualquiera de los síntomas siguientes puede indicar un posible defecto en el sistema de freno: el vehículo tira hacia un lado cuando se presiona el pedal del freno; los frenos rechinan o hacen ruidos de arrastre cuando se los aplica; el recorrido del pedal del freno es excesivo; el pedal vibra; o existe una fuga del aceite de freno, usualmente hacia el interior del neumático o de la rueda.

3 Afloje las tuercas de orejeta de las ruedas.

4 Levante el vehículo y apóyelo de manera segura sobre soportes de gato.

5 Saque las ruedas (vea *Elevado y remolque* al comienzo de este libro o consulte el manual del usuario, si es necesario).

Frenos de disco

Vea las ilustraciones 19.7a, 19.7b, 19.9 y 19.11

6   Hay dos pastillas (una externa y otra interna) en cada caliper. Las pastillas pueden verse cuando se quitan las ruedas. Los vehículos incluidos en este manual tienen frenos de disco delanteros y traseros, con un mecanismo de freno de estacionamiento mecánico de tambor dentro de los discos traseros.

7   Revise el espesor de la pastilla. Para hacerlo, observe los extremos del caliper y mire a través de la ventana de inspección del cuerpo del caliper **(vea las ilustraciones)**. Si el material del forro tiene un espesor menor que el indicado en las Especificaciones de este capítulo, reemplace las pastillas. **Nota:** *Tenga en cuenta que el material del forro está remachado o unido a una placa de soporte de metal, y que la porción metálica no se incluye en esta medición.*

8   Si es difícil determinar el espesor exacto del material restante de la pastilla con el método mencionado anteriormente, o si está preocupado por el estado de las pastillas, quite los calipers y luego retire las pastillas de estos para inspeccionarlas (consulte el Capítulo 9).

9   Una vez que haya extraído las pastillas de los calipers, límpielas con limpiador para frenos y vuélvalas a medir con una regla o con un caliper vernier **(vea la ilustración)**.

10   Mida el espesor del disco con un micrómetro para asegurarse de que aún le queda vida útil. Si un disco es más delgado que el espesor mínimo especificado, reemplácelo (consulte el Capítulo 9). Aun si al disco le queda vida útil, revise su estado. Busque rayas, deformaciones y puntos quemados. Si encuentra estas condiciones, saque el disco y hágalo rectificar (vea el Capítulo 9).

11   Antes de instalar las ruedas, revise todas las líneas y mangueras de freno para detectar daños, desgaste, deformaciones, rajaduras, corrosión, fugas, dobleces y torceduras, particularmente en la cercanía de las mangueras de caucho en los calipers **(vea la ilustración)**. Revise el ajuste de las abrazaderas, y las conexiones para detectar fugas. Asegúrese de que todas las mangueras y líneas estén lejos de bordes filosos, piezas móviles y del sistema de escape. Si se observa alguna de las condiciones anteriores, repare o reemplace las líneas y conexiones o cambie su recorrido, según sea necesario (vea el Capítulo 9).

19.7a Quite una rueda y revise el espesor de la pastilla interior (flecha) a través del orificio de inspección (se muestra el caliper delantero; el trasero es similar)

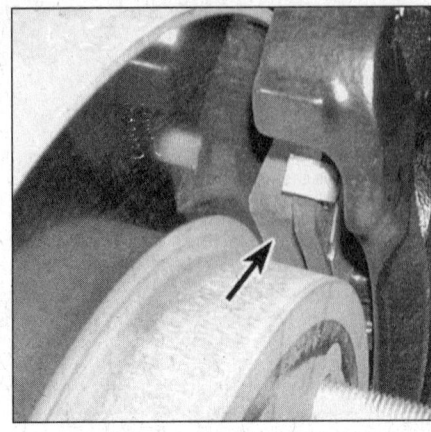

19.7b La pastilla exterior (flecha) puede revisarse más fácilmente en el borde del caliper

Revisión del reforzador del freno

12   Siéntese en el asiento del conductor y realice la siguiente secuencia de pruebas.

13   Encienda el motor con el freno apretado a fondo. El pedal debe moverse un poco hacia abajo cuando arranque el motor.

14   Con el motor en marcha, pise el pedal del motor varias veces. La distancia del recorrido no debe variar.

15   Pise el pedal, detenga el motor y mantenga el pedal presionado por alrededor de 30 segundos. El pedal no debe hundirse ni levantarse.

16   Vuelva a encender el motor, hágalo funcionar por aproximadamente un minuto y apáguelo. Luego, pise el freno firmemente varias veces. La distancia del recorrido del pedal debe disminuir con cada aplicación.

17   Si los frenos no funcionan de la manera descrita, hay una falla en el reforzador del freno. Vea el Capítulo 9 para conocer el procedimiento de reemplazo.

Freno de estacionamiento

18   Un método para revisar el freno de estacionamiento es detener el vehículo en una pendiente pronunciada con el freno de estacionamiento aplicado y la transmisión en posición Neutral. Debe permanecer en el vehículo durante esta revisión. Si el freno de estacionamiento no evita que el vehículo se mueva, necesita atención (vea el Capítulo 9).

---

20   Revisión del sistema de escape (cada 15,000 millas o 12 meses)

Vea las ilustraciones 20.2a y 20.2b

1   Revise el sistema de escape completo, desde el múltiple hasta el extremo del tubo de escape, con el motor frío (al menos tres horas después de haber conducido el vehículo). Tenga cuidado al trabajar cerca del convertidor catalítico, ya que puede seguir estando caliente después de

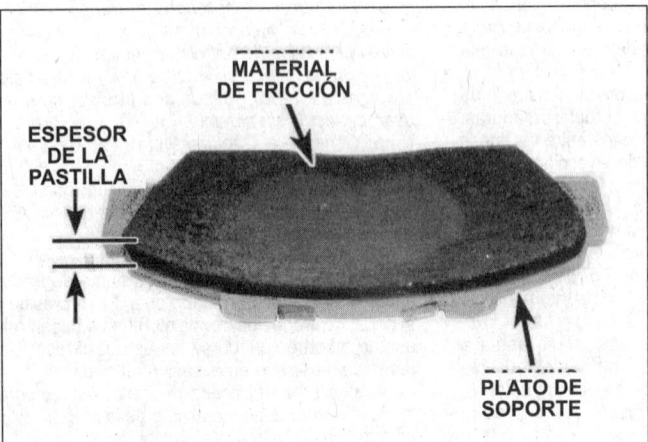

19.9 Si es necesario hacer una medición más precisa del espesor, quite las pastillas y mida el material de fricción remanente

19.11 También revise las mangueras de freno en cada conexión (flechas) para detectar deterioro, rajaduras y fugas

Capítulo 1 Afinación y mantenimiento de rutina 1-21

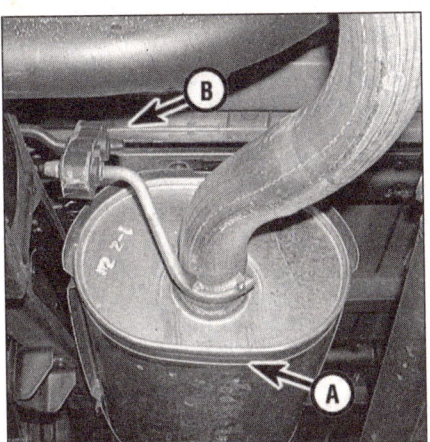

20.2a Inspeccione el silenciador (A) y todos los ganchos (B) en busca de signos de deterioro

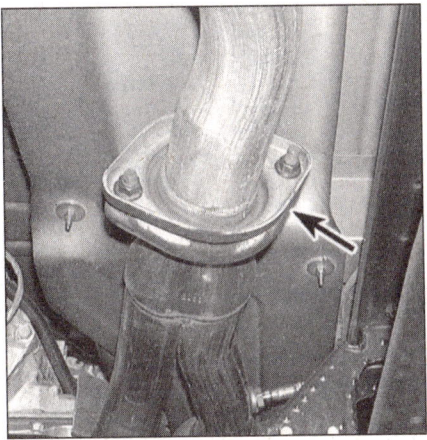

20.2b Inspeccione todas las juntas bridadas (la flecha señala la junta delantera del tubo de escape) en busca de signos de fuga de gases de escape

21.2 Drenaje de la transmisión manual (en la base) y tapón de llenado (del lado del pasajero)

tres horas. Lo ideal es realizar la inspección con el vehículo en un elevador para tener un acceso sin restricciones a los componentes. Si no se dispone de un elevador, alce el vehículo y sosténgalo de modo seguro sobre soportes de gato.

2   Revise los tubos de escape y las conexiones en busca de signos de fuga o corrosión que indiquen una posible falla. Asegúrese de que todos los soportes y ganchos estén firmes y en buen estado (**vea las ilustraciones**).

3   Inspeccione la parte inferior de la carrocería para detectar agujeros, corrosión, soldaduras abiertas, etc., que puedan permitir que los gases de escape ingresen en el compartimento de pasajeros. Selle todas las aberturas de la carrocería con sellador de silicona o masilla.

4   El traqueteo y otros ruidos a menudo se originan en el sistema de escape, especialmente en las monturas, los ganchos y los protectores contra calor. Trate de mover los tubos, el silenciador y el convertidor catalítico. Si los componentes pueden entrar en contacto con la carrocería o las piezas de la suspensión, fije el sistema de escape con soportes y ganchos nuevos.

21   Revisión del nivel de lubricante de la transmisión manual (cada 15,000 millas o 12 meses)

Vea la ilustración 21.2

1   La transmisión manual tiene un tapón de llenado que debe sacarse para revisar el nivel de lubricante. Si el vehículo se levanta para acceder al tapón, asegúrese de sostenerlo de modo seguro sobre soportes de gato. NO se arrastre debajo de un vehículo sostenido únicamente por un gato. Asegúrese de que el vehículo esté nivelado; en caso contrario, la revisión puede ser inexacta.

2   Con la llave adecuada, desenrosque el tapón de la transmisión (**vea la ilustración**).

3   Con el dedo meñique, acceda al interior de la caja para revisar el nivel de lubricante. El nivel debe estar en la base del orificio del tapón o cerca de ella. En caso contrario, agregue el lubricante recomendado a través del orificio del tapón con una jeringa o una botella compresible.

4   Instale el tapón y apriételo. Después de haber conducido el vehículo por unas pocas millas, revise el sistema en busca de fugas.

22   Revisión del nivel de lubricante en la caja de transferencia (modelos de doble tracción) (cada 15,000 millas o 12 meses)

Vea la ilustración 22.1

1   Para revisar el nivel de lubricante en la caja de transferencia, debe sacarse el tapón superior ubicado en la parte trasera de la caja (**vea la ilustración**).

2   Después de quitar el tapón, palpe el interior del orificio. El nivel de lubricante debería llegar justo a la base del orificio. Si no está en ese nivel, agregue el lubricante adecuado a través de la abertura.

23   Reemplazo del filtro de ventilación interior (cada 15,000 millas o 12 meses)

Vea las ilustraciones 23.2 y 23.3

1   Algunos de estos modelos cuentan con un par de filtros de aire debajo del tablero que limpian el aire que ingresa al vehículo a través del sistema de ventilación, así como el aire recirculado.

2   Acceda debajo de la parte central del tablero

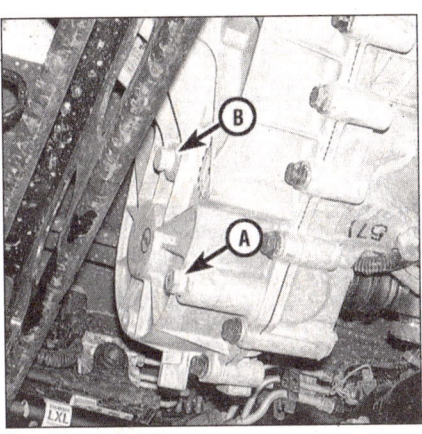

22.1 El tapón de drenaje (A) y el tapón de llenado (B) se encuentran en la cubierta trasera de la caja de transferencia

de instrumentos y quite el tornillo que fija la cubierta; luego, tire de la cubierta de acceso hacia abajo en la parte inferior derecha del alojamiento del núcleo del evaporador (**vea la ilustración**).

3   Deslice los filtros hacia abajo para sacarlos del alojamiento, y reemplácelos por filtros nuevos en el intervalo especificado (**vea la ilustración**).

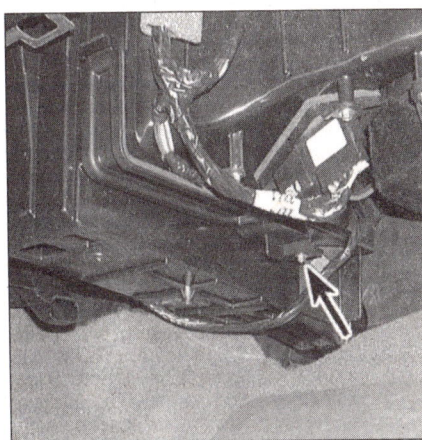

23.2 Quite el tornillo (flecha) y abra la puerta de acceso debajo de los filtros de ventilación tirando hacia abajo

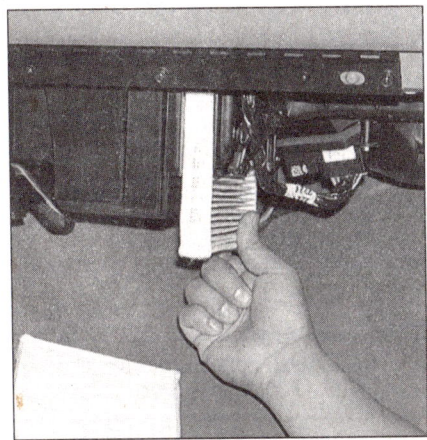

23.3 Deslice hacia abajo los filtros de la caja de HVAC (calefacción, ventilación y aire acondicionado). Al quitar el primer filtro, sale el segundo

Capítulo 1 Afinación y mantenimiento de rutina

25.3a Afloje los tornillos (A) y levante la cubierta del filtro de aire. B es el indicador de estado del filtro de aire

25.3b Mantenga la cubierta levantada y deslice el elemento de filtro para extraerlo

4   El resto de la instalación se realiza en forma inversa al procedimiento de desmontaje.

24 Cambio de aceite de freno (cada 30,000 millas o 24 meses)

Advertencia: *El aceite de freno puede ser dañino para los ojos y perjudicar las superficies pintadas, de modo que sea extremadamente cuidadoso al manipularlo o verterlo. No use aceite de freno que se haya guardado abierto o que tenga más de un año. El aceite de freno absorbe la humedad del aire. El exceso de humedad puede provocar una pérdida peligrosa de efectividad de frenado.*

1   En los intervalos especificados, se debe drenar y cambiar el aceite de freno. Como puede gotear o salpicar al verterlo, coloque muchos trapos alrededor del cilindro principal para proteger las superficies pintadas aledañas.
2   Antes de empezar a trabajar, compre el aceite de freno especificado (vea *Lubricantes y líquidos recomendados* al comienzo de este capítulo).
3   Retire la tapa del depósito del cilindro principal.
4   Use una bomba de succión manual o un dispositivo similar para extraer el aceite del depósito del cilindro principal.
5   Agregue aceite nuevo al cilindro principal hasta que llegue a la línea marcada en el depósito.
6   Purgue el sistema de freno como se describe en el Capítulo 9 en los cuatro frenos hasta que salga aceite nuevo y sin contaminar por el tornillo de purga. Asegúrese de mantener el nivel de aceite en el cilindro principal mientras realiza el proceso de purga. Si deja que el cilindro principal se seque, entrará aire en el sistema.
7   Rellene el cilindro principal con aceite y revise el funcionamiento de los frenos. El pedal debe sentirse sólido cuando lo presiona, no esponjoso. **Advertencia:** *No haga funcionar el vehículo si tiene dudas acerca de la efectividad del sistema de freno.*

25 Reemplazo del filtro de aire (cada 30,000 millas o 24 meses)

Vea las ilustraciones 25.3a y 25.3b

1   En los intervalos especificados, reemplace el elemento de filtro de aire por uno nuevo.

2   En todos los modelos, el filtro de aire está alojado en una caja de plástico negra montada en el interior del hueco del guardafango, a la derecha del compartimiento del motor. Un medidor de plástico fijado a la caja mide el flujo de aire que pasa a través del filtro e indica cuándo debe cambiarse el filtro. Si conduce en áreas especialmente polvorientas, el medidor puede indicar la necesidad de un cambio de filtro antes del intervalo de millaje normalmente recomendado.
3   Afloje los tornillos cautivos y levante la cubierta de la caja; luego, saque el elemento de filtro de aire de la caja **(vea las ilustraciones)**. Limpie el interior de la caja del filtro de aire con un trapo limpio.
4   Mientras la cubierta no esté colocada, tenga cuidado de que no caiga nada dentro de la caja del filtro de aire.
5   Coloque un elemento de filtro nuevo en la caja del filtro de aire. Asegúrese de que quede asentado correctamente en la ranura de la caja.
6   La instalación se realiza en forma inversa al desmontaje. Después de instalar el filtro nuevo, presione la parte superior del indicador del filtro para reiniciarlo.

26 Reemplazo del filtro de combustible (cada 30,000 millas o 30 meses)

Vea la ilustración 26.5

Advertencia: *La gasolina es extremadamente inflamable; por lo tanto, tome precauciones adicionales cuando trabaje en cualquier parte del sistema de combustible. No fume ni permita llamas expuestas o focos descubiertos cerca del área de trabajo y no trabaje en un garaje donde haya algún dispositivo de gas natural (como un calentador de agua o un secador de ropa). Como la gasolina es carcinogénica, use guantes de látex cuando exista la posibilidad de estar expuesto al combustible; y, si derrama combustible sobre la piel, enjuáguese inmediatamente con agua y jabón. Limpie todo derrame de inmediato y no guarde trapos empapados en combustible donde puedan encenderse. El sistema de combustible está bajo presión constante, por lo tanto, si tiene que desconectar alguna línea de combustible, primero debe liberarse la presión del combustible en el sistema (vea el Capítulo 4 para más información). Cuando realice cualquier tipo de trabajo en el sistema de combustible, use gafas de seguridad y tenga a mano un extintor de incendios Clase B.*

Nota: *Los modelos 2005 y posteriores cuentan con un filtro de combustible que no puede reemplazarse incorporado al conjunto de unidad de envío de combustible.*

1   Alivie la presión del sistema de combustible (vea el Capítulo 4).
2   Levante el vehículo y sosténgalo de manera segura sobre soportes de gato.
3   El filtro de combustible está montado en el riel del bastidor derecho, cerca del tanque de combustible.
4   Use aire comprimido o limpiador de carburador para limpiar la suciedad que haya alrededor de las conexiones de las líneas de entrada y salida de combustible.
5   En cada extremo del filtro hay conexiones de rosca; para aflojarlas, es necesario usar dos llaves **(vea la ilustración)**. **Nota:** *Tenga trapos o un recipiente pequeño a mano para recoger o limpiar la gasolina que se derrame del conjunto de filtro.*
6   Use una llave de boca para mantener fijo el hexágono del filtro, y una llave para tuerca abocinada para desenroscar la tuerca de la línea de combustible; luego, separe la línea del filtro. La llave para tuerca abocinada evita que se redondeen las esquinas de las tuercas de las líneas de combustible.

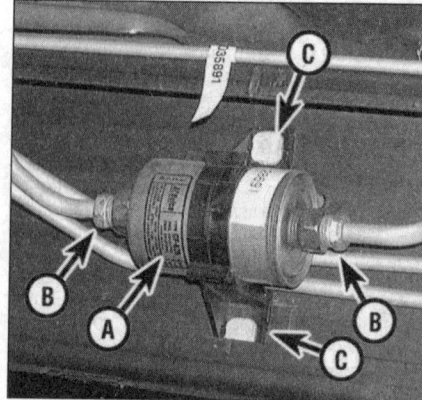

26.5 Al cambiar el filtro de combustible (A), use una llave para tuerca abocinada para desconectar las conexiones (B). Quite las tuercas de estos pernos con cabeza de hongo (C) para extraer el filtro y el soporte

Capítulo 1 Afinación y mantenimiento de rutina

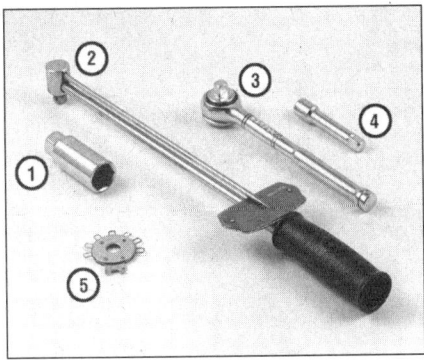

27.2 Herramientas necesarias para cambiar las bujías

1. *Llave para bujías* - Esta herramienta tiene el interior acolchado para proteger el aislante de porcelana de la bujía.
2. *Llave de torque* - Aunque no es obligatorio, usar esta herramienta es la mejor forma de asegurar que las bujías queden apretadas correctamente.
3. *Trinquete* - Herramienta de mano estándar para encajar la llave para bujías.
4. *Prolongador* - Según el modelo y los accesorios, podría necesitar prolongadores especiales y articulaciones universales para acceder a algunas de las bujías.
5. *Calibre de luz de bujía* - Este calibre para comprobar la luz de las bujías viene en varios estilos. Asegúrese de que incluya la luz que corresponde a su motor.

7 Quite las tuercas del soporte de montaje del filtro de combustible y retire el filtro.
8 La instalación se realiza en forma inversa al desmontaje.

27 Reemplazo de las bujías (para conocer los intervalos de servicio, vea el programa de mantenimiento)

Vea las ilustraciones 27.2, 27.5a, 27.5b, 27.6, 27.8, 27.9 y 27.10

1 Las bujías están enroscadas en los costados de las culatas de cilindros, junto a los puertos de escape.
2 En la mayoría de los casos, las herramientas necesarias para el reemplazo de las bujías incluyen una llave para bujías que encaja en un trinquete (las llaves para bujías están acolchadas en el interior para evitar que se dañen los aislantes de porcelana de las bujías nuevas), distintos prolongadores y un calibre de luz para verificar y ajustar la luz en las bujías nuevas (**vea la ilustración**). Existe una herramienta especial para quitar los cables de bujía para separar las fundas de los cables de las bujías, pero no es absolutamente necesaria. Se debe utilizar una llave de torque para apretar las bujías nuevas. **Nota:** *Las bujías de estos modelos son 1/8 de pulgada más largas que las bujías estándar usadas anteriormente. Asegúrese de que su llave para bujías no llegue a tope de estas bujías más largas, ya que esto podría ocasionar rajaduras a los aislantes.*
3 Al reemplazar las bujías, lo mejor es comprar primero las bujías nuevas, ajustarlas a la luz de bujía correcta y luego reemplazarlas una por una. Cuando las compre, asegúrese de pedir el

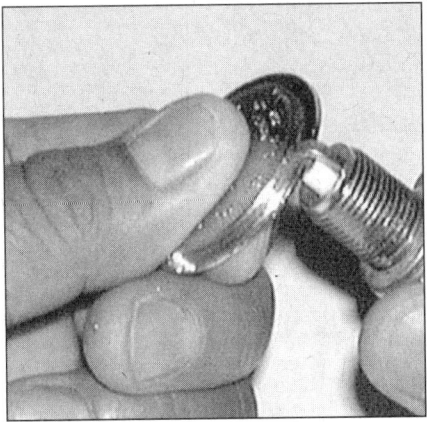

27.5a Los fabricantes de bujías recomiendan utilizar un calibre de espesor ahusado para revisar la luz. Deslice el lado delgado dentro del espacio y gire hasta que el calibre lo llene; luego, lea el espesor en el calibre. No introduzca la herramienta a la fuerza en el espacio ni use la parte ahusada de la herramienta para aumentar una luz

tipo correcto de bujía para su motor en particular. Esta información puede encontrarse en el manual del propietario que viene de fábrica y en las Especificaciones al comienzo de este capítulo.
4 Deje que el motor se enfríe por completo antes de intentar desmontar una bujía. Mientras espera que el motor se enfríe, revise si las bujías nuevas tienen defectos y ajuste las luces.
5 Para comprobar la luz, se inserta un calibre del espesor apropiado entre los electrodos de la punta de la bujía (**vea la ilustración**). La luz entre las los electrodos debe ser la misma que la especificada en la etiqueta de *Información de control de emisiones* o en las Especificaciones de este capítulo. El cable debería apenas deslizarse entre los electrodos con un mínimo de fricción. Si la luz es incorrecta, use el ajustador que se encuentra en el cuerpo del calibre para doblar ligeramente el electrodo del lado curvo hasta alcanzar la luz adecuada (**vea la ilustración**). Si el electrodo lateral no está exactamente sobre el electrodo

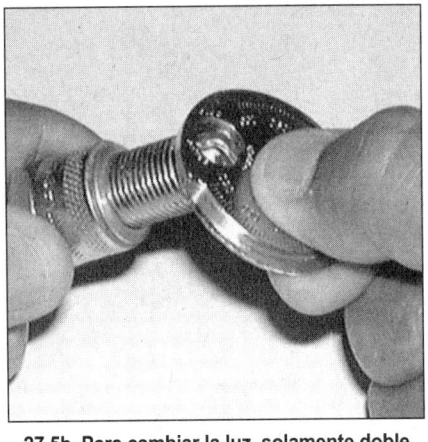

27.5b Para cambiar la luz, solamente doble el electrodo lateral con el orificio ajustador de la herramienta y tenga mucho cuidado de no rajar o mellar el aislante de porcelana que rodea al electrodo central

central, dóblelo con el ajustador hasta que lo esté. Revise si hay rajaduras en el aislante de porcelana (si las hay, no debe utilizar esa bujía). **Nota:** *Los fabricantes recomiendan utilizar un calibre de espesor ahusado para revisar bujías de platino. Los medidores de otras clases pueden raspar el revestimiento de platino de los electrodos, lo que reduce drásticamente la vida útil de las bujías.*
6 Con el motor frío, retire el cable de bujía de una bujía. Tire solamente de la funda en el extremo del cable; no tire del cable. Use una herramienta para quitar cables de bujía si cuenta con ella (**vea la ilustración**).
7 Si dispone de aire comprimido, úselo para soplar la suciedad o las materias extrañas que haya en el orificio de la bujía. La idea es eliminar la posibilidad de que caigan desechos en el cilindro cuando se retira la bujía.
8 Coloque la llave para bujía sobre la bujía y extráigala del motor girándola en sentido antihorario (**vea la ilustración**).

27.6 Una herramienta como esta facilita la extracción de la funda de las bujías. Gírela hacia delante y hacia atrás, y sólo tire de la funda

27.8 Use un dado y un prolongador para desenroscar las bujías. Necesitará prolongadores de varias longitudes, y tal vez necesite también una junta flexible, para llegar a algunas de las bujías

Capítulo 1 Afinación y mantenimiento de rutina

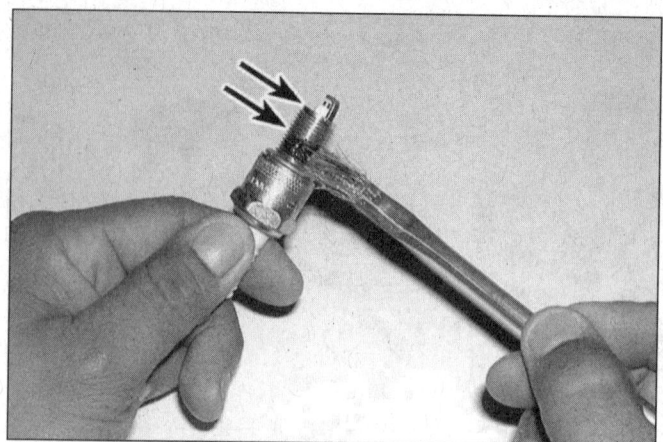

27.9 Aplique una capa delgada de compuesto antiadherente en las roscas de las bujías, con cuidado de no llegar cerca de las roscas inferiores (flechas)

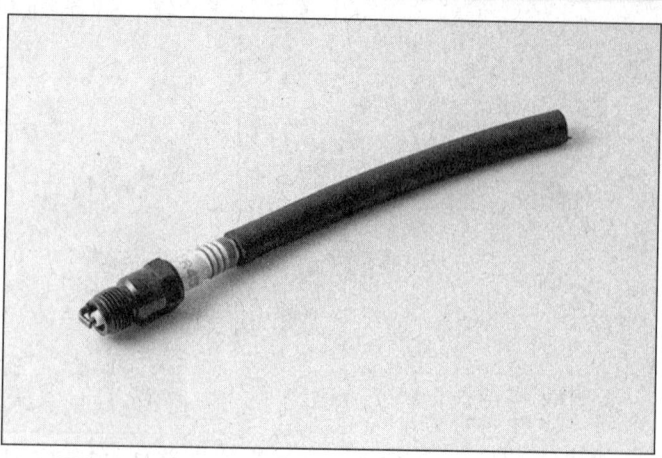

27.10 Al instalar las bujías, un trozo de manguera de caucho angosta le permitirá ahorrar tiempo y evitará dañar las roscas

9 Compare la bujía con la tabla en la contratapa trasera de este manual para conocer la condición general de funcionamiento del motor. Antes de instalar bujías nuevas, es una buena idea aplicar una capa delgada de compuesto antiadherente a las roscas (**vea la ilustración**).

10 Enrosque una de las bujías nuevas en el orificio hasta que ya no pueda girarla con los dedos; luego, apriétela con una llave de torque (si cuenta con una) o con el trinquete. En el caso de las bujías que se encuentran en la parte trasera del motor y son de difícil acceso, puede ser una buena idea deslizar un trozo corto de manguera de caucho sobre el extremo de la bujía y usarlo como herramienta para enroscarla en su sitio (**vea la ilustración**). La manguera tomará la bujía con firmeza para girarla, pero empezará a patinar si la bujía fuerza la rosca del orificio; esto evita que se dañen las roscas y los costos de reparación asociados.

11 Conecte el cable de bujía a la bujía nueva. Gire la funda hasta que quede asentada en la bujía.

12 Repita el procedimiento con las bujías restantes; reemplácelas una por una para evitar que se mezclen los cables de bujía.

28 Servicio del sistema de enfriamiento (drenaje, enjuague y rellenado) (vea el programa de mantenimiento para conocer el intervalo)

Advertencia: *No permita que el anticongelante entre en contacto con su piel o con las superficies pintadas del vehículo. Enjuague inmediatamente los derrames con abundante agua. El anticongelante es altamente tóxico si se ingiere. Nunca deje el anticongelante con el envase abierto ni deje charcos de anticongelante en el suelo; a los niños y las mascotas les atrae su olor dulce y podrían beberlo. Consulte con las autoridades locales cómo desechar el anticongelante usado. Muchas comunidades disponen de centros de recolección que se ocupan de que el anticongelante se deseche en forma segura. El anticongelante es inflamable en ciertas condiciones; asegúrese de leer las precauciones en el envase.*
Nota: *En las tiendas de autopartes locales se consigue refrigerante no tóxico. Si bien este refrigerante no es tóxico cuando está limpio, aun así es necesario desecharlo de la manera adecuada.*
Precaución: *Nunca mezcle anticongelante de etilenglicol de color verde con refrigerante "DEX-COOL" de color naranja libre de silicatos. Hacerlo anulará la eficacia del refrigerante "DEX-COOL", diseñado para durar 100,000 millas o cinco años.*

Drenaje
Vea las ilustraciones 28.3 y 28.4

1 El sistema de enfriamiento se debe drenar, enjuagar y rellenar periódicamente para reponer la mezcla de anticongelante e impedir que se formen óxido y corrosión, que pueden perjudicar el rendimiento del sistema de enfriamiento y dañar el motor. Cuando se hace el servicio del sistema de enfriamiento, todas las mangueras y la tapa del depósito de compensación deben revisarse, y reemplazarse si es necesario.

2 Aplique el freno de estacionamiento y bloquee las ruedas. **Advertencia:** *Si se acaba de conducir el vehículo, espere varias horas para permitir que el motor se enfríe antes de empezar con el procedimiento.*

3 Coloque un recipiente grande debajo del drenaje del radiador para recoger el refrigerante. La válvula de drenaje se encuentra ubicada en el lado inferior izquierdo del radiador (**vea la ilustración**). **Nota:** *Es posible que algunos modelos no cuenten con una válvula de drenaje.* Desconecte la manguera inferior del radiador para drenar el sistema de enfriamiento. Retire la manguera de drenaje del soporte y diríjala al recipiente; luego,

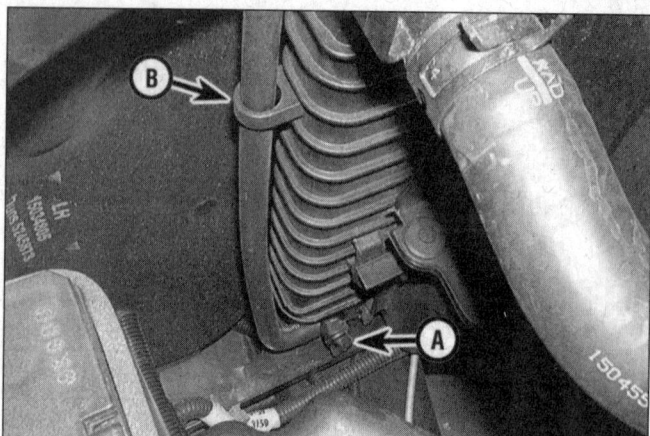

28.3 La válvula de drenaje del radiador (A) está ubicada en la esquina izquierda del radiador. Antes de drenarla, retire la manguera de drenaje de caucho de su soporte (B) y diríjala al colector para drenaje

28.4 Drenaje del bloque de cilindros (el de la flecha es un calentador del bloque, no un tapón estándar). Hay uno en cada lado del bloque

Capítulo 1 Afinación y mantenimiento de rutina

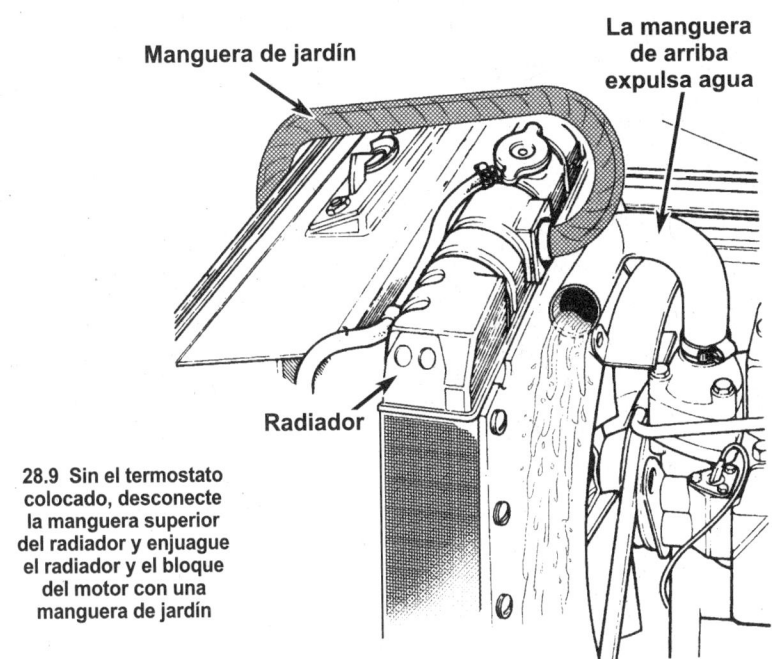

28.9 Sin el termostato colocado, desconecte la manguera superior del radiador y enjuague el radiador y el bloque del motor con una manguera de jardín

29.6 Revise en busca de signos de fuga de líquidos en este sitio (flecha) en los amortiguadores (se muestra el amortiguador delantero)

abra la conexión para drenaje (es posible que necesite unas tenazas para girarla). Quite la tapa del depósito de compensación.
4   Cuando el refrigerante termine de salir del radiador, coloque el recipiente debajo de los tapones de drenaje del bloque del motor. Hay un tapón en cada lado del bloque **(vea la ilustración)**. Quite los tapones y deje que drene el refrigerante del bloque. **Nota:** *Con frecuencia, el refrigerante no drena del bloque cuando se retira el tapón. Esto se debe a una capa de óxido acumulada detrás del tapón. Introduzca un destornillador Phillips en el orificio para romper la barrera de óxido.*
5   Mientras el refrigerante se drena, revise el estado de las mangueras del radiador, las mangueras del calefactor y las abrazaderas (vea la Sección 14 si es necesario).
6   Reemplace las abrazaderas y mangueras dañadas. Vuelva a colocar los tapones de drenaje y apriételos de manera segura; coloque sellador Permatex n.° 2 en las roscas de los tapones.

Enjuague
Vea la ilustración 28.9
7   Una vez que el sistema se haya vaciado por completo, quite el termostato del motor (vea el Capítulo 3). Luego, vuelva a instalar la caja del termostato, sin este en su interior. Esto permitirá enjuagar el sistema completamente.
8   Vuelva a instalar la manguera inferior del radiador y ajuste el tapón de drenaje del radiador. Gire los controles del sistema de calefacción a la posición Hot (caliente), para que el núcleo del calefactor se enjuague con el resto del sistema de enfriamiento.
9   Desconecte la manguera superior del radiador, coloque una manguera de jardín en la entrada superior del radiador y enjuague el sistema hasta que el agua en la manguera superior del radiador corra limpia **(vea la ilustración)**.
10 En casos severos de contaminación u obstrucción del radiador, quítelo (vea el Capítulo 3) y hágalo limpiar y reparar si es necesario en un taller de reparación de radiadores.
11 Muchos tipos de depósitos pueden eliminarse mediante la acción química de un limpiador disponible en las tiendas de autopartes. Siga el procedimiento detallado en las instrucciones del fabricante. **Nota:** *Si el refrigerante se drena con regularidad y el sistema se rellena con la mezcla de anticongelante y agua adecuada, no debería ser necesario utilizar limpiadores químicos ni productos descalcificadores.*

Rellenado
12 Para rellenar el sistema, instale el termostato y vuelva a conectar todas las mangueras del radiador.
13 Coloque el control de temperatura del calefactor en la posición de calor máximo.
14 Asegúrese de usar el refrigerante adecuado que se indica en las Especificaciones de este capítulo. Llene el depósito de compensación lentamente con la mezcla recomendada de anticongelante y agua hasta la marca FILL COLD (llenado en frío).
15 Sin colocar la tapa del depósito de compensación, arranque el motor y déjelo funcionar en marcha mínima por alrededor de un minuto.
16 Instale la tapa del depósito de compensación, pero no la apriete hasta el fondo (debe poder escapar la presión). Aumente la velocidad del motor a aproximadamente 3000 rpm en ciclos de 30 segundos hasta que el motor alcance la temperatura de funcionamiento normal y el termostato se abra.
17 Apague el motor y quite la tapa del depósito de compensación. Si escucha un siseo proveniente del depósito, espere hasta que se detenga y luego quite la tapa.
18 Arranque el motor y déjelo en marcha mínima por un minuto. Agregue refrigerante al depósito hasta que el nivel esté 1/2 pulgada por encima de la marca FILL COLD (llenado en frío). Repita el Paso 16 y luego apague el motor.
19 Agregue la cantidad de refrigerante necesaria para llevar el nivel 1/2 pulgada por encima de la marca FILL COLD (llenado en frío) del depósito. Instale la tapa del depósito de compensación de manera segura.
20 Revise el sistema de enfriamiento en busca de fugas.

29 Revisión de la suspensión, la dirección y la funda del eje impulsor (cada 30,000 millas o 30 meses)

Nota: *El varillaje de la dirección y los componentes de la suspensión deben revisarse periódicamente. Los componentes de la suspensión y del varillaje de la dirección gastados o dañados pueden ocasionar un desgaste excesivo y anormal de los neumáticos, mala calidad de la marcha y una reducción en la economía del combustible. Para ilustraciones detalladas de los componentes de la dirección y de la suspensión, vea el Capítulo 10.*

Revisión de los amortiguadores
Vea la ilustración 29.6
1   Estacione el vehículo en un terreno nivelado, apague el motor y aplique el freno de estacionamiento. Revise la presión de los neumáticos.
2   Presione una esquina del vehículo hacia abajo; luego, libérela mientras observa el movimiento de la carrocería. Debería dejar de moverse en uno o dos rebotes y quedar en una posición nivelada.
3   Si el vehículo continúa moviéndose hacia arriba y hacia abajo o si no vuelve a la posición original, es posible que los amortiguadores estén gastados o débiles.
4   Repita la revisión mencionada anteriormente en las otras tres esquinas del vehículo.
5   Levante el vehículo y sosténgalo de manera segura sobre soportes de gato.
6   Revise los amortiguadores para detectar indicios de fuga de líquidos **(ver la ilustración)**. Una película fina de líquido no es motivo de preocupación. Asegúrese de que el líquido observado provenga de los amortiguadores y no de otra fuente. Si observa una fuga, reemplace los amortiguadores en conjunto.
7   Revise los amortiguadores para asegurarse de que estén montados de modo seguro y que no estén dañados. Revise las monturas superiores para detectar daños y desgaste. Si observa daño o desgaste, reemplace los amortiguadores en conjunto (frontales o traseros).
8   Si debe reemplazar los amortiguadores, consulte el Capítulo 10 para ver el procedimiento.

1-26　Capítulo 1 Afinación y mantenimiento de rutina

29.9a Examine los puntos de montaje (flechas) de los brazos de control superior...

29.9b ...e inferior de la suspensión delantera (flechas)

Revisión de la dirección y de la suspensión

Vea las ilustraciones 29.9a, 29.9b, 29.9c, 29.9d y 29.11

9 Inspeccione visualmente los componentes de la dirección y de la suspensión (delanteros y traseros) para detectar daños y distorsión. Revise en busca de sellos, fundas y bujes dañados y fugas de cualquier tipo. Examine los bujes que se encuentran donde los brazos de control se juntan con el chasis (vea las ilustraciones).

10 Limpie el extremo inferior del muñón de la dirección. Pídale a un ayudante que sujete el borde inferior del neumático y mueva la rueda hacia dentro y hacia fuera mientras usted observa la rótula que conecta el muñón de dirección al brazo de control en busca de movimiento. Si se produce algún movimiento, se deben reemplazar las rótulas de la suspensión.

11 Tome cada uno de los neumáticos delanteros por los bordes delanteros y traseros, empuje desde el frente y tire desde la parte trasera, e intente detectar juego libre en los componentes del sistema de dirección. Si detecta juego libre, revise el brazo auxiliar y los extremos de la barra de acoplamiento para ver si están flojos (vea la ilustración).

12 En el Capítulo 10 puede encontrar información adicional e ilustraciones sobre los sistemas de suspensión y dirección.

Revisión de la funda del eje impulsor (modelos de doble tracción)

Vea la ilustración 29.14

13 Las fundas del eje impulsor son muy importantes dado que evitan que ingrese suciedad, agua y materias extrañas a las juntas de CV (velocidad constante) y las dañen. El aceite y la grasa pueden deteriorar el material de las fundas de manera prematura, por lo que es una buena idea lavarlas con agua y jabón. Debido a su movimiento de pivote constante hacia delante y hacia atrás al seguir la acción de la dirección del cubo delantero, la funda de CV exterior se gasta más rápido y debe inspeccionarse con regularidad.

14 Inspeccione las fundas en busca de roturas, rajaduras y abrazaderas flojas (vea la ilustración). Si encuentra indicios de rajaduras o fugas de lubricante, debe reemplazárselas como se describe en el Capítulo 8.

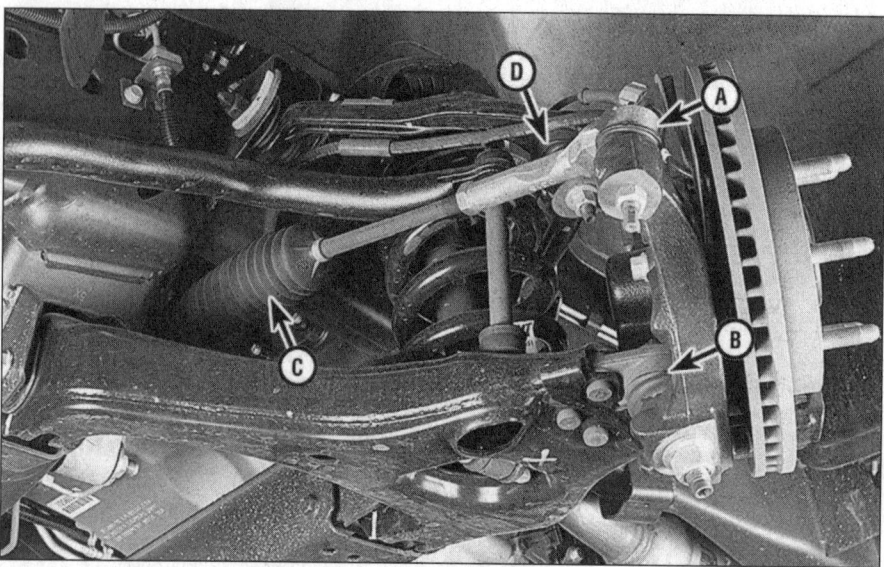

29.9c Inspeccione los extremos de la barra de acoplamiento (A), las rótulas inferiores (B), las fundas del mecanismo de la dirección (C, Pick-up 1500 de tracción en dos ruedas) y las rótulas superiores (D)

29.9d En modelos de Pick-up 1500 de tracción en dos ruedas, inspeccione las fundas del mecanismo de la dirección en busca de indicios de rajaduras o de fuga de lubricante

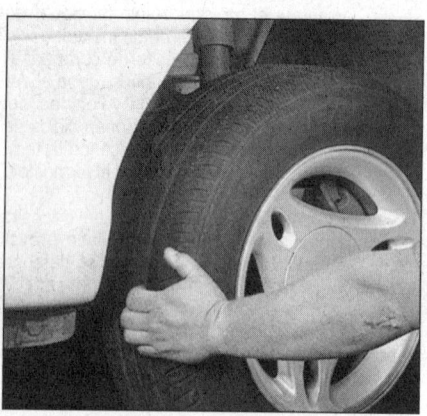

29.11 Con el volante trabado y con el vehículo levantado, tome el neumático delantero como se muestra y trate de moverlo hacia atrás y hacia delante. Si detecta juego libre, revise si las monturas del mecanismo de la dirección y los extremos de las barras de acoplamiento están flojos

29.14 En modelos de doble tracción, inspeccione las fundas interna y externa del eje impulsor en busca de abrazaderas flojas, rajaduras o indicios de fuga de lubricante (se muestra la funda interna)

Capítulo 1 Afinación y mantenimiento de rutina 1-27

30 Cambio del líquido y el filtro de la transmisión automática (cada 30,000 millas o 30 meses)

Vea las ilustraciones 30.5, 30.6, 30.7, 30.11, 30.12 y 30.13

1 En los intervalos especificados, se debe drenar y cambiar el líquido de transmisión. Como el líquido seguirá caliente bastante tiempo después de conducir, sólo haga este procedimiento una vez que el motor se haya enfriado por completo.

2 Antes de empezar a trabajar, compre el líquido de transmisión especificado (vea *Lubricantes y líquidos recomendados* al comienzo de este capítulo), y un filtro y una junta para colector nuevos.

3 Entre las herramientas necesarias para este trabajo se incluyen un gato de piso, soportes de gato para sostener el vehículo en posición elevada, un colector para drenaje con una capacidad mínima de ocho cuartos de galón, periódicos y trapos limpios.

4 Levante el vehículo y sosténgalo de manera segura sobre soportes de gato.

5 Coloque el colector para drenaje debajo del colector de la transmisión. Quite el tapón de drenaje y permita que el líquido drene hasta que casi no salga nada; luego, vuelva a insertar el tapón de drenaje **(vea la ilustración)**.

6 Para acceder a los pernos del colector del lado derecho del vehículo, quite el protector contra calor que se encuentra junto al convertidor catalítico **(vea la ilustración)**.

7 Debe quitar el mecanismo de cambios del lado del conductor de la transmisión para acceder a los pernos del colector **(vea la ilustración)**.

8 Quite los pernos de montaje del colector de la transmisión; luego, haga palanca suavemente con un destornillador para aflojar el colector. **Advertencia:** *Todavía queda un poco de líquido de transmisión en el colector.*

9 Limpie cuidadosamente la superficie de la junta de la transmisión para quitar los restos de sellador y de la junta vieja.

10 Limpie el colector con solvente y séquelo con aire comprimido, si tiene. **Nota:** *En algunos modelos, el colector de la transmisión cuenta con imanes para atrapar residuos metálicos. Limpie cuidadosamente el imán. Es normal que haya un poco de material metálico en el imán. Si la cantidad de residuos es considerable, consulte a un distribuidor o a un especialista en transmisiones.*

30.5 Para drenar el colector de líquido de la transmisión, quite el tapón de drenaje (flecha)

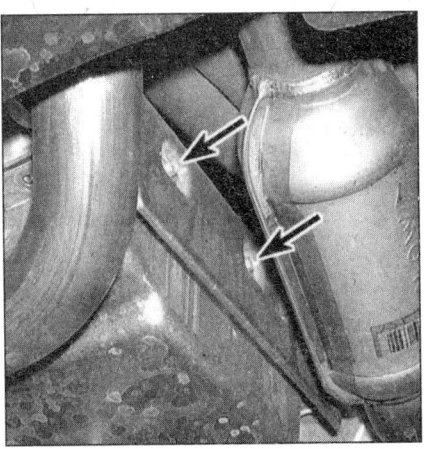

30.6 Quite los dos pernos (flechas) y el protector contra calor del lado derecho de la transmisión

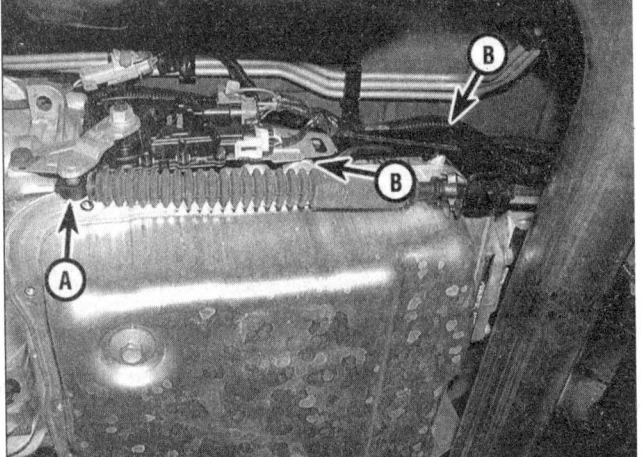

30.7 Desconecte el extremo del cable de cambios del perno prisionero (A); luego, quite los dos pernos que fijan el soporte del cable de cambios a la transmisión (B). Esto permite acceder a los pernos de la bandeja de aceite

11 Desmonte el filtro del cuerpo de la válvula dentro de la transmisión **(vea la ilustración)**. **Nota:** *Tenga mucho cuidado de no deformar la superficie de la delicada junta de aluminio del cuerpo de la válvula.*

12 Instale un sello y un filtro nuevos. En muchos filtros de reemplazo, el sello está fijado al filtro para simplificar la instalación **(vea la ilustración)**.

30.11 Para extraer el filtro de la transmisión, tire de él hacia abajo en línea recta

30.12 Use una herramienta de extracción de sellos para quitar el sello del filtro de la transmisión (flecha) del cuerpo de la válvula; luego, reemplácelo con un sello nuevo. Tenga cuidado de no raspar la cavidad de aluminio

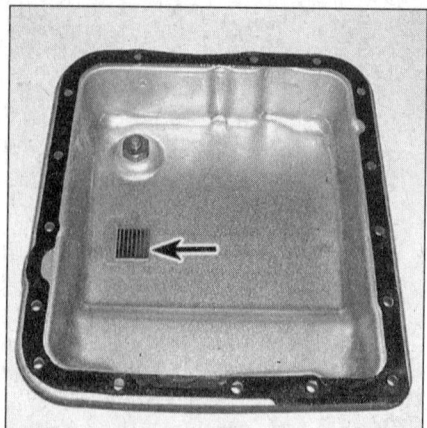

30.13 Limpie el colector de la transmisión, vuelva a colocar el imán (flecha) en su lugar, e instale la junta nueva en el colector

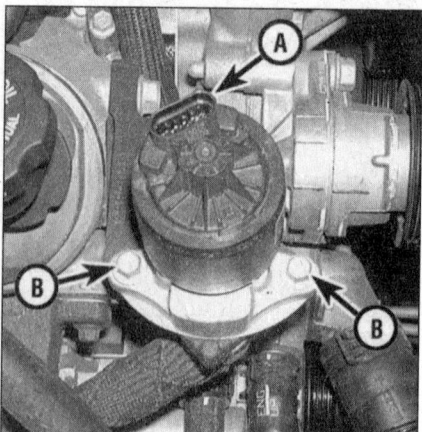

33.2 Desconecte el conector eléctrico de la válvula de EGR (A) y quite los dos pernos de montaje (B)

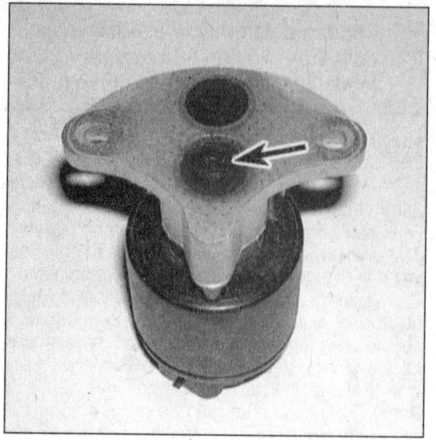

33.3 Use un paño para limpiar la clavija central y el área donde se asienta la válvula de EGR (flecha)

13 Asegúrese de que la superficie de la junta en el colector de la transmisión esté limpia; luego, instale la junta nueva en el colector (vea la ilustración). Ponga el colector en su sitio contra la transmisión e instale todos los pernos. Trabaje rodeando el colector y apriete cada perno un poco cada vez hasta llegar al torque indicado en las Especificaciones de éste capítulo.
14 Vuelva a instalar los componentes que quitó para acceder a los pernos del colector.
15 Baje el vehículo y agregue aproximadamente cuatro cuartos de galón del tipo de líquido de transmisión automática especificado por el tubo de llenado (vea la Sección 7).
16 Con la transmisión en Park (estacionamiento) y el freno de estacionamiento aplicado, ponga el motor en marcha mínima rápida, pero no lo acelere.
17 Mueva el selector de marchas por todas las velocidades y regrese a Park (estacionamiento); luego, deje el motor en marcha mínima por unos minutos. Revise el nivel del líquido. Probablemente sea bajo. Agregue suficiente líquido para elevar el nivel hasta la marca adecuada en la varilla de medir. Tenga cuidado de no sobrecargarlo.
18 En los primeros viajes, revise debajo del vehículo para detectar fugas. Revise nuevamente el nivel de líquido con la transmisión caliente (vea la Sección 7).

31 Cambio del lubricante de la transmisión manual (cada 60,000 millas o 48 meses)

1 Este procedimiento debería realizarse después de que el vehículo se haya conducido, de modo que el lubricante esté caliente y salga de la transmisión con mayor facilidad. Levante el vehículo y sosténgalo de manera segura sobre soportes de gato.
2 Coloque un colector para drenaje, trapos, periódicos y llaves debajo de la transmisión.
3 Retire el tapón de drenaje de la transmisión de la base de la caja y deje que el lubricante drene en el colector (vea la Sección 21).
4 Después de que el lubricante haya drenado por completo, vuelva a colocar el tapón y apriételo de manera segura.
5 Retire el tapón de llenado del costado de la caja de transmisión. Con una bomba manual, una jeringa o una botella compresible, llene la transmisión con el lubricante especificado hasta que llegue justo al borde inferior del orificio. Reinstale el tapón de llenado y apriételo firmemente.
6 Baje el vehículo.

7 Conduzca el vehículo una distancia corta; luego, revise los tapones de drenaje y de llenado para detectar fugas.

32 Cambio de lubricante de la caja de transferencia (modelos de doble tracción) (cada 60,000 millas o 48 meses)

1 Este procedimiento debería realizarse después de que el vehículo se haya conducido, de modo que el lubricante esté caliente y salga de la caja de transferencia con mayor facilidad.
2 Levante el vehículo y sosténgalo de manera segura sobre soportes de gato.
3 Quite el tapón de llenado de la caja (vea la ilustración 22.1).
4 Retire el tapón de drenaje de la parte inferior de la caja y deje que el lubricante drene por completo.
5 Una vez que la caja esté completamente vacía, limpie cuidadosamente el tapón de drenaje e instálelo. Apriete el tapón firmemente.
6 Llene la caja con el lubricante especificado hasta que esté a nivel con el borde inferior del orificio de llenado.

34.3 Quite el tapón de drenaje del diferencial (flecha) para drenar el lubricante

35.2 La válvula de PCV (flecha, se muestra un motor V8) se encuentra en la parte trasera de la tapa de válvula izquierda. Extráigala y revise el vacío con un dedo

7 Instale el tapón de llenado y apriételo firmemente.
8 Conduzca el vehículo una distancia corta y vuelva a revisar el nivel de lubricante. En ciertos casos, tendrá que agregar una pequeña cantidad de lubricante.

33 Inspección de la válvula de EGR (cada 60,000 miles o 48 meses)

1 El fabricante recomienda revisar la válvula de EGR en el intervalo especificado.

Limpieza

Vea las ilustraciones 33.2 y 33.3
2 Desconecte el conector eléctrico. Luego; quite los dos pernos y retire la válvula de EGR para examinarla (**vea la ilustración**). **Advertencia:** *El motor debe estar frío para realizar este procedimiento.*
3 Revise atentamente la clavija central en la base de la válvula (**vea la ilustración**). Busque depósitos acumulados en la clavija central y en su asiento. Limpie la zona con un paño suave. **Precaución:** *No use químicos ni cepillos de alambre para limpiar el EGR.*
4 Use el extremo de la goma de borrar de un lápiz para empujar la clavija central hacia dentro y hacia fuera de la válvula de EGR. Si la clavija no se mueve libremente, reemplace la válvula de EGR.

Diagnóstico de fallas

5 Los síntomas que indican que una válvula de EGR tiene un flujo excesivo de gases de escape incluyen: ahogo del motor, aceleración repentina y falla de encendido en marcha mínima.
6 Los síntomas que indican que una válvula de EGR tiene un flujo insuficiente de gases de escape incluyen: poca economía de combustible, sobrecalentamiento y detonación.
7 Si existe alguno de estos síntomas, se sugiere hacer revisar el vehículo con una herramienta de análisis en un distribuidor o taller de reparaciones para buscar códigos de falla relacionados con el funcionamiento del EGR.

34 Cambio de lubricante del diferencial (cada 60,000 millas o 48 meses)

Vea la ilustración 34.3
1 Este procedimiento debería realizarse después de que el vehículo se haya conducido, de modo que el lubricante esté caliente y salga del diferencial con mayor facilidad.
2 Levante el vehículo y sosténgalo de manera segura sobre soportes de gato. Ahora quitará el tapón de drenaje para drenar el lubricante, de manera que coloque un colector para drenaje, trapos, periódicos y llaves debajo del vehículo.
3 Quite el tapón y permita que el lubricante drene en el colector; luego, limpie el tapón de drenaje y vuelva a instalarlo (**vea la ilustración**). **Nota:** *En los diferenciales que no cuentan con tapón de drenaje, debe quitarse la cubierta del diferencial para drenar el lubricante.*
4 Con una bomba manual, una jeringa o una botella compresible, llene la caja del diferencial con el lubricante especificado hasta que esté a nivel con la base del orificio del tapón de llenado. Si utiliza lubricante de eje sintético, el nivel debe estar entre 5/8 pulg y 1 5/8 pulg por debajo del orificio del tapón de llenado en los modelos de la Serie 1500, y no debe estar más de 3/8 pulg por debajo del orificio en los modelos de la Serie 2500. **Nota:** *En algunos modelos con diferenciales con deslizamiento limitado, puede ser necesario usar un lubricante diferente o un aditivo.*

35 Reemplazo de la válvula de PCV (cada 60,000 millas o 48 meses)

Vea la ilustración 35.2
1 En todos los motores, la válvula de PCV está ubicada en la tapa de válvulas.
2 Con el motor en marcha mínima a la temperatura de funcionamiento normal, separe la válvula (con la manguera fijada) de la arandela de caucho de la tapa (**vea la ilustración**).
3 Coloque un dedo sobre la abertura de la válvula. Si no hay vacío en la válvula, revise en busca de obstrucciones en las mangueras, los puertos del múltiple y la misma válvula. Reemplace todas las mangueras obstruidas o deterioradas.
4 Apague el motor y sacuda la válvula de PCV para ver si escucha un sonido de vibración. Si la válvula no vibra, reemplácela por una nueva.
5 Para reemplazar la válvula, retírela del extremo de la manguera y observe cómo estaba instalada.
6 Cuando compre una válvula de PCV de reemplazo, asegúrese de que sea adecuada para su vehículo y el tamaño de su motor en particular. Compare la válvula vieja con la nueva para asegurarse de que sean iguales.
7 Empuje la válvula contra el extremo de la manguera hasta que se asiente.
8 Inspeccione la arandela de caucho en busca de daños y endurecimiento. Reemplácela con una nueva si es necesario.
9 Empuje firmemente la válvula de PCV y la manguera en su lugar.

36 Revisión y reemplazo de cables de bujía, tapa del distribuidor y rotor (cada 100,000 millas o 60 meses)

Cables de bujías

Vea la ilustración 36.6
1 Los cables de bujía deben revisarse en los intervalos recomendados y cada vez que se instalen bujías nuevas en el motor. Los motores V6 tienen cables de bujía que van desde las bujías hasta el distribuidor, mientras que los motores V8 tienen bobinas individuales para cada cilindro (no se utiliza un distribuidor) y cables de bujía cortos que van desde cada bobina hasta la bujía correspondiente.
2 Comience el procedimiento con una revisión visual de los cables de bujías con el motor en funcionamiento. En un garaje con la menor cantidad de luz posible (asegúrese de que tenga ventilación adecuada), arranque el motor y observe cada uno de los cables de bujías. Tenga cuidado de no tocar ninguna pieza móvil del motor. Si hay una rotura en el cable, verá destellos o pequeñas chispas en la zona dañada. Si se observan destellos, tome nota de que necesita cables nuevos; luego, deje enfriar el motor y revise la tapa del distribuidor y el rotor.
3 Desconecte el cable de bujía de una de las bujías (con el motor apagado). Para hacerlo, tome la funda de caucho, tuérzala levemente y libere el cable. No tire del cable, sólo de la funda de caucho. Es útil contar con una herramienta de extracción de fundas (**vea la ilustración 27.6**).
4 Revise el interior de la funda en busca de corrosión, la que se muestra como un polvo blanco endurecido. Empuje el cable y la funda nuevamente sobre el extremo de la bujía. Debería quedar bien ajustado en la bujía. De lo contrario, quite el cable y use unas tenazas para doblar cuidadosamente el conector de metal que se encuentra dentro de la funda hasta que encaje de manera segura en el extremo de la bujía.
5 Con un trapo limpio, limpie todo el largo del cable para eliminar la tierra y la grasa acumuladas. Una vez que el cable esté limpio, revise si tiene agujeros, áreas quemadas, rajaduras u otros daños. No doble demasiado el cable porque puede romperse el conductor que tiene dentro.
6 Desconecte el cable de la tapa del distribuidor (motores V6) o de la bobina (motores V8). Retire el cable de la tapa en línea recta. Durante la remoción, tire solamente de la funda de caucho (**vea la ilustración**). Revise en busca de corrosión y para comprobar el grado de ajuste del mismo modo en que lo hizo con el extremo de la bujía. Vuelva a conectar el cable a la tapa del distribuidor o a la bobina individual.
7 Revise los cables de bujías restantes de a uno por vez; asegúrese de que queden fijados de manera segura en los dos extremos al terminar la revisión.
8 Si son necesarios cables nuevos, compre un juego nuevo adecuado para su modelo de motor específico. Se consiguen juegos de cables precortados, con las fundas de caucho ya instaladas. Retire y reemplace los cables uno por uno para evitar confusiones en el orden de ignición. El tendido de los cables es extremadamente importante, por lo que debe estar seguro de cómo se

36.6 Use una herramienta de extracción de fundas de bujías para extraer cada extremo del cable de bujía (se muestra un motor V8). Nunca tire directamente del cable

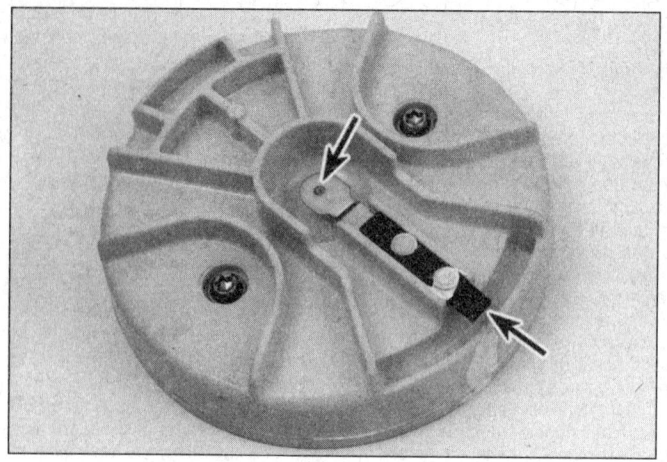

36.10 Debe revisarse el rotor de ignición en busca de desgaste y corrosión (si tiene dudas sobre su estado, compre uno nuevo)

36.11 Quite los dos tornillos para extraer el rotor del distribuidor. Aquí se usa una broca Torx en un trinquete de 1/4 pulg

ubica cada cable antes de quitarlo. En motores V6, libere las abrazaderas de los cableados de ignición para cambiar los cables; luego, vuelva a cerrar las abrazadera sobre los cables nuevos. En motores V8, hay dos diseños de cables de bujía que tienen diferente longitud. Compare los cables viejos con los nuevos para asegurarse de comprar los reemplazos correctos.

Tapa del distribuidor y rotor (motores V6 únicamente)

Vea las ilustraciones 36.10, 36.11 y 36.13

9   Quite los tornillos de la tapa del distribuidor. Tire de la tapa, con los cables conectados, para separarla del distribuidor; luego, póngala a un lado.

10   Ahora puede ver el rotor en el extremo del eje del distribuidor. Revíselo atentamente en busca de rajaduras y rastros de carbón. Asegúrese de que la tensión del resorte de la terminal central sea la adecuada, y busque corrosión y desgaste en la punta del rotor **(vea la ilustración)**. Si tiene dudas sobre su estado, reemplácelo por uno nuevo.

11   Si necesita reemplazarlo, quite los dos tornillos; luego, desacople el rotor del eje e instale uno nuevo **(vea la ilustración)**.

12   El rotor debe coincidir con el eje, por lo que sólo puede instalarse de una forma. Tiene una chaveta interna que debe alinearse con una ranura en el extremo del eje (o viceversa).

13   Revise la tapa del distribuidor en busca de rastros de carbón, rajaduras y otros tipo de daños.

36.13 Inspeccione el interior de la tapa en busca de corrosión, rastros de carbón y desgaste. También busque rastros de carbón en el exterior de la tapa

Examine con atención los terminales en el interior de la tapa en busca de corrosión excesiva y daños **(vea la ilustración)**. Es normal encontrar depósitos pequeños. Si tiene dudas sobre el estado de la tapa, reemplácela por una nueva. Antes de instalar la tapa, asegúrese de aplicar una pequeña cantidad de grasa dieléctrica de silicona a cada terminal. Verifique también que la escobilla de carbón (terminal central) esté instalada correctamente en la tapa; si el espacio entre el cepillo y el rotor es ancho, el rotor perforará o causará otros daños a la tapa del distribuidor.

14   Para reemplazar la tapa, simplemente sepárela del distribuidor y transfiera los cables de bujías, uno a la vez, a la tapa nueva. Tenga cuidado de no mezclar los cables.

15   Vuelva a colocar la tapa en el distribuidor e instale los tornillos para fijarla en su lugar. **Nota:** *Los tornillos originales están revestidos para evitar que se aflojen debido a las vibraciones. El fabricante recomienda usar tornillos nuevos para la tapa y el rotor. Si vuelve a utilizar los tornillos originales, cúbralos con un compuesto fijador de roscas suave.*

Capítulo 2   Parte A
Motor 4.3L V6

Contenido

	Sección
Amortiguador de vibración y polea - desmontaje e instalación	10
Árbol de levas y levantaválvulas - desmontaje e instalación	13
Balancines y varillas de empuje - desmontaje, inspección e instalación	5
Bandeja de aceite - desmontaje e instalación	14
Bomba de aceite - desmontaje e instalación	15
Bomba de agua - desmontaje e instalación	Vea el Capítulo 3
Cadenas de sincronización y ruedas dentadas - desmontaje e instalación	12
Cambio del filtro y del aceite para motor	Vea el Capítulo 1
Culatas de cilindros - desmontaje e instalación	9
Eje balanceador - desmontaje e instalación	Vea el Capítulo 2C
Información general	1
Luz SERVICE ENGINE SOON (realizar servicio de motor pronto)	Vea el Capítulo 6
Monturas del motor - revisión y reemplazo	18
Motor - desmontaje e instalación	Vea el Capítulo 2C
Múltiple de admisión - desmontaje e instalación	7
Múltiples de escape - desmontaje e instalación	8
Punto muerto superior (TDC) - ubicación	3
Reacondicionamiento del motor - información general	Vea el Capítulo 2C
Reemplazo de las bujías	Vea el Capítulo 1
Reparaciones posibles con el motor en el vehículo	2
Resortes, retenedores y sellos de válvulas - reemplazo	6
Revisión, ajuste y reemplazo de la correa de transmisión	Vea el Capítulo 1
Revisión de la compresión del cilindro	Vea el Capítulo 2C
Sello del aceite delantero del cigüeñal - reemplazo	11
Sello de aceite principal trasero - reemplazo	17
Tapas de válvulas - desmontaje e instalación	4
Válvulas - servicio	Vea el Capítulo 2C
Volante del motor y plato de transmisión - desmontaje e instalación	16

Especificaciones

General
Desplazamiento	262 pulgadas cúbicas (4.3 litros)
Hueco y carrera	4.012 x 3.480 pulgadas
Números de cilindros	
Bancada izquierda	1-3-5
Bancada derecha	2-4-6
Orden de encendido	1-6-5-4-3-2
Rotación del distribuidor (vista desde arriba)	Sentido horario

Árbol de levas
Diámetro del muñón	De 1.8677 a 1.8696 pulgadas
Juego longitudinal	De 0.0010 a 0.0090 pulgadas
Altura del lóbulo	
Modelos 1999 a 2004	
Admisión	De 0.274 a 0.278 pulgadas
Escape	De 0.283 a 0.287 pulgadas
Modelos 2005 y posteriores	
Admisión	0.270 pulgadas
Escape	0.279 pulgadas
Desviación	
Modelos 1999 a 2004	0.0026 pulgadas
Modelos 2005	0.0039 pulgadas

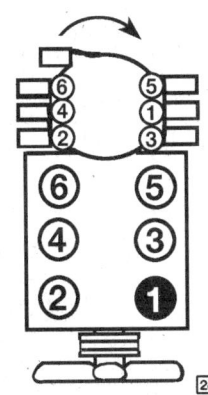

Diagrama de ubicación de cilindro y de rotación del distribuidor

ÓRDEN DE ENCENDIDO
1-6-5-4-3-2

Capítulo 2 Parte A Motor 4.3L V6

Especificaciones de torque

	Lb-pie (a menos que se indique lo contrario)
Perno de retención del árbol de levas	106 lb-pulg
Perno de la rueda dentada del árbol de levas	18
Pernos de la polea del cigüeñal	43
Pernos de la culata de cilindros (en secuencia - **vea la ilustración 9.22**)	
Paso 1 (todos los pernos)	22
Paso 2	
Pernos largos	Apriete 75 grados adicionales
Pernos de tamaño mediano	Apriete 65 grados adicionales
Pernos cortos	Apriete 55 grados adicionales
Pernos que fijan el plato de transmisión al cigüeñal	74
Pernos que fijan el volante del motor al cigüeñal	74
Perno prisionero superior del múltiple de admisión	
Paso 1	44 lb-pulg
Paso 2	80 lb-pulg
Pernos de retención del levantaválvulas	144 lb-pulg
Pernos inferiores del múltiple de admisión	
Paso 1	27 lb-pulg
Paso 2	106 lb-pulg
Paso 3	132 lb-pulg
Perno/perno prisionero del múltiple de escape	
Paso 1	132 lb-pulg
Paso 2	22
Perno/tuerca de montaje de la bandeja de aceite	18
Perno del deflector de la bandeja de aceite	106 lb-pulg
Pernos de montaje de la bomba de aceite	66
Perno prisionero de bola del balancín (modelos 2000 y anteriores)	35
Tuercas del balancín (modelos 2000 y anteriores)	18
Pernos del balancín (2001 y posteriores)	22
Pernos que fijan la tapa de válvulas a la culata de cilindros	106 lb-pulg
Pernos que fijan la cubierta de la cadena de sincronización al bloque	106 lb-pulg
Perno del amortiguador de vibración	70

1 Información general

Esta Parte del Capítulo 2 está dedicada a los procedimientos de reparación dentro del vehículo para el motor 4.3L V6. Estos motores utilizan bloques de hierro fundido con seis cilindros dispuestos en "V" en un ángulo de 90 grados entre las dos bancadas. Las culatas de cilindros de hierro fundido de la válvula superior están equipadas con guías y asientos de la válvula integrados. Los levantaválvulas de rodillo hidráulicos activan las válvulas a través de las varillas de empuje tubulares y los balancines. Este motor trae incorporado un eje balanceador para emparejar las pulsaciones de potencia. El eje balanceador está ubicado en el bloque del motor directamente por encima del árbol de levas y es accionado por el árbol de levas. La bomba de aceite está montada cerca de la tapa principal trasera y es accionada por el distribuidor y el eje propulsor de la bomba de aceite.

Para identificar correctamente este motor, encuentre el Número de identificación del vehículo (VIN) en la esquina frontal izquierda del panel de instrumentos. El VIN es visible desde el exterior del vehículo, a través del parabrisas. El octavo carácter de la secuencia es la designación del motor:

W = motor V6 de 4.3 litros (L35)
X = motor V6 de 4.3 litros (LU3)

Toda la información relacionada con el desmontaje y la instalación del motor y el reacondicionamiento del bloque del motor y de la culata de cilindros se puede encontrar en la Parte C de este capítulo. Los siguientes procedimientos de reparación dan por supuesto que el motor está instalado en el vehículo. Si el motor se ha desmontado del vehículo y se ha montado sobre un soporte, no corresponderán muchos de los pasos descritos en esta parte del Capítulo 2.

Las especificaciones incluidas en esta parte del Capítulo 2 sólo corresponden a los procedimientos contenidos en esta parte. La Parte C del Capítulo 2 contiene las Especificaciones necesarias para reconstruir las culatas de cilindros y el bloque del motor.

2 Reparaciones posibles con el motor en el vehículo

Muchas reparaciones grandes se pueden realizar sin desmontar el motor del vehículo.

Limpie el compartimento del motor y el exterior del motor con algún tipo de lavadora a presión antes de comenzar un trabajo. Le facilitará el trabajo y le ayudará a mantener limpias las áreas internas del motor.

De ser necesario, desmonte el capó para mejorar el acceso al motor mientras realiza reparaciones (vea el Capítulo 11, si es necesario).

Si aparecen pérdidas de vacío o fugas de escape, aceite o refrigerante, lo que indica la necesidad de reemplazar juntas o sellos, en general, las reparaciones se pueden realizar con el motor en el vehículo. Se puede acceder a las juntas de los múltiples de admisión y escape, de la cubierta de la cadena de sincronización, de la bandeja de aceite, de los sellos de aceite del cigüeñal y de las culatas de los cilindros con el motor en su lugar.

Los componentes exteriores del motor, como los múltiples de admisión y escape, la bandeja y bomba de aceite, la bomba de agua, el motor de arranque, el alternador, el distribuidor y los componentes del sistema de combustible, se pueden desmontar para reparar con el motor en su lugar.

Como las culatas de los cilindros se pueden desmontar sin sacar el motor, el servicio de los componentes de las válvulas también se puede realizar con el motor en el vehículo. El reemplazo de la cadena de sincronización y las ruedas dentadas también es posible con el motor en el vehículo.

3 Punto muerto superior (TDC) - ubicación

Vea la ilustración 3.7

1 El punto muerto superior (TDC) es el punto más alto del recorrido que cada pistón alcanza en su movimiento a través del hueco del cilindro. Cada pistón alcanza el TDC durante la carrera de compresión y durante la carrera de escape, pero generalmente el TDC se refiere a la posición del pistón en la carrera de compresión.

2 Colocar los pistones en el TDC es una parte fundamental de muchos procedimientos tales como el desmontaje del distribuidor, de la cadena de sincronización o de la rueda dentada.

3 Antes de comenzar este procedimiento, asegúrese de colocar la transmisión en Neutral y aplique el freno de estacionamiento o bloquee las ruedas traseras. Además, desactive el sistema de ignición desconectando el cable de la bobina del distribuidor y haga una conexión a tierra al bloque del motor, luego desmonte las bujías (vea el Capítulo 1).

4 Para que cualquier pistón llegue al TDC, se debe girar el cigüeñal usando uno de los siguientes métodos. Cuando mira hacia el frente del motor, la rotación normal del cigüeñal es en sentido horario.

Capítulo 2 Parte A Motor 4.3L V6

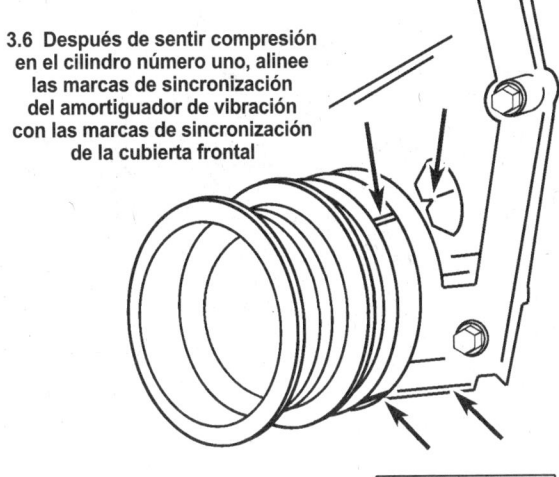

3.6 Después de sentir compresión en el cilindro número uno, alinee las marcas de sincronización del amortiguador de vibración con las marcas de sincronización de la cubierta frontal

4.7 Quite los tres pernos de retención del centro de la tapa de válvulas.

a) El método preferido es girar el cigüeñal con un dado y una rueda dentada unidos al perno enroscado en el frente del cigüeñal. Aplique presión en el perno únicamente en sentido horario. Nunca gire el perno en sentido antihorario.

b) También se puede usar un interruptor de arranque a distancia, que puede ahorrarle un poco de tiempo. Siga las instrucciones que se incluyen con el interruptor. Una vez que el pistón se encuentra cerca del TDC, use el dado y la rueda dentada como se describe en el párrafo anterior.

c) Si hay un asistente disponible para girar el interruptor de ignición a la posición Start (arranque) en movimientos cortos, puede acercar el pistón al TDC sin tener que usar un interruptor de arranque a distancia. Asegúrese de que su asistente esté fuera del vehículo, alejado del interruptor de ignición; luego, use un dado y una rueda dentada como se describe en el Párrafo (a) para completar el procedimiento.

5 Coloque su dedo parcialmente sobre el orificio de la bujía número uno y gire el cigüeñal usando uno de los métodos descritos anteriormente hasta que sienta presión de aire en el orificio. La presión de aire en el orificio de la bujía indica que el cilindro comenzó la carrera de compresión. Una vez que comenzó la carrera de compresión, el TDC para el cilindro número uno se obtiene cuando el pistón alcanza la parte superior del cilindro durante la carrera de compresión.

6 Para que el pistón alcance la parte superior del cilindro, siga girando el cigüeñal hasta que las marcas de sincronización del amortiguador de vibración se alineen con las marcas de sincronización de la cubierta frontal (vea la ilustración).

7 Si pasa el TDC, gire el cigüeñal en sentido antihorario hasta que el pistón se encuentre a aproximadamente una pulgada debajo del TDC, luego gire lentamente el cigüeñal en sentido horario hasta que alcance el TDC.

8 Una vez que el pistón número uno se encuentra en la posición TDC de la carrera de compresión, es posible ubicar el TDC en cualquiera de los otros pistones al girar el cigüeñal 120° (1/3 de vuelta por vez siguiendo el orden de encendido).

4 Tapas de válvulas - desmontaje e instalación

Desmontaje

1 Desconecte el cable del terminal negativo de la batería. **Precaución:** *En los modelos equipados con el sistema de audio Theftlock, asegúrese de que la función de bloqueo está desactivada antes de realizar cualquier procedimiento que requiera desconectar la batería (vea el principio de este manual).*

2 Desmonte el conjunto del filtro y el conducto de admisión de aire (vea el Capítulo 4).

3 Desmonte el tubo del travesaño de inyección de aire secundario, luego desmonte la válvula de retención de inyección de aire y el conjunto del tubo del múltiple de escape del lado en que desee quitar la tapa de válvulas (vea el Capítulo 6). Si desmonta las dos tapas de válvulas, debe desmontar los conjuntos de válvulas de retención y tubos de inyección de aire.

Lado derecho

Vea la ilustración 4.7

4 Quite el perno del soporte de la manguera del calefactor y aparte las mangueras sin desconectarlas.

5 Desprenda y aparte el mazo de cables.

6 Desconecte los cables de las bujías de sus clips y quite los cables de las bujías de las mismas (vea el Capítulo 1). Asegúrese de que cada cable de bujía esté etiquetado antes de quitarlo para asegurarse de que se vuelva a instalar en forma correcta.

7 Quite los tres pernos de la tapa de válvulas, luego separe la tapa de la culata de cilindros (vea la ilustración). **Nota:** *Si la tapa está atorada en la culata de cilindros, golpee un extremo con un bloque de madera y un martillo para que se afloje. Si eso no funciona, intente deslizar una espátula flexible entre la culata de cilindros y la tapa para romper el sello de la junta. No haga palanca entre la junta de la tapa y la culata, puede dañar las superficies de sellado (lo que en el futuro podría causar fugas de aceite).*

Lado izquierdo

Vea la ilustración 4.11

8 Quite las tuercas y los pernos que fijan el mazo de cables del motor al múltiple de admisión superior y al soporte del bloque de empalmes del cable positivo de la batería. Desconecte el conector del sensor de temperatura del refrigerante del motor y aparte el mazo de cables del motor.

9 Desmonte la manguera de vacío del reforzador del freno de potencia.

10 Desconecte los cables de las bujías de sus clips y quite los cables de las bujías sólo si interfieren (vea el Capítulo 1). Asegúrese de que cada cable de bujía esté etiquetado antes de quitarlo para asegurarse de que se vuelva a instalar en forma correcta.

11 Desconecte la válvula de PVC y el tubo de llenado de aceite de la tapa de válvulas (vea la ilustración). **Nota:** *En los modelos 2002, la válvula de PVC está ubicada en el lado izquierdo del múltiple de admisión, no sobre la tapa de válvulas.*

12 Quite los tres pernos de la tapa de válvulas, luego separe la tapa de la culata de cilindros. **Nota:** *Si la tapa está atorada en la culata de cilindros, golpee un extremo con un bloque de madera y un martillo para que se afloje. Si eso no funciona, intente deslizar una espátula flexible entre la culata de cilindros y la tapa para romper el sello*

4.11 La válvula de PCV (flecha derecha) y la manguera se deben desconectar y apartar para desmontar la tapa de válvulas izquierda; el tubo de llenado de aceite (flecha izquierda) se quita fácilmente de la tapa de válvulas

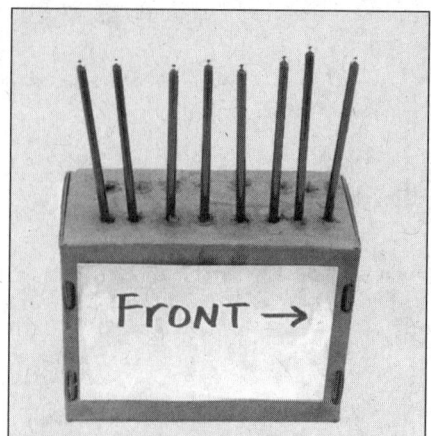

5.4 Se puede usar una caja de cartón perforada para guardar las varillas de empuje y para asegurarse de que se las vuelva a instalar en su ubicación original - observe la etiqueta que indica el frente del motor

5.10 Lubrique los extremos de las varillas de empuje y los vástagos de válvula con grasa a base de molibdeno antes de instalar los balancines

5.11 Aplicar grasa a base de molibdeno a las rótulas pivotantes asegurará una lubricación adecuada hasta que sea acumule la presión de aceite al arrancar el motor

de la junta. No haga palanca entre la junta de la tapa y la culata, puede dañar las superficies de sellado (lo que en el futuro podría causar fugas de aceite).

Instalación

13 Las superficies de contacto de cada culata de cilindros y tapa de válvulas deben estar completamente limpias al instalar las cubiertas. Use un raspador de juntas para eliminar cualquier rastro de sellador y material viejo de la junta, luego limpie las superficies de contacto con un diluyente de barniz o acetona. Si hay sellador o aceite sobre las superficies de contacto cuando se instala la cubierta, se pueden producir fugas de aceite.

14 Limpie las roscas del perno de montaje con una matriz para eliminar la corrosión y restaurar las roscas dañadas. Asegúrese de que los orificios roscados de la culata de cilindros estén limpios; haga pasar un roscador para eliminar la corrosión y restaurar las roscas dañadas.

15 Se deben hacer coincidir las juntas y las cubiertas antes de instalar estas últimas. Aplique una capa fina de sellador RTV a la brida de la cubierta, luego coloque la junta dentro del labio de la cubierta y permita que se asiente el sellador para que la junta se adhiera a la cubierta.

16 Instale nuevas arandelas de goma para el perno de la tapa de válvulas, coloque cuidadosamente las tapas sobre la culata de cilindros e instale los pernos.

17 Apriete los pernos en tres o cuatro pasos al torque indicado en las Especificaciones de este capítulo.

18 Los pasos de instalación posteriores se realizan en forma inversa al desmontaje.

19 Arranque el motor y revise cuidadosamente para detectar si hay fugas de aceite a medida que se calienta.

5 Balancines y varillas de empuje - desmontaje, inspección e instalación

Desmontaje

Vea la ilustración 5.4

Nota: *Los motores V6 4.3L 2001 y posteriores tienen balancines con rodillos montados con pernos, en vez del montaje con perno prisionero/bola/tuerca de los modelos anteriores.*

1 Separe las tapas de válvulas de las culatas de cilindros (vea la Sección 4).

2 Comenzando por el frente de una culata de cilindros, afloje y retire las tuercas de los pernos prisioneros del balancín. Almacénelos por separado en contenedores marcados para asegurarse de que se los vuelva a instalar en sus ubicaciones originales. **Nota:** *Si las varillas de empuje son lo único que se va a extraer, afloje cada tuerca sólo lo suficiente como para permitir que los balancines giren hacia un lado, para que pueda levantar y quitar las varillas de empuje.*

3 Quite los balancines y las rótulas pivotantes y guárdelos en contenedores marcados junto con las tuercas (se los debe volver a instalar en sus ubicaciones originales).

4 Extraiga las varillas de empuje y almacénelas por separado para asegurarse de que no se mezclen durante la instalación **(vea la ilustración)**.

Inspección

5 Revise cada balancín en busca de desgaste, fisuras y otros daños, especialmente cuando las varillas de empuje y los vástagos entran en contacto con las superficies del balancín.

6 Asegúrese de que él orificio en el extremo de la varilla de empuje de cada balancín esté abierto.

7 Revise cada área del eje de giro del balancín en busca de desgaste, rajaduras y corrosión por rozamiento. Si los balancines están desgastados o dañados, reemplácelos por nuevos y también use rótulas pivotantes nuevas. En los modelos 2001 y posteriores, revise los rodamientos de los rodillos del balancín para asegurarse de que haya rotación libre.

8 Inspeccione las varillas de empuje en busca de fisuras y desgaste excesivo en los extremos. Haga girar cada varilla de empuje sobre un pedazo de vidrio plano para ver si está doblado (si se mece, está doblado).

Instalación

Vea las ilustraciones 5.10, 5.11 y 5.12

9 Lubrique el extremo inferior de cada varilla de empuje con aceite para motor limpio o grasa a base de molibdeno e instálelas en sus ubicaciones originales. Asegúrese de que cada varilla de empuje esté completamente asentada en el levantaválvulas.

10 Aplique grasa a base de molibdeno en los extremos de los vástagos y en los extremos superiores de las varillas de empuje antes de colocar los balancines sobre los pernos prisioneros **(vea la ilustración)**.

11 Coloque los balancines en su lugar, luego instale las rótulas pivotantes y las tuercas. Aplique grasa a base de molibdeno en las rótulas pivotantes para evitar que se dañen las superficies de contacto antes de que se acumule la presión del aceite del motor **(vea la ilustración)**. Asegúrese de instalar cada tuerca con su lado plano contra la rótula pivotante. **Nota:** *En los modelos 2001 y posteriores, lubrique los rodamientos de los rodillos de los balancines con aceite para motor limpio. Si se desmontaron los soportes del balancín (debajo de los balancines), asegúrese de volver*

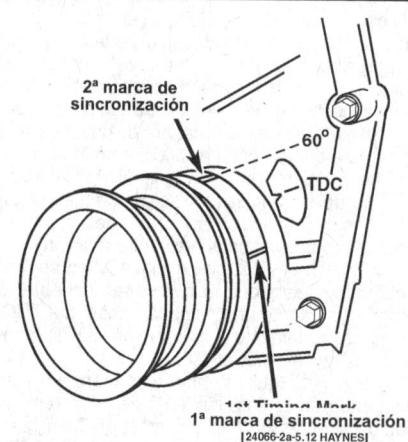

5.12 Antes de apretar las tuercas del balancín, coloque el cigüeñal en forma tal que la 2da marca de sincronización se encuentre a 60 grados antes del TDC

Capítulo 2 Parte A Motor 4.3L V6

6.5 Use aire comprimido para mantener cerrada la válvula al desmontar los resortes; el adaptador de la manguera de aire (flecha) se enrosca en el orificio de la bujía y acepta a la manguera del compresor

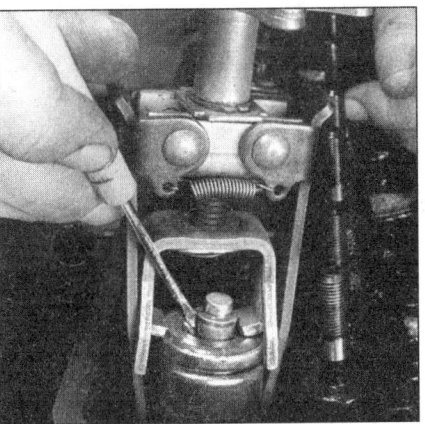

6.7a Una vez que el resorte está presionado, los sujetadores se pueden quitar con un pequeño imán o tenazas de nariz (es preferible usar un imán para evitar que los sujetadores se caigan)

6.7b Los compresores del resorte de válvula de tipo palanca usan al perno prisionero y la tuerca del balancín como punto de eje para hacer palanca contra el resorte de la válvula; generalmente cuesta menos dinero que el tipo que toma a las bobinas del resorte

a instalarlos con las flechas marcadas apuntando hacia ARRIBA (dirección contraria a la culata de cilindros) antes de instalar los balancines.

12 Gire el cigüeñal para que la segunda marca de sincronización del amortiguador de vibración esté a 60 grados antes del TDC (vea la ilustración). Ésta es una posición neutra en la rotación del motor y permitirá que haya menos tensión del resorte de válvula mientras se aprietan los balancines. Apriete las tuercas del balancín según el torque indicado en las Especificaciones de este capítulo.

13 El resto de la instalación se realiza en forma inversa al desmontaje.

14 Arranque el motor y revise que no haya fugas en la tapa de válvulas ni ruido en el tren de válvulas.

6 Resortes, retenedores y sellos de válvulas - reemplazo

Vea las ilustraciones 6.5, 6.7a, 6.7b, 6.13a, 6.13b y 6.15

Nota: *Los resortes rotos y los sellos de vástago defectuosos se pueden reemplazar sin extraer las culatas de cilindro. Para realizar esta operación generalmente se necesitan dos herramientas especiales y una fuente de aire comprimido, así que lea cuidadosamente esta Sección y alquile o compre las herramientas antes de comenzar el trabajo.*

1 Desmonte la tapas de válvulas de la culata de cilindros (vea la Sección 4). Si reemplaza todos los sellos de los vástagos, extraiga ambas tapas de válvulas.

2 Extraiga la bujía del cilindro que tiene el componente defectuoso. Si reemplaza todos los sellos del vástago, debe extraer todas las bujías.

3 Gire el cigüeñal hasta que el pistón del cilindro afectado esté en el punto muerto superior de la carrera de compresión (vea la Sección 3). Si va a reemplazar todos los sellos de los vástagos de todas las válvulas, comience con el cilindro número 1 y trabaje sobre las válvulas de un cilindro por vez. Pase de un cilindro a otro según el orden de la secuencia de encendido (1-6-5-4-3-2). Cada cilindro en la secuencia de encendido se encuentra a 120 grados de rotación del cigüeñal (en sentido horario) del anterior.

4 Quite la tuerca, la rótula pivotante y el balancín de la válvula que tiene la parte defectuosa y quite la varilla de empuje (vea la Sección 5). Si reemplaza todos los sellos del vástago, debe extraer todos los balancines y las varillas de empuje.

5 Enrosque un adaptador en el orificio de la bujía (vea la ilustración) y conecte una manguera de aire de una fuente de aire comprimido. La mayoría de las tiendas de autopartes tienen el adaptador para manguera de aire. **Nota:** *Muchos medidores de compresión de cilindros usan un adaptador de rosca que puede conectarse al adaptador de desconexión rápida de la manguera de aire.*

6 Aplique de 90 a 100 psi de aire comprimido al cilindro. La presión del aire debería mantener las válvulas en su lugar. **Advertencia:** *Si el cilindro no se encuentra exactamente en el TDC, la presión del aire puede provocar que gire el motor. No deje un dado o una llave sobre el perno del amortiguador de vibración; puede provocar daños o lesiones personales.*

7 Rellene con trapos de taller los huecos de la culata de cilindros para evitar que las piezas y las herramientas caigan dentro del motor, luego use un compresor del resorte de válvula para comprimir el resorte y el retenedor de válvula. Quite los sujetadores con tenazas de nariz o un imán (vea la ilustración). **Nota:** *Hay disponibles algunos tipos diferentes de herramientas para comprimir los resortes de válvula con la culata de cilindros en su lugar. Uno de ellos sujeta las bobinas del resorte inferior y presiona sobre el retenedor a medida que se gira la perilla, mientras que el otro tipo utiliza un perno prisionero y una tuerca de balancín para hacer palanca (vea la ilustración). Los dos tipos funcionan muy bien, aunque el tipo que usa palanca generalmente es menos costoso.*

8 Desmonte el retenedor o el rotador del resorte y el conjunto del resorte de la válvula (en algunos modelos hay un resorte interno y otro externo para cada válvula, el interno se llama amortiguador de resorte), luego quite el sello del vástago de la válvula de la guía de la válvula. **Nota:** *Si la presión de aire no retiene la válvula en posición cerrada durante esta operación, es probable que la cara o el asiento de la válvula esté dañado. Si es así, deberá quitar la culata de cilindros para realizar reparaciones adicionales.*

6.13a Usando un dado profundo y un martillo, golpee suavemente los sellos nuevos hacia la guía de la válvula hasta la profundidad especificada

9 Coloque una banda de caucho o cinta alrededor de la parte superior del vástago de la válvula para que ésta no caiga en la cámara de combustión, luego libere la presión de aire.

10 Verifique que no haya daños en el vástago de la válvula. Gire la válvula en la guía y revise que el extremo no tenga movimientos excéntricos, lo que indicaría que la válvula está doblada.

11 Mueva la válvula hacia arriba y hacia abajo en la guía, y asegúrese de que no se traba. Si el vástago se traba, la válvula está doblada o la guía está dañada. En cualquier caso, deberá quitar la culata de cilindros para realizar la reparación.

12 Vuelva a aplicar presión de aire al cilindro para retener la válvula en posición cerrada, luego, quite la cinta o la banda de caucho del vástago.

13 Lubrique los vástagos de la válvula con aceite para motor e instale los nuevos sellos del vástago de la válvula. Usando el vástago de las válvulas como guía, deslice los sellos hacia abajo hasta la parte superior de cada guía de válvulas, luego use un martillo y un dado profundo o una herramienta de instalación de sellos para golpear suavemente cada sello hasta que esté a la profundidad especificada (vea las ilustraciones). **Precaución:** *Los sellos de admisión y de escape están codificados por color, no los mezcle. Los sellos de admisión generalmente son de color blanco o crema, mien-*

Capítulo 2 Parte A Motor 4.3L V6

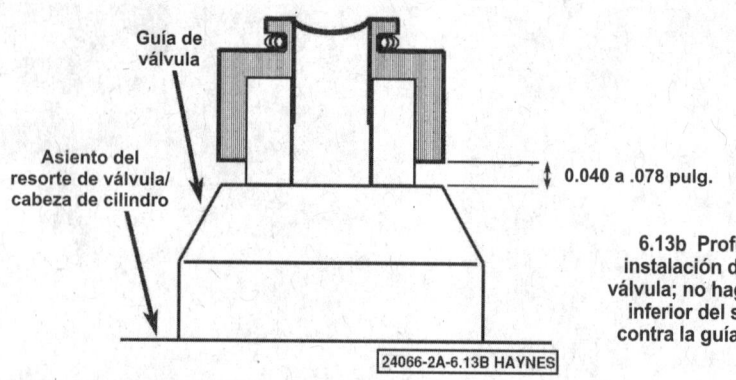

6.13b Profundidad de instalación del sello de la válvula; no haga que la parte inferior del sello choque contra la guía de la válvula

6.15 Aplique una pequeña cantidad de grasa a cada sujetador antes de la instalación, tal como se muestra; los mantendrá en su lugar sobre el vástago de la válvula cuando se suelte el resorte

tras que los sellos de los vástagos de la válvula de escape son marrones con una raya blanca. No tuerza ni levante los sellos durante la instalación; de lo contrario, no se asentarán en forma correcta sobre los vástagos de la válvula. Asegúrese de que el resorte toroidal esté en su lugar alrededor de la parte superior del sello.

14 Instale el resorte y el amortiguador de la válvula (si lo tiene) sobre la válvula, con las bobinas más enrolladas hacia la culata de cilindros.

15 Instale el retenedor o el rotador del resorte de la válvula. **Nota:** *Los rotadores se usan únicamente en las válvulas de escape.* Comprima los resortes de la válvula y coloque cuidadosamente los sujetadores del vástago de la válvula en la ranura. Aplique una pequeña cantidad de grasa en la parte interior de cada sujetador para mantenerlo en su lugar **(vea la ilustración)**.

16 Desconecte la manguera de aire y quite el adaptador del orificio de la bujía.

17 Repita el procedimiento anterior en los cilindros restantes, siguiendo la secuencia del orden de encendido (vea las Especificaciones). Lleve cada pistón al punto muerto superior en la carrera de compresión antes de aplicar presión de aire.

18 Instale los balancines y las varillas de empuje (vea la Sección 5).

19 Instale las tapas de válvulas (vea la Sección 4).

20 Instale las bujías y conecte los cables.

21 Arranque el motor y déjelo funcionar, luego revise que no haya fugas de aceite ni sonidos inusuales provenientes del área de la tapa de válvulas.

7 Múltiple de admisión - desmontaje e instalación

Nota: *Los múltiples de admisión superior e inferior se pueden desmontar como una unidad, quitando sólo los pernos del múltiple de admisión inferior. Para reparar o inspeccionar el cuerpo del medidor de combustible o los inyectores, vea el Capítulo 4 para obtener información sobre el desmontaje del pleno de admisión superior.*

Desmontaje

1 Desconecte el cable del terminal negativo de la batería. **Precaución:** *En los modelos equipados con el sistema de audio Theftlock, asegúrese de que la función de bloqueo está desactivada antes de realizar cualquier procedimiento que requiera desconectar la batería (vea el principio de este manual).*

2 Vea el Capítulo 4 y libere la presión del sistema de combustible, luego desmonte el conducto de admisión de aire y desconecte el cable del acelerador y del control de velocidad crucero del cuerpo del acelerador.

3 Drene el sistema de enfriamiento y saque la correa de transmisión (vea el Capítulo 1).

4 Desmonte el tubo del travesaño de inyección de aire secundario (vea el Capítulo 6).

5 Etiquete y desconecte las mangueras y los conectores eléctricos que están conectados al múltiple de admisión y al cuerpo del acelerador. Además, desconecte los conectores eléctricos del compresor de A/C (aire acondicionado) y del alternador.

6 Quite la banda de descarga a tierra de la parte trasera de la culata de cilindros derecha.

7 Quite los soportes del mazo de cables de los pernos prisioneros del múltiple de admisión y aparte el mazo de cables.

8 Desmonte la manguera del radiador superior del múltiple de admisión. Desmonte la manguera de derivación del refrigerante del múltiple de admisión y de la bomba de agua. Desmonte el soporte de la manguera del calefactor del soporte del alternador y desconecte las mangueras del calefactor del motor (vea el Capítulo 3).

9 Desmonte los cables de la bujía (vea el Capítulo 1) y el distribuidor (vea el Capítulo 5).

10 Vea el Capítulo 6 y desmonte el tubo de recirculación de gases de escape (EGR) del múltiple de admisión y de escape.

11 Desconecte la alimentación de combustible y las líneas de retorno que se encuentran en la parte trasera del múltiple de admisión (vea el Capítulo 4).

12 Afloje la tuerca de retención que fija el costado de la bomba de dirección hidráulica al soporte trasero de la bomba, luego quite la tuerca inferior que fija el frente de la bomba al soporte trasero.

13 Quite los pernos y las tuercas que fijan el soporte de montaje de la bomba de dirección hidráulica al frente del motor y deslice el soporte hacia adelante con el compresor de A/C conectado. Esto permitirá el acceso al perno frontal del múltiple de admisión del lado del conductor.

14 Afloje los pernos de montaje del múltiple inferior de admisión en incrementos de 1/4 de vuelta, en el orden inverso a la secuencia de apriete hasta que los pueda sacar con la mano **(vea la ilustración 7.23)**. Es probable que el múltiple esté atorado en las culatas de cilindros y que deba hacer fuerza para romper el sello de la junta. Puede colocar una palanca para levantar una proyección fundida en el frente del múltiple y romper la unión creada por la junta. **Precaución:** *No haga palanca entre el bloque y el múltiple, o las culatas y el múltiple, porque puede dañar las superficies de sellado de la junta y se puede producir pérdida de vacío.*

15 Desmonte el múltiple de admisión **(vea la ilustración)**. A medida que levanta el múltiple del motor, asegúrese de revisar y desconectar cualquier elemento que siga conectado al múltiple.

Instalación

Vea las ilustraciones 7.16, 7.17, 7.18, 7.20 y 7.23

Nota: *Las superficies de contacto de las culatas de cilindros, del bloque y del múltiple deben estar perfectamente limpias al instalar el múltiple. En la mayoría de las tiendas de autopartes puede conseguir aerosoles con solventes para remover juntas, y pueden serle útiles para quitar el material de juntas viejas adherido a las culatas y al múltiple. Asegúrese de seguir las instrucciones impresas en el envase.*

16 Use un raspador de juntas para eliminar cualquier rastro de sellador y material viejo de la junta, luego limpie las superficies de contacto con un diluyente de barniz o acetona. Si queda sellador viejo o aceite sobre las superficies de contacto cuando se instala el múltiple, pueden aparecer fugas de vacío o aceite. Cuando trabaje en las culatas de cilindros y en el bloque, cubra la cuenca de los balancines con trapos para evitar que ingresen desechos al motor **(vea la ilustración)**. Use una aspiradora para quitar todo el material de las juntas que caiga dentro de los puertos de admisión en las culatas de cilindros.

17 Use un roscador del tamaño correcto para hacer las roscas en los orificios de los pernos, luego use aire comprimido (si tiene) para quitar los desechos de los orificios **(vea la ilustración)**.

7.16 Después de cubrir la cuenca de los balancines, use un raspador de juntas para eliminar cualquier rastro de sellador y de material viejo de la junta de las superficies de contacto de la culata de cilindros y del múltiple

Capítulo 2 Parte A Motor 4.3L V6

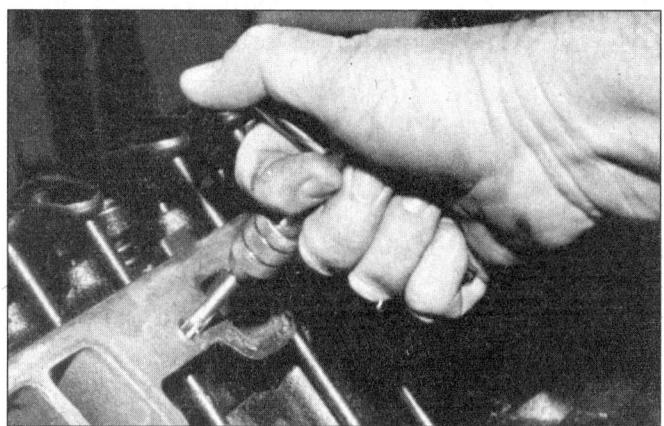

7.17 Debe limpiar y secar las roscas del orificio del perno para asegurar lecturas de torque exactas al instalar los pernos de montaje del múltiple

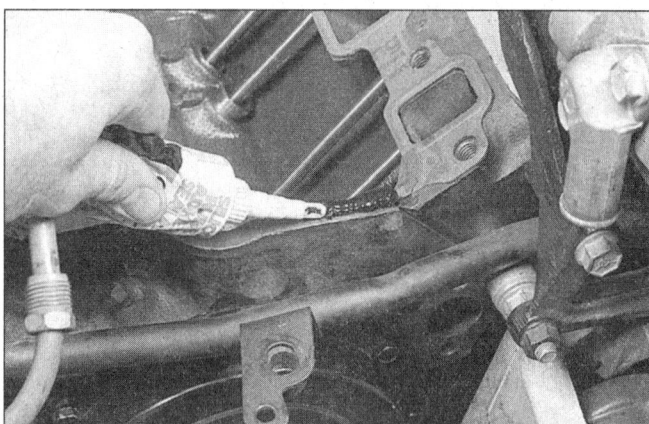

7.18 Aplique un cordón de 3/16 pulgadas de sellador RTV en las superficies de contacto del múltiple delantero y trasero del bloque del motor; asegúrese de que se extiendan 1/2 pulgada sobre cada lado de las culatas de cilindros

Advertencia: *Use gafas de seguridad o una máscara para protegerse los ojos cuando use aire comprimido.* Quite los depósitos excesivos de carbón y la corrosión del escape, del EGR y de los pasajes del refrigerante en las culatas de cilindros y en el múltiple.

18 Aplique un cordón de 3/16 pulg de ancho de sellador RTV en las superficies de contacto delanteras y traseras del múltiple del bloque **(vea la ilustración).** Asegúrese de que los cordones se extiendan a 1/2 pulgada en cada lado de las culatas de cilindros.

19 Si las nuevas juntas del múltiple no vienen equipadas con un anillo sellador de caucho alrededor de los pasajes del refrigerante, aplique una capa fina de sellador RTV alrededor los orificios del pasaje de refrigerante del lado de la culata de cilindros de las nuevas juntas del múltiple de admisión. **Nota:** *Las juntas de reemplazo de fábrica están equipadas con un anillo sellador de caucho alrededor de los pasajes del refrigerante y no requieren sellador RTV adicional alrededor de los pasajes.*

20 Coloque las juntas sobre las culatas de cilindros, con las lengüetas en cada extremo por encima del sellador RTV de la culata de cilindros. La parte superior de cada junta debe tener estampada una etiqueta con la inscripción THIS SIDE UP (este lado hacia arriba) para asegurarse de que lo instale de forma correcta **(vea la ilustración).**

21 Asegúrese de que todas las aberturas del puerto de admisión, los orificios de pasaje del refrigerante y los orificios de los pernos estén alineados en forma correcta. Es posible que algunas juntas tengan pequeñas pestañas que se deben doblar hasta que estén alineadas con la superficie trasera de cada culata de cilindros.

22 Coloque con cuidado el múltiple en su lugar mientras el sellador sigue húmedo. **Precaución:** *No toque las juntas y no mueva el múltiple hacia adelante y hacia atrás después de que haga contacto con el sellador en el bloque.*

23 Siguiendo la secuencia recomendada, instale los pernos (con compuesto fijador de roscas en los pernos) y apriételos al torque indicado en las Especificaciones de este capítulo **(vea la ilustración).** Llegue al torque final en tres etapas.

24 Los pasos de instalación posteriores se realizan en forma inversa al desmontaje. Si desmontó el múltiple de admisión superior, vea el Capítulo 4 para obtener información sobre la instalación. Arranque el motor y revise con cuidado que no haya fugas de aceite y refrigerante en las juntas del múltiple de admisión.

8 Múltiples de escape - desmontaje e instalación

Desmontaje

Vea las ilustraciones 8.4, 8.8 y 8.12

Advertencia: *Tenga cuidado al trabajar cerca de los múltiples de escape, los protectores contra calor hechos con láminas de metal pueden tener los bordes filosos. Además, cuando se realiza este procedimiento el motor debe estar frío.*

1 Desconecte el cable del terminal negativo de la batería. **Precaución:** *En los modelos equipados con el sistema de audio Theftlock, asegúrese de que la función de bloqueo está desactivada antes de realizar cualquier procedimiento que requiera desconectar la batería (vea el principio de este manual).*

7.20 Asegúrese de que las juntas se instalen con las marcas hacia ARRIBA

2 Levante el vehículo y sosténgalo de manera segura sobre soportes de gato.

3 Cuando trabaje debajo del vehículo, aplique aceite penetrante a los pernos prisioneros y las tuercas que fijan el tubo al múltiple (generalmente están oxidados).

4 Quite las tuercas que fijan el tubo del escape contra los múltiples **(vea la ilustración).**

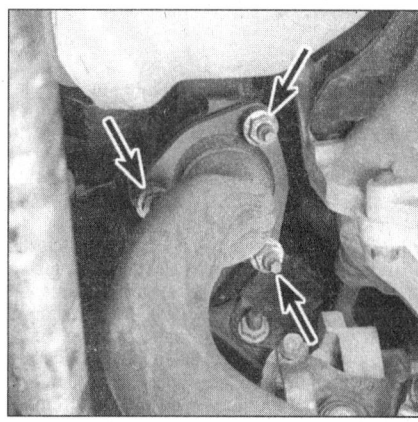

8.4 Acceda a los pernos/tuercas del tubo de escape por debajo del vehículo; es posible que en algunos modelos sea más fácil desmontar el volante y trabajar desde la apertura del guardafangos

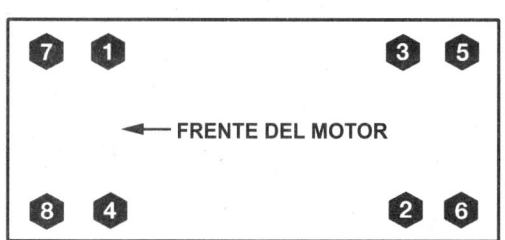

7.23 Secuencia de apriete del perno del múltiple de admisión inferior

8.8 Pernos de montaje del múltiple de escape derecho y perno de montaje del tubo de la varilla de medir aceite (A)

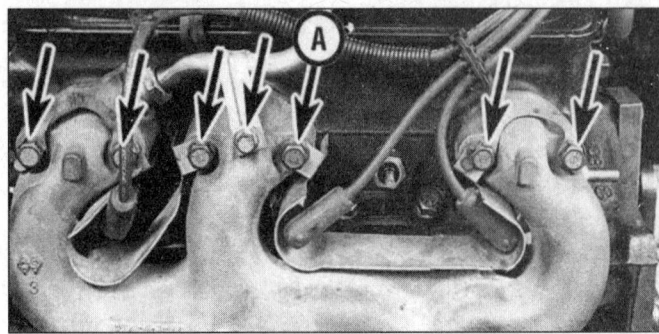

8.12 Pernos de montaje del múltiple de escape izquierdo y tuerca de montaje del tubo de EGR (A)

Múltiple del lado derecho

5   Desmonte el conjunto del filtro de aire (vea el Capítulo 4).
6   Desmonte el tubo de inyección de aire secundario (si lo tiene) del múltiple de escape (vea el Capítulo 6).
7   Desconecte los cables de las bujías, luego desmonte el soporte de retención del cable de la bujía de la culata de cilindros y apártelos.
8   Quite la varilla de medir aceite, destrabe el soporte del tubo de la varilla de medir y mueva el tubo **(vea la ilustración)**.
9   Doble hacia atrás las pestañas de bloqueo (si las tiene), luego quite los pernos de montaje y separe el múltiple de escape de la culata de cilindros. Después de quitar los pernos, desmonte los protectores contra calor del múltiple.

Múltiple del lado izquierdo

10   Desmonte el tubo de inyección de aire secundario (si lo tiene) del múltiple de escape (vea el Capítulo 6).
11   Desconecte los cables de las bujías, luego desmonte el soporte de retención del cable de la bujía de la culata de cilindros y apártelos.
12   Desconecte el tubo de EGR del múltiple de escape **(vea la ilustración)**.
13   Desconecte el conector eléctrico del sensor de Temperatura del refrigerante del motor (ECT) (vea el Capítulo 6).
14   Doble hacia atrás las pestañas de bloqueo (si las tiene), luego quite los pernos de montaje y separe el múltiple de escape de la culata de cilindros. Después de quitar los pernos, desmonte los protectores contra calor del múltiple.

Instalación

15   Revise que no haya rajaduras en el múltiple y asegúrese de que las roscas de los pernos estén limpias y sin daños. Las superficies de contacto del múltiple y de las culatas de cilindros deben estar limpias antes de volver a instalar los múltiples; use un raspador de juntas para quitar todos los depósitos de carbón.
16   Coloque el múltiple en un banco e instale los protectores contra calor, los pernos y las juntas en el múltiple. Las lengüetas de retención que rodean a los orificios del perno de la junta mantendrán el conjunto unido mientras instala el múltiple. Coloque el múltiple sobre la culata de cilindros e instale los pernos de montaje, apretándolos con la mano.
17   Al apretar los pernos de montaje, trabaje desde el centro hasta los extremos y asegúrese de usar una llave de torque. Apriete los pernos en dos pasos hasta el torque indicado en las Especificaciones de este capítulo. Si las tiene, doble las pestañas de bloqueo contra las roscas de los pernos.
18   Los pasos de instalación posteriores se realizan en forma inversa al desmontaje.
19   Encienda el motor y revíselo para detectar fugas en el escape.

9   Culatas de cilindros - desmontaje e instalación

Nota: *El motor debe estar completamente frío cuando quite las culatas de cilindros. Si no permite que se enfríe el motor, las culatas de cilindros se pueden alabear. Cuando esté frío, consulte el Capítulo 1 y drene el sistema de enfriamiento.*

Desmontaje

1   Desmonte el múltiple de admisión (vea la Sección 7) y los múltiples de escape (vea la Sección 8).
2   Quite las tapas de válvulas (vea la Sección 4).
3   Quite las varillas de empuje (vea la Sección 5).
4   Desmonte el ventilador de enfriamiento del motor (vea el Capítulo 3).

Culata de cilindros del lado derecho

5   Desmonte el alternador (vea el Capítulo 5).
6   Quite el soporte de montaje del alternador de la culata de cilindros.

Culata de cilindros del lado izquierdo

7   Quite el cable de conexión a tierra y el mazo de cables eléctricos que se encuentra en la parte trasera de la culata de cilindros.
8   Quite los pernos del compresor de aire acondicionado del motor y apártelo sin desconectar las líneas del refrigerante (vea el Capítulo 3). Si el vehículo no tiene aire acondicionado, será necesario desmontar la polea del engrane intermedio de la correa de transmisión del soporte de montaje de accesorios.
9   Quite los pernos de la bomba de dirección hidráulica y apártela, sin desconectar las mangueras de la dirección hidráulica (vea el Capítulo 10).
10   Desmonte los soportes de montaje de accesorios de la culata de cilindros izquierda.

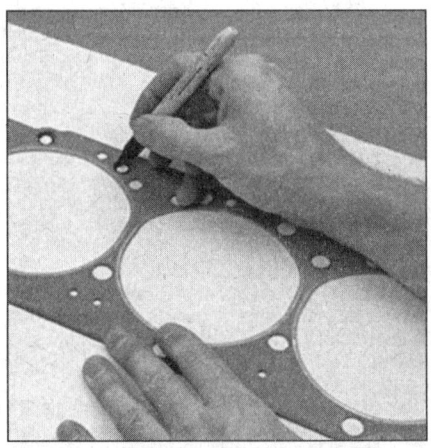

9.11 Para evitar mezclar los pernos de la culata de cilindros, use una junta nueva para transferir el patrón de orificios de pernos a un pedazo de cartón, luego haga orificios para que acepte a los pernos

Ambas culatas de cilindros

Vea la ilustración 9.11
11   Use una junta de culata de cilindros nueva, y marque el contorno de los cilindros y el patrón de los pernos en un trozo de cartón **(vea la ilustración)**. Asegúrese de indicar cuál es la parte delantera del motor como punto de referencia. Haga orificios en las ubicaciones de los pernos.
12   Afloje los pernos de la culata de cilindros en incrementos de 1/4 de vuelta hasta que pueda quitarlos con la mano. Trabaje de perno en perno siguiendo el patrón inverso a la secuencia de apriete que se muestra en la **ilustración 9.22**. **Nota:** *No pase por alto la fila de pernos del extremo inferior de cada culata de cilindros, cerca de los orificios de la bujía.* Coloque los pernos en el soporte de cartón a medida que los extrae; este procedimiento le garantiza que los volverá a instalar en las ubicaciones originales.
13   Levante las culatas de cilindros y sáquelas del motor. Si siente resistencia, NO haga palanca entre la culata de cilindros y el bloque, dañará las superficies de contacto. Para soltar la culata de cilindros, coloque un bloque de madera contra el extremo y golpee el bloque con un martillo. Guarde las culatas de cilindros en bloques de madera para evitar daños a las superficies de sellado de la junta.
14   Los procedimientos de desarmado e inspección de las culatas de cilindros se describen en detalle en el Capítulo 2, Parte C.

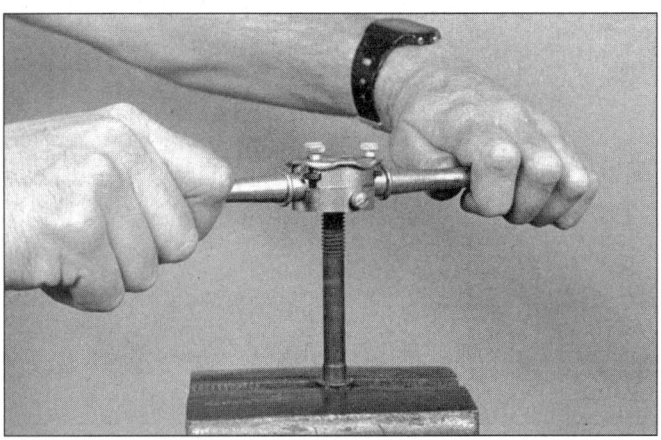

9.18 Antes de la instalación, debe usar un matriz para eliminar el sellador y la corrosión de las roscas del perno de la culata de cilindros

9.19a Las clavijas de ubicación (flechas) se usan para colocar las juntas de la culata de cilindros en el bloque

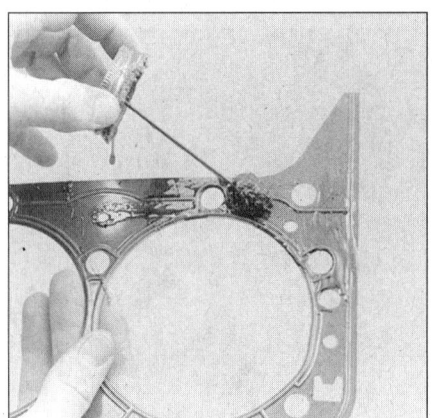

9.19b Las juntas de acero se deben recubrir con un sellador como K&W Copper Coat antes de la instalación; las juntas de compuesto no usan sellador

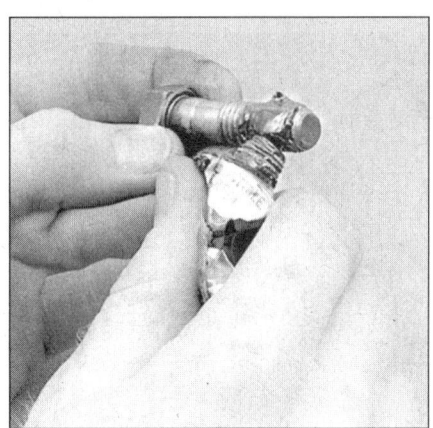

9.21 Los pernos de la culata de cilindros DEBEN estar recubiertos con un sellador que no se endurezca (como Permatex Nº 2) antes de instalarlos; si no lo hace, el refrigerante se fugará por los pernos

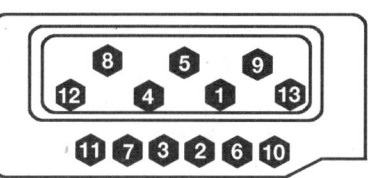

9.22 Secuencia de APRIETE de los pernos de la culata de cilindros

Instalación

Vea las ilustraciones 9.18, 9.19a, 9.19b, 9.21 y 9.22

15   Las superficies de contacto de las culatas de cilindros y del bloque deben estar perfectamente limpias cuando se instalan las culatas.

16   Use un raspador de juntas para quitar todo rastro de carbón y de material de juntas viejas, luego, limpie las superficies de contacto con disolvente de barniz o con acetona. Si las superficies de contacto tienen aceite cuando se instalan las culatas de cilindros, es posible que las juntas no sellen correctamente y que se produzcan fugas. Cuando trabaje en el bloque, cubra la cuenca de los balancines con trapos de taller para evitar que ingresen desechos al motor. Use una aspiradora para eliminar los desechos que caigan en los cilindros.

17   Revise las superficies de contacto del bloque y de la culata de cilindros para detectar hendiduras, rayas profundas u otros daños. Si el daño es leve, puede eliminarlo con una lima; si es excesivo, es posible que el maquinado sea la única alternativa.

18   Use un roscador del tamaño correcto para hacer las roscas en los orificios de los pernos de las culatas de cilindros. Monte cada perno en una prensa y deslice una matriz debajo de las roscas para quitarles la corrosión y restaurarlas **(vea la ilustración)**. La suciedad, la corrosión, el sellador y las roscas dañadas afectarán las lecturas de torque.

19   Coloque las juntas nuevas sobre las clavijas en el bloque **(vea la ilustración)**. **Nota:** *Si usa una junta de acero, aplique una capa delgada y pareja de un sellador como K&W Copper Coat a ambos lados antes de comenzar la instalación* **(vea la ilustración)**. **Advertencia:** *En algunos motores se usan juntas tipo composición con un núcleo delgado de placa de metal. Tenga mucho cuidado al manipularlas, ya que es posible que los extremos sean muy filosos. Las juntas de composición no requieren sellador.*

20   Posicione con cuidado las culatas de cilindros sobre el bloque sin tocar las juntas.

21   Antes de instalar los pernos de la culata de cilindros, aplique a las roscas una capa de un sellador que no se endurezca, como el Permatex Nº 2 **(vea la ilustración)**.

22   Instale los pernos en sus ubicaciones originales y ajústelos a mano. Siga la secuencia recomendada y apriete los pernos, en varios pasos, al torque y ángulo de rotación que se indican en las Especificaciones de este capítulo **(vea la ilustración)**.

23   Los pasos de instalación posteriores se realizan en forma inversa al desmontaje.

24   Cambie el aceite para motor y el filtro (vea el Capítulo 1), luego arranque el motor y revise con cuidado para detectar fugas de aceite y de refrigerante.

10   Amortiguador de vibración y polea - desmontaje e instalación

Vea las ilustraciones 10.3, 10.5 y 10.6

1   Desconecte el cable del terminal negativo de la batería. **Precaución:** *En los modelos equipados con el sistema de audio Theftlock, asegúrese de que la función de bloqueo está desactivada antes de realizar cualquier procedimiento que requiera desconectar la batería (vea el principio de este manual).*

2   Consulte el capítulo 3 y desmonte la cubierta del ventilador y el ventilador de enfriamiento del motor, luego consulte el Capítulo 1 y desmonte la correa de transmisión del motor.

3   Quite los pernos y separe la polea del cigüeñal del amortiguador de vibración **(vea la ilustración)**.

10.3 Desmonte los pernos de la polea del cigüeñal y separe la polea del amortiguador de vibración

10.5 Use un extractor tipo perno cerrado para desmontar el amortiguador de vibración

10.6 La ranura de chaveta de la polea debe estar alineada con la llave Woodruff (flecha) en la nariz del cigüeñal

11.2 Si reemplaza el sello con la cubierta de la cadena de sincronización instalada, quítela con una herramienta de extracción de sellos o un destornillador grande

11.3 Si reemplaza el sello habiendo quitado la cubierta de la cadena de sincronización, quite el sello viejo desde adentro con un martillo y un punzón o con un destornillador mientras soporta a la cubierta cerca del hueco del sello

11.5 Use una guía para sellos o un dado grande para colocar el sello nuevo en la cubierta

11.6 Si la superficie de sellado del cubo del amortiguador tiene una ranura desgastada por el contacto con el sello, se encuentran disponibles manguitos de reparación en la mayoría de las tiendas de autopartes

4   Quite el perno grande que fija el amortiguador de vibración al cigüeñal. Para evitar que gire el cigüeñal, desmonte el arrancador (vea el Capítulo 5) y haga que un asistente calce un destornillador grande contra los dientes de la corona.
5   Usando el extractor correcto (generalmente disponible en las tiendas de autopartes), desconecte el amortiguador de vibración del cigüeñal **(vea la ilustración)**. **Precaución:** *No utilice un extractor con mordazas que agarren el borde externo del amortiguador. El extractor debe ser del tipo que utiliza pernos para aplicar fuerza únicamente al centro del cubo del amortiguador. Tenga cuidado de no perder la llave Woodruff.* **Precaución:** *Coloque en el cigüeñal un perno corto un poco más pequeño que el perno del amortiguador para que la punta de la herramienta empuje contra él y, de esa forma, evitar dañar las roscas del cigüeñal.*
6   Asegúrese de que la llave woodruff esté en su lugar, luego coloque el amortiguador de vibración sobre el cigüeñal y deslícelo hasta que se encuentre lo más alejado posible. Antes de comenzar con la instalación, use una pequeña cantidad de sellador RTV en la ranura de chaveta. Tenga en cuenta que la ranura (ranura de chaveta) del cubo debe estar alineada con la llave Woodruff en el extremo del cigüeñal **(vea la ilustración)**.

7   Usando una herramienta de instalación del amortiguador de vibración, presione el amortiguador contra el cigüeñal. Tenga en cuenta que el perno del cigüeñal también se puede usar para hacer presión y colocar en posición al balanceador del cigüeñal pero, al hacerlo, use una cantidad grande de aceite para motor limpio en las roscas de los pernos para evitar corrosión por rozamiento. Asegúrese de que la corona elevada de la arandela del perno del amortiguador esté alejada del cigüeñal.
8   Apriete el perno del cigüeñal al torque indicado en las Especificaciones de este capítulo.
9   Los pasos de instalación posteriores se realizan en forma inversa al desmontaje.

11 Sello de aceite delantero del cigüeñal - reemplazo

Vea las ilustraciones 11.2, 11.3, 11.5 y 11.6
1   Quite la polea del cigüeñal y el amortiguador de vibración (vea la Sección 10).
2   Observe cómo está instalado el sello: el nuevo se debe instalar a la misma profundidad y mirando hacia el mismo lado. Saque cuidadosamente el sello de aceite de la cubierta con un extractor de sellos o un destornillador grande **(vea la ilustración)**. **Precaución:** *Tenga cuidado de no rayar, deformar o distorsionar el área en la que encaja el sello o se producirá una fuga de aceite.* Coloque cinta aisladora alrededor de la punta del destornillador para evitar daños al cigüeñal.
3   Si reemplaza el sello sacando la cubierta de la cadena de sincronización, apoye la cubierta sobre dos bloques de madera y quite el sello de la parte trasera con un martillo y un punzón **(vea la ilustración)**. **Precaución:** *Tenga cuidado de no rayar, deformar o distorsionar el área en la que encaja el sello o se producirá una fuga.*
4   Limpie el hueco del sello para quitar cualquier material del sello viejo y la corrosión. Coloque el sello nuevo en el hueco con el labio del sello (generalmente el lado con el resorte) mirando hacia ADENTRO (hacia el motor). Aplicar una pequeña cantidad de aceite en el borde exterior del sello nuevo facilitará la instalación.
5   Instale el sello dentro del hueco con una guía para sellos o un dado grande y un martillo hasta que esté completamente asentado **(vea la ilustración)**. Seleccione un dado que tenga el mismo diámetro externo que el sello y asegúrese de que el sello nuevo esté presionado en su lugar hasta que su parte inferior toque la brida de la cubierta.
6   Revise la superficie del amortiguador sobre la cual se asienta el sello de aceite. Si la superficie tiene ranuras por el contacto durante mucho tiempo con el sello, puede haber disponible un

Capítulo 2 Parte A Motor 4.3L V6

12.5 Desmonte el sensor de posición del cigüeñal (flecha inferior) y quite la tuerca (flecha superior) que fija el mazo de cables al perno prisionero de la cubierta

12.8 Antes de desmontar las ruedas dentadas o la cadena, desmonte el anillo reluctor del cigüeñal

manguito a presión para renovar la superficie de sellado **(vea la ilustración)**. Este manguito se coloca a presión con un martillo y un bloque de madera y generalmente está disponible en las tiendas de autopartes.

7   Lubrique los labios del sello con aceite para motor y vuelva a instalar el amortiguador de vibración. Use una herramienta de instalación del amortiguador de vibración para presionar el amortiguador contra el cigüeñal.

8   Instale el perno que fija el amortiguador de vibración al cigüeñal y apriételo al torque indicado en las Especificaciones de este capítulo. Instale la polea del cigüeñal y apriete los pernos al torque indicado en las Especificaciones de este capítulo.

9   El resto de la instalación se realiza en forma inversa al desmontaje.

12 Cadenas de sincronización y ruedas dentadas - desmontaje e instalación

Advertencia: *Espere a que el motor esté completamente frío antes de comenzar este procedimiento.*

Desmontaje
Vea las ilustraciones 12.5, 12.8 y 12.9

1   Desconecte el cable del terminal negativo de la batería. **Precaución:** *En los modelos equipados con el sistema de audio Theftlock, asegúrese de que la función de bloqueo está desactivada antes de realizar cualquier procedimiento que requiera desconectar la batería (vea el principio de este manual).* Vacíe el sistema de enfriamiento (vea el Capítulo 1).

2   Consulte el Capítulo 3 y desmonte las cubiertas inferiores del ventilador, la correa de transmisión, el ventilador de enfriamiento y la bomba de agua.

3   Coloque el pistón número *cuatro* en el TDC de la carrera de compresión (vea la Sección 3). **Precaución:** *Una vez que haya hecho esto, NO gire el cigüeñal hasta que haya vuelto a instalar la cadena de sincronización y las ruedas dentadas.*

4   Consulte la Sección 10 y desmonte la polea de la correa de transmisión y el amortiguador de vibración.

5   Desmonte el sensor de posición del cigüeñal y la tuerca que fija el mazo de cables a la cubierta frontal **(vea la ilustración)**.

12.9 Quite los tres pernos del extremo del árbol de levas y desmonte la rueda dentada y la cadena del árbol de levas como un conjunto

6   Retire la bandeja de aceite (vea la Sección 14).

7   Quite los pernos de la cubierta y separe la cubierta de la cadena de sincronización del bloque. Puede estar atorada, en ese caso use una espátula o un destornillador para romper el sello de la junta. **Nota:** *Este motor usa una cubierta de cadena de sincronización hecha de material compuesto y que no se puede volver a usar. En vez de intentar volver a sellarlo y que haya una fuga más adelante, se recomienda reemplazar la cubierta frontal y el sello de aceite.*

8   Desmonte el anillo reluctor del sensor de posición del cigüeñal, que se encuentra justo adentro de la cubierta frontal **(vea la ilustración)**. Mida el juego libre de la cadena de sincronización. Si es de más de 5/8 pulgadas, debe reemplazar la cadena y las dos ruedas dentadas.

9   Quite los tres pernos del extremo del árbol de levas, luego desconecte la rueda dentada del árbol de levas y la cadena como un conjunto **(vea la ilustración)**. **Nota:** *El engranaje impulsor del eje balanceador permanecerá conectado al árbol de levas y el engranaje impulsado permanecerá conectado al eje balanceador. Si debe reemplazar la cadena de sincronización, desmonte la rueda dentada del cigüeñal con un extractor de dos o tres mordazas, pero tenga cuidado de no dañar las roscas del extremo del cigüeñal.*

12.12 Antes de instalar la rueda dentada del árbol de levas, asegúrese de que las marcas de sincronización de los engranajes del eje balanceador estén alineadas correctamente (flechas)

Instalación
Consulte las ilustraciones 12.12 y 12.13

10   Use un raspador de juntas para quitar todo rastro de material de la junta vieja y del sellador del bloque del motor. Limpie las superficies de sellado del bloque con disolvente de barniz o con acetona.

11   Si debe instalar una cadena de sincronización nueva, asegúrese de alinear la ranura para chaveta de la rueda dentada del cigüeñal con la llave Woodruff en el extremo del cigüeñal. Presione la rueda dentada contra el cigüeñal con el perno del amortiguador de vibración, un dado grande y algunas arandelas, o golpéelo suavemente hasta que esté completamente asentado. **Precaución:** *Si encuentra resistencia, NO golpee la rueda dentada hacia el cigüeñal con un martillo. Eventualmente se moverá hacia el eje, pero se puede rajar en el proceso y fallar más tarde, lo que puede producir daños extensos.*

12   Antes de instalar la cadena de sincronización y la rueda dentada del árbol de levas, alinee los engranajes del eje balanceador **(vea la ilustración)**. El árbol de levas debe estar posicionado con la marca de sincronización del engranaje impulsor del eje balanceador a las 12 en punto y con la marca del eje impulsado en las 6 en punto.

13   Coloque el cigüeñal en forma tal que la marca de sincronización de la rueda dentada se encuentre en la posición de las 12 en punto.

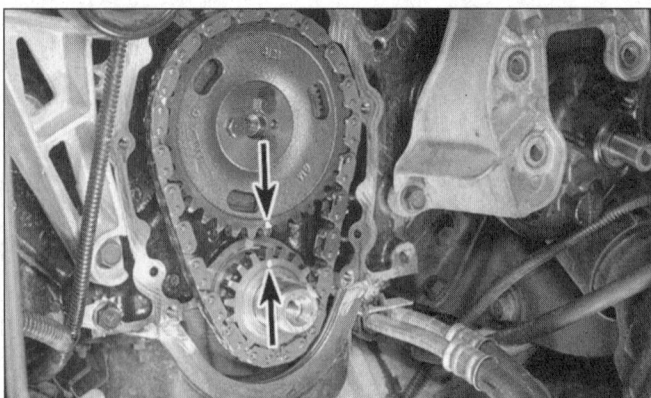

12.13 Coloque las marcas de sincronización de las ruedas dentadas del árbol de levas y del cigüeñal en las posiciones de las 6 y 12 en punto, respectivamente. Cuando están alineadas en la forma en que se muestra, el pistón número cuatro se encuentra en el TDC de la carrera de compresión

13.2 Los levantaválvulas de rodillo se mantienen en su lugar por un retenedor; desmonte los cuatro pernos de retención y quite el retenedor

13.4 Quite los pernos Torx y quite el plato de retención del cigüeñal, anotando qué lado mira hacia el bloque

13.5 Enrosque tres pernos largos en el árbol de levas y úselos como manijas; tire hasta sacar el árbol de levas sin mellar los rodamientos

Gire la cadena sobre la rueda dentada del árbol de levas, encaje la cadena con la rueda dentada del cigüeñal y coloque la rueda dentada del árbol de levas en el árbol de levas con la marca de sincronización en la posición de las 6 en punto. Cuando estén instaladas en forma correcta, las marcas de las ruedas dentadas estarán alineadas de la siguiente forma **(vea la ilustración)**. **Nota:** *El pistón número cuatro estará en el TDC de la carrera de compresión con las ruedas dentadas alineadas en la forma en que se muestra.*

14 Aplique un compuesto fijador de roscas que no se endurezca a las roscas del perno de la rueda dentada del árbol de levas, luego instale el perno y apriételo al torque indicado en las Especificaciones de este capítulo. Lubrique la cadena con aceite para motor limpio.

15 Instale el anillo reluctor del sensor de posición del cigüeñal. Asegúrese de instalar el reluctor con el lado cóncavo mirando hacia AFUERA.

16 Aplique una capa delgada de sellador RTV a la superficie de sellado del bloque del motor, luego coloque **un conjunto de cubierta frontal y sello de aceite nuevos** en el bloque del motor (las clavijas y el sellador lo mantendrán en su lugar). **Nota:** *Las cubiertas de compuesto no tienen una junta, usan únicamente sellador. Siempre compre un conjunto de cubierta frontal y sello de aceite nuevo para evitar problemas de sellado originados por la distorsión producida al hacer palanca para quitar la cubierta.*

17 Instale los pernos de retención de la cubierta y apriételos al torque indicado en las Especificaciones de este capítulo.

18 Vea las Secciones correctas e instale la bandeja de aceite, el amortiguador de vibración y el sensor de posición del cigüeñal. Asegúrese de usar un anillo O **nuevo** en el sensor de posición del cigüeñal.

19 Los pasos de instalación posteriores se realizan en forma inversa al desmontaje.

13 Árbol de levas y levantaválvulas - desmontaje e instalación

Nota: *Siempre debe inspeccionar cuidadosamente el árbol de levas antes de la instalación y siempre debe revisar el juego longitudinal del árbol antes del desmontaje. Para obtener información sobre los procedimientos de inspección del árbol de levas, vea el Capítulo 2C.*

Desmontaje

Vea las ilustraciones 13.2, 13.4 y 13.5

1 Vea las Secciones correctas y desmonte el múltiple de admisión, los balancines, las varillas de empuje, la cadena de sincronización, la rueda dentada del árbol de levas y el engranaje impulsor del eje balanceador. El engranaje impulsor del eje balanceador se puede desmontar fácilmente después de que haya desmontado la rueda dentada del árbol de levas y la cadena de sincronización. También debe desmontar las cubiertas del ventilador, el ventilador, el radiador y el condensador (vea el Capítulo 3).

2 Antes de quitar los levantaválvulas, organícese para guardarlos en una caja etiquetada con letra clara para asegurarse de volver a instalarlos en sus posiciones originales. Quite el retenedor del levantaválvulas **(vea la ilustración)**. Desmonte los levantaválvulas y almacénelos en un lugar en el que no se ensucien. NO intente quitar el árbol de levas con los levantaválvulas en su lugar.

3 Existen distintas formas para quitar los levantaválvulas de los huecos. Muchas empresas de herramientas fabrican una herramienta especial diseñada para tomar y quitar levantaválvulas que son muy fáciles de obtener, pero no son necesarias en todos los casos. En los motores nuevos, que no tienen una gran acumulación de barniz, los levantaválvulas a menudo se pueden quitar con un pequeño imán o incluso con los dedos. Se puede usar un trazador de maquinista con un extremo doblado para quitar los levantaválvulas colocando la punta debajo del anillo retenedor en la parte superior de cada levantaválvulas. **Precaución:** *No use tenazas para quitar los levantaválvulas, a menos que tenga la intención de reemplazarlos por unos nuevos (junto con el árbol de levas). Las tenazas dañarán los levantaválvulas maquinados*

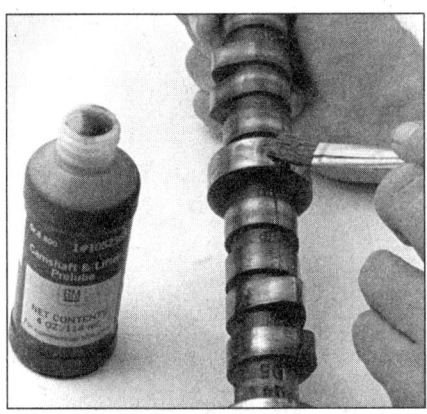

13.7 Lubrique los muñones y lóbulos del árbol de levas con lubricante para el conjunto del árbol de levas y del levantaválvulas antes de instalarlos para proporcionar lubricación inicial

con precisión y endurecidos, lo cual los dejará inútiles.

4 Quite los dos pernos Torx y la placa de retención del árbol de levas y anote en qué dirección mira el bloque **(vea la ilustración)**.

5 Enrosque tres pernos 5/16-18 de 6 pulgadas de largo en los orificios del perno de la rueda dentada del árbol de levas para usarlos como "manijas" cuando desmonte el árbol de levas del bloque **(vea la ilustración)**.

6 Tire cuidadosamente el árbol de levas hacia afuera. Soporte la leva cerca del bloque para que los lóbulos no mellen ni deformen los rodamientos a medida que la saca.

Instalación

Vea la ilustración 13.7

7 Lubrique los muñones de los rodamientos del árbol de levas y los lóbulos de leva con lubricante para el conjunto de árboles de leva y levantaválvulas **(vea la ilustración)**.

8 Deslice el árbol de levas dentro del motor. Soporte la leva cerca del bloque, tenga cuidado de no raspar o mellar los rodamientos.

9 Gire el árbol de levas hasta que la clavija se encuentre en la posición de las 3 en punto, instale el plato de empuje del árbol de levas y apriete los pernos al torque indicado en las Especificaciones de este capítulo.

10 Instale el engranaje impulsor del eje balanceador sobre el árbol de levas, alineando la clavija. Asegúrese de que las marcas de sincronización del eje balanceador estén alineadas en forma correcta **(vea la ilustración 12.12)**.

11 Instale la cadena de sincronización y las ruedas dentadas (vea la Sección 12).

12 Lubrique los levantaválvulas con aceite para motor limpio e instálelos en el bloque. Si vuelve a instalar los levantaválvulas originales, asegúrese de volver a colocarlos en sus ubicaciones originales. Si instala un árbol de levas nuevo, instale también nuevos levantaválvulas.

13 Los pasos de instalación posteriores se realizan en forma inversa al desmontaje.

14 Antes de encender y poner en funcionamiento el motor, cambie el aceite e instale un filtro de aceite nuevo (vea el Capítulo 1).

14 Bandeja de aceite - desmontaje e instalación

Vea las ilustraciones 14.16a y 14.16b

Desmontaje

1 Desconecte el cable del terminal negativo de la batería. **Precaución:** *En los modelos equipados con el sistema de audio Delco Loc II, asegúrese de que la función lockout (bloqueo) esté apagada antes de realizar cualquier procedimiento que requiera desconectar la batería.*

2 Eleve el vehículo y apóyelo firmemente sobre soportes de gato, luego consulte el Capítulo 1, drene el aceite del motor y desmonte el filtro de aceite.

3 Desmonte la placa protectora (debajo del vehículo) de la bandeja de aceite, si tiene.

4 Desmonte el travesaño del brazo de control inferior de abajo de la bandeja de aceite.

5 En los vehículos con doble tracción, desmonte el portadiferencial delantero (vea el Capítulo 8).

6 Desconecte el tubo Y del escape delantero del motor y del sistema de escape y desmóntelo del vehículo. Este paso no es absolutamente necesario, pero facilitará el desmontaje de la bandeja de aceite.

7 Retire el motor de arranque (vea el Capítulo 5). Además, desmonte las cubiertas plásticas de la campana de embrague **(vea las ilustraciones 8.8a y 8.8b en el Capítulo 7B)**.

8 Desmonte el soporte del cable de la batería de la parte delantera de la bandeja de aceite y el soporte del lado del pasajero de la bandeja de aceite que fija las líneas del refrigerante de aceite de la transmisión (si las tiene) y el cableado del motor de arranque.

9 Desconecte el conector eléctrico del sensor de nivel de aceite.

10 Quite los pernos que fijan la transmisión a la bandeja de aceite (vea el Capítulo 7). En modelos 2001 y posteriores, quite los cuatro pernos y el travesaño del bastidor.

11 Quite los tapones de acceso que cubren las tuercas de la parte trasera de la bandeja de aceite.

12 Quite todos los pernos de la bandeja de aceite y luego baje la bandeja del motor. Es probable que la bandeja esté adherida al motor, así que golpee la bandeja con una maza de caucho hasta que se rompa el sello de la junta. **Precaución:** *Antes de usar la fuerza sobre la bandeja de aceite, asegúrese de que haya quitado todos los pernos.* Deslice cuidadosamente la bandeja de aceite hacia afuera, hacia la parte trasera.

Instalación

13 Lave la bandeja de aceite con solvente.

14 Limpie cuidadosamente el material de junta y sellador viejos de las superficies de contacto de la bandeja de aceite y el bloque del motor. Limpie las superficies de la junta con un trapo empapado en disolvente para laca o acetona. **Nota:** *En los modelos con un sensor de nivel de aceite bajo, desmonte el sensor e instale un sensor nuevo en el ensamblaje.*

15 Aplique un cordón de 3/16 pulgadas de ancho y una pulgada de largo de sellador RTV en las esquinas en donde la cubierta frontal se junta con el bloque y en la parte trasera, donde la tapa principal trasera se junta con el bloque. Luego conecte una junta nueva a la bandeja, instale la bandeja y apriete los pernos/pernos prisioneros con la mano.

16 Es importante el alineamiento de la cara trasera de la bandeja de aluminio hacia la parte trasera del bloque. Use un juego de galgas para medir entre la cara trasera de la bandeja y la cara delantera de la campana de embrague de la transmisión. Lo ideal es que el espacio esté nivelado, pero se admite hasta 0.011 de pulgada. Si el espacio está bien, ajuste los pernos/pernos

14.16a Secuencia de apriete de pernos para la bandeja de aceite de aluminio fundido

14.16b Antes de apretar los pernos de la bandeja de aceite, mida el espacio entre la campana de embrague y la bandeja de aceite en tres lugares; si el espacio es mayor que 0.011 tendrá que mover la bandeja de aceite hacia la campana, idealmente la bandeja de aceite debería estar nivelada con la campana

2A-14   Capítulo 2 Parte A Motor 4.3L V6

16.2 Antes de desmontar el volante del motor o el plato de transmisión, marque su relación con el cigüeñal

17.4 Haga palanca cuidadosamente para sacar el sello viejo

prisioneros de la bandeja en secuencia al torque indicado en las Especificaciones de este capítulo **(vea las ilustraciones)**.

17   El resto de la instalación se realiza en forma inversa al desmontaje.

18   Agregue el tipo y cantidad adecuados de aceite (vea el Capítulo 1), arranque el motor y revise que no haya fugas antes de volver a colocar el vehículo en servicio.

15   Bomba de aceite - desmontaje e instalación

1   Retire la bandeja de aceite (vea la Sección 14).

2   Con la bomba de aceite sostenida, quite el perno de la tapa de rodamiento principal que va de la bomba al sector posterior.

3   Baje la bomba y quítela junto con el eje propulsor de la bomba.

4   Si se instala una nueva bomba de aceite, asegúrese de que el eje propulsor de la bomba coincida con el eje dentro de la bomba y que se use un retenedor de eje propulsor nuevo.

5   Coloque la bomba sobre las clavijas en la tapa principal trasera y asegúrese de que la ranura en el extremo superior del eje propulsor esté alineada con la lengüeta del extremo inferior del eje del distribuidor. El distribuidor impulsa la bomba de aceite, por lo tanto es absolutamente esencial que los componentes coincidan correctamente. Además, tenga en cuenta que no se usa una junta entre la bomba de aceite y la tapa principal trasera.

6   Instale el perno de montaje y apriételo al torque indicado en las Especificaciones de este capítulo.

7   Instale la bandeja de aceite y vuelva a llenar el motor con aceite fresco. El resto del ensamblaje se realiza en forma inversa al procedimiento de desarmado.

16   Volante del motor y plato de transmisión - desmontaje e instalación

Desmontaje

Vea la ilustración 16.2

1   Eleve el vehículo y apóyelo firmemente sobre soportes de gato, luego, consulte el Capítulo 7 y quite la transmisión. Si el vehículo está equipado con transmisión manual, desmonte los componentes del embrague (vea el Capítulo 8).

2   Marque la relación entre el volante del motor/plato de transmisión y el cigüeñal con un marcador o un dispositivo similar, luego quite los pernos que fijan el volante del motor/plato de transmisión al cigüeñal **(vea la ilustración)**. Si el cigüeñal gira, inserte un destornillador en los dientes de la corona para trabar el volante del motor/plato de transmisión. **Nota:** *Si hay un anillo de retención entre los pernos y el plato de transmisión, anote qué lado enfrenta al plato del motor al quitarlo.*

3   Quite el volante del motor/plato de transmisión del cigüeñal. Como el volante del motor/plato de transmisión es pesado, cerciórese de que esté apoyado antes de sacar el último perno. **Precaución:** *Al desmontar el volante del motor, use guantes para proteger sus dedos; es posible que los bordes de los dientes de la corona estén afilados.*

4   Limpie el volante del motor/plato de transmisión para quitar la grasa y el aceite. Inspeccione la superficie en busca de rajaduras y revise que los dientes de la corona no estén rajados o rotos. Coloque el plato de transmisión en una superficie plana para revisar que no haya alabeos.

5   Limpie e inspeccione las superficies de contacto del volante del motor/plato de transmisión y el cigüeñal. Si el sello de aceite principal trasero tiene una fuga, reemplácelo antes de volver a instalar el plato de transmisión (vea la Sección 17).

Instalación

6   Coloque el volante del motor/plato de transmisión contra el cigüeñal. Asegúrese de alinear las marcas que hizo durante el desmontaje. Tenga en cuenta que algunos motores tienen clavijas de alineamiento u orificios de pernos escalonados para asegurar la correcta instalación. Antes de instalar los pernos, aplique un compuesto fijador de rosca a las roscas y coloque el anillo de retención (si lo tiene) en posición en el volante del motor/plato de transmisión. **Nota:** *Si instala un volante del motor nuevo en un motor V6 con transmisión manual, asegúrese de quitar los pesos del volante del motor viejo e instalarlos en el volante nuevo en las posiciones exactas de donde las sacó del viejo.*

7   Inserte un destornillador a través de los dientes de la corona para evitar que gire el volante del motor/plato de transmisión y apriete los pernos al torque indicado en las Especificaciones de este capítulo. En los vehículos equipados con transmisiones automáticas, si el sello de la bomba frontal/anillo O tiene fugas es un buen momento para reemplazarlo.

8   El resto de la instalación se realiza en forma inversa al procedimiento de desmontaje.

17   Sello de aceite principal trasero - reemplazo

Consulte la ilustración 17.4

1   Quite la transmisión (vea el Capítulo 7).

2   Quite el volante del motor/plato de transmisión (vea la Sección 16).

3   Inspeccione el sello de aceite, la bandeja de aceite y la superficie del bloque del motor en busca de fugas. Algunas veces, una fuga de la junta de la bandeja de aceite se puede parecer a una fuga del sello de aceite trasero.

4   Haga palanca para quitar el sello de aceite del bloque con un destornillador **(vea la ilustración)**. Tenga cuidado de no mellar ni rayar el cigüeñal o el hueco del sello. Limpie cuidadosamente el hueco del sello en el motor con un paño de taller. Quite todos los restos de de aceite y suciedad.

5   Lubrique la superficie del sello del cigüeñal con una cantidad muy pequeña de aceite para motor. Instale el sello sobre el extremo del cigüeñal (asegúrese de que los labios del sello apunten hacia el motor) y golpéelo cuidadosamente hasta que encaje en su lugar. Puede encontrar una herramienta especial en su tienda de autopartes local. La herramienta encaja justo en el diámetro del sello y, al usarla con un martillo, coloca al sello. **Nota:** *No lo coloque aún más adentro de donde estaba instalado el sello original.*

6   Instale el volante del motor/plato de transmisión (vea la Sección 16).

7   Instale la transmisión (vea el Capítulo 7).

18   Monturas del motor - revisión y reemplazo

El reemplazo de la montura del motor para los motores V6 es idéntico al procedimiento de reemplazo de la montura del motor para los motores V8. Para obtener información sobre el procedimiento, vea el Capítulo 2 Parte B y use las cifras de torque indicadas en las Especificaciones de este capítulo.

Capítulo 2 Parte B
Motores V8

Contenido

	Sección
Árbol de levas y levantaválvulas - desmontaje e instalación	13
Balanceador del cigüeñal - desmontaje e instalación	10
Balancines y varillas de empuje - desmontaje, inspección e instalación	5
Bandeja de aceite - desmontaje e instalación	14
Bomba de aceite - desmontaje, inspección e instalación	15
Bomba de agua - desmontaje e instalación	Vea el Capítulo 3
Cadena de sincronización - desmontaje e instalación	12
Culatas de cilindros - desmontaje e instalación	9
Información general	1
Luz SERVICE ENGINE SOON (realizar servicio de motor pronto)	Vea el Capítulo 6
Monturas del motor - revisión y reemplazo	18

	Sección
Motor - desmontaje e instalación	Vea el Capítulo 2C
Múltiple de admisión - desmontaje e instalación	7
Múltiples de escape - desmontaje e instalación	8
Punto muerto superior (TDC) para el pistón número uno - ubicación	3
Reacondicionamiento del motor	Vea el Capítulo 2C
Reparaciones posibles con el motor en el vehículo	2
Resortes, retenedores y sellos de válvulas - reemplazo	6
Revisión, ajuste y reemplazo de la correa de transmisión	Vea el Capítulo 1
Revisión de la compresión del cilindro	Vea el Capítulo 2C
Sello de aceite delantero del cigüeñal - desmontaje e instalación	11
Sello de aceite principal trasero - reemplazo	17
Tapas de válvulas - desmontaje e instalación	4
Volante del motor y plato de transmisión - desmontaje e instalación	16

Especificaciones

General
Desplazamiento
- 4.8L .... 293 pulgadas cúbicas
- 5.3L .... 325 pulgadas cúbicas
- 6.0L .... 364 pulgadas cúbicas

Hueco y carrera
- 4.8L .... 3.779 x 3.268 pulgadas
- 5.3L .... 3.779 x 3.622 pulgadas
- 6.0L .... 4.001 x 3.622 pulgadas

Números de los cilindros (de adelante hacia atrás)
- Lado izquierdo (del conductor) 1-3-5-7
- Lado derecho 2-4-6-8
- Orden de encendido 1-8-7-2-6-5-4-3

Presión de compresión del cilindro
- Mínima .... 100 psi
- Variación máxima entre cilindros .... 25 por ciento de la lectura más alta

Numeración de los cilindros - motores V8

Árbol de levas
- Diámetros de los muñones .... De 2.164 a 2.166 pulgadas
- Juego longitudinal del árbol de levas .... 0.001 a 0.012 pulgadas

Altura del lóbulo
- 1999 y 2000 (todos)
  - Admisión .... 0.268 pulgadas
  - Escape .... 0.274 pulgadas
- 2001
  - Admisión .... 0.274 pulgadas
  - Escape .... 0.281 pulgadas
- Modelos 2002 y posteriores
  - Motores 4.8L y 5.3L
    - Admisión .... 0.268 pulgadas
    - Escape .... 0.274 pulgadas
  - Motores 6.0L
    - Admisión .... 0.274 pulgadas
    - Escape .... 0.281 pulgadas

Especificaciones de torque*

	Lb-pie (a menos que se indique lo contrario)
Pernos de la rueda dentada del árbol de levas	26
Pernos de retención del árbol de levas	18
Perno balanceador del cigüeñal	
Paso uno (use el perno viejo)	240
Paso dos (use un perno nuevo)	37
Paso tres (use un perno nuevo)	Apriete 140 grados adicionales
Pernos de la culata de cilindros (en secuencia - **vea la ilustración 9.17**)	
Modelos de 1999 a 2003	
Paso 1	
Todos los pernos de 11 mm	22
Paso 2	
Todos los pernos de 11 mm	Apriete 90 grados adicionales
Paso 3	
Pernos de 11 mm (1 a 8)	Apriete 90 grados adicionales
Pernos de 11 mm (9 y 10)	Apriete 50 grados adicionales
Paso 4	
Todos los pernos de 8 mm (11 a 15)	22
Modelos 2004 y posteriores	
Diseño I *(equipado con pernos de 1 mm de dos longitudes diferentes: 3.94 y 6.1 pulgadas)*	
Paso 1	
Todos los pernos de 11 mm	22
Paso 2	
Todos los pernos de 11 mm	Apriete 90 grados adicionales
Paso 3	
Pernos de 11 mm (1 a 8)	Apriete 90 grados adicionales
Pernos de 11 mm (9 y 10)	Apriete 50 grados adicionales
Paso 4	
Todos los pernos de 8 mm (11 a 15)	22
Diseño II *(equipado con pernos de 11 mm de un solo largo: 3.94 pulgadas)*	
Paso 1	
Todos los pernos de 11 mm (1 a 10)	22
Paso 2	
Todos los pernos de 11 mm (1 a 10)	Apriete 90 grados adicionales
Paso 3	
Todos los pernos de 11 mm (1 a 10)	Apriete 70 grados adicionales
Paso 4	
Todos los pernos de 8 mm (11 a 15)	22
Pernos de retención de las monturas del motor	37
Pernos del múltiple de escape	
Paso uno	132 lb-pulg
Paso dos	18
Perno del protector contra calor del múltiple de escape	80 lb-pulg
Tuercas de la brida del tubo de escape	De 20 a 25
Pernos del volante del motor y plato de transmisión	
Paso uno	15
Paso dos	37
Paso tres	74
Pernos del múltiple de admisión	
Paso uno	44 lb-pulg
Paso dos	89 lb-pulg
Pernos del deflector de la bandeja de aceite	106 lb-pulg
Tapón de drenaje de la bandeja de aceite	18
Tapones de acceso trasero de la bandeja de aceite	80 lb-pulg
Pernos de la bandeja de aceite	
Paso 1 (al motor y la cubierta delantera)	18
Paso 2 (a la cubierta trasera)	106 lb-pulg
Paso 3 (pernos de la campana de embrague, la cubierta del conversor y la transmisión)	37
Pernos de la cubierta de la bomba de aceite	106 lb-pulg
Pernos de montaje de la bomba de aceite	18
Pernos del balancín	22
Pernos delanteros de la cubierta de la cadena de sincronización	18
Pernos de la tapa de válvulas	106 lb-pulg
Pernos del tubo de ventilación de vapor	106 lb-pulg

*****Nota:** *Para obtener especificaciones adicionales consulte la Parte C*

Capítulo 2 Parte B Motores V8

1 Información general

Esta parte del Capítulo 2 está dedicada a los procedimientos de reparación dentro del vehículo para los motores V8 4.8L, 5.3L y 6.0L. Este motor utiliza bloques de hierro fundido con ocho cilindros distribuidos en forma de V en un ángulo de 90 grados entre las dos bancadas. Todas las culatas de cilindros V8 utilizan un conjunto de válvulas superiores. Los motores 4.8L y 5.3L usan culatas de cilindros de aluminio con guías de válvulas comprimidas dentro y asientos de válvulas endurecidos, mientras que los motores V8 6.0L usan culatas de cilindros de hierro fundido con guías de válvulas integradas y asientos de válvulas comprimidos dentro. Los levantarrodillos hidráulicos accionan las válvulas a través de varillas de empuje tubulares y balancines. La bomba de aceite está montada en el frente del motor, detrás de la cubierta de la cadena de sincronización y es impulsada por el cigüeñal.

Para identificar correctamente estos motores, ubique el Número de identificación del vehículo (VIN) en la esquina delantera izquierda del panel de instrumentos. El VIN se puede ver desde afuera del vehículo, a través del parabrisas. El octavo caracter de la secuencia es la designación del motor:

V = 4.8 litros motor V8
B, T, Z = 5.3 litros motor V8
U, N = 6.0 litros motor V8

Toda la información relacionada con el desmontaje y la instalación del motor y el reacondicionamiento del bloque del motor y de la culata de cilindros se puede encontrar en la Parte C de este capítulo. Los siguientes procedimientos de reparación dan por supuesto que el motor está instalado en el vehículo. Si el motor se ha extraído del vehículo y se ha montado sobre un soporte, no corresponderán muchos de los pasos descritos en esta parte del Capítulo 2.

Las Especificaciones incluidas en esta parte del Capítulo 2 sólo corresponden a los procedimientos contenidos en esta parte. La Parte C del Capítulo 2 contiene las Especificaciones necesarias para reconstruir las culatas de cilindros y el bloque del motor.

2 Reparaciones posibles con el motor en el vehículo

Muchas reparaciones grandes se pueden realizar sin extraer el motor del vehículo.

Limpie el compartimento del motor y el exterior del motor con algún tipo de lavadora a presión antes de comenzar un trabajo. Tener el motor limpio le facilitará el trabajo y lo ayudará a mantener limpias las áreas internas del motor.

Dependiendo de los componentes implicados, puede ser una buena idea quitar el capó y mejorar el acceso al motor mientras realiza las reparaciones (consulte el Capítulo 11, si es necesario).

Si se producen fugas de aceite o refrigerante, lo que indica la necesidad de reemplazar juntas o sellos, en general, las reparaciones pueden realizarse con el motor en el vehículo. Se puede acceder a las juntas de la bandeja de aceite, de la culata de cilindros, de los múltiples de admisión y escape, de la cubierta de la cadena de sincronización y a los sellos de aceite del cigüeñal con el motor en su lugar.

Los componentes exteriores del motor, como la bomba de agua, el motor de arranque, el alternador, el distribuidor y los componentes de inyección de combustible, así como también los múltiples de admisión y escape, pueden quitarse para realizar reparaciones con el motor en su lugar.

Como las culatas de los cilindros se pueden extraer sin sacar el motor, el servicio de los componentes de las válvulas también se puede realizar con el motor en el vehículo.

El reemplazo, las reparaciones o la inspección de la cadena de sincronización, las ruedas dentadas y la bomba de aceite pueden realizarse con el motor en su lugar.

En casos extremos causados por la falta del equipo necesario, la reparación o el reemplazo de los anillos de pistones, los pistones, las bielas y los rodamientos de bielas puede efectuarse con el motor en el vehículo. Sin embargo, esta práctica no se recomienda por el trabajo de limpieza y preparación que se les debe hacer a los componentes implicados.

3 Punto muerto superior (TDC) para el pistón número uno - ubicación

Vea la ilustración 3.6

1 El punto muerto superior (TDC) es el punto más alto del recorrido que cada pistón alcanza en su movimiento ascendente y descendente en el cilindro mientras se desplaza hacia arriba en el hueco del cilindro. Cada pistón alcanza el TDC durante la carrera de compresión y durante la carrera de escape, pero generalmente el TDC se refiere a la posición del pistón en la carrera de compresión.

2 Colocar los pistones en el TDC es una parte fundamental de muchos procedimientos tales como el desmontaje del distribuidor y de la cadena de sincronización o de la rueda dentada.

3 Antes de comenzar este procedimiento, asegúrese de colocar la transmisión en Neutral y aplique el freno de estacionamiento o bloquee las ruedas traseras. Desactive también el sistema de ignición desconectando los conectores eléctricos principales de los juegos de bobinas de ignición. Luego quite las bujías (vea el Capítulo 1).

4 Para que cualquier pistón llegue al TDC, se debe girar el cigüeñal usando uno de los siguientes métodos: Cuando mira hacia el frente del motor, la rotación normal del cigüeñal es en sentido horario.

a) *El método preferido es girar el cigüeñal con un dado y una rueda dentada unidos al perno enroscado en el frente del cigüeñal. Aplique presión sobre el perno únicamente en sentido horario. Nunca gire el perno en sentido antihorario.*

b) *También se puede usar un interruptor de arranque a distancia, que puede ahorrarle un poco de tiempo. Siga las instrucciones que se incluyen con el interruptor. Una vez que el pistón se encuentra cerca del TDC, use el dado y la rueda dentada como se describe en el párrafo anterior.*

c) *Si hay un asistente disponible para girar el interruptor de ignición a la posición Start (arranque) en movimientos cortos, puede acercar el pistón al TDC sin tener que usar un interruptor de arranque a distancia. Asegúrese de que su asistente esté fuera del vehículo, alejado del interruptor de ignición; luego, use un dado y un trinquete como se describe en el párrafo a) para completar el procedimiento.*

5 Tape parcialmente con el dedo el orificio de la bujía número uno y gire el cigüeñal usando uno de los métodos antes descritos hasta que sienta presión de aire en el orificio de la bujía. La presión de aire en el orificio de la bujía indica que el cilindro ha comenzado la carrera de compresión. Una vez que ha comenzado, el TDC para el cilindro número uno se obtiene cuando el pistón llega a la parte superior del cilindro en la carrera de compresión.

6 Para llevar el pistón hasta la parte superior del cilindro, inserte un destornillador largo en el orificio de la bujía número uno hasta que toque la parte superior del pistón. **Nota:** *Envuelva la punta del destornillador con cinta para evitar rayar la parte superior del pistón y las paredes del cilindro.* Use el destornillador (como indicador) para saber dónde está ubicada la parte superior del pistón en el cilindro mientras gira lentamente el cigüeñal **(vea la ilustración)**. A medida que el pistón se eleve empujará al destornillador hacia afuera. El punto en el que el destornillador deja de moverse hacia afuera es el TDC. **Nota:** *Sostenga siempre el destornillador en posición vertical mientras gira el motor para que no quede encajado a medida que el pistón sube.*

7 Si se pasa del TDC, gire el cigüeñal en sentido antihorario hasta que el pistón esté aproximadamente una pulgada por debajo del TDC. Luego, luego gire lentamente el cigüeñal en sentido horario hasta alcanzar el TDC.

3.6 Se puede usar un destornillador largo insertado en el orificio de la bujía número uno para determinar el punto más alto alcanzado por ese pistón; asegúrese de envolver la punta del destornillador con cinta para no rayar la parte superior del pistón ni las paredes del cilindro

Capítulo 2 Parte B Motores V8

4.4 Desmonte o ponga a un lado los siguientes componentes para desmontar la cubierta de válvulas - se muestra un Silverado del 2000

- A Tubo transversal de inyección de aire secundario
- B Bobinas de ignición (lado del pasajero)
- C Mangueras del calefactor
- D Válvula EGR
- E Conjunto de la válvula de retención y tubo de la inyección de aire secundario (lado del conductor)
- F Mazo de cables
- G Bobinas de ignición (lado del conductor)
- H Manguera del reforzador del freno de potencia

8 Después de que el pistón número uno se encuentre en la posición TDC de la carrera de compresión, es posible ubicar el TDC de cualquiera de los otros pistones al girar el cigüeñal 90 grados (1/4 de vuelta) por vez y seguir el orden de encendido.

4 Tapas de válvulas - desmontaje e instalación

Desmontaje

Consulte las ilustraciones 4.4 y 4.12

1 Desconecte el cable del terminal negativo de la batería. **Precaución:** *En los modelos equipados con el sistema de audio Theftlock, asegúrese de que la función de bloqueo está desactivada antes de realizar cualquier procedimiento que requiera desconectar la batería (vea el principio de este manual).*

2 **Nota:** *En algunos modelos posteriores debe desmontar primero la cubierta de plástico del motor. Está fijada con un solo perno.* En modelos equipados de esta forma, quite el tubo transversal de inyección de aire secundario, luego quite el conjunto de la válvula de retención y el tubo del múltiple de escape del lado en que desea quitar la tapa de la válvula (vea el Capítulo 6). Si va a quitar las dos tapas de válvulas, debe quitar los dos conjuntos de válvulas de retención y tubo.

Lado derecho

3 Desmonte la caja del filtro de aire (vea el Capítulo 4). No es necesario desconectar los múltiples de los tubos de escape.

4 Quite el perno del soporte de la manguera del calefactor y aparte las mangueras sin desconectarlas **(vea la ilustración)**.

5 Desconecte los conectores eléctricos de las bobinas de ignición y de la válvula de recirculación de gases de escape (EGR). Desabroche el mazo de cables del soporte de la bobina de ignición y apártelo.

6 Quite las bobinas de ignición de la tapa de válvulas (vea el Capítulo 5). Etiquete el cable de cada bujía antes del desmontaje para volver a instalarlos correctamente.

7 Extraiga los pernos de la tapa de válvulas y luego separe la tapa de la culata de cilindros. **Nota:** *Si la tapa está atorada en la culata de cilindros, golpee un extremo con un bloque de madera y un martillo para que se afloje. Si eso no funciona, intente deslizar una espátula flexible entre la culata de cilindros y la tapa para romper el sello de la junta. No haga palanca entre la junta de la cubierta y la culata porque puede dañar las superficies de sellado (lo que en el futuro podría causar fugas de aceite).*

Lado izquierdo

8 Desprenda los clips que fijan el mazo de cables del motor a la tapa de válvulas y al soporte del bloque de empalme del cable positivo de la batería y aparte el mazo de cables del motor.

9 Desconecte la manguera de vacío del reforzador del freno de potencia del mismo.

10 Quite las bobinas de ignición de la tapa de válvulas (vea el Capítulo 5). Etiquete el cable de cada bujía antes del desmontaje para volver a instalarlos correctamente.

11 Desconecte la válvula de ventilación positiva del cárter (PCV) de la tapa de válvulas.

12 Extraiga los pernos de la tapa de válvulas **(vea la ilustración)** y luego separe la tapa de la culata de cilindros. **Nota:** *Si la tapa está atorada en la culata de cilindros, golpee un extremo con un bloque de madera y un martillo para que se afloje. Si eso no funciona, intente deslizar una espátula flexible entre la culata de cilindros y la tapa para romper el sello de la junta. No haga palanca entre la junta de la cubierta y la culata porque puede dañar las superficies de sellado (lo que en el futuro podría causar fugas de aceite).*

Instalación

Consulte la ilustración 4.15

13 Las superficies de contacto de cada culata de cilindros y tapa de válvulas deben estar completamente limpias al instalar las cubiertas. Use un raspador de juntas para eliminar cualquier rastro de sellador y material viejo de la junta, luego limpie las superficies de contacto con un diluyente de barniz o acetona. Si hay sellador o aceite sobre las superficies de contacto cuando se instala la tapa, se pueden producir fugas de aceite.

4.12 Pernos de montaje de la cubierta de la válvula (flechas) - la flecha del extremo derecho indica la ubicación de la válvula de PCV (se muestra la cubierta de la válvula izquierda)

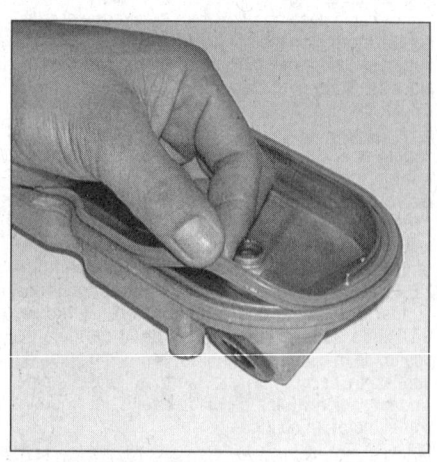

4.15 Coloque la junta nueva en el labio de la cubierta de la válvula

Capítulo 2 Parte B Motores V8

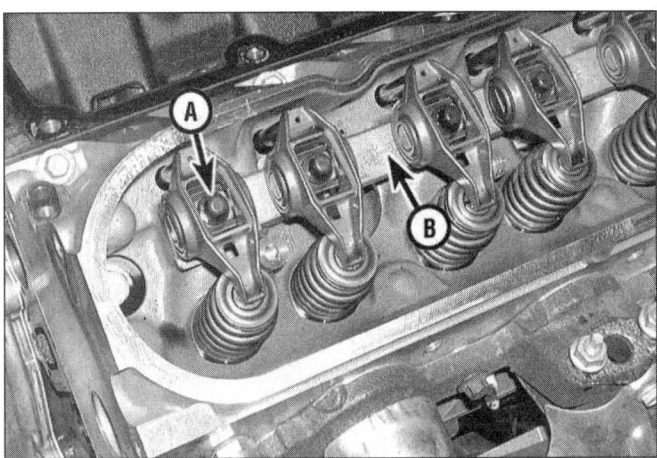

5.2 Quite los pernos de montaje (A) y los balancines. Luego, desmonte el pedestal de soporte del pivote (B)

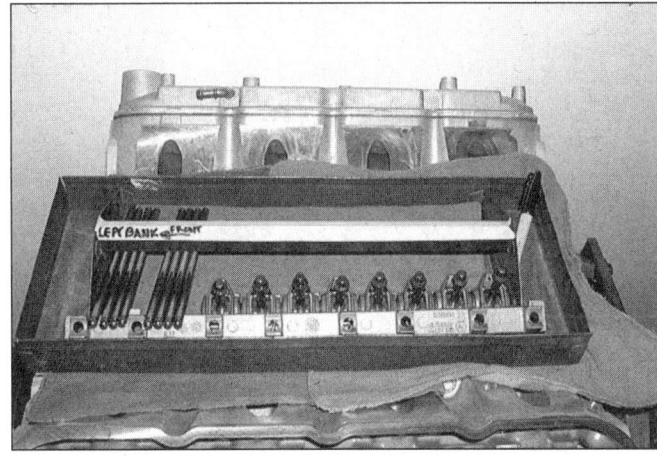

5.3 Guarde las varillas de empuje y los balancines en orden para poder volver a instalarlos en sus ubicaciones originales. Observe la flecha que indica el frente del motor

14 Limpie las roscas del perno de montaje con una matriz para eliminar la corrosión y restaurar las roscas dañadas. Asegúrese de que los orificios roscados de la culata de cilindros estén limpios; haga pasar un roscador para eliminar la corrosión y restaurar las roscas dañadas.

15 Se deben hacer coincidir las juntas y las cubiertas antes de instalar estas últimas. Instale la junta dentro del labio de la cubierta (**vea la ilustración**). Si la junta no queda en su lugar en el labio de la cubierta, aplique una capa delgada de sellador RTV a la brida de la cubierta y déjelo endurecer de modo que la junta se adhiera a la tapa.

16 Inspeccione las arandelas de caucho del perno de la tapa de válvulas para detectar daños. Si no están dañadas, puede volver a usarlas. Posicione con cuidado la tapa de válvulas sobre la culata del cilindro e instale los pernos y las arandelas de caucho. En los modelos de 2001 y posteriores, quite el tubo del filtro de aceite y reemplácelo por uno nuevo.

17 Apriete los pernos en tres o cuatro pasos al torque indicado en las Especificaciones de este capítulo.

18 Los pasos de instalación posteriores se realizan en el orden inverso a los del desmontaje.

19 Arranque el motor y revise cuidadosamente para detectar si hay fugas de aceite a medida que se calienta.

5 Balancines y varillas de empuje - desmontaje, inspección e instalación

Desmontaje

Consulte las ilustraciones 5.2 y 5.3

1 Consulte la Sección 4 y extraiga las tapas de válvulas de las culatas de los cilindros.

2 Afloje los pernos de pivote del balancín, de a uno por vez, y quite los balancines y los pernos, luego quite el pedestal de soporte de pivote (**vea la ilustración**). Mantenga un registro de las posiciones de los balancines porque debe volver a colocarlos en la misma posición. Guarde cada juego de componentes de balancín separado en una bolsa de plástico marcada, para estar seguro de que los vuelva a instalar en sus ubicaciones originales.

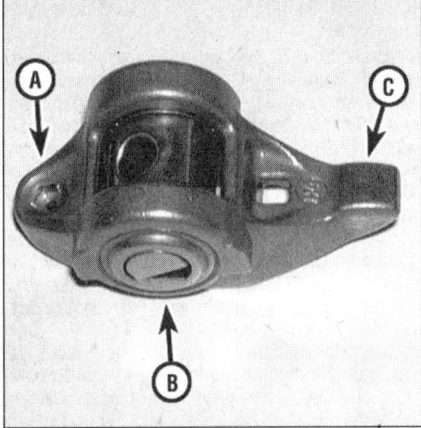

5.4 Puntos de desgaste del balancín

A Dado de la varilla de empuje
B Rodamientos de pivote
C Punto de contacto del vástago de la válvula

3 Extraiga las varillas de empuje y almacénelas por separado para asegurarse de que no se mezclen durante la instalación (**vea la ilustración**).

Inspección

Consulte la ilustración 5.4

4 Revise cada balancín para detectar desgaste, fisuras y otros daños, especialmente cuando las varillas de empuje y los vástagos de las válvulas entran en contacto con el balancín (**vea la ilustración**).

5 Revise los rodamientos de pivote para detectar agarrotamiento y asperezas. Si los rodamientos están gastados o dañados, será necesario reemplazar el balancín completo. **Nota:** *Recuerde que estos motores no necesitan ajuste de válvulas, de modo que el desgaste excesivo o el daño en el tren de válvulas puede causar fácilmente demasiado espacio entre las válvulas, lo que, a su vez, causará ruido de válvulas cuando el motor está funcionando.* Revise también el pedestal de soporte de pivote del balancín para detectar rajaduras y otros daños evidentes.

6 Asegúrese de que el orificio en el extremo de la varilla de empuje de cada balancín esté abierto.

5.9 Lubrique los extremos de la varilla de empuje y los vástagos de la válvula con lubricante para conjuntos de motor antes de instalar los balancines

7 Inspeccione las varillas de empuje para detectar rajaduras y desgaste excesivo en los extremos. Verifique también que el orificio para aceite que atraviesa cada varilla no esté obstruido. Haga girar cada varilla de empuje sobre un pedazo de vidrio plano para ver si está doblado (si se mece, está doblado).

Instalación

Consulte la ilustración 5.9

8 Lubrique el extremo inferior de cada varilla de empuje con aceite de motor limpio o lubricante para conjunto de motor e instálelas en sus ubicaciones originales. Asegúrese de que cada varilla de empuje esté completamente asentada en el dado del levantaválvulas.

9 Aplique lubricante para conjunto de motor a los extremos de los vástagos de las válvulas y a los extremos superiores de las varillas de empuje para no dañar las superficies de contacto durante el arranque inicial (**vea la ilustración**). Aplique también aceite para motor limpio sobre el eje de pivote y el rodamiento de cada balancín e instale los balancines flojos en sus ubicaciones originales. NO apriete los pernos todavía.

2B-6 Capítulo 2 Parte B Motores V8

6.5 Así es como se ve el adaptador de la manguera de aire que encaja en el orificio de la bujía. Generalmente, se pueden obtener en las tiendas de autopartes

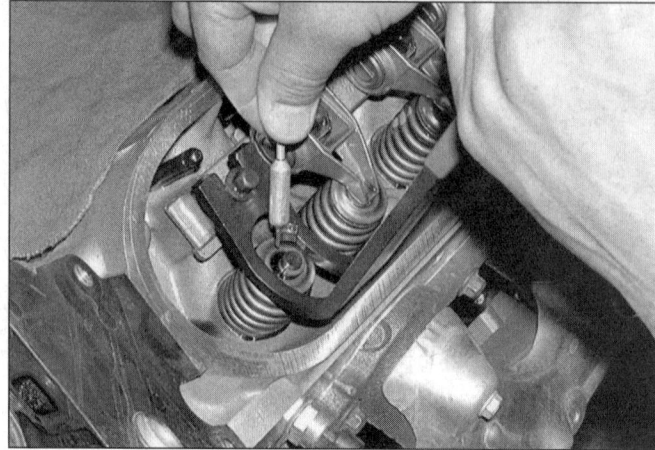

6.8 Una vez que el resorte está presionado, los sujetadores se pueden quitar con un pequeño imán o tenazas de punta de aguja (es preferible usar un imán para evitar que los sujetadores se caigan)

10   Gire el cigüeñal en sentido horario hasta que el pistón número uno esté en el TDC (vea la Sección 3). Con el pistón número uno en el TDC, apriete los balancines de la válvula de admisión de los cilindros Números 1, 3, 4 y 5 y los balancines de escape de los cilindros Números 1, 2, 7 y 8. Apriete los pernos de cada uno de los balancines especificados al torque indicado en las Especificaciones de este capítulo.
11   Gire el cigüeñal 360 grados. Apriete los balancines de la válvula de admisión de los cilindros Números 2, 6, 7 y 8 y los balancines de escape de los cilindros Números 3, 4, 5 y 6. Apriete los pernos de cada uno de los balancines al torque indicado en las Especificaciones de este capítulo.
12   Consulte la Sección 4 e instale las tapas de válvulas. Arranque el motor, escuche para ver si hay ruidos inusuales en el tren de válvulas y revise las juntas de la tapa de válvulas para ver si hay fugas de aceite.

6   Resortes, retenedores y sellos de válvulas - reemplazo

Vea las ilustraciones 6.5, 6.8, 6.10, 6.15a, 6.15b y 6.19

Nota: *Los resortes de válvula rotos y los sellos de vástago de válvula defectuosos se pueden reemplazar sin extraer la culata de cilindros. Para realizar esta operación generalmente se necesitan dos herramientas especiales y una fuente de aire comprimido, así que lea cuidadosamente esta Sección y alquile o compre las herramientas antes de comenzar el trabajo.*
1   Quite las bujías (vea el Capítulo 1).
2   Quite las tapas de válvulas (vea la Sección 4).
3   Gire el cigüeñal hasta que el pistón número uno esté en el TDC de la carrera de compresión (vea la Sección 3).
4   Desmonte los balancines del pistón número uno.
5   Enrosque un adaptador en el orificio de la bujía y conecte una manguera de aire de una fuente de aire comprimido **(vea la ilustración)**. La mayoría de las tiendas de autopartes tienen el adaptador para manguera de aire. **Nota:** *Muchos medidores de compresión de cilindros usan un adaptador de rosca que puede conectarse al adaptador de desconexión rápida de la manguera de aire. Si se utiliza un medidor de compresión de cilindro, será necesario quitar la válvula Schrader del extremo de la conexión antes de utilizarlo en este procedimiento.*
6   Aplique aire comprimido al cilindro. La presión del aire debería mantener las válvulas en su lugar. **Advertencia:** *Si el cilindro no está exactamente en el TDC, la presión de aire puede forzar el pistón hacia abajo y hacer que el motor gire rápidamente. NO deje una llave sobre el perno balanceador del cigüeñal o la herramienta podría lesionarlo.*
7   Rellene con trapos de taller los huecos de la tapa de cilindros alrededor de las válvulas para evitar que las piezas y las herramientas caigan dentro del motor.
8   Con un dado y un martillo golpee suavemente varias veces sobre la parte superior del retenedor del resorte de cada válvula (esto romperá el sello que se encuentra entre el sujetador de la válvula y el retenedor del resorte y permitirá que el sujetador se separe del retenedor del resorte a medida que se comprime el resorte). Luego, utilice un compresor de resorte de válvulas para comprimir el resorte. Quite los sujetadores con tenazas de nariz o un imán **(vea la ilustración)**. **Nota:** *Se encuentran disponibles varios tipos diferentes de herramientas para comprimir los resortes de válvula con la culata en su lugar. Uno de ellos sujeta las bobinas del resorte inferior y presiona sobre el retenedor a medida que se gira la perilla, mientras que el otro tipo utiliza un perno de balancín para hacer palanca. Los dos tipos funcionan muy bien, aunque el tipo que usa palanca generalmente es menos costoso.*
9   Quite el retenedor del resorte de la válvula. **Nota:** *Si la presión de aire no logra retener la válvula en la posición cerrada durante esta operación, es posible que esté dañada la superficie o el asiento de la válvula. Si es así, deberá quitar la culata de cilindros para realizar reparaciones adicionales.*
10   Quite los sellos viejos del vástago de la válvula y observe las diferencias entre los sellos de admisión y escape **(vea la ilustración)**.
11   Coloque una banda elástica o cinta alrededor de la parte superior del vástago de la válvula para que ésta no caiga a la cámara de combustión, luego libere la presión de aire.
12   Verifique que no haya daños en el vástago de la válvula. Gire la válvula en la guía y verifique

6.10   Use un par de tenazas de punta de aguja para quitar los sellos de la válvula

que el extremo no tenga movimientos excéntricos, lo que indicaría que la válvula está doblada.
13   Mueva la válvula hacia arriba y hacia abajo en la guía, y asegúrese de que no se traba. Si el vástago se traba, la válvula está doblada o la guía está dañada. En cualquier caso, deberá quitar la culata para realizar la reparación.
14   Vuelva a aplicar presión de aire al cilindro para retener la válvula en posición cerrada, luego, quite la cinta o la banda de elástica del vástago.
15   Si está trabajando en una válvula de escape, instale el sello nuevo sobre el vástago de la válvula y presiónelo hacia abajo sobre la guía de la válvula hasta la profundidad especificada. No fuerce el sello contra la parte superior de la guía **(vea las ilustraciones)**. **Nota:** *En el caso de las culatas de aluminio, mida desde el asiento del resorte de acero hasta el borde superior de los sellos de las válvulas de admisión y escape, no desde el asiento de aluminio de la culata.*
16   Si está trabajando en una válvula de admisión, instale un sello nuevo del vástago de la válvula de admisión sobre el vástago y presiónelo hacia abajo sobre la guía de la válvula hasta la profundidad especificada. No fuerce el sello contra la parte superior de la guía. **Precaución:** *No instale un sello de válvula de escape sobre una válvula de admisión porque el resultado será un gran consumo de aceite.*

6.15a Asegúrese de instalar los sellos en los vástagos de válvula correctos
1 Sello de la válvula de admisión
2 Sello de la válvula de escape

6.15b Instale los sellos de las válvulas de admisión y escape a la profundidad especificada. Mida desde el asiento del resorte hasta el borde superior del sello de la válvula

6.19 Aplique una pequeña cantidad de grasa a cada sujetador antes de la instalación, tal como se muestra; los mantendrá en su lugar sobre el vástago de la válvula cuando se suelte el resorte

17 Instale el resorte y el retenedor en su posición sobre la válvula.
18 Comprima el conjunto del resorte de válvula solo lo suficiente como para instalar los sujetadores en el vástago de la válvula.
19 Coloque los sujetadores en la ranura del vástago de la válvula. Aplique una pequeña cantidad de grasa al interior de cada sujetador y sosténgalo en su lugar, si es necesario **(vea la ilustración)**. Quite la presión de la herramienta del resorte y asegúrese de que los sujetadores estén asentados.
20 Desconecte la manguera de aire y quite el adaptador del orificio de la bujía.
21 Repita el procedimiento anterior en los cilindros restantes siguiendo la secuencia del orden de encendido (vea las Especificaciones de este capítulo). Antes de aplicar presión de aire lleve cada pistón al TDC en la carrera de compresión (vea la Sección 3).
22 Reinstale los conjuntos de balancines y las tapas de válvulas (vea las Secciones 4 y 5).
23 Arranque el motor, luego verifique que no haya fugas de aceite ni sonidos inusuales provenientes del área de la tapa de válvulas. Deje el motor funcionando en marcha mínima durante al menos cinco minutos antes de acelerarlo.

7 Múltiple de admisión - desmontaje e instalación

Advertencia: *Espere a que el motor esté completamente frío antes de comenzar este procedimiento.*

Desmontaje
Vea las ilustraciones 7.3, 7.7a, 7.7b, 7.8a, 7.8b y 7.8c

1 Desconecte el cable del terminal negativo de la batería. **Precaución:** *En los modelos equipados con el sistema de audio Theftlock, asegúrese de que la función de bloqueo está desactivada antes de realizar cualquier procedimiento que requiera desconectar la batería (vea el principio de este manual).*
2 Quite las abrazaderas de las mangueras de refrigerante que van al cuerpo del acelerador.
3 Desmonte la caja del filtro de aire y la cubierta del múltiple de admisión **(vea la ilustración)**. Alivie la presión del sistema de combustible (vea el Capítulo 4).
4 Desconecte el varillaje del acelerador (vea el Capítulo 4) y el varillaje de control de crucero, si lo tiene.

5 Desconecte los conectores eléctricos de los inyectores de combustible, la válvula de EGR, el solenoide EVAP, el sensor MAP y de los sensores del cuerpo del acelerador. Etiquete cada conector claramente para ayudar en el proceso de rearmado. Desprenda el soporte del mazo de cables grande del perno prisionero ubicado en la parte superior del múltiple de admisión y coloque el mazo a un lado. Quite el sensor MAP, si es necesario para tener espacio.
6 Quite los conductos y los inyectores de combustible como un conjunto (vea el Capítulo 4). Se puede tirar hacia arriba de los dos conductos de combustible con los inyectores conectados, pero necesitará algo de fuerza para desprender los inyectores del múltiple de admisión. **Nota:** *Este paso no es absolutamente necesario pero ayudará a evitar daños posteriores a los inyectores de combustible cuando quite el múltiple de admisión. Normalmente, el múltiple de admisión se desmonta con los inyectores de combustible, los conductos de combustible y el cuerpo del acelerador conectados.*
7 Desconecte las mangueras de vacío fijadas al múltiple de admisión o al cuerpo del acelerador, tales como el reforzador del freno de potencia, el PCV y el solenoide de control de purga de EVAP.

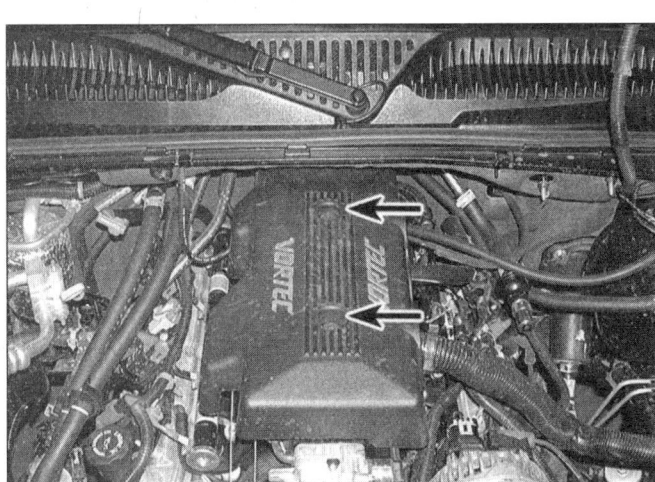 

7.3 Tornillos de retención típicos de la cubierta del múltiple de admisión (flechas)

7.7a Desconecte las mangueras de refrigerante (A) y la manguera del respiradero del cárter (B) del cuerpo del acelerador. Luego, comprima el retenedor del tubo de ventilación del solenoide EVAP (C) y quítelo de la parte superior del múltiple de admisión

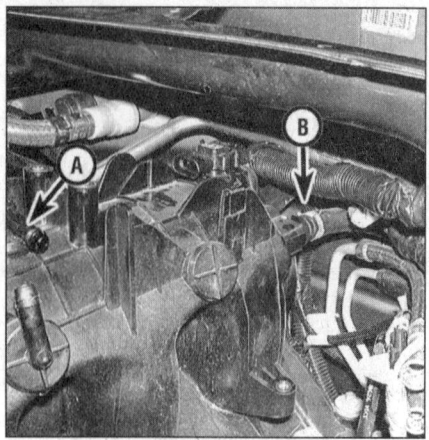

7.7b Desconecte la manguera de PCV (A) y la manguera de vacío del reforzador del freno de potencia (B) de la parte de atrás de la admisión. La manguera de PCV ya fue desconectada en esta foto

7.8a Pernos de montaje del tubo de EGR al múltiple de admisión (flechas)

7.8b Pernos de montaje del soporte de montaje de la válvula de EGR a la culata de cilindros (flechas)

7.8c Pernos de montaje del tubo de EGR al múltiple de escape (flechas)

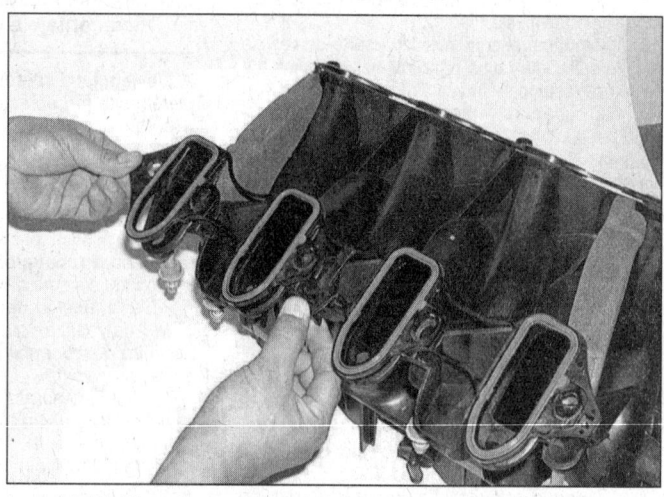

7.14 Alinee las pestañas de las juntas de admisión con las del múltiple y meta la junta a presión en su lugar

Desconecte también las mangueras de refrigerante del cuerpo del acelerador **(vea las ilustraciones)**. Quite el cárter de EVAP, si es necesario.

8 Quite el conjunto de la válvula y el tubo de EGR del motor **(vea las ilustraciones)** si interfiere con el desmontaje del múltiple de admisión.

9 Desconecte los conectores eléctricos o mangueras de vacío restantes conectados al múltiple de admisión o al cuerpo del acelerador.

10 Afloje los pernos de montaje del múltiple de admisión en incrementos de 1/4 de vuelta, siguiendo el orden inverso de la secuencia de apriete hasta que los pueda sacar con la mano **(vea la ilustración 7.16)**. Es probable que el múltiple esté atorado a las culatas de cilindros y que deba hacer fuerza para romper el sello de la junta. Puede colocar una palanca entre el extremo delantero del múltiple y la bandeja de la cuenca para romper la unión hecha por la junta. **Precaución:** *No haga palanca entre el múltiple y las culatas o dañará las superficies de sellado de la junta y causar pérdidas de vacío. Tampoco use demasiada fuerza porque el múltiple está hecho de un compuesto plástico y podría rajarse.*

11 Quite el múltiple de admisión. Mientras levanta el múltiple del motor, revise y desconecte cualquier cosa que siga conectada al múltiple.

Instalación

Consulte las ilustraciones 7.14 y 7.16

Nota: *Las superficies de contacto de las culatas de cilindros, del bloque y del múltiple deben estar perfectamente limpias al instalar el múltiple.*

12 Elimine con cuidado todos los rastros de material de la junta usada. Tenga en cuenta que el múltiple de admisión está hecho de un material compuesto y que las culatas de los cilindros en los motores 4.8L y 5.3L son de aluminio. Por lo tanto, no le sugerimos que raspe en forma agresiva porque dañará las superficies de sellado. Después de que las superficies de la junta estén limpias y no quede material viejo, limpie las superficies de contacto con un paño saturado en un solvente seguro. Si queda sellador viejo o aceite sobre las superficies de contacto cuando se instala el múltiple, pueden desarrollarse pérdidas de vacío o fugas de aceite. Use una aspiradora para quitar todo el material de las juntas que caiga dentro de los puertos de admisión en las culatas de cilindros.

13 Use un roscador del tamaño correcto para hacer las roscas en los orificios de los pernos, luego use aire comprimido (si tiene) para quitar los desechos de los orificios. **Advertencia:** *Use gafas de seguridad o una máscara para protegerse los ojos cuando use aire comprimido.*

14 Coloque las nuevas juntas sobre el múltiple de admisión **(vea la ilustración)**. Tenga en cuenta que las juntas están equipadas con pestañas de instalación que deben ajustarse a presión sobre el múltiple de admisión. En la junta puede aparecer "Manifold Side" (lado del múltiple). Si es así, esto asegurará la instalación correcta. Asegúrese de que las juntas entren a presión y que todas las aberturas de puertos de admisión estén alineadas.

15 Asiente con cuidado el múltiple en su lugar.

16 Aplique compuesto fijador de roscas de fuerza media a las roscas de los pernos. Instale los pernos y apriételos siguiendo la secuencia recomendada **(vea la ilustración)** al torque indicado en las Especificaciones de este capítulo. No los apriete en exceso porque pueden aparecer fugas en la junta.

17 Los pasos de instalación posteriores se realizan en el orden inverso a los del desmontaje. Revise el nivel de refrigerante y agregue si es necesario (vea el Capítulo 1). Arranque el motor y verifique con cuidado que no haya pérdidas de vacío en las juntas del múltiple de admisión.

Capítulo 2 Parte B Motores V8

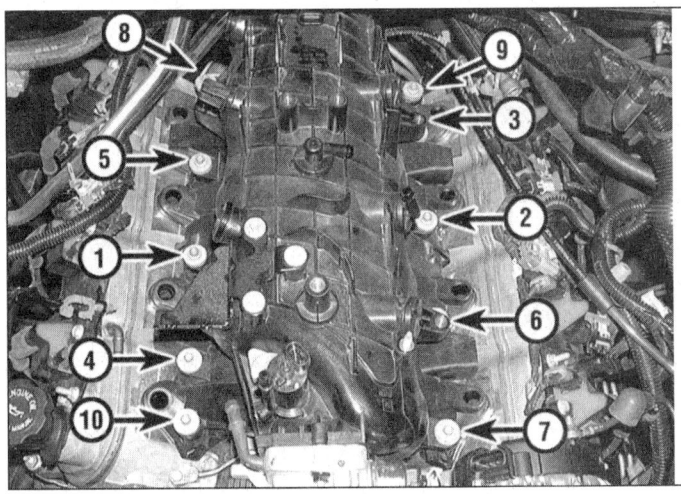

7.16 Secuencia de apriete de los pernos del múltiple de admisión - todos los motores V8

8.4 Quite las tuercas que fijan el tubo de escape al múltiple

8.8 Quite el perno de montaje del tupo de la varilla de medir aceite (A) y el tubo. (B) indica el conjunto de la válvula de retención de inyección de aire secundario y el tubo en el múltiple de la derecha

8.9 Ubicación de los sujetadores del múltiple de escape (se muestra el lado derecho, el izquierdo es similar)

8 Múltiples de escape - desmontaje e instalación

Desmontaje

Consulte las ilustraciones 8.4, 8.8 y 8.9
Advertencia: *Trabaje alrededor de los múltiples de escape con precaución; los protectores contra calor de láminas metálicas pueden tener los bordes filosos. Además, el motor debería estar frío cuando se sigue este procedimiento.*

1 Desconecte el cable del terminal negativo de la batería. **Precaución:** *En los modelos equipados con el sistema de audio Theftlock, asegúrese de que la función de bloqueo está desactivada antes de realizar cualquier procedimiento que requiera desconectar la batería (vea el principio de este manual).*
2 Levante el vehículo y sosténgalo de manera segura sobre soportes de gato.
3 Trabajando debajo del vehículo, aplique aceite penetrante a los pernos prisioneros y las tuercas que fijan el tubo de escape al múltiple (generalmente están oxidados). Desconecte el conector eléctrico del sensor de oxígeno.
4 Quite las tuercas que retienen los tubos de escape a los múltiples **(vea la ilustración)**. Tenga en cuenta que es más fácil acceder a los dos múltiples de escape con los neumáticos delanteros y los huecos de los guardafangos internos desmontados, pero no es absolutamente necesario (vea el Capítulo 11).
5 Desconecte los cables de las bujías y quite las bujías del costado en el que está trabajando (vea el Capítulo 1). Si va a desmontar los dos múltiples, desconecte los cables de todas las bujías y quítelas todas.
6 Desmonte el tubo de inyección de aire secundario (si está equipado) del múltiple de escape que está desmontando (vea el Capítulo 6).

Múltiple del lado derecho
7 En los modelos más antiguos, quite el conjunto del filtro de aire si interfiere (vea el Capítulo 4).
8 También se debe desmontar el tubo de la varilla de medir aceite de los modelos más antiguos **(vea la ilustración)**.
9 Si el vehículo tiene la válvula de EGR fijada al múltiple de escape, se debe desmontar junto con el tubo de EGR **(vea las ilustraciones 7.8a, 7.8b y 7.8c)**. Quite los pernos de montaje y separe el múltiple de escape de la culata de cilindros **(vea la ilustración)**. Quite los protectores contra calor del múltiple después de haber quitado el múltiple.

Múltiple del lado izquierdo
10 Desconecte el conector eléctrico del sensor de Temperatura del refrigerante del motor (ECT) (vea el Capítulo 6).
11 Quite los pernos de montaje y separe el múltiple de escape de la culata de cilindros. Quite los protectores contra calor del múltiple después de haber quitado el múltiple.

Instalación
12 Revise el múltiple para detectar rajaduras y asegúrese de que las roscas de los pernos estén limpias y sin daños. Antes de volver a instalar los múltiples, debe asegurarse de que las superficies de contacto del múltiple y de la culata de cilindros estén limpias; use un raspador de juntas para eliminar todos los depósitos de carbón y el material de junta. **Nota:** *Las culatas de cilindros en los motores 4.8L y 5.3L son de aluminio. Por lo tanto, no le sugerimos que raspe en forma agresiva porque dañará las superficies de sellado.*
13 Instale los protectores contra calor, luego instale los pernos y las juntas sobre el múltiple. Las pestañas de retención que rodean a los orificios del perno de la junta deben mantener unido el conjunto cuando se instala el múltiple.

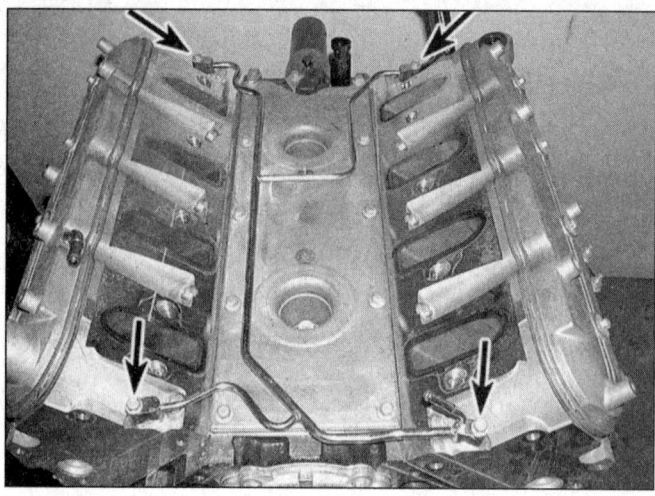

9.2 El tubo del refrigerante está retenido por dos pernos en el frente y dos pernos en la parte de atrás de las culatas de cilindros (flechas)

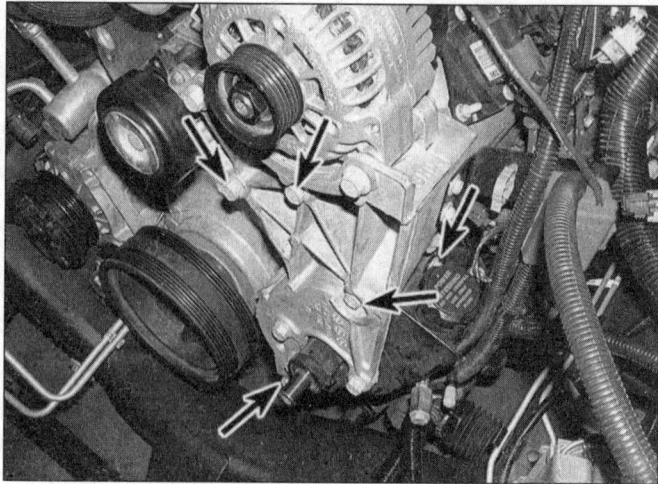

9.6 Pernos del soporte de montaje del alternador y la bomba de la dirección hidráulica (flechas). Quite los pernos y ponga el soporte a un lado con los componentes conectados

14 Empezando en la cuarta rosca, aplique una banda de 1/4 de pulgada de ancho de compuesto fijador de roscas de fuerza mediana a las roscas de los pernos. **Nota:** *El fabricante recomienda que no se aplique compuesto fijador en las primeras tres roscas.*
15 Coloque el múltiple sobre la culata de cilindros, instale los pernos de montaje y apriételos con la mano.
16 Cuando apriete los pernos de montaje, trabaje desde el centro hacia los extremos y utilice una llave de torque. Apriete los pernos en dos pasos hasta el torque indicado en las Especificaciones de este capítulo. Si es necesario, doble el extremo expuesto de la junta del múltiple de escape hacia atrás, contra la culata de cilindros.
17 Los pasos de instalación posteriores se realizan en el orden inverso a los del desmontaje. Use siempre anillos O y juntas nuevas en el conjunto de la válvula EGR y el tubo.
18 Encienda el motor y revíselo para detectar fugas en el escape.

9 Culatas de cilindros - desmontaje e instalación

Nota: *Será necesario comprar un juego nuevo de pernos de culata de 11 mm antes o durante este procedimiento.*

Desmontaje
Consulte las ilustraciones 9.2, 9.6 y 9.8
1 Desconecte el cable del terminal negativo de la batería y drene el sistema de enfriamiento (vea el Capítulo 1). **Precaución:** *En los modelos equipados con el sistema de audio Theftlock, asegúrese de que la función de bloqueo está desactivada antes de realizar cualquier procedimiento que requiera desconectar la batería (vea el principio de este manual).*
2 Desmonte el múltiple de entrada (vea la Sección 7) y el tubo de refrigerante **(vea la ilustración).**
3 Desconecte los dos múltiples de escape de las culatas de cilindros (vea la Sección 7). No es necesario desconectar los múltiples de los tubos de escape.
4 Quite las tapas de válvulas (vea la Sección 4).
5 Quite las varillas de empuje y los balancines (vea la Sección 5). **Precaución:** *Nuevamente, tal como se mencionó en la Sección 5, mantenga todas las piezas en orden para poder reinstalarlas en el mismo lugar.*
6 Desconecte los cables de la parte de atrás del alternador, luego desmonte el soporte de montaje de la bomba de la dirección hidráulica/alternador del motor. Ponga el soporte a un lado (con los componentes fijados), sin desconectar las líneas de la bomba de la dirección **(vea la ilustración).**
7 Afloje los pernos de la culata en incrementos de 1/4 de vuelta, siguiendo el orden inverso de la secuencia de apriete **(vea la ilustración 9.17)**, hasta que los pueda sacar con la mano. **Nota:** *Las distintas ubicaciones tendrán pernos de culata de diferentes longitudes y tamaños. Cuando quite los pernos, anote los diferentes tamaños y longitudes y su ubicación para asegurar la instalación correcta de los pernos nuevos.*
8 Levante las culatas y extráigalas del motor. Si siente resistencia, NO haga palanca entre la culata de cilindros y el bloque del motor, dañará las superficies de contacto. Para desprender la culata, coloque una palanca o un destornillador largo en el puerto de admisión y desprenda con cuidado la culata del motor **(vea la ilustración).** Guarde las culatas en bloques de madera para evitar daños a las superficies de sellado de las juntas.
9 Los procedimientos de desmontaje e inspección de las culatas de cilindros se describen en detalle en el Capítulo 2, Parte C.

Instalación
Consulte las ilustraciones 9.14, 9.17 y 9.18
10 Las superficies de contacto de las culatas de cilindros y del bloque deben estar perfectamente limpias cuando se instalan las culatas. Las tiendas de autopartes tienen solventes para quitar juntas que pueden resultar útiles.
11 Use un raspador de juntas para quitar todo rastro de carbón y de material de juntas viejas, luego, limpie las superficies de contacto con un paño embebido en disolvente de barniz o en acetona. **Nota:** *Las culatas de cilindros en los motores 4.8L y 5.3L son de aluminio. Por lo tanto, no*

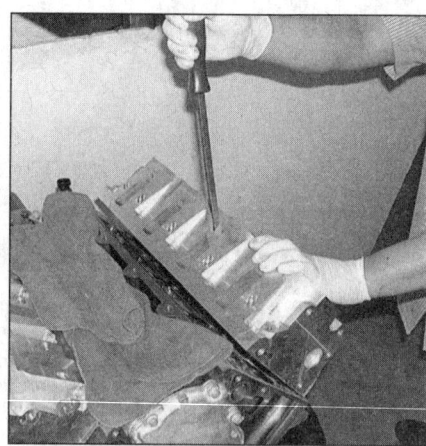

9.8 Use una palanca insertada en un puerto de admisión para soltar la culata. No use fuerza excesiva o dañará la culata

le sugerimos que raspe en forma agresiva porque dañará las superficies de sellado. Si las superficies de contacto tienen aceite cuando se instalan las culatas, es posible que las juntas no sellen correctamente y que se produzcan fugas. Cuando trabaje en el bloque, use una aspiradora para eliminar los desechos que caigan en los cilindros.
12 Revise las superficies de contacto del bloque del motor y de la culata de cilindros para detectar hendiduras, rayas profundas u otros daños. Si el daño es leve, se puede eliminar con tela de esmeril. Si es excesivo, es posible que la única alternativa sea el maquinado.
13 Use un roscador del tamaño correcto para hacer las roscas en los orificios de los pernos de la culata en el bloque. Si no tiene un roscador, rocíe una buena cantidad de limpiador de frenos en cada orificio. Use aire comprimido (si tiene) para eliminar los residuos de los orificios. **Advertencia:** *Use gafas de seguridad o una máscara para protegerse los ojos cuando use aire comprimido.* Todos los pernos de la culata de cilindros se deben reemplazar con pernos **nuevos**.

Capítulo 2 Parte B Motores V8   2B-11

9.14 Coloque la junta de la culata sobre las clavijas en cada extremo de la culata del cilindro con la marca (flecha) mirando hacia el frente del vehículo

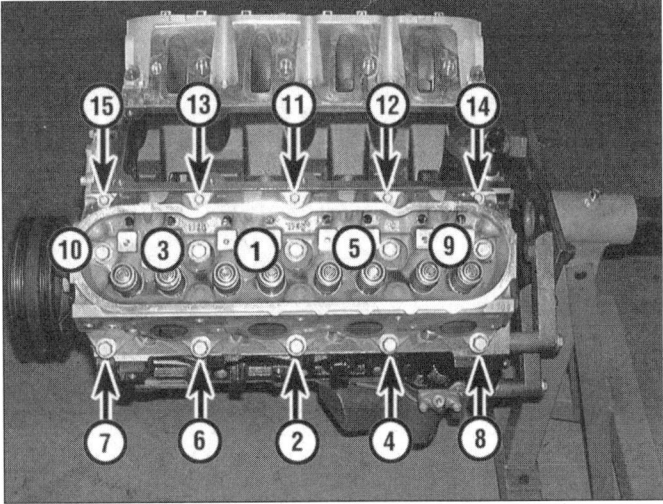

9.17 Secuencia de apriete de los pernos de la culata de cilindros - todos los motores V8

14 Coloque las juntas nuevas sobre las clavijas en el bloque **(vea la ilustración)**.
15 Coloque las culatas en el bloque cuidadosamente, sin tocar las juntas.
16 Antes de instalar los pernos de 8 mm de la culata, cubra las roscas con un compuesto fijador de fuerza media. Luego, instale los pernos de 8 mm **nuevos** de la culata (pernos 11 a 15).
17 Instale pernos de culata de 11 mm **nuevos** (pernos 1 a 10) y apriételos con la mano. Siguiendo la secuencia recomendada **(vea la ilustración)**, apriete los pernos en cuatro pasos, hasta llegar al torque indicado en las Especificaciones de este capítulo. **Advertencia:** *NO vuelva a usar los pernos de culata, reemplácelos siempre por nuevos.*
18 Instale el tubo de refrigerante, usando juntas nuevas, en las culatas de los cilindros **(vea la ilustración)**. Apriete los pernos al torque indicado en las Especificaciones de este capítulo.
19 Los pasos de instalación posteriores se realizan en el orden inverso a los del desmontaje.
20 Agregue refrigerante y cambie el aceite y el filtro (vea el Capítulo 1). Arranque el motor y revise que funcione correctamente y que no haya fugas de aceite y de refrigerante.

10 Balanceador del cigüeñal - desmontaje e instalación

Consulte las ilustraciones 10.5, 10.6 y 10.9
Nota: *Este procedimiento requiere una herramienta especial para instalar balanceadores, que solo tienen fabricantes de herramientas especializadas, y un perno balanceador de cigüeñal nuevo. Lea el procedimiento completo y obtenga la herramienta y los materiales necesarios antes de continuar.*

1 Desconecte el cable del terminal negativo de la batería. **Precaución:** *En los modelos equipados con el sistema de audio Theftlock, asegúrese de que la función de bloqueo está desactivada antes de realizar cualquier procedimiento que requiera desconectar la batería (vea el principio de este manual).*
2 Levante la parte delantera del vehículo y apóyela de manera segura sobre soportes de gato. Luego aplique el freno de estacionamiento.

3 Quite la correa de transmisión (vea el Capítulo 1) y el ventilador de enfriamiento (vea el Capítulo 3).
4 Trabajando debajo del vehículo, quite el protector contra piedras de abajo del motor (si lo tiene).
5 Use una llave de correa alrededor de la polea del cigüeñal para sostenerlo mientras utiliza un mango articulado y un dado para quitar el perno central de la polea del cigüeñal **(vea la ilustración)**.
6 Saque el balanceador del cigüeñal con un extractor **(vea la ilustración)**. **Precaución:** *Las mordazas del extractor sólo deben tocar el cubo del balanceador, no el anillo exterior.* **Nota:** *Se debe insertar un tornillo Allen largo en la nariz del cigüeñal para que la punta ahusada del extractor haga fuerza en contra para no dañar las roscas del cigüeñal.*
7 Coloque la polea del cigüeñal/balanceador sobre el cigüeñal y deslícelo lo más lejos que llegue. Observe que la ranura (de chaveta) en el cubo debe estar alineada con la llave Woodruff en el extremo del cigüeñal.
8 Con la herramienta especializada para instalar balanceadores de cigüeñal, presione la polea/balanceador sobre el cigüeñal.

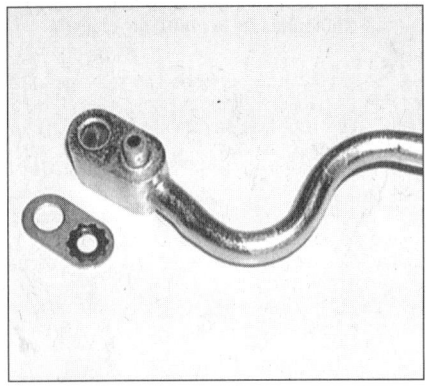

9.18 Use juntas nuevas en cada unión de las culatas de cilindros con el tubo de refrigerante. Coloque el sello del anillo O sobre la boquilla del tubo del refrigerante

9 Instale el perno viejo balanceador del cigüeñal y apriete el perno del cigüeñal a 240 lb-pie. Quite el perno viejo y mida la distancia entre la punta del cigüeñal y el cubo del balanceador **(vea la ilustración)**. Cuando esté bien instalado,

10.5 Use una llave de correa para retener el balanceador del cigüeñal mientras quita el perno central (puede usar una llave tipo cadena si envuelve primero una sección de la correa de transmisión vieja o un trapo alrededor del balanceador)

10.6 Será necesario usar un extractor de tres mordazas para desmontar el balanceador del cigüeñal. Coloque siempre las mordazas del extractor alrededor del cubo, no del anillo externo

10.9 Antes de instalar y apretar el perno nuevo del cigüeñal, debe medir el balanceador para que la instalación sea correcta. Cuando esté instalado correctamente, el cubo del balanceador debe sobresalir entre 3/32 y 11/64 pulgadas de la punta del cigüeñal

11.2 Saque con cuidado el sello viejo de la cubierta de la cadena de sincronización haciendo palanca. No dañe el cigüeñal al hacerlo

11.4 Guíe el sello nuevo hasta su lugar con un dado grande y un martillo

el cubo del balanceador debe sobresalir de 3/32 a 11/64 pulgadas de la punta del cigüeñal. Si la medición es incorrecta, reinstale la herramienta de instalación del balanceador y presione el balanceador sobre el cigüeñal hasta que la medición sea correcta.

10 Instale un perno balanceador del cigüeñal **Nuevo** y apriételo en dos pasos hasta el torque y el ángulo de rotación indicados en las Especificaciones de este capítulo.

11 Los pasos de instalación posteriores se realizan en el orden inverso a los del desmontaje.

11 Sello de aceite delantero del cigüeñal - desmontaje e instalación

Consulte las ilustraciones 11.2, 11.4 y 11.5

1 Quite el balanceador del cigüeñal (vea la Sección 10).

2 Observe cómo está instalado el sello; el nuevo se debe instalar a la misma profundidad y mirando hacia el mismo lado. Con cuidado, haga palanca con un extractor de sellos o un destornillador largo y saque el sello **(vea la ilustración)**. Asegúrese de no distorsionar la cubierta ni rayar el cigüeñal. Envuelva con cinta aisladora la punta del destornillador para no dañar el cigüeñal.

3 Si va a reemplazar el sello habiendo desmontado la cubierta de la cadena de sincronización, apoye la cubierta sobre dos bloques de madera y saque el sello desde atrás con un martillo y un punzón. **Precaución:** *Tenga cuidado de no rayar, deformar o distorsionar la zona en la que encaja el sello porque producirá fugas.*

4 Aplique aceite para motor limpio o grasa multipropósito al borde exterior del sello nuevo, luego instálelo en la cubierta con el labio (lado del resorte) mirando hacia ADENTRO. Guíe el sello hasta su lugar **(vea la ilustración)** con un dado grande y un martillo (si no tiene un dado grande, un trozo de tubo también servirá). Asegúrese de que el sello entre en el hueco perfectamente y deténgase cuando la cara de adelante esté a la profundidad adecuada.

5 Revise la superficie en el cubo del balanceador sobre el que se monta el sello de aceite. Si la superficie se ha ranurado debido al contacto prolongado con el sello, puede encontrarse disponible una camisa a presión para renovar la superficie de sellado **(vea la ilustración)**. Esta camisa se presiona con un martillo y un bloque de madera hasta que esté en su lugar y se encuentra disponible para distintas aplicaciones en las tiendas de autopartes.

6 Lubrique el cubo del balanceador con aceite para motor limpio y vuelva a instalar el balanceador del cigüeñal como se describe en la Sección 10.

7 El resto de la instalación se realiza en forma inversa al desmontaje.

12 Cadena de sincronización - desmontaje e instalación

Desmontaje e inspección

Consulte las ilustraciones 12.6, 12.9 y 12.12

1 Desconecte el cable del terminal negativo de la batería. **Precaución:** *En los modelos equipados con el sistema de audio Theftlock, asegúrese de que la función de bloqueo está desactivada antes de realizar cualquier procedimiento que requiera desconectar la batería (vea el principio de este manual).*

2 Consulte el Capítulo 1 y drene el sistema de enfriamiento y el aceite del motor.

3 Consulte el Capítulo 3 y desmonte la cubierta superior e inferior del ventilador, la correa de transmisión, el ventilador de enfriamiento y la bomba de agua.

11.5 Si la superficie de sellado del cubo de la polea tiene una ranura gastada por el contacto con el sello, existen camisas de reparación en la mayoría de las tiendas de autopartes.

4 Quite el balanceador del cigüeñal (vea la Sección 10).

5 Retire la bandeja de aceite (vea la Sección 14).

6 Quite los pernos de montaje de la cubierta de la cadena de sincronización y separe la cubierta del bloque **(vea la ilustración)**. La cubierta puede estar atorada; si es así, use una espátula para romper el sello de la junta. La cubierta se puede dañar fácilmente porque está hecha de aluminio, de modo que NO intente sacarla haciendo palanca.

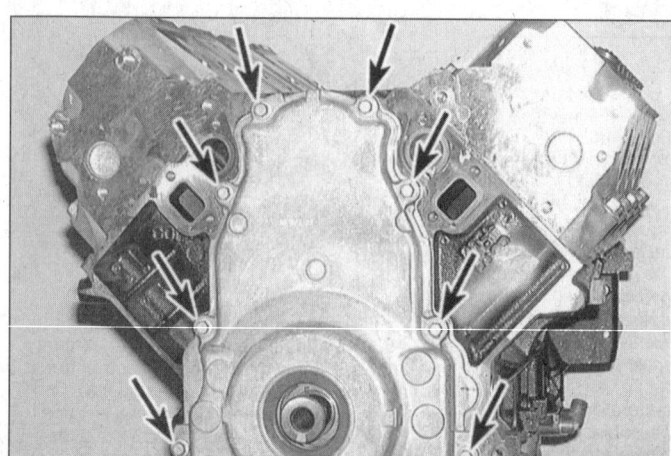

12.6 Pernos de montaje de la cubierta de la cadena de sincronización (flechas)

Capítulo 2 Parte B Motores V8 2B-13

12.9 Marcas de alineación de la cadena de sincronización (flechas). Cuando esté correctamente alineada, el engranaje del cigüeñal debería estar en la posición de las 12 en punto, el engranaje del árbol de levas en la posición de las 6 en punto y el pistón número uno debe estar en el TDC

12.12 La rueda dentada del cigüeñal se puede desmontar con un extractor de dos o tres mordazas

7 Desmonte el tubo colector de aceite y la bomba de aceite (vea la Sección 15).
8 Mida el juego de la cadena de sincronización. Si es más de 5/8 de pulgada, debe reemplazar la cadena y las dos ruedas dentadas.
9 Afloje una vuelta los pernos de la rueda dentada del árbol de levas, luego atornille el perno balanceador del cigüeñal en el extremo del cigüeñal y gírelo en la dirección normal de rotación (en sentido horario) hasta que se alineen las marcas de sincronización **(vea la ilustración)**. Verifique que el pistón número uno esté en el TDC.
10 Quite los tres pernos del extremo del árbol de levas, luego desprenda la rueda dentada del árbol de levas y la cadena como un conjunto.
11 Inspeccione el árbol de levas y las ruedas dentadas del cigüeñal para detectar daños o desgaste.
12 Si es necesario reemplazar la cadena de sincronización, quite la rueda dentada del cigüeñal con un extractor de dos o tres mordazas, pero tenga cuidado de no dañar las roscas del extremo del cigüeñal **(vea la ilustración)**.

Instalación

Consulte las ilustraciones 12.15, 12.19 y 12.20
Nota: *Las cadenas de sincronización se deben reemplazar como un conjunto junto con las ruedas dentadas del árbol de levas y del cigüeñal. Nunca coloque una cadena nueva sobre ruedas dentadas viejas.*
13 Utilice un raspador de juntas para eliminar todo rastro de material de la junta vieja y el sellador de la cubierta y el bloque del motor.
14 Alinee la rueda dentada del cigüeñal con la llave Woodruff y presione la rueda sobre el cigüeñal (si la quitó) con el perno amortiguador de vibración, un dado grande y algunas arandelas, o golpéela suavemente hasta que esté completamente asentada en su lugar. **Precaución:** *Si encuentra resistencia, no martille la rueda dentada sobre el cigüeñal. Puede moverse sobre el eje, pero puede rajarse en el proceso, fallar más adelante y dañar seriamente el motor.*
15 Enrolle la cadena nueva sobre la rueda dentada del árbol de levas, luego gire la rueda hasta que la marca de sincronización esté abajo **(vea la ilustración)**. Entrelace la cadena con la rueda dentada del cigüeñal y posicione la rueda dentada

12.15 Deslice la cadena y la rueda dentada del árbol de levas a su lugar por encima de la rueda dentada del cigüeñal, con la marca de sincronización de la rueda del árbol de levas (flecha) en la parte inferior

del árbol de levas sobre el extremo de éste. Si es necesario, gire el árbol de levas para que la clavija encaje en el orificio de la rueda dentada con la marca de sincronización en la posición de las 6 en punto **(vea la ilustración 12.9)**. Cuando la cadena esté instalada, las marcas de sincronización DEBEN estar alineadas como se muestra.
16 Aplique un compuesto fijador de roscas a las roscas del perno de la rueda dentada del árbol de levas y apriete los pernos hasta el torque indicado en las Especificaciones de este capítulo.
17 Lubrique la cadena con aceite para motor limpio.
18 Instale la bomba de aceite y el tubo colector de aceite en el motor (vea la Sección 15). Este sería un buen momento para reemplazar el sello de aceite delantero del cigüeñal (vea la Sección 11).
19 Instale la cubierta de la cadena de sincronización floja sobre el motor utilizando una junta nueva **(vea la ilustración)**.
20 Alinee la cubierta de la cadena de sincronización de la siguiente manera:

12.19 Instale FLOJA la cubierta delantera con una junta nueva sobre el bloque del motor. La cubierta debe alinearse correctamente antes de la instalación final

a) *Instale el balanceador del cigüeñal sobre el motor como se describe en la Sección 10. Este paso alineará el sello de aceite delantero con el cubo del balanceador.*
b) *Coloque una regla sobre el riel de la bandeja de aceite del bloque del motor. Mida la distancia a cada lado del bloque entre el riel de la bandeja de aceite y la cubierta de la cadena de sincronización con un calibre de espesor* **(vea la ilustración)**. *Este paso mide la diferencia entre la superficie de sellado de la bandeja de aceite y la superficie de sellado de la cubierta de la cadena de sincronización entre sí.*
c) *Incline la cubierta de sincronización delantera como sea necesario para lograr una medición pareja de cada lado. Este paso alinea correctamente la cubierta de sincronización delantera con las superficies de sellado de la bandeja de aceite. Una tolerancia aceptable suele ser de 0.000 a 0.020 pulgadas.* **Nota:** *Lo ideal es que la cubierta de la cadena de sincronización esté al ras con el riel de la bandeja de aceite, pero esto no siempre se puede lograr debido a las diferencias de*

12.20 Con el balanceador del cigüeñal en su lugar y los pernos de la cubierta delantera instalados FLOJOS, mida la distancia entre el riel de la bandeja de aceite y la superficie de sellado de la cubierta delantera a cada lado (flechas). Luego ajuste la cubierta hasta que las mediciones sean parejas a ambos lados antes de apretar los pernos de la cubierta

13.2a Los levantaválvulas de rodillo son mantenidos en su lugar con retenedores. Quite los pernos de los retenedores y desmonte los retenedores y levantaválvulas como un conjunto. Tenga en cuenta que cada retenedor alberga cuatro levantaválvulas individuales y que deben ser instalados en sus ubicaciones originales si se van a utilizar nuevamente

espesor de los sellos. Es por eso que existe una tolerancia de 0.000 a 0.020 pulgadas. Permita siempre que el sello delantero se centre alrededor del cubo del balanceador del cigüeñal e incline la cubierta de un lado a otro para nivelar la medición en los dos rieles de la bandeja de aceite. Nunca empuje la cubierta de sincronización delantera hacia abajo intentando que la superficie de sellado de la bandeja de aceite quede al ras, ya que esto deformará el sello de aceite delantero y causará fugas de aceite.

d) Con la cadena de sincronización correctamente alineada, apriete los pernos de la cubierta hasta el torque indicado en las Especificaciones de este capítulo.

21 Aplique una capa delgada de sellador RTV a las áreas donde se tocan la cubierta de la cadena de sincronización y el bloque del cilindro, luego instale la bandeja de aceite como se describe en la Sección 14.

22 El resto de los pasos de instalación se realizan en forma inversa a los del desmontaje.

23 Agregue refrigerante y aceite al motor (vea el Capítulo 1). Haga funcionar el motor y revíselo para detectar fugas de aceite y refrigerante.

13 Árbol de levas y levantaválvulas - desmontaje e instalación

Nota 1: *El árbol de levas siempre se debe inspeccionar minuciosamente antes de la instalación y siempre se debe revisar el juego longitudinal antes de desmontarlo. Consulte el Capítulo 2C para ver los procedimientos de inspección del árbol de levas y del levantaválvulas.*

Nota 2: *Si va a reemplazar el árbol de levas, siempre instale también levantaválvulas nuevos. No use levantaválvulas viejos con un árbol de levas nuevo.*

Desmontaje
Vea las ilustraciones 13.2a, 13.2b y 13.4

1 Consulte las Secciones correspondientes y desmonte el múltiple de admisión, las tapas de válvulas, los balancines, las varillas de empuje, la cadena de sincronización y las culatas de cilindros. Desmonte también el radiador, el condensador del aire acondicionado (vea el Capítulo 3) y el sensor de posición del árbol de levas (vea el Capítulo 6).

2 Antes de quitar los levantaválvulas, organícese para guardarlos en una caja etiquetada con letra clara para asegurarse de volver a instalarlos en sus posiciones originales. Quite los retenedores de los levantaválvulas y los levantaválvulas y guárdelos en un lugar en el que no se ensucien **(vea las ilustraciones)**. NO intente retirar el árbol de levas con los levantaválvulas colocados.

3 Si los levantaválvulas están armados con pegamento y barniz, es posible que no salgan junto con el retenedor. Si es así, existen distintas formas de extraer los levantaválvulas de los huecos. Muchas empresas de herramientas fabrican una herramienta especial diseñada para agarrar y sacar los levantaválvulas que se consigue fácilmente, pero no es necesaria en todos los casos. En los motores nuevos, que no tienen una gran acumulación de barniz, los levantaválvulas a menudo se pueden quitar con un pequeño imán o incluso con los dedos. Se puede usar un trazador de maquinista con un extremo doblado para quitar los levantaválvulas colocando la punta debajo del anillo retenedor en la parte superior de cada levantaválvulas. **Precaución:** *No use tenazas para quitar los levantaválvulas, a menos que tenga la intención de reemplazarlos por unos nuevos. Las tenazas dañarán los levantaválvulas maquinados con precisión y endurecidos, lo cual los dejará inútiles.*

4 Quite los pernos y la placa de retención del árbol de levas, observando qué dirección enfrenta al bloque **(vea la ilustración)**.

5 Enrosque pernos de 6 pulgadas de largo en los orificios de los pernos de la rueda dentada del árbol de levas para usarlos como "manijas" para sacar el árbol de levas del bloque.

6 Tire cuidadosamente el árbol de levas hacia afuera. Soporte la leva cerca del bloque para que los lóbulos no mellen ni deformen los rodamientos a medida que la saca.

Instalación
Consulte la ilustración 13.7

7 Lubrique los muñones de los rodamientos del árbol de levas y los lóbulos de leva con lubri-

13.2b Una vez que los levantaválvulas y los retenedores se han desmontado del bloque, se los puede marcar (para saber su ubicación al instalarlos) e inspeccionar

13.4 Quite los pernos (flechas) y saque el plato de retención del árbol de levas, observando qué lado enfrenta al bloque

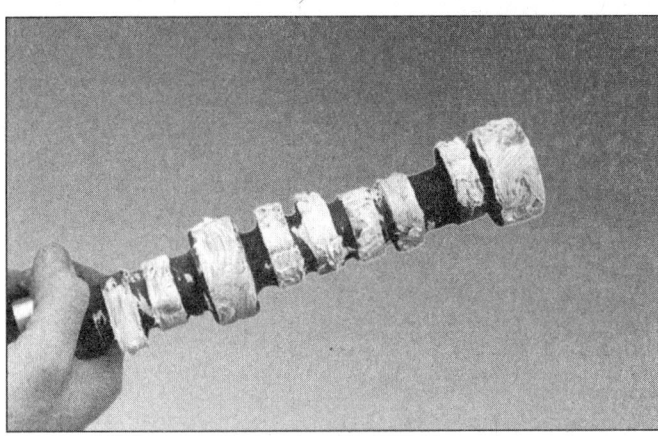

13.7 Aplique lubricante para conjunto de árbol de levas a los lóbulos de la leva y a los muñones del rodamiento antes de instalar el árbol de levas

14.4 Quite los pernos (flechas) y el travesaño de soporte del brazo de control inferior

cante para instalación de árboles de levas y levantaválvulas (vea la ilustración).

8 Deslice el árbol de levas dentro del motor. Soporte la leva cerca del bloque, tenga cuidado de no raspar o mellar los rodamientos.

9 Gire el árbol de levas hasta que la clavija esté en la posición de las 3 en punto e instale el plato de empuje del árbol de levas, apriete los pernos hasta el torque indicado en las Especificaciones de este capítulo. Asegúrese de que la superficie de la junta del plato de empuje del árbol de levas y el bloque del motor estén libres de aceite y suciedad.

10 Instale la cadena de sincronización y las ruedas dentadas (vea la Sección 12). Instale también el sensor de posición del árbol de levas usando un anillo O nuevo (vea el Capítulo 6).

11 Lubrique los levantaválvulas con aceite para motor limpio e instálelos en los retenedores del levantaválvulas. Alinee las partes planas de los levantaválvulas con las partes planas de los retenedores. Instale el retenedor y el levantaválvulas en el bloque del motor como un conjunto. Si vuelve a instalar los levantaválvulas originales, asegúrese de volver a colocarlos en sus ubicaciones originales. Si instala un árbol de levas nuevo, instale también nuevos levantaválvulas. Apriete los pernos del retenedor del levantaválvulas hasta el torque indicado en las Especificaciones de este capítulo.

12 El resto de los pasos de instalación se realizan en forma inversa a los del desmontaje.

13 Antes de encender y poner en funcionamiento el motor, cambie el aceite e instale un filtro de aceite nuevo (vea el Capítulo 1).

14 Bandeja de aceite - desmontaje e instalación

Desmontaje

Consulte las ilustraciones 14.4 y 14.8

1 Desconecte el cable del terminal negativo de la batería. **Precaución:** *En los modelos equipados con el sistema de audio Delco Loc II, asegúrese de que la función lockout (bloqueo) esté apagada antes de realizar cualquier procedimiento que requiera desconectar la batería.*

2 Eleve el vehículo y apóyelo firmemente sobre soportes de gato, luego consulte el Capítulo 1, drene el aceite del motor y desmonte el filtro de aceite.

3 Desmonte la placa protectora (debajo del vehículo) de la bandeja de aceite, si tiene.

14.8 El sensor de nivel de aceite está ubicado del lado del pasajero de la bandeja de aceite

4 Desmonte el travesaño del brazo de control inferior de abajo de la bandeja de aceite, si lo tiene (vea la ilustración).

5 En los vehículos con doble tracción, desatornille y baje el portadiferencial delantero con un gato de piso (vea el Capítulo 8).

6 Desconecte el tubo en Y del escape delantero del motor y del sistema de escape y sáquelo del vehículo. Este paso no es absolutamente necesario, pero facilitará el desmontaje de la bandeja de aceite.

7 Retire el motor de arranque (vea el Capítulo 5). Además, desmonte las cubiertas plásticas de la campana de embrague (vea las ilustraciones 8.8a y 8.8b en el Capítulo 7B).

8 Desmonte el soporte del mazo de cables del frente de la bandeja de aceite y el soporte del lado del pasajero de la bandeja de aceite que fija las líneas de refrigerante del aceite de la transmisión (si está equipado) y el cableado del motor de arranque. Desconecte también el conector eléctrico del sensor de nivel de aceite (vea la ilustración).

9 Quite los pernos que fijan la transmisión a la bandeja de aceite (vea la Sección 7).

10 Si el vehículo está equipado con un enfriador del aceite del motor, quite las líneas del enfriador y el adaptador del lado del conductor de la bandeja de aceite.

11 Quite los tapones de acceso que cubren las tuercas en la parte de atrás de la bandeja de aceite (si está equipado). En los modelos 2001 y posteriores con transmisión automática 4L80-E, quite los pernos de la cubierta del conver-

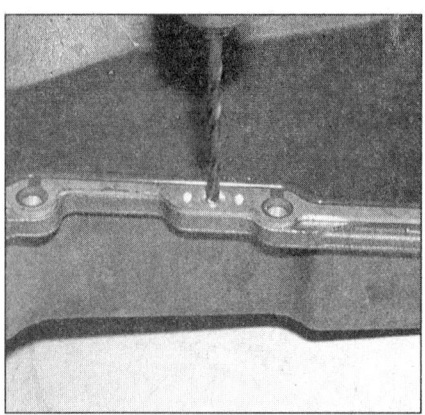

14.13 El fabricante utiliza remaches para retener la junta contra la bandeja de aceite durante el armado. Perfórelos con cuidado para sacarlos (no es necesario remachar la junta nueva a la bandeja de aceite)

sor y en los modelos con la transmisión automática 4L60-E, quite el perno prisionero y el perno del lado derecho.

12 Quite todos los pernos de la bandeja de aceite y luego baje la bandeja del motor. Es probable que la bandeja esté adherida al motor, así que golpee la bandeja con una maza de caucho hasta que se rompa el sello de la junta. **Precaución:** *Antes de usar la fuerza sobre la bandeja de aceite, asegúrese de que haya quitado todos los pernos.* Deslice cuidadosamente la bandeja de aceite hacia abajo y hacia afuera, hacia la parte trasera.

Instalación

Consulte las ilustraciones 14.13 y 14.16

13 Taladre los remaches que fijan la junta de la bandeja de aceite a la bandeja de aceite y quite la junta vieja (vea la ilustración). Lave la bandeja de aceite con solvente.

14 Limpie minuciosamente el material de junta y sellador viejos de las superficies de montaje de la bandeja de aceite y del bloque del motor. Limpie las superficies de la junta con un trapo embebido en disolvente para laca, acetona o limpiador del sistema de frenos.

15 Aplique un cordón de 3/16 de pulgada de ancho y una pulgada de largo de sellador RTV a los ángulos del bloque donde la cubierta delantera y la trasera se unen con el bloque del motor. Luego fije la junta nueva a la bandeja, instale la

2B-16 Capítulo 2 Parte B Motores V8

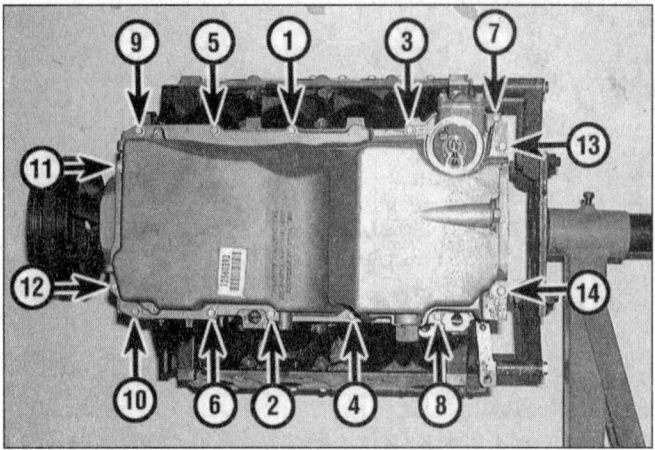

14.16 Secuencia de APRIETE de la bandeja de aceite - todos los motores V8

15.2a Tuercas de retención del tubo colector de aceite al perno prisionero principal (flechas)

15.2b Quite el perno (flecha) que fija el tubo colector de aceite a la bomba de aceite y desmóntela del motor

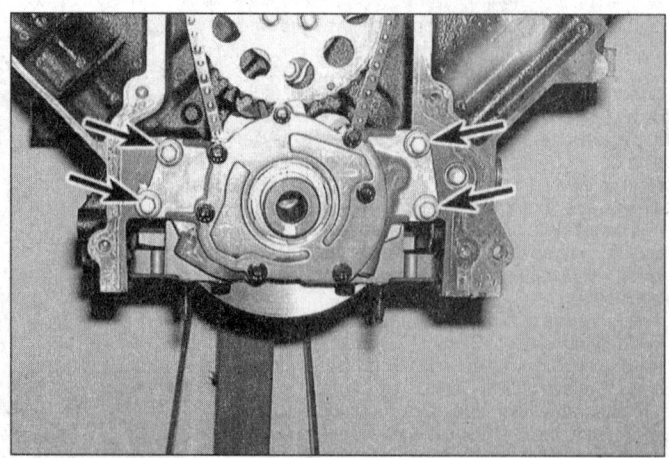

15.3 Pernos de montaje de la bomba de aceite (flechas)

bandeja y apriete los pernos con la mano. Asegúrese de que los pasajes de la galería de aceite de la bandeja y la junta estén correctamente alineados. **Nota:** *No es necesario instalar los remaches de la junta de la bandeja de aceite al montarla.*

16 Es importante el alineamiento de la cara trasera de la bandeja de aluminio hacia la parte trasera del bloque. Use un juego de galgas para medir entre la cara trasera de la bandeja y la cara delantera de la campana de embrague de la transmisión. Lo ideal es que el espacio esté nivelado, pero se admite una brecha de hasta 0.010 pulgadas. Si el espacio es correcto, apriete los pernos/pernos prisioneros de la bandeja en secuencia hasta el torque indicado en las Especificaciones de este capítulo (vea la ilustración). Si el espacio no es aceptable, instale los dos pernos inferiores que fijan la bandeja de aceite a la campana de embrague y apriételos con la mano. Esto debería nivelar la bandeja de aceite con la campana de embrague. **Precaución:** *La parte de atrás de la bandeja de aceite nunca debe sobresalir hacia atrás del plano de la campana de embrague del bloque.*

17 El resto de la instalación se realiza en forma inversa al desmontaje. Apriete los pernos al torque indicado en las Especificaciones de este capítulo.

18 Agregue el tipo y cantidad adecuados de aceite (vea el Capítulo 1), arranque el motor y revise que no haya fugas antes de volver a colocar el vehículo en servicio.

15 Bomba de aceite - desmontaje, inspección e instalación

Desmontaje
Vea las ilustraciones 15.2a, 15.2b y 15.3

1 Consulte la Sección 12, pasos 1 a 6, y desmonte la cubierta de la cadena de sincronización.
2 Quite las tuercas de montaje del tubo colector de la bomba de aceite y baje el conjunto del tubo y el filtro del vehículo (vea las ilustraciones).
3 Quite los pernos de retención de la bomba de aceite y deslice la bomba por el extremo del cigüeñal (vea la ilustración).

Inspección
Consulte la ilustración 15.4

4 Quite la cubierta de la bomba de aceite y retire los rotores del cuerpo de la bomba (vea la ilustración). Limpie los componentes con solvente, séquelos muy bien e inspecciónelos para detectar algún daño evidente. Revise también

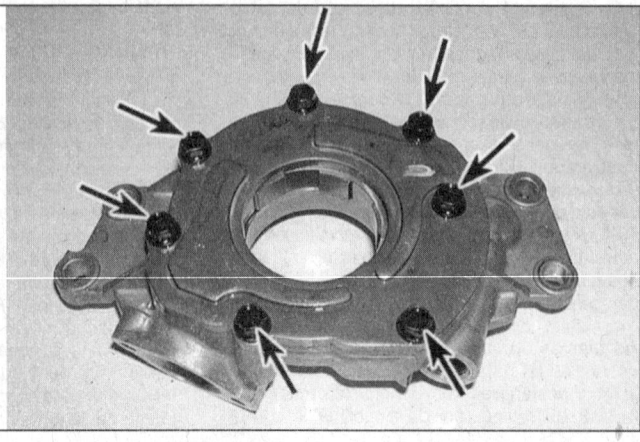

15.4 Pernos de montaje de la cubierta de la bomba de aceite a la caja de la bomba de aceite (flechas)

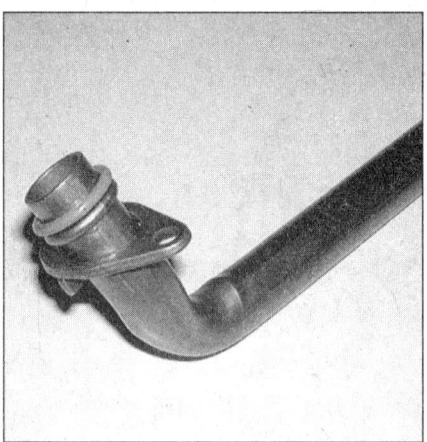

15.8 Instale siempre un anillo O nuevo en el tubo colector de la bomba de aceite

17.3 Saque cuidadosamente el sello viejo haciendo palanca con un destornillador en las muescas de la cubierta de atrás

17.4 El sello de aceite trasero se puede presionar hasta que esté en su lugar con una herramienta para instalación de sellos, una sección de tubo o un objeto romo, como el que se muestra aquí. En cualquier caso, asegúrese de instalar el sello en forma pareja en el hueco correspondiente y al ras con la cubierta trasera

los orificios de los pernos para detectar roscas dañadas y las superficies estriadas de la rueda dentada del cigüeñal para detectar cualquier daño aparente. Si alguno de los componentes está punteado, rayado o gastado, reemplace el conjunto de la bomba de aceite completo. En la actualidad no hay piezas reparables disponibles.

Instalación

Consulte la ilustración 15.8

5   Cebe la bomba vertiendo aceite para motor limpio en el orificio del tubo colector mientras gira la bomba a mano.
6   Coloque la bomba de aceite sobre el extremo del cigüeñal y alinee los dientes de la rueda dentada del cigüeñal con los dientes del engranaje impulsor de la bomba. Asegúrese de que la bomba esté completamente asentada contra el bloque.
7   Instale los pernos de montaje de la bomba de aceite y apriételos hasta el torque indicado en las Especificaciones de este capítulo.
8   Instale un nuevo anillo O en el tubo colector de la bomba de aceite, luego fíjelo a la bomba de aceite y a los pernos prisioneros principales del bloque del motor **(vea la ilustración)**. **Precaución:** *Asegúrese por completo de que los pernos que fijan el tubo colector a la bomba de aceite estén correctamente apretados para que no se pueda aspirar aire dentro del sistema de lubricación en esta conexión.*
9   Instale y alinee la cubierta de la cadena de sincronización, luego, instale la bomba de aceite. Consulte los procedimientos de instalación en las secciones 12 y 14.
10 El resto de la instalación se realiza en forma inversa al desmontaje.
11 Agregue aceite y refrigerante, según sea necesario. Haga funcionar el motor y revíselo para detectar fugas de aceite y refrigerante. Revise también la presión de aceite como se describe en el Capítulo 2C.

16   Volante del motor y plato de transmisión - desmontaje e instalación

El procedimiento de reemplazo del volante del motor y el plato de transmisión en los motores V8 es idéntico al de los motores V6. Consulte el procedimiento en el Capítulo 2, Parte A, y use las cifras de torque indicadas en las Especificaciones de este capítulo. **Nota:** *Si se debe desmontar el separador entre el plato de transmisión y el cigüeñal y está atorado, inserte pernos (pernos M11, 1.5 mm de largo) en los dos orificios roscados del separador. Al apretar los pernos, el separador se saldrá del cigüeñal.*

17   Sello de aceite principal trasero - reemplazo

Consulte las ilustraciones 17.3 y 17.4
Nota: *Si va a instalar un sello trasero nuevo durante un reacondicionamiento completo del motor, consulte el procedimiento en el Capítulo 2C.*
1   Quite la transmisión (vea el Capítulo 7).
2   Quite el volante del motor/plato de transmisión (vea la Sección 16).
3   Haga palanca para quitar el sello de aceite de la cubierta trasera con un destornillador **(vea la ilustración)**. Tenga cuidado de no mellar ni rayar el cigüeñal o el hueco del sello. Antes de quitarlo, observe a qué distancia está embutido en la caja para poder instalar el sello nuevo a la misma profundidad. Limpie minuciosamente el hueco del sello en el bloque con una toalla de taller. Quite todos los restos de aceite y suciedad.
4   Lubrique el diámetro exterior del sello e instálelo sobre el extremo del cigüeñal. Asegúrese de que el labio del sello apunte hacia el motor. Es preferible usar una herramienta para instalación de sellos (disponible en la mayoría de las tiendas de autopartes) para presionar el sello nuevo hasta su lugar. Si no dispone de la herramienta correcta para instalar el sello, use un dado grande, una sección de tubo o una herramienta roma y guíe con cuidado el sello nuevo en forma pareja dentro del hueco y al ras con la cubierta trasera **(vea la ilustración)**.
5   Instale el volante del motor/plato de transmisión (vea la Sección 16).
6   Instale la transmisión (vea el Capítulo 7).

18   Monturas del motor - revisión y reemplazo

1   Las monturas del motor casi nunca requieren atención, pero las monturas rotas o deterioradas deben reemplazarse de inmediato, ya que la tensión añadida a los componentes del tren de potencia puede causar daños.

Revisión

2   Durante la revisión, el motor debe estar levemente elevado para quitar el peso de las monturas.
3   Levante el vehículo y apóyelo firmemente sobre soportes de gato, luego, coloque un gato bajo la bandeja de aceite del motor. Coloque un bloque de madera grande entre la cabeza del gato y la bandeja de aceite, luego, eleve con cuidado el motor lo suficiente para quitar el peso de las monturas. No use el gato para soportar todo el peso del motor.
4   Revise las monturas para ver si el caucho está rajado, endurecido o separado de los platos metálicos. A veces el caucho se divide justo en el centro. Se puede aplicar conservante de caucho o WD-40 a las monturas para retardar el deterioro.
5   Revise para detectar movimientos relativos entre los platos de montura y el motor o el bastidor (utilice un destornillador grande o una barra de palanca para intentar mover las monturas). Si se observa movimiento, revise primero el ajuste de los sujetadores de las monturas antes de decidir que no sirven. Normalmente, cuando las monturas del motor están rotas son muy evidentes, porque el motor se alejará fácilmente de la montura cuando se lo empuja o bajo carga.

Reemplazo

Vea las ilustraciones 18.7a, 18.7b y 18.9
6   Desconecte el cable del terminal negativo de la batería; luego, eleve el vehículo y sosténgalo de manera segura sobre soportes de gato. **Precaución:** *En los modelos equipados con el sistema de audio Theftlock, asegúrese de que la función de*

18.7a Pernos del lado del conductor que fijan el soporte de la montura del motor al bastidor (flechas)

18.7b Pernos del lado del pasajero que fijan el soporte de la montura del motor al bastidor (flechas)

bloqueo está desactivada antes de realizar cualquier procedimiento que requiera desconectar la batería (vea el principio de este manual).

7   Trabajando en el compartimento del motor, quite los pernos que fijan las monturas al soporte del bastidor. Hay tres pernos a cada lado que fijan las monturas al soporte del bastidor (**vea las ilustraciones**).

8   Fije un elevador a la parte superior del motor para levantarlo; no use un gato debajo de la bandeja de aceite para soportar todo el peso del motor o se podría dañar el colector de la bomba de aceite. **Nota:** *Si no dispone de un elevador, puede usar las orejetas adheridas a cada lado del bloque del motor para soportar todo el peso del motor mientras se reemplazan las monturas del motor.*

9   Levante ligeramente el motor hasta que pueda desatornillar la montura del bloque. Desatornille la montura del bloque del motor y quítela del vehículo (**vea la ilustración**).

10 La instalación se realiza en forma inversa al desmontaje. Use un compuesto fijador de roscas que no endurezca en los pernos de la montura y asegúrese de apretarlos hasta el torque indicado en las Especificaciones de este capítulo.

18.9 Pernos de montaje de las monturas del motor al bloque del motor (flechas)

Capítulo 2 Parte C
Procedimientos generales de reacondicionamiento del motor

Contenido

	Sección
Afilado de cilindros	19
Alternativas de reconstrucción del motor	5
Anillos de pistón - instalación	24
Árbol de levas, levantaválvulas y rodamientos - desmontaje e inspección	13
Árbol de levas - desmontaje e instalación	Vea el Capítulo 2A o el 2B
Arranque y asentamiento inicial después del reacondicionamiento	29
Bloque del motor - inspección	18
Bloque del motor - limpieza	17
Cigüeñal - desmontaje	16
Cigüeñal - inspección	21
Cigüeñal - instalación y verificación de espacio para aceite del rodamiento principal	25
Culata de cilindros - desarmado	9
Culata de cilindros - limpieza e inspección	10
Culata de cilindros - rearmado	12
Desmontaje del motor - métodos y precauciones	6
Eje balanceador (motores V6) - instalación	26

	Sección
Eje balanceador y rodamientos (motores V6) - desmontaje e inspección	14
Información general - reacondicionamiento del motor	1
Luz SERVICE ENGINE SOON (servicio del motor pronto)	Vea el Capítulo 6
Motor - desmontaje e instalación	7
Pistones/bielas - desmontaje	15
Pistones/bielas - inspección	20
Pistones/bielas - instalación y revisión de espacio para aceite del rodamiento de la biela	28
Reacondicionamiento del motor - secuencia de desarmado	8
Reacondicionamiento del motor - secuencia de rearmado	23
Revisión de compresión	3
Revisión de la presión de aceite	2
Revisiones de diagnóstico del medidor de vacío	4
Rodamiento principal y de la biela - inspección	22
Sello de aceite principal trasero y caja - instalación	27
Válvulas - servicio	11

Especificaciones

Motores V6 y V8

General

Desplazamiento	
4.3L V6	262 pulgadas cúbicas
4.8L V8	293 pulgadas cúbicas
5.3L V8	325 pulgadas cúbicas
6.0L V8	364 pulgadas cúbicas
Presión de compresión del cilindro	
Mínima	100 psi
Variación máxima entre cilindros	25 por ciento de la lectura más alta
Presión de aceite (mínima)	
1000 rpm	6 psi
2000 rpm	18 psi
4,000 rpm	24 psi

Bloque del motor

Diámetro del hueco	
4.3L V6	De 4.007 a 4.0017 pulgadas
4.8L V8	De 3.779 a 3.780 pulgadas
5.3L V8	De 3.779 a 3.780 pulgadas
6.0L V8	De 4.0007 a 4.0014 pulgadas
Ahusamiento (máximo)	0.001 pulgadas
Ovalado (máximo)	0.002 pulgadas
Límite de alabeo para la cubierta (superficie de la junta de la culata)	0.003 por 6 pulgadas
Diámetro del hueco del levantaválvulas	
Motor V6	No disponible
Motores V8	De 0.843 a 0.844 pulgadas

Culata de cilindros y válvulas

Límite de alabeo de la culata	0.003 por 6 pulgadas
Margen de la válvula (mínimo)	
Motor V6	0.031 pulgadas
Motores V8	0.050 pulgadas
Ángulo de la cara de la válvula (admisión y escape)	45 grados
Ángulo del asiento de la válvula (admisión y escape)	46 grados

Culata de cilindros y válvulas (continuación)
Ancho del asiento de la válvula
  Motor V6
    Admisión .... De 0.035 a 0.060 pulgadas
    Escape .... De 0.065 a 0.098 pulgadas
  Motores V8
    Admisión .... De 0.040 a 0.060 pulgadas
    Escape .... De 0.070 a 0.080 pulgadas
Límite del servicio del juego libre entre el vástago y la guía
  Motor V6 .... 0.0037 pulgadas
  Motor V8
    Admisión .... 0.0037 pulgadas
    Escape
      1999 y 2000 .... 0.0041 pulgadas
      2001 y posteriores .... 0.0037 pulgadas
Longitud libre del resorte de válvula
  Motor V6 .... 2.02 pulgadas
  Motores V8 .... 2.08 pulgadas
Altura instalada del resorte de válvula
  Motor V6 .... De 1.670 a 1.700 pulgadas
  Motores V6 .... 1.8 pulgadas

Árbol de levas
Diámetros de los muñones
  Motor V6 .... De 1.8677 a 1.8696 pulgadas
  Motores V8 .... De 2.164 a 2.166 pulgadas
Muñón ahusado y ovalado (máximo, todos los motores) .... 0.001 pulgadas
Altura del lóbulo
  Motores V6
    Modelos de 1999 a 2004
      Admisión .... De 0.274 a 0.278 pulgadas
      Escape .... De 0.283 a 0.287 pulgadas
    Modelos 2005 y posteriores
      Admisión .... 0.270 pulgadas
      Escape .... 0.279 pulgadas
  Motores V8
    1999 y 2000
      Admisión .... 0.268 pulgadas
      Escape .... 0.274 pulgadas
    2001
      Admisión .... 0.274 pulgadas
      Escape .... 0.281 pulgadas
    Modelos 2002 y posteriores
      Motores 4.8L y 5.3L
        Admisión .... 0.268 pulgadas
        Escape .... 0.274 pulgadas
      Motores 6.0L
        Admisión .... 0.274 pulgadas
        Escape .... 0.281 pulgadas
Desviación
  Motores V6
    Modelos de 1999 a 2004 .... 0.0026 pulgadas
    Modelos 2005 y posteriores .... 0.0039 pulgadas
  Motores V8 .... 0.0020 pulgadas
Juego longitudinal
  Motor V6 .... De 0.001 a 0.009 pulgadas
  Motores V8 .... De 0.001 a 0.012 pulgadas

Cigüeñal y bielas
Diámetro del muñón de la biela
  Motor V6 .... De 2.2487 a 2.2497 pulgadas
  Motores V8 .... De 2.0990 a 2.100 pulgadas
Ahusamiento del muñón de la biela (máximo)
  Motor V6 .... 0.001 pulgadas
  Motores V8 .... 0.0008 pulgadas
Ovalado del muñón de la biela (máximo)
  Motor V6 .... 0.001 pulgadas
  Motores V8 .... 0.0004 pulgadas
Espacio para aceite del rodamiento de la biela
  Deseado
    Motor V6 .... De 0.0015 a 0.0031 pulgadas
    Motores V8 .... De 0.0009 a 0.0025 pulgadas
  Permitido
    Motor V6 .... De 0.0010 a 0.0031 pulgadas
    Motores V8 .... De 0.0009 a 0.003 pulgadas

Capítulo 2 Parte C Procedimientos generales de reacondicionamiento del motor

Espacio lateral de la biela (juego longitudinal)
    Motor V6 .... De 0.006 a 0.017 pulgadas
    Motores V8 .... De 0.00043 a 0.020 pulgadas
Diámetro del muñón del rodamiento principal
    Motor V6
        Muñón número 1.. De 2.4488 a 2.4495 pulgadas
        Muñones números 2 y 3 .... De 2.4485 a 2.4494 pulgadas
        Muñón número 4 .... De 2.4480 a 2.4489 pulgadas
    Motores V8 .... De 2.558 a 2.559 pulgadas
Ahusamiento del muñón del rodamiento principal (máximo)
    Motor V6 .... 0.0003 pulgadas
    Motores V8 .... 0.0008 pulgadas
Ovalado del muñón del rodamiento principal (máximo)
    Motor V6 .... 0.0010 pulgadas
    Motores V8 .... 0.0003 pulgadas
Espacio para aceite del rodamiento principal
    Motor V6
        Muñón 1 .... De 0.0008 a 0.0020 pulgadas
        Muñones 2, 3 y 4 .... De 0.0011 a 0.0023 pulgadas
    Motores V8 .... De 0.0008 a 0.0021 pulgadas
Juego longitudinal del cigüeñal
    Motor V6 .... De 0.002 a 0.008 pulgadas
    Motores V8 .... De 0.0015 a 0.0078 pulgadas

Pistones y anillos
Espacio entre el pistón y el hueco
    Motor V6
        Producción
            1999 a 2005 .... De 0.0007 a 0.0024 pulgadas
            2006 y posteriores .... De 0.0005 a 0.0009 pulgadas
        Límite de servicio
            1999 a 2005 .... 0.0029 pulgadas
            2006 y posteriores .... 0.0010 pulgadas
    Motores V8
        2006 y posteriores
            Motores 4.8L y 5.3L .... De -0.0014 a +0.0006 pulgadas
            Motores 6.0L .... De -0.0009 a +0.0012 pulgadas
        Límite de servicio
            1999 a 2001 .... 0.0028 pulgadas
            2002
                Motores LQ4 4.8L, 5.3L, 6.0L .... 0.0032 pulgadas
                Motor LQ9 6.0L .... 0.0031 pulgadas
            2003 a 2005 .... 0.0028 pulgadas
            2006 a 2007
                Motores LQ4 4.8L, 5.3L, 6.0L .... 0.0028 pulgadas
                Motor LQ9 6.0L .... 0.0031 pulgadas
Espacio del extremo del anillo de pistón
    Motores V6
        Anillo superior de compresión
            Producción .... De 0.010 a 0.016 pulgadas
            Límite de servicio
                1999 a 2001 .... 0.019 pulgadas
                2002 y posteriores .... 0.020 pulgadas
        Segundo anillo de compresión
            Producción
                1999 a 2001 .... De 0.018 a 0.026 pulgadas
                2002 y posteriores .... De 0.015 a 0.023 pulgadas
            Límite de servicio .... 0.031 pulgadas
        Anillo de aceite
            Producción .... De 0.010 a 0.029 pulgadas
            Límite de servicio .... 0.035 pulgadas
    Motores V8
        Anillo superior de compresión
            Producción
                1999 a 2002
                    Motores 4.8L y 5.3L .... De 0.010 a 0.016 pulgadas
                    Motores 6.0L .... De 0.012 a 0.020 pulgadas
                2003 y posteriores
                    Motores 4.8L y 5.3L .... De 0.009 a 0.017 pulgadas
                    Motores 6.0L .... De 0.012 a 0.020 pulgadas
            Límite de servicio
                Motores 4.8L y 5.3L .... 0.020 pulgadas
                Motores 6.0L .... 0.023 pulgadas

Segundo anillo de compresión
    Producción
        1999 y 2000 .... De 0.017 a 0.025 pulgadas
        2001 .... De 0.007 a 0.027 pulgadas
        2002 y posteriores
            Motores 4.8L y 5.3L .... De 0.017 a 0.027 pulgadas
            Motores 6.0L .... De 0.020 a 0.030 pulgadas
    Límite de servicio
        1999 a 2002
            Motores 4.8L y 5.3L .... 0.028 pulgadas
            Motores 6.0L .... 0.033 pulgadas
        2003 y posteriores
            Motores 4.8L y 5.3L .... 0.030 pulgadas
            Motores 6.0L .... 0.033 pulgadas
Anillo de aceite
    Producción
        Motores 4.8L y 5.3L .... De 0.007 a 0.029 pulgadas
        Motores 6.0L .... De 0.012 a 0.034 pulgadas
    Límite de servicio
        Motores 4.8L y 5.3L .... 0.032 pulgadas
        Motores 6.0L .... 0.037 pulgadas
Espacio entre el anillo del pistón y la ranura
    Motores V6
        Anillo superior de compresión
            Producción .... De 0.0012 a 0.0027 pulgadas
            Máximo .... 0.0033 pulgadas
        Segundo anillo de compresión
            Producción
                1999 a 2002 .... De 0.0015 a 0.0031 pulgadas
                2003 y posteriores .... De 0.0030 a 0.0110 pulgadas
            Máximo .... 0.0033 pulgadas
        Anillo de aceite
            Producción
                1999 a 2002 .... De 0.0018 a 0.0037 pulgadas
                2003 y posteriores .... De 0.0018 a 0.0077 pulgadas
            Máximo
                1999 a 2002 .... 0.0039 pulgadas
                2003 y posteriores .... 0.0079 pulgadas
    Motores V8
        Anillo superior de compresión
            Producción
                1999 a 2002 .... De 0.0016 a 0.0031 pulgadas
                2002 y posteriores
                      Motores 4.8L y 5.3L .... De 0.0016 a 0.0034 pulgadas
                      Motores 6.0L .... De 0.0014 a 0.0031 pulgadas
            Máximo
                1999 a 2002 .... 0.0033 pulgadas
                2002 y posteriores
                      Motores 4.8L y 5.3L .... 0.0034 pulgadas
                      Motores 6.0L .... 0.0031 pulgadas
        Segundo anillo de compresión
            Producción
                Motores 6.0L de 2003 y posteriores .... De 0.0013 a 0.0030 pulgadas
                Todos los otros motores .... De 0.0016 a 0.0031 pulgadas
            Máximo
                1999 a 2002 excepto motores 6.0L .... 0.0033 pulgadas
                Motores 6.0L y todos los motores 2003 y posteriores................ 0.0031 pulgadas
        Anillo de aceite
            Producción
                1999 a 2001 .... De 0.0004 a 0.0080 pulgadas
                2002 y posteriores .... De 0.0005 a 0.0078 pulgadas
            Máximo
                1999 a 2001 .... 0.0080 pulgadas
                2002 y posteriores .... 0.0078 pulgadas

Eje balanceador (únicamente motor V6)
Diámetro del muñón del rodamiento trasero .... De 1.4994 a 1.5000 pulgadas
Espacio para aceite del muñón del rodamiento trasero...................... De 1.0020 a 1.0035 pulgadas

Capítulo 2 Parte C Procedimientos generales de reacondicionamiento del motor

Especificaciones de torque*

Lb-pie (a menos que se indique lo contrario)

Pernos de la tapa de rodamiento principal
  Motor V6
    Paso uno 15
    Paso dos .... Gire 73 grados adicionales
  Motores V8 (en secuencia - **vea la ilustración 25.11**)
    1999 a 2001
      Pernos adicionales (1 a 10)
        Paso 1 15
        Paso 2 .... Apriete 80 grados adicionales
      Tuercas de pernos prisioneros externos (11 a 20)
        Paso 1 15
        Paso 2 .... Apriete 50 grados adicionales
      Pernos laterales (21 a 30) 18
    2003 y posteriores
      Pernos internos (1 a 10)
        Paso 1 15
        Paso 2 .... Apriete 80 grados adicionales
      Tuercas de pernos prisioneros externos (11 a 20)
        Paso 1 15
        Paso 2 .... Apriete 51 grados adicionales
      Pernos laterales (21 a 30) 18
Tuercas y pernos de la tapa de la biela
  Motor V6
    1999 a 2005 y 2006 con bielas forjadas
      Paso 1 20
      Paso 2 .... Apriete 70 grados adicionales
    2006 con bielas de metal en polvo y posteriores
      Paso 1 15
      Paso 2 .... Apriete 100 grados adicionales
  Motores V8 (primer diseño)
    Paso uno 15
    Paso dos .... Gire 60 grados adicionales
  Motores V8 (segundo diseño)
    Paso uno 15
    Paso dos .... Gire 75 grados adicionales
Pernos de la caja del sello de aceite trasero del cigüeñal
  Motor V6 .... 106 lb-pulg
  Motores V8 18
Pernos de la cubierta de la cuenca del motor 18
Tuercas de la bandeja contraviento (motores V8) 18

* **Nota:** *Para obtener especificaciones de torque adicionales consulte la Parte B.*

1 Información general - reacondicionamiento del motor

En esta parte del Capítulo 2 se incluyen los procedimientos generales de reacondicionamiento para las culatas de cilindros y los componentes internos del motor.

La información incluye consejos que abarcan desde la preparación para un reacondicionamiento y para la compra de piezas de repuesto hasta procedimientos paso a paso sobre el desmontaje y la instalación de componentes internos del motor y la inspección de piezas.

Las siguientes secciones se escribieron en función de la premisa de que se extrajo el motor del vehículo. Para obtener información sobre reparaciones del motor dentro del vehículo, así como sobre el desmontaje y la instalación de componentes externos necesarios para el reacondicionamiento, vea las Secciones 5 y 7 y los Capítulos 2A y 2B.

Las especificaciones que se incluyen en esta parte son sólo las necesarias para los procedimientos de inspección y reacondicionamiento que siguen. Para obtener Especificaciones adicionales, consulte las Partes A o B.

No siempre es fácil determinar cuándo se debe realizar el reacondicionamiento completo de un motor, o si es necesario hacerlo, ya que se deben tener en cuenta varios factores.

El millaje alto no es necesariamente una indicación de que haga falta realizar un reacondicionamiento, mientras que un millaje bajo no excluye la necesidad de hacerlo. La frecuencia del servicio es probablemente la consideración más importante. Lo más probable es que un motor al que se le realizaron cambios regulares y frecuentes de aceite y filtro, así como otros procedimientos de mantenimiento necesarios, le brinde miles de millas de servicio confiable. Por otro lado, es posible que un motor descuidado requiera un reacondicionamiento bastante rápido.

El consumo excesivo de aceite es una indicación de que los anillos de pistón y las guías y los sellos de válvula necesitan atención. Antes de determinar que los anillos y las guías están defectuosos, asegúrese de que el problema no se deba a una fuga de aceite. Realice una revisión de la compresión del cilindro para determinar el alcance del trabajo necesario (vea la Sección 3).

2.2a Ubicación de la unidad de envío de presión de aceite - motor V6

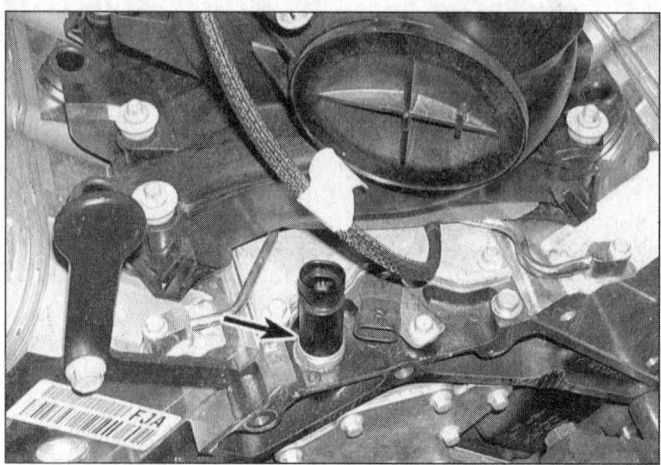

2.2b Ubicación de la unidad de envío de presión de aceite - motores V8

Para revisar la presión de aceite, instale un medidor en el lugar de la unidad de envío de presión de aceite (vea la Sección 2) y compare esta medición con las Especificaciones. Si es extremadamente baja, es probable que los rodamientos o la bomba de aceite estén gastados. También revise las lecturas de vacío bajo distintas condiciones (vea la Sección 4).

La pérdida de potencia, la marcha inestable, los golpes o sonidos metálicos en el motor, el ruido excesivo del tren de válvulas y los altos índices de consumo de combustible también pueden indicar la necesidad de un reacondicionamiento, especialmente si son simultáneos. Si una afinación completa no soluciona el problema, la única solución es el trabajo mecánico de gran magnitud.

El reacondicionamiento de un motor implica la restauración de las piezas internas para que cumplan con las especificaciones de un motor nuevo. Durante un reacondicionamiento, se reemplazan los anillos de pistón y se reacondicionan las paredes de los cilindros (mediante rectificación o afilado). Si un taller de maquinado automotriz realiza una rectificación, se instalarán pistones nuevos de mayor tamaño. Los rodamientos principales, los rodamientos de la biela y los rodamientos del árbol de levas generalmente se reemplazan con nuevos y, si es necesario, se puede rectificar el cigüeñal para restaurar los muñones. Generalmente, también se realiza servicio a las válvulas, ya que en este punto suelen estar en condiciones que dejan bastante que desear.

Mientras se reacondiciona el motor, también se pueden reconstruir otros componentes, como el distribuidor, el arranque y el alternador. El resultado final debería ser como un motor nuevo que brindará muchos miles de millas sin problemas. **Nota:** *Al reacondicionar un motor se DEBEN reemplazar los componentes críticos del sistema de enfriamiento, como las mangueras, las correas de transmisión, el termostato y la bomba de agua por piezas nuevas.* Hay reconstructores de motores que no darán garantía por su trabajo si el radiador no ha sido limpiado por un profesional al momento de la instalación de un motor reconstruido. Se debe revisar cuidadosamente el radiador para asegurarse de que no esté tapado ni tenga fugas (vea el Capítulo 3). Además, no recomendamos reacondicionar la bomba de aceite; siempre instale una nueva al reconstruir el motor.

Antes de comenzar con el reacondicionamiento, lea todo el procedimiento para familiarizarse con el alcance y los requisitos del trabajo. El reacondicionamiento de un motor no es difícil si tiene el equipo adecuado y sigue atentamente las instrucciones, pero lleva tiempo. Tenga en cuenta que el vehículo estará sujeto al procedimiento durante un mínimo de dos semanas, especialmente si se debe llevar piezas a un taller de maquinado automotriz para reparación o reacondicionamiento. Verifique que haya disponibilidad de piezas y asegúrese de conseguir las herramientas y equipos especiales necesarios por adelantado.

La mayor parte del trabajo se puede realizar con herramientas de mano comunes, aunque se necesitan diversas herramientas de medición de precisión para inspeccionar piezas y determinar si es necesario reemplazarlas. Por lo general, los talleres de maquinado automotriz pueden encargarse de la inspección de las piezas y aconsejar si es necesario reacondicionarlas o reemplazarlas. **Nota:** *Siempre espere hasta que se haya desarmado completamente el motor y se hayan inspeccionado todos los componentes, especialmente el bloque del motor, antes de decidir qué operaciones de servicio o reparación debe realizar el taller de maquinación automotriz.*

Dado que el estado del bloque será uno de los principales factores a considerar para determinar si se debe reacondicionar el motor original o comprar uno reconstruido, no compre piezas ni encargue trabajos de maquinado de otros componentes hasta que se haya inspeccionado completamente el bloque. Como regla general, el costo principal de un reacondicionamiento es el tiempo, por lo que no es recomendable instalar piezas gastadas o de baja calidad.

Como nota final, para asegurar la máxima vida útil de un motor reconstruido y la menor cantidad de problemas posibles, todo se debe ensamblar con cuidado en un entorno inmaculadamente limpio.

2 Revisión de la presión de aceite

Vea las ilustraciones 2.2a, 2.2b y 2.5

1 La presión baja del aceite del motor puede ser signo de que el motor necesita una reconstrucción. Un indicador de "presión baja de aceite" (a menudo llamada "luz idiota") no es una prueba del sistema de aceite. Tales indicadores se presentan sólo cuando la presión de aceite es peligrosamente baja. Incluso un medidor de presión original en el tablero de instrumentos es únicamente una indicación relativa, a pesar de que es mucho mejor como información para el conductor que una luz de advertencia. Una prueba exacta sólo puede ser realizada por un medidor de presión del aceite mecánico (no eléctrico). Cuando se usa junto con un tacómetro exacto, el desempeño de la presión de aceite del motor puede compararse con las Especificaciones del fabricante para ese año y modelo.

2 Ubique la unidad de envío indicadora de la presión de aceite detrás de la parte trasera del múltiple de admisión **(vea las ilustraciones)**.

3 Desmonte la unidad de envío de presión de aceite e instale un adaptador que le permitirá conectar directamente el medidor mecánico portátil de presión del aceite. Use cinta de Teflon o sellador en las roscas del adaptador y de la conexión en el extremo de la manguera del medidor.

4 Conecte un tacómetro exacto al motor, siguiendo las instrucciones del fabricante del tacómetro.

5 Revise la presión de aceite con el motor en marcha (temperatura de funcionamiento al máximo) a la velocidad de motor especificada y compárela con las Especificaciones de este capítulo **(vea la ilustración)**. Si es extremadamente baja, es probable que los rodamientos o la bomba de aceite estén gastados.

3 Revisión de compresión

Vea la ilustración 3.6

1 Una revisión de la compresión le indicará en qué condición mecánica se encuentra la parte del extremo superior del motor (pistones, anillos, válvulas, juntas de culatas). Específicamente, le puede indicar si la compresión es baja por fugas producidas por un pistón o anillos gastados, válvulas y asientos defectuosos o una junta de culata fundida. **Nota:** *Para esta revisión, el motor se debe encontrar a la temperatura de funcionamiento normal y la batería debe estar completamente cargada.*

2 Comience limpiando el área alrededor de las bujías antes de extraerlas (si está disponible, use aire comprimido. La idea es evitar que ingrese suciedad a los cilindros mientras se revisa la compresión.

3 Quite todas las bujías del motor (vea el Capítulo 1).

Capítulo 2 Parte C Procedimientos generales de reacondicionamiento del motor

2.5 Revise la presión de aceite con el motor en marcha (temperatura de funcionamiento al máximo) a la velocidad de motor especificada y compárela con las Especificaciones de este capítulo

3.6. Se prefiere un medidor de compresión con conexión de rosca para el orificio de la bujía en lugar del que requiere presión manual para mantener el sello

4   Bloquee el acelerador en posición completamente abierta.
5   Desactive el sistema de ignición desconectando los conectores eléctricos principales en los juegos de bobinas de ignición (motores V8) o desconectando los conectores eléctricos principales (bajo voltaje) del distribuidor (motores V6). También debe desactivar el circuito de la bomba de combustible, para hacerlo quite el relé de la bomba (se encuentra en la caja de relés/fusibles debajo del capó, vea el Capítulo 12).
6   Instale el medidor de compresión en el orificio de la bujía número uno (vea la ilustración).
7   Haga girar el motor durante al menos siete carreras de compresión y observe el medidor. En un motor en buen estado, la compresión se debe acumular rápidamente. Una compresión baja en la primera carrera, seguida por una presión que se incrementa gradualmente en las carreras sucesivas, es indicio de anillos de pistón gastados. Una lectura baja de compresión durante la primera carrera que no se incrementa durante las carreras siguientes, indica fugas en las válvulas o una junta de culata fundida (una culata rajada también puede ser la causa). Los depósitos en la parte inferior de las culatas de las válvulas también pueden producir baja compresión. Registre la lectura más alta del medidor.
8   Repita el procedimiento con los cilindros restantes y compare los resultados con las Especificaciones de este capítulo.
9   Agregue un poco de aceite para motor (aproximadamente tres chorros de una lata de aceite estilo émbolo) a cada cilindro, a través del orificio de la bujía y repita la prueba.
10   Si aumenta la compresión después de que agregó el aceite, los anillos del pistón definitivamente están gastados. Si la compresión no aumenta demasiado, hay una fuga en las válvulas o en la junta de la culata. Las fugas que se producen más allá de las válvulas pueden ser consecuencia de asientos o caras de válvula quemadas o válvulas combadas, rajadas o dobladas.
11   Si dos cilindros adyacentes tienen una compresión igualmente baja, existe una gran posibilidad de que la junta de las culatas que se encuentra entre ellos se haya fundido. La aparición de refrigerante en las cámaras de combustión o en el cigüeñal confirma este problema.

12   Si un cilindro está levemente más bajo que los demás, y el motor tiene una marcha mínima inestable, la causa puede ser un lóbulo desgastado en el árbol de levas.
13   Si la compresión es inusualmente alta, es probable que las cámaras de combustión estén cubiertas con depósitos de carbón. De ser así, debe extraer las culatas de cilindros y descarbonizarlas.
14   Si la compresión es muy baja o varía mucho entre cilindros, sería una buena idea que un taller de reparación de automóviles realizara una prueba de fugas. Esta prueba indicará exactamente dónde se produce la fuga y su gravedad.

4 Revisiones de diagnóstico del medidor de vacío

Vea las ilustraciones 4.4 y 4.6

1   Un medidor de vacío proporciona información valiosa sobre el estado de los componentes internos del motor. Puede verificar que no haya desgaste en los anillos o las paredes de cilindros, fugas en las juntas de la culata o del múltiple de admisión, escape restringido, válvulas atoradas o quemadas, resortes débiles de válvula, sincronización incorrecta de ignición o de válvulas o problemas de ignición.
2   Desafortunadamente, las lecturas del medidor de vacío son fáciles de malinterpretar, así que se deben usar junto con otras pruebas para confirmar el diagnóstico.
3   Tanto las lecturas absolutas como el índice de movimiento de la aguja son importantes para una interpretación exacta. La mayoría de los medidores miden el vacío en pulgadas de mercurio (pulg.-Hg). Las siguientes referencias al vacío se realizan bajo la premisa de que el diagnóstico se realiza a nivel del mar. A medida que aumenta la elevación (o disminuye la presión atmosférica), disminuye la lectura. Por cada incremento de 1,000 pies en la elevación sobre aproximadamente 2,000 pies, las lecturas del medidor disminuirán aproximadamente una pulgada de mercurio.
4   Conecte el medidor de vacío directamente a la conexión de vacío del múltiple de admisión, no a la conexión de vacío con puerto (cuerpo del acelerador) (vea la ilustración). Asegúrese de que no queden mangueras desconectadas durante la prueba u obtendrá lecturas falsas.
5   Antes de comenzar la prueba, dé tiempo a que el motor caliente completamente. Bloquee las ruedas y aplique el freno de estacionamiento. Con la transmisión en Park (estacionamiento) o Neutral (neutro), arranque el motor y déjelo funcionar en marcha mínima normal. **Advertencia:** *Siempre mantenga las manos, ropa suelta y herramientas lejos del ventilador y no se pare frente al vehículo o en línea con el ventilador mientras funciona el motor.*

4.4 Un medidor de vacío barato puede decirle mucho sobre el estado de un motor

2C-8 Capítulo 2 Parte C Procedimientos generales de reacondicionamiento del motor

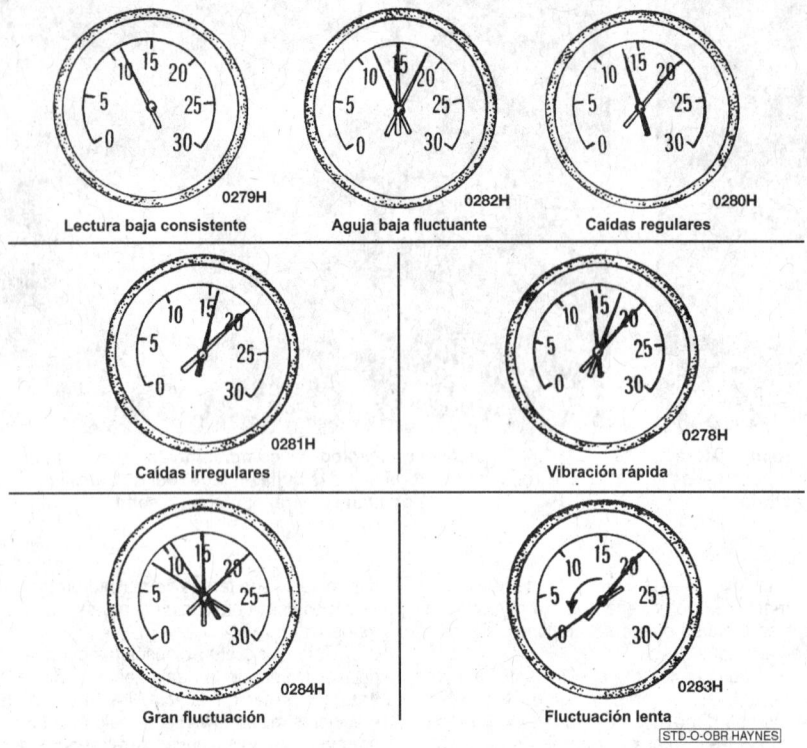

4.6 Lecturas de un medidor de vacío típico

5 Alternativas de reconstrucción del motor

La persona que hace sus propias reparaciones se encontrará con diversas opciones al realizar el reacondicionamiento de un motor. La decisión de reemplazar el bloque del motor, los conjuntos de pistón y biela y el cigüeñal depende de diversos factores, siendo el principal el estado del bloque. Otras consideraciones son el costo, el acceso a instalaciones de taller de maquinado, la disponibilidad de piezas, el tiempo requerido para completar el proyecto y el grado de experiencia mecánica con la que cuenta.

Algunas de las alternativas para la reconstrucción incluyen:

Piezas individuales: Si los procedimientos de inspección revelan que el bloque del motor y la mayoría de los componentes se pueden volver a usar, la alternativa más económica puede ser comprar piezas individuales. Debe inspeccionar con cuidado el bloque, el cigüeñal y los conjuntos de pistón y biela. Aunque el bloque tenga muy poco desgaste, debe afilar la superficie de los huecos de los cilindros.

Juego del cigüeñal: Este paquete de reconstrucción consiste de un cigüeñal restaurado y un conjunto de juegos de pistones y bielas. Los pistones ya estarán instalados en las bielas. En el juego se incluirán los anillos de pistones y los rodamientos necesarios. Estos juegos generalmente están disponibles para huecos de cilindros estándar, así como para bloques de motor que se hayan perforado a un tamaño grande regular.

Bloque corto: Un bloque corto consiste de un bloque de motor con un cigüeñal renovado y con los conjuntos de pistones y bielas ya instalados. Ya estarán incorporados los rodamientos nuevos y todos los espacios serán correctos. La o las culatas de cilindros, el árbol de levas, los componentes del tren de válvulas y las partes externas existentes se pueden empernar al bloque corto con poco o ningún trabajo de taller de maquinado necesario.

Bloque largo: Un bloque largo consiste en un bloque corto más una bomba de aceite, una bandeja de aceite, culatas de cilindros, tapa de válvulas, componentes del árbol de levas y del tren de válvulas, ruedas dentadas de sincronización, cadena de sincronización y cubierta de sincronización. Todos los componentes ya están instalados con rodamientos, sellos y juntas nuevos incorporados. Todo lo que es necesario es la instalación de los múltiples y las partes externas.

Armado del motor usado: Si bien el reacondicionamiento es la mejor forma de estar seguro de que tiene un motor como nuevo, los motores usados que se pueden conseguir en desarmaderos y a través de importadores son, a menudo, una solución simple y económica. Muchos motores usados vienen con garantías, pero siempre realice una revisión de diagnóstico completa a cualquier motor antes de comprarlo. Revise la compresión y el vacío y busque signos de fugas de aceite. Si es posible, haga que el vendedor ponga en marcha el motor, ya sea en el vehículo o en un banco de pruebas, para que pueda verificar que funciona sin problemas, sin golpeteo ni ruidos de otro tipo.

Piense cuidadosamente qué alternativa le conviene más y discuta la situación con los talleres de maquinado automotriz locales, los distribuidores de piezas para automóviles o los vendedores de las tiendas de piezas antes de pedir o comprar piezas de reemplazo.

6 Observe el medidor de vacío; un motor promedio y en buen estado generalmente produce aproximadamente de 17 a 22 pulgadas de vacío con una aguja razonablemente estable **(vea la ilustración)**. Consulte las siguientes lecturas del medidor de vacío y lo que indican sobre la condición del motor:

a) Una lectura baja y estable generalmente indica una fuga en una junta entre el múltiple de admisión y el cuerpo del acelerador, una fuga en la manguera de vacío, una sincronización tardía de ignición o una sincronización incorrecta del árbol de levas. Antes de quitar la cubierta de la cadena de sincronización para verificar las marcas de sincronización, revise la sincronización de ignición con una luz de sincronización y elimine cualquier otra causa posible usando las pruebas que se proporcionan en este Capítulo.

b) Si la lectura es de tres a ocho pulgadas por debajo de lo normal y fluctúa en esa lectura, es posible que haya una fuga en la junta del múltiple de admisión en un puerto de admisión o un inyector de combustible defectuoso.

c) Si la aguja cae en forma regular aproximadamente de dos a cuatro pulgadas a una velocidad constante, es probable que las válvulas tengan fugas. Para confirmarlo, realice una revisión de compresión o una prueba de fugas.

d) Una caída irregular o una oscilación hacia abajo de la aguja puede ser producto de una válvula adherida o un fallo de la ignición. Realice una revisión de compresión o una prueba de fugas y realice una lectura de las bujías.

e) Una vibración rápida de aproximadamente cuatro pulgadas-Hg de vibración en marcha mínima junto con la presencia de humo proveniente del escape indica guías de válvulas desgastadas. Para confirmarlo, realice una prueba de fugas. Si la vibración rápida aparece cuando se aumenta la velocidad del motor, revise que no haya fugas en la junta del múltiple de admisión o de la culata, resortes débiles de válvulas, válvulas quemadas o un fallo de la ignición.

f) Una fluctuación pequeña, digamos de una pulgada hacia arriba o hacia abajo, puede representar problemas de ignición. Revise todos los puntos de afinación normales y, de ser necesario, haga funcionar el motor en un analizador de ignición.

g) Si hay una gran fluctuación, realice una prueba de compresión o de fugas para verificar si hay un cilindro débil o muerto o una junta de culata fundida.

h) Si la aguja se mueve lentamente a través de un amplio rango, revise que el sistema de ventilación positiva del cárter (PCV) no esté tapado, que no haya una mezcla incorrecta de combustible durante la marcha mínima, o que no haya fugas en el cuerpo del carburador/acelerador ni en la junta del múltiple de admisión.

i) Verifique si hay una devolución lenta después de acelerar el motor, abriendo rápidamente el acelerador hasta que el motor alcance las 2,500 revoluciones por minuto (rpm) y dejando que se cierre. Generalmente la lectura debe bajar a casi cero, elevarse por arriba de la lectura de marcha mínima normal (aproximadamente 5 pulg-Hg) y luego volver a la lectura de marcha mínima anterior. Si el vacío vuelve lentamente y no llega a un pico cuando se cierra el acelerador, es posible que los anillos estén desgastados. Si se demora mucho, verifique que el sistema de escape no esté restringido (a menudo el silenciador o el convertidor catalítico). Una forma fácil para verificar esto es desconectar en forma temporal el escape por delante de la pieza sospechosa y volver a realizar la prueba.

Capítulo 2 Parte C Procedimientos generales de reacondicionamiento del motor

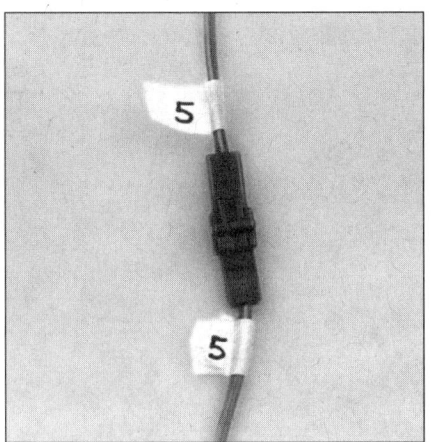

7.5a Etiquete ambos extremos de cada cable antes de desenchufar el conector

7.5b No se olvide de desconectar las conexiones eléctricas (flechas) en la parte trasera del bloque . . .

7.5c . . . y las correas de conexión a tierra (flecha) en el panel contra fuego

6 Desmontaje del motor - métodos y precauciones

Si decide que debe extraer el motor para realizar un reacondicionamiento o trabajos de reparación a gran escala, debe realizar varios pasos preliminares.

Es extremadamente importante encontrar un lugar de trabajo apropiado. Necesitará un espacio de trabajo adecuado y un lugar para guardar el vehículo. Si no dispone de un taller o un garaje, al menos necesitará una superficie de trabajo de concreto o asfalto plana, nivelada y limpia.

Limpiar el compartimiento del motor y el motor antes de comenzar el procedimiento de desmontaje le ayudará a mantener las herramientas y las manos limpias.

También necesitará un elevador para motor o cercha. Asegúrese de que el equipo tenga una clasificación superior al peso combinado del motor y sus accesorios. Dados los peligros potenciales involucrados en levantar del motor del vehículo, la seguridad es de gran importancia.

Si un principiante extrae el motor, debe contar con un ayudante. También es útil que una persona más experimentada brinde consejos y ayuda. Existen varias instancias en las que una sola persona no puede realizar en forma simultánea todas las operaciones necesarias al extraer el motor del vehículo.

Planifique la operación de antemano. Antes de comenzar el trabajo, consiga todas las herramientas y el equipo que necesitará. Algunos de los equipos necesarios para realizar el desmontaje y la instalación de un motor en forma segura y con facilidad son (además de un elevador para motor) un gato de piso para servicio pesado, juegos completos de llaves y cubos como se describe en la parte delantera de este manual, bloques de madera y muchos trapos y solvente limpiador para limpiar salpicaduras de aceite, refrigerante y gasolina. Si debe rentar el elevador, asegúrese de coordinar su uso por adelantado y realice todas las operaciones posibles sin él de antemano. Esto le ahorrará tiempo y dinero.

Tenga en cuenta que el vehículo estará fuera de uso durante bastante tiempo. Un taller de maquinado deberá realizar parte del trabajo que la persona que hace sus propias reparaciones no puede realizar sin los equipos especiales. Estos talleres suelen tener mucho trabajo, por lo que es aconsejable consultarlos antes de extraer el motor para calcular en forma exacta el tiempo necesario para reconstruir o reparar los componentes.

Siempre sea extremadamente cuidadoso al extraer e instalar el motor. Puede sufrir lesiones graves como resultado de acciones descuidadas. Planifique de antemano, tómese su tiempo y podrá realizar exitosamente un trabajo de gran magnitud como este.

7 Motor - desmontaje e instalación

Advertencia 1: *El sistema de aire acondicionado está bajo alta presión. NO afloje ninguna conexión de la manguera ni retire ningún componente hasta que el sistema se haya descargado. El refrigerante del aire acondicionado se debe descartar de la manera adecuada en una unidad de recuperación o reciclaje aprobada por la EPA (Agencia de Protección Ambiental de Estados Unidos) en el departamento de servicio de un distribuidor o en un centro de reparación de aire acondicionado para automotores. Use siempre protección para los ojos cuando desconecte las conexiones del sistema de aire acondicionado.*

Advertencia 2: *La gasolina es extremadamente inflamable; por lo tanto, tome precauciones adicionales cuando trabaje en cualquier parte del sistema de combustible. No fume ni permita llamas expuestas o bombillas descubiertas cerca del área de trabajo y no trabaje en un garaje donde haya algún tipo de aparato a gas natural (tal como un termotanque o secador de ropa). Como la gasolina es carcinogénica, use guantes de látex cuando exista la posibilidad de estar expuesto al combustible; y, si derrama combustible sobre la piel, enjuáguese inmediatamente con agua y jabón. Limpie todo derrame de inmediato y no guarde trapos empapados en combustible donde puedan encenderse. El sistema de combustible está bajo presión constante, por lo tanto, si tiene que desconectar alguna línea de combustible, primero debe liberarse la presión del combustible en el sistema (vea el Capítulo 4 para más información). Cuando realice cualquier tipo de trabajo con el sistema de combustible, use gafas de seguridad y tenga a mano un extintor de incendios Clase B.*

Advertencia 3: *Los modelos incluidos en este manual cuentan con bolsas de aire. Desactive siempre el sistema de bolsas de aire antes de trabajar cerca de cualquier componente del sistema de las bolsas de aire para evitar la posibilidad de que las bolsas se desplieguen accidentalmente, lo que podría causarle lesiones (vea el Capítulo 12).*

Desmontaje

Vea las ilustraciones 7.5a, 7.5b, 7.5c, 7.12, 7.15, 7.22 y 7.27

1   Si el vehículo está equipado con aire acondicionado, pida a un especialista en aires acondicionados que descargue el sistema y recupere el refrigerante.

2   Consulte el Capítulo 4 y alivie la presión del sistema de combustible. Luego, desconecte el cable del terminal negativo de la batería. **Precaución:** *En modelos equipados con el sistema de audio Theftlock, asegúrese de que la función de bloqueo esté apagada antes de realizar cualquier procedimiento que requiera la desconexión de la batería (vea el comienzo de este manual).*

3   Cubra el guardafangos y el panel del parabrisas y quite el capó (vea el Capítulo 11). Existen almohadillas especiales para proteger los guardafangos, pero una manta o un cubrecama viejos también le servirán. **Nota:** *Como una alternativa al desmontaje del capó, puede asegurar el capó en posición vertical quitando los pernos laterales de las bisagras del capó e instalándolos en los orificios inferiores de las bisagras. Pídale a un asistente que le ayude a sostener el capó durante este procedimiento.*

4   Retire el conjunto del filtro de aire (vea el Capítulo 4). Vacíe el sistema de enfriamiento (vea el Capítulo 1).

5   Coloque etiquetas a las líneas de vacío, las mangueras del sistema de emisiones, los conectores del cableado, la correa de conexión a tierra y las líneas de combustible para asegurarse de que se vuelvan a instalar en forma correcta, luego, desconéctelos **(vea las ilustraciones)**. Si existe la posibilidad de que se confunda, realice un bosquejo del compartimiento del motor y etiquete en forma clara las líneas, las mangueras y los cables. Quite los soportes del mazo de cables del múltiple de admisión y aparte el mazo de cables del motor.

6   Etiquete todas las mangueras de refrigerante del motor y desconéctelas.

7   Retire las correas de transmisión (vea el Capítulo 1). En motores V6, quite la tapa del distribuidor y los cables de las bujías para evitar tocar el panel contra fuego mientras el motor está elevado fuera del vehículo.

8   Quite el ventilador de enfriamiento, la cubierta y el radiador (vea el Capítulo 3).

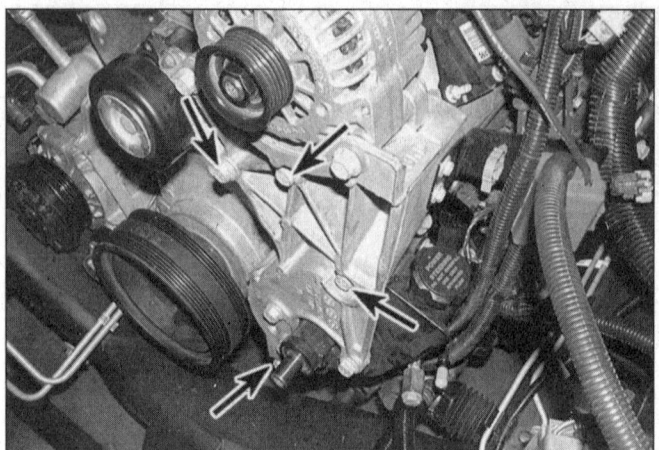

7.12 Pernos del soporte de montaje del alternador/bomba de dirección hidráulica (flechas) (se muestra un motor V8, los motores V6 son similares, excepto que el compresor de A/C está montado donde está el alternador en los motores V8)

7.15 Bajar el mecanismo de la dirección en los modelos pick-up 1500 de tracción en dos ruedas le dará espacio para la bandeja de aceite ya que el motor se mueve hacia adelante para despejar el panel del parabrisas

9   Desmonte la cubierta del múltiple de admisión, si la tiene. Desconecte del cuerpo del acelerador el varillaje del acelerador y el cable de control de velocidad crucero (si tiene) (vea el Capítulo 4).

10   Desconecte las líneas de combustible que van desde el motor al chasis (vea el Capítulo 4). Coloque un tapón o una tapa a todas las líneas o conexiones abiertas. Desconecte el tubo de inyección de aire secundario, si lo tiene, del múltiple de admisión y de los múltiples de escape (vea el Capítulo 6).

11   En vehículos con aire acondicionado, desconecte las líneas de refrigerante del compresor (vea la **Advertencia** al comienzo de esta Sección). Tape todas las mangueras para evitar la contaminación del sistema de A/C y aparte las mangueras. En motores V8, quite los pernos que fijan el compresor al soporte de montaje del compresor del lado del bloque y desmóntelo del compartimiento del motor (vea el Capítulo 3).

12   En vehículos equipados con dirección hidráulica, desconecte las líneas de la bomba de la dirección hidráulica y quite los pernos que fijan la parte trasera de la bomba al motor. Quite el soporte de la bomba de la dirección hidráulica/compresor del aire acondicionado (motores V6) o la bomba de la dirección hidráulica/soporte del alternador (motores V8) de la parte delantera del motor **(vea la ilustración)**. Asegúrese de mantener la bomba en posición vertical después de desmontarla del compartimiento del motor. En motores V6, con este Paso desmontará la bomba de la dirección hidráulica, el soporte de la bomba y el compresor del aire acondicionado. En motores V8, con este Paso desmontará la bomba de la dirección hidráulica, el soporte de la bomba y el alternador.

13   Levante la parte delantera del vehículo y apóyela de manera segura sobre soportes de gato. Trabajando debajo del vehículo, drene el aceite del motor (vea el Capítulo 1).

14   Quite los pernos que fijan el sistema de escape a los múltiples de escape.

15   En modelos con dirección tipo cremallera y piñón, quite los pernos que aseguran el mecanismo de la dirección al bastidor y baje el mecanismo de la dirección, dejándolo colgar de las barras de acoplamiento **(vea la ilustración)**. Este Paso dará espacio para la bandeja de aceite ya que el motor se mueve hacia adelante para despejar el panel del parabrisas.

16   Retire las placas protectoras (debajo del vehículo) de la bandeja de aceite, si tiene. Desmonte el travesaño del brazo de control inferior desde abajo de la bandeja de aceite **(vea la ilustración 14.4 en el Capítulo 2B)**.

17   Retire el motor de arranque (vea el Capítulo 5).

18   Desmonte la cubierta de inspección de la transmisión y las cubiertas de la campana de embrague de la campana de embrague **(vea las ilustraciones 8.8a y 8.8b en el Capítulo 7B)**. Si está trabajando en un vehículo con transmisión automática, consulte el Capítulo 7B y quite los sujetadores que fijan el convertidor de torque al plato de transmisión.

19   Desmonte el soporte del mazo de cables de la parte delantera de la bandeja de aceite y el soporte del lado del pasajero de la bandeja de aceite, asegure las líneas del refrigerante de aceite de la transmisión (si lo tiene) y los cables del motor de arranque. Desconecte el conector eléctrico del sensor de nivel de aceite y el sensor de posición del cigüeñal. También desconecte el calentador del bloque del motor, si lo tiene.

20   Si el vehículo está equipado con un refrigerante de aceite de motor, desconecte las líneas del refrigerante de aceite del motor y el adaptador del lado del conductor de la bandeja de aceite.

21   Sostenga la transmisión con un gato. Coloque un bloque de madera entre el gato y la transmisión para evitar que ésta se dañe. Existen gatos especiales para transmisión con cadenas de seguridad; de ser posible, use un dispositivo de esta clase.

22   Conecte una eslinga para motor o una cadena a los soportes de elevación del motor. **Precaución:** *NO eleve el motor desde el múltiple de admisión. Elévelo únicamente desde el bloque o desde la culata de cilindros.* **Nota:** *Los motores V8 no tienen soportes de elevación. En estos motores será necesario fijar una eslinga a los pernos del múltiple de escape o directamente a las culatas de cilindros* **(vea la ilustración)**.

23   Coloque el elevador en posición y conéctele la eslinga. Tense la eslinga o cadena, pero no eleve el motor. **Advertencia:** *NO coloque ninguna parte de su cuerpo debajo del motor cuando esté apoyado sólo en un elevador u otro dispositivo de elevación.*

24   Quite los pernos que fijan la transmisión al bloque del motor.

25   Desmonte los pernos que fijan la montura del motor al bastidor (consulte el Capítulo 2A o el 2B para ver los procedimientos de desmontaje de la montura del motor).

26   Vuelva a revisar que no quede nada que conecte el motor a la transmisión o al vehículo. Desconecte cualquier cosa que falte.

27   Levante el motor ligeramente. Muévalo con cuidado hacia adelante para separarlo de la transmisión. Si está trabajando en un vehículo con transmisión automática, asegúrese de que el convertidor de torque permanezca en la transmisión (sujete un par de pinzas a la caja para evitar que se salga el convertidor). Si está trabajando en un vehículo con transmisión manual, el eje de entrada debe desacoplarse completamente del embrague. Eleve lentamente el motor del compartimiento del motor **(vea la ilustración)**. Revise con atención para asegurarse de que no cuelgue ningún componente.

28   Desmonte el volante del motor/plato de la transmisión y monte el motor en un soporte para motor.

Instalación

29   Instale el volante del motor/plato de la transmisión en el motor (vea el Capítulo 2A o el 2B). Revise las monturas del motor y de la transmisión. Si presentan desgaste o daños, reemplácelas.

30   Si está trabajando en un vehículo con transmisión manual, instale el embrague y el plato de presión sobre el volante del motor (vea el Capítulo 7A). Éste es un buen momento para instalar un nuevo embrague.

31   Baje el motor con cuidado al compartimiento del motor; asegúrese de que las monturas del motor estén alineadas.

32   Si está trabajando en un motor con transmisión automática, guíe el convertidor de torque dentro del cigüeñal conforme el procedimiento delineado en el Capítulo 7B.

Capítulo 2 Parte C Procedimientos generales de reacondicionamiento del motor

7.22 En motores V8, será necesario fijar la eslinga o la cadena a las culatas de cilindros

7.27 Empuje el motor hacia adelante tanto como sea posible para despejar la transmisión y el panel del parabrisas; luego, eleve el motor lo suficientemente alto como para despejar la carrocería

33   Si está trabajando en un vehículo con transmisión manual, aplique un poco de grasa para alta temperatura en el eje de entrada y guíelo hacia el rodamiento piloto del cigüeñal hasta que la campana de embrague esté alineada con el bloque del motor. **Nota:** *Es posible que necesite colocar la transmisión en la posición de primera marcha, luego gire el eje de salida de la transmisión hasta que el diente en el eje de entrada esté alineado con el diente en el disco de embrague.*
34   Instale los pernos que fijan la transmisión al motor y ajústelos en forma segura. **Precaución:** *NO use pernos para forzar la unión entre la transmisión y el motor.*
35   Vuelva a instalar los componentes restantes en el orden inverso al del desmontaje. **Precaución:** *En modelos 2001 y posteriores, cuando se reinstala el motor se debe reemplazar el varillaje del acelerador.*
36   Agregue refrigerante, aceite, aceite de dirección hidráulica y líquido de transmisión según sea necesario.
37   Arranque el motor y revise que no haya fugas y que funcionen bien todos los accesorios; luego, instale el capó y pruebe el vehículo.
38   Vuelva a cargar el sistema de aire acondicionado y examínelo para detectar fugas.

8   Reacondicionamiento del motor - secuencia de desarmado

1   Es mucho más fácil desarmar el motor y trabajar en él si está montado en un soporte para motor portátil. Generalmente puede rentar un soporte a bajo precio en una tienda de alquiler de equipos. Antes de montar el motor en un soporte, debe quitar el volante del motor/plato de transmisión del motor.
2   Si no cuenta con un soporte, es posible desarmar el motor apoyado sobre bloques en el suelo. Tenga mucho cuidado de no inclinar o dejar caer el motor cuando trabaja sin un soporte.
3   Si el motor que va a conseguir es reconstruido, primero debe quitar todos los componentes externos para transferirlos al motor de reemplazo, de la misma forma en que lo haría si usted realizara el reacondicionamiento completo. Estas revisiones incluyen:

Alternador y soportes
Componentes del control de emisión
Distribuidor, cables de bujías y bujías (motores V6)
Bobinas de ignición, cables de bujías y bujías (motores V8)
Termostato y cubierta de la caja
Bomba de agua
Componentes de la bomba de inyección de combustible
Múltiples de admisión y de escape
Filtro de aceite
Monturas del motor
Embrague y volante del motor/plato de transmisión

Nota: *Al quitar los componentes externos del motor, preste mucha atención a los detalles que pueden ser útiles o importantes durante la instalación. Tenga en cuenta la posición en la que están instalados las juntas, los sellos, los separadores, los pasadores, los soportes, las arandelas, los pernos y otros elementos pequeños.*
4   Si va a obtener un bloque corto, conformado por el conjunto ensamblado que incluye un bloque del motor, el cigüeñal, los pistones y las bielas, también deberá quitar las culatas de cilindros, la bandeja de aceite y la bomba de aceite. Para obtener más información sobre las diferentes posibilidades que debe considerar, vea *Alternativas de reconstrucción del motor*.
5   Si planea realizar un reacondicionamiento completo, debe desarmar el motor y quitar los componentes internos en el siguiente orden:

Tapa(s) de válvulas
Múltiples de admisión y de escape
Balancines y varillas de empuje
Culata(s) de cilindros
Levantaválvulas
Bandeja de aceite
Bomba de aceite (motores V6)
Cubierta de la cadena de sincronización
Bomba de aceite (motores V8)
Cadena de sincronización y ruedas dentadas
Árbol de levas
Eje balanceador (motores V6)
Conjuntos de pistón y biela
Retenedor del sello de aceite principal trasero
Cigüeñal y rodamientos principales

6   Antes de comenzar los procedimientos de desarmado y reacondicionamiento, asegúrese de que tiene disponibles los siguientes elementos. También consulte la Sección 23 para ver una lista de las herramientas y materiales necesarios para rearmar el motor.

Herramientas de mano comunes
Pequeñas cajas de cartón o bolsas de plástico para almacenar piezas
Raspador de juntas
Escariador para cilindros
Extractor del balanceador del cigüeñal
Micrómetros
Medidores telescópicos
Juego de indicadores de esfera
Compresor del resorte de válvula
Rectificador para superficies de cilindros
Herramienta para limpiar las ranuras de los anillos de pistones
Taladro eléctrico
Juego de roscador y matriz
Cepillos de alambre
Cepillos para la galería de aceite
Solvente de limpieza

9   Culata de cilindros - desarmado

Consulte las ilustraciones 9.2, 9.3 y 9.4
Nota: *Generalmente puede conseguir culatas de cilindros reconstruidas para la mayoría de los motores en concesionarios y tiendas de autopartes. Ya que necesitará algunas herramientas especializadas para realizar los procedimientos de desarmado e inspección y que es posible que algunas de las piezas de repuesto no estén disponibles cuando las necesite, quizás sea más práctico y económico para el mecánico doméstico comprar las culatas de reemplazo en vez de tomarse el trabajo de desarmar, inspeccionar y reacondicionar las originales.*
1   El desarmado de las culatas de cilindro requiere desmontar las válvulas de admisión y de escape y los componentes relacionados. Si todavía están colocados, quite los pernos del balancín, los pivotes y los balancines de la culata de cilindros. Etiquete las piezas o almacénelas por separado para poder reinstalarlas en sus ubicaciones originales.

9.2 Puede usar una bolsa de plástico pequeña con una etiqueta para guardar los componentes del tren de válvulas de modo que permanezcan juntos y pueda reinstalarlos en la guía correcta

9.3 Use un compresor de resorte de válvula para comprimir el resorte; luego, quite los sujetadores con un imán o pinzas de punta fina

9.4 Si la válvula no pasa por la guía, desrebabe el borde del vástago y el área que rodea la parte superior de la ranura del sujetador con una lima

2 Antes de quitar las válvulas, disponga lo necesario para etiquetarlas y almacenarlas junto con los componentes relacionados para poder mantenerlas separadas y reinstalarlas en las mismas guías de válvula de donde las sacó (**vea la ilustración**).

3 Comprima los resortes de la primera válvula con un compresor de resortes y quite los sujetadores (**vea la ilustración**). Libere con cuidado el compresor del resorte de válvula y quite el retenedor, el resorte y el asiento de resorte (si lo usa).

4 Quite la válvula de la culata y luego quite el sello de aceite de la guía. Si la válvula se traba en la guía (no sale), vuélvala a empujar a la culata y desbarbe el área alrededor de la ranura del sujetador con una lima fina o una piedra de amolar (**vea la ilustración**).

5 Repita este procedimiento para el resto de las válvulas. Recuerde mantener juntas todas las piezas de cada válvula para poder volver a instalarlas en las mismas ubicaciones.

6 Una vez que quitó las válvulas y los componentes relacionados y los almacenó en forma organizada, limpie e inspeccione la culata cuidadosamente. Si realiza un reacondicionamiento completo, termine los procedimientos de desarmado antes de comenzar con el proceso de limpieza e inspección de la culata de cilindros.

10 Culata de cilindros - limpieza e inspección

Limpieza
Vea las ilustraciones 10.12, 10.14, 10.15, 10.16, 10.17 y 10.18

1 Una limpieza exhaustiva de las culatas de cilindros y los componentes relacionados del tren de válvulas, seguida por una inspección detallada, le permitirá determinar cuánto trabajo de servicio de válvula se debe realizar durante el reacondicionamiento del motor. **Nota:** *Si el motor se recalentó demasiado, es probable que la culata de cilindros esté deformada* (vea el Paso 12).

2 Raspe todo rastro de material de junta y de compuesto sellador viejo de las superficies de sellado de la junta de la culata, del múltiple de admisión y del múltiple de escape. Tenga mucho cuidado de no deformar la culata de cilindros. En las tiendas de autopartes puede conseguir solventes especiales para remover juntas que ablandan las juntas y facilitan mucho el desmontaje.

3 Quite toda acumulación de sarro de los pasajes del refrigerante.

4 Pase un cepillo de alambre rígido a través de los diversos orificios para eliminar los depósitos que pueden haber dentro de ellos.

5 Pase un roscador del tamaño apropiado por cada uno de los orificios roscados para quitar la corrosión y el sellador de roscas que pueda haber en ellos. Si tiene aire comprimido, úselo para limpiar los orificios de los desechos que produce esta operación. **Advertencia:** *Use protección para ojos al utilizar aire comprimido.*

6 Limpie las roscas de los pernos de pivote (motores V8) o de los pernos prisioneros (motores V6) del balancín con un cepillo de alambre.

7 Limpie la culata de cilindros con solvente y séquela cuidadosamente. El aire comprimido acelerará el proceso de secado y asegurará que todos los orificios y cavidades queden limpios. **Nota:** *Existen químicos para descarbonizar que pueden ser muy útiles para limpiar las culatas de cilindros y los componentes del tren de válvulas. Estos productos son muy cáusticos y deben usarse con cuidado. Asegúrese de seguir las instrucciones del envase.*

8 Limpie los balancines, las rótulas pivotantes o los fulcros, las tuercas o los pernos y las varillas de empuje con solvente y séquelos cuidadosamente (no los mezcle durante el proceso de limpieza). El aire comprimido acelerará el proceso de secado y se puede usar para limpiar los pasajes de aceite.

9 Limpie todos los resortes de válvulas, los asientos de resortes, los sujetadores y los retenedores (o rotadores) con solvente y séquelos cuidadosamente. Trabaje con los componentes de una válvula a la vez para evitar mezclar las piezas.

10 Raspe cualquier depósito pesado que se pueda haber formado en las válvulas y luego use un cepillo de alambre motorizado para eliminar los depósitos de las culatas de cilindros y los vástagos. Nuevamente, asegúrese de que no se mezclen las válvulas.

Inspección
Nota: *Asegúrese de realizar todos los siguientes procedimientos de inspección antes de dar por sentado que se requiere trabajo de taller de maquinado. Haga una lista de los puntos a los que debe prestar atención.*

Culata de cilindros

11 Inspeccione muy atentamente que no haya rajaduras, rastros de fugas de refrigerante ni otros daños en la culata. Si encuentra rajaduras, consulte a un taller de maquinado automotriz para obtener información sobre la reparación. Si no es posible realizar la reparación, tendrá que conseguir una nueva culata de cilindros.

12 Use una regla y un juego de galgas para verificar que no haya alabeo en la superficie de contacto de la junta de la culata (**vea la ilustración**). Si el alabeo supera el límite especificado, lo pueden rectificar en un taller de maquinado automotriz. **Nota:** *Si se rectifican las culatas, también se deberá realizar maquinado en las bridas del múltiple de admisión.*

13 Examine los asientos de la válvula en cada una de las cámaras de combustión. Si están astillados, rajados o quemados, la culata requiere un servicio de válvula que excede las capacidades del mecánico doméstico.

10.12 Revise la superficie de la culata de cilindros para detectar alabeo intentando deslizar un calibre de espesor entre la regla (vea el alabeo máximo en las Especificaciones y use un calibre de ese espesor)

Capítulo 2 Parte C Procedimientos generales de reacondicionamiento del motor 2C-13

10.14 Puede usarse un indicador de esfera para determinar el juego libre entre el vástago y la guía (mueva el vástago según indican las flechas)

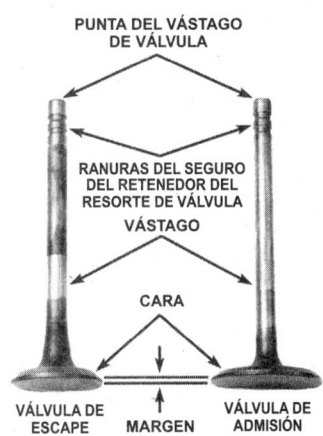

10.15 Revise el desgaste de la válvula en los puntos que se muestran aquí

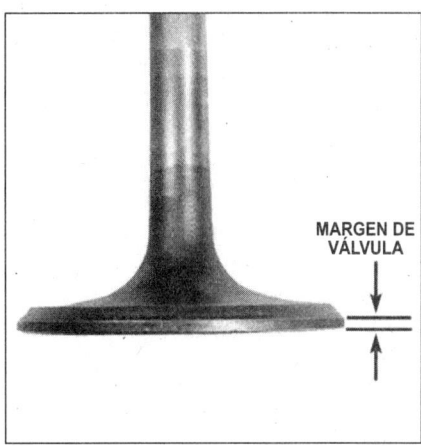

10.16 El ancho del margen de la válvula debe ser el especificado. Si no hay margen, la válvula no se puede volver a utilizar

14 Verifique el juego libre entre el vástago y la guía de la válvula midiendo el movimiento lateral del vástago con un indicador de esfera conectado en forma segura a la culata **(vea la ilustración)**. La válvula debe estar en la guía, a aproximadamente 1/16 de pulgada fuera del asiento. El movimiento total del vástago de la válvula indicado por la aguja del medidor se debe dividir por dos para obtener el espacio real. Una vez hecho esto, si todavía queda alguna duda sobre el estado de las guías de válvula, debe hacerlas revisar en un taller de maquinado automotriz (debería costar muy poco). Si el espacio es demasiado, el taller de maquinado deberá instalar guías de válvula nuevas en la(s) culata(s).

Válvulas

15 Inspeccione cuidadosamente cada válvula en busca de desgaste disparejo, deformaciones, rajaduras, depresiones y áreas quemadas **(vea la ilustración)**. Revise que no haya arañazos ni corrosión en el vástago de la válvula ni rajaduras en el cuello. Gire la válvula y revise que no haya indicaciones obvias de que está doblada. Busque desniveles y desgaste excesivo en el extremo del vástago. La presencia de cualquiera de estas condiciones indica que es necesario realizar el servicio de válvulas en un taller de maquinado automotriz.

16 Mida el ancho del margen en cada válvula **(vea la ilustración)**. Cualquier válvula con un margen más estrecho que el indicado en las Especificaciones de este capítulo deberá ser reemplazada por una nueva.

Componentes de la válvula

17 Revise cada resorte de válvula en busca de desgaste (en los extremos) y desniveles. Mida la longitud libre y compárela con las Especificaciones de este capítulo **(vea la ilustración)**. Los resortes que sean más cortos que lo especificado están combados, por lo que no se deben volver a usar. Debe verificar la tensión de todos los resortes con un accesorio especial antes de determinar que se los puede usar en un motor reconstruido (lleve los resortes a un taller de maquinado de automóviles para que realicen esta verificación).

18 Pare cada resorte en una superficie plana y verifique la simetría **(vea la ilustración)**. Si algún resorte está deformado o combado, reemplácelo por uno nuevo. Los resortes que no estén en escuadra pueden acelerar el desgaste de la guía. **Nota:** *Los motores V8 están equipados con resortes de válvula cónicos, cuya parte superior es más angosta. En estos modelos será necesario colocar una escuadra a ambos costados del resorte (a 180 grados de distancia) y anotar las medidas entre la parte superior del resorte y la escuadra. Si el resorte está en escuadra, la medida debe ser la misma en ambos costados.*

19 Revise que no haya desgaste ni rajaduras visibles en los retenedores (o rotadores) y sujetadores de los resortes. Cualquier pieza cuestionable se debe reemplazar con una nueva, ya que se pueden producir daños importantes si fallan durante la operación del motor.

Componentes del balancín

20 Revise que no haya desniveles, desgaste, corrosión, rayas ni puntos problemáticos en las superficies del balancín (las áreas que entran en contacto con los extremos de la varilla de empuje y con los vástagos de la válvula). Revise las áreas de contacto del eje de giro del balancín y los pivotes. Verifique que no haya rajaduras en cada balancín y tuerca o perno. En los motores V8 revise los rodamientos del pivote en busca de agarrotamientos y asperezas.

21 Verifique que no haya arañazos ni desgaste excesivo en los extremos de la varilla de empuje. Haga girar cada varilla de empuje sobre una superficie plana, como un trozo de vidrio plano, para determinar si está doblada.

22 Revise que los orificios para los pernos o las roscas de los pernos prisioneros en las culatas de cilindros no tengan roscas dañadas y estén instalados en forma segura.

23 Debe reemplazar todas las piezas dañadas o con desgaste excesivo por unidades nuevas.

24 Si el proceso de inspección indica que los componentes de la válvula se encuentran en una condición general pobre y que sufren un desgaste que supera los límites especificados, lo que generalmente sucede en un motor que se reacondiciona, vuelva a armar las válvulas en la culata de cilindros y vea la Sección 11 para obtener recomendaciones para servicio de válvulas.

11 Válvulas - servicio

1 Debido a la naturaleza compleja del trabajo y a las herramientas y equipos especiales que se necesitan, el servicio de las válvulas y de los asientos y las guías de las válvulas, generalmente conocido como trabajo de válvulas, debe ser realizado por un profesional.

2 El mecánico doméstico puede quitar y desarmar la(s) culata(s), hacer la limpieza y la inspección iniciales, volver a armar las piezas y llevarla (o llevarlas) a un taller de maquinado automotriz para que realicen el verdadero trabajo de servicio. Realizar la inspección le permitirá ver en qué

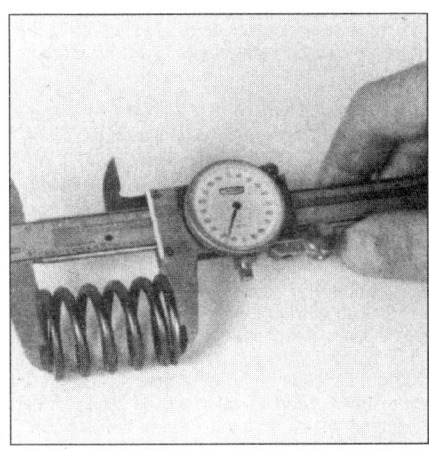

10.17 Mida la longitud de cada resorte de válvula con un medidor de esfera o caliper vernier

10.18 Revise cada resorte para asegurarse de que sea simétrico

2C-14 Capítulo 2 Parte C Procedimientos generales de reacondicionamiento del motor

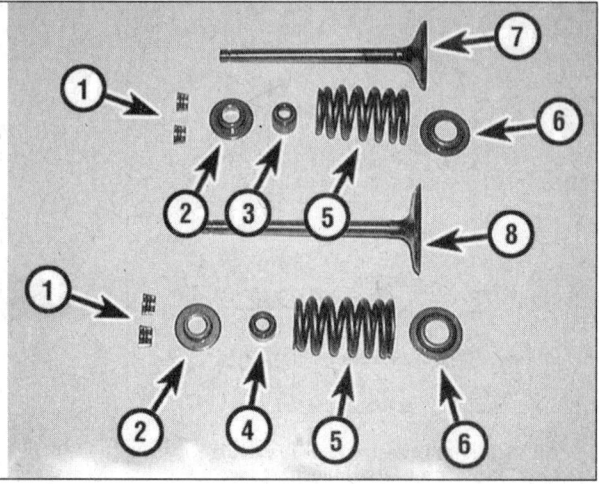

12.6 Válvulas y componentes relacionados (se muestra un motor V8, es similar en los V6)

1. Sujetador de válvula
2. Retenedor
3. Sello de la válvula de escape
4. Sello de la válvula de admisión
5. Resorte de válvula
6. Asiento del resorte de la válvula (culatas de aluminio)
7. Válvula de escape
8. Válvula de admisión

12.7 Aplique una pequeña cantidad de grasa a cada sujetador antes de la instalación, tal como se muestra; los mantendrá en su lugar sobre el vástago de la válvula cuando se suelte el resorte

condición se encuentran los componentes de la culata y del tren de válvulas y asegurarse de que sabe qué trabajo y qué piezas nuevas necesita al tratar con un taller de maquinado automotriz.

3   En el taller de maquinado automotriz quitarán las válvulas y los resortes, reacondicionarán o reemplazarán las válvulas y los asientos de válvulas, reacondicionarán las guías de válvulas, revisarán y reemplazarán los resortes de las válvulas, los retenedores o rotadores de las válvulas y sujetadores (según sea necesario), reemplazarán los asientos de válvulas por unidades nuevas, volverán a armar los componentes de la válvula y se asegurarán de que la altura del resorte instalado sea la correcta. También se revestirá la junta de la culata de cilindros si está deformada. En los motores V6 y V8, se debe reacondicionar la misma cantidad en las dos culatas y, si se quitan más que 0.20 pulgadas, también se deben reacondicionar la parte inferior y los costados del múltiple de admisión, para que todo el pasaje y los orificios se alineen correctamente. Tenga presente que algunas culatas de cilindros tienen una altura de reacondicionamiento mínima (similar a un rotor o tambor de freno). Si se las reacondiciona más allá de la altura mínima, deberán ser reemplazadas. Para estar seguro, mida la altura de las culatas y compárelas con las Especificaciones que se encuentran al comienzo de este capítulo. Esta información le dirá la cantidad máxima de material que se puede maquinar de la superficie de la cubierta de la culata de cilindros. Asegúrese de informar estos datos al taller de maquinado, no dé por supuesto que ya los tienen.

4   Después de que un profesional realice el trabajo de válvulas, la culata se encontrará como nueva. Cuando le devuelvan la culata, asegúrese de limpiarla nuevamente antes de instalarla en el motor para eliminar partículas de metal y arenilla abrasiva que pueda haber quedado por el servicio de válvulas o las operaciones de revestimiento de la culata. Si está disponible, use aire comprimido para limpiar todos los orificios para aceite, orificios para pernos y pasajes de refrigerante.

12 Culata de cilindros - rearmado

Consulte las ilustraciones 12.6, 12.7 y 12.9

1   Sin importar si envió la culata o no a un taller de reparaciones de automóviles para efectuar el servicio de válvulas, asegúrese de que esté limpia antes de comenzar a armarla nuevamente.

2   Si se le realizó servicio de válvulas a la culata, las válvulas y los componentes relacionados ya estarán en su lugar. Comience el proceso de rearmado con el Paso 8.

3   Comenzando por un extremo de la culata, lubrique e instale la primera válvula. Aplique grasa a base de molibdeno o aceite de motor limpio al vástago de la válvula.

4   Instale el asiento del resorte y las laminillas, si estaban instaladas originalmente, antes que los sellos de válvula.

5   Coloque un sello de vástago de la válvula nuevo sobre el vástago de la válvula y presiónelo hacia abajo a mano sobre la guía de la válvula hasta la profundidad especificada **(vea las ilustraciones 6.13b en el Capítulo 2A y la 6.15b en el Capítulo 2B)**. No fuerce el sello de la válvula contra la parte superior de la guía. **Precaución:** *En estos modelos, las válvulas de admisión y de escape requieren sellos diferentes. No coloque un sello de válvula de escape sobre una válvula de admisión porque provocará una gran consumo de aceite. Los sellos de las válvulas de escape generalmente son de color marrón; y los de las válvulas de admisión, color negro*. No martille los sellos o se podrían ir demasiado profundo y, más adelante, tener fugas. No tuerza ni levante los sellos durante la instalación; de lo contrario, no sellarán en forma correcta sobre los vástagos de la válvula. Muchos juegos de sellos vienen con un instalador plástico que se desliza sobre la parte superior del vástago para evitar que el sello de válvula quede atrapado en la ranura del sujetador de la válvula.

6   Los componentes de la válvula **(vea la ilustración)** pueden instalarse en el siguiente orden:

Válvulas
Asiento del resorte de la válvula (culatas de cilindros de aluminio)
Sellos para vástagos de válvula
Laminillas para resorte de válvula (si tiene)
Resortes de válvula
Retenedores o rotadores
Sujetadores

7   Comprima los resortes con un compresor del resorte de válvula e instale cuidadosamente los sujetadores en la ranura; luego, libere lentamente el compresor y asegúrese de que los sujetadores estén asentados en forma correcta. Aplique una pequeña cantidad de grasa a cada sujetador para mantenerlos en su lugar (vea la ilustración). Si es necesario, golpee suavemente el vástago de la válvula con un martillo de plástico para asentar los sujetadores.

8   Repita este procedimiento para el resto de las válvulas. Asegúrese de colocar los componentes en sus ubicaciones originales; no los mezcle.

9   Revise la altura del resorte de válvula instalado con una regla graduada en incrementos de 1/32 pulg o con un calibrador de esfera **(vea la ilustración)**. Si se efectuó servicio en la culata, la altura instalada debería ser la correcta (pero no presuponga que lo es). La medida se toma desde la parte superior de cada asiento de resorte o de cada laminilla superior hasta la parte inferior del retenedor. Si la altura es mayor que la especificada en este Capítulo, se pueden agregar laminillas debajo de los resortes para corregirla. **Precaución:** *Bajo ninguna circunstancia use laminillas en los resortes al punto en que la altura instalada sea menor que la especificada.*

10   Aplique grasa a base de molibdeno a las superficies y los pivotes del balancín, luego instale los balancines y los pivotes sobre las culatas de cilindros. Apriete los pernos y las tuercas a mano.

12.9 Asegúrese de revisar la altura del resorte de válvula instalado (la distancia desde la parte superior del asiento/laminillas hasta la parte superior del protector o la parte inferior del retenedor)

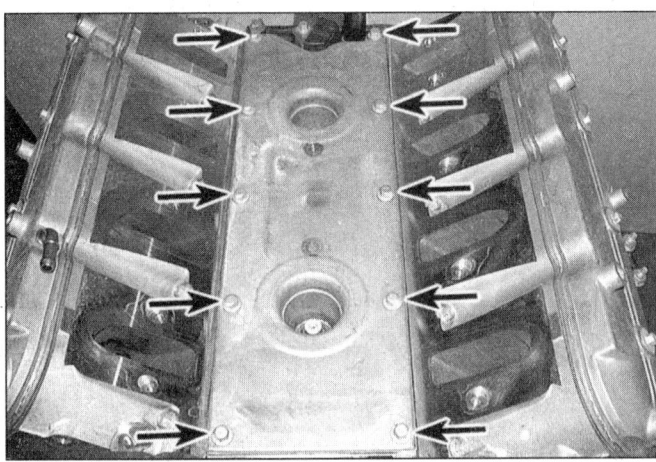

13.1a Pernos de montaje de la cubierta de la cuenca, motor V8

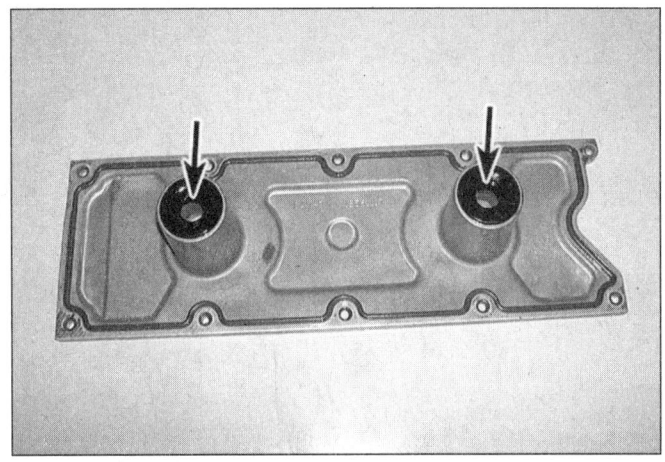

13.1b Asegúrese de reemplazar la junta de la cubierta de la cuenca y los sellos de aceite del sensor de golpeteo (flechas) durante la instalación

13 Árbol de levas, levantaválvulas y rodamientos - desmontaje e inspección

Desmontaje
Vea las ilustraciones 13.1a y 13.1b

1   Consulte el Capítulo 2A (motores V6) o el 2B (motores V8) para ver el procedimiento de desmontaje del árbol de levas y del levantaválvulas. Dado que el motor ya ha sido desmontado del vehículo, saltee los pasos que no correspondan. En motores V8 será necesario desmontar la cubierta de la cuenca del motor. Quite los pernos y separe la cubierta del bloque del motor. Asegúrese de instalar una junta y sellos del sensor de golpeteos nuevos después de la instalación **(vea las ilustraciones)**. Se supone que para este punto ya se han desmontado las culatas de cilindros y el tubo de ventilación de vapor de refrigerante.

Inspección
Revisión de la altura del lóbulo del árbol de levas
Vea las ilustraciones 13.3, 13.9a y 13.9b

2   El primer método, y el más simple, para revisar la altura del lóbulo del árbol de levas utiliza un indicador de esfera con el árbol de levas instalado en el bloque del motor, sin los balancines y las bujías. **Nota:** *El método siguiente también se puede utilizar si las culatas de cilindros y/o las varillas de empuje fueron desmontadas, simplemente monte el indicador de esfera sobre la superficie de la cubierta del bloque del motor y coloque el émbolo contra la superficie superior del levantaválvulas en el cilindro que está revisando.*

3   Comenzando por el cilindro número uno, monte un indicador de esfera sobre el motor y ubique el émbolo contra la superficie superior de la varilla de empuje o del levantaválvulas. Coloque el cilindro número uno en el TDC de la carrera de compresión (vea la Sección 3 en el Capítulo 2A o 2B). El émbolo tiene que estar directamente encima y alineado con la varilla de empuje **(vea la ilustración)**.

4   Coloque el indicador de esfera en cero, luego gire el cigüeñal muy lentamente en la dirección de rotación normal (en sentido horario) hasta que la aguja indicadora se detenga y comience a moverse en la dirección contraria. El punto en el cual se detiene indica la altura máxima del lóbulo de leva.

5   Registre esta cifra para tenerla como referencia en el futuro y vuelva a colocar el pistón en TDC de la carrera de compresión.

6   Mueva el indicador de esfera a la otra varilla de empuje o levantaválvulas del cilindro número uno y repita la revisión. Asegúrese de registrar los resultados para cada válvula.

7   Repita la revisión en las válvulas restantes. Como para este procedimiento cada pistón debe estar en TDC en la carrera de compresión, trabaje de cilindro a cilindro siguiendo la secuencia del orden de encendido.

8   El segundo método para medir la altura del lóbulo del árbol de levas utiliza un micrómetro con el árbol de levas desmontado del bloque del motor.

9   Utilizando este método, mida la elevación del lóbulo del árbol de levas y el círculo de la base **(vea las ilustraciones)**. La diferencia entre las dos medidas es la altura del lóbulo (elevación del lóbulo — círculo de base = altura del lóbulo). Registre esta cifra para tenerla como referencia en el futuro y repita la revisión en los lóbulos restantes del árbol de levas.

10   Después de completar la revisión de la altura del lóbulo, compare los resultados con las Especificaciones indicadas en el Capítulo 2A (motores V6) o en el 2B (motores V8). Si la altura del lóbulo es 0.002 pulgadas menor que la especificada, el lóbulo de la leva se ha gastado y debe instalar un árbol de levas nuevo.

13.3 Revise la altura del lóbulo del árbol de levas con el árbol de levas instalado en el motor, siempre asegúrese de que el émbolo del indicador de esfera esté alineado directamente con la varilla de empuje o el levantaválvulas

13.9a Si desmonta el árbol de levas del motor, puede obtener la altura del lóbulo midiendo la elevación del lóbulo del árbol de levas . . .

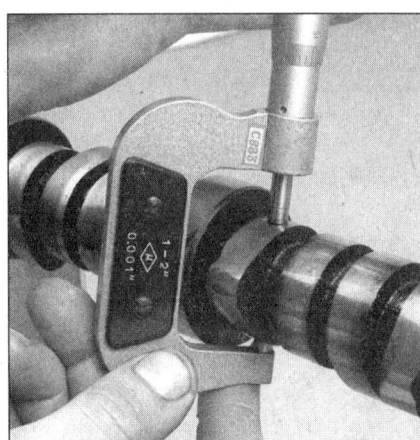

13.9b . . . y midiendo el círculo de base del árbol de levas, la diferencia entre las dos medidas equivale a la altura del lóbulo

2C-16   Capítulo 2 Parte C   Procedimientos generales de reacondicionamiento del motor

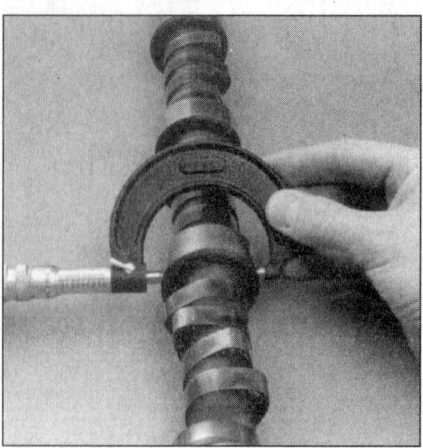

13.12 Revise el diámetro de cada muñón de rodamiento del árbol de levas para identificar desgaste excesivo y ovalado

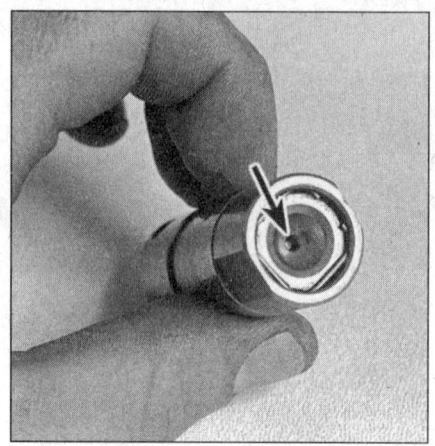

13.14 Revise el asentamiento de la varilla de empuje (flecha) en la parte superior de cada levantaválvulas para detectar desgaste

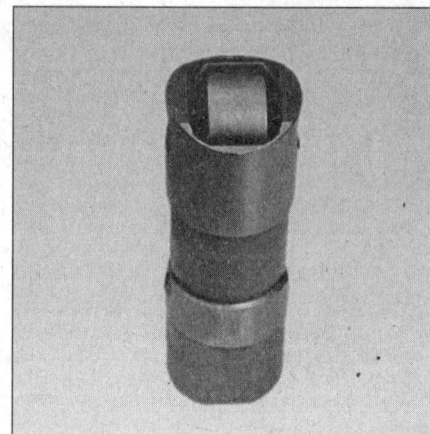

13.15 El rodillo de los levantaválvulas hidráulicos debe girar libremente; revíselo para detectar desgaste y juego libre excesivo

Muñones de rodamientos, lóbulos y rodamientos
Consulte la ilustración 13.12

11   Después de que haya quitado el árbol de levas del motor, límpielo con solvente y séquelo; luego inspeccione los muñones del rodamiento para detectar desgaste desparejo, erosión y rastros de agarre. Si los muñones están dañados, es probable que los insertos del rodamiento en el bloque también estén dañados. Deberá reemplazar tanto el árbol de levas como los rodamientos. **Nota:** *El reemplazo de los rodamientos del árbol de levas requiere herramientas especiales y experiencia que van más allá del alcance de un mecánico doméstico promedio. Las herramientas para el desmontaje e instalación de rodamientos se pueden conseguir en tiendas que venden herramientas automotrices, posiblemente también se puedan conseguir en comercios de alquiler de herramientas. Sin embargo, si los rodamientos están mal y el procedimiento se encuentra más allá de sus capacidades, es aconsejable que lleve el bloque del motor a un taller de maquinado automotriz para asegurarse de que el trabajo se realice correctamente.*
12   Mida los muñones del rodamiento con un micrómetro para determinar si están excesivamente gastados u ovalados **(vea la ilustración)**.

13   Revise los lóbulos del árbol de levas para detectar decoloración por calor, rayas, áreas astilladas, erosión o desgaste desparejo. Si los lóbulos están en buen estado y si las mediciones de las alturas registradas antes están dentro del rango especificado, puede volver a utilizar el árbol de levas.

Levantaválvulas
Consulte las ilustraciones 13.14 y 13.15

14   Limpie los levantaválvulas con solvente y séquelos cuidadosamente sin mezclarlos. Verifique que no haya rayas ni desgaste desparejo en cada pared de levantaválvulas y asiento de varilla de empuje **(vea la ilustración)**. Si las paredes del levantaválvulas están dañadas o desgastadas (lo cual es muy improbable), inspeccione también los huecos de los levantaválvulas en el bloque del motor. Si los asientos de las varillas de empuje están desgastados, verifique los extremos de las varillas de empuje.
15   Verifique cuidadosamente que no haya desgaste ni daños en los rodillos y asegúrese de que giren libremente sin juego libre excesivo **(vea la ilustración)**.
16   Los levantaválvulas de rodillo no se deben volver a instalar con un árbol de levas nuevo, pero el árbol de levas original se puede volver a usar con levantaválvulas nuevos. Siempre use levantaválvulas nuevos cuando instale un árbol de levas nuevo.

14   Eje balanceador y rodamientos (motores V6) - desmontaje e inspección

Desmontaje
Consulte las ilustraciones 14.1 y 14.2
Nota: *Si va a desmontar el eje balanceador, el perno del engranaje del eje balanceador se debe quitar antes de desmontar la cadena de sincronización, de forma tal que el eje esté sujeto mientras se afloja el perno.*
1   Quite los dos pernos y el retenedor del eje balanceador en la parte delantera del bloque **(vea la ilustración)**.
2   El rodamiento delantero del eje balanceador calza ajustadamente en el bloque; para quitarlo, use un martillo deslizante en la parte delantera del eje balanceador **(vea la ilustración)**.

14.1 En los motores V6, desmonte los dos pernos Torx y el retenedor del eje balanceador

14.2 En la parte delantera del eje balanceador debe enroscar un martillo deslizante pequeño para quitar del bloque el eje balanceador y el rodamiento delantero

Capítulo 2 Parte C Procedimientos generales de reacondicionamiento del motor

15.1 Se requiere un escariador para cilindros para quitar la estría de la parte superior de cada cilindro. Haga esto antes de quitar los pistones

15.3 Revise el espacio lateral de las bielas (juego longitudinal) con un calibre de espesor, tal como se muestra aquí, entre la biela y el muñón del cigüeñal

Inspección

3 Inspeccione el eje balanceador y mida el diámetro del muñón del rodamiento trasero de la misma forma en que lo hizo con el árbol de levas. Si el diámetro del muñón no se encuentra dentro de los valores indicados en las Especificaciones de este capítulo, reemplace el eje balanceador, el rodamiento y el buje como un conjunto. El eje balanceador se apoya en un rodamiento en el frente del bloque y en un buje en la parte posterior.

4 El buje trasero es similar a un rodamiento del árbol de levas, prensado a la parte trasera del bloque. Tiene que ser instalado en una tienda de maquinado, con las herramientas apropiadas, a la profundidad correcta y con el orificio para aceite alineado.

5 Inspeccione el engranaje impulsor del eje balanceador (el que se encuentra detrás del engranaje del árbol de levas) y el engranaje de salida del eje balanceador (atornillado con pernos a la parte delantera del eje balanceador) en busca de signos de desgaste, erosión, dientes rotos o funcionamiento inestable. Igual que con el eje balanceador y sus rodamientos, el servicio de los dos engranajes del eje balanceador se debe realizar como un conjunto.

15 Pistones/bielas - desmontaje

Vea las ilustraciones 15.1, 15.3, 15.4 y 15.6

Nota: *Antes de quitar los conjuntos de pistón y biela, quite las culatas de los cilindros, la bandeja de aceite, la bomba de aceite y la bandeja contraviento del cigüeñal, si tiene, de acuerdo con las Secciones correspondientes del Capítulo 2A o 2B.*

1 Use la uña para ver si se formó una estría en el límite superior del recorrido del anillo (aproximadamente 1/4 de pulgada por debajo de la parte superior de cada cilindro). Si los depósitos de carbón o el desgaste del cilindro produjeron estrías, debe eliminarlas completamente con una herramienta especial **(vea la ilustración)**. Siga las instrucciones del fabricante incluidas con la herramienta. No eliminar las estrías antes de intentar quitar los conjuntos de pistón y biela puede resultar en la rotura del pistón.

2 Después de que haya eliminado las estrías del cilindro, coloque el motor boca abajo de forma tal que el cigüeñal mire hacia arriba.

3 Antes de quitar las bielas, revise el juego longitudinal con juegos de galgas. Deslícelos entre la primera biela y la alzada del cigüeñal hasta que se elimine el juego libre **(vea la ilustración)**. El juego longitudinal es igual al grosor del juego de galgas. Si el juego longitudinal excede el límite de servicio, necesitará bielas nuevas. Si instala bielas o un cigüeñal nuevos, el juego longitudinal puede encontrarse dentro del mínimo especificado (si es así, deberá maquinar las bielas para restaurarlas; de ser necesario, consulte a un taller de maquinado automotriz). Repita el procedimiento para las bielas restantes.

4 Revise que haya marcas de identificación en las bielas y las tapas **(vea la ilustración)**. Si no tienen marcas claras, use un punzón centrado pequeño para realizar la cantidad correcta de indentaciones en cada biela y tapa (1, 2, 3, etc, dependiendo del tipo de motor y el cilindro al que estén asociadas).

5 Afloje cada tuerca de la tapa de la biela 1/2 vuelta por vez hasta que las pueda quitar con la mano. Quite la tapa y el inserto del rodamiento de la biela número uno. No deje caer el inserto del rodamiento fuera de la tapa.

6 Deslice un trozo de manguera de plástico o caucho sobre cada perno de la tapa de la biela para proteger el muñón del cigüeñal y la pared del cilindro al quitar el pistón **(vea la ilustración)**.

Nota: *En motores V8, los pernos de la biela se quitan junto con las tapas, por eso puede ser útil crear un conjunto de guías para bielas. Adquiera en la ferretería local varios pernos que encajen en*

15.4 Las bielas deben estar marcadas con el número de cilindro correspondiente en la línea divisoria de cada biela y tapa

15.6 Para evitar daños en los muñones del cigüeñal y en las paredes de los cilindros, deslice trozos de manguera de caucho sobre los pernos de la biela antes de desmontar los conjuntos de pistón/biela

16.1a Pernos de montaje del retenedor del sello de aceite principal trasero, se muestra un motor V8

16.1b Revisión del juego longitudinal del cigüeñal con un indicador de esfera

las bielas, o compre un par de pernos para biela nuevos. Corte las cabezas de los pernos con una segueta o herramienta similar y deslice un trozo corto de manguera sobre el extremo de cada perno para confeccionar un par de guías para bielas. Atornille las guías en las bielas durante el desmontaje e instalación del pistón o la biela del bloque del motor.

7 Quite el inserto del rodamiento y empuje hacia afuera el conjunto de pistón y biela a través de la parte superior del motor. Use el mango de madera de un martillo para empujar la superficie del rodamiento superior en la biela (NO golpee sobre el perno de la biela). Si encuentra resistencia, vuelva a revisar que se haya eliminado toda la estría del cilindro.

8 Repita el procedimiento para los cilindros restantes.

9 Después del desmontaje, vuelva a armar las tapas de la biela y los insertos del rodamiento en sus bielas respectivas e instale las tuercas de la tapa con la mano. Dejar los viejos insertos del rodamiento en su lugar hasta el rearmado ayudará a evitar que las superficies del rodamiento de la biela se mellen o rayen accidentalmente.

10 No separe los pistones de las bielas (para obtener más información, vea la Sección 20).

16 Cigüeñal - desmontaje

Vea las ilustraciones 16.1a, 16.1b, 16.3, 16.4a y 16.4b

Nota: *El cigüeñal sólo se puede quitar después de que se haya sacado el motor del vehículo. Se supone que ya se quitaron el volante del motor o plato de transmisión, el amortiguador de vibración, la cadena de sincronización, la bandeja de aceite, la bomba de aceite, la bandeja contraviento y los conjuntos de pistón y biela.*

1 Antes de que el cigüeñal se pueda retirar del motor, se debe quitar el retenedor del sello de aceite principal trasero **(vea la ilustración)** y se debe revisar el juego longitudinal del cigüeñal. Monte un indicador de esfera con el vástago alineado con el cigüeñal y en contacto con una de las alzadas del cigüeñal o con la punta del cigüeñal **(vea la ilustración)**.

2 Empuje el cigüeñal hasta la parte trasera y coloque el indicador de esfera en cero. Luego, haga palanca sobre el cigüeñal para llevarlo tan al frente como sea posible y revise la lectura en el indicador de esfera. La distancia que se desplaza es el juego longitudinal. Si supera lo especificado, revise las superficies de empuje del cigüeñal en busca de desgaste. Si no hay rastros de desgaste, debería poder corregirse el juego longitudinal con nuevos rodamientos principales.

3 Si no dispone de un indicador de esfera, puede usar un juego de galgas. Haga palanca o empuje suavemente el cigüeñal hasta el frente del motor. Deslice calibres de espesor entre el cigüeñal y la superficie frontal del rodamiento principal de empuje para determinar el espacio **(vea la ilustración)**.

4 Revise las tapas del rodamiento principal para ver si tienen marcas que indiquen sus ubicaciones. Deben estar numeradas consecutivamente desde el frente del motor hasta la parte trasera **(vea la ilustración)**. Si no lo están, márquelas con matrices de estampado de números o con un punzón centrado **(vea la ilustración)**. Las tapas del rodamiento principal a menudo tienen una flecha marcada que apunta a la parte delantera del motor. Si no la tiene, marque una flecha de pintura antes de quitar las tapas principales. Afloje los pernos de la tapa de rodamiento principal 1/4 de vuelta por vez, hasta que los pueda quitar con la mano. Tome en cuenta si se utilizan pernos prisioneros y asegúrese de que vuelvan a colocarse en sus ubicaciones originales al volver a instalar el cigüeñal.

16.3 Revisión del juego longitudinal del cigüeñal con un calibre de espesor

16.4a Las tapas del rodamiento principal tienen marcas típicas para indicar sus ubicaciones (flechas) - deben estar enumeradas consecutivamente desde la parte delantera del motor hacia la trasera

16.4b Si los números en la tapa principal no están marcados o no son visibles, marque las tapas con una estampadora de números o un punzón centrado

Capítulo 2 Parte C Procedimientos generales de reacondicionamiento del motor

17.1a Para quitar los tapones del núcleo, golpee con mucho cuidado en uno de los lados . . .

17.1b . . . luego, tire del lado opuesto con tenazas de sujeción

17.4 Quite todos los tapones de la galería de aceite (flecha), esto le ayudará a realizar una limpieza más profunda de la basura acumulada en los pasajes de aceite internos del bloque del motor

5   Golpee suavemente las tapas con un martillo de superficie blanda y luego sepárelas del bloque del motor. Si es necesario, use los pernos como palanca para quitar las tapas. Si los insertos del rodamiento salen con las tapas, evite dejarlos caer.
6   Eleve cuidadosamente el cigüeñal del motor. Puede ser una buena idea contar con un asistente, ya que el cigüeñal es bastante pesado. Con los insertos del rodamiento superior colocados en el bloque del motor y los insertos del rodamiento inferior en las tapas del rodamiento principal, vuelva a colocar las tapas en sus respectivas ubicaciones sobre el bloque del motor y apriete los pernos con la mano.

17 Bloque del motor - limpieza

Vea las ilustraciones 17.1a, 17.1b, 17.4, 17.8 y 17.10
1   En los motores que han estado en funcionamiento durante años, la mayoría de los tapones del núcleo del motor están firmemente unidos al motor por la corrosión. Coloque un punzón pequeño en el borde del tapón y use un martillo para empujarlo con cuidado hacia adentro (vea la ilustración). Lleve uno de los bordes hacia el lado contrario, lo suficientemente lejos como para hacerlo sobresalir hasta que lo pueda sujetar con unas tenazas y tirar hacia afuera (vea la ilustración). Precaución: Quizás sea difícil o imposible recuperar los tapones del núcleo (también conocidos como tapones de congelación o tapones suaves) si ingresan completamente a los pasajes del refrigerante del bloque.
2   Use un raspador de juntas para quitar todo rastro de material de la junta del bloque del motor. Tenga mucho cuidado de no mellar ni deformar las superficies de sellado de la junta.
3   Quite todas las tapas del rodamiento principal y separe los insertos del rodamiento de las tapas y del bloque del motor. Etiquete los rodamientos para indicar de qué cilindro los quitó y si se encontraban en la tapa o en el bloque, y póngalos a un lado.
4   Quite todos los tapones roscados de la galería de aceite del bloque (vea la ilustración). Los tapones generalmente están muy ajustados; quizá tenga que quitarlos con un taladro y volver a perforar los orificios. Use tapones nuevos al rearmar el motor.

5   Debe llevar el motor a un taller de maquinado automotriz para que lo limpien con vapor o calorifugado aunque, con paciencia, lo puede limpiar en su hogar.
6   Después de que le devuelvan el bloque, limpie todos los orificios y las galerías de aceite una vez más. Puede conseguir cepillos diseñados específicamente para este propósito en la mayoría de las tiendas de autopartes. Enjuague los pasajes con agua caliente hasta que el agua salga clara, seque cuidadosamente el bloque y pase un paño con aceite liviano antióxido sobre todas las superficies maquinadas. Si tiene acceso a aire comprimido, úselo para acelerar el proceso de secado y para limpiar todos los orificios y las galerías de aceite. Advertencia: Use protección para ojos al utilizar aire comprimido.
7   Si el bloque no está demasiado sucio o enlodado, puede limpiarlo adecuadamente con agua jabonosa caliente y un cepillo rígido. Tómese el tiempo necesario y haga un buen trabajo. Sin importar el método de limpieza que use, asegúrese de limpiar todos los orificios y las galerías de aceite con atención; seque completamente el bloque y cubra todas las superficies maquinadas con aceite liviano.

8   Los orificios roscados en el bloque deben estar limpios para asegurar lecturas de torque exactas durante el rearmado. Pase un roscador del tamaño apropiado en cada orificio para eliminar el óxido, la corrosión, el sellador de roscas o el lodo y para restaurar las roscas dañadas (vea la ilustración). De ser posible, use aire comprimido para eliminar de los orificios los desechos que produce esta operación. Advertencia: Use protección para ojos al utilizar aire comprimido. Este es un buen momento para limpiar las roscas de los pernos de la culata y de los pernos de la tapa del rodamiento principal.
9   Vuelva a instalar las tapas del rodamiento principal y apriete los pernos con la mano.
10 Después de cubrir las superficies de sellado de los nuevos tapones del núcleo con sellador para tapón del núcleo, instálelos en el bloque del motor (vea la ilustración). Asegúrese de que ingresen rectos y de que se asienten correctamente; de lo contrario, se pueden producir fugas. Hay disponibles herramientas especiales para esta tarea, pero un dado grande, con un diámetro externo que se deslice justo dentro del tapón

17.8 Todos los pernos en el bloque, en particular los de la tapa del rodamiento principal, y los orificios de los pernos de la culata deben limpiarse con un roscador del tamaño apropiado

17.10 Puede usar un dado grande o una extensión para guiar los tapones del núcleo nuevos en el bloque; hágalo despacio y deténgase cuando el tapón esté al ras con el bloque

2C-20 Capítulo 2 Parte C Procedimientos generales de reacondicionamiento del motor

del núcleo, una extensión del dispositivo de 1/2 pulgada y un martillo funcionarán igual de bien.

11   Aplique un sellador que no se endurezca (como Permatex n.º 2 o sellador de tuberías de Teflon) a las nuevas bujías de la galería de aceite y enrósquelas en los orificios del bloque. Cerciórese de que queden ajustadas en forma segura.

12   Si no rearmará el motor de inmediato, cúbralo con una bolsa de basura plástica grande para mantenerlo limpio.

18 Bloque del motor - inspección

Vea las ilustraciones 18.4a, 18.4b y 18.4c

1   Antes de inspeccionar el bloque, debe limpiarlo como se describe en la Sección 17.

2   Revise visualmente que no haya rajaduras, óxido ni corrosión en el bloque. Busque roscas dañadas en los orificios roscados. También es una buena idea que un taller de maquinado automotriz que tenga el equipo especial para este tipo de trabajo revise el bloque en busca de rajaduras escondidas. Si se encuentran defectos repare el bloque, si es posible, o reemplácelo.

3   Revise que no haya arañazos ni rayas en los huecos de los cilindros.

4   Mida el diámetro de cada cilindro en la parte superior (justo debajo del área de la estría), el centro y la parte inferior del hueco del cilindro, paralelo al eje del cigüeñal **(vea las ilustraciones)**.

5   A continuación, mida el diámetro de cada cilindro en las mismas tres ubicaciones perpendiculares al eje del cigüeñal. Compare los resultados con las Especificaciones de este capítulo.

6   Si no cuenta con las herramientas de medición de precisión necesarias, se pueden calcular los espacios del pistón al cilindro con un juego de galgas, si bien el resultado no será tan exacto. El juego de galgas viene en longitudes de 12 pulgadas y varios grosores, y por lo general se consigue en tiendas de autopartes.

7   Para revisar el espacio, seleccione un juego de galgas y deslícelo hacia el cilindro con el pistón coincidente. El pistón debe estar ubicado tal como se ubicaría normalmente. El juego de galgas debe estar entre el pistón y el cilindro en una de las superficies de empuje (a 90 grados del hueco del pasador del pistón).

8   El pistón debe deslizarse a través del cilindro (con el juego de galgas en su lugar) con presión moderada.

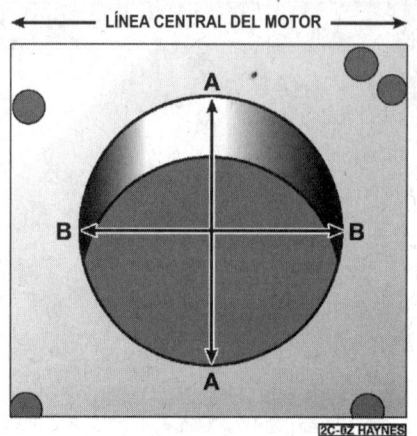

18.4a Mida el diámetro de cada cilindro en el punto A y en el punto B en tres sitios distintos: justo debajo del escalón de desgaste, en el centro del hueco y en la base del hueco; el ovalado es la diferencia de diámetro entre los puntos A y B y cualquier otro punto en el cilindro; el ahusamiento es la diferencia de diámetro entre la parte superior y la base del cilindro

9   Si pasa de largo o se desliza fácilmente, el espacio es excesivo y se necesitará un nuevo pistón. Si el pistón se traba en el extremo inferior del cilindro y está flojo cerca de la parte superior, el cilindro está ahusado. Si se detectan sectores estrechos a medida que se gira el pistón o el juego de galgas en el cilindro, el cilindro está ovalado.

10   Repita el procedimiento para los cilindros y pistones restantes.

11   Si las paredes de los cilindros tienen arañazos o rayas graves, o si están ovaladas o ahusadas más allá de los límites indicados en las Especificaciones, solicite a un taller de maquinado automotriz que rectifique y afile el bloque del motor. Si se realiza una rectificación, se requerirán pistones y anillos de mayor tamaño.

12   Si los cilindros se encuentran en condiciones razonablemente buenas, no tienen un desgaste que supere los límites, y los espacios del pistón al cilindro se pueden mantener en forma apropiada,

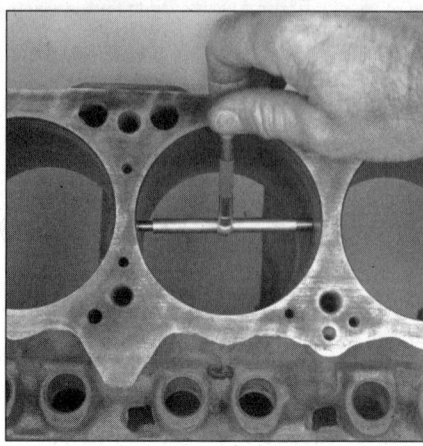

18.4b La capacidad de "percibir" cuando el medidor telescópico está en el punto correcto se desarrollará con el tiempo, así que trabaje lentamente y repita el control hasta que considere que la medición del hueco es exacta

no tendrá que rectificarlos. Sólo será necesario afilarlos (vea la Sección 19).

13   Con una regla de precisión y un calibre de espesor, revise la cubierta del bloque (la superficie que entra en contacto con la culata de cilindros) en busca de deformación y compare los resultados con las Especificaciones de este capítulo.

19 Afilado de cilindros

Vea las ilustraciones 19.3a y 19.3b

1   Antes de rearmar el motor, debe afilar los huecos de los cilindros para que los anillos nuevos del pistón se asienten correctamente y proporcionen el mejor sello posible a la cámara de combustión. **Nota:** *Si no tiene las herramientas necesarias o no desea realizar usted mismo la operación de afilado, podrá hacerlo en la mayoría de los talleres de maquinado automotriz por un precio razonable.*

2   Antes de afilar los cilindros, instale las tapas del rodamiento principal y apriete los pernos al

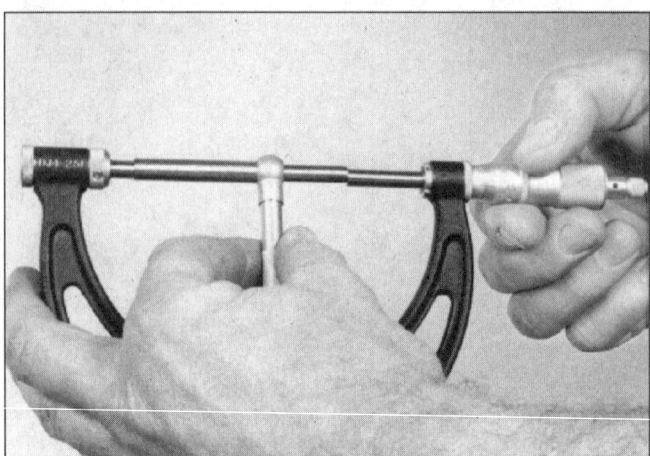

18.4c El medidor se mide luego con un micrómetro para determinar el tamaño del hueco

19.3a Un afilador tipo "cepillo de botella" es el más fácil de usar

Capítulo 2 Parte C Procedimientos generales de reacondicionamiento del motor 2C-21

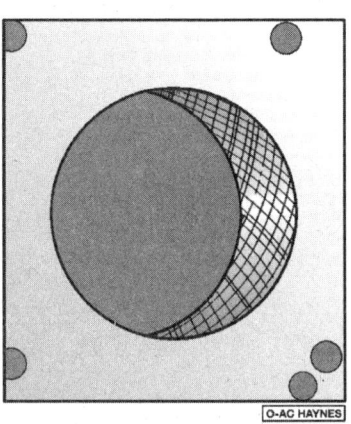

19.3b El afilador de cilindros debe dejar un patrón suave y cuadriculado, y las líneas deben cruzarse aproximadamente a un ángulo de 60 grados

20.4a Las ranuras del anillo de pistón se pueden limpiar con una herramienta especial, como se muestra aquí . . .

20.4b . . . o con un trozo de anillo roto

torque indicado en las Especificaciones de este capítulo.

3 Generalmente existen dos tipos de afilado de cilindros: el afilado flexible o tipo "cepillo de botella" y el afilado de superficie más tradicional con piedras accionadas por resorte. Ambos métodos cumplirán con el trabajo, pero al mecánico con poca experiencia probablemente le resulte más fácil realizar el afilado tipo "cepillo de botella". También necesitará un poco de queroseno o aceite para afilado, trapos y un taladro eléctrico. Proceda de la siguiente forma:

a) Monte el afilador en el taladro, comprima las piedras (si corresponde) y deslícelo en el primer cilindro (vea la ilustración). Use gafas de seguridad o una máscara protectora.

b) Lubrique el cilindro con suficiente aceite para afilado o queroseno, encienda el taladro y mueva el afilador en forma ascendente y descendente en el cilindro a una velocidad que produzca un fino patrón cuadriculado en las paredes del cilindro. Idealmente, las líneas cuadriculadas se deben cruzar a un ángulo aproximado de 60 grados (vea la ilustración). Asegúrese de usar suficiente lubricante, y no quite más material del que sea absolutamente necesario para obtener el acabado deseado. Nota: Los fabricantes de anillos de pistones pueden especificar un ángulo de cuadrícula más pequeño que el tradicional de 60 grados; lea y siga todas las instrucciones que se incluyen con los nuevos anillos.

c) No retire el afilador del cilindro mientras está funcionando. En cambio, apague el taladro y continúe moviendo el afilador en forma ascendente y descendente en el cilindro hasta que se detenga por completo, luego presione las piedras y retire el afilador. Si usa un afilador tipo "cepillo de botella", detenga el taladro y luego gire el portabrocas en la dirección normal de rotación mientras que retira el afilador del cilindro.

d) Limpie el aceite del cilindro y repita el procedimiento con los cilindros restantes.

4 Después de completar el trabajo de afilado, bisele los bordes superiores de los huecos del cilindro con una lima pequeña para que no se enganchen los anillos al instalar los pistones. Tenga mucho cuidado de no mellar las paredes del cilindro con el extremo de la lima.

5 Se debe lavar nuevamente todo el bloque del motor con agua jabonosa caliente para eliminar cualquier rastro de arenilla abrasiva que se pueda haber producido durante la operación de afilado. Nota: Los huecos se consideran limpios cuando se pasa por ellos una tela blanca sin pelusas, humedecida con aceite de motor limpio, y no recoge ningún residuo del afilado, que aparece como un área gris en la tela. Asegúrese de pasar un cepillo a través de todos los orificios y galerías de aceite y de enjuagarlos con agua corriente.

6 Después de enjuagarlo, seque el bloque y aplique una capa de aceite liviano antióxido a todas las superficies maquinadas. Envuelva el bloque con una bolsa de basura plástica para mantenerlo limpio y póngalo a un lado hasta el rearmado.

20 Pistones/bielas - inspección

Vea las ilustraciones 20.4a, 20.4b, 20.10 y 20.11

1 Antes de poder realizar el proceso de inspección, debe limpiar los conjuntos de pistón y biela y debe quitar los anillos de pistón originales de los pistones. Nota: Siempre use anillos nuevos de pistón al rearmar el motor.

2 Con una herramienta de instalación de anillos de pistón, extraiga con cuidado los anillos de los pistones. Tenga cuidado de no mellar ni deformar los pistones durante el proceso.

3 Raspe todos los restos de carbón de la parte superior del pistón. Una vez que haya raspado la mayoría de los depósitos puede usar un cepillo de alambre de mano o un trozo de tela de esmeril de grado fino. Bajo ninguna circunstancia use un cepillo de alambre montado en un taladro para eliminar los depósitos de los pistones. El material del pistón es suave y se puede quitar con un cepillo de alambre.

4 Use una herramienta para limpiar ranuras de anillos de pistón para eliminar los depósitos de carbón de las ranuras del anillo. Si no dispone de la herramienta, puede utilizar un trozo partido de un anillo viejo. Tenga mucho cuidado y elimine sólo los depósitos de carbón, no quite ningún metal ni melle o raye los lados de las ranuras del anillo (vea las ilustraciones).

5 Una vez que haya quitado los depósitos, limpie los conjuntos de pistón y biela con solvente y séquelos con aire comprimido (si tiene). Asegúrese de que los orificios de retorno de aceite de las partes laterales traseras de las ranuras del anillo estén limpias.

6 Si los pistones y las paredes del cilindro no están dañados ni tienen un desgaste excesivo y no se rectificó el bloque del motor, no será necesario utilizar pistones nuevos. El desgaste normal de los pistones se muestra como desgaste vertical en las superficies de empuje del pistón y una ligera holgura del anillo superior en la ranura. Sin embargo, siempre se deben usar anillos de pistón nuevos al rearmar un motor.

7 Verifique cuidadosamente que no haya rajaduras en la falda, en las salientes del pasador y en la superficie del anillo de cada pistón.

8 Verifique que no haya arañazos ni rayas en las superficies de empuje de la falda, orificios en la corona del pistón ni áreas quemadas en el borde de la corona. Si la falda está arañada o rayada, es posible que el motor se haya recalentado o que se haya producido una combustión anormal que provocó temperaturas de funcionamiento demasiado altas. Esos pistones deben ser reemplazados. Se deben revisar cuidadosamente los sistemas de enfriamiento y lubricación. Un orificio en la corona del pistón es indicio de que se produjo una combustión anormal (encendido prematuro). Las áreas quemadas en el borde de la corona del pistón generalmente son evidencia de pistoneo (detonación). Si existe cualquiera de los problemas mencionados, debe corregir las causas; de lo contrario, el daño se producirá nuevamente. Las causas pueden incluir fugas del aire de admisión, mezcla incorrecta de combustible y aire y sincronización incorrecta de ignición.

9 Si el pistón presenta corrosión en forma de pequeños desniveles, existe una fuga de refrigerante a la cámara de combustión, al cigüeñal o a ambos. Nuevamente, debe corregir la causa o el problema puede continuar en el motor reconstruido.

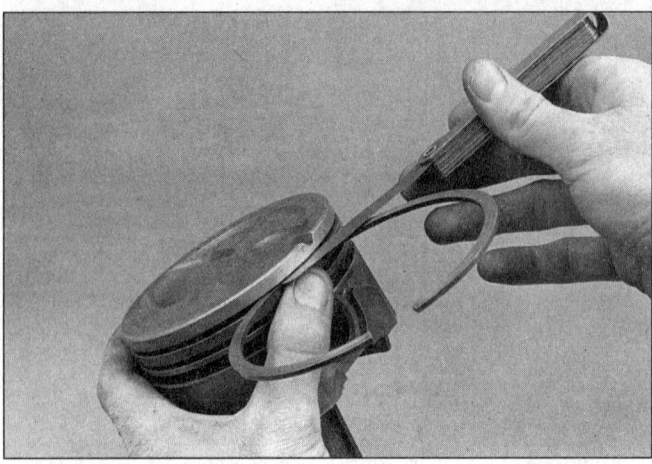

20.10 Revise el espacio lateral del anillo con un calibre de espesor en varios puntos alrededor de la ranura

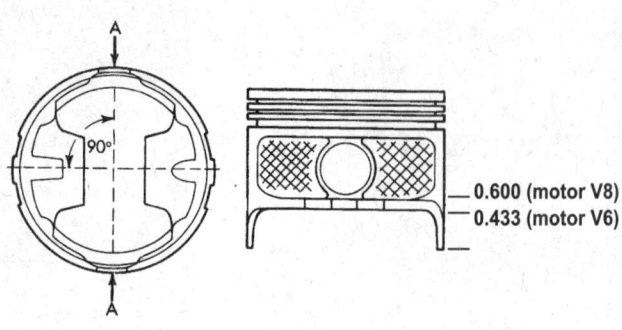

20.11 Mida el diámetro del pistón en un ángulo de 90 grados (A) en relación al pasador del pistón a la altura especificada desde la base de la falda

10 Mida el espacio lateral del anillo del pistón; para hacerlo, coloque un nuevo anillo de pistón en cada ranura del anillo y deslice un juego de galgas junto a él **(vea la ilustración)**. Revise el espacio libre en tres o cuatro ubicaciones alrededor de cada ranura. Asegúrese de usar el anillo correcto para cada ranura, puesto que son diferentes. Si el espacio lateral es mayor que el especificado, tiene que usar pistones nuevos.

11 Revise el espacio del pistón al hueco midiendo el diámetro del hueco (vea la Sección 18) y del pistón. Asegúrese de que los pistones y los huecos coincidan correctamente. Mida el pistón a lo largo de la falda, en un ángulo de 90 grados con respecto al pasador de pistón a la altura especificada **(vea la ilustración)**. Para calcular el espacio, reste el diámetro del pistón del diámetro del hueco. Si es mayor que lo especificado, tendrá que rectificar el bloque e instalar pistones y anillos nuevos.

12 Para revisar el espacio entre el pistón y la biela, gire el pistón y la biela en direcciones opuestas. Cualquier juego libre observable indica desgaste excesivo, que se debe corregir. Se deben llevar los conjuntos de pistón y biela a un taller de maquinado automotriz para que se les de el tamaño correcto a los pistones y las bielas y se instalen pasadores nuevos.

13 Si por cualquier motivo debe quitar los pistones de las bielas, los debe llevar a un taller de maquinado automotriz. Como los talleres de maquinado automotriz cuentan con equipos especiales para este propósito, haga que verifiquen si las bielas están dobladas o torcidas. **Nota:** *A menos que se instalen pistones y bielas nuevos, no desarme los pistones y las bielas.*

14 Revise las bielas para detectar rajaduras y otros daños. Quite temporalmente las tapas de las bielas, extraiga los insertos del rodamiento viejo, limpie las superficies de la biela y la tapa de rodamiento y revise que no haya mellas, deformaciones ni rayas. Después de revisar las bielas, reemplace los rodamientos viejos, coloque en su lugar las tapas y apriete las tuercas con la mano. **Nota:** *Si reconstruye el motor debido a golpeteos de la biela, asegúrese de instalar bielas nuevas o reacondicionadas.*

21. Los orificios para aceite deben estar biselados para que los bordes filosos no deformen ni rayen los rodamientos nuevos

21 Cigüeñal - inspección

Vea las ilustraciones 21.3, 21.4, 21.6 y 21.8

1 Verifique que no haya desgaste desparejo, arañazos, desniveles ni rajaduras en los muñones del rodamiento de la biela.

2 Frote una moneda sobre cada muñón varias veces. Si el muñón toma el cobre de la moneda, significa que es muy áspero y debe restaurarse.

3 Quite todas las rebabas de los orificios de aceite del cigüeñal con una piedra, una lima o un raspador **(vea la ilustración)**.

4 Limpie el cigüeñal con solvente y séquelo con aire comprimido (si tiene). Asegúrese de limpiar los orificios de aceite con un cepillo rígido y enjuáguelos con solvente **(vea la ilustración)**.

5 Verifique que no haya rajaduras ni otros daños en el resto del cigüeñal. Se debe realizar una detección magnética de defectos para revelar rajaduras escondidas; un taller de maquinado automotriz se encargará del procedimiento. En motores V8, también revise los dientes del anillo reluctor del cigüeñal para detectar daños evidentes y asegúrese de inspeccionar el tapón de la galería de aceite trasera del cigüeñal para verificar la instalación correcta y detectar fugas.

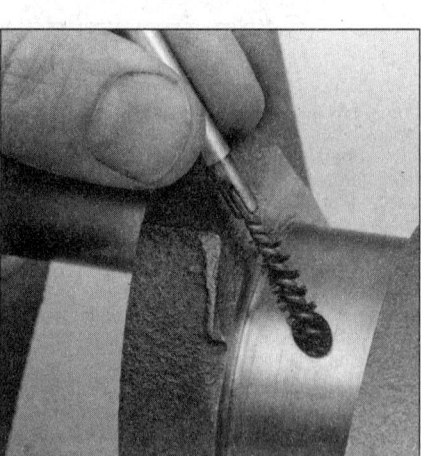

21.4 Use un cepillo de alambre o de cerdas de plástico rígidas para limpiar los pasajes de aceite en el cigüeñal

6 Con un micrómetro, mida el diámetro de los muñones principales y de la biela y compare los resultados con las Especificaciones **(vea la ilustración)**. Al medir el diámetro en diversos puntos alrededor de la circunferencia de cada muñón, podrá determinar si el muñón está ovalado. Tome la medición en cada extremo del muñón, cerca de las alzadas del cigüeñal, para determinar si el muñón está ahusado.

7 Si los muñones del cigüeñal están dañados, ahusados, ovalados o desgastados más allá de los límites dados en las Especificaciones, haga que un taller de maquinado automotriz restaure el cigüeñal. Si reacondiciona el cigüeñal, asegúrese de que se usen insertos de rodamiento del tamaño correcto.

8 Verifique que no haya desgaste ni daños en el muñón del sello de aceite en la parte trasera del cigüeñal **(vea la ilustración)**. Si el sello desgastó una ranura del muñón, o si está mellado o arañado, es posible que el nuevo sello tenga fugas cuando se rearme el motor. En algunos casos, un taller de maquinado automotriz puede llegar a reparar el muñón presionándolo sobre una camisa delgada. Si no se puede reparar, deberá instalar un cigüeñal nuevo o diferente.

9 Vea la Sección 22 y examine los insertos del rodamiento principal y de la biela.

22 Rodamiento principal y de la biela - inspección

Consulte la ilustración 22.1

1 Aunque los rodamientos principales y de la biela se deben reemplazar por piezas nuevas durante el reacondicionamiento del motor, se deben guardar los rodamientos viejos para examinarlos detenidamente, ya que pueden revelar información valiosa sobre la condición del motor **(vea la ilustración)**.

2 Las fallas del rodamiento se producen por falta de lubricación, presencia de polvo u otras partículas extrañas, sobrecarga del motor o corrosión. Cualquiera sea el motivo de la falla del rodamiento, se lo debe corregir antes de rearmar el motor para evitar que suceda nuevamente.

3 Al examinar los rodamientos, quíteles del bloque del motor, de las tapas del rodamiento principal, de las bielas y de las tapas de las bielas, y apóyelos en una superficie limpia en la misma posición general que su ubicación en el motor. Esto le permitirá observar cualquier problema del rodamiento que corresponda al muñón del cigüeñal.

4 El polvo y otras partículas extrañas ingresan al motor de diversas formas. Puede quedar en el motor durante el armado o puede pasar a través de los filtros o el sistema de PCV (ventilación positiva del cárter). Puede ingresar al aceite y desde ahí a los rodamientos. A menudo se encuentran astillas de metal de operaciones de maquinado y desgaste normal del motor. Algunas veces quedan abrasivos en los componentes del motor después del reacondicionamiento, sobre todo cuando no se limpian cuidadosamente las piezas con los métodos de limpieza correctos. Cualquiera sea su origen, estos objetos extraños a menudo acaban incrustados en el material suave del rodamiento y se los puede reconocer fácilmente. Las partículas grandes no se incrustarán en el rodamiento, pero rayarán o deformarán el rodamiento y el muñón. La mejor prevención contra esta causa de fallas del rodamiento es limpiar con mucha atención todas las piezas y mantener todo inmaculadamente limpio durante el armado del motor. También se recomiendan cambios frecuentes y regulares de aceite de motor y del filtro.

5 La falta de lubricación (o la falla de lubricación) tiene diversas causas interrelacionadas. El calor excesivo (que diluye el aceite), la sobrecarga (que escurre el aceite de la superficie del rodamiento) y las fugas de aceite o descargas (por espacios excesivos del rodamiento, bomba de aceite gastada o altas velocidades del motor) contribuyen a la falla de lubricación. Los pasajes de aceite bloqueados, que generalmente son el resultado de orificios de aceite mal alineados en la cubierta del rodamiento, también restringirán el paso de aceite al rodamiento y lo destruirán. Cuando la causa de una falla del rodamiento es la falta de lubricación, el material del rodamiento desaparece o se extrude por el refuerzo de acero del rodamiento. Las temperaturas también pueden aumentar al punto en que el refuerzo de acero se vuelve azul por sobrecalentamiento.

6 Los hábitos de conducción pueden tener un efecto definitivo sobre la duración del rodamiento. Un funcionamiento a baja velocidad en un engranaje demasiado alto (forzar el motor) coloca cargas muy altas sobre el rodamiento, que tiende a eliminar la capa de aceite. Estas cargas provocan que se flexionen los rodamientos, lo cual produce rajaduras finas en la superficie del rodamiento (falla por fatiga). Con el tiempo, el material del rodamiento se aflojará por pedazos y se desprenderá del refuerzo de acero. Conducir por trayectos cortos provoca corrosión en los rodamientos debido a que se produce una cantidad insuficiente de calor en el motor para eliminar el agua condensada y los gases corrosivos. Estos productos se acumulan en el aceite del motor, formando ácido y lodo. A medida que se transporta aceite a los rodamientos del motor, el ácido ataca y corroe el material del rodamiento.

7 La instalación incorrecta del rodamiento durante el armado del motor también provocará una falla del rodamiento. Los rodamientos demasiado ajustados dejan poco espacio para el aceite del rodamiento, lo que provocará una falta de aceite. El polvo o las partículas extrañas atrapadas detrás de un inserto del rodamiento producirán puntos elevados sobre el rodamiento que resultarán en una falla.

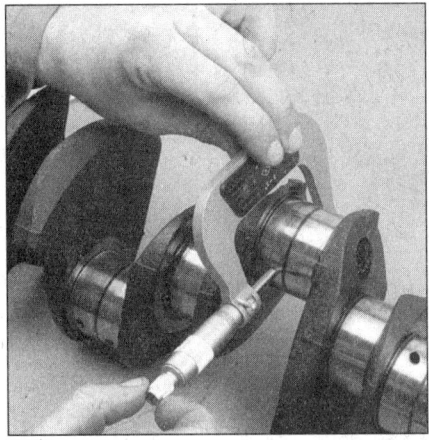

21.6 Mida el diámetro de cada muñón del cigüeñal en distintos puntos para detectar conicidad u ovalado

21.8 Si el sello trasero tiene una ranura gastada en el muñones del cigüeñal, o si las superficies de contacto del sello están melladas o rayadas, el sello nuevo tendrá fugas

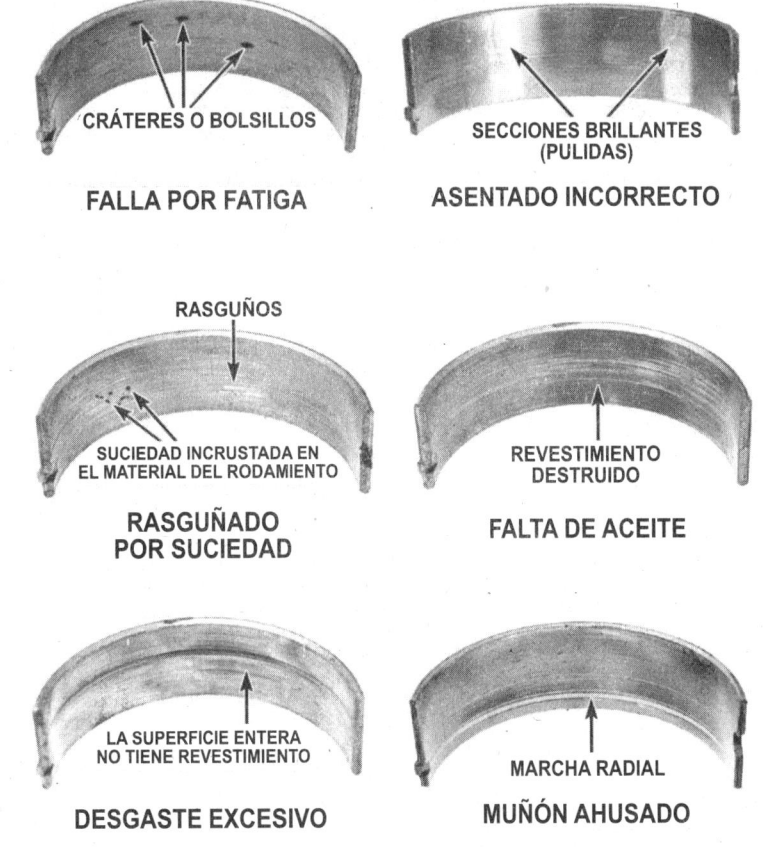

22.1 Fallas de rodamiento típicas

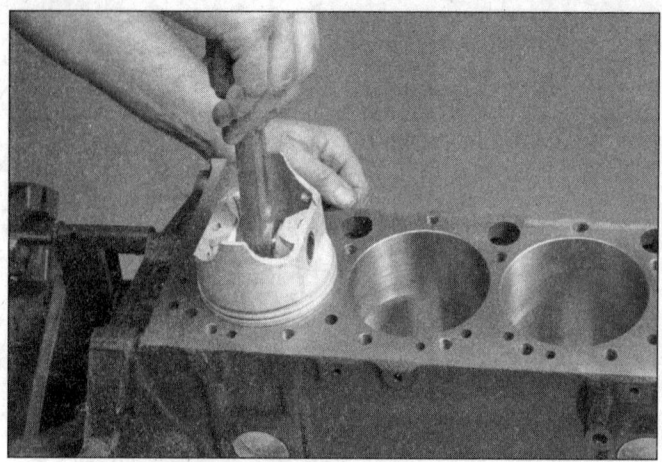

24.3 Cuando revise el espacio final del anillo del pistón, el anillo debe estar bien colocado en el hueco del cilindro; use un cilindro para presionarlo hacia abajo aproximadamente dos pulgadas desde la base del hueco

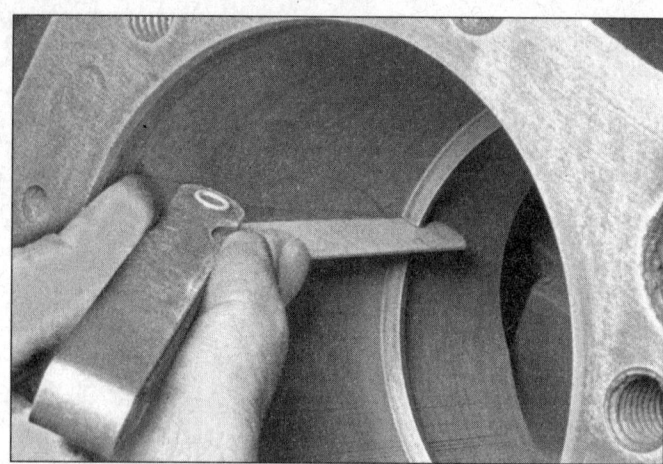

24.4 Con el anillo bien colocado en el cilindro, mida el espacio final con un juego de galgas

23 Reacondicionamiento del motor - secuencia de rearmado

1   Antes de comenzar a armarlo nuevamente, asegúrese de tener a mano todas las piezas, las juntas y los sellos necesarios, además de los siguientes elementos:

Herramientas de mano comunes
Llaves de torque de 3/8 de pulgada y de 1/2 pulgada
Herramienta de instalación del anillo del pistón
Compresor del anillo del pistón
Herramienta de instalación del balanceador del cigüeñal
Pequeños trozos de manguera de plástico o caucho para colocar sobre los pernos de la biela
Plastigage
Juego de galgas
Una lima de dientes finos
Aceite de motor nuevo
Lubricante o grasa a base de molibdeno para el conjunto del motor
Sellador de juntas
Compuesto fijador de roscas

2   Para ahorrar tiempo y evitar problemas, el rearmado del motor se debe realizar en el siguiente orden general:

Nuevos rodamientos del árbol de levas (se recomienda que lo realice un taller de maquinado automotriz)
Anillos de pistón
Cigüeñal y rodamientos principales
Conjuntos de pistón y biela
Árbol de levas y levantaválvulas
Eje balanceador y engranajes (motores V6)
Cadena de sincronización y ruedas dentadas
Bandeja contraviento (si tiene)
Bomba de aceite y tubo recolector
Cubierta de la cadena de sincronización delantera
Cubierta de la cuenca del motor (motores V8)
Culata(s) de cilindro(s), varillas de empuje y balancines
Retenedor y sello de aceite principal trasero
Bandeja de aceite
Múltiples de admisión y de escape
Cubierta(s) de los balancines
Volante del motor/plato de transmisión

24 Anillos de pistón - instalación

Vea las ilustraciones 24.3, 24.4, 24.5, 24.9a, 24.9b y 24.12

1   Antes de instalar los nuevos anillos de pistón, debe revisar el espacio final del anillo. Se supone que el espacio lateral del anillo del pistón ya se revisó y se confirmó como correcto (vea la Sección 20).
2   Disponga los conjuntos de pistón y biela y los nuevos juegos de anillos en forma tal que los juegos de anillos coincidan con el mismo pistón y cilindro durante la medición del espacio final y el armado del motor.
3   Inserte el anillo superior (número uno) en el primer cilindro y empújelo con la parte superior del pistón para encuadrarlo con las paredes del cilindro **(vea la ilustración)**. El anillo se debe encontrar cerca de la parte inferior del cilindro, en el límite inferior del trayecto del anillo.
4   Para medir el espacio final, deslice calibres de espesor entre los extremos del anillo hasta que encuentre un calibre igual al ancho del espacio **(vea la ilustración)**. El juego de galgas se debe deslizar entre los extremos del anillo con un leve arrastre. Compare las mediciones realizadas con las Especificaciones. Si el espacio es mayor o menor al especificado, revise nuevamente para asegurarse de que tiene los anillos correctos antes de proceder.
5   Si el espacio es muy pequeño, debe agrandarse; de lo contrario, los extremos del anillo pueden entrar en contacto entre sí cuando el motor esté en funcionamiento, lo que puede provocar daños graves al motor. Si lima los extremos del anillo cuidadosamente con una lima fina, puede aumentar el espacio final. Coloque la lima en una prensa con mordazas suaves, deslice el anillo sobre la lima con los extremos en contacto con la superficie de la lima y mueva suavemente el anillo para eliminar el material de los extremos. Al realizar esta operación, lime solamente desde el exterior hacia adentro **(vea la ilustración)**. Los extremos del anillo se deben limar en forma pareja y cualquier rebaba, por pequeña que sea, se debe eliminar antes de la instalación final del anillo.
6   El exceso del espacio final no es crítico a menos que sea mayor que 0.040 pulg. Nuevamente, vuelva a verificar para asegurarse de que tiene los anillos correctos para su motor.
7   Repita el procedimiento para cada anillo que instalará en el primer cilindro y para cada anillo de los cilindros restantes. Recuerde mantener juntos los anillos, los pistones y los cilindros correspondientes.
8   Una vez que haya verificado y corregido los espacios finales del anillo, puede instalar los anillos en los pistones.
9   Generalmente se instala primero el anillo de control de aceite (el de más abajo en el pistón). Generalmente está compuesto por tres componentes separados. Deslice el separador o expansor en la ranura **(vea la ilustración)**. Si usa una lengüeta antirrotación, asegúrese de que esté insertada en el orificio perforado en la ranura del anillo. Luego instale el riel del lado inferior. No use la herramienta de instalación de anillos de pistón en los rieles laterales del anillo de aceite, ya que los puede dañar. En cambio, coloque un extremo del riel lateral en la ranura, entre el separador o expansor y la superficie del anillo, sosténgalo firmemente en su lugar y deslice un dedo alrededor del pistón mientras empuja al riel hacia la ranura **(vea la ilustración)**. Luego instale el riel lateral superior de la misma forma.
10 Después de instalar los tres componentes del anillo de aceite, revise para asegurarse de que los rieles laterales inferiores y superiores pueden girar suavemente en la ranura del anillo y que los extremos del expansor estén unidos sin solaparse.
11 Luego se instala el anillo número dos (medio). Generalmente tiene estampada una marca que indica qué lado debe apuntar hacia la parte superior del pistón. **Precaución:** *Siempre siga las instrucciones impresas en el empaque o la caja del anillo; diferentes fabricantes pueden requerir diferentes enfoques. No mezcle los anillos superiores y medios, ya que tienen diferentes secciones transversales.*
12 Use una herramienta de instalación de anillos de pistón y asegúrese de que la marca de identificación apunte hacia la parte superior del pistón; luego, deslice el anillo en la ranura media del pistón **(vea la ilustración)**. No expanda el anillo más de lo necesario para deslizarlo sobre el pistón.

24.5 Si el espacio final es demasiado pequeño, sujete una lima en una prensa y lime los extremos del anillo un poco cada vez y vuelva a medir el hueco (lime únicamente desde la parte exterior del anillo)

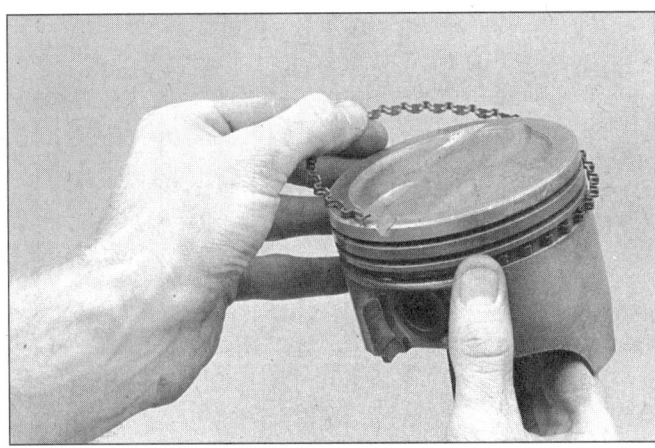

24.9a Instalación del separador y el expansor en la ranura del anillo de control de aceite

13 Instale el anillo número uno (superior) de la misma forma. Asegúrese de que el punto o la marca (si la tiene) esté hacia arriba. Tenga cuidado de no confundir los anillos número uno y número dos. Siempre consulte las instrucciones del juego de anillos que está usando.
14 Repita el procedimiento para los pistones y anillos restantes.

25 Cigüeñal - instalación y verificación de espacio para aceite del rodamiento principal

1 La instalación del cigüeñal es el primer paso principal del rearmado del motor. En este punto, se supone que ya se limpiaron, inspeccionaron, repararon y reacondicionaron el bloque del motor y el cigüeñal.
2 Coloque el motor con la parte inferior apuntando hacia arriba.
3 Quite los pernos de la tapa de rodamiento principal y quite las tapas. Coloque las tapas en el orden apropiado para asegurar una instalación correcta.
4 Si siguen en su lugar, quite los insertos viejos del rodamiento del bloque y las tapas del rodamiento principal. Limpie las superficies del rodamiento principal del bloque y las tapas con una tela limpia y sin pelusas. Deben estar inmaculadamente limpios.

Verificación de espacio para aceite del rodamiento principal
Consulte las ilustraciones 25.9, 25.11 y 25.13
5 Limpie las superficies traseras de los nuevos insertos del rodamiento principal y coloque la mitad del rodamiento con la ranura para aceite en cada asiento del rodamiento principal del bloque. Coloque la otra mitad de rodamiento de cada juego en la tapa de rodamiento principal correspondiente. Asegúrese de que la pestaña en cada inserto de rodamiento encaje en la cavidad del bloque o la tapa. Los orificios de aceite del bloque, además, deben estar alineados con los orificios de aceite del inserto del rodamiento. **Precaución:** *No martille los rodamientos para asentarlos en su lugar y no melle ni deforme las superficies de los rodamientos. No se debe usar lubricación en este paso.*
6 Limpie las superficies de los rodamientos en los muñones del rodamiento principal del bloque y del cigüeñal con una tela limpia y sin pelusas. Revise los orificios de aceite del cigüeñal y límpielos, ya que cualquier rastro de polvo que haya aquí puede ir en una sola dirección: a través de los nuevos rodamientos.

7 Una vez que esté seguro de que el cigüeñal está limpio, colóquelo cuidadosamente en posición en los rodamientos principales.
8 Antes de que se pueda instalar el cigüeñal de forma permanente, se debe verificar el espacio para aceite del rodamiento principal.
9 Recorte varios trozos de Plastigage del tamaño apropiado (deben ser ligeramente más cortos que el ancho de los rodamientos principales) y coloque un trozo en cada muñón del rodamiento principal del cigüeñal, paralelo al eje del muñón **(vea la ilustración)**.
10 Limpie las superficies de los rodamientos en las tapas e instale las tapas en sus posiciones respectivas (no las mezcle) con las flechas apuntando hacia el frente del motor. No altere el Plastigage. Aplique una fina capa de aceite a las roscas de los pernos y debajo de los laterales de las cabezas de los pernos; luego, colóquelos.
11 En motores V6, apriete los pernos de la tapa del rodamiento principal, comenzando en el centro y avanzando hacia los extremos, en dos pasos, al torque indicado en las Especificaciones de este capítulo. No gire el cigüeñal en ningún momento durante esta operación. **Nota:** *En motores V8, el procedimiento de apriete del rodamiento principal requiere cinco pasos. Primero, apriete los pernos internos (pernos 1 a 10) en dos pasos al torque y ángulo de rotación indicados en las Especifica-*

24.9b Deslice los rieles laterales del anillo de aceite a mano, no use un expansor de anillos

24.12 Instale los anillos de compresión usando un expansor de anillos similar a este, tenga presente que la marca (flecha) debe estar orientada hacia ARRIBA

25.9 Coloque las tiras de Plastigage (flecha) sobre los muñones del rodamiento principal, paralelas a la línea central del cigüeñal

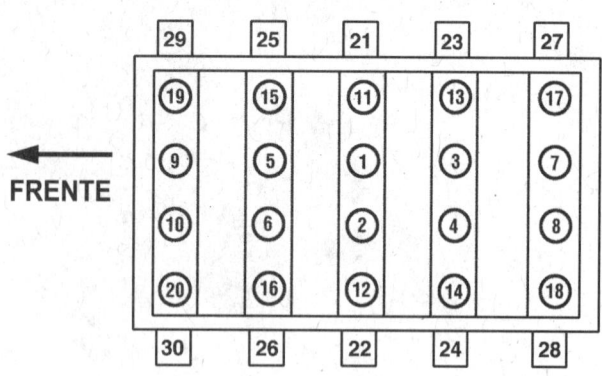

25.11 Secuencia de APRIETE de la tapa de rodamiento principal, motores V8

25.13 Compare el ancho del Plastigage aplastado con la escala que aparece en el sobre, realizando la medición en el punto más ancho del Plastigage

ciones de este capítulo; luego, ajuste los pernos externos (pernos 11 a 20) en dos pasos al torque y ángulo de rotación indicados en las Especificaciones de este capítulo **(vea la ilustración)**. *El quinto paso es el apriete de los pernos laterales, pero NO use pernos laterales nuevos durante la revisión del espacio para el aceite, ya que esto dañaría el anillo O de los pernos laterales nuevos.*

12 Quite los pernos y levante cuidadosamente las tapas del rodamiento principal. Manténgalas en orden. No altere el Plastigage ni gire el cigüeñal. Si se le dificulta quitar cualquiera de las tapas del rodamiento principal, golpéelas levemente de lado a lado con un martillo de superficie blanda para aflojarlas.

13 Para calcular el espacio para aceite del rodamiento principal, compare el ancho del Plastigage aplastado sobre cada muñón con la escala impresa en el sobre del Plastigage **(vea la ilustración)**. Revise las Especificaciones para asegurarse de que sea el correcto. *Nota: Asegúrese de que esté usando la escala correcta, el paquete incluye tanto la métrica como la estándar.*

14 Si el espacio no está de acuerdo a lo especificado, puede que los insertos del rodamiento sean de un tamaño incorrecto (lo que significa que necesitará otros). Antes de determinar que necesita insertos diferentes, asegúrese de que no hubiera polvo ni aceite entre los insertos del rodamiento y las tapas o el bloque cuando realizó la medición del espacio. Si el Plastigage es visiblemente más ancho en un extremo que en otro, es posible que el muñón esté ahusado.

15 Raspe cuidadosamente todo rastro de material Plastigage de los muñones del rodamiento principal y de las superficies del rodamiento. No melle ni raye las superficies del rodamiento (el borde de una tarjeta de crédito plástica puede servir).

Instalación final del cigüeñal

16 Eleve cuidadosamente el cigüeñal del motor. Limpie las superficies del rodamiento en el bloque, luego aplique una capa fina y uniforme de lubricante del conjunto del motor a cada una de las superficies del rodamiento.

17 Asegúrese de que los muñones del cigüeñal estén limpios y luego coloque al cigüeñal en su lugar en el bloque. Limpie las superficies de los rodamientos en las tapas y luego aplíqueles lubricante. Instale todas las tapas en sus ubicaciones respectivas.

18 Aplique una fina capa de aceite a las roscas de los pernos y debajo de los laterales de las cabezas de los pernos; luego, colóquelos a mano.

19 Mueva el cigüeñal atrás y adelante en el bloque haciendo palanca para asentar los rodamientos de empuje. Apriete todos los pernos de la tapa del rodamiento principal, tal como se describe desde el Paso 11 hasta las Especificaciones. En motores V8, instale los pernos nuevos de la tapa del rodamiento principal y apriételos al torque indicado en las Especificaciones de este capítulo. Asegúrese de apretar los pernos de ambos costados en una misma tapa principal antes de pasar a la tapa siguiente y siempre instale pernos laterales nuevos o se podrían producir fugas.

20 Revise el juego longitudinal del cigüeñal con un juego de galgas o un indicador de esfera, como se describe en la Sección 16. El juego longitudinal debe ser correcto si las superficies de empuje del cigüeñal no están desgastadas ni dañadas y se instalaron los rodamientos nuevos.

21 En los modelos con transmisión manual, instale un nuevo rodamiento piloto en el extremo del cigüeñal (vea el Capítulo 8).

22 Gire manualmente el cigüeñal algunas vueltas para detectar signos claros de agarrotamiento.

26 Eje balanceador (motores V6) - instalación

Consulte las ilustraciones 26.2 y 26.6
Nota: *El eje balanceador se instala después del árbol de levas. Consulte los procedimientos de instalación del árbol de levas en la Parte B de este capítulo.*

1 Lubrique los muñones de los rodamientos del eje balanceador con aceite para motor limpio o lubricante para el conjunto del motor limpio.

2 Deslice el eje balanceador dentro del motor. Sostenga el eje balanceador cerca del bloque y tenga cuidado de no raspar ni mellar el rodamiento trasero. Con una herramienta de arrastre para rodamientos o un dado grande, guíe suavemente el eje dentro del bloque, hasta que el rodamiento delantero esté asentado **(vea la ilustración)**.

3 Instale el retenedor del eje balanceador y dos pernos y apriételos al torque indicado en las Especificaciones de este capítulo **(vea la ilustración 14.1)**.

4 Instale el engranaje de salida del eje balanceador y apriete el perno al torque indicado en las Especificaciones de este capítulo.

5 Gire el árbol de levas de forma tal que, con el engranaje impulsor del eje balanceador instalado transitoriamente, la marca de sincronización se encuentre recta en la posición de las 12 en punto. Desmonte el engranaje impulsor.

6 Gire el eje balanceador hasta que la marca de sincronización en el engranaje de salida esté orientada directamente a la posición de las 6 en punto. Vuelva a instalar el engranaje impulsor del eje balanceador en el árbol de levas y asegúrese de que ambos engranajes del eje balanceador estén alineados **(vea la ilustración)**.

7 Instale la cadena de sincronización, la rueda dentada y la cubierta (vea la Parte A de este Capítulo).

27 Sello de aceite principal trasero y caja - instalación

Consulte las ilustraciones 27.7 y 27.9

1 Todos los motores cubiertos por este manual están equipados con un sello principal trasero de una sola pieza y con una caja para el sello de aceite que se atornilla a la parte trasera del bloque del motor. Aunque las cajas de los sellos principales traseros en los motores V6 y V8 tengan aspectos distintos, la instalación del sello es básicamente la misma, exceptuando la instalación de la caja del sello sobre el bloque del motor. Los motores V6 tienen clavijas de alineación en la parte trasera del bloque para centrar automáticamente la caja del sello sobre el extremo del cigüeñal. Los motores V8 no tienen estas clavijas de alineación, es por eso que se los debe alinear manualmente antes de atornillar la caja del sello trasero.

2 Primero se debe instalar el cigüeñal y atornillar las tapas del rodamiento principal, luego se debe instalar el sello nuevo en la caja y atornillar la caja al bloque.

3 Antes de instalar el cigüeñal, revise cuidadosamente la superficie de contacto del sello para detectar rayaduras y hendiduras que puedan dañar el labio del sello nuevo y causar fugas de aceite. Si el cigüeñal está dañado, la única alternativa es colocar un cigüeñal nuevo o diferente.

Capítulo 2 Parte C Procedimientos generales de reacondicionamiento del motor

26.2 Guíe el eje balanceador y el rodamiento delantero en el bloque hasta que pueda empernar el retenedor del rodamiento en su lugar

26.6 Coloque el engranaje impulsor y el engranaje de salida del eje balanceador con las marcas de sincronización alineadas como se muestra

4   El sello viejo se puede quitar de la caja haciendo palanca con un destornillador grande entre las tres muescas (vea el Capítulo 2A o el 2B).

5   Asegúrese de registrar cuánto retrocede el sello en el hueco antes de extraerlo; el sello nuevo retrocederá la misma distancia. Tenga cuidado de no rayar o dañar de otra manera el hueco de la caja o podrá causar fugas de aceite.

6   Asegúrese de que la caja esté limpia; luego, aplique una capa fina de aceite de motor en el borde externo del sello nuevo. Presione directamente el sello en el hueco de la caja, no se recomienda martillarlo para que encaje. Si no tiene una prensa, coloque la caja y el sello entre dos trozos de madera suave y use las mordazas de una prensa de banco grande para presionar el sello hasta que encaje en su lugar. Los trozos de madera tienen que ser lo suficientemente gruesos como para distribuir la fuerza de manera pareja alrededor de toda la circunferencia del sello. Trabaje lentamente y asegúrese de que el sello entre directamente en el hueco.

7   En motores V6, asegúrese de que las clavijas estén en su lugar antes de instalar la caja.

Lubrique los labios del sello con una pequeña cantidad de aceite para motor limpio y deslice el sello/caja trasera sobre la parte trasera del cigüeñal **(vea la ilustración)**. Asegúrese de usar una junta nueva entre la caja del sello trasero y el bloque del motor (no se requiere sellador).

Motores V6

8   Apriete los pernos un poco cada vez hasta que la caja del sello esté completamente asentada contra el bloque del motor; luego, apriételos al torque indicado en las Especificaciones de este capítulo.

Motores V8

9   Coloque holgadamente los pernos de retención de la caja del sello trasero sobre el motor y alinee la caja trasera de la siguiente manera:

a) *Coloque una regla sobre el riel de la bandeja de aceite del bloque del motor. Use un calibre de espesor para medir la distancia a cada lado del bloque, desde el riel de la bandeja de aceite hasta la caja trasera* **(vea la ilustración)**. *Este paso mide la diferencia entre la superficie de sellado de la bandeja de aceite y la superficie de sellado de la caja del sello trasero comparándolas entre sí.*

b) *Incline la caja del sello trasero tanto como sea necesario para lograr una medición pareja de cada lado. Este Paso alinea correctamente las superficies de sellado de la caja del sello trasero con la de la bandeja de aceite. Una tolerancia aceptable suele ser entre 0.000 y 0.020 pulgadas.* **Nota:** *Idealmente, la caja del sello trasero debe quedar al ras con el riel de la bandeja de aceite pero, debido a las diferencias en el grosor del sello, esto no siempre es posible. Es por eso que existe una tolerancia de 0.000 a 0.020 pulgadas. Siempre deje que el centro del sello trasero se centre sólo alrededor del cigüeñal e incline la cubierta de lado a lado para uniformar las medidas a ambos lados de los rieles de la bandeja de aceite. Nunca presione la caja del sello trasero hacia abajo intentando dejar al ras la superficie de sellado de la bandeja aceite, esto deformará el sello de aceite trasero y, con el tiempo, causará fugas de aceite.*

27.7 En estos motores primero será necesario instalar el sello nuevo en la caja, luego instalar una junta nueva y la caja del sello en el bloque, asegúrese de lubricar el labio del sello y de utilizar con cuidado la herramienta roma con la que trabajará el sello sobre el cigüeñal

27.9 Con la caja del sello trasero en su lugar y los pernos colocados HOLGADAMENTE, mida la distancia a cada lado entre el riel de la bandeja de aceite y la caja del sello a cada lado (flechas); luego, antes de ajustar los pernos de la cubierta, ajuste la caja de forma tal que las medidas sean parejas en ambos lados

2C-28 Capítulo 2 Parte C Procedimientos generales de reacondicionamiento del motor

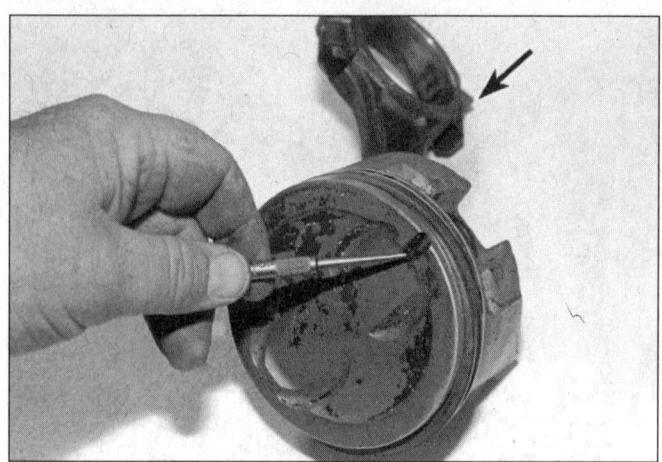

28.1a En motores V6, las bridas de las bielas (flecha) tienen que estar colocadas correctamente, con la muesca sobre el pistón para una lubricación adecuada de las paredes del cilindro. Se muestra el pistón de la bancada izquierda, los pistones de la bancada derecha están en sentido opuesto

28.1b En motores V8, el lado plano de las bielas (flecha) y la muesca en la parte superior del pistón tienen que estar orientados hacia la parte delantera del motor

c) Con la caja del sello trasero alineada correctamente, apriete los pernos de la caja al torque indicado en las Especificaciones de este capítulo.

28 Pistones/bielas - instalación y revisión de espacio para aceite del rodamiento de la biela

Vea las ilustraciones 28.1a, 28.1b, 28.3, 28.5, 28.9, 28.11, 28.13 y 28.17

1 Antes de instalar los conjuntos de pistón y biela, las paredes de los cilindros deben estar inmaculadamente limpias, el borde superior de cada cilindro debe estar biselado y el cigüeñal debe estar en su lugar. Si instalaron pistones o bielas nuevos, pida en un taller de maquinado que revisen la orientación de la biela en relación al pistón para confirmar que los haya instalado correctamente. En motores V6, las bridas de la biela de la bancada izquierda tienen que estar orientadas hacia la parte delantera del motor y las bridas de la biela de la bancada derecha tienen que mirar hacia la parte trasera del motor, con la marca en la parte superior de los pistones orientada hacia la parte delantera del motor **(vea la ilustración)**. Debe tener tres pistones con las bridas de la biela y la marca en los pistones alineadas en el mismo lado (éstos son los pistones de la bancada izquierda) y tres pistones con las bridas de la biela orientadas en sentido opuesto a la marca en los pistones (éstos son los pistones de la bancada derecha). En motores V8, el lado plano de las bielas y las marcas en la parte superior de cada pistón tienen que estar orientadas hacia la parte delantera del motor **(vea la ilustración)**. Así, si se instalan bielas nuevas, los conjuntos de pistones y bielas se pueden instalar indistintamente en la bancada derecha o izquierda.

2 Quite la tapa del extremo de la biela número uno (consulte las marcas que realizó durante el desmontaje). Quite los insertos originales del rodamiento y limpie las superficies del rodamiento de la biela y la tapa con una tela limpia y sin pelusas. Deben estar inmaculadamente limpios.

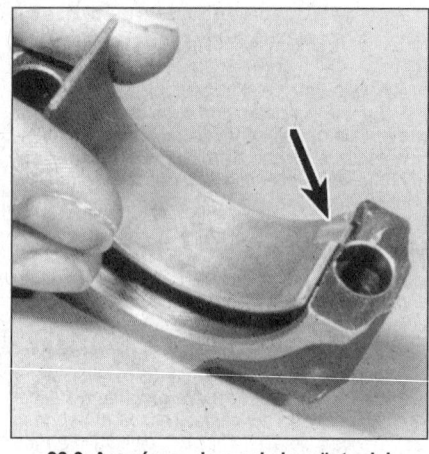

28.3 Asegúrese de que la lengüeta del rodamiento encaje firmemente dentro de la muesca en la tapa de la biela

Revisión del espacio para lubricación del rodamiento de la biela

3 Limpie la parte trasera del nuevo inserto del rodamiento superior, luego colóquela en su lugar en la biela. Asegúrese de que la pestaña del rodamiento encaje en la cavidad de la biela **(vea la ilustración)**. No martille el inserto del rodamiento para colocarlo en su lugar y tenga mucho cuidado de no mellar ni deformar la superficie del rodamiento. No lubrique el rodamiento durante este paso.

4 Limpie la parte trasera del otro inserto del rodamiento e instálelo en la tapa de la biela. Nuevamente, asegúrese de que la pestaña del rodamiento encaje en la cavidad de la tapa y no aplique ningún tipo de lubricante. Es muy importante que las superficies de contacto del rodamiento y la biela estén perfectamente limpias y libres de aceite al armarlas.

5 Disponga los espacios del anillo de pistón a intervalos alrededor del pistón **(vea la ilustración)**.

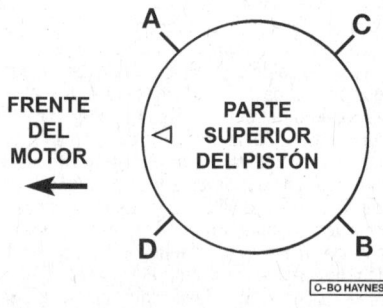

28.5 Antes de instalar el conjunto de pistón/biela en el motor, coloque los espacios del anillo del pistón tal como se muestra aquí

A Espacio del anillo superior de compresión
B Segundo anillo de compresión y distancia de separación del anillo de aceite
C Espacio del riel del anillo de aceite superior
D Espacio del riel del anillo de aceite inferior

6 Deslice un trozo de manguera de plástico o caucho sobre cada perno de la tapa de la biela. En motores V8, instale las guías para bielas que se fabricaron previamente.

7 Lubrique el pistón y los anillos con aceite de motor limpio y conecte un compresor de anillo de pistón al pistón. Deje que la falda sobresalga aproximadamente 1/4 de pulgada para guiar el pistón hacia el cilindro. Los anillos deben permanecer comprimidos hasta que estén alineados con el pistón.

8 Gire el cigüeñal hasta que el muñón de la biela número uno se encuentre en BDC (punto muerto inferior) y aplique una capa de aceite de motor a las paredes de los cilindros.

9 Con la flecha o la muesca en la parte superior del pistón **(vea la ilustración)** y enfrentando a la parte delantera del motor, inserte suavemente el conjunto del pistón y de la biela en el hueco del

28.9 La muesca (flecha) en los pistones tiene que estar orientada hacia adelante

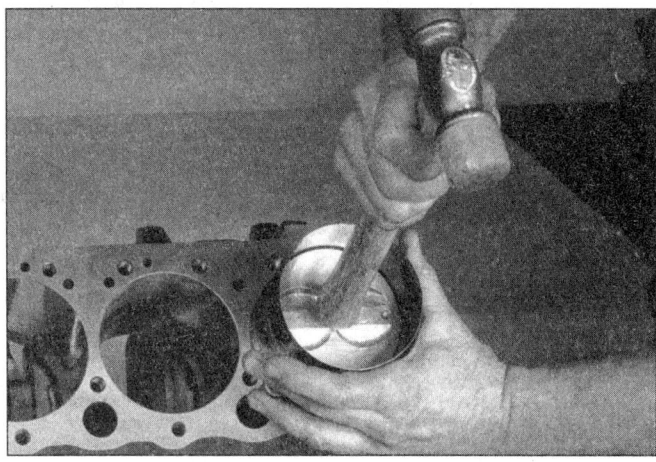

28.11 Guíe suavemente el pistón con la punta del mango de madera de un martillo, hágalo de forma pareja y deténgase si siente una obstrucción

cilindro número uno y apoye el borde inferior del compresor del anillo en el bloque del motor.

10 Golpee ligeramente el borde superior del compresor de anillos para asegurarse de que esté en contacto con el bloque en toda su circunferencia.

11 Golpee ligeramente la parte superior del pistón con el extremo de un mango de madera o de plástico de un martillo **(vea la ilustración)** mientras guía el extremo de la biela hasta su lugar en el muñón del cigüeñal. Es posible que los anillos del pistón puedan salir del compresor de anillos justo antes de ingresar en el hueco del cilindro, así que mantenga un poco de presión hacia abajo sobre el compresor de anillos. Trabaje despacio; si encuentra resistencia a medida que el pistón ingresa en el cilindro, deténgase de inmediato. Descubra qué sucede y arréglelo antes de proceder. Por ningún motivo fuerce el pistón hacia adentro del cilindro, ya que puede romper un anillo o el pistón.

12 Una vez que instaló el conjunto de pistón y biela, debe verificar el espacio para aceite del rodamiento de la biela antes de empernar permanentemente la tapa de la biela en su lugar.

13 Corte un trozo de Plastigage del tamaño apropiado, ligeramente más corto que el ancho del rodamiento de la biela, y colóquelo sobre el muñón de la biela número uno, paralelo al eje del muñón **(vea la ilustración)**.

14 Limpie la superficie del rodamiento de la biela, quite las mangueras protectoras de los pernos de la biela e instale la tapa de la biela. Asegúrese de que la marca de contacto de la tapa esté del mismo lado que la marca de la biela.

15 Instale las tuercas o los pernos y apriételos en dos pasos hasta el torque y ángulo de rotación indicados en las Especificaciones de este capítulo. **Nota:** *Use un cubo de paredes delgadas para evitar lecturas de torque erróneas, las que se pueden producir si se encaja el dado entre la tapa de la biela y la tuerca. Si el dado tiende a calzarse entre la tuerca y la tapa, levántelo ligeramente hasta que no haga contacto con la tapa. No gire el cigüeñal en ningún momento durante esta operación.*

16 Quite las tuercas o pernos y desconecte la tapa de la biela, con mucho cuidado de no alterar el Plastigage.

17 Para calcular el espacio para aceite, compare el ancho del Plastigage aplastado con la escala impresa en el sobre de Plastigage **(vea la ilustración)**. Compárelo con las Especificaciones para asegurarse de que el espacio sea correcto.

18 Si el espacio no está de acuerdo a lo especificado, puede que los insertos del rodamiento sean de un tamaño incorrecto (lo que significa que necesitará otros). Antes de determinar que necesita insertos diferentes, asegúrese de que no hubiera polvo ni aceite entre los insertos del rodamiento y la biela o la tapa cuando realizó la medición del espacio. Además, vuelva a verificar el diámetro del muñón. Si el Plastigage fue más ancho en un extremo que el otro, es posible que el muñón se haya ahusado; en ese caso, tiene que maquinar el cigüeñal.

Instalación final de la biela

19 Raspe cuidadosamente todo rastro de material Plastigage de los muñones de la biela y de la superficie del rodamiento. Tenga cuidado de no dañar el rodamiento; use la uña o el borde de una tarjeta de crédito.

20 Asegúrese de que las superficies del rodamiento estén perfectamente limpias y luego aplique una capa uniforme de grasa a base de molibdeno o lubricante del conjunto de motor limpios a ambas. Deberá empujar el pistón hacia adentro del cilindro para exponer la superficie del inserto del rodamiento en la biela; asegúrese de colocar primero mangueras protectoras sobre los pernos.

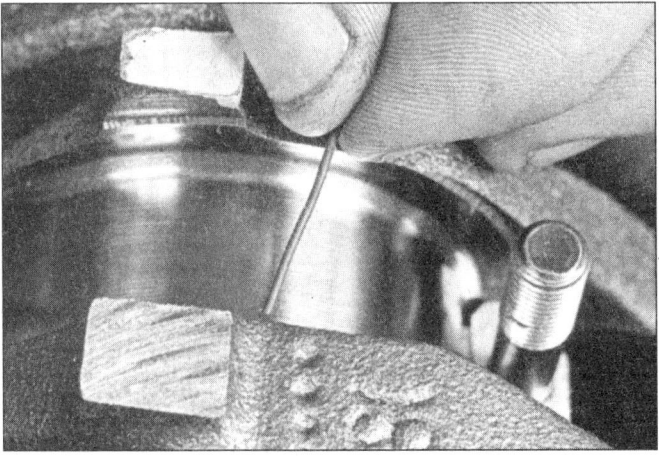

28.13 Coloque las tiras de Plastigage sobre cada muñón de rodamiento de la biela, paralelas a la línea central del cigüeñal

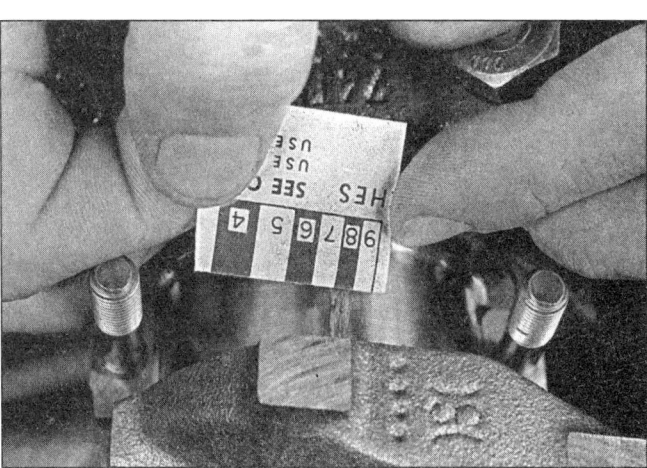

28.17 Mida el ancho del Plastigage aplastado para determinar el espacio para aceite del rodamiento de la biela y compárelo con las Especificaciones

21 Vuelva a deslizar la biela en su lugar sobre el muñón, quite las mangueras protectoras de los pernos de la tapa de la biela o de las guías para bielas, coloque la tapa de la biela y apriete las tuercas o pernos en dos pasos hasta el torque y el ángulo de rotación indicado en las Especificaciones de este capítulo.

22 Repita el procedimiento completo para los pistones y bielas restantes.

23 Los puntos importantes que debe recordar son los siguientes:

a) *Mantenga los lados traseros de los insertos de los rodamientos y el interior de las bielas y las tapas perfectamente limpios cuando los ensambla.*
b) *Asegúrese de que tiene el conjunto correcto de pistón y biela para cada cilindro.*
c) *La muesca o la marca en el pistón deben mirar hacia el frente del motor.*
d) *Superponga los espacios finales de los anillos* **(vea la ilustración 28.5).**
e) *Lubrique las paredes del cilindro con aceite limpio.*
f) *Lubrique las caras de rodamiento cuando instale las tapas de las bielas después de revisar el espacio para aceite.*

24 Después de haber instalado correctamente todos los conjuntos de pistón y biela, gire el cigüeñal unas vueltas a mano para detectar signos claros de agarrotamiento.

25 Como paso final, debe revisar el espacio lateral de la biela. Consulte este procedimiento en la Sección 15.

26 Compare el espacio lateral medido con las Especificaciones para asegurarse de que sea el correcto. Si era correcto antes del desarmado y se instalaron el cigüeñal y las bielas originales, debería seguir siendo correcto. Si se instalaron bielas o un cigüeñal nuevos, el espacio lateral puede ser inadecuado. Si es así, deberá sacar las bielas y llevarlas a un taller de maquinado automotriz para que les den el tamaño correcto.

27 El resto del trabajo del armado del motor es montar las culatas de cilindros, el tren de válvulas, la cubierta delantera, la bomba de agua, el volante del motor, los múltiples de admisión y escape y los accesorios, todo explicado en el Capítulo 2A o el 2B.

29 Arranque y asentamiento inicial después del reacondicionamiento

Advertencia: *Tenga a mano un extintor de incendio cuando arranque el motor por primera vez.*

1 Una vez que se ha instalado el motor en el vehículo, revise dos veces los niveles de aceite y de refrigerante.

2 Con las bujías fuera del motor y los sistemas de ignición y combustible desactivados (vea la Sección 3), haga girar el motor hasta que la presión de aceite aparezca en el indicador o se apague la luz.

3 Instale las bujías, conecte los cables y restablezca las funciones del sistema de ignición y del sistema de combustible.

4 Encienda el motor. Puede tomar unos momentos que el sistema de combustible acumule presión, pero el motor debería arrancar sin demasiado esfuerzo. **Nota:** *Si ocurren explosiones a través del cuerpo del acelerador, vuelva a revisar la sincronización de la válvula y, en motores V6, la instalación del distribuidor.*

5 Después de que el motor arranque, debe permitir que se caliente hasta la temperatura de funcionamiento normal. No permita que el motor exceda una marcha mínima rápida hasta que los levantaválvulas hidráulicos bombeen hacia arriba y vuelvan a detenerse (en general, alrededor de cinco minutos).

6 Mientras el motor se calienta, haga una revisión exhaustiva para detectar fugas de combustible, aceite y refrigerante. Si durante el reacondicionamiento ha instalado un árbol de levas o levantaválvulas nuevos, debe hacer funcionar el motor en marcha mínima rápida durante 15 minutos después de que los levantaválvulas hayan bombeado hacia arriba y se hayan detenido (esté atento al indicador de temperatura y no permita que el motor se sobrecaliente) para "domesticar" el árbol de levas y los levantaválvulas.

6 Apague el motor y vuelva a revisar los niveles de aceite y de refrigerante del motor.

7 Conduzca el vehículo hasta una zona con poco tráfico, acelere de 30 a 50 mph y luego deje que el vehículo baje la velocidad a 30 mph con el acelerador cerrado. Repita este procedimiento de 10 a 12 veces. Esto cargará los anillos de los pistones y hará que se asienten correctamente contra las paredes de los cilindros. Vuelva a revisar para ver si hay fugas de aceite y de refrigerante.

8 Conduzca el vehículo suavemente durante las primeras 500 millas (sin altas velocidades sostenidas) y revise el nivel de aceite de manera constante. No es inusual que un motor consuma aceite durante el período de asentamiento.

9 Cuando haya recorrido entre 500 y 600 millas, cambie el aceite y el filtro.

10 Por la siguientes cien millas, conduzca el vehículo normalmente. No lo consienta, ni abuse de él.

11 Después de 2,000 millas, vuelva a cambiar el aceite y el filtro y considere que el motor está ablandado.

Capítulo 3
Sistemas de enfriamiento, calefacción y aire acondicionado

Contenido

	Sección		Sección
Acumulador/secador del aire acondicionado - desmontaje e instalación	13	Motor soplador y circuito - revisión	8
Anticongelante - información general	2	Núcleo del calefactor - desmontaje e instalación	11
Bomba de agua - revisión y reemplazo	6	Radiador y tanque de compensación del refrigerante - desmontaje e instalación	5
Compresor del aire acondicionado - desmontaje e instalación	14		
Condensador del aire acondicionado - desmontaje e instalación	15	Sistema de aire acondicionado y calefacción - revisión y mantenimiento	12
Conjunto de control del calefactor y el aire acondicionado - extracción e instalación	10	Termostato - revisión y reemplazo	3
Dispositivo emisor del medidor de temperatura del refrigerante - revisión y reemplazo	7	Tubo (válvula tipo tubo) de expansión del aire acondicionado - desmontaje e instalación	16
Información general	1	Ventiladores de enfriamiento y embrague del motor - revisión y reemplazo	4
Motor soplador - desmontaje e instalación	9		

Especificaciones

General

Capacidad de refrigerante	Vea el Capítulo 1
Indicación de presión de la tapa del depósito de refrigerante	15 psi
Tipo de refrigerante	R-134a
Capacidad de refrigerante	
1999 y 2000	
Estándar (A/C delantero únicamente)	2.0 libras
Con aire acondicionado trasero	2.5 libras
2001 y 2002	
Estándar (A/C delantero únicamente)	1.8 libras
Con aire acondicionado trasero	
Tahoe/Yukon	2.7 libras
Todos los demás	3.0 libras
2003 y posteriores	
Estándar (A/C delantero únicamente)	1.6 libras
Con aire acondicionado trasero	
Tahoe/Yukon	2.7 libras
Todos los demás	3.0 libras

Especificaciones de torque

	Lb-pie (a menos que se indique lo contrario)
Pernos del ventilador de enfriamiento del motor al embrague del ventilador	17
Tuerca del embrague del ventilador de enfriamiento del motor	41
Pernos y tuercas de la caja del termostato	
Motor V6	168 lb-pulg
Motores V8	132 lb-pulg
Pernos de de fijación de la bomba de agua	
Motor V6	33
Motores V8	
Paso uno	132 lb-pulg
Paso dos	22
Pernos de la polea de la bomba de agua	
Motor V6	18
Motores V8 (si se aplica)	
Paso uno	89 lb-pulg
Paso dos	18

1 Información general

Todos los vehículos cubiertos en este manual emplean un sistema de enfriamiento de motor presurizado con circulación de refrigerante controlada por termostato. El refrigerante es extraído del radiador por una bomba de agua impulsora que está montada en la parte delantera del bloque. Luego, se hace circular el refrigerante a través del bloque del motor, las culatas de cilindros y, en los motores V6, el múltiple de admisión antes de ser redirigido de vuelta al radiador.

En la caja del termostato del motor hay un termostato de tipo pastilla de cera. Durante el calentamiento, el termostato cerrado evita que el refrigerante circule hacia el radiador. Cuando el motor alcanza la temperatura de funcionamiento normal, el termostato se abre y permite que el refrigerante caliente pase por el radiador, donde se enfría antes de volver al motor.

El sistema de enfriamiento es presurizado por la tapa del tanque de compensación, que contiene una válvula de purga de presión y una válvula atmosférica de vacío. Al mantener una presión atmosférica alta, ésta eleva el punto de ebullición del refrigerante. Si la temperatura del refrigerante supera este punto de ebullición elevado, la presión extra del sistema fuerza el asiento de la válvula de la tapa y permite que el exceso de presión se libere del sistema.

El tanque de compensación sirve como el punto en el que se agrega refrigerante nuevo al sistema de enfriamiento para mantener el nivel de líquido adecuado y como el punto en el que se hace circular el refrigerante para permitir que el aire sea expulsado del sistema por ebullición.

Los motores V8 están equipados con un sistema de operación con modo de protección contra el recalentamiento para proteger el motor contra los daños producidos por un recalentamiento severo. Cuando la computadora detecta una condición de recalentamiento, se enciende la luz de advertencia "reduced power" (potencia reducida) en el panel de instrumentos. En este modo, la computadora alterna el encendido y el apagado de las bobinas individuales de cada cilindro para permitir ciclos de enfriamiento entre los ciclos de encendido. El motor experimentará una gran pérdida de potencia, pero permitirá el funcionamiento del vehículo en una emergencia. Si se enciende esta luz, encuentre un lugar seguro para salir de la carretera tan pronto como sea posible y deje que el motor se enfríe por completo. Revise el nivel de refrigerante y compruebe que no haya alguna manguera rajada u otros signos evidentes de fuga de refrigerante. El aceite para motor se arruinará una vez que se haya accionado este modo, puesto que el aceite sin quemar se mezclará con el resto del aceite. Una vez que se haya solucionado el problema del recalentamiento, cambie el aceite y el filtro inmediatamente y reinicie el Monitor de vida útil del aceite (vea el Capítulo 1).

El sistema de calefacción funciona mediante la circulación de aire a través del núcleo del calefactor montado en el tablero y, luego, hacia el interior del vehículo mediante un sistema de conductos. Los sistemas de calefacción traseros están equipados con un núcleo de calefactor ubicado en la parte trasera del vehículo. La temperatura se controla mezclando el aire caliente con aire fresco, utilizando un sistema de puertas en los conductos, y un motor soplador.

El aire acondicionado es un accesorio opcional que consta de un núcleo evaporador ubicado debajo del tablero, un condensador en la parte delantera del radiador, un acumulador en el compartimento del motor y un compresor accionado por correa montado en la parte delantera del motor. Los sistemas de aire acondicionado traseros están equipados con un núcleo de evaporador separado ubicado en la parte trasera del vehículo.

2.4 Se puede utilizar un hidrómetro económico para probar el estado del refrigerante

2 Anticongelante - información general

Vea la ilustración 2.4

Advertencia: *No permita que el anticongelante entre en contacto con la piel o con las superficies pintadas del vehículo. Enjuague inmediatamente los derrames con abundante agua. El anticongelante es altamente tóxico si se ingiere. Nunca deje el anticongelante en algún lugar con el envase abierto o en charcos en el suelo, a los niños y las mascotas les atrae su olor dulce y podrían beberlo. Averigüe con las autoridades locales cómo desechar el anticongelante usado. Muchas comunidades locales disponen de centros de recolección que se ocuparán de que el anticongelante se deseche en forma segura. Nunca deseche anticongelante usado en el suelo ni lo arroje en desagües.*

Precaución: *El fabricante recomienda el uso exclusivo de refrigerante DEX-COOL para estos sistemas. DEX-COOL es un refrigerante de larga duración diseñado para 100,000 millas (160,934 km) o 5 años. Nunca mezcle el anticongelante de etilenglicol, de color verde, con el refrigerante "DEX-COOL" libre de silicatos, de color naranja, ya que esto estropeará la eficacia de "DEX-COOL".*

El sistema de enfriamiento debe llenarse con una solución de anticongelante a base de etilenglicol/agua que evitará el congelamiento hasta al menos -20 ºF (aún menos en climas fríos). También brinda protección contra la corrosión y aumenta el punto de ebullición del refrigerante.

El sistema de enfriamiento se debe vaciar, enjuagar y rellenar al menos año por medio (vea el Capítulo 1). Es probable que el uso de soluciones anticongelantes por períodos de más dos años cause daño y promueva la formación de óxido y sarro en el sistema. Sin embargo, estos modelos son llenados con un nuevo refrigerante "Dex-Cool" cuya eficacia es garantizada por el fabricante por 5 años.

Antes de agregar anticongelante, revise todas las conexiones de las mangueras ya que el anticongelante tiende a gotear por aberturas diminutas. Normalmente, los motores no consumen refrigerante; de modo que, si baja el nivel, encuentre la causa y corríjala.

La mezcla exacta de anticongelante y agua que debe usar depende de las condiciones relativas del clima. La mezcla debe contener al menos 50 por ciento de anticongelante, pero nunca más de 70 por ciento de anticongelante. Consulte la tabla de relaciones de mezcla en el envase de anticongelante antes de agregar refrigerante. Hay hidrómetros disponibles en la mayoría de los talleres de autopartes para probar el refrigerante **(vea la ilustración)**. Utilice anticongelante que cumpla con las especificaciones del fabricante del vehículo.

3 Termostato - revisión y reemplazo

Advertencia: *El motor debe estar completamente frío para realizar este procedimiento.*

Revisión

1 Antes de asumir que los problemas del sistema de enfriamiento se deben al termostato, revise el nivel de refrigerante, la tensión de la correa de transmisión (vea el Capítulo 1) y el funcionamiento del indicador (o luz) de temperatura.

2 Si parece que el motor tarda mucho en calentarse (basándose en el funcionamiento de la salida del calefactor o del indicador de temperatura), es probable que el termostato se haya trabado abierto. Reemplace el termostato por uno nuevo.

3 Si el motor se calienta, utilice las manos para revisar la temperatura de la manguera de la parte superior del radiador. Si la manguera no está caliente pero el motor sí, es probable que el termostato se haya trabado cerrado, evitando que el refrigerante dentro del motor escape al radiador. Reemplace el termostato. **Nota:** *El termostato y la caja de los motores V8 están ubicados en el lado de admisión (antes de la bomba de agua), por lo tanto, esta revisión no funcionará en motores V8.* **Precaución:** *No conduzca el vehículo sin un termostato. La computadora puede quedar en circuito abierto, y las emisiones y el ahorro de combustible se verán afectados.*

4 Si la manguera en la parte superior del radiador está caliente, significa que el refrigerante está fluyendo y el termostato está abierto. Consulte la Sección *Diagnóstico de fallas* al comienzo de este manual para ver los diagnósticos del sistema de enfriamiento.

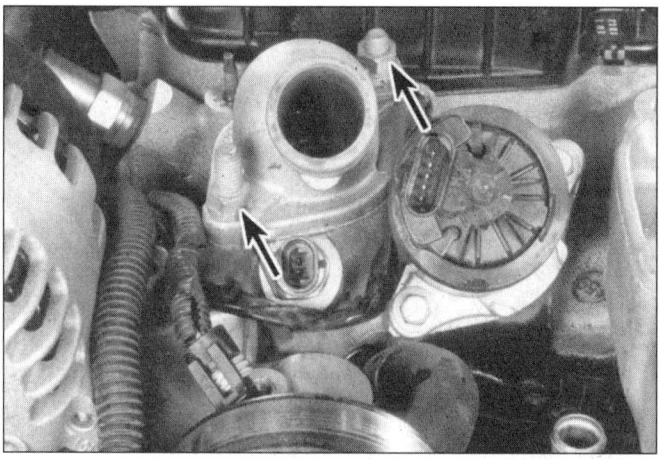
3.10 Pernos de la cubierta de la caja del termostato (motores V6)

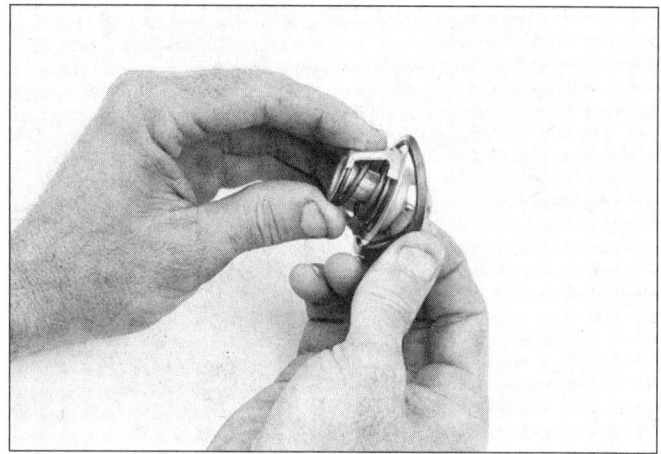
3.12 Instale un sello de caucho nuevo alrededor del termostato

Reemplazo

Motores V6

Vea las ilustraciones 3.10 y 3.12

5   Desconecte el cable del terminal negativo de la batería. **Precaución:** *En los modelos equipados con el sistema de audio Theftlock, asegúrese de que la función de traba esté apagada antes de realizar cualquier procedimiento que requiera la desconexión de la batería (vea el comienzo de este manual).* Vacíe parcialmente el sistema de enfriamiento. Si el refrigerante es relativamente nuevo o no está en buenas condiciones, guárdelo y vuélvalo a usar. Si va a reemplazarlo, vea la Sección 2 para obtener información sobre las precauciones de manipulación segura del anticongelante usado.
6   Quite la caja del filtro de aire y el conducto de admisión de aire (vea el Capítulo 4).
7   Siga la manguera superior del radiador al motor para encontrar la cubierta de la caja del termostato. El termostato está ubicado en el extremo del múltiple de admisión inferior en la parte delantera del motor.
8   Afloje la abrazadera de la manguera; luego, separe la manguera del radiador de la cubierta de la caja del termostato. Si la manguera se pega, tómela cerca del extremo con un par de tenazas ajustables y gírela para romper el sello; luego quítela. Si la manguera está vieja o deteriorada, córtela e instale una nueva.

9   Si la superficie externa de la conexión de la cubierta que se une con la manguera está deteriorada (corroída, astillada, etc.), se puede dañar más por la extracción de la manguera. Si lo está, deberá reemplazar la cubierta de la caja del termostato.
10   Retire los pernos y las tuercas, y separe la cubierta del termostato **(vea las ilustraciones)**. Si la cubierta está atorada, golpéela suavemente con un martillo de superficie blanda para aflojarla. Prepárese para que se derrame un poco de refrigerante cuando rompa el sello de la junta.
11   Note cómo está instalado (qué extremo está hacia arriba) y, luego, quite el termostato.
12   Si se utilizó una junta de papel, use un raspador o una espátula para eliminar todos los rastros de material de la junta vieja y del sellador de las superficies de contacto. **Nota:** *La mayoría de estos modelos no tienen una junta tradicional, sino un anillo de caucho alrededor del termostato. Si es así, reemplace este anillo e instale el termostato en el múltiple de admisión sin utilizar sellador de juntas* **(vea la ilustración).**
13   Instale el termostato en el múltiple de admisión y asegúrese de que el extremo correcto mire hacia afuera; el resorte se dirige hacia el motor.
14   Si se utilizó una junta de papel tradicional, aplique una capa delgada de sellador RTV en ambos lados de la junta nueva y colóquela del lado del motor, sobre el termostato y asegúrese de que los orificios de la junta estén alineados con los de los pernos en la caja.

15   Vuelva a conectar la cubierta de la caja del termostato en el múltiple de admisión y ajuste los pernos al torque indicado en las Especificaciones de este capítulo.

Motores V8

Vea las ilustraciones 3.18a y 3.18b

16   Vacíe el sistema de enfriamiento (vea el Capítulo 1).
17   Quite el conducto de admisión de aire y el resonador. Si quita la caja del filtro de aire, obtendrá más espacio de trabajo, pero esto no es absolutamente necesario (vea el Capítulo 4).
18   Desconecte la manguera inferior del radiador y quite la cubierta de la caja del termostato del motor **(vea la ilustración)**. **Nota:** *El termostato, la caja del termostato y sello del anillo O están preensamblados en la fábrica como una sola unidad y se deben reemplazar como una unidad también* **(vea la ilustración).**
19   Limpie las superficies de sellado de la caja de la bomba de agua.
20   Coloque la caja del termostato en la caja de la bomba de agua e instale los pernos. Ajuste los pernos al torque indicado en las Especificaciones de este capítulo.

Todos los motores

21   El resto de los pasos se realizan en el orden inverso a los del procedimiento de desmontaje.

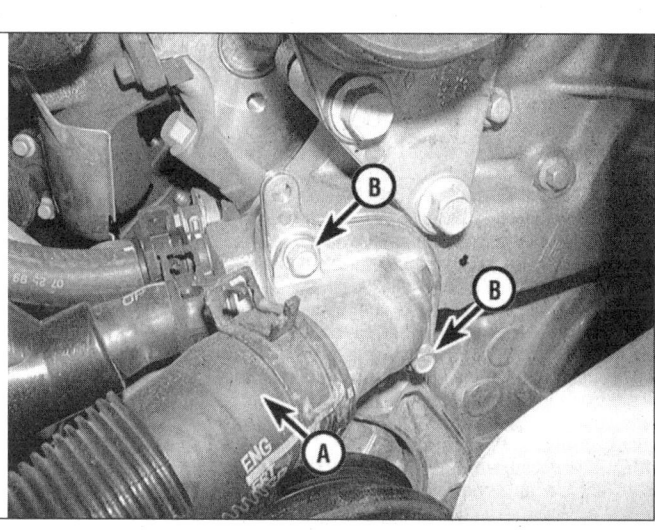
3.18a En los motores V8, quite la manguera inferior del radiador (A) y los pernos de la caja del termostato (B)

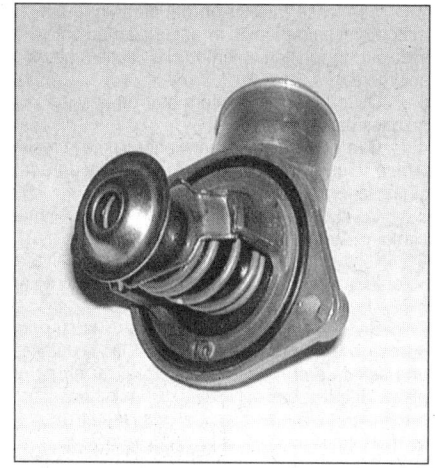
3.18b Conjunto del termostato y de la carcasa (motores V8)

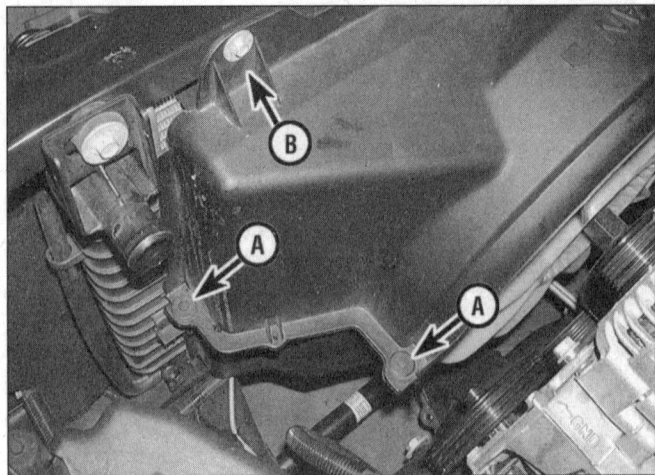

4.10 Quite las mangueras y separe los clips de retención (A) y los pernos (B) de cada lado para quitar la cubierta superior del ventilador

4.11 Afloje la tuerca de retención del embrague del ventilador y sostenga la polea con una llave de correa

Ahora es un buen momento para revisar y reemplazar las mangueras y las abrazaderas (vea el Capítulo 1).

22 Consulte el Capítulo 1 y rellene el sistema de enfriamiento; luego, ponga el motor el marcha y revise cuidadosamente si hay fugas.

23 Repita los pasos 1 a 4 para asegurarse de que las reparaciones corrigieron el problema anterior.

4 Ventiladores de enfriamiento y embrague del motor - revisión y reemplazo

Advertencia: *Mantenga las manos, las herramientas y la ropa alejadas del ventilador. Para evitar lesiones o daños, NO haga funcionar el motor si el ventilador está dañado. No intente reparar las aspas del ventilador; reemplace el ventilador dañado por uno nuevo.*

Ventilador y embrague montados en el motor

Revisión

1 Todos los motores V6 y V8 están equipados con embragues del ventilador controlados termostáticamente.

2 Comience la revisión del embrague con el motor templado (hágalo arrancar cuando esté frío y déjelo en funcionamiento durante dos minutos solamente).

3 Quite la llave del interruptor de ignición por razones de seguridad.

4 Gire las paletas del ventilador y note la resistencia. Debe haber una resistencia moderada, según la temperatura.

5 Conduzca el vehículo hasta que se caliente el motor. Apáguelo y quite la llave.

6 Gire las paletas del ventilador y vuelva a notar la resistencia. Debe haber un aumento notable en la resistencia.

7 Si el embrague del ventilador falla esta prueba o está bloqueado y agarrotado, esto es una señal de que es necesario realizar el reemplazo. Si hay fugas excesivas de líquido del cubo, o el juego libre lateral es de más de 1/4 de pulgada, reemplace el embrague del ventilador.

8 **Advertencia:** *Si el ventilador está dañado de alguna manera, no intente repararlo. Reemplace el ventilador por uno nuevo.*

Reemplazo

Vea las ilustraciones 4.10, 4.11 y 4.12

9 Quite el conjunto de la caja del filtro de aire y el conducto de admisión de aire (vea el Capítulo 4).

10 Quite las mangueras que estén sujetadas a la cubierta superior del ventilador y póngalas a un lado. Quite la cubierta superior del ventilador **(vea la ilustración)**. Sólo es necesario quitar la parte superior para realizar varias operaciones de servicio.

11 Utilice una llave grande para quitar la tuerca de retención del embrague del ventilador y separe el conjunto del embrague del ventilador del motor. La correa de transmisión debe evitar que gire la polea a medida que se afloja la tuerca del ventilador. Si la polea de la bomba de agua patina en la correa, será necesario quitar las correas de transmisión (vea el Capítulo 1) y utilizar una llave de correa para sostener la polea **(vea la ilustración)**.

12 Quite los sujetadores que aseguran el ventilador al embrague del ventilador **(vea la ilustración)**.

13 La instalación se realiza en forma inversa al desmontaje. Asegúrese de ajustar todos los sujetadores según los torques indicados en las Especificaciones de este capítulo.

Ventiladores eléctricos

14 Algunos modelos utilizan dos ventiladores eléctricos de enfriamiento montados en la parte trasera del radiador. Los ventiladores son accionados por relés que están activados por los PCM (módulo de control del tren de potencia).

Revisión

15 Si uno o ambos ventiladores de enfriamiento no funcionan, desenchufe el conector eléctrico del motor del ventilador y conecte uno de los dos terminales de uno de los motores directamente a la batería con un cable puente con fusible. Conecte el otro terminal en la tierra utilizando otro cable puente con fusible. Si el motor del ventilador no se enciende, reemplace el motor. **Precaución:** *No aplique corriente en el lado del mazo de cables del conector. Asegúrese de probar solamente los motores del ventilador de enfriamiento.* **Nota:** *Los ventiladores son accionados en diferentes momentos por el PCM.*

16 Si los motores del ventilador están bien, pero uno no funciona cuando es necesario, el relé del ventilador puede estar defectuoso. Estos circuitos de control son complejos y la revisión de éstos debe ser realizada por un departamento de servicio del distribuidor o por otro taller calificado. A veces, el sistema de control se puede arreglar simplemente identificando y reemplazando un relé defectuoso.

17 Localice el relé del ventilador con el centro del fusible/relé.

18 Pruebe el relé (vea el Capítulo 12).

19 Si el relé está en buen estado, revise todo el cableado y las conexiones al motor del ventilador. Si no se encuentran problemas obvios, el problema puede estar en el sensor de temperatura del refrigerante del motor (ECT) o en el módulo de control del tren de potencia (PCM). Haga revisar el sistema en un taller que tenga el equipo de diagnóstico adecuado.

Reemplazo

20 Aparte las mangueras o las línea de refrigerante para que no se interpongan.

21 Desconecte los conectores de los cables de los motores de los ventiladores y desenganche los mazos de cables de la cubierta.

22 Quite los dos pernos de la parte superior de la cubierta del ventilador y, luego, deslice el conjunto hacia arriba para liberarlo de los retenedores inferiores.

4.12 Pernos de retención del ventilador (flechas)

Capítulo 3 Sistemas de enfriamiento, calefacción y aire acondicionado

5.2 Quite la manguera superior del radiador (flecha) y la cubierta superior del radiador; luego, colóquelas a un lado

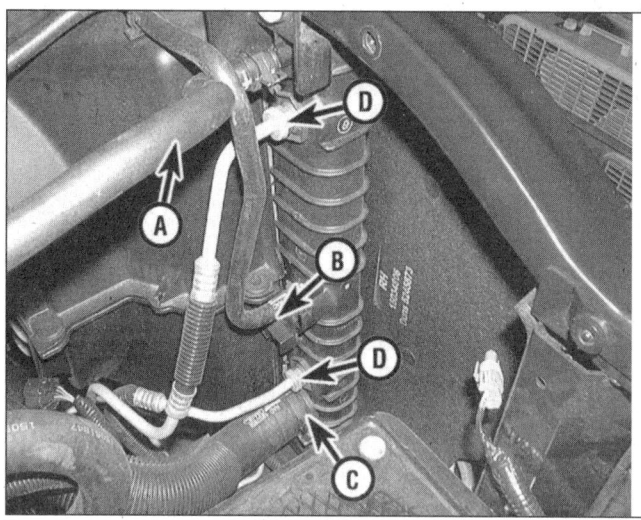

5.3 Quite los siguientes componentes del lado derecho del radiador

A Manguera de recuperación de refrigerante
B Manguera del tubo de ventilación del refrigerante (si la tiene)
C Manguera inferior del radiador
D Líneas del enfriador de la transmisión automática (si las tiene)

23   Las paletas del ventilador están aseguradas con retenedores. Una paleta del ventilador tiene cinco paletas, la otra siete; cualquiera de las paletas puede ir en cualquiera de los motores. Quite el retenedor y, luego, deslice la paleta del ventilador del eje del motor.
24   Para quitar los motores, quite los pernos de éstos de la cubierta.
25   La instalación se realiza en forma inversa al desmontaje.

5 Radiador y tanque de compensación del refrigerante - desmontaje e instalación

Advertencia: *El motor debe estar completamente frío para realizar este procedimiento.*

Radiador
Vea las ilustraciones 5.2, 5.3, 5.4 y 5.8
Nota: *Los vehículos descritos en este manual utilizan abrazaderas de tipo resorte en las mangueras. Si decide reutilizarlos, asegúrese de haber instalado la manguera en una conexión que esté limpia y seca. No intente volver a utilizar estas abrazaderas en mangueras genéricas. Reemplácelas con abrazaderas de tornillo sin fin para mangueras convencionales.*

1   Desconecte el cable del terminal negativo de la batería. **Precaución:** *En los modelos equipados con el sistema de audio Theftlock, asegúrese de que la función de bloqueo está desactivada antes de realizar cualquier procedimiento que requiera desconectar la batería (vea el principio de este manual).*
2   Vacíe el sistema de enfriamiento como se describe en el Capítulo 1; luego, desconecte la manguera superior del radiador y la cubierta superior del ventilador, y apártela **(vea la ilustración)**. Quite el conducto de admisión de aire y el resonador.
3   Desconecte del radiador la manguera del tanque de compensación del refrigerante, la manguera del tubo de ventilación (si lo tiene) y la manguera inferior del radiador **(vea la ilustración)**.
4   Si el vehículo está equipado con una transmisión automática, desconecte las líneas de refrigerante de la transmisión del lado derecho del radiador **(vea la ilustración)**. Para desconectar las líneas del radiador, simplemente desacople el collar de plástico de la conexión rápida; luego, haga palanca en el clip de retención de la conexión rápida y quite las líneas. Tapone los extremos de las líneas para evitar que el líquido gotee cuando las desconecte. Tenga un recipiente listo para recoger los derrames. Asegúrese siempre de inspeccionar los anillos O de las líneas de refrigerante antes de la instalación. **Nota:** *No quite los clips tirando directamente hacia afuera. Mantenga agarrado un lado con los dedos y utilice una pinza (de punta curva) para tirar del otro lado hacia afuera; luego, gire el clip para quitarlo. Instale los clips de la misma manera, evitando empujar en forma recta.*
5   Si el vehículo está equipado con un enfriador de aceite para motor, desconecte las líneas del lado opuesto del radiador, como se describe en el paso anterior. Desconecte también las líneas del enfriador de aceite para motor de la cubierta inferior del ventilador.
6   Quite los pernos y la cubierta superior del ventilador, y el ventilador de enfriamiento del motor (vea la Sección 4).
7   Quite la cubierta inferior del ventilador. Para hacerlo tire hacia arriba de ésta y libérela de las pestañas de retención del radiador.
8   Quite los pernos de montaje del radiador y retire el radiador del compartimento del motor **(vea la ilustración)**.
9   Antes de instalar el radiador, reemplace las abrazaderas de manguera y las mangueras de radiador dañadas.

5.4 Desenganche el collar plástico; luego, haga palanca en el clip de retención de la conexión rápida para desconectar las líneas del enfriador de aceite de la transmisión y del motor

5.8 Pernos de montaje del radiador (flechas)

3-6 Capítulo 3 Sistemas de enfriamiento, calefacción y aire acondicionado

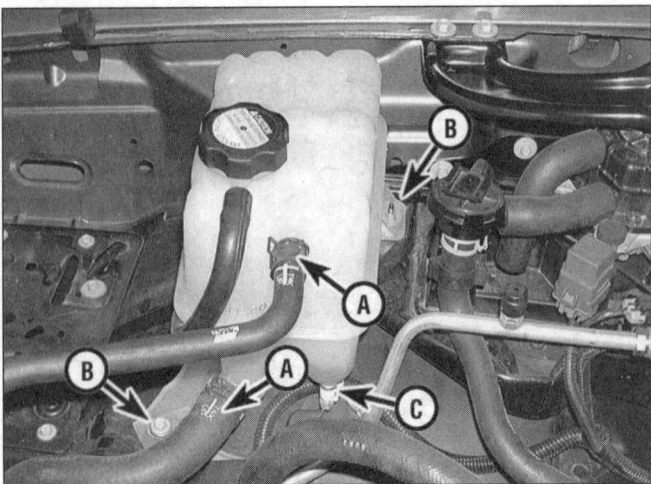

5.15 Quite las mangueras de refrigerante (A) y los pernos de montaje (B); luego, levante el tanque de la ranura del hueco del guardafango y desconecte el conector del sensor de nivel de refrigerante (C)

6.2 El orificio de ventilación (flecha) está ubicado en la parte inferior de la bomba de agua (se muestra un motor V8, el motor V6 es similar)

10   La instalación del radiador se realiza en forma inversa al desmontaje. Cuando instale el radiador, asegúrese de que éste quede correctamente asentado en las sillas inferiores y que los soportes superiores estén asegurados. Instale los clips de retención de la línea del enfriador en la conexión rápida antes de instalar las líneas; luego, coloque las líneas en las conexiones rápidas haciendo presión. Asegúrese de volver a instalar los collares plásticos en las conexiones rápidas a medida que éstas aseguren el clip de retención en su lugar.

11   Después de la instalación, vuelva a llenar el sistema de enfriamiento (vea el Capítulo 1); luego, revise el nivel de aceite para motor y de los líquidos de la transmisión automática.

Tanque de compensación del refrigerante

Vea la ilustración 5.15

12   Desconecte el cable del terminal negativo de la batería. **Precaución:** *En los modelos equipados con el sistema de audio Theftlock, asegúrese de que la función de bloqueo está desactivada antes de realizar cualquier procedimiento que requiera desconectar la batería (vea el principio de este manual).*

13   Vacíe el sistema de enfriamiento, como se describe en el Capítulo 1, hasta que se vacíe el tanque de compensación. Consulte la **Advertencia** correspondiente al refrigerante en la Sección 2.

14   Desmonte la caja del filtro de aire (vea el Capítulo 4).

15   Quite las mangueras del refrigerante del tanque de compensación. Desenrosque el perno y la tuerca de montaje; luego, levante el tanque de compensación de la ranura del hueco del guardafango interior y desconecte el conector del sensor de nivel de refrigerante **(vea la ilustración)**.

16   Quite el tanque de compensación del compartimiento del motor.

17   Antes de la instalación, asegúrese de que el depósito esté limpio y libre de desechos que pueda absorber el radiador (lave el interior con agua jabonosa y un cepillo largo de ser necesario; luego, enjuáguelo a fondo).

18   La instalación se realiza en forma inversa al desmontaje. Vuelva a llenar el sistema de enfriamiento (vea el Capítulo 1) y compruebe que no haya fugas.

6   Bomba de agua - revisión y reemplazo

Advertencia: *Espere a que el motor esté completamente frío antes de comenzar este procedimiento.*

Revisión

Vea la ilustración 6.2

1   Las fallas en la bomba de agua pueden causar recalentamiento y serios daños en el motor. Existen tres maneras de revisar la operación de la bomba de agua mientras está instalada en el motor. Si cualquiera de las siguientes revisiones indica problemas en la bomba de agua, debe ser reemplazada de inmediato.

2   Un sello protege el rodamiento del eje impulsor de la bomba de agua contra contaminación por parte del refrigerante del motor. Si este sello falla, un orificio de ventilación en el pico de la bomba de agua hará que haya una fuga de refrigerante **(vea la ilustración)** (se puede usar un espejo de inspección para mirar la cara inferior de la bomba si el orificio no está en la parte superior). Si el orificio de ventilación tiene fugas, se producirá una falla en el rodamiento del eje. Reemplace la bomba de agua de inmediato.

3   El rodamiento del eje impulsor de la bomba de agua también puede desgastarse en forma prematura. Cuando el rodamiento se desgasta, emite un chirrido agudo. Si este ruido proviene de la bomba de agua mientras el motor está funcionando, el eje del rodamiento ha fallado; reemplace la bomba de agua inmediatamente. **Nota:** *No confunda el ruido de la correa con el ruido de los rodamientos.*

4   Para identificar el desgaste excesivo del rodamiento, quite la correa de transmisión (vea el Capítulo 1), agarre la polea de la bomba de agua e intente forzarla hacia arriba y hacia abajo, o de lado a lado. Si la polea se puede mover ya sea horizontal o verticalmente, el rodamiento se aproxima al final de su vida útil. Reemplace la bomba de agua.

5   Es posible que la bomba de agua esté defectuosa, aun cuando no haga ruidos o tenga fugas de agua. A veces, las aletas de la parte trasera del impulsor se pueden corroer y hacer que la bomba deje de ser eficiente. La única manera de revisar esta condición es extraer la bomba para examinarla.

Reemplazo

Vea las ilustraciones 6.11, 6.12a y 6.12b

6   Desconecte el cable del terminal negativo de la batería. **Precaución:** *En los modelos equipados con el sistema de audio Theftlock, asegúrese de que la función de bloqueo está desactivada antes de realizar cualquier procedimiento que requiera desconectar la batería (vea el principio de este manual).*

7   Vacíe el refrigerante (vea el Capítulo 1). Quite el conducto de admisión de aire y el resonador.

8   Retire la cubierta superior del radiador y el conjunto del ventilador/embrague (vea la Sección 4). En los motores V6, afloje algunas vueltas los pernos de la polea de la bomba de agua con la correa de transmisión todavía instalada en el motor.

9   Quite la correa serpentina (vea el Capítulo 1).

10   En los motores V6, quite la polea de la bomba de agua, separe la manguera inferior del radiador, la manguera del calefactor y la manguera de derivación del refrigerante de la bomba de agua. **Nota:** *Para quitar la polea en los motores V6, será necesario utilizar una llave de correa o una llave inglesa de dos clavijas para sostener la polea mientras se extraen los pernos.*

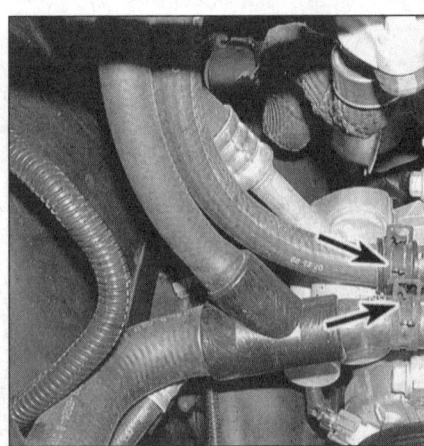

6.11 Conexiones de la manguera del calefactor a la carcasa de la bomba de agua (motores V8)

Capítulo 3 Sistemas de enfriamiento, calefacción y aire acondicionado

6.12a Perno de montaje de la bomba de agua (flechas, motor V6)

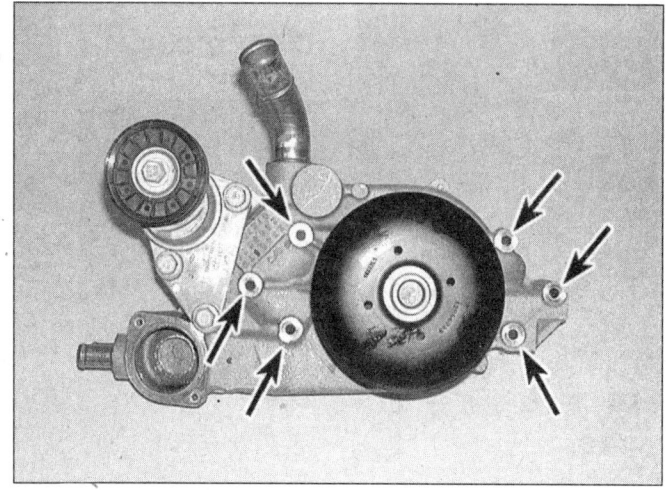

6.12b Ubicaciones de los pernos de montaje de la bomba de agua (flechas, motores V8)

11 En los motores V8, quite la manguera inferior del radiador y la caja del termostato (vea la Sección 3). Quite también la manguera superior del calefactor de la caja de la bomba de agua **(vea la ilustración)**.

12 Quite los pernos de la bomba de agua **(vea las ilustraciones)**. Quizás sea necesario golpear suavemente la bomba con un martillo de superficie blanda para romper el sello de la junta. Inspeccione las paletas del impulsor de la bomba, en la parte trasera de ésta, para comprobar que no exista corrosión. Si faltan aletas o están muy corroídas, reemplace la bomba por una nueva.

13 Limpie todo el material de la junta de las superficies de sellado de la bomba de agua y del bloque. Limpie las superficies de contacto con un trapo saturado en disolvente para laca o acetona.

14 Aplique una capa fina de sellador RTV en ambos lados de la junta nueva e instale la junta en la bomba de agua.

15 Coloque la bomba de agua en posición e instale los pernos ajustándolos solamente con los dedos. Tenga cuidado para asegurarse de que la junta no se mueva de su posición. Ajuste los pernos al torque indicado en las Especificaciones de este capítulo. **Nota:** *En los motores V6, use sellador RTV en las roscas de los pernos de la bomba de agua.*

8.3 Quite la cubierta del motor soplador (A)

16 El resto del procedimiento de instalación se realiza en forma inversa al desmontaje. **Nota:** *Si se instala una nueva bomba de agua en un motor V8, también se debe instalar un nuevo conjunto de termostato/carcasa.*

17 Agregue refrigerante hasta el nivel especificado (vea el Capítulo 1), haga arrancar el motor y compruebe que el nivel de refrigerante sea el indicado. Asegúrese de purgar el aire del sistema de enfriamiento, como se describe en el Capítulo 1. Además, compruebe que no haya fugas de refrigerante alrededor de la bomba de agua y de las mangueras.

7 Dispositivo emisor del medidor de temperatura del refrigerante - revisión e instalación

Revisión

1 El sistema indicador de temperatura del refrigerante está compuesto de un medidor de temperatura, o de una luz de advertencia montada en el tablero, y de un sensor de temperatura del refrigerante montado en el motor. Este sensor de temperatura del refrigerante funciona como un sensor de información para los sistemas de combustibles y de emisiones (vea el Capítulo 6) y como un dispositivo emisor para el medidor de temperatura.

2 Si se produce una indicación de recalentamiento, revise el nivel de refrigerante en el sistema y asegúrese de que el cableado entre el medidor y el dispositivo emisor esté asegurado, y que los fusibles estén en perfectas condiciones.

3 Revise el funcionamiento del sensor de temperatura del refrigerante (vea el Capítulo 6). Si el sensor está defectuoso, reemplácelo por una nueva pieza de las mismas especificaciones.

4 Si el sensor de temperatura del refrigerante funciona bien, haga revisar el medidor de temperatura en un departamento de servicio del distribuidor. Esta prueba requiere que una herramienta de escaneo acceda a la información cuando ésta es procesada por la computadora de a bordo.

Reemplazo

5 Consulte el Capítulo 6 para obtener información sobre el procedimiento de reemplazo del sensor de temperatura del refrigerante del motor.

8 Motor soplador y circuito - revisión

Vea las ilustraciones 8.3 y 8.5

Advertencia: *Estos modelos tienen bolsas de aire. Siempre desactive el sistema de bolsas de aire antes de trabajar cerca de alguno de los componentes para evitar la posibilidad de que se active accidentalmente y cause lesiones (vea el Capítulo 12).*

Nota: *Este procedimiento se aplica al motor soplador y al circuito delanteros de todos los modelos descritos en este manual. Algunos modelos están equipados con sistemas auxiliares de calefacción y de aire acondicionado traseros que no se pueden probar utilizando los equipos convencionales. Debido al uso de un módulo de control electrónico integrado que sólo puede probarse con equipos especiales, es necesario llevar estos vehículos al departamento de servicio del distribuidor o a otro taller de reparación debidamente calificado.*

1 Revise el fusible (marcado como HVAC) y todas las conexiones en el circuito para ver si están flojas o si existe corrosión. Verifique que la batería tenga la carga completa. **Nota 1:** *El relé del calefactor/soplador está ubicado en la carcasa del motor soplador, en el compartimiento del pasajero, en los modelos 1999 a 2002, y en el centro de fusibles/relés del compartimiento del motor en los modelos 2003 y posteriores. El fusible de HVAC está ubicado en el panel de fusibles/relés ubicado en el lado inferior del tablero (vea el Capítulo 12).* **Nota 2:** *Los fusibles del ventilador de enfriamiento auxiliar están ubicados en el bloque de fusibles/relés, al lado del centro grande de fusibles/relés, en el compartimiento del motor.*

2 Con la transmisión en la posición Park (estacionamiento [o Neutral (punto muerto) en los vehículos equipados con transmisión manual]), coloque el freno de estacionamiento de manera segura y gire el interruptor de ignición hasta la posición Run (marcha). No es necesario arrancar el vehículo.

3 Quite la cubierta del conjunto del calefactor/aire acondicionado (ubicado debajo de la guantera) para obtener acceso al motor soplador; luego, quite la cubierta del motor soplador **(vea la ilustración)** (vea la Sección 9).

4 Desconecte el conector del motor soplador; luego, conecte un lado de los terminales del motor soplador a una conexión a tierra del chasis y el

8.5 Guía de identificación de terminales del resistor del motor soplador

A Terminal de salida de velocidad media 1
B Terminal de salida de velocidad baja
C Terminal de salida de velocidad media 3
D Terminal de salida de velocidad media 2
E Terminal de conexión a tierra
F Terminal de salida de velocidad alta
G Terminal de alimentación de la batería con fusible

9.3 Quite los tornillos (flechas) que retienen la cubierta del motor soplador

9.5 Empuje hacia abajo la pestaña de retención del motor soplador (flecha) y gire el conjunto del ventilador en sentido antihorario para quitarlo del vehículo

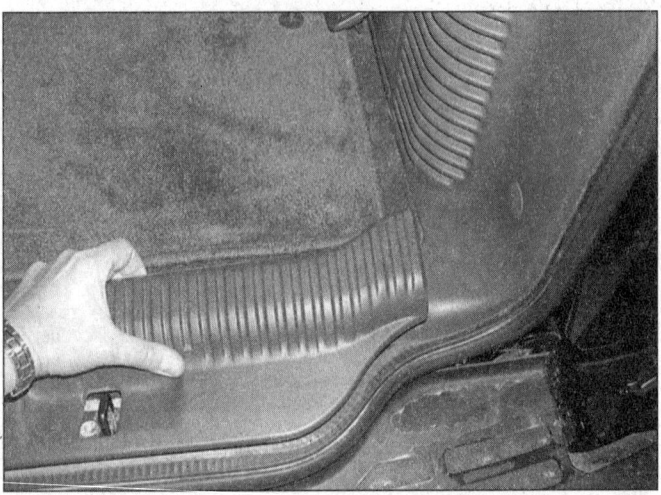

9.8a Quite la placa del umbral de la puerta derecha

otro a una fuente de voltaje de la batería que tenga fusibles. Si el motor del soplador no funciona, está defectuoso.

5 Para revisar el resistor del soplador, utilice un ohmímetro para probar la continuidad entre el terminal de alimentación del soplador (cable violeta) en el conector de cable flexible y los terminales A, B, C y D del resistor del soplador (**vea la ilustración**). Debe haber continuidad en los cuatro terminales, con resistencia variada entre ellos.

6 Si el motor soplador funciona en cualquier posición, excepto en HIGH (alta), el relé de alta del soplador probablemente está dañado y será necesario reemplazarlo. Debido a que el resistor/relé del soplador está ensamblado como una sola unidad, será necesario reemplazar la unidad completa.

9 Motor soplador - desmontaje e instalación

Advertencia: *Estos modelos tienen bolsas de aire. Siempre desactive el sistema de bolsas de aire antes de trabajar cerca de alguno de los componentes para evitar la posibilidad de que se active accidentalmente y cause lesiones (vea el Capítulo 12).*

Motor soplador delantero (de todos los modelos)

Vea las ilustraciones 9.3 y 9.5

1 Quite la cubierta del conjunto del calefactor/aire acondicionado.
2 Desconecte el conector eléctrico del resistor del soplador (vea la Sección 8).
3 Quite la cubierta del motor soplador (**vea la ilustración**).
4 Desconecte el conector eléctrico del motor soplador.
5 Tire de la pestaña de retención y gire el motor soplador en sentido antihorario (**vea la ilustración**) para quitarlo.
6 Si está reemplazando el motor soplador por uno nuevo, quite el ventilador del motor soplador. El ventilador está colocado a presión en el eje del motor soplador y se puede extraer haciendo palanca con dos destornilladores.

7 Instale el ventilador en el motor nuevo e instale el motor soplador en la carcasa del calefactor.

Motor soplador auxiliar trasero

Vea las ilustraciones 9.8a, 9.8b, 9.8c, 9.8d, 9.8e, 9.8f, 9.8g y 9.10

8 Quite el panel de adorno trasero derecho (**vea las ilustraciones**).
9 Desconecte el conector eléctrico del motor soplador.
10 Separe la manguera de enfriamiento y quite los tornillos de retención del motor soplador (**vea la ilustración**).
11 Tire del motor soplador directamente en línea recta para quitarlo.
12 Si está reemplazando el motor soplador por uno nuevo, quite el ventilador del motor soplador. El ventilador está colocado a presión en el eje del motor soplador y se puede extraer haciendo palanca con dos destornilladores.
13 Instale el ventilador en el motor nuevo e instale el motor soplador en la carcasa del calefactor.

Capítulo 3 Sistemas de enfriamiento, calefacción y aire acondicionado

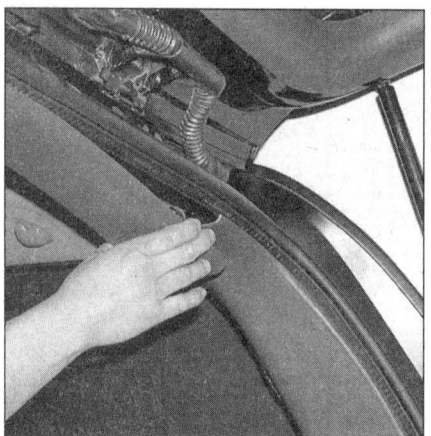

9.8b Quite el panel de adorno del forro del techo

9.8c Haga palanca en el panel de adorno del parante de la puerta trasera y desconecte los conectores eléctricos (si los tiene) de la parte trasera del panel

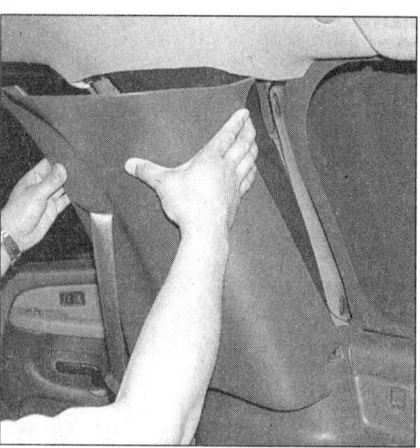

9.8d Haga palanca en el panel de adorno del parante de la puerta trasera y retírelo sin quitar el cinturón de seguridad trasero

9.8e Quite el tornillo (flecha) de la parte delantera del panel

9.8f La parte trasera del panel de adorno está asegurada por el gancho de la red de carga (A), que debe desenroscarse, y por un clip de retención (B)

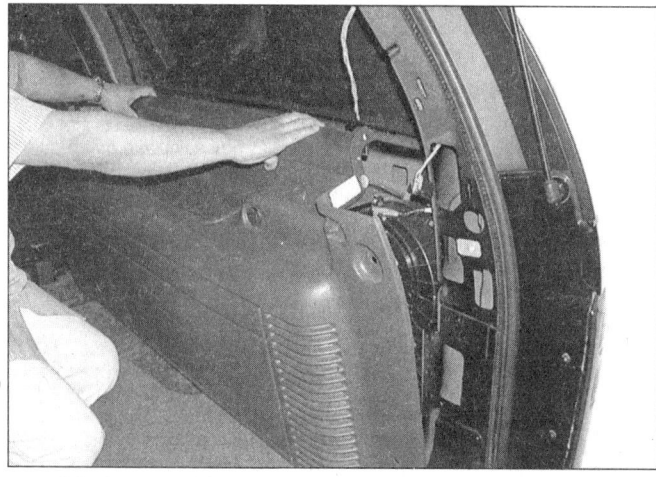

9.8g Levante el panel de adorno trasero derecho hacia arriba y hacia afuera; luego, desconecte los conectores eléctricos de la parte trasera del panel y quítelo del vehículo

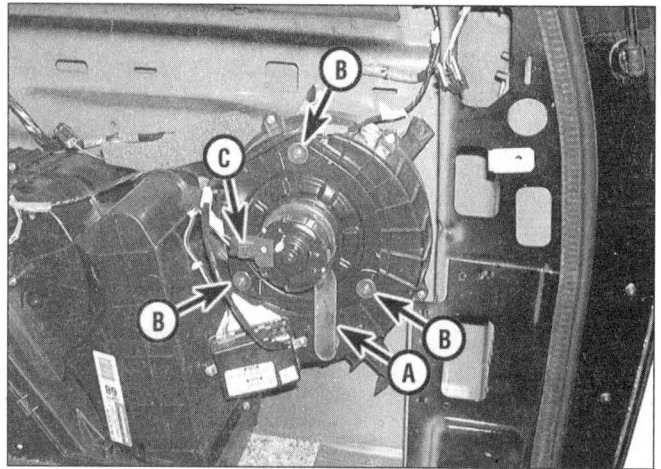

9.10 Detalles de montaje del motor soplador auxiliar trasero

A Manguera de enfriamiento del motor soplador
B Tornillos de montaje
C Conector eléctrico

10.4a Pellizque las pestañas de retención y tire del conjunto de control hacia afuera . . .

10.4b . . . desconecte los conectores eléctricos (y los cables de control, si están equipados)

10 Conjunto de control del calefactor y el aire acondicionado - desmontaje e instalación

Advertencia: *Estos modelos tienen bolsas de aire. Siempre desactive el sistema de bolsas de aire antes de trabajar cerca de alguno de los componentes para evitar la posibilidad de que se active accidentalmente y cause lesiones (vea el Capítulo 12).*

1   Desconecte el cable del terminal negativo de la batería. **Precaución:** *En los modelos equipados con el sistema de audio Theftlock, asegúrese de que la función de bloqueo está desactivada antes de realizar cualquier procedimiento que requiera desconectar la batería (vea el principio de este manual).*

Controles del calefactor delantero (de todos los modelos)

Vea las ilustraciones 10.4a y 10.4b

2   Quite el marco del panel de instrumentos principal para permitir el acceso a los tornillos de montaje del control del calefactor/aire acondicionado (vea el Capítulo 11).
3   Quite la radio (vea el Capítulo 12). En los modelos equipados con interruptor de alimentación en la bolsa de aire del pasajero, quite dicho interruptor del panel de instrumentos.
4   Suelte las pestañas de retención del conjunto de control y tire de la unidad para extraerla del tablero **(vea las ilustraciones)**. Tire de la unidad hacia afuera solamente lo suficiente para poder desconectar las conexiones eléctricas y los cables de control (si los tiene) del cabezal de control. Utilice un destornillador pequeño para liberar los clips.
5   Para instalar el conjunto de control, siga el orden inverso al procedimiento de desmontaje.

Controles auxiliares traseros del calefactor

Vea las ilustraciones 10.6 y 10.7

6   Utilice un destornillador pequeño para hacer palanca en los paneles de control traseros **(vea la ilustración)**.
7   Empuje el cabezal de control hacia abajo desde la consola superior, desconecte las conexiones eléctricas y quítelo del vehículo **(vea la ilustración)**. Utilice un destornillador pequeño para liberar los clips.

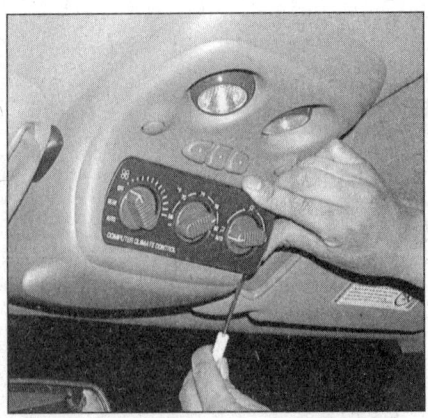

10.6 Haga palanca hacia afuera en el conjunto de control trasero desde la consola superior

8   Para instalar el conjunto de control, siga el orden inverso al procedimiento de desmontaje. Asegúrese de que el cabezal de control se trabe de manera segura en su lugar, sobre la consola superior.

11 Núcleo del calefactor - desmontaje e instalación

Advertencia 1: *Estos modelos tienen bolsas de aire. Siempre desactive el sistema de bolsas de aire antes de trabajar cerca de alguno de los componentes para evitar la posibilidad de que se active accidentalmente y cause lesiones (vea el Capítulo 12).*

Advertencia 2: *El sistema de aire acondicionado está bajo alta presión. NO afloje ninguna conexión ni retire ningún componente hasta después de que el sistema haya sido descargado. El refrigerante del aire acondicionado se debe descartar adecuadamente en un contenedor aprobado por la EPA en un departamento de servicio del distribuidor o en un centro de reparación de aire acondicionado para automóviles. Use siempre protección para los ojos cuando desconecte las conexiones del sistema de aire acondicionado.*

Advertencia 3: *Espere a que el motor esté completamente frío antes de comenzar el procedimiento.*

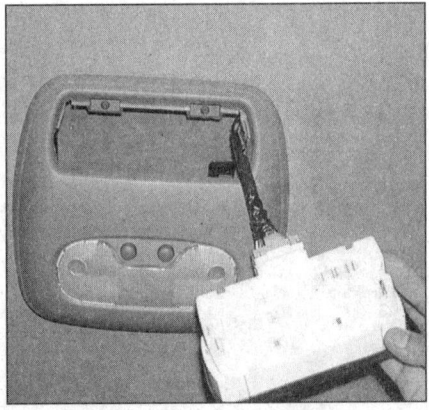

10.7 Desconecte los conectores eléctricos y quítelos del vehículo

1   Haga descargar el sistema de aire acondicionado en el departamento de servicio de un distribuidor o en un centro de reparación de aire acondicionado para automóviles (vea la **Advertencia** de arriba).
2   Desconecte el cable del terminal negativo de la batería. **Precaución:** *En los modelos equipados con el sistema de audio Theftlock, asegúrese de que la función de bloqueo está desactivada antes de realizar cualquier procedimiento que requiera desconectar la batería (vea el principio de este manual).*

Núcleo del calefactor delantero (de todos los modelos)

Vea las ilustraciones 11.3, 11.4, 11.7, 11.9, 11.10a y 11.10b

3   Vacíe el sistema de enfriamiento (vea el Capítulo 1). Quite las líneas de aire acondicionado de las conexiones del núcleo del evaporador en el panel contra fuego **(vea la ilustración)**. Asegúrese de colocar un tapón en cada línea de refrigerante para evitar la contaminación del sistema de aire acondicionado.
4   Desconecte las mangueras del calefactor en la entrada y la salida del núcleo del calefactor en el lado del panel contra fuego del motor (lado del pasajero) **(vea la ilustración)** y coloque tapones en las conexiones abiertas. Si las mangueras se

Capítulo 3 Sistemas de enfriamiento, calefacción y aire acondicionado   3-11

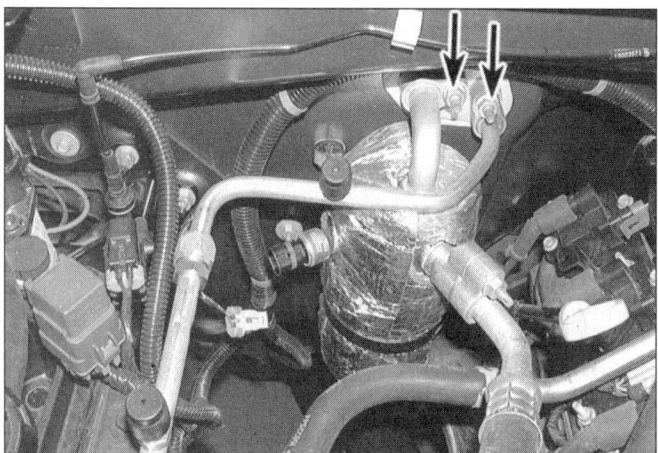

11.3 Haga descargar el sistema de aire acondicionado en el departamento de servicio de un distribuidor o en un centro de reparación de aire acondicionado para automóviles; luego, quite las líneas de aire acondicionado (flechas) de las conexiones del núcleo del evaporador en el panel contra fuego

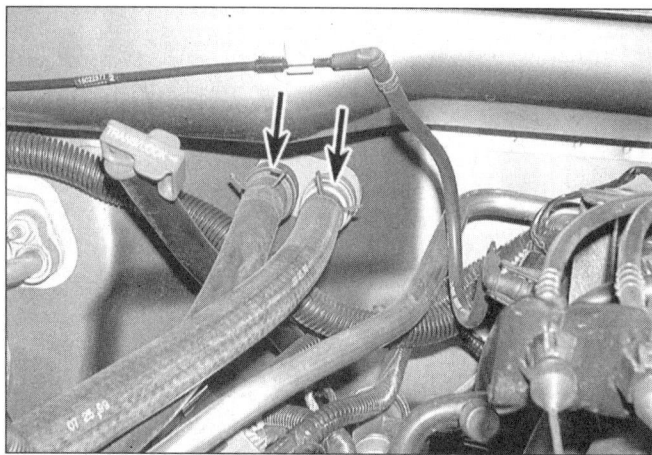

11.4 Desconecte las mangueras del núcleo del calefactor (flechas) en el panel contra fuego del compartimiento del motor

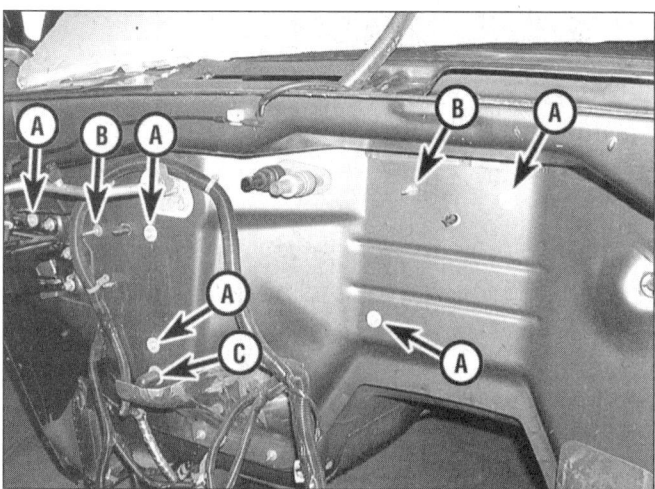

11.7 Detalles de montaje de la unidad de calefactor/aire acondicionado

A   Pernos de montaje   C   Tubo de drenaje
B   Tuercas de montaje

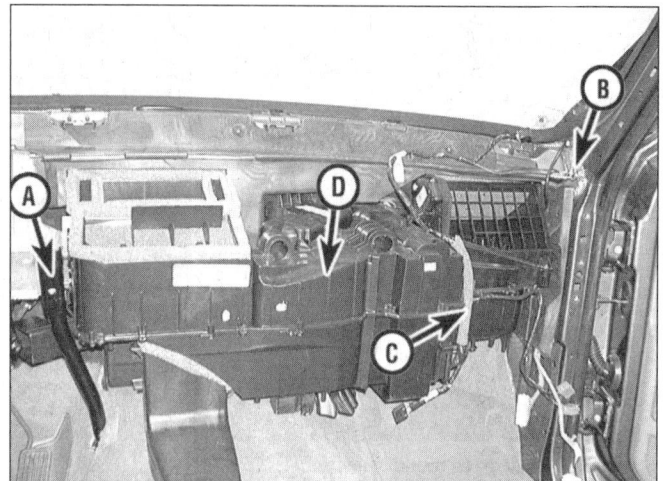

11.9 Quite el soporte de refuerzo central (A), la correa de conexión a tierra (B), los conectores eléctricos (C) y la unidad del calefactor/aire acondicionado (D)

atascan en las tuberías, córtelas y reemplácelas por mangueras nuevas cuando realice la instalación.

5   Desde la parte interior del vehículo, quite la cubierta del conjunto del calefactor/aire acondicionado de la parte inferior de la guantera.

6   Quite el panel de instrumentos del compartimiento del pasajero. Consulte el Capítulo 11 y lea todo el procedimiento de extracción del panel de instrumentos antes de intentar extraerlo. El procedimiento de extracción del panel de instrumentos es bastante largo y puede ser bastante difícil para un principiante. Una vez que se extrae el panel de instrumentos del vehículo, se debe extraer la unidad del calefactor/aire acondicionado y se debe colocar en un banco de trabajo.

7   Desde el compartimiento del motor, quite los sujetadores que aseguran la unidad del calefactor/aire acondicionado al panel contra fuego (vea la ilustración).

8   Desconecte el tubo de drenaje de la unidad del calefactor/aire acondicionado.

9   Desde el compartimiento de pasajeros, quite el soporte central, las conexiones eléctricas y las correas de conexión a tierra; luego, quite

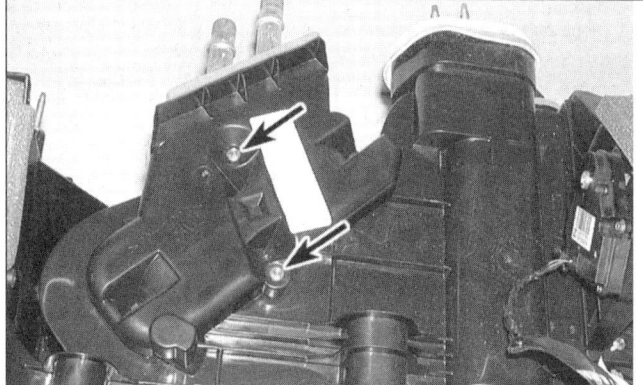

11.10a Quite los tornillos de la cubierta del núcleo del calefactor (flechas)

la unidad del calefactor/aire acondicionado del vehículo (vea la ilustración). Siga los pasos restantes para quitar el núcleo del calentador de la unidad del calefactor/aire acondicionado.

10   Quite la cubierta del núcleo del calefactor y deslice cuidadosamente el núcleo del calefactor (vea las ilustraciones).

11   La instalación se realiza en forma inversa al desmontaje. Nota: Cuando vuelva a instalar el núcleo del calefactor, asegúrese de que los materiales de aislamiento/selladura originales estén ubicados en su lugar alrededor de los tubos del núcleo del calefactor y alrededor del núcleo.

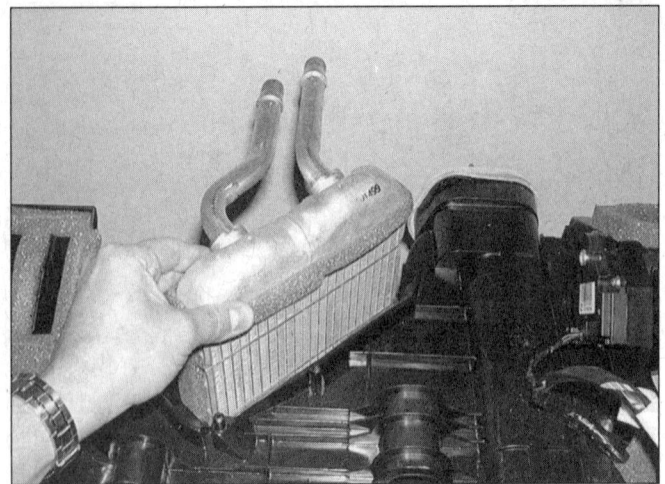

11.10b Deslice cuidadosamente el núcleo del calefactor hacia el exterior de la unidad del calefactor/aire acondicionado

11.15 Eleve el vehículo y sosténgalo de manera segura en soportes de gato para acceder a las líneas de aire acondicionado traseras (A) y a las mangueras del calefactor trasero (B)

11.16 Tuercas de montaje inferiores de la unidad trasera del calefactor/aire acondicionado (flechas)

11.18 Detalles de montaje de la unidad de calefactor/aire acondicionado trasera

A Tornillos de montaje
B Conectores eléctricos
C Retenedores del mazo de cables

12 Vuelva a llenar el sistema de enfriamiento (vea el Capítulo 1). Haga cargar el sistema de aire acondicionado en el taller que lo descargó.
13 Encienda el motor y compruebe que el sistema funcione correctamente.

Núcleo auxiliar trasero del calefactor

Vea las ilustraciones 11.15, 11.16, 11.18, 11.19a, 11.19b, 11.19c, 11.19d y 11.20

14 Quite las tuberías de aire acondicionado de las conexiones del núcleo del evaporador trasero en la placa de suelo. Asegúrese de colocar un tapón en cada línea de refrigerante para evitar la contaminación del sistema de aire acondicionado.
15 Quite las abrazaderas del calefactor que van hacia el núcleo del calefactor trasero; luego, desconecte las conexiones de salida **(vea la ilustración)** y enchufe las conexiones abiertas. Pellizque las pestañas para liberar las conexiones rápidas.
16 Quite las tuercas de montaje inferiores de la unidad trasera del calefactor/aire acondicionado **(vea la ilustración)**.
17 Desde el interior del vehículo, quite el panel de adorno trasero derecho como se describe en la Sección 9, Paso 8.

18 Quite las conexiones eléctricas y las correas de retención del mazo de cables; luego, quite los tornillos de montaje de la unidad trasera del calefactor/aire acondicionado y extráigala del vehículo **(vea la ilustración)**. **Nota:** *No es necesario quitar el conducto de aire del vehículo.* Siga los pasos restantes para quitar el núcleo del calentador de la unidad trasera del calefactor/aire acondicionado.

19 Quite la cubierta del núcleo del calefactor **(vea las ilustraciones)**.
20 Quite la abrazadera de retención del núcleo del calefactor y deslice el núcleo del calefactor hacia el exterior de la unidad trasera del calefactor/aire acondicionado **(vea la ilustración)**.
21 La instalación se realiza en forma inversa al desmontaje. **Nota:** *Cuando vuelva a instalar el*

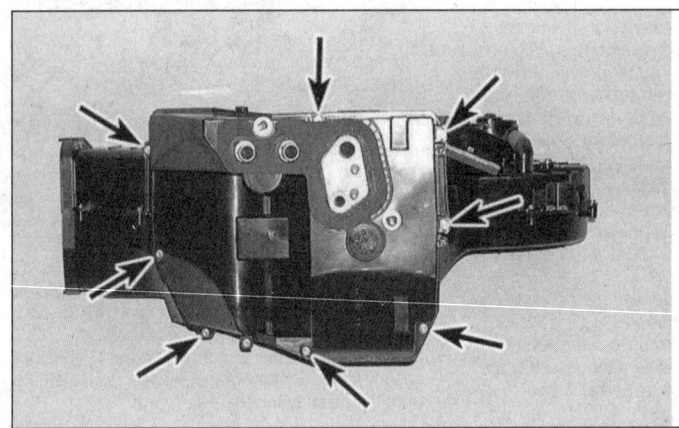

11.19a Quite los tornillos de la cubierta del núcleo del calefactor trasero (flechas)

Capítulo 3 Sistemas de enfriamiento, calefacción y aire acondicionado

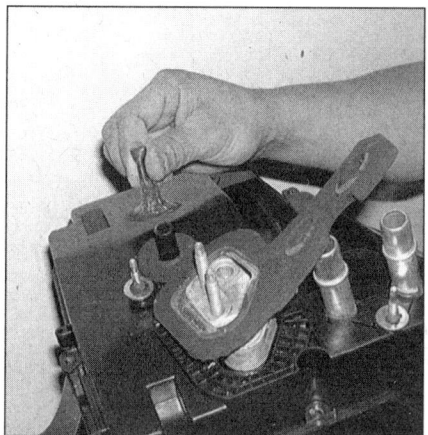

11.19b Quite la junta de la bandeja de la cubierta al piso y el tubo de drenaje

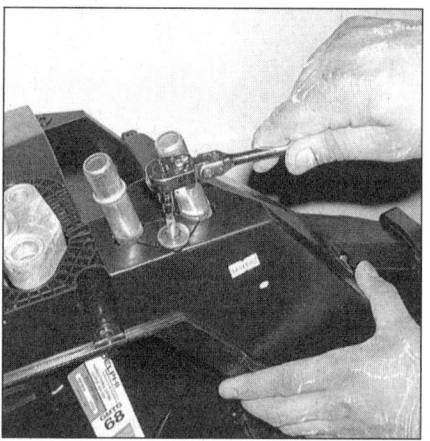

11.19c Quite el espárrago de retención de la cubierta . . .

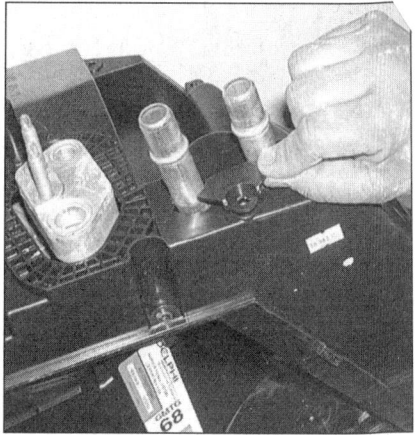

11.19d . . . y la ficha de retención de la cubierta; luego, quite la cubierta del núcleo del calefactor trasero

11.20 Quite la abrazadera del núcleo del calentador (flecha) y quite el núcleo del calefactor de la carcasa

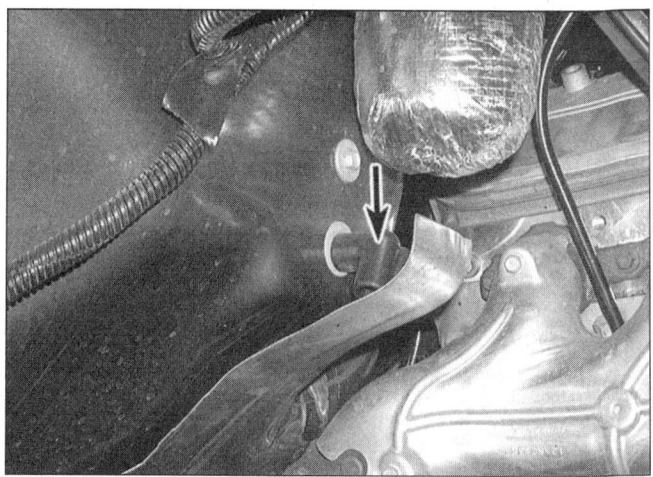

12.1 Compruebe que el tubo de drenaje de la carcasa del evaporador (flecha) en el panel contra fuego esté libre de obstrucciones (la vista que se muestra corresponde al hueco del guardafango derecho)

núcleo del calefactor, asegúrese de que los materiales de aislamiento/selladura originales estén ubicados en su lugar alrededor de los tubos del núcleo del calefactor y alrededor del núcleo.

22 Revise el nivel de refrigerante y agregue refrigerante si es necesario (vea el Capítulo 1). Haga cargar el sistema de aire acondicionado en el taller que lo descargó.

23 Encienda el motor y compruebe que el sistema funcione correctamente. Vuelva a revisar el nivel del refrigerante.

12 Sistema de aire acondicionado y calefacción - revisión y mantenimiento

Sistema de aire acondicionado

Vea la ilustración 12.1

Advertencia: *El sistema de aire acondicionado está bajo alta presión. NO afloje ninguna conexión de la manguera ni retire ningún componente hasta que el sistema se haya descargado. El refrigerante del aire acondicionado se debe descartar de la manera adecuada en una unidad de recuperación o reciclaje aprobada por la EPA (Agencia de Protección Ambiental de Estados Unidos) en el departamento de servicio de un distribuidor o en un centro de reparación de aire acondicionado de automóviles. Use siempre protección para los ojos cuando desconecte las conexiones del sistema de aire acondicionado.*

Precaución 1: *Todos los modelos que cubre este manual usan refrigerante ecológico R-134a. Este refrigerante (y sus aceites refrigerantes apropiados) no son compatibles con componentes de sistemas refrigerantes R-12 y nunca deben mezclarse, ya que esto puede producir daños en los componentes.*

Precaución 2: *Cuando reemplace componentes enteros, se agrega la misma cantidad de aceite refrigerante que se extrajo cuando se reemplazó el componente. Asegúrese de leer la lata antes de agregar aceite en el sistema para corroborar que ésta sea compatible con el sistema R-134a.*

1 Las siguientes revisiones de mantenimiento deben realizarse regularmente para asegurar que el aire acondicionado continúa funcionando con la máxima eficiencia.

a) *Inspeccione la condición de la correa de transmisión del compresor. Si está gastada o deteriorada, reemplácela (vea el Capítulo 1).*

b) *Revise la tensión de la correa de transmisión y, si es necesario, ajústela (vea el Capítulo 1).*

c) *Inspeccione las mangueras del sistema. Busque grietas, burbujas, endurecimiento y deterioro. Inspeccione las mangueras y todas las conexiones para detectar burbujas o filtración de aceite. Si hay evidencia de desgaste, daños o fugas, reemplace la(s) manguera(s).*

d) *Inspeccione las aletas del condensador para comprobar que no haya hojas, insectos u otros materiales extraños que puedan haberse atascado en las aletas. Utilice un "peine de aletas" o aire comprimido para quitar la suciedad del condensador.*

e) *Asegúrese de que el sistema tenga la carga de refrigerante correcta.*

f) *Si escucha algún derrame de agua cerca del área del tableo o nota que chorrea agua por la alfombra, revise el tubo de drenaje de la carcasa del evaporador (vea la ilustración) e inserte un pedazo de cable en la abertura para comprobar que no esté bloqueada.*

2 Es una buena idea hacer funcionar el sistema durante 10 minutos al menos una vez al mes. Esto es particularmente importante durante

12.9 Inserte un termómetro en el conducto central con el sistema de aire acondicionado activado (el aire de salida debe ser de 35 a 40 grados F menos que la temperatura ambiente, según la humedad (pero nunca debe ser inferior a 40 grados F)

12.18 Un kit básico de carga para los sistemas R134a se consigue en la mayoría de los talleres de autopartes (debe decir R134a (no R-12), al igual que la lata de refrigerante

los meses de invierno porque la falta de uso a largo plazo puede endurecer los sellos internos y hacer que éstos fallen posteriormente. Tenga en cuenta que el desempañador hace funcionar el compresor.

3 Si el sistema de aire acondicionado no está funcionando correctamente, continúe con el Paso 6 y realice las revisiones generales que se detallan abajo.

4 Debido a la complejidad del sistema de aire acondicionado y el equipo especial necesario para realizar el servicio, en este manual no se incluyen los diagnósticos de fallas y las reparaciones en profundidad que van más allá de la revisión de la carga del refrigerante y del funcionamiento del embrague del compresor. Sin embargo, en este capítulo se proporcionan procedimientos simples de revisión y reemplazo de componentes. Para obtener información más completa sobre el sistema de aire acondicionado, consulte el *Manual de aire acondicionado y calefacción automotriz de Haynes*.

5 La causa más común del mal enfriamiento es, simplemente, una carga baja de refrigerante en el sistema. Si ocurre una caída importante en la capacidad de enfriamiento del sistema, una de las siguientes revisiones rápidas le ayudará a determinar si el nivel del refrigerante es bajo. En caso de que el sistema pierda su capacidad de enfriar, el siguiente procedimiento le ayudará a determinar la causa.

Revisión
Vea la ilustración 12.9

6 Caliente el motor a la temperatura de funcionamiento normal.

7 Coloque el selector de la temperatura del aire acondicionado en frío máximo y coloque el soplador en su valor máximo. Abra las puertas (para asegurarse de que el sistema de aire acondicionado no termine su ciclo apenas enfríe el compartimento de pasajeros).

8 Una vez que el sistema alcanza la temperatura de funcionamiento, sienta los dos tubos conectados al evaporador en el panel contra fuego.

9 El tubo (tubería más delgada) que va del tubo de expansión (válvula tipo tubo) **(vea la ilustración 16.2)** al evaporador debe estar frío, y la línea de la salida del evaporador (la tubería más gruesa que va de regreso al compresor) debe estar ligeramente más tibia (de 3 a 10 grados F). Si la salida del evaporador está considerablemente más caliente que la entrada, o si la entrada del evaporador no está fría, el sistema necesita un cambio. Inserte un termómetro en el centro del conducto de distribución de aire **(vea la ilustración)** mientras que el sistema de aire acondicionado funciona en su máxima temperatura de enfriamiento; la temperatura del aire de salida debe ser de 35 a 40 grados F por debajo de la temperatura ambiente (hasta aproximadamente 40 grados F). Si la temperatura del aire del ambiente (afuera) es muy alta, por ejemplo, 110 grados F, la temperatura del aire en el conducto puede llegar hasta 60 grados F, pero generalmente el aire acondicionado está de 35 a 40 grados F más frío que el aire del ambiente.

10 Si el aire no está tan frío como solía estar, probablemente el sistema necesite una carga.

11 Si el aire está tibio y el sistema parece no estar funcionando correctamente, revise el funcionamiento del embrague del compresor.

12 Haga que un asistente encienda el aire acondicionado mientras usted observa la parte delantera del compresor. El embrague hará un clic audible y el centro del embrague debe girar. Si no gira, apague el motor y desconecte el interruptor de presión del sistema de aire acondicionado **(vea la ilustración 12.22)**. Puentee los terminales del conector con un cable puente y vuelva a encender el aire acondicionado. Si ahora funciona, la presión del sistema es demasiado alta o demasiado baja. Haga probar el sistema en un departamento de servicio de un distribuidor o en un taller de aire acondicionado.

13 Si el embrague sigue sin funcionar, revise los fusibles correspondientes. Inspeccione los fusibles del tablero de fusibles interior.

14 Quite el relé del embrague del compresor (A/C) del tablero de fusibles del compartimento del motor y pruébelo (vea el Capítulo 12). Con el relé extraído y el interruptor de ignición en la posición On (encendido), compruebe que haya corriente de la batería en los dos terminales del relé (consulte los diagramas de cableado para conocer las designaciones de los colores de cableado y determinar cuáles son los terminales que debe revisar). Debe haber corriente de la batería en los terminales del control del relé y en los circuitos de potencia cuando la llave se encuentra en la posición de encendido.

15 Utilice un cable puente para conectar los terminales de la caja del relé que corresponden al circuito de potencia del relé con el terminal que va hacia el embrague del compresor (consulte los diagramas de cableado para conocer las designaciones de los colores de cableado y determinar cuáles son los terminales que se deben conectar). Escuche el embrague para comprobar que haga un clic cuando realice la conexión. Si el embrague no responde, desconecte el conector del embrague en el compresor y compruebe que haya voltaje de la batería en el conector del embrague del compresor. Compruebe que haya continuidad con la conexión a tierra en el terminal del cable negro del conector del embrague del compresor. Si hay corriente y conexión a tierra disponibles y el embrague no funciona cuando está conectado, el embrague del compresor está defectuoso.

16 Si el embrague del compresor, el relé y los circuitos relacionados están bien, el sistema está totalmente cargado con refrigerante y el compresor no funciona en condiciones normales, haga revisar el PCM y los circuitos relacionados en un departamento de servicio del distribuidor o en otro taller que tenga los equipos adecuados.

17 El análisis o la inspección ulterior del sistema está más allá del ámbito del mecánico doméstico y debe dejarse en manos de un profesional.

Agregado de refrigerante
Vea las ilustraciones 12.18, 12.21 y 12.22

Precaución: *Asegúrese de que el refrigerante, el aceite del refrigerante o el componente de reemplazo que compre estén designados como compatibles con los sistemas R-134a.*

18 Compre un kit de carga R-134a para automotores en una tienda de autopartes **(vea la ilustración)**. Un kit de carga incluye una lata de refrigerante de 12 onzas, una válvula de paso y una sección corta de manguera que puede conectarse entre la válvula de paso y la válvula de servicio en el lado bajo del sistema. **Advertencia:** *Nunca agregue más de una lata de refrigerante al sistema (puede sobrecargar el sistema).*

Capítulo 3 Sistemas de enfriamiento, calefacción y aire acondicionado

12.21 Coloque el kit de carga de refrigerante en el puerto de carga del lado bajo (flecha), ubicado cerca del acumulador (la tapa debe estar marcada con una "L")

12.22 El interruptor de presión del aire acondicionado (flecha) está ubicado en el acumulador. Si el compresor no permanece accionado, desconecte el conector y puentee los terminales (en el lado del mazo de cables) con un cable puente durante el procedimiento de carga

19 Enganche el kit de carga siguiendo las instrucciones del fabricante. **Advertencia:** *¡NO enganche la manguera del kit de carga al lado alto del sistema!* Las conexiones del kit de carga están diseñadas para adaptarse **solamente** al lado bajo del sistema.
20 Tire hacia atrás la manija de la válvula del kit de carga y atornille el kit a la lata de refrigerante, asegurándose de que el anillo O o el sello de caucho dentro de la parte roscada del kit estén en su lugar. **Advertencia:** *Use gafas protectoras cuando manipule latas de refrigerante presurizado.*
21 Retire la tapa guardapolvo del puerto de carga del lado bajo y fije la conexión rápida a la manguera del kit **(vea la ilustración)**.
22 Caliente el motor y encienda el aire acondicionado. Mantenga alejada la manguera del kit de carga del ventilador y de otras piezas en movimiento. **Nota:** *El proceso de carga requiere que el compresor esté funcionando. Si el embrague interrumpe el ciclo, puede colocar el interruptor del aire acondicionado en la posición High (alta) y dejar las puertas del vehículo abiertas para mantener el embrague accionado y el compresor funcionando.* **Nota:** *El compresor se puede mantener encendido durante la carga quitando el conector del interruptor de baja presión (interruptor combinado de límite alto y límite bajo, en algunos modelos) y puenteándolo con un clip para papeles o un cable puente durante el procedimiento* **(vea la ilustración)**.
23 Gire la manija de la válvula en el kit hasta que el vástago perfore la lata; luego regrese la manija para liberar el refrigerante. Debe poder oír el flujo de gas. Agregue refrigerante en el lado inferior del sistema manteniendo la lata siempre en posición vertical, pero agitándola ocasionalmente. Espere unos minutos para que se estabilice entre cada agregado. **Nota:** *El proceso de carga será más rápido si envuelve la lata con un trapo de taller empapado en agua para evitar que se congele.*
24 Si tiene un termómetro preciso, puede colocarlo en el conducto central del aire acondicionado dentro del vehículo, y mantener un registro de la temperatura del aire de salida **(vea la ilustración 12.9)**. Un sistema cargado que funciona correctamente debe enfriar hasta 40 grados F. Si la temperatura ambiente (externa) es muy alta, por ejemplo, 110 grados F, la temperatura del aire del conducto puede llegar hasta los 60 grados F, pero normalmente el aire acondicionado está entre 30 y 40 grados F más frío que el aire del ambiente.
25 Cuando la lata esté vacía, gire la manija de la válvula a la posición cerrada y libere la conexión del puerto del lado bajo. Coloque nuevamente la tapa guardapolvo.
26 Retire el kit de carga de la lata y conserve el kit para un uso futuro con la válvula perforada en posición vertical para evitar perforar la lata inadvertidamente en el próximo uso.

Sistemas de calefacción

27 Si la alfombrilla debajo del núcleo del calefactor está húmeda, o si sale vapor o humo de anticongelante por las ventilaciones, el núcleo del calefactor tiene fugas. Retírelo (vea la Sección 12) e instale una unidad nueva (la mayoría de los talleres de radiadores no reparan núcleos de calefactores con fugas).
28 Si el aire que sale de las ventilaciones del calefactor no está caliente, el problema podría surgir de alguna de las siguientes causas:

a) *El termostato se trabó abierto, evitando que el refrigerante del motor se caliente lo suficiente como para llevar calor al núcleo del calefactor. Reemplace el termostato (vea la Sección 3).*

b) *Hay una obstrucción en el sistema que evita que el flujo del refrigerante pase a través del núcleo del calefactor. Sienta ambas mangueras del calefactor en el panel contra fuego. Deben estar calientes. Si una de ellas está fría, hay una obstrucción en una de las mangueras o en el núcleo del calefactor, o la válvula de control del calefactor está cerrada. Desconecte las mangueras y use una manguera de agua para enjuagar el núcleo del calefactor contracorriente. Si el núcleo del calefactor está despejado pero la circulación se ve impedida, retire las dos mangueras y enjuáguelas con una manguera con agua.*

c) *Si el enjuague no logra eliminar el bloqueo del núcleo del calefactor, debe reemplazarse el núcleo (vea la Sección 11).*

Cómo eliminar olores del aire acondicionado

Vea la ilustración 12.32

29 Los olores desagradables que a menudo se producen en los sistemas de aire acondicionado son causados por el crecimiento de hongos, usualmente en la superficie del núcleo del evaporador. El ambiente cálido y húmedo es un caldo de cultivo perfecto para el desarrollo del moho.
30 Es difícil acceder al núcleo del evaporador en la mayoría de los vehículos y los concesionarios de fábrica tienen un proceso largo y costoso para eliminar los hongos al abrir la caja del evaporador, usar un desinfectante poderoso y enjuagar el núcleo hasta que los hongos hayan desaparecido. Puede realizar el servicio de su sistema en su hogar, pero se necesita algo mucho más fuerte que los germicidas o desodorizantes domésticos básicos.
30 Los desinfectantes en aerosol para sistemas de aire acondicionado de automotores se consiguen en la mayoría de los talleres de autopartes, pero cuando los compre recuerde que los tratamientos más eficaces son también los más costosos. El procedimiento básico para utilizar estos aerosoles es comenzar por hacer funcionar el sistema en el modo RECIRC durante diez minutos con el soplador a máxima velocidad. Use el modo más alto de calor para secar el sistema y evitar que el compresor se acople desconectando el conector del cableado en el compresor (vea la Sección 14).
32 El desinfectante normalmente puede venir con una manguera rociadora larga. Quite el filtro de aire del compartimiento de pasajeros, coloque la boquilla en el interior del orificio y hacia la izquierda, hacia el núcleo del evaporador, y rocíe según las recomendaciones del fabricante **(vea la ilustración)**. Trate de cubrir toda la superficie del núcleo del evaporador apuntando el rociador hacia arriba, hacia abajo y hacia los costados. Siga las recomendaciones del fabricante en cuanto a la duración del rociado y el tiempo de espera entre aplicaciones. El fabricante recomienda hacer funcionar el motor durante 20 minutos mientras se repite el procedimiento del Paso 30 para volver a secar el núcleo del evaporador.

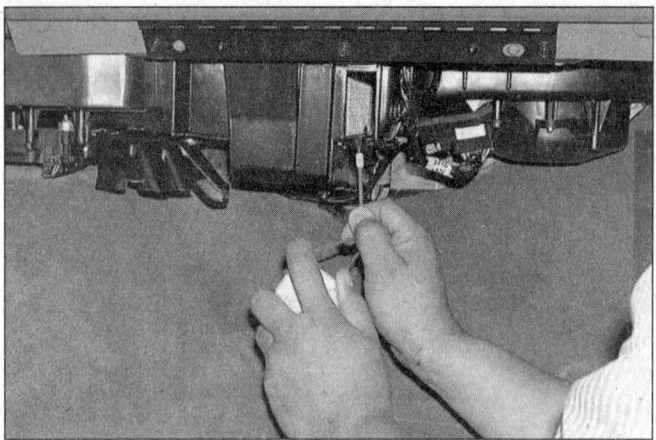

12.32 Extraiga el filtro de aire del compartimiento de pasajeros y rocíe el desinfectante en el núcleo del evaporador

13.2 Detalles de montaje del acumulador

- A Tuerca de la conexión de la línea del evaporador
- B Manguera del compresor
- C Interruptor de ciclaje de presión
- D Tuerca de la conexión de la línea del acumulador
- E Perno del soporte de montaje

33 Una vez que haya limpiado el evaporador, la mejor manera de evitar que el moho vuelva a aparecer es asegurarse de que el tubo de drenaje de la caja del evaporador esté limpio **(vea la ilustración 12.1)**.

Sistemas de calefacción y aire acondicionado automáticos

34 Algunos modelos están equipados con un sistema de control de temperatura automático. Este sistema tiene su propia computadora que recibe entradas de varios sensores en el sistema de aire acondicionado y calefacción. Esta computadora, como el PCM, tiene capacidades de autodiagnóstico para ayudar a identificar problemas o fallas dentro del sistema. Los vehículos equipados con sistemas de calefacción y aire acondicionado automáticos son muy complejos y están más allá del alcance del mecánico doméstico. Los vehículos equipados con sistemas de calefacción y aire acondicionado automáticos deben llevarse al departamento de servicio del distribuidor o a otro taller reparaciones calificado para la reparación.

13 Acumulador/secador del aire acondicionado - desmontaje e instalación

Desmontaje

Vea la ilustración 13.2
Advertencia: *El sistema de aire acondicionado está bajo alta presión. NO afloje ninguna conexión ni retire ningún componente hasta después de que el sistema haya sido descargado. El refrigerante del aire acondicionado se debe descartar adecuadamente en un contenedor aprobado por la EPA en un departamento de servicio del distribuidor o en un centro de reparación de aire acondicionado para automóviles. Use siempre protección para los ojos cuando desconecte las conexiones del sistema de aire acondicionado.*

1 Pida que le descarguen el sistema de aire acondicionado (vea la **Advertencia** anterior). Desconecte el cable del terminal negativo de la batería. **Precaución:** *En los modelos equipados con el sistema de audio Theftlock, asegúrese de que la función de bloqueo está desactivada antes de realizar cualquier procedimiento que requiera desconectar la batería (vea el principio de este manual).*

2 Desconecte las líneas de entrada y de salida del refrigerante **(vea la ilustración)**. Afloje todas las tuercas y quite los accesorios de conexión de los espárragos de retención. Coloque tapas o tapones inmediatamente en las líneas abiertas para evitar la entrada de suciedad o humedad.

3 Desconecte el conector eléctrico del interruptor de ciclaje de presión.

4 Afloje el perno de la abrazadera del soporte de montaje y deslice el conjunto del acumulador/secador hacia arriba y hacia afuera del compartimiento.

Instalación

5 Si está reemplazando el acumulador/secador por uno nuevo, agregue una onza de aceite refrigerante nuevo a la unidad nueva (el aceite debe ser compatible para R-134a).

6 Coloque el nuevo acumulador/secador en posición en el soporte.

7 Instale las líneas de entrada y de salida utilizando aceite refrigerante nuevo en los anillos O nuevos. Apriete el perno de montaje firmemente.

8 Conecte el cable a la terminal negativa de la batería.

9 Haga que el departamento de servicio técnico del distribuidor o un taller de reparación de aire acondicionado de automóviles realicen la evacuación, recarga y prueba de fugas.

14 Compresor del aire acondicionado - desmontaje e instalación

Desmontaje

Vea las ilustraciones 14.6a y 14.6b.
Advertencia: *El sistema de aire acondicionado está bajo alta presión. NO afloje ninguna conexión ni retire ningún componente hasta después de que el sistema haya sido descargado. El refrigerante del aire acondicionado se debe descartar adecuadamente en un contenedor aprobado por la EPA en un departamento de servicio del distribuidor o en un centro de reparación de aire acondicionado para automóviles. Use siempre protección para los ojos cuando desconecte las conexiones del sistema de aire acondicionado.*

Nota 1: *El acumulador/secador (vea la Sección 13) se debe reemplazar siempre que se reemplace el compresor.*

Nota 2: *Siempre que se reemplace el compresor por daños internos, también se debe reemplazar el tubo (válvula tipo tubo) de expansión (vea la Sección 16).*

1 Pida que le descarguen el sistema de aire acondicionado (vea la **Advertencia** anterior). Desconecte el cable del terminal negativo de la batería. **Precaución:** *En los modelos equipados con el sistema de audio Theftlock, asegúrese de que la función de bloqueo está desactivada antes de realizar cualquier procedimiento que requiera desconectar la batería (vea el principio de este manual).*

2 Limpie bien el compresor y las conexiones de la línea de refrigerante.

3 Quite la correa serpentina de transmisión (vea el Capítulo 1).

4 En los motores V8, afloje las tuercas de orejeta de la rueda delantera derecha. Levante el vehículo y sosténgalo de manera segura sobre soportes de gato. Quite el plástico del hueco del guardafango. En los motores V6, separe el soporte del cable del acelerador.

5 Desconecte el conector eléctrico del embrague del compresor del aire acondicionado.

6 Desconecte las líneas de succión y de descarga del compresor. Ambas líneas están montadas al compresor con un múltiple asegurado por un perno. Enchufe las conexiones abiertas para evitar la entrada de suciedad y humedad y deseche los sellos ubicados entre la placa y el compresor **(vea las ilustraciones)**.

7 Quite los pernos de montaje del compresor. Separe el compresor del soporte de montaje y quite el compresor del compartimiento del motor.

Instalación

8 Si va a instalar un compresor nuevo, vierta el aceite del compresor usado en un contenedor graduado y agregue esa cantidad exacta de aceite refrigerante nuevo al nuevo compresor. Siga también todas las instrucciones que se proporcionan con el compresor nuevo. **Nota:** *Algunos compresores de reemplazo vienen llenos de aceite. Siga las instrucciones del compresor relacionadas con el drenaje del excedente de aceite antes de la instalación.* **Precaución:** *El aceite que se utilice debe estar designado como compatible con los sistemas refrigerantes R-134a.*

14.6a Detalles de montaje del compresor del aire acondicionado (motor V6)
- A Perno de montaje de la línea de refrigerante
- B Pernos de montaje del compresor
- C Conector eléctrico del interruptor de ciclaje de presión alta
- D Conector eléctrico del embrague del compresor

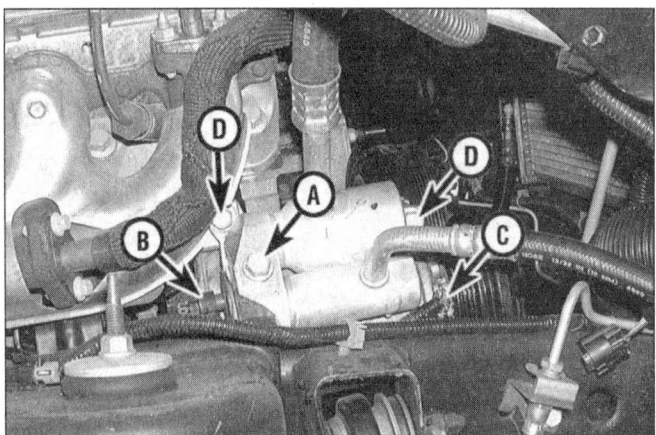

14.6b Detalles de montaje del compresor de aire acondicionado (motores V8)
- A Perno de montaje de la línea de refrigerante
- B Conector eléctrico del interruptor de ciclaje de presión alta
- C Conector eléctrico del embrague del compresor
- D Pernos de montaje del compresor (los dos pernos inferiores no se ven)

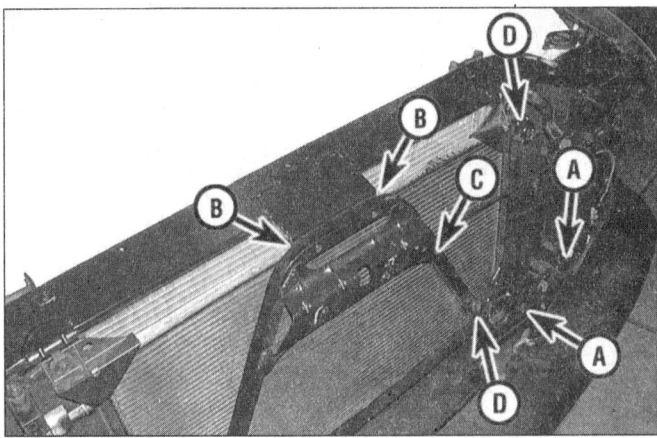

15.4 Detalles de montaje del soporte de refuerzo de la traba del capó
- A Pernos de montaje inferiores
- B Pernos de montaje superiores
- C Soporte de refuerzo de la traba del capó
- D Pernos de montaje del enfriador de la dirección hidráulica

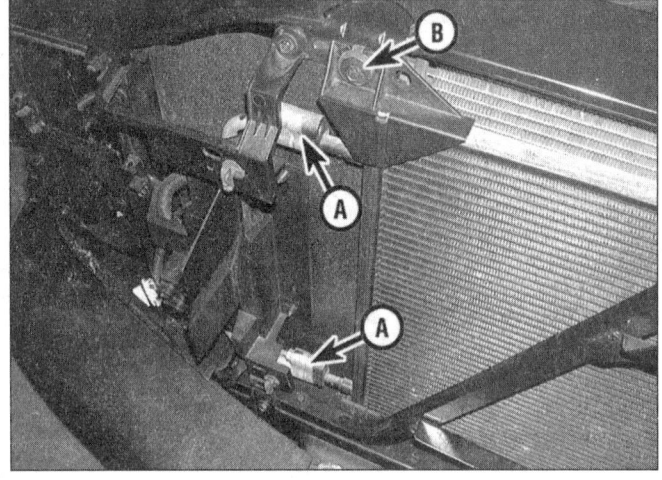

15.5 Desconecte las líneas de refrigerante (A) y el perno de montaje del condensador (B) en el lado del pasajero

9   La instalación se hace en forma inversa al desarmado. Cuando instale el perno de la conexión de la línea al compresor, utilice sellos nuevos lubricados con aceite refrigerante limpio y ajuste los pernos de manera segura.

10   Vuelva a conectar el cable al terminal negativo de la batería.

11   Haga que el departamento de servicio técnico del distribuidor o un taller de reparación de aire acondicionado de automóviles realicen la evacuación, recarga y prueba de fugas.

15 Condensador del aire acondicionado - desmontaje e instalación

Vea las ilustraciones 15.4 y 15.5

Advertencia: *El sistema de aire acondicionado está bajo alta presión. NO afloje ninguna conexión ni retire ningún componente hasta después de que el sistema haya sido descargado. El refrigerante del aire acondicionado se debe descartar adecuadamente en un contenedor aprobado por la EPA en un departamento de servicio del distribuidor o en un centro de reparación de aire acondicionado para automóviles. Use siempre protección para los ojos cuando desconecte las conexiones del sistema de aire acondicionado.*

Nota: *El acumulador/secador debe reemplazarse si el condensador estaba dañado y hacía que el sistema esté abierto por algún tiempo (vea la Sección 13).*

1   Haga descargar el sistema de aire acondicionado (si lo tiene) en un departamento de servicio de un distribuidor o en una estación de servicio.

2   Desconecte el cable del terminal negativo de la batería. **Precaución:** *En los modelos equipados con el sistema de audio Theftlock, asegúrese de que la función de bloqueo está desactivada antes de realizar cualquier procedimiento que requiera desconectar la batería (vea el principio de este manual).*

3   En los modelos 1999 y 2000, consulte el Capítulo 11 y extraiga la parrilla del radiador; luego, consulte el Capítulo 12 y quite las cajas de los faros delanteros. En los modelos 2001 y posteriores, quite el radiador (vea el Capítulo 5).

4   En los modelos 1999 y 2000, quite el cable de liberación de la traba del capó de la traba del capó (vea el Capítulo 11). Quite el enfriador de la dirección hidráulica (si lo tiene) y el soporte de refuerzo de la traba del capó del vehículo (**vea la ilustración**).

5   Desconecte las líneas de refrigerante del condensador y el perno restante de montaje del condensador (**vea la ilustración**). Tapone los extremos abiertos del condensador y las líneas de refrigerante desconectadas para evitar el ingreso de suciedad o humedad. Retire el condensador del vehículo.

6   Inspeccione las almohadillas del aislante de caucho (del miembro transversal inferior) en las que se apoya el radiador. Reemplácelas si están resecas o agrietadas.

7   Si reinstalará el condensador original, guárdelo con las conexiones de las líneas en la parte superior para evitar que el aceite se drene. Si va

16.2 La conexión del tubo de expansión (flecha) está ubicada en la línea pequeña que va hacia el núcleo del evaporador

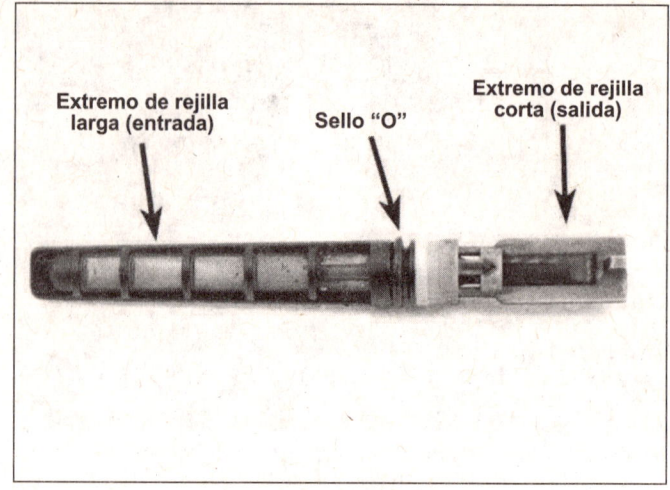

16.5 El tubo de expansión está equipado con una rejilla de malla ahusada que se debe limpiar y no debe tener agujeros o daños de ningún tipo

a instalar un condensador nuevo, vierta una onza de aceite refrigerante compatible con R-134a dentro de él antes de instalarlo.

8 Vuelva a instalar los componentes en el orden inverso al del desmontaje. Asegúrese de que las almohadillas de caucho estén en su lugar debajo del condensador.

9 Pida que el taller que descargó el sistema lo evacue, recargue y examine para detectar fugas.

16 Tubo (del orificio) de expansión del aire acondicionado - desmontaje e instalación

Vea las ilustraciones 16.2 y 16.5

Advertencia: *El sistema de aire acondicionado está bajo alta presión. NO afloje ninguna conexión ni retire ningún componente hasta después de que el sistema haya sido descargado. El refrigerante del aire acondicionado se debe descartar adecuadamente en un contenedor aprobado por la EPA en un departamento de servicio del distribuidor o en un centro de reparación de aire acondicionado para automóviles. Use siempre protección para los ojos cuando desconecte las conexiones del sistema de aire acondicionado.*

1 Pida que le descarguen el sistema de aire acondicionado y el refrigerante recuperado (vea la **Advertencia** anterior). Desconecte el cable del terminal negativo de la batería. **Precaución:** *En los modelos equipados con el sistema de audio Theftlock, asegúrese de que la función de bloqueo está desactivada antes de realizar cualquier procedimiento que requiera desconectar la batería (vea el principio de este manual).*

2 Abra el capó y ubique el tubo (válvula tipo tubo) de expansión **(vea la ilustración)**.

3 Sostenga el accesorio fijo (de la línea que sale del condensador) con una llave; luego, afloje el otro accesorio con otra llave.

4 El tubo de expansión es un tubo con un orificio de diámetro fijo y un filtro con malla en cada extremo. Cuando separe el tubo en el accesorio, verá un extremo de la válvula tipo tubo en el interior del tubo que va hacia el evaporador.

Utilice tenazas de punta fina para quitar la válvula tipo tubo.

5 La válvula tipo tubo se acciona para dosificar el refrigerante cambiándolo de un líquido de alta presión a un gas de baja presión. Es posible reutilizar la válvula tipo tubo si **(vea la ilustración)**:

a) *Las rejillas no están obstruidas con arena u otro material extraño.*
b) *Ninguna rejilla está rota.*
c) *La carcasa de plástico ubicada sobre las rejillas está intacta.*
d) *El orificio de latón ubicado en el interior de la carcasa de plástico no está restringido.*

6 La instalación se realiza en forma inversa al desmontaje. Asegúrese de insertar el tubo de expansión con el extremo más corto primero, hacia el evaporador. **Precaución:** *Utilice siempre un anillo O nuevo cuando instale el tubo (válvula tipo tubo) de expansión.*

7 Vuelva a conectar la línea de refrigerante y ajuste la conexión de manera segura; luego, haga vaciar, recargar y probar contra fugas el sistema en el taller que lo descargó.

Capítulo 4
Sistemas de combustible y escape

Contenido

	Sección
Bomba/presión de combustible - revisión	3
Caja del filtro de aire - desmontaje e instalación	9
Conducto de combustible e inyectores (modelos V8) - desmontaje e instalación	16
Cuerpo del acelerador - desmontaje e instalación	13
Cuerpo del medidor de combustible e inyectores (modelos V6) - desmontaje e instalación	15
Información general	1
Líneas y conexiones de combustible - reparación y reemplazo	4
Limpieza y reparación del tanque de combustible - información general	6
Luz SERVICE ENGINE SOON (realizar servicio del motor)	Vea el Capítulo 6

	Sección
Módulo de la bomba de combustible - desmontaje e instalación	7
Procedimiento para aliviar la presión del combustible	2
Reemplazo del filtro de aire	Vea el Capítulo 1
Regulador de presión de combustible - reemplazo	14
Revisión del sistema de combustible	Vea el Capítulo 1
Revisión del sistema de escape	Vea el Capítulo 1
Servicio del sistema de escape - información general	17
Sistema de cable del acelerador/TAC (control del accionador del acelerador)	10
Sistema de inyección de combustible - información general	11
Sistema de inyección de combustible - revisión	12
Tanque de combustible - desmontaje e instalación	5
Unidad de envío del nivel de combustible - reemplazo	8

Especificaciones

Presión de combustible (tecla ON [encendido], motor apagado)	
Motores V6	De 60 a 66 psi
Motores V8	
VIN (número de identificación del vehículo) Z (E-85 [etanol, 85 por ciento])	De 48 a 54 psi
Todos los demás	De 55 a 62 psi
Resistencia del inyector de combustible (aproximada)	
Motor V6	no disponible
Motor V8	
De 1999 a 2002	De 11.4 a 12.6 ohmios
2003 y posteriores	1 De 1 a 14 ohmios

Especificaciones de torque

Lb-pie (a menos que se indique lo contrario)

Tuercas de montaje del conducto de combustible (motores V8)	89 lb-pulg
Pernos de la correa de montaje del tanque de combustible	30
Pernos de montaje del cuerpo del acelerador	
Motor V6	
1999 y 2000	18
2001 y posteriores	80 lb-pulg
Motor V8	
De 1999 a 2002	97 lb-pulg
2003 y posteriores	89 lb-pulg
Pernos del múltiple de admisión superior (motor V6)	
Paso 1	44 lb-pulg
Paso 2	80 lb-pulg

1 Información general

Vea las ilustraciones 1.1a y 1.1b
Advertencia: *La gasolina es extremadamente inflamable; por lo tanto, tome precauciones adicionales cuando trabaje en cualquier parte del sistema de combustible. No fume ni permita llamas expuestas o bombillas descubiertas cerca del área de trabajo y no trabaje en un garaje donde haya algún tipo de aparato a gas (tal como un termotanque o secador de ropa). Como la gasolina es carcinogénica, use guantes de látex cuando exista la posibilidad de estar expuesto al combustible; y, si se derrama combustible sobre la piel, enjuáguese inmediatamente con agua y jabón. Limpie todo derrame de inmediato y no guarde trapos empapados en combustible donde puedan encenderse.*

El sistema de combustible está bajo presión constante, por lo tanto, si tiene que desconectar alguna línea de combustible, primero debe liberarse la presión del combustible en el sistema. Cuando realice cualquier tipo de trabajo en el sistema de combustible, use gafas de seguridad y tenga a mano un extintor de incendios Clase B.

Todos los modelos incluidos en este manual cuentan con SFI (inyección secuencial de combustible) **(vea las ilustraciones)**. Los sistemas SFI utilizan impulsos sincronizados para inyectar el combustible de manera secuencial directamente en los puertos de admisión de cada cilindro, según la secuencia del orden de encendido. El PCM (módulo de control del tren de potencia) controla los inyectores. El PCM monitorea varios parámetros del motor y suministra la cantidad correcta de combustible a los puertos de admisión, en la secuencia del orden de encendido. Para obtener más información sobre el sistema de inyección de combustible, vea la Sección 11.

La bomba de combustible está ubicada en el techo del tanque de combustible y sobresale hacia abajo, hasta el combustible, dentro del tanque. Debe bajar el tanque de combustible para poder extraer de éste la bomba de combustible. La unidad de envío de nivel de combustible es un componente integral de la bomba de combustible, y se accede a ella de la misma manera.

Los modelos que tienen tanques de combustible dobles cuentan con una bomba de combustible secundaria. La bomba de combustible secundaria está montada en el bastidor, cerca del tanque de combustible secundario. El PCM activa esta bomba y envía combustible del tanque secundario al principal cuando el nivel de combustible

4-2   Capítulo 4   Sistemas de combustible y escape

1.1a Componentes típicos del sistema de combustible - motor V6

1. Cuerpo del acelerador
2. Cable del acelerador
3. Cuerpo del medidor de combustible e inyectores (debajo del pleno del múltiple de admisión superior)
4. Relé de la bomba de combustible (dentro del centro eléctrico debajo del capó)
5. Caja del filtro de aire
6. Conducto de admisión de aire y resonador

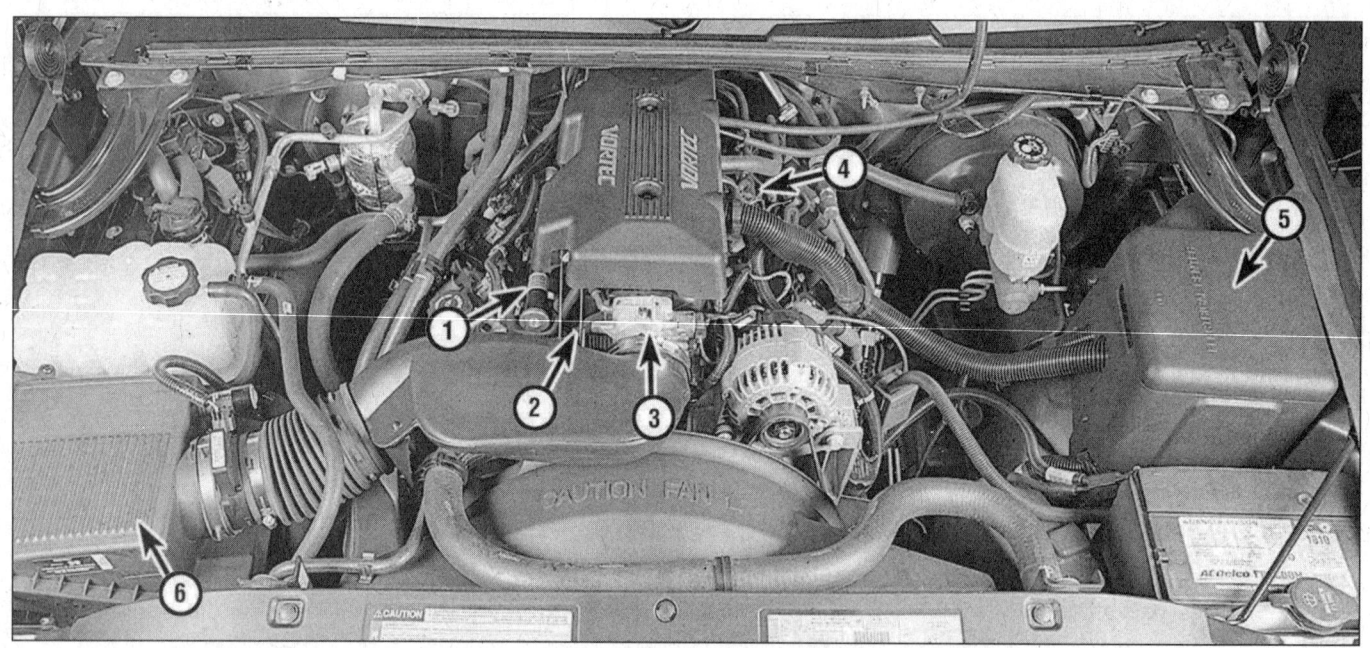

1.1b Componentes típicos del sistema de combustible - motores V8

1. Conducto de combustible e inyectores
2. Cable del acelerador
3. Cuerpo del acelerador
4. Regulador de presión de combustible
5. Relé de la bomba de combustible (dentro del centro eléctrico debajo del capó)
6. Caja del filtro de aire

en este último está dos galones por debajo del nivel del tanque secundario. Cuando el nivel del tanque de combustible principal sea bajo, vaciará todo el combustible del tanque secundario.

Existen dos tipos de sistemas de regulación de presión de combustible. Los modelos V8 de 1999 a 2003 y los modelos con motor V6 2004 y anteriores cuentan con un sistema de retorno de combustible. La presión del combustible se regula en el cuerpo del acelerador (modelos V6) o en el conducto de combustible (modelos V8) mediante un regulador de presión de combustible. El exceso de combustible se devuelve al tanque de combustible a través de la línea de retorno. Los modelos V8 2004 y posteriores y los modelos V6 2005 y posteriores cuentan con un sistema de combustible sin retorno. La presión se regula en la bomba de combustible, ubicada en el tanque de combustible, por medio de un regulador de presión. El exceso de combustible se devuelve directamente al tanque sin pasar por líneas o mangueras adicionales.

Hay dos filtros de combustible. En el extremo inferior (entrada) de la bomba de combustible/unidad de envío de nivel de combustible, hay un "calcetín" o colador de malla de nylon. Este colador es una pieza de larga vida útil, por lo que no es necesario reemplazarlo en los intervalos de mantenimiento programados. Sólo se debe reemplazar si se obstruye con sedimentos. El filtro de combustible principal, que luce como un pequeño recipiente de metal, está ubicado debajo del vehículo, entre el tanque de combustible y el compartimiento del motor. Esta pieza se debe reemplazar en el intervalo de servicio especificado (vea el Capítulo 1).

Capítulo 4 Sistemas de combustible y escape

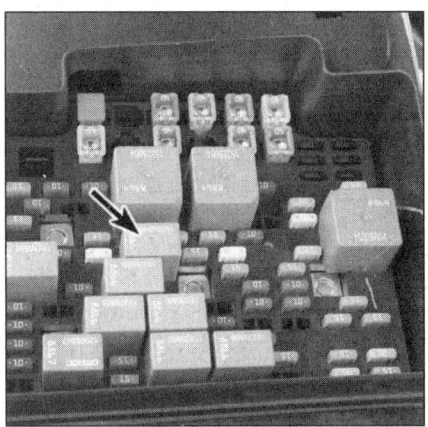

2.3 Para despresurizar el sistema de combustible, quite el relé de la bomba de combustible que se encuentra ubicado dentro de la caja de fusibles y relés en el compartimiento del motor (esta es la ubicación del relé en un modelo Silverado con motor V6 4.3L); revise el interior de la cubierta de la caja de fusibles para conocer la ubicación del relé en su modelo)

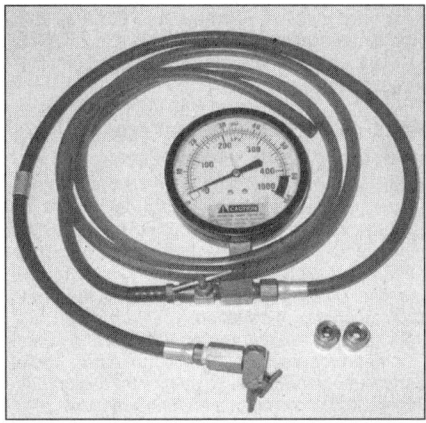

3.3a Para revisar la presión del combustible, necesitará un medidor de presión de combustible que pueda medir la presión dentro del rango especificado de presión de funcionamiento del sistema, una manguera para conectar el medidor al orificio de prueba de presión de combustible y un adaptador adecuado para conectar la manguera al orificio de prueba tipo válvula Schrader

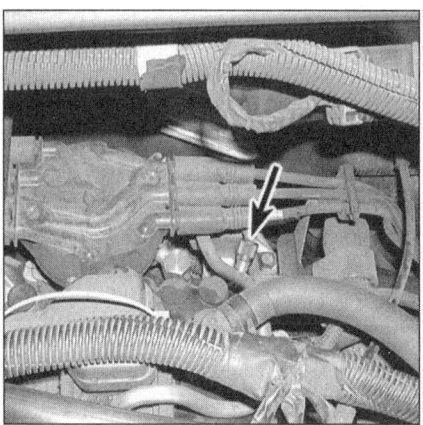

3.3b Ubicación del orificio de prueba de presión de combustible - modelos V6

3.3c Ubicación del orificio de prueba de presión de combustible - modelos V8

El sistema de escape está conformado por los dos múltiples de escape y, en la mayoría de los modelos, por dos convertidores catalíticos, tubos de escape y silenciadores. Todos estos componentes son reemplazables. Para obtener más información sobre los convertidores catalíticos, vea el Capítulo 6.

2 Procedimiento para aliviar la presión del combustible

Vea la ilustración 2.3
Advertencia: *Vea la Advertencia en la Sección 1.*
1 Quite el tapón de llenado de combustible. Esto liberará la presión que se haya acumulado en el tanque.
2 Ubique la caja de fusibles y relés en el compartimiento del motor (vea la Sección 3 del Capítulo 12).
3 Extraiga el relé de la bomba de combustible **(vea la ilustración)** del la caja de fusibles y relés en el compartimiento del motor. Para localizar los relés, consulte la guía de relés impresa en el interior de la cubierta de la caja de fusibles.
4 Coloque la llave de ignición en posición START (arranque) y haga girar el motor durante algunos segundos. El motor arrancará por un momento y se parará en seguida, o directamente no arrancará.
5 Coloque la llave de ignición en la posición OFF (apagada).
6 Desconecte el cable del terminal negativo de la batería antes de comenzar a trabajar en el sistema de combustible.
7 Una vez que haya terminado de trabajar en el sistema de combustible, instale el relé de la bomba de combustible. Como se hizo girar el motor con el relé de la bomba de combustible desconectado, es posible que se enciendan las luces CHECK ENGINE (revisar el motor) o SERVICE ENGINE SOON (realizar servicio del motor) cuando se ponga el vehículo en funcionamiento. Probablemente estas luces se apaguen después de un período de funcionamiento normal. En caso contrario, tendrá que borrar el DTC (código de diagnóstico de falla) con una herramienta de análisis genérica (vea el Capítulo 6), o hacer borrar el DTC en el departamento de servicio de un distribuidor o en otro taller de reparaciones calificado.

3 Bomba/presión de combustible - revisión

Advertencia: *Vea la Advertencia en la Sección 1.*

Revisión preliminar
1 La bomba de combustible está ubicada dentro del tanque de combustible, lo que atenúa el ruido que ésta genera cuando el motor está en funcionamiento. Sin embargo, es posible escuchar el sonido de la bomba de combustible. Siéntese dentro del vehículo con las ventanas cerradas. Coloque la llave de ignición en la posición ON (encendida) (no en START [arranque]) y escuche atentamente el zumbido suave que hace la bomba de combustible cuando el PCM la enciende por un momento para presurizar el sistema de combustible antes de arrancar el motor. Sólo escuchará el zumbido durante uno o dos segundos; ese sonido le indica que la bomba está en funcionamiento. Si no puede escuchar la bomba desde el interior del vehículo, quite el tapón de llenado de combustible, presione la compuerta accionada por resorte ubicada dentro del cuello de llenado de combustible y pídale a un ayudante que coloque el interruptor de ignición en la posición ON (encendida) mientras usted presta atención al sonido de funcionamiento de la bomba durante unos segundos. Si la bomba no arranca al colocar la llave de ignición en la posición ON (encendida), revise el fusible y el relé de la bomba de combustible, ubicados en la caja de fusibles y relés en el compartimiento del motor. Si el fusible y el relé están en buenas condiciones, revise el cableado que llega hasta la bomba de combustible. Si el fusible, el relé y el cableado están en buenas condiciones, es probable que la bomba de combustible esté defectuosa. Si la bomba funciona continuamente cuando la llave de ignición está en la posición ON (encendida), es probable que el PCM esté defectuoso. Haga revisar el PCM en el departamento de servicio de un distribuidor o en otro taller de reparaciones calificado.

Revisión de la presión
2 Alivie la presión del sistema de combustible (vea la Sección 2).

Modelos V8 de 1999 a 2003; modelos V6 2005 y posteriores
Vea las ilustraciones 3.3a, 3.3b y 3.3c
Nota: *Para realizar la prueba de presión de combustible, necesitará un medidor de presión de combustible con la capacidad de medir presiones altas. El medidor de combustible debe tener la conexión adecuada necesaria para fijarse al orificio de prueba. Para probar el regulador de presión de combustible, debe instalarse una válvula de corte de paso de combustible con los adaptadores necesarios en la línea de retorno de combustible.*
3 Quite la tapa del orificio de prueba de presión de combustible y conecte el medidor de presión de combustible **(vea las ilustraciones)**. El orificio de prueba está ubicado en la línea de suministro de combustible en los motores V6 4.3L y en el conducto de combustible en los motores V8 4.8L, 5.3L y 6.0L.
4 Gire la llave de ignición a la posición ON (el motor apagado). La bomba de combustible debería funcionar durante aproximadamente dos segundos y luego apagarse. Observe la presión indicada en el medidor y compare esa lectura con la presión mencionada en las especificaciones de este capítulo. Si es necesario, alterne la llave de ignición entre las posiciones On (encendida) y Off (apagada) varias veces para obtener la lectura más alta.

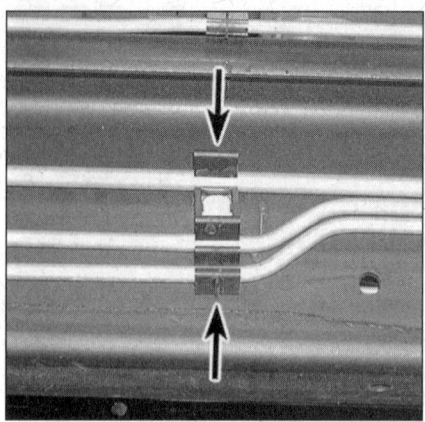

4.2 Las líneas de combustible (y las líneas EVAP) están fijadas a la parte inferior del vehículo mediante pequeños clips de plástico. Éste es un clip típico

5   Si la presión de combustible es menor que la especificada, coloque la llave de ignición en la posición Off (apagada) y alivie la presión del sistema de combustible. Instale una válvula de corte de paso de combustible en la línea de retorno de combustible y cierre la válvula. **Precaución:** *No apriete la línea de combustible flexible para cerrarla, ya que podría dañarla.* Coloque la llave de ignición en la posición On (encendida) y revise la presión de combustible. **Precaución:** *No permita que la presión de combustible se eleve por encima de los 75 psi; de lo contrario, el regulador de presión de combustible podría resultar dañado.* Si la presión de combustible está por encima de la presión especificada, reemplace el regulador de presión de combustible (vea la Sección 14). Si la presión de combustible sigue siendo más baja de lo especificado, revise las líneas y el filtro de combustible en busca de obstrucciones. Si no encuentra ninguna, quite el módulo de la bomba de combustible (vea la Sección 7) y revise el colador de combustible en busca de restricciones, el tubo flexible de combustible en busca de fugas, y el cableado de la bomba de combustible en busca de alta resistencia. Si no encuentra ningún problema, reemplace la bomba de combustible.

6   Si la presión de combustible registrada en el Paso 4 es más alta que la especificada, revise la línea de retorno de combustible en busca de obstrucciones. Si no encuentra ninguna, reemplace el regulador de presión de combustible (vea la Sección 14).

7   Si la presión de combustible se encuentra dentro de lo especificado, arranque el motor. **Advertencia:** *Asegúrese de que la manguera del medidor de presión de combustible esté lejos de la correa de transmisión del motor antes de arrancarlo.* Con el motor en funcionamiento, la presión de combustible debería ser entre 3 y 10 psi menor que la registrada en el Paso 4. En caso contrario, quite la manguera de vacío del regulador de presión de combustible y verifique que haya un vacío de 12 a 14 HG-pulg en la manguera. Si no hay vacío en la manguera, revísela en busca de obstrucciones y fugas. Si hay vacío, vuelva a conectar la manguera en el regulador de presión de combustible. Si el regulador de presión de combustible no disminuye la presión de combustible teniendo vacío aplicado, reemplácelo. **Nota:** *En modelos V6, es necesario desmontar algunas piezas para poder acceder al regulador de presión de combustible. Por esa razón, no puede realizarse la prueba de vacío del regulador de presión de combustible.*

8   Apague el motor y controle la presión de combustible durante cinco minutos. La presión de combustible no debería disminuir más de 5 psi en estos cinco minutos. Si lo hace, hay una fuga en la línea o en un inyector de combustible, o la válvula de retención del módulo de la bomba de combustible está defectuosa.

Modelos V8 2004 y posteriores; modelos V6 2005 y posteriores

Nota: *Para realizar la prueba de presión de combustible, necesitará un medidor de presión de combustible con la capacidad de medir presiones altas. También necesitará conexiones o adaptadores adecuados para fijarlo al conducto de combustible. Los departamentos de servicio de los distribuidores y otros talleres calificados pueden tener una herramienta de análisis para diagnósticos que proporciona un gráfico más preciso del rendimiento del sistema de suministro de combustible cuando el motor está en funcionamiento.*

9   Para esta revisión, necesitará contar con un medidor de presión de combustible con una manguera y un adaptador adecuado para conectarse en el orificio de prueba tipo válvula Schrader de la línea de suministro o del conducto de combustible **(vea la ilustración 3.3a)**.

10   El orificio de prueba se encuentra ubicado en el conducto de suministro de combustible **(vea la ilustración 3.3b o 3.3c)**.

11   Desenrosque la tapa roscada del orificio de prueba y conecte la manguera del medidor de presión de combustible al orificio de prueba.

12   Coloque la llave de ignición en la posición ON (encendida) con el motor apagado y revise la presión en el medidor. Compare su lectura con la presión indicada en las Especificaciones de este capítulo.

13   Si la presión de combustible no se encuentra dentro de lo especificado, haga las revisiones siguientes:

a) *Si la presión es menor que la especificada, revise el sistema de combustible en busca de obstrucciones (incluidos el colador de admisión y el filtro de combustible). Si no hay obstrucciones, es posible que el regulador de presión de combustible o la bomba de combustible estén defectuosos.*

b) *Si la presión del combustible está por encima de la presión especificada, reemplace el regulador de presión de combustible (vea la Sección 14).*

4   Líneas y conexiones de combustible - reparación y reemplazo

Vea la ilustración 4.2

Advertencia 1: *La gasolina es extremadamente inflamable; por lo tanto, tome precauciones adicionales cuando trabaje en cualquier parte del sistema de combustible. Vea la **Advertencia** en la Sección 2.*

Advertencia 2: *Antes de desconectar cualquier conexión de la línea de combustible, alivie la presión del sistema de combustible (vea la Sección 2) y compense la presión del tanque mediante la remoción del tapón de llenado de combustible. Este procedimiento sólo aliviará la presión acumulada necesaria para que el motor funcione; recuerde que seguirá habiendo combustible en los componentes del sistema, así que debe estar preparado para limpiar derrames cuando desconecte las conexiones de la línea de combustible.*

1   Siempre alivie la presión del combustible (vea la Sección 2) antes de realizar el servicio de las líneas y conexiones de combustible; luego, desconecte el cable del terminal negativo de la batería antes de continuar.

2   Las líneas de suministro y de retorno de combustible van desde el tanque de combustible hasta el cuerpo del medidor de combustible en motores V6; en motores V8 (modelos de 1999 a 2003), van desde el tanque hasta el conducto de combustible. Las líneas de vapor del sistema EVAP (control de emisiones por evaporación) conectan el tanque de combustible con el recipiente EVAP y a éste con el solenoide de purga del recipiente ubicado en el múltiple de admisión. Las líneas de combustible y del sistema EVAP están aseguradas a la carrocería inferior mediante pequeños soportes de plástico fijados a la parte inferior del vehículo **(vea la ilustración)**. Para desacoplar las líneas de estos soportes, separe los clips del soporte y retire la línea.

3   Siempre que trabaje debajo del vehículo, asegúrese de inspeccionar todas las líneas de combustible y del sistema EVAP para verificar que no estén enroscadas y que no presenten fugas, abolladuras u otros daños. Siempre reemplace las líneas de combustible o del sistema EVAP dañadas de inmediato. Las líneas de combustible y del sistema EVAP con fugas ocasionarán pérdidas de combustible y excesiva contaminación del aire (el combustible que pierde el vehículo antes de pasar por la combustión libera vapores de hidrocarburo sin quemar en la atmósfera).

4   Si encuentra indicios de suciedad en las líneas durante el desarmado, desconecte todas las líneas y límpielas con aire comprimido. Inspeccione el colador de combustible ubicado en el extremo inferior de la bomba de combustible en busca de daños y deterioro, e inspeccione el filtro de combustible (vea el Capítulo 1).

Tubos de acero

5   Dado que las líneas de combustible utilizadas en vehículos con inyección de combustible se encuentran bajo presiones bastante altas, es fundamental que se las reemplace con líneas con especificaciones equivalentes. Nunca utilice tubos de cobre o aluminio para reemplazar tubos de acero. Estos materiales no resisten la vibración normal del vehículo.

6   Algunas líneas de combustible de acero tienen conexiones roscadas. Al aflojar estas conexiones para realizar el servicio de componentes o reemplazarlos:

a) *Sostenga la conexión fija con una llave y, al mismo tiempo, afloje o apriete la tuerca del tubo con otra llave.*

b) *Si planea reemplazar alguna de estas conexiones, utilice piezas diseñadas para el equipo original o que cumplan con los estándares de dicho equipo.*

Tubos de plástico

7   Algunas de las líneas de combustible y del sistema EVAP de los vehículos incluidos en este manual son de plástico. Si alguna vez tiene que reemplazar una línea de plástico, utilice únicamente tubos plásticos que cumplan con los estándares del equipo original. **Precaución:** *Al desmontar o instalar tubos de líneas de combustible de plástico, tenga cuidado de no doblarlos ni torcerlos demasiado, ya que podría dañarlos. Las líneas de combustible dañadas DEBEN reemplazarse. Además, tenga en cuenta que los tubos de combustible de plástico NO son resistentes al calor, por lo que debe mantenerlos alejados del calor excesivo. Tampoco son a prueba de ácidos; por lo tanto, no los limpie con un trapo de taller con el que haya limpiado electrolito de batería. Si accidentalmente derrama o aplica electrolito sobre tubos de combustible de plástico, reemplácelos.*

Mangueras flexibles

Advertencia: *Sólo utilice mangueras de reemplazo originales o su equivalente. Las mangueras no aprobadas pueden fallar cuando se las somete a las altas presiones de funcionamiento del sistema de combustible.*

Capítulo 4 Sistemas de combustible y escape

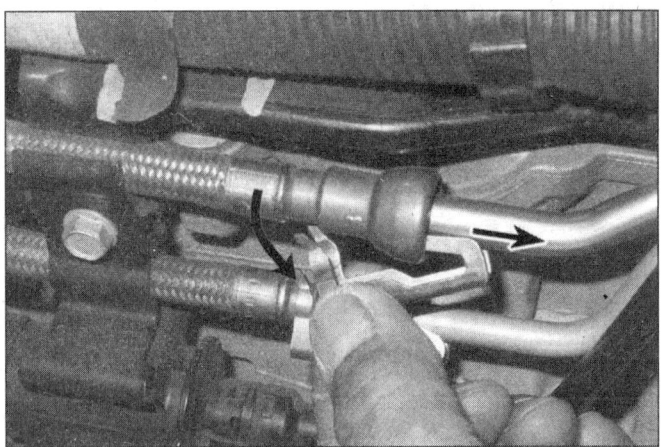

4.12 Tire del extremo del retenedor para quitarlo de la línea de combustible; luego, desacople el otro extremo del lado hembra de la conexión

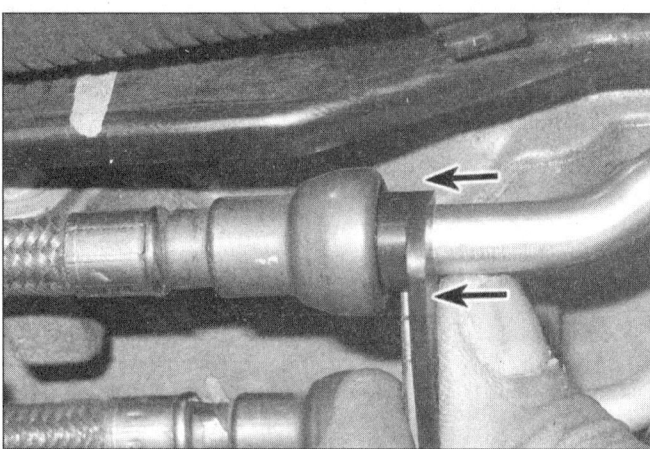

4.13a Inserte una herramienta para separar líneas de combustible en el lado hembra de la conexión y empújela dentro de ésta hasta liberar las pestañas de bloqueo en el interior de la conexión . . .

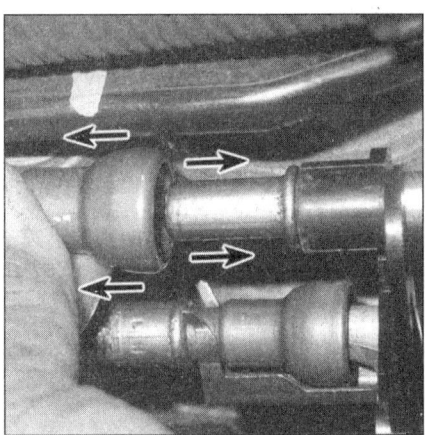

4.13b . . . luego, separe las líneas

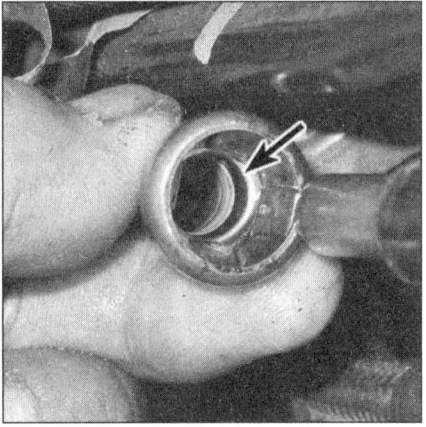

4.14 Inspeccione el anillo O que se encuentra dentro del lado hembra de la conexión. Si está rajado, roto o deteriorado, reemplácelo

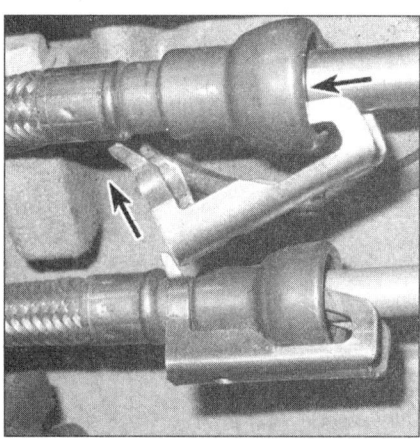

4.17 Para instalar un retenedor, inserte el extremo de gancho en el lado hembra de la conexión; luego, presione el extremo de clip sobre la línea de combustible hasta que se enganche en su sitio

8   No tienda las mangueras de combustible a menos de cuatro pulgadas de los componentes del sistema de escape ni a menos de diez pulgadas de un convertidor catalítico. Asegúrese de que las mangueras flexibles no queden instaladas directamente sobre el vehículo, sobre todo en áreas donde haya vibración. Si se las deja en contacto con alguna parte del vehículo en la que se producen vibraciones, las mangueras pueden sufrir rozamientos fácilmente y comenzar a tener fugas. Una buena regla básica es mantener un espacio mínimo de un cuarto de pulgada alrededor de las mangueras (o líneas de metal) para evitar el contacto con la carrocería inferior del vehículo.

Conexiones de las líneas de combustible y del sistema EVAP

9   Los vehículos incluidos en este manual utilizan dos tipos de conexiones rápidas para las líneas de combustible (de metal o de plástico) para la mayoría de las conexiones en la bomba de combustible, el tanque de combustible, la parte inferior del vehículo y el compartimento del motor. (Sólo se usa un tercer tipo de conexión rápida de plástico en el recipiente EVAP y en la conexión de la manguera de ventilación para el solenoide de ventilación del recipiente EVAP en el tanque de combustible.)
10   El procedimiento para liberar cada tipo de conexión de línea de combustible es diferente. Sin embargo, hay algunas reglas básicas que se aplican a todas las conexiones:
a)   Inspeccione las conexiones en busca de suciedad. Si la conexión está sucia, límpiela antes de desarmarla. Los sellos de la conexión se adherirán a la línea de combustible con el paso del tiempo. Gire la conexión en la línea y luego empuje la conexión y tire de ella hasta que se mueva libremente.
b)   Antes de desmontar un componente del sistema de combustible, desconecte siempre todas las conexiones de las líneas de combustible de dicho componente.
c)   Al desconectar una conexión rápida, inspeccione el estado del retenedor antes de restablecer la conexión. La mejor estrategia en lo que respecta a los retenedores es simplemente cambiarlos cada vez que desconecta la conexión.
d)   Al desconectar una conexión que tiene un anillo O adentro, inspeccione dicho anillo antes de restablecer la conexión. Las conexiones de las líneas de combustible están bajo la misma presión que el resto del sistema de combustible; para evitar fugas (e incendios), ASEGÚRESE MUY BIEN de que el anillo O esté en buenas condiciones. Lo que es aun mejor, simplemente reemplácelo.
e)   En la mayoría de los casos, la conexión propiamente dicha es una pieza no desmontable de la línea de combustible, de modo que podría tener que reemplazar la línea de combustible completa si una conexión está defectuosa o presenta daños.

Conexiones rápidas de collarín metálico
Desconexión
Vea las ilustraciones 4.12, 4.13a y 4.13b
Nota: *Necesitará un juego de herramientas especiales (disponible en la mayoría de las tiendas de autopartes) para desconectar estas conexiones.*
11   Alivie la presión del sistema de combustible (vea la Sección 2).
12   Tire del extremo de clip del retenedor; luego, extráigalo de la conexión **(vea la ilustración)**.
13   Utilice una herramienta para separar líneas de combustible del tamaño adecuado (disponible en la mayoría de las tiendas de autopartes). Inserte la herramienta en el lado hembra de la conexión y empújela hacia dentro para liberar las pestañas de bloqueo y abrir la conexión **(vea las ilustraciones)**.

Reconexión
Vea las ilustraciones 4.14 y 4.17
14   Inspeccione el anillo O **(vea la ilustración)**. Si está seco, rajado, roto o presenta algún otro tipo de deterioro, reemplácelo.
15   Aplique unas gotas de aceite para motor limpio en el extremo macho del tubo.
16   Una ambos extremos de la conexión a presión hasta que las pestañas de retención se fijen en su sitio. Tire de ambos lados de la conexión para verificar que haya quedado conectada de manera segura.

4.19a Para liberar una conexión rápida de plástico, presione las pestañas en el retenedor con un destornillador pequeño y manténgalas presionadas . . .

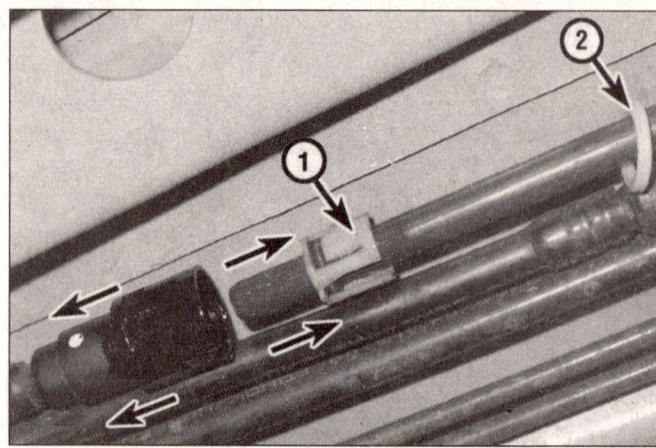

4.19b . . . hasta que las dos líneas de combustible se desconecten. Luego, quite el retenedor antiguo (1) y el anillo indicador (2) y descártelos (el anillo indicador sólo se utiliza durante el montaje en la fábrica, por lo que no es necesario volver a instalarlo)

17   Instale el retenedor y asegúrese de que se enganche en su lugar (**vea la ilustración**).
18   Encienda el motor y revise para detectar fugas de combustible.

Conexiones rápidas de collarín plástico

Desconexión

Vea las ilustraciones 4.19a y 4.19b
19   Para liberar este tipo de conexión rápida, presione las pestañas del retenedor (**vea la ilustración**). Una vez que se haya liberado el retenedor, siga presionando las pestañas mientras separa las dos líneas de combustible (**vea la ilustración**).
20   Desmonte el retenedor del lado macho de la conexión y descártelo.
21   Desmonte el anillo indicador del lado macho de la conexión y descártelo.

Reconexión

Vea las ilustraciones 4.22 y 4.23
22   Inspeccione el anillo O ubicado dentro del lado hembra de la conexión (**vea la ilustración**). Si está seco, rajado, roto o deteriorado, reemplácelo.
23   Inserte un retenedor nuevo en el lado hembra de la conexión. Asegúrese de que las pestañas de liberación estén alineadas con las "ventanas" del conector (**vea la ilustración**).

24   Aplique unas gotas de aceite para motor en la punta de la línea de combustible macho.
25   Una ambos extremos de la conexión a presión hasta que las pestañas de liberación del retenedor se fijen en su sitio.
26   Tire de ambos lados de la conexión para verificar que haya quedado conectada de manera segura.
27   Encienda el motor y revise para detectar fugas de combustible.

5   Tanque de combustible - desmontaje e instalación

Vea las ilustraciones 5.5, 5.9, 5.10, 5.11 y 5.12
Advertencia: *Vea la* **Advertencia** *en la Sección 1.*
Nota: *Si es necesario, limpie el tanque de combustible y las áreas que rodean las líneas y mangueras de combustible para evitar la contaminación del sistema de combustible.*
1   Quite el tapón de llenado del tanque de combustible para descargar la presión del tanque.
2   Alivie la presión del sistema de combustible (vea la Sección 2).
3   Desconecte el cable del terminal negativo de la batería. **Precaución:** *En los modelos con sistema de audio antirrobo, asegúrese de que la función de bloqueo esté desactivada antes de realizar cualquier procedimiento que requiera desconectar la batería (vea las primeras hojas de este manual).*
4   Use un juego de sifón (disponible en la mayoría de las tiendas de autopartes) para trasvasar el combustible a un contenedor aprobado para gasolina. **Advertencia:** *NO empiece a realizar la acción de trasvase con la boca.*
5   En modelos pick-up, abra la compuerta de llenado de combustible y quite los tornillos que fijan la brida del tubo de llenado de combustible al alojamiento en la carrocería (**vea la ilustración**).
6   Levante el vehículo y sosténgalo de manera segura sobre soportes de gato. Si el modelo incluye un protector sobre el tanque de combustible, quite los pernos y el protector.
7   En modelos pick-up, quite la banda de descarga a tierra del tubo de llenado de combustible de la carrocería.
8   Retire el recipiente EVAP (vea el Capítulo 6).
9   Desconecte las líneas de suministro y de retorno de combustible (vea la Sección 4) (**vea la ilustración**).
10   En modelos SUV (vehículo utilitario deportivo), afloje las abrazaderas de las mangueras y desconecte las mangueras de llenado de combus-

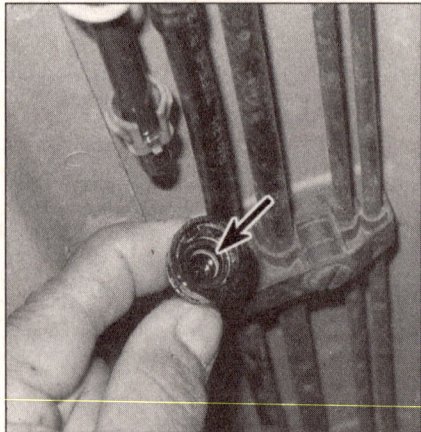

4.22 Inspeccione el anillo O que se encuentra dentro del lado hembra de la conexión. Si está rajado, roto o deteriorado, reemplácelo

4.23 Instale un retenedor nuevo en el lado hembra de la conexión; asegúrese de que las pestañas de liberación queden alineadas con las ventanas del conector

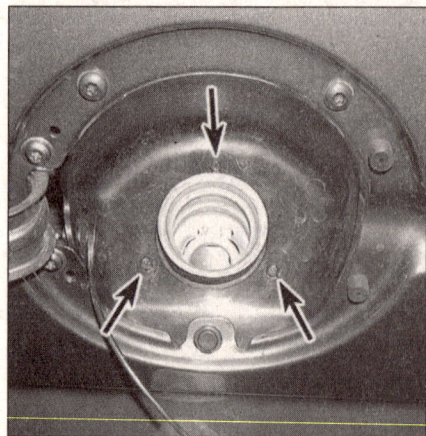

5.5 En modelos pick-up, quite los tornillos de retención del tubo de llenado de combustible (flechas)

Capítulo 4 Sistemas de combustible y escape

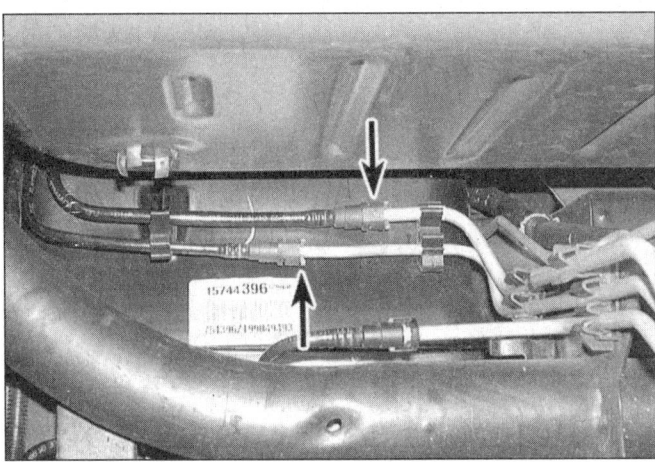

5.9 Desconecte las líneas de suministro y de retorno de combustible (flechas)

5.10 En modelos SUV, afloje las abrazaderas de las mangueras y desconecte las mangueras de llenado de combustible y de ventilación (flechas) del tanque de combustible

5.11 Quite los pernos de las correas del tanque de combustible (flechas) y extraiga las correas

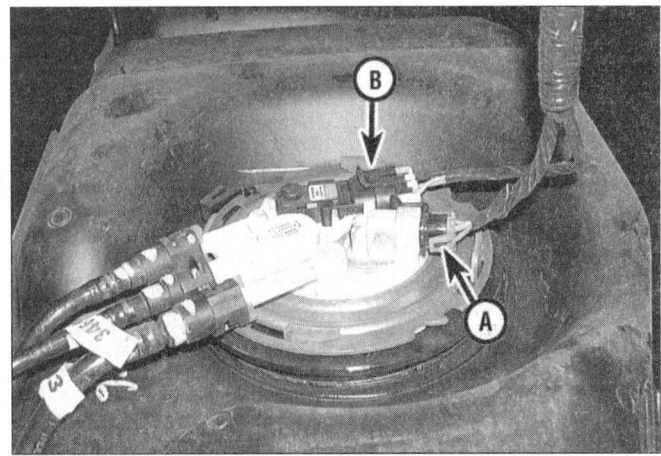

5.12 Baje el tanque de combustible y desconecte los conectores eléctricos de la bomba de combustible/unidad de envío de nivel de combustible (A) y del sensor de presión del tanque de combustible del módulo de la bomba de combustible

tible y de ventilación del tanque de combustible **(vea la ilustración)**.

11 Coloque un gato para transmisión debajo del tanque de combustible y sostenga el tanque con él. Quite los pernos de las correas del tanque de combustible y saque las correas **(vea la ilustración)**.

12 Baje un poco el tanque y desconecte los conectores eléctricos del módulo de la bomba de combustible **(vea la ilustración)**.

13 Baje el gato y extraiga el tanque del vehículo.

14 En modelos pick-up, afloje las abrazaderas de la manguera y desconecte la manguera de llenado de combustible del tanque de combustible.

15 La instalación se realiza en forma inversa al desmontaje.

6 Limpieza y reparación del tanque de combustible - información general

1 Los tanques de combustible instalados en los vehículos incluidos en este manual no se pueden reparar. Si el tanque de combustible presenta daños, debe reemplazarse.

2 Debido a la contaminación por combustible, la limpieza del tanque de combustible debe llevarla a cabo un profesional con la capacitación adecuada para realizar esta tarea fundamental y potencialmente peligrosa. El tanque puede seguir teniendo vapores explosivos incluso después de limpiarlo y enjuagarlo.

3 Si el tanque de combustible se quita del vehículo, no debe colocarse en áreas en las que haya chispas o llamas abiertas que puedan encender los vapores que emanan del tanque. Tenga especial cuidado en un garaje donde haya artefactos de gas natural.

7 Módulo de la bomba de combustible - desmontaje e instalación

Vea las ilustraciones 7.5 y 7.6

Advertencia: *Vea la* **Advertencia** *en la Sección 1.*

1 Alivie la presión del sistema de combustible (vea la Sección 2).

2 Desconecte el cable del terminal negativo de la batería. **Precaución:** *En los modelos equipados con el sistema de audio Theftlock, asegúrese de que la función de bloqueo está desactivada antes de realizar cualquier procedimiento que requiera desconectar la batería (vea el principio de este manual).*

3 Extraiga el tanque de combustible del vehículo (vea la Sección 5).

4 Desconecte las líneas de combustible y la línea EVAP del módulo de la bomba de combustible.

5 Haga palanca para quitar la pestaña de bloqueo mientras rota el anillo de retención del módulo de la bomba de combustible en sentido antihorario hasta que se afloje **(vea la ilustración)**.

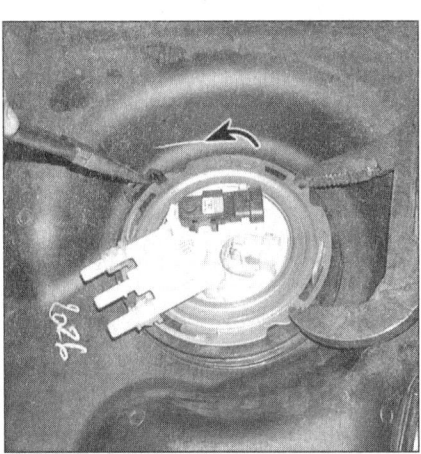

7.5 Libere la pestaña de bloqueo y gire el anillo de retención del módulo de la bomba de combustible en sentido antihorario para aflojarlo

Capítulo 4 Sistemas de combustible y escape

7.6 Extraiga cuidadosamente el módulo de la bomba de combustible del tanque y drene el combustible que haya en el depósito

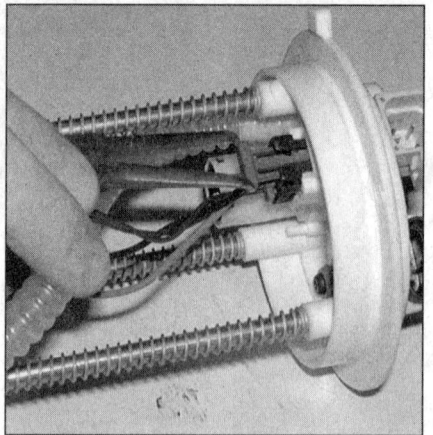

8.2 Desconecte el conector eléctrico de la bomba de combustible/unidad de envío de nivel de combustible del módulo de la bomba de combustible

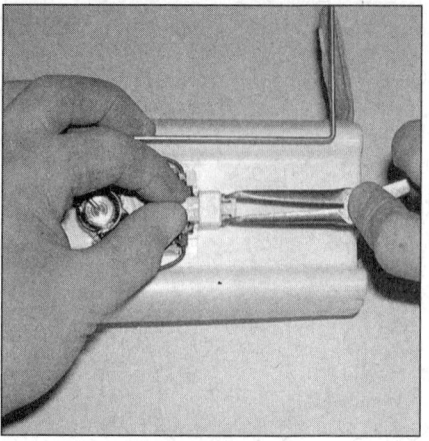

8.3 Quite el clip de retención de la unidad de envío

6 Extraiga el módulo de la bomba de combustible del tanque (**vea la ilustración**). Incline levemente el conjunto para evitar daños al flotador de la unidad de envío de nivel de combustible. **Advertencia:** *En el depósito del módulo puede quedar algo de combustible, que se derramará al extraer el módulo. Tenga varios paños de taller a mano y un colector para drenaje cerca donde colocar el módulo.*
7 No se puede realizar el servicio de la bomba eléctrica de combustible por separado. En caso de falla, debe reemplazarse todo el conjunto. Si es necesario, transfiera el sensor de presión de combustible y la unidad de envío de nivel de combustible al nuevo conjunto de módulo de bomba de combustible (vea la Sección 8).
8 Limpie la superficie de sellado del tanque de combustible e instale un sello nuevo en el módulo de la bomba de combustible.
9 Instale el módulo de la bomba de combustible con las conexiones para línea de combustible alineadas con las líneas de combustible.
10 Presione el módulo de la bomba de combustible hacia abajo hasta que quede asentado e instale el anillo de retención. Asegúrese de que el anillo de retención quede completamente asentado y de que la pestaña de retención se acople con la ranura.
11 El resto de la instalación se realiza en forma inversa al desmontaje.

8 Unidad de envío de nivel de combustible - revisión y reemplazo

Advertencia: *Vea la* **Advertencia** *en la Sección 1.*

Reemplazo
Vea las ilustraciones 8.2, 8.3 y 8.4
1 Extraiga el tanque de combustible y el módulo de la bomba de combustible (vea la Sección 5 y la Sección 7).
2 Desconecte el conector eléctrico de la unidad de envío de nivel de combustible de la cubierta del módulo (**vea la ilustración**).
3 Quite el clip de retención de la unidad de envío (**vea la ilustración**).
4 Apriete todas las pestañas a la vez y retire la unidad de envío de nivel de combustible del módulo deslizándola hacia fuera (**vea la ilustración**). Observe el recorrido del cable para la instalación posterior.
5 La instalación se realiza en forma inversa al desmontaje.

9 Caja del filtro de aire - desmontaje e instalación

Vea las ilustraciones 9.2, 9.3, 9.4 y 9.5
1 Desconecte el conector eléctrico del sensor del flujo de la masa de aire.
2 Afloje la abrazadera de la manguera del conducto de admisión de aire y separe este conducto del sensor del flujo de la masa de aire (**vea la ilustración**). Extraiga el sensor del flujo de la masa de aire (vea el Capítulo 6). **Precaución:** *Manipule el sensor del flujo de la masa de aire con cuidado; los daños al sensor afectarán el funcionamiento del sistema de inyección de combustible.*
3 Afloje los tornillos y retire la cubierta y el elemento de filtro de aire (**vea la ilustración**).
4 Tome la caja y tire de ella hacia arriba para desacoplar los pernos prisioneros de la caja de las arandelas del adaptador de montaje (**vea la ilustración**). Extraiga el conjunto del compartimiento del motor.
5 Si es necesario, afloje las abrazaderas de la manguera, desacople los sujetadores y separe el conjunto de conducto de admisión de aire y resonador del cuerpo del acelerador (**vea la ilustración**).
6 La instalación se realiza en forma inversa al desmontaje.

10 Sistema de cable del acelerador/TAC - reemplazo

Vea las ilustraciones 10.4, 10.5a, 10.5b y 10.6
Nota: *Todos los motores usan un cable de acelerador convencional, excepto por algunos motores V8 4.8L, 5.3L y 6.0L 2001 y posteriores que cuentan con el sistema TAC.*
1 Desconecte el cable del terminal negativo de la batería. **Precaución:** *En los modelos equipados con el sistema de audio Theftlock, asegúrese de que la función de bloqueo está desactivada antes de realizar cualquier procedimiento que requiera desconectar la batería (vea el principio de este manual).*

Cable del acelerador
2 En modelos V6, quite el conducto de admisión de aire y el resonador del cuerpo del acelerador. En modelos V8, quite la cubierta del múltiple de admisión.
3 Desacople el cable de control de velocidad crucero de la palanca del acelerador.
4 Gire la palanca del acelerador y separe el extremo del cable del acelerador de la palanca (**vea la ilustración**).

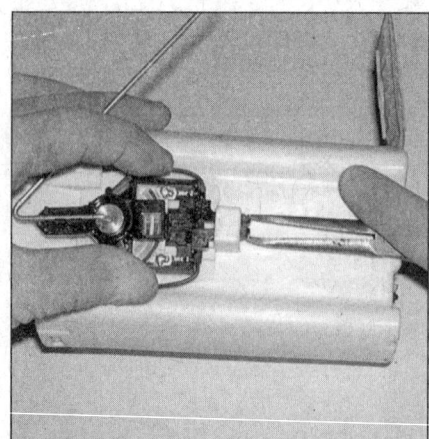

8.4 Apriete las pestañas a la vez y extraiga la unidad de envío de nivel de combustible del módulo

9.2 Afloje la abrazadera de la manguera (flecha) y desconecte el conducto de admisión de aire del sensor MAF (flujo de la masa de aire)

Capítulo 4 Sistemas de combustible y escape

9.3 Afloje los tornillos (flechas) y extraiga la cubierta de la caja del filtro de aire

9.4 Tome la caja del filtro de aire para quitar los pernos prisioneros de las arandelas de montaje

9.5 En modelos V6, quite la tuerca mariposa (flecha) e incline el resonador hacia delante para desacoplar el clip del cuerpo del acelerador

10.4 Gire la palanca del acelerador y pase el cable a través de la ranura en dicha palanca

5   Presione las pestañas de bloqueo del alojamiento del cable y empújelo a través del soporte. Desacople el cable de los retenedores que lo fijan a su recorrido (vea las ilustraciones).
6   Extraiga el panel de adorno que se encuentra debajo del tablero y desacople el cable del pedal del acelerador (vea la ilustración).

7   Presione las pestañas de bloqueo del alojamiento del cable y empuje el cable dentro del compartimento del motor, a través del panel contra fuego.
8   Extraiga el cable del compartimento del motor.
9   La instalación se realiza en forma inversa al desmontaje.

Sistema TAC

10   Los modelos más recientes con motores V8 4.8L, 5.3L y 6.0L cuentan con un sistema TAC, que es un sistema de control del acelerador completamente electrónico (sin cable de acelerador). En lugar de un cable de acelerador, que proporciona un enlace mecánico directo entre la posición

10.5a Presione las pestañas de bloqueo y extraiga el cable del soporte

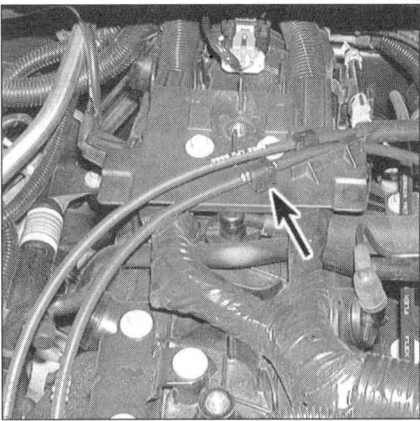

10.5b Desacople el cable de los retenedores que lo fijan a su recorrido

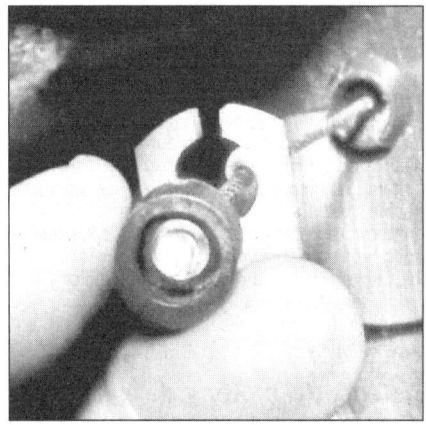

10.6 Quite el retenedor del cable del acelerador del pedal y deslice el cable a través de la ranura

4-10 Capítulo 4 Sistemas de combustible y escape

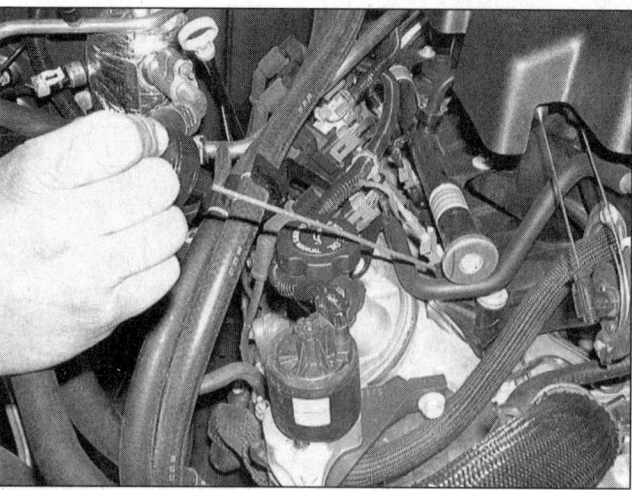

12.7 En modelos V8, utilice un estetoscopio para determinar si los inyectores funcionan correctamente (deben hacer un sonido de clic constante que aumenta o disminuye a medida que varía la velocidad del motor)

del pedal del acelerador y la posición del plato del acelerador dentro del cuerpo del acelerador, los vehículos con TAC usan un par de sensores de APP (posición del pedal del acelerador) en el conjunto de pedal del acelerador para monitorear el ángulo del pedal. Vea el Capítulo 6 para obtener más información sobre el sensor del pedal del acelerador.

11 Sistema de inyección de combustible - información general

El sistema SFI está conformado por tres sistemas subordinados: admisión de aire, control del motor y suministro de combustible. Este sistema utiliza un PCM junto con los sensores (sensor de temperatura del refrigerante, sensor de posición del acelerador, sensor del flujo de la masa de aire, sensor de oxígeno, etc.) para determinar la relación entre aire y combustible adecuada para todas las condiciones de funcionamiento.

El sistema de inyección de combustible y el sistema de control del motor están muy relacionados en lo que respecta a su función y diseño. Para obtener más información, vea el Capítulo 6.

Sistema de admisión de aire

El sistema de admisión de aire está conformado por el filtro de aire, los conductos de admisión de aire, el cuerpo del acelerador, el pleno de admisión de aire (V6) y el múltiple de admisión.

Cuando el motor está en marcha mínima, la relación entre aire y combustible es controlada por el sistema de control de aire en marcha mínima, conformado por el PCM y la válvula de control de aire en marcha mínima. Este control de aire en marcha mínima regula el flujo de aire que pasa el plato del acelerador e ingresa en el múltiple de admisión, y así aumenta o disminuye la marcha mínima del motor. El PCM recibe información de los sensores (velocidad del vehículo, temperatura del refrigerante, aire acondicionado, modo de dirección hidráulica, etc.) y ajusta la marcha mínima según las exigencias del motor y del conductor. Vea el Capítulo 6 para obtener más información sobre la válvula de control de aire en marcha mínima.

Sistema del motor y de emisiones

El sistema del motor y de emisiones se describe en detalle en el Capítulo 6.

Sistema de suministro de combustible

Nota: *Los modelos 2005 y posteriores utilizan un sistema de combustible sin retorno. Este sistema usa un amortiguador de impulsos de combustible en lugar de un regulador de presión de combustible, y no tiene líneas de retorno conectadas al tanque de combustible.*

El sistema de suministro de combustible está conformado por estos componentes: la bomba de combustible, el regulador de presión de combustible, el cuerpo del medidor de combustible (V6) o el conducto de combustible (V8) y los inyectores de combustible.

La bomba de combustible es eléctrica. El combustible entra a la bomba a través de un filtro de admisión, atraviesa la válvula de sentido único, pasa por el filtro de combustible y se suministra al cuerpo del medidor de combustible/conducto de combustible y a los inyectores. El regulador de presión mantiene una presión de combustible constante en los inyectores. El exceso de combustible se vuelve a enviar al tanque a través del regulador de presión de combustible.

Los inyectores son de tipo clavija accionados por solenoide, y constan de un solenoide, un émbolo, una válvula de aguja y un alojamiento. Cuando se aplica corriente a la bobina del solenoide, la válvula de aguja se levanta y sale combustible a presión por la boquilla en forma de rocío. La cantidad de inyección se determina según el tiempo que la válvula permanece abierta (es decir, el tiempo durante el que se suministra corriente a las bobinas del solenoide).

En modelos V6, los inyectores están alojados en un cuerpo de medidor de combustible central ubicado debajo del múltiple de admisión superior (pleno). Hay seis boquillas individuales con cabeza móvil conectadas a los inyectores de combustible mediante tubos de nylon. El servicio de los inyectores, los tubos y las boquillas con cabeza móvil se realiza como un conjunto. Los modelos V8 utilizan un conjunto de conducto de combustible/inyector más convencional.

El relé de la bomba de combustible está ubicado en el centro eléctrico del compartimento del motor. El PCM controla el relé mediante el suministro de voltaje de la batería a la bobina del relé. Cuando se lo energiza, el relé de la bomba de combustible conecta el voltaje de la batería con la bomba de combustible. Si el PCM percibe que NO hay señal de los sensores del árbol de levas o del cigüeñal (como si el motor no estuviera en funcionamiento o no girara), el PCM deja de energizar el relé.

12 Sistema de inyección de combustible - revisión

Vea las ilustraciones 12.7, 12.8 y 12.9
Nota: *El procedimiento siguiente se basa en la suposición de que la presión del combustible es la adecuada* (vea la Sección 3).

1 Revise todos los conectores eléctricos que estén relacionados con el sistema. Revise que las conexiones a tierra de los cables estén ajustadas. Los conectores flojos y las conexiones a tierra defectuosas pueden producir muchos problemas que aparentan ser causados por fallas más graves.
2 Revise que la batería esté completamente cargada, ya que la unidad de control y los sensores dependen de un voltaje de suministro preciso para medir el combustible de manera correcta.
3 Revise el elemento de filtro de aire: un filtro sucio o parcialmente obstruido interferirá en gran medida con el rendimiento y la economía (vea el Capítulo 1).
4 Revise los fusibles relacionados con el sistema. Si se encuentra un fusible quemado, reemplácelo y vea si se vuelve a quemar. Si esto sucede, busque un cable con un cortocircuito a tierra en el mazo.
5 Revise el conducto de admisión de aire desde la caja del filtro de aire hasta el cuerpo del acelerador en busca de fugas, las que pueden tener como resultado una mezcla excesivamente diluida. También revise el estado de todas las mangueras de vacío conectadas al múltiple de admisión y al cuerpo del acelerador.
6 Quite el conducto de admisión de aire del cuerpo del acelerador y revise que no haya suciedad, carbón o acumulación de otros tipos de residuos en el hueco y en el plato del acelerador. Si está sucio, límpielo con limpiador de carburadores en aerosol, un cepillo de dientes y un paño de taller. **Precaución:** *No utilice solventes que contengan metiletilcetona; de lo contrario, podría dañarse el cuerpo del acelerador.*
7 En modelos V8, arranque el motor y coloque un estetoscopio para automóviles contra cada inyector, de a uno por vez. Debería escucharse un sonido de clic, que indica que el inyector está funcionando **(vea la ilustración)**. Si no tiene un estetoscopio, puede colocar la punta de un destornillador contra el inyector y escuchar a través del mango.
8 En modelos V8, desconecte los conectores eléctricos de los inyectores y mida la resistencia de cada inyector **(vea la ilustración)**. Compare las lecturas con los valores de resistencia que se detallan en las especificaciones de este capítulo.
Nota: *En modelos V6, desconecte el conector principal del mazo de los inyectores de combustible del cuerpo del medidor de combustible y realice la prueba allí. Vea los diagramas de cableado al final del Capítulo 12 para determinar qué terminales debe probar, según el color de los cables.*
9 En modelos V8, instale una luz de prueba de inyectores (luz "noid") en el conector eléctrico de cada inyector, de a uno por vez **(vea la ilustración)**. Haga girar el motor. Confirme que la luz titile de manera pareja en cada conector. Esto prueba el control del PCM sobre los inyectores. Si la luz no titila, haga revisar el PCM en el departamento de servicio de un distribuidor o en otro taller de reparaciones que cuente con los equipos necesarios. **Nota:** *En modelos V6, desconecte el conector principal del mazo de los inyectores de combustible del cuerpo del medidor de combustible y realice la prueba allí. Vea los diagramas de cableado al final del Capítulo 12 para determinar qué terminales debe probar, según el color de los cables.*

Capítulo 4 Sistemas de combustible y escape

12.8 Mida la resistencia de cada inyector en diferentes partes de los dos terminales del inyector

12.9 Instale una luz "noid" (disponible en la mayoría de las tiendas de autopartes) en los conectores eléctricos de cada inyector y confirme que titila al girar el motor

13 Cuerpo del acelerador - desmontaje e instalación

Vea las ilustraciones 13.8a y 13.8b
Advertencia: *Espere a que el motor esté completamente frío antes de comenzar este procedimiento.*
1 Desconecte el cable del terminal negativo de la batería. **Precaución:** *En los modelos equipados con el sistema de audio Theftlock, asegúrese de que la función de bloqueo está desactivada antes de realizar cualquier procedimiento que requiera desconectar la batería (vea el principio de este manual).*
2 En modelos V8, drene parcialmente el sistema de enfriamiento (vea el Capítulo 1).
3 Quite el conducto de admisión de aire y el resonador.
4 Desconecte el conector eléctrico del cuerpo del acelerador.
5 Etiquete las mangueras de vacío del cuerpo del acelerador y desacóplelas.
6 Desacople el cable del acelerador (vea la Sección 10) y el cable de control de velocidad crucero (si lo tiene). En modelos V6, quite los soportes del cable del acelerador. **Nota:** *Algunos modelos 2001 y posteriores cuentan con ETC (control electrónico de aceleración). En estos modelos, no hay cable de acelerador sino conectores de mazo eléctrico en el cuerpo del acelerador y el pedal del acelerador, que cuenta con un sensor de APP.*
7 En modelos V8, desacople las mangueras de refrigerante del cuerpo del acelerador.
8 Quite las tuercas y pernos de montaje y extraiga el cuerpo del acelerador y la junta **(vea las ilustraciones)**.
9 Quite todos los rastros de material de junta viejo del cuerpo del acelerador y del múltiple de admisión e instale una junta nueva. **Precaución:** *No utilice solventes ni herramientas afiladas para limpiar la superficie de junta del cuerpo del acelerador; de lo contrario, podría causar daños al cuerpo del acelerador.*
10 Instale el cuerpo del acelerador y apriete los pernos al torque indicado en las especificaciones de este capítulo.
11 El resto de la instalación se realiza en forma inversa al desmontaje.

14 Regulador de presión de combustible - reemplazo

Vea las ilustraciones 14.5a, 14.5b y 14.6
Advertencia: *Vea la* **Advertencia** *en la Sección 1.*
1 Alivie la presión del sistema de combustible (vea la Sección 2).
2 Desconecte el cable del terminal negativo de la batería. **Precaución:** *En los modelos equipados con el sistema de audio Theftlock, asegúrese de que la función de bloqueo está desactivada antes de realizar cualquier procedimiento que requiera desconectar la batería (vea el principio de este manual).*

Modelos V8 de 1999 a 2003; modelos V6 de 1999 a 2004

Vea las ilustraciones 14.5a, 14.5b y 14.6
Advertencia: *Vea la* **Advertencia** *en la Sección 1.*
3 En modelos V6, extraiga el múltiple de admisión superior para acceder al cuerpo del medidor de combustible (vea la Sección 15).

13.8a Pernos de montaje del cuerpo del acelerador (flechas) - modelos V6

13.8b Pernos de montaje del cuerpo del acelerador (flechas) - primeros modelos V8

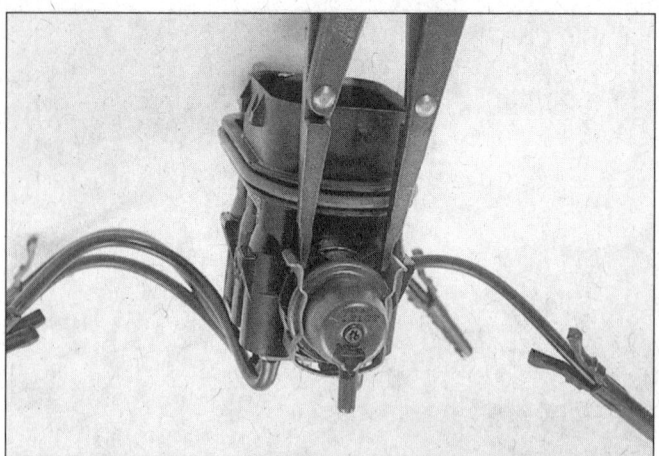

14.5a Quite el clip de retención del regulador de presión de combustible - modelos V6 2004 y anteriores

14.5b Quite el clip de retención del regulador de presión de combustible - modelos V8 2003 y anteriores

4 En modelos V8, quite la cubierta del múltiple de admisión y desacople la manguera de vacío del puerto en el regulador.

5 Quite el clip de retención del regulador de presión y desacople el regulador de presión de combustible **(vea las ilustraciones)**. **Precaución:** *En modelos 2002, hay tres formas diferentes de calibrar un regulador. Si reemplazara el regulador, lleve la unidad antigua (junto con el clip de retención) a una tienda de autopartes o a un distribuidor para asegurarse de obtener el regulador adecuado y el clip de retención correspondiente.*

6 Asegúrese de reemplazar todos los sellos de anillo O, y lubríquelos con una capa delgada de aceite para motor **(vea la ilustración)**. **Nota:** *Es posible que el anillo O pequeño permanezca en el cuerpo del medidor de combustible o en el conducto de combustible.*

7 Revise el disco de filtro en busca de contaminación y límpielo o reemplácelo, según sea necesario.

8 El resto de la instalación se realiza en forma inversa al desmontaje.

Modelos V8 2004 y posteriores; modelos V6 2005

9 Quite el módulo de la bomba de combustible (vea la Sección 7).

10 Extraiga la unidad de envío de nivel de combustible (vea la Sección 8).

11 Reemplace el módulo de la bomba de combustible (amortiguador de impulsos de combustible/bomba de combustible) como una unidad.

12 El resto de la instalación se realiza en forma inversa al desmontaje.

15 Cuerpo del medidor de combustible e inyectores (modelos V6) - desmontaje e instalación

Advertencia: *Vea la* **Advertencia** *en la Sección 1.* **Nota:** *Al reemplazar componentes del conjunto de cuerpo del medidor de combustible e inyectores, consulte los números de identificación en ambas piezas. Los inyectores de combustible están calibrados con diferentes mediciones de flujo y no pueden reemplazarse con inyectores para una aplicación diferente.*

Desmontaje

Vea las ilustraciones 15.3, 15.4a, 15.4b, 15.5, 15.6, 15.7a, 15.7b, 15.8 y 15.9

1 Alivie la presión del sistema de combustible (vea la Sección 2).

2 Desconecte el cable del terminal negativo de la batería. **Precaución:** *En los modelos equipados con el sistema de audio Theftlock, asegúrese de que la función de bloqueo está desactivada antes de realizar cualquier procedimiento que requiera desconectar la batería (vea el principio de este manual).*

3 Quite el clip de retención y desconecte los conectores eléctricos del cuerpo del medidor de combustible **(vea la ilustración)**.

4 Desconecte las líneas de suministro y de retorno de combustible de las conexiones ubicadas en la parte trasera del motor **(vea la ilustración)**. Quite el perno del soporte. Afloje las tuercas que fijan las líneas de combustible al cuerpo del medidor de combustible y extraiga las líneas **(vea la ilustración)**.

5 Extraiga el cuerpo del acelerador (vea la Sección 13) y el soporte del cable de control del acelerador. Desmonte el conjunto de bobina de ignición/módulo (vea el Capítulo 5). Quite la válvula de purga EVAP (vea el Capítulo 6). Quite los pernos prisioneros de montaje restantes y extraiga el múltiple de admisión superior con cuidado **(vea la ilustración)**. **Precaución:** *No limpie el múltiple de admisión superior compuesto con solvente.*

6 Desacople las boquillas con cabeza móvil. Para hacerlo, presione las pestañas al mismo

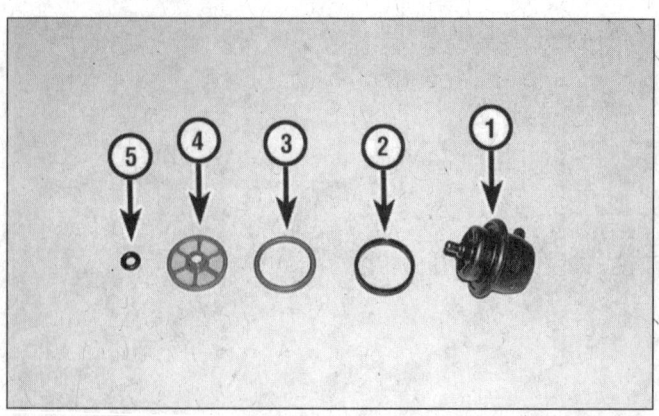

14.6 Componentes del regulador de presión de combustible

1 Regulador de presión de combustible
2 Anillo de respaldo
3 Anillo O grande
4 Disco de filtro
5 Anillo O pequeño

15.3 Quite el clip de retención y desconecte los conectores eléctricos del cuerpo del medidor de combustible

15.4a Desconecte las líneas de suministro y de retorno de combustible de las conexiones (flechas)

15.4b Quite las tuercas y los retenedores de las líneas de combustible (flechas) y extraiga estas últimas del cuerpo del medidor de combustible

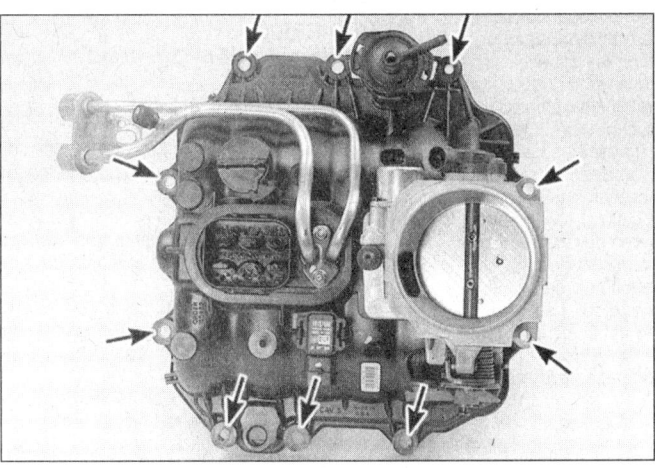

15.5 Ubicaciones de los pernos del múltiple de admisión superior (flechas) (se quitó el múltiple de admisión superior para mayor claridad)

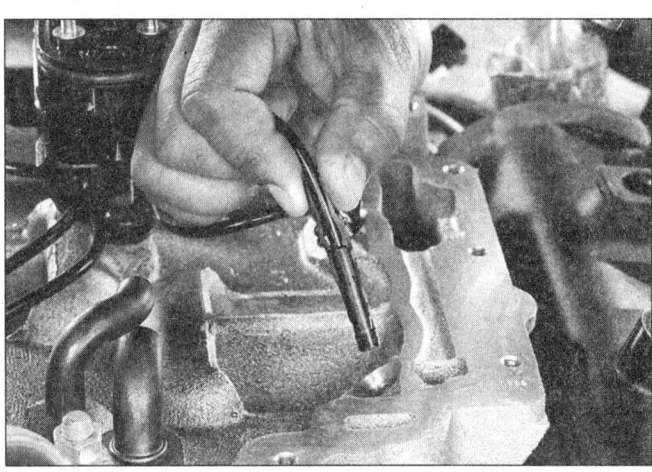

15.6 Apriete las pestañas y extraiga la boquilla con cabeza móvil del múltiple de admisión

tiempo y extraiga la boquilla del múltiple de admisión en línea recta **(vea la ilustración)**. **Nota:** *Coloque una etiqueta numerada en cada boquilla o línea con el número de cilindro correspondiente.*

7 Haga palanca entre las pestañas de bloqueo del soporte y el cuerpo del medidor de combustible y extraiga el conjunto del soporte **(vea las ilustraciones)**. Apoye el conjunto sobre un banco de trabajo limpio.

8 Quite las tuercas del plato de retención del inyector de combustible y extraiga el plato del cuerpo del medidor de combustible **(vea la ilustración)**.

15.7a Use dos herramientas (flechas) para hacer palanca y separar las pestañas de bloqueo del cuerpo del medidor de combustible . . .

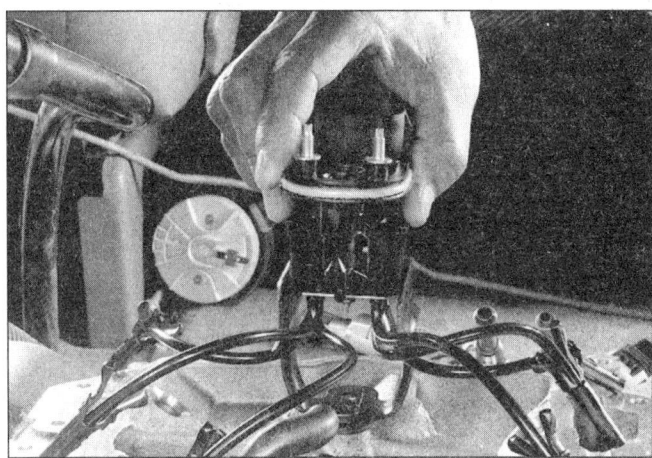

15.7b . . . y quite el cuerpo del medidor de combustible junto con las líneas de combustible y las boquillas con cabeza móvil del múltiple de admisión

4-14   Capítulo 4   Sistemas de combustible y escape

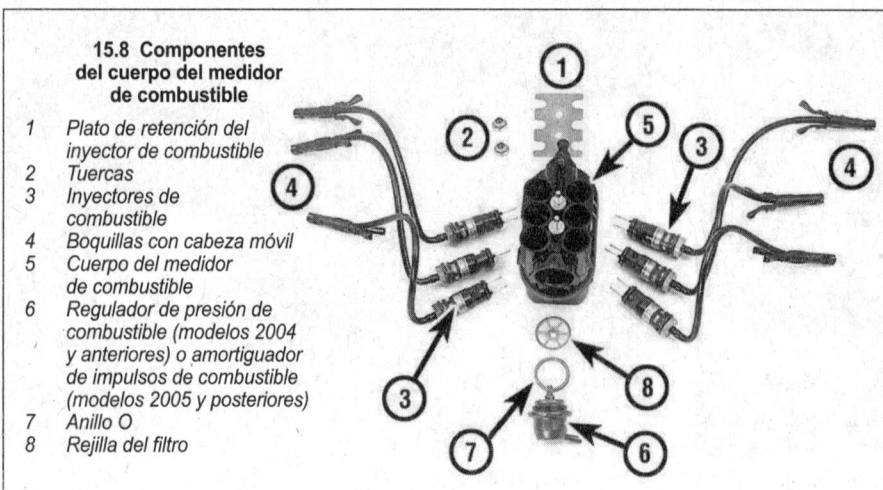

15.8 Componentes del cuerpo del medidor de combustible

1. Plato de retención del inyector de combustible
2. Tuercas
3. Inyectores de combustible
4. Boquillas con cabeza móvil
5. Cuerpo del medidor de combustible
6. Regulador de presión de combustible (modelos 2004 y anteriores) o amortiguador de impulsos de combustible (modelos 2005 y posteriores)
7. Anillo O
8. Rejilla del filtro

16 Conducto de combustible e inyectores (modelos V8) - desmontaje e instalación

Advertencia: *Vea la* **Advertencia** *en la Sección 1.*
Nota 1: *Los modelos E-85 (etanol, 85 por ciento) cuentan con un diseño especial de conducto de combustible. El tubo de cruce del conducto de combustible NO debe desacoplarse de ninguno de los conductos de combustible. Además, los anillos O y los clips de retención de los inyectores no se consiguen por separado, de modo que si es necesario reemplazar un anillo O o un clip, deberá reemplazarse el inyector.*
Nota 2: *Al reemplazar componentes del conjunto de conducto de combustible e inyectores, consulte los números de identificación en ambas piezas. Los inyectores de combustible están calibrados con diferentes mediciones de flujo y no pueden reemplazarse con inyectores para una aplicación diferente.*

Desmontaje

Vea las ilustraciones 16.6, 16.7, 16.8, 16.9a y 16.9b

1 Purgue la presión de combustible (vea la Sección 2).
2 Desconecte el cable del terminal negativo de la batería. **Precaución:** *En los modelos equipados con el sistema de audio Theftlock, asegúrese de que la función de bloqueo está desactivada antes de realizar cualquier procedimiento que requiera desconectar la batería (vea el principio de este manual).*
3 Quite el conducto de admisión de aire y el resonador (vea la Sección 9). Quite la cubierta del múltiple de admisión superior y el soporte de montaje de la cubierta.
4 Desconecte el cable del acelerador y el cable de control de velocidad crucero del cuerpo del acelerador. Desacople los cables del soporte y póngalos a un lado.
5 Desconecte los conectores eléctricos que puedan interferir con el desmontaje del conducto de combustible. Desacople el mazo de cables superior del motor de los retenedores y póngalo a un lado.
6 Desconecte los conectores eléctricos del inyector de combustible **(vea la ilustración)**. **Nota:** *Coloque una etiqueta numerada en cada conector con el número de cilindro correspondiente.* **Precaución:** *En algunos modelos, los conectores de*

9 Mientras tira hacia abajo de la conexión del tubo del inyector, empuje este último con un destornillador de punta roma para extraerlo del cuerpo del medidor de combustible **(vea la ilustración)**. Tenga cuidado de no dañar los terminales eléctricos. **Precaución:** *No intente quitar la línea de combustible o la boquilla con cabeza móvil del inyector. Se les realiza servicio como un conjunto.*

Instalación

10 Reemplace los anillos O del inyector. Aplique una capa delgada de aceite para motor limpio en los anillos O y presione el inyector dentro del cuerpo del medidor de combustible hasta que quede asentado. Asegúrese de que los terminales eléctricos estén bien alineados y de que los tubos y las boquillas de combustible tengan el recorrido correcto.
11 Instale el plato de retención del inyector y las tuercas.
12 Instale el cuerpo del medidor de combustible en el soporte del múltiple de admisión. Instale las boquillas con cabeza móvil en el múltiple de admisión; deben quedar enganchadas en su lugar. Tire suavemente del tubo de combustible hacia arriba para asegurarse de que las boquillas hayan quedado bien asentadas.
13 Inspeccione los sellos del cuerpo del medidor de combustible y del múltiple de admisión superior en busca de daños. Si es necesario, instale sellos nuevos. Instale el múltiple de admisión superior. Aplique compuesto fijador de roscas a los pernos del múltiple de admisión superior y apriételos al torque indicado en las especificaciones de este capítulo. Instale la válvula de purga EVAP y el conjunto de bobina de ignición/módulo.
14 Inspeccione los anillos O y los retenedores de la línea de combustible en busca de daños. Si es necesario, reemplace los anillos O y los retenedores. Instale las líneas de combustible en el cuerpo del medidor de combustible. Aplique compuesto fijador de roscas al perno del soporte de la línea de combustible e instale el soporte.
15 Inspeccione el sello del cuerpo del acelerador en busca de daños. Reemplace el sello, si es necesario, e instale el cuerpo del acelerador (vea la Sección 13).
16 El resto de la instalación se realiza en forma inversa al desmontaje.
17 Una vez que se completó la instalación del conjunto de cuerpo del medidor de combustible e inyectores, coloque el interruptor de ignición en la posición On (encendida) pero no arranque (esto activa la bomba de combustible por alrededor de dos segundos, lo que acumula presión de combustible en las líneas de combustible y el cuerpo del medidor de combustible). Alterne la llave de ignición entre las posiciones On (encendida) y Off (apagada) varias veces y revise las líneas de combustible y el cuerpo del medidor de combustible en busca de fugas.

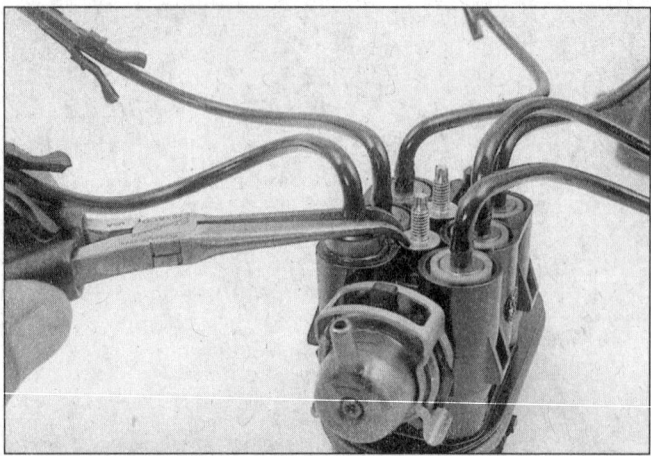

15.9 Para extraer un inyector del cuerpo del medidor de combustible, tire de la conexión del tubo y, al mismo tiempo, empuje el inyector para extraerlo

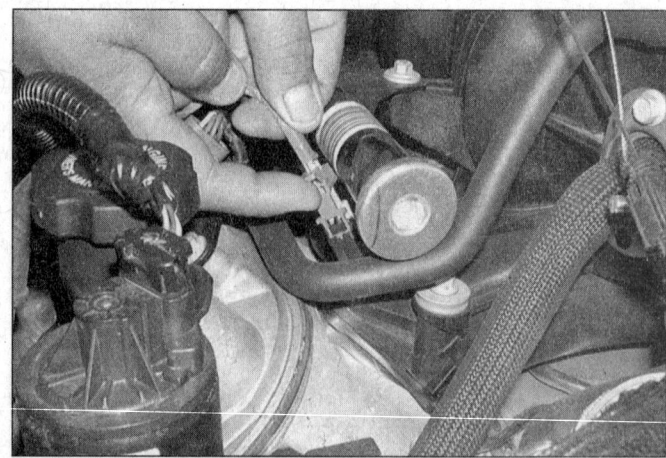

16.6 Tire del retenedor hacia arriba, presione la pestaña y desconecte el conector eléctrico del inyector de combustible

Capítulo 4 Sistemas de combustible y escape

16.7 Con la herramienta para desconectar líneas de combustible adecuada, desconecte las líneas de suministro y de retorno de combustible (flechas) de los tubos del conducto de combustible

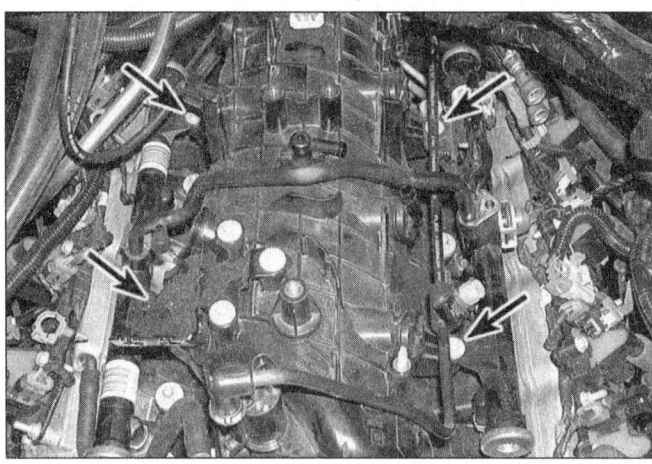

16.8. Quite los pernos de montaje del conducto de combustible (flechas)

los inyectores tienen clips CPA (aseguramiento de posición de conectores). Para liberar estos clips, use únicamente los dedos; se dañarán si usa tenazas.

7   Desconecte las líneas de suministro y de retorno de combustible del conducto de combustible **(vea la ilustración)**. Desconecte la línea de vacío del regulador de presión de combustible.

8   Limpie los desechos que haya alrededor de los inyectores. Retire los pernos de montaje del conducto de combustible **(vea la ilustración)**. Afloje (pero no quite) el tornillo de retención del tubo de cruce que se encuentra del lado derecho (lado del pasajero) del conducto de combustible. Balancee suavemente el conducto de combustible y los inyectores para aflojar los inyectores. Extraiga el conjunto de conducto de combustible e inyectores.

9   Quite el clip de retención y extraiga los inyectores del conjunto de conducto de combustible **(vea las ilustraciones)**. Quite los anillos O y los sellos y descártelos. **Nota:** *Ya sea que desee reemplazar un inyector o un anillo O con fugas, es una buena idea extraer todos los inyectores del conducto de combustible y reemplazar todos los anillos O (excepto en VIN Z [modelos E-85], ya que los anillos O para esos modelos no se consiguen por separado).*

Instalación

10   Cubra los anillos O nuevos con una capa de aceite para motor limpio e instálelos en los inyectores; luego, inserte cada inyector en su hueco correspondiente en el conducto de combustible. Instale el clip retenedor del inyector.

11   Instale el conjunto de conducto de combustible e inyectores en el múltiple de admisión y asiente completamente los inyectores. Aplique compuesto fijador de roscas a los pernos de montaje del conducto de combustible y apriételos al torque indicado en las especificaciones de este capítulo. Apriete el tornillo de retención del tubo de cruce en el conducto de combustible derecho.

12   Conecte las líneas de suministro y de retorno de combustible y cerciórese de que queden instaladas de manera segura.

13   Conecte los conectores eléctricos de cada inyector, de acuerdo con las etiquetas numeradas.

14   El resto de la instalación se realiza en forma inversa al desmontaje.

15   Una vez que se completó la instalación del conjunto de conducto de combustible e inyectores, coloque el interruptor de ignición en la posición On (encendida) pero no arranque (esto activa la bomba de combustible por alrededor de dos segundos, lo que acumula presión de combustible en las líneas de combustible y el cuerpo del medidor de combustible). Alterne la llave de ignición entre las posiciones On (encendida) y Off (apagada) varias veces y revise las líneas de combustible, el conducto de combustible y los inyectores en busca de fugas.

17   Servicio del sistema de escape - información general

Advertencia: *La inspección y la reparación de los componentes del sistema de escape deben realizarse únicamente después de que haya transcurrido tiempo suficiente después de haber conducido el vehículo para que se enfríen completamente los componentes del sistema. Además, cuando trabaje debajo del vehículo, asegúrese de que esté bien apoyado sobre soportes de gato.*

1   El sistema de escape está formado por los múltiples de escape, los convertidores catalíticos, el silenciador, los retenedores, el tubo de escape y todos los tubos de conexión, los soportes, los soportes de suspensión y las abrazaderas. El sistema de escape está sujetado a la carrocería mediante soportes de montaje y soportes de suspensión de caucho. Si alguna de las piezas está instalada de manera incorrecta, se transmitirán vibraciones y ruidos excesivos a la carrocería.

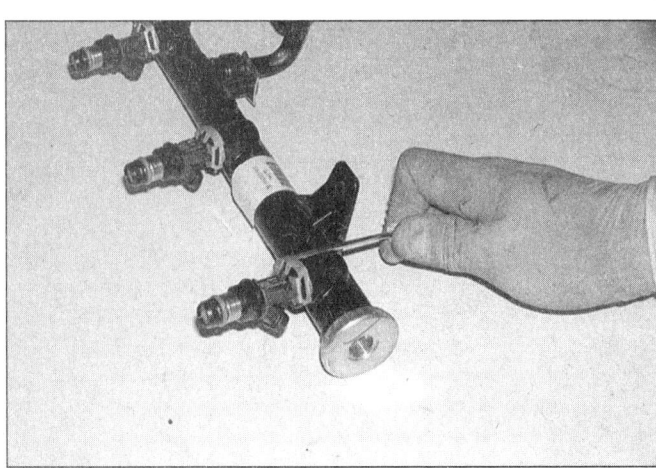

16.9a Quite el clip de retención del inyector de combustible . . .

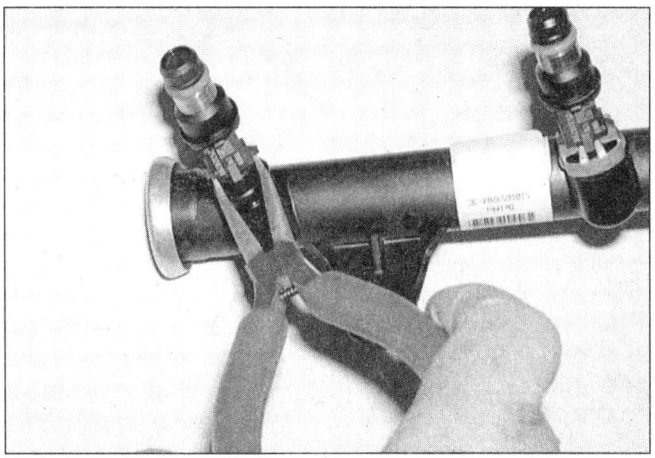

16.9b . . . y haga palanca con una herramienta bifurcada para extraer el inyector del conducto de combustible

Capítulo 4 Sistemas de combustible y escape

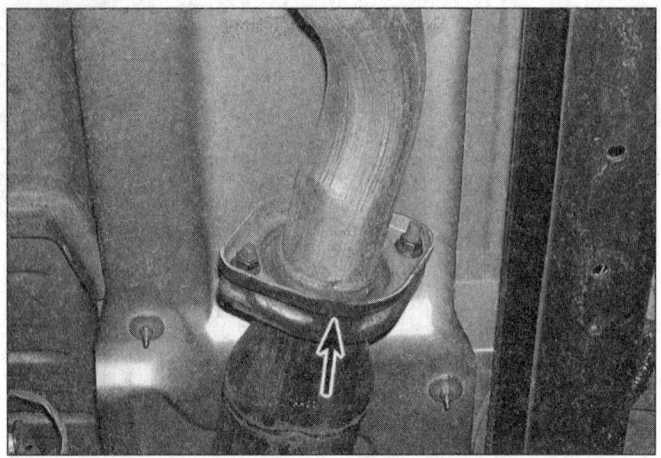

17.2a Inspeccione las conexiones del sistema de escape en busca de fugas (flecha)

17.2b Inspeccione los soportes de suspensión de caucho en busca de daños

Silenciador y tubos

Vea las ilustraciones 17.2a y 17.2b.

2 Realice inspecciones regulares del sistema de escape para mantenerlo seguro y silencioso. Controle que no haya piezas dañadas o dobladas, soldaduras abiertas, agujeros, conexiones flojas, corrosión excesiva u otros defectos que puedan hacer que ingresen gases de escape al vehículo **(vea las ilustraciones)**. Cuando inspeccione el sistema de escape, revise también el convertidor catalítico (vea a continuación). Los componentes deteriorados del sistema de escape no se deben reparar, sino que deben reemplazarse con piezas nuevas.

3 Si los componentes del sistema de escape están extremadamente corroídos u oxidados, es probable que sea necesario utilizar un equipo de soldadura para quitarlos. La mejor manera de hacer esto es llevar el vehículo a un taller de reparación de silenciadores para que quiten las partes corroídas con un soplete de corte. Sin embargo, si desea hacerlo usted mismo para ahorrar dinero (y no tiene un soplete de corte), simplemente corte los componentes viejos con una segueta. Si tiene un compresor de aire, también se pueden utilizar cinceles de corte neumáticos. Si decide realizar el trabajo en su casa, asegúrese de utilizar gafas protectoras para protegerse los ojos contra las chispas metálicas y guantes de trabajo para protegerse las manos.

4 A continuación, se muestran algunas directrices sencillas que deben seguirse al realizar reparaciones en el sistema de escape:

a) *Cuando quite componentes del sistema de escape, trabaje desde atrás hacia delante.*
b) *Aplique aceite penetrante a los sujetadores de los componentes del sistema de escape para facilitar su extracción.*
c) *Utilice juntas, abrazaderas y soportes de suspensión nuevos cuando instale los componentes del sistema de escape.*
d) *Aplique compuesto antiadherente en las roscas de todos los sujetadores del sistema de escape durante el rearmado.*
e) *Asegúrese de dejar suficiente espacio entre las piezas recientemente instaladas y todos los puntos de la carrocería inferior para evitar el recalentamiento de la bandeja del piso y posibles daños a las alfombras y el aislamiento interior. Preste especial atención al convertidor catalítico y al protector contra calor.*

Convertidor catalítico

Advertencia: *El convertidor se calienta mucho durante el funcionamiento. Asegúrese de que se haya enfriado antes de tocarlo.*
Nota: *Vea el Capítulo 6 para obtener más información sobre el convertidor catalítico.*

5 Inspeccione periódicamente el protector contra calor en busca de rajaduras, abolladuras y sujetadores flojos o faltantes.

6 Inspeccione el convertidor para comprobar que no haya rajaduras u otros daños.

7 Si es necesario reemplazar el convertidor catalítico, vea el Capítulo 6.

Capítulo 5
Sistemas eléctricos del motor

Contenido

	Sección		Sección
Alternador - desmontaje e instalación	12	Motor de arranque - desmontaje e instalación	15
Batería - arranque de emergencia con cables pasacorriente	2	Motor de arranque y circuito - revisión	14
Batería - revisión y reemplazo	3	Reemplazo de las bujías.................................. Vea el Capítulo 1	
Bobina de ignición y módulo de control de la ignición (modelos V6) - desmontaje e instalación	7	Revisión, ajuste y reemplazo de la correa de transmisión..... Vea el Capítulo 1	
		Revisión, mantenimiento y carga de la batería .... Vea el Capítulo 1	
Bobinas de ignición (modelos V8) - desmontaje e instalación............	8	Sistema de arranque - información general y precauciones.................	13
Cables de la batería - reemplazo....................................	4	Sistema de carga - información general y precauciones	10
Distribuidor (modelos V6) - desmontaje e instalación	9	Sistema de carga - revisión	11
Información general y precauciones...................................	1	Sistema de ignición - información general.............................	5
Luz SERVICE ENGINE SOON (servicio del motor pronto) ... Vea el Capítulo 6		Sistema de ignición - revisión	6

Especificaciones

General
Voltaje de la batería
    Motor apagado .... De 12.0 a 12.6 voltios
    Motor en funcionamiento .... De 13.5 a 14.7 voltios

Especificaciones de torque   Lb-pie
Pernos de montaje del alternador
    Motor V6
        Pernos de montaje delanteros... 37
        Perno de la abrazadera trasera
            Hasta el año 2001 18
            2002 30
    Motores V8... 37
Perno de retención del distribuidor (V6)... 18
Pernos de montaje del arranque
    Motor V6.. 32
    Motores V8... 37

Capítulo 5 Sistemas eléctricos del motor

1.1a Componentes típicos del sistema eléctrico del motor - motor V6

1. Bobina de ignición y módulo de control de la ignición
2. Centro eléctrico debajo del capó
3. Batería
4. Cable de la batería
5. Terminal puente positivo remoto
6. Alternador

1   Información general y precauciones

Información general
Vea las ilustraciones 1.1a y 1.1b

Los sistemas eléctricos del motor incluyen todos los componentes de ignición, carga y arranque **(vea las ilustraciones)**. Debido a sus funciones relacionadas con el motor, estos componentes se analizan por separado de los dispositivos eléctricos de la carrocería como las luces, los instrumentos, etc. (incluidos en el Capítulo 12).

Precauciones
Tenga en cuenta siempre las siguientes precauciones cuando trabaje en el sistema eléctrico:

a) Sea extremadamente cuidadoso al realizar el servicio de los componentes eléctricos del motor. Se dañan fácilmente si se los revisa, conecta o manipula de manera inadecuada.
b) Nunca deje la ignición encendida por períodos prolongados con el motor apagado.
c) Nunca desconecte los cables de la batería mientras el motor está en funcionamiento.

1.1b Componentes típicos del sistema eléctrico del motor - motores V8

1. Bobina de ignición (1 de 8)
2. Alternador
3. Centro eléctrico debajo del capó
4. Cable de la batería
5. Batería
6. Terminal puente positivo remoto

Capítulo 5 Sistemas eléctricos del motor

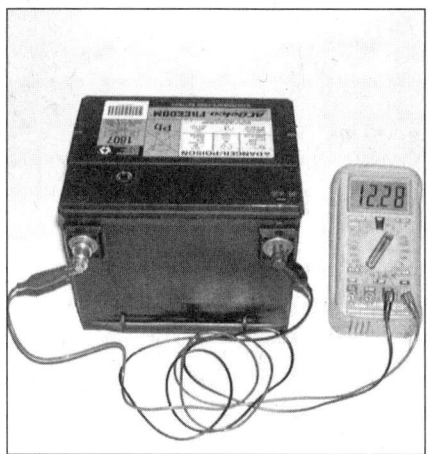

3.2 Para probar el voltaje del circuito abierto de la batería, conecte un voltímetro a la batería; una batería completamente cargada debería indicar al menos 12.4 voltios (dependiendo de la temperatura del aire exterior)

3.3 Conecte un probador de carga de batería a la batería y revise el estado de la batería bajo carga siguiendo las instrucciones del fabricante de la herramienta

d) *Mantenga la polaridad correcta cuando conecte los cables de la batería desde otro vehículo durante el arranque con cables pasacorriente; vea la sección "Arranque (con cables pasacorriente) de la batería de refuerzo" al principio de este manual.*
e) *Desconecte siempre el cable negativo de la batería antes de trabajar en el sistema eléctrico.*

También es una buena idea repasar la información sobre seguridad relacionada con los sistemas eléctricos del motor, que está en la sección *"¡Seguridad primero!"* al principio de este manual, antes de comenzar cualquiera de las operaciones incluidas en este capítulo.

Desconexión de la batería

Advertencia: *En los modelos 2006 y posteriores con OnStar, cerciórese muy bien de que la llave de ignición está en la posición Off (apagado) y que la energía retenida de los accesorios (RAP) se agotó antes de desconectar el cable del terminal negativo de la batería. Asimismo, nunca quite el fusible de OnStar con la llave de ignición en ninguna posición que no sea la de Off (apagado). Si no toma estas precauciones, la batería de reserva del sistema OnStar se activará y seguirá activada hasta agotarse. Si esto sucede, el sistema OnStar no funcionará como debería si se interrumpe el suministro de la batería principal del vehículo (como podría ocurrir durante una colisión).*
Precaución: *En los modelos equipados con el sistema de audio Theftlock, asegúrese de que la función de bloqueo esté desactivada antes de realizar cualquier procedimiento que requiera desconectar la batería (vea el principio de este manual).*

Varios sistemas del vehículo necesitan alimentación de la batería para estar disponibles en todo momento, ya sea para asegurar su funcionamiento continuo (como el reloj) o para mantener las memorias de las unidades de control (como la del módulo de control del tren de potencia [PCM] del sistema de control del motor) que podrían borrarse si se desconectara la batería. Por lo tanto, cada vez que se deba desconectar la batería, tenga en cuenta primero lo siguiente para que esta acción no tenga consecuencias imprevistas:

a) *Primero, en cualquier vehículo con seguros eléctricos de las puertas, es una precaución aconsejable quitar la llave de la ignición y llevarla consigo, de modo que no quede dentro del vehículo si los seguros de las puertas se activaran por accidente cuando se vuelve a conectar la batería.*
b) *El PCM del sistema de control del motor perderá la información almacenada en su memoria cuando se desconecta la batería. Esto incluye los valores de marcha mínima y funcionamiento, y cualquier código de falla detectado (vea el Capítulo 6). Cada vez que se desconecta la batería, se deberán reprogramar en la memoria de la unidad la información relacionada con el control de velocidad de marcha mínima y otros valores operativos. El PCM lo hace solo, pero hasta ese momento, pueden producirse movimientos bruscos, vacilaciones, una marcha mínima errática y un nivel menor de rendimiento general. Para que el PCM vuelva a aprender estos valores, arranque el motor y hágalo funcionar lo más cerca posible de la velocidad de marcha mínima hasta que alcance su temperatura de funcionamiento normal; luego, hágalo funcionar durante unos dos minutos a 1200 rpm. A continuación, conduzca el vehículo la distancia necesaria (aproximadamente 5 millas en condiciones de conducción variadas suelen ser suficiente) para completar el proceso de reaprendizaje.*

Se pueden usar dispositivos conocidos como "guardadores de memoria" para evitar algunos de los problemas mencionados. Los detalles exactos varían según el dispositivo que se utilice. Por lo general, se enchufa en el encendedor de cigarrillos y se conecta mediante sus propios cables a una batería de repuesto. Luego, se desconecta la batería del vehículo del sistema eléctrico, dejando que el "guardador de memoria" pase suficiente corriente para mantener los códigos de seguridad de la unidad de audio y los valores de la memoria del PCM, así como para hacer funcionar en forma permanente los circuitos vivos, como el reloj, mientras aísla la batería en caso de se produzca un cortocircuito mientras se realiza el trabajo.
Advertencia: *Algunos de estos dispositivos dejan pasar una cantidad considerable de corriente, lo que puede significar que muchos de los sistemas del vehículo se mantengan operativos cuando se desconecta la batería principal. Si utiliza un "guardador de memoria", asegúrese de que el circuito en cuestión esté realmente "muerto" antes de llevar a cabo cualquier tipo de trabajo en él. Para desconectar la batería para realizar procedimientos de servicio que requieran cortar la alimentación del vehículo, primero abra la puerta del conductor para desactivar la RAP; luego, afloje el perno del extremo del cable y desconecte el cable del terminal negativo de la batería. Aísle el extremo del cable para evitar que entre contacto accidentalmente con el terminal de la batería.*

2 Batería - arranque de emergencia con cables pasacorriente

Vea el procedimiento *Arranque (con cables pasacorriente) de la batería de refuerzo* al comienzo de este manual.

3 Batería - revisión y reemplazo

Advertencia: *La batería produce gas hidrógeno, así que mantenga las llamas abiertas y los cigarrillos encendidos lejos de ella en todo momento. Use siempre protección para los ojos cuando trabaje cerca de una batería. Enjuague el electrolito derramado de inmediato con gran cantidad de agua.*

Revisión

Vea las ilustraciones 3.2 y 3.3

1   Se debe eliminar la carga superficial de la batería antes de poder realizar mediciones de voltaje precisas. Encienda las luces altas durante diez segundos; luego, apáguelas y deje descansar el vehículo durante dos minutos. Quite la batería del vehículo (vea los pasos 4 a 10).
2   Revise el estado de carga de la batería. Inspeccione visualmente el ojo indicador en la parte superior de la batería; si está transparente, cargue la batería como se describe en el Capítulo 1. Luego, realice una prueba de circuito eléctrico abierto con un voltímetro digital **(vea la ilustración)**. Con el motor y todos los accesorios apagados, conecte la sonda negativa del voltímetro al terminal negativo y la sonda positiva al terminal positivo de la batería. El voltaje de la batería debe ser de 12.4 voltios o más. Si la batería tiene un voltaje inferior al especificado, cárguela antes de continuar con la prueba siguiente. No continúe con la prueba de carga de la batería a menos que la carga sea la correcta.
3   Realice una prueba de carga de la batería. Una revisión exacta del estado de la batería sólo se puede realizar con un probador de carga (disponible en la mayoría de las tiendas de autopartes). Esta prueba evalúa la capacidad de la batería de hacer funcionar el arranque y otros accesorios durante períodos de gran necesidad de amperaje (carga). Instale una herramienta especial para probar la carga de la batería en los terminales **(vea la ilustración)**. Pruebe la carga de la batería de acuerdo con las instrucciones del fabricante de la herramienta. Esta herramienta utiliza una pila de carbono para aumentar la demanda de carga (necesidad de amperaje) de la batería. Mantenga la carga de la batería durante 15 segundos o menos, y observe que el voltaje no caiga por debajo de los 9.6 voltios. Si el estado de la batería es débil o defectuoso, la herramienta lo indi-

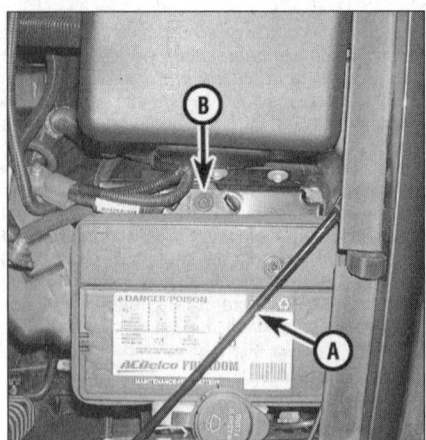

3.6 Antes de retirar la batería, quite el soporte del guardafango (A), luego el retenedor de la batería (B) y levante la batería

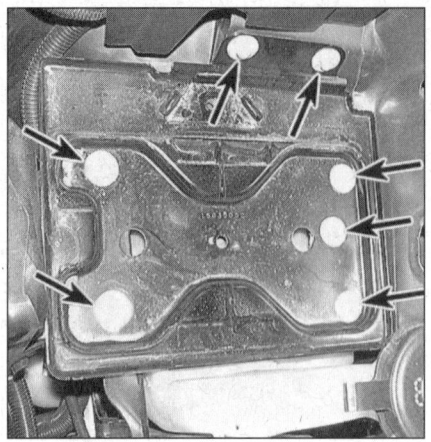

3.8 Inspeccione la bandeja, los soportes del retenedor y los sujetadores relacionados en busca de corrosión o daño; si es necesario, quite los pernos (flechas) y la bandeja de la batería

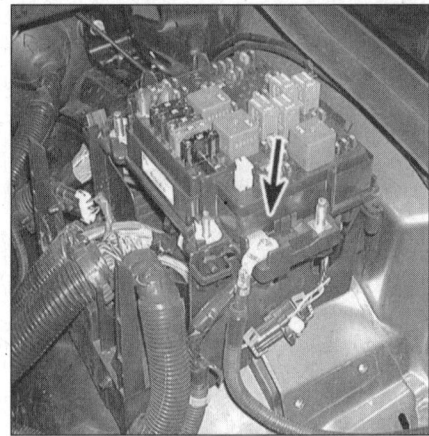

4.4a Una derivación del cable positivo está conectada al centro eléctrico debajo del capó

4.4b Quite la tuerca (flecha) y desconecte el cable positivo del terminal puente positivo remoto (hágalo sólo después de desconectar el cable del terminal negativo de la batería)

4.4c En los modelos V8, quite el perno (flecha) y deslice el retenedor del cable positivo hacia el lado del conductor del vehículo para retirar el retenedor del motor; libere los clips y desconecte el mazo de cables del retenedor

cará de inmediato. **Nota:** *Las temperaturas bajas harán que los requisitos de voltaje mínimo caigan levemente. Siga el cuadro de las instrucciones del fabricante de la herramienta para compensar en climas fríos. El voltaje de carga mínimo para temperaturas de congelación (32 ºF) debe ser de aproximadamente 9.1 voltios.*

Reemplazo

Vea las ilustraciones 3.6 y 3.8

Advertencia: *Consulte la* **Advertencia** *y la* **Precaución** *del Capítulo 5, Sección 1, bajo "Desconexión de la batería", antes de continuar con los pasos siguientes.*

Precaución: *En los modelos equipados con el sistema de audio Theftlock, asegúrese de que la función de bloqueo está desactivada antes de realizar cualquier procedimiento que requiera desconectar la batería (vea el principio de este manual).*

4 Desconecte el cable del terminal negativo de la batería.

5 Desconecte el cable positivo de la batería.
6 Quite el soporte del guardafango. Quite el perno de retención y el retenedor de la batería (**vea la ilustración**).
7 Quite la batería y colóquela sobre un banco de trabajo. Quite el aislante de la batería. **Nota:** *La mayoría de las tiendas de autopartes tienen herramientas para manipular baterías a un precio razonable. Facilitan el trabajo de sacar y transportar la batería.*
8 Mientras la batería está desmontada, inspeccione la bandeja, los soportes de retención y los sujetadores relacionados en busca de corrosión o daño (**vea la ilustración**).
9 Si la presencia de corrosión es evidente, retire la bandeja de la batería y use una solución de bicarbonato de soda/agua para limpiar la zona corroída y prevenir que se siga oxidando. Si es necesario, vuelva a pintar el área con pintura resistente al óxido.

10 Limpie y haga el servicio de la batería y los cables (vea el Capítulo 1).
11 Si reemplaza la batería, asegúrese de comprar una idéntica a la suya, de las mismas dimensiones, amperaje, amperaje de arranque en frío, etc. Cerciórese de que esté completamente cargada antes de instalarla en el vehículo.
12 La instalación se realiza en forma inversa al desmontaje. Conecte primero el cable positivo y luego el cable negativo.
13 Después de conectar los cables a la batería, aplique una capa ligera de vaselina o grasa a las conexiones para ayudar a prevenir la corrosión.

4 Cables de la batería - reemplazo

Vea las ilustraciones 4.4a, 4.4b, 4.4c, 4.4d y 4.4e

Advertencia: *Consulte la* **Advertencia** *y la* **Precaución** *del Capítulo 5, Sección 1, bajo "Desconexión de la batería", antes de continuar con los pasos siguientes.*

Precaución: *En los modelos equipados con el sistema de audio Theftlock, asegúrese de que la función de bloqueo está desactivada antes de realizar cualquier procedimiento que requiera desconectar la batería (vea el principio de este manual).*

1 Inspeccione periódicamente todo el largo de cada cable de la batería para comprobar que no esté dañado, rajado, que el material aislante no esté quemado y no presente corrosión. Si las conexiones del cable de la batería no están en buen estado, se pueden originar problemas de arranque y puede disminuir el rendimiento del motor.
2 Revise las conexiones del cable al terminal en los extremos de los cables para comprobar que no presente rajaduras, filamentos de cable sueltos o corrosión. La presencia de depósitos blancos y esponjosos debajo del material aislante en la conexión del terminal del cable es un signo de que el cable está corroído y debe reemplazarse. Revise los terminales para comprobar que no presenten distorsiones, que no falten pernos de montaje ni haya corrosión.

Capítulo 5 Sistemas eléctricos del motor

3   Al quitar los cables, desconecte siempre primero el cable negativo y conéctelo último, o la herramienta utilizada para aflojar las abrazaderas de los cables puede provocar un cortocircuito en la batería. Incluso si sólo va a reemplazar el cable positivo, desconecte primero el cable negativo (vea el Capítulo 1 para obtener más información sobre el mantenimiento de los cables de la batería).

4   Desconecte los cables viejos de la batería; luego; desconéctelos en el extremo opuesto. Desconecte los cables del solenoide de arranque, el centro eléctrico debajo del capó y los terminales a tierra, según sea necesario (vea las ilustraciones). Observe el recorrido de cada cable para asegurar la instalación correcta. El cable positivo está retenido por clips y/o cinta al mazo de cables principal, la bandeja de aceite y la bomba de dirección hidráulica. Es más fácil acceder a estas áreas levantando primero el vehículo y colocándolo en forma segura sobre soportes de gato.

5   Si reemplaza uno o ambos cables de la batería, llévelos cuando compre cables nuevos. Es de vital importancia que reemplace los cables con piezas idénticas. Los cables tienen características que facilitan su identificación: los cables positivos suelen ser rojos y de diámetro más grande; los cables a tierra suelen ser negros y de menor diámetro.

6   Limpie las roscas del solenoide de arranque o de la conexión a tierra con un cepillo de alambre para eliminar el óxido y la corrosión. Aplique una fina capa de inhibidor de corrosión para terminales de batería o vaselina en las roscas para evitar la corrosión en el futuro.

7   Fije el cable al terminal y apriete la tuerca/perno de montaje de manera segura.

8   Antes de conectar un cable nuevo a la batería, asegúrese de que llegue a la misma sin tener que estirarlo.

5 Sistema de ignición - información general

Los modelos V6 están equipados con un sistema de ignición electrónica tipo distribuidor. El sistema de ignición está compuesto por la batería, el distribuidor, la bobina de ignición, el módulo de control de ignición, los cables de las bujías, las bujías, el sensor de posición del árbol de levas, el sensor de posición del cigüeñal y el módulo de control del tren de potencia (PCM).

Los modelos V8 están equipados con un sistema de ignición sin distribuidor. El sistema de ignición está compuesto por la batería, ocho bobinas de ignición (una por cilindro), los cables de las bujías, las bujías, el sensor de posición del árbol de levas, el sensor de posición del cigüeñal y el módulo de control del tren de potencia (PCM).

En todos los modelos, el PCM controla la sincronización de la ignición y las características del avance de la bujía para el motor. La sincronización de la ignición no se puede ajustar.

El sensor de posición del cigüeñal produce un voltaje de señal que indica la posición y la velocidad del cigüeñal. El módulo de control del tren de potencia (PCM) usa esta señal para controlar el sistema y la sincronización de la ignición.

El sensor de posición del árbol de levas funciona en forma similar al del cigüeñal, pero sólo produce un pulso por revolución del árbol. La señal del sensor de posición del árbol de levas no es esencial para el funcionamiento del motor. El PCM usa la señal de este sensor para sincronizar el combustible y detectar una falla de encendido.

4.4d Libere el clip y desconecte el cable positivo del retenedor; este tipo de retenedor se puede encontrar en distintos puntos todo a lo largo del cable

El sistema de ignición también está equipado con un sensor de golpeteos para detectar detonaciones o pistoneos (causados generalmente por el uso de combustible de mala calidad). El sistema usa un sensor de golpeteo junto con el módulo de control del tren de potencia (PCM) para controlar la sincronización de las chispas. Si se recibe una señal de golpeteo, el PCM retardará la sincronización hasta que se haya eliminado el golpeteo. El sistema del sensor de golpeteos permite que el motor use el avance de chispa máximo sin golpeteo, lo cual mejora la maniobrabilidad y la economía de combustible.

6 Sistema de ignición - revisión

Vea las ilustraciones 6.4, 6.10a, 6.10b, 6.11, 6.14 y 6.15

Advertencia 1: *Debido al alto voltaje generado por el sistema de ignición, se debe tener mucho cuidado al realizar un trabajo que incluya los componentes de ignición. Esto no incluye únicamente la bobina de ignición, sino los componentes y el equipo de prueba relacionados.*

Advertencia 2: *El siguiente procedimiento requiere hacer girar el motor durante las pruebas. Asegúrese de que los cables de medición, la ropa suelta, el cabello largo, etc. estén lejos de las partes móviles del motor (correa de transmisión, ventilador de enfriamiento, etc.) antes de hacer girar el motor.*

1   Antes de continuar con el sistema de ignición, revise los siguientes elementos:

   a) Asegúrese de que las abrazaderas de los cables de la batería, donde se conectan a la batería, estén limpios y apretados.
   b) Pruebe el estado de la batería (vea la Sección 3). Si no pasa todas las pruebas, reemplácela por una nueva.
   c) Revise los cables externos y las conexiones de la bobina de ignición y del módulo de control de la ignición.
   d) Revise los fusibles relacionados dentro del centro eléctrico debajo del capó (vea el Capítulo 12). Si están quemados, determine la causa y repare el circuito.

2   Si el motor gira pero no arranca, o tiene una falla de encendido grave, asegúrese de que haya suficiente voltaje de ignición secundario para encender las bujías.

4.4e El cable negativo está sujeto al bloque del motor

6.4 Para usar un probador de ignición calibrado, desconecte el cable de una bujía, conecte el probador a la funda de la bujía y abroche el probador (flecha) a una descarga a tierra conveniente (flecha); haga girar el motor. Si hay suficiente electricidad para encender la bujía, se verán chispas de color azul brillante entre la punta del electrodo y el cuerpo del probador (una chispa débil o intermitente es lo mismo que ausencia de chispa)

3   Desactive el sistema de combustible quitando el relé de la bomba de combustible del centro eléctrico debajo del capó (vea el Capítulo 12).

4   Desconecte el cable de una de las bujías y conecte un probador calibrado de sistemas de ignición (disponible en la mayoría de las tiendas de autopartes) a la funda de la bujía. Conecte el clip del probador a un perno o una abrazadera metálica del motor (vea la ilustración). Haga girar el motor y observe el extremo del probador para ver si aparecen chispas de color azul brillante, bien definidas (una chispa débil o intermitente es lo mismo que falta de chispa).

5   Si se produce una chispa, hay suficiente voltaje en la bujía para encenderla. Repita la prueba con los cables de las bujías restantes para verificar que la tapa del distribuidor, el rotor, los cables de las bujías, las bobinas de ignición y los sistemas de control funcionen correctamente. Si el sistema de ignición funciona correctamente, el problema está en otra parte, es decir, un problema mecánico o del sistema de combustible. Sin embargo, las bujías pueden estar empastadas; en tal caso, quítelas y revíselas como se describe en el Capítulo 1.

5-6 Capítulo 5 Sistemas eléctricos del motor

6 Si no hay chispa en uno o más cables, quite el cable de bujía sospechoso de la bobina de ignición y revise los terminales en ambos extremos en busca de daños. Conecte un ohmímetro a los extremos del cable de la bujía y revíselo en busca de una resistencia abierta o alta. Si la resistencia del cable de la bujía es superior a 30 Kohmios, reemplace el cable.

7 Si el motor no arranca debido a que no hay chispa o la ignición falla seriamente, continúe con la revisión del sistema de ignición según el tipo de motor, de la siguiente manera: **Advertencia:** *Las siguientes pruebas requieren arrancar el motor. Mantenga la ropa floja, el cabello, etc., lejos de la correa de transmisión y del ventilador de enfriamiento del motor cuando se opere el arranque, o puede lesionarse gravemente.*

Modelos V6

8 Desconecte el cable de la bobina de ignición de la tapa del distribuidor, conecte el probador de ignición calibrado al cable de la bobina, haga girar el motor y observe si hay chispa **(vea la ilustración 6.4)**. Si se producen chispas adecuadas en el cable de la bobina, quite la tapa del distribuidor, y revise la tapa y el rotor como se describe en el Capítulo 1. Reemplace las piezas defectuosas según sea necesario. Haga girar el motor mientras observa el rotor del distribuidor. Si el rotor no gira, el engranaje del distribuidor está dañado o el eje del distribuidor, la cadena/engranajes de sincronización o el árbol de levas están rotos o dañados.

9 Si no se produce chispa en el cable de la bobina, use un ohmímetro para verificar la resistencia del cable. La resistencia del cable de la bobina debe ser de aproximadamente 1,000 ohmios por pulgada. Reemplace el cable de la bobina si tiene defectos.

10 Desconecte el conector eléctrico de la bobina de ignición y del módulo de control de la ignición. Gire la llave de ignición a la posición On (encendido) y revise el voltaje de la batería en el terminal con alambre rosado de cada conector del mazo **(vea la ilustración)**. Revise también la continuidad a la conexión a tierra de la batería en el terminal con cable negro del conector del mazo del módulo de ignición. Si no hay voltaje de batería en la bobina de ignición y/o en el módulo de ignición, revise los circuitos del centro eléctrico debajo del capó a la bobina o al módulo (no olvide revisar los fusibles en primer lugar).

11 Con un ohmímetro, revise las resistencias principal y secundaria de la bobina de ignición **(vea la ilustración)**. Reemplace la bobina de ignición si tiene defectos.

12 Si las revisiones anteriores son correctas, revise la señal del disparador del módulo de control de la ignición. Reconecte el conector eléctrico al módulo de control de la ignición. Conecte el cable de una luz de prueba al terminal positivo de la batería y toque la sonda de la luz de prueba al terminal con cable blanco/negro en el conector de la bobina de ignición. Haga girar el motor. La luz de prueba debe parpadear con el motor girando si hay señal del disparador. Si no hay señal del disparador, desconecte el conector eléctrico del módulo de control de la ignición y conecte la sonda positiva de un voltímetro al terminal con cable blanco del conector del mazo. Conecte el cable negativo a un punto de descarga a tierra conocido del motor y coloque el voltímetro en la escala de CA. Haga girar el motor. Debe indicar aproximadamente de 1.0 a 4.0 voltios; de lo contrario, revise el sensor de posición del cigüeñal (vea el Capítulo 6). Si el sensor de posición del cigüeñal está bien, revise la continuidad de los circuitos relacionados. Si los circuitos están bien, haga revisar el PCM en el departamento de servicio de un concesiona-

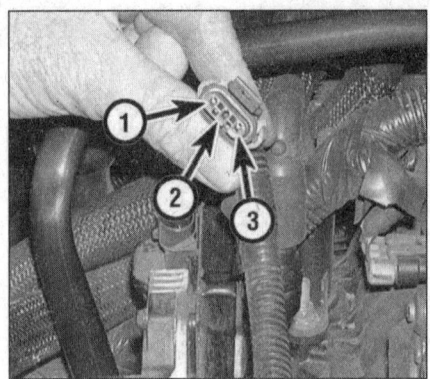

6.10a Identificación del terminal del conector del mazo de la bobina de ignición

1 Suministro de 12 voltios
2 No se usa
3 Accionador de la bobina (desde el módulo de control de la ignición)

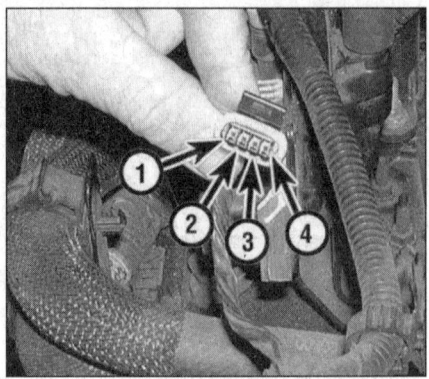

6.10b Identificación del terminal del conector del mazo del módulo de control de la ignición

1 Accionador de la bobina de ignición
2 Tierra
3 Control de sincronización de la ignición (desde el PCM)
4 Suministro de 12 voltios

6.11 Para revisar las resistencias principal y secundaria de la bobina de ignición V6, realice las tres pruebas como se muestra; reemplace la bobina de ignición si las mediciones no son las especificadas

1 El ohmímetro debería medir resistencia infinita entre los terminales principales y el núcleo
2 La resistencia principal debe ser de aproximadamente 0.1 ohmios
3 La resistencia secundaria debe ser de entre 5,000 y 25,000 ohmios

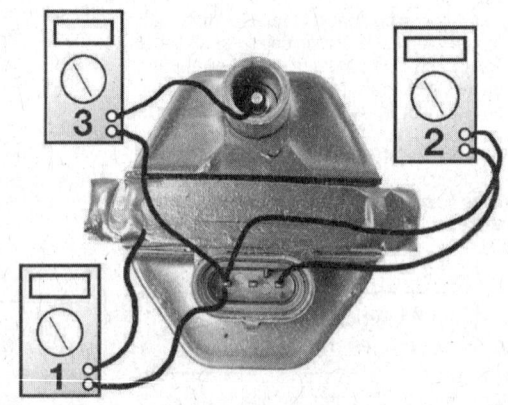

rio o en otro taller reparaciones calificado. **Nota:** *Consulte los diagramas de cableado al final del Capítulo 12 para ver la identificación de colores de los cables para realizar las pruebas e información adicional sobre los circuitos.*

13 Si había señal de control de ignición entre 1.0 y 4.0 voltios en el conector del módulo de control de la ignición, pero no había señal del disparador en el conector de la bobina de ignición, revise la continuidad del cable blanco/negro entre el conector del módulo de ignición y el conector de la bobina de ignición. Si el circuito está bien, reemplace el módulo de control de la ignición.

Modelos V8

14 Revise el voltaje de la batería a las bobinas de ignición desde el interruptor de ignición. Conecte una luz de prueba de 12 voltios al terminal negativo (-) de la batería o a otra conexión a tierra conocida. Desconecte el conector eléctrico de una de las bobinas de ignición y revise si hay alimentación en el terminal con cable rosado **(vea la ilustración)**. El voltaje de la batería debe estar disponible con la llave de ignición en la posición On (encendida). Si no hay voltaje de batería, revise el cableado y/o el circuito entre el centro eléctrico debajo del capó y el conector de la bobina de ignición (no olvide revisar los fusibles). Revise también el terminal con cable negro para probar la continuidad a la descarga a tierra de la batería. Si hay voltaje de batería en la bobina, pero no hay chispa de ésta, los posibles culpables son la bobina, el sensor de posición del cigüeñal, el PCM o el cableado.

15 En los modelos 1999 y 2000, verifique si hay una señal del disparador del PCM. Conecte el cable de una luz de prueba al terminal positivo de la batería y toque la sonda de la luz de prueba al terminal del circuito de control de la ignición **(vea la ilustración)**. Haga girar el motor. La luz de prueba debe parpadear con el motor girando si hay señal del disparador. Revise cada bobina, si es necesario. Si hay señal del disparador en la bobina, los circuitos eléctricos y a tierra están bien y no hay chispa, reemplace la bobina de ignición. Si no hay señal del disparador, revise el sensor de posición del cigüeñal (vea el Capítulo 6). Si el sensor de posición del cigüeñal está bien, revise los circuitos de la bobina al PCM. Si los circuitos están bien, haga revisar el PCM en el departamento de servicio de un concesionario o en otro taller reparaciones calificado. **Nota:** *Consulte los diagramas de cableado al final del Capítulo 12 para ver la identificación de colores de los cables para realizar las pruebas e información adicional sobre los circuitos.*

Capítulo 5 Sistemas eléctricos del motor

5-7

6.14 Desconecte un conector eléctrico de la bobina de ignición (flecha) y revise si hay energía de la batería en el terminal del cable rosado del conector

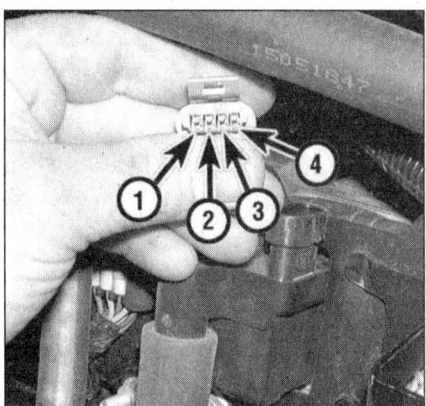

6.15 Con una luz de prueba conectada al terminal positivo de la batería, revise si hay una señal del disparador en el terminal de control de la ignición (modelos 1999 y 2000)

1 Suministro de 12 voltios
2 Control de la ignición (desde el PCM)
3 Referencia baja
4 Tierra

7.4 Quite los pernos de montaje de la bobina de ignición/soporte del módulo (flechas)

7 Bobina de ignición y módulo de control de la ignición (modelos V6) - desmontaje e instalación

1   Desconecte el cable del terminal negativo de la batería. **Precaución:** *En los modelos equipados con el sistema de audio Theftlock, asegúrese de que la función de bloqueo está desactivada antes de realizar cualquier procedimiento que requiera desconectar la batería (vea el principio de este manual).*

2   Retire el conducto de admisión de aire y el resonador del cuerpo del acelerador (vea el Capítulo 4).

Bobina de ignición
Vea la ilustración 7.4

3   Desconecte los conectores eléctricos de la bobina de ignición y del módulo de control de la ignición. Desconecte el cable de la bobina del terminal de alta tensión de la bobina de ignición.

4   Quite los pernos de montaje de la bobina de ignición/soporte de módulo y retire el conjunto del motor **(vea la ilustración)**. Quite el módulo de control de la ignición del soporte.

5   Coloque el conjunto sobre un banco de trabajo. Con un taladro del tamaño apropiado, perfore el centro de los remaches que retienen la bobina al soporte. Use un punzón para retirar los remaches y quitar la bobina del soporte.

6   Fije la bobina de ignición al soporte con tornillos nuevos. **Nota:** *Los tornillos vienen con la nueva bobina de ignición.* Fije el módulo de ignición al soporte.

7   Instale el conjunto en el motor y conecte los conectores eléctricos y el cable de la bobina.

Módulo de control de la ignición
Vea la ilustración 7.10

8   El módulo de control de la ignición se puede desmontar sin quitar el soporte de la bobina del motor.

9   Desconecte el conector eléctrico del módulo de control de la ignición.

10 Quite los tornillos de montaje y retire el módulo de control de la ignición del soporte **(vea la ilustración)**.

11 La instalación se realiza en forma inversa al desmontaje.

8 Bobinas de ignición (modelos V8) - desmontaje e instalación

Vea las ilustraciones 8.3 y 8.4

1   Desconecte el cable del terminal negativo de la batería. **Precaución:** *En los modelos equipados con el sistema de audio Theftlock, asegúrese de que la función de bloqueo está desactivada antes de realizar cualquier procedimiento que requiera desconectar la batería (vea el principio de este manual).*

2   Las bobinas de ignición se pueden quitar de cada banco de cilindros como un conjunto completo, o del soporte de montaje en forma individual.

3   Si se va a retirar el conjunto completo, desconecte el conector eléctrico principal de la bobina de ignición. Desconecte los cables de las bujías de éstas. Quite los pernos/tuercas de montaje del soporte de la bobina de ignición y retire el conjunto del motor **(vea la ilustración)**.

4   Si va a quitar una bobina sola, desconecte el cable de la bujía de la bobina. Quite los tornillos de montaje de la bobina de ignición y retírela del soporte **(vea la ilustración)**.

5   La instalación se hace en forma inversa al desmontaje. **Nota:** *Existen dos tipos diferentes de fabricantes de bobinas, y las bobinas, los cables de bujías y los soportes de montaje de las bobinas no son intercambiables. Si va a reemplazar una o más bobinas, lleve la vieja a la tienda de autopartes para identificarla.*

7.10 Tornillos de montaje del módulo de control de la ignición (flechas)

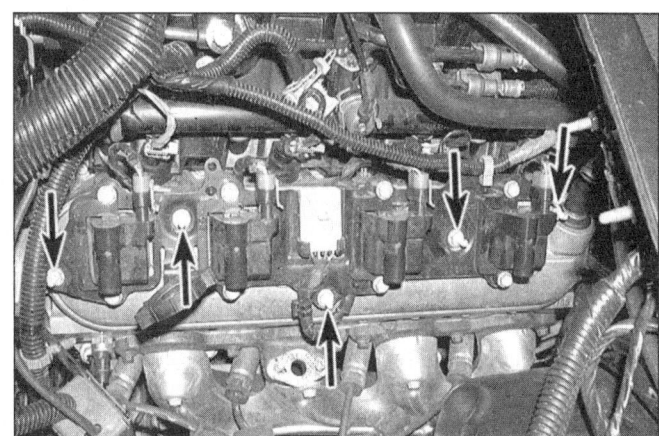

8.3 Quite los pernos del soporte de la bobina de ignición (flechas)

8.4 Quite los tornillos de montaje de la bobina de ignición (flechas)

9.6 Aplique una marca de pintura en el borde del cuerpo del distribuidor, directamente debajo de la punta del rotor y en línea con ella

9.7 Marque la posición de la base del distribución con respecto al motor

9 Distribuidor (modelos V6) - desmontaje e instalación

Desmontaje

Vea las ilustraciones 9.6 y 9.7

1 Desconecte el cable del terminal negativo de la batería. **Precaución:** *En los modelos equipados con el sistema de audio Theftlock, asegúrese de que la función de bloqueo está desactivada antes de realizar cualquier procedimiento que requiera desconectar la batería (vea el principio de este manual).*

2 Retire el conjunto de conducto de admisión de aire y resonador del cuerpo del acelerador (vea el Capítulo 4).

3 Coloque el motor con el cilindro número uno en el TDC en la carrera de compresión (vea el Capítulo 2A).

4 Desconecte el conector eléctrico del distribuidor.

5 Desconecte el cable de la bobina de la tapa del distribuidor. Etiquete y desconecte los cables de las bujías de éstas. Quite los retenedores de los cables de las bujías de los pernos prisioneros y los soportes. Afloje los tornillos de montaje de la tapa del distribuidor, quite la tapa y colóquela a un lado (con los cables de las bujías conectados).

6 El rotor del distribuidor debería estar apuntando a la marca de alineación; si es necesario, aplique una marca de pintura en el borde del cuerpo del distribuidor, directamente debajo de la punta del rotor y en línea con ella **(vea la ilustración)**.

7 Marque la posición de la base del distribuidor con respecto del motor para asegurarse de poder reinstalar el distribuidor exactamente en la misma posición en la que estaba instalado originalmente **(vea la ilustración)**.

8 Quite el perno de retención del distribuidor y retire el distribuidor. Quite y deseche el anillo O.

Instalación

9 Si se movió el cigüeñal mientras el distribuidor no está colocado, el pistón número uno se debe reposicionar en el TDC. Esto se puede hacer sintiendo la presión de compresión en el orificio de la bujía número uno mientras gira el cigüeñal. Una vez que sienta la compresión, continúe girando el cigüeñal hasta que la marca del amortiguador del cigüeñal está alineada con la marca del TDC en el indicador de sincronización (vea el Capítulo 2A).

10 Instale un anillo O nuevo en la caja del distribuidor.

11 Gire el rotor hasta que apunte aproximadamente a 42 grados en sentido antihorario de la marca hecha en el paso 6. **Nota:** *Asegúrese de que el engranaje impulsor de la bomba de aceite esté correctamente alineado con la pestaña en el eje del distribuidor. Si es necesario, use un destornillador largo para girar el eje impulsor de la bomba de aceite.*

12 Inserte el distribuidor en el bloque del motor. Mientras el engranaje del distribuidor se acopla al árbol de levas, el rotor girará en sentido horario y, cuando esté completamente asentado, el rotor debe alinearse con la marca realizada en el paso 6. Gire la base del distribuidor hasta que se alineen las marcas realizadas en el paso 7. **Precaución:** *El distribuidor se debe instalar en la misma posición en la que estaba instalado originalmente. Asegúrese de que los terminales de los cables de las bujías están perpendiculares a la línea central del motor y que el rotor siga alineado con la marca de alineación. Si el distribuidor se instala en forma incorrecta, el motor funcionará mal, se encenderá la luz SERVICE ENGINE SOON (servicio del motor pronto) y se establecerá un código de diagnóstico de falla (vea el Capítulo 6).*

13 Instale la abrazadera de retención del distribuidor y apriete el perno al torque indicado en las Especificaciones de este capítulo.

14 El resto de la instalación se realiza en forma inversa al desmontaje.

10 Sistema de carga - información general y precauciones

Los componentes principales del sistema de carga son un alternador (con un regulador de voltaje integral), la batería y los cables que conectan los componentes. Los componentes funcionan en conjunto para suministrar energía al sistema eléctrico y mantener la batería cargada. El alternador es impulsado por la correa de transmisión en la parte delantera del motor.

Todos los modelos están equipados con un alternador AD-230 o uno AD-244. Los alternadores de tipo AD no necesitan mantenimiento y, si tienen fallas, se deben cambiar como núcleos por unidades nuevas o reconstruidas. La caja del alternador tiene estampados un número de identificación y el amperaje. Consulte estos números para obtener el alternador de reemplazo correcto, si es necesario.

El objetivo del regulador de voltaje es limitar la salida de voltaje del alternador a un valor predeterminado. Esto evita subidas de voltaje y sobrecargas en los circuitos durante la salida de voltaje máxima. En todos los modelos de los que se ocupa este manual, el regulador de voltaje está integrado en el alternador.

El sistema de carga normalmente no requiere mantenimiento periódico. Sin embargo, la correa de transmisión, la batería, los cables y las conexiones deben revisarse en los intervalos descritos en el Capítulo 1.

La luz de advertencia del panel de instrumentos debe encenderse cuando se gira la llave de ignición a START (arranque) y luego apagarse de inmediato cuando el motor arranca. Si la luz de advertencia sigue encendida o se enciende cuando el motor está funcionando, se produjo un problema con el sistema de carga (vea la Sección 9).

Sea cuidadoso al realizar conexiones del circuito eléctrico en un vehículo que cuenta con un alternador y tenga en cuenta lo siguiente:

a) *Al reconectar los cables desde la batería al alternador, asegúrese de tener en cuenta la polaridad.*

b) *Antes de utilizar equipos de soldadura por arco para reparar cualquier parte del vehículo, desconecte los cables del alternador y los terminales de la batería.* **Precaución:** *En los modelos equipados con el sistema de audio Theftlock, asegúrese de que la función de bloqueo está desactivada antes de realizar cualquier procedimiento que requiera desconectar la batería (vea el principio de este manual).*

c) *Nunca encienda el motor con un cargador de batería conectado.*

d) *Siempre desconecte ambas conexiones de la batería antes de utilizar un cargador de batería.*

Capítulo 5 Sistemas eléctricos del motor

11.2 Para medir el voltaje de la batería, conecte los cables del voltímetro a los terminales de la batería (motor APAGADO); para medir el voltaje de carga, arranque el motor

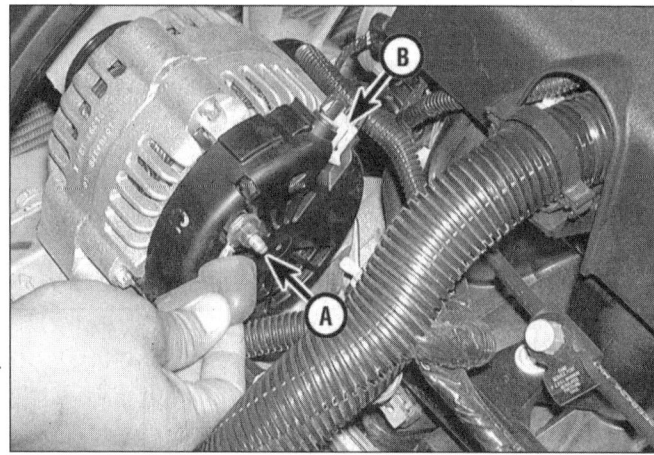

12.3 Quite la tuerca y el terminal del cable del terminal de salida (A) y desconecte el conector eléctrico del alternador (B)

e) El alternador es impulsado por una correa de transmisión del motor que puede causar lesiones graves si sus manos, su cabello o su ropa se enredan en ella y el motor se encuentra en funcionamiento.
f) Como el alternador está conectado directamente a la batería, podría formar un arco o provocar un incendio si se lo sobrecarga o se provoca un cortocircuito.
g) Envuelva el alternador con una bolsa de plástico y asegúrelo con bandas elásticas antes de limpiar el motor con vapor.

11 Sistema de carga - revisión

Vea la ilustración 11.2
Nota: *Estos vehículos están equipados con un sistema de diagnóstico a bordo (OBD) que es útil para detectar problemas en el sistema de carga. Consulte en el Capítulo 6 la lista de códigos de diagnóstico y los procedimientos para obtenerlos.*

1 Si se produce una falla en el circuito de carga, no asuma inmediatamente que el problema lo causa el alternador. Primero, revise los siguientes elementos:

a) Los cables de la batería en el lugar en que se conectan a la batería. Asegúrese de que las conexiones estén limpias y ajustadas.
b) La gravedad específica del electrolito de la batería (observando el indicador de carga de la batería). Si es baja, cargue la batería.
c) Revise el cableado externo del alternador y sus conexiones.
d) Revise la condición y la tensión de la correa de transmisión (vea el Capítulo 1).
e) Revise el ajuste de los pernos de montaje del alternador.
f) Encienda el motor y compruebe si el alternador hace ruidos raros.

2 Conecte un voltímetro a los terminales positivo y negativo de la batería **(vea la ilustración)**. Revise el voltaje de la batería con el motor apagado. Debe ser de aproximadamente 12.4 a 12.6 voltios si la batería está completamente cargada.

3 Encienda el motor y revise nuevamente el voltaje de la batería. Ahora debe ser mayor que el voltaje registrado en el paso 2, pero de no más de 14.7 voltios.

12.4a Quite los pernos de montaje del alternador (flechas)

4 Si la lectura del voltaje es menor o mayor que el voltaje de carga especificado, haga revisar el sistema de carga en el departamento de servicio de un concesionario o en otro taller que tenga los equipos adecuados. **Nota:** *Muchas tiendas de autopartes quitarán el alternador del vehículo y lo probarán en un banco de pruebas. Consulte en su tienda de autopartes local cuál es su política al respecto; muchas prestan este servicio sin cargo.*

12 Alternador - desmontaje e instalación

Vea las ilustraciones 12.3, 12.4a y 12.4b

1 Desconecte el cable del terminal negativo de la batería. **Precaución:** *En los modelos equipados con el sistema de audio Theftlock, asegúrese de que la función de bloqueo está desactivada antes de realizar cualquier procedimiento que requiera desconectar la batería (vea el principio de este manual).*

2 Quite la correa de transmisión (vea el Capítulo 1).

3 Desconecte el cable de salida y el conector eléctrico del alternador **(vea la ilustración)**.

12.4b En los modelos V6, quite también el perno del soporte (si lo tiene) en la parte de atrás del alternador (flecha)

4 Quite los pernos de montaje y retire el alternador del motor **(vea las ilustraciones)**.

5 Si va a reemplazar el alternador, lleve el viejo cuando vaya a comprar la unidad de reemplazo. Asegúrese de que la unidad nueva/reconstruida se vea idéntica al alternador viejo. Observe los terminales: deben ser iguales en cantidad, tamaño y ubicación que los del alternador viejo. Por último, observe los números de identificación: estarán estampados en la caja. Asegúrese de que los números sean los mismos en ambos alternadores.

6 Muchos alternadores nuevos/reconstruidos no tienen instalada una polea, así que es posible que tenga que quitar la polea de la unidad vieja e instalarla en la nueva/reconstruida. Cuando compre un alternador, averigüe la política de la tienda con respecto a las poleas; algunas tiendas prestarán este servicio sin cargo.

7 La instalación se realiza en forma inversa al desmontaje. Apriete los pernos de montaje al torque indicado en las especificaciones de este capítulo.

8 Instale la correa de transmisión (vea el Capítulo 1).

9 Revise el voltaje de carga para verificar el funcionamiento correcto del alternador (vea la Sección 11).

13 Sistema de arranque - información general y precauciones

El conjunto del motor de arranque es un motor de arranque accionador con engranaje planetario de imán permanente. El servicio del conjunto del motor de arranque se realiza como una unidad completa. Si algún componente del motor de arranque falla, incluido el solenoide, se debe reemplazar todo el conjunto.

La única función del sistema de arranque es hacer girar el motor con la suficiente rapidez para que pueda arrancar. El sistema arranque consta de la batería, el conjunto del motor de arranque y los cables que conectan los componentes.

Cuando la llave de ignición se gira a la posición START (arranque), el circuito de control de arranque acciona el solenoide de arranque. El solenoide de arranque luego conecta la batería al motor de arranque. La batería suministra energía eléctrica al motor de arranque, que realiza el trabajo real de arrancar el motor.

Tenga en cuenta siempre las siguientes precauciones cuando trabaje en el sistema de arranque:

a) El giro excesivo del motor de arranque puede recalentarlo y causar daños serios. Nunca haga funcionar el motor de arranque durante más de 15 segundos por vez sin hacer una pausa para permitir que se enfríe durante dos minutos como mínimo.
b) El arranque está conectado directamente a la batería y podría formar un arco o provocar un incendio si se lo manipula de manera incorrecta, sobrecarga o provoca un cortocircuito.
c) Desconecte siempre el cable del terminal negativo de la batería antes de trabajar en el sistema de arranque.

14 Motor de arranque y circuito - revisión

Vea la ilustración 14.4

1 Si se produce una falla en el circuito de arranque, no asuma inmediatamente que el problema lo causa el arranque. Primero, revise los siguientes elementos:

a) Asegúrese de que las abrazaderas de los cables de la batería, donde se conectan a la batería, estén limpios y apretados.
b) Revise el estado de los cables de la batería (vea la Sección 4). Reemplace todos los cables defectuosos por piezas nuevas.
c) Pruebe el estado de la batería (vea la Sección 3). Si no pasa todas las pruebas, reemplácela por una nueva.
d) Revise el cableado y las conexiones del motor de arranque.
e) Revise el ajuste de los pernos de montaje del motor de arranque.
f) Revise los fusibles relacionados en la caja de fusibles del compartimento del motor (vea el Capítulo 12). Si están quemados, determine la causa y repare el circuito.
g) Revise que el circuito del interruptor de ignición funcione correctamente (vea el Capítulo 12).
h) Revise que el relé de arranque (ubicado en el centro eléctrico debajo del capó) funcione correctamente (vea el Capítulo 12).
i) Revise el funcionamiento del interruptor de arranque del embrague (transmisión manual) o el interruptor de posición Park/Neutral (estacionamiento/neutral) (transmisión automática) (vea el Capítulo 8 o el 7B). Estos sistemas deben funcionar correctamente para suministrar voltaje de la batería al relé de arranque.

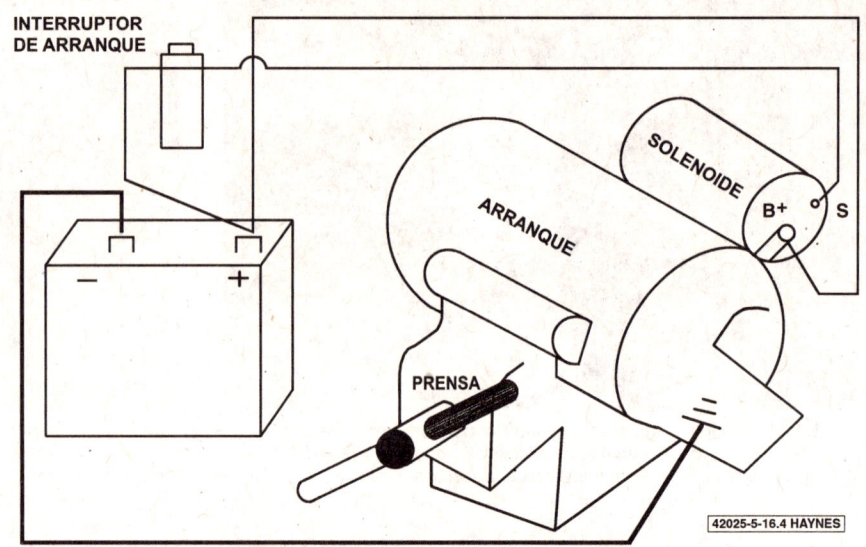

14.4 Detalles de la prueba en banco del motor de arranque

2 Si el arranque no se activa cuando el interruptor de ignición se gira a la posición de arranque, revise el suministro de voltaje de la batería al solenoide de arranque. Esto determinará si el solenoide recibe el voltaje correcto del relé de arranque. Instale una luz de prueba de 12 voltios o un voltímetro en el terminal del solenoide de arranque (cable púrpura). Mientras un ayudante gira el interruptor de ignición a la posición de arranque, observe la luz de prueba o el voltímetro. La luz de prueba debería brillar o el voltímetro indicar voltaje de la batería. Si el solenoide de arranque no recibe voltaje, consulte los diagramas de cableado del Capítulo 12 y revise los fusibles, el interruptor de ignición, el relé de arranque y los cables relacionados en serie con el sistema de arranque. Si se recibe voltaje pero no hay movimiento del motor de arranque, retire el arranque del motor (vea la Sección 15) y pruébelo en un banco (vea el Paso 4).

3 Si el arranque gira lentamente, revise el voltaje de giro del arranque y el paso de corriente desde la batería. Esta prueba se debe realizar con el conjunto de arranque en el motor. Haga girar el motor (durante 10 segundos o menos) y observe el voltaje de la batería. No debería caer por debajo de los 8.5 voltios. Observe también el paso de corriente con un amperímetro. Por lo general, el paso de corriente de un arranque no excede los 350 amperios. Si el paso de corriente del motor de arranque es excesivo, hágalo probar por el departamento de servicio de un concesionario u otro taller de reparaciones calificado. Existen varias condiciones que pueden afectar el potencial de giro del arrancador. La batería debe estar en buen estado y el amperaje de arranque en frío de la batería no debe ser inferior a lo indicado para esa aplicación en particular. Asegúrese de revisar las especificaciones de la batería con cuidado. Los terminales y los cables de la batería debe estar limpios y sin corrosión. Además, en casos de temperaturas frías extremas, asegúrese de que la batería y/o el bloque del motor se calienten antes de realizar las pruebas.

4 Si el arranque recibe voltaje pero no se activa, retire y revise el conjunto del motor de arranque en un banco. Los más probable es que el motor de arranque o el solenoide tengan alguna falla. En algunos casos raros, el motor puede estar adherido, de modo que intente girar la polea del cigüeñal (vea el Capítulo 2A o el 2B) antes de continuar. Con el conjunto de arranque montado en un tornillo de banco, instale un cable puente desde el terminal positivo de una batería de prueba al terminal B+ del arranque. Instale otro cable puente del terminal negativo de la batería al cuerpo del arranque **(vea la ilustración)**. Instale un interruptor de arranque y aplique voltaje de la batería al terminal S del solenoide (durante 10 segundos o menos) y observe el émbolo del solenoide, la palanca de cambios y que el embrague de sobremarcha se extienda y gire el accionamiento del piñón. Si el accionamiento del piñón se extiende pero no gira, el solenoide funciona pero el motor de arranque tiene alguna falla. Si no hay movimiento pero el solenoide hace clic, el solenoide y/o el motor de arranque tienen alguna falla. Si el émbolo del solenoide se extiende y gira el accionamiento del piñón, el conjunto de arranque funciona correctamente.

Capítulo 5 Sistemas eléctricos del motor

15.4 En los modelos V8, quite el perno de la cubierta de la campana de embrague de la transmisión (flecha)

15.5. Quite los pernos de montaje del arranque (flechas)

15 Motor de arranque - desmontaje e instalación

Vea las ilustraciones 15.4, 15.5 y 15.8

1   Desconecte el cable del terminal negativo de la batería. **Precaución:** *En los modelos equipados con el sistema de audio Theftlock, asegúrese de que la función de bloqueo está desactivada antes de realizar cualquier procedimiento que requiera desconectar la batería (vea el principio de este manual).*
2   Levante el vehículo y sosténgalo de manera segura sobre soportes de gato.
3   Quite le protector contra salpicaduras, si lo tiene.
4   En los modelos V8, quite el protector del solenoide de arranque y el perno de la cubierta de la campana de embrague de la transmisión **(vea la ilustración)**. Desconecte el conector eléctrico del sensor de nivel de aceite.
5   Retire los pernos de montaje del arranque **(vea la ilustración)**.
6   En los modelos V8, mueva el arranque hacia adelante y retire la cubierta de la campana de embrague de la transmisión.
7   Baje el arrancador con cuidado. Si es necesario, desconecte las líneas de refrigerante de la transmisión de los retenedores en la bandeja de aceite y aparte las líneas con cuidado; no las doble ni enrosque.
8   Desconecte los cables de los terminales en el solenoide del motor de arranque **(vea la ilustración)** y retire el arranque del vehículo.
9   La instalación se realiza en forma inversa al desmontaje.

15.8 Quite las tuercas y desconecte el cable de la batería (A) y el terminal del solenoide (B) del motor de arranque

Notas

Capítulo 6
Sistemas del motor y de emisiones

Contenido

	Sección		Sección
Convertidor catalítico	21	Sensor IAT (temperatura del aire de admisión) - reemplazo	7
Información general	1	Sensor MAF (flujo de la masa de aire) - reemplazo	6
Módulo de control del accionador del acelerador - reemplazo	16	Sensor MAP (presión de múltiple absoluta) - reemplazo	5
Módulo y sensor de golpeteos - reemplazo	12	Sistema AIR (inyección de aire secundario)	20
PCM (módulo de control del tren de potencia) - desmontaje e instalación	3	Sistema de EGR (recirculación de gases de escape)	18
		Sistema de ventilación del cárter	17
Sensor de APP (posición del pedal del acelerador) - reemplazo	15	Sistema EVAP (sistema de control de emisiones por evaporación)	19
Sensor de CKP (posición del cigüeñal) - reemplazo	9	Sistema OBD (diagnóstico a bordo) y códigos de falla	2
Sensor de CMP (posición del árbol de levas) - reemplazo	10	TPS (sensor de posición del acelerador) - reemplazo	4
Sensor de ECT (temperatura del refrigerante del motor) - reemplazo	8	Válvula IAC (control de marcha mínima) - reemplazo	14
Sensor de oxígeno - reemplazo	11	VSS (sensor de velocidad del vehículo) - reemplazo	13

1 Información general

Vea las ilustraciones 1.1a, 1.1b y 1.6

Para evitar la contaminación de la atmósfera debido a la combustión incompleta y la evaporación de gases, y para mantener la economía del combustible y una buena maniobrabilidad, se incorporaron sistemas de control de emisiones al vehículo **(vea las ilustraciones)**. Estos incluyen:

Sistema de control electrónico del motor
Sistema de ventilación del cárter
Sistema de recirculación de gases de escape
Sistema de control de emisiones por evaporación
Sistema de inyección de aire secundario
Convertidor catalítico

Todos estos sistemas están relacionados, directa o indirectamente, con el sistema de control de emisiones.

Las secciones de este capítulo incluyen descripciones generales, procedimientos de revisión dentro del alcance del mecánico doméstico (siempre que sea posible) y procedimientos de reemplazo de componentes para cada uno de los sistemas enumerados.

Antes de suponer que el sistema de control de emisiones presenta una falla, revise los sistemas de combustible e ignición cuidadosamente. El diagnóstico de algunos dispositivos de control de emisiones requiere herramientas, equipos y capacitación especiales. Si la revisión y el servicio se vuelven una tarea demasiado difícil, o si el procedimiento está más allá de sus capacidades, consulte al departamento de servicio de un distribuidor o a otro taller de reparaciones con el equipamiento adecuado. Recuerde que, por lo general, los problemas de emisiones se deben simplemente a un cable o una manguera de vacío flojos o dañados. Por eso, siempre revise primero las conexiones de las mangueras y el cableado.

Sin embargo, esto no significa que mantener o reparar los sistemas de control de emisiones sea particularmente complicado. Hay muchas revisiones que pueden realizarse de manera rápida y sencilla, y puede llevar a cabo la mayor parte del mantenimiento regular en su hogar con herramientas de mano y de afinación comunes.

Nota: *Debido a la garantía federal que cubre los componentes del sistema de control de emisiones, consulte con el distribuidor sobre la cobertura de la garantía antes de trabajar con cualquier sistema relacionado con emisiones. Una vez vencida la garantía, quizás desee llevar a cabo algunas de las revisiones o algunos de los procedimientos de reemplazo de componentes indicados en este capítulo para ahorrar dinero.*

1.1a Componentes típicos de los sistemas del motor y de emisiones - modelos V6

1 TPS
2 Válvula IAC
3 Válvula PCV
4 Válvula de EGR
5 Etiqueta VECI
6 Sensores MAF/IAT
7 Bomba AIR

Capítulo 6 Sistemas del motor y de emisiones

1.1b Componentes típicos de los sistemas del motor y de emisiones - modelos V8

1. Sensor MAP (debajo de la cubierta)
2. Válvula de retención AIR
3. Válvula IAC
4. TPS
5. Sensores MAF/IAT
6. Válvula de purga EVAP
7. Bomba AIR
8. PCM

Preste mucha atención a las precauciones especiales descritas en este capítulo. Tenga en cuenta que las ilustraciones de los diferentes sistemas pueden no coincidir exactamente con el sistema instalado en el vehículo en el que está trabajando debido a cambios realizados por el fabricante durante la producción o de un año a otro.

En el compartimento del motor hay una etiqueta VECI (etiqueta de información de control de emisiones del vehículo) **(vea la ilustración)**. Esta etiqueta contiene importantes especificaciones sobre emisiones e información sobre ajustes, así como un esquema de la manguera de vacío donde se identifican los componentes de emisiones. Al realizar el servicio de los sistemas del motor o de emisiones, es necesario revisar la etiqueta VECI colocada en su vehículo para obtener información actualizada.

2 Sistema OBD y códigos de falla

Información sobre la herramienta de diagnóstico

Vea las ilustraciones 2.1 y 2.2

1 Se necesita un multímetro digital para revisar los componentes de inyección de combustible y de emisiones **(vea la ilustración)**. Es preferible utilizar un medidor voltios-ohmios digital en lugar del antiguo multímetro analógico por varias razones. El multímetro analógico no puede mostrar la medición de voltios-ohmios o de amperios en incrementos de centésimos y milésimos. Cuando se trabaja con circuitos electrónicos que suelen tener voltajes muy bajos, lo más importante es obtener una lectura precisa. El circuito de impedancia alta es otra buena razón para utilizar un multímetro digital. El multímetro digital tiene un conjunto de circuitos internos de alta resistencia (10 millones de ohmios). Como durante la prueba se conecta un voltímetro en paralelo al circuito, es fundamental que ninguno de los voltajes que se están midiendo recorra el trayecto paralelo establecido por el medidor. Este dilema no se presenta cuando se miden voltajes altos (circuitos de 9 a 12 voltios); sin embargo, al medir un circuito de voltaje bajo, como el voltaje de señal del sensor de oxígeno, una fracción de voltio puede ser una cantidad significativa a la hora de diagnosticar un problema. No obstante, existen varias excepciones en las que puede ser necesario utilizar un voltímetro analógico para probar ciertos sensores.

2 Las herramientas de análisis manual son las herramientas más versátiles y eficaces que existen para analizar los sistemas de control del motor utilizados en los vehículos de modelos más recientes **(vea la ilustración)**. Las herramientas de análisis de cada marca deben examinarse cuidadosamente, ya que deben coincidir con el año, la marca y el modelo del vehículo en el que está trabajando. Por lo general, existen cartuchos intercambiables para poder acceder al fabricante en cuestión (Ford, GM, Chrysler, etc.). Algunos fabricantes se especifican por continente (Asia, Europa, EE. UU., etc.).

3 Con la creación del sistema OBD-II (sistema federal de control de emisiones), se desarrolló una herramienta de análisis especialmente diseñada a este efecto. Varios fabricantes de herramientas presentaron herramientas de análisis OBD-II para el mecánico doméstico.

Descripción general del sistema de diagnóstico a bordo

4 Todos los modelos descritos en este manual cuentan con un sistema OBD-II (sistema de diagnóstico a bordo de segunda generación). El sistema está compuesto por una computadora de a bordo, conocida como PCM, sensores de información y accionadores de salida.

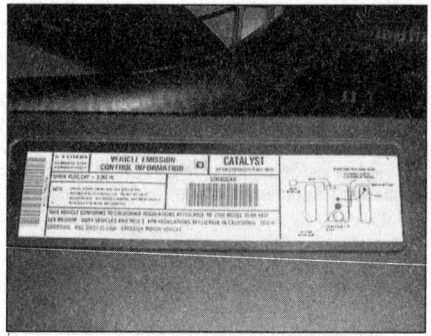

1.6 La etiqueta VECI se encuentra en el compartimento del motor y contiene información sobre los dispositivos de emisiones del vehículo, el recorrido de la línea de vacío, etcétera

5 Estos sensores de información controlan las diferentes funciones del motor y envían datos al PCM. Sobre la base de los datos y la información programados en la memoria de la computadora, el PCM genera señales de salida para controlar diferentes funciones del motor a través de relés de control, solenoides y otros accionadores de salida. El PCM está calibrado específicamente para optimizar las emisiones, la economía del combustible y la maniobrabilidad del vehículo. **Nota:** *En modelos 2001 y posteriores, el PCM cuenta con una función adicional denominada "control de torque". Mediante esta función, el PCM disminuye el torque del motor según ciertas condiciones de manejo, como aceleración pesada, pérdida de tracción de un eje (doble tracción) o cambios realizados con máxima aceleración. El PCM ajusta la carga de torque por medio del retardo de la sincronización de ignición o el apagado de algunos inyectores de combustible.*

Capítulo 6 Sistemas del motor y de emisiones

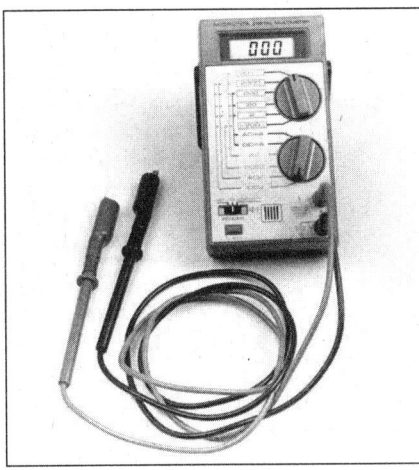

2.1 Los multímetros digitales pueden utilizarse para probar todo tipo de circuitos. Debido a su alta impedancia, son mucho más precisos que los medidores analógicos en lo que respecta a la medición de circuitos de computadora de voltaje bajo

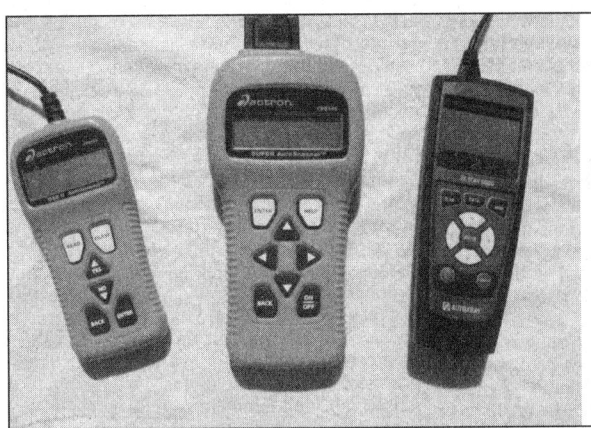

2.2 Las herramientas de análisis como estas de Actron y AutoXray son herramientas de diagnóstico eficaces, ya que se programan con información completa sobre diagnósticos y pueden informarle todo lo que desee saber sobre el sistema de control del motor

6 Debido a la garantía federal que cubre los componentes del sistema de emisiones y a que los daños ocasionados por el propietario al PCM, los sensores o los dispositivos de control pueden invalidar la garantía, no es una buena idea intentar diagnosticar o reemplazar los componentes del sistema si el vehículo está en garantía. Lleve el vehículo al departamento de servicio de un distribuidor si el PCM o un componente del sistema presentan una falla.

Sensores de información

7 **Sensor de APP**. El sensor de APP es un componente integral del conjunto de pedal del acelerador. Se utiliza sólo en modelos V8 recientes que cuentan con un sistema de aceleración controlado electrónicamente, sin cable. Este sensor proporciona al PCM una señal de voltaje variable que es proporcional al ángulo del pedal del acelerador. El PCM utiliza este dato para controlar la posición del plato del acelerador, ubicado dentro del cuerpo del acelerador, mediante el módulo de control del accionador del acelerador.

8 **Sensor de CMP**. El sensor de posición del árbol de levas proporciona información sobre la posición del árbol. El PCM utiliza esta información, junto con la información del sensor de posición del cigüeñal, para controlar la sincronización de la inyección de combustible.

9 **Sensor de CKP**. El sensor de posición del cigüeñal detecta la posición del cigüeñal (TDC, punto muerto superior) en cada revolución del motor. El PCM utiliza esta información para controlar la sincronización de ignición y de inyección de combustible.

10 **Sensor de ECT**. El sensor de temperatura del refrigerante del motor detecta la temperatura del refrigerante del motor. El PCM utiliza esta información para controlar la sincronización de ignición y la duración de la inyección de combustible.

11 **Sensor IAT**. El sensor de temperatura del aire de admisión detecta la temperatura del aire que ingresa en el múltiple de admisión. El PCM utiliza esta información para controlar la duración de la inyección de combustible.

12 **KS (sensor de golpeteos)**. El sensor de golpeteos es un elemento piezoeléctrico que detecta el sonido de detonación del motor, llamado "sonido metálico". El PCM utiliza esta señal de entrada del sensor de golpeteos para reconocer la detonación y retardar el avance de la bujía a fin de evitar que se dañe el motor.

13 **Sensor MAP**. El sensor de presión de múltiple absoluta monitorea la presión del múltiple de admisión y la presión barométrica ambiente. El PCM utiliza esta señal de entrada para determinar la carga del motor y ajustar la duración de la inyección de combustible en consecuencia.

14 **Sensor MAF**. El sensor del flujo de la masa de aire mide la cantidad de aire que circula a través del cuerpo del sensor y que, finalmente, ingresa en el motor. El PCM utiliza esta información para controlar el suministro de combustible.

15 **Sensor de O2 (oxígeno)**. Los sensores de oxígeno generan una señal de voltaje que varía según la variación del contenido de oxígeno de los gases de escape. El PCM utiliza esta información para determinar si la mezcla del sistema de combustible está diluida o es una mezcla rica, y para realizar ajustes en consecuencia.

16 **TPS**. El sensor de posición del acelerador detecta el movimiento y la posición del acelerador. Esta señal le permite al PCM determinar si el acelerador está cerrado, en posición de velocidad crucero o totalmente abierto. El PCM utiliza esta información para controlar el suministro de combustible y la sincronización de ignición.

17 **VSS**. El sensor de velocidad del vehículo proporciona información al PCM para indicar la velocidad del vehículo.

18 **Diversas entradas al PCM**. Además de los diferentes sensores, el PCM monitorea diversos interruptores y circuitos para determinar las condiciones de funcionamiento del vehículo. Estos interruptores y circuitos incluyen:

a) Sistema de aire acondicionado
b) Voltaje de la batería
c) Interruptor de alimentación del freno
d) Sistema de control de velocidad crucero
e) Posición de la válvula de EGR
f) Presión y nivel de aceite del motor
g) Sistema EVAP
h) Nivel de combustible y presión del tanque de combustible
i) Interruptor de ignición
j) Interruptor de posición Park (estacionamiento) y Neutral
k) Circuitos a tierra y de señal de sensores
l) Controles de la transmisión

Accionadores de salida

19 **Relé del embrague del aire acondicionado**. El PCM controla el funcionamiento del embrague del compresor del aire acondicionado con el relé del embrague del aire acondicionado.

20 **Luz Service Engine Soon (realizar servicio del motor)**. El PCM encenderá la luz Service Engine Soon si se presenta una falla en el sistema de control electrónico del motor.

21 **Módulo de control de velocidad crucero**. El PCM controla el funcionamiento del sistema de control de velocidad crucero.

22 **Relé del ventilador de enfriamiento del motor**. El PCM controla el ventilador de enfriamiento del motor de acuerdo con la información que recibe del sensor de temperatura del refrigerante del motor.

23 **Válvula de EGR**. El PCM controla la válvula electrónica de EGR. El PCM determina el flujo ideal de EGR, y la posición de la clavija de la válvula de EGR se ajusta en consecuencia.

24 **Solenoides de las válvulas de ventilación y de purga del recipiente EVAP**. El PCM acciona los solenoides de las válvulas de ventilación y de purga del recipiente de emisiones por evaporación para purgar el recipiente de vapor de combustible y dirigir el vapor hacia el múltiple de admisión para su combustión.

25 **Bomba AIR y válvula/solenoide de vacío**. El PCM acciona la bomba de inyección de aire secundario y abre la válvula de vacío para inyectar aire fresco en el flujo de escape y disminuir los niveles de emisión en ciertas condiciones de funcionamiento.

26 **Inyectores de combustible**. El PCM abre los inyectores de combustible de manera individual en el orden de la secuencia de encendido. Además, el PCM controla el tiempo durante el que el inyector permanece abierto (duración de impulso). La duración de impulso del inyector (medida en milisegundos) determina la cantidad de combustible suministrado. Para obtener más información sobre el sistema de suministro de combustible y los inyectores de combustible, incluido el reemplazo de inyectores, vea el Capítulo 4.

27 **Relé de la bomba de combustible**. El PCM activa el relé de la bomba de combustible con el interruptor de ignición en la posición Start (arranque) o Run (en marcha). Al encender el interruptor de ignición, el relé se activa para suministrar presión de línea inicial al sistema. Para obtener más información sobre la revisión y el reemplazo de la bomba de combustible, vea el Capítulo 4.

28 **Válvula IAC**. La válvula de control de aire en marcha mínima revisa la cantidad de aire que

Capítulo 6 Sistemas del motor y de emisiones

puede desviarse del plato del acelerador cuando la válvula del acelerador está cerrada o en posición de marcha mínima. Cuanto más aire se desvía del plato del acelerador, mayor es la marcha mínima. El PCM controla la apertura de la válvula de control de aire en marcha mínima y la marcha mínima resultante.

29 **Módulo de control/bobinas de ignición**. El PCM controla la sincronización de ignición mediante el módulo de control/bobinas de ignición según las condiciones de funcionamiento del motor. Para obtener más información sobre las bobinas o el módulo de control de ignición, vea el Capítulo 5.

30 **Módulo de control del accionador del acelerador**. El módulo de control del accionador del acelerador recibe información del PCM y la transforma en una señal eléctrica que se envía al cuerpo del acelerador. Todos los ajustes del acelerador, de marcha mínima en frío a aceleración máxima, se regulan de esta manera. Este sistema se utiliza sólo en modelos V8 recientes.

Obtención de códigos de diagnóstico de falla

Vea la ilustración 2.32

Nota: Los códigos de diagnóstico de falla de todos los modelos pueden extraerse del PCM únicamente por medio de una herramienta de análisis especial. Si no cuenta con la herramienta de análisis adecuada, realice el diagnóstico del vehículo en el departamento de servicio de un distribuidor o en un taller de reparaciones de automóviles calificado.

31 El PCM encenderá la luz SERVICE ENGINE SOON (realizar servicio del motor), también conocida como luz indicadora de fallas, en el tablero si reconoce que hay una falla en el sistema. La luz permanecerá encendida hasta que el problema se haya resuelto y se haya borrado el código, o hasta que el PCM no detecte ninguna falla durante varios ciclos de conducción consecutivos.

32 Los códigos de diagnóstico del sistema OBD solo pueden extraerse del PCM mediante una herramienta de análisis. La herramienta de análisis está programada para interconectarse con el sistema OBD al enchufarla en el conector de diagnóstico (**vea la ilustración**). Al utilizarla, la herramienta de análisis puede diagnosticar problemas de maniobrabilidad en detalle, y permite recuperar el cuadro de datos congelado de la memoria almacenada del PCM. El cuadro de datos congelado es una función del PCM para el OBD II que registra toda la actividad de sensores y accionadores relacionados en el flujo de datos del PCM cada vez que se detectan fallas en el control del motor o fallas de emisiones y se establece un código de falla. Esta capacidad para observar las condiciones y los valores de los circuitos cuando se presenta una falla es una herramienta valiosa a la hora de intentar diagnosticar problemas de maniobrabilidad intermitentes. Si no cuenta con esta herramienta y detecta problemas de maniobrabilidad intermitentes, haga revisar el vehículo por el departamento de servicio de un distribuidor u otro taller de reparaciones calificado.

Cómo borrar los códigos de diagnóstico de falla

33 Una vez reparado el sistema, es necesario borrar los códigos de la memoria del PCM. El método preferido es utilizar una herramienta de análisis; sin embargo, los códigos pueden borrarse al desconectar el suministro de la batería del PCM por un mínimo de treinta segundos. El suministro de energía de la batería al PCM puede desconectarse mediante la extracción del fusible del PCM, la desconexión del conector de alimentación del PCM ubicado cerca del terminal positivo de la batería (si lo tiene), o la desconexión del cable negativo de la batería. **Precaución:** *En los modelos con sistema de audio antirrobo, asegúrese de que la función de bloqueo esté desactivada antes de realizar cualquier procedimiento que requiera desconectar la batería (vea las primeras hojas de este manual).*

34 Borre siempre los códigos del PCM antes de arrancar el motor después de instalar en él un componente de control de emisiones nuevo. El PCM almacena los parámetros de funcionamiento de cada sensor. Es posible que el PCM establezca un código de falla si un sensor nuevo funciona antes de que se hayan borrado los parámetros del sensor anterior.

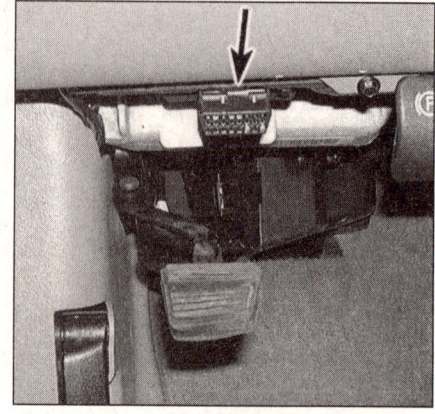

2.32 Por lo general, el conector de diagnóstico se encuentra debajo del tablero de instrumentos

Identificación de códigos de diagnóstico de falla

35 La lista adjunta de códigos de diagnóstico de falla es una recopilación de todos los códigos que pueden detectarse mediante una herramienta de análisis genérica. Pueden obtenerse códigos de falla adicionales si se utiliza la herramienta de análisis específica del fabricante. No todos los códigos se aplican a todos los modelos ni encienden la luz Service Engine Soon (realizar servicio al motor) al producirse. Todos los modelos necesitan una herramienta de análisis para poder acceder a los códigos de diagnóstico de falla.

DTC (códigos de diagnóstico de falla) del OBD-II

Nota: *No todos los códigos de falla se aplican a todos los modelos.*

Código	Causa posible
P0030	HO2S (sensor de oxígeno calentado): circuito de control del calentador, bancada 1, sensor 1
P0036	HO2S: circuito de control del calentador, bancada 1, sensor 2
P0050	HO2S: circuito de control del calentador, bancada 2, sensor 1
P0053	Sensor de O2 calentado: resistencia fuera de rango (bancada de cilindros izquierda, sensor 1)
P0054	Sensor de O2 calentado: resistencia fuera de rango (bancada de cilindros izquierda, sensor 2)
P0056	HO2S: circuito de control del calentador, bancada 2, sensor 2
P0059	Sensor de O2 calentado: resistencia fuera de rango (bancada de cilindros derecha, sensor 2)
P0060	Sensor de O2 calentado: resistencia fuera de rango (bancada de cilindros derecha, sensor 1)
P0068	Circuito del sensor MAF: diferencia más alta de lo esperado entre el flujo de aire real y la densidad de velocidad prevista
P0101	Sensor MAF: rendimiento
P0102	Circuito del sensor MAF: entrada baja
P0103	Circuito del sensor MAF: entrada alta
P0106	Sensor MAP: señal fuera de rango
P0107	Circuito del sensor MAP: voltaje demasiado bajo
P0108	Circuito del sensor MAP: voltaje demasiado alto
P0112	Circuito del sensor IAT: voltaje demasiado bajo (temperatura muy alta)
P0113	Circuito del sensor IAT: voltaje demasiado alto (temperatura muy baja)
P0116	Diferencia de temperatura entre los sensores de ECT e IAT: fuera del rango calibrado

Capítulo 6 Sistemas del motor y de emisiones

Código	Causa posible
P0117	Circuito del sensor de ECT: voltaje demasiado bajo (temperatura demasiado alta)
P0118	Circuito del sensor de ECT: voltaje demasiado alto (temperatura demasiado baja)
P0120	Sensor de TP n.º 1: señal o voltaje de referencia fuera de rango (modelos con TAC [controlador del accionador del acelerador])
P0121	Señal del sensor de TP: voltaje fuera de rango
P0122	Circuito del sensor de TP: voltaje demasiado bajo
P0123	Circuito del sensor de TP: voltaje demasiado alto
P0125	El sensor de ECT se toma demasiado tiempo para alcanzar la temperatura del circuito cerrado
P0128	El sensor de ECT no alcanza la temperatura mínima de regulación del termostato
P0131	Circuito del sensor de oxígeno de flujo ascendente (bancada de cilindros izquierda): voltaje demasiado bajo
P0132	Circuito del sensor de oxígeno de flujo ascendente (bancada de cilindros izquierda): voltaje demasiado alto
P0133	Sensor de oxígeno de flujo ascendente (bancada de cilindros izquierda): respuesta lenta
P0134	Circuito del sensor de oxígeno de flujo ascendente (bancada de cilindros izquierda): actividad insuficiente
P0135	Sensor de oxígeno de flujo ascendente (bancada de cilindros izquierda): rendimiento del calentador
P0136	Circuito del sensor de oxígeno de flujo descendente (bancada de cilindros izquierda): señal fuera de rango
P0137	Circuito del sensor de oxígeno de flujo descendente (bancada de cilindros izquierda): voltaje bajo
P0138	Circuito del sensor de oxígeno de flujo descendente (bancada de cilindros izquierda): voltaje alto
P0140	Circuito del sensor de oxígeno de flujo descendente (bancada de cilindros izquierda): actividad insuficiente
P0141	Circuito del sensor de oxígeno de flujo descendente (bancada de cilindros izquierda): rendimiento del calentador
P0143	Circuito del sensor de oxígeno de flujo descendente (bancada de cilindros izquierda): voltaje bajo
P0144	Circuito del sensor de oxígeno de flujo descendente (bancada de cilindros izquierda): voltaje alto
P0146	Circuito del sensor de oxígeno de flujo descendente (bancada de cilindros izquierda): actividad insuficiente
P0147	Sensor de oxígeno de flujo descendente (bancada de cilindros izquierda): rendimiento del calentador
P0151	Circuito del sensor de oxígeno de flujo ascendente (bancada de cilindros derecha): voltaje demasiado bajo
P0152	Circuito del sensor de oxígeno de flujo ascendente (bancada de cilindros derecha): voltaje demasiado alto
P0153	Sensor de oxígeno de flujo ascendente (bancada de cilindros derecha): respuesta lenta
P0154	Circuito del sensor de oxígeno de flujo ascendente (bancada de cilindros derecha): actividad insuficiente
P0155	Sensor de oxígeno de flujo ascendente (bancada de cilindros derecha): rendimiento del calentador
P0156	Circuito del sensor de oxígeno de flujo descendente (bancada de cilindros derecha): señal fuera de rango
P0157	Circuito del sensor de oxígeno de flujo descendente (bancada de cilindros derecha): voltaje bajo
P0158	Circuito del sensor de oxígeno de flujo descendente (bancada de cilindros derecha): voltaje alto
P0160	Circuito del sensor de oxígeno de flujo descendente (bancada de cilindros derecha): actividad insuficiente
P0161	Sensor de oxígeno de flujo descendente (bancada de cilindros derecha): rendimiento del calentador
P0169	Temperatura ambiente del combustible: alta (modelos con combustible E 85)
P0171	Sistema de regulación de mezcla de combustible: diluida en sensor de oxígeno de flujo ascendente (bancada de cilindros izquierda)
P0172	Sistema de regulación de mezcla de combustible: rica en sensor de oxígeno de flujo ascendente (bancada de cilindros izquierda)
P0174	Sistema de regulación de mezcla de combustible: diluida en sensor de oxígeno de flujo ascendente (bancada de cilindros derecha)
P0175	Sistema de regulación de mezcla de combustible: rica en sensor de oxígeno de flujo ascendente (bancada de cilindros derecha)
P0178	Sensor de composición del combustible: frecuencia fuera de rango (modelos con combustible E 85)
P0179	Sensor de composición del combustible: contaminación de combustible detectada (modelos con combustible E 85)
P0200	Circuito del control del inyector de combustible: voltaje incorrecto
P0218	Líquido de transmisión: temperatura alta
P0220	Sensor de TP n.º 2: señal o voltaje de referencia fuera del rango normal (modelos con TAC)
P0230	Circuito de control del relé de la bomba de combustible: el estado ordenado por el impulsor y el estado real del circuito de control no coinciden
P0300	Falla de encendido del motor detectada
P0315	Sistema CKP: valores de variación no almacenados en la memoria del PCM
P0325	Circuito del sensor de golpeteos: falla
P0327	Sensor de golpeteos: frecuencia de señal fuera del rango normal
P0332	Sensor de golpeteos: frecuencia de señal fuera del rango normal
P0335	Sensor de CKP: sin señal durante más de tres segundos
P0336	Sensor de CKP: señal incorrecta durante más de tres segundos
P0337	Circuito del sensor de CKP: ciclo de funcionamiento bajo
P0338	Circuito del sensor de CKP: ciclo de funcionamiento alto
P0339	Circuito del sensor de CKP: intermitente
P0340	Circuito del sensor de CMP
P0341	Sensor de CMP: falta de señal o discrepancia con la señal del CKP
P0342	CMP: señal constantemente baja

Código	Causa posible
P0343	CMP: señal constantemente alta
P0351	Circuito de IC (control de ignición): fuera de rango (bobina 1)
P0352	Circuito de IC: fuera de rango (bobina 2)
P0353	Circuito de IC: fuera de rango (bobina 3)
P0354	Circuito de IC: fuera de rango (bobina 4)
P0355	Circuito de IC: fuera de rango (bobina 5)
P0356	Circuito de IC: fuera de rango (bobina 6)
P0357	Circuito de IC: fuera de rango (bobina 7)
P0358	Circuito de IC: fuera de rango (bobina 8)
P0401	Sistema de EGR: flujo insuficiente
P0404	Sistema de EGR: rendimiento en posición abierta
P0405	Circuito del sensor de posición de EGR: voltaje bajo
P0410	Sistema AIR
P0418	Sistema de control del relé de la bomba de inyección de aire secundario
P0420	Sistema del catalizador (bancada de cilindros izquierda): eficacia baja (motores 4.3L V6)
P0420	Capacidad de almacenamiento de oxígeno del catalizador (bancada de cilindros izquierda): por debajo del umbral calibrado (motores 4.8L, 5.3L o 6.0L V8)
P0430	Sistema del catalizador (bancada de cilindros derecha): eficacia baja (motores 4.3L V6)
P0430	Capacidad de almacenamiento de oxígeno del catalizador (bancada de cilindros derecha): por debajo del umbral calibrado (motores 4.8L, 5.3L o 6.0L V8)
P0440	Sistema EVAP
P0442	Sistema de control EVAP: pequeña fuga detectada
P0443	Válvula de solenoide de purga del recipiente EVAP: voltaje incorrecto en el impulsor
P0446	EVAP: rendimiento del sistema de ventilación
P0449	Válvula de solenoide de ventilación del recipiente EVAP: voltaje incorrecto en el impulsor
P0451	Sensor de presión del tanque de combustible: falla
P0452	Circuito del sensor de presión del tanque de combustible: voltaje bajo
P0453	Circuito del sensor de presión del tanque de combustible: voltaje alto
P0454	Sensor de presión del tanque de combustible: problema con diagnóstico del PCM detectado
P0455	Sistema EVAP: incapaz de alcanzar el nivel de vacío calibrado
P0461	Sensor del nivel de combustible: rendimiento
P0462	Circuito del sensor del nivel de combustible: voltaje demasiado bajo
P0463	Circuito del sensor del nivel de combustible: voltaje demasiado alto
P0496	Sistema EVAP: vacío excesivo en el múltiple de admisión
P0500	Circuito del VSS
P0502	Circuito del sensor de velocidad del vehículo: salida baja
P0503	Sensor de velocidad del vehículo: señal intermitente
P0506	Marcha mínima: rendimiento más bajo de lo esperado o fuera de rango
P0507	Marcha mínima: rendimiento más alto de lo esperado o fuera de rango
P0562	Voltaje bajo del sistema
P0563	Voltaje alto del sistema
P0601	PCM: falla
P0602	PCM: no programado
P0603	PCM: reinicio de memoria a largo plazo
P0604	PCM: RAM (memoria de acceso aleatorio)
P0605	PCM: ROM (memoria de sólo lectura)
P0607	PCM: falla
P0608	Circuito de salida del sensor de velocidad del vehículo
P0641	Sensor TP, sensor de presión de aceite, sensor MAP o válvula de EGR: circuito de referencia de 5 V fuera de rango
P0650	Circuito de control de MIL (luz indicadora de fallas): voltaje incorrecto
P0651	Sensor FTP (presión del tanque de combustible): circuito de referencia de 5 V fuera de rango
P0654	Circuito de control del tacómetro
P0704	Circuito del interruptor de arranque del embrague
P0705	Circuito del sensor del rango de la transmisión (interruptor de posición en Park [estacionamiento] o Neutral): falla.
P0706	Circuito del sensor del rango de la transmisión (interruptor de posición en Park [estacionamiento] o Neutral): rendimiento
P0711	Circuito del sensor de temperatura del líquido de transmisión: fuera de rango
P0712	Circuito del sensor de temperatura del líquido de transmisión: entrada baja
P0713	Circuito del sensor de temperatura del líquido de transmisión: entrada alta

Capítulo 6 Sistemas del motor y de emisiones   6-7

Código	Causa posible
P0716	Circuito de entrada del sensor de velocidad: fuera de rango
P0717	Circuito de entrada del sensor de velocidad: sin señal
P0719	Circuito del interruptor de freno del embrague del convertidor de torque: bajo
P0724	Circuito del interruptor de freno del embrague del convertidor de torque: alto
P0730	Engranajes: relación incorrecta
P0740	Embrague del convertidor de torque: activación de circuito de solenoide
P0741	Embrague del convertidor de torque: sistema trabado en posición apagada
P0742	Embrague del convertidor de torque: sistema trabado en posición encendida
P0748	Circuito de la válvula de solenoide de control de presión
P0751	Solenoide de cambio 1-2: rendimiento
P0752	Solenoide de cambio 1-2 (4L60-E)
P0753	Circuito del solenoide de cambio 1-2
P0756	Solenoide de cambio 2-3: rendimiento
P0758	Circuito del solenoide de cambio 2-3
P0785	Circuito del solenoide de cambio 2-3
P1106	Circuito del sensor de presión de múltiple absoluta: intermitente, voltaje alto
P1107	Circuito del sensor de presión de múltiple absoluta: intermitente, voltaje bajo
P1111	Circuito del sensor de temperatura de aire de admisión: intermitente, voltaje alto
P1112	Circuito del sensor de temperatura de aire de admisión: intermitente, voltaje bajo
P1114	Circuito del sensor de temperatura del refrigerante del motor: intermitente, voltaje bajo
P1115	Circuito del sensor de temperatura del refrigerante del motor: intermitente, voltaje alto
P1121	Circuito del sensor de posición del acelerador: intermitente, voltaje alto
P1122	Circuito del sensor de posición del acelerador: intermitente, voltaje bajo
P1125	Sensor de posición del pedal del acelerador: falla
P1133	Sensor de oxígeno: conmutación insuficiente (sensor preconvertidor, bancada izquierda)
P1134	Sensor de oxígeno: relación de tiempo de la transición (sensor preconvertidor, bancada izquierda)
P1153	Sensor de oxígeno: conmutación insuficiente (sensor preconvertidor, bancada derecha)
P1154	Sensor de oxígeno: relación de tiempo de la transición (sensor preconvertidor, bancada derecha)
P1220	Sensor de posición del acelerador: fuera de rango
P1221	Sensor de posición del acelerador: discrepancia entre dos sensores
P1258	Refrigerante del motor: temperatura excesiva
Código	Identificación de códigos
P1275	Sensor de posición del pedal del acelerador: voltaje
P1276	Sensor de posición del pedal del acelerador: discrepancia entre sensores
P1280	Sensor de posición del pedal del acelerador: discrepancia entre los sensores 1 y 2
P1281	Sensor de posición del pedal del acelerador: discrepancia entre los sensores 1 y 2, y 2 y 3
P1285	Sensor de posición del pedal del acelerador: sensor 3, voltaje fuera de rango
P1286	Sensor de posición del pedal del acelerador: discrepancia entre los sensores 3 y 1, y 3 y 2
P1336	Sistema de sensor de posición del cigüeñal: variación no programada
P1345	Sensor de posición del cigüeñal/árbol de levas: correlación
P1351	Circuito de control de ignición: voltaje alto
P1361	Circuito de control de ignición: voltaje bajo
P1380	Módulo electrónico de control de frenos: error de detección de carretera dispareja
P1381	Módulo electrónico de control de frenos: sin transferencia de datos en serie
P1400	Sistema de control de reducción de emisiones en arranque en frío: falla
P1404	Válvula de EGR: posición de clavija cerrada
P1415	Sistema de inyección de aire secundario: falla en bancada izquierda
P1416	Sistema de inyección de aire secundario: falla en bancada derecha
P1441	Sistema EVAP: flujo durante etapa no purgable
P1508	Marcha mínima demasiado baja
P1509	Marcha mínima demasiado veloz
P1514	Sensor MAF: flujo de aire previsto diferente del detectado
P1515	TPS: diferencia entre la posición del acelerador real y la detectada
P1516	TPS: sensor fuera de rango
P1517	Control del accionador del acelerador: falla en la prueba de datos interna
P1518	Control del accionador del acelerador: datos inválidos o faltantes

Código	Causa posible
P1600	PCM: falla
P1621	PCM: rendimiento de la memoria
P1626	Comunicación de datos en serie con controlador antirrobo para vehículos (sin contraseña): falla
P1627	PCM: falla
P1631	Controlador antirrobo: contraseña incorrecta
P1635	Circuito de referencia de 5 V
P1637	Circuito del terminal L del alternador
P1639	Circuito de referencia de 5 V
P1680	PCM: falla
P1681	PCM: falla
P1683	PCM: rendimiento de la memoria flash
P1810	Conjunto de interruptor de presión de la transmisión: falla
P1860	Circuito de solenoide del modulador de impulsos del embrague del convertidor de torque
P1870	Patinaje de la transmisión
P1875	Tracción en cuatro ruedas: circuito del interruptor bajo
P2101	Módulo de control del accionador del acelerador: posición, falla en rendimiento
P2108	Módulo de control del accionador del acelerador: posición, falla en rendimiento
P2120	Sensor 1 de posición del pedal del acelerador: falla
P2121	Sensor 1 de posición del pedal del acelerador: falla
P2125	Sensor 2 de posición del pedal del acelerador: falla
P2135	Sensor de posición del acelerador: falla
P2138	Sensores 1 y 2 de posición del pedal del acelerador: falla
P2636	Bomba de combustible: falla
P2A01	HO2S: rendimiento, bancada 1, sensor 2
P2A04	HO2S: rendimiento, bancada 2, sensor 2
U0107	Módulo de control del accionador del acelerador: incomunicado

3 PCM - desmontaje e instalación

Vea las ilustraciones 3.2, 3.3 y 3.4

Precaución: *Evite daños de electricidad estática al PCM. Para ello, conéctese a tierra a través de la carrocería del vehículo antes de tocar el PCM y utilice una almohadilla antiestática especial para guardar el PCM una vez desmontado.*

Nota 1: *Cada vez que el PCM se reemplace por una unidad nueva, debe hacerlo reprogramar por el departamento de servicio de un distribuidor con un equipo especial. Además, deben llevarse a cabo los procedimientos de reaprendizaje de la variación del sensor de posición del cigüeñal y de la contraseña del sistema antirrobo del vehículo. El siguiente procedimiento hace referencia únicamente al desmontaje y a la instalación del PCM original. Si es necesario reemplazar el PCM por una unidad nueva, lleve el vehículo al departamento de servicio de un distribuidor.*

Nota 2: *Cada vez que desconecta la batería, es posible que se pierdan los parámetros de funcionamiento almacenados en el PCM, lo que hará que el motor funcione de manera irregular durante un tiempo mientras el PCM vuelve a aprender la información.*

3.2 Quite la cubierta del PCM

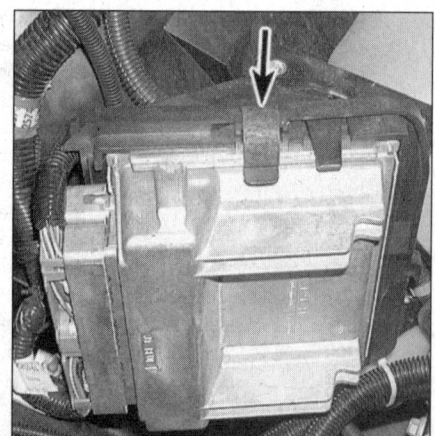

3.3 Suelte la traba (flecha) y extraiga el PCM del soporte de montaje

1 Desconecte el cable del terminal negativo de la batería. **Precaución:** *En los modelos con sistema de audio antirrobo, asegúrese de que la función de bloqueo esté desactivada antes de realizar cualquier procedimiento que requiera desconectar la batería (vea las primeras hojas de este manual).*
2 Desmonte la cubierta protectora del PCM **(vea la ilustración)**.
3 Desacople la traba del retenedor del PCM y quite el PCM del soporte **(vea la ilustración)**.

Capítulo 6 Sistemas del motor y de emisiones

3.4 Afloje los pernos de retención y desconecte los conectores eléctricos del PCM

4.1a Ubicación del TPS - modelos V6

4.1b Ubicación del TPS - modelos V8

4   Desenrosque los pernos y desconecte los conectores eléctricos del PCM con cuidado **(vea la ilustración)**.
5   La instalación se realiza en forma inversa al desmontaje.

4 TPS - reemplazo

Vea las ilustraciones 4.1a, 4.1b y 4.4

1   El TPS es un potenciómetro variable conectado al extremo del eje del acelerador, en el cuerpo del acelerador **(vea las ilustraciones)**. Al monitorear el voltaje de salida del TPS, el PCM puede determinar el suministro de combustible según el ángulo de la válvula del acelerador (es decir, la exigencia del conductor). Un TPS dañado o flojo puede generar descargas de combustible intermitentes de los inyectores y una marcha mínima inestable, debido a que el PCM interpreta que el acelerador está en movimiento.
2   En modelos V8, quite el alternador (vea el Capítulo 5). En modelos V6, quite el conducto de admisión de aire y el resonador (vea el Capítulo 4).
3   Desconecte el conector eléctrico del TPS.
4   Quite los tornillos de montaje del TPS y extraiga el TPS del cuerpo del acelerador **(vea la ilustración)**.

5   Instale un anillo O nuevo en el TPS. Con el acelerador en posición cerrada, alinee el TPS con el eje del acelerador e instálelo. Apriete los tornillos firmemente.
6   El resto de la instalación se realiza en forma inversa al desmontaje.

5 Sensor MAP - reemplazo

Vea las ilustraciones 5.1a, 5.1b y 5.4

1   El sensor MAP monitorea los cambios de presión del múltiple de admisión que se ocasionan a partir de cambios en la carga y la velocidad del motor, y convierte la información en una salida de voltaje **(vea las ilustraciones)**. El PCM recibe la información como una señal de voltaje variable que va desde acelerador en posición cerrada (vacío alto) a acelerador en posición completamente abierta (vacío bajo). El PCM utiliza el sensor MAP para controlar el suministro de combustible y la sincronización de ignición.
2   En modelos V6, quite el conducto de admisión de aire y el resonador. En modelos V8, quite la cubierta del múltiple de admisión.
3   Desconecte el conector eléctrico del sensor MAP.

4.4 Quite los tornillos de montaje del TPS (flechas)

4   Desacople los clips de retención y extraiga el sensor MAP del múltiple de admisión superior **(vea la ilustración)**. Vuelva a colocar el sello del sensor MAP en el múltiple de admisión superior.
5   La instalación se realiza en forma inversa al desmontaje.

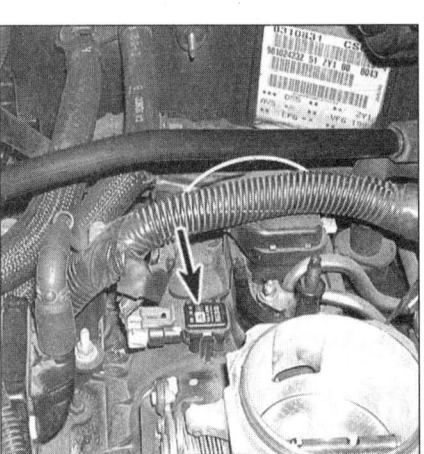

5.1a Ubicación del sensor MAP - modelos V6

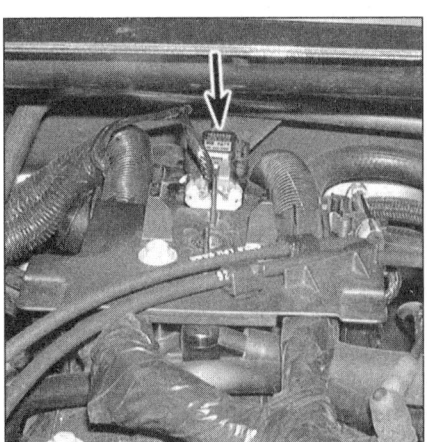

5.1b Ubicación del sensor MAP - modelos V8

5.4 Quite los clips (flechas) y extraiga el sensor MAP del múltiple de admisión superior

6.1 El sensor MAF está conectado a la caja del filtro de aire

6.4 Afloje las abrazaderas de la manguera (flechas) y quite el sensor del flujo de la masa de aire

6 Sensor MAF - reemplazo

Vea las ilustraciones 6.1 y 6.4

1   El sensor MAF se encuentra en la caja del filtro de aire **(vea la ilustración)**. Este sensor mide la cantidad de aire que circula a través del cuerpo del sensor y finalmente ingresa en el motor a través del cuerpo del acelerador. El PCM utiliza esta información para controlar el suministro de combustible; cuanto mayor es la cantidad de aire que ingresa en el motor (aceleración), mayor es la cantidad de combustible requerida.

2   Desconecte el conector eléctrico del sensor MAF.

3   Afloje la abrazadera de la manguera que fija el conducto de admisión de aire al sensor MAF y quite el conducto.

4   Afloje la abrazadera de la manguera que fija el sensor MAF a la cubierta del filtro de aire y quite el sensor **(vea la ilustración)**. **Precaución:** *Manipule cuidadosamente el sensor MAF. Los daños a este sensor afectarán el funcionamiento de todo el sistema de inyección de combustible.*

5   La instalación se realiza en forma inversa al desmontaje.

7 Sensor IAT - reemplazo

1   El sensor IAT es un termistor (un resistor que varía el valor de la resistencia según el cambio de temperatura). El cambio de los valores de resistencia afectará directamente la señal de voltaje que el sensor envía al PCM. A medida que la temperatura del sensor AUMENTA, los valores de resistencia DISMINUYEN. A medida que la temperatura del sensor DISMINUYE, los valores de resistencia AUMENTAN.

2   El sensor IAT es parte del sensor MAF. Reemplace el sensor MAF/IAT como se describe en la Sección 6.

3   La instalación se realiza en forma inversa al desmontaje.

8.1a Ubicación del sensor de temperatura del refrigerante del motor - modelos V6

8 Sensor de ECT - reemplazo

Vea las ilustraciones 8.1a y 8.1b

Advertencia: *Espere a que el motor esté completamente frío antes de comenzar este procedimiento.*

1   El sensor de ECT es un termistor (un resistor que varía el valor de la resistencia según el cambio de temperatura) **(vea las ilustraciones)**. El cambio de los valores de resistencia afectará directamente la señal de voltaje que el sensor envía al PCM. A medida que la temperatura del sensor AUMENTA, los valores de resistencia DISMINUYEN. A medida que la temperatura del sensor DISMINUYE, los valores de resistencia AUMENTAN.

2   Vacíe el sistema de enfriamiento (vea el Capítulo 1).

3   Desconecte el conector eléctrico del sensor y desatornille cuidadosamente el sensor.

4   Antes de instalar el sensor nuevo, envuelva las roscas con cinta selladora de Teflon para evitar fugas y la corrosión de las roscas.

5   La instalación se realiza en forma inversa al desmontaje.

8.1b Ubicación del sensor de temperatura del refrigerante del motor - modelos V8

9 Sensor de CKP - reemplazo

Vea las ilustraciones 9.1a, 9.1b y 9.6

1   El sensor de CKP le proporciona al PCM una señal de posición del cigüeñal **(vea las ilustraciones)**. El PCM utiliza esta señal para determinar la secuencia de bujías (orden de encendido) en cada cilindro. También utiliza la señal para controlar la sincronización de ignición y calcular la velocidad del motor (rpm) de manera precisa. El sistema de diagnóstico de a bordo utiliza la señal para detectar fallas de encendido. El sensor de posición del cigüeñal se activa mediante ranuras maquinadas en un anillo reluctor ubicado en el cigüeñal. La punta del sensor se encuentra a aproximadamente 0.050 pulg del anillo reluctor. A medida que las muescas pasan por el sensor, el campo magnético se altera y se produce un voltaje pulsante. El sistema de ignición no funcionará si el PCM no recibe una entrada del sensor de posición del cigüeñal. **Nota:** *Si el sensor de posición del cigüeñal se manipula, deberá llevarse a cabo el procedimiento de aprendizaje de variación del sensor de posición del cigüeñal. De lo contrario, puede aparecer un código de diagnóstico de falla de encendido falso. Si al reemplazar el sensor*

Capítulo 6 Sistemas del motor y de emisiones

9.1a Ubicación del sensor CKP - modelos V6

9.1b Ubicación del sensor CKP - modelos V8 (motor de arranque desmontado para mayor claridad)

9.6 Quite el perno de montaje (flecha) y extraiga el sensor de posición del cigüeñal

10.1a Ubicación del sensor de posición del árbol de levas - modelos V6

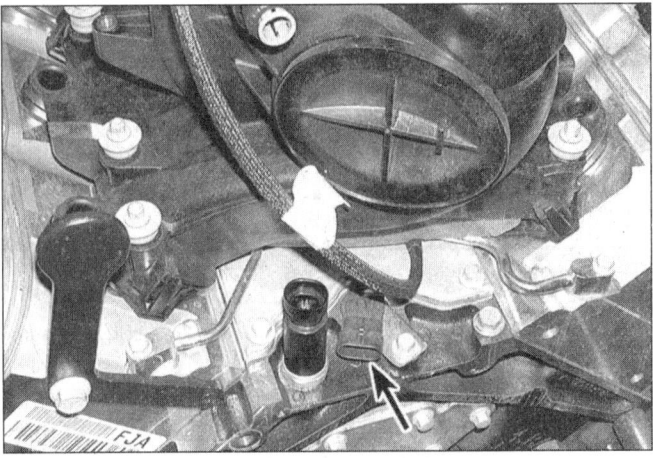

10.1b Ubicación del sensor de posición del árbol de levas - modelos V8

aparece un código de diagnóstico de falla falso, lleve el vehículo al departamento de servicio de un distribuidor para que lleve a cabo el procedimiento.

2   Desconecte el cable del terminal negativo de la batería. **Precaución:** *En los modelos con sistema de audio antirrobo, asegúrese de que la función de bloqueo esté desactivada antes de realizar cualquier procedimiento que requiera desconectar la batería (vea las primeras hojas de este manual).*

3   Levante el vehículo y sosténgalo de manera segura sobre soportes de gato.

4   Retire la placa protectora (debajo del vehículo), si tiene. En modelos V8, retire el motor de arranque (vea el Capítulo 5).

5   Desconecte el conector eléctrico del sensor.

6   Quite el perno de montaje del sensor de posición del cigüeñal y extraiga el sensor **(vea la ilustración).**

7   La instalación se realiza en forma inversa al desmontaje.

10 Sensor de CMP (posición del árbol de levas) - reemplazo

Vea las ilustraciones 10.1a y 10.1b

1   El sensor de posición del árbol de levas **(vea las ilustraciones)** funciona de manera similar al sensor de posición del cigüeñal, pero sólo produce un impulso de señal cada dos revoluciones del cigüeñal correspondiente al punto muerto superior del cilindro número uno. El sensor de posición del árbol de levas, junto con el sensor de posición del cigüeñal, determina la sincronización de inyección de combustible en cada cilindro.

Modelos V6

Vea la ilustración 10.5

2   Desconecte el cable del terminal negativo de la batería. **Precaución:** *En los modelos con sistema de audio antirrobo, asegúrese de que la función de bloqueo esté desactivada antes de realizar cualquier procedimiento que requiera desconectar la batería (vea las primeras hojas de este manual).*

3   Quite la tapa del distribuidor y el rotor (vea el Capítulo 1).

4   Desconecte el conector eléctrico del sensor de posición del árbol de levas.

5   Con una llave de cubo y un dado colocados en el perno de la polea del cigüeñal, gire el motor hasta que la ranura cuadrada del reluctor se alinee con el sensor de posición del árbol de levas **(vea la ilustración).**

6   Quite los pernos de montaje del sensor de posición del árbol de levas y extraiga el sensor del distribuidor.

7   La instalación se realiza en forma inversa al desmontaje. Aplique compuesto fijador de roscas en los tornillos del sensor de posición del árbol de levas, del rotor y de la tapa del distribuidor antes de instalarlos.

10.5 Para quitar el sensor de posición del árbol de levas en modelos V6, gire el cigüeñal hasta que la ranura cuadrada del reluctor (flecha) se alinee con el sensor de posición del árbol

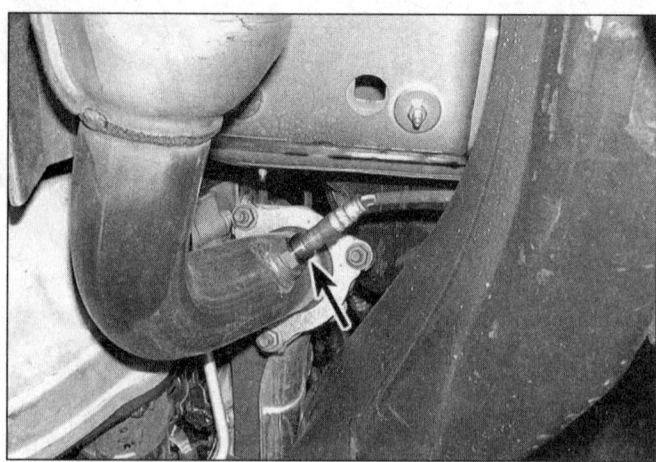

11.1 El sensor de oxígeno preconvertidor se encuentra en el tubo de escape, antes del convertidor catalítico

11.2 El sensor de oxígeno posconvertidor se encuentra en el tubo de escape, después del convertidor catalítico

Modelos V8

8   Desconecte el conector eléctrico del sensor (vea la ilustración 10.1b).
9   Quite el perno de montaje del sensor de posición del árbol de levas y extraiga el sensor del bloque del motor.
10 La instalación se realiza en forma inversa al desmontaje.

11   Sensor de oxígeno - reemplazo

Vea las ilustraciones 11.1, 11.2 y 11.9
Nota: *Todos los modelos cuentan con cuatro sensores de oxígeno: dos sensores de oxígeno preconvertidor y dos sensores de oxígeno posconvertidor.*

1   Los sensores de oxígeno, de hecho, miden el oxígeno restante en los gases de escape después del proceso de combustión. El oxígeno restante en los gases de escape reacciona con los elementos del sensor de oxígeno y produce una salida de voltaje que varía de 0.1 voltios (oxígeno alto, mezcla diluida) a 0.9 voltios (oxígeno bajo, mezcla rica). El sensor de oxígeno preconvertidor está montado en el sistema de escape de gases, antes del convertidor catalítico. El PCM monitorea la señal de voltaje variable del sensor de oxígeno preconvertidor de manera continua para determinar la duración de impulso del inyector de combustible necesaria y controlar la relación entre aire y combustible **(vea la ilustración)**. Una relación de mezcla de 14.7 partes de aire por 1 parte de combustible es la relación ideal para minimizar las emisiones de escape de la gasolina, así como la mejor combinación de economía de combustible y rendimiento del motor. Basado en señales del sensor de oxígeno, el PCM intenta mantener esta relación entre aire y combustible de 14.7:1 en todo momento.
2   El sensor de oxígeno posconvertidor (montado en el sistema de escape después del convertidor catalítico) no afecta el control del PCM en cuanto a la relación entre aire y combustible **(vea la ilustración)**. No obstante, el sensor posconvertidor es idéntico al sensor preconvertidor y funciona de la misma manera. El PCM utiliza una señal posconvertidor para controlar la eficacia del convertidor catalítico. El sensor de oxígeno posconvertidor producirá una señal de voltaje de fluctuación más lenta que refleja un contenido de oxígeno más bajo en el escape poscatalítico.

3   El sensor de oxígeno no genera voltaje cuando está por debajo de la temperatura de funcionamiento normal de 600 °F aproximadamente. Durante este período de calentamiento, el PCM funciona en modo de control de combustible de circuito abierto. No utiliza la señal del sensor de oxígeno como una indicación de respuesta del oxígeno residual en el escape. En cambio, el PCM controla la medición de combustible sobre la base de entradas de otros sensores y de sus propios programas. Todos los sensores de oxígeno cuentan con un elemento de calefacción que se acciona con voltaje de ignición fusionado y que calienta el sensor de oxígeno hasta alcanzar el rango de funcionamiento tan rápido como sea posible.
4   El funcionamiento adecuado de un sensor de oxígeno depende de cuatro condiciones:

   a) *Eléctrica: los voltajes bajos generados por el sensor requieren conexiones limpias y en buen estado que deben revisarse cuando se sospecha o se indica que hay un problema en el sensor.*
   b) *Suministro de aire exterior: el sensor requiere circulación de aire en la parte interna del sensor. Cuando instale el sensor, asegúrese de que los conductos de aire no estén restringidos.*
   c) *Temperatura de funcionamiento adecuada: el PCM no reaccionará ante la señal del sensor hasta que este último alcance los 600 °F aproximadamente. Es necesario tener en cuenta este factor al evaluar el rendimiento del sensor.*
   d) *Combustible sin plomo: el combustible sin plomo es fundamental para el correcto funcionamiento del sensor.*

5   El PCM puede detectar diferentes problemas en el sensor de oxígeno y establecer códigos de diagnóstico de falla para indicar la falla específica (vea la Sección 2). Cuando se produce una falla en un sensor de oxígeno, el PCM omite el voltaje de señal del sensor de oxígeno y vuelve al modo de control de combustible de circuito abierto, como se describió anteriormente.
6   El tubo de escape se contrae cuando está frío, y es posible que cueste aflojar el sensor de oxígeno cuando el motor está frío. Para facilitar el desmontaje del sensor, arranque el motor y póngalo en marcha durante un minuto o dos; luego, apáguelo. Tenga cuidado de no quemarse durante el siguiente procedimiento. También observe estas pautas cuando reemplace el sensor de oxígeno.

   a) *El sensor tiene un cable flexible y un conector eléctrico conectados permanentemente que no deben separarse del sensor. La extracción del cable flexible o del conector eléctrico, o los daños a esos elementos, pueden afectar el funcionamiento del sensor.*
   b) *El conector eléctrico y el extremo de ventilación del sensor no deben entrar en contacto con grasa, suciedad u otros contaminantes.*
   c) *No utilice solventes de limpieza de ningún tipo en el sensor de oxígeno.*
   d) *No manipule el sensor bruscamente ni lo deje caer.*

7   Para reemplazar el sensor de oxígeno posconvertidor, levante el vehículo y apóyelo de manera segura en soportes de gato.
8   Desconecte el conector eléctrico del sensor.
9   Con una llave adecuada o un dado especial para sensores de oxígeno, desenrosque el sensor del tubo de escape **(vea la ilustración)**.
10 Se debe utilizar lubricante antiadherente en las roscas del sensor para facilitar su desmontaje en el futuro. Las roscas de la mayoría de los sensores nuevos ya están cubiertas con este lubricante. De lo contrario, asegúrese de aplicar lubricante antiadherente antes de instalar el sensor.

11.9 Es posible que se necesite un dado ranurado especial, que deje espacio para el mazo de cables, a fin de quitar el sensor de oxígeno (esta herramienta se consigue en la mayoría de las tiendas de autopartes)

Capítulo 6 Sistemas del motor y de emisiones

12.1a En modelos V6, el sensor de golpeteos está roscado en la parte de la brida de montaje de la transmisión del bloque del motor, debajo de la unidad de envío de presión de aceite

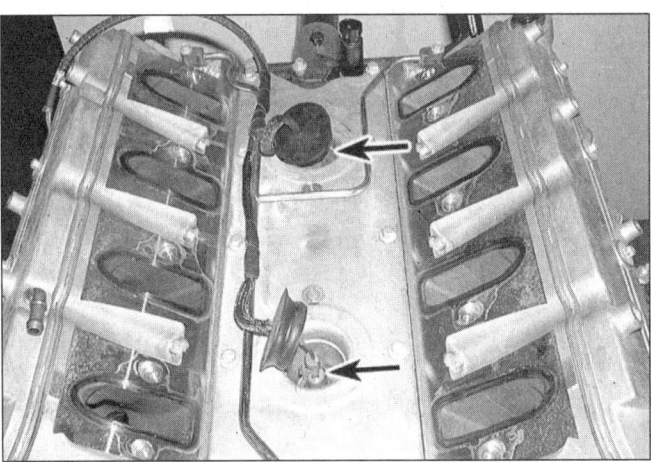

12.1b Ubicaciones del sensor de golpeteos - modelos V8

11 Instale el sensor y ajústelo firmemente.
12 Vuelva a conectar el conector eléctrico al sensor y baje el vehículo.

12 · Módulo y sensor de golpeteos - reemplazo

Vea las ilustraciones 12.1a y 12.1b
Advertencia: *El motor debe estar completamente frío antes de comenzar este procedimiento.*
1 El sensor de golpeteos detecta la vibración anormal (cascabeleo o golpeteo de chispa o bujía) del motor **(vea la ilustración)**. El sistema de control de golpeteos fue diseñado para reducir el golpeteo de chispa o bujía durante períodos de fuerte detonación. Este procedimiento le permite al motor utilizar el avance máximo de la bujía para mejorar la maniobrabilidad. Los sensores de golpeteos generan un voltaje de salida de CA que aumenta con la gravedad del golpeteo. La señal se envía al PCM, y se retarda la sincronización para compensar la detonación grave. Los modelos V6 cuentan con un módulo de sensor de golpeteos reemplazable ubicado en el PCM.

2 Desconecte el cable del terminal negativo de la batería. **Precaución:** *En los modelos con sistema de audio antirrobo, asegúrese de que la función de bloqueo esté desactivada antes de realizar cualquier procedimiento que requiera desconectar la batería (vea las primeras hojas de este manual).*

Sensor de golpeteos
Modelos V6
3 Quite el distribuidor (vea el Capítulo 5).
4 Quite la unidad de envío de presión de aceite.
5 Desconecte el conector eléctrico y extraiga el sensor de golpeteos del bloque del motor.
6 La instalación se realiza en forma inversa al desmontaje. Asegúrese de instalar el distribuidor exactamente en la misma posición en la que venía instalado de fábrica (vea el Capítulo 5).

Modelos V8
7 Quite el múltiple de admisión (vea el Capítulo 2B).
8 Quite las arandelas de la cubierta de la cuenca, tire de las arandelas hacia arriba y desconecte los conectores eléctricos de los sensores de golpeteos. Quite el mazo de cables.
9 Extraiga los sensores de golpeteos del bloque del motor.
10 La instalación se realiza en forma inversa al desmontaje.

Módulo del sensor de golpeteos (modelos V6)
Vea las ilustraciones 12.12 y 12.13
Nota: *Es posible volver a colocar el módulo del sensor de golpeteos en el PCM original. Si instalara un PCM nuevo, debe hacerlo programar en el departamento de servicio de un distribuidor (vea la Sección 3).*
11 Quite el PCM (vea la Sección 3).
12 Quite la cubierta del módulo del sensor de golpeteos **(vea la ilustración)**.
13 Apriete las pestañas de retención y levante el sensor de golpeteos en línea recta cuidadosamente **(vea la ilustración)**.
14 Para instalar el módulo del sensor de golpeteos, alinee las pestañas del módulo con las muescas del alojamiento.
15 Presione los extremos del módulo del sensor de golpeteos hasta que esté asentado en el alojamiento y las pestañas de retención hagan "clic" al trabarse en su lugar.

12.12 Quite los tornillos y la cubierta para acceder al módulo del sensor de golpeteos

12.13 Apriete todas las pestañas juntas y levante el módulo del sensor de golpeteos en línea recta

13.1 Ubicación del sensor de velocidad del vehículo

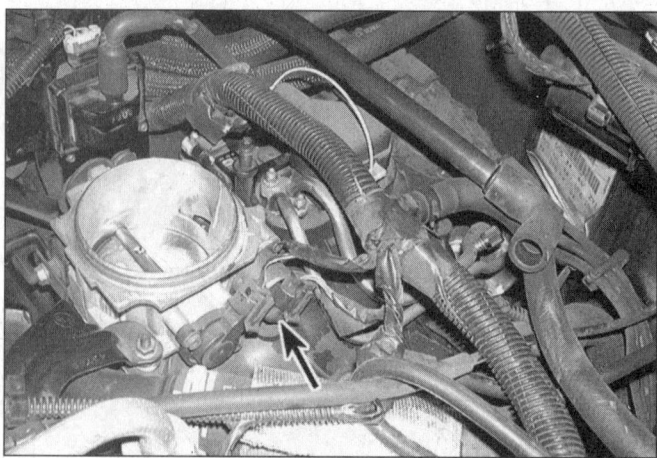
14.1a Ubicación de la válvula IAC - modelos V6

14.1b Ubicación de la válvula IAC - primeros modelos V8

14.3 Quite los tornillos (flechas) y extraiga la válvula IAC del cuerpo del acelerador

14.5 Antes de instalar una válvula IAC nueva, mida la distancia entre la punta de la clavija y la brida de montaje. Presione la clavija hasta que la distancia sea menor que 1-1/8 pulg

16   Instale la cubierta del módulo del sensor de golpeteos.
17   Instale el PCM.

13   VSS - reemplazo

Vea la ilustración 13.1

1   El VSS es un generador de magnetismo permanente que está montado en la transmisión **(vea la ilustración)**. El sensor se activa a través de un rotor dentado en el eje de salida de la transmisión. A medida que el eje de salida gira, el sensor produce un voltaje de CA cuya frecuencia es proporcional a la velocidad del vehículo. El PCM utiliza la señal de entrada del sensor para diferentes funciones de control del motor y de la transmisión. La señal del VSS también acciona el velocímetro ubicado en el tablero de instrumentos. Un VSS defectuoso puede ocasionar diferentes problemas de maniobrabilidad y de transmisión.
2   Levante el vehículo y sosténgalo de manera segura sobre soportes de gato.
3   Desconecte el conector eléctrico del VSS.
4   Quite el perno de retención y extraiga el VSS de la caja de transmisión.
5   Reemplace el anillo O del sensor.
6   La instalación se realiza en forma inversa al desmontaje.

14   Válvula IAC - reemplazo

Vea las ilustraciones 14.1a, 14.1b, 14.3 y 14.5
Nota: *Esta accionador se utiliza sólo en los primeros modelos V8 y en todos los modelos V6.*

1   La válvula IAC controla la marcha mínima **(vea las ilustraciones)**. La válvula IAC regula el aire que se desvía del plato del acelerador al mover la clavija hacia dentro o hacia fuera del conducto de aire. El PCM controla la válvula IAC al ajustar la marcha mínima según las condiciones de funcionamiento del motor (sistema de aire acondicionado, dirección hidráulica, funcionamiento en frío y en caliente, etcétera). En estos modelos, no es posible ajustar la marcha mínima del motor.
2   En modelos V6, quite el conducto de admisión de aire y el resonador (vea el Capítulo 4).
3   Desconecte el conector eléctrico de la válvula IAC. Quite los dos tornillos de montaje de la válvula y retírela del cuerpo del acelerador **(vea la ilustración)**.
4   Inspeccione la clavija de la válvula IAC y el conducto de aire y el asiento de la válvula en el cuerpo del acelerador para detectar depósitos abundantes de carbón. Limpie la válvula IAC con limpiador de carburadores en aerosol, un paño de taller y un cepillo suave, si es necesario. No sumerja la válvula en ningún tipo de limpiador líquido. Si es necesario limpiar aún más el conducto de aire, quite el cuerpo del acelerador y límpielo minuciosamente.
5   Si va a instalar una válvula IAC nueva, mida la distancia entre la punta de la clavija de la válvula IAC y la brida de montaje **(vea la ilustración)**. Si la distancia es mayor que 1-1/8 pulg, empuje la clavija con la mano, según sea necesario. **Precaución:** *No intente empujar la clavija de una válvula IAC usada. La fuerza requerida para mover el eje de una clavija con acumulaciones de carbón puede dañar la válvula.*
6   Instale un anillo O nuevo y lubríquelo con aceite para motor limpio.
7   Instale la válvula IAC y ajuste firmemente los tornillos. Conecte el conector eléctrico.
8   Para restablecer la válvula, gire el interruptor de ignición a la posición On (encendida) durante diez segundos y luego a la posición Off (apagada) durante otros diez segundos. Arranque el motor, déjelo en marcha mínima durante cinco minutos y apáguelo durante treinta segundos. Luego, vuelva a arrancar el motor y revise el funcionamiento en marcha mínima.

17.2a Ubicación de la válvula PCV - modelos V6

17.2b Ubicación de la válvula PCV (modelos V8 hasta 2001). En los modelos más recientes, la válvula PCV se encuentra en el lado izquierdo del múltiple de admisión, no de la tapa de válvulas

15 Sensor de APP - reemplazo

Nota: *Este sensor sólo se utiliza en los modelos V8 más recientes con aceleradores controlados electrónicamente.*

1 El sensor es parte del conjunto de pedal del acelerador.
2 Libere el clip de seguridad de los cables y desconecte el mazo de cables eléctrico del sensor.
3 Quite los dos pernos y levante el conjunto de pedal con cuidado para extraerlo.
4 La instalación se realiza en forma inversa al desmontaje.
5 Un distribuidor o un taller de reparaciones calificado pueden revisar el correcto funcionamiento del sensor del pedal con una herramienta de análisis para diagnósticos. Esta revisión permite verificar los ajustes correctos de las posiciones del acelerador cerrada y totalmente abierta.

16 Módulo de control del accionador del acelerador - reemplazo

Nota: *Este sensor sólo se utiliza en los modelos V8 más recientes con aceleradores controlados electrónicamente.*

1 Este módulo se encuentra en la parte superior izquierda del panel contra fuego.
2 Libere los clips de seguridad de los cables y desconecte ambos mazos de cables del módulo.
3 Quite las tres tuercas de retención y levante el módulo cuidadosamente para extraerlo.
4 La instalación se realiza en forma inversa al desmontaje.

17 Sistema de ventilación del cárter

Vea las ilustraciones 17.2a, 17.2b y 17.2c

1 Cuando el motor está encendido, cierta cantidad de gases producidos durante la combustión circulan a través de los anillos de pistón hasta el cárter como gases desviados. El sistema de ventilación del cárter está diseñado para reducir las emisiones de HC (hidrocarburo) resultantes al dirigir los gases y los vapores del cárter al múltiple de admisión y las cámaras de combustión, donde se consumen mientras el motor está en marcha.

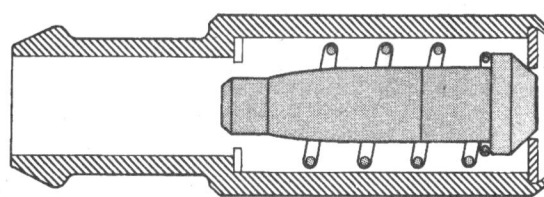

Motor apagado o explosiones — no hay flujo de vapor

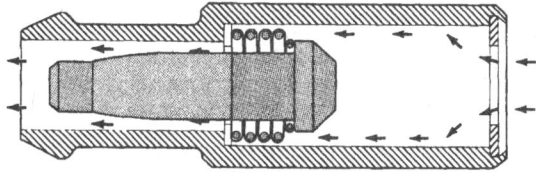

Vacío del múltiple de admisión alto flujo mínimo de vapor

17.2c Funcionamiento típico de la válvula PCV

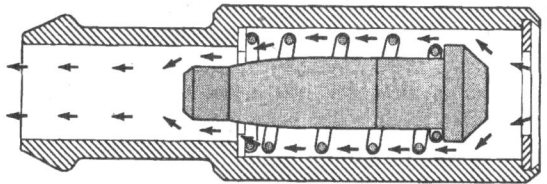

Vacío del múltiple de admisión moderado — flujo máximo de vapor

2 Todos los modelos utilizan el sistema PCV (ventilación positiva del cárter). La válvula PCV es el componente principal del sistema PCV **(vea las ilustraciones)**. Desde el conducto de admisión de aire, circula aire limpio hasta el motor a través del tubo de ventilación. La válvula PCV extrae los vapores del cárter. Para mantener la calidad de la marcha mínima y una buena maniobrabilidad, la válvula PCV restringe el flujo cuando el vacío del múltiple de admisión es alto. El flujo de vapor máximo puede circular a través de la válvula cuando el vacío del múltiple de admisión es más bajo **(vea la ilustración)**.

3 Los procedimientos de revisión y reemplazo de la válvula PCV se describen en el Capítulo 1.

18.1a Ubicación de la válvula de EGR - modelos V6

18.1b Ubicación de la válvula de EGR - modelos V8

18 Sistema de EGR

Vea las ilustraciones 18.1a y 18.1b

1 El sistema de EGR se utiliza para reducir los niveles de emisión de NOx (óxidos de nitrógeno) generados por las altas temperaturas de combustión. La válvula de EGR **(vea las ilustraciones)** hace recircular una pequeña cantidad de gases de escape al múltiple de admisión. La mezcla adicional reduce la temperatura de combustión y, de este modo, disminuye la formación de compuestos de NOx.

2 El sistema de EGR está compuesto por una válvula electrónica de EGR y por el PCM. El PCM controla la medición de flujo de EGR al energizar la bobina de solenoide de la válvula de EGR y abrir y cerrar el conducto de EGR en pequeños incrementos. El PCM controla la posición de la clavija de la válvula de EGR a través de un sensor de posición de EGR incorporado en la válvula de EGR. Este sistema permite controlar el flujo de EGR de manera precisa y alcanzar un flujo de EGR óptimo según las condiciones de funcionamiento del motor.

Reemplazo
Vea las ilustraciones 18.5, 18.13a y 18.13b

Válvula de EGR

3 En los modelos V6, quite el conducto de admisión de aire y el resonador del cuerpo del acelerador (vea el Capítulo 4).

4 Desconecte el conector eléctrico de la válvula de EGR.

5 Retire los pernos de montaje de la válvula de EGR **(vea la ilustración)**. Quite la válvula de EGR y las juntas. Deseche las juntas.

6 Con un raspador de juntas, limpie las superficies de junta de la válvula de EGR.

7 La instalación se realiza en forma inversa al desmontaje.

Tubo de EGR

Modelos V6

8 Quite el perno del soporte del tubo de EGR.

9 Afloje las conexiones de cada extremo del tubo y quítelo.

10 Instale el tubo y establezca las conexiones, pero no las ajuste del todo. Instale el perno del soporte sin apretarlo.

11 Alinee el tubo con los adaptadores y ajuste la conexión del múltiple de escape y luego la conexión del múltiple de admisión. Apriete el perno del soporte.

Modelos V8

12 Desmonte la válvula de EGR.

13 Quite los pernos que fijan el tubo de EGR al múltiple de admisión y luego los que fijan el tubo de EGR al múltiple de escape **(vea las ilustraciones)**.

18.5 Quite los pernos de montaje de la válvula de EGR (flechas)

14 Quite el perno de fijación del tubo de EGR a la culata de cilindros y extraiga el tubo.

15 La instalación se realiza en forma inversa al desmontaje.

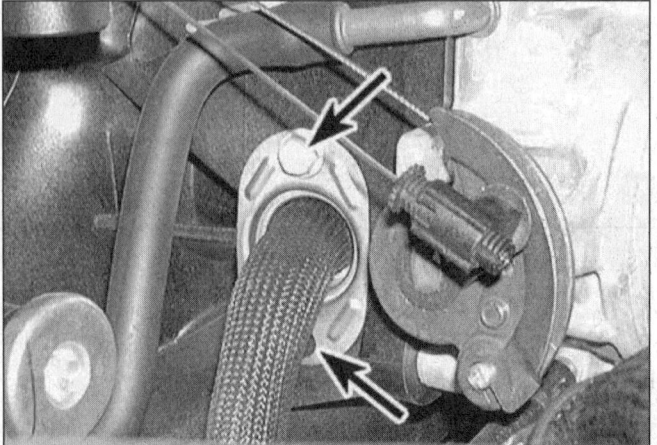
18.13a Quite los pernos que fijan el tubo de EGR al múltiple de admisión . . .

18.13b . . . y los pernos de fijación del tubo de EGR al múltiple de escape

19 Sistema de control de emisiones por evaporación

1 El sistema de combustible EVAP absorbe los vapores de combustible del tanque de combustible y, cuando el motor está en funcionamiento, los libera en el sistema de admisión del motor, donde se mezclan con la combinación de aire y combustible que ingresa. Los principales componentes del sistema de emisiones por evaporación son el recipiente (que contiene carbón activado para absorber los vapores de combustible), la válvula de purga, la válvula de ventilación, el sensor de presión del tanque de combustible, el tanque de combustible y las líneas de vapor y de purga.

2 Después de circular a través de la válvula de retención, el vapor del tanque de combustible se envía al recipiente de carbón a través de la manguera de vapor. El carbón activado del recipiente absorbe y almacena los vapores. Al reunirse una serie de condiciones programadas (motor en marcha, calentamiento a un temperatura predeterminada, etc.), el PCM abre la válvula de purga y la de ventilación. Luego, el vacío del múltiple de admisión lleva los vapores de combustible del recipiente a través de la manguera de purga al múltiple de admisión y a la cámara de combustión, donde se consumen durante el funcionamiento normal del motor.

3 El PCM controla el ciclo de funcionamiento del solenoide de control de la válvula de purga EVAP y así regula la medición de flujo de vapor que circula desde el recipiente hasta el múltiple de admisión. El PCM no energiza el solenoide en condiciones de funcionamiento en frío ni de demora en arranque en caliente. Una vez que el motor se calentó a la temperatura de funcionamiento adecuada, el PCM purga los vapores del múltiple de admisión según las condiciones de funcionamiento del motor. El PCM activa el ciclo del solenoide de control de la válvula de purga (encendido y apagado) alrededor de 5 a 10 veces por segundo. La medición de flujo se controla por medio de la duración de impulso o el lapso en que el solenoide está energizado.

4 El sistema realiza una revisión de autodiagnóstico cuando el motor arranca en frío. Al reunirse las condiciones programadas, el PCM abre la válvula de purga del recipiente de EVAP, y la válvula de ventilación permanece cerrada. Esta acción permite que el motor envíe vacío a todo el sistema EVAP. Una vez que se alcanza el nivel de vacío adecuado, el PCM cierra la válvula de purga y sella el sistema. Luego, el PCM monitorea el voltaje del sensor de presión del tanque de combustible y establece un código de diagnóstico si se detectan fugas.

5 El funcionamiento del sensor de presión del tanque de combustible es similar al del sensor MAP. El PCM suministra voltaje y un circuito de tierra de referencia de 5 V al sensor. El sensor le envía al PCM voltaje de señal, el que varía según la presión de aire existente en el tanque de combustible. Cuando la presión de aire dentro del tanque iguala la presión de aire exterior (como ocurre al quitar el tapón de llenado de combustible), el voltaje de salida del sensor es de aproximadamente 1.5 V. Con vacío de 14 Hg-pulg en el tanque, el voltaje de salida del sensor alcanza los 4.5 V.

Revisión

Nota: *Una garantía federal (de 5 años o 50,000 millas en el momento en que se escribió este manual) protege los sistemas de control de emisiones por evaporación, así como todos los sistemas de control de emisiones. Es probable que el sistema EVAP no presente fallas durante la vida útil del vehículo; no obstante, si las hubiera, por lo general están relacionadas con las mangueras o el recipiente de carbón.*

6 Siempre revise las mangueras en primer lugar. La causa más probable de fallas del sistema EVAP es una manguera desconectada, dañada o faltante. Vea el diagrama de recorrido de la manguera de vacío (fijado al soporte del radiador) para determinar si el recorrido y las conexiones de las mangueras son correctos. Repare las mangueras dañadas o vuelva a colocar las mangueras faltantes, según sea necesario.

7 Revise los cables que se conectan a las válvulas de purga y de ventilación y los fusibles relacionados. Si es necesario, vea los diagramas de cableado al final del Capítulo 12. Las válvulas de purga y de ventilación están normalmente cerradas; es decir, no circulan vapores a través de los puertos. Cuando el PCM energiza el solenoide (al completar el circuito a tierra), la válvula se abre y los vapores fluyen a través de ella.

8 Para efectuar una revisión minuciosa del sistema, se necesita una herramienta de análisis. Si las revisiones mencionadas no permiten identificar el área del problema, haga diagnosticar el sistema por el departamento de servicio de un distribuidor u otro taller de reparaciones calificado.

19.12 Quite el perno de montaje del soporte del recipiente EVAP (flecha)

Reemplazo de componentes

Vea las ilustraciones 19.12, 19.14a, 19.14b, 19.18 y 19.26

9 Todas mangueras del sistema EVAP cuentan con conexiones rápidas. Antes de desconectar una conexión, limpie alrededor y tuérzala hacia delante y hacia atrás para aflojar el sello. Para desconectar una conexión de manguera grande, apriete todas las pestañas de retención juntas y extraiga la conexión del tubo. Para desconectar una conexión de manguera pequeña, empuje la pestaña de bloqueo y extraiga la conexión del tubo.

Recipiente EVAP

10 El recipiente EVAP está fijado a un soporte ubicado cerca del tanque de combustible.

11 Levante el vehículo y sosténgalo de manera segura sobre soportes de gato.

12 Desconecte las mangueras del recipiente (vea el Paso 9). Quite el perno de montaje del soporte y extraiga el recipiente **(vea la ilustración)**.

13 La instalación se realiza en forma inversa al desmontaje.

Válvula de purga

14 La válvula de purga está montada al múltiple de admisión **(vea las ilustraciones)**. En modelos V8, quite la cubierta del múltiple de admisión.

19.14a Ubicación de la válvula de purga/solenoide de control EVAP - modelos V6

19.14b Ubicación de la válvula de purga/solenoide de control EVAP - modelos V8

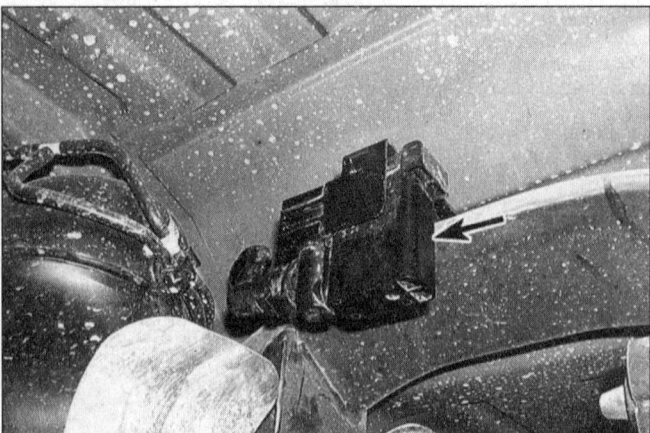

19.18 Ubicación de la válvula de ventilación/solenoide de control EVAP

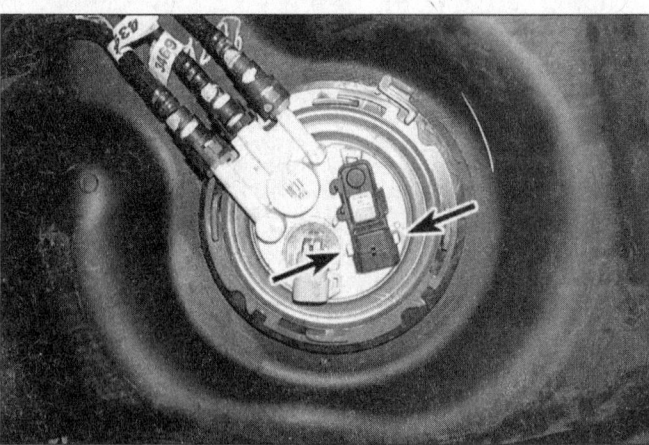

19.26 Quite los clips de retención (flechas) y extraiga el sensor de presión del tanque de combustible del módulo de la bomba de combustible

15   Desconecte el conector eléctrico. Presione la pestaña de bloqueo y quite la manguera de la válvula de purga (vea el Paso 9).
16   Quite las tuercas y el perno de montaje. En modelos V6, quite el retenedor del mazo de cables del perno prisionero de montaje. Quite la válvula de purga.
17   La instalación se realiza en forma inversa al desmontaje.

Válvula de ventilación

18   La válvula de ventilación está montada en un soporte ubicado cerca del tanque de combustible **(vea la ilustración)**.
19   Levante el vehículo y sosténgalo de manera segura sobre soportes de gato.
20   Desconecte el conector eléctrico. Quite la manguera de la válvula de ventilación (vea el Paso 9).
20   Libere los retenedores y quite la válvula de ventilación del soporte.
21   La instalación se realiza en forma inversa al desmontaje.

Sensor de presión del tanque de combustible

23   El sensor de presión del tanque de combustible se encuentra en el módulo de la bomba de combustible.
24   Quite el tanque de combustible (vea el Capítulo 4).
25   Desconecte el conector eléctrico del sensor de presión del tanque de combustible.
26   Libere el clip de retención y quite el sensor de la parte superior del módulo de la bomba de combustible **(vea la ilustración)**.
27   La instalación se realiza en forma inversa al desmontaje.

---

20   Sistema AIR

1   Algunos modelos cuentan con sistema AIR. El sistema de inyección de aire secundario se utiliza para reducir las emisiones del tubo de escape durante el arranque inicial del motor. El sistema utiliza un conjunto de motor y bomba eléctricos, un relé, una válvula/solenoide de vacío, una válvula de corte de paso de aire, válvulas de retención y un tubo para inyectar aire limpio directamente en los múltiples de escape. El aire limpio (oxígeno) reacciona con los gases de escape en el convertidor catalítico y reduce los niveles de HC y CO (monóxido de carbono). El PCM controla la bomba y el solenoide de aire a través del relé del sistema AIR. Durante el arranque inicial, el PCM energiza el relé del sistema AIR y este suministra voltaje de la batería a la bomba de aire y a la válvula/solenoide de vacío; luego, se aplica vacío del motor a la válvula de corte de paso de aire, la que se abre y permite que el aire circule hasta los múltiples de escape a través del tubo. El PCM acciona la bomba de aire hasta alcanzar un funcionamiento de circuito cerrado (o durante un máximo de cuatro minutos). En funcionamiento normal, las válvulas de retención evitan que el flujo del escape regrese al sistema.

Revisión

Vea la ilustración 20.2

2   Revise las mangueras de la bomba de aire y de las mangueras de vacío **(vea la ilustración)**. Repare las mangueras dañadas o vuelva a colocar las mangueras faltantes, según sea necesario. Revise la fuente de vacío que alimenta a la válvula/solenoide de vacío. Debería haber vacío del múltiple de admisión cuando el motor está en marcha.
3   Revise los fusibles relacionados, el relé y los cables que van a la bomba de aire y a la válvula/solenoide de vacío. Para obtener información sobre la revisión de relés, vea el Capítulo 12; vea también los diagramas de cableado que se encuentran al final del Capítulo 12, si es necesario. La válvula/solenoide de vacío está normalmente cerrada; es decir, no se aplica vacío a la válvula de corte de paso de aire. Cuando el PCM energiza el relé (al completar el circuito a tierra), se activa la bomba de aire, se abre la válvula de vacío y se aplica vacío a la válvula de corte de paso de aire; luego, dicha válvula se abre y el aire circula a los múltiples de escape a través del tubo.
4   Para efectuar una revisión minuciosa del sistema, se necesita una herramienta de análisis. Si las revisiones mencionadas no permiten identificar el área del problema, haga diagnosticar el sistema por el departamento de servicio de un distribuidor u otro taller de reparaciones calificado.

Reemplazo de componentes

Vea las ilustraciones 20.21 y 20.23

Bomba de aire

5   Quite los pernos y el soporte que fija el guardafango al panel del parabrisas.
6   Desconecte el conector eléctrico del motor de la bomba de aire. Desconecte las mangueras de la bomba.

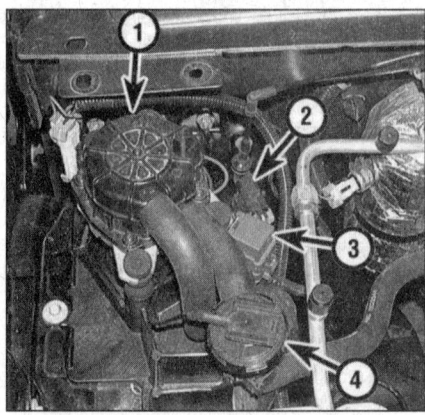

20.2 Ubicación de los componentes de inyección de aire secundario

1   Bomba de aire
2   Válvula/solenoide de vacío
3   Relé de bomba de aire/solenoide
4   Válvula de corte de paso de aire

7   Separe la bomba de aire de los pilares de montaje de caucho, y quite el conjunto de bomba.
8   La instalación se realiza en forma inversa al desmontaje.

Válvula/solenoide de vacío

9   Desconecte el conector eléctrico de la válvula/solenoide.
10   Etiquete y desconecte las mangueras de vacío de la válvula/solenoide.
11   Quite el tornillo de montaje del solenoide y retire la válvula/solenoide de vacío.
12   La instalación se realiza en forma inversa al desmontaje.

Válvula de corte de paso de aire

13   Separe la manguera de vacío de la válvula de corte de paso de aire.
14   Separe la abrazadera de la base del conjunto.
15   Afloje la abrazadera de la manguera y desacople la manguera de salida de aire de la válvula de corte.
16   Desacople la válvula de corte de la manguera de entrada de aire y quite la válvula.
17   La instalación se realiza en forma inversa al desmontaje.

Capítulo 6 Sistemas del motor y de emisiones

20.21 Con tenazas para abrazaderas de manguera, apriete las lengüetas de la abrazadera al mismo tiempo, deslice la abrazadera por debajo de la manguera y quite esta última de la válvula de retención

20.23 Quite las tuercas de montaje (flechas) y desmonte el conjunto de válvula de retención y tubo

Relé de bomba de aire/solenoide
18 Desconecte el conector eléctrico del relé.
19 Libere la pestaña de retención y quite el relé del soporte.
20 La instalación se realiza en forma inversa al desmontaje.

Válvula de retención y tubo
Advertencia: *El motor debe estar completamente frío antes de comenzar este procedimiento. De lo contrario, podrían producirse quemaduras graves.*
21 Afloje la abrazadera y quite la manguera de aire de la válvula de retención (**vea la ilustración**).
22 En modelos V6, quite el perno que fija el tubo de aire al soporte del múltiple de escape.
23 Quite los pernos y tuercas de montaje, y retire el conjunto de válvula de retención y tubo (**vea la ilustración**).
24 Para separar la válvula de retención del tubo, fije la tuerca grande del tubo a un tornillo de banco y quite la válvula de retención con una llave de boca.
25 Limpie los depósitos de carbón de la brida del tubo y la superficie de montaje del múltiple de escape. Quite los depósitos de carbón del orificio del múltiple, si es necesario.
26 Instale la válvula de retención en el tubo y el conjunto en el múltiple de escape con una junta nueva. Apriete los sujetadores firmemente.
27 El resto de la instalación se realiza en forma inversa al desmontaje.

21 Convertidor catalítico

Nota: *Debido a la garantía federal que cubre los componentes relacionados con emisiones como el convertidor catalítico, consulte con el departamento de servicio de un distribuidor antes de cambiar el convertidor por su cuenta.*

1 El convertidor catalítico es un dispositivo de control de emisiones añadido al sistema de escape para reducir las sustancias contaminantes del flujo de gases de escape. Se utiliza un diseño de catalizador de tres vías (de reducción). El revestimiento catalítico del catalizador de tres vías contiene platino y rodio, que disminuye los niveles de NOx, así como los de HC y CO.
2 Los equipos de prueba de convertidores catalíticos son costosos y muy sofisticados. Si cree que el convertidor de su vehículo presenta una falla, lleve el vehículo a un distribuidor o a un taller de inspección de emisiones autorizado para su diagnóstico y reparación.

21.7a Ubicaciones del convertidor catalítico

Revisión
3 Cada vez que se levante el vehículo para realizar el servicio de los componentes de la carrocería inferior, revise el convertidor para verificar que no haya fugas, corrosión, abolladuras u otros daños. Revise los pernos de la brida que fijan los extremos delantero y trasero del convertidor al sistema de escape. Si descubre daños, debe reemplazar el convertidor.
4 Es posible que el convertidor catalítico se tape. La manera más sencilla de revisar si el convertidor está restringido es utilizar un medidor de vacío para diagnosticar el efecto que produce un escape tapado en el vacío de admisión.
  a) *Conecte un medidor de vacío en una fuente de vacío del múltiple de admisión.*
  b) *Caliente el motor a temperatura de funcionamiento, coloque la transmisión en posición Park (estacionamiento) y aplique el freno de estacionamiento.*
  c) *Observe y registre la lectura de vacío de marcha mínima.*
  d) *Coloque el acelerador en posición abierta hasta que la velocidad del motor alcance aproximadamente 2000 rpm.*
  e) *Libere el freno rápidamente y registre la lectura de vacío.*
  f) *Realice la prueba al menos tres veces más y registre la lectura después de cada prueba.*

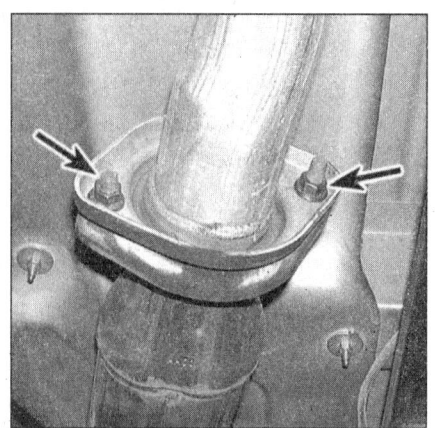

21.7b Quite los pernos que fijan el convertidor catalítico a la brida del tubo de escape (flechas)

  g) *Si la lectura después de la cuarta prueba es más de 1 Hg-pulg menor que la lectura registrada en marcha mínima, es posible que el convertidor catalítico, el silenciador o los tubos de escape estén tapados u obstruidos.*

Reemplazo
Vea las ilustraciones 21.7a y 21.7b
Nota: *Para obtener más información, vea la sección de servicio del sistema de escape en el Capítulo 4.*
5 Levante el vehículo y sosténgalo de manera segura sobre soportes de gato.
6 Desconecte los conectores eléctricos de los sensores de oxígeno.
7 Quite los pernos que fijan el convertidor catalítico a la brida del tubo de escape y separe el tubo del convertidor (**vea las ilustraciones**). Sostenga el tubo de escape.
8 Quite los pernos y separe el tubo del cabezal del convertidor catalítico del múltiple de escape (vea el Capítulo 2A o 2B). Quite el conjunto de convertidor catalítico y tubo.
9 Limpie los depósitos de carbón de las bridas de montaje e instale juntas nuevas.
10 La instalación se realiza en forma inversa al desmontaje.

Notas

Capítulo 7 Parte A
Transmisión manual

Contenido

	Sección		Sección
Cambio del lubricante de la transmisión manual	Vea el Capítulo 1	Reacondicionamiento de la transmisión - información general	5
Información general	1	Revisión del nivel de la transmisión manual	Vea el Capítulo 1
Interruptor de la luz de marcha atrás - revisión y reemplazo	3	Sello de aceite de la caja de extensión	
Montura de la transmisión - revisión y reemplazo	Vea el Capítulo 7B	(modelos con tracción en dos ruedas)	Vea el Capítulo 7B
Palanca de cambios y alojamiento - desmontaje e instalación	2	Sensor de velocidad del vehículo	Vea el Capítulo 6
		Transmisión - desmontaje e instalación	4

Especificaciones

General
Tipo de lubricante de la transmisión .... Vea el Capítulo 1

Especificaciones de torque   Lb-pie (a menos que se indique lo contrario)
Interruptor de la luz de marcha atrás
   Hasta el año 2000 21
   2001 y posteriores 27
Tornillos de la cubierta de la campana de embrague .... 120 lb-pulg
Contratuerca de la palanca de cambios 35
Pernos del alojamiento de la palanca de cambios a la transmisión 15
Pernos de la montura de la transmisión a la transmisión
   Hasta el año 2000 18
   2001 y posteriores 37
Tuercas de la montura de la transmisión al travesaño 30
Pernos que fijan la transmisión al motor 37

1 Información general

Los vehículos incluidos en este manual están equipados con transmisión manual o automática. La información sobre la transmisión manual se incluye en esta parte del Capítulo 7. La información sobre la transmisión automática se puede encontrar en la Parte B de este capítulo. La información sobre la caja de transferencia usada en los modelos con doble tracción se puede encontrar en la Parte C de este capítulo.

Los vehículos equipados con transmisión manual de cinco velocidades usan una NV 3500 o una NV 4500. Ambas unidades tienen cinco velocidades totalmente sincronizadas con mecanismos de cambio internos. La transmisión NV 3500 se identifica visualmente por su campana de embrague no desmontable, mientras que la transmisión NV 4500 tiene la típica campana de embrague desmontable. Las dos transmisiones están disponibles en versiones para tracción en dos y cuatro ruedas. En los modelos 2001, existe una transmisión manual opcional de seis velocidades, la ZF S6-650, que se puede identificar por sus tres cajas de aluminio separadas. La caja delantera es la campana de embrague, la del centro alberga el mecanismo de cambios y la trasera aloja los engranajes. Consulte siempre el principio de este manual para identificar claramente estas transmisiones antes de realizar el servicio.

Dependiendo del costo de hacer reacondicionar una transmisión, puede ser una mejor idea reemplazarla por una nueva o una reconstruida. Su concesionario local o el taller de transmisión deben poder suministrarle la información acerca de los costos, disponibilidad y política de recambio. Independientemente de cómo decida remediar un problema de la transmisión, aún puede ahorrar mucho dinero retirando e instalando la unidad usted mismo.

2 Palanca de cambios y alojamiento - desmontaje e instalación

Vea las ilustraciones 2.4, 2.5 y 2.6

1 Coloque la palanca de cambios en la tercera o cuarta marcha.
2 Quite los clips de plástico de retención y retire el marco de adorno que rodea a la funda del dispositivo de cambios.
3 Quite los tornillos de retención que fijan la funda del dispositivo de cambios a la bandeja del piso.
4 Deslice la funda de la palanca de cambios y el aislador de la funda de la palanca de cambios **(vea la ilustración)**.

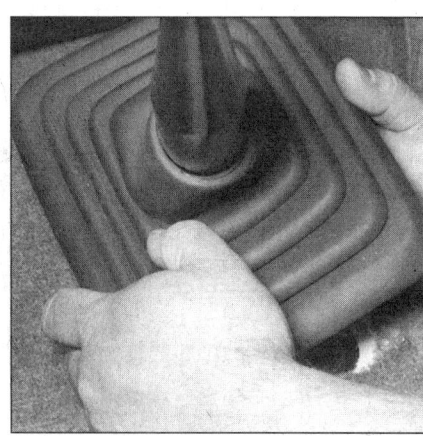

2.4 Quite los tornillos de retención; luego, deslice la funda y el aislador de la funda de la palanca de cambios

Capítulo 7 Parte A Transmisión manual

2.5 Afloje la contratuerca en la base de la palanca y desatornille la palanca de cambios de la transmisión

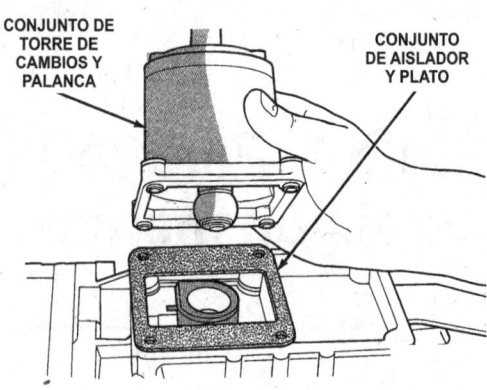

2.6 Tire hacia arriba para retirar el alojamiento de la palanca de cambios.

5 Afloje varias vueltas la contratuerca de la base de la palanca de cambios; luego, desatornille la palanca de cambios de la transmisión (**vea la ilustración**).

6 Para desmontar el alojamiento de la palanca de cambios de la transmisión, simplemente quite los cuatro pernos externos que fijan el alojamiento a la transmisión y tire hacia arriba (**vea la ilustración**). **Nota:** *La transmisión debe quedar en la tercera o cuarta marcha durante el desmontaje y la instalación del alojamiento de la palanca de cambios. NO desmonte el mecanismo de la palanca de cambios del alojamiento de la palanca ya que puede anular la garantía del fabricante.*

7 La instalación se realiza en forma inversa al desmontaje. Asegúrese de apretar los pernos del alojamiento de la palanca de cambios al torque indicado en las Especificaciones de este capítulo.

3 Interruptor de la luz de marcha atrás - revisión y reemplazo

Vea las ilustraciones 3.1a y 3.1b.

1 El interruptor de la luz de marcha atrás está ubicado a la izquierda de la caja de transmisión en los modelos 3500 y 4500 (**vea las ilustraciones**). En los modelos 2001 y posteriores con caja ZF de seis velocidades, el interruptor está en la parte trasera de la última caja, en la parte superior derecha.

Revisión

2 Coloque la llave de ignición en la posición On (encendido) y mueva la palanca de cambios a la posición Reverse (marcha atrás); las luces de marcha atrás deberían encenderse.

3 Si no se encienden, revise primero el fusible de la luz de marcha atrás (vea el Capítulo 12). Si está quemado, siga el circuito de la luz de marcha atrás en busca de un cortocircuito.

4 Si el fusible está bien, levante el vehículo y apóyelo de manera segura sobre soportes de gato. Coloque el dispositivo de cambios en Reverse (marcha atrás).

5 Trabajando bajo el vehículo, desenchufe el conector eléctrico del interruptor de la luz de marcha atrás. Con un ohmímetro, revise la continuidad en los terminales del interruptor. Debe haber continuidad. Si no es así, reemplace el interruptor.

6 Si el interruptor tiene continuidad, revise el voltaje en el conector eléctrico; uno de los dos terminales debe tener voltaje de la batería con la llave de ignición en la posición On (encendido). Si no hay voltaje presente, siga el circuito entre el bloque de fusibles y el conector eléctrico en busca de un circuito abierto.

7 Si hay voltaje, siga el circuito de la luz de marcha atrás entre el conector eléctrico y las bombillas en busca de un circuito abierto. **Nota:** *Si bien no es muy probable, no descarte la posibilidad de que las dos bombillas de las luces de marcha atrás estén quemadas.*

Reemplazo

8 Eleve el vehículo y sosténgalo en forma segura sobre soportes de gato si aún no lo ha hecho.

9 Desenchufe el conector eléctrico del interruptor de la luz de marcha atrás.

10 Desatornille el interruptor de la luz de marcha atrás de la caja de transmisión.

11 Aplique sellador RTV o cinta de Teflon a las roscas del interruptor nuevo para evitar fugas. Instale el interruptor en la caja de la transmisión y apriételo con firmeza. Enchufe el conector eléctrico. **Nota:** *El interruptor de reemplazo puede venir con el sellador de roscas ya aplicado. No aplique sellador RTV ni cinta de Teflon a las roscas del interruptor nuevo si el fabricante ya aplicó sellador de roscas.*

12 Baje el vehículo y revise el funcionamiento de las luces de marcha atrás.

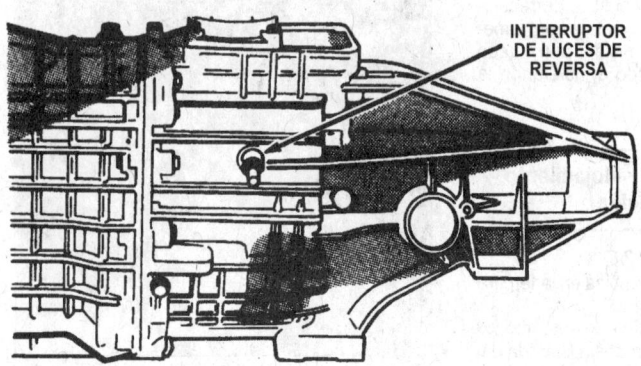

3.1a Ubicación del interruptor de la luz de marcha atrás (transmisión NV 3500)

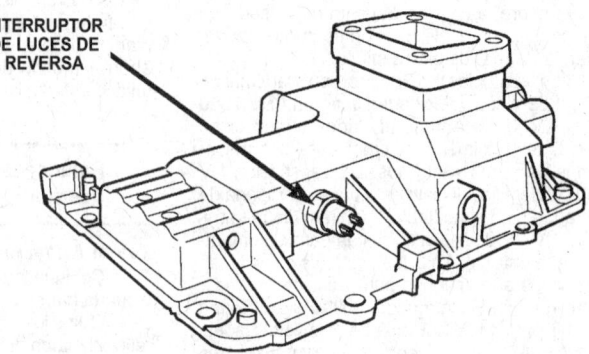

3.1b Ubicación del interruptor de la luz de marcha atrás (transmisión NV 4500)

4 Transmisión - desmontaje e instalación

Desmontaje

1   Desconecte el cable del terminal negativo de la batería. **Precaución:** *En los modelos equipados con el sistema de audio Theftlock, asegúrese de que la función de bloqueo esté desactivada antes de realizar cualquier procedimiento que requiera desconectar la batería (vea el principio de este manual).*
2   Coloque la transmisión en tercera o cuarta.
3   Retire el conjunto de la palanca de cambios y el alojamiento (vea la Sección 2).
4   Levante el vehículo lo suficiente para tener espacio para desmontar la transmisión con facilidad. Apoye el vehículo en forma segura sobre soportes de gato.
5   Desconecte el conector eléctrico del interruptor de la luz de marcha atrás y el sensor de velocidad del vehículo. Desenganche el mazo de cables de los clips de la transmisión.
6   Retire la placa protectora (debajo del vehículo), si tiene.
7   Si va a desarmar la transmisión, drene el lubricante (vea el Capítulo 1).
8   Desmonte los ejes propulsores (vea el Capítulo 8). Cubra con una bolsa de plástico el extremo de la transmisión para evitar pérdida de líquido y contaminación.
9   Desmonte los componentes del sistema de escape que sean necesarios para tener espacio (vea el Capítulo 4).
10   En los modelos 3500 y 4500, retire el motor de arranque (vea el Capítulo 5). En los modelos ZF de seis velocidades, desatornille los soportes de la línea de combustible en la campana de embrague.
11   En los modelos NV 3500 de doble tracción, quite los soportes que fijan la transmisión a la caja de transferencia (lados izquierdo y derecho) de la transmisión y la caja de transferencia. En las transmisiones NV 4500, quite la cubierta de inspección del volante del motor de la mitad inferior de la campana de embrague y el soporte de la transmisión del lado derecho de la transmisión.
12   Desmonte las cubiertas de plástico de la campana de embrague del lado izquierdo y derecho de la campana de embrague de la transmisión, si las tiene **(vea las ilustraciones 8.8a y 8.8b en el Capítulo 7B)**.
13   Desconecte la línea hidráulica del embrague de la campana de embrague (vea la Sección 8).
14   En los modelos con doble tracción, desmonte el mecanismo de cambios de la caja de transferencia y la caja de transferencia (vea el Capítulo 7C). **Nota:** *La caja de transferencia NV 246 (automática) no está equipada con mecanismo de cambios externo.*
15   Sostenga el motor desde arriba con un elevador para motor o coloque un gato (con un bloque de madera como aislador) debajo de la bandeja de aceite del motor. El motor debe estar sostenido en todo momento mientras la transmisión está fuera del vehículo.
16   Sostenga la transmisión con un gato, preferentemente un gato hecho especialmente para este propósito. **Nota:** *Estos gatos se pueden obtener en la mayoría de los talleres de alquiler de equipos.* Las cadenas de seguridad ayudarán a estabilizar la transmisión sobre el gato.
17   Levante ligeramente el motor y desconecte la montura de la transmisión de la caja de extensión y del travesaño central (vea el Capítulo 7B).
18   Levante ligeramente la transmisión, y quite los pernos y las tuercas que fijan el travesaño a los rieles del bastidor.
19   Baje los gatos que soportan el conjunto de la transmisión y el motor.
20   Quite las tuercas y los pernos que fijan la transmisión al motor.
21   Haga una revisión final de todos los cables o mangueras conectados a la transmisión; luego, mueva la transmisión y el gato hacia la parte trasera del vehículo hasta que el eje de entrada de la transmisión deje a la vista el cubo ranurado del disco del embrague. Mientras hace esto, mantenga la transmisión nivelada.
22   Una vez que el eje de entrada esté despejado, baje la transmisión ligeramente y desmóntela desde abajo del vehículo.
23   Mientras la transmisión está desmontada, asegúrese de desmontar e inspeccionar todos los componentes del embrague (vea el Capítulo 8). En la mayoría de los casos, si se desmonta la transmisión, como rutina se deben instalar componentes nuevos de embrague.

Instalación

24   Inserte una pequeña cantidad de grasa de uso múltiple en el rodamiento piloto del cigüeñal y lubrique la superficie interna del rodamiento. Aplique también una película ligera de grasa en las ranuras del eje de entrada, el retenedor del rodamiento del eje de entrada y los puntos de contacto de la palanca de liberación/rodamiento (vea el Capítulo 8).
25   Si los desmontó, instale los componentes del embrague (vea el Capítulo 8).
26   Con la transmisión asegurada al gato como cuando la desmontó, levántela hasta su posición detrás del motor y deslícela con cuidado hacia adelante, acoplando el eje de entrada con el cubo del plato del embrague. No use fuerza excesiva para instalar la transmisión; si el eje de entrada no se desliza a su lugar, vuelva a ajustar el ángulo de la transmisión para que esté nivelado y/o gire el eje de entrada de manera que las ranuras se acoplen correctamente con el embrague.
27   Instale y apriete los pernos que fijan la transmisión al motor hasta el torque indicado en las Especificaciones de este capítulo. **Precaución:** *No use los pernos para llevar la transmisión hacia el motor. Si la transmisión no se desliza hacia adelante con facilidad y se acopla con el bloque del motor, averigüe por qué antes de continuar.*
28   Levante la transmisión hasta que esté en su lugar, instale el travesaño y fíjelo a los rieles del bastidor. Instale la montura de la transmisión entre la caja de extensión y el travesaño. Baje con cuidado la caja de extensión de la transmisión sobre la montura y el travesaño. Cuando todo esté alineado correctamente, apriete todos los pernos y las tuercas con firmeza.
29   Retire los gatos que soportan la transmisión y el motor.
30   En modelos con doble tracción, instale la caja de transferencia y el mecanismo de cambios (si lo tiene) (vea el Capítulo 7C).
31   Instale los distintos elementos desmontados previamente, consultando el Capítulo 8 para la instalación de los ejes propulsores y la línea hidráulica del embrague, el Capítulo 5 para el motor de arranque y el Capítulo 4 para los componentes del sistema de escape.
32   Enchufe el conector eléctrico del sensor de velocidad del vehículo y el interruptor de la luz de marcha atrás. Conecte cualquier otro cable fijado a la transmisión o a la caja de transferencia.
33   Quite los soportes de gato y baje el vehículo.
34   Instale el conjunto de la palanca de cambios y el alojamiento (vea la Sección 2).
35   Llene la transmisión hasta el nivel correcto con el lubricante especificado (vea el Capítulo 1).
36   Conecte el cable al terminal negativo de la batería.
37   Pruebe el vehículo en carretera para verificar que funcione correctamente y revise si hay fugas.

5 Reacondicionamiento de la transmisión - información general

Reacondicionar una transmisión manual es una tarea difícil para quien hace sus propias reparaciones. Implica desarmar y rearmar muchas piezas pequeñas. Se deben medir numerosos espacios con precisión y, de ser necesario, cambiarlos con separadores del tamaño seleccionado y anillos de resorte. Como resultado, si surgen problemas con la transmisión, una persona competente que hace sus propias reparaciones puede desmontarlo e instalarlo, pero el reacondicionamiento debe dejarse al taller de reparación de transmisiones. Es probable que se puedan conseguir transmisiones reconstruidas; verifique con el departamento de repuestos del concesionario y las tiendas de autopartes. De todos modos, el tiempo y dinero implicados en un reacondicionamiento casi con seguridad superará el costo de una unidad reconstruida.

Sin embargo, para un mecánico sin experiencia no es imposible reconstruir una transmisión si dispone de las herramientas especiales y si el trabajo se realiza paso a paso para no pasar nada por alto.

Las herramientas necesarias para un reacondicionamiento incluyen tenazas para anillos de resortes internos y externos, un extractor de rodamientos, un martillo deslizante, un conjunto de punzones, un indicador de esfera y, posiblemente, una prensa hidráulica. Además, se requerirá un banco de trabajo grande y resistente y un torno o un soporte de transmisión.

Durante el desarmado de la transmisión, tome nota cuidadosamente sobre cómo sale cada pieza, dónde encaja en relación con otras piezas y qué la sostiene en su lugar. Si anota cómo está instalada cada parte antes de retirarla, volver a armar la transmisión será mucho más fácil.

Antes de sacar la transmisión para repararla, será útil tener alguna idea de qué área de la transmisión está funcionando mal. Ciertos problemas pueden estar estrechamente vinculados a áreas específicas en la transmisión, lo que puede facilitar el examen y reemplazo del componente. Consulte la Sección *Diagnóstico de fallas* en el frente de este manual para ver la información con respecto a las posibles causas del problema.

Notas

Capítulo 7 Parte B
Transmisión automática

Contenido

	Sección		Sección
Cable de cambios - desmontaje, instalación y ajuste	3	Montura de la transmisión - revisión y reemplazo	7
Diagnóstico - general	2	Sello de aceite de la caja de extensión	
Información general	1	(tracción en dos ruedas) - reemplazo	6
descripción y reemplazo de los componentes	4	Sistema Park/Lock (estacionamiento/bloqueo) -	
Interruptor de posición estacionamiento/neutral (PNP)/interruptor de luces de marcha atrás - reemplazo y ajuste	5	Transmisión automática - desmontaje e instalación	8

Especificaciones

General
Tipo de líquido de transmisión .... Vea el Capítulo 1

Especificaciones de torque   **Lb-pie** (a menos que se indique lo contrario)
Pernos de montaje del interruptor de posición estacionamiento/neutral (PNP) . 18
Tuerca de la palanca del interruptor de posición estacionamiento/neutral (PNP) 18
Pernos del colector de líquido de la transmisión.............................. Vea el Capítulo 1
Pernos del convertidor de torque al plato de transmisión 44
Pernos que fijan la transmisión al bloque del motor.......................... 37
Pernos de la montura de la transmisión 18

1 Información general

Todos los vehículos que cubre este manual están equipados con transmisión manual de cinco o seis velocidades, o transmisión automática de cuatro velocidades. La información sobre la transmisión manual se encuentra en la Parte A de este capítulo. La información sobre la transmisión automática se incluye en esta parte del Capítulo 7. En esta misma parte, también encontrará algunos procedimientos comunes a ambas transmisiones, manual y automática, como el reemplazo del sello de aceite y el reemplazo de la montura de la transmisión.

Los modelos cubiertos en este manual utilizan una transmisión automática electrónica de cuatro velocidades 4L60-E o 4L80E. Ambas son similares en diseño y función, pero normalmente se usa la 4L60-E en los motores V6 4.3L, V8 4.8L y V8 5.3L. La transmisión 4L80-E se utiliza normalmente en motores V8 6.0L. Estas transmisiones están equipadas con un embrague de convertidor de torque (TCC) que se acopla en la cuarta marcha, y en la tercera cuando se desactiva el interruptor de sobremarcha. El TCC proporciona una conexión directa entre el motor y las ruedas de tracción para mejorar la eficiencia y la economía. El TCC consta de un solenoide controlado por el módulo de control del tren de potencia (PCM) que bloquea el convertidor en tercera o cuarta cuando el vehículo está en velocidad crucero en terreno nivelado y el motor está completamente calentado. Algunos modelos también están equipados con un enfriador de transmisión auxiliar montado en la parte delantera del radiador y el condensador del aire acondicionado, si lo tiene.

Debido a la complejidad de las transmisiones automáticas cubiertas en este manual y a la necesidad de equipos especializados para realizar la mayoría de los trabajos de servicio, este capítulo contiene únicamente procedimientos generales de diagnóstico, mantenimiento de rutina, ajuste, y desmontaje e instalación.

Si la transmisión requiere una reparación importante, se la debe llevar al departamento de servicio de un concesionario o a un taller de reparaciones automotrices o de transmisiones. Sin embargo, puede desmontar e instalar la transmisión y ahorrarse el gasto, incluso si la reparación la realiza un taller especializado en transmisiones.

2 Diagnóstico - general

Nota: *Existen cinco condiciones generales que pueden causar el mal funcionamiento de la transmisión automática: mal desempeño del motor, ajustes incorrectos, mal funcionamiento hidráulico, mal funcionamiento mecánico o mal funcionamiento del modulo de control del tren de potencia o su red de señales. El diagnóstico de estos problemas debería comenzar siempre con una revisión de los elementos que se reparan con facilidad: el nivel y la condición del líquido (vea el Capítulo 1) y el ajuste del cable de cambios (vea la Sección 3). Luego, realice una prueba en la calle para determinar si el problema se ha corregido o si es necesario otro diagnóstico. Como la transmisión depende de muchos sensores en el sistema de control del motor, y como los puntos de cambio de la transmisión son controlados por el módulo de control del tren de potencia, también debería revisar si se almacenó algún código de falla en el PCM (vea el Capítulo 6 para tener la lista de los códigos de falla y cómo extraerlos). Si el problema persiste después de las pruebas y correcciones preliminares, el diagnóstico adicional deberá realizarlo el departamento de servicio de un concesionario o un taller de reparación de transmisiones. Consulte la sección Diagnóstico de fallas al comienzo de este manual para ver el diagnóstico de fallas de la transmisión.*

Revisiones preliminares

1   Conduzca el vehículo para calentar la transmisión hasta la temperatura de funcionamiento normal.

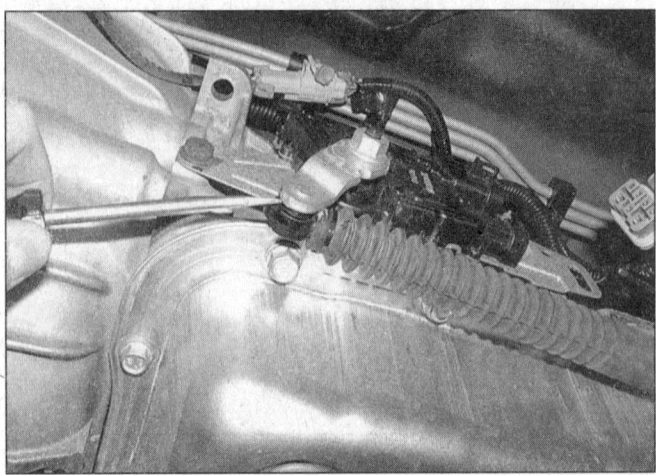

3.4 Haga palanca con un destornillador para quitar el cable de cambios de la palanca de cambios en la transmisión

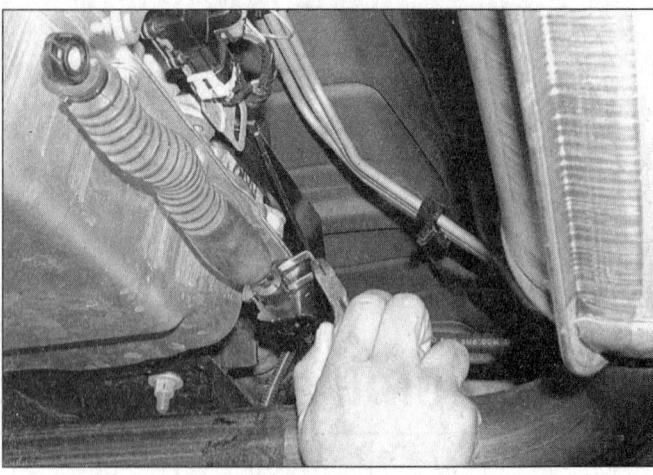

3.5 Quite el clip de retención y desconecte el cable de cambios del soporte

2   Revise el nivel de los líquidos tal como se describe en el Capítulo 1:
  a) *Si el nivel está inusualmente bajo, agregue suficiente cantidad para llevar el nivel hasta la zona designada por la varilla de medir, luego revise para ver si hay fugas externas.*
  b) *Si el nivel está anormalmente alto, drene el exceso, luego revise el líquido extraído para ver si está contaminado con refrigerante. La presencia de refrigerante del motor en el líquido de la transmisión automática indica que se ha producido una falla en las paredes del radiador interno que separan el refrigerante del líquido de la transmisión (vea el Capítulo 3).*
  c) *Si el líquido está espumando, drénelo y rellene la transmisión, luego revise para ver si hay refrigerante en el líquido o nivel de líquido alto.*

3   Revise la marcha mínima del motor. **Nota:** *Si el motor funciona mal, no continúe con las revisiones preliminares hasta que haya sido reparado y funcione normalmente.*

4   Inspeccione el cable de control de cambios (vea la Sección 3). Asegúrese de que esté ajustado correctamente y funcione suavemente.

5   Revise el ajuste del interruptor de posición estacionamiento/neutral (PNP) (vea la Sección 5).

Diagnóstico de fuga de líquidos

6   La mayoría de las fugas de líquidos son fáciles de encontrar visualmente. La reparación suele consistir en el reemplazo de un sello o una junta. Si una fuga es difícil de encontrar, el siguiente procedimiento puede ser útil.

7   Identifique el líquido. Asegúrese de que sea líquido de transmisión y no aceite de motor o aceite de freno (el líquido para transmisión automática es de color rojo oscuro).

8   Trate de detectar el origen de la fuga. Conduzca el vehículo varias millas, luego estaciónelo sobre un trozo de cartón grande. Después de un minuto o dos, debería poder encontrar la fuga y determinar el origen del líquido que gotea sobre el cartón.

9   Realice una inspección visual cuidadosa del componente sospechoso y del área que lo rodea. Preste especial atención a las superficies de contacto de las juntas. Un espejo suele ser útil para encontrar fugas en áreas difíciles de ver a simple vista.

10   Si aún así no puede encontrar la fuga, limpie el área sospechosa minuciosamente con un desengrasador o solvente, luego séquela.

11   Conduzca el vehículo varias millas a temperatura de funcionamiento normal y distintas velocidades. Después, inspecciones visualmente el componente sospechoso una vez más.

12   Una vez ubicada la fuga, se debe determinar la causa antes de poder repararla correctamente. Si se reemplaza una junta pero la pestaña del sello está doblada, la junta nueva no detendrá la fuga. Se debe enderezar la pestaña doblada.

13   Antes de intentar reparar una fuga, revise para cerciorarse de que se han corregido las siguientes condiciones o podrán causar otra fuga. **Nota:** *Algunas de las siguientes condiciones no se pueden arreglar sin herramientas y experiencia altamente especializadas. Estos problemas deben derivarse a un taller de transmisiones o al departamento de servicio de un concesionario.*

Fugas de las juntas

14   Revise el colector periódicamente. Asegúrese de que los pernos están apretados, que no falta ninguno, que la junta está en buen estado y que el colector está plano (abolladuras en el colector pueden indicar que el cuerpo de la válvula de adentro está dañado).

15   Si la junta del colector tiene fugas, el nivel o la presión del líquido pueden estar demasiado altos, la ventilación puede estar obstruida, los pernos del colector pueden estar demasiado apretados, la pestaña del sello puede estar doblada, la superficie de sellado de la caja de la transmisión puede estar dañada, la junta puede estar dañada o la fundición de la transmisión puede estar rajada o porosa. Si se usó sellador en lugar de material de junta para formar un sello entre el colector y la caja de la transmisión, puede ser el sellador equivocado.

Fugas de los sellos

16   Si un sello de la transmisión tiene fugas, el nivel o la presión del líquido pueden ser demasiado altos, la ventilación puede estar obstruida, el hueco del sello puede estar dañado, el sello mismo puede estar dañado o instalado en forma incorrecta, la superficie del eje que sobresale a través del sello puede estar dañada o un rodamiento suelto puede estar causando movimiento excesivo del eje.

17   Asegúrese de que el sello del tubo de la varilla de medir esté en buen estado y que el tubo esté asentado correctamente. Revise periódicamente el área que rodea al engranaje o al sensor de velocidad del vehículo para detectar fugas. Si el líquido de la transmisión es evidente, revise el anillo O para ver si está dañado. También inspeccione el sello de aceite del eje propulsor en busca de fugas.

Fugas de la caja

18   Si la que parece tener fugas es la caja, la fundición está porosa y tendrá que ser reparada o reemplazada.

19   Asegúrese de que las conexiones de la manguera del refrigerante de aceite estén apretadas y en buen estado. Las líneas del refrigerante de aceite de la transmisión en estos modelos están equipadas con conexiones rápidas; si sospecha que hay una fuga, inspeccione siempre los anillos O.

Sale líquido del tubo de ventilación o del de llenado

20   Si esto sucede, la transmisión está llena en exceso, hay refrigerante en el líquido, la caja está porosa, la varilla de medir es la incorrecta, la ventilación está obstruida o los orificios traseros de drenaje están tapados.

3   Cable de cambios - desmontaje, instalación y ajuste

Desmontaje

Nota: *El cable de cambios en estos modelos tiene un diseño de dos piezas, por lo que puede reemplazar un extremo del cable sin reemplazar el otro.*

1   Desconecte el cable del terminal negativo de la batería. **Precaución:** *En los modelos equipados con sistemas de audio con Theftlock, asegúrese de que la función de bloqueo esté desactivada antes de realizar algún procedimiento que requiera la desconexión de la batería (vea la información en la parte delantera de este manual).*

2   Coloque la transmisión en PARK (estacionamiento) y aplique el freno de estacionamiento.

3   Bloquee las ruedas traseras para que el vehículo no se desplace accidentalmente en ninguna dirección.

Capítulo 7 Parte B Transmisión automática

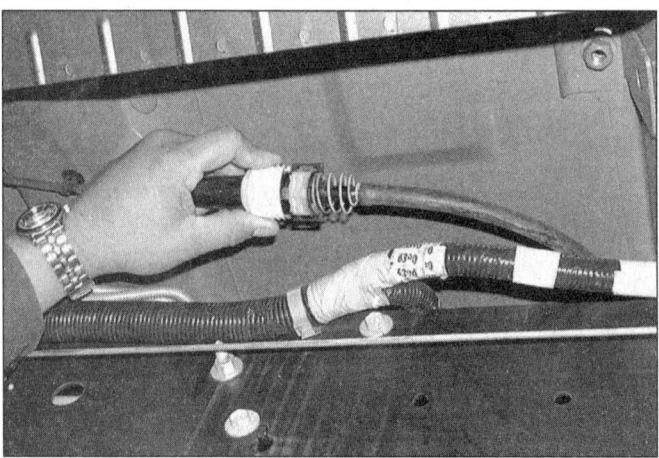

3.6 Tire el collarín de plástico blanco hacia atrás para exponer el clip de retención del conector del cable

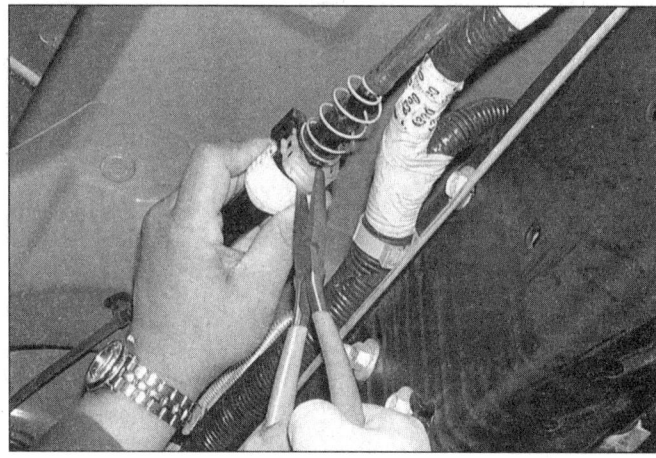

3.7 Tire hacia abajo en las pestañas del centro del clip de retención del conector para quitarlo

Cable inferior - extremo de la transmisión

Vea las ilustraciones 3.4, 3.5, 3.6, 3.7 y 3.8

4   Desconecte el cable de cambios de la palanca de cambios de la transmisión **(vea la ilustración)**.
5   Desacople el cable de cambios del soporte del cable en la transmisión **(vea la ilustración)**.
6   Coloque el conector del cable en el centro del cable. Tire el collarín de plástico blanco hacia atrás para exponer el clip de retención del conector del cable **(vea la ilustración)**.
7   Quite el clip de retención del conector del cable **(vea la ilustración)**.
8   Quite el clip de retención del cable **(vea la ilustración)**. **Nota:** *Siempre reemplace el clip de retención (clip E) del cable por uno nuevo después de la instalación.*
9   Separe las mitades del cable y quite el extremo de la transmisión del cable de cambios del vehículo.

Cable superior - extremo de la columna de dirección

Vea las ilustraciones 3.11, 3.12a, 3.12b, 3.13 y 3.16

10   Quite las cubiertas de adorno de la columna de dirección y el protector para rodillas de abajo de la columna de dirección (vea el Capítulo 11). **Nota:** *Será más fácil acceder al cable de cambios*

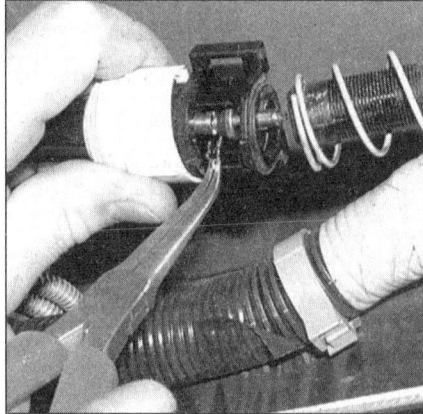

3.8 Desprenda el clip de retención del cable, separe las mitades y quite del vehículo el extremo del cable correspondiente a la transmisión

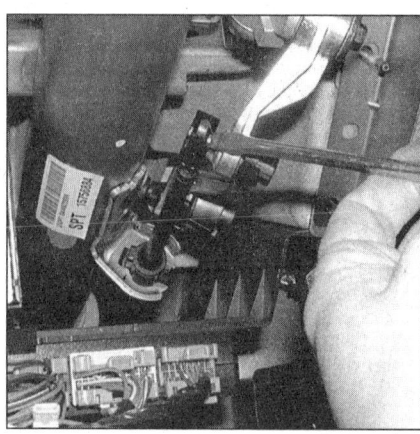

3.11 Quite el extremo del cable de cambios del brazo de la palanca de cambios

y los componentes que lo rodean si también quita el asiento del conductor, pero no es estrictamente necesario.
11   Quite el dado de la bola del cable de cambios del pivote de la bola de la palanca de cambios **(vea la ilustración)**.

12   Quite el clip de retención que asegura el cable al soporte de la columna de dirección. Presione las lengüetas y deslice el cable fuera del soporte de la columna de dirección **(vea la ilustración)**.

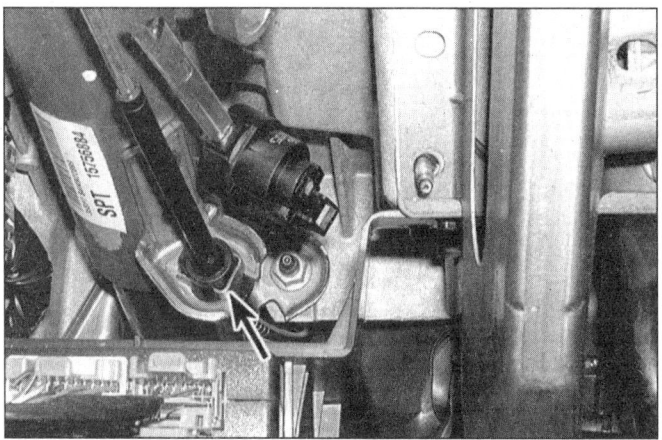

3.12a Desprenda el clip de retención del cable (flecha) . . .

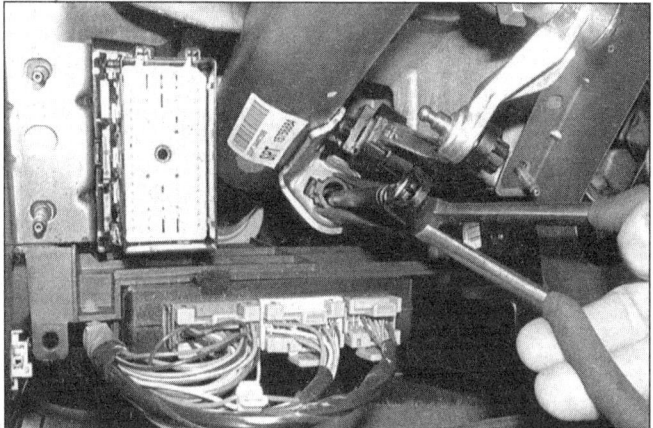

3.12b . . . presione las lengüetas y empuje el cable por el orificio en la abrazadera de la columna de dirección

Capítulo 7 Parte B Transmisión automática

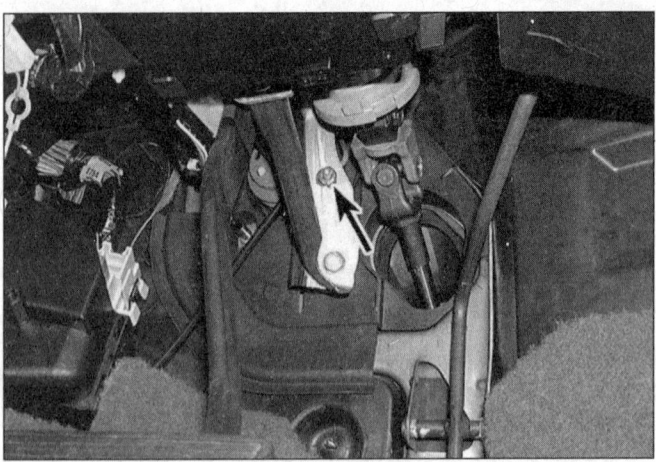

3.13 Desatornille el perno (flecha) de la parte trasera del soporte y levante el cable hasta que el gancho del otro extremo se desacople de la abrazadera de soporte de la columna de dirección

3.16 La arandela aislante del cable se encuentra en el panel del piso del vehículo, frente al asiento del conductor

13 Trabajando debajo de la columna de dirección, quite el perno y el alambre de soporte del cable que asegura el cable a la mitad inferior de la columna de dirección **(vea la ilustración)**.

14 Trabajando debajo del vehículo, realice los pasos 6 a 8 para separar el cable de cambios superior del cable de cambios inferior.

15 Trabajando nuevamente dentro del compartimiento de pasajeros, quite el umbral de la puerta y el panel para pie izquierdo del vehículo; luego, retire la alfombra.

16 Siga el cable hasta la arandela aislante del cable (el punto en el que atraviesa el panel del piso). Quite la arandela aislante haciendo palanca y tire del cable superior hacia arriba por el orificio en el piso para retirarlo **(vea la ilustración)**.

Instalación y ajuste
Vea la ilustración 3.20

17 La instalación de cualquiera de los cables se realiza en forma inversa al desmontaje, con las siguientes excepciones:

18 Asegúrese de que la palanca de cambios del conductor y la de la transmisión estén en la posición Park (estacionamiento).

19 Antes de unir las mitades del cable, será necesario insertar un nuevo clip de retención (clip E) sobre la mitad hembra del cable en el conector del cable **(vea la ilustración 3.8)**.

20 Con ambas manos, alinee la mitad macho del cable con la mitad hembra y empuje las mitades de los conectores hasta que el resorte de ajuste azul esté completamente comprimido. Esto acopla el extremo macho del cable al clip E en el extremo hembra del cable y asegura la unión **(vea la ilustración)**.

21 Suelte el extremo inferior (transmisión) del cable y deje que el resorte azul autoajuste el cable. El resorte debe ser autónomo para poder ajustar el cable correctamente sin ayuda.

22 Tire hacia atrás el collarín de plástico blanco en el extremo superior (columna de dirección) del conector del cable e inserte el clip de retención del conector del cable **(vea la ilustración 3.6)**.

23 Verifique que el clip de retención del conector del cable esté completamente asentado y que el collarín de plástico blanco se deslice hacia atrás por él. Pruebe el vehículo para comprobar que los cambios funcionan correctamente.

4 Sistema Park/Lock (estacionamiento/bloqueo) - descripción y reemplazo de los componentes

Descripción

1 El sistema de estacionamiento/bloqueo impide mover la palanca de cambios fuera de Park (estacionamiento) a menos que se presione el pedal del freno simultáneamente. También evita que se quite la llave de ignición del interruptor de ignición a menos que la palanca de cambios esté en Park (estacionamiento). Cuando arranca el auto, se energiza un solenoide que bloquea la palanca de cambios en Park (estacionamiento); cuando se presiona el pedal de freno, el solenoide se desactiva y desbloquea la palanca de cambios para que se la pueda mover a otra marcha.

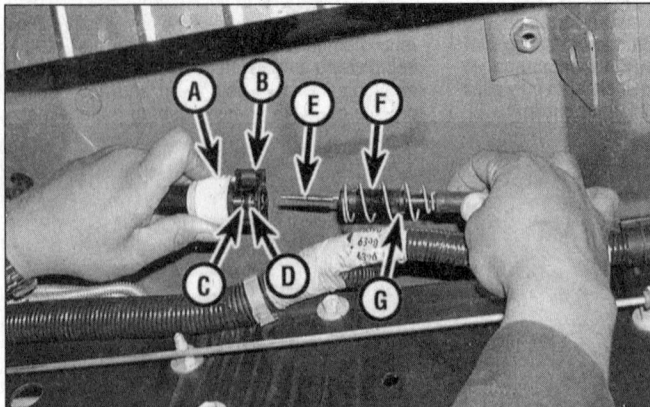

3.20 Detalles de la instalación del conector del cable de cambios (ajuste)

- A Collarín de plástico blanco
- B Conector del cable de cambios (extremo de la columna de dirección)
- C Clip de retención (clip E) cable de cambios
- D Cable de cambios (mitad hembra)
- E Cable de cambios (mitad macho)
- F Conector del cable de cambios (extremo de la transmisión)
- G Resorte de ajuste

4.6 Con la llave de ignición en la posición Accessory (accesorio) y el dispositivo de cambios en Park (estacionamiento), presione la traba del cable (A) y desconéctelo de la caja del cilindro de cerradura; luego, quite los tornillos de retención de la compuerta de la palanca de cambios (B) y quite el cable de la caja de la columna de dirección

4.15 El solenoide de interbloqueo de cambios de freno/transmisión (BTSI) (flecha) se encuentra en el lado derecho de la columna de dirección, encima del cable de cambios

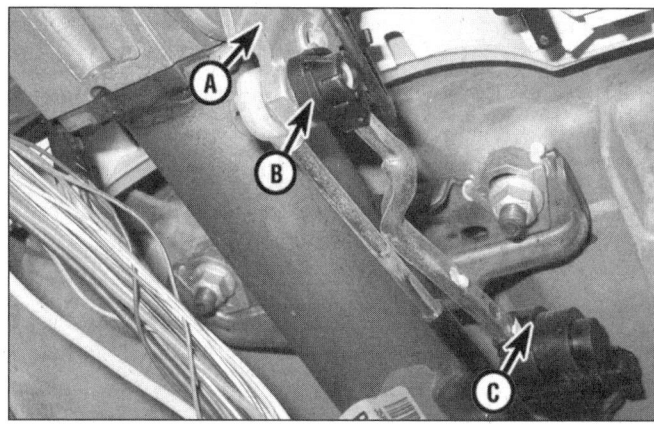

4.19 Detalles del conjunto del solenoide de interbloqueo de cambios de freno/transmisión (BTSI)

A   Palanca de cambios
B   Arandela aislante y pasador de montaje
C   Solenoide de BTSI

Reemplazo del cable

Vea la ilustración 4.6

2   Desmonte las cubiertas de la columna de dirección (vea el Capítulo 11).
3   Coloque la palanca de cambios en la posición Park (estacionamiento).
4   Coloque la llave de ignición en la posición Accessory (accesorio).
5   Inserte la hoja de un destornillador en la ranura de la caja del cilindro de cerradura, presione la traba del cable y desconecte el cable de la caja del cilindro de cerradura.
6   Quite la compuerta de la palanca de cambios (vea la ilustración).
7   Deslice el extremo opuesto del cable fuera de la caja de la columna de dirección y quítelo del vehículo. Observe que el extremo enganchado del cable se extrajo de la caja del cilindro de cerradura y el extremo redondo se retiró de la caja de la columna de dirección.
8   Asegúrese de que la llave de ignición esté en la posición Accessory (accesorio) y que la palanca de cambios esté en la posición Park (estacionamiento) antes de instalar el cable.
9   Cuando instale el extremo del cable correspondiente a la columna de dirección, inserte el cable en la guía en la caja de la columna de dirección; luego, alinee la pestaña de plástico del cable con la ranura en la compuerta de la palanca de cambios e instale la compuerta.
10   Cuando instale el extremo del cable correspondiente al cilindro de cerradura, asegúrese de empujar la pestaña de bloqueo del conector del cable dentro de la caja del cilindro de cerradura hasta que haga clic.
11   Revise el funcionamiento del cable de estacionamiento/bloqueo y asegúrese de que no se pueda quitar la llave de ignición si la palanca de cambios no está en Park (estacionamiento).
12   El resto de la instalación se realiza en forma inversa al desmontaje.

Reemplazo del solenoide de interbloqueo de cambios de freno/transmisión (BTSI)

Vea la ilustración 4.15

13   Desmonte las cubiertas de la columna de dirección (vea el Capítulo 11).
14   Desconecte el conector eléctrico del solenoide.
15   Haga palanca en cada extremo del solenoide para retirarlo de sus pasadores de montaje y quítelo de la columna de dirección (vea la ilustración).
16   La instalación se realiza en forma inversa al desmontaje.

Ajuste del BTSI

Vea las ilustraciones 4.19 y 4.20

17   Desmonte las cubiertas de la columna de dirección (vea el Capítulo 11).
18   Coloque la palanca de cambios en la posición Park (estacionamiento).
19   Desconecte el conector eléctrico del solenoide de BTSI del solenoide de BTSI (vea la ilustración).
20   Extraiga la pestaña del bloque del solenoide de BTSI (vea la ilustración).
21   Presione el bloque del solenoide de BTSI hacia abajo y, simultáneamente, deslice el conjunto lo más lejos posible del accionador del solenoide de BTSI hacia afuera.
22   Empuje la pestaña hacia adentro para trabar el solenoide de BTSI en su posición. Asegúrese de empujar la pestaña de bloqueo en la caja del solenoide de BTSI hasta que haga clic en su lugar.
23   Instale el conector eléctrico.
24   Revise el funcionamiento del sistema de estacionamiento/bloqueo y asegúrese de que no se pueda quitar la llave de ignición si la palanca de cambios no está en Park (estacionamiento).
25   El resto de la instalación se realiza en forma inversa al desmontaje.

---

5   Interruptor de posición estacionamiento/neutral (PNP)/ interruptor de luces de marcha atrás - reemplazo y ajuste

---

Reemplazo

Vea las ilustraciones 5.6, 5.7 y 5.8

1   Desconecte el cable del terminal negativo de la batería. **Precaución:** *En los modelos equipados con el sistema de audio Theftlock, asegúrese de que la función de bloqueo esté desactivada antes de realizar cualquier procedimiento que requiera desconectar la batería (vea el principio de este manual).*
2   Aplique el freno de estacionamiento y coloque la palanca de cambios en Neutral.
3   Ubique el interruptor de posición estacionamiento/neutral (PNP) que está montado sobre la transmisión en la palanca manual.

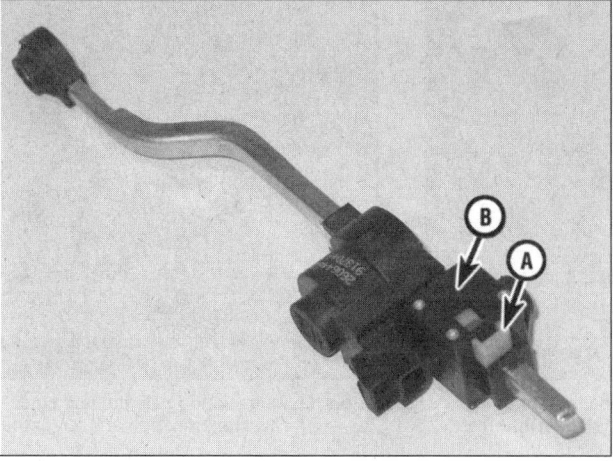

4.20 Quite la pestaña accionadora del solenoide de BTSI (A), presione el bloque (B) y deslice el conjunto fuera de la columna de dirección (se quitó el conjunto de BTSI para mayor claridad)

7B-6   Capítulo 7 Parte B Transmisión automática

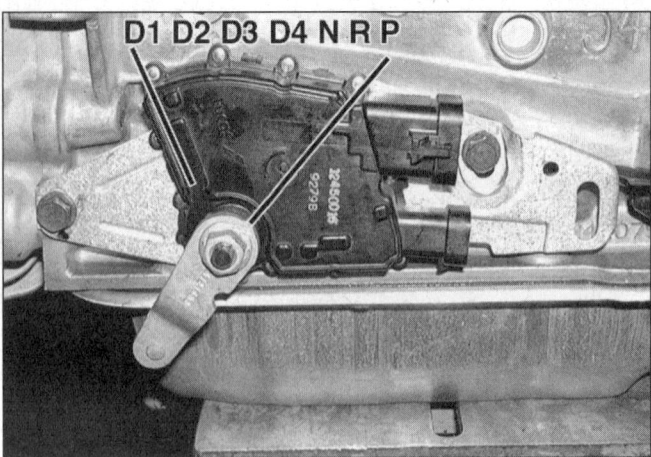

5.6 Detalles de las posiciones de la palanca manual de la transmisión

5.7 Quite la tuerca de retención de la palanca manual (A), la palanca manual (B) y los pernos de montaje del interruptor (C)

4   Desconecte el cable de cambios de la palanca manual.
5   Desconecte los conectores eléctricos del interruptor de PNP.
6   Retire la tuerca de retención de la palanca manual y quite la palanca. **Nota:** *Tenga cuidado de no mover la palanca manual de la posición Neutral mientras hace esto. Si la palanca se mueve, vuelva a insertar la palanca manual en el eje de cambios sin ajustarla y reposiciónela en la posición Neutral antes de quitar el interruptor de PNP* **(vea la ilustración)**.
7   Quite los pernos de retención del interruptor y desconéctelo de la transmisión **(vea la ilustración)**.
8   Si va a instalar un interruptor nuevo, alinee las ranuras del interruptor (donde se inserta el eje) con la muesca en el cuerpo del interruptor **(vea la ilustración)**. Luego instale el interruptor en el eje.
9   Si va a instalar el interruptor viejo, simplemente alinee las caras planas del eje de cambios con las del interruptor de posición estacionamiento/neutral e instálelo.
10   Instale y ajuste los pernos de montaje del interruptor al torque indicado en las Especificaciones de este capítulo.

11   Instale la palanca manual y ajuste la tuerca al torque indicado en las Especificaciones de este capítulo.
12   Conecte el cable de cambios y reconecte los conectores eléctricos.
13   El resto de la instalación se realiza en forma inversa al desmontaje.

Ajuste

14   Verifique que el motor arranque sólo en Park (estacionamiento) o Neutral. Si arranca en cualquier otra marcha, será necesario reajustar el interruptor.
15   Para ajustar el interruptor, afloje los pernos de montaje del mismo y gírelo ligeramente hacia un lado o el otro hasta que el motor ahora sólo arranque en Park (estacionamiento) o Neutral. Luego apriete los pernos de montaje.

6   Sello de aceite de la caja de extensión (tracción en dos ruedas) - reemplazo

Vea las ilustraciones 6.4 y 6.5
1   Las fugas de aceite generalmente se producen debido al desgaste del sello de aceite de la carcasa de extensión. Reemplazar este sello es una tarea relativamente fácil, ya que se puede realizar sin desmontar la transmisión del vehículo.
2   El sello de aceite de la caja de extensión se encuentra en el extremo trasero de la transmisión, donde está fijado el eje propulsor. Si sospecha que hay alguna fuga en el sello, levante el vehículo y apóyelo de manera segura sobre soportes de gato. Si hay una fuga en el sello, el lubricante de la transmisión se acumulará en la parte delantera del eje propulsor y puede gotear de la parte trasera de la transmisión.
3   Quite el eje propulsor (vea el Capítulo 8).
4   Con una herramienta para extraer sellos o un destornillador grande, haga palanca con cuidado en el sello de aceite para retirarlo de la parte trasera de la transmisión **(vea la ilustración)**. No dañe las estrías del eje de salida de la transmisión.
5   Con una guía para sellos, una sección grande de tubo o un dado profundo muy grande como deslizador, instale el sello de aceite nuevo **(vea la ilustración)**. Guíelo perfectamente hasta el hueco y asegúrese de que esté completamente asentado.
6   Lubrique las estrías del eje de salida de la transmisión y la parte exterior del yugo del eje propulsor con grasa liviana; luego, instale el eje

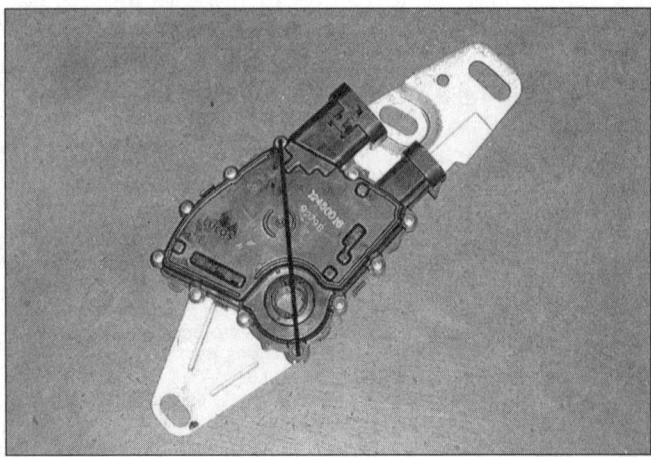

5.8 Antes de instalar el interruptor de PNP, alinee las pestañas del interruptor con las muescas en el cuerpo del interruptor; ésta es la posición Neutral

6.4 Quite haciendo palanca con cuidado el sello viejo de la caja de extensión; no dañe las estrías del eje de salida

Capítulo 7 Parte B Transmisión automática

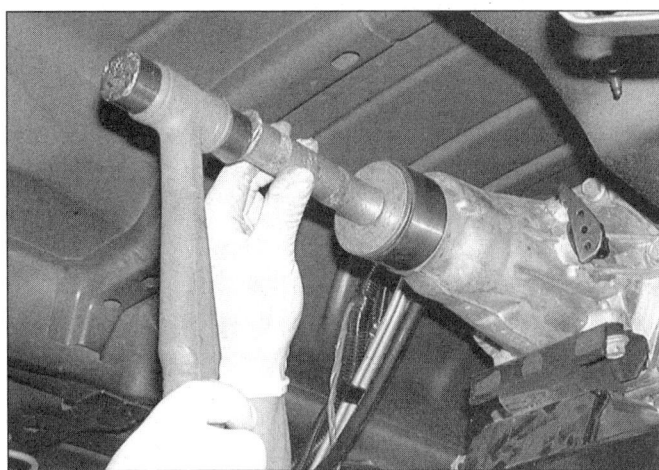

6.5 Coloque el sello nuevo en su lugar con una guía para sellos o un dado grande y un martillo

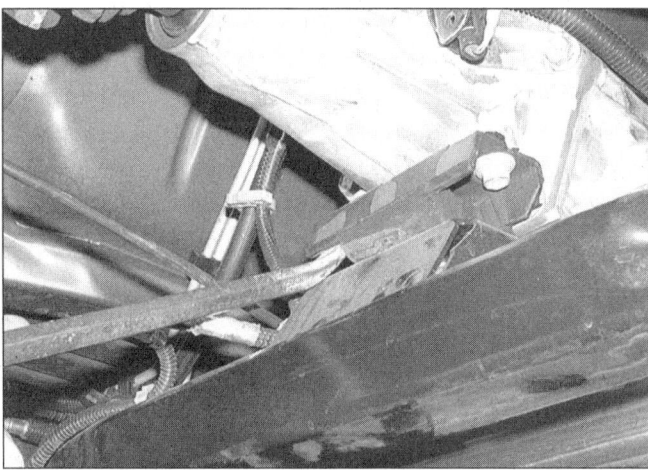

7.2 Para revisar la montura de la transmisión, inserte un destornillador grande o haga palanca entre el travesaño y la transmisión, e intente levantarla; se debería mover muy poco (se muestra en los modelos con tracción en dos ruedas)

propulsor (vea el Capítulo 8). Tenga cuidado de no dañar el labio del sello nuevo.

7 Montura de la transmisión - revisión y reemplazo

Revisión
Vea la ilustración 7.2
1 Levante el vehículo y sosténgalo de manera segura sobre soportes de gato.
2 Inserte un destornillador grande o una palanca en el espacio entre la caja de extensión de la transmisión y el travesaño, e intente levantar ligeramente la transmisión **(vea la ilustración)**.
3 La transmisión no debe moverse mucho; si la montura está rajada o dañada, reemplácela.

Reemplazo
Vea las ilustraciones 7.4a y 7.4b
4 Para reemplazar la montura, quite los pernos o tuercas que la fijan al travesaño y los pernos que fijan la montura a la transmisión **(vea las ilustraciones)**.
5 Levante ligeramente la transmisión con un gato y retire la montura.
6 La instalación se realiza en forma inversa al desmontaje. Asegúrese de apretar bien todas las tuercas y los pernos.

8 Transmisión automática - desmontaje e instalación

Desmontaje
Vea las ilustraciones 8.6, 8.8a, 8.8b, 8.9, 8.11, 8.12, 8.13a, 8.13b, 8.17, 8.18a y 8.18b
Precaución: *Debe desmontar la transmisión y el convertidor de torque como un solo conjunto. Si intenta dejar el convertidor de torque conectado al plato de transmisión, se dañarán el plato de transmisión del convertidor, el buje de la bomba y el sello de aceite. El plato de transmisión no está diseñado para soportar la carga, por lo que no debe dejar ningún peso de la transmisión sobre el plato durante el desmontaje.*
1 Desconecte el cable del terminal negativo de la batería. **Precaución:** *En los modelos equipados con el sistema de audio Theftlock, asegúrese de que la función de bloqueo esté desactivada antes de realizar cualquier procedimiento que requiera desconectar la batería (vea el principio de este manual).*
2 Levante el vehículo y sosténgalo de manera segura sobre soportes de gato. Desmonte la placa protectora y el travesaño de la placa protectora, si los tiene.
3 Quite el tapón de drenaje de la bandeja de aceite de la transmisión y drene el líquido de transmisión (vea el Capítulo 1).
4 Quite todos los componentes del escape que interfieran con el desmontaje de la transmisión (vea el Capítulo 4).
5 Quite los tirantes del motor a la transmisión, si los tiene.
6 Quite el tapón de inspección en el fondo de la campana de embrague y marque la relación

7.4a Perno que fija la montura de la transmisión al travesaño

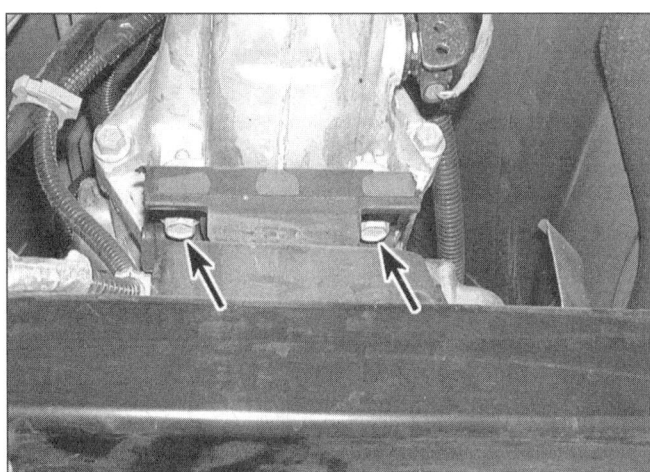

7.4b Pernos que fijan la montura de la transmisión al travesaño (flechas)

7B-8 Capítulo 7 Parte B Transmisión automática

8.6 Quite el tapón de inspección y marque la relación entre el convertidor de torque y el plato de transmisión

8.8a Perno de retención (flecha) de la cubierta de la campana de embrague del lado del pasajero

8.8b Perno de retención (flecha) de la cubierta de la campana de embrague del lado del conductor

8.9 Con un destornillador grande calzado entre los dientes de la corona del plato de transmisión y la campana de embrague, quite los pernos que fijan el convertidor de torque al plato de transmisión; la flecha muestra uno de los tres pernos

entre el convertidor de torque y el plato de transmisión para poder instalarlos en la misma posición (**vea la ilustración**).
7 Retire el motor de arranque (vea el Capítulo 5).
8 Retire las cubiertas de plástico de cada lado de la campana de embrague (**vea las ilustraciones**).
9 Quite los pernos del convertidor de torque al plato de transmisión (**vea la ilustración**). Gire el cigüeñal para acceder a cada perno. Gire el cigüeñal únicamente en sentido horario (visto de frente).
10 Marque los yugos y quite el eje propulsor (vea el Capítulo 8). En los modelos con doble tracción, quite ambos ejes propulsores.
11 Trabajando del lado izquierdo de la transmisión, desconecte el cable de cambios de la transmisión (vea la Sección 3) y los conectores eléctricos del interruptor de posición de estacionamiento/neutral (vea la Sección 5). También quite los pernos que aseguran el soporte del mazo de cables al lado izquierdo de la transmisión (**vea la ilustración**). En los modelos 4L60-E, desatornille de la transmisión la abrazadera de soporte de la línea de combustible.
12 Trabajando del lado derecho de la transmisión, quite el protector contra calor (**vea la ilustra-**

ción). Luego desconecte los conectores eléctricos del solenoide de la transmisión y del sensor de velocidad del vehículo (vea el Capítulo 6).

13 Desconecte las líneas de enfriamiento de la transmisión del lado derecho de la transmisión y el motor (**vea las ilustraciones**). Para desconectar las líneas de la transmisión, simplemente desen-

8.11 Quite el perno (flecha) que asegura el soporte del mazo de cables al lado izquierdo de la transmisión

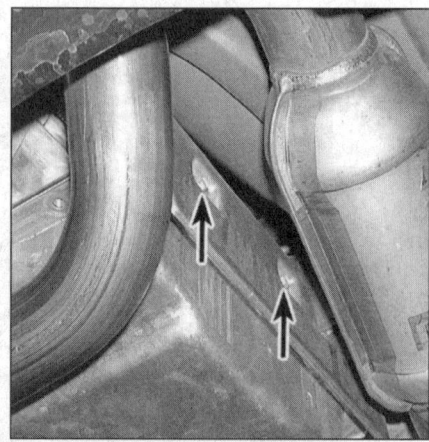

8.12 Quite los pernos de montaje del protector contra calor (flechas)

Capítulo 7 Parte B Transmisión automática 7B-9

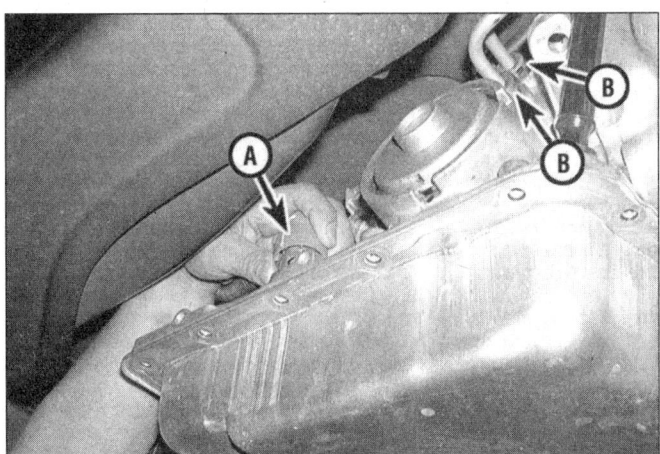

8.13a Trabajando del lado del pasajero, desconecte el conector eléctrico del solenoide (A) y las líneas de enfriamiento de aceite de la transmisión (B)

8.13b También desconecte la abrazadera (flecha) que asegura las líneas de enfriamiento de aceite de la transmisión a la bandeja de aceite

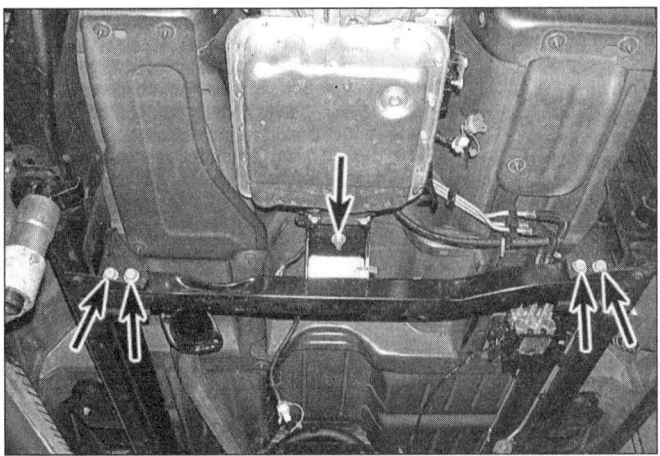

8.17 Pernos de montaje (flechas) del travesaño de la transmisión

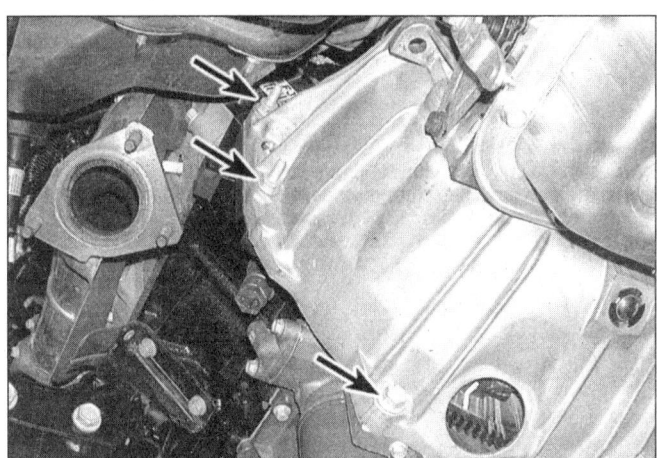

8.18a Pernos (flechas) de la campana de embrague del lado del conductor

ganche el collarín plástico de la conexión rápida; luego, retire el clip de retención de la conexión rápida haciendo palanca y quite las líneas. Tape los extremos de las líneas para evitar fugas de líquido después de desconectarlas. Asegúrese siempre de inspeccionar los anillos O de las líneas de enfriamiento antes de la reinstalación.

14 En los modelos con doble tracción, desmonte la caja de transferencia (vea el Capítulo 7C). **Nota:** *Si no planea reemplazar la transmisión, pero la desmonta para poder acceder a otros componentes, como el convertidor de torque, en realidad no es necesario retirar la caja de transferencia. No obstante, es muy incómodo y pesado desmontar e instalar la transmisión y la caja de transferencia como un único conjunto; son mucho más fáciles de retirar e instalar como unidades separadas.* Si decide dejar la caja de transferencia colocada, desconecte la varilla de cambios (sólo en los modelos con cambios manuales) de la palanca de cambios de la caja de transferencia. También desconecte los conectores eléctricos de los sensores de velocidad de la caja de transferencia y retire el tubo de ventilación de la caja de transferencia (vea el Capítulo 7C). **Advertencia:** *Si decide dejar la caja de transferencia conectada a la transmisión, asegúrese de utilizar cadenas de seguridad para ayudar a estabilizar el conjunto de*

la transmisión y la caja de transferencia, y evitar que se caiga de la cabeza del gato, lo que podría causar daños graves en la transmisión y/o la caja de transferencias, y graves lesiones a usted.

15 Sostenga el motor con un gato. Coloque un bloque de madera debajo de la bandeja de aceite para distribuir la carga.

16 Sostenga la transmisión con un gato, preferentemente un gato hecho especialmente para este propósito (disponible en la mayoría de los talleres de alquiler de herramientas). Las cadenas de seguridad ayudarán a estabilizar la transmisión sobre el gato.

17 Quite los pernos que aseguran la montura de la transmisión al travesaño. Luego eleve ligeramente la transmisión y quite el travesaño **(vea la ilustración)**.

18 Quite los pernos que aseguran la transmisión al motor **(vea las ilustraciones)**. Una extensión larga y un dado de junta U simplificarán mucho este paso. **Nota:** *Los pernos superiores son más fáciles de quitar después de bajar la transmisión (vea el siguiente Paso).*

19 Baje ligeramente el motor y la transmisión, y quite el perno de soporte del tubo de llenado/varilla de medir y retire el tubo de la transmisión. No afloje el sello del tubo (se puede volver a utilizar si está en buenas condiciones).

20 Sujete con abrazaderas un par de tenazas de sujeción pequeñas sobre la caja de la campana de embrague a través del orificio de inspección

8.18b Pernos (flechas) de la campana de embrague del lado del pasajero; hay tres pernos más en la parte superior de la campana de embrague que no son visibles en esta foto

inferior. Sujételas justo frente al convertidor de torque, detrás del plato de transmisión. Las tenazas evitaran que el convertidor de torque se caiga mientras quita la transmisión. Mueva la transmisión hacia atrás para desengancharla de las clavijas del bloque del motor y asegúrese de que el convertidor de torque se desprenda del plato de transmisión. Baje la transmisión con el gato.

Instalación

21 Antes de la instalación, asegúrese de que el convertidor de torque esté enganchado de manera segura a la bomba. Si quitó el convertidor, aplique una pequeña cantidad de líquido de transmisión sobre el cubo trasero del convertidor de torque, donde hace contacto con el sello delantero de la transmisión. Instale el convertidor de torque en el eje de entrada delantero de la transmisión mientras gira el convertidor en ambas direcciones. Debe acoplarse por etapas dentro de la bomba delantera de la transmisión. Para asegurarse de que esté completamente acoplado, coloque una regla en la superficie de contacto de la transmisión al motor y asegúrese de que las orejetas del convertidor estén al menos 3/4 de pulgada por debajo de la regla. Vuelva a instalar las tenazas de sujeción para mantener el convertidor en esta posición.

22 Con la transmisión fijada al gato, levántela hasta que esté en posición.

23 Gire el convertidor de torque para alinear los orificios con los orificios del plato de transmisión. Las marcas hechas en el convertidor de torque y el plato de transmisión en el Paso 6 deben estar alineadas.

24 Mueva con cuidado la transmisión hacia adelante hasta que las clavijas y el convertidor de torque se acoplen. Asegúrese de que la transmisión coincida con el motor sin espacios. Si hay algún espacio, asegúrese de que no haya cables ni otros objetos presionados entre el motor y la transmisión, y también de que el convertidor de torque esté completamente acoplado en la bomba delantera de la transmisión. Trate de girar el convertidor; si no gira con facilidad, probablemente no esté completamente acoplado a la bomba. De ser necesario, baje la transmisión e instale el convertidor completamente.

25 Instale el tubo de la varilla de medir de la transmisión y el sello en la caja de transmisión; luego, instale los pernos de la transmisión al motor y apriételos firmemente. Mientras aprieta los pernos, asegúrese de que el motor y la transmisión coincidan completamente en todos los puntos. De no ser así, averigüe por qué. ¡Nunca intente forzar la unión del motor y la transmisión con los pernos o romperá la caja de la transmisión!

26 Eleve la parte trasera de la transmisión e instale el travesaño.

27 Retire los gatos que soportan la transmisión y el motor.

28 Instale los pernos que fijan el convertidor de torque al plato de transmisión. Ajústelos al torque indicado en las Especificaciones de este capítulo. Instale las cubiertas de plástico de la campana de embrague.

29 Instale el motor de arranque (vea el Capítulo 5).

30 Instale anillos de retención nuevos en las conexiones rápidas. **Nota:** *No empuje los anillos de retención en las conexiones. En cambio, enganche uno de los extremos del clip en una ranura de la conexión y luego gire el otro extremo del anillo a la otra ranura. Si el anillo de retención no se instala de esta manera, puede extenderse y no podrá retener las líneas de enfriamiento con seguridad.* Conecte las líneas de enfriamiento del líquido de transmisión a las conexiones, asegurándose de que hagan clic; luego, presione las tapas de plástico en las conexiones.

31 Conecte los conectores eléctricos de la transmisión e instale el protector contra calor.

32 Conecte el cable de cambios (vea la Sección 3).

33 Instale la cubierta de inspección del convertidor de torque.

34 En los modelos con doble tracción, instale la caja de transferencia si se la retiró (vea el Capítulo 7C).

35 Instale los ejes propulsores (vea el Capítulo 8).

36 Ajuste el cable de cambios (vea la Sección 3).

37 Instale todos los componentes del sistema de escape que se hayan quitado o desconectado (vea el Capítulo 4).

38 Quite los soportes de gato y baje el vehículo.

39 Llene la transmisión con el líquido especificado (vea el Capítulo 1), haga funcionar el motor y revise si hay fugas.

Capítulo 7 Parte C
Caja de transferencia

Contenido

	Sección		Sección
Caja de transferencia - desmontaje e instalación	9	Motor de cambio de la caja de transferencia (modelos de cambio eléctrico) - reemplazo	5
Información general	1	Palanca de cambios (modelos de cambio manual) - desmontaje e instalación	2
Interruptor de control de la caja de transferencia (modelos de cambio eléctrico) - reemplazo	4	Reacondicionamiento de la caja de transferencia - información general	10
Mecanismo de cambios (modelos de cambio manual) - ajuste	3	Sello de aceite - reemplazo	8
Módulo de control de la caja de transferencia (modelos de cambio eléctrico) - reemplazo	7	Sensores de velocidad de la caja de transferencia (modelos de cambio eléctrico) - información general	6

Especificaciones

Especificaciones de apriete

Lb-pie (a menos que se indique lo contrario)

Pernos de la palanca de cambios a la bandeja del piso	108 lb-pulg
Perno de ajuste del mecanismo de cambios	132 lb-pulg
Pernos de montaje del motor de cambios	18
Pernos de la caja de transferencia a la transmisión	37
Soportes de la caja de transferencia a la transmisión	37

1 Información general

Los modelos con doble tracción están equipados con una caja de transferencia montada en la parte trasera de la transmisión. La potencia se transmite desde el motor a la transmisión a la caja de transferencia y a los ejes delantero y trasero mediante ejes propulsores.

Ésta es una lista de las cajas de transferencia disponibles en los vehículos cubiertos en este manual:

Caja de transferencia manual
New Venture - NVG 261 NP2

Cajas de transferencia automáticas
New Venture - NVG 236 NP8
New Venture - NVG 246-NP8
New Venture - NVG 149-NP
New Venture - NVG 149-NP3
New Venture - NVG 263-NP1
New Venture - NVG 261-NP2
Borg Warner - BW 4481-NR3
Borg Warner - BW 4482-NR4

La caja de transferencia de cambios manual tiene cuatro selecciones de marcha: alta en tracción en dos ruedas, alta en doble tracción, baja en doble tracción y neutral. La caja de transferencia de cambios automática tiene cinco selecciones de marcha, dependiendo del modelo: alta en tracción en dos ruedas, alta en doble tracción, baja en doble tracción, neutral y doble tracción automática.

Los modelos Avalanche están equipados con cajas de transferencia seleccionables automáticas para doble tracción. La New Venture Gear (NVG) 246-NP8 es una caja de transferencia de medio tiempo con doble tracción seleccionable (doble tracción automática). En esta modalidad, la computadora a bordo utiliza la información del sensor para programar la respuesta de la tracción en las cuatro ruedas a la caja de transferencia y los ejes impulsores. La Borg Warner (BW) 4481-NR3 es una caja de transferencia de doble tracción de una velocidad que utiliza un diferencial de tipo planetario para distribuir una división de torque de 40/60, adelante/atrás. La BW 4482-NR4 es una caja de transferencia de doble tracción de dos velocidades que utiliza dos conjuntos diferentes de engranajes planetarios para distribuir el torque a los ejes impulsores.

La NVG 149-NP3 es una caja de transferencia de doble tracción de una sola velocidad (modo único) que está equipada con un acoplamiento viscoso. Una vez que el acoplamiento viscoso detecta deslizamiento de velocidad de las ruedas, la resistencia calienta el líquido de silicona dentro del acoplamiento viscoso, bloqueando los platos entre sí. La desviación del torque se distribuye mediante un engranaje diferencial planetario.

No recomendamos que intente reconstruir ninguna de estas cajas de transferencia en su hogar. Son difíciles de reconstruir si no se tienen herramientas especiales, además están disponibles unidades reconstruidas a un costo menor que lo que costaría reconstruirla usted mismo. Sin embargo, hay una cantidad de componentes que usted *puede* revisar, ajustar y/o reemplazar - los cuales se examinan en este capítulo.

Sistema manual de cambios en movimiento (MSOF)

El sistema manual de cambios en movimiento (MSOF) permite que el conductor seleccione manualmente uno de cuatro rangos: alta en tracción en dos ruedas, alta en doble tracción, baja en doble tracción o neutral. El conductor puede cambiar entre alta en tracción en dos ruedas y alta en doble tracción a velocidades de hasta 5 mph (hasta 45 mph a temperaturas inferiores a 32 °F). La baja en doble tracción o neutral sólo se puede engranar o desengranar cuando se desacelera el vehículo a una velocidad de menos de tres mph y cambiando la transmisión a neutral o presionando el pedal de embrague en los vehículos equipados con transmisión manual (éste no es un cambio sincronizado).

Cuando se cambia de tracción en dos ruedas a doble tracción, la luz indicadora de doble tracción del tablero se ilumina y el interruptor de la caja de transferencia envía una señal al motor de cambios del eje delantero para que acople el eje y bloquee los ejes impulsores delanteros en conjunto.

Sistema electrónico de cambios en movimiento (ESOF)

El sistema electrónico de cambios en movimiento (ESOF) provee al conductor los mismos cuatro rangos (alta en tracción en dos ruedas, alta en doble tracción, baja en doble tracción o neutral) que el sistema MSOF con una opción adicional (quinta) de doble tracción, denominada doble tracción automática. La misma regla se aplica para cambiar de alta en tracción en dos ruedas a alta en doble tracción, y para cambiar de baja en doble tracción a neutral. Sin embargo, el medio por el que el cambio se inicia es electrónico. Cambiar al rango de doble tracción automática requiere el mismo procedimiento que para cambiar de alta en tracción en dos ruedas a alta en doble tracción, donde el conductor puede cambiar la caja de transferencia a doble tracción automática a velocidades de hasta 55 mph (hasta 45 mph en temperaturas inferiores a 32 °F). Cuando cambia a baja en doble tracción, el conductor debe esperar a que la luz de baja en doble tracción deje de parpadear y se ilumine totalmente antes de cambiar la transmisión a una marcha.

Cuando se selecciona cualquier rango en un interruptor del tablero, el modulo de control de cambios de la caja de transferencia recibe una señal de voltaje ordenándole energizar el motor de cambios de la caja de transferencia, haciendo rotar así el eje del sector (en sentido horario o antihorario) y cambiando la caja de transferencia a la marcha apropiada. Una vez que la caja de transferencia está posicionada en la marcha adecuada, el módulo de control de transmisión enviará una señal para acoplar el eje delantero.

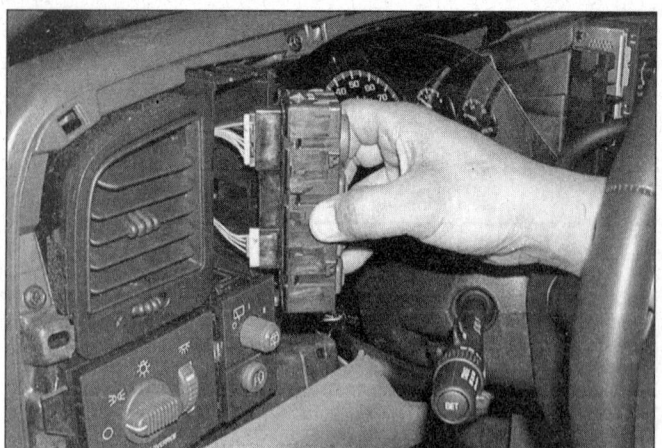

4.3 Levante las pestañas de retención y retire el interruptor de control de la caja de transferencia del panel de instrumentos: luego, desconecte los conectores eléctricos

5.5 Desconecte el conector eléctrico y quite los pernos de retención del motor de cambio eléctrico (flecha)

El codificador de la caja de transferencia está montado en el motor de cambios y se utiliza para retransmitir la posición del eje del sector al módulo de control de cambios de la caja de transferencia. La caja de transferencia también incorpora un seguro de motor para asegurar que la caja de transferencia permanezca en la posición de marcha actual. Cuando se presiona el botón de doble tracción automática, el seguro del motor permanece en modo adaptativo de manera de poder ser aplicado o liberado mientras el módulo de control de cambios de la caja de transferencia determina si el vehículo debe estar en tracción en dos ruedas o en doble tracción.

La función de doble tracción automática (A4WD) permite que la caja de transferencia cambie de alta en tracción en dos ruedas a alta en doble tracción en varias condiciones de caminos. Cuando el módulo de control de cambios de la caja de transferencia recibe información de deslizamiento de ruedas girando desde los sensores de velocidad montados en los ejes de salida delantero y trasero de la caja de transferencia, el módulo de control de cambios acoplará el motor de control de cambios para cambiar la caja de transferencia de tracción en dos ruedas a doble tracción. Cuando el módulo de control de cambios recibe información de que la rotación de las ruedas es la misma en los dos ejes, enviará una señal al motor de control de cambios para que vuelva a colocar la caja de transferencia en tracción en dos ruedas.

Una función útil de la caja de transferencia NVG 263-NP1 es que tiene una posición neutral. En esta posición, la transmisión y la caja de transferencia no se ven forzadas a girar cuando se remolca el vehículo, evitando el desgaste de estos componentes. Para engranar Neutral, presione los botones 4Lo y 2Hi al mismo tiempo y manténgalos presionados durante diez segundos. Se encenderá la luz roja Neutral en el panel de interruptores a la izquierda del volante.

2 Palanca de cambios (modelos de cambio manual) - desmontaje e instalación

1 Levante la parte delantera del vehículo y apóyela de manera segura sobre soportes de gato.
2 Trabajando debajo del vehículo, desconecte el mecanismo de cambios de la palanca de control de cambios. Esto se hace simplemente tirando del dado de la bola del mecanismo de cambios hacia afuera del pivote de la bola de la palanca de cambios.
3 Trabajando en el compartimento de pasajeros del vehículo, desatornille la perilla de la palanca de cambios.
4 Retire los tornillos de retención del marco de la palanca de cambios y quite el marco.
5 Quite los pernos de retención de la palanca de cambios y retire la palanca.
6 La instalación se realiza en forma inversa al desmontaje.

3 Mecanismo de cambios (modelos de cambio manual) - ajuste

1 Coloque la palanca de cambios en la posición alta en tracción en dos ruedas. Pídale a un ayudante que sostenga la palanca en la posición indicada, o manténgala en su lugar con cinta.
2 Levante el vehículo y sosténgalo de manera segura sobre soportes de gato.
3 Afloje el perno de ajuste en el centro del mecanismo de cambios.
4 Asegúrese de que los dados de la bola en cada extremo del mecanismo de cambios estén asentados firmemente en los pivotes de bola en la caja de transferencia y la palanca de cambios.
5 Verifique que la palanca de rangos de la caja de transferencia esté en la posición de alta en tracción en dos ruedas. **Nota:** *Cuando la palanca de rangos de la caja de transferencia está en la posición alta en tracción en dos ruedas en la caja de transferencia NVG 261, estará posicionada en el tercer fiador desde atrás (a dos clics de la posición que se encuentra atrás de todo).*
6 Apriete el perno de ajuste del mecanismo de cambios al torque indicado en las Especificaciones de este capítulo.
7 Baje el vehículo y revise el funcionamiento de la caja de transferencia.

4 Interruptor de control de la caja de transferencia (modelos de cambio eléctrico) - reemplazo

Vea la ilustración 4.3
1 Desconecte el cable del terminal negativo de la batería. **Precaución:** *En los modelos equipados con el sistema de audio Theftlock, asegúrese de que la función de bloqueo esté desactivada antes de realizar cualquier procedimiento que requiera desconectar la batería (vea el principio de este manual).*
2 Retire el marco del grupo de instrumentos (vea el Capítulo 11).
3 Quite las pestañas de retención y retire el interruptor de control de la caja de transferencia del tablero de instrumentos **(vea la ilustración)**.
4 Desenchufe los conectores eléctricos de la parte trasera del interruptor y quite el interruptor del vehículo.
5 La instalación se realiza en forma inversa al desmontaje.

5 Motor de cambio de la caja de transferencia (modelos de cambio eléctrico) - reemplazo

Vea la ilustración 5.5
1 Alce el vehículo y póngalo correctamente sobre soportes de gato.
2 Quite los protectores contra piedras de debajo de la caja de transferencia.
3 Quite el eje propulsor delantero (vea el Capítulo 8).
4 Desconecte el conector eléctrico del motor de cambios.
5 Quite los pernos de retención y retire el motor de cambio eléctrico y el conjunto del codificador **(vea la ilustración)**.
6 Inspeccione la junta de caucho en busca de roturas y rajaduras, y reemplácela si es necesario. Si la junta está en buenas condiciones, se puede reutilizar.
7 Coloque la junta y el motor de cambios en su lugar en la caja de transferencia e instale los pernos. Apriete los pernos de retención del motor de cambios al torque indicado en las Especificaciones de este capítulo.
8 La instalación se realiza en forma inversa al desmontaje.

6 Sensores de velocidad de la caja de transferencia (modelos de cambio eléctrico) - información general

Vea las ilustraciones 6.1a y 6.1b
Hay distintas cajas de transferencia de cambios eléctricos en los modelos cubiertos en este manual y varias combinaciones diferentes de sensores de velocidad disponibles. Las cajas de

Capítulo 7 Parte C Caja de transferencia

6.1a Ubicación del sensor de velocidad del eje de salida delantero de la caja de transferencia en una caja de transferencia NVG 246

6.1b Ubicación del sensor de velocidad (A) del eje de salida trasero y el sensor de velocidad del vehículo (B) en la caja de transferencia en los modelos de doble tracción antiguos

7.1 El módulo de control de la caja de transferencia (flecha) se encuentra a la izquierda del grupo de instrumentos, detrás del interruptor de los faros delanteros

transferencia de cambios eléctricos antiguas están equipadas con tres sensores: sensores de velocidad del eje de entrada y de salida, y un sensor de velocidad del vehículo (VSS) **(vea las ilustraciones)**. El sensor de velocidad del vehículo (VSS), que se encuentra en el eje de salida trasero, envía información al PCM para el programa de maniobrabilidad. La tecnología de las cajas de transferencia posteriores combina estos sensores en uno o dos sensores para recopilar información para la computadora. El procedimiento para revisar y reemplazar el sensor de velocidad del eje de salida es esencialmente el mismo que el procedimiento para el sensor de velocidad del vehículo (VSS). Una herramienta de análisis puede acceder fácilmente a la información del sensor de velocidad y los códigos de falla. Consulte el procedimiento de reemplazo del sensor de velocidad del vehículo (VSS) en el Capítulo 6.

7 Módulo de control de la caja de transferencia (modelos de cambio eléctrico) - reemplazo

Vea la ilustración 7.1

1   El módulo de control de la caja de transferencia se encuentra debajo del lado izquierdo del panel de instrumentos, detrás del interruptor de los faros delanteros **(vea la ilustración)**.
2   Desconecte el cable del terminal negativo de la batería. **Precaución:** *En los modelos equipados con el sistema de audio Theftlock, asegúrese de que la función de bloqueo esté desactivada antes de realizar cualquier procedimiento que requiera desconectar la batería (vea el principio de este manual).*
3   Quite la abrazadera de soporte del panel del parabrisas del tablero de instrumentos. Consulte el Capítulo 11 y lea el procedimiento completo de desmontaje del tablero de instrumentos antes de intentar hacerlo. El procedimiento de desmontaje del tablero de instrumentos es bastante largo y puede ser particularmente difícil para un principiante. Realice sólo los pasos necesarios para quitar la abrazadera de soporte del panel plástico del parabrisas que rodea el grupo de instrumentos. **Nota:** *En los modelos 2001 y posteriores, sólo se debe quitar el marco del grupo de instrumentos para reemplazar el módulo de control de cambios de la caja de transferencia.*
4   Una vez que quitó el soporte del panel del parabrisas del tablero de instrumentos del vehículo, desconecte los conectores eléctricos del módulo de control.
5   Deslice el módulo de control de la caja de transferencia fuera de su soporte de retención y retírelo del vehículo.
6   La instalación se realiza en forma inversa al desmontaje.

8 Sello de aceite - reemplazo

Vea las ilustraciones 8.3a, 8.3b, 8.4a, 8.4b, 8.6a y 8.6b
Nota: *Este procedimiento se aplica para los sellos de los ejes de salida delantero y trasero.*
1   Levante el vehículo y sosténgalo de manera segura sobre soportes de gato.
2   Si reemplaza el sello delantero, quite el eje propulsor delantero; si reemplaza el sello trasero, quite el eje propulsor trasero (vea el Capítulo 8).
3   Si reemplaza el sello delantero, será necesario conseguir un martillo deslizante y quitar el retenedor del sello **(vea las ilustraciones)**.
4   Para quitar cualquiera de los sellos del eje de salida, simplemente haga palanca en el sello

8.3a Cuando quite el retenedor (flecha) del sello de aceite delantero de la caja de transferencia, deberá apoyar la transmisión en un gato y un bloque de madera, y quitar el travesaño de la transmisión; observe los orificios en el frente del retenedor del sello (allí es donde se insertará el extremo de gancho del martillo deslizante)

8.3b Uso de un martillo deslizante para quitar el retenedor del sello delantero

8.4a Cuando quite el sello del eje de salida delantero, será necesario perforar el sello para poder llegar detrás de él y hacer palanca para quitarlo

8.4b El sello del eje de salida trasero se puede quitar con herramientas convencionales o un martillo deslizante con un adaptador de tres mordazas

8.6a Instale los sellos nuevos de la caja de transferencia con una guía para sellos, un dado grande o un segmento de tubo

8.6b Puede volver a colocar el retenedor del sello de aceite delantero en su lugar de la misma manera

con un destornillador o una herramienta de extracción de sellos (vea las ilustraciones). No dañe el hueco del sello.

5   Lubrique los labios del sello nuevo con vaselina.

6   Instale el sello con una guía para sellos o un dado grande (vea la ilustración). El diámetro exterior del dado debe ser algo más pequeño que el diámetro exterior del sello. Si reemplazó el sello delantero, será necesario volver colocar el retenedor del sello delantero en la caja de transferencia de la misma manera (vea la ilustración).

7   El resto de la instalación se realiza en forma inversa al desmontaje.

9 Caja de transferencia - desmontaje e instalación

Vea las ilustraciones 9.7a, 9.7b, 9.11a y 9.11b

1   Desconecte el cable del terminal negativo de la batería. **Precaución:** *En los modelos equipados con el sistema de audio Theftlock, asegúrese de que la función de bloqueo esté desactivada antes de realizar cualquier procedimiento que requiera desconectar la batería (vea el principio de este manual).*

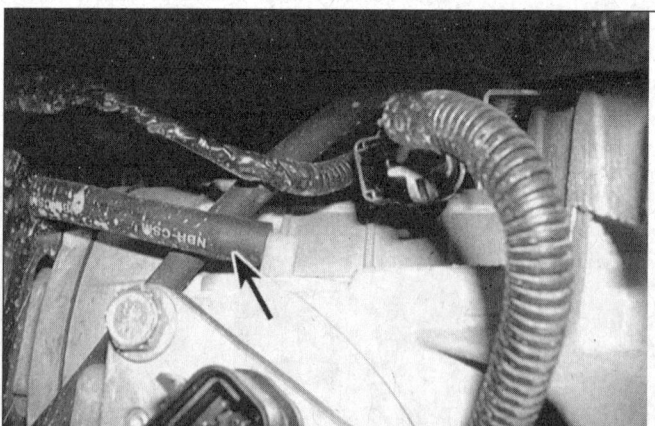

9.7a Desconecte la manguera de ventilación (flecha) de la parte superior de la caja de transferencia y el soporte

2   En los modelos con caja de transferencia con cambios manuales, coloque la caja de transferencia en la posición alta en tracción en dos ruedas.

3   Levante el vehículo y sosténgalo de manera segura sobre soportes de gato.

4   Quite el protector contra piedras (si lo tiene).

5   Drene el lubricante de la caja de transferencia (vea el Capítulo 1).

6   Quite los ejes propulsores delantero y trasero (vea el Capítulo 8).

7   Desconecte todos los conectores eléctricos y la manguera de ventilación de la parte superior de la caja de transferencia (vea las ilustraciones).

8   En los modelos con cambios manuales, desconecte el mecanismo de cambios de la caja de transferencia. Esto se hace simplemente tirando del dado de la bola del mecanismo de cambios

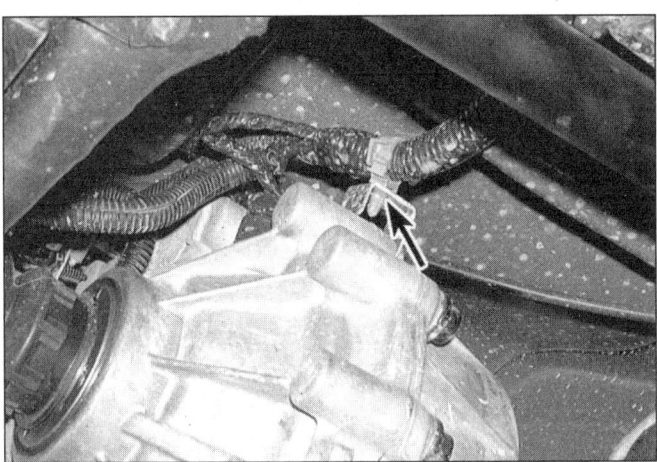

9.7b También desconecte todos los clips de retención del mazo de cables.

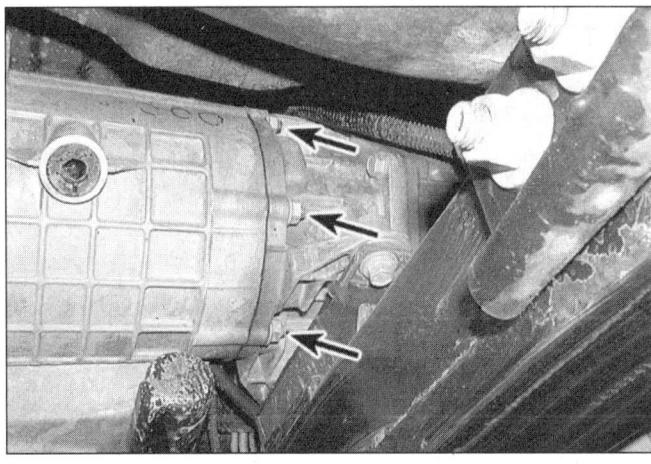

9.11a Tuercas de montaje (flechas) de la caja de transferencia del lado del pasajero (se muestra un modelo con transmisión automática).

hacia afuera del pivote de la bola en la palanca de cambios de la caja de transferencia.

9 Quite todos los soportes que fijan la transmisión a la caja de transferencia. Levante la transmisión lo suficiente como para quitar la montura de la transmisión (vea el Capítulo 7A o 7B); luego, apoye la transmisión en un gato o soportes para gatos.

10 Sostenga la caja de transferencia con un gato, preferentemente un gato hecho especialmente para este propósito. Las cadenas de seguridad ayudarán a estabilizar la caja de transferencia sobre el gato.

11 Quite las tuercas que fijan la transmisión a la caja de transferencia (transmisión manual) o las del adaptador a la caja de transferencia (transmisión automática) **(vea las ilustraciones)**. No pierda las arandelas.

12 Haga una revisión final para asegurarse de que todos los cables y mangueras hayan sido desconectados de la caja de transferencia, entonces mueva la caja de transferencia y el gato hacia la parte trasera del vehículo hasta que la caja de transferencia se haya separado de la transmisión. Mientras hace esto, mantenga la caja de transferencia nivelada. Una vez que el eje de entrada esté separado, baje la caja de transferencia y desmóntela desde abajo del vehículo.

13 La instalación se realiza en forma inversa al desmontaje. Asegúrese de apretar las tuercas que fijan la caja de transferencia a la transmisión al torque indicado en las Especificaciones de este capítulo. En los modelos con cambios manuales, asegúrese de ajustar el mecanismo de cambios de la caja de transferencia (vea la Sección 3).

10 Reacondicionamiento de la caja de transferencia - información general

Reacondicionar una caja de transferencia es una tarea difícil para quien hace sus propias reparaciones. Implica desarmar y rearmar muchas piezas pequeñas. Se deben medir numerosos

9.11b Tuercas de montaje (flechas) de la caja de transferencia del lado del conductor (se quitó el travesaño de la transmisión para mayor claridad)

espacios con precisión y, de ser necesario, cambiarlos con espaciadores de encaje seleccionado y anillos de resorte. Como resultado, si surgen problemas con la caja de transferencia, una persona competente que hace sus propias reparaciones puede desmontarlo e instalarlo, pero el reacondicionamiento se debe dejar a un taller de reparación de transmisiones. Es probable que se puedan conseguir cajas de transferencia reconstruidas; verifique con el departamento de repuestos del concesionario y las tiendas de autopartes. De todos modos, el tiempo y dinero implicados en un reacondicionamiento casi con seguridad superará el costo de una unidad reconstruida.

Sin embargo, para un mecánico sin experiencia no es imposible reconstruir una caja de transferencia si dispone de las herramientas especiales y si el trabajo se realiza estrictamente paso a paso para no pasar nada por alto.

Las herramientas necesarias para un reacondicionamiento incluyen tenazas para anillos de resortes internos y externos, un extractor de rodamientos, un martillo deslizante, un conjunto de punzones, un indicador de esfera y, posiblemente, una prensa hidráulica. Además, se requerirá un banco de trabajo grande y resistente y un torno o un soporte de transmisión.

Durante el desarmado de la caja de transferencia, tome nota cuidadosamente sobre cómo sale cada pieza, dónde encaja en relación con otras piezas y qué la sostiene en su lugar. Observe cómo están instaladas las piezas cuando las quita; esto facilitará mucho el armado de la caja de transferencia.

Antes de sacar la caja de transferencia para repararla, será útil tener alguna idea de qué área de la caja de transferencia está funcionando mal. Ciertos problemas pueden estar estrechamente vinculados a áreas específicas en la caja de transferencia, lo que puede facilitar el examen y el reemplazo de componentes. Consulte la Sección *Diagnóstico de fallas* al principio de este manual para ver la información con respecto a las posibles causas del problema.

Notas

Capítulo 8
Embrague y tren de potencia

Contenido

	Sección
Cambio de lubricante del diferencial	Vea el Capítulo 1
Cilindro principal del embrague - desmontaje e instalación	3
Cilindro y rodamiento de desembrague - desmontaje e instalación	4
Componentes del embrague - desmontaje, inspección e instalación	6
Conjunto de eje (trasero) - desmontaje e instalación	19
Cubo trasero, rodamiento y sello de rueda (eje completamente flotante) - desmontaje, reemplazo e instalación del rodamiento/sello	17
Eje impulsor (modelos de doble tracción) - desmontaje e instalación	21
Eje propulsor y juntas universales - información general e inspección	9
Ejes - descripción y revisión	13
Ejes impulsores (modelos de doble tracción) - información general e inspección	20
Ejes propulsores - desmontaje e instalación	10
Embrague - descripción y revisión	2
Funda del eje impulsor (modelos de doble tracción) - reemplazo	22
Información general	1
Interruptor de arranque con embrague - revisión y reemplazo	8

	Sección
Juntas universales - reemplazo	12
Motor de cambio del eje delantero (modelos de doble tracción) - reemplazo	23
Portador delantero del diferencial - desmontaje e instalación	26
Revisión del nivel de lubricante del diferencial	Vea el Capítulo 1
Revisión del nivel del aceite de embrague	Vea el Capítulo 1
Rodamiento del semieje (trasero, eje semiflotante) - reemplazo	16
Rodamiento del soporte central del eje propulsor - reemplazo	11
Rodamiento piloto - reemplazo	7
Rodamientos y sellos de aceite del semieje (delanteros, modelos de doble tracción) - reemplazo	25
Sello de aceite del piñón - reemplazo	18
Sello de aceite del semieje (trasero, eje semiflotante) - reemplazo	15
Semieje derecho, tubo, rodamiento y horquilla de cambios (modelos de doble tracción y tracción integral) - desmontaje, reemplazo de componentes e instalación	24
Semieje (trasero) - extracción e instalación	14
Sistema de embrague hidráulico - purga	5
Volante del motor - desmontaje e instalación	Vea el Capítulo 2

Especificaciones

General
Tipo de aceite hidráulico del embrague	Vea el Capítulo 1
Espesor del forro del disco de embrague	1/16 de pulgada (sobre remaches)
Longitud de la junta de CV interna **(vea la ilustración 22.3r)**	
Modelos 1500	6-11/16 pulgadas
Modelos 2500	7 pulgadas

Especificaciones de torque
Lb-pie (a menos que se indique lo contrario)

Embrague
Pernos del plato de presión al volante del motor	
V6	30
V8	52
Pernos del cilindro de desembrague	71 lb-pulg

Eje propulsor
Pernos de abrazadera de las juntas U del eje propulsor delantero	19
Eje propulsor trasero	
Pernos de abrazadera de las juntas U	19
Pernos del rodamiento del soporte central	30

Ejes impulsores (modelos de doble tracción)
Pernos de la junta interna del eje impulsor a la brida del semieje	58
Tuerca del cubo del eje impulsor	177

Eje trasero
Perno de bloqueo del eje del piñón	
Eje de 8.6 pulg	27
Eje de 9.5 pulg	37
Pernos de la cubierta del diferencial	30

Eje delantero (modelos de doble tracción)
Tuercas del tubo del semieje derecho/eje al chasis	75
Pernos del tubo del semieje derecho/eje a la caja del diferencial	30
Pernos/tuercas de la caja del diferencial al chasis	75
Pernos del soporte de montaje de la caja del eje interno	67
Motor de cambio	16

Capítulo 8 Embrague y tren de potencia

1 Información general

La información en este capítulo trata sobre los componentes que van desde la parte trasera del motor hasta las ruedas traseras, excepto por la transmisión (y la caja de transferencia, si el vehículo está equipado) que se tratan en el capítulo anterior. A los fines de este capítulo, los componentes se agrupan en tres categorías: embrague, eje propulsor y ejes. Secciones diferentes dentro de este capítulo proporcionan descripciones generales y procedimientos de revisión para los componentes en cada uno de los tres grupos.

Debido a que casi todos los procedimientos incluidos en este capítulo requieren trabajar debajo del vehículo, asegúrese de que esté apoyado en forma segura sobre soportes de gato resistentes o sobre un elevador donde se pueda subir y bajar el vehículo con facilidad.

2 Embrague - descripción y revisión

Consulte la ilustración 2.1

1 Todos los modelos con transmisión manual utilizan un embrague de plato seco único del tipo con resorte de diafragma **(vea la ilustración)**. El disco de embrague tiene un cubo estriado que le permite deslizarse por las estrías del eje de entrada de la transmisión. La presión del resorte ejercida por el diafragma en el plato de presión mantiene en contacto el embrague y el plato.

2 La presión hidráulica hace funcionar el sistema de desembrague. El sistema de desembrague hidráulico está compuesto por el pedal de embrague, un cilindro principal y un depósito de aceite, la línea hidráulica, un cilindro de desembrague concéntrico y el conjunto del rodamiento de desembrague.

3 Cuando se presiona el pedal de embrague para liberarlo, se genera presión hidráulica en el cilindro principal y esto provoca que se extienda el conjunto de rodamiento/cilindro de desembrague. El rodamiento de desembrague luego presiona contra los dedos del resorte de diafragma del conjunto del plato de presión, que a su vez libera el plato del embrague.

4 La terminología puede ser un problema cuando se habla de los componentes del embrague porque, en algunos casos, los nombres comunes pueden ser diferentes de los utilizados por el fabricante. Por ejemplo, el plato de mando también se denomina plato o disco de embrague, el rodamiento de desembrague del embrague también se denomina rodamiento de desembrague, el cilindro de desembrague a veces se denomina cilindro esclavo.

5 Antes de reemplazar los componentes con daños evidentes deben realizarse algunas revisiones preliminares para diagnosticar los problemas del embrague.

a) Lo primero que debe revisar es el nivel de aceite en el cilindro principal del embrague. Si el nivel del aceite es bajo, agregue aceite según sea necesario e inspeccione el sistema hidráulico en busca de fugas.

b) Para revisar el "tiempo de desactivación del embrague", encienda el motor en marcha mínima normal con la transmisión en Neutral (pedal del embrague arriba - engranado). Desacople el embrague (pedal hacia abajo), espere algunos segundos y cambie la transmisión a Reverse (marcha atrás). No se debe escuchar ningún chirrido. Es muy probable que un chirrido indique un problema en el plato de presión o en el disco del embrague.

c) Para revisar si el desembrague es completo, haga funcionar el motor (con el freno de estacionamiento aplicado para evitar el movimiento) y mantenga el pedal del embrague a aproximadamente 1/2 pulgada del piso. Cambie la transmisión entre las posiciones de primera marcha y Reverse (marcha atrás) varias veces. Si el cambio es dificultoso o la transmisión rechina es indicio de falla en un componente.

d) Inspeccione visualmente el buje giratorio en la parte superior del pedal del embrague para asegurarse de que no esté agarrotado ni tenga demasiado juego.

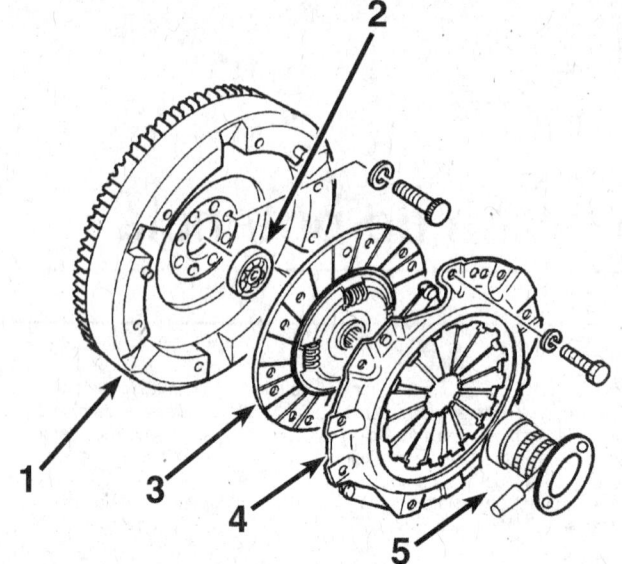

2.1 Vista ampliada de los componentes del embrague

1 Volante del motor
2 Rodamiento piloto
3 Disco del embrague
4 Plato de presión
5 Cilindro de desembrague concéntrico/conjunto de rodamiento de desembrague

3 Cilindro principal del embrague - desmontaje e instalación

Consulte la ilustración 3.4
Advertencia: *Use gafas protectoras al purgar el sistema de freno. Si el aceite entra en contacto con los ojos, lávelos inmediatamente con agua y busque atención médica.*
Precaución: *El aceite de freno dañará la pintura. Cubra todas las piezas de la carrocería y tenga cuidado de no derramar aceite durante el procedimiento.*

1 Desconecte el cable del terminal negativo de la batería. **Precaución:** *En los modelos equipados con sistemas de audio con "bloqueo antirrobos", asegúrese de que la función de bloqueo esté desactivada antes de realizar algún procedimiento que requiera la desconexión de la batería (vea la información en la parte delantera de este manual).*

2 Quite el lado izquierdo debajo del panel de instrumentos (vea el Capítulo 11) y el conducto del aire acondicionado/calefacción que está debajo.

3 Desenchufe el conector eléctrico del interruptor de posición del pedal de embrague. Desacople la varilla de empuje del pedal presionando el pedal hacia abajo por completo y apretando las pestañas plásticas en el buje para liberarlo.

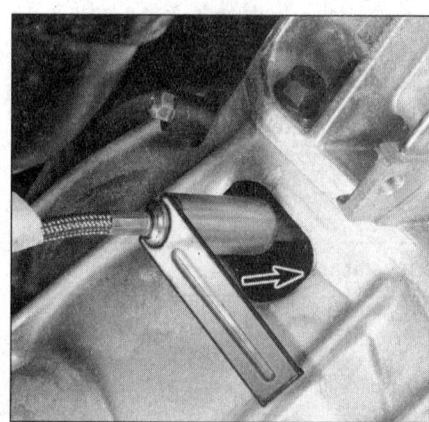

3.4 Para desconectar la línea hidráulica del cilindro de desembrague, coloque una herramienta especial contra el borde del acoplamiento de conexión rápida, presione la conexión y tire la línea hacia afuera

4 Levante la parte delantera del vehículo y apóyelo de manera segura sobre soportes de gato. Desconecte la línea de hidráulica del cilindro de desembrague donde ingresa la transmisión **(vea la ilustración)**. Para separar las conexiones de la línea puede utilizar una herramienta especial, disponible en la mayoría de las tiendas de autopartes.

5 Abra el capó y busque el cilindro principal del embrague (está ubicado en el panel contra fuego, a la izquierda del cilindro principal del freno). Tome la estructura del cilindro principal y gírela 45 grados en sentido antihorario para desbloquearla del panel contra fuego.

6 Desacople la línea hidráulica de los clips que la sujetan, luego retire el cilindro principal y la línea del vehículo.

7 La instalación se realiza en forma inversa al desmontaje. Revise el nivel de aceite en el depósito, agregue según sea necesario hasta llegar al nivel correcto. Purgue el sistema como se describe en la Sección 5.

4 Cilindro y rodamiento de desembrague - desmontaje e instalación

1 Desacople la línea hidráulica del cilindro de desembrague (vea la ilustración 3.4).
2 Quite la transmisión (vea el Capítulo 7A).
3 Quite los dos pernos de retención del cilindro de desembrague.
4 Deslice el cilindro de desembrague hacia afuera del eje de salida de la transmisión. Revise el funcionamiento del rodamiento girándolo mientras lo presiona; si hace ruido o se traba, reemplácelo (puede desmontarlo del cilindro de desembrague).
5 Con la transmisión desmontada, inspeccione el disco del embrague y el conjunto del plato de presión (vea la Sección 6) y reemplace según sea necesario.
6 Limpie el eje de entrada de la transmisión y aplíquele una película delgada de grasa para alta temperatura. Deslice el cilindro de desembrague nuevo hasta su lugar, instale y ajuste los pernos de retención según el torque indicado en las Especificaciones de este capítulo.
7 Instale la transmisión (vea el Capítulo 7A).
8 Conecte la línea hidráulica al cilindro de desembrague.
9 Llene el depósito de aceite de embrague con el aceite recomendado (vea el Capítulo 1).
10 Purgue el sistema de embrague hidráulico (vea la Sección 5).

5 Sistema de embrague hidráulico - purga

1 Debe purgar el sistema hidráulico para eliminar todo el aire siempre que se quite una pieza del sistema o que se haya dejado que el nivel del aceite baje a tal punto que haya entrado aire en el cilindro principal. El procedimiento es muy similar al purgado de un sistema de frenos.
2 Rellene el cilindro principal con aceite de freno nuevo de acuerdo con las especificaciones DOT 3. **Precaución:** *No vuelva a utilizar aceite proveniente del sistema durante la purga ni aceite que haya estado dentro de un envase abierto durante un largo período de tiempo.*
3 Suba el vehículo y colóquelo en forma segura sobre soportes de gato para poder acceder a la válvula de purga del cilindro de desembrague, ubicada a la izquierda de la caja del embrague.
4 Retire la tapa guardapolvo que está sobre la válvula de purga y coloque un tramo de manguera plástica sobre la válvula. Coloque el otro extremo de la manguera en un recipiente transparente lleno hasta la mitad con aceite de freno limpio. El extremo de la manguera debe quedar sumergido en el aceite.
5 Pida a un asistente que presione el pedal del embrague y que lo mantenga en esa posición. Abra la válvula de purga en el cilindro de desembrague para permitir que el aceite circule a través de la manguera. Cierre la válvula de purga cuando el flujo de aceite se detenga. Una vez cerrada, pídale a su asistente que libere el pedal.
6 Continúe el proceso hasta extraer todo el aire del sistema; esto se indica por un flujo compacto de líquido, sin burbujas de aire, que expulsa cada vez que la válvula de purga en la manguera o el recipiente. Observe con atención el nivel de aceite dentro del recipiente del cilindro principal; si es demasiado bajo, podría volver a ingresar aire en el sistema y tendrá que comenzar el proceso nuevamente.
7 Instale la tapa guardapolvo y baje el vehículo. Revise cuidadosamente el funcionamiento adecuado antes de colocar el vehículo en servicio normal.

6 Componentes del embrague - desmontaje, inspección e instalación

Advertencia: *El polvo producido por el desgaste del embrague y depositado en los componentes del embrague es peligroso para la salud. NO lo disperse con aire comprimido y NO lo inhale. NO use gasolina ni solventes a base de petróleo para quitar el polvo. Debe usar limpiador de sistema de frenos para eliminar el polvo y enviarlo a un colector para drenaje. Después de limpiar con un trapo los componentes del embrague, deseche los trapos contaminados y el limpiador en un recipiente con tapa y marcado.*

Desmontaje
Consulte la ilustración 6.5

1 El acceso a los componentes del embrague normalmente se lleva a cabo mediante el desmontaje de la transmisión pero dejando el motor en el vehículo. Por supuesto, si va a desmontar el motor, revise si hay desgaste en el embrague y reemplace los componentes desgastados según corresponda. Sin embargo, el costo relativamente bajo de los componentes del embrague, comparado con el tiempo y la dificultad que implican tratar de acceder a ellos, justifica su reemplazo cada vez que se desmonte el motor o la transmisión, a menos que sean nuevos o estén casi en perfectas condiciones. Los siguientes procedimientos están basados en el supuesto de que el motor permanecerá en su lugar.
2 Consulte el Capítulo 7, Parte A, desmontaje de la transmisión del vehículo. Sostenga el motor mientras la transmisión esté fuera. Preferentemente, se debe utilizar un elevador de motores o un accesorio de soporte para sostenerlo desde arriba. Sin embargo, si se utiliza un gato debajo del motor, asegúrese de colocar una pieza de madera entre el gato y la bandeja de aceite para distribuir la carga. **Precaución:** *El recolector de la bomba de aceite está muy cerca de la parte inferior de la bandeja de aceite. Si la bandeja está doblada o deformada de cualquier manera, puede agotarse el aceite del motor.*
3 El conjunto de rodamiento de desembrague puede permanecer acoplado a la transmisión por el momento.
4 Para sostener el disco del embrague durante el desmontaje, instale una herramienta de alineamiento de embrague a través del cubo del disco del embrague.
5 Inspeccione cuidadosamente el volante del motor y el plato de presión en busca de marcas de indicación. Normalmente las marcas son una X, una O o una letra blanca. Si no las puede encontrar, haga las marcas usted mismo para que el plato de presión y el volante del motor estén alineados durante la instalación (vea la ilustración).
6 Gire cada perno sólo 1/4 de vuelta por vez, afloje los pernos que unen el plato de presión con el volante del motor. Trabaje en un patrón cruzado hasta liberar toda la presión del resorte. Luego mantenga el plato de presión asegurado y quite los pernos por completo, seguido del plato de presión y del disco del embrague.

Inspección
Consulte las ilustraciones 6.8, 6.10, 6.12a y 6.12b

7 Normalmente, cuando ocurre un problema en el embrague, se lo puede atribuir al desgaste del conjunto del plato de mando del embrague (disco de embrague). Sin embargo, en este momento deben inspeccionarse todos los componentes.
8 Inspeccione que el volante del motor no tenga rajaduras, revise que no esté caliente, que no tenga ranuras ni otros defectos evidentes (vea la ilustración). Si las imperfecciones son leves, un taller metalúrgico puede maquinar la superficie hasta que quede plana y lisa, lo que es altamente recomendable independientemente del aspecto de la superficie. Consulte el Capítulo 2 para ver el procedimiento de desmontaje e instalación del volante del motor.
9 Inspeccione el rodamiento piloto (vea la Sección 7).

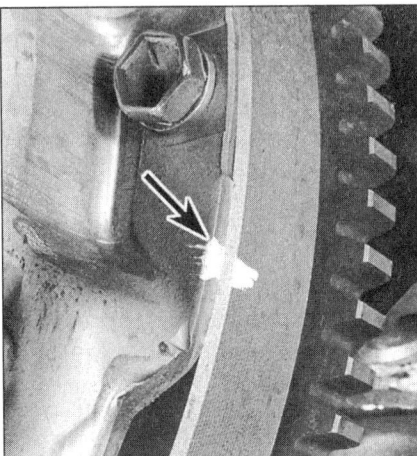

6.5 Asegúrese de marcar el plato de presión y el volante del motor para asegurar el alineamiento adecuado durante la instalación (esto no será necesario si está instalado un nuevo plato de presión)

6.8 Revise el volante del motor en busca de rajaduras, puntos calientes u otros defectos evidentes (las imperfecciones leves pueden quitarse con el maquinado)

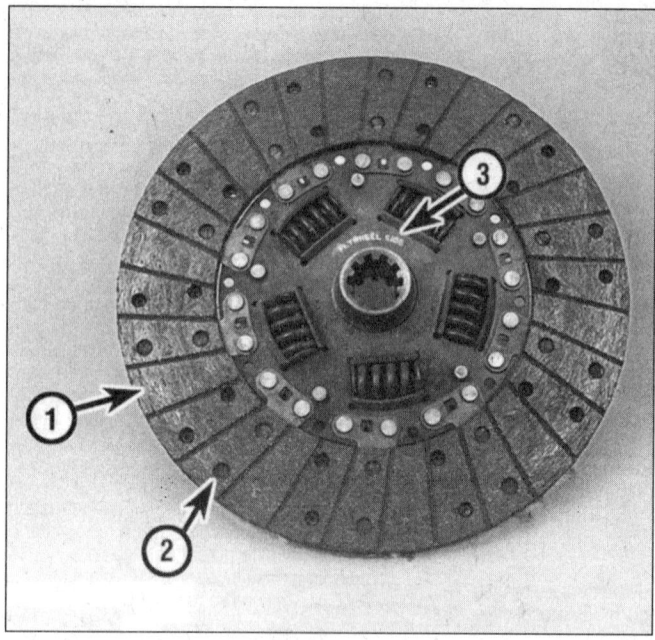

6.10 El plato de embrague

1. **Forro**: se desgasta con el uso
2. **Remaches**: aseguran el forro y dañarán el volante del motor o el plato de presión si se permite que entren en contacto con las superficies
3. **Marcas**: "Flywheel side" (lado del volante) o similar

DESGASTE DE DEDO NORMAL

DESGASTE EXCESIVO

DESGASTE DE DEDO EXCESIVO

DEDOS ROTOS O TORCIDOS

6.12a Reemplace el plato de presión si nota desgaste excesivo.

6.12b Examine la superficie de fricción del plato de presión en busca de marcas, rajaduras y evidencia de sobrecalentamiento

6.15 Después de comprimir el resorte de diafragma, gire el anillo de ajuste en sentido antihorario y luego, libere la presión

10   Inspeccione el forro del disco del embrague. Debe haber al menos 1/16 pulgada de forro sobre las cabezas remachadas. Revise en busca de remaches flojos, deformaciones, rajaduras, resortes rotos y otros daños evidentes **(vea la ilustración)**. Como se mencionó anteriormente, normalmente el disco del embrague se reemplaza como rutina, así que si tiene dudas sobre el estado, reemplácelo por uno nuevo.

11   Junto con el disco de embrague, también debe reemplazar el rodamiento de desembrague (vea la Sección 4).

12   Revise las superficies maquinadas y los dedos del resorte de diafragma del plato de presión **(vea las ilustraciones)**. Si la superficie tiene ranuras o está dañada de alguna manera, reemplace el plato de presión. También revise para detectar daños evidentes, deformaciones, rajaduras, etc. El vidriado leve se puede eliminar con tela de esmeril o lija. Si se requiere un plato de presión nuevo, existen unidades nuevas y reconstruidas en fábrica.

Procedimiento de ajuste previo del plato de presión para los modelos de 6.0L

Consulte la ilustración 6.15

Nota: *Si va a instalar el plato de presión original en modelos de 6.0 L, antes de hacerlo, debe ajustar previamente los platos de presión de ajuste automático. Para hacerlo, necesita de una prensa hidráulica. Si no tiene una prensa, lleve el volante del motor y el plato de presión a un taller de maquinado de autopartes para ajustarlos.*

13   Coloque el disco y el plato de presión del embrague (nuevo) en la prensa hidráulica con la brida hacia abajo.

14   Comprima el resorte de diafragma del plato de presión hasta que se libere la tensión del anillo de ajuste escalonado.

15   Con dos destornilladores, colóquelos contra dos de los tres topes del resorte de tensión del anillo de ajuste, directamente delante de los resortes **(vea la ilustración)**.

16   Con los destornilladores, rote los anillos de ajuste escalonado en sentido antihorario hasta que los niveles del anillo de ajuste estén completamente ajustados HACIA AFUERA. Todavía no suelte los destornilladores.

17   Libere con cuidado la tensión en la prensa hidráulica mientras sostiene los topes del anillo.

18   Quite los destornilladores después de que la prensa esté liberada por completo.

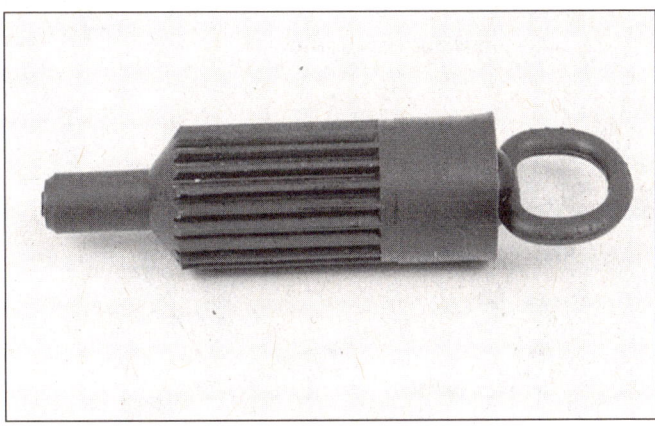

6.20 Centre el disco del embrague con una herramienta de alineamiento de embrague

7.5 Un extractor pequeño de martillo deslizante puede ser útil para quitar el rodamiento piloto

Instalación

Consulte la ilustración 6.20

19   Antes de la instalación, limpie el volante del motor y las superficies maquinadas del plato de presión con limpiador para sistema de frenos. Es importante que no quede aceite o grasa sobre estas superficies ni en el forro del disco del embrague. Manipule las piezas sólo con las manos limpias.

20   Posicione el disco del embrague y el plato de presión contra el volante del motor sosteniendo el embrague en su lugar con una herramienta de alineamiento **(vea la ilustración)**. Asegúrese de que esté instalado correctamente (la mayoría de los platos de embrague de reemplazo estarán marcados como "flywheel side" (lado del volante del motor) o algo similar; si no está marcado, instale el disco del embrague con los resortes del amortiguador hacia la transmisión).

21   Ajuste a mano los pernos que unen el plato de presión con el volante del motor, mientras trabaja alrededor del plato de presión.

22   Centre el disco del embrague asegurándose de que la herramienta de alineamiento se extienda sobre el cubo estriado y en el rodamiento piloto del cigüeñal. Mueva la herramienta de arriba a abajo o de lado a lado, según sea necesario, para bajarla al rodamiento piloto. Ajuste los pernos del plato de presión al volante del motor de a poco y trabaje en un patrón cruzado para evitar deformar la cubierta. Después de que todos los pernos estén firmes, ajústelos según el torque indicado en las Especificaciones de este capítulo. Quite la herramienta de alineamiento.

23   Lubrique la ranura interna del rodamiento de desembrague con grasa para altas temperaturas. También coloque grasa en el retenedor del rodamiento del eje de entrada de la transmisión.

24   Instale el rodamiento de desembrague como se describe en la Sección 4.

25   Instale la transmisión y todos los componentes desmontados anteriormente. Ajuste los sujetadores según las especificaciones de torque correspondientes.

26   Purgue el sistema de embrague hidráulico (vea la Sección 5).

7   Rodamiento piloto - reemplazo

Consulte las ilustraciones 7.5, 7.6a y 7.6b

1   El rodamiento piloto del embrague está colocado a presión en la parte trasera del cigüeñal. Se engrasa en fábrica y no requiere lubricación adicional. Su propósito principal es soportar la parte delantera del eje de entrada de la transmisión. Se debe inspeccionar el rodamiento piloto cada vez que se quiten del motor los componentes del embrague. Debido a su inaccesibilidad, si tiene dudas sobre su estado, reemplácelo por uno nuevo. **Nota:** *Si el motor fue desmontado del vehículo, no tenga en cuenta los siguientes pasos ya que no corresponden.*

2   Retire la transmisión (vea el Capítulo 7, Parte A).

3   Retire los componentes del embrague (vea la Sección 6).

4   Inspeccione en busca de desgaste excesivo, falta de grasa, sequedad o daño evidente. Si observa alguna de estas condiciones, debe reemplazar el rodamiento. Una linterna puede ayudarlo a dirigir la luz dentro de la cavidad.

5   El desmontaje se puede realizar con un martillo deslizante equipado con un extractor **(vea la ilustración)**, los cuales se encuentran disponibles en la mayoría de tiendas de autopartes o una tienda de alquiler de equipos.

6   Para instalar el rodamiento nuevo, lubrique ligeramente la superficie exterior con grasa para uso múltiple, luego colóquelo dentro de la cavidad **(vea la ilustración)**. Precaución: *Tenga cuidado de que el rodamiento no quede trabado dentro del hueco.*

   a) Si está trabajando en un motor V8, guíelo con un martillo y una llave para rodamiento/ buje hasta que quede al ras del orificio en el cigüeñal.
   b) Si está trabajando con un motor V6, puede utilizar un dado con un diámetro externo levemente inferior al del rodamiento. Introdúzcalo a una profundidad de 45/64 a 47/64 pulgadas.

7   Instale los componentes del embrague, la transmisión y todos los demás componentes que desmontó anteriormente y ajuste todos los sujetadores correctamente.

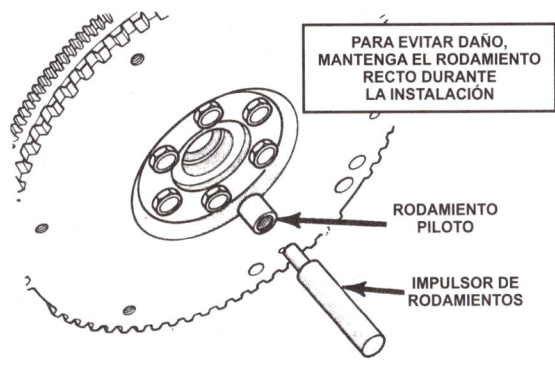

7.6a Cuando instale un rodamiento piloto en el cigüeñal de un motor V8, utilice una herramienta de arrastre para rodamientos (deslícela hasta que el extremo del rodamiento quede al borde del extremo del cigüeñal)

7.6b Cuando instale un rodamiento piloto en un cigüeñal de un motor V6, puede utilizar un dado (empújelo hasta la profundidad indicada en el manual)

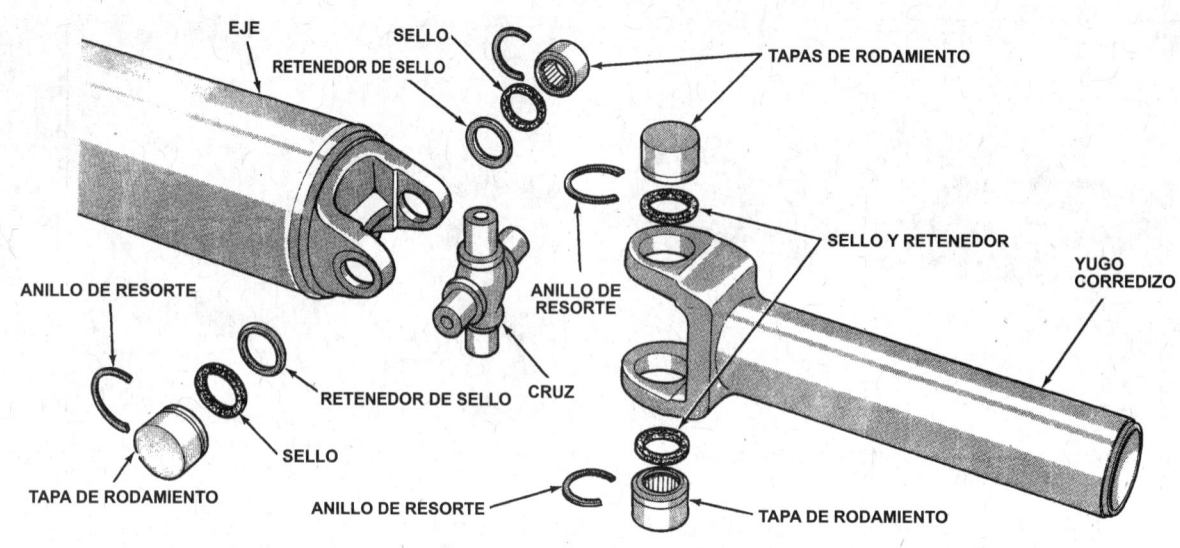

9.1 Vista detallada de una junta U típica

8 Interruptor de arranque con embrague - revisión y reemplazo

1 Quite el panel de instrumentos inferior del lado izquierdo.

Revisión

2 Compruebe que el motor no arrancará cuando se libera el pedal de embrague. Ahora, presione el pedal y el motor deberá encenderse.
3 Ubique el interruptor en la varilla de empuje del cilindro principal del embrague y desenchufe el conector eléctrico.
4 Con un ohmímetro, verifique que haya continuidad entre los terminales correspondientes del interruptor de arranque con embrague cuando el pedal esté presionado (consulte los diagramas de cableado en la parte posterior del manual). No debe haber continuidad cuando el pedal está liberado.
5 Si el interruptor no funciona como se describió, reemplácelo.

Reemplazo

6 Desenchufe el conector eléctrico del interruptor.
7 Saque las pestañas del retenedor plástico que asegura el interruptor a la varilla de empuje y luego quite el interruptor.
8 La instalación se realiza en forma inversa al desmontaje. El interruptor tiene ajuste automático así que no es necesario que haga ningún ajuste.
9 Verifique que el motor no arranque cuando se libera el pedal del embrague y que arranque cuando el pedal se presiona.

9 Eje propulsor y juntas universales - información general e inspección

Consulte la ilustración 9.1

Información general

1 Un eje propulsor es un tubo, o un par de tubos, que transmite energía entre la transmisión (o caja de transferencia en los modelos de doble tracción) y el diferencial. Las juntas universales están ubicadas en cualquiera de los extremos del eje propulsor y en el centro en los ejes propulsores de dos piezas **(vea la ilustración)**.
2 Los ejes propulsores de una pieza emplean un yugo estriado en la parte delantera, que se desliza en la caja de extensión de la transmisión. Esta disposición permite que el eje propulsor se deslice hacia adelante y hacia atrás dentro de la transmisión durante el funcionamiento del vehículo para compensar los cambios en la longitud debido al movimiento de la suspensión. Un sello de aceite evita la fuga de aceite en este punto y no permite que entre suciedad a la transmisión. Si evidentemente hay una fuga en la parte delantera del eje propulsor, reemplace el sello de aceite (vea el Capítulo 7, Parte B).
3 Si se utiliza una eje propulsor de dos piezas, se emplea una junta deslizante en la parte delantera de la sección posterior del eje propulsor.
4 Los ejes propulsores de dos piezas también tienen un rodamiento de soporte central. El rodamiento central es del tipo bola, montado en un amortiguador de caucho conectado al travesaño del bastidor. El rodamiento central viene prelubricado y sellado de fábrica.
5 En todos los modelos, el conjunto de eje propulsor requiere muy poco mantenimiento. Las juntas universales están lubricadas de por vida y deben reemplazarse si aparecen problemas. Para hacer este procedimiento, se debe quitar el eje propulsor del vehículo.
6 Como el eje propulsor es una unidad balanceada, es importante no dejar ningún resto de revestimiento interior, barro, etc. en él. Cuando eleve el vehículo para el servicio, es una buena idea limpiar el eje propulsor e inspeccionarlo en busca de cualquier daño evidente. También asegúrese de que los pequeños pesos utilizados para equilibrar el eje de propulsor originalmente estén en su lugar y bien fijados. Cada vez que quite el eje propulsor debe reinstalarlo en la misma posición relativa para preservar el balance.
7 Normalmente, los problemas con el eje propulsor son indicados por un ruido o una vibración cuando se conduce el vehículo. Una prueba en carretera debe verificar si el problema es el eje de propulsión u otro componente del vehículo. Consulte la sección *Diagnóstico de fallas* al comienzo de este manual. Si sospecha que hay problemas, inspeccione el tren de potencia.

Inspección

8 Levante la parte trasera del vehículo y sosténgalo correctamente sobre soportes de gato. Bloquee las ruedas delanteras para que el vehículo no se mueva del soporte.
9 Arrástrese debajo del vehículo e inspeccione el eje propulsor visualmente. Busque alguna abolladura o rajadura en la tubería. Si encuentra alguna, se debe reemplazar el eje propulsor.
10 Revise si hay fugas de aceite en las partes delantera y trasera del eje propulsor. Una fuga donde del eje propulsor ingresa a la transmisión o a la caja de transferencia indica que el sello de la transmisión o de la caja de transferencia está defectuoso (vea el Capítulo 7). Una fuga donde el eje propulsor ingresa al diferencial indica un sello de piñón defectuoso (vea la Sección 18).
11 Mientras esté debajo del vehículo, solicite a un asistente que gire una rueda trasera para que el eje propulsor rote. Mientras lo hace, asegúrese de que las juntas universales funcionen correctamente sin agarrotarse, hacer ruido ni aflojarse. Escuche si el rodamiento central (si lo tiene) hace algún ruido, lo que indica que está desgastado o dañado. Revise también la parte de caucho del rodamiento central en busca de rajaduras o separaciones, en cuyo caso será necesario reemplazarlo.
12 También puede revisar la junta universal con el eje propulsor inmóvil, colocando las manos en cada lado de la junta e intentando torcerla. Cualquier movimiento en la junta es un signo de desgaste considerable. El movimiento del eje hacia arriba también indica movimiento en las juntas universales.
13 Finalmente, revise los pernos de montaje del eje propulsor en los extremos para asegurarse de que estén apretados.
14 En los modelos de doble tracción, también debe repetir las revisiones, antes mencionadas, en el eje impulsor delantero. Además, revise si hay fugas alrededor del yugo de la camisa, lo cual indica una falla en el sello del yugo.

Capítulo 8 Embrague y tren de potencia

10.2 Marque la relación entre el eje propulsor trasero y la brida del piñón del diferencial

10.3 Inserte un destornillador a través del yugo del eje propulsor para evitar que el eje gire cuando afloja los pernos

10.5 El rodamiento de soporte central en los ejes propulsores de dos piezas está sujetado por dos tuercas (flechas)

15 Revise si hay fugas donde los ejes propulsores se conectan a la caja de transferencia y al diferencial delantero. Una fuga indica sellos de aceite gastados.

16 Al mismo tiempo, revise si están flojas las juntas de los ejes impulsores delanteros. También revise si hay fuga de grasa o aceite alrededor de los ejes impulsores mediante la inspección de las fundas de caucho en ambos extremos de cada eje. Una fuga de aceite alrededor de las bridas del eje indica que el sello de aceite del semieje está defectuoso. Si hay fuga de grasa en las fundas de la junta de CV significa que la funda de caucho está dañada. Para consultar el mantenimiento de estos componentes, vea las secciones correspondientes.

10 Ejes propulsores - desmontaje e instalación

10.15 Saque el extremo de la abrazadera de la funda y despréndala del eje de salida de la caja de transferencia

10.17 Marque la relación del eje propulsor delantero con la brida de acoplamiento del diferencial delantero, luego quite los pernos y las abrazaderas

Eje propulsor trasero

Consulte las ilustraciones 10.2, 10.3 y 10.5

Desmontaje

1 Levante el vehículo y sosténgalo de manera segura sobre soportes de gato. Coloque la transmisión en Neutral con el freno de estacionamiento sin aplicar. Bloquee las ruedas delanteras para evitar que el vehículo se desplace.

2 Haga marcas de alineamiento de referencia en el eje propulsor y en la brida del piñón (**vea la ilustración**). Esto es para asegurarse de que el eje propulsor se volverá a instalar en la misma posición para preservar el balanceo.

3 Retire los pernos y las abrazaderas de las juntas universales traseras. Gire el eje propulsor (o las ruedas) según sea necesario para llevar los pernos a la posición más accesible. Para evitar que el eje propulsor gire cuando afloja los pernos, inserte un destornillador grande a través del yugo del eje propulsor (**vea la ilustración**).

4 Si el vehículo es un modelo de doble tracción y tienen una brida de acoplamiento en el lugar donde el eje propulsor se conecta a la caja de transferencia, marque la relación del yugo de la junta U con la brida de acoplamiento, luego quite los cuatro pernos, las tuercas y las arandelas de la brida.

5 En vehículos con ejes propulsores de dos piezas, quite las tuercas del rodamiento de soporte central (**vea la ilustración**).

6 En todos los modelos, sujete con cinta adhesiva las tapas de los rodamientos a la cruceta para evitar que se salgan durante el desmontaje.

7 Baje la parte trasera del eje propulsor. Deslice la parte delantera del eje propulsor hacia afuera de la transmisión o caja de transferencia.

8 Envuelva la carcasa de la caja de transferencia o de la transmisión en una bolsa plástica y manténgala en su lugar con una banda de caucho. Esto evitará la pérdida de aceite y la protegerá contra la contaminación mientras el eje propulsor esté fuera.

Instalación

9 Quite la bolsa plástica de la caja de transferencia o de la transmisión y limpie el área. Inspeccione el sello de aceite con cuidado. Puede encontrar los procedimientos de reemplazo de este sello en el Capítulo 7.

10 Deslice la parte delantera del eje propulsor dentro de la transmisión o caja de transferencia o conecte la brida de acoplamiento; instale los sujetadores a mano.

11 En modelos con un eje propulsor de dos piezas, levante el rodamiento de soporte central a su posición, instale y ajuste las tuercas según el torque indicado en las Especificaciones de este capítulo.

12 Eleve la parte trasera del eje propulsor a su posición, asegurándose de que las marcas estén alineadas. De no ser así, gire las ruedas traseras para hacer coincidir la brida del piñón con el eje propulsor.

13 Retire la cinta que asegura las tapas de los rodamientos e instale las abrazaderas y los pernos. Ajuste todos los pernos según el torque indicado en las Especificaciones de este capítulo.

Eje propulsor delantero (modelos de doble tracción)

Desmontaje

Consulte las ilustraciones 10.15 y 10.17

14 Levante la parte delantera del vehículo y colóquela de manera segura sobre soportes de gato. Retire la placa protectora (debajo del vehículo), si tiene.

15 Abra con una palanca la abrazadera que asegura la funda al eje de salida de la caja de transferencia (**vea la ilustración**). Desacople la funda del eje y deslícela hacia adelante.

16 Marque la relación del eje propulsor con la brida de acoplamiento del diferencial delantero.

17 Retire los pernos y las abrazaderas de la brida del diferencial (**vea la ilustración**).

18 Presione el eje propulsor hacia el extremo posterior lo suficiente como para separarlo de la brida del diferencial, luego bájelo y tire el eje hacia afuera de la caja de transferencia.

12.3 Utilice una tenaza pequeña para quitar los anillos de resorte de los extremos de los yugos de la junta universal

12.4 Para quitar la junta U del eje propulsor, utilice una prensa. El dado pequeño presionará la cruceta y la tapa del rodamiento en el dado grande

12.5 La tenaza de sujeción puede utilizarse para quitar las tapas de rodamiento del yugo

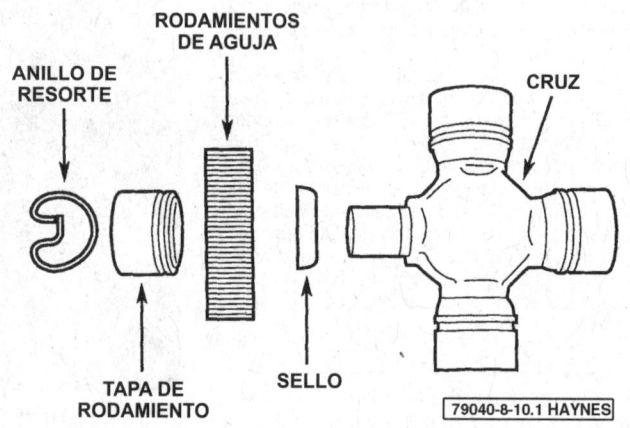

12.6 Junta U tipo anillo de resorte externo

Instalación

19 Deslice la parte posterior del eje propulsor dentro de las ranuras en el eje de salida de la caja de transferencia.
20 Acople el extremo delantero del eje a la brida de acoplamiento del diferencial (asegúrese de que las marcas estén alienadas), instale las abrazaderas y los pernos, y ajuste los pernos según el torque indicado en las Especificaciones de este capítulo.
21 En la parte posterior del eje, presione la funda hacia arriba, sobre el eje de salida de la caja de transferencia y asiéntela dentro de las ranuras. Inserte un destornillador pequeño entre la funda y el eje para compensar la presión dentro de la funda, luego instale una abrazadera nueva y ajústela en el lugar con un par de tenazas para ese fin.
22 Instale la placa protectora (si tiene).

11 Rodamiento del soporte central del eje propulsor - reemplazo

1 Quite el eje propulsor (vea la Sección 10).
2 Marque la relación de la parte delantera y la parte trasera del eje propulsor (lo mejor es hacer una marca en el yugo deslizante). Deslice el eje trasero hacia afuera del eje delantero.
3 Si tiene acceso a una prensa hidráulica (que sea lo suficientemente alta como para poder alojar el eje) y los accesorios necesarios, presione el eje para sacarlo del rodamiento de soporte central. Para instalar el rodamiento nuevo, haga la operación en sentido inverso.
4 Si no tiene el equipo necesario, lleve el eje a un taller de maquinado automotriz u otro taller de reparaciones calificado para que quiten a presión el rodamiento viejo y coloquen uno nuevo.

12 Juntas universales - reemplazo

Nota: *Compre siempre un kit de servicio para juntas universales para su modelo de vehículo antes de comenzar este procedimiento. Además, lea todo el procedimiento antes de comenzar a trabajar.*
1 Quite el eje propulsor (Sección 10).

Tipo de anillo de resorte externo

Consulte las ilustraciones 12.3, 12.4, 12.5 y 12.6
2 Coloque el eje propulsor en un banco equipado con una prensa.
3 Quite los anillos de resorte con una tenaza pequeña **(vea la ilustración)**.
4 Soporte la cruceta (también denominada araña) sobre un pedazo corto de tubería o un dado grande y utilice otro dado para presionar la cruceta hacia afuera al cerrar la prensa **(vea la ilustración)**.
5 Presione la cruceta lo más posible y luego tome la tapa del rodamiento con una tenaza para quitarla **(vea la ilustración)**.
6 Un kit de reparación de junta universal contiene una cruceta nueva, sellos, rodamientos, tapas y anillos de resorte **(vea la ilustración)**.
7 Inspeccione los huecos de la tapa de rodamiento en los yugos en busca de desgaste y daños.
8 Si los huecos de la tapa de rodamiento en el yugo están tan desgastados que las tapas se acomodan flojas, deberá reemplazar el eje propulsor por uno nuevo.
9 Asegúrese de que los sellos antipolvo estén correctamente ubicados en la cruceta.
10 Con una prensa, presione la tapa del rodamiento en el yugo aproximadamente 1/4 pulg.
11 Utilice grasa para chasis para retener los rodillos de aguja en las tapas.
12 Inserte la cruceta dentro de la tapa del rodamiento instalada parcialmente y tenga cuidado de no desprender los rodillos de aguja.
13 Sostenga la cruceta en el alineamiento correcto y presione ambas tapas en su lugar cerrando lenta y cuidadosamente las mordazas de la prensa.

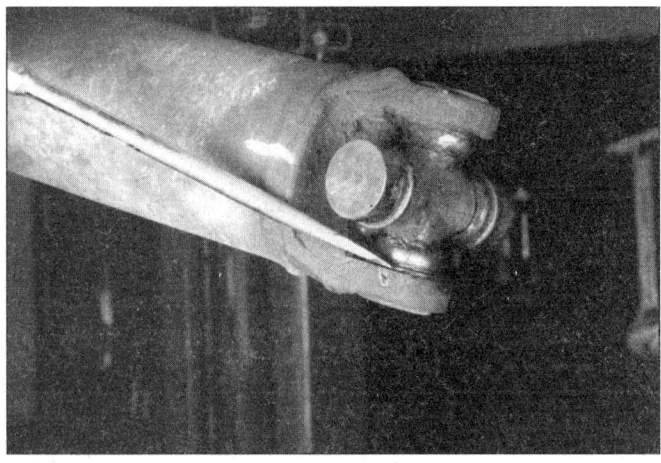

12.16 Quite los anillos de resortes internos de la junta U golpeándolos con un destornillador y un martillo

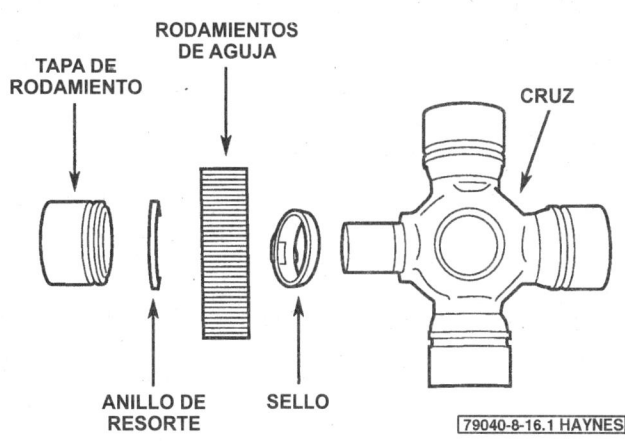

12.20 Junta U tipo anillo de resorte interno

12.21 Instale un anillo de resorte en una junta U tipo anillo de resorte interno

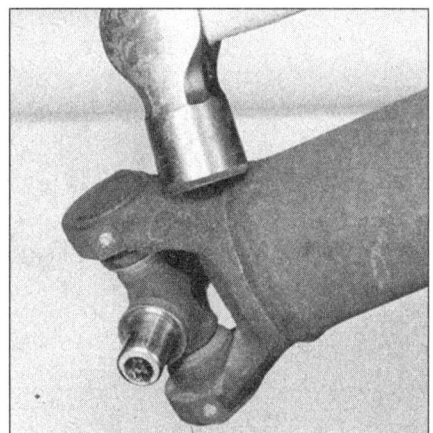

12.22 Golpee enérgicamente el yugo con un martillo para que "salten" las lengüetas y se libere la junta

14   Utilice un dado levemente más pequeño en diámetro que las tapas para presionarlas dentro del yugo. Presione de un lado, instale el anillo de resorte y luego, presione el otro lado para girar el conjunto de cruceta y fijarla contra el anillo de resorte instalado, e instalar el otro anillo de resorte.
15   Repita las operaciones para las dos tapas de rodamientos restantes. Continúe con el Paso 22.

Tipo de plástico inyectado (anillo de resorte interno)

Consulte las ilustraciones 12.16, 12.20 y 12.21

16   Si ha reconstruido anteriormente la junta, quite los anillos de resorte (retenedores del rodamiento) ubicados en la parte interior de cada tapa de rodamiento (vea la ilustración).
17   Si esta es la primera vez que reconstruye la junta, no será necesario quitar los anillos de resorte, ya que no hay ninguno; la operación con la prensa cortará el material de retención de plástico moldeado. Nota: *Posiblemente sea necesario calentar la junta U más de 500 grados (para derretir el material plástico de retención) antes de presionar la junta U para separarla.*
18   Presione las tapas de rodamientos según se describe en los Pasos 4 y 5.
19   Quite la cruceta y limpie todo el material plástico del yugo. Utilice un punzón pequeño para quitar el plástico de los orificios de inyección.
20   El rearmado es igual para la junta externa de anillo de resorte descrita en los Pasos 9 al 15, excepto que los anillos de resorte están en la parte interna de cada tapa de rodamiento (vea la ilustración).
21   Cuando instale la tapa de rodamiento, presiónela hasta que se instale el anillo de resorte (vea la ilustración).

Todos los modelos

Consulte la ilustración 12.22

22   Si las juntas quedan rígidas después del armado, golpee el yugo enérgicamente con un martillo (vea la ilustración). Esto permitirá que se extiendan las lengüetas del yugo y que se libere la junta.

---

13   Ejes - descripción y revisión

Descripción

1   El conjunto del eje trasero es de tipo hipoide (la línea central del engranaje del piñón está debajo de la línea central del engranaje del anillo), semiflotante. Cuando el vehículo gira en una esquina, el diferencial permite que el neumático trasero externo gire a más velocidad que el neumático interno. Los semiejes están estriados hasta los engranajes laterales del diferencial, por lo que cuando el vehículo gira en una esquina, la rueda interna, que gira más lentamente que la externa, gira su engranaje lateral más lentamente que el de la rueda externa. Los engranajes del piñón del diferencial giran alrededor del engranaje lateral más lento, haciendo que el engranaje lateral externo, y el neumático, giren más rápidamente.
2   También está disponible un eje trasero bloqueante con deslizamiento limitado. Este diferencial permite el funcionamiento normal hasta que una rueda pierde tracción. El diseño de una unidad con deslizamiento limitado es similar al de un diferencial convencional, excepto por la adición de un par de paquetes de embrague con discos múltiples que disminuyen la rotación de la caja del diferencial cuando una rueda está sobre una superficie firme y la otra sobre una resbaladiza. La diferencia en la velocidad de la rotación de la rueda producida por esta condición aplica fuerza adicional a los engranajes del piñón y a través del cono, que está unido por estrías a los semiejes, compensa la velocidad de rotación del semieje que impulsa la rueda con tracción.
3   En los modelos de doble tracción, se utiliza un conjunto de eje frontal completamente independiente. Éste consiste en un diferencial y un par de ejes impulsores. Cada eje impulsor tiene una junta de CV (velocidad constante) interna y externa. Como el diferencial (al igual que la caja de transferencia) está desviado hacia la izquierda, la distancia entre el diferencial y la rueda delantera derecha es mayor que la distancia desde el diferencial hasta la rueda izquierda. Para poder utilizar dos ejes impulsores de la misma longitud, se usa un semieje de extensión del lado derecho para compensar la diferencia.

Revisión

4   Con frecuencia, un problema que se sospecha en el "eje" está en otra parte. Haga una revisión minuciosa de otras causas posibles antes de asumir que el eje es el problema.
5   Los siguientes ruidos se asocian comúnmente a procedimientos de diagnóstico del eje:

a)   *Los ruidos en la carretera normalmente se confunden con fallas mecánicas. Conducir el vehículo en distintas superficies mostrará si la superficie del camino es la causa del ruido o no. El ruido en la carretera será el mismo si el vehículo está circulando con alimentación o por inercia.*

8-10   Capítulo 8   Embrague y tren de potencia

14.3 Quite el perno de bloqueo del eje del piñón.

14.4 Retire el eje del piñón para acceder a los seguros C (no gire los semiejes después de haber sacado el eje, o los engranajes de la cruceta podrían quedar en posiciones incorrectas).

14.5a Presione la brida del eje hacia adentro, luego quite el seguro C del extremo interno del semieje

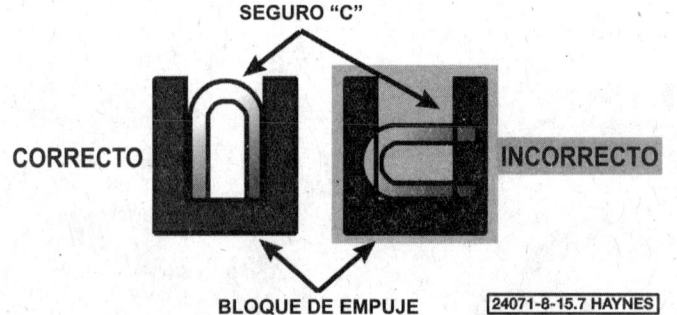

14.5b En los modelos con un diferencial con bloqueo, el seguro C debe estar posicionado como se mostró antes del desmontaje

b) *A veces, se confunde el ruido de los neumáticos con problemas mecánicos. Los neumáticos gastados o con presión baja son particularmente susceptibles a emitir vibraciones y ruidos. El ruido de los neumáticos durará más o menos lo mismo en distintas situaciones de manejo, mientras que el ruido del eje cambiará cuando circule por inercia, acelere, etc.*

c) *Los ruidos del motor y la transmisión pueden ser engañosos porque se desplazarán a lo largo del tren de potencia. Para aislar los ruidos del motor y la transmisión, anote la velocidad del motor a la que el sonido es más pronunciado. Detenga el vehículo, coloque la transmisión en Neutral y haga funcionar el motor a la misma velocidad. Si el ruido es el mismo, el eje no tiene falla.*

6   Debido a las herramientas especiales necesarias, reacondicionar el diferencial no es rentable para que lo haga usted mismo. Los procedimientos incluidos en este capítulo describen la extracción y la instalación del semieje, el reemplazo del sello de aceite del semieje, el reemplazo de rodamientos del semieje y la extracción de la toda la unidad para repararla o reemplazarla. Cualquier trabajo adicional debe ser realizado por un taller de reparación calificado.

14   Semieje (trasero) - extracción e instalación

Semieje semiflotante
Consulte las ilustraciones 14.3, 14.4, 14.5a y 14.5b

Desmontaje
1   Afloje las tuercas de orejeta de la rueda trasera. Eleve la parte trasera del vehículo, sosténgalo correctamente sobre soportes de gato y bloquee las ruedas delanteras. Quite la rueda y el disco freno (vea el Capítulo 9).
2   Quite la cubierta del diferencial y permita que el lubricante drene en un recipiente (vea el Capítulo 1).
3   Quite el tornillo de fijación **(vea la ilustración)**.
4   En los modelos con un diferencial convencional (sin bloqueo), quite el eje del piñón. En los modelos con un diferencial con bloqueo, retire la parte del eje del piñón, luego rote el diferencial hasta que el eje toque la caja, dejando espacio suficiente para acceder a los seguros C **(vea la ilustración)**.
5   Pídale a un asistente que empuje el extremo con brida hacia afuera del semieje mientras quita los seguros C de la ranura en el extremo interior del eje **(vea la ilustración)**. **Nota:** *En los modelos con un diferencial con bloqueo, utilice un destornillador para rotar los seguros C hasta que el extremo abierto apunte hacia adentro* **(vea la ilustración)**.

6   Después de quitar los seguros C, retire el semieje pero tenga cuidado de no dañar el sello de aceite (tenga en cuenta que es una buena idea reemplazar el sello siempre que quita el semieje; vea la Sección 15). Algunos modelos tienen una arandela de empuje en el diferencial; asegúrese de que no caiga afuera cuando quite el semieje.

Instalación
7   Para instalarlo, inserte con cuidado el semieje dentro de la caja y asiéntelo en forma segura en el diferencial.
8   Instale el seguro C en la ranura del semieje y tire hacia afuera en la brida para bloquearlo.
9   Inserte el eje del piñón, alinee el orificio en el eje con el orificio del tornillo de fijación e instale el tornillo. **Nota:** *Aplique un compuesto fijador de roscas que no se endurezca a las roscas del tornillo de fijación antes de instalarlo.* Ajuste los tornillos de fijación según el torque indicado en las Especificaciones de este capítulo.
10   Instale la cubierta y llene el diferencial con el lubricante especificado en el Capítulo 1.
11   Instale el disco de freno, el soporte de montaje del caliper y el caliper, ajuste los sujetadores según el torque indicado en las Especificaciones del Capítulo 9. Instale la rueda y las tuercas de orejeta; luego, baje el vehículo. Ajuste las tuercas de orejeta según el torque indicado en las Especificaciones del Capítulo 1.

Capítulo 8 Embrague y tren de potencia

15.2 Saque el sello de aceite del semieje con un extractor de sellos

15.3 Con una guía para sellos para instalar el sello de aceite del semieje, empuje el sello hasta que quede al ras del orificio

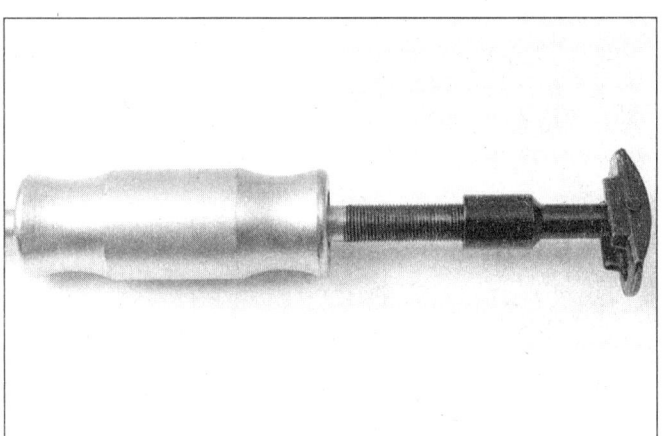

16.2 Un martillo deslizante típico y un dispositivo de desmontaje de rodamiento de semieje

16.3 Desmontaje del rodamiento del semieje con un martillo deslizante

Semieje completamente flotante

12 Quite los pernos que unen la brida del semieje al cubo.

13 Golpee la brida con un martillo de cara blanda para aflojar el eje, luego tome la parte saliente de la cara de la brida con una tenaza de sujeción. Gire el eje levemente en ambas direcciones y retírelo de la caja. Coloque un recipiente debajo del extremo externo del eje para captar el lubricante que pueda fugarse mientras desmonta el eje.

14 La instalación se realiza en forma inversa al desmontaje. Asegúrese de tener el semieje a nivel para acoplar las estrías en el extremo interno con las del engranaje en el lateral del diferencial. Siempre utilice una junta nueva en la brida, y mantenga la brida y la superficie de contacto del cubo sin grasa ni aceite.

15 Sello de aceite del semieje (trasero, eje semiflotante) - reemplazo

Consulte las ilustraciones 15.2 y 15.3

1 Retire el semieje (vea la Sección 14).

2 Saque el sello de aceite del extremo de la caja del eje **(vea la ilustración)**.

3 Aplique una capa de grasa multiuso en la cavidad del sello de aceite y golpee en forma suave y uniforme el nuevo sello hasta que quede en su lugar con un martillo y una herramienta para instalar sellos **(vea la ilustración)**, un dado grande o un trozo de tubo de modo que los bordes miren hacia adentro y la cara metálica sea visible desde el extremo de la caja del eje. Una vez instalado correctamente, la cara del sello de aceite debe estar al ras del extremo de la caja del eje.

4 Instale el semieje (vea la Sección 14).

16 Rodamiento del semieje (trasero, eje semiflotante) - reemplazo

Consulte las ilustraciones 16.2, 16.3 y 16.4

1 Quite el semieje (vea la Sección 14) y el sello de aceite (vea la Sección 15).

2 Para realizar este trabajo, necesitará un extractor de rodamientos que sujete el rodamiento por la parte trasera **(vea la ilustración)**.

3 Fije un martillo deslizante al extractor y quite el rodamiento de la caja del eje **(vea la ilustración)**.

4 Limpie la cavidad del rodamiento y coloque el nuevo con un instalador de rodamientos o un trozo de tubo posicionado contra el aro de rodamiento externo **(vea la ilustración)**. Asegúrese de

16.4 Utilice una herramienta de arrastre para rodamientos o un dado grande para golpear el rodamiento en forma pareja dentro de la caja del eje

que el rodamiento esté insertado por completo en la cavidad.

5 Instale el nuevo sello de aceite (vea la Sección 15) y luego instale el semieje (vea la Sección 14).

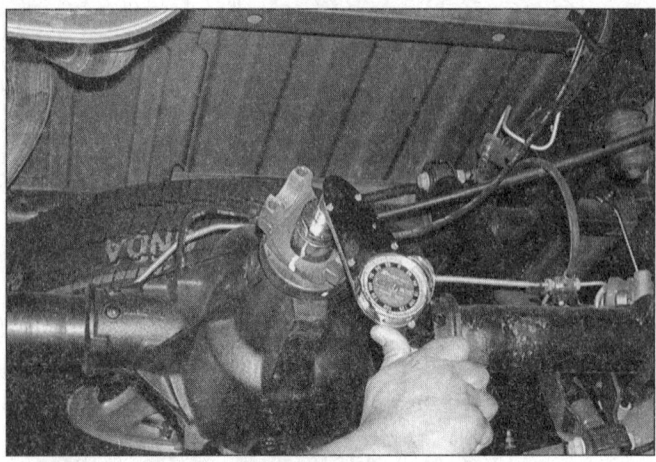

18.3 Use una llave de torque lb-pulg para revisar el torque requerido para girar el eje del piñón

18.4 Antes de quitar la tuerca, marque la posición de la brida con respecto al eje y cuente la cantidad de roscas expuestas

17 Cubo trasero, rodamiento y sello de rueda (eje completamente flotante) - desmontaje, reemplazo e instalación del rodamiento/sello

Desmontaje

1. Retire el semieje (vea la Sección 14).
2. Afloje las tuercas de orejeta de las ruedas traseras, levante la parte trasera del vehículo y apóyelo de manera segura en soportes de gato. Bloquee las ruedas delanteras y libere las ruedas traseras.
3. Quite el disco de freno (vea el Capítulo 9).
4. Retire el anillo de retención y la llave (si los tiene) del extremo de la caja del eje.
5. Quite la tuerca de ajuste con una dado especial disponible en la mayoría de las tiendas de autopartes.
6. Retire el conjunto del cubo fuera del tubo del eje.
7. Quite y deseche el sello de aceite de la parte posterior del cubo.
8. Para seguir desarmando el cubo, utilice un martillo y una barra larga o un punzón para sacar el rodamiento interno, la tapa (aro de rodamiento) y el sello de aceite.
9. Quite el anillo de retención externo y luego, golpee el rodamiento externo y la tapa del cubo.
10. Quite el compuesto de sellado anterior del hueco del sello dentro del cubo.
11. Utilice solvente para limpiar los rodamientos, el cubo y el tubo del eje. Un cepillo pequeño puede ser útil; asegúrese que no queden cerdas del cepillo en los rodillos del rodamiento. Ahora, rocíe los rodamientos con limpiador del sistema de freno, el cual quitará el solvente y permita que los rodamientos se sequen más rápidamente.
12. Inspeccione cuidadosamente los rodamientos en busca de rajaduras, desgaste o daño. Revise la brida del tubo del eje, los espárragos y las estrías del cubo en busca de daño y corrosión. Revise las tapas de los rodamientos (aros de rodamiento) en busca de erosión o estrías. Debe reemplazar los componentes dañados o desgastados por piezas nuevas.
13. Inspeccione el tambor del freno (vea el Capítulo 9).
14. Lubrique los rodamientos y las áreas de contacto del tubo del eje con grasa para rodamientos de rueda. Distribuya la grasa por completo en los rodamientos forzándola para que penetre entre los rodillos, el cono y la jaula.
15. Vuelva a armar el cubo a la inversa del procedimiento de desmontaje. Utilice solamente una herramienta de arrastre para rodamientos del tamaño adecuado cuando instale las tapas de rodamientos nuevas (aros de rodamiento).

Instalación

16. Asegúrese de que el deflector del aceite de la caja del eje esté en posición. Coloque el conjunto del cubo en el tubo del eje, pero tenga cuidado de no dañar los sellos de aceite.
17. Instale la tuerca de ajuste y ajuste los rodamientos como se describió anteriormente.

Ajuste

18. Rote el cubo, asegurándose de que gire libremente.
19. Mientras rota el cubo en la dirección normal (hacia adelante), apriete la tuerca de ajuste a 50 lb-pie con una llave de torque. Esto requerirá un dado especial que está disponible en la mayoría de las tiendas de autopartes.
20. Vuelva la tuerca 1/4 de giro y ajuste la tuerca a mano con un dado especial.
21. Gire la tuerca para alinear la ranura más cercana en la tuerca con la chaveta en el vástago, luego instale la llave.
22. Instale el anillo de retención en el extremo del vástago.
23. Mueva el conjunto de cubo; no debe detectar nada de juego libre pero el cubo debe girar libremente (no debe haber precarga en los rodamientos; tampoco juego libre).
24. Instale el semieje (vea la Sección 14) y baje el vehículo.

18 Sello de aceite del piñón - reemplazo

Consulte las ilustraciones 18.3, 18.4, 18.5, 18.8 y 18.9

Nota: *Este procedimiento corresponde a los sellos de aceite del piñón delantero y trasero.*

1. Afloje las tuercas de orejeta de las ruedas. Eleve la parte delantera (para los diferenciales delanteros) o la parte trasera (para los diferen-

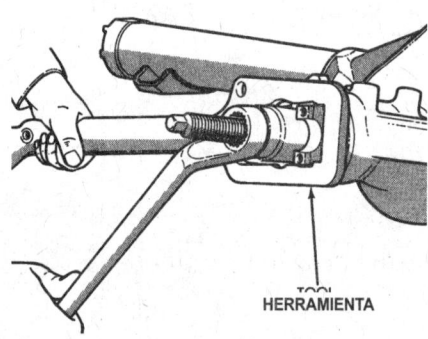

18.5 Sostenga la brida del piñón mientras quita la tuerca

ciales traseros) del vehículo y apóyelo de manera segura en soportes de gato. Bloquee las ruedas opuestas para que el vehículo no se mueva del soporte. Quite las ruedas.

2. Desconecte el semieje de la brida del piñón del diferencial y sujételo en un lugar apartado (vea la Sección 10).
3. Rote el piñón varias veces a mano. Utilice una llave de torque pulg-libra con indicador de cuadrante o de barra flexible para revisar el torque requerido para rotar el piñón **(vea la ilustración)**. Regístrelo para utilizarlo luego.
4. Marque la relación de la brida del piñón con el eje **(vea la ilustración)**, luego cuente y anote la cantidad de roscas expuestas en el eje.
5. Para evitar que la brida de acoplamiento se mueva mientras afloja la tuerca del piñón autobloqueante, puede utilizar una herramienta especial, disponible en la mayoría de las tiendas de autopartes **(vea la ilustración)**. También puede usar una llave de cadena para inmovilizar la brida.
6. Quite la tuerca del piñón.
7. Retire la brida. Posiblemente sea necesario utilizar un extractor de dos mordazas acoplado detrás de la brida para sacarla. No intente hacer palanca o martillar detrás de la brida ni martillar sobre el extremo del eje del piñón.

18.8 Utilice una herramienta para desmontaje de sellos o un destornillador grande para quitar el sello del piñón (tenga cuidado de no dañar el piñón mientras hace esto)

18.9 Puede utilizar un dado grande con el mismo diámetro que el del sello nuevo del piñón para empujar el sello dentro de la caja del diferencial

8   Retire el sello viejo y descártelo (vea la ilustración).
9   Lubrique los bordes del sello nuevo y llene el espacio entre los bordes con grasa para rodamientos de rueda, luego golpéelo de manera uniforme hasta que quede en posición con una herramienta de instalación de sellos o un dado grande (vea la ilustración). Asegúrese de que entre perfectamente en la caja y hasta el fondo de la cavidad.
10   Instale la brida del piñón, alinee las marcas que se hicieron en el Paso 4. Si es necesario, ajuste la tuerca del piñón para colocar la brida en su lugar. No intente martillar la brida para colocarla en su posición.
11   Aplique un cordón de sellador de RTV (vulcanización a temperatura ambiente) en los extremos de las estrías visibles en el centro de la brida para que el aceite quede sellado en el interior.
12   Instale la arandela y una nueva tuerca del piñón. Ajuste la tuerca hasta que queden expuestas la cantidad de roscas registradas en el Paso 4.
13   Mida el torque requerido para girar el piñón y ajuste la tuerca de a poco (no más de 5 lb-pie) hasta que coincida con la cifra registrada en el Paso 3. Para compensar el arrastre del nuevo sello de aceite, debe ajustar un poco más la tuerca hasta que el torque giratorio del piñón exceda el registro anterior, en unas 5 pulg-lb.
14   Vuelva a instalar los componentes que desmontó anteriormente en forma inversa a los pasos de desmontaje y ajuste todos los sujetadores según los valores de torque especificados.

19 Conjunto de eje (trasero) - desmontaje e instalación

Desmontaje
1   Afloje las tuercas de orejeta de las ruedas traseras, levante la parte trasera del vehículo y apóyelo de manera segura en soportes de gato. Bloquee las ruedas delanteras para que el vehículo no se mueva del soporte. Quite las ruedas traseras.
2   Coloque un gato debajo de la caja del diferencial del eje trasero.
3   Desconecte el eje propulsor de la brida del piñón del eje trasero (vea la Sección 10). Sujete el eje propulsor con un trozo de cable de la carrocería inferior para apartarlo.
4   Desconecte los amortiguadores en los montajes inferiores.

5   Desconecte la manguera de ventilación de las conexiones en la caja del eje y sujétela en un lugar apartado.
6   Desconecte la manguera de freno del bloque de empalme en la caja del eje, luego tapone la manguera para evitar la fuga de aceite.
7   Quite los discos de freno y los caliper de freno (vea el Capítulo 9).
8   Desconecte los cables del freno de estacionamiento de las palancas accionadoras y de los soportes (vea el Capítulo 9).
9   En los modelos con resortes de hojas, desconecte los pernos U del resorte (vea el Capítulo 10). Quite los platos de los resortes.
10   En los modelos con resortes helicoidales, quite la barra estabilizadora y los resortes helicoidales (vea el Capítulo 10).
11   Baje el gato que está debajo del diferencial y luego, quite el conjunto del eje trasero del vehículo.

Instalación
12   La instalación se realiza en forma inversa al desmontaje. Ajuste los pernos de abrazadera de las juntas U según el torque indicado en las Especificaciones de este capítulo. Ajuste todos los sujetadores de la suspensión según los valores de torque indicados en las Especificaciones del Capítulo 10. Ajuste los sujetadores del freno según los valores de torque indicados en las Especificaciones del Capítulo 9.
13   Purgue los frenos (vea el Capítulo 9).
14   Instale las tuercas de orejeta y las ruedas según el torque indicado en las Especificaciones del Capítulo 1.

20 Ejes impulsores (modelos de doble tracción) - información general e inspección

1   La potencia se transmite del eje/diferencial delantero a las ruedas delanteras a través de un par de ejes impulsores. El extremo interno de cada eje impulsor está unido con un perno a un semieje conectado a los engranajes laterales del diferencial; el extremo exterior de cada eje impulsor tiene un eje corto que está unido por estrías al conjunto de rodamiento y cubo delantero y está asegurado en su lugar por una tuerca grande.
2   Los extremos interiores de los ejes impulsores están equipados con juntas de CV (velocidad

constante) deslizantes que pueden realizar movimientos angulares y axiales. Cada conjunto de junta de CV interna consta de un rodamiento tipo trípode y una caja en la cual la junta puede deslizarse libremente hacia adentro y hacia afuera a medida que el eje impulsor se mueva hacia arriba y hacia abajo con la rueda.
3   Los extremos exteriores de los ejes impulsores están equipados con juntas de CV tipo "bola y jaula" que pueden realizar movimientos angulares y pero no axiales. Cada junta de CV externa consta de seis rodamientos de bola enjaulados que se mueven entre un aro de rodadura interno y la caja.
4   Debe inspeccionar periódicamente las fundas en busca de daños y fugas de lubricante. Las fundas de las juntas de CV que estén rotas deben reemplazarse de inmediato o se dañarán las juntas. Si alguna de las fundas de un eje impulsor está dañada, debe desmontar el eje impulsor para reemplazar la funda (vea la Sección 21).
5   Si una funda está dañada, la junta de CV puede desarmarse y limpiarse (vea la Sección 22), pero si alguna de las piezas está dañada, debe reemplazarse todo el conjunto de eje impulsor como una unidad.
6   Los síntomas más comunes de desgaste o daño de las juntas de CV, además de fugas de lubricante, es un chasquido metálico, un ruido cuando se acelera después de circular por inercia y vibración a altas velocidades. Para revisar si hay desgaste en las juntas de CV y en los ejes del eje impulsor, tome cada eje (uno por vez) y rótelo en ambas direcciones mientras sostiene las cajas de las juntas de CV, si percibe juego libre es un indicio de que hay estrías desgastadas o juntas de CV en mal estado. También, revise los ejes del eje impulsor en busca de rajaduras, abolladuras o deformaciones.

21 Eje impulsor (modelos de doble tracción) - desmontaje e instalación

Consulte las ilustraciones 21.2, 21.3 y 21.5

Desmontaje
1   Afloje las tuercas de orejeta de las ruedas, levante la parte delantera del vehículo y apóyelo de manera segura sobre soportes de gato. Quite la rueda.

21.2 Puede utilizar un martillo y un cincel para golpear la cubierta y sacarla del cubo

21.3 Puede utilizar una palanca grande para inmovilizar el cubo mientras afloja la tuerca o puede insertar un destornillador a través del visor del caliper de freno (flecha) y dentro de las aspas refrigerantes del disco

21.5 Quite los pernos del eje impulsor a la brida del semieje

2   Haga palanca para sacar la cubierta del cubo (vea la ilustración).
3   Quite la tuerca del cubo/eje impulsor. Para evitar que rote el cubo, afirme una palanca grande de un lado a otro de los dos espárragos de la rueda (vea la ilustración) o inserte un punzón o destornillador largo a través del visor del caliper de freno y dentro de las aspas refrigerantes del disco.
4   Retire la placa protectora (debajo del vehículo), si tiene.
5   Retire los pernos de la brida del eje impulsor al semieje (vea la ilustración). Pídale a otra persona que presione el freno mientras usted afloja los pernos para evitar que gire el eje impulsor. Separe el eje impulsor de la brida del semieje.
6   Baje el extremo interior del eje impulsor y saque el eje corto del cubo. Guíe con cuidado el eje impulsor para sacarlo desde debajo del vehículo. **Nota 1:** *Posiblemente sea necesario quitar la conexión de la barra estabilizadora para dar espacio y desmontar el eje impulsor.* **Nota 2:** *Si el eje corto se traba en las estrías del cubo, golpee el extremo del eje con un punzón de latón y un martillo. Si esa acción no libera las estrías, presione el eje impulsor con un extractor para sacarlo del cubo.*

Instalación

7   La instalación se realiza en forma inversa al desmontaje. Antes de instalar el eje impulsor, lubrique las estrías del eje corto con grasa de uso múltiple. Asegúrese de apretar la tuerca (nueva) del cubo/eje impulsor y los pernos de la brida según el torque indicado en las Especificaciones de este capítulo. Ajuste la tuerca de orejeta de la rueda según el torque indicado en las Especificaciones del Capítulo 1. **Advertencia:** *La tuerca del cubo no debe volver a usarse. Instale una nueva tuerca de cubo cuando instale el eje.*

22 Funda del eje impulsor (modelos de doble tracción) - reemplazo

Nota: *Si debe reemplazar las fundas de las juntas de CV, explore todas las opciones antes de comenzar el trabajo. Se consiguen ejes impulsores de recambio completamente reconstruidos, lo cual elimina mucha pérdida de tiempo y trabajo. Sea cual fuere la decisión que tome, verifique el costo y la disponibilidad de piezas antes de desarmar el vehículo.*

1   Quite el eje impulsor (vea la Sección 21).
2   Coloque el eje impulsor en una prensa de banco revestida con trapos para evitar daños en el eje propulsor. Revise la junta de CV en busca de juego libre excesivo en la dirección radial, lo

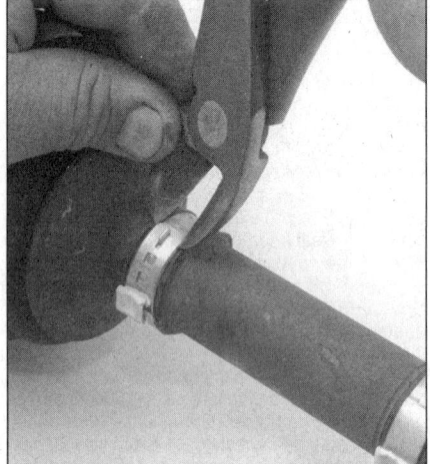

22.3a Corte las abrazaderas de la funda vieja con tenazas de corte diagonal (la abrazadera de diámetro mayor es, en realidad, un "anillo estampado"; posiblemente tenga que utilizar una amoladora de mano para cortarla. Cuando desarme la junta, utilice una abrazadera de funda convencional, ya que se requieren herramientas especiales para embutir el anillo en su lugar)

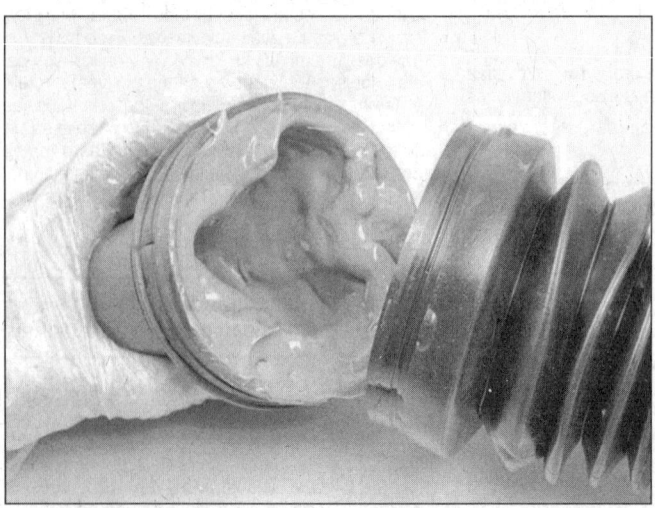

22.3b Deslice la caja fuera del conjunto de cruceta

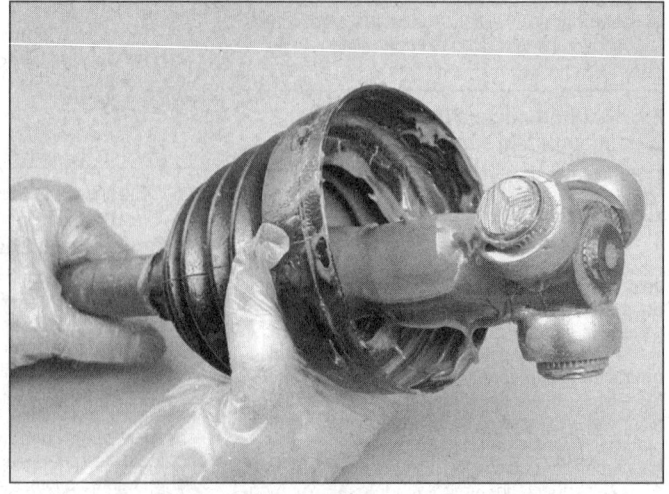

22.3c Deslice la funda hacia el centro del eje impulsor

Capítulo 8 Embrague y tren de potencia

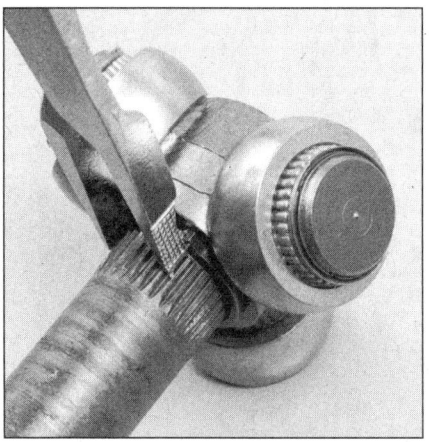

22.3d Separe los extremos del anillo de tope y deslícelo hacia el centro del eje

22.3e Deslice el conjunto de cruceta hacia atrás para dejar expuesto el anillo de retención y sacar el anillo

22.3f Golpee con cuidado la cruceta con un punzón de latón para sacarla del semieje (no la golpee muy fuerte porque puede volar y tendrá que levantar los rodamiento de aguja)

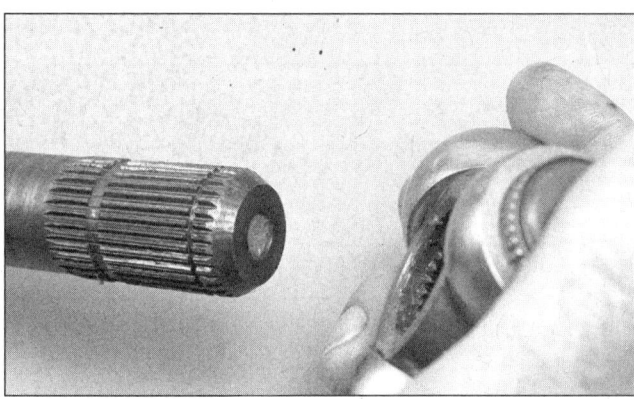

22.3g Cuando deslice la cruceta hacia afuera del eje impulsor, sostenga los rodamientos con la mano o utilice cinta o un paño envuelto alrededor del conjunto de rodamientos de la cruceta para retenerlos

que indica piezas desgastadas. Revise el funcionamiento correcto en todas las variantes de movimientos de cada junta de CV. Si la funda está rasgada, desmonte la junta, limpie los componentes e inspeccione si hay daño debido a pérdida de lubricación y la posible contaminación por agentes externos. **Nota:** *Algunos modelos están equipados con una cubierta de protección que tiene abrazaderas que rodean el diámetro mayor de cada funda. Utilice tenazas de corte diagonal para quitar las abrazaderas, luego deslice la cubierta hacia afuera para poder acceder a las fundas.*

Junta de CV interna

Consulte las ilustraciones de 22.3a a 22.3t

3 Para reemplazar la funda interna, consulte las ilustraciones adjuntas (**vea las ilustraciones de 22.3a a 22.3t**).

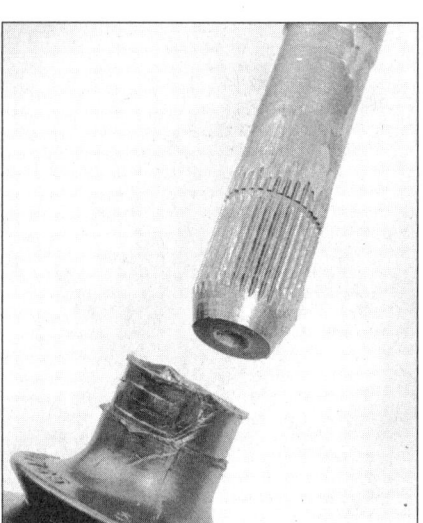

22.3h Deslice la funda y el anillo de tope hacia afuera del semieje

22.3i Limpie toda la grasa vieja de la caja y del conjunto de cruceta; luego, quite cada uno de los rodamientos, uno por vez

22.3j Desarme con cuidado cada sección del conjunto de cruceta, limpie los rodamientos de aguja con solvente e inspeccione los rodillos, la cruceta, los rodamientos y la caja en busca de erosión, picaduras y otros signos de desgaste anormal

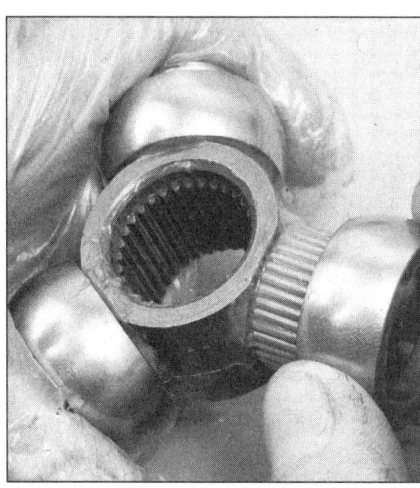

22.3k Aplique una capa de grasa de junta de CV a las superficies internas de los rodamientos para sostener los rodamientos de aguja en el lugar y deslizar los rodamientos sobre ellos

22.3l Envuelva las estrías del semieje con cinta para evitar daños en la funda; luego, deslice la abrazadera pequeña y la funda dentro del semieje

22.3m Deslice el anillo de tope de la cruceta sobre el semieje, hágalo pasar por la ranura en la que se asienta

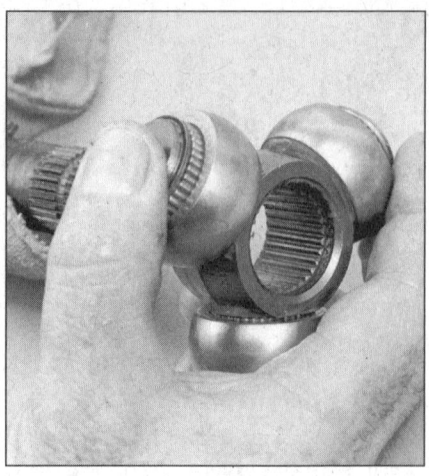

22.3n Instale los rodamientos de la cruceta con la cavidad del escariador apuntando hacia el extremo del eje impulsor

22.3o Instale el anillo de retención de la cruceta; luego, deslice el conjunto de cruceta contra el anillo y asiente el anillo de tope en su ranura

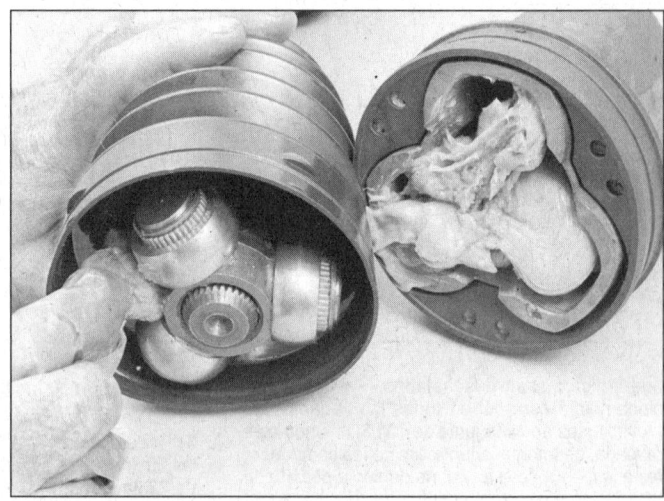

22.3p Coloque en la caja la mitad de la grasa que se suministra con la nueva funda y coloque el remanente en la funda

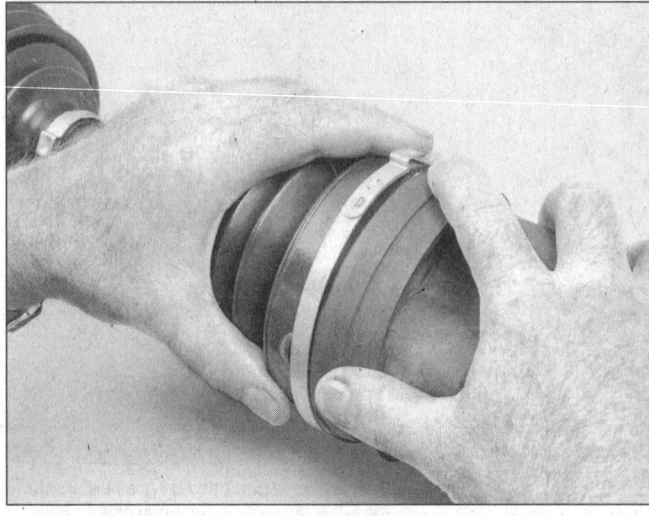

22.3q Con las abrazaderas de retención en su lugar (pero no ajustadas), instale la caja del trípode

22.3r Asiente la funda en la caja y en las ranuras del sello del eje; luego, ajuste el largo de la junta según la dimensión indicada en las Especificaciones de este capítulo

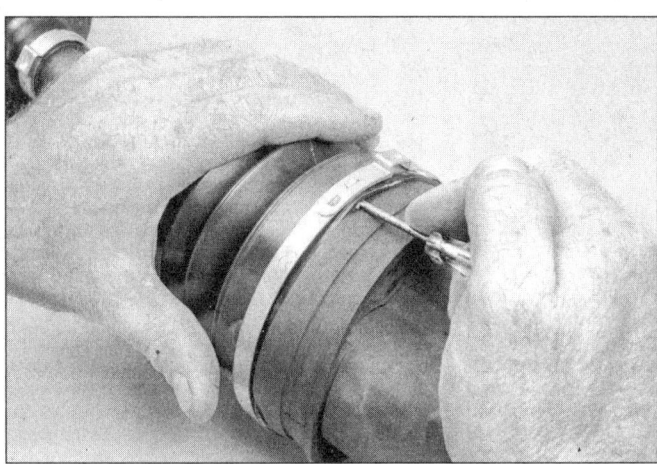

22.3s Con la junta fijada en el largo adecuado, iguale la presión en la funda insertando un destornillador pequeño entre la funda y la caja (asegúrese de que la funda no tenga perforaciones, no esté estirada o deformada) . . .

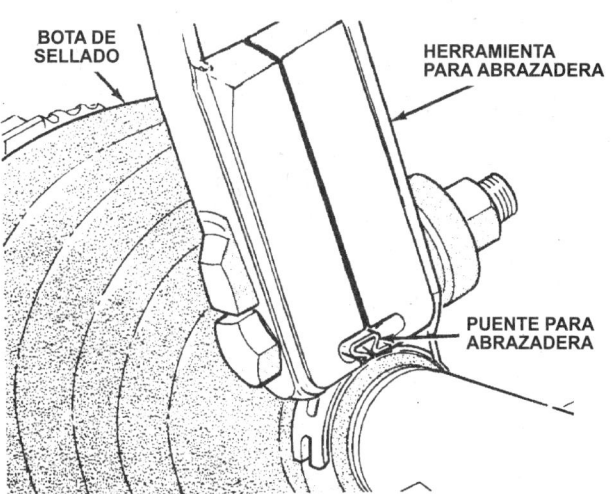

22.3t . . . luego, ajuste las abrazaderas de la funda con una herramienta para engarzar abrazaderas (disponible en la mayoría de las tiendas de autopartes)

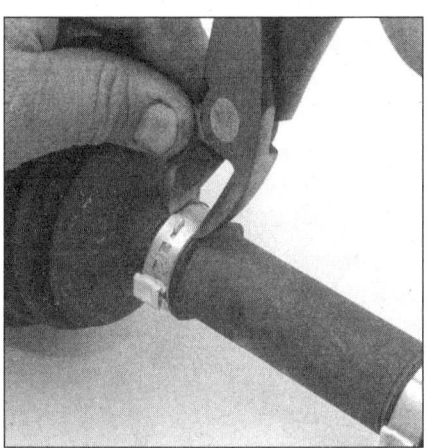

22.4a Corte las abrazaderas de retención de la funda con un cortador diagonal

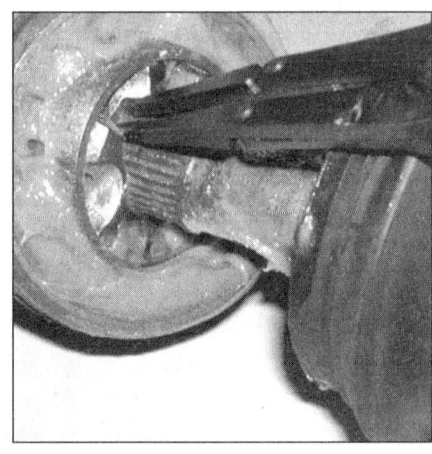

22.4b Separe los extremos del anillo de resorte interno y luego, deslice las juntas de CV hacia afuera del eje

22.4c Presione hacia abajo el aro de rodadura interno lo suficiente como para permitir el desmontaje del rodamiento de bola. Si es difícil inclinarlo, golpee suavemente la jaula y el aro de rodadura interno con un punzón de latón y un martillo

Junta de CV externa

Consulte las ilustraciones de 22.4a a 22.4r

4   Consulte las ilustraciones adjuntas y realice el procedimiento de reemplazo de la funda de la junta de CV externa (**consulte las ilustraciones de 22.4a a 22.4r**).

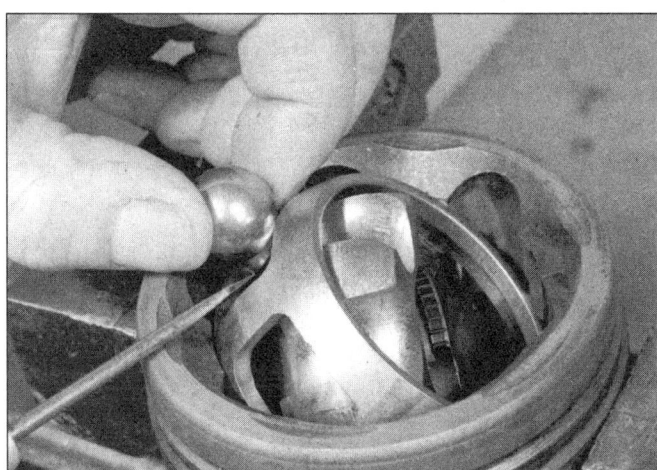

22.4d Haga palanca para sacar las bolas de la jaula, de a una por vez

22.4e Incline el aro de rodadura interno y la jaula 90 grados; luego, alinee los visores en la jaula (A) con las superficies de la caja (B) y rote el aro de rodadura interno y la jaula hacia arriba y afuera de la jaula

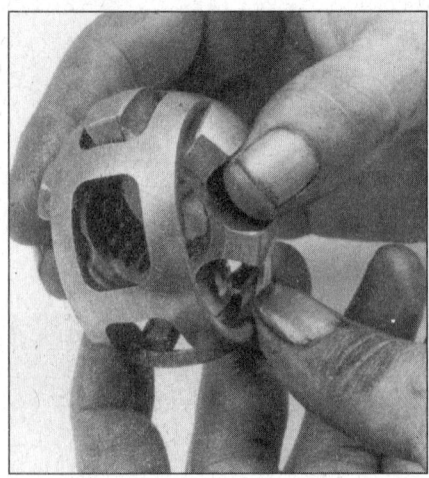

22.4f Alinee la superficie del aro de rodadura interno con el visor de la jaula y rote el aro de rodadura interno para sacarlo de la jaula

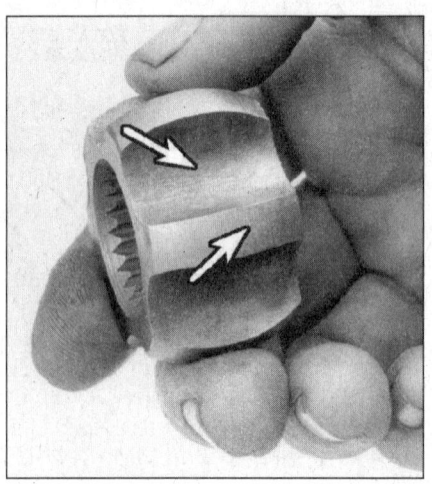

22.4g Después de limpiar los componentes con solvente, revise las superficies y las ranuras del aro de rodadura interno para buscar erosiones y rayas

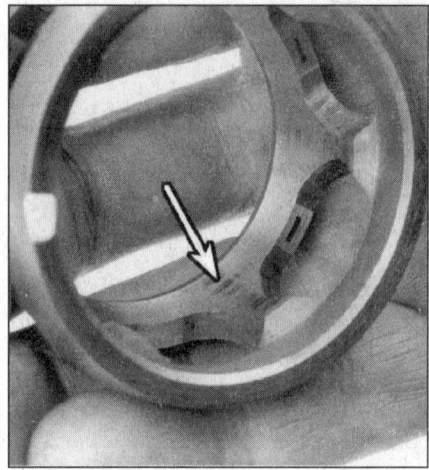

22.4h Revise la jaula para detectar rajaduras, erosión y rayas; los puntos brillantes son normales y no afectan el funcionamiento

22.4i Con la jaula y el aro de rodadura inclinados a 90 grados, baje el conjunto dentro de la caja

22.4j Rote el conjunto, golpeando suavemente con un martillo y un punzón de latón . . .

22.4k . . . luego, presione las bolas dentro de los visores de la jaula y repita hasta que estén todas las bolas instaladas

22.4l Utilice tenazas de punta fina para bajar el anillo de resorte nuevo en la ranura . . .

22.4m . . . luego, asiéntela en la ranura con pinzas para anillos de resorte

22.4n Coloque grasa a través del orificio ranurado; luego, inserte una clavija de madera (con un diámetro levemente inferior que el del eje) a través del orificio ranurado y presiónelo; la clavija forzará a la grasa para que entre en la junta. Repita hasta que el rodamiento esté completamente engrasado

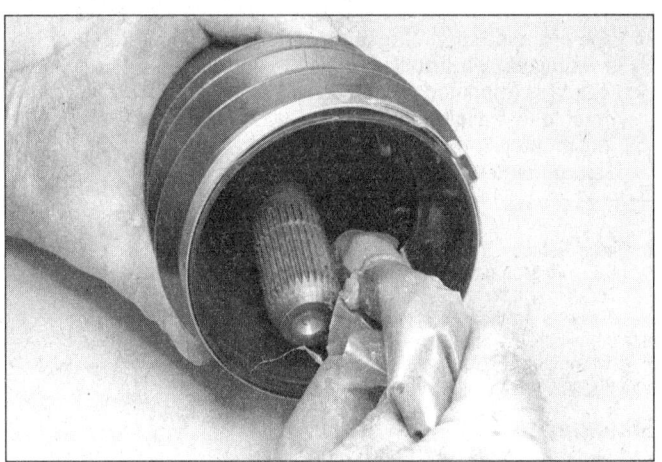

22.4o Instale una pequeña abrazadera y la funda en el eje impulsor y aplique grasa en la parte interna de la funda del eje . . .

22.4p . . . hasta que el nivel llegue al extremo del eje

22.4q Posicione el conjunto de la junta de CV en el eje impulsor, alinee las estrías y luego utilice un martillo de cara blanda para guiar la junta dentro del eje impulsor hasta que el anillo de resorte esté completamente apoyado en la ranura

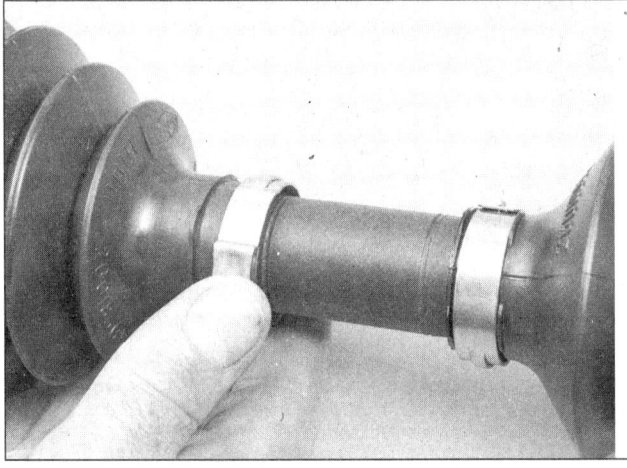

22.4r Apoye el extremo interior de la funda en la ranura e instale la abrazadera de retención; luego, haga lo mismo en el otro extremo de la funda. Ajuste las abrazaderas de la funda con una herramienta especial (vea la ilustración 22.3t)

23.3 El motor de cambio del eje delantero simplemente se desatornilla del tubo del eje

23 Motor de cambio del eje delantero (modelos de doble tracción) - reemplazo

Consulte la ilustración 23.3

1 Levante la parte delantera del vehículo y apóyelo de manera segura sobre soportes de gato. Quite el protector contra salpicaduras que está debajo del eje delantero.

2 Desconecte el conector eléctrico del motor de cambio.

3 Retire el tornillo que une el motor con el tubo del eje (**vea la ilustración**).

4 Antes de instalar el motor, recubra las roscas con un sellador de RTV. La instalación del motor se realiza en forma inversa al desmontaje.

24 Eje propulsor derecho, tubo, rodamiento y horquilla de cambios (modelos de doble tracción y tracción integral) - desmontaje, reemplazo de componentes e instalación

1 Afloje las tuercas de orejeta de las ruedas, levante el vehículo, colóquelo de manera segura sobre soportes de gato y retire la rueda derecha delantera.
2 Quite el protector contra salpicaduras que está debajo del eje delantero.
3 Drene el lubricante del diferencial delantero (vea el Capítulo 1).

Sistemas de doble tracción seleccionable

Consulte la ilustración 24.7

4 Quite los pernos que unen el eje impulsor derecho con la brida del semieje (vea la Sección 21). Aparte el eje impulsor con un cable; no permita que cuelgue de la junta de CV externa.
5 Quite el motor de cambio del eje delantero (vea la Sección 23).
6 Para evitar que el portador del diferencial se trabe cuando se desmonta el tubo del eje, sosténgalo con un gato de piso y un bloque de madera.
7 Quite los pernos que aseguran el tubo del eje al portador del diferencial (**vea la ilustración**).
8 Quite las tuercas que acoplan el tubo con el soporte.
9 Quite con cuidado el tubo del eje de entrada. Asegúrese de no permitir que ninguno de los componentes salga del tubo. Quite la camisa del eje, la arandela de empuje y el sello.
10 Monte el tubo en un tornillo de banco con las mordazas sujetando la brida. Quite el resorte del amortiguador, el clip, la horquilla, la camisa, el engranaje, la arandela de empuje y el eje de cambios.
11 Quite el eje de salida del tubo golpeando el interior de la brida con un martillo de cara blanda mientras sostiene el tubo.
12 Con un destornillador grande, haga palanca para sacar el deflector y el sello del tubo.
13 Mida la profundidad instalada del rodamiento del semieje, luego quite el rodamiento con un martillo deslizante y un dispositivo para desmontar rodamientos.
14 Instale el rodamiento con el hombro cuadrado mirando hacia adentro, a la profundidad original, con una herramienta de arrastre para rodamientos o un dado con un diámetro externo levemente menor que el del rodamiento.
15 Instale el deflector y un sello nuevo. Lubrique los bordes del sello con grasa de uso múltiple.
16 Instale el semieje, guiándolo con cuidado con un martillo de cara blanda.
17 Instale la arandela de empuje, el engranaje, la camisa, el eje, la horquilla de cambios, el clip y el resorte.
18 Aplique un cordón de sellador RTV a la superficie de contacto del tubo con la caja del diferencial.
19 Aplique algo de grasa a la arandela de empuje e instale la arandela. Instale el engranaje y la camisa del eje.
20 Con cuidado, instale el conjunto del tubo del eje de salida y vuelva a instalar los pernos. Ajuste los pernos según el torque indicado en las Especificaciones de este capítulo.

24.7 Detalles del tubo del semieje derecho
A Pernos de montaje del tubo al diferencial
B Motor de cambio del eje delantero
C Tuercas de fijación del tubo del eje al bastidor
D Junta de CV interna derecha

21 Instale y ajuste las tuercas que fijan los dos tubos con el chasis según el torque indicado en las Especificaciones de este capítulo.
22 Instale el eje propulsor (vea la Sección 21).
23 Instale el motor de cambio del eje delantero.
24 Llene el diferencial con el lubricante adecuado (vea el Capítulo 1).
25 Instale el protector contra salpicaduras.
26 Baje el vehículo y revise que funcione correctamente.

Sistemas de tracción integral (AWD)

27 Retire la conexión de la barra estabilizadora (vea la Sección 10).
28 Retire los pernos que aseguran la brida del semieje al portador del diferencial.
29 Separe el semieje del eje propulsor de la rueda externa (vea la Sección 21).
30 Utilice un punzón de latón y un martillo para golpear el semieje, y sepárelo del engranaje lateral de la caja del diferencial.
31 Quite las tuercas que acoplan el semieje con el soporte.
32 Quite los pernos que unen la caja del semieje interno con el diferencial.
33 Quite el conjunto del semieje interno y el semieje del vehículo.
34 Quite el rodamiento y el sello interno. Se requiere de una herramienta especial para sacar el rodamiento del eje del embrague. Instale el sello y un rodamiento nuevo.
35 Aplique un sellador de RTV a la superficie de sellado del diferencial e instale el conjunto de la caja del semieje interno. Permita que el sellador de RTV se asiente; instale y ajuste los pernos según el torque indicado en las Especificaciones de este capítulo.
36 Instale el semieje en el soporte, luego las tuercas y ajústelas según el torque indicado en las Especificaciones de este capítulo.
37 Alinee las estrías del semieje interno con las estrías en el engranaje lateral del diferencial rotando lentamente el semieje interno. Golpee el semieje interno con una maza hasta que el anillo (clip) en el semieje esté alineado con la ranura en el engranaje lateral de la caja del diferencial.
38 Instale el semieje en la brida interna. Instale y ajuste los pernos de la brida del semieje según el torque indicado en las Especificaciones de este capítulo.

39 Instale la conexión del estabilizador (vea el Capítulo 10).
40 Llene el diferencial con el lubricante adecuado (vea el Capítulo 1).
41 Instale el protector contra salpicaduras.
42 Baje el vehículo y revise que funcione correctamente.

25 Rodamientos y sellos de aceite del semieje (delanteros, modelos de doble tracción) - reemplazo

Lado derecho

1 Consulte la Sección 24 para conocer el procedimiento de reemplazo de los rodamientos y sellos del semieje derecho.

Lado izquierdo

Consulte la ilustración 25.5

2 Afloje las tuercas de orejeta de las ruedas, levante el vehículo, colóquelo de manera segura sobre soportes de gato y retire la rueda izquierda delantera. Quite el protector contra salpicaduras que está debajo del eje delantero.
3 Quite el semieje izquierdo (vea la Sección 21).
4 Drene el lubricante del diferencial delantero (vea el Capítulo 1).
5 Saque el semieje izquierdo con un martillo deslizante y un adaptador (**vea la ilustración**).
6 Quite el deflector y el sello del diferencial.
7 Quite el rodamiento con un martillo deslizante y un dispositivo para extracción de rodamientos (**vea la ilustración 16.2**).
8 Instale el rodamiento con el hombro cuadrado mirando hacia adentro, con una herramienta de arrastre para rodamientos o un dado con un diámetro externo levemente menor que el del rodamiento.
9 Instale el deflector y un sello nuevo. Lubrique los bordes del sello con grasa de uso múltiple.
10 Instale el semieje, guiándolo con cuidado con un martillo de cara blanda.
11 Llene el diferencial con el lubricante adecuado (vea el Capítulo 1).
12 Instale el eje propulsor (vea la Sección 21).
13 Instale el protector contra salpicaduras.
14 Baje el vehículo y revise que funcione correctamente.

Capítulo 8 Embrague y tren de potencia

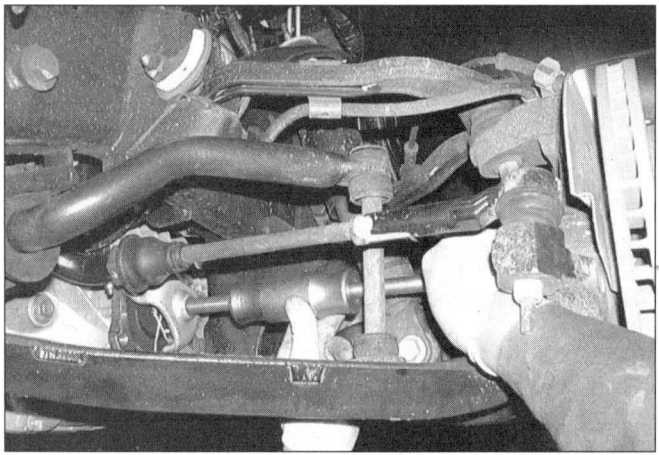

25.5 Desmontaje del semieje delantero izquierdo con un martillo deslizante

26.10 Quite la tuerca y el perno (flecha) del montaje trasero del portador del diferencial

26 Portador delantero del diferencial - desmontaje e instalación

Consulte las ilustraciones 26.10 y 26.13

1 Desconecte el cable del terminal negativo de la batería. **Precaución:** *En los modelos equipados con sistemas de audio con "bloqueo antirrobos", asegúrese de que la función de bloqueo esté desactivada antes de realizar algún procedimiento que requiera la desconexión de la batería (vea la información en la parte delantera de este manual).*
2 Afloje las tuercas de orejeta de la rueda delantera, levante la parte frontal del vehículo y apóyelo de manera segura en soportes de gato colocados debajo de los rieles del bastidor. Quite las ruedas.
3 Quite el protector contra salpicaduras.
4 Drene el lubricante del diferencial delantero (vea el Capítulo 1).
5 Quite el eje propulsor delantero (vea la Sección 10).
6 Desacople los extremos internos de los ejes impulsores de las bridas del semieje (consulte la Sección 21). Suspenda los ejes impulsores con cable; no permita que cuelguen de las juntas de CV externas.
7 Desenchufe el conector eléctrico del motor de cambio **(vea la ilustración 24.7)**.
8 Desacople la manguera de ventilación de la caja del diferencial.
9 Desconecte la barra del relé del brazo auxiliar y del brazo Pitman (vea el Capítulo 10). Mueva la varilla del relé hacia adelante y apártela.
10 Quite el perno y la tuerca de montaje trasero del portador **(vea la ilustración)**.
11 Sostenga el portador del diferencial con un gato de piso. Si dispone de un adaptador de gato para transmisión, utilícelo. Sostendrá el conjunto con mayor seguridad.
12 Quite las dos tuercas que fijan el tubo del eje con el chasis **(vea la ilustración 24.7)**.
13 Quite el perno y la tuerca de montaje delantero del portador **(vea la ilustración)**.
14 Baje lentamente el gato y guíe el portador hacia afuera por debajo del vehículo.
15 Revise los bujes en las partes salientes del montaje delantero y trasero; si hay necesidad de reemplazarlos, lleve el portador a un taller de maquinado automotriz u otro taller de reparaciones calificado para que quiten a presión los bujes viejos y coloquen los nuevos.

26.13 Quite la tuerca y el perno (flecha) del montaje delantero del portador del diferencial

16 La instalación se realiza en forma inversa al desmontaje. Ajuste los sujetadores según los valores de torque correctos. Vuelva a llenar el diferencial con el lubricante adecuado (vea el Capítulo 1).

Notas

Capítulo 9 Frenos

Contenido

	Sección		Sección
ABS (sistema de frenos antibloqueo) - información general	2	Líneas y mangueras de freno - inspección y reemplazo	9
Cables y pedal del freno de estacionamiento - reemplazo	14	Pastillas de freno de disco - reemplazo	3
Caliper de freno de disco - desmontaje e instalación	4	Recorrido del pedal de freno - revisión	12
Cilindro de la rueda - desmontaje e instalación	7	Reemplazo del depósito/anillo O	8
Cilindro principal - desmontaje, instalación y		Reforzador del freno de potencia - revisión, desmontaje e instalación	11
Disco de freno - inspección, desmontaje e instalación	5	Revisión del nivel del aceite de freno	Vea el Capítulo 1
Freno de estacionamiento - ajuste	13	Revisión del sistema de frenos	Vea el Capítulo 1
Información general	1	Sistema de freno hidráulico - purga	10
Interruptor de la luz de freno - revisión, ajuste y reemplazo	16	Zapatas del freno de estacionamiento - reemplazo	15
		Zapatas del freno de tambor - reemplazo	6

Especificaciones

General

General

Tipo de aceite de freno	Vea el Capítulo 1
Resistencia del sensor de velocidad de las ruedas delanteras	
1999 a 2002	De 850 a 1230 ohmios (entre 41 y 116 °F)
2003 y posteriores	No disponible
Recorrido del pedal de freno (máximo)	
Con frenos de potencia por vacío	
1999 a 2002	2.75 pulgadas
2003 y posteriores	2.56 pulgadas
Con frenos de potencia hidráulica	
1999 a 2002	3.50 pulgadas
2003 y posteriores	3.54 pulgadas

Frenos de disco

Grosor mínimo de las pastillas de freno	Vea el Capítulo 1
Grosor mínimo del disco de freno	Indicado por fundición en el disco
Desviación máxima del disco	0.003 pulg
Variación máxima del grosor del disco	0.001 pulg

Frenos de tambor

Grosor mínimo del forro de la zapata	Vea el Capítulo 1
Desviación máxima radial	0.0024 pulg
Diámetro máximo del tambor	Indicado por fundición en el tambor

Capítulo 9 Frenos

Especificaciones de torque **Lb-pie** (a menos que se indique lo contrario)

Tuercas de montaje del reforzador del freno (sistemas hidráulicos o por vacío)
- 1999 a 2003 27
- 2004 y posteriores 24

Caliper de freno
- Pernos de montaje del caliper (pasador guía)
  - Delantero
    - Modelos 1500 2005 74
    - Todos los demás 80
  - Trasero
    - Modelos 1500 31
    - Modelos 2500 80
- Pernos del soporte de montaje del caliper
  - Delantero
    - Modelos 1500
      - 1999 a 2004 129
      - 2005 133
    - Modelos 2500 221
  - Trasero
    - Modelos 1500 148
    - Modelos 2500
      - 1999 a 2002 128
      - 2003 y posteriores
        - Calipers JC3/JC5/JH2/JH5 148
        - Calipers JH6 122
        - Calipers JH7 221

Perno de conexión de entrada de la manguera de freno al caliper
- 1999 a 2001
  - Delantero y trasero 33
- 2002 y posteriores
  - Delantero y trasero 30

Tuercas de retención del cilindro principal al reforzador de freno 27

Pernos del plato de apoyo del freno de estacionamiento
- 1500
  - 1999 y 2000 71
  - 2001 y posteriores 100
- 2500 101

Pernos del cilindro de la rueda .... 156 lb-pulg

Tornillo de montaje (delantero) del sensor de velocidad de la rueda .... 156 lb-pulg

Tuercas de orejeta de la rueda .... Vea el Capítulo 1

Capítulo 9 Frenos

1 Información general

General

Todos los vehículos que aparecen en este manual están equipados con sistemas de frenos de disco delanteros y traseros que funcionan hidráulicamente. Tanto los frenos delanteros como los traseros tienen ajuste automático (los frenos de disco compensan automáticamente el desgaste de las pastillas).

Sistema hidráulico

El sistema hidráulico consta de dos circuitos diferentes, separados entre la parte delantera y trasera. El cilindro principal tiene depósitos separados para los dos circuitos y, en el caso de una fuga o una falla en un circuito hidráulico, el otro circuito seguirá funcionando y se encenderá un indicador de advertencia en el panel de instrumentos cuando haya una pérdida de aceite de freno importante, que muestre que se ha producido una falla.

Reforzador del freno de potencia

El reforzador del freno de potencia utiliza la presión de vacío del múltiple del motor o la presión hidráulica de la bomba de la dirección hidráulica para asistir a los frenos. Está montado en el panel contra fuego del compartimento del motor, directamente detrás del cilindro principal.

Freno de estacionamiento

El freno de estacionamiento hace funcionar solamente los frenos traseros, a través de un cable de accionamiento. Se activa mediante un pedal montado debajo del extremo izquierdo del panel de instrumentos. Los cables del freno de estacionamiento accionan un par de zapatas del freno de estacionamiento motadas dentro de la parte de tambor (cubo) de cada disco de freno trasero.

Servicio

Después de completar cualquier operación relacionada con el desarmado de alguna parte del sistema de frenos, siempre pruebe el vehículo en la carretera para revisar el desempeño correcto del freno antes de volver a manejar normalmente. Cuando pruebe los frenos, realice las pruebas en una superficie seca, limpia y plana. Condiciones diferentes pueden llevar a resultados inexactos en la prueba.

Pruebe los frenos a diferentes velocidades con presión leve y pesada en el pedal. El vehículo debe detenerse uniformemente sin tirar para ninguno de los laterales.

Los neumáticos, la carga del vehículo y el alineamiento de las ruedas son factores que pueden afectar el rendimiento de los frenos. **Precaución:** *En los modelos equipados con sistemas de audio con "bloqueo antirrobos", asegúrese de que la función de bloqueo esté desactivada antes de realizar algún procedimiento que requiera la desconexión de la batería (vea la información en la parte delantera de este manual).*

2 ABS (sistema de frenos antibloqueo) - información general

Consulte la ilustración 2.2

El ABS (sistema de frenos antibloqueo) está diseñado para mantener la maniobrabilidad, la estabilidad direccional y la desaceleración óptima del vehículo en condiciones de uso intensivo de los frenos en la mayoría de las carreteras. Para ello, controla la velocidad rotativa de las ruedas

2.2 La EHCU (unidad de control electrohidráulica) del ABS está ubicada a lo largo del riel izquierdo del bastidor, debajo del conductor

y la presión de la línea de freno en las ruedas durante la acción de frenado. Esto evita que las ruedas se bloqueen en carreteras resbaladizas o durante un frenado brusco.

El sistema de ABS en estos vehículos es un sistema de tres sensores; cada rueda delantera está equipada con su propio sensor y las ruedas traseras comparten un sensor (montado en la caja de extensión de la transmisión en los modelos de tracción en dos ruedas y en la caja de transferencia en los modelos de doble tracción). Esto significa que la presión de la línea de freno en las ruedas delanteras puede controlarse individualmente pero los dos frenos traseros se controlan como una unidad.

EHCU (unidad de control electrohidráulica)

La EHCU (unidad de control electrohidráulica), que se encuentra montada en el riel del bastidor del lado izquierdo, debajo de la cabina, controla la presión hidráulica a los calipers del freno mediante la modulación de la presión hidráulica para evitar el bloqueo de las ruedas **(vea la ilustración)**. Está compuesta por la BPMV (válvula del modulador de presión de freno) y el EBCM (módulo de control electrónico de freno). Básicamente, la BPMV purga la presión en la línea de freno cuando el EBCM detecta una desaceleración anormal en la velocidad de una rueda (a través de una señal del sensor de velocidad de la rueda). Cuando la velocidad de la rueda vuelve a ser normal, nuevamente el modulador permite que la presión en el freno sea completa. Este ciclo se repite cuantas veces sea necesario, lo que produce una sensación de pulsación en el pedal de freno. **Nota:** *La EHCU no puede aumentar la presión de la línea de freno por sobre la que se genera mediante el cilindro principal, y no puede aplicar los frenos por sí misma.*

Además de obtener y procesar la información recibida del interruptor de freno y los sensores de velocidad de las ruedas para controlar la presión de la línea hidráulica y evitar el bloqueo de las ruedas, el EBCM también controla continuamente el sistema y almacena los códigos de falla que indican problemas específicos.

Sistema de control de tracción

Algunos modelos posteriores están equipados con TCS (sistema de control de tracción). Cuando se detecta que la rueda patina, el EBCM (módulo electrónico de control de freno) activará el modo de control de tracción. Se envía una señal desde el EBCM al PCM (módulo de control del tren de potencia) que indica menos torque para las ruedas impulsoras. El torque se reduce al retardar el tiempo de ignición y controlar el TCA (accionador del control del acelerador).

El TCS (sistema de control de tracción) se desactiva cuando la palanca de cambio de la transmisión está en la posición LOW (baja), el conductor cambia manualmente el interruptor del TCS a la posición OFF (apagado) en el tablero o el EBCM apaga automáticamente el TCD durante condiciones de velocidad crucero o que no son peligrosas. El TCS puede programarse para la función de acople automático. Esto permite que se active automáticamente en el arranque.

Sensores de velocidad de las ruedas

Cada rueda delantera está equipada con un sensor de velocidad, que está montado en cada conjunto de cubo y rodamiento delantero. Un anillo de sensor dentado está integrado con el rodamiento; si se daña, debe reemplazarse todo el conjunto de cubo/rodamiento de rueda. Si el sensor actual, que está unido por pernos al conjunto de cubo y rodamiento, funciona mal, puede reemplazarse por separado. Los sensores no pueden ajustarse ni reconstruirse.

La velocidad de la rueda trasera es controlada por el VSS (sensor de velocidad del vehículo), que está ubicado en la caja de extensión en los modelos de tracción en dos ruedas y en la caja de transferencia en los modelos de doble tracción. Para obtener más información sobre el VSS, vea el Capítulo 6.

El sensor de velocidad de la rueda funciona controlando la rotación de un anillo dentado. A medida que se mueven los dientes del anillo a través del campo magnético del sensor, se genera una señal de voltaje de CA. Esta frecuencia de señal aumenta o disminuye en forma proporcional a la velocidad de la rueda. El EBCM controla los cambios de estas señales en la velocidad de la rueda; si detecta una desaceleración brusca de una rueda, es decir, el bloqueo de la rueda, el EBCM activa el sistema de ABS.

Luces de advertencia

El sistema de ABS tiene funciones de autodiagnóstico. Cada vez que se arranca el vehículo, el EBCM realiza una autoprueba. Hay dos luces de advertencia en el panel de instrumentos, una luz de FRENO roja y una luz de ABS ámbar, cada una con sus propias funciones. Durante el arranque, las luces deben encenderse brevemente y luego apagarse. Si la luz roja de

3.5a Antes de desarmar el freno, lávelo a fondo con limpiador para sistemas de frenos y déjelo secar (coloque un colector para drenaje debajo del freno para recoger los residuos). NO utilice aire comprimido para quitar el polvo de los frenos

3.5b Para dar espacio a las nuevas pastillas, utilice una abrazadera C para presionar el pistón dentro del caliper antes de quitar el caliper y las pastillas; hágalo de a poco, vigilando el nivel de aceite en el cilindro principal para asegurarse de que no se derrame. **Nota:** *En los modelos con ABS, quite el tornillo de purga (vea la ilustración 10.8) antes de comprimir los pistones del caliper*

FRENO permanece encendida, indica un problema en el sistema de frenos principal, como la detección de bajo nivel de aceite o que el freno de estacionamiento está colocado. Si las luces permanecen encendidas luego de haber soltado el freno de estacionamiento, controle el nivel de aceite de freno en el depósito del cilindro principal (vea el Capítulo 1).

La luz ámbar del ABS indica un problema con este sistema, no en el sistema de frenos básico o principal. Si la luz permanece encendida, indica que hay un problema con el sistema de ABS, pero el sistema principal todavía funciona. Lleve el vehículo al departamento de servicios del concesionario u otro taller de reparaciones calificado para que hagan el diagnóstico y la reparación.

Revisiones

Si bien se necesita una herramienta especial electrónica de prueba para diagnosticar el sistema correctamente, el mecánico doméstico puede realizar algunas revisiones preliminares antes de llevar el vehículo al departamento de servicios del concesionario u otro taller de reparaciones que cuenten con esta herramienta de prueba:

a) Revise los fusibles.
b) Revise los conectores eléctricos en el EBCM y en el paquete de motor/modulador hidráulico.
c) Siga el mazo de cables hacia los sensores de velocidad y el interruptor de la luz de freno, y asegúrese de que todas las conexiones estén firmes y que los cables no estén dañados.
d) Asegúrese de que las líneas de freno, los calipers y los cilindros de las ruedas estén en buenas condiciones.
e) Revise la resistencia en los sensores de velocidad de las ruedas delanteras y compare las lecturas con los valores indicados en las Especificaciones de este capítulo (vea el Capítulo 6 para obtener la revisión del sensor de velocidad del vehículo, que controla la velocidad de las ruedas traseras). Si alguno de los sensores está fuera de rango, reemplácelo (los sensores están integrados a los conjuntos de cubo/rodamiento de rueda).

Si estas revisiones preliminares no solucionan el problema, debe realizar el diagnóstico del vehículo en el departamento de servicio de un concesionario o en otro taller de reparaciones calificado.

3 Pastillas de freno de disco - reemplazo

Consulte las ilustraciones de 3.5a a 3.5n
Advertencia: *Las pastillas del freno de disco deben reemplazarse en ambas ruedas delanteras o ambas ruedas traseras al mismo tiempo. Nunca reemplace las pastillas de una sola rueda. Además, el polvo generado por el sistema de freno es perjudicial para la salud. Nunca lo sople con aire comprimido ni lo inhale. Debe usar una mascarilla con filtro aprobada al trabajar en los frenos. Nunca, bajo ninguna circunstancia, use solventes a base de petróleo para limpiar las partes del freno. Use solamente un limpiador para sistemas de freno.*
Nota: *Este procedimiento corresponde a las pastillas de freno delanteras y traseras.*

1   Retire la tapa del depósito de aceite de freno. Quite aproximadamente dos tercios del aceite del depósito y vuelva a instalar la tapa. **Precaución:** *El aceite de freno daña la pintura. Si se derrama, lávelo de inmediato con mucha agua limpia y fría.*
2   Afloje las tuercas de orejeta de la rueda delantera o trasera, levante la parte delantera o trasera del vehículo y apóyelo de manera segura sobre soportes de gato. Bloquee las ruedas en el extremo opuesto.
3   Quite las ruedas. Trabaje en un conjunto de freno por vez; si es necesario, tome el freno montado como punto de referencia.
4   Inspeccione cuidadosamente el disco de freno como se describe en la Sección 5. Si es necesario realizar maquinado, siga las instrucciones en esa Sección para quitar el disco.
5   Siga la secuencia de la foto adjunta para realizar el procedimiento de reemplazo de la pastilla actual **(vea las ilustraciones de 3.5a a 3.5n)**. Asegúrese de seguir el orden y de leer la leyenda de cada ilustración.

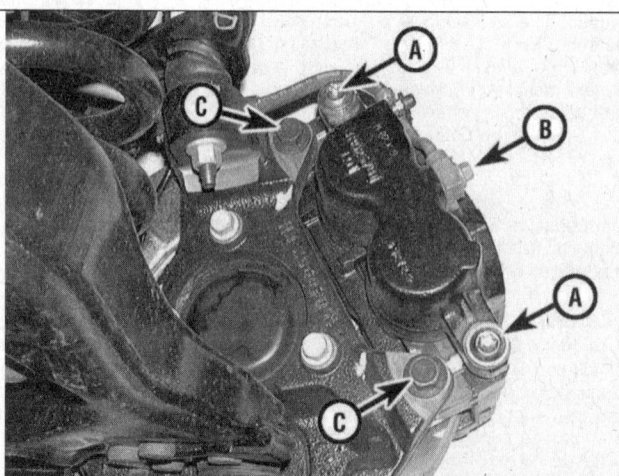

3.5c Detalles de montaje del caliper delantero

A   Pernos de montaje del caliper
B   Perno de la conexión de entrada de la manguera de freno
C   Pernos del soporte de montaje del caliper

3.5d Si está reemplazando las pastillas del freno delantero (o, en los modelos 2500, las pastillas traseras), quite el perno de montaje inferior, gire el caliper hacia arriba y sosténgalo en esta posición

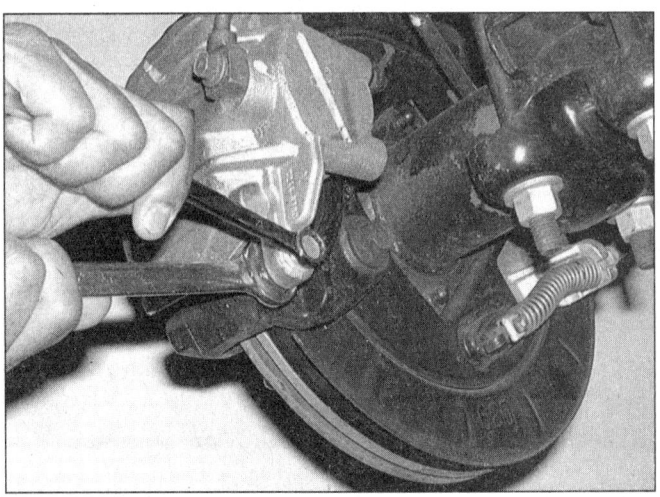

3.5e Si va a reemplazar las pastillas traseras en un modelo 1500, sostenga el pasador deslizante del caliper con una llave de boca, afloje el perno de montaje inferior con otra llave, gire el caliper hacia arriba y sosténgalo en esta posición para poder acceder a las pastillas de freno

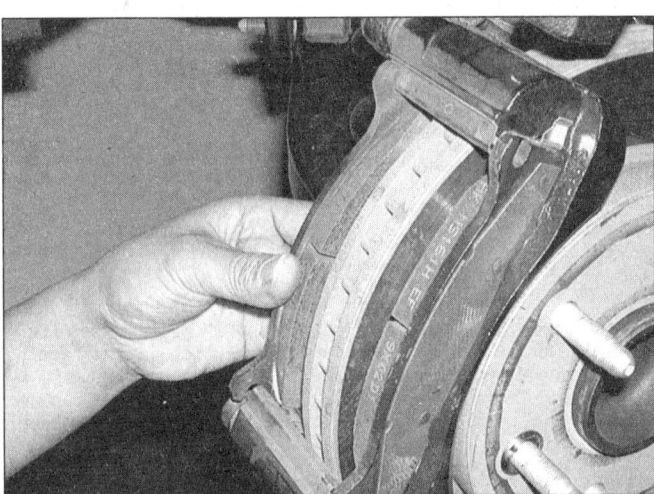

3.5f. Quite la pastilla del freno interior

3.5g. Quite la pastilla del freno exterior

3.5h Quite los retenedores de las pastillas superiores e inferiores del soporte de montaje del caliper; si tienen grietas o están deformados, reemplácelos

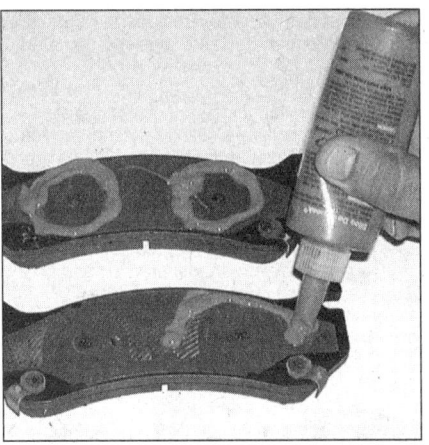

3.5i Aplique un compuesto antirrechinante en la parte posterior de ambas pastillas (antes de instalarlas, espere unos minutos a que el compuesto se "active")

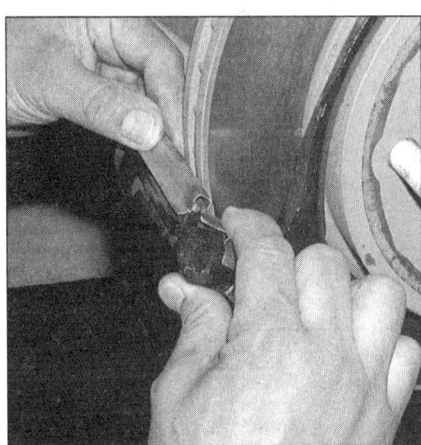

3.5j Instale los retenedores de pastillas superiores e inferiores en el soporte de montaje del caliper

3.5k Instale la pastilla del freno interior . . .

3.5l . . . y la pastilla del freno exterior

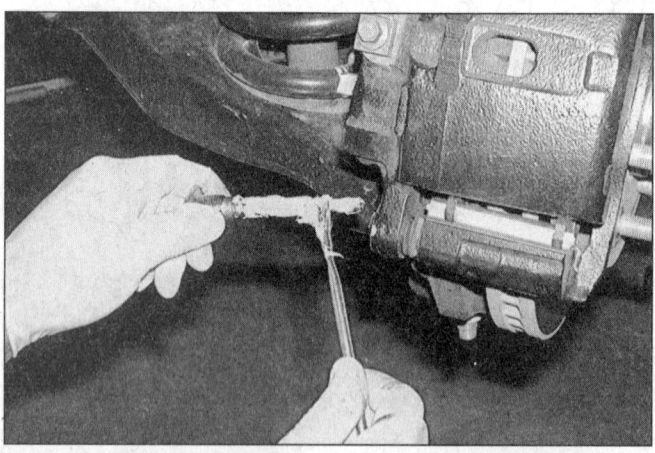
3.5m Inspeccione el perno de montaje del caliper en busca de estrías y corrosión, luego lubríquelos con grasa de freno para alta temperatura. Si estaba seco, gire nuevamente el caliper hacia arriba, deslice el perno de montaje superior fuera del soporte y lubríquelo, también

3.5n Antes de bajar el caliper trasero sobre las pastillas, revise la condición del pasador deslizante y de la funda de caucho; luego lubrique el pasador con grasa de freno para alta temperatura (si estaba seco, gire el caliper hacia arriba nuevamente, saque el pasador deslizante superior y la funda fuera del soporte y lubríquelo también)

6   Cuando vuelva a instalar el caliper, asegúrese de ajustar los pernos de montaje según el torque indicado en las Especificaciones de este capítulo. Ajuste la tuerca de orejeta de la rueda según el torque indicado en las Especificaciones del Capítulo 1.

7   Después de completar el trabajo, presione con firmeza el pedal del freno varias veces para que las pastillas hagan contacto con el disco. Revise el nivel del aceite de freno y agregue si es necesario (vea el Capítulo 1). Revise el funcionamiento de los frenos cuidadosamente antes de poner el vehículo en servicio normal.

4   Caliper de freno - desmontaje e instalación

Consulte la ilustración 4.2

Advertencia: *El polvo generado por el sistema de frenos puede contener asbestos, lo que es perjudicial para la salud. Nunca lo sople con aire comprimido ni lo inhale. Debe usar una mascarilla con filtro aprobada al trabajar en los frenos. Nunca, bajo ninguna circunstancia, use solventes a base de petróleo para limpiar las partes del freno. Use solamente un limpiador para sistemas de freno.*

Desmontaje

1   Afloje las tuercas de orejeta de la rueda delantera o trasera, levante la parte delantera o trasera del vehículo y apóyelo de manera segura sobre soportes de gato. Bloquee las ruedas en el extremo opuesto. Retire la rueda delantera o trasera.

2   Quite el perno de conexión de entrada y desconecte la manguera de freno del caliper. Deseche las arandelas de sellado anteriores **(vea la ilustración)**. Conecte de inmediato la manguera de freno para mantener los contaminantes y el aire fuera del sistema de frenos y evitar la pérdida excesiva de aceite de freno. **Nota:** *Si simplemente está desmontando el caliper para acceder a otros componentes, deje la manguera de freno conectada y suspenda el caliper con un trozo de cable. No deje que cuelgue de la manguera* **(vea la ilustración 5.2)**.

3   Retire los pernos de montaje del caliper y desacóplelo del soporte de montaje. Cuando quite un caliper trasero en un modelo 1500, sostenga los pasadores deslizantes con una llave de boca para evitar que giren cuando desenrosque los pernos de montaje **(vea la ilustración 3.5e)**.

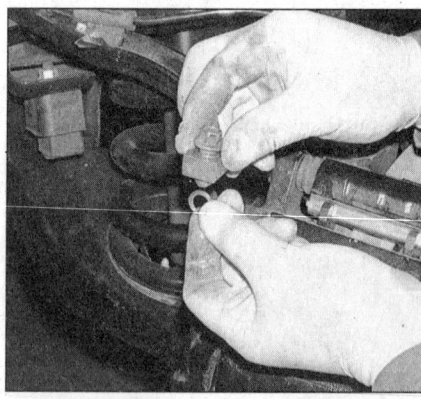
4.2 Hay una arandela de sellado a cada lado de las conexiones de entrada de la manguera de freno; asegúrese de reemplazarlas por nuevas cuando vuelva a conectar la manguera

Instalación

4   La instalación se realiza en forma inversa al desmontaje. No olvide utilizar arandelas de sellado nuevas en cada lado de la conexión de entrada de la manguera de freno, y asegúrese de ajustar el

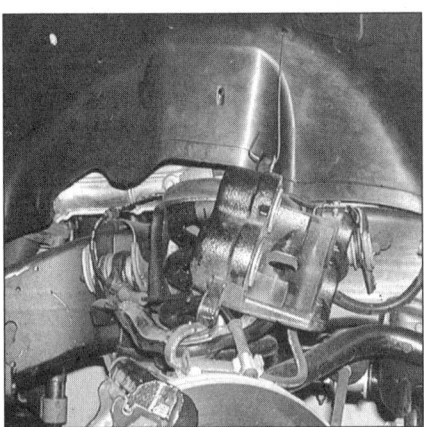

5.2 Con un trozo de cable, aparte el caliper (no permita que cuelgue de la manguera de freno)

5.3 Las pastillas de freno en este vehículo obviamente fueron descuidadas, ya que estaban desgastadas por completo y había ranuras profundas en el disco; un desgaste tan grave significa que el disco debe reemplazarse

5.4a Para revisar la desviación del disco, coloque un indicador de esfera como se muestra y gire el disco

perno de la conexión y los pernos de montaje del caliper según el torque indicado en las Especificaciones de este capítulo.

5   Purgue el sistema de frenos (vea la Sección 8). **Nota:** *Si no desconecta la manguera del freno, no es necesario el purgado.* Asegúrese de que no haya fugas en las conexiones de la manguera. Pruebe los frenos con cuidado antes de que el vehículo vuelva a servicio normal.

5   Disco de freno - inspección, desmontaje e instalación

Inspección

Consulte las ilustraciones 5.2, 5.3, 5.4a, 5.4b, 5.5a y 5.5b

1   Afloje las tuercas de orejeta de la rueda, levante el vehículo y apóyelo de manera segura sobre soportes de gato. Quite la rueda e instale las tuercas de orejeta para sostener el disco en su lugar. **Nota:** *Si las tuercas de orejeta no hacen contacto con el disco cuando las enrosca por completo, instale arandelas por debajo.*

2   Quite el caliper del freno. No es necesario desconectar la manguera de freno. Después de quitar los pernos del caliper, suspenda el caliper con un trozo de cable para apartarlo **(vea la ilustración)**.

3   Inspeccione visualmente la superficie del disco en busca de rayas u otros daños. Los rasguños leves y las ranuras superficiales son normales después del uso y no siempre afectan el funcionamiento del freno. No obstante, las rayas profundas requieren que se quite el disco y que se lo rectifique en un taller de maquinado de automóviles. Asegúrese de revisar ambos lados del disco **(vea la ilustración)**. Si se detectó vibración durante la aplicación de los frenos, considere la posibilidad de que el disco esté desviado.

4   Para revisar la desviación del disco, coloque un indicador de esfera a 1/2 pulgada del borde exterior del disco **(vea la ilustración)**. Coloque el indicador en cero y gire el disco. La lectura del indicador no debe exceder el límite de desviación permitido especificado. Si lo supera, una tienda de maquinado de automóviles debe rectificar el disco. **Nota:** *Cuando reemplace las pastillas del freno, es buena idea rectificar los discos sin importar la lectura del indicador de esfera, ya que esto le dará un acabado liso y asegurará una superficie perfectamente plana, eliminando cualquier vibración del pedal de freno o cualquier otro síntoma indeseable relacionado con discos en estado dudoso. Si decide no rectificar los discos, al menos quite el vidriado de la superficie con una tela de esmeril o lija y movimientos circulares* **(vea la ilustración)**.

5.4b Quite el vidriado del disco haciendo movimientos circulares con una lija o tela de esmeril

5   Es absolutamente fundamental que el disco no sea maquinado a un espesor menor que el espesor mínimo especificado. El espesor mínimo de desgaste (o descarte) está indicado por fundición en el lado inferior de los discos delanteros **(vea la ilustración)** y en la parte exterior de los discos traseros. El espesor del disco puede revisarse con un micrómetro **(vea la ilustración)**.

5.5a El espesor mínimo está indicado por fundición en la parte interior del disco

5.5b Utilice un micrómetro para medir el espesor del disco

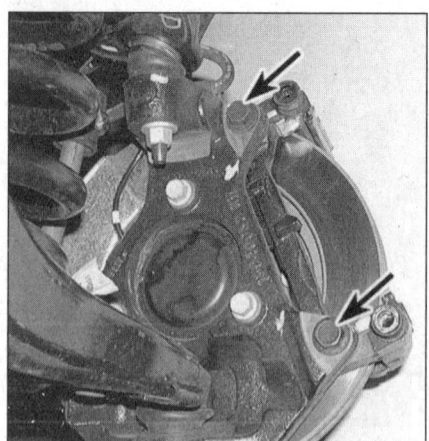

5.6a Pernos del soporte de montaje del caliper - delanteros

5.6b Pernos del soporte de montaje del caliper - traseros

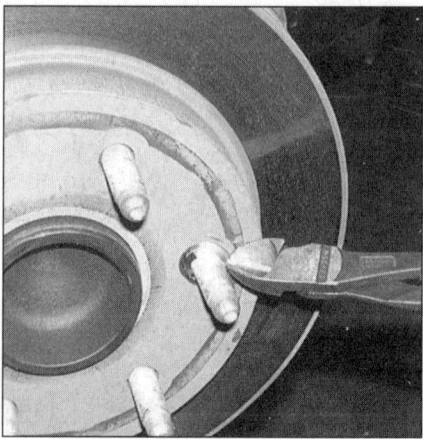

5.7 Corte y deseche las arandelas de retención del disco, si están presentes (no es necesario volver a instalarlas)

6.2a Si el tambor está retenido por arandelas metálicas embutidas, córtelas y deséchelas (no hay necesidad de volver a instalarlas)

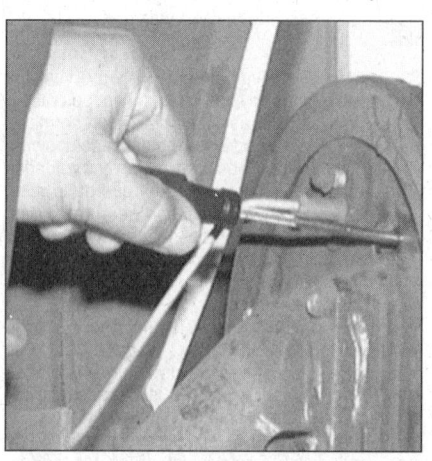

6.2b Si las zapatas se han desgastado en el tambor y no puede desmontarlas, quite el tapón del plato de apoyo y empuje la palanca del freno de estacionamiento para sacarla del tope de esta forma, luego inserte una herramienta de ajuste de frenos u otro destornillador y gire la rueda estrella de ajuste hacia arriba para retraer las zapatas

6.3 Antes de desmontar cualquiera de los componentes internos del freno de tambor, lávelos con limpiador para sistema de frenos y déjelos secar (ponga un colector para drenaje debajo del freno para recoger los residuos). **NO UTILICE AIRE COMPRIMIDO PARA QUITAR EL POLVO DE LAS PIEZAS**

Desmontaje

Consulte las ilustraciones 5.6a, 5.6b y 5.7

Nota: *En los modelos 2500 equipados con dos ruedas traseras, debe desmontarse el cubo de rueda (vea el Capítulo 8) y los espárragos deben quitarse del conjunto de cubo/disco ejerciendo presión hacia afuera.*

6   Quite los dos pernos del soporte de montaje del caliper y desacople el soporte **(vea las ilustraciones)**.

7   Quite las tuercas de orejeta que instaló para retener el disco en su lugar y deslícelo hacia afuera del cubo. Si hay clips de retención de metal embutidos en alguno de los espárragos de rueda, córtelos **(vea la ilustración)**.

Instalación

8   Coloque el disco en posición sobre los pernos roscados.

9   Instale el soporte de montaje y ajuste los pernos según el torque indicado en las Especificaciones de este capítulo. Instale las pastillas del freno.

10   Instale el caliper en el soporte de montaje y ajuste los pernos según lo indicado en las Especificaciones de este capítulo.

11   Instale la rueda y las tuercas de orejeta. Baje el vehículo y ajuste las tuercas de orejeta según el torque indicado en las Especificaciones del Capítulo 1. Presione el pedal del freno algunas veces para que las pastillas de freno hagan contacto con el disco. No será necesario purgar el sistema, a menos que la manguera de freno se haya desconectado del caliper. Revise cuidadosamente el funcionamiento de los frenos antes de conducir el vehículo.

6   Zapatas del freno de tambor - reemplazo

Consulte las ilustraciones 6.2a, 6.2b, 6.3, 6.4, 6.5, 6.9

Advertencia: *Las zapatas del freno de tambor deben reemplazarse en ambas ruedas al mismo tiempo. Nunca reemplace las zapatas de una sola rueda. Además, el polvo generado por el sistema de frenos es perjudicial para la salud. Nunca lo sople con aire comprimido ni lo inhale. Debe usar una mascarilla con filtro aprobada para trabajar en los frenos. Nunca, bajo ninguna circunstancia, use solventes a base de petróleo para limpiar las partes del freno. Use solamente un limpiador para sistemas de frenos.*

1   Afloje las tuercas de orejeta de la rueda, levante la parte frontal del vehículo y apóyela de manera segura en soportes de gato. Bloquee las ruedas delanteras para evitar que el vehículo se mueva. Quite las ruedas.

2   Libere el freno de estacionamiento y quite los tambores del freno **(vea la ilustración)**. Si las zapatas se han desgastado en el tambor y no puede desmontarlas, quite el tapón de acceso del plato de apoyo, empuje la palanca para sacarla de la rueda estrella de ajuste con un destornillador angosto mientras gira la rueda estrella con otro destornillador angosto (o una herramienta de ajuste de frenos) **(vea la ilustración)**.

3   Antes de hacer algún desmontaje, limpie el conjunto del freno con un limpiador adecuado **(vea la ilustración)**.

4   Desacople el resorte de la palanca de ajuste **(vea la ilustración)**.

5   Tire el resorte retráctil fuera del orificio en cada zapata **(vea la ilustración)**.

Capítulo 9 Frenos

6.4 Tome el resorte de ajuste con tenazas y desacople el extremo de la palanca de ajuste

6.5 Saque el extremo del resorte retráctil hacia afuera del orificio en cada una de las zapatas

6   Quite la zapata posterior y la palanca de ajuste, luego el conjunto del tornillo de ajuste.
7   Aparte el resorte retráctil y quite la zapata delantera.
8   Desacople la palanca de freno de estacionamiento de la zapata posterior.
9   Limpie el plato de apoyo, luego lubrique las áreas de contacto de la zapata con una película delgada de grasa para alta temperatura (**vea la ilustración**).
10   Conecte la palanca de freno de estacionamiento a la zapata posterior, posiciónela en el plato de apoyo e instale el extremo del resorte retráctil en su orificio.
11   Limpie el conjunto de tornillos de ajuste, luego lubrique las roscas y el extremo del dado con grasa para alta temperatura (**vea la ilustración**).
12   Instale el conjunto de tornillos de ajuste, asegurándose que se acople correctamente con la zapata delantera.
13   Lubrique levemente la palanca de ajuste e instálela en la zapata posterior.
14   Posicione la zapata posterior en el plato de apoyo, asegurándose que, junto con la palanca de freno de estacionamiento y la palanca de ajuste, se acople correctamente con el conjunto de tornillos de ajuste; luego inserte el resorte retráctil en su orificio en la zapata.

15   Inserte el resorte del actuador en su orificio en la zapata delantera, luego estírelo a lo largo y conéctelo a la palanca de ajuste.
16   Antes de volver a instalar el tambor debe revisarlo para detectar rajaduras, marcas, rayas profundas o zonas endurecidas, que se verán como pequeñas áreas descoloridas. Si no puede quitar las zonas endurecidas con tela de esmeril o, si existe alguna de las otras condiciones descritas anteriormente, debe llevar el tambor a un taller de maquinado de automóviles para rectificarlo. **Nota:** *Los profesionales recomiendan rectificar los tambores siempre que se realiza un trabajo en los frenos. La rectificación eliminará la posibilidad de que los tambores tengan forma ovalada o cónica. Si los tambores están tan desgastados que no pueden rectificarse sin superar el diámetro máximo permitido, (que se encuentra estampado en el tambor),* (**vea la ilustración**), *tendrá que colocar tambores nuevos. Si decide no rectificar los tambores, al menos quite el vidriado de la superficie haciendo movimientos en círculo con una tela de esmeril o una lija* (**vea la ilustración**).
17   Cuando instale el tambor, ajuste las zapatas del freno girando la rueda estrella en el tornillo de ajuste hasta que el tambor se deslice sobre las zapatas. Cuando gire el tambor, las zapatas no deben frotarse; si lo hacen, quite el tambor y retire un poco la rueda estrella. Este ajuste es

6.9 Lubrique las áreas de contacto de la zapata de freno en el plato de apoyo con grasa para alta temperatura

simplemente para que las zapatas se acerquen al tambor; las zapatas de freno se autorregularán después de presionar algunas veces el pedal.

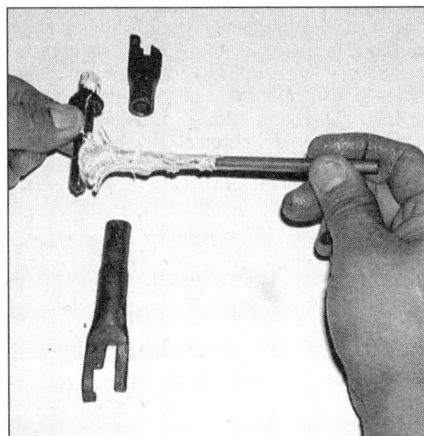

6.11 Lubrique las roscas y el extremo del dado del conjunto de tornillo de ajuste con grasa para alta temperatura

6.16a El diámetro máximo permitido está indicado por fundición en el tambor (típico)

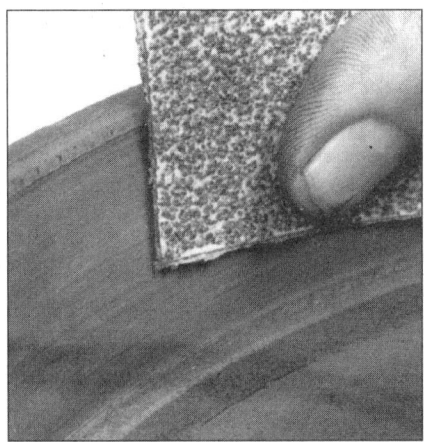

6.16b Quite el vidriado de la superficie del tambor con una lija o tela de esmeril

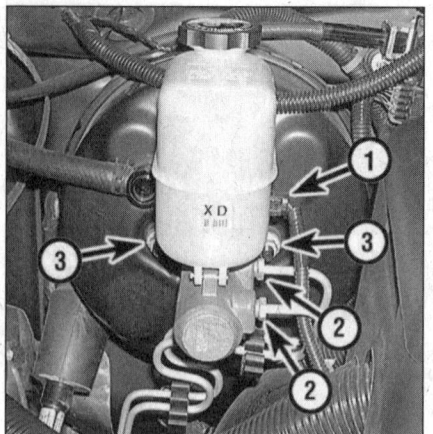

8.2 Detalles de montaje del cilindro principal

1. Conector eléctrico para el sensor de nivel de aceite
2. Conexiones de la línea de frenos
3. Tuercas de montaje

8.8 La mejor forma de purgar el aire del cilindro principal antes de instalarlo en el vehículo es con un par de tubos de purga que direccionen el aceite de frenos dentro el depósito durante la purga

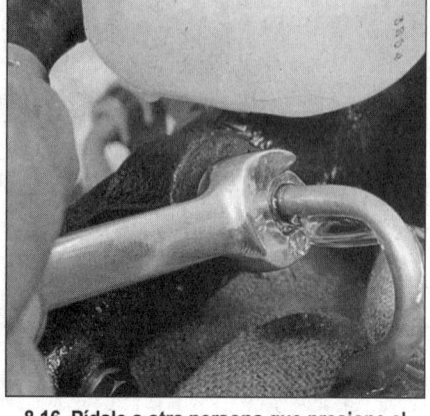

8.16 Pídale a otra persona que presione el pedal de freno y lo sostenga, luego afloje las tuercas de conexión para permitir que salga el aire y el aceite; repita este procedimiento en ambas conexiones hasta que el aceite no tenga burbujas de aire

7 Cilindro de la rueda - desmontaje e instalación

Desmontaje

1 Levante la parte trasera del vehículo y sosténgalo correctamente sobre soportes de gato. Bloquee las ruedas delanteras para evitar que el vehículo se desplace.
2 Quite el conjunto de zapata del freno (vea la Sección 6).
3 Quite toda la suciedad y materias extrañas de alrededor del cilindro de la rueda.
4 Con una llave para tuerca abocinada, desatornille las conexiones de la línea de freno del cilindro de la rueda. No tire de la línea para separarla del cilindro de la rueda (se podría doblar).
5 Quite los pernos de montaje del cilindro de la rueda y desacople el cilindro de rueda del plato de apoyo del freno.

Instalación

6 Coloque el cilindro de la rueda en posición y conecte la conexión de la línea de freno; tenga cuidado de que no quede mal roscada. Instale y ajuste los pernos de montaje según el torque indicado en las Especificaciones de este capítulo y luego, ajuste firmemente las conexiones de la línea de freno.
7 Instale las zapatas de freno (vea la Sección 6).
8 Purgue los frenos (vea la Sección 10).
9 Revise atentamente el funcionamiento de los frenos antes de conducir el vehículo en sitios con tránsito.

8 Cilindro principal - desmontaje, instalación y reemplazo del depósito/anillo O

Desmontaje

Consulte la ilustración 8.2

1 Desconecte el cable del terminal negativo de la batería. **Precaución:** *En los modelos equipados con sistemas de audio con "bloqueo antirrobos", asegúrese de que la función de bloqueo esté desactivada antes de realizar algún* procedimiento que requiera la desconexión de la batería (vea la información en la parte delantera de este manual).
2 Desenchufe el conector eléctrico del interruptor de advertencia de nivel de aceite **(vea la ilustración)**.
3 Quite todo el aceite que sea posible del depósito con una pistola de succión, una jeringa grande o un succionador de cocina. **Advertencia:** *Si utiliza un succionador de cocina, no lo vuelva a utilizar en la preparación de alimentos.*
4 Coloque trapos debajo de la conexión y prepare tapas o bolsas de plástico para cubrir los extremos de las líneas una vez que las desconecta. **Precaución:** *El aceite de freno dañará la pintura. Cubra todas las piezas de la carrocería y tenga cuidado de no derramar aceite durante el procedimiento.* Afloje las conexiones en los extremos de las líneas de freno donde ingresan al cilindro principal. Para evitar que los lados planos se redondeen, utilice una llave para tuerca abocinada, que se coloca alrededor de la parte hexagonal de la conexión.
5 Separe las líneas de freno del cilindro principal y conecte los extremos para evitar contaminación.
6 Retire las tuercas que fijan el cilindro principal al reforzador de potencia **(vea la ilustración 8.2)**. Tire el cilindro principal hacia afuera de los espárragos para desmontarlo. Reiteramos, tenga cuidado de no derramar aceite mientras hace esto.

Instalación

Consulte las ilustraciones 8.8 y 8.16

7 Purgue el nuevo cilindro principal sobre un banco antes de instalarlo. Monte el cilindro principal en un tornillo de banco, con las mordazas de prensa fijadas a la brida de montaje.
8 Una un par de tubos de purga del cilindro principal a los puertos de salida de este **(vea la ilustración)**.
9 Llene el depósito con aceite de freno del tipo recomendado (vea el Capítulo 1).
10 Presione lentamente los pistones en el cilindro principal (puede utilizar un destornillador Phillips para esto); el aire será expulsado de las cámaras de presión al depósito. Debido a que los tubos están sumergidos en aceite, no puede volver a ingresar aire en el cilindro principal cuando suelte los pistones.
11 Repita el procedimiento hasta que no haya más burbujas de aire.
12 Quite los tubos de purga, uno por vez, e instale los tapones en los puertos abiertos para evitar fuga de aceite y entrada de aire. Instale la tapa del depósito.
13 Instale el cilindro principal sobre los espárragos en el reforzador del freno de potencia y, en este momento, ajuste las tuercas de fijación sólo con las manos. No se olvide de utilizar una junta nueva.
14 Enrosque las conexiones de la línea de freno en el cilindro principal. Debido a que el cilindro principal todavía está un poco suelto, puede moverlo lentamente para que las conexiones se enrosquen fácilmente. No dañe las roscas mientras ajusta las conexiones.
15 Ajuste las tuercas de montaje según el torque indicado en las Especificaciones de este capítulo. Ajuste las conexiones de la línea de freno firmemente.
16 Llene el depósito del cilindro principal con aceite, purgue las líneas en el cilindro principal, a continuación, purgue lo que resta del sistema de frenos (vea la Sección 8). Para purgar las líneas en el cilindro maestro, pídale a otra persona que presione el pedal de freno y lo sostenga. Afloje las conexiones para permitir que salga el aire y el aceite **(vea la ilustración)**. Ajuste las conexiones, luego pida a su asistente que deje que el pedal vuelva a la posición de descanso. Repita este procedimiento en ambas conexiones hasta que el aceite no tenga burbujas de aire, luego purgue el resto del sistema. Revise cuidadosamente el funcionamiento del sistema de frenos antes de conducir el vehículo. **Advertencia:** *Si después del procedimiento de purga, el pedal de freno no está firme o tiene dudas con respecto a la eficiencia del sistema de freno, NO conduzca el vehículo. Lleve el vehículo al departamento de servicios del concesionario u otro taller de reparaciones calificado para que hagan un diagnóstico.*

Reemplazo del depósito/anillo O

Consulte las ilustraciones 8.19 y 8.21

Nota: *Si se daña el depósito de aceite de freno, puede reemplazarse por separado de la estructura del cilindro principal. Si hay fuga entre el depósito y la estructura del cilindro principal, deben reemplazarse los anillos O del depósito.*

Capítulo 9 Frenos

8.19 Quite los pasadores de rodillo que retienen el depósito de aceite del cilindro principal

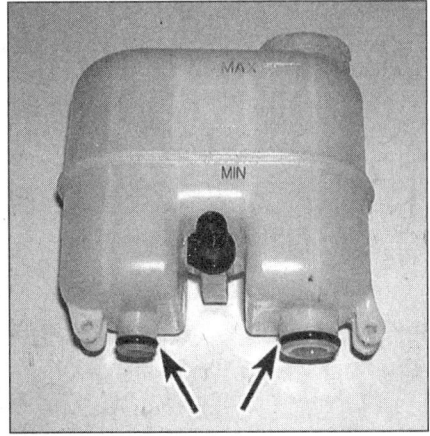

8.21 Puede reemplazar los anillos O (flechas) del depósito si presentan fugas

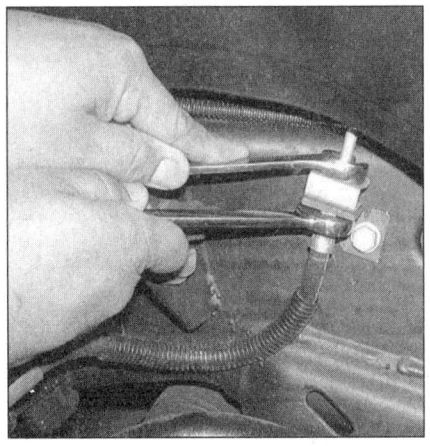

9.3 Con una llave para tuerca abocinada, desenrosque las conexiones roscadas en la línea de freno mientras sostiene firmemente el extremo de la manguera con una llave de boca...

17 Quite todo el aceite que sea posible del depósito con una pistola de succión, una jeringa grande o un succionador de cocina. **Advertencia:** *Si utiliza un succionador de cocina, no lo vuelva a utilizar en la preparación de alimentos.*

18 Coloque trapos debajo del cilindro principal para absorber el aceite que pueda derramarse una vez que se desmonte el depósito del cilindro. **Precaución:** *El aceite de freno dañará la pintura. Cubra todas las piezas de la carrocería y tenga cuidado de no derramar aceite durante el procedimiento.*

19 Con un martillo y un punzón pequeño, saque los pasadores de rodillo que retienen el depósito en el cilindro maestro **(vea la ilustración)**.

20 Saque el depósito de la estructura del cilindro principal.

21 Si solamente está reemplazando los anillos O, haga palanca con cuidado para sacar los viejos anillos O e instalar los nuevos **(vea la ilustración)**.

22 Lubrique los anillos O del depósito con aceite de frenos limpio, luego presione el depósito en la estructura del cilindro principal y asegúrelo con los pasadores de rodillo nuevos.

23 Vuelva a llenar el depósito con el aceite de freno recomendado (vea el Capítulo 1) y revise que no haya fugas.

24 Purgue el cilindro principal **(vea las ilustraciones 8.16)**.

9   Líneas y mangueras de freno - inspección y reemplazo

Inspección

1 Cada seis meses aproximadamente, con el vehículo elevado y colocado de manera segura sobre soportes de gato, debe inspeccionar las mangueras de caucho que conectan las líneas de freno de acero con los conjuntos de freno delanteros y traseros para detectar rajaduras, rozamiento de la cubierta exterior, fugas, burbujas y otros daños. Estas son piezas importantes y vulnerables del sistema de freno, por lo que debe realizarse una inspección completa. Necesitará una luz y un espejo para una revisión meticulosa. Si una manguera tiene alguna de las condiciones mencionadas anteriormente, reemplácela por una nueva.

Reemplazo

Manguera de freno flexible

Delantero

Consulte las ilustraciones 9.3, 9.4 y 9.6

2 Afloje las tuercas de orejeta de la rueda, levante el vehículo y apóyelo de manera segura sobre soportes de gato. Quite la rueda.

3 En el soporte, desenrosque la conexión de la línea de freno de la manguera **(vea la ilustración)**. Utilice una llave para tuerca abocinada para evitar que se redondeen los extremos de la tuerca de la conexión y sostenga el extremo de la manguera con una llave para evitar que se tuerza el soporte del bastidor.

4 Quite el clip U de la conexión hembra en el soporte con una tenaza, luego pase la manguera a través del soporte **(vea la ilustración)**.

5 En el extremo del caliper de la manguera, quite el perno de la conexión de entrada, luego separe la manguera del caliper. Observe que hay dos arandelas de sellado de cobre a cada lado de la conexión de entrada **(vea la ilustración 4.2)**; durante la instalación, debe reemplazarlas por arandelas nuevas.

6 Quite los pernos que aseguran los soportes de la manguera al muñón de dirección y al brazo de control superior, luego quite la manguera **(vea la ilustración)**.

7 Para instalar la manguera, acople la conexión al caliper con el perno de la conexión de entrada y las arandelas de sellado nuevas. Ajuste el perno de la conexión de entrada según el torque indicado en las Especificaciones de este capítulo.

8 Guíe la manguera a lo largo de la parte superior del muñón de dirección, el brazo de control superior y dentro del soporte del bastidor; asegúrese de que no se doble. Ajuste los pernos del soporte de la manguera firmemente. Acople la conexión de la línea de freno y comience a enroscarla a mano. Instale los clips U, luego ajuste la conexión firmemente.

9 Purgue el caliper (vea la Sección 8).

10 Instale la rueda y las tuercas de orejeta, baje el vehículo y ajuste las tuercas de orejeta según el torque indicado en las Especificaciones del Capítulo 1.

Trasero

Chasis al eje trasero

Consulte las ilustraciones 9.12 y 9.14

11 Levante la parte trasera del vehículo y sosténgalo correctamente sobre soportes de gato. Bloquee las ruedas delanteras para evitar que el vehículo se desplace.

9.4 ... luego quite el clip U y desacople la manguera del soporte

9.6 La manguera de freno está encaminada sobre la parte superior del muñón de dirección y el brazo de control superior, y está sostenida en el lugar con dos soportes

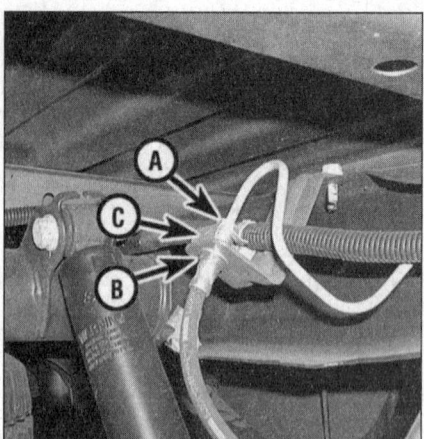

9.12 En el extremo superior de la manguera de freno que va del chasis al eje trasero, desenrosque la conexión de la línea (A) con una llave para tuerca abocinada mientras sostiene el extremo de la manguera de freno (B) con una llave de boca, luego quite el clip U (C)

9.14 En el extremo inferior de la manguera de freno que va del chasis al eje trasero, desenrosque las conexiones de la línea de freno (A) con una llave para tuerca abocinada, luego quite los pernos que aseguran el bloque de empalme (B)

9.17 Desenrosque las conexiones de la manguera que van de la línea rígida al caliper con una llave para tuerca abocinada (A), luego quite el clip U (B) y separe la manguera del soporte

12 En el soporte del chasis, desenrosque la conexión de la línea de freno de la manguera (**vea la ilustración**). Utilice una llave para tuerca abocinada para evitar que se redondeen los extremos de la tuerca de la conexión y sostenga el extremo de la manguera con una llave para evitar que se tuerza el soporte.

13 Quite el clip U de la conexión hembra en el soporte con una tenaza, luego pase la manguera a través del soporte.

14 En el extremo del eje de la manguera, desenrosque las dos conexiones de la línea de freno con una llave para tuerca abocinada, desenrosque el perno que asegura el bloque de conexión a la caja del eje; luego separe las líneas del bloque de conexión y retire la manguera (**vea la ilustración**).

15 La instalación de la manguera se realiza en forma inversa al desmontaje. Luego, purgue ambos calipers traseros (vea la Sección 8).

Manguera de línea rígida a caliper
Consulte la ilustración 9.17

16 Afloje las tuercas de orejeta de la rueda, levante la parte frontal del vehículo y apóyelo de manera segura en soportes de gato. Bloquee las ruedas delanteras para evitar que el vehículo se desplace. Quite la rueda.

17 En el soporte, desenrosque la conexión de la línea de freno de la manguera (**vea la ilustración**). Utilice una llave para tuerca abocinada para evitar que se redondeen los extremos de la tuerca de la conexión y sostenga el extremo de la manguera con una llave para evitar que se tuerza el soporte.

18 Quite el clip U de la conexión hembra en el soporte con una tenaza, luego pase la manguera a través del soporte.

19 En el extremo del caliper de la manguera, quite el perno de la conexión de entrada, luego separe la manguera del caliper. Observe que hay dos arandelas de sellado de cobre a cada lado de la conexión de entrada (**vea la ilustración 4.2**); durante la instalación, debe reemplazarlas por arandelas nuevas.

20 Para instalar la manguera, acople la conexión al caliper con el perno de la conexión de entrada y las arandelas de sellado nuevas. Ajuste el perno de la conexión de entrada según el torque indicado en las Especificaciones de este capítulo.

21 Guíe la manguera por los soportes, asegurándose de que no se doble. Acople la conexión de la línea de freno y comience a enroscarla a mano. Instale los clips U, luego ajuste la conexión firmemente.

22 Purgue el caliper (vea la Sección 8).

23 Instale la rueda y las tuercas de orejeta, baje el vehículo y ajuste las tuercas de orejeta según el torque indicado en las Especificaciones del Capítulo 1.

Líneas de freno de metal

24 Cuando reemplace las líneas de freno, asegúrese de usar las piezas correctas. No use tubos de cobre para ningún componente del sistema de freno. Compre líneas de freno de acero en un distribuidor o en una tienda de autopartes.

25 En los departamentos de piezas de un concesionario o una tienda de autopartes, puede encontrar la línea de freno prefabricada, con los extremos del tubo ya abocinados y las conexiones instaladas. Estas líneas deben doblarse en las formas correctas con un doblador de tubos.

26 Al instalar la línea nueva, asegúrese de que quede asentada de manera segura en los soportes y de que haya mucho espacio entre la línea y los componentes móviles o calientes.

27 Después de la instalación, revise el nivel de aceite del cilindro principal y agregue aceite según sea necesario. Purgue el sistema de frenos (vea la Sección 8) y pruebe los frenos cuidadosamente antes de conducir en sitios con tránsito.

10 Sistema de freno hidráulico - purga

Consulte la ilustración 10.8

Advertencia: *Use gafas protectoras al purgar el sistema de freno. Si el aceite entra en contacto con los ojos, lávelos inmediatamente con agua y busque atención médica.*

Nota: *Es necesario purgar el sistema hidráulico para eliminar el aire que ingresa en el sistema al abrirlo durante el desmontaje y la instalación de una manguera, una línea, un caliper o un cilindro principal.*

1 Probablemente sea necesario purgar el sistema en los cuatro frenos si entró aire debido a un nivel bajo de aceite o a que se desconectaron las líneas de freno en el cilindro principal.

2 Si se desconectó la línea de freno de una sola rueda, solamente debe purgar el caliper.

3 Si se desconectó la línea de freno de una conexión ubicada entre el cilindro principal y cualquiera de los frenos, debe purgarse la parte del sistema abastecida por la línea de freno desconectada.

4 Quite cualquier vacío (reforzador de vacío) o presión residual (reforzador hidráulico) del reforzador del freno de potencia. Para ello, pise el freno varias veces con el motor apagado.

5 Quite la tapa del depósito del cilindro principal y llene el depósito con aceite de freno. Vuelva a instalar la tapa. **Nota:** *Revise el nivel del aceite varias veces durante la operación de purga y agregue tanto aceite como sea necesario para evitar que el nivel baje al punto de permitir que ingresen burbujas de aire al cilindro principal.*

6 Trabaje con un asistente, y tenga a mano un suministro de aceite de freno nuevo, un recipiente transparente parcialmente lleno con aceite de freno limpio, un tramo de tubo limpio para colocar sobre la válvula de purga y una llave para abrir y cerrar la válvula de purga.

7 Comience por la rueda trasera derecha. Afloje levemente la válvula de purga, luego ajústela hasta un punto en que haga tope pero que pueda aflojarse rápida y fácilmente.

8 Coloque un extremo del tubo sobre la válvula de purga y sumerja el otro extremo en el recipiente con aceite de freno (**vea la ilustración**).

9 Pídale al asistente que presione el pedal del freno lentamente y que lo mantenga en esa posición.

10 Con el pedal presionado, abra la válvula de purga lo suficiente como para permitir que una parte del aceite salga de la válvula. Observe si salen burbujas de aire por el extremo del tubo que se encuentra sumergido. Cuando se detenga el flujo de aceite después de algunos segundos, cierre la válvula y pídale al asistente que suelte el pedal.

11 Repita los Pasos 9 y 10 hasta que no salga más aire del tubo; luego, ajuste la válvula de purga y continúe con la rueda trasera izquierda, luego la rueda delantera derecha y, a continuación, la rueda delantera izquierda, en ese orden, y realice el mismo procedimiento. Asegúrese de revisar frecuentemente el aceite del depósito del cilindro principal.

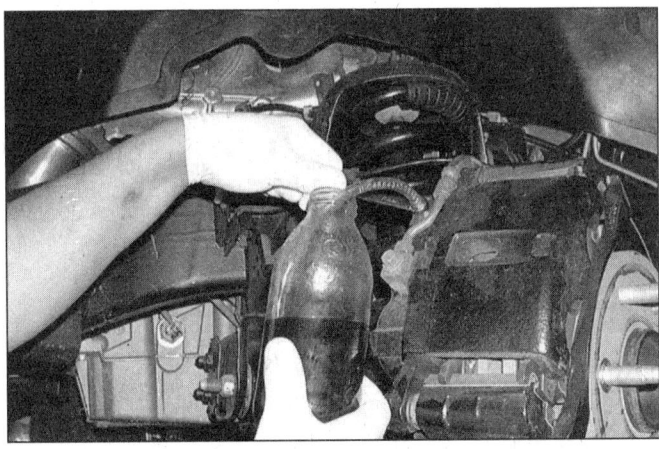

10.8 Al purgar los frenos, se conecta una manguera al tornillo de purga en el caliper y se la sumerge en aceite de freno. Se verán burbujas de aire en el tubo y el contenedor (se debe expulsar todo el aire antes de continuar con la siguiente rueda)

11.10 Tire la conexión de la manguera de vacío hacia afuera de la arandela de caucho en el reforzador

12 Nunca utilice aceite de freno usado. Contiene humedad que puede ocasionar que el aceite entre en ebullición y deje el sistema de frenos fuera de servicio.

13 Vuelva a llenar el cilindro principal con aceite cuando finalice la operación.

14 Revise el funcionamiento de los frenos. El pedal debe sentirse sólido cuando lo presiona, no esponjoso. Si es necesario, repita todo el proceso.

15 Antes de manejar el vehículo, siéntese en el asiento del conductor y:

a) Quite el pie del pedal de freno.
b) Arranque el motor y déjelo funcionar durante 10 minutos. Observe la luz ámbar del ABS en el panel de instrumento.
c) Si la luz se enciende y no se apaga después de 10 segundos, pida que remolquen el vehículo al departamento de servicios del concesionario u otro taller de reparaciones calificado. Puede utilizarse una herramienta de escaneo para diagnosticar el sistema de ABS.
d) Si la luz del ABS se apaga después de tres segundos aproximadamente, apague la ignición.
e) Repita desde el inciso a) hasta el d) una vez más. Si se apaga la luz ámbar del ABS, haga una prueba del vehículo en carretera en un área aislada antes de volverlo al servicio normal.

Advertencia: *No haga funcionar el vehículo si tiene dudas acerca de la efectividad del sistema de freno.*

11 Reforzador del freno de potencia - revisión, desmontaje e instalación

Consulte las ilustraciones 11.10, 11.14 y 11.15

Advertencia: *Estos modelos tienen bolsas de aire. Siempre desactive el sistema de bolsas de aire antes de trabajar cerca de alguno de los componentes para evitar la posibilidad de que se active accidentalmente y cause lesiones (vea el Capítulo 12).*

Revisión

Reforzador de vacío

Revisión del funcionamiento

1 Presione el pedal y encienda el motor. Si el pedal baja levemente, el funcionamiento es normal.

2 Presione el pedal del freno varias veces con el motor en funcionamiento y asegúrese de que no cambie la distancia de reserva del pedal.

Revisión de hermeticidad

3 Encienda el motor y apáguelo después de uno o dos minutos. Presione el pedal del freno varias veces lentamente. Si el pedal baja mucho la primera vez, pero sube gradualmente después de la segunda o tercera vez que lo presiona, significa que el reforzador está hermético.

4 Presione el pedal del freno mientras el motor está en funcionamiento. Luego, detenga el motor mientras el pedal está presionado. Si no nota cambios en el trayecto de la reserva del pedal después de sostener el pedal durante 30 segundos, significa que el reforzador está hermético.

Reforzador hidráulico

5 Apague el motor, presione varias veces el pedal de freno para liberar la presión en el acumulador.

6 Presione el pedal de freno, ejerciendo una presión aproximada de 40 libras de fuerza y luego arranque el motor. Si el reforzador funciona correctamente, el pedal de freno se hundirá hacia el piso y luego se volverá a elevar contra con su pie.

7 Si el reforzador no funciona como se describe, revise el nivel de aceite en el depósito de la dirección hidráulica y agregue según sea necesario. También, revise si las mangueras que van desde la bomba de dirección hidráulica hasta el reforzador están dobladas. Si todo es correcto, entonces el reforzador o la bomba de la dirección hidráulica tienen algún defecto. Haga revisar la presión de salida de la bomba de dirección hidráulica. Si la bomba genera la presión suficiente, reemplace el reforzador.

Desmontaje

8 Desactive el sistema de bolsas de aire (vea el Capítulo 12). Desconecte el cable del termi-

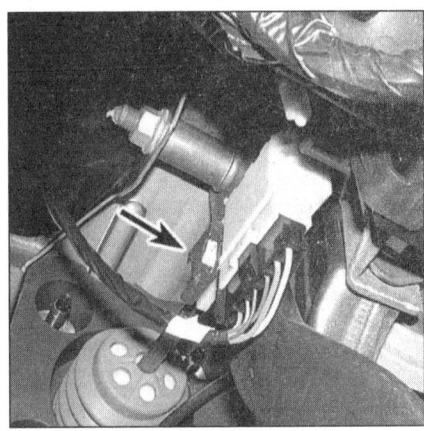

11.14 Haga palanca y quite el clip que retiene el interruptor de la luz de freno y la varilla de empuje del reforzador con el pasador en el pedal de freno

nal negativo de la batería. **Precaución:** *En los modelos equipados con sistemas de audio con "bloqueo antirrobos", asegúrese de que la función de bloqueo esté desactivada antes de realizar algún procedimiento que requiera la desconexión de la batería (vea la información en la parte delantera de este manual).*

9 Si está trabajando en un modelo con reforzador hidráulico, bombee el pedal del freno varias veces para liberar la presión en el acumulador.

10 Si está trabajando en un modelo con un reforzador de vacío, desacople la manguera de vacío del reforzador **(vea la ilustración)**.

11 Si está trabajando en un modelo con un reforzador hidráulico, desacople las líneas de presión y retorno del reforzador. Tape las líneas para evitar fugas de aceite.

12 Quite el cilindro principal sin desacoplar las líneas de freno. Tire hacia delante y apártelo. Asegúrese de no doblar ni enroscar las líneas de freno.

13 Quite el lado izquierdo debajo del panel de instrumentos (vea el Capítulo 11) y el conducto de calefacción debajo de la columna de dirección.

14 Quite el clip de retención de la varilla de empuje **(vea la ilustración)** y deslice el interruptor de la luz de freno y la varilla de empuje fuera del pasador.

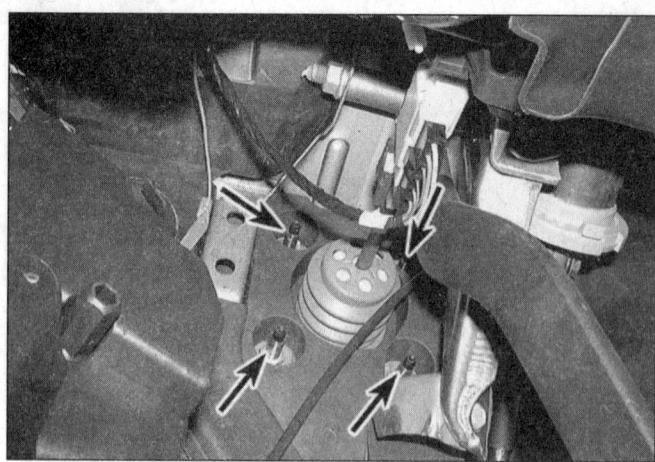

11.15 Desenrosque las tuercas de montaje del reforzador

14.2 Afloje la tuerca del compensador para dar holgura en los cables

15 Retire las cuatro tuercas que sujetan el reforzador del freno al panel contra fuego **(vea la ilustración)**.
16 Deslice el reforzador en línea recta hacia afuera del panel contra fuego hasta que los espárragos salgan de los orificios, y saque el reforzador y la junta del compartimiento del motor.

Instalación

17 La instalación se realiza en forma inversa al desmontaje. Asegúrese de utilizar una junta nueva y ajuste las tuercas de montaje del reforzador y las tuercas de montaje del cilindro principal según los valores de torque indicados en las Especificaciones de este capítulo.
18 Si va a trabajar en un modelo con un reforzador hidráulico, purgue el sistema de la dirección hidráulica según se describe en el Capítulo 10. Revise el nivel de aceite de la dirección hidráulica y agregue más, si es necesario, hasta llegar al nivel adecuado.

12 Recorrido del pedal de freno - revisión

1 El pedal de freno no es regulable, pero debe revisar el recorrido si el pedal parece bajo. Para realizar este procedimiento necesita una cinta de medir, un metro de madera o una regla.
2 Presione el pedal algunas veces para liberar la reserva en el reforzador de freno de potencia.
3 Mida la posición del pedal en posición de descanso. Puede medir desde el piso hasta el pedal o desde el pedal hasta el volante. Registre la lectura.
4 Ahora, presione el pedal (ejerciendo aproximadamente 70 lb de fuerza) y mida el recorrido del pedal. Compare sus mediciones con los valores que se indican en las Especificaciones de este capítulo.
5 Si el recorrido del pedal es excesivo, revise si el sistema tiene aire (purgue los frenos, vea la Sección 8). Una falla en el sello del cilindro principal también puede ocasionar un recorrido excesivo.

13 Freno de estacionamiento - ajuste

El cable del freno de estacionamiento es autorregulable, pero si el recorrido del pedal del freno de estacionamiento es excesivo o no mantiene el vehículo en una pendiente, es posible que sea necesario ajustar o reemplazar las zapatas del freno de estacionamiento (vea la Sección 13).

14 Cables y pedal del freno de estacionamiento - reemplazo

Pedal

Consulte la ilustración 14.2

1 Desconecte el cable del terminal negativo de la batería. **Precaución:** *En los modelos equipados con sistemas de audio con "bloqueo antirrobos", asegúrese de que la función de bloqueo esté desactivada antes de realizar algún procedimiento que requiera la desconexión de la batería (vea la información en la parte delantera de este manual).* Libere el freno de estacionamiento.
2 Desde la parte inferior del vehículo, afloje la tuerca del compensador para quitarle tensión a los cables **(vea la ilustración)**.
3 Dentro del vehículo, quite el lado izquierdo debajo del panel de instrumento y del panel para pies.
4 Desenchufe el conector eléctrico del interruptor de la luz de advertencia del freno de estacionamiento.
5 Quite los pernos del bloque de fusibles y apártelo.
6 Desacople el cable de liberación del freno de estacionamiento del pedal de freno de estacionamiento.
7 Desenrosque las tuercas que aseguran el conjunto del pedal del freno de estacionamiento y saque el conjunto fuera de los espárragos de montaje.
8 Desacople el extremo del cable de la palanca del freno de estacionamiento y presione las lengüetas en la camisa del cable para liberar la camisa del soporte del pedal.
9 La instalación se realiza en forma inversa al desmontaje. Asegúrese de ajustar las tuercas en el compensador. Presione y libere el pedal varias veces y los cables se ajustarán automáticamente.

Cable del sector delantero

Consulte la ilustración 14.12

10 Desconecte el cable del terminal negativo de la batería. **Precaución:** *En los modelos equipados con sistemas de audio con "bloqueo antirro-*

14.12 Presione las lengüetas en el retenedor de cables y pase el cable y la camisa a través del soporte

bos", asegúrese de que la función de bloqueo esté desactivada antes de realizar algún procedimiento que requiera la desconexión de la batería (vea la información en la parte delantera de este manual). Libere el freno de estacionamiento.
11 Desde la parte inferior del vehículo, afloje la tuerca del compensador **(vea la ilustración 14.2)**.
12 Desconecte el extremo del cable delantero del conector en el cable intermedio, luego, presione las lengüetas en la camisa del cable y desacople el cable del soporte **(vea la ilustración)**.
13 Siga el cable hacia la parte delantera del vehículo y desacóplelo de cualquiera de los otros soportes que pueda haber.
14 Quite el conjunto del pedal de freno de estacionamiento (vea los Pasos 3 a 8).
15 Desacople el cable del conjunto de pedal.
16 Despegue la alfombra, haga palanca para sacar la arandela de caucho del cable del piso de la carrocería y quite el cable.
17 La instalación se realiza en forma inversa al desmontaje. Asegúrese de ajustar las tuercas en el compensador. Presione y libere el pedal varias veces y los cables se ajustarán automáticamente.

Capítulo 9 Frenos 9-15

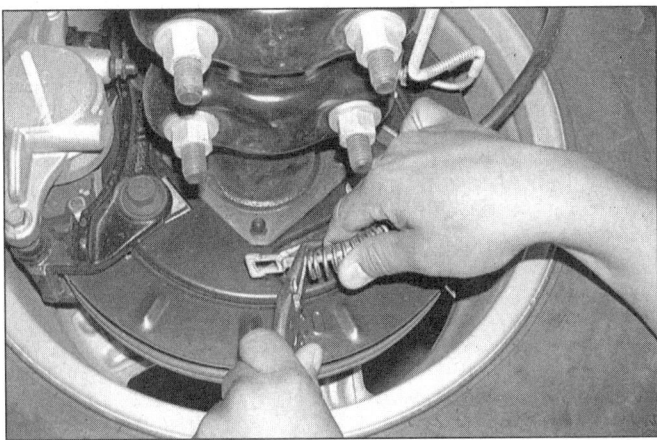

14.26 Desenganche el extremo del cable de la palanca del actuador del freno de estacionamiento

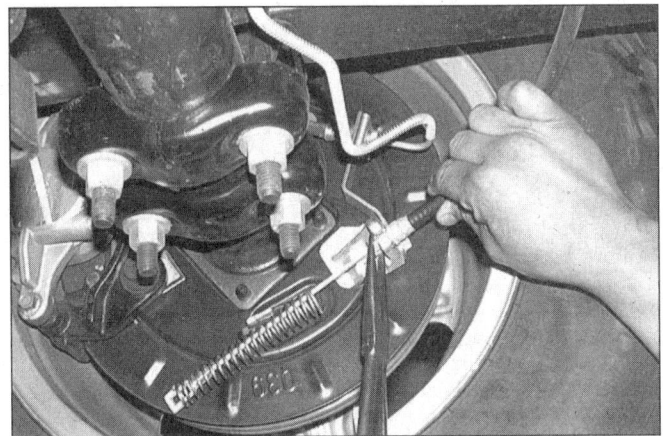

14.27 Presione las lengüetas en el retenedor del cable y desacople el cable del soporte en el plato de apoyo

Cable intermedio

18 Libere el freno de estacionamiento.
19 Desde la parte inferior del vehículo, quite la tuerca del compensador **(vea la ilustración 14.2)** y separe el cable intermedio del compensador.
20 Separe el cable intermedio del cable delantero y quítelo.
21 La instalación se realiza en forma inversa al desmontaje. Asegúrese de ajustar las tuercas en el compensador. Presione y libere el pedal varias veces y los cables se ajustarán automáticamente.

Cables del sector trasero

Consulte las ilustraciones 14.26 y 14.27

22 Levante la parte trasera del vehículo y sosténgalo correctamente sobre soportes de gato. Bloquee las ruedas delanteras para evitar que el vehículo se desplace.
23 Afloje la tuerca del compensador **(vea la ilustración 14.2)** y desacople el cable trasero del compensador.
24 Desacople la camisa del cable del soporte en el chasis haciendo presión en las lengüetas del retenedor y pasando el cable a través del soporte.
25 Siga el cable y quite los pernos o clips del soporte de montaje que pueden estar sujetando el cable.

Modelos con frenos de disco

26 Desacople el extremo del cable de la palanca en el actuador del freno de estacionamiento **(vea la ilustración)**.

Modelos con frenos de tambor

27 Quite las zapatas del freno (vea la Sección 6) y desconecte el cable del freno de estacionamiento de la palanca de freno de estacionamiento.
28 Presione las lengüetas en el retenedor de la camisa del cable y desacople la camisa del soporte en el plato de apoyo **(vea la ilustración)**. Quite el cable.
29 La instalación se realiza en forma inversa al desmontaje. Asegúrese de ajustar las tuercas en el compensador. Presione y libere el pedal varias veces y los cables se ajustarán automáticamente.

15 Zapatas del freno de estacionamiento - reemplazo

Advertencia: *El polvo generado por el sistema de frenos es perjudicial para la salud. Nunca lo sople con aire comprimido ni lo inhale. Debe usar una mascarilla con filtro aprobada para trabajar en los frenos. Nunca, bajo ninguna circunstancia, use solventes a base de petróleo para limpiar las piezas del freno. Use solamente un limpiador para sistemas de frenos.*
Nota: *Este procedimiento se aplica a los modelos con frenos de disco traseros.*

1 Afloje las tuercas de orejeta de las ruedas traseras, levante la parte trasera del vehículo y apóyelo de manera segura en soportes de gato. Libere el freno de estacionamiento. Bloquee las ruedas delanteras para evitar que el vehículo se desplace; luego, quite las ruedas traseras.
2 Quite el caliper del freno (vea la Sección 4), el soporte de montaje y el disco de freno (vea la Sección 5). Afloje las tuercas en el compensador del freno de estacionamiento para dar más holgura en los cables.

15.3 En los modelos 1500, la zapata del freno de estacionamiento está asegurada a la parte inferior por un tornillo y un clip (flecha)

15.4 Levante un extremo de la zapata del freno de estacionamiento sobre la brida del eje, luego "enrolle" el resto de la zapata sobre la brida (modelos 1500)

Modelos 1500

Consulte las ilustraciones 15.3, 15.4 y 15.6

3 Lave el conjunto del freno con un limpiador para sistema de frenos. Quite el tornillo y el clip que unen la parte inferior de la zapata **(vea la ilustración)**, luego deslice la zapata hacia arriba y hacia afuera del actuador.
4 Levante un extremo de la zapata sobre la brida del eje, pase la zapata sobre la brida y quítela **(vea la ilustración)**.
5 Antes de instalar la nueva zapata, gire hacia adentro la rueda de estrella del tornillo de ajuste, luego asegúrese de que las ranuras en el tornillo de ajuste y el botador estén paralelas al plato de apoyo.
6 La instalación de la zapata se realiza en forma inversa al desmontaje. Asegúrese de que los extremos del asiento de la zapata estén correctamente en las ranuras en el tornillo de ajuste y el botador **(vea la ilustración)**.
7 Cuando instale el nuevo conjunto de zapata y forro, gire el tornillo de ajuste hasta que el forro de la zapata sólo se arrastre sobre la superficie de frenado dentro del disco. Luego, quite el disco y desenrosque el ajustador hasta que el forro de la

15.6 Asegúrese de que los extremos de la zapata se asienten en la ranura del tornillo de ajuste (A) y en la ranura del botador (B); (C) es la rueda estrella del tornillo de ajuste (modelos 1500)

15.9 Presione el clip de retención y gire el pasador 90 grados, luego quite el clip (modelos 2500)

zapata no se arrastre cuando el disco está instalado y gira. El espacio real entre la superficie del forro de la zapata y la superficie de frenado dentro del disco debe ser 0.026 pulgadas.

8   La instalación se realiza en forma inversa al desmontaje. Asegúrese de ajustar los pernos del soporte y los pernos de montaje del caliper según el torque indicado en las Especificaciones del capítulo, y las tuercas de orejeta según el torque indicado en las Especificaciones del Capítulo 1.

Modelos 2500
Consulte la ilustración 15.9

9   Lave el conjunto de frenos con un limpiador para este sistema, luego quite el clip de retención de cada una de las zapadas del freno de estacionamiento **(vea la ilustración)**.

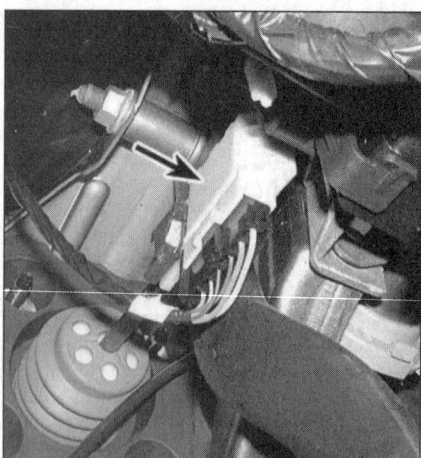

16.1 El interruptor de la luz de freno está montado en el lateral del brazo del pedal de freno

10   Desenganche los resortes de retorno de la parte superior e inferior de cada zapata y luego, quite las zapatas del plato de apoyo.

11   La instalación de las zapatas nuevas se realiza en forma inversa al desmontaje. Cuando instale las zapatas nuevas, gire el tornillo de ajuste hasta que el forro de la zapata sólo se arrastre sobre la superficie de frenado dentro del disco. Luego, quite el disco y desenrosque el tornillo de ajuste hasta que el forro de la zapada no se arrastre cuando el disco está instalado y gira. El espacio real entre la superficie del forro de la zapata y la superficie de frenado dentro del disco debe ser 0.026 pulgadas.

12   Asegúrese de ajustar los pernos del soporte y los pernos de montaje del caliper según el torque indicado en las Especificaciones del capítulo, y las tuercas de orejeta según el torque indicado en las Especificaciones del Capítulo 1.

16   Interruptor de la luz de freno - revisión, ajuste y reemplazo

Consulte la ilustración 16.1

Revisión
1   El interruptor de la luz de freno **(vea la ilustración)** está ubicado en el lateral del pedal de freno y está retenido por el mismo clip que retiene la varilla de empuje del reforzador. El interruptor activa las luces de freno en la parte posterior del vehículo cuando se presiona el pedal. Para obtener acceso al interruptor, quite el lado izquierdo debajo del panel de instrumentos y del conducto del aire acondicionado/calefacción.
2   Si las luces de freno no funcionan, revise primero el fusible (consulte el Capítulo 12).
3   Si el fusible funciona bien, revise el voltaje del interruptor en el cable de alimentación (consulte los diagramas de cableado al final de este manual para saber el color de cable correcto a revisar). Si no hay voltaje presente, repare el cable entre el interruptor y el caja de fusibles.
4   Si hay voltaje, presione el pedal de freno y revise si hay voltaje en el terminal del cable de salida (una vez más, consulte los diagramas de cableado). Si no hay voltaje, reemplace el interruptor.
5   Si hay voltaje, revise la potencia en los cables de la luz de freno en las cajas de las luces traseras (presione el pedal de freno). Si no hay voltaje, repare el circuito entre el interruptor y las luces de freno.
6   Si hay voltaje, revise si la puesta a tierra funciona correctamente; con un cable puente conectado a una puesta a tierra que funcione bien, examine a fondo el terminal del cable de la puesta tierra en el conector de la luz trasera. Si las luces de freno se encienden, repare el circuito de la puesta a tierra (siga el cable de la puesta a tierra desde la caja de la luz trasera).
7   Tenga en cuenta que las bombillas de las luces de freno *pueden* quemarse, pero la posibilidad de que todas las bombillas se quemen es bastante improbable.

Ajuste
8   En estos vehículos, el interruptor de las luces de freno no puede ajustarse. Si no funciona como se describió anteriormente, reemplácelo.

Reemplazo
9   Quite el lado izquierdo debajo del panel de instrumento y del conducto del aire acondicionado/calefacción, si todavía no lo hizo.
10   Desconecte el conector eléctrico del interruptor.
11   Quite el clip que retiene el interruptor y la varilla de empuje al pasador que está en el brazo del pedal de freno **(vea la ilustración 11.14)** y deslice el interruptor de la luz de freno fuera del pasador.
12   La instalación del nuevo interruptor se realiza en forma inversa al desmontaje. Asegúrese de que el clip de retención esté correctamente instalado.

Capítulo 10
Sistemas de suspensión y dirección

Contenido

	Sección		Sección
Alineamiento delantero - información general	27	Información general	1
Amortiguador (delantero) - desmontaje e instalación	2	Mecanismo de la dirección - desmontaje e instalación	23
Amortiguador (trasero) - desmontaje e instalación	12	Muñón de dirección - desmontaje e instalación	11
Barra de torsión - desmontaje e instalación	4	Resorte de hojas - desmontaje e instalación	14
Barra estabilizadora y bujes (delanteros) - desmontaje e instalación	3	Resorte helicoidal (delantero) - desmontaje e instalación	5
Barra estabilizadora y bujes (traseros) - desmontaje e instalación	13	Resorte helicoidal (trasero) - desmontaje e instalación	15
Bomba de dirección hidráulica - desmontaje e instalación	24	Revisión de neumáticos y de presión de neumáticos	Vea el Capítulo 1
Brazo de control inferior - desmontaje e instalación	7	Revisión de suspensión y dirección	Vea el Capítulo 1
Brazo de control superior - desmontaje e instalación	6	Revisión del nivel de aceite de la dirección hidráulica	Vea el Capítulo 1
Brazos de suspensión (trasero) - desmontaje e instalación	16	Rotación de neumáticos	Vea el Capítulo 1
Columna de dirección - desmontaje e instalación	18	Rótulas - revisión y reemplazo	8
Conjunto de rodamiento y cubo (delantero) - desmontaje e instalación	9	Ruedas y neumáticos - información general	26
Eje intermedio - desmontaje e instalación	19	Sistema de dirección hidráulica - purga	25
Espárragos de la rueda - reemplazo	10	Varillaje de la dirección - inspección, desmontaje e instalación	22
Extremos de la barra de acoplamiento - desmontaje e instalación	20	Volante de dirección - desmontaje e instalación	17
Fundas del mecanismo de la dirección - reemplazo	21		

Especificaciones

General
Tipo de líquido de la dirección hidráulica .... Vea el Capítulo 1
Altura "Z" de la suspensión delantera (modelos con barras de torsión)
(vea la ilustración 4.13)
   Modelos SS .... De 3.5 a 4 pulgadas
   Todos los demás .... 4.7 pulgadas

Especificaciones de torque
Lb-pie (a menos que se indique lo contrario)

Suspensión delantera
Amortiguador
   Tuerca de montaje superior 15
   Pernos de montaje inferior (modelos de tracción en dos ruedas) ... 19
   Perno/tuerca de montaje inferior (modelos de doble tracción) ... 59
Tuercas y perno de pivote del brazo de control superior 140
Tuercas y perno del pivote del brazo de control inferior
   De 1999 a 2002 110
   2003
      Tracción en dos ruedas 107
      Doble tracción 110
   2004 y posteriores 129
Tuerca de la rótula al muñón de dirección
   1999 y 2000
      Superior 37
      Inferior 74
   2001
      Superior 74
      Inferior 101
   2002 y posteriores
      Superior 37
      Inferior 74
Tuercas de la rótula (reemplazo) al brazo de control inferior 52
Barra estabilizadora
   Tuerca de conexión .... 89 lb-pulg
   Pernos de la abrazadera
      De 1999 a 2004
         Modelos 1500 24
         Modelos 2500 39
      2005 37
Pernos del conjunto del cubo y rodamiento al muñón de dirección ... 133
Tuercas/pernos del travesaño de la barra de torsión al bastidor 70

Especificaciones de torque

Lb-pie (a menos que se indique lo contrario)

Suspensión trasera
Amortiguador
  Perno/tuerca superiores
    De 1999 a 2004 70
    2005 y posteriores 15
  Perno/tuerca inferiores
    De 1999 a 2004 70
    2005 y posteriores
      Tracción en dos ruedas 18
      Doble tracción 59
Barra estabilizadora
  Tuercas de conexión 48
  Pernos de la abrazadera 24
Resorte de hojas
  De 1999 a 2002
    Tuercas del perno U
      Pernos U de 14 mm 59
      Pernos U de 16 mm 89
    Tuerca/perno del resorte al bastidor (gancho delantero) 92
    Tuercas/pernos del grillete trasero 70
  2003 y posteriores
    Tuercas del perno U
      1500 53
      2500 110
    Tuerca/perno del resorte al bastidor (gancho delantero) 110
    Tuercas/pernos del grillete trasero 70
Tuercas/pernos del brazo de arrastre
  Superior 77
  Inferior 89
Tuercas/pernos de la barra transversal 77

Dirección
Tuercas/pernos del mecanismo de la dirección al bastidor (cremallera y piñón)
  De 1999 y 2000 92
  2001 y posteriores 136
Pernos del mecanismo de la dirección al bastidor (bola de recirculación) 110
Perno de retención del eje intermedio 33
Tuerca del extremo de la barra de acoplamiento al muñón de dirección
  De 1999 a 2001 33
  2002
    Avalanche 33
    Todos los demás 48
  2003 y 2004 48
  2005 y posteriores
    1500 37
    2500 48
Varillaje de la dirección (sin cremallera y piñón)
  Tuerca del eje Pitman 184
  Tuerca del brazo Pitman a la varilla del relé 46
  Tuercas/pernos de montaje del brazo auxiliar 73
  Tuerca del perno prisionero de bola del brazo auxiliar 46
  Tuerca del amortiguador de dirección a la varilla del relé
    De 1999 a 2002, excepto Silverado 2002 46
    Silverado 2002, y todos los modelos 2003 y posteriores 30
  Tuerca/perno del amortiguador de dirección al bastidor 30

Columna de dirección
Tuerca del volante de dirección 29
Tuercas/pernos del soporte de la columna de dirección
  De 1999 a 2003 22
  2004 y posteriores .... 156 lb-pulg
Perno del acoplador de eje 35

Bomba de dirección hidráulica
Tuercas de montaje (motores V6) 37
Tuercas de montaje (motores V8) 37

Tuercas de orejeta de las ruedas .... Vea el Capítulo 1

Capítulo 10 Sistemas de suspensión y dirección 10-3

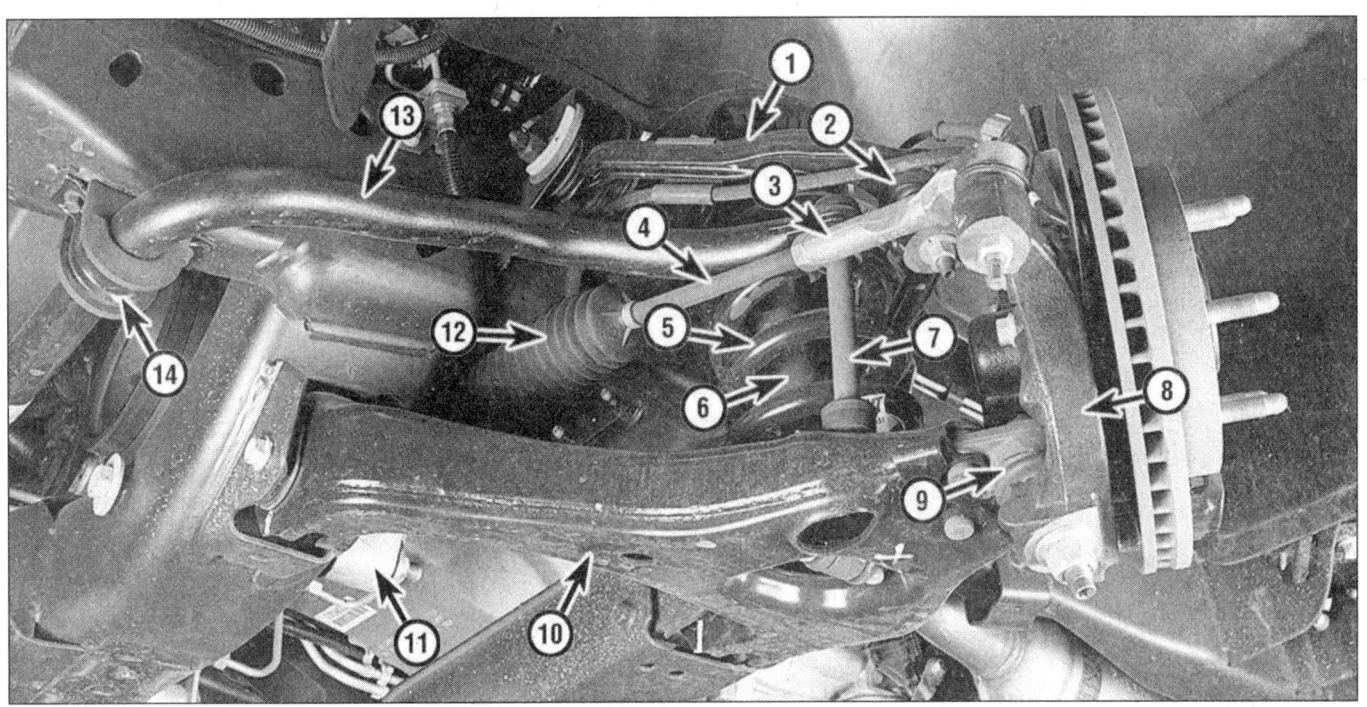

1.1a. Componentes de la suspensión delantera y la dirección - Pick up 1500 de tracción en dos ruedas

1 Brazo de control superior
2 Rótula superior
3 Extremo de la barra de acoplamiento
4 Barra de acoplamiento
5 Resorte helicoidal
6 Amortiguador
7 Conexión de la barra estabilizadora
8 Muñón de dirección
9 Rótula inferior
10 Brazo de control inferior
11 Mecanismo de la dirección
12 Funda del mecanismo de la dirección
13 Barra estabilizadora
14 Abrazadera de la barra estabilizadora

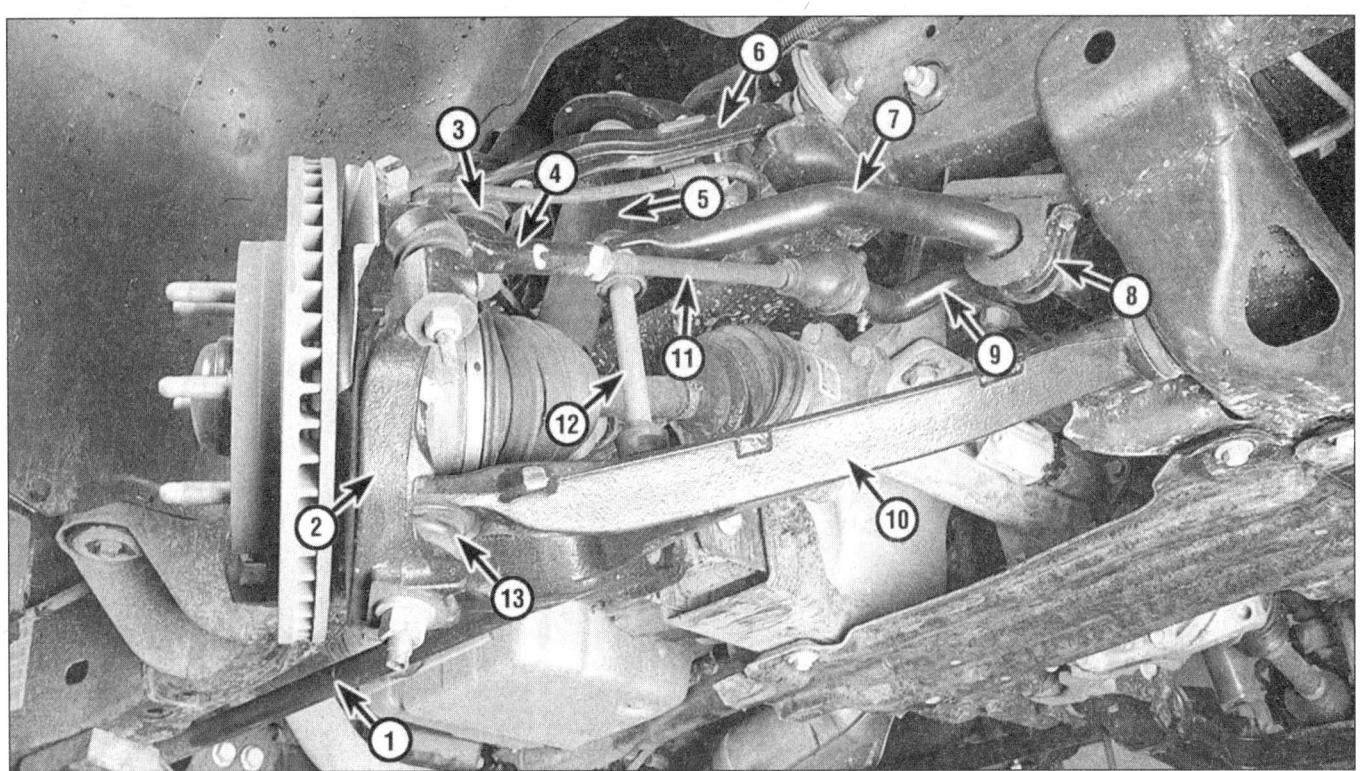

1.1b. Componentes de la suspensión delantera y la dirección - Suburban 1500 con doble tracción

1 Barra de torsión
2 Muñón de dirección
3 Rótula superior
4 Extremo de la barra de acoplamiento
5 Amortiguador
6 Brazo de control superior
7 Barra estabilizadora
8 Abrazadera de la barra estabilizadora
9 Varilla del relé
10 Brazo de control inferior
11 Barra de acoplamiento
12 Conexión de la barra estabilizadora
13 Rótula inferior

Capítulo 10 Sistemas de suspensión y dirección

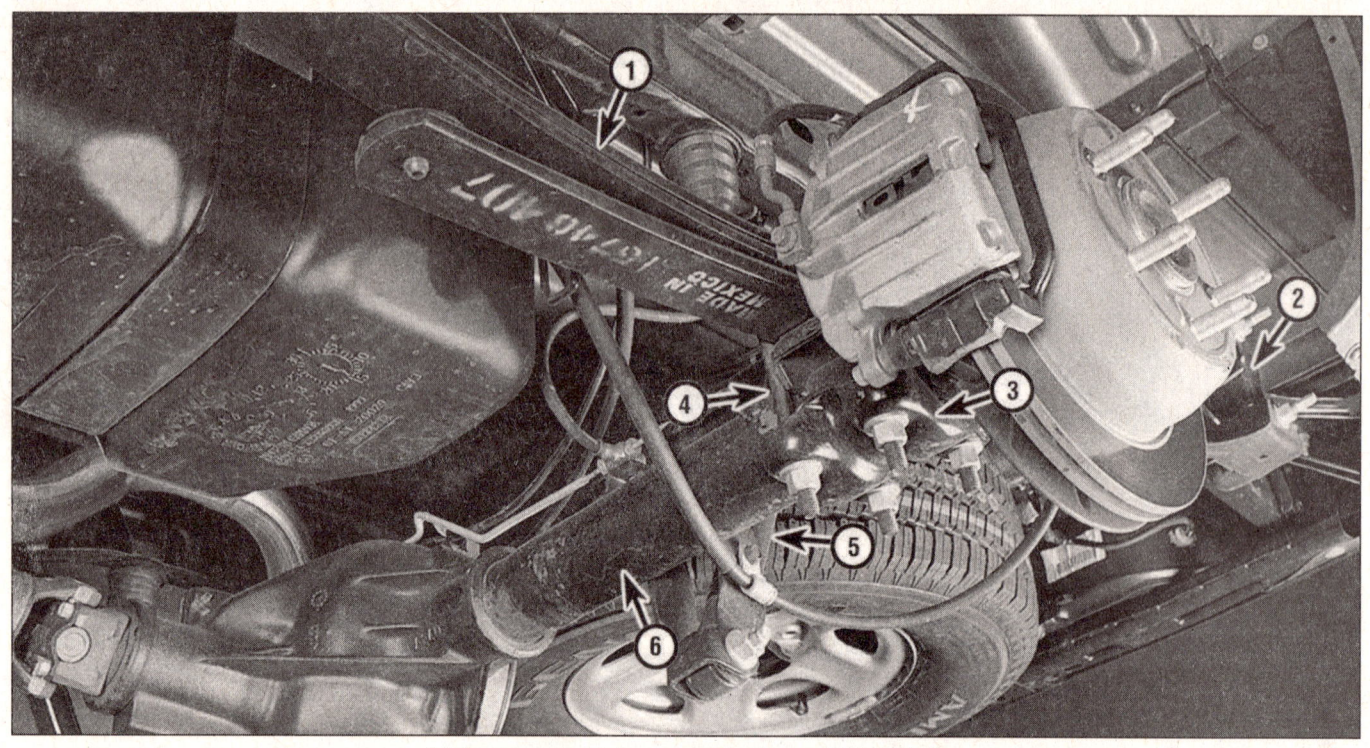

1.4 Componentes de la suspensión trasera - Pick-up 1500

1 Resorte de hojas
2 Grillete
3 Plato del resorte
4 Perno U
5 Amortiguador
6 Eje trasero

1.5 Componentes de la suspensión trasera - Suburban 1500 de doble tracción

1 Barra transversal
2 Conexión de la barra estabilizadora
3 Amortiguador
4 Brazo de arrastre (inferior)
5 Abrazadera de la barra estabilizadora
6 Barra estabilizadora
7 Eje trasero
8 Resorte helicoidal

Capítulo 10 Sistemas de suspensión y dirección

1 Información general

Consulte las ilustraciones 1.1a, 1.1b, 1.4 y 1.5

Suspensión delantera

La suspensión delantera **(vea la ilustración)** es completamente independiente. Cada rueda está conectada al bastidor mediante el muñón de dirección, las rótulas superiores e inferiores y los brazos de control inferiores. Los resortes helicoidales y los amortiguadores se utilizan en los modelos pick-up de tracción en dos ruedas; en los modelos SUV (vehículos utilitarios deportivos) con tracción en dos ruedas o doble tracción se utilizan amortiguadores y barras de torsión. La barra estabilizadora, que está conectada al bastidor y a los dos brazos de control inferiores, reduce la velocidad de la carrocería al doblar.

Suspensión trasera

La suspensión trasera de los modelos pick-up y en los modelos 2005 utilitarios deportivos consta de un par de resortes de hojas múltiples y dos amortiguadores **(vea la ilustración)**. El conjunto de eje trasero está fijado a los resortes de hojas mediante pernos en U. Los extremos delanteros de los resortes están fijados a los ganchos frontales del bastidor por medio de bujes de caucho. Los extremos traseros de los resortes están fijados al bastidor mediante grilletes que permiten que los resortes modifiquen su longitud cuando se comprimen y rebotan.

La suspensión trasera de los modelos utilitarios deportivos 1500 tiene un diseño de cinco conexiones, utiliza resortes helicoidales, brazos de control superiores e inferiores, una conexión lateral, dos amortiguadores y una barra estabilizadora **(vea la ilustración)**.

Sistema de dirección

El sistema de dirección en los modelos pick-up 1500 de tracción en dos ruedas cuentan con un mecanismo de la dirección de cremallera y piñón y dos barras de acoplamiento ajustables. La asistencia hidráulica es equipamiento estándar.

El sistema de dirección en los otros modelos consta de una caja de engranajes de dirección tipo bola de recirculación, brazo Pitman, brazo auxiliar, varilla del relé, dos conjuntos de barras de acoplamiento ajustables (cada una consta de una barra de acoplamiento interna, un tubo de ajuste y una barra de acoplamiento externa) y, en algunos modelos, un amortiguador de dirección. Al girar el volante, el engranaje gira al brazo Pitman, que empuja la varilla del relé hacia un lado. Las barras de acoplamiento, que están conectadas a la varilla del relé, transfieren la fuerza de la dirección a las ruedas. Las barras de acoplamiento son regulables y se utilizan para ajustes de convergencia. La varilla del relé está sostenida por el brazo Pitman y el brazo auxiliar. El brazo auxiliar gira sobre un soporte fijado al riel derecho del bastidor. Si el vehículo está equipado con un amortiguador de dirección, éste está unido a un soporte en el bastidor y a la varilla del relé.

Los modelos 2002 cuentan con una opción llamada Quadrasteer™, el nombre que le da General Motors al sistema de dirección en las cuatro ruedas. En estos modelos, el eje trasero se direcciona mediante un engranaje de cremallera y piñón que funciona mediante un motor eléctrico grande cuando es dirigido por el módulo de control de dirección de las ruedas traseras, que está montado sobre el neumático de repuesto. Se intenta mejorar la maniobrabilidad a baja velocidad, en situación de remolque y proporcionar mayor estabilidad a altas velocidades. Este sistema es bastante complejo e incluye varios sensores para aceleración angular/lateral, posición del volante y de las ruedas traseras. Un interruptor en el tablero le permite al conductor seleccionar una de las tres opciones: dirección estándar en dos ruedas, dirección en cuatro ruedas y dirección en cuatro ruedas para remolque. En cualquiera de los cuatros modos de dirección, el módulo decide cuál de las tres fases de dirección empleará, positiva, negativa o neutral. En la fase neutral, las ruedas traseras no se direccionan, mientras que en la fase positiva las ruedas traseras se direccionan junto con las delanteras y en la fase negativa, las ruedas traseras se direccionan en forma opuesta a las ruedas delanteras.

Sistemas de control de marcha

Hay dos tipos de sistemas de control de marcha disponibles como opción; el Sistema de marcha seleccionable y el Sistema Autoride/Amortiguación en tiempo real, que también incorpora el ALC (control de nivelación automática). En el Sistema de marcha seleccionable, el conductor puede seleccionar entre dos niveles de amortiguación: normal o firme. Esto se logra mediante un solenoide dentro de cada amortiguador que cambia el tamaño del orificio de amortiguación. En el Sistema Autoride/Amortiguación en tiempo real, la válvula del amortiguador se controla automáticamente para ajustarla a las condiciones de la carretera y al estilo de manejo. El Control de nivelación automática mantiene la parte trasera del vehículo a la altura de marcha adecuada de acuerdo con el peso de la carga en el vehículo.

Precauciones

Con frecuencia, es posible que encuentre sujetadores que parecen imposibles de aflojar al trabajar con componentes de los sistemas de suspensión y dirección. Estos sujetadores, ubicados en la parte inferior del vehículo, están continuamente expuestos a la acción del agua, la grasa de los caminos, el barro, etc., por lo que pueden oxidarse o trabarse y así, dificultar mucho su desmontaje. Para desenroscar estos sujetadores (u otros componentes) atascados sin dañarlos, asegúrese de utilizar una buena cantidad de aceite penetrante y permita que se impregne durante unos minutos. Utilizar un cepillo de alambre para limpiar las roscas expuestas también permitirá quitar la tuerca o el perno con mayor facilidad, sin dañar las roscas. A veces, un golpe seco con un martillo y un punzón puede ser efectivo para destrabar la unión entre las roscas de una tuerca y un perno, pero debe tenerse cuidado de que el punzón no se deslice del sujetador y arruine las roscas. Calentar el sujetador atascado y el contorno con un soplete también puede ser efectivo, pero no es recomendable debido al peligro lógico que implica la exposición al fuego. Las llaves de cubo y extensiones largas, al igual que los tubos con alargador, incrementan el apalancamiento. Nunca utilice un tubo de extensión en una rueda dentada, ya que el mecanismo dentado podría dañarse. Algunas veces, girar la tuerca o el perno hacia la dirección de ajuste (sentido horario) puede ayudar a aflojarlo. Los sujetadores que obligan a tomar medidas drásticas para desenroscarlos siempre deben reemplazarse por sujetadores nuevos.

Debido a que la mayoría de los procedimientos relacionados con este capítulo tratan sobre cómo elevar vehículos y trabajar debajo de ellos, será necesario contar con un par de soportes de gato adecuado. El gato hidráulico de piso es el mejor tipo de gato para levantar el vehículo; además, puede utilizarse para sostener ciertos componentes en diferentes operaciones. **Advertencia:** *Bajo ninguna circunstancia, confíe en un gato para sostener el vehículo mientras trabaja en él. Asimismo, cada vez que se afloja o se retira un sujetador de la suspensión o la dirección, es necesario inspeccionarlo y, si es necesario, reemplazarlo por un equivalente nuevo con el mismo número de pieza o cuya calidad y diseño sean iguales a los del original. Es necesario consultar las especificaciones de torque para rearmar y retener los componentes correctamente. No intente nunca calentar o enderezar los componentes de suspensión o dirección. En cambio, reemplace las piezas dañadas o torcidas por otras nuevas.*

2.4 Sostenga el vástago del amortiguador (A) con una llave para evitar que gire cuando se afloja la tuerca de montaje superior (B) (modelo de tracción en dos ruedas)

2 Amortiguador (delantero) - desmontaje e instalación

1 Afloje las tuercas de orejeta de las ruedas delanteras. Levante la parte delantera del vehículo y apóyela de manera segura sobre soportes de gato; luego, quite la rueda.
2 Sostenga con un gato de piso el extremo exterior del brazo de control inferior (el amortiguador sirve de tope bajo para la suspensión). El gato debe permanecer en esta posición durante todo el procedimiento.
3 Si el vehículo está equipado con un sistema de control de suspensión, desbloquee y desenchufe el conector eléctrico de la parte superior del amortiguador.

Modelos de tracción en dos ruedas

Consulte las ilustraciones 2.4 y 2.6
4 Con una llave de auxilio sobre el vástago, quite la tuerca de montaje superior del amortiguador **(vea la ilustración)**.
5 Quite el retenedor (arandela metálica) y la arandela aislante (arandela de caucho).
6 Desde la parte inferior del vehículo, retire los dos pernos que fijan el extremo inferior del amorti-

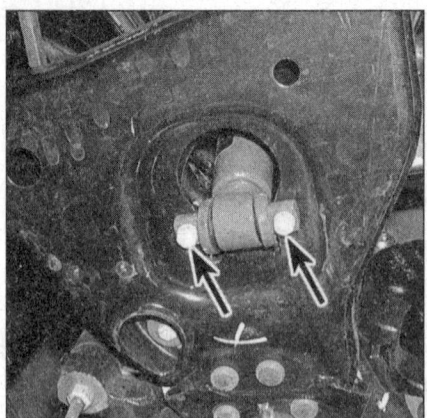

2.6 Pernos de montaje inferiores del amortiguador (flechas) - modelos de tracción en dos ruedas

2.9 Perno/tuerca de montaje inferior del amortiguador (flechas) - modelos de doble tracción

3.2 Desenrosque el perno de conexión de la barra estabilizadora mientras sostiene la tuerca con una llave grande

3.3 Quite los pernos del soporte de la barra estabilizadora (flechas)

4.1 En el momento del rearmado, para asegurarse de que el ajuste de la barra de torsión sea correcto, cuente el número de roscas que se muestran en el perno de ajuste de la barra de torsión. Marque la relación entre el perno y la tuerca de ajuste de la barra de torsión para asegurarse

4.2. Instale un extractor de dos mordazas con los dedos ubicados alrededor del reborde que corre a lo largo de ambos lados del travesaño, como se muestra. Asegúrese de que el perno del extractor esté centrado en la hendidura del brazo de ajuste de la barra de torsión. Ajuste el perno del extractor hasta eliminar toda la tensión del perno de ajuste

guador al brazo de control inferior (vea la ilustración) y retire el amortiguador tirando desde abajo.
7   Retire la arandela aislante inferior y el retenedor del vástago.
8   La instalación se realiza en forma inversa al desmontaje. Asegúrese de ajustar la tuerca de montaje superior y los pernos de montaje inferiores según el torque indicado en las Especificaciones de este capítulo.

Modelos de doble tracción

Consulte la ilustración 2.9
9   Retire la tuerca y el perno de montaje inferiores del amortiguador (vea la ilustración). Observe la dirección en la cual apuntan los pernos.
10 Con una llave de auxilio sobre el vástago, quite la tuerca de montaje superior del amortiguador (vea la ilustración 2.4).
11 Retire el amortiguador.
12 La instalación se realiza en forma inversa al desmontaje. Asegúrese de instalar el perno de montaje inferior para que apunte en la misma dirección en la que estaba antes del desmontaje. Ajuste todos los sujetadores según el torque indicado en las Especificaciones de este capítulo.

Todos los modelos

13 Si el vehículo está equipado con un sistema de control de suspensión, vuelva a enchufar el conector eléctrico a la parte superior del amortiguador.

14 Instale las ruedas y las tuercas de orejeta, baje el vehículo y ajuste las tuercas de orejeta según el torque indicado en las Especificaciones del Capítulo 1.

3   Barra estabilizadora y bujes (delanteros) - desmontaje e instalación

Consulte las ilustraciones 3.2 y 3.3
1   Levante el vehículo y sosténgalo de manera segura sobre soportes de gato. En los modelos que cuentan con este equipo, quite la placa protectora de la bandeja de aceite.
2   Quite las tuercas de los pernos de la conexión y retire los pernos (vea la ilustración). **Nota:** *Asegúrese de mantener las piezas de los lados derecho e izquierdo separadas.*
3   Quite los pernos del soporte de la barra estabilizadora (vea la ilustración).
4   Quite la barra estabilizadora.
5   Quite los bujes de caucho.
6   Inspeccione todas las piezas para detectar desgaste o daños.
7   Cuando instale los bujes de caucho en la barra estabilizadora, asegúrese de colocarlos de modo que las ranuras miren hacia la parte delantera del vehículo.

8   La instalación se realiza en forma inversa al desmontaje. Asegúrese de ajustar todos los sujetadores según el torque indicado en las Especificaciones de este capítulo.

4   Barra de torsión - desmontaje e instalación

Consulte las ilustraciones 4.1, 4.2, 4.3, 4.4, 4.5, 4.7a, 4.7b, 4.8 y 4.13
Nota: *Las barras de torsión deben desmontarse como un par, ya que debe retirarse el travesaño de las mismas para dar espacio y poder deslizar las barras hacia atrás.*
1   Levante la parte delantera del vehículo y apóyela de manera segura sobre soportes de gato. Cuente el número de roscas que se ven en el perno de ajuste de la barra de torsión y marque la relación entre el perno y la tuerca de ajuste de la barra (vea la ilustración).
2   Hay una pequeña hendidura en el brazo de ajuste de la barra de torsión. Instale un extractor con el perno centrado en esta hendidura (vea la ilustración).
3   Gire el perno del extractor hasta eliminar la tensión del perno de ajuste de la barra de torsión;

Capítulo 10 Sistemas de suspensión y dirección

4.3 Una vez que el perno de ajuste no tiene más tensión, desenrosque el perno y quítelo de la tuerca de ajuste

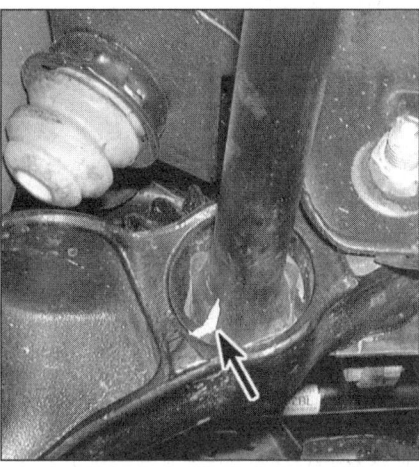

4.4 Marque la relación entre la barra de torsión y el brazo de control inferior, tal como se muestra

4.5 Deslice la barra de torsión hacia adelante a través del brazo de control inferior lo suficiente como para tirar del extremo trasero de la barra y quitarla del travesaño; luego, quite el brazo de ajuste de la barra de torsión

4.7a Quite los pernos de montaje del travesaño de la barra de torsión de ambos lados (flechas), luego, quite el travesaño (se muestra el modelo 1500)

4.7b En los modelos 1500, los bujes de montaje del travesaño en el bastidor pueden reemplazarse; primero, debe destrabarlos y luego sacarlos por la parte delantera del vehículo

luego, desenrosque el perno de ajuste de la barra de torsión y quite la tuerca (vea la ilustración). Desatornille lentamente el perno del extractor hasta que la barra de torsión esté completamente liberada y no haya más tensión en el brazo de ajuste. Retire el extractor.
4   Marque la relación entre el extremo delantero de la barra de torsión y el brazo de control inferior (vea la ilustración). También marque la relación del extremo trasero de la barra de torsión con el brazo de ajuste.
5   Empuje la barra de torsión hacia adelante, a través del brazo de control inferior, hasta que el extremo trasero de la barra se separe del travesaño y quite el brazo de ajuste de la barra de torsión (vea la ilustración).
6   Repita los Pasos de 1 a 5 en la otra barra de torsión.
7   Quite los pernos del travesaño de la barra de torsión y desmóntela (vea la ilustración). En los modelos 1500, inspeccione los bujes en las partes salientes del bastidor donde se monta el travesaño. Si están desgastados o deteriorados, pueden reemplazarse. Si están trabados desde la parte trasera, una vez que logre destrabarlos puede sacarlos de los huecos hacia la parte delantera del vehículo (vea la ilustración). En los modelos 2500, revise las conexiones que aseguran el travesaño de la barra de torsión. Si no están en buen estado, reemplácelas.
8   Deslice la barra de torsión hacia la parte posterior, baje el extremo trasero de la barra y guíela a través del orificio en el travesaño del bastidor (vea la ilustración). Si el extremo delantero de la barra cuelga del brazo de control inferior, quítelo del brazo con un punzón de latón.
9   La instalación se realiza en forma inversa al desmontaje, pero si se desmontaron ambas barras de torsión, asegúrese de instalarlas en el lado correcto del vehículo (tienen las marcas L [izq] y R [der] en los extremos). Limpie el orificio hexagonal del brazo de control inferior y lubríquelo con grasa de usos múltiples antes de insertar la barra de torsión en el brazo. También aplique grasa en los extremos hexagonales de la barra de torsión, en la parte superior del brazo de ajuste y en el perno de ajuste. Asegúrese de que las marcas que realizó en la barra de torsión, el brazo de control y el brazo de ajuste estén alineadas, y que la barra de torsión esté completamente acoplada con el brazo de ajuste.
10   Ajuste los sujetadores de montaje del travesaño según los valores de torque indicados en las Especificaciones de este capítulo.
11   Ajuste el perno de la barra de torsión hasta que se vea la misma cantidad de roscas que

4.8 Guíe la barra de torsión hacia atrás y hacia abajo, y tenga cuidado de no golpearla durante el proceso

antes y que las marcas que hizo en la tuerca y en el perno de ajuste estén alineadas.
12   Baje el vehículo, sacuda la suspensión delantera un par de veces y luego desplace el

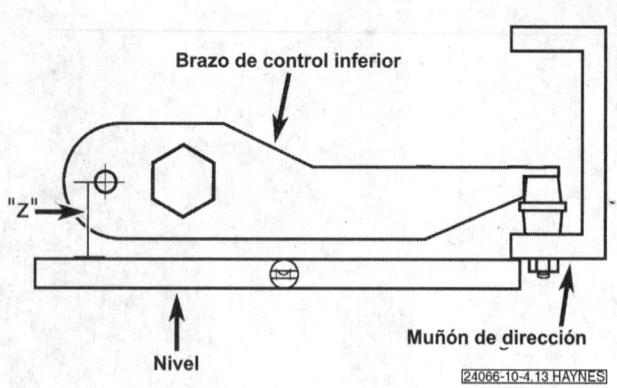

4.13 Coloque un nivel de burbuja de aire contra la parte inferior del muñón de dirección, nivélelo y luego mida desde el nivel a la línea central de un perno de pivote del brazo de control inferior; esta distancia se denomina altura "Z"

5.4 Comprima el resorte helicoidal con un compresor de resorte de tipo interno. **Advertencia:** *Asegúrese de que la herramienta tenga el tamaño correcto para el resorte helicoidal que va a comprimir (diámetro, espesor y largo del resorte)*

vehículo hacia atrás y hacia adelante algunos pies para asentar la suspensión.

13 Con un nivel de burbuja de aire, mida desde la línea central de un perno de pivote del brazo de control inferior hasta el nivel, ubicado contra la parte inferior del muñón de dirección (justo hacia el interior del espárrago de la rótula inferior) **(vea la ilustración)**. Esta distancia se conoce como la altura "Z" y debe ser la que se indica en las Especificaciones de este capítulo. Si la altura "Z" no es la especificada, gire el perno de ajuste de la barra de torsión hacia afuera o hacia adentro, según sea necesario, de a poco hasta que la dimensión sea la correcta. Posiblemente tome algunos intentos. Es importante desplazar el vehículo hacia adelante y hacia atrás, y sacudir el extremo delantero entre ajustes para asentar la suspensión y poder obtener una lectura precisa.

14 Repita el procedimiento de revisión y ajuste de la altura Z en el otro brazo de control inferior.

15 Repita los Pasos 11 y 12 hasta que ambos lados del vehículo estén ajustados a la altura de marcha correcta.

16 Haga revisar el alineamiento del extremo delantero y, si es necesario, hágalo ajustar.

5 Resorte helicoidal (delantero) - desmontaje e instalación

Consulte la ilustración 5.4

Desmontaje

1 Afloje las tuercas de orejeta de la rueda, levante el vehículo y apóyelo de manera segura sobre soportes de gato. Quite la rueda. En los modelos que cuentan con este equipo, quite la placa protectora de la bandeja de aceite.

2 Separe la conexión de la barra estabilizadora del brazo de control inferior (vea la Sección 3).

3 Sostenga con un gato de piso el extremo exterior del brazo de control inferior; luego quite el amortiguador (vea la Sección 2).

4 Instale un compresor de resorte de tipo interno de acuerdo con las instrucciones del fabricante de la herramienta **(vea la ilustración)**. Comprima el resorte lo suficiente como para liberar toda la presión de los asientos del resorte (no lo comprima más de lo necesario o podría arruinarlo). Cuando pueda mover el resorte, es que tiene la compresión suficiente. (Puede comprar un compresor de resorte adecuado en la mayoría de las tiendas de autopartes o rentar uno en un almacén de renta de herramientas).

5 Una vez que el resorte esté comprimido, quite el gato de piso y luego separe la rótula del brazo de control inferior del muñón de dirección (vea la Sección 7).

6 Tire el brazo de control inferior hacia abajo y quite el resorte comprimido.

7 Si va a reemplazar el resorte, afloje lentamente el compresor de resorte hasta que el resorte esté completamente extendido, luego instale la herramienta en el nuevo resorte.

Instalación

8 Coloque el aislador en la parte superior del resorte helicoidal (el extremo superior del resorte es el que tiene serpentines más fuertemente enrollados).

9 Instale la parte superior del resorte en la cavidad del resorte, y la parte inferior en el brazo de control inferior.

10 Conecte el brazo de control inferior al muñón de dirección (vea la Sección 7). Sostenga con un gato de piso el extremo exterior del brazo de control; luego quite el compresor de resorte e instale el amortiguador.

11 El resto de la instalación se realiza en forma inversa al desmontaje. Ajuste los sujetadores según los valores de torque correctos. Ajuste la tuerca de orejeta de la rueda según el torque indicado en las Especificaciones del Capítulo 1.

12 Haga revisar el alineamiento del extremo delantero y, si es necesario, hágalo ajustar.

6 Brazo de control superior - desmontaje e instalación

Consulte las ilustraciones 6.2, 6.3 y 6.5

Desmontaje

1 Afloje las tuercas de orejeta de las ruedas, levante la parte delantera del vehículo y apóyela de manera segura sobre soportes de gato. Quite la rueda. Coloque el gato de piso debajo del brazo de control inferior en el área que está debajo de la rótula. Levante el gato levemente para aliviar la presión del resorte sobre el brazo de control superior. **Advertencia:** *El gato debe permanecer en esta posición durante todo el procedimiento.*

2 Marque la relación entre las levas de ajuste y los soportes del bastidor **(vea la ilustración)**.

3 Quite los pernos del soporte de la manguera de freno del brazo de control superior. Además, desacople del brazo el mazo de cables del sensor de velocidad de la rueda **(vea la ilustración)**.

4 Si está trabajando en modelos de doble tracción, quite el eje impulsor (vea el Capítulo 8). **Nota:** *Si está utilizando un separador de rótula tipo "tenedor para pepinillos", no es necesario realizar este paso.*

5 Para desconectar el brazo de control superior del muñón de dirección, afloje unas vueltas la tuerca de la rótula superior (sin quitarla), instale un extractor de rótula y libérela del muñón. Ahora, quite la tuerca. **Nota:** *Si no tiene la herramienta de extracción de rótula adecuada, puede utilizar un separador de rótula tipo "tenedor para pepinillos", pero tenga en cuenta que posiblemente este tipo de herramienta destruirá la funda de la rótula* **(vea la ilustración)**.

6 Quite las tuercas y los pernos de pivote del brazo de control superior y anote la forma en que están instalados los pernos. Quite el brazo de control.

6.2 Marque la relación de las bielas de ajuste con los soportes del bastidor (flechas)

Capítulo 10 Sistemas de suspensión y dirección

6.3 Desenrosque el soporte de la manguera de freno del brazo de control superior (A), luego, quite el clip del mazo de cables para el sensor de velocidad de la rueda del ABS (B)

6.5 Separe la rótula del brazo de control superior del muñón de dirección con un separador tipo "tenedor para pepinillos"

Instalación

7   Coloque el brazo en los soportes del bastidor e instale las tuercas y los pernos. Asegúrese de que las marcas hechas antes del desarmado estén alineadas; luego, ajuste los pernos o las tuercas según el torque indicado en las Especificaciones de este capítulo.

8   Fije la rótula al muñón de dirección y ajuste la tuerca del perno prisionero de bola según el torque indicado en las Especificaciones de este capítulo.

9   El resto de la instalación se realiza en forma inversa al desmontaje. Ajuste la tuerca de orejeta de la rueda según el torque indicado en las Especificaciones del Capítulo 1.

10   Haga revisar el alineamiento del extremo delantero y, si es necesario, hágalo ajustar.

7   Brazo de control inferior - desmontaje e instalación

Consulte las ilustraciones 7.7 y 7.8

Desmontaje

1   Afloje las tuercas de orejeta de la rueda, levante el vehículo y apóyelo de manera segura en soportes de gato ubicados debajo de los rieles del bastidor. Quite la rueda.

2   Retire la conexión de la barra estabilizadora (vea la Sección 3).

3   Si está trabajando en modelos de doble tracción, quite el eje impulsor (vea el Capítulo 8).

4   Si está trabajando en un modelo con suspensión delantera de resorte helicoidal, comprima el resorte (vea la Sección 5, Pasos 3 y 4).

5   Si está trabajando en un modelo con suspensión delantera con barra de torsión, quite la barra de torsión (vea la Sección 4).

6   Si está trabajando en un modelo con suspensión delantera con barra de torsión, quite el perno de montaje inferior del amortiguador (vea la Sección 2).

7   Para desconectar el brazo de control inferior del muñón de dirección, afloje unas vueltas la tuerca de la rótula (sin quitarla), instale un extractor de rótula y libérela del muñón. Ahora, quite la tuerca. **Nota:** *Si no tiene la herramienta de extracción de rótula adecuada, puede utilizar un sepa-*

7.7 Separación de la rótula del brazo de control inferior con un separador tipo "tenedor para pepinillo"

rador de rótula tipo "tenedor para pepinillos", pero tenga en cuenta que posiblemente este tipo de herramienta destruirá la funda de la rótula **(vea la ilustración).**

8   Quite los tuercas y los pernos de pivote del brazo de control inferior, anote la forma en que están instalados y, en los modelos de doble tracción, la dirección en la que apuntan los rebordes de las arandelas (deben enfrentarse con el brazo de control) **(vea la ilustración).** Saque el brazo inferior de los soportes del bastidor.

Instalación

9   La instalación se realiza en forma inversa al desmontaje. Asegúrese de ajustar todos los sujetadores según los valores de torque indicados en las Especificaciones de este capítulo.

10   Instale la rueda y las tuercas de orejeta. Baje el vehículo y ajuste las tuercas de orejeta según el torque indicado en las Especificaciones del Capítulo 1.

11   Si está trabajando en un modelo con suspensión delantera con barra de torsión, asegúrese de revisar y ajustar la altura de marcha ("Z") (vea la Sección 4).

12   Haga revisar el alineamiento del extremo delantero y, si es necesario, hágalo ajustar.

7.8 Quite los pernos de pivote del brazo de control inferior (flechas) (modelos 1500 de doble tracción)

8   Rótulas - revisión y reemplazo

Revisión

1   Inspeccione las rótulas del brazo de control para comprobar que no estén flojas cada vez que detecte que alguna de ellas está separada del muñón de dirección. Intente girar con los dedos el perno prisionero de bola en el dado. Si la rótula está floja, o si puede girar el perno prisionero de bola, reemplácela. También puede revisar las rótulas con la suspensión armada, de la siguiente manera.

Rótulas superiores

2   Levante la parte delantera del vehículo y apóyela de manera segura sobre soportes de gato colocados debajo del brazo de control inferior. Coloque el gato de piso debajo del brazo de control inferior y levante ligeramente el brazo de control.

3   Conecte el indicador de esfera al brazo de suspensión superior con el émbolo del indicador tocando el muñón de dirección y alineado con el eje.

4   Tome la parte superior del neumático y "balancee" la rueda hacia adentro y hacia afuera. El indicador de esfera no debería marcar más de 0.030 pulgadas de deflexión. Si la lectura indicada supera esta cifra, reemplace la rótula.

9.4 El sensor de velocidad de rueda del ABS está unido al cubo por un tornillo; quite el tornillo y saque el sensor (no haga palanca)

9.5a El conjunto de rodamiento y cubo en los modelos 1500 está retenido por tres pernos; en los modelos 2500 por cuatro pernos

9.5b En los modelos de doble tracción, no hay mucho espacio para colocar una llave sobre las cabezas de los pernos del cubo, especialmente cuando ya se han desenroscado algunas vueltas. Así que, a medida que desenrosca los tornillos, presione el eje impulsor hacia adentro y tire el rodamiento y cubo hacia afuera del muñón para hacer espacio

Rótulas inferiores

5 Levante la parte delantera del vehículo y apóyela de manera segura sobre soportes de gato colocados debajo de los rieles del bastidor. Coloque el gato de piso debajo del brazo de control inferior y levante ligeramente el brazo de control.

6 Conecte el indicador de esfera al brazo de control inferior y coloque el émbolo del indicador contra el muñón de dirección, alineado con el eje.

7 Tome la parte inferior del neumático y "balancee" la rueda hacia adentro y hacia afuera. El indicador de esfera no debería marcar más de 0.030 pulgadas de deflexión. Si la lectura indicada supera esta cifra, reemplace la rótula.

Reemplazo

Rótula superior

8 Retire el brazo de control superior (vea la Sección 6).

9 Lleve el brazo de control a un taller de maquinado automotriz u otro taller de reparaciones calificado para que retiren la rótula a presión y coloquen una nueva.

10 Instale el brazo de control (vea la Sección 6).

11 Haga revisar el alineamiento del extremo delantero y, si es necesario, hágalo ajustar.

Rótula inferior

Modelos de tracción en dos ruedas

12 Retire el brazo de control inferior (vea la Sección 7).

13 Quite con un taladro los remaches de la rótula de la siguiente manera: Con una broca de taladro de 1/8 pulg, perfore un orificio 1/4 pulg de profundidad en el centro de cada remache. Luego, cambie por una broca de taladro de 1/2 pulg y finalice el trabajo, haga una perforación lo suficientemente profunda para quitar la cabeza del remache. Inserte un punzón a través de los orificios de los remaches y golpéelos para que salgan.

14 Instale la rótula nueva en el brazo de control y asegúrela con los pernos y las tuercas que se proporcionaron con la rótula de reemplazo. Ajuste las tuercas según el torque indicado en las Especificaciones de este capítulo.

15 Instale el brazo de control (vea la Sección 7).

16 Haga revisar el alineamiento del extremo delantero y, si es necesario, hágalo ajustar.

Modelos de doble tracción

17 Retire el brazo de control inferior (vea la Sección 7).

18 Lleve el brazo de control a un taller de maquinado automotriz u otro taller de reparaciones calificado para que retiren la rótula a presión y coloquen una nueva.

19 Instale el brazo de control (vea la Sección 7).

20 Haga revisar el alineamiento del extremo delantero y, si es necesario, hágalo ajustar.

9 Conjunto de rodamiento y cubo (delantero) - desmontaje e instalación

Consulte las ilustraciones 9.4, 9.5a, 9.5b y 9.6

Advertencia: *El polvo generado por el sistema de frenos es perjudicial para la salud. Nunca lo sople con aire comprimido ni lo inhale. Nunca, bajo ninguna circunstancia, use solventes a base de petróleo para limpiar las partes del freno. Use solamente limpiador para sistema de frenos.*

Nota: *El conjunto de rodamiento y cubo están sellados de por vida. Si está desgastado o dañado, debe ser reemplazado como una unidad.*

Desmontaje

1 Afloje las tuercas de orejeta de la rueda delantera, levante el vehículo y apóyelo de manera segura sobre soportes de gato. Quite la rueda.

2 Si está trabajando en un modelo de doble tracción, quite la cubierta del cubo y luego desenrosque la tuerca del cubo y el eje impulsor con un dado y una llave de cubo grande (vea el Capítulo 8). Apuntale con una palanca grande a través de los dos espárragos de la rueda e inserte un destornillador grande a través del centro del caliper de freno y dentro de las aspas refrigerantes del disco para evitar que el cubo gire mientras se afloja la tuerca.

3 Quite el caliper de freno y cuélguelo aparte con un trozo de cable; luego, retire el soporte de montaje del caliper (vea el Capítulo 9). Quite el disco del cubo.

4 Quite del cubo el sensor de velocidad de la rueda (**vea la ilustración**).

5 Al trabajar en la parte posterior del muñón de dirección, quite los pernos de retención del cubo del muñón de dirección (**vea las ilustraciones**). Quite la protección del disco.

6 Quite el cubo del muñón de dirección. Si está trabajando en modelos de doble tracción, retire el conjunto fuera de las ranuras del eje impulsor (**vea la ilustración**). **Precaución:** *Tenga cuidado de no tirar hacia afuera del eje impulsor porque podrían separarse los componentes interiores de la junta de CV.* Si las ranuras del eje impulsor están adheridas en el cubo, acople un extractor de dos mordazas a la brida del cubo y presione el eje del espárrago hacia afuera del cubo. El conjunto del cubo debería salir del muñón de dirección, pero si esto no sucede, golpee de lado a lado para liberarlo.

9.6 Cuando retire el conjunto de cubo en el modelo de doble tracción, no tire el eje impulsor hacia afuera; se podría separar la junta de CV

Capítulo 10 Sistemas de suspensión y dirección

Instalación

7 Limpie las superficies de contacto del muñón de dirección, la brida del rodamiento y el hueco del muñón. Si está trabajando en un modelo 2500, asegúrese de que el anillo O salga del conjunto de cubo, y de instalar un nuevo anillo O en la parte posterior del cubo antes de conectar el cubo al muñón de dirección.
8 Inserte el conjunto de cubo y rodamiento en el muñón de dirección y, en los modelos de doble tracción, en el extremo del eje impulsor. Nota: En los modelos de doble tracción, antes de instalar el cubo lubrique las ranuras del eje impulsor con grasa de usos múltiples. Coloque la protección del disco, instale los pernos y ajústelos según el torque indicado en las Especificaciones de este capítulo.
9 Inserte el sensor de velocidad de la rueda del ABS en el orificio del cubo y ajuste el perno según el torque especificado en las Especificaciones del Capítulo 9.
10 Instale el disco de freno, el soporte de montaje del caliper y el caliper (vea el Capítulo 9).
11 En los modelos de doble tracción, instale la tuerca del cubo y ajústela de manera segura para asentar el eje impulsor en el cubo. Evite que el eje gire insertando un destornillador a través del caliper y dentro de las aspas refrigerantes del disco.
12 Instale la rueda, baje el vehículo y ajuste las tuercas de orejeta según el torque indicado en las Especificaciones del Capítulo 1.
13 Si está trabajando en un modelo de doble tracción, ajuste la tuerca del eje impulsor/cubo según el torque indicado en las Especificaciones del Capítulo 8.

10 Espárragos de la rueda - reemplazo

Consulte la ilustración 10.3
Nota: *Este procedimiento se aplica a los espárragos de las ruedas traseras y delanteras.*
1 Afloje las tuercas de orejeta de la rueda, levante el vehículo y apóyelo de manera segura sobre soportes de gato. Quite la rueda.
2 Quite el disco de freno (vea el Capítulo 9).
3 Presione el espárrago para sacarlo de la brida del cubo con una prensa **(vea la ilustración)**.
4 Inserte el nuevo espárrago en la brida del cubo desde la parte posterior e instale arandelas planas y una tuerca de orejeta en el espárrago.
5 Ajuste la tuerca de orejeta hasta que el espárrago esté asentado en la brida.

6 Vuelva a instalar el disco y el caliper (vea el Capítulo 9). Instale la rueda y las tuercas de orejeta. Baje el vehículo y ajuste las tuercas de orejeta según el torque indicado en las Especificaciones del Capítulo 1.

11 Muñón de dirección - desmontaje e instalación

1 Afloje las tuercas de orejeta de la rueda, levante el vehículo y apóyelo de manera segura sobre soportes de gato. Quite la rueda.
2 Si está trabajando en un modelo de doble tracción, quite la cubierta del cubo y luego desenrosque la tuerca del cubo y el eje impulsor con un dado y una llave de cubo grande (vea el Capítulo 8). Apuntale con una palanca grande a través de los dos espárragos de la rueda e inserte un destornillador grande a través del centro del caliper de freno y dentro de las aspas refrigerantes del disco para evitar que el cubo gire mientras se afloja la tuerca.
3 Sostenga el brazo de control inferior con un gato de piso. Levante el gato ligeramente. **Advertencia:** *El gato debe permanecer en esta posición durante todo el procedimiento.*
4 Quite el caliper de freno y el disco de freno (vea el Capítulo 9). Con un trozo de cable, aparte el caliper (no desconecte la manguera de freno).
5 Quite el conjunto de rodamiento y cubo (vea la Sección 9).
6 Quite el protector contra salpicaduras del disco del muñón de dirección.
7 Quite los pernos del soporte de la manguera de freno de la parte superior del muñón de dirección.
8 Desconecte el extremo de la barra de acoplamiento del muñón de dirección (vea la Sección 20).
9 Desconecte las rótulas del muñón de dirección (vea las Secciones 6 y 7).
10 Quite el muñón de dirección.
11 La instalación se realiza en forma inversa al desmontaje. Asegúrese de ajustar los sujetadores de la rótula y del extremo de la barra de acoplamiento según los valores de torque indicados en las Especificaciones de este capítulo. Ajuste los pernos de montaje del caliper según el torque indicado en las Especificaciones del Capítulo 9. Ajuste la tuerca del eje impulsor/cubo según el torque indicado en las Especificaciones del Capítulo

10.3 Utilice una prensa pequeña como esta para empujar el espárrago fuera de la brida

8 (modelos de doble tracción). Ajuste la tuerca de orejeta de la rueda según el torque indicado en las Especificaciones del Capítulo 1.

12 Amortiguador (trasero) - desmontaje e instalación

Consulte las ilustraciones 12.4a y 12.4b
1 Levante la parte trasera del vehículo y apóyela de manera segura sobre soportes de gato colocados debajo de los rieles del bastidor. Bloquee las ruedas delanteras para que el vehículo no se desplace del soporte. **Nota:** *No es necesario desmontar las ruedas traseras, pero al hacerlo mejorará el acceso a los amortiguadores.*
2 Si el vehículo está equipado con el sistema Amortiguación en tiempo real o el sistema de Marcha seleccionable, desenchufe el conector eléctrico y la línea de aire del amortiguador (si está en el equipamiento).
3 Sostenga el eje trasero con un gato de piso colocado debajo del tubo del eje más cercano al amortiguador que se va a desmontar.
4 Retire los sujetadores de montaje superior e inferior del amortiguador **(vea las ilustraciones)**.
5 Retire el amortiguador.
6 La instalación se realiza en forma inversa al desmontaje. Ajuste todos los sujetadores según los valores de torque indicados en las Especificaciones de este capítulo.

12.4a Perno/tuerca de montaje superior del amortiguador trasero

12.4b Perno/tuerca de montaje inferior del amortiguador trasero

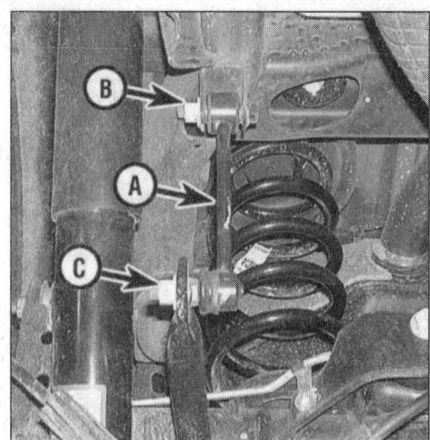

13.2 Detalles de montaje de la conexión de la barra estabilizadora

- A Conexión
- B Tuerca/perno de la conexión al bastidor
- C Tuerca de la conexión a la barra estabilizadora

13.4 Quite los pernos de la abrazadera de la barra estabilizadora de la caja del eje

14.7 Retire las tuercas y arandelas de los pernos U, luego quite el plato del resorte y los dos pernos U

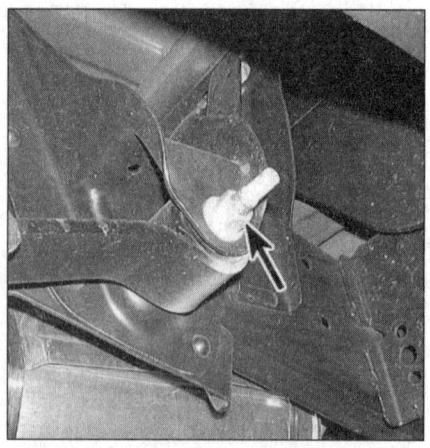

14.8. En el extremo delantero del resorte de hojas, quite la tuerca y el perno que fija el resorte al soporte del bastidor

14.9 En el extremo trasero del resorte, quite el perno y la tuerca que unen el grillete del resorte con el bastidor (A); no podrá quitar el perno y la tuerca que unen el grillete con el resorte (B) hasta que quite el resorte y el grillete del vehículo

13 Barra estabilizadora y bujes (traseros) - desmontaje e instalación

Consulte las ilustraciones 13.2 y 13.4

1 Afloje las tuercas de orejeta de las ruedas traseras, levante la parte trasera del vehículo y apóyela de manera segura en soportes de gato. Bloquee las ruedas delanteras para que el vehículo no se mueva del soporte. Quite las ruedas traseras.

2 Retire las tuercas/pernos que fijan la conexión de la barra estabilizadora al bastidor **(vea la ilustración)**.

3 Quite las tuercas de los extremos inferiores de las conexiones, luego separe la conexión de la barra.

4 Retire los pernos de la abrazadera de la barra estabilizadora **(vea la ilustración)** y quite el conjunto de barra estabilizadora.

5 Inspeccione los bujes de la barra estabilizadora y los bujes de la conexión para comprobar que no haya rajaduras, roturas u otros signos de deterioro. Remplácelos según sea necesario.

6 La instalación se realiza en forma inversa al desmontaje. Asegúrese de ajustar todos los sujetadores según el torque indicado en las Especificaciones de este capítulo.

14 Resorte de hojas - desmontaje e instalación

Consulte las ilustraciones 14.7, 14.8 y 14.9

Desmontaje

1 Si está desmontando el resorte de hojas izquierdo, libere presión del sistema de combustible (vea el Capítulo 4).

2 Afloje las tuercas de orejeta de la rueda trasera, levante la parte trasera del vehículo y apóyela de manera segura en soportes de gato colocados debajo de los rieles del bastidor. Bloquee las ruedas delanteras para que el vehículo no se mueva del soporte. Quite las ruedas traseras.

3 Si el equipamiento incluye gancho de remolque, desmóntelo.

4 Si está desmontando el resorte de hojas izquierdo, desmonte el tanque de combustible (vea el Capítulo 4).

5 Si va a desmontar el resorte de hojas derecho, quite los pernos de la parte trasera del sistema de escape de la brida del colector, luego desacople el sistema de los ganchos de caucho para posicionarlo hacia el centro del vehículo (esto es para hacer espacio para desmontar el perno de montaje delantero).

6 Sostenga el eje con un gato de piso colocado debajo del tubo del eje y levántelo ligeramente un poco para quitar peso del eje.

7 Retire las cuatro tuercas de los pernos U y las arandelas **(vea la ilustración)**, el plato de resorte y los dos pernos U. Deseche los pernos U (el fabricante recomienda utilizar pernos nuevos durante la instalación).

8 En el extremo delantero del resorte, quite la tuerca y el perno que fija el resorte al soporte delantero **(vea la ilustración)**.

9 Del extremo trasero del resorte, quite la tuerca y el perno que fija el grillete del resorte al bastidor **(vea la ilustración)**.

10 Baje ligeramente el gato y retire el conjunto del resorte. Si es necesario, quite el grillete del resorte.

11 Si los bujes de los extremos del resorte están desgastados o deteriorados, puede ir a quitar los bujes antiguos y colocar los nuevos con una prensa a la tienda de maquinado de automóviles o el departamento de servicios del distribuidor.

Instalación

12 Si lo retira, instale el grillete del resorte, pero no ajuste la tuerca todavía.

13 Coloque el resorte en posición e instale la tuerca y el perno de montaje delantero, pero no ajuste la tuerca todavía.

14 Levante el eje en el gato hasta que haga contacto de manera adecuada con el resorte. Instale el plato de resorte y los pernos U nuevos, luego instale las tuercas y las arandelas. Ajuste las tuercas de los pernos U según el torque indicado en las Especificaciones de este capítulo.

15 Ajuste la tuerca/perno de montaje delanteros, la tuerca/perno que une el grillete con el bastidor y la tuerca/perno que une el resorte con el grillete según los valores de torque indicados en las Especificaciones del capítulo.

16 El resto de la instalación se realiza en forma inversa al procedimiento de desmontaje.

17 Instale la rueda y las tuercas de orejeta. Baje el vehículo y ajuste las tuercas de orejeta según el torque indicado en las Especificaciones del Capítulo 1.

Capítulo 10 Sistemas de suspensión y dirección 10-13

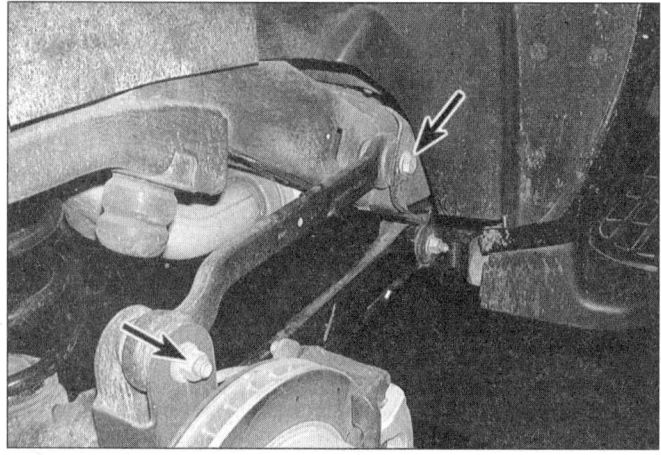

16.2a Detalles de montaje del brazo de arrastre superior

16.2b Detalles de montaje del brazo de arrastre inferior

15 Resorte helicoidal (trasero) - desmontaje e instalación

Desmontaje

1 Afloje las tuercas de orejeta de la rueda trasera. Levante la parte trasera del vehículo y apóyela de manera segura sobre soportes de gato colocados debajo de los rieles del bastidor. Bloquee las ruedas delanteras para evitar que el vehículo se desplace. Quite las ruedas traseras.
2 Si el vehículo está equipado con el sistema de Amortiguación en tiempo real, quite la conexión del sensor.
3 Sostenga la caja del eje trasero con un gato de piso colocado debajo del diferencial.
4 Desconecte las líneas rígidas de freno del bloque de empalme en la manguera de freno trasera; luego, quite los pernos que unen el bloque de empalme con la caja del eje (vea el Capítulo 9). Coloque un tapón a la conexión de la manguera para evitar pérdida excesiva de líquidos y la entrada de aire y contaminación.
5 Desacople la manguera de ventilación del eje trasero.
6 Quite los pernos de la barra transversal del soporte en la caja del eje trasero (vea la Sección 16).
7 Desconecte los extremos inferiores de los amortiguadores de la caja del eje (vea la Sección 12).

8 Baje lentamente el gato de piso hasta que los resortes helicoidales están completamente extendidos; luego, quite los resortes y los aislantes.
9 Revise el estado de los aislantes. Si están agrietados, endurecidos o de alguna manera deteriorados, reemplácelos.

Instalación

10 Coloque los resortes y los aislantes en posición en el eje y elévelo hasta que el extremo de los resortes se acople correctamente con los montajes superiores (posiblemente necesite un asistente).
11 Continúe elevando el eje hasta que los amortiguadores puedan conectarse a la caja del eje. Instale y ajuste los pernos y las tuercas según el torque indicado en las Especificaciones de este capítulo.
12 Conecte la barra transversal al eje y ajuste el perno según el torque indicado en las Especificaciones de este capítulo.
13 Vuelva a conectar la manguera de ventilación.
14 Vuelva a conectar las líneas de frenos a la manguera de freno, luego conecte la manguera a la caja del eje. Purgue los frenos traseros (vea el Capítulo 9).
15 Si el vehículo está equipado con el sistema de Amortiguación en tiempo real, vuelva a colocar la conexión del sensor.
16 Instale las ruedas y las tuercas de orejeta. Baje el vehículo y ajuste las tuercas de orejeta según el torque indicado en las Especificaciones del Capítulo 1.

16 Brazos de suspensión (trasero) - desmontaje e instalación

Nota: *Este procedimiento se aplica solamente a los modelos con suspensión trasera de resorte helicoidal.*

Brazos de arrastre

Consulte las ilustraciones 16.2 y 16.2b
Advertencia: *Quite e instale solamente un brazo por vez. Esto evitará que la caja del eje se mueva sobre el gato.*

1 Afloje las tuercas de orejeta de la rueda trasera. Levante la parte trasera del vehículo y apóyela de manera segura sobre soportes de gato colocados debajo de los rieles del bastidor. Bloquee las ruedas delanteras para evitar que el vehículo se desplace. Retire las ruedas.
2 Sostenga el eje trasero con un gato de piso, luego quite las tuercas, las arandelas y los pernos de cada uno de los extremos del brazo de arrastre **(vea las ilustraciones)**.
3 Quite el brazo. Revise los bujes en el brazo en busca de rajaduras, endurecimiento u otros signos de deterioro. Si hay necesidad de reemplazar los bujes, verifique que su tienda de autopartes local o el departamento de piezas del concesionario disponga de bujes de repuesto. Si hay disponibilidad de bujes de repuesto, lleve el brazo y los bujes a un taller de maquinado automotriz u otro taller de reparaciones calificado para que quiten a presión los bujes viejos y coloquen los nuevos.
4 La instalación se realiza en forma inversa al desmontaje. Antes de ajustar los pernos/tuercas, levante el eje trasero con un gato de piso para simular la altura de marcha normal, luego ajuste los sujetadores según el torque indicado en las Especificaciones de este capítulo.

Barra transversal

Consulte la ilustración 16.7

5 Levante la parte trasera del vehículo y apóyela de manera segura sobre soportes de gato colocados debajo de los rieles del bastidor. Bloquee las ruedas delanteras para evitar que el vehículo se desplace.
6 Desacople el cable del freno de estacionamiento de los clips del brazo.
7 Quite las tuercas/pernos de cada extremo de la barra **(vea la ilustración)**.
8 Retire la barra. Revise los bujes en la barra en busca de rajaduras, endurecimiento u otros signos de deterioro. Si hay necesidad de reemplazar

16.7 Detalles de montaje de la barra transversal

A Clip del cable del freno de estacionamiento
B Perno de montaje

Capítulo 10 Sistemas de suspensión y dirección

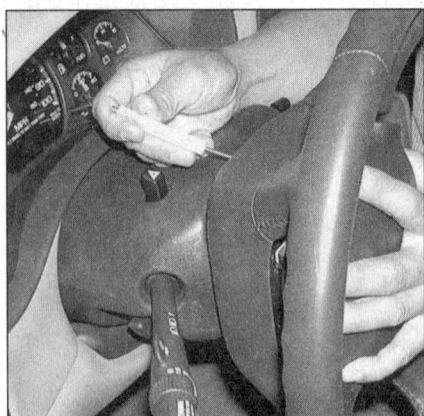

17.3a Para liberar los pasadores que aseguran el módulo de la bolsa de aire al volante, inserte un destornillador dentro de los orificios en la parte posterior del volante . . .

17.3b . . . y haga palanca en cada uno de los clips del resorte (flecha) para liberar el pasador (hay dos pasadores; uno a cada lado del volante) - volante desmontado para dar claridad

17.4 Haga palanca en el seguro del conector (flecha) y luego tire el conector hacia afuera del módulo de la bolsa de aire

los bujes, verifique que su tienda de autopartes local o el departamento de piezas del concesionario disponga de bujes de repuesto. Si hay disponibilidad de bujes de repuesto, lleve la barra y los bujes a un taller de maquinado automotriz u otro taller de reparaciones calificado para que quiten a presión los bujes viejos y coloquen los nuevos.

9 La instalación se realiza en forma inversa al desmontaje. Antes de ajustar los pernos/tuercas, levante el eje trasero con un gato de piso para simular la altura de marcha normal, luego ajuste los sujetadores según el torque indicado en las Especificaciones de este capítulo.

17 Volante de dirección - desmontaje e instalación

Advertencia: *Estos modelos están equipados con bolsas de aire. Siempre desactive el sistema de bolsas de aire (vea el Capítulo 12) antes de trabajar cerca de alguno de los componentes para evitar la posibilidad de que se active accidentalmente y cause lesiones.*

Desmontaje

Consulte las ilustraciones 17.3a, 17.3b, 17.4, 17.6, 17.7 y 17.8

1 Estacione el vehículo con las ruedas hacia adelante. Desconecte el cable del terminal negativo de la batería. **Precaución:** *En los modelos equipados con sistemas de audio con "bloqueo antirrobos", asegúrese de que la función de bloqueo esté desactivada antes de realizar algún procedimiento que requiera la desconexión de la batería (vea la información en la parte delantera de este manual).*

2 Consulte el Capítulo 12 y desactive el sistema de bolsas de aire.

3 Gire la dirección 90 grados para acceder al orificio en la parte posterior del volante (la parte que mira hacia el tablero). Inserte un destornillador en el orificio del clip del resorte que retiene el módulo de la bolsa de aire **(vea las ilustraciones)** y presione el resorte hacia un costado para liberar el pasador. Ahora, gire el volante 180 grados en la otra dirección para hacer lo mismo y liberar el otro pasador.

4 Haga palanca hacia arriba en el seguro del conector y desenchufe el conector eléctrico de color amarillo del módulo **(vea la ilustración)**. Aparte el módulo en un área segura y aislada, con el lado de la bolsa de aire del módulo hacia ARRIBA. **Advertencia:** *Cuando traslade el módulo de bolsa de aire, aleje de su cuerpo el lado que mira hacia el conductor (con revestimiento) y cuando lo haya apoyado, asegúrese de que este lado quede hacia arriba.*

5 Centre el volante.

17.6 Para desenchufar el conector eléctrico de la bocina, presiónelo hacia adentro y gírelo en sentido antihorario para liberarlo

6 Desenchufe el conector eléctrico de la bocina **(vea la ilustración)**.

7 Quite la tuerca de retención del volante y marque la posición del volante en el eje, si no hay marcas o no está alineado **(vea la ilustración)**.

8 Utilice un extractor para desacoplar el volante del eje **(vea la ilustración)**. **Advertencia:** *No martille el eje o el extractor para intentar aflojar la rueda del eje.*

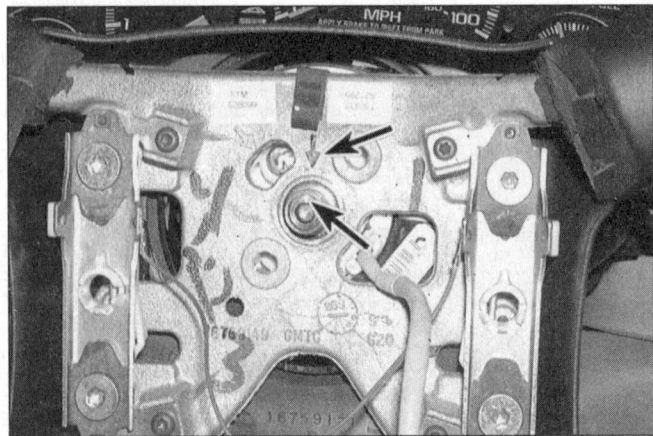

17.7 Revise para ver si hay marcas de alineamiento en el volante y en el eje de dirección; si no hay, hágalas usted

17.8 Quite el volante con un extractor que se atornille al cubo de la rueda. No intente quitar el volante con un martillo, ya que puede dañar la columna

Capítulo 10 Sistemas de suspensión y dirección

17.10 Cuando el conector eléctrico rotativo está centrado, la flecha en la caja estará alineada con la flecha del cubo

17.11 El conector eléctrico rotativo está unido al eje de dirección con un anillo de resorte

9 Levante el volante del eje. **Advertencia:** *No permita que el eje de la dirección gire con el volante ya desmontado. Si gira el eje, el conector eléctrico rotativo (clockspring) de la bolsa de aire quedará descentrado, lo que podría causar que el cable en el interior se rompa cuando el vehículo vuelva a funcionar.*

Instalación

Consulte las ilustraciones 17.10, 17.11, 17.12a y 17.12b

10 Antes de instalar el volante, asegúrese de que el conector eléctrico rotativo de la bolsa de aire esté centrado **(vea la ilustración)**.

11 Si el conector eléctrico rotativo del sistema de bolsa de aire no está centrado, quite las cubiertas de la columna de dirección (vea el Capítulo 11). Quite el anillo de resorte **(vea la ilustración)** y saque el conector eléctrico rotativo de la columna de dirección. Posiblemente tenga que cortar un precinto de plástico que asegura el mazo del conector eléctrico rotativo a la columna de dirección.

12 Centre el conector eléctrico rotativo. **Nota:** *Existen dos tipos de conectores eléctricos rotativos, los que tienen un visor de alineamiento y los que no. Cada tipo está equipado con un resorte de bloqueo o sin él en la parte posterior del conjunto. Siga cuidadosamente las instrucciones dependiendo del tipo.*

   a) *Si el conector eléctrico rotativo no tiene un visor en la parte delantera, gírelo y presione el seguro del resorte (si cuenta con este equipamiento) en la parte posterior, luego rote el cubo en la dirección que indica la flecha en la caja hasta que se detenga (no aplique demasiada fuerza). Ahora, gire el cubo 2-1/2 vueltas en la dirección opuesta hasta que las flechas en la parte delantera estén alineadas* **(vea la ilustración 17.10)**, *libere la pestaña del seguro del resorte. Continúe con el paso siguiente.*

   b) *Si el conector eléctrico rotativo tiene un visor en la parte delantera, gírelo y presione el seguro del resorte (si cuenta con este equipamiento) en la parte posterior, sosténgalo boca arriba y gire el cubo en sentido horario hasta que se detenga (no aplique demasiada fuerza). Ahora, gire lentamente el cubo en sentido antihorario al menos dos giros hasta que el visor se ponga amarillo y las flechas en el cubo y en la caja estén alineadas* **(vea las ilustraciones)**. *Continúe con el paso siguiente.*

13 Instale el conector eléctrico rotativo y el anillo de resorte. Asegure el mazo de cables con un precinto nuevo, asegurándose de que el mazo no esté enroscado. Instale las cubiertas de la columna de dirección. Instale el volante en el eje de dirección y alinee las marcas.

14 Instale la tuerca del volante y ajústela según el torque indicado en las Especificaciones de este capítulo.

15 Conecte el cable de la bocina, presiónelo y gírelo en sentido horario para que quede bloqueado en su lugar.

16 Enchufe el conector de la bolsa de aire en la parte posterior del módulo de la bolsa de aire. Asegúrese de que el bloqueo del conector esté acoplado en forma segura.

17 Ubique el módulo de la bolsa de aire en el volante y presiónelo hasta que los pasadores en el módulo se acoplen con los clips del resorte.

18 Consulte el Capítulo 12 para conocer los procedimientos que activan el sistema de bolsas de aire.

17.12a Para centrar el conector eléctrico rotativo, sosténgalo con la parte inferior hacia arriba, presione el bloqueo del resorte y rote el cubo en la dirección de la flecha hasta que se detenga; luego, gírelo hacia la dirección opuesta 2-1/2 giros

17.12b En los conectores eléctricos rotativos con un visor de centrado, el conector está centrado cuando el visor (A) se pone amarillo y las dos flechas (B) están alineadas

18.6 Tornillos de montaje (flechas) del BCM (módulo de control de carrocería)

18.7 Perno y tuerca del eje intermedio superior al eje de la columna de dirección; no intente desenroscar el perno porque está trabado con un soporte antirrotación Desenrosque la tuerca (flecha), luego tire el perno hacia afuera

18 Columna de dirección - desmontaje e instalación

Consulte las ilustraciones 18.6, 18.7, 18.8a y 18.8b
Advertencia: *Los modelos incluidos en este manual están equipados con bolsas de aire. Desactive siempre el sistema de bolsas de aire cuando trabaje cerca de sus componentes (vea el Capítulo 12).*

Desmontaje

1 Estacione el vehículo con las ruedas hacia adelante. Desconecte el cable del terminal negativo de la batería. Desactive el sistema de bolsas de aire (vea el Capítulo 12).
2 Quite el volante (vea la Sección 17), luego gire la llave de ignición a la posición LOCK (bloqueo) para evitar que gire el eje de dirección. **Precaución:** *Si no hace esto, podría dañarse el conector eléctrico rotativo.*
3 Quite la bolsa de aire para las rodillas y el refuerzo que está detrás de ella (vea el Capítulo 11). En los modelos con un dispositivo de cambio montado en la columna, desacople el cable de cambio de la palanca de cambio en la columna (vea el Capítulo 7B).
4 Si el vehículo está equipado con columna regulable, desatornille la palanca de inclinación.
5 Desmonte los refuerzos de la columna de dirección (vea el Capítulo 11).
6 Desenchufe los conectores eléctricos del mazo de cables de la columna de dirección y haga palanca para desmontar el clip de retención que asegura los cables a la columna. Quite el BCM (módulo de control de carrocería) y el soporte desde la parte inferior de la columna de dirección **(vea la ilustración)**. Siga el mazo de cables amarillo del conector eléctrico rotativo de la bolsa de aire y desconéctelo del BCM.
7 Quite la tuerca de acoplamiento del eje y el perno que asegura el eje de dirección al eje intermedio superior **(vea la ilustración)**. **Nota:** *Desenrosque la tuerca, no el perno.* Marque la relación del eje intermedio con el eje de la columna de dirección.
8 Quite las tuercas de montaje de la columna de dirección **(vea las ilustraciones)**, baje la columna y tírela hacia atrás, asegurándose antes de que ya no hay nada conectado. Separe el eje intermedio del eje de dirección y quite la columna.

Instalación

Nota: *Si va a instalar una nueva columna, revise si hay un pasador de bloqueo para traslado. De ser así, quítelo.*
9 Guíe la columna de dirección hasta que quede en posición, conecte el eje intermedio, luego instale las tuercas de montaje, pero no las ajuste todavía.
10 Instale la tuerca y el perno de acoplamiento y ajuste la tuerca según el torque indicado en las Especificaciones de este capítulo.
11 Ajuste las tuercas de montaje de la columna según el torque indicado en las Especificaciones de este capítulo.
12 El resto de la instalación se realiza en forma inversa al desmontaje. Ajuste el cable de cambio según los procedimientos descritos en el Capítulo 7B.

19 Eje intermedio - desmontaje e instalación

Consulte la ilustración 19.3
1 Estacione el vehículo con las ruedas hacia adelante. Desconecte el cable del terminal negativo de la batería. Desactive el sistema de bolsas de aire (vea el Capítulo 12).
2 Gire la llave de ignición a la posición LOCK para evitar que gire el eje de dirección. **Precaución:** *Si no hace esto, podría dañarse el conector eléctrico rotativo.*
3 Si trabaja debajo del capó, marque la relación del eje intermedio superior con el eje intermedio inferior **(vea la ilustración)**. Quite la tuerca de acoplamiento del eje y el perno que asegura el eje intermedio inferior al eje intermedio superior.
4 Marque la relación entre el eje intermedio inferior y el eje de entrada del mecanismo de la dirección, luego, quite el perno retenedor del eje intermedio al mecanismo de la dirección (vea la Sección 23).

18.8a Quite las tuercas de montaje inferiores de la columna de dirección (flechas)

18.8b Quite las tuercas de montaje superiores de la columna de dirección (flechas)

Capítulo 10 Sistemas de suspensión y dirección

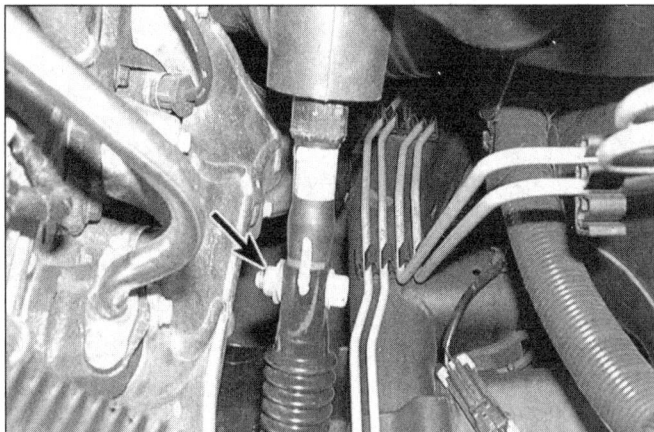

19.3 Marque la relación entre la parte media superior e inferior del eje intermedio, luego quite el perno y la tuerca de acoplamiento

20.2 Sostenga el extremo de la barra de acoplamiento con una llave mientras afloja la contratuerca

5 Deslice la parte inferior del eje intermedio hacia abajo y hacia afuera del eje intermedio superior, luego quite el eje inferior del mecanismo de la dirección.

6 Si es necesario quitar la parte superior del eje intermedio, consulte la Sección 18, Paso 7.

7 La instalación se realiza en forma inversa al desmontaje. Asegúrese de que todas las marcas estén alineadas y ajuste la tuerca/perno de acoplamiento y el perno de retención del eje al mecanismo de la dirección según los valores de torque indicados en las Especificaciones de este capítulo.

20 Extremos de la barra de acoplamiento - desmontaje e instalación

Consulte las ilustraciones 20.2, 20.3a y 20.3b

Nota: *Este procedimiento se aplica a los modelos de tracción en dos ruedas y de doble tracción.*

Desmontaje

1 Afloje las tuercas de orejeta de las ruedas, levante la parte delantera del vehículo y apóyela de manera segura sobre soportes de gato. Aplique el freno de estacionamiento y bloquee las ruedas traseras para que el vehículo no se mueva del soporte de gato. Quite la rueda.

2 Afloje la contratuerca del extremo de la barra de acoplamiento **(vea la ilustración)**. No desbloquee la tuerca; una vez que esté floja, servirá como el punto en el cual se enroscará el extremo de la barra de acoplamiento. Si en un modelo con dirección de piñón y cremallera está desmontando el extremo de la barra de acoplamiento para reemplazar la funda del mecanismo de la dirección, marque las roscas de la barra de acoplamiento en el lado *interno* de la tuerca.

3 Afloje (pero no quite) la tuerca en el perno prisionero del extremo de la barra de acoplamiento y desconecte con un extractor el extremo de la barra de acoplamiento del brazo del muñón de dirección **(vea las ilustraciones)**.

4 Desenrosque el extremo de la barra de acoplamiento de la barra.

Instalación

5 Si ha quitado la contratuerca, enrósquela en la barra de acoplamiento hasta que llegue a la marca que hizo en el Paso 2. Enrosque el extremo de la barra de acoplamiento hasta que haga contacto con la contratuerca; luego, conecte el extremo de la barra de acoplamiento al brazo de dirección. Instale la tuerca del perno prisionero y ajústela según el torque indicado en las Especificaciones de este capítulo.

6 Ajuste la contratuerca en forma segura e instale la rueda. Baje el vehículo y ajuste las tuercas de orejeta según el torque indicado en las Especificaciones del Capítulo 1.

7 Haga revisar el alineamiento del extremo delantero y, si es necesario, hágalo ajustar.

21 Fundas del mecanismo de la dirección - reemplazo

Consulte la ilustración 21.4

Nota: *Este procedimiento se aplica únicamente a los modelos con dirección de piñón y cremallera.*

1 Afloje las tuercas de orejeta de las ruedas, levante la parte delantera del vehículo y apóyela de manera segura sobre soportes de gato. Quite las ruedas.

2 Quite los extremos de la barra de acoplamiento de estas barras (vea la Sección 20).

3 Quite las contratuercas del extremo de la barra de acoplamiento. **Advertencia:** *El fabricante recomienda reemplazar las contratuercas por nuevas cada vez que se desmonten.*

4 Quite las abrazaderas de la funda exterior con un par de tenazas, luego corte las abrazaderas de la funda interna y deséchalas **(vea la ilustración)**.

5 Marque la ubicación del tubo de respiración (si se usa) en relación al conjunto de piñón; luego, quite las fundas y el tubo. Aplique algo de grasa a

20.3a Si el perno prisionero de bola gira mientras intenta aflojar la tuerca, sosténgala firme con una llave pequeña

20.3b Afloje unas vueltas la tuerca del perno prisionero de bola, luego separe el extremo de la barra de acoplamiento del muñón de dirección con un extractor (deje la tuerca en el perno prisionero de bola para evitar que el extremo de la barra de acoplamiento se separe violentamente)

10-18 Capítulo 10 Sistemas de suspensión y dirección

21.4 La abrazadera exterior (A) en la funda del mecanismo de la dirección puede apretarse o quitarse con tenazas; la abrazadera interior (B) debe cortarse

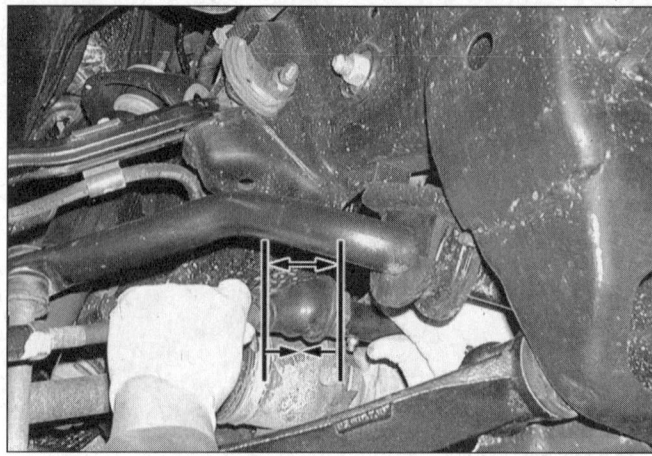

22.4 Intente mover la barra de acoplamiento hacia afuera y hacia adentro de la varilla del relé; si hay un juego libre de más de 1/32 de pulgadas entre la barra de acoplamiento y la varilla del relé, reemplace el conjunto

los extremos expuestos del piñón dentado antes de instalar las fundas nuevas.

6 Instale una abrazadera nueva en el extremo interior de la funda.

7 Aplique grasa de uso múltiple a la ranura en la barra de acoplamiento (donde se montará el extremo exterior de la funda) y a las ranuras de montaje en el mecanismo de la dirección (donde se sujetará el extremo interior de la funda).

8 Alinee el tubo de respiración con las marcas hechas durante el desmontaje y deslice la funda nueva sobre la caja del mecanismo de la dirección.

9 Asegúrese de que la funda no esté doblada; luego, ajuste la nueva abrazadera interna.

10 Instale las abrazaderas externas y las contratuercas del extremo de la barra de acoplamiento.

11 Instale los extremos de la barra de acoplamiento (vea la Sección 20).

12 Haga revisar el alineamiento del extremo delantero y, si es necesario, hágalo ajustar.

22 Varillaje de la dirección - inspección, desmontaje e instalación

Nota: *Esta sección se aplica a todos los modelos, excepto aquellos con dirección de piñón y cremallera.*

Inspección

Consulte la ilustración 22.4

1 El varillaje de la dirección **(vea la ilustración 1.1b)** conecta el mecanismo de la dirección a las ruedas delanteras y mantiene la relación adecuada entre ellas. El varillaje está compuesto por el brazo Pitman, el brazo auxiliar, la varilla del relé, dos barras de acoplamiento regulables y, en algunos modelos, un amortiguador de dirección. El brazo Pitman, que se ajusta al eje del mecanismo de la dirección, mueve la varilla del relé hacia adelante y hacia atrás. En el otro extremo, la varilla del relé se sostiene en el brazo auxiliar que está montado al bastidor. El movimiento hacia adelante y hacia atrás de la varilla del relé se transmite a los muñones de dirección a través de un par de conjuntos de barra de acoplamiento.

2 Desbloquee el volante.

3 Levante la parte delantera del vehículo y apóyela de manera segura sobre soportes de gato colocados debajo de los rieles del bastidor.

4 Tome la varilla del relé y la barra de acoplamiento e intente empujarlas juntas y luego separarlas **(vea la ilustración)**. Si hay un juego libre mayor a 1/32 de pulgadas, reemplace el conjunto de varilla de relé/barra de acoplamiento. Ahora, presione hacia arriba y tire hacia abajo el extremo de la barra de acoplamiento, si se mueve más de 1/8 de pulgadas, reemplace el extremo de la barra de acoplamiento.

5 Tire del extremo de la varilla del relé del brazo auxiliar hacia arriba y luego empújelo hacia abajo, ejerciendo una fuerza de aproximadamente 25 libras en cada dirección. Mida la distancia total que recorre el extremo del brazo. Si el juego libre es mayor que 5/64 de pulgada, reemplace el brazo auxiliar.

6 Revise las fundas de los pernos prisioneros de bola para verificar que los componentes del varillaje no estén doblados o dañados.

Desmontaje e instalación

Extremo de la barra de acoplamiento

7 Consulte el Capítulo 20 para conocer el procedimiento de reemplazo del extremo de la barra de acoplamiento.

Barra de acoplamiento

8 Las barras de acoplamiento son una parte integral de la varilla del relé y no pueden reemplazarse por separado.

Varilla del relé

9 Levante el vehículo y sosténgalo de manera segura sobre soportes de gato. Aplique el freno de estacionamiento.

10 Desacople los extremos de la barra de acoplamiento de los brazos del muñón de dirección; luego, quite los extremos de las barras de acoplamientos de estas barras (vea la Sección 20).

11 Si el vehículo está equipado con un amortiguador de dirección, sepárelo de la varilla del relé.

12 Separe la varilla del relé del brazo Pitman.

13 Separe la varilla del relé del brazo auxiliar.

14 La instalación se realiza en forma inversa al desmontaje. Utilice tuercas *nuevas* en todos los pernos prisioneros de bola. Si los pernos prisioneros de bola giran al intentar ajustar las tuercas, presiónelos contra los orificios ahusados con una tenaza grande. Asegúrese de ajustar todas las tuercas según el torque indicado en las Especificaciones de este capítulo.

Brazo auxiliar

Consulte la ilustración 22.16

15 Levante el vehículo y sosténgalo de manera segura sobre soportes de gato. Aplique el freno de estacionamiento.

16 Afloje pero no quite la tuerca de fijación del brazo auxiliar a la varilla del relé **(vea la ilustración)**.

17 Separe el brazo auxiliar de la varilla del relé con un extractor de dos mordazas. Retire la tuerca. Deseche la tuerca, no vuelva a utilizarla.

22.16 Quite la tuerca (A) del perno prisionero de bola del brazo auxiliar y separe el perno prisionero de bola de la varilla del relé con un extractor, luego quite los pernos y las tuercas (B) de montaje del brazo auxiliar

18 Retire los pernos de fijación del brazo auxiliar al bastidor **(vea la ilustración 22.16)**.
19 Para instalar el brazo auxiliar, colóquelo en el bastidor e instale los pernos, ajustándolos según el torque indicado en las Especificaciones de este capítulo.
20 Inserte el perno prisionero de bola del brazo auxiliar en la varilla del relé e instale una tuerca nueva. Ajuste la tuerca según el torque indicado en las Especificaciones de este capítulo. Si el perno prisionero de bola gira al intentar ajustar la tuerca, presiónelo contra el orificio ahusado con una tenaza grande.

Brazo Pitman

Consulte las ilustraciones 22.25 y 22.26
21 Levante el vehículo y sosténgalo de manera segura sobre soportes de gato.
22 Separe la tuerca de la varilla del relé del perno prisionero de bola del brazo Pitman. Deseche la tuerca, no vuelva a utilizarla.
23 Con un extractor, separe la varilla del relé del perno prisionero de bola del brazo Pitman.
24 Quite el mecanismo de la dirección (vea la Sección 23).
25 Quite la tuerca y la arandela del brazo Pitman y descarte la tuerca, utilice una nueva durante la instalación **(vea la ilustración)**. Marque el brazo Pitman y el eje del mecanismo de la dirección para asegurar que la alineación es la correcta durante el rearmado (solamente si se utiliza el mismo brazo Pitman).
26 Quite el brazo Pitman con un extractor de brazo Pitman o uno de dos mordazas **(vea la ilustración)**.
27 Inspeccione que no haya daños en la rosca del perno prisionero de bola. Inspeccione el sello del perno prisionero de bola para comprobar que no haya desgaste excesivo. Limpie las roscas del perno prisionero de bola.
28 La instalación se realiza en forma inversa al desmontaje. Asegúrese de que las marcas que hizo en el brazo y eje Pitman estén alineadas, y asegúrese de utilizar una tuerca nueva.

Amortiguador de dirección

29 Inspeccione el amortiguador de dirección en busca de fugas de líquido. Es normal que haya una película delgada de aceite cerca del sello del eje, pero si el aceite es excesivo y es evidente que proviene del amortiguador de dirección, reemplace el amortiguador.
30 Inspeccione el buje del amortiguador de dirección para comprobar que no haya desgaste excesivo. Si no está en buenas condiciones, reemplace el amortiguador.

22.25 Asegure con una prensa el mecanismo de la dirección y utilice una barra como palanca para sostener el brazo Pitman y aflojar la tuerca de éste. Asegúrese de marcar la relación del brazo Pitman con el eje del mecanismo de la dirección antes de sacarlo hacia afuera

31 Para probar el amortiguador, desconéctelo de la varilla del relé. Extienda y comprima el recorrido del amortiguador lo más posible. La resistencia debería ser suave y constante en cada carrera. Si encuentra agarrotamiento, puntos muertos o ruidos inusuales, reemplace el amortiguador.
32 Quite la tuerca que une el perno prisionero de bola del amortiguador con la varilla del relé. Separe el amortiguador de la varilla del relé con un extractor pequeño.
33 Quite la tuerca y el perno de montaje del amortiguador de dirección y luego, quite el amortiguador.
34 La instalación se realiza en forma inversa al desmontaje. **Advertencia:** *El fabricante recomienda utilizar pernos nuevos en los pernos prisioneros de bola durante la instalación.* Ajuste todos los sujetadores según los valores de torque indicados en las Especificaciones de este capítulo.

---

23 Mecanismo de la dirección - desmontaje e instalación

Advertencia: *NO permita que el eje de la columna de dirección gire una vez retirado el mecanismo de la dirección, ya que podría producirse un daño*

22.26 Quite el brazo Pitman con un extractor adecuado (mostrado aquí) o un extractor de dos mordazas para trabajo pesado

en el sistema de bolsas de aire. Para evitar que el eje gire, envuelva el cinturón de seguridad alrededor del aro del volante y abroche el cinturón.

Modelos con mecanismo de la dirección de piñón y cremallera

Consulte las ilustraciones 23.3, 23.5 y 23.6
1 Afloje las tuercas de orejeta de la rueda delantera, levante la parte delantera del vehículo y apóyela de manera segura en soportes de gato. Aplique el freno de estacionamiento. Quite las ruedas.
2 Quite el protector contra salpicaduras que está debajo del vehículo. Además, quite los pernos de la placa protectora y luego la placa, si el vehículo cuenta con este equipamiento. Consulte la Sección 3 y quite la barra estabilizadora.
3 Marque la relación entre el acoplamiento del eje intermedio y el eje de entrada del mecanismo de la dirección y quite el perno retenedor **(vea la ilustración)**.
4 Desacople los extremos de la barra de acoplamiento de los muñones de dirección (vea la Sección 20).
5 Coloque un colector para drenaje debajo del mecanismo de la dirección. Con una llave para tuerca abocinada, si está disponible, desenrosque las líneas de retorno y presión de la dirección hidráulica del mecanismo de la dirección **(vea la ilustración)**. Tape las líneas para evitar fugas.

23.3 Quite el perno retenedor del extremo inferior del eje intermedio

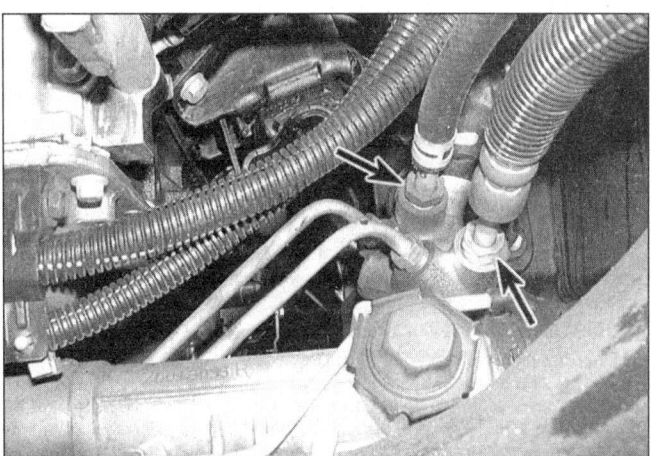

23.5 Desenrosque las conexiones de las líneas de presión y de retorno del mecanismo de la dirección hidráulica

23.6 Pernos/tuercas de montaje del mecanismo de la dirección de piñón y cremallera

24.3 Desacople la línea de presión de la dirección hidráulica (A) y la manguera de retorno (B) de las líneas que salen de la bomba

6 Desenrosque las tuercas de montaje, quite las arandelas y deslice los pernos hacia afuera, en el bastidor. Baje el mecanismo de la dirección del vehículo **(vea la ilustración)**.

7 La instalación se realiza en forma inversa al desmontaje. Asegúrese de ajustar todos los sujetadores según los valores de torque indicados en las Especificaciones de este capítulo. Ajuste la tuerca de orejeta de la rueda según el torque indicado en las Especificaciones del Capítulo 1. Revise el nivel de aceite de la dirección hidráulica y agregue más, si es necesario (vea el Capítulo 1), luego purgue el sistema como se describe en la Sección 25.

Modelos con mecanismo de la dirección de bola de recirculación

8 Levante la parte delantera del vehículo y apóyela de manera segura sobre soportes de gato. Aplique el freno de estacionamiento.

9 Quite el protector contra salpicaduras que está debajo del vehículo. Además, quite los pernos de la placa protectora y luego la placa, si el vehículo cuenta con este equipamiento.

10 Marque la relación entre el acoplamiento del eje intermedio y el eje de entrada del mecanismo de la dirección y luego, quite el perno retenedor del acoplamiento.

11 Posicione un colector para drenaje debajo del mecanismo de la dirección, luego desenrosque las líneas de la dirección hidráulica del mecanismo de la dirección. Utilice una una llave para tuerca abocinada, si está disponible, para evitar redondear las conexiones.

12 Separe la varilla del relé del brazo Pitman.

13 Quite los pernos de retención del mecanismo de la dirección del riel del bastidor, luego desacople el mecanismo del bastidor y retírelo.

14 Si está instalando un nuevo mecanismo de la dirección o un nuevo brazo Pitman, retire el brazo del eje de sector del mecanismo de la dirección (vea la Sección 22).

15 La instalación se realiza en forma inversa al desmontaje. Asegúrese de ajustar todos los sujetadores según los valores de torque indicados en las Especificaciones de este capítulo. Revise el nivel de aceite de la dirección hidráulica y agregue más, si es necesario (vea el Capítulo 1), luego purgue el sistema como se describe en la Sección 25.

24 Bomba de dirección hidráulica - desmontaje e instalación

Desmontaje

Consulte las ilustraciones 24.3, 24.4 y 24.5

1 Desconecte el cable del terminal negativo de la batería. **Precaución:** *En los modelos equipados con sistemas de audio con "bloqueo anti-robos", asegúrese de que la función de bloqueo esté desactivada antes de realizar algún procedimiento que requiera la desconexión de la batería (vea la información en la parte delantera de este manual).*

2 Retire la cubierta del ventilador superior del radiador (vea el Capítulo 3) y la correa de transmisión en serpentina (vea el Capítulo 1).

3 Coloque un colector para drenaje debajo de la bomba de dirección hidráulica. Desconecte las mangueras de presión y retorno de las líneas rígidas que salen de la bomba **(vea la ilustración)**. Coloque un tapón en las mangueras para evitar que se contaminen.

4 Con un extractor de polea especial para bomba de dirección hidráulica, quite la polea de la bomba **(vea la ilustración)**.

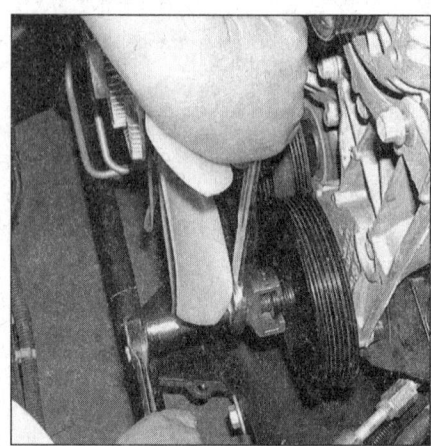

24.4 Quite la polea en la bomba de dirección hidráulica con una herramienta para desmontar poleas

5 Quite los sujetadores de montaje de la bomba **(vea la ilustración)** y levante la bomba del vehículo, teniendo cuidado de no derramar líquido en las superficies pintadas.

Instalación

Consulte las ilustraciones 24.8a y 24.8b

6 Coloque la bomba en el soporte de montaje e instale los pernos y las tuercas de montaje. Ajuste los sujetadores según el torque indicado en las Especificaciones de este capítulo.

7 Conecte las mangueras a la bomba. Ajuste las conexiones firmemente.

8 Presione la polea contra el eje con una herramienta especial de instalación para polea **(vea las ilustraciones)**. Se puede fabricar una herramienta alternativa con un perno largo, una tuerca, una arandela y un dado del mismo diámetro del cubo de la polea. Presione la polea en el eje hasta que la parte delantera del cubo esté alineada con eje, pero no más de eso.

9 Instale la correa de transmisión y la cubierta del ventilador.

10 Llene el depósito de la dirección hidráulica con el aceite recomendado (vea el Capítulo 1) y purgue el sistema de acuerdo con el procedimiento descrito en la próxima sección.

24.5 La bomba de dirección hidráulica en los modelos con motores V8 está retenida por cuatro pernos (el perno en la parte posterior de la bomba que asegura el soporte al motor no se ve en esta foto). En los modelos V6, está retenida por dos tuercas a las que se puede acceder desde la parte posterior de la bomba

24.8a Presione la polea en el eje con una herramienta de instalación de polea; no intente impulsarla con un martillo presionarla con una prensa tradicional

24.8b Se puede fabricar una herramienta especial alternativa para instalación de polea con un perno largo con el mismo espacio roscado que las roscas internas del eje de la bomba, una tuerca, una arandela y un dado del mismo diámetro del cubo de la polea

25 Sistema de dirección hidráulica - purga

1 Si realizó alguna operación en la que se desconectaron las líneas de aceite de la dirección hidráulica, es necesario purgar ese sistema para quitar todo el aire y obtener un rendimiento adecuado.

2 Con las ruedas delanteras en línea recta, revise el nivel de aceite de la dirección hidráulica. En caso de que sea bajo, agregue aceite hasta alcanzar la marca Cold (frío) en la varilla de medir.

3 Encienda el motor y póngalo en marcha mínima rápida. Vuelva a revisar el nivel de aceite y agregue más si es necesario, hasta alcanzar la marca Cold (frío) en la varilla de medir.

4 Gire la ruedas de lado a lado para purgar el sistema, sin llegar a los topes. Este procedimiento extraerá el aire del sistema. Al realizar este procedimiento, mantenga el depósito de aceite lleno.

5 Cuando ya se extrajo el aire del sistema, vuelva a colocar las ruedas en línea recta y deje el vehículo en marcha durante varios minutos antes de apagar el motor. Vuelva a revisar el nivel del aceite.

6 Pruebe el vehículo en carretera para asegurarse de que el sistema de dirección está funcionando normalmente y sin hacer ruido.

7 Vuelva a revisar el nivel de aceite para asegurarse de que alcanza la marca Hot (caliente) en la varilla de medir, cuando el motor está a temperatura de funcionamiento normal. Agregue aceite si es necesario (vea el Capítulo 1).

26 Ruedas y neumáticos - información general

Consulte la ilustración 26.1

La mayoría de los vehículos incluidos en este manual están equipados con neumáticos radiales con bandas de fibra de vidrio de tamaño métrico o de acero **(vea la ilustración)**, o neumáticos para camiones livianos con patrón en pulgadas. El uso de otro tamaño o tipo de neumáticos puede alterar la marcha y el manejo del vehículo. No mezcle diferentes tipos de neumáticos, como radiales y con bandas sesgadas, en el mismo vehículo ya que el manejo puede verse seriamente afectado. Se recomienda reemplazar los neumáticos del mismo eje en pares. Si reemplazara un solo neumático, debe asegurarse de que tenga el mismo tamaño, la misma estructura y el mismo diseño de banda de rodadura que el otro.

Debido a que la presión del neumático afecta considerablemente el manejo y el desgaste, la presión de todos los neumáticos debe revisarse al menos una vez por mes o antes de realizar viajes largos (vea el Capítulo 1).

Las ruedas deben reemplazarse si están dobladas o abolladas, si presentan fugas de aire, si los orificios de los pernos están alargados, si están muy oxidadas, si no están en simetría vertical, o si las tuercas de seguridad no permanecen ajustadas. No se recomienda efectuar reparaciones que utilicen soldadura o martillado en las ruedas.

El balanceo de la rueda y el neumático es importante para el manejo, el sistema de frenado y el rendimiento general del vehículo. El hecho de que las ruedas no estén balanceadas puede afectar desfavorablemente las características de manejo y marcha, así como la vida útil del neumático. Cada vez que se instala un neumático en una rueda, ambos deben balancearse en un taller con los equipos adecuados.

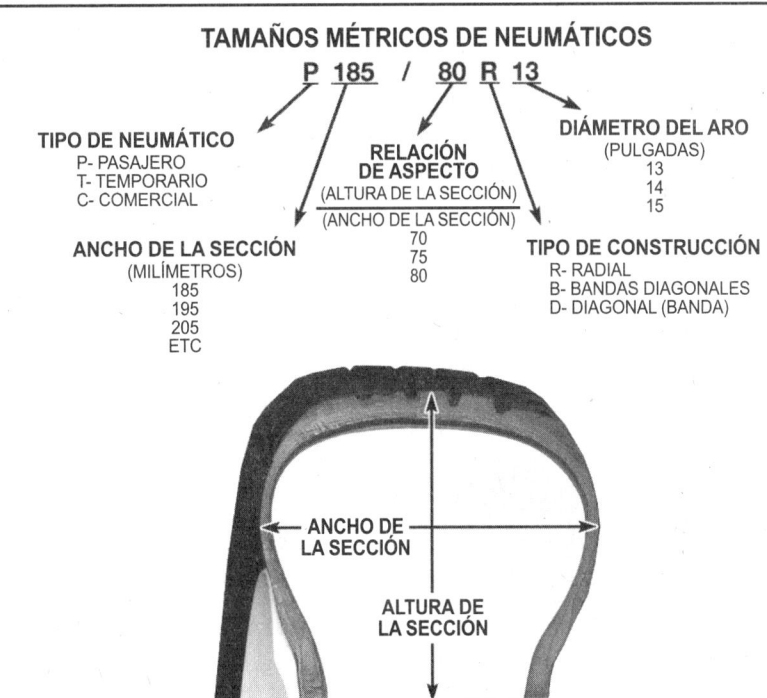

26.1 Código de tamaño métrico de neumáticos

27 Alineamiento delantero - información general

Consulte la ilustración 27.1

Nota: *En los modelos equipados con la opción Quadrasteer™, siempre que sea necesario, debe hacer el alineamiento de las cuatros ruedas del vehículo en un taller calificado.*

El alineamiento delantero **(vea la ilustración)** hace referencia a los ajustes que se efectúan en las ruedas delanteras para que tengan la relación angular correcta con la suspensión y el piso. La falta de alineamiento de las ruedas delanteras no sólo afectará el control de la dirección, sino que aumentará el desgaste del neumático.

Lograr el alineamiento adecuado de las ruedas delanteras requiere un proceso muy riguroso en el que es necesario utilizar máquinas costosas y complejas para lograr el resultado esperado. Por ello, estas tareas deben solicitársele a un técnico que cuente con los equipos adecuados para realizarlas. De todos modos, en este espacio se le brindará una idea básica sobre qué implica el alineamiento delantero, para que pueda comprender mejor el proceso y tratar inteligentemente con el taller que realice la tarea.

La convergencia es el giro de las ruedas delanteras. El objetivo de la especificación de convergencia es asegurar el movimiento paralelo de las ruedas delanteras. En un vehículo con convergencia cero, la distancia entre los bordes delanteros de las ruedas será igual a la distancia entre los bordes traseros. Por lo general, el número real de convergencia es apenas una fracción de pulgada. La convergencia se regula al girar la barra de acoplamiento en su extremo que la alarga o la acorta. Una convergencia incorrecta podría hacer que los neumáticos rocen contra la superficie del camino y tengan un desgaste inadecuado.

El ángulo de curvatura es la inclinación que presentan las ruedas delanteras desde un punto vertical que puede observarse desde la parte delantera del vehículo. Cuando la parte superior de las ruedas se inclina hacia afuera, el ángulo de curvatura es positivo (+). Cuando la parte superior de las ruedas se inclina hacia adentro, el ángulo de curvatura es negativo (-). La inclinación se mide en grados respecto de la vertical, y dicha medición se denomina ángulo de curvatura. Este ángulo afecta la cantidad de banda de rodadura del neumático que entra en contacto con el camino y compensa cambios en la geometría de la suspensión cuando el vehículo dobla o recorre superficies ondulantes. La curvatura se ajusta al girar los pernos de pivote del brazo de control superior, hacia un lado o hacia el otro, en cantidades iguales.

El ángulo caster es la inclinación de la parte superior del eje de dirección respecto del vertical. La inclinación hacia la parte trasera indica un ángulo caster positivo, y la inclinación hacia la parte delantera indica un ángulo caster negativo. El ángulo caster se ajusta al girar los pernos de pivote del brazo de control superior, hacia un lado o hacia el otro, en direcciones opuestas.

Cuando haga los ajustes en el alineamiento del extremo delantero, se fija primero el ángulo caster, luego la curvatura y por último, la convergencia.

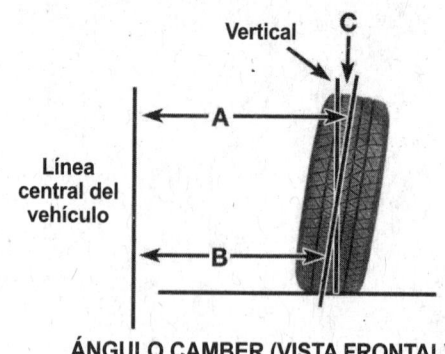

ÁNGULO CAMBER (VISTA FRONTAL)

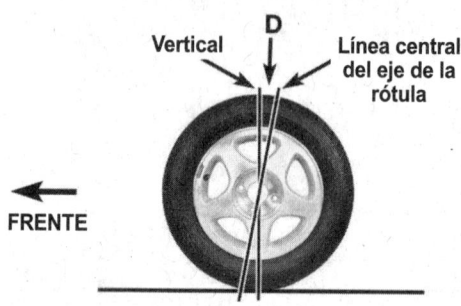

ÁNGULO CASTER (VISTA LATERAL)

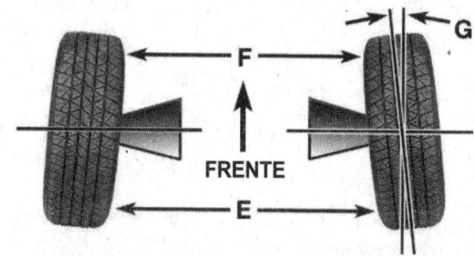

CONVERGENCIA (VISTA DESDE ARRIBA)

27.1 Detalles de alineamiento del extremo delantero

A menos B = C (grados de curvatura)
D = grados caster

E menos F = convergencia (medida en pulgadas)
G = convergencia (expresada en grados)

Capítulo 11   Carrocería

Contenido

	Sección
Adorno de vinilo - mantenimiento	3
Asientos - desmontaje e instalación	29
Bisagras y seguros - mantenimiento	7
Capó - desmontaje, instalación y ajuste	10
Carrocería - mantenimiento	2
Compuerta levadiza y vidrio de compuerta levadiza (modelos SUV, vehículo utilitario deportivo) - desmontaje e instalación	23
Consola central - desmontaje e instalación	25
Cubierta del panel del parabrisas - desmontaje e instalación	14
Cubiertas de la columna de dirección - desmontaje e instalación	27
Defensas - desmontaje e instalación	12
Espejos - desmontaje e instalación	20
Estructura de soporte del tablero de instrumentos y del panel del parabrisas - desmontaje e instalación	28
Guardafango delantero - desmontaje e instalación	13
Información general	1
Paneles, cilindro de cerradura, traba y tirantes de apoyo de la compuerta levadiza (modelos SUV) - desmontaje e instalación	24

	Sección
Paneles de adorno de la puerta - desmontaje e instalación	15
Paneles de adorno del tablero de instrumentos - desmontaje e instalación	26
Parabrisas y vidrio fijo - reemplazo	8
Puerta - desmontaje e instalación	16
Puerta trasera (modelos de camioneta) - remoción e instalación	21
Regulador del vidrio de la ventana de la puerta - desmontaje e instalación	19
Rejilla del radiador - desmontaje e instalación	9
Reparación de la carrocería - daños graves	6
Reparación de la carrocería - daños menores	5
Tapicería y alfombras - mantenimiento	4
Traba, cilindro de cerradura y manijas de la puerta - desmontaje e instalación	17
Traba y cable de liberación del capó - desmontaje e instalación	11
Traba y manija de la puerta trasera (modelos de camioneta) - desmontaje e instalación	22
Vidrio de la ventana de la puerta - desmontaje e instalación	18

1   Información general

Advertencia: *Los modelos incluidos en este manual están equipados con SRS (sistemas de retención suplementaria), más conocidos como bolsas de aire. Desactive siempre el sistema de bolsas de aire antes de trabajar cerca de cualquier componente de dicho sistema para evitar la posibilidad de que las bolsas de aire se desplieguen accidentalmente, lo que podría ocasionar lesiones personales* (vea el Capítulo 12).

Los vehículos incluidos en este manual están fabricados con una construcción de carrocería y bastidor independientes. El bastidor hidroformado de tipo escalera está compuesto por rieles centrales con forma de C soldados a las secciones delantera y trasera recuadradas, con travesaños soldados y atornillados.

La carrocería de las camionetas tiene dos secciones separadas, la cabina y la plataforma, mientras que la carrocería de los vehículos SUV incorpora la cabina, el área del asiento trasero y el compartimiento de carga en una estructura unificada.

Algunos componentes son particularmente vulnerables a los daños por accidentes y se pueden desatornillar y reparar o reemplazar. Entre estas piezas, se encuentran el capó, las puertas, los asientos, la puerta trasera, la compuerta levadiza, las defensas y los guardafangos delanteros.

En este capítulo sólo se incluyen las prácticas generales de mantenimiento de la carrocería y los procedimientos de reparación de los paneles de la carrocería que están dentro del alcance de quien hace sus propias reparaciones.

2   Carrocería - mantenimiento

1   La condición de la carrocería de su vehículo es muy importante porque el valor de reventa depende mucho de eso. Es mucho más difícil reparar una carrocería descuidada o dañada que reparar los componentes mecánicos. Las áreas ocultas de la carrocería, como los alojamientos de las ruedas, el bastidor y el compartimiento del motor, son igualmente importantes; si bien no requieren atención tan frecuente como el resto de la carrocería.
2   Una vez al año, o cada 12,000 millas, es recomendable hacer limpiar con vapor la parte inferior de la carrocería. Con esto, se eliminarán todos los rastros de suciedad y aceite, de manera que luego se pueda inspeccionar cuidadosamente el área en búsqueda de óxido, líneas de freno dañadas, cables eléctricos deshilachados, cables dañados u otros problemas. Los componentes de la suspensión delantera deben engrasarse después de realizar este trabajo.
3   Al mismo tiempo, limpie el motor y el compartimiento del motor con un limpiador de vapor o con un desengrasante soluble en agua.
4   Se debe prestar mucha atención a los alojamientos de las ruedas, ya que el revestimiento de la parte inferior se puede desprender, y las piedras y la suciedad levantadas por los neumáticos pueden hacer que la pintura se pique y se descascare, lo que hace que se forme óxido. Si se encuentra óxido, limpie la pintura hasta dejar el metal expuesto y aplique pintura antióxido.
5   La carrocería debe lavarse aproximadamente una vez por semana. Humedezca completamente el vehículo para aflojar la suciedad y luego lávelo con una esponja suave y abundante agua jabonosa. Si el exceso de suciedad no se lava cuidadosamente, se puede desgastar la pintura.
6   Las manchas de alquitrán o de asfalto que se haya levantado de la carretera se deben quitar con un paño empapado en removedor de alquitrán o aceite de lámpara de queroseno.

Capítulo 11 Carrocería

7 Una vez cada seis meses, encere la carrocería y los adornos cromados. Si se utiliza un limpiador para cromado para eliminar el óxido de cualquiera de las piezas plateadas del vehículo, recuerde que el limpiador también quita una parte del cromado; de modo que le recomendamos que utilice este tipo de limpiadores con moderación.

3 Adorno de vinilo - mantenimiento

No limpie el adorno de vinilo con detergentes, jabones cáusticos o limpiadores a base de petróleo. El agua jabonosa, junto con un cepillo suave para limpiar la suciedad incrustada, lo limpiará perfectamente. Lave el vinilo con la misma frecuencia que el resto del vehículo. Después de la limpieza, la aplicación de un protector para vinilo y caucho de buena calidad ayudará a evitar la oxidación y las rajaduras. El protector también se puede aplicar a los burletes, las líneas de vacío y las mangueras de caucho, que a menudo fallan como resultado de la degradación química, y a los neumáticos.

4 Tapicería y alfombras - mantenimiento

1 Cada tres meses, extraiga las alfombras y limpie el interior del vehículo (hágalo con mayor frecuencia si es necesario). Use una escoba dura para cepillar las alfombras y aflojar la suciedad y el polvo; luego, aspire la tapicería y las alfombras minuciosamente, sobre todo en las costuras y los rincones.
2 La suciedad y las manchas pueden quitarse de las alfombras con limpiador para alfombras de automóviles o limpiadores domésticos básicos disponibles en aerosol. Siga las instrucciones y aspire nuevamente; luego, use un cepillo duro para separar las fibras de la alfombra.
3 La mayoría de los interiores tiene tapicería de tela o vinilo. Ambos pueden limpiarse y mantenerse con una variedad de champús o limpiadores específicos para esos materiales disponibles en las tiendas de autopartes. Siga las instrucciones de uso del producto y siempre pruebe los limpiadores de tapicería en un área que no se vea (borde inferior del cojín de un asiento trasero) para asegurarse de que no decolore o manche el material.
4 Después de limpiarla, la tapicería de vinilo debe tratarse con un protector. **Nota:** *Asegúrese de que el envase del protector indique que el producto puede usarse en asientos; algunos productos pueden hacer que el asiento se vuelva resbaloso.* **Precaución:** *No use protector en volantes recubiertos con vinilo.*
5 La tapicería de piel requiere un cuidado especial. Debe limpiarse regularmente con limpiador o jabón para cuero. Nunca utilice alcohol, gasolina, quitaesmalte o disolvente para limpiar la tapicería de piel.
6 Después de limpiarla, trate regularmente la tapicería de piel con un acondicionador para ese material. Aplíquelo en un paño suave de algodón y frote las superficies con él. Nunca utilice cera para automóviles en la tapicería de piel.
7 En las partes del interior del vehículo que están expuestas a la luz solar directa, cubra los cojines de los asientos de cuero con una manta si piensa dejar el vehículo a la intemperie durante un tiempo considerable.

5 Reparación de la carrocería - daños menores

Paneles plásticos de la carrocería

Los siguientes procedimientos de reparación son para rayaduras y deformaciones pequeñas. La reparación de daños más graves debe hacerse en el departamento de servicio de un distribuidor o en un taller de chapa y pintura. A continuación, encontrará una lista del equipo y los materiales necesarios para realizar los siguientes procedimientos de reparación en paneles plásticos de la carrocería.

> Solvente para remover cera, grasa y silicona
> Cinta de tela para carrocería
> Discos de lija
> Taladro con sujetador de disco de tres pulgadas
> Bloque de lijado manual
> Escobillas de caucho
> Papel de lija
> Paleta de mezcla de superficie no porosa
> Paleta de madera o espátula
> Lima para carrocería de dientes curvos
> Material de reparación para piezas flexibles

Paneles flexibles (adorno de las defensas delantera y trasera)

1 Quite el panel dañado, si es preferible o necesario. En la mayoría de los casos, las reparaciones pueden realizarse con el panel instalado.
2 Limpie las zonas que va a reparar con solvente para remover cera, grasa y silicona. Aplíquelo con un paño humedecido con agua.
3 Si el daño es estructural; es decir, si se extiende por el panel, limpie también la parte posterior del área del panel que va a reparar. Seque con un paño.
4 Lije la superficie trasera una pulgada y media alrededor de la rotura.
5 Corte dos trozos de paño de fibra de vidrio de un tamaño que exceda la rotura en aproximadamente una pulgada y media. Corte solamente el largo necesario.
6 Mezcle el adhesivo del kit de reparación según las instrucciones incluidas en el kit y aplique una capa de la mezcla de aproximadamente 1/8 de pulgada de espesor en la parte posterior del panel. Colóquela sobre la rotura y extiéndase aproximadamente una pulgada y media alrededor.
7 Aplique un trozo de paño de fibra de vidrio sobre el adhesivo y cubra el paño con más adhesivo. Aplique un segundo trozo de paño de fibra de vidrio sobre el adhesivo y cubra inmediatamente el paño con más adhesivo, en cantidad suficiente como para llenar la trama.
8 Deje que la reparación se seque durante 20 o 30 minutos a una temperatura de entre 60 °F y 80 °F.
9 Si es necesario, recorte los bordes sobrantes del material de reparación.
10 Quite toda la pintura sobre las áreas que va a reparar y sus alrededores. El material de reparación no debe aplicarse sobre superficies pintadas.
11 Con un taladro y un disco de lija (o una lima giratoria), corte una "V" de aproximadamente media pulgada de ancho sobre la línea de la rotura. Quite todo el polvo y las partículas sueltas del área de reparación.
12 Mezcle y aplique el material de reparación. Primero, aplique una capa delgada sobre el área dañada; luego, continúe aplicando material hasta que quede ligeramente más alta que el acabado que la rodea.
13 Deje secar durante 20 o 30 minutos a una temperatura de entre 60 °F y 80 °F.
14 Establezca el contorno aproximado del área de la reparación con una lima para carrocería. Si quedan áreas bajas o desniveles, mezcle y aplique más adhesivo.
15 Pula el área dañada con un bloque de lijado y papel de lija para establecer el contorno real de la superficie que la rodea.
16 Si lo desea, el área reparada puede protegerse temporalmente con varias capas delgadas de imprimación. Debido a las técnicas y pinturas especiales necesarias para los paneles flexibles de la carrocería, se recomienda llevar el vehículo a un taller de pintura para terminar la reparación de la carrocería.

Paneles de acero de la carrocería
Vea la secuencia de fotos

Reparación de rayaduras pequeñas

17 Si la rayadura es superficial y no penetra en el metal de la carrocería, la reparación es muy sencilla. Frote suavemente el área rayada con un compuesto para frotar de buena calidad para eliminar la pintura suelta; luego, use un removedor de cera y grasa (disponible en la mayoría de las tiendas de autopartes) para limpiar el área. Enjuague el área con agua limpia.
18 Aplique pintura para retoques en la rayadura con un pincel pequeño. Continúe aplicando capas finas de pintura hasta que la superficie de la pintura esté nivelada con la pintura de alrededor. Deje que la pintura nueva se endurezca durante al menos dos semanas y luego frótela con un compuesto para frotar de buena calidad para unirla con la pintura de alrededor. Finalmente, aplique una capa de cera en el área de reparación.
19 Si la rayadura penetró la pintura, dejó al descubierto el metal de la carrocería y este se oxidó, se debe aplicar una técnica de reparación diferente. Elimine todo el óxido suelto del fondo de la rayadura con una navaja plegable; luego, aplique pintura antióxido para evitar la formación de óxido en el futuro. Con un aplicador de caucho o de nylon, cubra el área rayada con un relleno de tipo esmaltado. Si es necesario, se puede mezclar el relleno con disolvente para formar una pasta muy delgada, que es ideal para rellenar rayaduras finas. Antes de que se endurezca el relleno esmaltado en la rayadura, envuelva la punta de un dedo con un pedazo de tela de algodón suave. Humedezca la tela con disolvente y luego pásela rápidamente sobre la superficie de la rayadura. Esto asegurará que la superficie del relleno quede levemente ahuecada. Ahora, se puede pintar sobre la rayadura como se describe anteriormente en esta sección.

Reparación de abolladuras

20 Cuando se reparan abolladuras, la primera tarea es empujar la abolladura hacia fuera hasta que el área afectada tenga una forma tan parecida a la original como sea posible. No tiene sentido intentar restaurar completamente la forma original, ya que el metal del área dañada estará estirado por el impacto y esto impedirá que recupere su contorno original. Es mejor llevar el nivel de la abolladura hasta que esté alrededor de 1/8 de pulgadas por debajo del nivel del metal que rodea la zona. En aquellos casos en los que la abolladura es muy leve, no vale la pena intentar desabollarla.

21 Si se puede acceder a la parte posterior de la abolladura, se la puede golpear suavemente con un martillo de superficie blanda desde la parte trasera. Cuando realice esta acción, sostenga un bloque de madera firmemente presionado contra el lado opuesto del metal para absorber los golpes del martillo y evitar que el metal se estire.
22 Si la abolladura se produjo en una sección donde la carrocería tiene doble capa, o existe algún otro factor que impide el acceso desde la parte trasera, se debe utilizar una técnica diferente. Haga varios agujeros pequeños con un taladro en el metal del área dañada, especialmente en las secciones donde la abolladura es más profunda. Coloque tornillos autorroscantes largos en los agujeros sólo hasta que queden bien agarrados al metal. Ahora, tire desde las cabezas sobresalientes de los tornillos con tenazas de sujeción para quitar la abolladura.
23 La siguiente etapa de la reparación es quitar la pintura del área dañada y de aproximadamente una pulgada del metal que la rodea. Puede hacerlo fácilmente con un taladro con un cepillo de alambre o un disco de lija, si bien hacerlo a mano, con papel de lija, es igual de efectivo. Para completar la preparación para el rellenado, marque la superficie del metal descubierto con un destornillador o con la espiga de una lima, o haga agujeros pequeños en el área afectada con un taladro. Esto proporcionará un buen agarre para el material de relleno. Para completar la reparación, vea la sección sobre relleno y pintura.

Reparación de picaduras o hendiduras

24 Elimine toda la pintura del área afectada y de aproximadamente una pulgada del metal que la rodea con un disco de lija o un cepillo de alambre montado en un taladro. Si no tiene estos elementos, puede realizar el trabajo con la misma eficacia con algunas hojas de papel de lija.
25 Una vez que haya quitado la pintura, podrá determinar la gravedad de la corrosión y decidir entre reemplazar todo el panel, si es posible, o reparar el área afectada. Los paneles de carrocería nuevos no son tan costosos como se cree y, a menudo, es más rápido instalar un panel nuevo que reparar grandes áreas de óxido.
26 Desmonte todas las piezas de adorno del área afectada, excepto aquellas que sirvan como guía para recuperar la forma original de la carrocería dañada, como los cascos de los faros delanteros, etcétera. Utilice tijeras para chapa o una segueta para quitar todas las partes de metal que estén sueltas o severamente afectadas por el óxido. Martille los bordes del agujero para crear una pequeña depresión para el material de relleno.
27 Limpie con cepillo de alambre el área afectada para eliminar el polvo de óxido de la superficie del metal. Si se puede acceder a la parte posterior del área oxidada, aplique pintura antióxido.
28 Antes de aplicar el relleno, tape el agujero de alguna manera. Para hacerlo, puede colocar una lámina de metal y asegurarla con remaches o tornillos, o rellenar el agujero con malla de alambre.
29 Una vez que se haya bloqueado el agujero, se puede rellenar y pintar el área afectada. Vea el siguiente apartado sobre relleno y pintura.

Relleno y pintura

30 Existen muchos tipos de rellenos para carrocería, pero, en general, los kits de reparación de carrocería que incluyen pasta de relleno y un tubo de endurecedor para resina son los mejores para este tipo de trabajos de reparación. Será necesario utilizar un aplicador ancho y flexible de plástico o nylon para dar un acabado suave y contorneado a la superficie del material de relleno. Mezcle una pequeña cantidad de relleno sobre un trozo de madera o cartón limpios (utilice el endurecedor moderadamente). Sigas las instrucciones del fabricante detalladas en el empaque; de lo contrario, el relleno no se fijará correctamente.
31 Con el aplicador, coloque la pasta de relleno en el área preparada. Pase el aplicador a lo largo de la superficie del relleno para lograr el contorno deseado y nivelar la superficie del relleno. Apenas logre un contorno parecido al original, deje de trabajar sobre la pasta. Si continúa haciéndolo, la pasta comenzará a adherirse al aplicador. Continúe agregando capas finas de pasta a intervalos de 20 minutos, hasta que el nivel del relleno esté apenas por encima del metal que lo rodea.
32 Una vez que se haya endurecido el relleno, se puede quitar el exceso con una lima para carrocería. Desde este punto en adelante, se utilizarán lijas con granos cada vez más finos, comenzando con un papel de lija de grano 180 y terminando con lija al agua o seca de grano 600. Envuelva siempre la lija alrededor de un bloque plano de caucho o de madera; de lo contrario, la superficie del relleno no quedará totalmente plana. Durante el lijado de la superficie del relleno, se debe enjuagar periódicamente con agua el papel de lija al agua o seco. Esto asegurará que se logre un acabado muy suave en la etapa final.
33 En este punto, el área reparada debe estar rodeada por un anillo de metal expuesto, el que a su vez debe estar rodeado por el borde finamente desgastado de la pintura en buenas condiciones. Enjuague el área reparada con agua limpia hasta que desaparezca todo el polvo producido por la operación de lijado.
34 Pulverice una fina capa de imprimación sobre toda el área. Esto revelará cualquier imperfección que pueda haber quedado en la superficie del relleno. Repare las imperfecciones con pasta de relleno nueva o con relleno esmaltado, y vuelva a alisar la superficie con papel de lija. Repita esta operación de pulverización y reparación hasta asegurarse de que la superficie del relleno y el borde desgastado de la pintura queden perfectos. Enjuague el área con agua limpia y déjela secar completamente.
35 El área reparada ahora está lista para la pintura. La pulverización de pintura se debe realizar en una atmósfera cálida, seca y sin corrientes de aire ni polvo. Se pueden crear estas condiciones si se tiene acceso a un área de trabajo amplia en interiores; sin embargo, si se ve obligado a realizar el trabajo al aire libre, deberá elegir el día con mucho cuidado. Si trabaja en interiores, puede rociar con agua el piso del área de trabajo para ayudar a que se deposite el polvo que se encuentra suspendido en el aire. Si el área de la reparación se limita a un sólo panel de la carrocería, enmascare los paneles de alrededor. Ésto ayudará a minimizar los efectos que puede producir una pequeña variación en el color de la pintura. Las piezas de adorno, como las tiras cromadas, las manijas de las puertas, etc., también deben enmascararse o desmontarse. Para las operaciones de enmascaramiento, utilice cinta de enmascarar y varias capas de hojas de periódico.
36 Antes de aplicar la pintura, agite bien la lata y luego pulverice sobre un área de prueba hasta dominar la técnica de rociado. Cubra toda el área de la reparación con una capa gruesa de imprimación. El espesor debe alcanzarse mediante la aplicación de varias capas finas de imprimación en lugar de una sola capa gruesa. Con papel de lija de grano 600 seco o al agua, frote la superficie de la imprimación hasta que quede bien suave. Cuando haga esto, debe enjuagar el área de trabajo completamente con agua, y también enjuagar el papel de lija de forma periódica. Deje que la imprimación se seque antes de aplicar más capas.
37 Pulverice la capa superior de pintura; aquí también logre el espesor mediante varias capas finas de pintura. Comience a pulverizar en el centro del área reparada y luego, con movimientos circulares, pulverice hacia fuera hasta cubrir toda el área de reparación y unas dos pulgadas de la pintura original que la rodea. Quite todo el material de enmascaramiento entre 10 y 15 minutos después de haber pulverizado la última capa de pintura. Deje que la pintura nueva se endurezca durante al menos dos semanas y luego frótela con un compuesto para frotar de buena calidad para unir los bordes de la pintura nueva con la pintura existente. Finalmente, aplique una capa de cera.

6 Reparación de la carrocería - daños graves

1 Los daños graves deben repararse en un taller de chapa y pintura específicamente equipado para realizar reparaciones de la carrocería y del bastidor. Estos talleres tienen el equipo especializado necesario para realizar el trabajo adecuadamente.
2 Si el daño es muy grande, se debe revisar que la carrocería tenga el alineamiento correcto; de lo contrario, las características de manejo del vehículo pueden verse severamente afectadas y otros componentes se pueden desgastar a un paso acelerado.
3 Debido al hecho de que todos los componentes principales de la carrocería (capó, guardafangos, etc.) son unidades separadas y reemplazables, cualquier componente seriamente dañado se debe reemplazar en lugar de repararse. A veces, los componentes se pueden encontrar en un desarmadero especializado en componentes usados de vehículos donde, con frecuencia, los precios son considerablemente más bajos que los costos de las piezas nuevas.

7 Bisagras y seguros - mantenimiento

Una vez cada 3,000 millas, o cada tres meses, se deben agregar algunas gotas de aceite liviano o de lubricante para cerraduras en las bisagras y los conjuntos de seguro de las puertas, del capó y de la cajuela o maletero. Las placas de las trabas de las puertas también se deben lubricar con una capa fina de grasa para reducir el desgaste y asegurar el movimiento libre de las piezas. Lubrique las cerraduras de la puerta y de la cajuela o maletero con lubricante de grafito en aerosol.

8 Parabrisas y vidrio fijo - reemplazo

El reemplazo del parabrisas y del vidrio fijo requiere el uso de adhesivos o materiales de calafateo especiales de secado rápido, así como de algunas herramientas y técnicas especializadas. Estas operaciones deben dejarse en manos del departamento de servicio de un distribuidor o de un taller especializado en vidriería. En los modelos SUV, el vidrio fijo también incluye las ventanillas triangulares.

Estas fotografías muestran un método para reparar abolladuras simples. Sirven como suplemento de la sección Reparación de carrocería: daños menores de este capítulo y no deben utilizarse como única instrucción para las reparaciones de carrocería en estos vehículos.

1 Si no puede acceder a la parte posterior del panel de la carrocería para golpear la abolladura, desabóllela con un extractor tipo martillo deslizante. En la parte más profunda de la abolladura y siguiendo la línea del pliegue, perfore orificios con una pulgada de separación entre uno y otro . . .

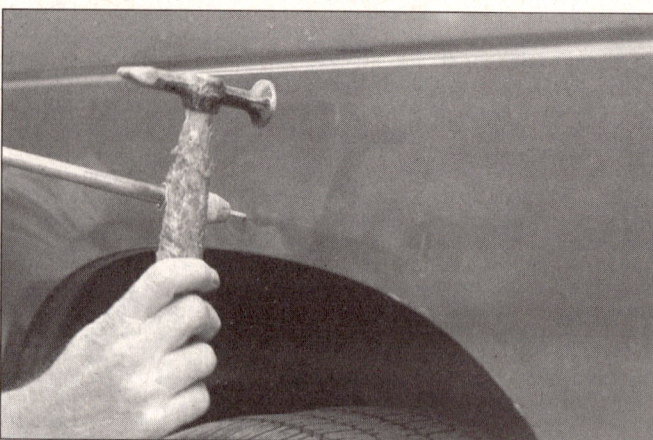

2 . . . luego atornille el martillo deslizante en el orificio y trabaje con él. Golpee suavemente con un martillo cerca del borde de la abolladura para ayudar a que la chapa vuelva a su forma original. Cuando termine, el área de la abolladura deberá estar casi con su contorno original y a aproximadamente 1/8 de pulgadas por debajo de la superficie de la chapa adyacente

3 Utilizando papel de lija de grano grueso, elimine la pintura hasta llegar a la chapa de metal. Puede hacerlo a mano, pero la pulidora de disco que se muestra aquí agiliza mucho el trabajo. Utilice lija de grano más fino (320, por ejemplo) para biselar la pintura por lo menos una pulgada alrededor del área de la abolladura

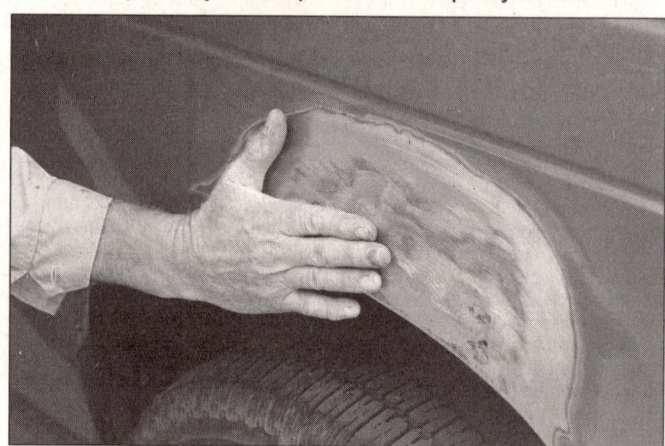

4 Cuando haya eliminado la pintura, el tacto probablemente sea más eficiente que la vista para determinar si la chapa está recta. Golpee con un martillo las partes altas o eleve los puntos bajos según sea necesario. Limpie el área que se va a reparar con un eliminador de cera/silicona

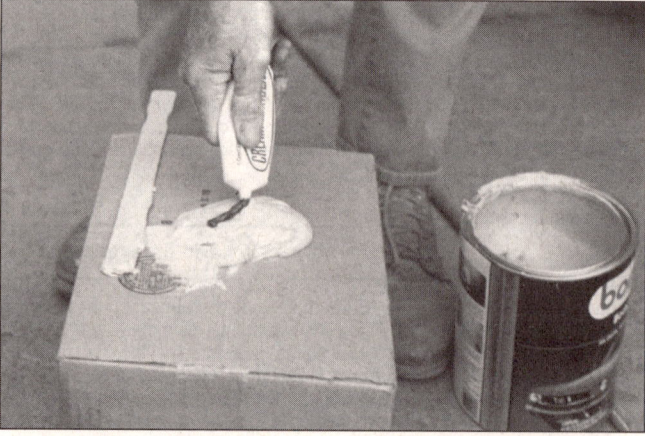

5 Siguiendo las instrucciones de la etiqueta, mezcle material de relleno plástico con endurecedor. La proporción de material de relleno y endurecedor es muy importante. Si la mezcla es incorrecta, no se secará correctamente o se secará muy rápidamente y no le dará tiempo de rellenar y lijar hasta dar la forma deseada

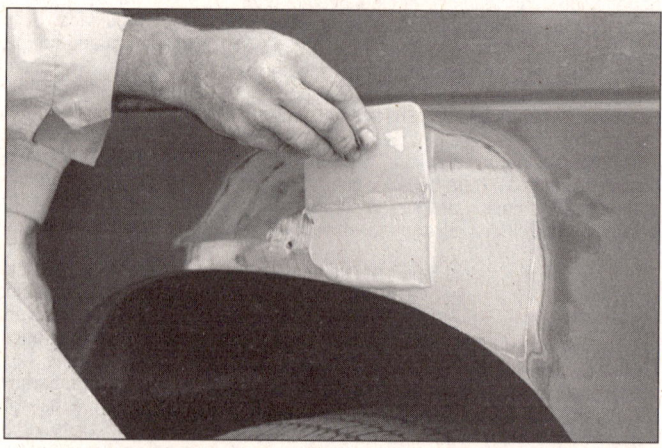

6 Trabaje con prontitud para que el material de relleno no se endurezca. Utilice un aplicador de plástico para presionar con fuerza el material de relleno contra la chapa, asegurándose de que quede completamente unido con la chapa. Trabaje con el material de relleno hasta lograr el contorno original con un nivel levemente superior que la chapa adyacente

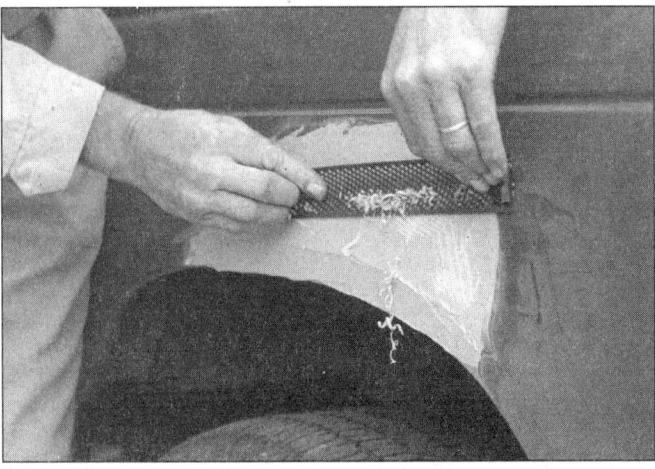

7 Deje que el material de relleno se seque lo suficiente como para que pueda marcarlo con su uña. Utilice una lima para carrocería o herramienta Surform (se muestra aquí) para dar forma al material de relleno

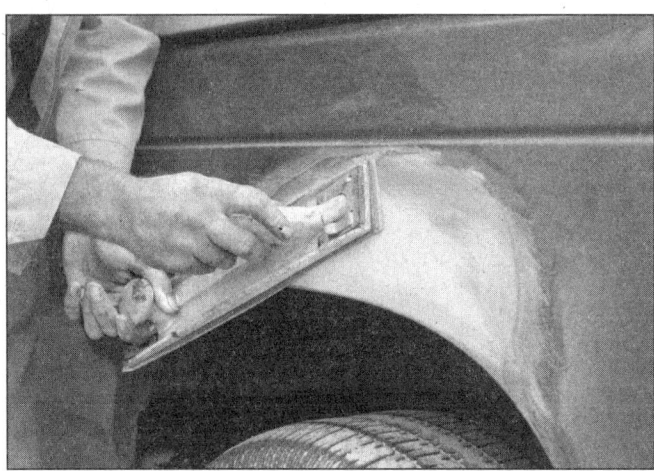

8 Utilice papel de lija de grano grueso y una tabla o bloque de lijado para que el material de relleno quede suave y liso. Usando siempre una tabla o bloque de lijado, vaya disminuyendo la granulometría del papel de lija hasta llegar a grano 360 o 400

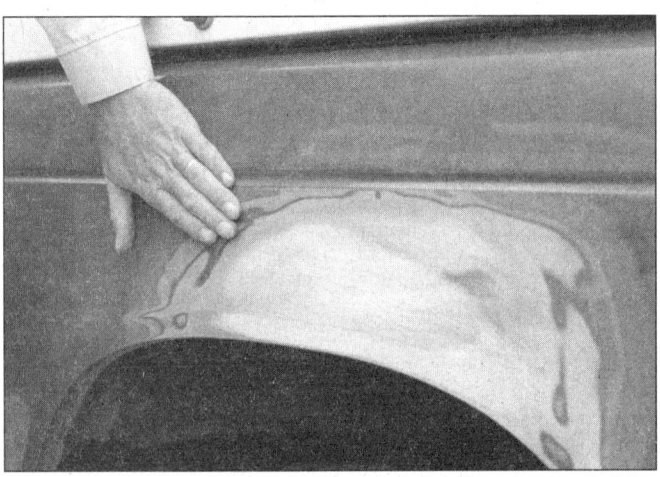

9 No debería sentir ningún reborde en la transición entre el material de relleno y la chapa de metal o entre la chapa y la antigua pintura. Cuando la sección que se está reparando esté lisa y uniforme, elimine el polvillo y enmascare los paneles adyacentes y las piezas de adorno

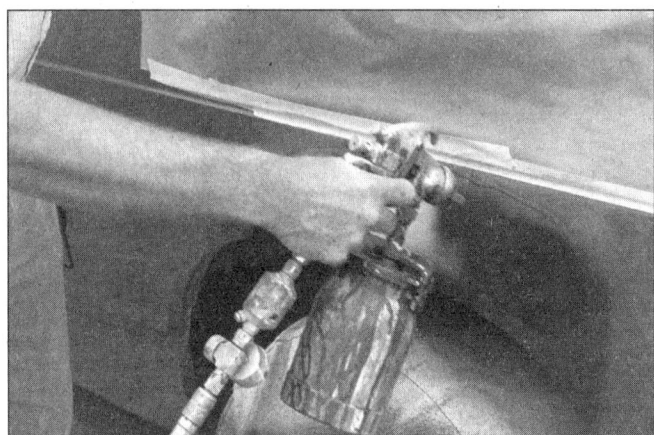

10 Aplique varias capas de imprimación sobre el área. No aplique la imprimación muy densa, ya que se curvará o correrá. Asegúrese de que cada capa esté seca antes de aplicar la siguiente. En la fotografía se está utilizando una pistola aspersora tipo profesional, pero también se pueden utilizar las imprimaciones en aerosol disponibles a módicos precios en las tiendas de autopartes

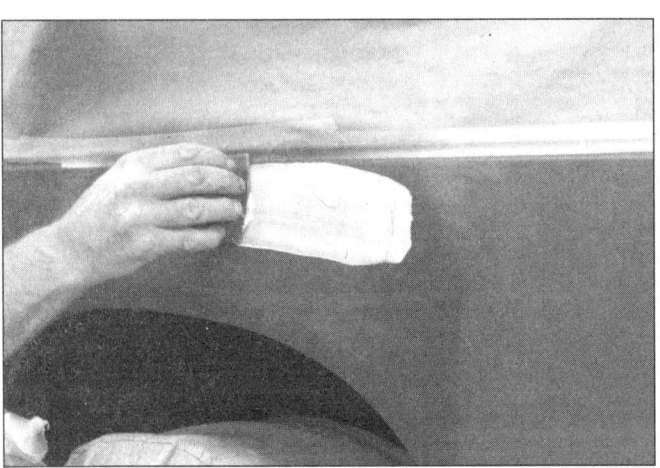

11 La imprimación ayudará a revelar imperfecciones o rayones. Rellénelos con compuesto esmaltado. Siga las instrucciones de la etiqueta y lije con papel de grano 360 o 400 hasta que quede liso. Repita el proceso de esmaltado, lijado y aplicación de imprimación hasta que la superficie quede perfectamente lisa

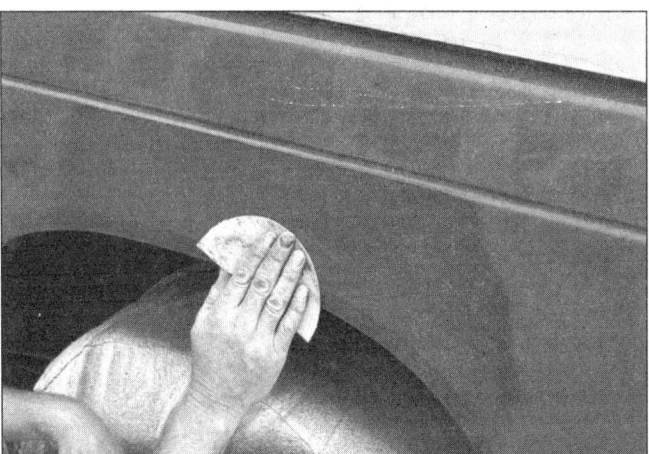

12 Lije la imprimación para dar terminación con papel de lija de grano 400 o 600 para eliminar el exceso de imprimación. Limpie el área con agua y deje secar. Utilice un trapo sin pelusas para eliminar restos de polvo y luego aplique la pintura final. No intente pulir o encerar el área reparada hasta que la pintura se haya secado completamente (por lo menos dos semanas)

Capítulo 11 Carrocería

9.1 Quite los pasadores de empuje plásticos (flechas) y levante el panel del radiador

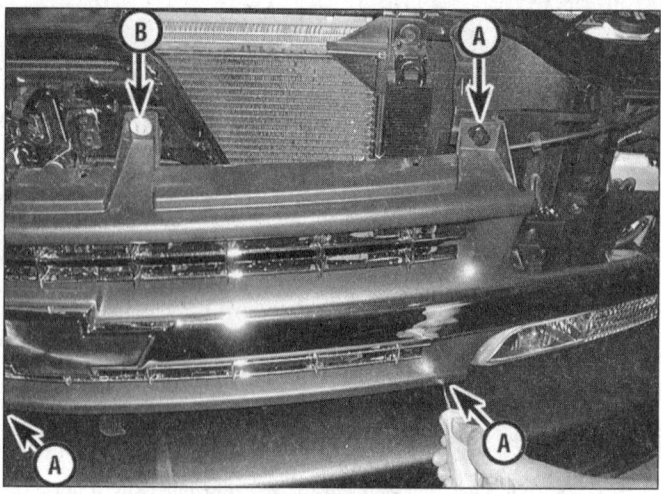

9.2 Gire los sujetadores un cuarto de vuelta (A) con un destornillador; luego, quite el tornillo (B) que fija la parte superior de la parrilla al mecanismo de traba del capó

9 Rejilla del radiador - desmontaje e instalación

Vea las ilustraciones 9.1, 9.2 y 9.4

1   Abra el capó y quite el panel plástico que se encuentra sobre el radiador **(vea las ilustraciones)**.
2   Quite el tornillo de montaje de la traba del capó; luego, en cualquiera de los lados de la parte inferior de la parrilla, use un destornillador Phillips para girar los sujetadores un cuarto de vuelta y liberarlos del soporte del radiador **(vea la ilustración)**.
3   Consulte el Capítulo 12 para quitar los alojamientos de los faros delanteros.
4   Tire enérgicamente de ambos extremos de la parrilla para desenganchar el clip grande en los extremos izquierdo y trasero de la parrilla **(vea la ilustración)**. Levante la parrilla.
5   La instalación se realiza en forma inversa al desmontaje. Junto a cada uno de los sujetadores de un cuarto de vuelta hay pasadores de alineamiento de plástico que deben colocarse en sus orificios en el soporte del radiador antes de girar los sujetadores.

10 Capó - desmontaje, instalación y ajuste

Vea las ilustraciones 10.2, 10.10 y 10.11
Nota: *El capó es pesado y bastante difícil de desmontar e instalar. Este procedimiento requiere al menos de dos personas.*

Desmontaje e instalación

1   Utilice mantas o almohadillas para cubrir el área de la carrocería y los guardafangos correspondiente al panel del parabrisas. Esto protegerá la carrocería y la pintura cuando se levanta el capó.
2   Trace marcas de alineamiento alrededor de las bridas de la bisagra para garantizar el alineamiento adecuado durante la instalación (también se puede utilizar para esto un rotulador permanente o un poco de pintura) **(vea la ilustración)**.
3   Desconecte el conector eléctrico de la luz de debajo del capó y quite la orejeta del cable a tierra fijada a la parte posterior del capó.
4   Pídale a un ayudante que sostenga el peso del capó. Quite los pernos que fijan la bisagra al capó. **Nota:** *A menos que deba reemplazar el capó o las bisagras, quite solamente el perno de la parte posterior de cada bisagra y el perno de fijación de la bisagra al soporte de la bisagra, y no saque los pernos que fijan el soporte de la bisagra al capó. Será mucho más sencillo volver a alinear el capó al mantener la relación original entre la bisagra y el capó.*
5   Levante el capó.
6   La instalación se realiza en forma inversa al desmontaje.

Ajuste

7   El ajuste del capó hacia atrás y hacia adelante y de lado a lado se hace moviendo el capó en relación con las bridas de la bisagra después de aflojar los pernos.
8   Trace una línea alrededor de la placa de la bisagra para poder evaluar la cantidad de movimiento.
9   Afloje los pernos y mueva el capó hasta que quede correctamente alineado. Muévalo muy de a poco cada vez. Ajuste las tuercas de la bisagra y baje cuidadosamente el capó para revisar el alineamiento.
10   Quite la cubierta plástica del radiador (vea la Sección 9) y ajuste la traba del capó para que cierre de manera segura **(vea la ilustración)**.
11   Ajuste los topes con pernos en el soporte del radiador de manera que, cuando el capó esté cerrado, quede a ras con los guardafangos **(vea la ilustración)**.
12   El conjunto de traba de seguridad en el capó también puede ajustarse hacia atrás y hacia adelante y de lado a lado después de aflojar los pernos.
13   El conjunto de traba del capó y las bisagras se deben lubricar periódicamente con grasa blanca a base de litio para evitar la adherencia y el desgaste de estos componentes.

9.4 Una vez que quite los alojamientos de los faros delanteros, apriete los clips grandes que fijan la parrilla a la carrocería (flecha) en cada extremo y retire la parrilla

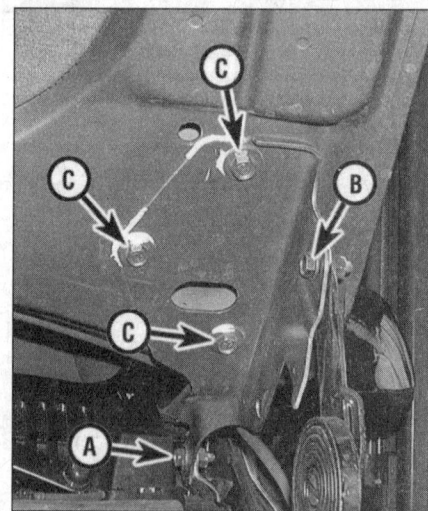

10.2 Con la ayuda de un asistente que sostenga el capó, quite el perno de retención trasero (A) y el perno del resorte de la bisagra (B) de cada plato de la bisagra y levante el capó/las bisagras. Si debe reemplazar el capó o las bisagras, solamente quite los pernos que fijan la bisagra al capó (C) (en este caso, asegúrese de marcar la relación de las bisagras con el capó)

Capítulo 11 Carrocería

10.10 Afloje los pernos de la traba del capó (flechas); luego, mueva la traba según sea necesario para ajustar la posición cerrada del capó

10.11 Gire las defensas de caucho hacia dentro y hacia fuera para realizar pequeños ajustes a la altura de capó cerrado

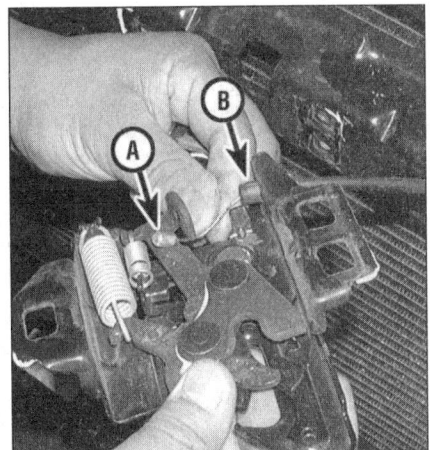

11.1 Para desconectar el cable del mecanismo de traba del capó, haga palanca para sacar el regatón del cable (A) del conjunto de traba y use tenazas para desenganchar el extremo del alojamiento del cable (B) de su ranura en la traba

11 Traba y cable de liberación del capó - desmontaje e instalación

Advertencia: *Los modelos incluidos en este manual están equipados con SRS, más conocido como bolsas de aire. Desactive siempre el sistema de bolsas de aire antes de trabajar cerca de cualquier componente de dicho sistema para evitar la posibilidad de que las bolsas de aire se desplieguen accidentalmente, lo que podría ocasionar lesiones personales* (vea el Capítulo 12).

Traba

Vea la ilustración 11.1

1   Retire los pernos y desacople el conjunto de traba **(vea la ilustración 10.10)**. Desconecte el resorte y use tenazas para desacoplar el extremo del cable de la traba **(vea la ilustración)**.

2   La instalación se realiza en forma inversa al desmontaje. Ajuste la traba de forma tal que el capó se trabe de manera segura al cerrarse y que los topes del capó queden levemente comprimidos (vea la Sección 10).

Cable de liberación

Vea las ilustraciones 11.5a, 11.5b y 11.6

3   Desconecte el cable de liberación del conjunto de traba del capó como se describe en el Paso 1.

4   Desprenda el cable de liberación del mazo de cables del motor. Agregue un tramo de cable al cable para permitir la instalación de un cable nuevo.

5   En el compartimento del pasajero, quite el panel para pies del lado del conductor para exponer la manija y el cable de liberación de la traba del capó **(vea las ilustraciones)**. **Nota:** *En modelos posteriores, será necesario quitar el centro eléctrico para acceder al cable de liberación. Retire la cubierta central. Para ello, quite el perno central y libere las trabas laterales (clips). Quite los clips laterales en cada lado del centro eléctrico y deslice el conjunto fuera de las ranuras de retención. Mueva el centro eléctrico hacia uno de los lados.*

6   Use tenazas para retirar el extremo del alojamiento del cable de la pestaña en el bastidor de la manija **(vea la ilustración)**. **Nota:** *Si debe reemplazar el bastidor de la manija, quite el perno de montaje y extraiga la manija del panel del parabrisas.*

7   Siga el cable hacia adelante, hacia la arandela aislante por la que el cable atraviesa el panel contra fuego, y haga palanca para sacar este panel. Tire de la manija y del cable hacia atrás, hacia el compartimiento del pasajero.

8   Desconecte el cable guía del cable antiguo y fíjelo al cable nuevo.

9   Con el cable nuevo sujetado al cable guía, tire de este último a través del panel contra fuego hasta que el cable nuevo llegue al conjunto de traba. Asegúrese de que la arandela aislante esté asentada de manera correcta en ambos lados del orificio del panel contra fuego. Empuje la arandela aislante usando los dedos desde el lado del compartimiento del pasajero para asentarla correctamente en el panel contra fuego.

10   El resto de la instalación se realiza en forma inversa al desmontaje.

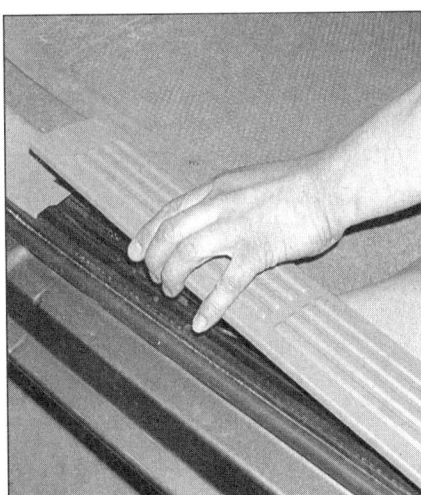

11.5a Tome con firmeza el adorno de moldura de la puerta y quítelo

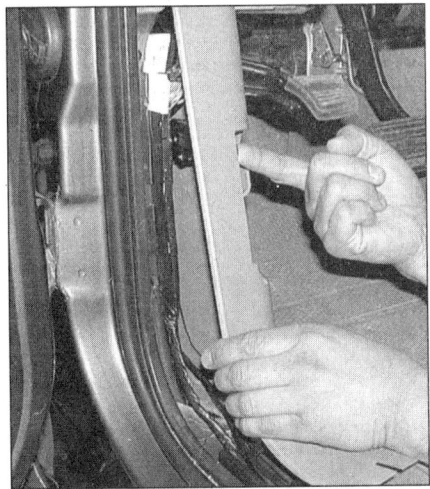

11.5b Tire del panel para pies del lado del conductor mientras guía la manija de liberación a través de la abertura

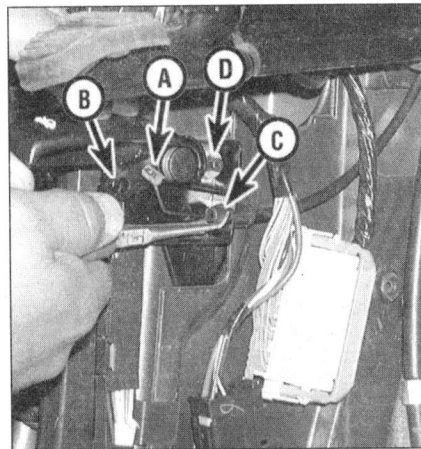

11.6 Saque el extremo del alojamiento del cable (A) de la muesca (B); luego, use unas tenazas para girar el extremo del alojamiento (C) y sacarlo del soporte. Para desacoplar la manija del cable de liberación de la traba del capó, quite la tuerca de retención (D)

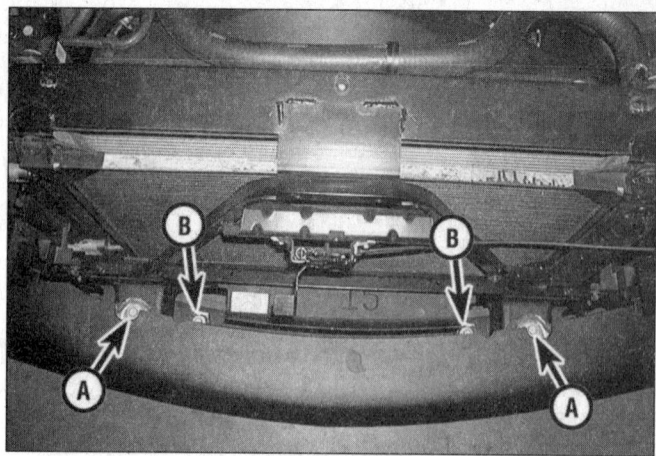

12.4a Después de sacar la parrilla, puede acceder a los pernos de montaje superiores de la defensa (A); también quite estos dos pernos inferiores (B)

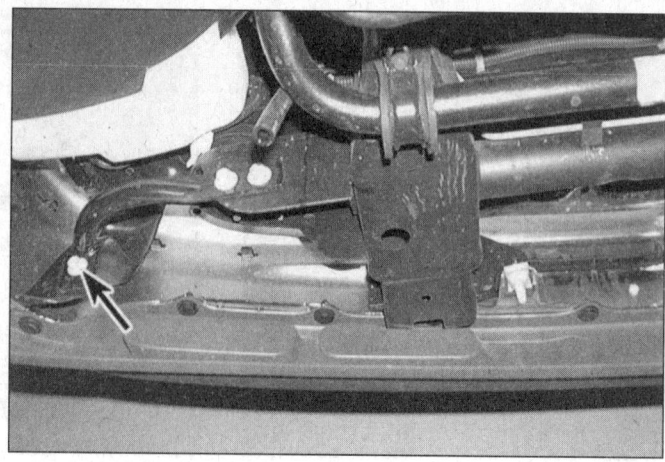

12.4b Desde abajo, quite el perno (flecha) a cada lado del soporte de la defensa

12 Defensas - desmontaje e instalación

Advertencia: *Los modelos incluidos en este manual están equipados con SRS, más conocido como bolsas de aire. Desactive siempre el sistema de bolsas de aire antes de trabajar cerca de cualquier componente de dicho sistema para evitar la posibilidad de que las bolsas de aire se desplieguen accidentalmente, lo que podría ocasionar lesiones personales (vea el Capítulo 12).*

1 Las defensas en todos los modelos son de acero cromado y tienen paneles de adorno superiores e inferiores negros o codificados por color.

Defensa delantera
Vea las ilustraciones 12.4a y 12.4b

2 Sostenga la defensa con un gato o un soporte de gato. Desconecte los conectores eléctricos de las luces de niebla (si las tiene).
3 Consulte la Sección 9 y quite la parrilla del radiador.
4 Pídale a un ayudante que sostenga la defensa mientras usted quita los pernos y las tuercas que sostienen la defensa al bastidor **(vea las ilustraciones)**.
5 Desconecte los mazos de cable o cualquier otro componente que interfiera con el desmontaje de la defensa y desacople la defensa.
6 La instalación se realiza en forma inversa al desmontaje. Apriete los pernos de retención a 63 lb-pulg.

Defensa trasera
Vea las ilustraciones 12.9a y 12.9b

7 Sostenga la defensa con un gato o un soporte de gato.
8 Desconecte la luz de placa.
9 Pídale a un ayudante que sostenga la defensa mientras usted quita los pernos, las tuercas y las placas prisioneras que sostienen la defensa al bastidor **(vea las ilustraciones)**.

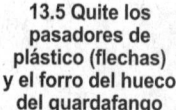

12.9a Quite estas tuercas y pernos (flechas, se muestra el lado derecho) para quitar la defensa trasera con sus soportes. A son las tuercas del plato, B es el perno inferior del riel del bastidor y C es el perno lateral del riel del bastidor

12.9b Si sólo quitará la defensa, quite estas tuercas (flechas)

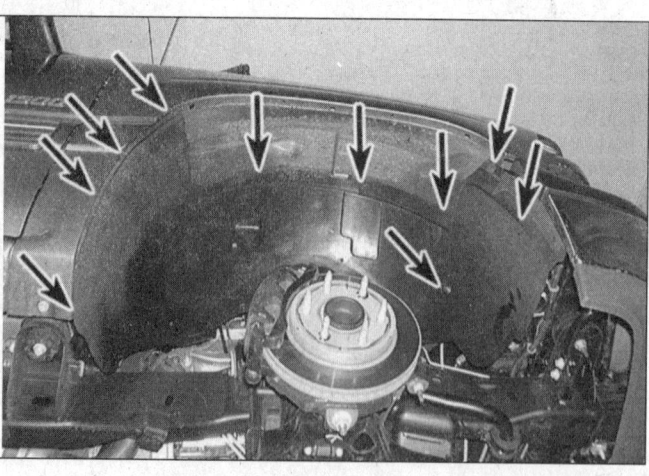

13.5 Quite los pasadores de plástico (flechas) y el forro del hueco del guardafango

13.6a Una vez que haya quitado el forro del guardafango, quite este perno que se encuentra en la parte frontal (flecha) . . .

Capítulo 11 Carrocería

13.6b ... y el perno inferior (flecha) que fija la parte inferior trasera del guardafango al panel del balancín

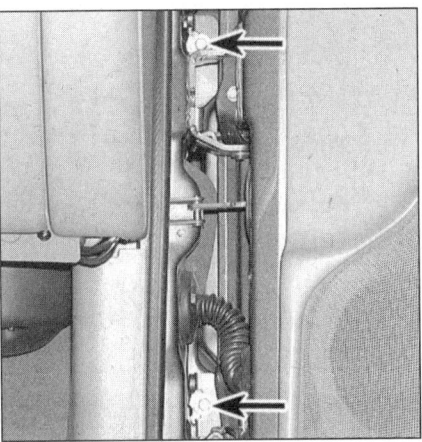

13.7 Quite estos pernos del guardafango (flecha) de la jamba de la puerta

13.8 Desatornille los pernos del soporte en pincel (flechas) en el frente del guardafango izquierdo

13.10 En la parte superior de cada guardafango, quite los pernos del soporte (A), el perno superior de fijación del guardafango al panel del parabrisas (B) y los pernos que fijan el guardafango a la carrocería (C)

10 Quite los pernos de montaje superiores del guardafango (vea la ilustración).
11 Desmonte el guardafango. Se recomienda que un asistente sostenga el guardafango mientras se lo retira del vehículo para evitar daños a los paneles de carrocería circundantes.
12 La instalación se realiza en forma inversa al desmontaje. Apriete todos los pernos, las tuercas y los tornillos con firmeza.

14 Cubierta del panel del parabrisas - desmontaje e instalación

Vea las ilustraciones 14.3, 14.4a y 14.4b

1 Marque la posición de las hojas del limpiaparabrisas en el parabrisas con un lápiz de cera.
2 Retire los brazos del limpiaparabrisas (vea el Capítulo 12).
3 A cada lado del panel del parabrisas, levante los platos laterales de la cubierta del panel del parabrisas y quítela (vea la ilustración).
4 Quite los retenedores de la parrilla del panel del parabrisas, desconecte las mangueras de líquido lavaparabrisas y desacople la parrilla del panel del vehículo (vea las ilustraciones).

14.3 Las secciones finales de la cubierta del panel del parabrisas se colocan a presión, sin sujetadores

Nota: *En los modelos con un orificio de acceso con traba para la manija para bajar el neumático de repuesto, tire de las defensas hacia atrás hasta que el tubo plástico en la parte posterior de las defensas salga del tubo metálico.*
10 La instalación se realiza en forma inversa al desmontaje. Apriete las tuercas de la placa a 66 lb-pulg, los pernos inferiores del riel del bastidor a 74 lb-pulg y el perno lateral del riel del bastidor a 30 lb-pulg.

13 Guardafango delantero - desmontaje e instalación

Vea las ilustraciones 13.5, 13.6a, 13.6b, 13.7, 13.8 y 13.10
Advertencia: *Los modelos incluidos en este manual están equipados con SRS, más conocido como bolsas de aire. Desactive siempre el sistema de bolsas de aire antes de trabajar cerca de cualquier componente de dicho sistema para evitar la posibilidad de que las bolsas de aire se desplieguen accidentalmente, lo que podría ocasionar lesiones personales (vea el Capítulo 12).*
1 Desconecte el cable negativo de la batería. **Precaución:** *En los modelos con sistema de audio antirrobo, asegúrese de que la función de bloqueo esté desactivada antes de realizar cualquier procedimiento que requiera desconectar la batería (vea las primeras hojas de este manual).* Afloje las tuercas de orejeta de las ruedas, levante

el vehículo, apóyelo de manera segura en soportes de gato y quite la rueda delantera.
2 Consulte la Sección 9 y quite la parrilla del radiador.
3 Consulte la Sección 10 para quitar el capó. Quite el resorte del capó desde el mismo lado del vehículo del que quitará el guardafango.
4 Consulte la Sección 14 y quite el panel lateral de la cubierta del panel del parabrisas del lado del que quitará el guardafango.
5 Haga palanca para sacar los remaches plásticos, quite los tornillos y retire el forro del hueco interior del guardafango (vea la ilustración).
6 Desde abajo, quite el perno delantero del guardafango en la parte delantera de la abertura del guardafango y el perno que se encuentra en el panel del balancín (vea las ilustraciones).
7 Abra la puerta y quite los pernos que fijan el guardafango al panel del parabrisas en la jamba de la puerta (vea la ilustración).
8 Si está quitando el guardafango izquierdo, quite la batería y la bandeja de la batería (vea el Capítulo 5) y quite los pernos de fijación del PDC (centro de distribución de potencia). Coloque el PDC a un lado sin desconectar los cables eléctricos. También quite el soporte en pincel ubicado en el frente (vea la ilustración). Además, desconecte el cable de liberación del capó de los clips en el guardafango, y desconecte la manguera del líquido lavaparabrisas.
9 Si está quitando el guardafango derecho, quite los pernos de la caja del filtro de aire y el depósito de compensación del radiador y póngalos a un lado (vea el Capítulo 3).

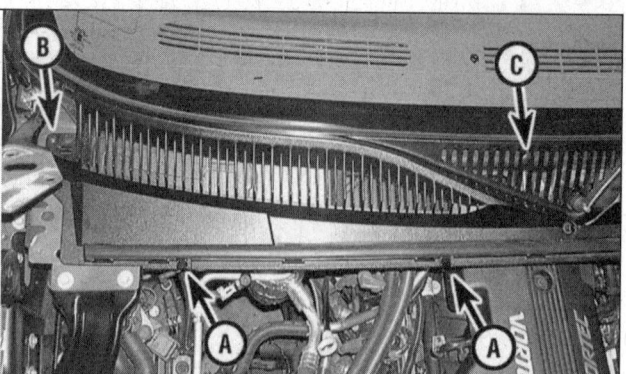

14.4a Quite los clips de plástico (A, se muestra el lado derecho del panel del parabrisas), el tornillo Torx y los pasadores de empuje plásticos (C)

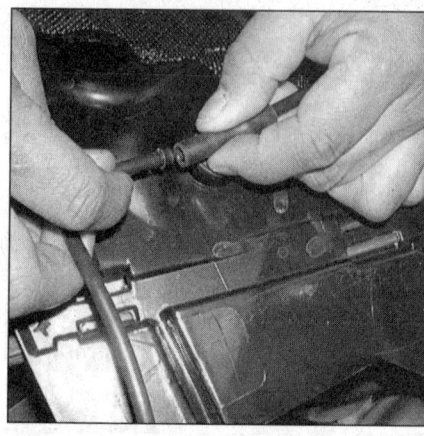

14.4b Una vez que haya levantado la cubierta del panel del parabrisas, desconecte la manguera del depósito del lavaparabrisas (fijado a la parte inferior del panel del parabrisas) y colóquele un tapón

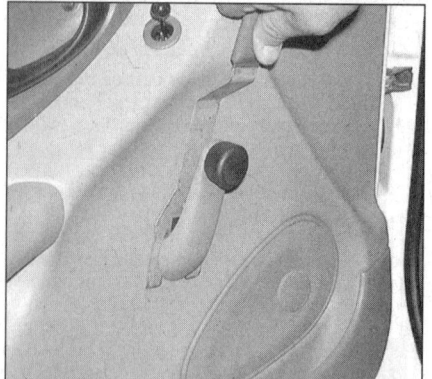

15.2a Use una herramienta en forma de gancho o una herramienta especial de desmontaje de manivelas de ventanas como ésta para quitar el clip de retención; luego, desacople la manija en manivela de la ventana

15.2b Levante el conjunto de interruptor de la ventana eléctrica y desconecte los conectores eléctricos

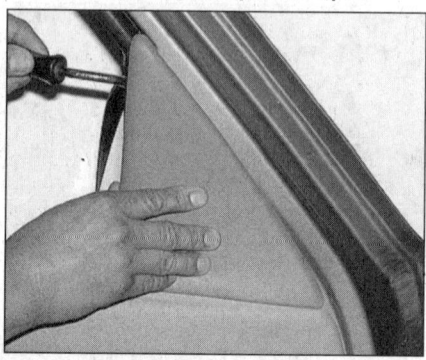

15.3a Use una herramienta para extracción de paneles de adornos para sacar el panel de adorno que cubre el montaje del espejo exterior

5 La instalación se realiza en forma inversa al desmontaje. Asegúrese de alinear las hojas del limpiaparabrisas con las marcas que hizo durante el desmontaje.

15 Paneles de adorno de la puerta - desmontaje e instalación

Puertas convencionales (camionetas y SUV)

Vea las ilustraciones 15.2a, 15.2b, 15.3a, 15.3b, 15.3c, 15.3d, 15.5 y 15.6

1 En los modelos con seguros eléctricos en las puertas o ventanas eléctricas, desconecte el cable del terminal negativo de la batería (vea el Capítulo 1). **Precaución:** *En los modelos con sistema de audio antirrobo, asegúrese de que la función de bloqueo esté desactivada antes de realizar cualquier procedimiento que requiera desconectar la batería (vea las primeras hojas de este manual).*

2 En los modelos con ventanas manuales, quite la manivela de la ventana (**vea la ilustración**). En los modelos con ventanas eléctricas, haga palanca para sacar el conjunto de interruptor eléctrico del panel de la puerta con una herramienta de hoja plana para extracción de paneles de adorno (**vea la ilustración**).

3 Quite todos los tornillos de retención del panel de adorno de la puerta y los conjuntos de apoyabrazos y manijas de las puertas (**vea las ilustraciones**). **Nota:** *En algunos modelos, los paneles de puerta cuentan con más de dos tornillos de retención. Localice las tapas que cubren los tornillos y quite todos los tornillos de retención del panel de la puerta antes de quitar el panel.*

4 Tire hacia arriba y hacia fuera al mismo tiempo para liberar el panel de la puerta de los clips de la puerta.

5 Una vez que haya desacoplado todos los clips, tire del panel de adorno hacia arriba para sacarlo de la puerta. Desconecte todos los conectores del mazo de cables y quite el panel de adorno del vehículo (**vea la ilustración**). La mayoría de los

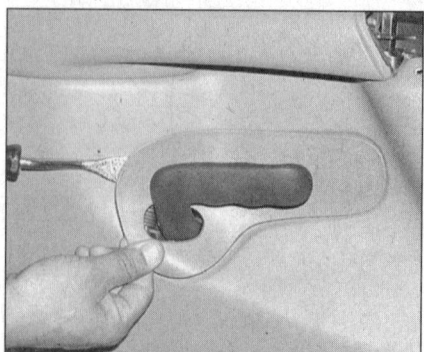

15.3b Use una herramienta para extracción de paneles de adorno para hacer palanca cuidadosamente alrededor de la manija interior de la puerta y quitar el panel

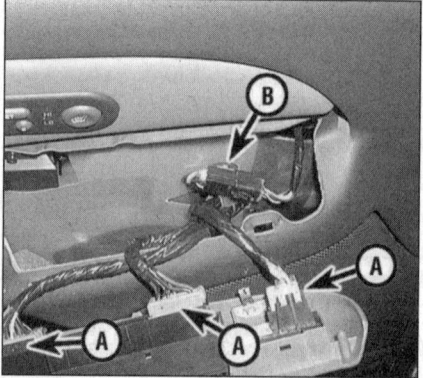

15.3c Desconecte los conectores eléctricos en el panel del interruptor de la ventana (A) y del interruptor del calentador de asientos (B)

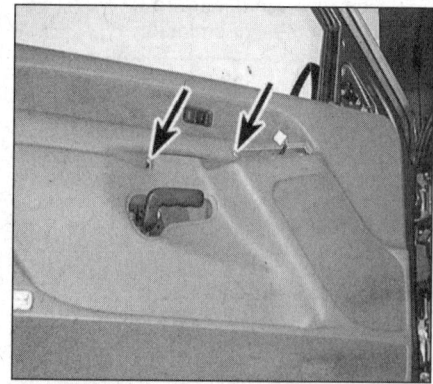

15.3d Quite los tornillos de montaje (flechas); luego, levante el panel de la puerta y sáquelo

Capítulo 11 Carrocería

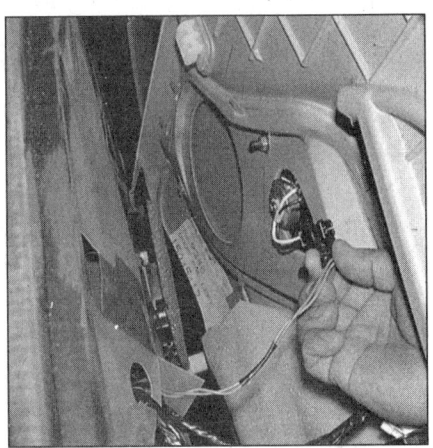

15.5 Levante el panel para quitarlo de la puerta y desconecte los conectores eléctricos

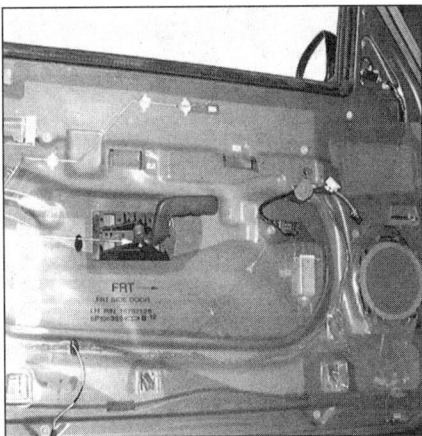

15.6 Despegue cuidadosamente el deflector de agua de la puerta para no romperlo

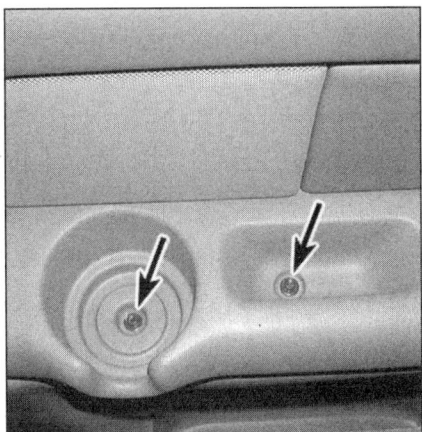

15.10 Quite los tornillos del panel de la puerta (flechas) en la tercera puerta de las camionetas

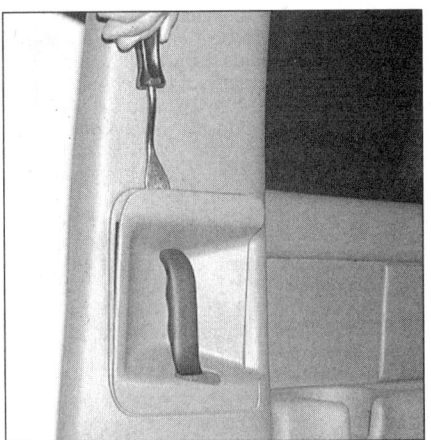

15.11 Saque cuidadosamente el adorno de alrededor de la manija interna de la puerta haciendo palanca

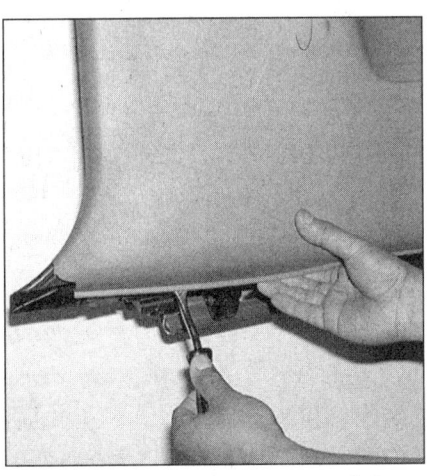

15.12 Libere los clips en la parte inferior de la puerta; luego, levante el panel

16.3a Quite el perno Torx de la correa de retención de la puerta (flecha)

modelos tienen luces de cortesía que pueden desconectarse (vea el Capítulo 12), mientras que otros tienen interruptores adicionales para los asientos térmicos que deben sacarse con una herramienta para extracción de paneles de adorno.

6   Para acceder a la puerta interior, despegue cuidadosamente el desviador de agua de plástico **(vea la ilustración)**.

7   Antes de instalar el panel de la puerta, asegúrese de volver a colocar en el panel los clips que se hayan salido durante el procedimiento de desmontaje y que hayan quedado en la puerta.

8   Conecte los conectores del mazo de cables y coloque el panel en posición en la puerta. Presione el panel de adorno contra la puerta (apenas por encima de la posición final) hasta que los clips en el panel de adorno se alineen con los orificios de la puerta; luego, presione el panel hasta que se asienten los clips.

9   Instale los apoyabrazos y manijas de las puertas, los tornillos y la manivela de la ventana. Conecte el cable negativo de la batería.

Tercera y cuarta puertas (camionetas con cabina extendida)

Vea las ilustraciones 15.10, 15.11 y 15.12

10 En las cavidades de las manijas de las puertas y los portavasos, quite los dos tornillos del panel de la puerta **(vea la ilustración)**.

11 Use una herramienta de hoja plana para extracción de adornos para hacer palanca en el panel de adorno de plástico alrededor de la manija interior de la tercera puerta (o cuarta puerta opcional) **(vea la ilustración)**.

12 Use la herramienta para extracción de paneles de adorno alrededor de toda la parte inferior del panel de la puerta para liberar los clips **(vea la ilustración)**.

13 Levante el panel de la puerta y sáquelo para liberar las pestañas internas de las ranuras de la puerta.

14 La instalación se realiza en forma inversa al desmontaje.

16 Puerta - desmontaje e instalación

Vea las ilustraciones 16.3a, 16.3b y 16.6

1   Retire el panel de adorno de la puerta (vea la Sección 15). Desconecte todos los conectores eléctricos y empújelos a través de la abertura de la puerta para que no interfieran con el desmontaje de la puerta. Deje la funda del mazo de cables conectada a la puerta, pero desconéctela de la carrocería.

2   Coloque un gato bajo la puerta o pídale a un ayudante que la sostenga mientras quita los pernos de la bisagra. **Nota:** *Si usa un gato, coloque*

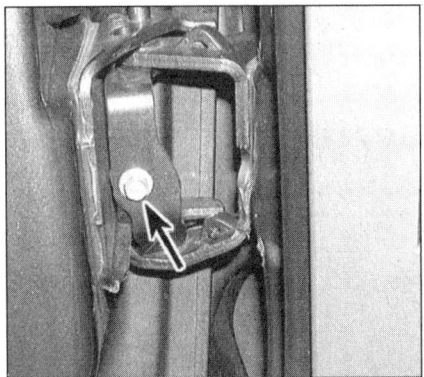

16.3b Con la puerta sostenida por un apoyo, quite los dos pernos de la bisagra (la flecha indica el perno en la bisagra inferior) y levante la puerta para sacarla

un trapo entre el gato y la puerta para proteger las superficies pintadas de la puerta.

3   Retire los sujetadores y levante cuidadosamente la puerta **(vea las ilustraciones)**. **Nota:** *Las bisagras se separan en dos mitades. Cada mitad de la bisagra está soldada a la puerta o al panel del parabrisas, y no pueden ajustarse. Si debe reemplazar una bisagra, debe realizar el trabajo en un taller de chapa y pintura.*

Capítulo 11 Carrocería

16.6 En la tercera o cuarta puerta de las camionetas, las bisagras giran sobre pasadores. Quite el clip C (flecha) en cada bisagra y levante la puerta para sacarla de los pasadores

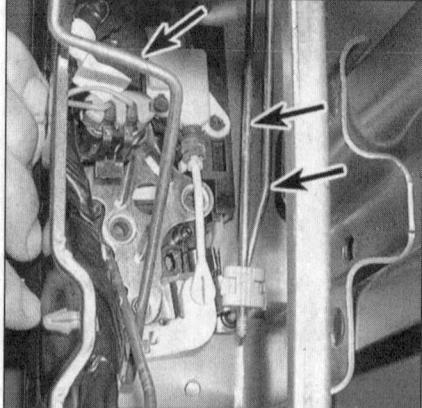

17.2 Quite las varillas de la traba (flechas) en la traba; trabaje a través de la abertura en la puerta

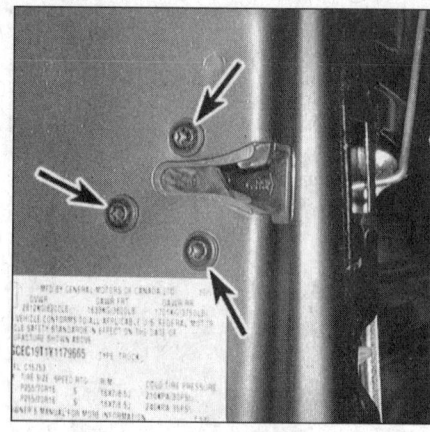

17.3 Los tornillos de montaje de la traba de la puerta (flecha) son sujetadores de cabeza Torx

17.7a Desconecte la barra de varillaje (A); luego, quite los pernos (B) para sacar la traba superior

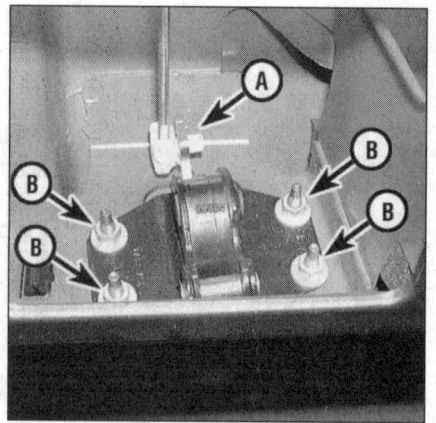

17.7b Desconecte la barra de varillaje (A); luego, quite las tuercas (B) para sacar la traba inferior

4   La instalación se realiza en forma inversa al desmontaje.

5   Las puertas traseras en los modelos SUV se desmontan e instalan de la manera descrita anteriormente para las puertas delanteras, con la excepción de que están sujetas al parante "B" de la carrocería y que el adorno del parante debe quitarse antes de desmontar la puerta.

6   En los modelos de camioneta con puerta de acceso trasera derecha (o puerta de acceso trasera izquierda opcional), las bisagras de las puertas no tienen pernos, sino dos clavijas. Para quitar la puerta, siga los pasos anteriores, pero quite los clips en los pasadores superiores de la bisagra de la puerta y mueva la puerta hacia arriba hasta que la mitad de la bisagra que se encuentra en la puerta salga de la carrocería (vea la ilustración). La instalación se realiza en forma inversa al desmontaje. Después de bajar las bisagras de las puertas sobre los pasadores, vuelva a colocar los clips en los pasadores superiores.

17 Traba, cilindro de cerradura y manijas de la puerta - desmontaje e instalación

Traba

Puertas estándar (camionetas y SUV)

Vea las ilustraciones 17.2 y 17.3

1   Levante la ventana completamente y luego quite el panel de adorno de la puerta y el desviador de agua (vea la Sección 15).

2   Gire los clips retenedores de plástico para sacarlos; luego, desacople la varilla de la traba del cilindro de cerradura de las manijas exterior e interior (vea la ilustración). Nota: *Es posible que sea más fácil llegar al clip de la varilla del cilindro de cerradura después de quitar el tapón de caucho de acceso de la puerta* (vea a continuación para obtener información sobre la manija exterior).

3   Quite los tres tornillos de montaje de cabeza Torx (es posible que necesite usar un destornillador de impacto para aflojarlos); luego quite la traba de la puerta (vea la ilustración). Si es posible, desconecte las varillas con la traba todavía colocada en la puerta; sino, saque la traba con las varillas acopladas y luego desconecte las varillas y los conectores eléctricos.

4   La instalación se realiza en forma inversa al desmontaje. Revise la puerta para asegurarse de que traba y destraba correctamente.

Tercera y cuarta puertas (camionetas con cabina extendida)

Vea las ilustraciones 17.7a y 17.7b

5   La tercera puerta (trasera) del lado derecho de las camionetas con cabina externa (y la cuarta puerta opcional del lado del conductor) tiene dos trabas, una en la parte superior y otra en la inferior. Las manijas de la puerta se acoplan a un mecanismo central conformado por varillas que van hacia ambas trabas.

6   Para quitar cualquiera de las trabas, vea la Sección 16 sobre el desmontaje del panel de la puerta y el burlete plástico.

7   Desconecte las varillas en cada traba; luego, quite los pernos de montaje de la traba (vea las ilustraciones).

8   La instalación se realiza en forma inversa al desmontaje.

Cilindro de cerradura

Vea la ilustración 17.9

9   Quite la manija exterior de la puerta (vea a continuación). Desconecte la conexión. Use un destornillador para empujar el retenedor del cilindro de cerradura y quite el cilindro de cerradura de la manija de la puerta (vea la ilustración).

10 La instalación se realiza en forma inversa al desmontaje.

17.9 Haga palanca para sacar el clip de retención del cilindro de cerradura (A) y deslice el cilindro de la parte posterior del conjunto de manija para extraerlo; luego, desconecte la barra (B). C indica las tuercas de retención de la manija (esta imagen corresponde a la vista desde abajo de la parte interior de la puerta)

Capítulo 11 Carrocería

17.11 Quite el tapón para obtener acceso a la tuerca de montaje superior de la manija exterior de la puerta a través de este orificio (flecha)

17.12 En la tercera y cuarta puerta de las camionetas, quite los dos tornillos (flechas) y saque la manija exterior

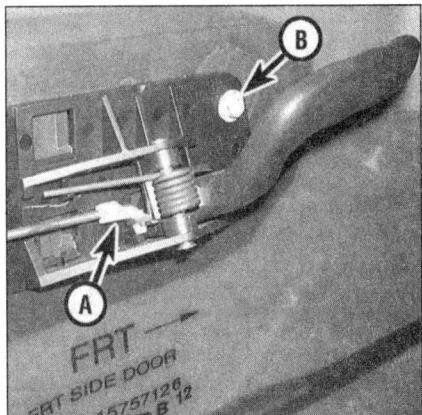

17.15 Libere el clip de la barra del seguro (A) y luego quite el perno de montaje de la manija interior (B)

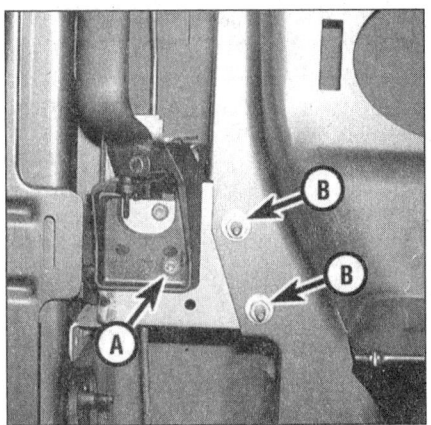

17.16 La manija interior de la tercera puerta está sostenida por un perno (A); las tuercas (B) fijan el soporte de la manija

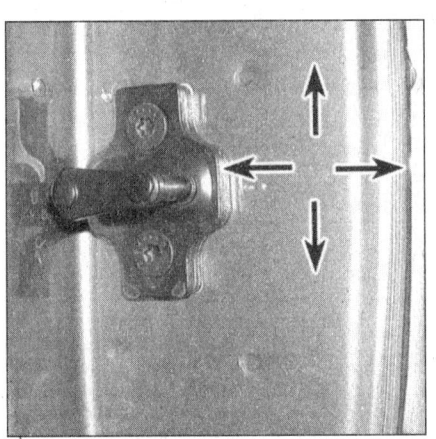

17.17 La cerradura de la traba en la jamba de la puerta puede ajustarse levemente hacia arriba, hacia abajo, hacia dentro o hacia fuera

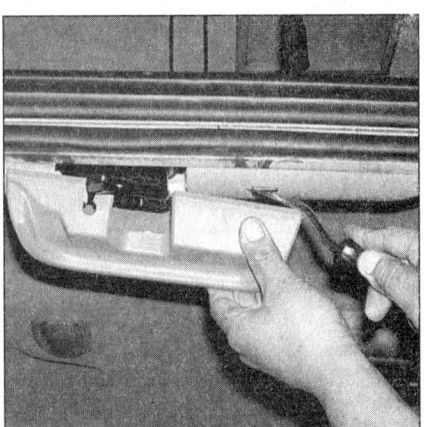

17.19a Use una herramienta para extracción de paneles de adornos para quitar este panel . . .

Manija exterior

Vea las ilustraciones 17.11 y 17.12

11   Desconecte la conexión de la manija exterior de la traba, quite las tuercas de montaje y desacople la manija de la puerta (**vea la ilustración 17.9**). Solamente puede acceder a una de las tuercas si quita el tapón de caucho en la jamba trasera de la puerta (**vea la ilustración**).
12   En la tercera y cuarta puerta, quite los tornillos de montaje de la manija de la jamba delantera de puerta y saque el conjunto de la manija (**vea la ilustración**).
13   Coloque la manija en posición, fije la conexión e instale las tuercas. Apriete las tuercas con firmeza.

Manija interior

Vea las ilustraciones 17.15 y 17.16

14   Siga los pasos en la Sección 16 para quitar el panel de adorno de la puerta.
15   En las puertas estándar, desconecte la barra de la traba del conjunto de manija, luego quite el perno de montaje (**vea la ilustración**).
16   En la tercera y cuarta puerta (pick-ups con cabina externa), quite un perno de montaje y saque el conjunto de manija (**vea la ilustración**).

Cerraduras de las trabas

Vea las ilustraciones 17.17, 17.19a y 17.19b

17   Para realizar ajustes menores en las puertas para alinear las trabas, pueden aflojarse los pernos en la cerradura de las trabas (que se encuentran frente a cada traba) y mover levemente la cerradura (**vea la ilustración**). Vuelva a apretar los pernos de montaje de la cerradura y compruebe que las trabas funcionen correctamente. **Nota:** *La cerradura puede moverse hacia arriba y hacia abajo, o hacia la derecha y la izquierda para realizar ajustes.*
18   La tercera y cuarta puerta de las camionetas con cabina externa tienen dos trabas y, por lo tanto, dos cerraduras, una sobre la puerta y otra debajo de ésta. La cerradura inferior está en el panel del balancín inferior.
19   La cerradura de la traba superior está fijada al techo del vehículo. Para quitarla o realizar ajustes en ella, quite el adorno que la rodea (**vea la ilustración**).

18   Vidrio de la ventana de la puerta: desmontaje e instalación

Vea la ilustración 18.4

1   Quite el panel de adorno de la puerta y el desviador de agua (vea la Sección 15). El procedimiento de desmontaje y de instalación del

17.19b . . . y así acceder a la cerradura superior de la tercera y cuarta puerta de las camionetas

vidrio de la ventana es esencialmente igual para las puertas delanteras y traseras (SUV [vehículos utilitarios deportivos]).
2   Baje el vidrio hasta que los pernos de la guía del vidrio puedan verse en la abertura de la puerta.
3   Quite el perno del canal del vidrio de la ventana delantera para permitir que el canal se separe del vidrio.

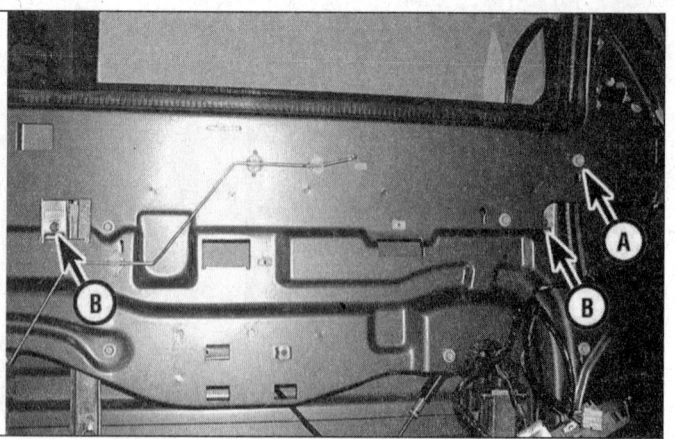

18.4 Quite el perno del canal guía (A), luego alinee la ventana para que los pernos (B) de la guía del vidrio puedan aflojarse

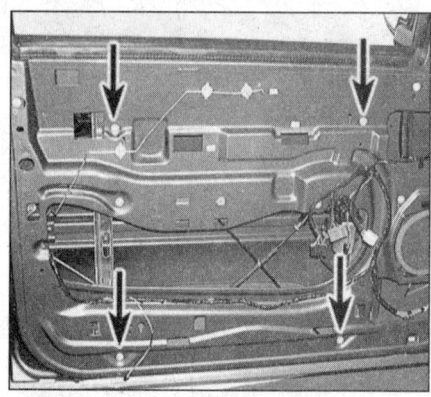

19.3 Ubicaciones del perno de montaje del regulador de la ventana de la puerta (flechas)

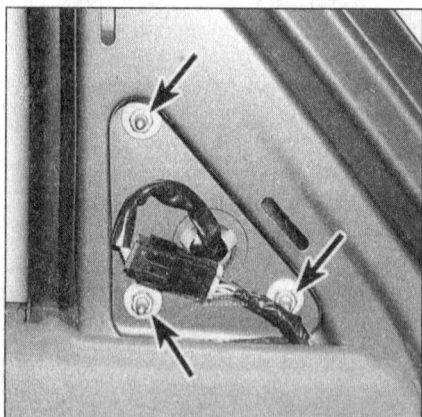

20.3 Quite las tres tuercas de montaje del espejo exterior (flechas); en los modelos eléctricos (mostrados), desconecte el conector eléctrico

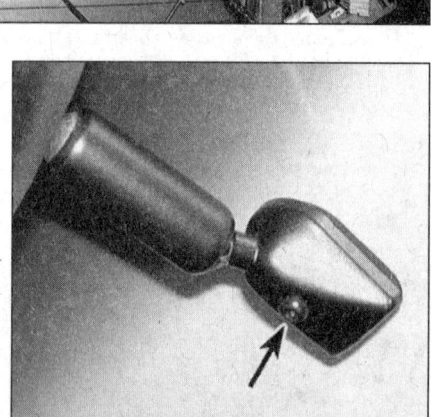

20.5 Quite el tornillo de fijación y deslice el espejo interior para sacarlo de la base del soporte

21.1 Levante el retenedor del resorte (flecha) y deslice el extremo del cable para sacarlo del pasador

4   Afloje los dos pernos que retienen el vidrio a la guía del regulador de la ventana (**vea la ilustración**).
5   Levante y retire el vidrio de la puerta por la abertura.
6   Para instalarlo, baje el vidrio para introducirlo en la puerta, deslícelo para ponerlo en posición y ajuste las tuercas.
7   El resto de la instalación se realiza en forma inversa al desmontaje.

19 Regulador del vidrio de la ventana de la puerta - desmontaje e instalación

Vea la ilustración 19.3
Advertencia: *No quite el motor eléctrico del conjunto del regulador. El motor está disponible solamente como una unidad integral con un nuevo regulador.*

1   Quite el desviador de agua y el panel de adorno de la puerta. **Nota:** *El procedimiento es el mismo para los reguladores de la puerta delantera y trasera (modelos SUV).*
2   Quite el vidrio de la ventana de la puerta (vea la Sección 18).
3   El conjunto del regulador de la ventana está compuesto de dos guías y cables. Retire los pernos de montaje del regulador de la ventana (**vea la ilustración**). Para retirar el conjunto de la puerta, enfrente las dos guías para cerrar el conjunto y, así, quitarlo fácilmente. En los modelos SUV, el regulador de la puerta trasera se quita de la misma manera que el regulador de la puerta delantera.
4   En los modelos con ventanas eléctricas, desconecte el conector eléctrico.
5   Quite el regulador de la puerta.
6   La instalación se realiza en forma inversa al desmontaje.

20 Espejos - desmontaje e instalación

Vea las ilustraciones 20.3 y 20.6

Espejos exteriores

1   Quite el panel de adorno interior de la esquina superior. Para ello, tire en línea recta hasta que los clips se liberen de la puerta (**vea la ilustración 15.3a**).
2   En los modelos con espejos eléctricos, desconecte el conector eléctrico.
3   Quite las tuercas y desconecte el espejo de la puerta (**vea la ilustración**).
4   La instalación se realiza en forma inversa al desmontaje.

Espejo interior

5   Quite el tornillo de fijación, luego deslice el espejo hacia arriba para sacarlo de la base del soporte del parabrisas (**vea la ilustración**).
6   La instalación se realiza en forma inversa al desmontaje.

7   Si la base del soporte del espejo se salió del parabrisas, puede volver a fijarse con un kit especial de adhesivo para espejos disponible en la mayoría de las tiendas de autopartes. Limpie el vidrio y la base del soporte minuciosamente, siga las instrucciones en el envoltorio del adhesivo y permita que la base se adhiera durante una noche antes de colocar el espejo.

21 Puerta trasera (modelos pick-up) - extracción e instalación

Vea las ilustraciones 21.1, 21.2 y 21.4
1   Abra la puerta trasera y quite los cables de retención (**vea la ilustración**). En los modelos 2001 y posteriores, quite el perno de la bisagra inferior derecha de la puerta trasera.
2   Baje la puerta trasera hasta que la parte plana del pasador de la bisagra del lado derecho se alinee con la ranura de la cavidad de la bisagra. Levante la puerta trasera y sáquela de la cavidad (**vea la ilustración**). Con la ayuda de un asistente para soportar el peso, retire el pasador de la bisagra izquierdo de la carrocería y quite la puerta trasera del vehículo.
3   La instalación se realiza en forma inversa al desmontaje. **Nota:** *Aplique grasa blanca en las piezas de contacto del conjunto de bisagra de la puerta trasera antes de la instalación.*
4   Si es necesario alinear, las trabas (una a cada lado) pueden aflojarse y moverse (vea la Sección 22) o los pasadores de la cerradura de

Capítulo 11 Carrocería   11-15

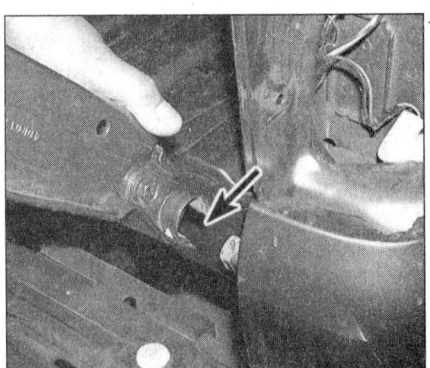

21.2 Baje la puerta trasera tanto como sea necesario para alinear el área abierta (flecha) en la cavidad del pasador de la bisagra del lado derecho con los lados rectos del pasador. Luego levante la puerta trasera, deslícela hacia la derecha y sáquela del vehículo

21.4 Las cerraduras de la traba de la puerta trasera (se muestra el lado derecho) pueden aflojarse con una broca macho Torx para ajustar su posición levemente

22.1 Haga palanca hacia abajo para sacar el marco de la cerradura de la puerta trasera

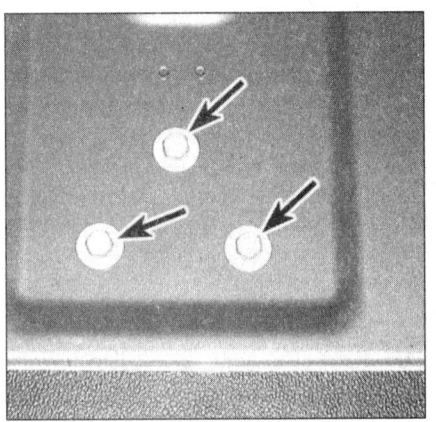

22.2 Pernos de montaje de la manija de la puerta trasera (flechas)

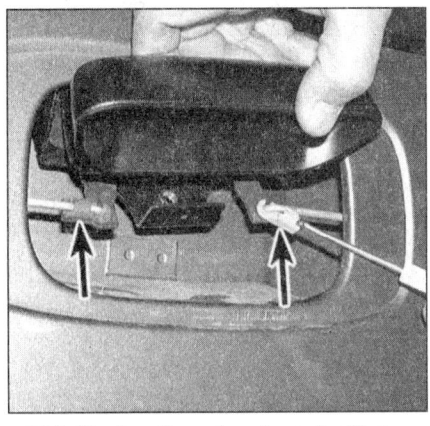

22.3 Gire los clips retenedores de plástico (flechas) para sacarlos de las barras de control y desacople las barras de la manija

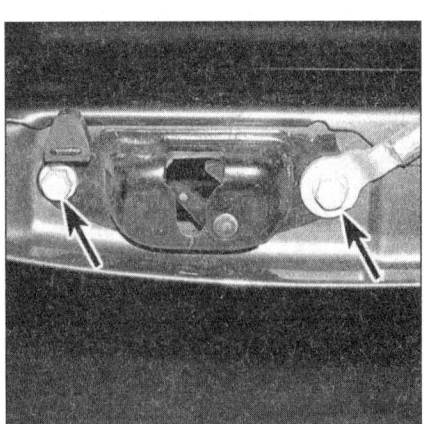

22.4 Quite los pernos de montaje de la traba de la puerta trasera (flechas) y retírelos con la varilla de control

las trabas pueden moverse ligeramente para que la puerta trasera encaje de manera correcta (**vea la ilustración**).

22 Traba y manija de la puerta trasera (modelos pick-up) - desmontaje e instalación

Vea las ilustraciones 22.1, 22.2, 22.3 y 22.4

1 Use un pequeño destornillador o una herramienta para extracción de paneles de adornos para hacer palanca y sacar el escudete de la manija. Una vez que saque la parte inferior, tire del escudete hacia abajo y sáquelo de la puerta trasera (**vea la ilustración**). Si usa un destornillador, cubra la punta con cinta aislante para evitar rayar la pintura.
2 Desde el lado de la plataforma de la puerta trasera, quite los pernos de montaje de la manija (**vea la ilustración**).
3 Gire los clips retenedores de plástico para sacarlos de las barras de control y desacople las barras de la manija (**vea la ilustración**).
4 Quite los pernos y retire la traba del extremo de la puerta trasera (**vea la ilustración**).
5 La instalación se realiza en forma inversa al desmontaje. Apriete todos los sujetadores con firmeza.

23 Compuerta levadiza y vidrio de compuerta levadiza (modelos SUV) - desmontaje e instalación

Compuerta levadiza
Vea la ilustración 23.4

Advertencia: *La compuerta levadiza es pesada y difícil de sostener. Al menos dos personas deben realizar este procedimiento.*

1 Abra la compuerta levadiza y sosténgala en su posición. Use una herramienta para extracción de paneles de adornos para quitar la moldura interior que se encuentra sobre la compuerta levadiza.
2 Desconecte los conectores eléctricos de la compuerta levadiza y desconecte la manguera de líquido del lavaparabrisas.
3 Desacople los tirantes de apoyo de la compuerta levadiza (vea la Sección 24).
4 Quite los pernos de montaje de la bisagra a la carrocería de la compuerta levadiza (**vea la ilustración**). Quite los pernos mientras, al menos, un asistente, o preferentemente dos, lo ayudan a sostener la compuerta levadiza.
5 La instalación se realiza en forma inversa al desmontaje.

Vidrio de compuerta levadiza
6 Desconecte el conector eléctrico del desempañador de la ventana trasera.
7 Abra la compuerta levadiza y quite el clip C en el extremo izquierdo de cada bisagra de la compuerta levadiza (**vea la ilustración 23.4**).
8 Ahora cierre la compuerta levadiza. Con la ayuda de un asistente, abra el vidrio de la compuerta levadiza y deslícelo hacia la izquierda

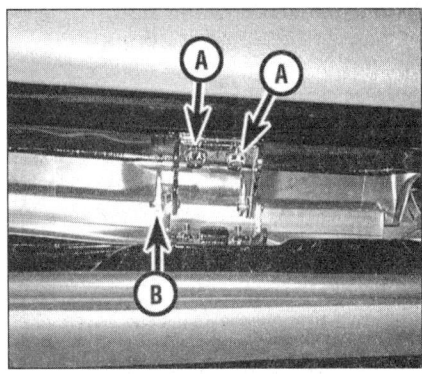

23.4 Quite los pernos de montaje de la bisagra de la compuerta levadiza a la carrocería (A, se muestra el lado izquierdo); B indica el clip C que fija la bisagra del vidrio de la compuerta levadiza

Capítulo 11   Carrocería

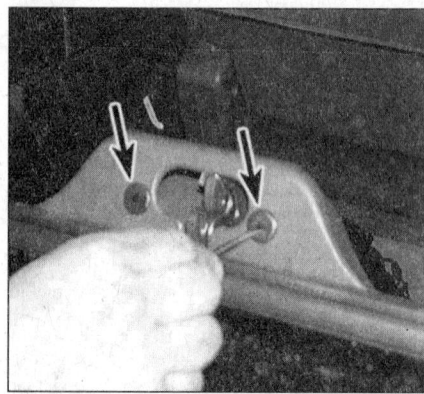

24.1 Quite los dos pasadores de empuje (flechas) de la traba del vidrio de la compuerta levadiza; haga palanca en los pasadores centrales de cada sujetador para quitarlos

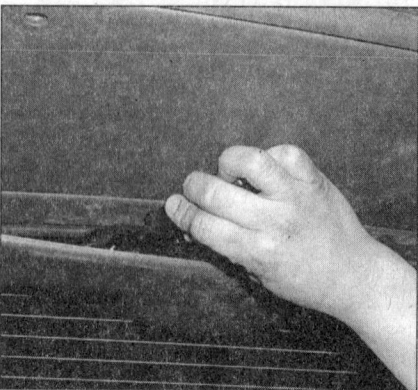

24.2a Haga palanca con una herramienta para extracción de paneles de adornos alrededor de los bordes del panel de adorno superior de la compuerta levadiza hasta poder sacarlo

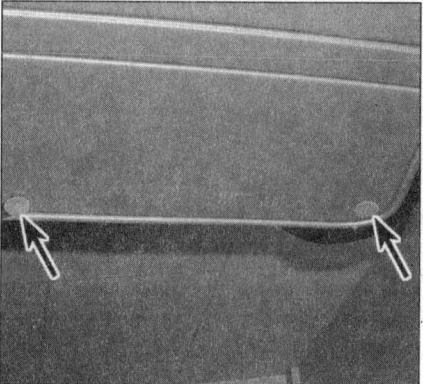

24.2b Haga palanca para sacar los sujetadores plásticos alrededor del panel de adorno inferior de la compuerta levadiza

24.2c Quite el tornillo Torx que fija la correa de asistencia en el centro del panel de adorno inferior

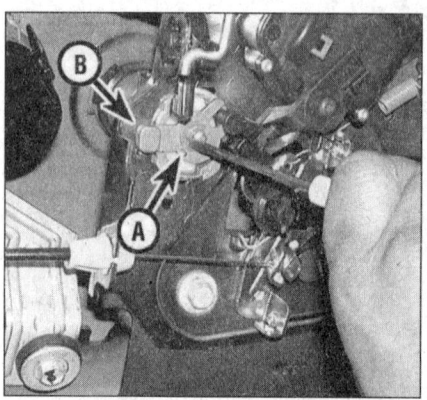

24.6 Haga palanca para sacar el clip C (A) del extremo de la traba del cilindro de cerradura y luego quite la palanca del cilindro de cerradura (B)

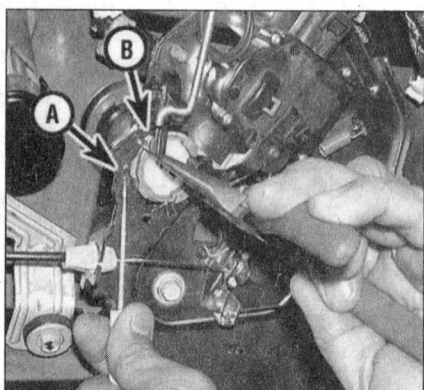

24.7 Use una lezna para presionar el pasador accionado por resorte (A) y tenazas para girar el cilindro de cerradura hasta que las pestañas (B indica una) se alineen con las muescas del plato de la traba

hasta que la bisagra del vidrio salga de los pasadores de las bisagras de la compuerta levadiza. Las bisagras del vidrio de la compuerta levadiza forman parte del conjunto del vidrio trasero.
9   La instalación se realiza en forma inversa al desmontaje. Asegúrese de que los clips C se traben en su lugar en las ranuras de los pasadores de la bisagra.

24 Paneles de la compuerta levadiza, cilindro de cerradura, traba y tirantes de apoyo (modelos SUV) - desmontaje e instalación

Paneles de adorno interiores
Vea las ilustraciones 24.1, 24.2a, 24.2b y 24.2c
1   Abra el vidrio de la compuerta levadiza y quite los pasadores de empuje plásticos que fijan el panel de adorno a la traba del vidrio de la compuerta levadiza (**vea la ilustración**).
2   Quite la correa de asistencia, luego use una herramienta para extracción de paneles de adornos para hacer palanca en los sujetadores plásticos del panel de adorno y extraerlos (**vea las ilustraciones**). El panel de adorno superior debe extraerse primero para acceder al panel de adorno de la compuerta levadiza inferior (más grande).
3   Debe tirar del panel inferior hacia arriba (hacia el vidrio de la compuerta levadiza) hasta sacarlo de las pestañas de la compuerta levadiza.

No tire hacia fuera, dado que los clips plásticos en la parte posterior del panel pueden romperse.
4   La instalación se realiza en forma inversa al desmontaje.

Cilindro de cerradura
Vea las ilustraciones 24.6, 24.7 y 24.8
5   Quite los paneles de adorno de la compuerta levadiza (Pasos 1 a 3).

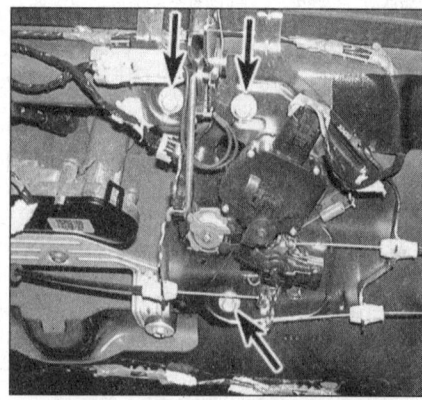

24.8 Quite los tres pernos (flechas) para separar el conjunto de funcionamiento de la traba de la compuerta levadiza

6   En la parte donde el cilindro de cerradura se extiende a través del conjunto de traba, quite el clip C y la palanca del cilindro de cerradura (**vea la ilustración**).
7   Gire el cilindro de cerradura en el extremo interior hasta que las pestañas se alineen con las muescas del plato de la traba (**vea la ilustración**).
8   Quite los tres pernos que aseguran el conjunto de la traba a la compuerta levadiza (**vea la ilustración**). Retire la traba de la compuerta levadiza tanto como sea necesario para acceder a la parte trasera del cilindro de cerradura y extraerlo. **Nota:** *No deben desconectarse las barras o los cables fijados al conjunto de la traba para extraer el cilindro de cerradura.*
9   La instalación se realiza en forma inversa al desmontaje.

Manija exterior
Vea la ilustración 24.11
10   Quite los paneles de adorno (Pasos 1 a 3).
11   Quite el cable de la manija a la traba y luego las tuercas de montaje (**vea la ilustración**).
12   La instalación se realiza en forma inversa al desmontaje.

Trabas
Vea la ilustración 24.14
13   Quite los paneles interiores de la compuerta levadiza (Pasos 1 a 3). El sistema de traba de la

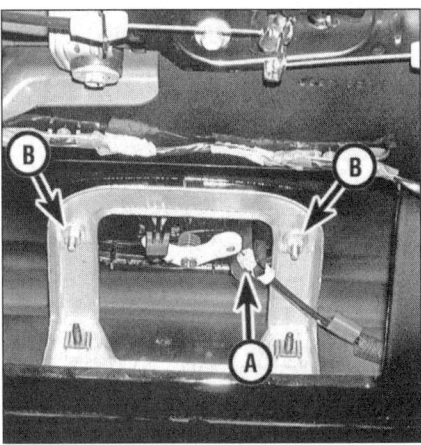

24.11 Desconecte el extremo del cable (A) del conjunto de manija. Luego, quite las dos tuercas de montaje (B)

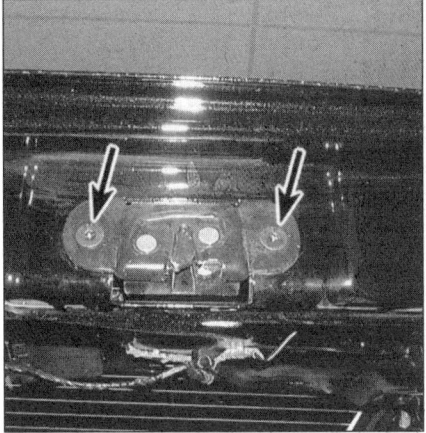

24.14 Quite los dos pernos desde abajo (flechas) para quitar la traba de la compuerta levadiza

24.18 Quite cualquiera de los extremos del tirante de apoyo de la compuerta levadiza tirando del clip de retención con un destornillador pequeño. A continuación, quite el tirante del perno prisionero de bola (se muestra el tirante de la compuerta levadiza; el tirante del vidrio de la compuerta levadiza es similar)

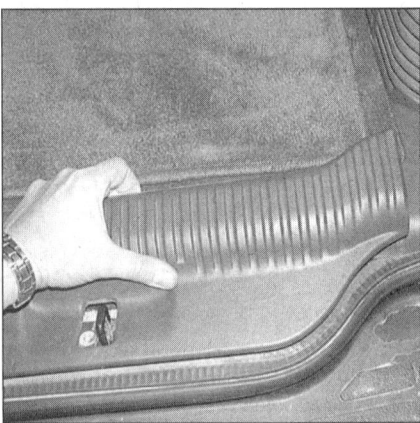

24.21 Haga palanca hacia arriba y luego tire hacia arriba el plato del adorno de la solera de la compuerta para acceder a las cerraduras

24.22 Pernos de montaje de la cerradura (flechas, se muestra la cerradura izquierda). Haga una marca de referencia alrededor de los bordes de la cerradura antes de reposicionarla para realizar ajustes

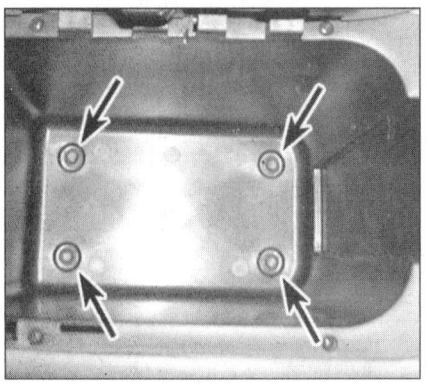

25.1 Quite los cuatro tornillos (flechas) en la parte inferior del área de almacenamiento de la consola

compuerta levadiza es algo complejo. Hay dos trabas sobre el extremo inferior de la compuerta levadiza, donde se une a la solera de la carrocería. En el medio de la compuerta levadiza se encuentra el conjunto de funcionamiento de la traba, que se conecta mediante un cable a la manija exterior. Cuando se tira de la manija, el cable activa el mecanismo central mediante cables que van a cada una de las dos trabas.

14 Para quitar una traba, desconecte el cable que va a la traba desde el interior de la compuerta levadiza. Desde la parte inferior de la compuerta levadiza, quite los dos pernos de montaje de la traba **(vea la ilustración)**.

15 Para quitar el conjunto de funcionamiento de la traba, marque y desconecte los tres cables y el conector eléctrico, y luego consulte los Pasos 5 a 8 para quitar el conjunto de la compuerta levadiza **(vea la ilustración 24.8)**.

16 La instalación se realiza en forma inversa al desmontaje.

Tirantes de apoyo

Vea la ilustración 24.18

17 Hay dos tirantes de apoyo para la compuerta levadiza y dos tirantes independientes para sostener el vidrio. Abra la compuerta levadiza (o el vidrio de esta) y apóyela de manera segura en posición completamente abierta.

18 Libere el clip pequeño en cada extremo del tirante y luego tire del tirante desde la bola de montaje **(vea la ilustración)**.

19 La instalación se realiza en forma inversa al desmontaje.

Cerradura

Vea las ilustraciones 24.21 y 24.22

20 La posición de cierre de la compuerta levadiza puede ajustarse levemente. Para ello, mueva una o ambas cerraduras de la compuerta levadiza.

21 Para acceder a las cerraduras, use una herramienta para extracción de paneles de adornos para hacer palanca bajo el borde del plato del adorno de la solera **(vea la ilustración)**.

22 Afloje los pernos de montaje de la cerradura, muévala levemente, vuelva a ajustar los pernos y revise el cierre de la compuerta levadiza **(vea la ilustración)**.

25 Consola central - desmontaje e instalación

Advertencia: *Los modelos incluidos en este manual están equipados con Sistemas de Retención Suplementaria (SRS), comúnmente conocidos como bolsas de aire. Siempre desactive el sistema de bolsas de aire antes de trabajar cerca de alguno de los componentes para evitar la posibilidad de que se active accidentalmente y cause lesiones* (vea el Capítulo 12).

Consola central del piso

Vea las ilustraciones 25.1, 25.2a, 25.2b, 25.2c, 25.3, 25.4a y 25.4b

1 En todos los modelos, abra la tapa de la consola y quite los pernos que fijan esta última al soporte del piso **(vea la ilustración)**. **Nota:** *Si debe quitar el soporte de la consola, o está trabajando en un modelo con consola de lujo, deberá quitar antes los asientos delanteros.*

2 Quite los portavasos delanteros y los tornillos de la cavidad **(vea la ilustración)**. En este momento, se puede quitar la parte principal de la

25.2a Tire hacia arriba el inserto del portavasos y luego quite estos dos tornillos (flechas)

25.2b En los modelos SUV, incline hacia abajo el portavasos en la parte posterior de la consola y saque las esquinas inferiores de ésta . . .

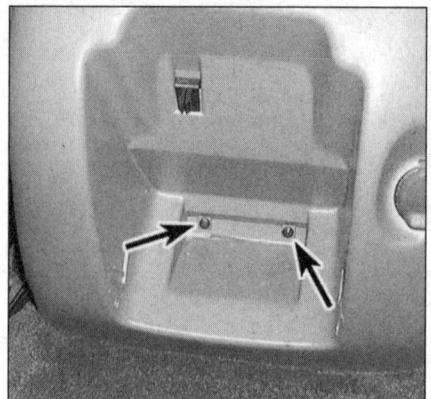

25.2c . . . para exponer los dos tornillos de montaje de la consola (flechas)

25.3 Quite los dos tornillos (flechas) y tire hacia arriba el marco con el compartimiento del CD; no tire de la puerta del compartimiento del CD

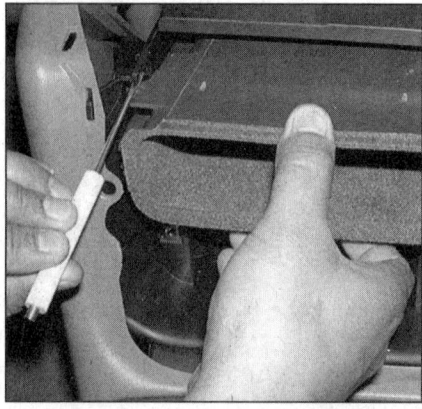

25.4a Tire hacia atrás el recipiente de almacenamiento y, al mismo tiempo, utilice un destornillador pequeño para presionar los clips a cada lado del recipiente

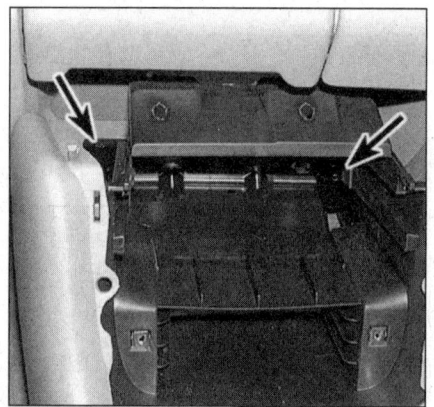

25.4b Una vez que saca el recipiente, puede acceder a los dos tornillos de la extensión al tablero (flechas) usando una extensión del dispositivo de 1/4 de pulgada de largo y un dado flexible

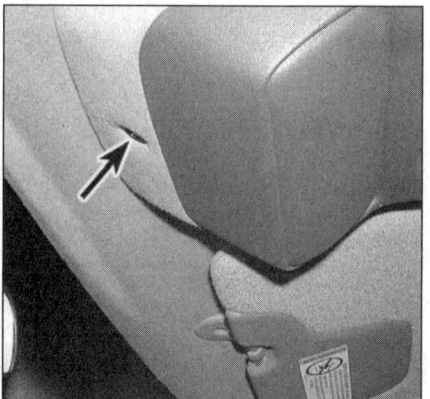

25.8 Después de quitar el perno delantero (flecha), tire uniformemente hacia abajo de ambos lados en la parte delantera de la consola superior; luego deslícela hacia la parte posterior para desacoplarla de los clips en el techo. No tire de toda la consola en línea recta hacia abajo; de lo contrario, puede romper los clips posteriores

consola en los modelos pick-up. En los modelos SUV, los controles de la radio se encuentran en la parte posterior de la consola, y ésta debe desatornillarse **(vea las ilustraciones)**. Desconecte los conectores eléctricos del control de la radio y el dado del punto de alimentación (vea el Capítulo 12).

3   Para quitar el marco de adorno entre la extensión delantera de la consola y el tablero de instrumentos, quite los tornillos y haga palanca para sacar la parte superior del marco **(vea la ilustración)**. *Precaución: Al tirar del marco, no lo tome de la puerta del compartimiento del CD. Puede romperse.*

Nota: *En los modelos Denali, tire del marco en el frente de la consola. Quite los tornillos, el centro de información del conductor y el reproductor de CD, si corresponde. Esto le brinda acceso a los sujetadores de extensión de la consola al tablero.*

4   Una vez que sacó el marco, quite el recipiente de almacenamiento y luego los tornillos que sujetan la extensión de la consola al tablero de instrumentos **(vea las ilustraciones)**.

5   Desconecte todos los conectores eléctricos y quite la consola del vehículo.

6   La instalación se realiza en forma inversa al desmontaje.

Consola superior

Vea la ilustración 25.8

7   Desconecte el cable negativo de la batería (vea el Capítulo 1). **Precaución:** *En los modelos equipados con el sistema de audio Theftlock, asegúrese de que la función de bloqueo está desactivada antes de realizar cualquier procedimiento que requiera desconectar la batería (vea el principio de este manual).*

8   Quite el tornillo de retención de la parte delantera, tire del frente de la consola hacia abajo y luego hacia la parte posterior para desacoplar los clips traseros. En los modelos con una consola superior de una pieza, de largo completo, quite el tornillo de la parte delantera, baje el frente y mueva la consola hacia el parabrisas para liberar los clips traseros. Desenchufe el conector eléctrico y baje la consola **(vea la ilustración)**. Es posible que los modelos SUV tengan controles HVAC (del sistema de enfriamiento, calefacción y aire acondicionado) en la consola superior. Si es así, desconecte también esos conectores.

9   Es posible que los modelos SUV tengan una segunda consola superior sobre el segundo grupo de asientos. Esta consola se quita de la misma manera que la consola superior frontal.

10   La instalación se realiza en forma inversa al desmontaje.

26   Paneles de adorno del tablero de instrumentos - desmontaje e instalación

Advertencia: *Los modelos incluidos en este manual están equipados con Sistemas de Retención Suplementaria (SRS), comúnmente conocidos como bolsas de aire. Siempre desactive el sistema de bolsas de aire antes de trabajar cerca de alguno de los componentes para evitar la posibilidad de que se active accidentalmente y cause lesiones* (vea el Capítulo 12).

Marco del grupo de instrumentos

Vea la ilustración 26.3

1   Con las ruedas bloqueadas, aplique el freno de estacionamiento y baje la palanca de cambios, tanto como sea posible.

2   En los modelos con columnas de dirección ajustables, incline el volante hacia abajo tanto como sea posible.

3   Tome el marco con firmeza y tire de él suavemente para desacoplar los clips de retención del tablero de instrumentos **(vea la ilustración)**.

4   La instalación se realiza en forma inversa al desmontaje.

Protector para rodillas

Vea las ilustraciones 26.7 y 26.8

5   Quite la cubierta que se encuentra sobre la caja de fusibles/relés en el extremo izquierdo del tablero.

Capítulo 11   Carrocería

26.3 Tome con firmeza el marco del grupo de instrumentos y tire de él suavemente para desacoplar los clips

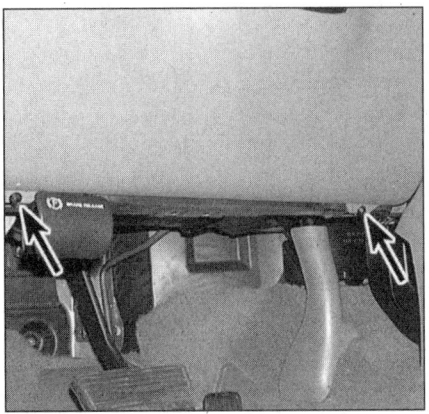

26.7 El protector para rodillas está sostenido en su lugar mediante tornillos (flechas) ubicados en la parte inferior y clips en la parte superior

26.8 Tuercas de montaje del plato de refuerzo del protector para rodillas (flechas)

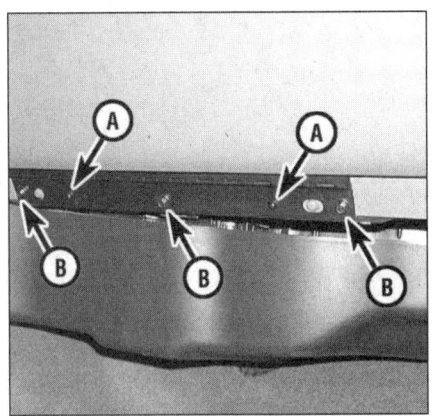

26.14 Quite con un taladro los remaches (A) y luego quite los tornillos (B) de la parte inferior de la bisagra de la guantera

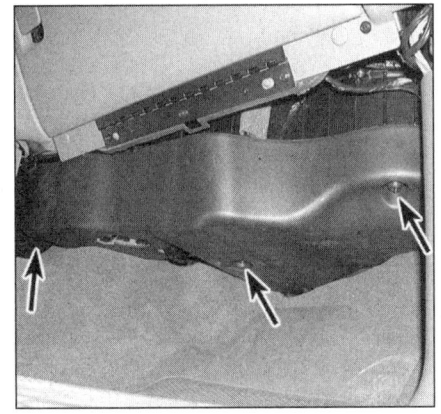

26.16 Quite los tres tornillos (flechas) para bajar el panel aislante de sonido inferior derecho

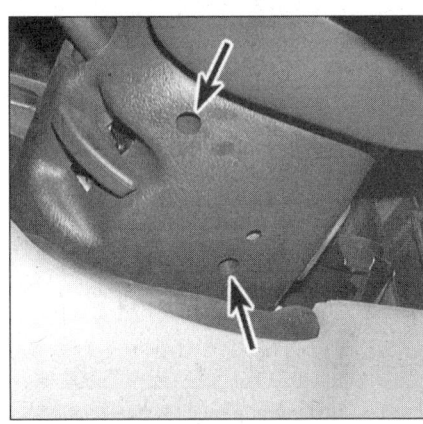

27.2 Una vez que quitó la palanca de inclinación, quite estos tornillos (flechas) y tire hacia abajo la cubierta inferior de la columna de dirección

6   Vea los Pasos 1 a 3 y quite el marco de adorno del grupo de instrumentos.
7   Quite los tornillos que fijan el protector para rodillas del lado del conductor y tire de él hacia fuera del tablero (vea la ilustración).
8   Si por alguna razón debe quitar el panel de refuerzo del protector para rodillas, quite las cuatro tuercas y baje el panel (vea la ilustración).
9   La instalación se realiza en forma inversa al desmontaje.

Salidas de aire central y derecha
10   Presione la parte giratoria de la salida hacia la izquierda tanto como sea posible, luego presione toda la salida hacia la izquierda y saque el tablero para liberarlo de los clips.
11   La instalación se realiza en forma inversa al desmontaje.

Guantera
Vea la ilustración 26.14
12   Abra la puerta de la guantera.
13   Apriete los dos lados del recipiente del compartimiento de la guantera y tire de la puerta hacia abajo, hasta que las defensas del recipiente hayan salido de los topes.
14   Quite los tornillos a lo largo de la bisagra inferior de la puerta de la guantera y quite esta última (vea la ilustración). Nota: Si se debe reemplazar el compartimiento de la guantera, deberán qui-

tarse los remaches de la bisagra, ya que la guantera forma parte de la cubierta inferior del tablero de instrumentos. Si la guantera se saca para tener acceso detrás de ella, simplemente quite todo el panel de adorno inferior con la guantera (vea la Sección 28) sin quitar los remaches.
15   La instalación se realiza en forma inversa al desmontaje.

Panel aislante de sonido inferior derecho
Vea la ilustración 26.16
16   Para tener acceso a los componentes que se encuentran bajo el lado derecho del tablero de instrumentos, quite los tres tornillos y el panel de sonido inferior del vehículo (vea la ilustración).

27   Cubiertas de la columna de dirección - desmontaje e instalación

Vea la ilustración 27.2
Advertencia: Los modelos incluidos en este manual están equipados con Sistemas de Retención Suplementaria (SRS), comúnmente conocidos como bolsas de aire. Siempre desactive el sistema de bolsas de aire antes de trabajar cerca de alguno de los componentes para evitar la posibilidad de que se active accidentalmente y cause lesiones (vea el Capítulo 12).

1   Si tiene una columna regulable, quite la palanca de inclinación tirando de ella hacia fuera de la columna. Está sujeta por dientes.
2   Quite los tornillos y desacople la mitad inferior de la cubierta de la columna de dirección (vea la ilustración). Nota: Algunos modelos 2002 tienen tornillos que retienen las cubiertas de la columna; otros se retienen solamente con clips. Controle siempre la presencia de clips antes de sacar las cubiertas.
3   Tire de la cubierta de la columna superior hacia arriba y sáquela.
4   La instalación se realiza en forma inversa al desmontaje.

28   Tablero de instrumentos y estructura de soporte del panel del parabrisas - desmontaje e instalación

Advertencia: Los modelos incluidos en este manual están equipados con Sistemas de Retención Suplementaria (SRS), comúnmente conocidos como bolsas de aire. Siempre desactive el sistema de bolsas de aire antes de trabajar cerca de alguno de los componentes para evitar la posibilidad de que se active accidentalmente y cause lesiones (vea el Capítulo 12).
Nota: Este procedimiento es largo y difícil, incluso para un mecánico experto. Debido a la cantidad

Capítulo 11 Carrocería

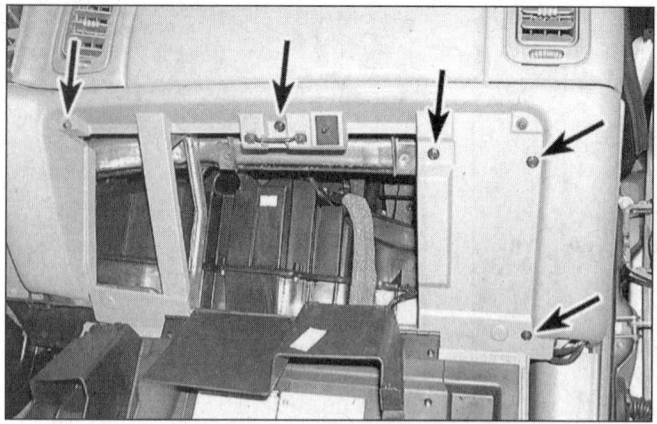

28.9a Con el compartimiento de la guantera bajo, quite estos tornillos (flechas) del panel inferior de adorno del tablero . . .

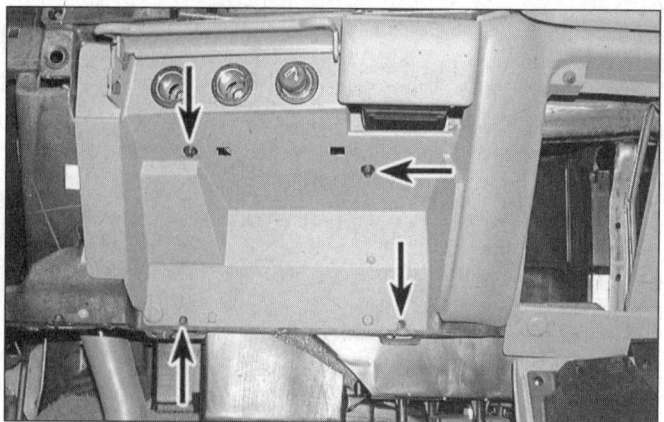

28.9b . . . y estos tornillos (flechas) en el centro del tablero

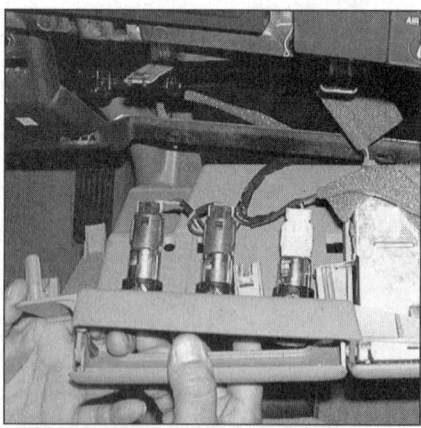

28.9c Una vez que sacó el panel inferior de adorno del tablero, desconecte los conectores eléctricos

28.10 A través de los orificios de los conductos de aire, use una herramienta para hacer palanca y sacar los extremos de la barra de agarre del tablero

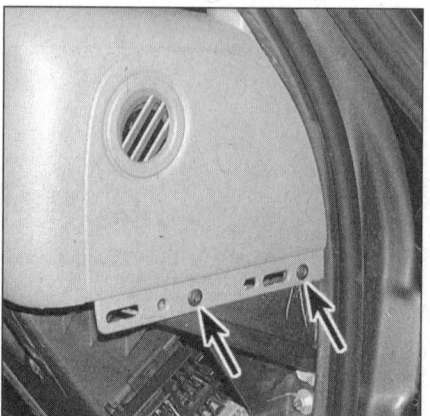

28.12a Quite los tornillos de las almohadillas de adorno (flechas, se muestra el lado derecho) en cada extremo del tablero de instrumentos

de conexiones eléctricas, los sujetadores que se utilizan y los distintos sistemas de seguridad involucrados, no se recomienda que el mecánico doméstico quite el tablero de instrumentos.

1   Gire las ruedas frontales en línea recta y bloquee la columna de dirección; luego desconecte el cable negativo de la batería (vea el Capítulo 1). **Precaución:** *En los modelos equipados con el sistema de audio Theftlock, asegúrese de que la función de bloqueo está desactivada antes de realizar cualquier procedimiento que requiera desconectar la batería (vea el principio de este manual).*

2   Desactive el sistema de bolsas de aire (vea el Capítulo 12).

Almohadillas de adorno del tablero de instrumentos

Vea las ilustraciones 28.9a, 28.9b, 28.9c, 28.10, 28.12a, 28.12b y 28.12c

3   Retire los paneles de adorno del tablero de instrumentos (vea la Sección 26).

4   Quite el conjunto de control de calefactor y aire acondicionado (vea el Capítulo 3).

5   Consulte el Capítulo 12, luego quite el estéreo, el grupo de instrumentos y los dos módulos del interruptor, y desconecte los conectores eléctricos de la caja de fusibles que se encuentra en el extremo izquierdo y la caja de empalmes eléctricos que se encuentra en el extremo derecho del tablero de instrumentos.

6   Consulte el Capítulo 10 y quite el volante y la columna.

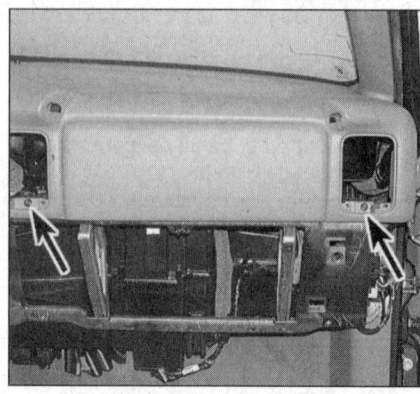

28.12b Quite los tornillos (flechas) de las aberturas de los conductos

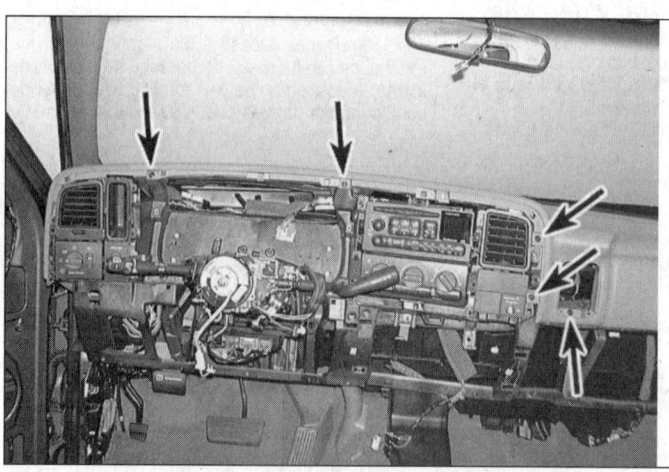

28.12c Quite estos tornillos (flechas) alrededor del área del grupo de instrumentos

Capítulo 11 Carrocería

7 Quite la consola central (vea la Sección 25).
8 Abra el compartimento de la guantera y luego presione los lados hacia dentro para liberar las pestañas para que la guantera cuelgue de las bisagras.
9 Quite los tornillos y luego quite la guantera y baje el panel inferior de adorno del tablero como una unidad **(vea las ilustraciones)**.
10 Gire los conductos de aire central y derecho hacia un lado y luego sáquelos del tablero. A través de los orificios de los conductos de aire, presione los clips en cada extremo de la barra de agarre del tablero y quite la barra **(vea la ilustración)**.
11 Use una herramienta para extracción de paneles de adornos para quitar las tiras de adorno interiores posteriores del parabrisas.
12 Quite los tornillos de retención superiores de las almohadillas de adorno del tablero de instrumentos **(vea las ilustraciones)**.
13 Al levantar y extraer las almohadillas de adorno superiores, desconecte todos los conectores eléctricos.
14 La instalación se realiza en forma inversa al desmontaje.

Estructura de soporte del panel del parabrisas

Vea las ilustraciones 28.16, 28.17a, 28.17b, 28.19a, 28.19b, 28.19c, 28.19d y 28.20

15 Detrás de las almohadillas de adorno del tablero de instrumentos hay una estructura compleja y unificada que soporta el panel del parabrisas de la carrocería, la dirección, los módulos de calefacción y aire acondicionado y otros componentes. Consulte el Capítulo 3 y desconecte las líneas de refrigerante del núcleo del calefactor y del evaporador.
16 Consulte el Capítulo 12 y quite la bolsa de aire del lado del pasajero. Retire las ventilaciones y cualquier conjunto de interruptor que aún esté fijado **(vea la ilustración)**.
17 Retire los pernos de los dos soportes superiores del tablero de instrumentos **(vea las ilustraciones)**.
18 Quite la manija de liberación del freno de estacionamiento que se encuentra debajo del tablero, y marque y desconecte todo conector eléctrico que aún esté conectado.
19 Quite los sujetadores que sostienen el armazón del tablero de instrumentos al soporte del panel del parabrisas **(vea las ilustraciones)**.

28.16 Saque el módulo del conducto de aire (se muestra el lado izquierdo) del armazón del tablero de instrumentos

20 Quite los pernos que unen el tubo de soporte al panel del parabrisas de cada lado **(vea la ilustración)**.

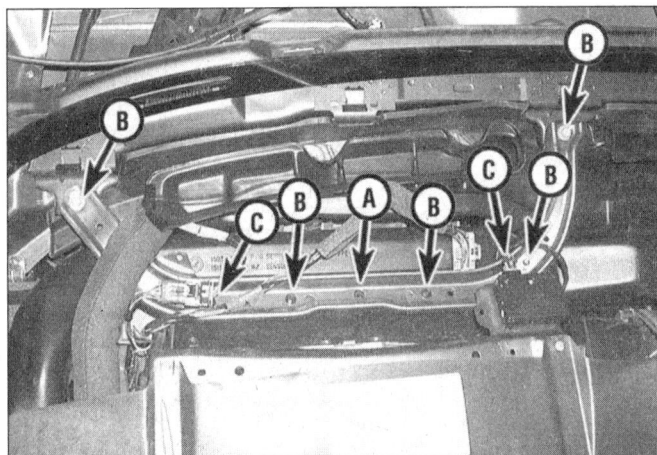

28.17a En el soporte superior izquierdo del tablero de instrumentos (A), quite los pernos (B) y desconecte los conectores eléctricos (C). La vista se obtiene mirando el tablero desde arriba a través del parabrisas

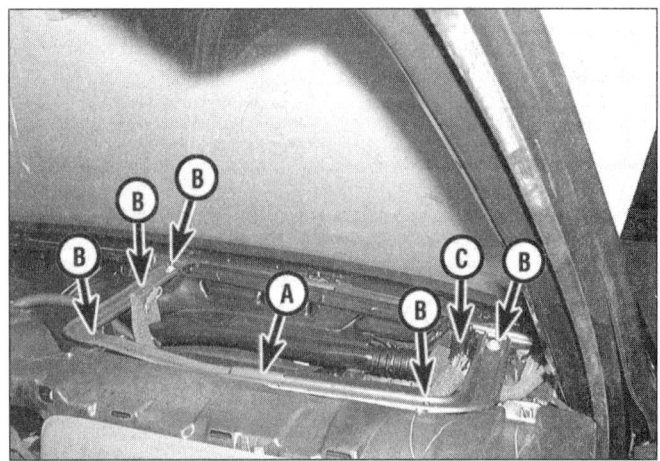

28.17b Para quitar el soporte superior derecho (A), quite los pernos (B) y desconecte los conectores eléctricos (C)

28.19a Sujetadores del armazón del tablero de instrumentos (A) en el extremo izquierdo; (B) son las tuercas o los pernos; (C) son los componentes que deben quitarse

28.19b Sujetadores del armazón del tablero de instrumentos (A) en el extremo derecho; (B) son las tuercas o los pernos; (C) son los conectores eléctricos que deben desconectarse

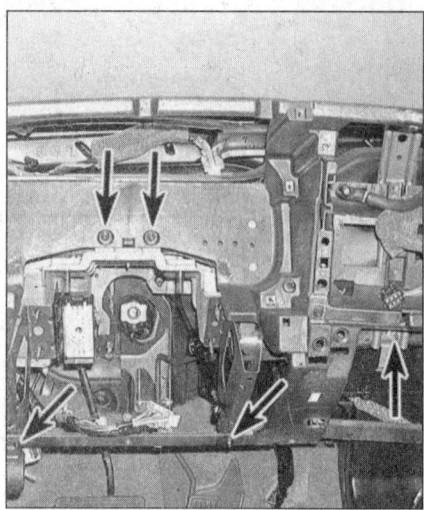

28.19c En el lado del conductor, quite estos tornillos (flechas) y el armazón

21   La instalación se realiza en forma inversa al desmontaje. No reconecte el sistema eléctrico hasta que esté seguro de que no se están presionando los mazos de cables, que todos los sujetadores están firmes y que no se pasa por alto ningún conector.

29   Asientos - extracción e instalación

Asiento envolvente delantero (todos los modelos)

Vea las ilustraciones 29.2a y 29.2b

Advertencia: *Los modelos incluidos en este manual están equipados con Sistemas de Retención Suplementaria (SRS), comúnmente conocidos como bolsas de aire. Siempre desactive el sistema de bolsas de aire antes de trabajar cerca de alguno de los componentes para evitar la posibilidad de que se active accidentalmente y cause lesiones* (vea el Capítulo 12).

1   Los asientos envolventes se ofrecen en todos los modelos, con una opción de asiento envolvente central si no está instalada la consola del piso. En los modelos SUV, la segunda fila de asientos puede ser tipo banco "60/40" o un par de asientos envolventes con apoyabrazos. Los asientos envolventes de la segunda fila se quitan de la misma manera que se describió aquí para los asientos envolventes delanteros.

2   Retire los pernos del riel del asiento al piso y quite los asientos delanteros (**vea las ilustraciones**).

3   Si se debe quitar el asiento envolvente delantero central, se puede acceder a los pernos de montaje solamente cuando se quitan primero los otros dos asientos envolventes.

Asiento trasero tipo banco (modelos pick-up)

Vea la ilustración 29.5

4   La parte posterior e inferior del asiento en los asientos posteriores de las camionetas forman parte de un conjunto que debe quitarse o instalarse intacto.

5   Retire los pernos del soporte inferior del asiento al piso, levante el conjunto de asientos traseros y sáquelo (**vea la ilustración**). **Nota:** *Este es un procedimiento difícil; pídale a un asistente que lo ayude.*

6   La instalación se realiza en forma inversa al desmontaje.

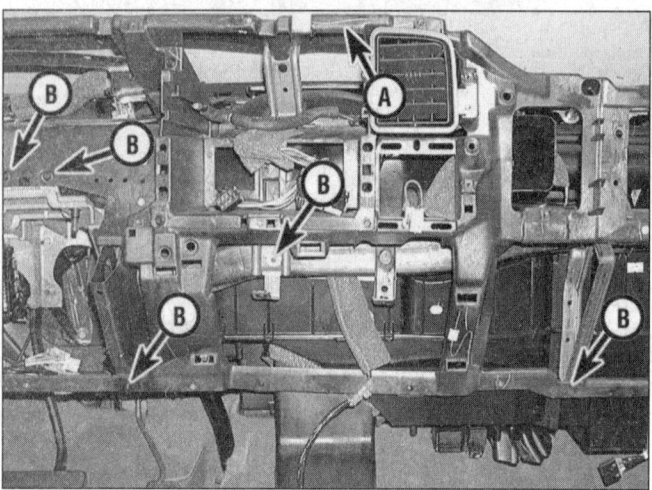

28.19d En el centro del armazón del tablero de instrumentos (A), quite estos tornillos (B)

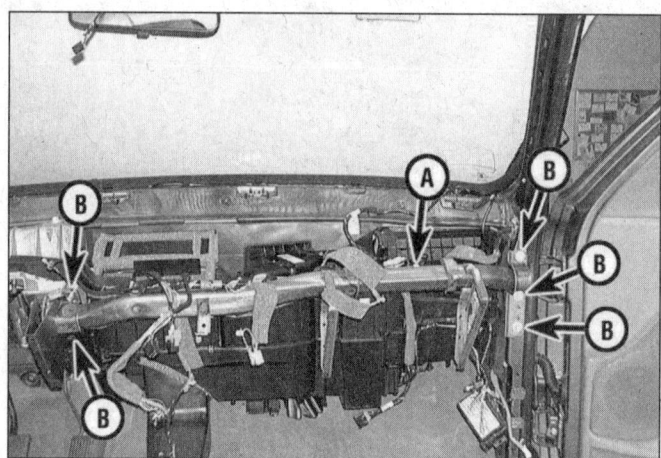

28.20 Quite el tubo de soporte del panel del parabrisas (A). Para ello, quite los pernos de montaje (B)

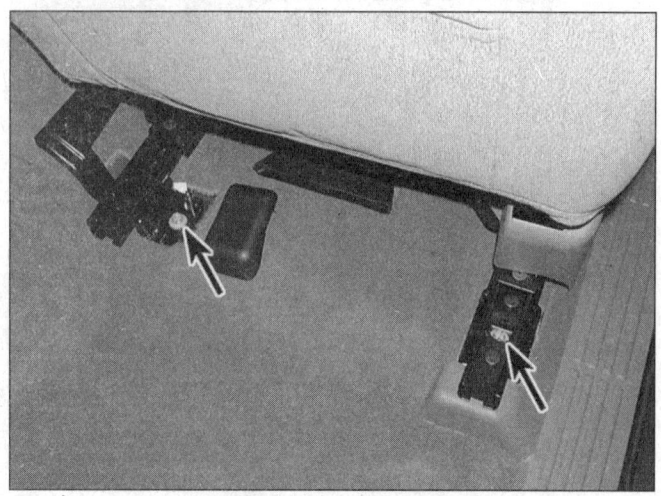

29.2a Con el asiento hacia delante, quite los pernos de montaje posteriores (flecha)

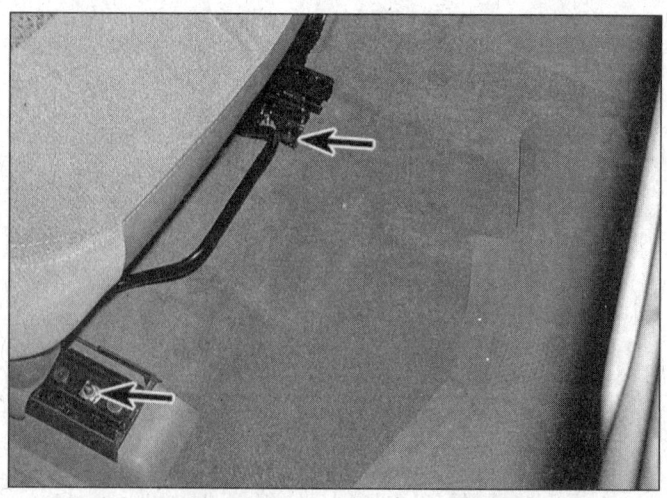

29.2b Quite los pernos delanteros (flechas) del asiento delantero

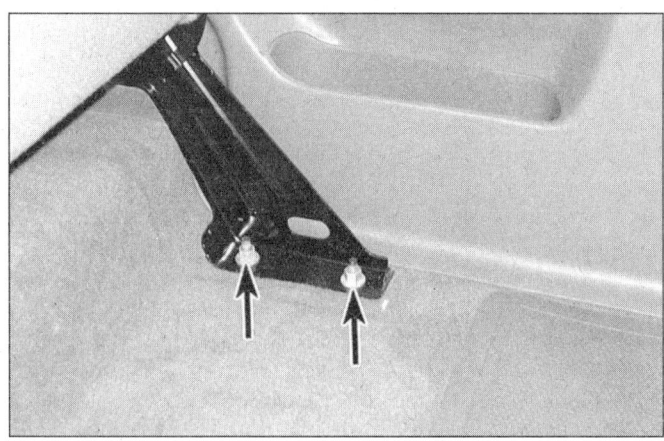

29.5 En los modelos pick-up, quite las tuercas (flechas) que fijan los soportes del conjunto de asientos traseros al piso (aquí se muestra el soporte del lado izquierdo)

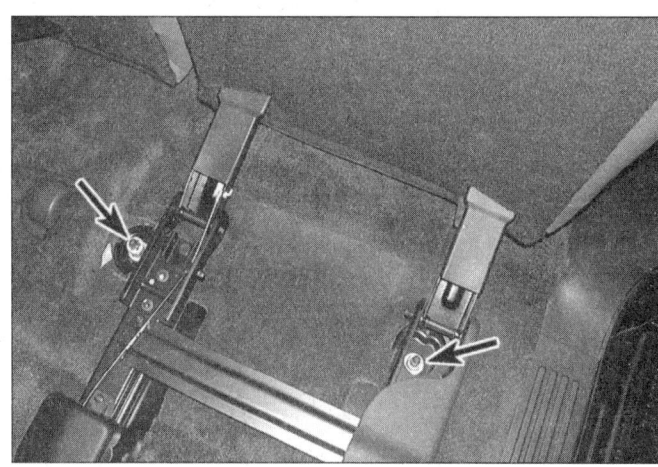

29.7a Gire la parte inferior del asiento derecho hacia delante en el segundo asiento de los vehículos SUV. Luego quite estas tuercas de montaje delanteras (flechas)

29.7b Deslice el asiento derecho hacia delante y luego quite estas tuercas de montaje traseras (flechas)

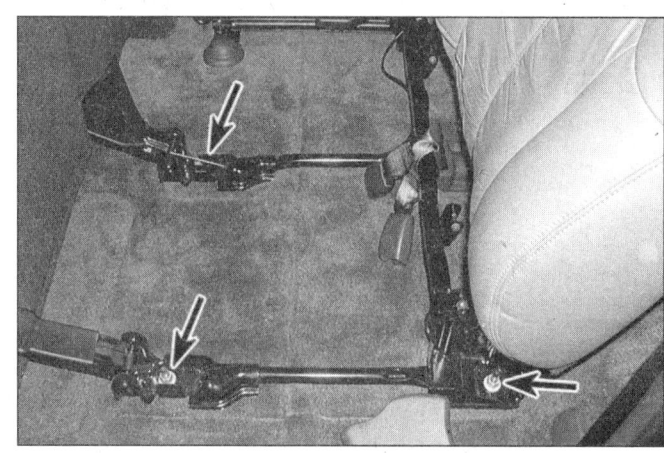

29.8 Con el lado izquierdo hacia delante, quite estas tuercas de montaje (flechas) y quite el asiento del medio como una unidad

Segundo asiento (modelos SUV)

Vea las ilustraciones 29.7a, 29.7b y 29.8

7   Doble el asiento derecho del medio hacia delante, luego quite los pernos de montaje **(vea las ilustraciones)**.
8   Doble la parte inferior del asiento izquierdo hacia delante para acceder a las tuercas de montaje restantes **(vea la ilustración)**.
9   Quite el conjunto de asientos como una unidad. **Nota:** *Este trabajo deben realizarlo dos personas.*
10   La instalación se realiza en forma inversa al desmontaje.

Tercer asiento (modelos SUV)

Vea las ilustraciones 29.11a y 29.11b

11   Levante la palanca (flecha) marcada como "1" y luego la palanca marcada como "2" **(vea las ilustraciones)**.
12   Con el asiento doblado y levantado hacia arriba, tire de la palanca marcada como "3" en el centro inferior del asiento doblado; luego pídale a un asistente que lo ayude a quitar el conjunto del tercer asiento.
13   La instalación se realiza en forma inversa al desmontaje. Una vez que el asiento está colocado en posición dentro del vehículo, colóquelo en las cavidades del piso, tire de la palanca marcada como "3" para poner la traba y luego baje el asiento e inclínelo hacia atrás.

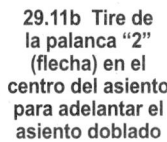

29.11a Levante la palanca "1" (flecha) en el lado derecho del tercer asiento para bajar el respaldo

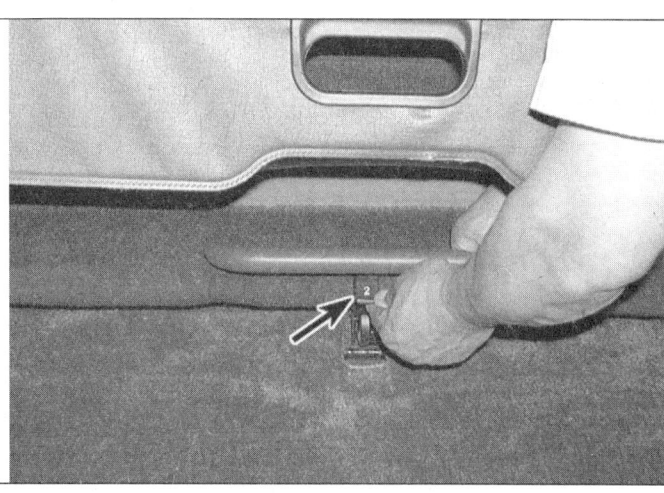

29.11b Tire de la palanca "2" (flecha) en el centro del asiento para adelantar el asiento doblado

Notas

Capítulo 12
Sistema eléctrico del chasis

Contenido

	Sección		Sección
Alojamiento del faro delantero - reemplazo	16	Grupo de instrumentos - desmontaje e instalación	11
Antena - desmontaje e instalación	13	Indicadores de combustible, indicador de temperatura	
Asientos servoasistidos - descripción y revisión	26	y medidor de aceite - revisión	10
Claxon - revisión y reemplazo	19	Información general	1
Desempañador de la ventana trasera (modelos SUV) -		Interruptor de ignición y cilindro de cerradura - reemplazo	8
revisión y reparación	21	Interruptores de la columna de dirección - reemplazo	7
Diagnóstico de fallas eléctricas - información general	2	Interruptores del panel de instrumentos - reemplazo	9
Diagramas de cableado - información general	29	Motor del limpiaparabrisas - reemplazo	18
Direccional y luces intermitentes de emergencia -		Radio y bocinas - desmontaje e instalación	12
revisión y reemplazo	6	Reemplazo de focos	17
Disyuntores - información general y revisión	4	Relés - información general y prueba	5
DRL (luces de día) - información general	20	Seguros eléctricos de las puertas y sistema de entrada sin llave -	
Espejos eléctricos laterales - descripción y revisión	25	descripción y revisión	24
Faros delanteros y luces de niebla - ajuste	15	Sistema de bolsas de aire - información general	28
Foco del faro delantero - reemplazo	14	Sistema de comunicaciones de enlace de datos - descripción	27
Fusibles y conexiones de fusibles - información general	3	Sistema de control de la velocidad crucero - descripción y revisión	22
		Sistema de ventanas eléctricas - descripción y revisión	23

1 Información general

Advertencia: *Vea la* **Advertencia** *y la* **Precaución** *del Capítulo 5, Sección 1, bajo el título "Desconexión de la batería".*

El sistema eléctrico es de 12 V, con descarga negativa a tierra. La energía para las luces y todos los accesorios eléctricos es suministrada por una batería de plomo/ácido, que es cargada por el alternador.

Este Capítulo describe los procedimientos de reparación y mantenimiento de los múltiples componentes eléctricos que no están asociados con el motor. En el Capítulo 5, se puede encontrar información sobre la batería, el alternador, el distribuidor y el motor de arranque.

Se debe tener en cuenta que, cuando se realiza el mantenimiento de las partes del sistema eléctrico, se debe desconectar el cable negativo de la batería para evitar cortocircuitos eléctricos o incendios. **Precaución:** *En los modelos equipados con el sistema de audio Theftlock, asegúrese de que la función de bloqueo está desactivada antes de realizar cualquier procedimiento que requiera desconectar la batería (vea el principio de este manual).*

2 Diagnóstico de fallas eléctricas - información general

Vea las ilustraciones 2.5a, 2.5b, 2.6, 2.9 y 2.15

Un circuito eléctrico típico consiste de un componente eléctrico, interruptores, relés, motores, fusibles, conexiones de los fusibles o disyuntores relacionados con ese componente, y del cableado y los conectores que unen el componente a la batería y al chasis. Para ayudarlo a detectar un problema en un circuito eléctrico, se incluyen diagramas de cableado al final de este Capítulo.

Antes de intentar reparar un circuito eléctrico defectuoso, estudie los diagramas de cableado correspondientes para saber cómo está formado ese circuito en particular. Por ejemplo, se pueden detectar los puntos donde se encuentran las fallas comprobando si los demás componentes relacionados con el circuito están funcionando correctamente. Si varios componentes o circuitos fallan al mismo tiempo, existen posibilidades de que el problema se encuentre en un fusible o en la conexión a tierra, ya que, a menudo, varios circuitos están dirigidos a través de un mismo fusible y de una misma conexión a tierra.

Los problemas eléctricos a menudo derivan de causas simples, como conexiones flojas o corroídas, un fusible quemado, una conexión de fusible fundida o un relé con fallas. Antes de realizar el diagnóstico de fallas de un circuito con problemas, inspeccione visualmente el estado de todos los fusibles, los cables y las conexiones del circuito.

Si van a utilizarse equipos e instrumentos de prueba, utilice los diagramas para planear por anticipado los lugares en donde realizará las conexiones necesarias para detectar en forma precisa el punto donde se encuentra la falla.

Entre las herramientas básicas necesarias para realizar el diagnóstico de fallas eléctricas, se incluyen: un téster de circuitos o voltímetro (también se puede utilizar un foco de 12V con un juego de cables de prueba), un téster de continuidad, que incluye un foco, una batería y un juego de cables de prueba, y un cable puente, preferentemente con un disyuntor incorporado, que puede utilizarse para derivar componentes eléctricos **(vea las ilustraciones)**. Antes de intentar localizar un problema con instrumentos de prueba, utilice el diagrama de cableado para decidir en qué puntos realizará las conexiones.

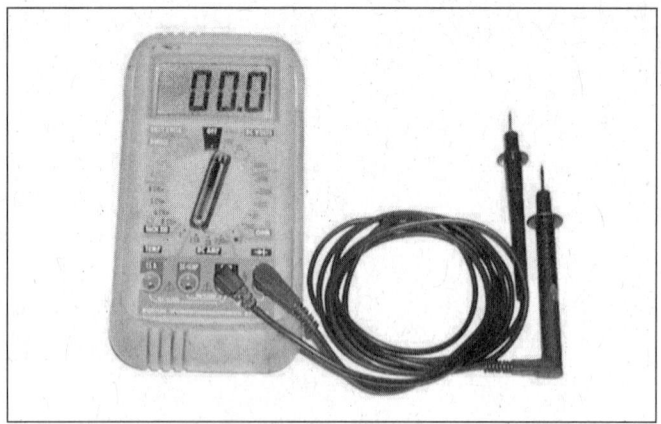

2.5a La herramienta más útil para el diagnóstico de fallas eléctricas es un multímetro digital que puede verificar voltios, amperios y probar la continuidad

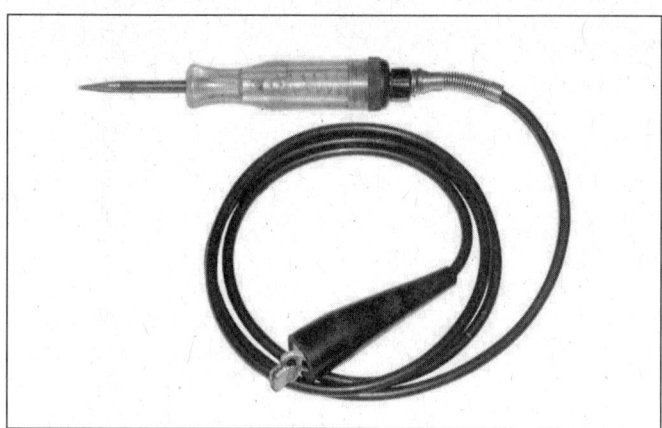

2.5b Una luz de prueba es una herramienta muy práctica para revisar el voltaje

Revisiones de voltaje

Se deben realizar revisiones de voltaje si un circuito no está funcionando correctamente. Conecte un cable del probador de circuitos al terminal negativo de la batería o a una conexión a tierra comprobada. Conecte el otro cable a un conector del circuito que está probando, preferentemente al más cercano a la batería o al fusible **(vea la ilustración)**. Si se enciende el foco del probador, hay voltaje en el circuito, lo que significa que la parte del circuito comprendida entre el conector y la batería está libre de problemas. Continúe revisando el resto del circuito de la misma manera. Cuando alcance un punto en el que no haya voltaje, el problema se encuentra entre ese punto y el último punto probado en el que había voltaje. La mayoría de las veces, el problema se encuentra en una conexión floja. **Nota:** *Tenga en cuenta que algunos circuitos reciben tensión únicamente cuando la llave de ignición está en la posición Accessory (accesorios) o Run (marcha).*

Búsqueda de un cortocircuito

Un método para encontrar cortocircuitos en un circuito consiste en quitar el fusible y conectar una luz de prueba o un voltímetro en el lugar de los terminales del fusible. No debe haber voltaje presente en el circuito. Mueva el mazo de cables de lado a lado observando la luz de prueba al mismo tiempo. Si se enciende la lámpara, hay un cortocircuito con la conexión a tierra en algún punto de esa área, probablemente en alguna zona donde está desgastado el material aislante. Puede realizarse la misma prueba en cada componente del circuito, aún en un interruptor.

Revisión de la conexión a tierra

Para revisar si un componente está conectado a tierra correctamente, realice una prueba de conexión a tierra. Desconecte la batería y conecte un cable de un téster de continuidad o multímetro (configúrelo en la escala de ohmios) a una conexión a tierra probada. Conecte el otro cable al cable o a la conexión a tierra que está probando. Si la resistencia es baja (menor que 5 ohmios), la conexión a tierra es buena. Si el foco de una luz de prueba autoalimentada no se enciende, la conexión a tierra no es buena.

Prueba de continuidad

Las pruebas de continuidad se realizan para determinar si hay cortocircuitos en un circuito (si la electricidad está pasando correctamente). Con el circuito apagado (sin energía en el circuito), se puede utilizar un téster de continuidad autoalimentado o multímetro para revisar el circuito. Conecte los cables de prueba en los dos extremos del circuito (o al extremo de "energía" y a una conexión a tierra probada) y, si la luz de prueba se enciende, la energía pasa correctamente a través del circuito **(vea la ilustración)**. Si la resistencia es baja (menor que 5 ohmios), hay continuidad; si la lectura es 10,000 ohmios o mayor, en algún punto del circuito hay una fuga. Se puede utilizar el mismo procedimiento para probar un interruptor, conectando el probador de continuidad a los terminales del interruptor. Con el interruptor en On (encendido), la luz de prueba debería encenderse (en un medidor debería indicar resistencia baja).

Búsqueda de un circuito abierto

Cuando se realiza el diagnóstico de posibles circuitos abiertos, a menudo es difícil ubicarlos a simple vista ya que los conectores ocultan la oxidación o la desalineación de los terminales. Con sólo mover el conector de un sensor o de un mazo de cables, se puede corregir el problema del circuito abierto. Recuerde esto cuando se indique un circuito abierto durante el diagnóstico de fallas de un circuito. Los problemas intermitentes también pueden estar ocasionados por conexiones oxidadas o flojas.

El diagnóstico de fallas eléctricas es simple, si usted tiene presente que todos los circuitos

2.6 En uso, se conectó el cable de una luz de prueba básica a una conexión a tierra comprobada; luego, los conectores, cables o dados eléctricos se pueden probar con la sonda indicada. Si el foco se enciende, la sección que se está probando tiene voltaje de batería

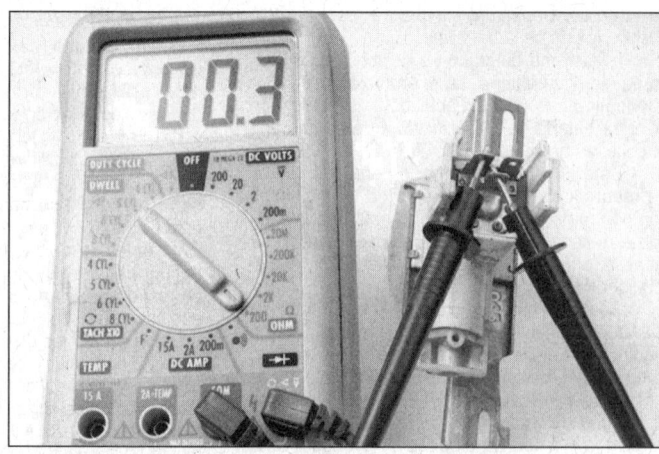

2.9 Utilice un multímetro con la escala configurada en ohmios para revisar la resistencia a través de los dos terminales; cuando revise la continuidad, tenga en cuenta que una lectura baja indica continuidad y una lectura alta indica falta de continuidad

Capítulo 12 Sistema eléctrico del chasis

2.15 Para verificar un conector, inserte una sonda puntiaguda pequeña (como un pasador recto) en la parte posterior del conector junto con el cable deseado hasta que haga contacto con la terminal metálica interna; conecte los cables del medidor a las sondas, ésto le permitirá probar un circuito en funcionamiento

3.1a La caja de fusibles/relés principal se encuentra en el compartimento del motor, la cubierta interna tiene una leyenda para identificar los fusibles y los relés

eléctricos consisten básicamente en electricidad que pasa desde la batería, a través de cables, interruptores, relés, fusibles y conexiones de fusibles, a cada uno de los componentes eléctricos (focos, motores, etc.) y a la conexión a tierra, desde donde retorna a la batería. Cualquier problema eléctrico se debe a una interrupción en el flujo de la electricidad que proviene de la batería y que se dirige hacia ella.

Conectores

La mayoría de las conexiones eléctricas en estos vehículos están hechas con conectores plásticos multihilos. Las mitades correspondientes de muchos conectores están fijadas con clips de cierre moldeados en los cascos plásticos para conectores. Las mitades correspondientes de conectores grandes, como las de algunos de los que se encuentran debajo del panel de instrumentos, se mantienen juntas gracias a un perno que pasa a través del centro del conector.

Para separar un conector con clips de cierre, haga palanca cuidadosamente con un destornillador pequeño para desprender los clips; luego, separe las mitades del conector. Tire únicamente del casco, nunca del mazo de cables, podría dañar los cables y terminales que se encuentran adentro de los conectores. Estudie atentamente el conector antes de intentar separar las mitades. A menudo, los clips de cierre están enganchados de una forma tal que no es evidente a primera vista. Además, muchos conectores tienen más de un juego de clips.

Cada par de terminales de conectores tiene una mitad macho; y otra, hembra. Cuando observa el extremo de un conector en un diagrama, asegúrese de comprender si la vista muestra el lado del mazo o el del componente del conector. Las mitades del conector son imágenes en espejo entre sí, la vista del extremo de un terminal observado del lado derecho estará en la del extremo del lado izquierdo de la otra mitad.

A menudo es necesario medir el voltaje del circuito con un conector conectado. Siempre que sea posible, inserte con cuidado un pasador recto pequeño (no con la sonda medidora) en la parte trasera del casco del conector para hacer contacto con el interior del terminal; luego, use un clip para sujetar el cable de medición al pasador. Este tipo de conexión se denomina "comprobación" (vea la ilustración). Cuando inserte una sonda de prueba en un terminal, tenga cuidado de no deformar la abertura del terminal. Si lo hace puede provocar una mala conexión y corrosión en el terminal. En lugar de una sonda medidora, use el pasador recto pequeño, tiene menos probabilidades de deformar el conector del terminal.

3 Fusibles y conexiones de fusibles - información general

Fusibles

Consulte las ilustraciones 3.1a, 3.1b, 3.3a y 3.3b

Los circuitos eléctricos del vehículo están protegidos por una combinación de fusibles, disyuntores y conexiones de fusibles. El panel de fusibles/relés interior se encuentra en el extremo izquierdo del panel de instrumentos, mientras que el panel de fusibles-relés principales se encuentra en el compartimiento del motor (vea las ilustraciones).

Cada fusible está diseñado para proteger un circuito específico, y los distintos circuitos están identificados en el mismo panel de fusibles.

En estos bloques de fusibles se emplean fusibles de distintos tamaños. Hay fusibles pequeños, medianos y grandes con el mismo diseño, todos con el mismo diseño de terminal de paleta. Los fusibles medianos y grandes se pueden quitar a mano, para los pequeños, sin embargo, se requiere usar tenazas o el extractor de fusibles de

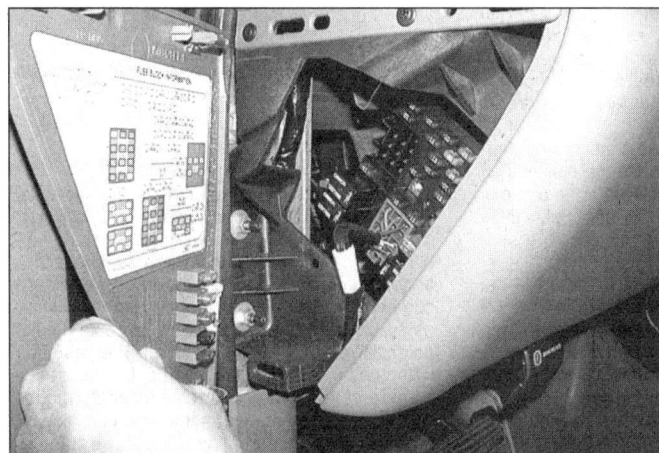

3.1b El panel de fusibles/relés interior se encuentra en el extremo izquierdo del panel de instrumentos, debajo de una cubierta. La tapa del extremo del panel de instrumentos tiene en su interior las leyendas de identificación

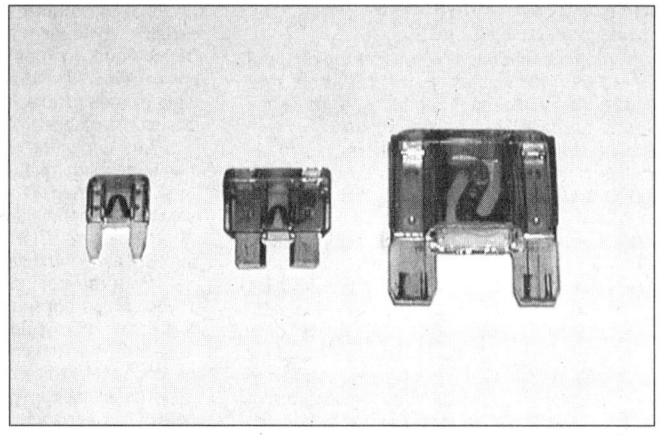

3.3a Los tres fusibles tienen una clasificación de 30 amperios, a pesar de ser de distintos tamaños. Cuando compre fusibles de reemplazo, asegúrese de adquirir el amperaje y tamaño correctos

12-4   Capítulo 12 Sistema eléctrico del chasis

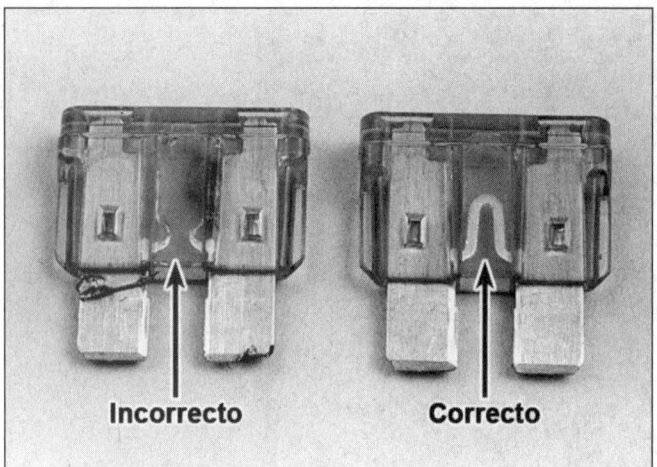

3.3b Cuando se quema un fusible, el elemento comprendido entre los terminales se funde: el fusible de la imagen de la izquierda está quemado, el de la derecha está bien

3.7 Este cable (flecha) del alternador al terminal del cable puente de la batería es la conexión del fusible

plástico pequeños que se encuentra en la mayoría de las cajas de fusibles. Si falla un componente eléctrico, siempre revise primero el fusible. La mejor manera de revisar los fusibles es con una luz de prueba. Revise que haya corriente en las puntas expuestas de los terminales de cada fusible **(vea la ilustración)**. Si hay corriente de un lado del fusible pero no del otro, el fusible está quemado. Un fusible quemado también se puede detectar mediante una inspección visual **(vea la ilustración)**.

Asegúrese de reemplazar los fusibles quemados con fusibles del mismo tipo. Los fusibles (del mismo tamaño físico) de diferentes clasificaciones pueden ser físicamente intercambiables, pero sólo deben utilizarse fusibles de la clasificación adecuada. No se recomienda el reemplazo de un fusible por otro de un valor superior o inferior al especificado. Cada circuito eléctrico necesita un nivel de protección específico. El valor de amperaje de cada fusible está marcado en la parte superior del cuerpo del fusible.

Si el fusible de reemplazo falla inmediatamente, no vuelva a reemplazarlo hasta detectar y corregir la causa del problema. En la mayoría de los casos, esto se debe a un cortocircuito en el cableado producido por un cable roto o deteriorado.

Conexiones de fusibles

Vea las ilustraciones 3.7 y 3.9

Algunos circuitos están protegidos por conexiones de fusibles. Estas conexiones se utilizan en circuitos que normalmente no tienen fusibles, como el circuito del alternador.

La conexión del fusible para el circuito del alternador se encuentra en la parte delantera del motor y es fácil de identificar **(vea la ilustración)**. La conexión es un tramo corto de cable grueso con la marca "conexión de fusible" en la cubierta exterior.

Para reemplazar una conexión de fusibles, desconecte primero el cable negativo de la batería. **Precaución:** *En los modelos equipados con el sistema de audio Theftlock, asegúrese de que la función de bloqueo está desactivada antes de realizar cualquier procedimiento que requiera desconectar la batería (vea el principio de este manual).*

Si bien las conexiones de fusibles parecen tener un calibre mayor que el cable que protegen, esto se debe a que cuentan con material aislante grueso. Todas las conexiones de fusibles tienen un calibre de cable bastante menor que el del cable que deben proteger. Las conexiones de fusibles no pueden repararse; sin embargo, se puede instalar una conexión nueva con el mismo tamaño de cable. El procedimiento se realiza de la siguiente manera:

a) Corte la conexión de fusibles dañada del cable justo detrás del conector.
b) Retire el material aislante hacia atrás aproximadamente 1 pulgada.
c) Extienda los filamentos expuestos del cable, júntelos y retuérzalos en su lugar **(vea la ilustración)**.
d) Utilice soldadura con núcleo de resina y suelde los cables juntos para lograr una buena conexión.
e) Coloque bastante cinta aislante alrededor de la unión soldada. No deben quedar cables expuestos.
f) Conecte el cable negativo de la batería. Pruebe el circuito para comprobar que funciona correctamente.

4   Disyuntores - información general y revisión

Los disyuntores protegen determinados circuitos, como las puertas y asientos eléctricos. Dependiendo de los accesorios del vehículo, puede haber dos disyuntores de 25 amperios en la caja de fusibles/relés interior en el extremo izquierdo del tablero.

Los disyuntores se reinician automáticamente, de modo que una sobrecarga eléctrica en un sistema protegido con un disyuntor hará que el circuito falle momentáneamente; luego, el circuito se restablecerá. Si el circuito no vuelve a activarse, revíselo inmediatamente.

Para realizar una revisión básica, tire del disyuntor para quitarlo de su enchufe en el panel de fusibles, pero sólo lo necesario para examinarlo con un voltímetro. El disyuntor debe seguir haciendo contacto con los enchufes.

Con el cable negativo del voltímetro en una conexión a tierra del chasis probada, toque el extremo de cada clavija del disyuntor con la sonda medidora positiva. En cada extremo debería haber voltaje de batería. Si hay voltaje de batería sólo en un extremo, se debe reemplazar el disyuntor.

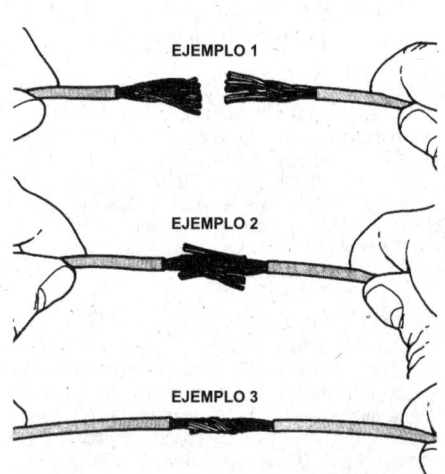

3.9 Para reparar una conexión de fusible, corte la sección dañada y empalme una sección nueva; para hacerlo, pele el cable y retuérzalos juntos, tal como se muestra aquí. Cuando estén empalmados firmemente, suelde las conexiones y envuélvalas con cinta aislante

5   Relés - información general y prueba

Información general

Vea la ilustración 5.1

1   Varios accesorios eléctricos del vehículo, como el sistema de inyección de combustible, el claxon, el motor de arranque y las luces de niebla utilizan relés para transmitir la señal eléctrica al componente. Los relés utilizan un circuito de corriente de baja potencia (el circuito de control) para abrir y cerrar un circuito de corriente de alta potencia (el circuito de potencia). Si el relé está defectuoso, ese componente no funcionará de manera correcta. Muchos relés están montados en el compartimiento del motor y en las cajas de fusibles/relés interiores **(vea las ilustraciones 3.1a y 3.1b)**. El centro eléctrico ubicado debajo del extremo izquierdo del panel de instrumentos también contiene varios relés (vea la ilustración).

Capítulo 12 Sistema eléctrico del chasis 12-5

5.1 Varios relés adicionales se encuentran aquí (flecha), debajo del extremo izquierdo del panel de instrumentos, con una cubierta fijada por una tuerca plástica desenroscable a mano

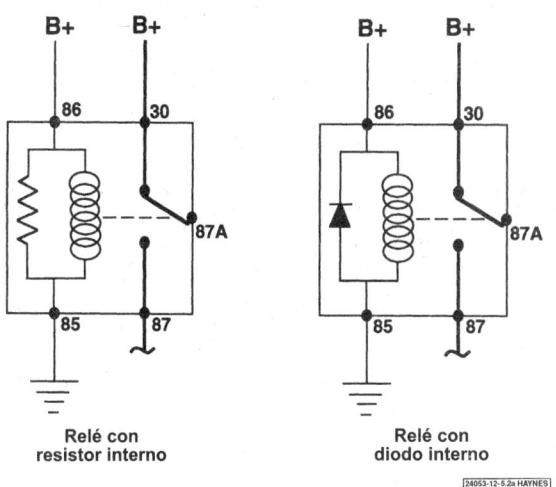

5.2a Diseños típicos de relés ISO, numeración de los terminales y conexiones de los circuitos

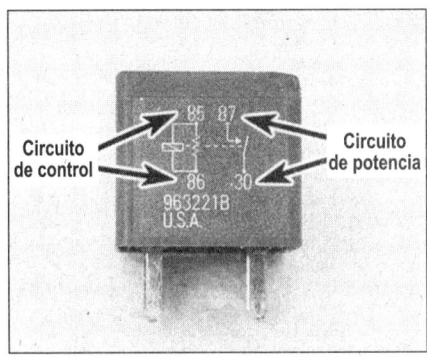

5.2b La mayoría de los relés están marcados en el exterior para identificar fácilmente el circuito de control y el circuito de potencia, éste es del tipo de cuatro terminales.

Si se sospecha que un relé falla, se puede quitar y probar utilizando el procedimiento que se detallaba abajo, o también se puede probar en el departamento de servicio de un distribuidor o en un taller de reparaciones. Los relés defectuosos se deben reemplazar en su totalidad.

Prueba

Vea las ilustraciones 5.2a y 5.2b

2   La mayoría de los relés utilizados en estos vehículos son de un tipo que a menudo se denomina "ISO", que se refiere a la International Standards Organization (Organización Internacional de Normalización). Los terminales de los relés ISO están numerados para indicar sus conexiones normales a los circuitos y funciones. En los vehículos incluidos en este manual se utilizan dos disposiciones básicas de los terminales en los relés **(vea las ilustraciones)**.

3   Consulte el diagrama de cableado correspondiente al circuito para determinar cuáles son las conexiones correspondientes al relé que está probando. Si no puede determinar la conexión correcta a partir de los diagramas de cableado, es posible que pueda determinar las conexiones de prueba usando la información que sigue.

4   Dos de los terminales corresponden al circuito de control de relé y se conectan a la bobina del relé. Los otros terminales de relé corresponden al circuito de potencia. Cuando el relé está energizado, la bobina crea un campo magnético que cierra los contactos más grandes del circuito de potencia para dar energía a las cargas del circuito.

5   Los terminales 85 y 86 generalmente corresponden al circuito de control. Si el relé contiene un diodo, el terminal 86 tiene que estar conectado al voltaje positivo de la batería (B+) y el terminal 85 a tierra. Si el relé contiene un resistor, los terminales 85 y 86 pueden conectarse en cualquier orientación con respecto al B+ y la conexión a tierra.

6   El terminal 30 normalmente está conectado a la fuente de voltaje de la batería (B+) para las cargas del circuito. El terminal 87 está conectado al lado de la conexión a tierra del circuito, ya sea directamente o a través de una carga. Si el relé tiene varios terminales alternativos para las conexiones de carga o tierra, generalmente siguen la numeración siguiente: 87A, 87B, 87C, y así sucesivamente.

7   Use un ohmímetro para revisar la continuidad a través de la bobina de control del relé.

   a) *Conecte el medidor de acuerdo con la polaridad mostrada en la ilustración para una revisión; luego, invierta los cables del ohmímetro y revise la continuidad en la otra dirección.*
   b) *Si el relé contiene un resistor, el medidor debe indicar la resistencia, y debe tener el mismo valor con el ohmímetro en cualquier dirección.*
   c) *Si el relé contiene un diodo, la resistencia debe ser mayor con el ohmímetro en la dirección de la polaridad hacia adelante que con los cables del medidor invertidos.*
   d) *Si el ohmímetro muestra resistencia infinita en ambas direcciones, reemplace el relé.*

8   Quite el relé del vehículo y use el ohmímetro para revisar la continuidad entre los terminales del circuito de potencia del relé. Con el relé desenergizado, no debe haber continuidad entre los terminales 30 y 87.

9   Conecte un cable puente con fusible al terminal 86 y al terminal positivo de la batería. Conecte otro cable puente entre el terminal 85 y la tierra. Cuando las conexiones estén hechas, el relé debe hacer un clic.

10   Una vez que los cables puente estén conectados, revise la continuidad entre los terminales del circuito de potencia. Ahora, debe haber continuidad entre los terminales 30 y 87.

11   Si el relé falla en alguna de las pruebas de arriba, reemplácelo.

6   Direccional y luces intermitentes de emergencia - revisión y reemplazo

Vea la ilustración 6.5

1   Las luces intermitentes de "combinación", ubicadas en la parte trasera de la caja de fusibles/relé interior, destellan las señales direccionales cuando se opera el interruptor del direccional, y las cuatro señales cuando el interruptor de la luz intermitente de emergencia en la parte superior de la columna de dirección está en la posición On (encendido).

2   Cuando la unidad intermitente funciona correctamente, se puede oír un clic durante su funcionamiento. Si el indicador del direccional en un lado del vehículo destella mucho más rápido que lo normal, quiere decir que el foco del direccional está defectuoso.

3   Si no parpadea ninguna de las dos señales del direccional, el problema puede estar producido por un fusible quemado, por un defecto en la unidad intermitente, por un interruptor dañado o por una conexión floja o abierta. Si una revisión rápida de la caja de fusibles indica que se quemó el fusible del direccional, compruebe que no haya ningún cortocircuito en el cableado antes de colocar un fusible nuevo.

4   El tipo de unidad de luces intermitentes de combinación que se utiliza en los modelos incluidos tiene un circuito interno complejo y no se lo puede probar con un equipo de prueba eléctrico estándar. Consulte los diagramas de cableado que aparecen al final de este capítulo y pruebe el circuito antes de reemplazar las luces intermitentes por una unidad en buenas condiciones.

6.5 El direccional/luz intermitente de emergencia (flecha) se encuentra en la parte trasera de la caja de fusibles/relés del panel de instrumentos izquierdo (para una mayor claridad, aquí se muestra sin la bolsa de aire para las rodillas)

7.3 Quite los tornillos (flechas) con una broca Torx

5   Para desmontar las luces intermitentes, acceda debajo del extremo izquierdo del panel de instrumentos y extráigalas del bloque de fusibles **(vea la ilustración)**. **Nota:** *Le resultará más fácil acceder si primero desmonta la bolsa de aire para las rodillas del lado del conductor* (vea el Capítulo 11).

6   Asegúrese de que la unidad de reemplazo sea idéntica a la original. Antes de instalar la unidad nueva, compárela con la usada.

7   La instalación se realiza en forma inversa al desmontaje.

8   Si la unidad de luces intermitentes no es el problema, consulte la Sección 7 y pruebe la porción del direccional/luces intermitentes de emergencia del interruptor multifunción.

7   Interruptores de la columna de dirección - reemplazo

Vea las ilustraciones 7.3 y 7.4

Advertencia: *Los modelos incluidos en este manual están equipados con Sistemas de Retención Suplementaria (SRS), comúnmente conocidos como bolsas de aire. Siempre desactive el sistema de bolsas de aire antes de trabajar cerca de alguno de los componentes para evitar la posibilidad de que se active accidentalmente y cause lesiones* (vea la Sección 28).

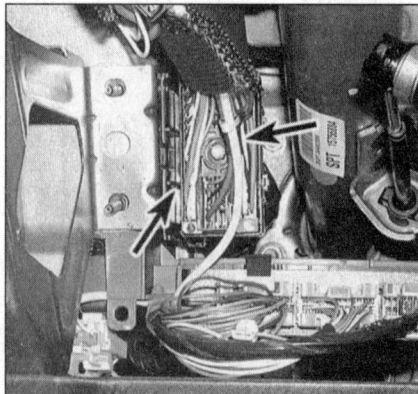

7.4 Los dos conectores del mazo del interruptor multifunción (flechas) están conectados a este conector más grande junto a la columna de dirección

1   El interruptor multifunción está ubicado en el lado izquierdo de la columna de dirección. Reúne las funciones de direccional, alternador de los faros delanteros, limpia/lavaparabrisas y, si tiene, el control de la velocidad crucero en un solo interruptor.

2   Desmonte las cubiertas de las columnas de dirección y la bolsa de aire para las rodillas del lado del conductor (vea el Capítulo 11).

3   Quite los tornillos de cabeza de Torx que fijan el interruptor multifunción; luego, desmonte el interruptor de la columna de dirección **(vea la ilustración)**.

4   Siga los cables del interruptor multifunción hacia abajo, hasta el conector grande, y desconecte los conectores del conector más grande **(vea la ilustración)**.

5   Desconecte ambos conectores de dos cables del interruptor multifunción y corte los precintos que agrupan el mazo del interruptor multifunción a los otros mazos en el conector grande. Desmonte el mazo con el interruptor multifunción.

6   La instalación se realiza en forma inversa al desmontaje.

8   Interruptor de ignición y cilindro de cerradura - reemplazo

Vea las ilustraciones 8.4a, 8.4b, 8.4c y 8.5

Advertencia: *Los modelos incluidos en este manual están equipados con Sistemas de Retención Suplementaria (SRS), comúnmente conocidos como bolsas de aire. Siempre desactive el sistema de bolsas de aire antes de trabajar cerca de alguno de los componentes para evitar la posibilidad de que se active accidentalmente y cause lesiones* (vea la Sección 28).

1   El interruptor de ignición, ubicado en el lado derecho de la columna de dirección, está compuesto de una caja de metal fundido, un cilindro de cerradura de ignición y un componente eléctrico, el dispositivo interruptor.

2   Desconecte el cable negativo de la batería. **Precaución:** *En los modelos equipados con el sistema de audio Theftlock, asegúrese de que la función de bloqueo está desactivada antes de realizar cualquier procedimiento que requiera desconectar la batería* (vea el principio de este manual).

3   Desmonte las cubiertas de las columnas de dirección y la bolsa de aire para las rodillas del lado del conductor (vea el Capítulo 11). En modelos con transmisión automática, antes de desmontar o instalar el interruptor de ignición, el mecanismo de cambios tiene que estar en Park (estacionamiento).

4   El interruptor de ignición tiene que reemplazarse junto con su mazo de cables eléctricos y los conectores finales en los que el mazo se une al sistema eléctrico del vehículo. Desconecte los conectores eléctricos en los extremos del interruptor y del mazo del interruptor de ignición; luego, desmonte el interruptor **(vea las ilustraciones)**. Consulte la Sección 7 y desconecte los dos conectores del interruptor multifunción del conector más grande de la columna de dirección. **Nota:** *Primero se debe desmontar el cilindro de cerradura, vea a continuación.*

5   Para desmontar el cilindro de cerradura, coloque la llave en la cerradura y gírela en sentido horario hasta la posición Start (modelos 1999 a 2002) o Run (modelos 2003 y posteriores). Presione el pasador retenedor y tire de la llave y el cilindro de cerradura del interruptor de ignición **(vea la ilustración)**.

6   Cuando esté instalando el cilindro, alinee el retenedor con la ranura de retención en la caja; luego, presione el cilindro hasta que se trabe en su posición.

7   El resto de la instalación se realiza en forma inversa al desmontaje.

9   Interruptores del panel de instrumentos - reemplazo

Advertencia: *Los modelos incluidos en este manual están equipados con Sistemas de Retención Suplementaria (SRS), comúnmente conocidos como bolsas de aire. Siempre desactive el sistema de bolsas de aire antes de trabajar cerca de alguno de los componentes para evitar la posibilidad de que se active accidentalmente y cause lesiones* (vea la Sección 28).

Interruptor del faro delantero

Vea la ilustración 9.3

1   Desconecte el cable negativo en la batería (vea el Capítulo 1). **Precaución:** *En los modelos equipados con el sistema de audio Theftlock, asegúrese de que la función de bloqueo está desactivada antes de realizar cualquier procedimiento que requiera desconectar la batería* (vea el principio de este manual).

2   Retire el marco del grupo de instrumentos (vea el Capítulo 11).

Capítulo 12 Sistema eléctrico del chasis   12-7

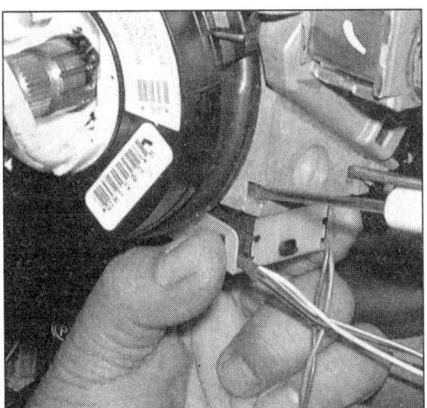

8.4a Quite la porción eléctrica del interruptor de ignición (flecha) haciendo palanca hacia abajo con dos destornilladores

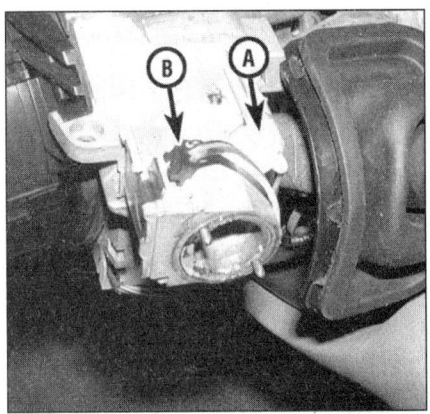

8.4b Aparte el interruptor de la columna y desconecte estos dos conectores. Retuerza el conector A en sentido horario y tire de él hacia afuera; luego, tire del conector B hacia arriba (primero tiene que haber desmontado el cilindro de la llave, tal como se muestra)

8.4c Desmonte este conector (A) de la parte trasera del panel de fusibles/relés del lado izquierdo, y desconecte el conector (B) de la columna de dirección principal con el mazo del interruptor de ignición (debe haber desmontado los conectores del interruptor multifunción del conector principal)

3   Utilice un destornillador pequeño para hacer palanca y quitar los dos clips de plástico; luego, tire del interruptor del atenuador de los faros delanteros/panel para quitarlo de la vaina eléctrica izquierda **(vea la ilustración)**.
4   Desconecte el conector de los cables eléctricos en la parte trasera del interruptor.
5   La instalación se realiza en forma inversa al desmontaje.

Interruptores On/Off (encendido/apagado)

Vea la ilustración 9.7

6   Dependiendo de las opciones del vehículo, podría haber más de un interruptor en el panel de instrumentos, incluyendo los correspondientes a las luces de niebla, a la luz de carga o al control de marcha seleccionable. Además, todos los modelos tienen interruptores de encendido/apagado de las bolsas de aire del lado del pasajero, que le permiten desactivar la bolsa de aire del lado del pasajero en el caso de que un niño viaje en el asiento delantero derecho.
7   Todos los interruptores mencionados arriba son accesibles cuando se desmonta el marco del grupo de instrumentos (vea el Capítulo 11) y se los puede desmontar haciendo palanca en los clips con un destornillador pequeño y tirando del interruptor para quitarlo **(vea la ilustración)**. **Precaución:** *Antes de desmontar el interruptor de*

encendido/apagado de la bolsa de aire, desactive el sistema de bolsas de aire (ver la Sección 28).
8   Con interruptores de encendido/apagado simples, use un ohmímetro o un probador de continuidad autoalimentado, revise el interruptor para verificar la continuidad apropiada entre los terminales. Debería haber continuidad entre los terminales únicamente cuando el interruptor esté acoplado. Si el interruptor no pasa la prueba, reemplácelo.

10 Indicadores de combustible, indicador de temperatura y medidor de aceite - revisión

Advertencia: *Los modelos incluidos en este manual están equipados con Sistemas de Retención Suplementaria (SRS), comúnmente conocidos como bolsas de aire. Siempre desactive el sistema de bolsas de aire antes de trabajar cerca de alguno de los componentes para evitar la posibilidad de que se active accidentalmente y cause lesiones* (vea la Sección 28).
Nota: *Este procedimiento se aplica sólo a los calibres de tipo analógico convencionales (NO digitales).*

1   Todas las pruebas a continuación exigen que antes de la prueba gire el interruptor de ignición hasta la posición de apagado.
2   Si la aguja del indicador no se mueve de las posiciones vacío o frío, revise el fusible. Si fusible está bien, localice el dispositivo emisor específico del circuito en el que está trabajando (vea el Capítulo 4 para conocer la ubicación del dispositivo emisor de combustible; el Capítulo 3 para conocer la ubicación del dispositivo emisor del indicador de temperatura, el Capítulo 2 para conocer la ubicación del dispositivo emisor de la presión de aceite). Conecte a tierra el conector del dispositivo emisor con un cable puente.
3   Coloque el interruptor de ignición momentáneamente en la posición On (encendido). Si la aguja del indicador se mueve a la posición lleno o caliente, reemplace el dispositivo emisor. **Nota:** *Gire inmediatamente la llave hasta la posición Off (apagado), ya que dejar conectado el dispositivo emisor a tierra durante demasiado tiempo podría dañar el indicador*. Si la aguja del indicador permanece en la misma posición, utilice un cable puente para conectar a tierra el terminal del dispositivo emisor en la parte trasera del indicador. Si es necesario, consulte los diagramas de

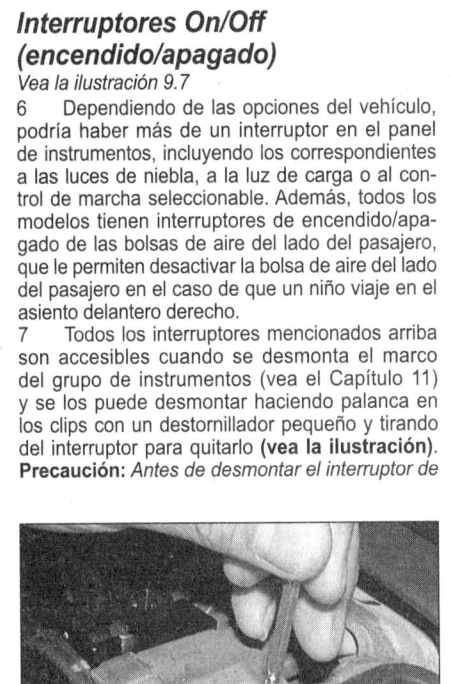

8.5 Empuje el pasador de retención (flecha) hacia adentro, para sacarlo del asiento en el cilindro de la cerradura; luego, retire la llave y el cilindro

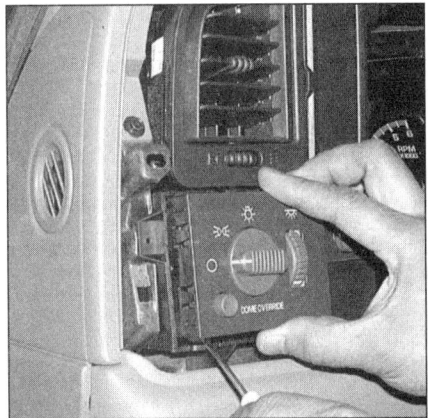

9.3 Utilice un destornillador pequeño para hacer palanca en los clips para desmontar el interruptor del faro delantero

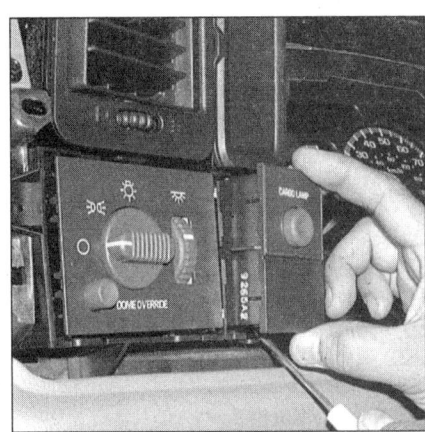

9.7 Desmonte los interruptores tipo encendido/apagado (aquí se muestra el interruptor de la luz de carga) presionando los clips (flechas) y tirando del interruptor para quitarlo del panel de instrumentos

11.4 Quite los tornillos de montaje del grupo de instrumentos (flechas)

11.5 Tire del grupo hacia afuera lo suficiente como para desconectar el conector eléctrico (flecha)

12.3a Presione los clips (flechas) y tire de la radio hacia afuera

cableado que aparecen al final de este Capítulo. Si se mueve la aguja del indicador, el problema se encuentra en el cable comprendido entre el indicador y el dispositivo emisor. Si la aguja del indicador no se mueve cuando se conecta a tierra el terminal del dispositivo emisor en la parte trasera del indicador, compruebe que haya voltaje en el otro terminal del indicador. No debe haber voltaje.

11 Grupo de instrumentos - desmontaje e instalación

Vea las ilustraciones 11.4 y 11.5
Advertencia: *Los modelos incluidos en este manual están equipados con Sistemas de Retención Suplementaria (SRS), comúnmente conocidos como bolsas de aire. Siempre desactive el sistema de bolsas de aire antes de trabajar cerca de alguno de los componentes para evitar la posibilidad de que se active accidentalmente y cause lesiones* (vea la Sección 28).

1 Desconecte el cable negativo de la batería (vea el Capítulo 1). **Precaución:** *En los modelos equipados con el sistema de audio Theftlock, asegúrese de que la función de bloqueo está desactivada antes de realizar cualquier procedimiento que requiera desconectar la batería (vea el principio de este manual).*
2 Retire el marco del grupo de instrumentos (vea el Capítulo 11).
3 En modelos con columnas de dirección ajustables, baje la columna tanto como sea posible, y en modelos con palanca de cambios de la columna, aplique el freno de estacionamiento y baje la palanca de cambios tanto como sea posible.
4 Retire los tornillos que sujetan el conjunto al panel de instrumentos **(vea la ilustración)**.
5 Tire el conjunto hacia adelante, lo suficiente para desconectar el único conector eléctrico grande que se encuentra en la parte trasera, luego tire del conjunto para sacarlo, inclinando primero la base **(vea la ilustración)**.
6 La instalación se realiza en forma inversa al desmontaje.

12 Radio y bocinas - desmontaje e instalación

Advertencia: *Los modelos incluidos en este manual están equipados con Sistemas de Retención Suplementaria (SRS), comúnmente conoci-*
dos como bolsas de aire. Siempre desactive el sistema de bolsas de aire antes de trabajar cerca de alguno de los componentes para evitar la posibilidad de que se active accidentalmente y cause lesiones (vea la Sección 28).

Radio
Vea las ilustraciones 12.3a y 12.3b
1 Consulte el Capítulo 1 y desconecte el cable negativo de la batería; luego, desmonte el marco del grupo de instrumentos (vea el Capítulo 11). **Precaución:** *En los modelos equipados con el sistema de audio Theftlock, asegúrese de que la función de bloqueo está desactivada antes de realizar cualquier procedimiento que requiera desconectar la batería (vea el principio de este manual).*
2 Consulte el Capítulo 11 y desmonte el marco del grupo de instrumentos.
3 Apriete los clips de montaje, tire de la radio para retirarla del panel de instrumentos, desconecte los conectores; luego, desmóntela del vehículo **(vea las ilustraciones)**.
4 La instalación se realiza en forma inversa al desmontaje.

Bocinas
Vea las ilustraciones 12.6a y 12.6b
5 Retire el panel de adorno de la puerta (vea el Capítulo 11). **Nota:** *Los modelos SUV tienen nueve bocinas de puerta, con un subwoofer en la parte trasera. Los modelos de camioneta estándar tienen una sola bocina en cada puerta y dos bocinas traseras, una a cada lado, montadas en el panel de adorno de las esquinas traseras. Todas están montadas de manera similar. Las camionetas con sistemas de sonido de alta fidelidad tienen más altavoces.*
6 Presione hacia abajo la pestaña de plástico de la parte superior de la bocina y recline la bocina desde la parte superior hacia afuera; luego, levante la bocina y retírela de las pestañas de plástico **(vea las ilustraciones)**. Tire de la bocina para quitarla de la puerta, desconecte el conector eléctrico y retire la bocina del vehículo. **Nota:** *En algunas instalaciones de bocinas, las pestañas de montaje de la bocina están en los costados izquierdo y derecho, y no en la parte superior y en la base.*

Controles de audio del asiento trasero (modelos SUV)
Vea las ilustraciones 12.9 y 12.10
7 Los controles de audio correspondientes al asiento medio del asiento de pasajeros en los

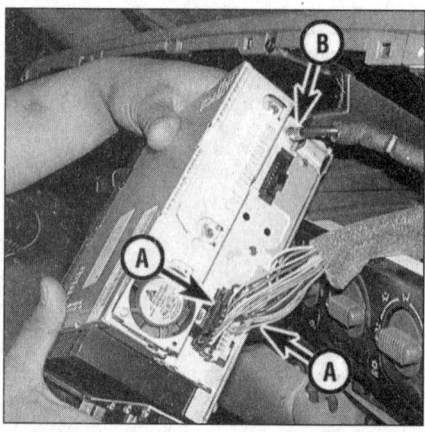

12.3b Desconecte los dos conectores (A) de la parte trasera de la radio; luego, desconecte el cable a tierra y el cable de la antena (B)

modelos SUV se encuentran en la parte trasera de la consola del centro.
8 Para acceder a estos controles, desmonte la cubierta superior de la consola (vea el Capítulo 11).
9 Tire de los clips de la parte superior del panel trasero de la consola hacia arriba e incline el panel hacia atrás para acceder a los controles de radio **(vea la ilustración)**.
10 Desconecte los conectores eléctricos; luego, apriete los clips y tire de los controles de radio para quitarlos de la consola **(vea la ilustración)**.

13 Antena - desmontaje e instalación

Vea las ilustraciones 13.1 y 13.4
1 Utilice una llave de boca pequeña para desatornillar el mástil de la antena **(vea la ilustración)**. Tenga cuidado: la herramienta podría resbalársele y rayar la carrocería. Para evitar rayones, se recomienda rodear la base de la antena con cinta de enmascarar.
2 Si debe reemplazar el cable, consulte el Capítulo 11 y desmonte las almohadillas de adorno superiores del panel de instrumentos.
3 Una vez que haya desmontado las almohadillas de adorno, desconecte el cable del mástil de la antena del cable de la radio en donde se conectan a un conector en el extremo derecho del panel

Capítulo 12 Sistema eléctrico del chasis

12.6a Presione hacia abajo la pestaña de montaje de la bocina de la puerta (flecha); luego, incline la parte superior hacia afuera y tire hacia arriba para despejar las pestañas inferiores

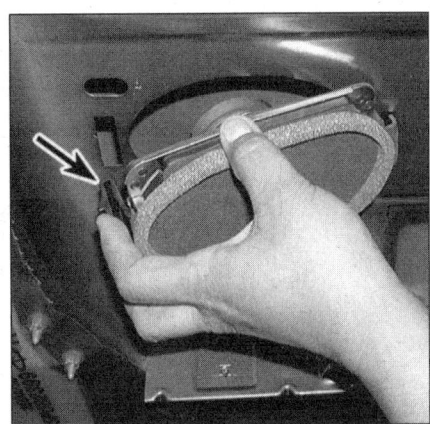

12.6b En las bocinas traseras de las pick-up, presione el clip (flecha) en la parte trasera de la bocina

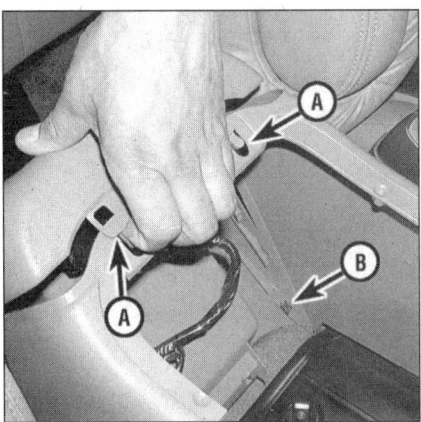

12.9 Tire de los clips (A) hacia arriba e incline el panel trasero de la consola hacia atrás, girando los clips de metal (B) en la base

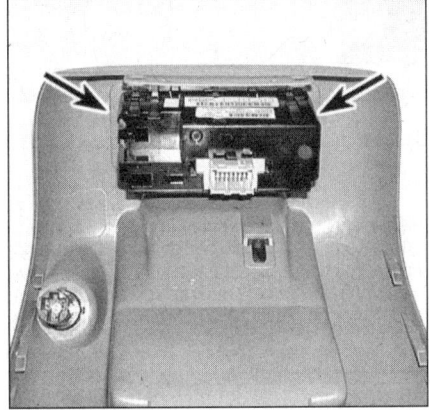

12.10 Desconecte los conectores eléctricos; luego, apriete los clips (flechas) y retire los controles de la radio del panel

13.1 Utilice una llave pequeña para quitar el mástil de la antena

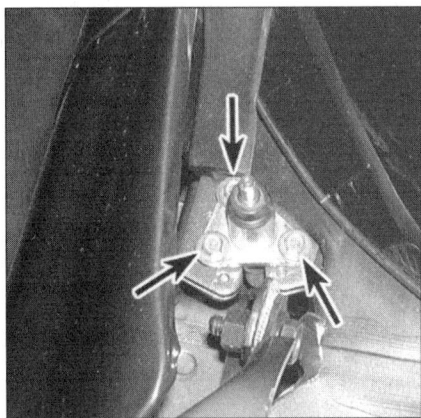

13.4 Para desmontar la base y el cable de la antena, desmonte los tornillos de montaje de la base (flechas) en el área del guardafango derecho/panel del parabrisas

de instrumentos. Si tiene que reemplazar todo el cable, consulte la Sección 12 y desmonte la radio; luego, quite los clips que sujetan el cable a lo largo del borde superior del panel de instrumentos.

4 Una un alambre "guía" al extremo del cable; luego, quite los tornillos de montaje de la base del mástil de la antena y tire de la base y del cable hacia arriba **(vea la ilustración)**.

5 Una el cable nuevo al alambre guía y tire lenta y cuidadosamente de regreso del alambre hacia el interior de la carrocería, guiándolo sobre el panel de instrumentos, tal como estaba el cable original.

6 La instalación de la base y el mástil de la antena se realiza en forma inversa al procedimiento de desmontaje.

14 Foco del faro delantero - reemplazo

Vea la ilustración 14.2

Advertencia: *Los focos halógenos están llenos con gas y se encuentran bajo presión, y pueden estallar si se caen o si se raya su superficie. Utilice protección para ojos y manipule los focos cuidadosamente; siempre que sea posible, tómelos de la base. No toque la superficie del foco con los dedos porque la oleosidad de su piel puede* hacer que se sobrecaliente y falle prematuramente. Si toca la superficie del foco, límpiela con alcohol isopropílico.

1 Consulte la Sección 16 para desmontar los alojamientos de los faros delanteros.

2 Gire el sujetador del foco de los faros delanteros en sentido antihorario y retire el sujetador del foco **(vea la ilustración)**.

3 Retire el foco viejo del sujetador. Manipulando el foco nuevo únicamente con guantes o un trapo limpio, inserte el foco nuevo en el sujetador.

4 La instalación se realiza en forma inversa al desmontaje.

15 Faros delanteros y luces de niebla - ajuste

Advertencia: *Los faros delanteros deben estar correctamente enfocados. Si no se ajustan de la manera correcta, pueden encandilar transitoriamente al conductor de un vehículo que conduce en sentido contrario y provocar un accidente o reducir mucho su propia capacidad para ver la carretera. Se debe revisar la posición de los faros delanteros cada 12 meses y cada vez que se instale un nuevo faro delantero o que se realicen trabajos en la parte delantera de la carrocería.*

El siguiente procedimiento es sólo un paso provisional que puede brindar un ajuste temporario hasta que puedan ajustarse las luces en un taller debidamente equipado.

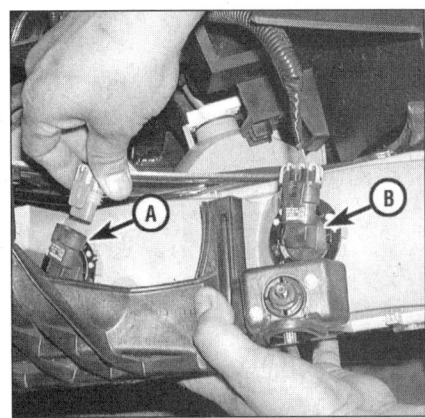

14.2 Desconecte los conectores eléctricos del alojamiento del faro delantero y tire del sujetador del foco para retirarlo. A es el foco de las luces bajas, B es el foco de las luces altas

12-10 Capítulo 12 Sistema eléctrico del chasis

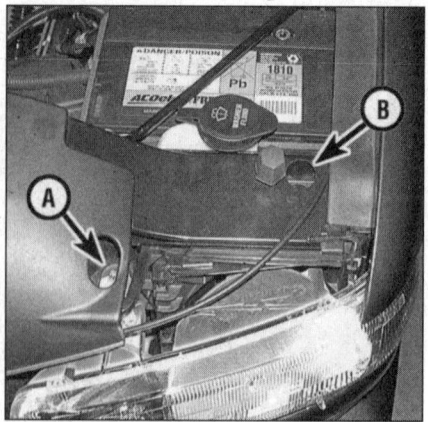

15.1 Abra el capó y ajuste la alineación de los focos delanteros con los tornillos (las flechas indican los orificios de acceso), use un destornillador Torx T15

A = Ajuste de lado a lado
B = Ajuste de arriba-abajo

Faros delanteros

Vea las ilustraciones 15.1 y 15.2

Nota: *Es importante que los faros delanteros estén correctamente enfocados. Si no se ajustan correctamente, pueden encandilar al conductor de un vehículo próximo y producir un accidente grave o reducir seriamente su capacidad para ver la carretera. Se debe revisar la posición de los faros delanteros cada 12 meses y cada vez que se instale un nuevo faro delantero o que se realicen trabajos en la parte delantera de la carrocería. Cabe destacar que el siguiente procedimiento es sólo un paso provisional que puede brindar un ajuste temporario hasta que puedan ajustarse las luces en un taller debidamente equipado.*

1   Algunos modelos están equipados con faros delanteros compuestos con dos tornillos de ajuste, uno controla el movimiento horizontal y el otro el movimiento vertical **(vea la ilustración)**. Los modelos posteriores tienen un solo tornillo de ajuste, que controla el movimiento vertical.

2   Hay muchos métodos para ajustar los faros delanteros. El método más sencillo requiere una pared blanca frente al vehículo, a 25 pies, y un piso nivelado **(vea la ilustración)**.

15.11 Gire el tornillo mariposa (flecha) para ajustar la dirección de las luces de niebla opcionales (aquí se ve desde atrás del paragolpes)

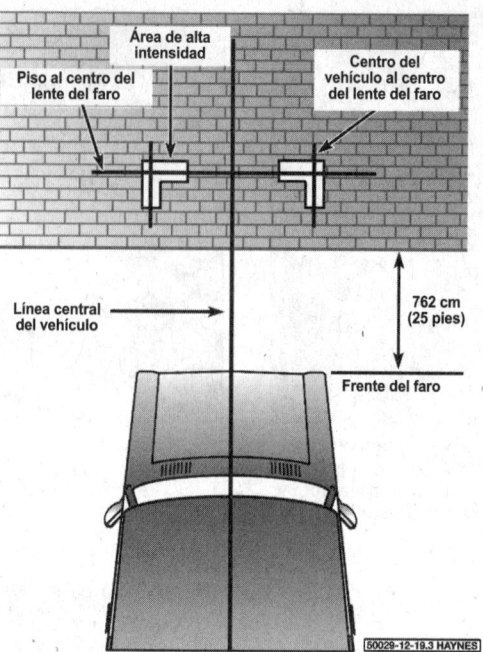

15.2 Detalles de ajuste de los faros delanteros

3   Coloque cinta de enmascarar verticalmente en la pared tomando como referencia la línea central del vehículo y las líneas centrales de ambos faros.

4   Ubique una línea horizontal de cinta tomando como referencia la línea central de los faros. **Nota:** *Puede resultar más sencillo ubicar la cinta en la pared con el vehículo estacionado a unas pocas pulgadas de ella.*

5   Para realizar el ajuste, el vehículo debe estar sobre un piso nivelado, con el tanque de gasolina por la mitad y sin ninguna carga inusualmente pesada.

6   Comience por el ajuste de las luces bajas. Coloque la zona de alta intensidad de manera tal que quede dos pulgadas por debajo de la línea horizontal y dos pulgadas al costado de la línea vertical de los faros delanteros, apartada del tránsito que viene en dirección contraria. Gire los tornillos de ajuste hasta alcanzar el nivel deseado.

7   Con las luces altas encendidas, la zona de alta intensidad debe estar centrada verticalmente con el centro exacto justo debajo de la línea horizontal. **Nota:** *Es posible que no se pueda regular exactamente el enfoque de los faros para las posiciones de luz alta y luz baja. Si debe priorizar unas sobre las otras, tenga en cuenta que las luces bajas son las más utilizadas y tienen una incidencia mayor en la seguridad del conductor.*

8   Haga ajustar los faros delanteros en el departamento de servicio de un distribuidor o tan pronto como sea posible.

Luces de niebla

Vea la ilustración 15.11

9   Algunos modelos tienen luces de niebla opcionales que se pueden enfocar de la misma manera que los faros delanteros.

10   Coloque cinta en una pared a 25 pies de frente al vehículo **(vea la ilustración 15.2)**. Coloque una línea horizontal de cinta sobre la pared, esta línea representa la altura de las luces de niebla; coloque otra línea de cinta cuatro pulgadas abajo de esa línea.

11   Usando los tornillos de ajuste en las luces de niebla, ajuste el patrón sobre la pared de forma tal que la parte superior del haz de luz de las luces de niebla coincidan con la línea inferior en la pared, y que el haz esté centrado horizontalmente, frente a las luces de niebla **(vea la ilustración)**.

16   Alojamiento del faro delantero - reemplazo

Vea la ilustración 16.1

1   Abra el capó, gire las varillas de retención del alojamiento de los faros delanteros hacia adelante y tire de ellos **(vea la ilustración)**. **Nota:** *Algunos modelos tienen dos varillas; otros, solo una.*

2   Tire del alojamiento hacia adelante, hacia afuera de la carrocería.

3   Desconecte los conectores eléctricos.

4   La instalación se realiza en forma inversa al desmontaje.

17   Reemplazo de focos

Advertencia: *Los focos pueden permanecer calientes por hasta treinta minutos después de que los haya apagado. Asegúrese de que los focos estén fríos antes de tocarlos.*

Luces direccionales, de posición y de día

Vea las ilustraciones 17.2, 17.4a y 17.4b

1   Consulte la Sección 16 para desmontar los alojamientos de los faros delanteros.

2   Presione el clip del resorte que asegura un extremo del alojamiento del direccional; luego, gire el alojamiento para desmontarlo del vehículo **(vea la ilustración)**.

3   Desconecte los conectores eléctricos.

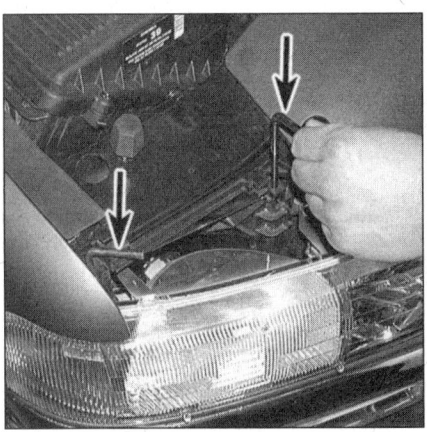

16.1 Gire las varillas de montaje del alojamiento del faro delantero (flechas) para quitarlos de sus clips y tire de ellos hacia arriba para desenganchar los alojamientos del vehículo

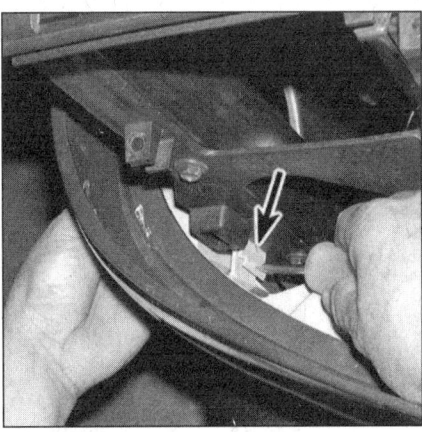

17.2 Presione el clip de plástico (flecha) y gire el alojamiento del direccional para retirarlo del vehículo

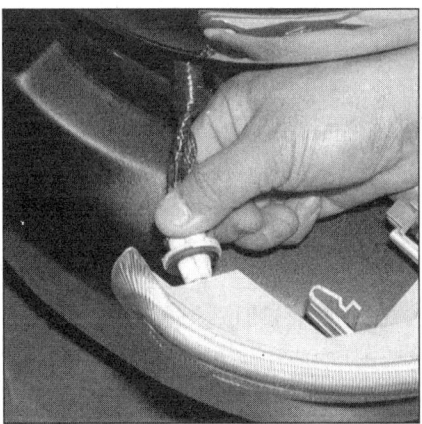

17.4a Tire del sujetador del foco de la luz de posición hacia afuera y reemplace el foco

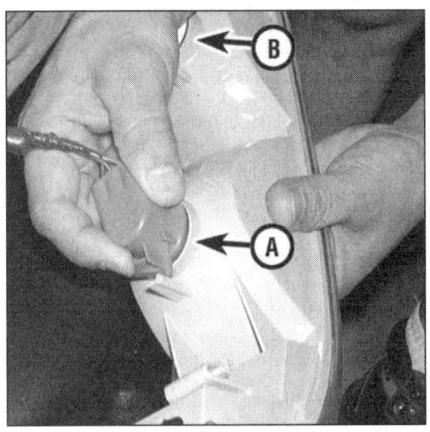

17.4b Gire el sujetador del foco para la luz del direccional (A). El foco de luces de día (B) se reemplaza de la misma manera

17.6 Quite los tornillos del alojamiento de las luces traseras (flechas, aquí se muestra un modelo pick-up)

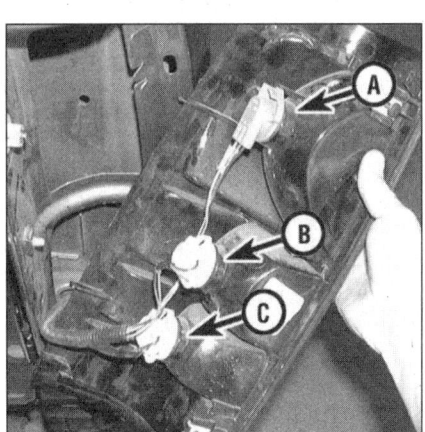

17.7 Gire el sujetador del foco y tire de él para desmontarlo - A es la luz de freno, B es el direccional y C es la luz de marcha atrás

4 Todos los focos se reemplazan de la misma manera, girando el sujetador del foco (vea las ilustraciones). Tire de los focos derecho hacia afuera para quitarlos del sujetador.

5 La instalación se realiza en forma inversa al desmontaje.

Luz trasera, de alto, direccional y de marcha atrás

Vea las ilustraciones 17.6 y 17.7

6 En todos los modelos, estas luces traseras están todas en un mismo alojamiento. En modelos Pick-up, baje la puerta trasera y quite los tornillos (vea la ilustración). Gire el alojamiento hacia afuera para desengancharlo de la carrocería. En modelos SUV, abra la compuerta levadiza o las puertas traseras opcionales y quite los tornillos; luego, gire el alojamiento de forma tal que los ganchos despejen los orificios en la carrocería.

7 En todos los modelos, gire los sujetadores del foco 1/4 de vuelta en sentido antihorario y tire para quitarlos del alojamiento. Reemplace el foco, tirando de él hacia afuera para quitarlo del sujetador y presionando el nuevo para instalarlo; luego, inserte el sujetador en el alojamiento y gire 1/4 de vuelta en sentido horario para trabarlo (vea la ilustración).

8 La instalación se realiza en forma inversa al desmontaje.

Luz central alta de freno (CHMSL), luz de carga

Vea las ilustraciones 17.9a, 17.9b y 17.12

Modelos Pick-up

9 De pie en la plataforma de la camioneta, quite los dos tornillos con cabeza Phillips y retire de la cabina el alojamiento de la CHMSL y de la luz de carga (vea la ilustración). Libere las pestañas en cada extremo del plato detrás de los cuatro focos (vea la ilustración).

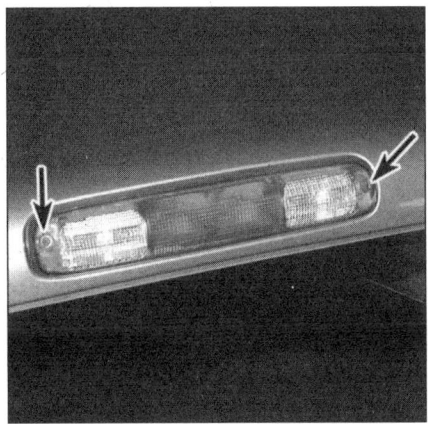

17.9a Quite los tornillos y tire del alojamiento de la CHMSL/luz de carga para desmontarlo (modelos pick-up)

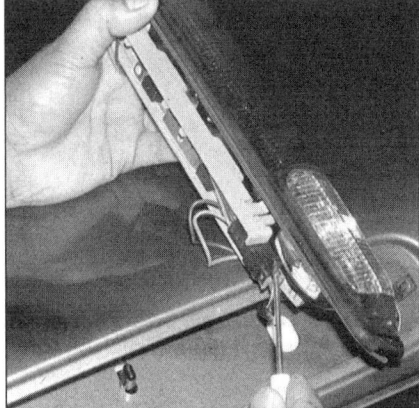

17.9b Libere estas pestañas (flechas) para quitar la placa del sujetador del foco

17.12 En modelos SUV, el conjunto de la CHMSL se sale cuando se quitan los tornillos (flechas)

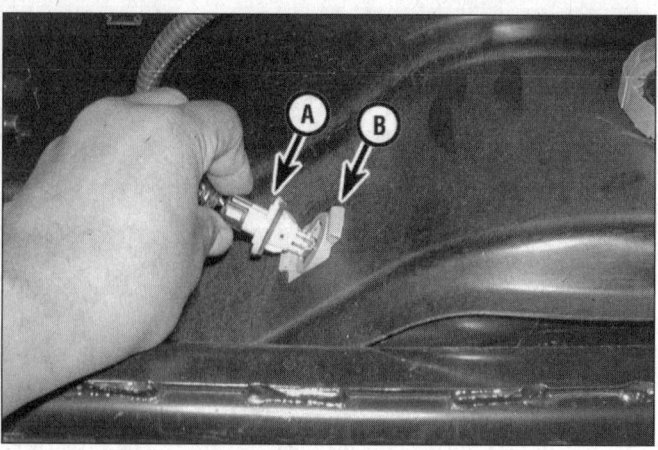

17.15 Acceda desde la parte de atrás del paragolpes para rotar y desmontar el sujetador del foco (A). Si debe reemplazar el alojamiento de la luz, apriete los clips (B) y empuje la luz hacia el exterior del paragolpes

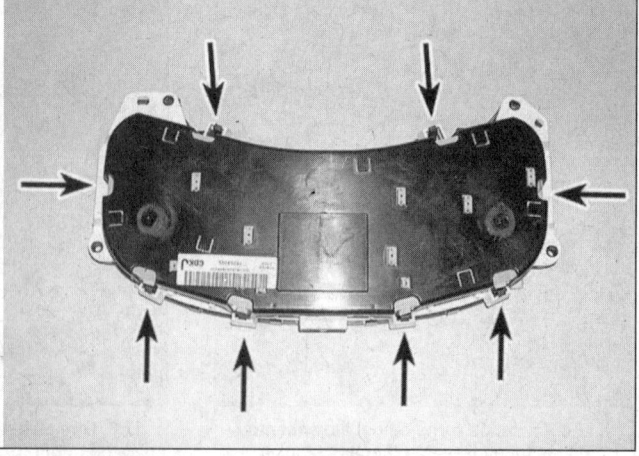

17.17 Libere los clips (flechas) y desmonte la cubierta desde la parte trasera del grupo de instrumentos

10   Quite el conjunto del foco del alojamiento. Los dos focos que se encuentran más hacia el exterior son las luces de carga y se desmontan girándolos 1/4 de vuelta. Los dos focos del centro son los de la CHMSL y se los quita directamente de los sujetadores.
11   La instalación se realiza en forma inversa al desmontaje. Asegúrese de que la junta en la parte trasera del alojamiento esté intacta, o podría crearse una fuga de agua en la cabina.

Modelos Suburban y Yukon
12   En los modelos SUV, eleve la compuerta levadiza y quite los tornillos para acceder a los sujetadores de los focos (**vea la ilustración**).
13   En todos los modelos, gire el sujetador del foco 1/4 de vuelta en sentido horario y retírelo; luego, para reemplazar el foco, tire de él hacia afuera para quitarlo del sujetador.
14   La instalación se realiza en forma inversa al desmontaje.

Focos de placa
Consulte la ilustración 17.15
15   El foco del plato está unido al paragolpes trasero, pero el sujetador del foco se puede desmontar desde atrás del paragolpes (**vea la ilustración**). Tire del foco derecho hacia afuera para quitarlo del sujetador.
16   La instalación se realiza en forma inversa al desmontaje.

Luces del grupo de instrumentos
Consulte las ilustraciones 17.17 y 17.18
17   Para obtener acceso a las luces de iluminación del grupo de instrumentos, es necesario desmontar el grupo de instrumentos (vea la Sección 11). Se pueden extraer y reemplazar los focos desde la parte trasera del grupo, después de desmontar el panel de la cubierta (**vea la ilustración**).
18   Para quitar el foco, gírelo en sentido antihorario (**vea la ilustración**).
19   La instalación se realiza en forma inversa al desmontaje.

Luces interiores
Luces de lectura de la consola superior
Consulte la ilustración 17.21
20   En modelos 1999, presione hacia arriba la luz de lectura y gírela en sentido antihorario; luego, tire del foco para quitarlo y reemplácelo desde atrás.
21   En modelos 2000, haga palanca con un destornillador pequeño para quitar los lentes de la luz de lectura; luego, retire el foco (**vea la ilustración**).
22   La instalación se realiza en forma inversa al desmontaje.

Luz del techo
Consulte las ilustraciones 17.23a y 17.23b
23   Haga palanca para quitar los lentes de la luz del techo; luego, tire del foco para retirarlo y reemplácelo (**vea las ilustraciones**).
24   La instalación se realiza en forma inversa al desmontaje.

Luces de cortesía de la puerta
Consulte la ilustración 17.25
25   Haga palanca para quitar la luz del panel de la puerta y reemplace el foco desde atrás (**vea la ilustración**).
26   La instalación se realiza en forma inversa al desmontaje.

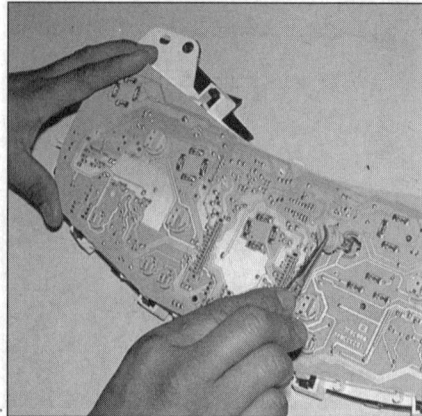

17.18 Utilice unas tenazas o pinzas para rotar y desmontar las luces individuales del grupo

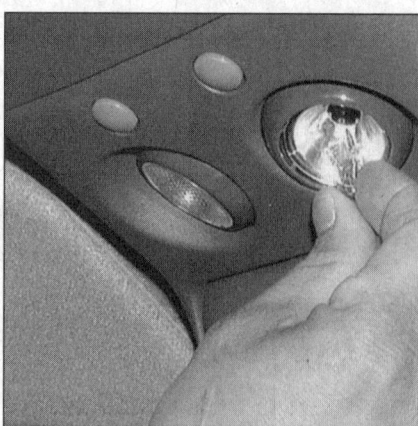

17.21 Desmonte los lentes de la luz del mapa; luego, tire del foco para desmontarlo (se muestra un modelo 2000)

Capítulo 12 Sistema eléctrico del chasis

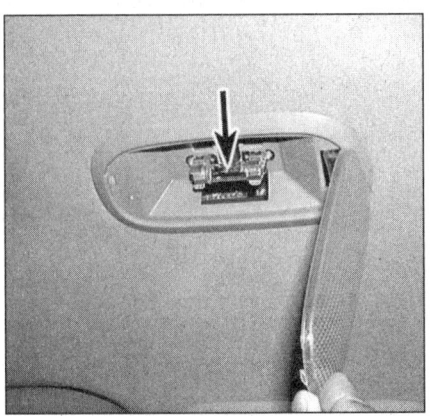

17.23a Tire del foco de la luz del techo (flecha) hacia abajo, fuera de sus dados (modelos pick-up)

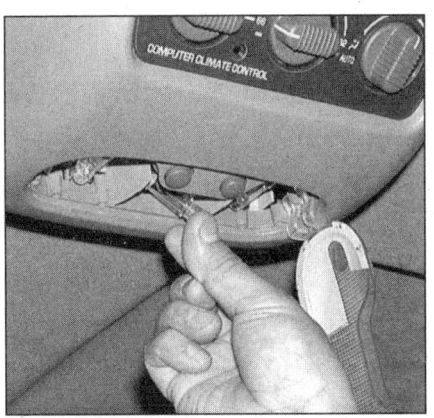

17.23b En modelos SUV, la luz del techo está en la consola superior del medio, haga palanca hacia abajo para quitar los lentes (del lado izquierdo) y tire del foco tubular hacia afuera

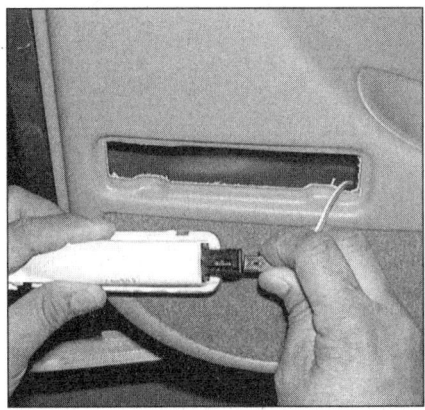

17.25 Haga palanca para quitar la luz de cortesía del panel de la puerta; luego, desmonte el sujetador del foco del extremo del alojamiento de la luz

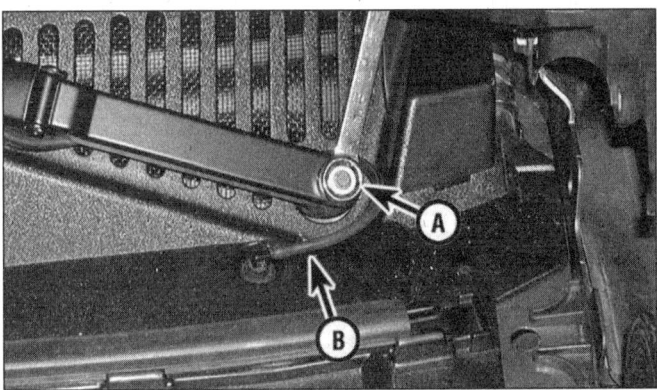

18.2 Levante la cubierta, use una llave para quitar la tuerca (A) en el eje del limpiaparabrisas; luego, sujete el brazo del limpiaparabrisas y, con un movimiento de balanceo, desmóntelo del eje. Desconecte la manguera del líquido (B)

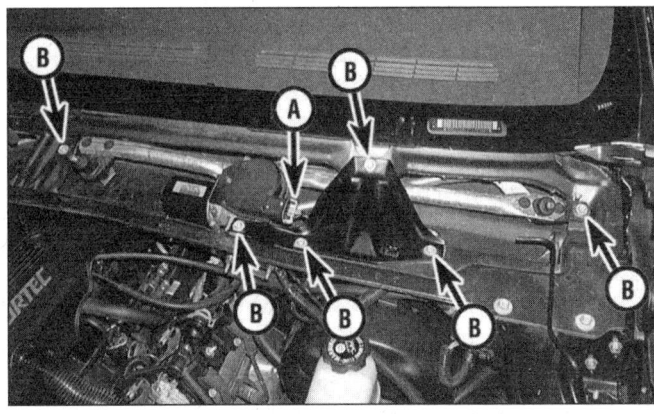

18.4 Conector eléctrico del motor del limpiaparabrisas (A) y pernos de montaje del conjunto del limpiaparabrisas (B) (los modelos posteriores tienen sólo dos pernos)

18 Motor del limpiaparabrisas - revisión y reemplazo

Delantero

Consulte las ilustraciones 18.2, 18.4 y 18.5

1 Desconecte el cable negativo de la batería (vea el Capítulo 1). **Precaución:** *En los modelos equipados con el sistema de audio Theftlock, asegúrese de que la función de bloqueo está desactivada antes de realizar cualquier procedimiento que requiera desconectar la batería (vea el principio de este manual).*

2 Marque las posiciones de los brazos del limpiaparabrisas sobre el parabrisas; luego, desmóntelos **(vea la ilustración)**. *Nota: Desconecte la manguera del líquido del brazo del limpiaparabrisas.*

3 Retire la parrilla del panel (vea el Capítulo 11). Quite los cuatro pernos y el panel de refuerzo encima del conjunto del limpiaparabrisas.

4 Desconecte el conector eléctrico del motor del limpiaparabrisas; luego, quite los pernos de montaje del motor/varillaje del limpiaparabrisas **(vea la ilustración)**.

5 Desmonte el conjunto y quite los pernos del motor del varillaje **(vea la ilustración)**. Haga palanca para desconectar el brazo del motor del limpiaparabrisas.

6 La instalación se realiza en forma inversa al desmontaje.

Trasero (modelos SUV)

Consulte las ilustraciones 18.8 y 18.10

7 Desconecte el cable negativo de la batería (vea el Capítulo 1). **Precaución:** *En los modelos equipados con el sistema de audio Theftlock, asegúrese de que la función de bloqueo está desactivada antes de realizar cualquier procedimiento que requiera desconectar la batería (vea el principio de este manual).*

8 Marque las posiciones del brazo limpiaparabrisas en el vidrio de la compuerta levadiza; luego, quite la tuerca y desmonte la cubierta del brazo en la parte externa de la compuerta y, a continuación, desmonte el marco **(vea la ilustración)**. Tenga

18.5 Quite los pernos (flechas) para separar el motor del limpiaparabrisas del conjunto del varillaje

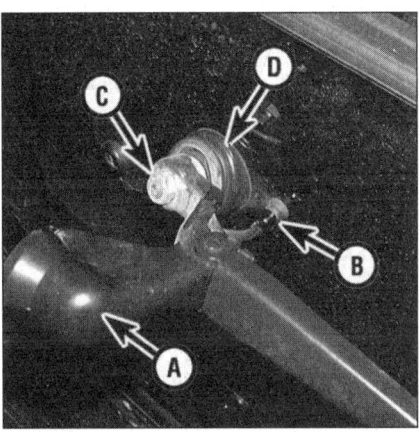

18.8 En la compuerta levadiza de los modelos SUV, levante la cubierta (A), desconecte la manguera del líquido (B), quite la tuerca (C), el brazo y el marco (D)

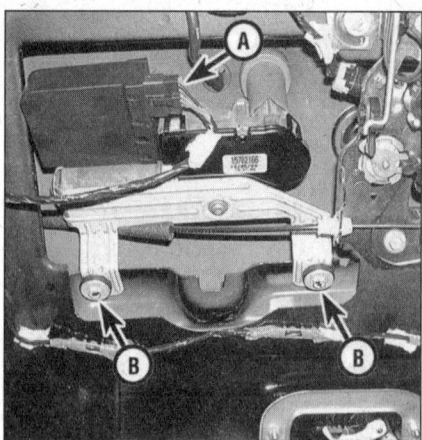

18.10 En modelos SUV, desconecte el conector eléctrico (A) en el motor del limpiaparabrisas trasero; luego, quite los dos pernos de montaje (B)

19.2 Desconecte el conector del claxon (A) y quite el perno de montaje (B); aquí se muestra desde abajo y detrás del paragolpes delantero

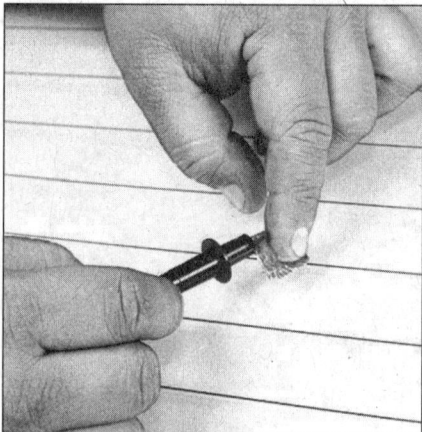

21.5 Cuando mida el voltaje en la rejilla del desempañador de la ventana trasera, envuelva un pedazo de papel de aluminio alrededor de la punta positiva del voltímetro y presione el papel contra el cable con el dedo

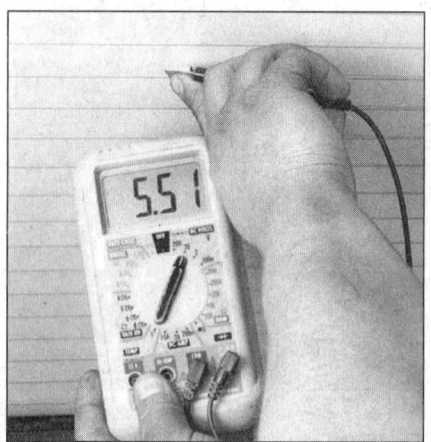

21.6 Para determinar si se ha roto un elemento de calefacción, revise el voltaje en el centro de cada elemento; si el voltaje es de 6 voltios, el elemento no está roto

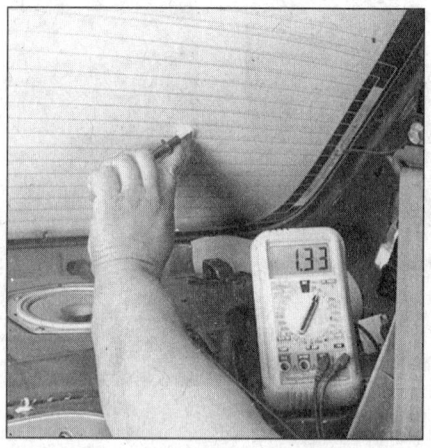

21.8 Para encontrar la rotura, coloque la punta negativa del voltímetro contra el terminal a tierra del desempañador; ubique la punta positiva del voltímetro con la tira de papel de aluminio contra el cable de calefacción, en el extremo del terminal positivo y deslícelo hacia el extremo del terminal negativo (el punto en el que el voltímetro cambia de varios voltios a cero es el punto en el cual está roto el cable)

cuidado de no rayar la pintura de la compuerta levadiza.
9   Consulte el Capítulo 11 y desmonte los paneles de adorno interiores superior e inferior de la compuerta levadiza.
10   Desconecte el conector eléctrico del motor del limpiaparabrisas trasero; luego, quite los dos pernos de montaje **(vea la ilustración)**. **Precaución:** *Sostenga el motor mientras quita los pernos.*
11   La instalación se realiza en forma inversa al desmontaje.

19   Claxon - revisión y reemplazo

Revisión

Consulte la ilustración 19.2
1   Desmonte la cubierta de la caja de fusibles/relés debajo del capó **(vea la ilustración 3.1a)**, revise el fusible y el relé del claxon y reemplace cualquier componente defectuoso.
2   Desconecte los conectores eléctricos de los cláxones **(vea la ilustración)**. Hay dos cláxones, uno en cada esquina inferior del soporte del radiador.
3   Pida a un asistente que presione el botón del claxon y utilice un voltímetro para asegurarse de que haya voltaje de batería en el terminal del cable de alimentación (vea los diagramas de cableado al final de este Capítulo). Si el relé está en buen estado y el claxon no recibe corriente, el cable (que conduce hasta el relé) tiene una falla.
4   Use un ohmímetro para medir la resistencia entre el cable negro del conector del cableado y una conexión a tierra probada. Debería haber cero ohmios. Si no es así, repare la falla en el circuito a tierra.
5   Si el claxon recibe corriente y los circuitos de cableado están bien, la falla está en el claxon y se lo debe reemplazar.

Reemplazo

6   Desconecte los conectores eléctricos, quite los pernos de montaje y desmonte los cláxones **(vea ilustración 19.2)**.
7   La instalación se realiza en forma inversa al desmontaje.

20   DRL (luces de día) - información general

El sistema de luces de día (DRL) que se utiliza en todos los modelos ilumina las luces de marcha, que se encuentran delante de los alojamientos de los direccionales, cada vez que la ignición está en la posición On (encendido). La única excepción ocurre cuando el motor está en marcha y se acciona el freno de estacionamiento (en modelos con cambios estándar) o con la palanca de cambios en Park (en modelos con transmisión automática). Una vez que se libera el freno de estacionamiento o que se mueve la palanca de cambios, las luces permanecerán encendidas durante el tiempo que el interruptor de ignición esté en la posición de encendido.

21   Desempañador de la ventana trasera (modelos SUV) - revisión y reparación

1   El desempañador de la ventana trasera está formado por varios elementos de calefacción horizontales fundidos en la superficie interna del vidrio. Se suministra electricidad a través de un fusible grande de la caja de fusibles/relés debajo del capó en el compartimiento del motor. El elemento de calefacción está controlado por el interruptor del panel de instrumentos.
2   Los daños pequeños que se produzcan en el elemento se pueden reparar sin quitar la ventana trasera.

Revisión

Consulte las ilustraciones 21.5, 21.6 y 21.8
3   Gire el interruptor de ignición y el interruptor del desempañador a la posición ON (encendido).
4   Coloque la sonda positiva de un voltímetro contra el terminal positivo de la rejilla del desempañador; y la sonda negativa, contra el terminal de la conexión a tierra. Si no se indica voltaje de batería, revise el fusible, el interruptor del desempañador, el relé del desempañador y los cables relacionados. Si se indica voltaje pero todo o una parte del desempañador no se calienta, continúe con las pruebas siguientes.

Capítulo 12 Sistema eléctrico del chasis 12-15

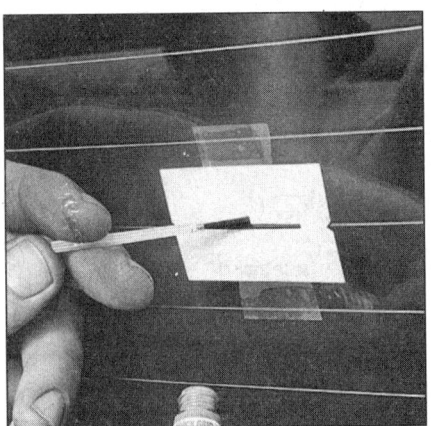

21.14 Para utilizar un juego de reparación de desempañadores, aplique cinta de enmascarar en el interior de la ventana, en el área dañada, y luego cepille la cobertura conductora especial

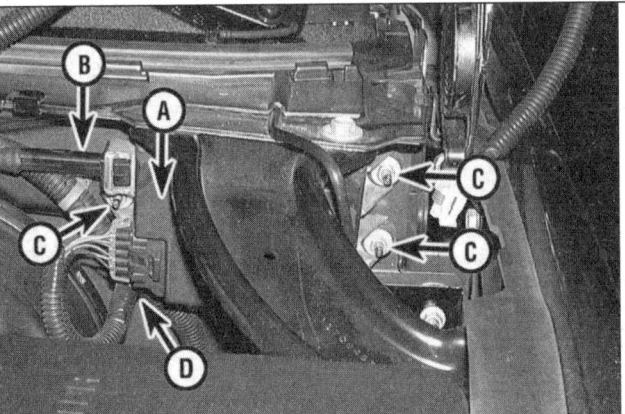

22.5a El servo de control de la velocidad crucero (A) se encuentra en el extremo izquierdo del panel contra fuego. Asegúrese de que el cable de control de la velocidad crucero (B) no esté dañado y de que funcione sin problemas cuando el acelerador está abierto. C indica las tuercas de montaje del servo y D es el conector eléctrico

5 Cuando mida el voltaje durante las dos pruebas siguientes, envuelva un pedazo de papel de aluminio alrededor de la punta de la sonda positiva del voltímetro y presione la hoja contra el elemento de calefacción con el dedo (vea la ilustración). Coloque la sonda negativa en el terminal de la conexión a tierra de la rejilla del desempañador.
6 Revise el voltaje en el centro de cada elemento de calefacción (vea la ilustración). Si el voltaje es de 5 a 6 voltios, el elemento está bien (no hay daños). Si el voltaje es de 0 voltios, el elemento está roto entre el centro del elemento y el extremo positivo. Si el voltaje es de 10 a 12 voltios, el elemento está roto entre el centro del elemento y el lado de la conexión a tierra. Revise cada elemento de calefacción.
7 Si ninguno de los elementos está roto, conecte la sonda negativa a una conexión a tierra del chasis probada. La lectura del voltaje debería mantenerse igual; si no, la conexión a tierra está defectuosa.
8 Para encontrar la falla, coloque la sonda negativa del voltímetro contra el terminal a tierra del desempañador. Coloque la sonda positiva del voltímetro con la tira de aluminio contra el elemento de calefacción, en el lado del terminal positivo, y deslícelo hacia el extremo del lado negativo. El punto en el que el voltímetro se desvía de varios voltios a cero es el punto en el cual el elemento de calefacción está roto (vea la ilustración).

Reparación

Consulte la ilustración 21.14

9 Repare la rotura en el elemento utilizando un juego de reparación específico para este propósito, como pasta Dupont N.° 4817 (o equivalente). El juego incluye epoxi plástico conductor.
10 Antes de reparar una ruptura, apague el sistema y deje que se enfríe durante algunos minutos.
11 Limpie suavemente el área del elemento con lana de acero fina y, luego, límpiela completamente con alcohol isopropílico.
12 Utilice cinta de enmascarar para enmascarar el área que se está reparando.
13 Mezcle minuciosamente el epoxi, siguiendo las instrucciones del juego.
14 Aplique el material de epoxi en la ranura de la cinta de enmascarar, superponiendo el área no dañada alrededor de 3/4 de pulgada en cada extremo (vea la ilustración).
15 Deje que la reparación se cure durante 24 horas antes de quitar la cinta y utilizar el sistema.

22.5b Ajuste el cable de control de la velocidad crucero girando el tornillo mariposa (flecha) para eliminar la holgura (no en todos los modelos)

22 Sistema de control de la velocidad crucero - descripción y revisión

Modelos sin control electrónico de aceleración

Vea las ilustraciones 22.5a, 22.5b y 22.7

1 El sistema de control de la velocidad crucero mantiene la velocidad del vehículo con un servomotor (que se encuentra en el lado izquierdo del panel contra fuego), conectado al varillaje del acelerador mediante un cable. El sistema está compuesto por: el servomotor, el interruptor del freno, los interruptores de control, el relé y el cableado asociado. Algunas funciones del sistema requieren tésters y procedimientos de diagnóstico especiales que están más allá del alcance del mecánico doméstico. Abajo, se enumeran algunos procedimientos que pueden utilizarse para detectar problemas comunes.
2 Revise el fusible de control de la velocidad crucero en la caja de fusibles/relés interior, en el extremo izquierdo del panel de instrumentos (vea la Sección 3).
3 El interruptor de posición del pedal de freno (BPP) (o el interruptor de la luz de freno) desactiva el sistema de control de la velocidad crucero. Pida a un asistente que presione el pedal de freno mientras usted revisa el funcionamiento de la luz de freno.
4 Si las luces de freno no funcionan correctamente, corrija el problema y vuelva a probar el control de la velocidad crucero.

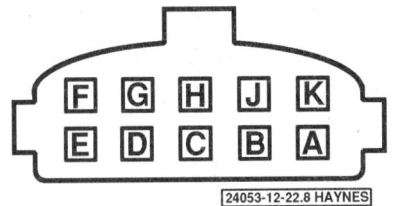

22.7 Identificación del pasador para el conector del servo de control de la velocidad crucero

5 Revise el cable de control ubicado entre el servo/amplificador del control de velocidad crucero y el varillaje del acelerador, y reemplácelo según sea necesario (vea las ilustraciones). Para ajustar el cable en el extremo del acelerador, algunos modelos tienen un tornillo de ajuste con rosca; otros, tienen un ajustador tipo clip. En el tipo con rosca de tornillo, asegúrese de que el acelerador esté en posición completamente cerrada y ajuste el tornillo de plástico hasta que el cable de velocidad crucero esté completamente fijo. En modelos equipados con sujetador tipo clip, libere el clip de cierre en el extremo del alojamiento de cables (en el varillaje del acelerador), apretando juntos los costados del clip hasta que pueda tirar de éste para retirarlo del ajustador. Ahora, mueva el cable a mano para eliminar cualquier holgura; luego, presione el clip de cierre para colocarlo de nuevo en su lugar. Nota: *Asegúrese de que ya no pueda verse la marca blanca en el costado del clip. Esto verifica que el clip esté completamente asentado.*
6 El sistema de control de la velocidad crucero utiliza información del PCM, incluida la del Sensor de Velocidad del Vehículo, que se encuentra en la transmisión. Para probar el sensor de velocidad, vea el Capítulo 6.
7 El mecánico doméstico puede realizar algunas pruebas del servo. Gire la llave de ignición a la posición ON (el motor apagado). Desconecte el conector eléctrico en el servo y utilice una luz de prueba con conexión a tierra para revisar la energía de la batería en el terminal F, en el lado del mazo (vea la ilustración). Si no tiene energía, consulte los diagramas de cableado al final de este capítulo y revise el circuito.
8 Con el interruptor de control de la velocidad crucero en la posición On (encendido), debería haber voltaje de batería en el terminal A, y en el terminal B en la posición Set/Coast.

9 Pruebe el vehículo para determinar si el control de velocidad crucero funciona correctamente. Si esto no es así, lleve el vehículo a un departamento de servicio de un distribuidor o a un especialista en electricidad del automóvil para obtener diagnósticos adicionales.

Modelos con control electrónico de aceleración

10 Desde adentro del vehículo, el sistema de control de la velocidad crucero en modelos con Control Electrónico del Acelerador tiene una apariencia idéntica al sistema utilizado en modelos sin Control Electrónico del acelerador, con los mismos indicadores en el grupo, el mismo interruptor de control de velocidad crucero en el volante, los mismos interruptores de posición de los pedales de embrague y freno, etc. Sin embargo, no hay servomotor ni cable para el control de la velocidad crucero. En su lugar, el sistema de control de la velocidad crucero está controlado directamente por el Módulo de control del tren de potencia (PCM). Debajo del capó no hay servo ni cable del servo, porque estos modelos tienen un cuerpo de acelerador controlado electrónicamente (no por un cable acelerador). Cuando selecciona la velocidad que desea mantener, el PCM controla la velocidad del vehículo abriendo y cerrando el plato del acelerador a través de un solenoide (motor) controlado por una computadora dentro del cuerpo del acelerador.

11 Los procedimientos de diagnóstico para localizar fallas en el sistema de control de la velocidad crucero están más allá del alcance de este manual, pero si no puede configurar el sistema, o si la velocidad determinada no se cancela cuando presiona el pedal del freno, revise los fusibles.

12 Aparte de revisar los fusibles, los procedimientos de diagnóstico para localizar fallas en el sistema de control de la velocidad crucero en modelos con Control Electrónico del Acelerador se encuentran más allá del alcance de este manual. Cualquier prueba adicional puede realizarse en el departamento de servicio de un distribuidor o en otro taller de reparaciones calificado.

23 Sistema de ventanas eléctricas - descripción y revisión

Vea las ilustraciones 23.12a y 23.12b

1 El sistema de ventanas eléctricas utiliza motores eléctricos, montados en las puertas, que bajan y suben las ventanas. El sistema está compuesto por los interruptores de control, los motores, los reguladores, los mecanismos de los vidrios y los cableados asociados.

2 Las ventanas eléctricas se pueden bajar y levantar desde el interruptor de control maestro, ubicado en el lado del conductor, o desde los interruptores remotos ubicados en cada una de las ventanas. Cada ventana tiene un motor individual que es reversible. La posición del interruptor de control determina la polaridad y, por lo tanto, la dirección de funcionamiento.

3 El circuito está protegido por un fusible y un disyuntor. Cada motor también está equipado con un disyuntor interno. Esto evita que una ventana atascada neutralice el funcionamiento del resto del sistema.

4 El sistema de ventanas eléctricas funciona solamente cuando el interruptor de ignición está en la posición ON (encendida). Además, muchos modelos tienen un interruptor de bloqueo de ventanas en el interruptor de control maestro que, cuando se activa, desactiva los interruptores de las ventanas traseras y, a veces, también el interruptor de la ventana del pasajero. Revise siempre estos elementos antes de realizar un diagnóstico de fallas ante un problema con una ventana.

5 Estos procedimientos son generales; de modo que, si no puede encontrar la causa del problema utilizándolos, sirve el vehículo al departamento de servicio de un distribuidor o alguna otra instalación de reparaciones equipada correctamente.

6 Si las ventanas eléctricas no funcionan, revise siempre el fusible y el disyuntor en primer lugar.

7 Si no funcionan solamente las ventanas traseras (SUV), o si las ventanas se accionan solamente desde el interruptor de control maestro, revise el interruptor de bloqueo de las ventanas traseras para comprobar si hay continuidad en la posición desbloqueada. Reemplácelo si no tiene continuidad.

8 Revise el cableado comprendido entre los interruptores y el tablero de fusibles para comprobar la continuidad. Repare el cableado, si es necesario.

9 Si solamente una ventana no funciona desde el interruptor de control maestro, pruebe con el otro interruptor de control de la ventana. **Nota:** *Esto no se aplica a la ventana de la puerta del conductor.*

10 Si la misma ventana funciona desde un interruptor, pero no desde el otro, revise la continuidad del interruptor.

11 Si el interruptor está bien, compruebe que no haya cortocircuitos o circuitos abiertos entre el interruptor y el motor de la ventana.

12 Si una ventana no funciona desde ninguno de los dos interruptores, haga palanca con una herramienta de hoja para extracción y desmonte el panel del interruptor de la puerta afectada. Revise el voltaje en el interruptor **(vea las ilustraciones)** y en el motor (consulte el Capítulo 11 para ver el procedimiento de desmontaje del panel de la puerta) mientras se opera el interruptor.

13 Si el voltaje llega al motor, desconecte el vidrio del regulador (vea el Capítulo 11). Mueva manualmente la ventana hacia arriba y hacia abajo y revise al mismo tiempo que no haya agarrotamiento o daños. Además, revise que no haya daños o agarrotamiento en el regulador. Si el regulador no está dañado y la ventana se mueve hacia arriba y hacia abajo suavemente, reemplace el motor. Si hay agarrotamiento o daños, lubrique, repare o reemplace las piezas, según sea necesario.

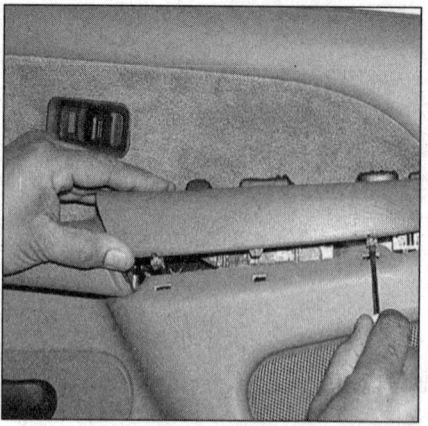

23.12a Haga palanca hacia arriba en el conjunto del interruptor de la puerta del lado del conductor desde el panel de la puerta

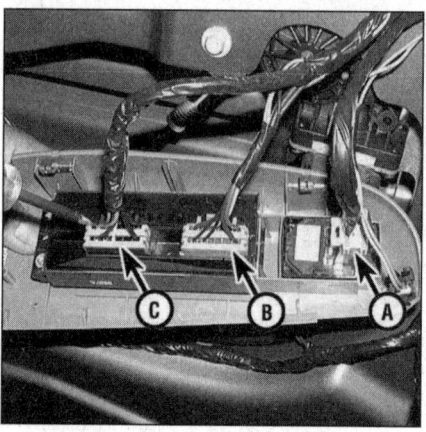

23.12b En el módulo de la puerta del conductor hay varios conectores de interruptores: el interruptor del espejo (A) y el conector de la ventana/puerta (B y C). Desconecte el conector eléctrico en el interruptor; luego, apriete los clips para desmontar un interruptor

14 Si no llega voltaje al motor, revise el cableado del circuito para comprobar que haya continuidad entre los interruptores y los motores. Tendrá que consultar el diagrama de cableado que aparece al final de este Capítulo. Si el circuito está equipado con un relé, compruebe que el relé este correctamente conectado a tierra y que esté recibiendo voltaje.

15 Pruebe las ventanas después de que haya terminado para comprobar que se hayan realizado las reparaciones adecuadas.

24 Seguros eléctricos de las puertas y sistema de entrada sin llave - descripción y revisión

Consulte la ilustración 24.10

1 El sistema de los seguros eléctricos de las puertas activa los accionadores de los seguros montados en cada puerta. El sistema está compuesto por interruptores, accionadores, relés y el cableado asociado. Normalmente, el diagnóstico puede limitarse simplemente a la revisión de las conexiones entre los cableados y los accionadores para encontrar fallas pequeñas que pueden repararse fácilmente.

2 Los sistemas de los seguros eléctricos de las puertas funcionan mediante solenoides bidireccionales que están montados en las puertas. Los interruptores de bloqueo tienen dos posiciones de funcionamiento: Bloqueo y desbloqueo. Estos interruptores activan un relé que, a su vez, transmite voltaje a los solenoides de bloqueo de la puerta. Según la forma en la que se activa el relé, se invierte la polaridad, lo que permite que los dos lados del circuito puedan utilizarse alternativamente como lado de alimentación (positivo) y lado de conexión a tierra.

3 Algunos vehículos pueden tener entrada sin llave, módulos de control electrónico y sistemas antirrobo incorporados a los seguros eléctricos. Si no puede ubicar el problema utilizando los siguientes pasos generales, consulte al departamento de servicio de su distribuidor. **Nota:** *Algunos vehículos también tienen interruptores de control conectados a las cerraduras en las puertas, que destraban todas las puertas cuando se destraba una.*

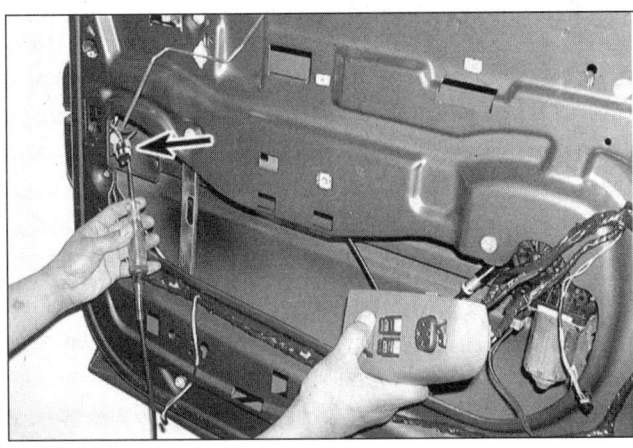

24.10 Para probar el solenoide del seguro de la puerta, opere el interruptor y revise que la electricidad llegue hasta el conector del solenoide (flecha)

4   Revise siempre la protección del circuito en primer lugar. Algunos vehículos usan una combinación de disyuntores y fusibles. Vea los diagramas de cableado al final de este Capítulo.
5   Accione los interruptores de bloqueo de las puertas en ambas direcciones (bloqueo y desbloqueo) con el motor apagado. Escuche el clic leve del relé en funcionamiento.
6   Si no se escucha un clic, revise el voltaje de los interruptores. Si no hay voltaje presente, revise el cableado comprendido entre el panel de fusibles y los interruptores para comprobar que no haya cortocircuitos o circuitos abiertos.
7   Si hay voltaje presente, pero no se escucha ningún clic, pruebe la continuidad del interruptor. Reemplácelo si no hay continuidad en alguna de las dos posiciones del interruptor. Para desmontar el interruptor, haga palanca con una herramienta de hoja plana para extracción y retire el conjunto del interruptor de la puerta/ventana (vea el Capítulo 11).
8   Si el interruptor tiene continuidad, pero el relé no hace un clic, revise el cableado entre el interruptor y el relé para comprobar que haya continuidad. Si no hay continuidad, repare el cableado.
9   Si el relé recibe corriente del interruptor pero no la envía a los solenoides, revise la caja del relé para ver si la conexión a tierra está defectuosa. Si la conexión a tierra de la caja del relé está en buen estado, reemplace el relé. Las pruebas para relé se describen en la Sección 5.
10   Si funcionan todos los solenoides de los seguros, excepto uno, quite el panel de adorno de la puerta afectada (vea el Capítulo 11) y revise el voltaje en el solenoide accionando al mismo tiempo el interruptor de bloqueo **(vea la ilustración)**. Uno de los cables debe tener voltaje en la posición de bloqueo, y el otro debe tener voltaje en la posición de desbloqueo.
11   Si el solenoide que no funciona está recibiendo voltaje, reemplace al solenoide.
12   Si el solenoide que no funciona no recibe corriente, revise en busca de un circuito abierto o un cortocircuito entre el solenoide del seguro y el relé. **Nota:** *Es común que los cables se rompan en la parte del mazo, entre la carrocería y la puerta (la apertura y el cierre de las puertas produce fatiga en los cables y, eventualmente, los rompe).*
13   En los modelos incluidos en este manual, la comunicación del sistema de los seguros eléctricos de las puertas atraviesa el módulo de control de carrocería. Si las pruebas anteriores no identificaron un problema, lleve el vehículo al distribuidor o a un taller calificado con la herramienta de análisis apropiada para recuperar los códigos de falla del BCM.

Sistema de entrada sin llave

14   El sistema de entrada sin llave consiste en un transmisor de control remoto que envía una señal infrarroja codificada a un receptor, que luego acciona el sistema de los seguros de las puertas.
15   Reemplace la batería cuando el transmisor no hace funcionar los seguros a una distancia de 10 pies. El rango normal debe ser de aproximadamente 30 pies.
16   Utilice un destornillador pequeño para separar cuidadosamente las mitades de la carcasa.
17   Reemplace la batería de litio CR2032 de tres voltios.
18   Encaje las dos mitades de la carcasa.

25   Espejos eléctricos laterales - descripción y revisión

Espejo lateral

1   La mayoría de los espejos retrovisores eléctricos utilizan dos motores para mover el vidrio; uno para los movimientos hacia arriba y hacia abajo, y otro para los ajustes hacia la izquierda o hacia la derecha.
2   Una parte del selector del interruptor de control envía voltaje al espejo izquierdo o derecho. Con la llave de ignición en la posición ACC (accesorios) y el motor APAGADO, baje las ventanas y pruebe todas las funciones del interruptor de control de los espejos (izquierda - derecha y arriba - abajo) del espejo izquierdo y del espejo derecho.
3   Escuche cuidadosamente el sonido que produce el funcionamiento de los motores eléctricos de los espejos.
4   Si pueden oírse los motores, pero el vidrio del espejo no se mueve, probablemente hay un problema con el mecanismo impulsor ubicado en el interior del espejo. Los espejos eléctricos no tienen piezas internas que pueda reemplazar el usuario, un espejo defectuoso debe reemplazarse como una unidad (vea el Capítulo 11).
5   Si los espejos no funcionan y no se escucha sonido proveniente de ellos, revise el fusible Mirr/Lock (espejo/seguro) en el bloque de fusibles que se encuentra en la caja de fusibles/relés interior y el fusible Htd/Mirr (calefactor/espejo) en la caja de fusibles/relés debajo del capó (vea la Sección 3).
6   Si los fusibles están bien, desmonte el panel del interruptor para acceder a la parte trasera del interruptor de control del espejo sin desconectar los cables que tiene conectados **(vea la ilustración 23.12b)**. Coloque la llave de ignición en la posición ON (encendido) y revise el voltaje en el interruptor. Debería haber voltaje en un terminal. Si no hay voltaje en el interruptor, compruebe que no haya un circuito abierto o un cortocircuito en el cableado comprendido entre el tablero de fusibles y el interruptor.
7   Si hay voltaje en el interruptor, desconéctelo. Compruebe que haya continuidad todas las posiciones de funcionamiento del interruptor. Si el interruptor no tiene continuidad, reemplácelo.
8   Localice el cable que va desde el interruptor hasta la conexión a tierra. Con el interruptor conectado y conecte un cable puente entre este cable y la conexión a tierra. Si el espejo funciona normalmente con este cable en su lugar, repare la falla en la conexión a tierra.
9   Si el espejo sigue sin funcionar, extraiga el espejo y revise el voltaje de los cables. Pruebe con la llave de ignición en la posición de encendido y el interruptor selector del espejo del lado correcto. Haga funcionar el interruptor del espejo en todas sus posiciones. Debe haber voltaje en uno de los cables que van del interruptor al espejo en cada posición del interruptor (excepto en la posición neutra "off" [apagada]).
10   Si no hay voltaje en cada una de las posiciones del interruptor, revise el cableado comprendido entre el espejo y el interruptor de control para comprobar que no haya circuitos abiertos o cortocircuitos.
11   Si no hay voltaje, quite el espejo y pruébelo fuera del vehículo con cables puente. Reemplace el espejo si no pasa esta prueba.

Espejo interior día-noche automático

12   Para reducir el resplandor, el espejo interior día-noche automático ajusta la cantidad de luz reflejada de acuerdo a las condiciones. Esto se logra con dos sensores con fotoceldas, uno orientado hacia adelante y otro hacia adelante, que oscurecen o aclaran la fina capa de material electrocrómico incorporado en los vidrios del espejo. En algunos modelos, el espejo también incluye una pantalla que se enciende mediante interruptores en la base del espejo, que muestra una brújula o un termómetro iluminados. La pantalla está en la esquina superior derecha del espejo.
13   Si el espejo no funciona, revise el fusible IGN 1 en la caja de fusibles/relés interior (vea la Sección 3).
14   Desconecte el conector eléctrico del lado delantero del espejo. Con la llave de ignición en la posición On, la cavidad del conector con el cable rosado debería tener voltaje de batería.
15   Con la llave ignición en la posición Off, la cavidad con el cable negro debería tener continuidad a tierra. Si no, el circuito tiene una conexión a tierra floja.
16   Con el conector en su lugar y la llave de ignición en On, cubra el sensor que está orientado hacia adelante, encienda una luz sobre el sensor orientado hacia atrás, asegúrese de que el vidrio se oscurezca; luego, cambie la transmisión a marcha atrás y asegúrese de que se aclare. Si no lo hace, reemplace el espejo (vea el Capítulo 11). Los cables del espejo automático están conectados al interruptor de marcha atrás, para aclarar el espejo por seguridad al retroceder.

26   Asientos servoasistidos - descripción y revisión

1   Los asientos eléctricos le facilitan el ajuste de la posición del asiento. Estos modelos tienen un asiento con seis posiciones, que incluyen movimientos hacia adelante y atrás, arriba y abajo, y se reclinan hacia adelante y hacia atrás. Los asientos

28.1 El módulo de control de la bolsa de aire se encuentra debajo del asiento del conductor. No altere los conectores amarillos que tiene conectados

28.8 Desconecte el conector de la bolsa de aire del lado del pasajero (flecha) detrás del área de la guantera

están accionados por tres motores reversibles, montados en un alojamiento, controlados por interruptores al costado del asiento. Cada interruptor cambia la dirección del movimiento del asiento revirtiendo la polaridad del motor impulsor.

2 El diagnóstico es simple, si se usan los procedimientos siguientes.

3 Mire debajo del asiento en busca de cualquier objeto que pueda estar evitando que el asiento se mueva.

4 Si el asiento no funciona para nada, revise el disyuntor de asientos de 25 amperios en la caja de fusibles/relés interior del lado izquierdo. Vea la Sección 4 para ver el procedimiento de prueba del disyuntor.

5 Con el motor apagado para reducir el nivel de ruidos, opere los controles del asiento en todas las direcciones y escuche si algún sonido proviene de los motores del asiento.

6 Si los motores hacen ruido o no funcionan, revise el voltaje en los motores mientras un ayudante opera el interruptor. Con la puerta abierta, vuelva a probar el interruptor del asiento. Si la luz del techo se atenúa mientras intenta operar el asiento, es señal de que podría haber algo atorado en los rieles del asiento.

7 Si el motor recibe corriente pero no arranca, pruébelo fuera del vehículo con cables puente. Si sigue sin funcionar, reemplácelo.

8 Si el motor no recibe corriente, desmonte el interruptor y revise el paso de corriente. Si no hay corriente en el interruptor (cable naranja), revise el cableado entre el bloque de fusibles y el interruptor. Si el interruptor recibe voltaje de la batería, revise la corriente en los otros terminales mientras mueve el interruptor. Si el interruptor está bien, revise que no haya cortocircuitos o circuitos abiertos en el cableado entre el interruptor y el motor.

9 Pruebe las reparaciones que realizó.

27 Sistema de comunicaciones de enlace de datos - descripción

1 Los vehículos incluidos en este manual tienen un sistema eléctrico complejo, contienen muchos accesorios eléctricos y varios módulos electrónicos separados.

2 El Módulo de control del tren de potencia (PCM) es responsable, principalmente, del control del motor y del transeje, pero también se comunica con otros módulos del vehículo a través del sistema de Comunicaciones de enlace de datos, que envía datos muy rápidamente a través de un puerto serial entre distintos módulos. Muchas de las funciones de la computadora involucradas en el funcionamiento de sistemas de la carrocería están encaminadas a través del Módulo de control de carrocería (BCM), que se comunica con el PCM.

3 Entre los módulos en el sistema de Enlace de datos, junto con el BCM y el PCM, se encuentran el Módulo de diagnóstico de detección (sistema de bolsas de aire), el Módulo de control electrónico de freno, el Módulo de control del vehículo y el grupo del panel de instrumentos. El BCM, además, se comunica con varios subsistemas de la carrocería.

4 Todos los módulos en el vehículo tienen códigos de falla asociados. Cuando los otros procedimientos para el diagnóstico de fallas no sirvan para localizar el problema, revise los diagramas de cableado al final de este Capítulo para ver si el BCM o el PCM forman parte del circuito. De ser así, lleve el vehículo a un distribuidor con las herramientas de diagnóstico de fábrica para que extraiga los códigos de falla.

28 Sistema de bolsas de aire - información general

Vea las ilustraciones 28.1, 28.8, 28.13 y 28.16

1 Estos modelos están equipados con un Sistema de sujeción suplementario (SRS), más conocido como bolsas de aire, diseñado para proteger al conductor y al pasajero del asiento delantero de lesiones graves en el caso de una colisión de frente o frontal. Todos los modelos tienen una unidad de detección/control de diagnóstico ubicada debajo del asiento del conductor, debajo de las alfombras (vea la ilustración). Advertencia: *Si su vehículo alguna vez está en una inundación o si, por cualquier motivo, las alfombras internas están empapadas, desconecte la batería y no arranque el vehículo hasta que su distribuidor no revise el sistema de bolsas de aire. Si el sistema SRS es sometido a una inundación, las bolsas de aire podrían dispararse después de encender el vehículo, aunque no haya ocurrido ningún accidente.*

Módulos de bolsas de aire

2 Los módulos de bolsas de aire están compuestos por un alojamiento que contiene el cojín (bolsa de aire) y la unidad de inflado. El conjunto de inflador está montado en la parte trasera del alojamiento, sobre el orificio a través del cual se expulsa el aire que infla la bolsa casi instantáneamente cuando el sistema envía una señal eléctrica. El cable especialmente bobinado en el lado del conductor que transporta la señal hasta el módulo del conductor se denomina conector eléctrico rotativo. El conector eléctrico rotativo es una cinta plana conductora de electricidad similar a un cordón que está bobinada tantas veces como sea necesario para que pueda transmitir una señal eléctrica independientemente de la posición del volante. Los módulos de bolsas de aire se encuentran en el volante, en el lado del pasajero debajo de la guantera y, en algunos modelos 2000 y SUV posteriores, en el lateral superior de cada asiento delantero (bolsas de aire contra impactos laterales).

Unidad de detección/control de diagnóstico y sensores

3 La unidad de detección/control de diagnóstico contiene un microprocesador a bordo que controla el funcionamiento del sistema, además de un sensor de impacto. Controla este sistema cada vez que se arranca el vehículo, y hace que la luz "AIRBAG" (bolsa de aire) parpadee siete veces y luego se apague, si el sistema está funcionando correctamente. Si hay una falla en el sistema, puede ocurrir que la luz no se encienda o que se encienda y se mantenga, ya sea iluminada constantemente o parpadeando, y la unidad almacenará códigos de falla que indican la naturaleza de la misma.

4 Otro sensor activado por impacto, denominado sensor discriminador, está montado en el lado inferior del soporte del radiador.

Funcionamiento

5 Para que se desplieguen la o las bolsas de aire, se deben activar el sensor discriminador y el sensor de impacto de la unidad de detección/control de diagnóstico. Cuando se da esta condición, el circuito al inflador de la bolsa de aire se cierra y la bolsa se infla. Si la batería es destruida por el impacto, o si tiene una carga demasiado baja como para accionar el inflador, la energía necesaria es suministrada por una unidad de potencia de respaldo en el sistema SRS.

Sistema de autodiagnóstico

6 Cuando el interruptor de ignición se gira hasta la posición On (encendido), un circuito de autodiagnóstico en la unidad SRS enciende una

Capítulo 12 Sistema eléctrico del chasis   12-19

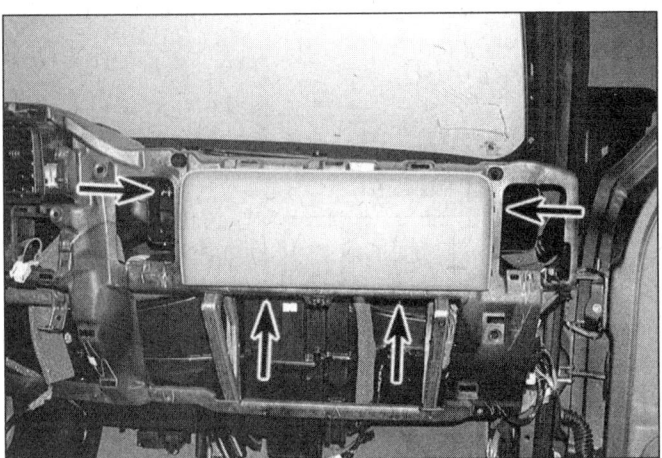

28.13 Quite los pernos de montaje del módulo de la bolsa de aire del lado del pasajero (flechas) y eleve el módulo para retirarlo del panel de instrumentos

28.16 El interruptor de encendido/apagado de la bolsa de aire del lado del pasajero (flecha) está montado en el centro del panel de instrumentos

luz en el panel de instrumentos. Si el sistema funciona de manera normal, la luz debería apagarse después de aproximadamente siete parpadeos. Si la luz no se enciende, si no se apaga después de un corto tiempo, si se enciende mientras está conduciendo el vehículo o si parpadea en cualquier momento, hay una falla en el sistema SRS. Hágalo inspeccionar y reparar tan pronto como sea posible. No intente diagnosticar el problema o reparar usted mismo el sistema SRS. El más mínimo error podría provocar que el sistema SRS falle cuando usted lo necesita.

Servicio de los componentes próximos al sistema SRS

7   Sin embargo, hay situaciones en las que necesita desmontar el volante, la radio o reparar otro componente en o cerca del tablero. En estos pasos, estará trabajando alrededor de componentes y mazos de cables del sistema SRS. No utilice equipos de prueba electrónicos en cables del sistema de bolsas de aire, ya que las bolsas podrían desplegarse. *DESACTIVE SIEMPRE EL SISTEMA SRS ANTES DE TRABAJAR CERCA DE LOS COMPONENTES DEL SISTEMA O DE LOS CABLES RELACIONADOS CON ÉSTE.*

Desactivación del sistema SRS

Advertencia: *Siempre que trabaje cerca de los cables o de los componentes de la bolsa de aire, DESACTIVE EL SISTEMA SRS.*
8   Para desactivar el sistema de bolsas de aire, siga los pasos siguientes:
  a) Gire el volante hasta la posición recta y gire el interruptor de ignición en la posición Lock (bloqueo); luego, quite la llave.
  b) Quite el fusible de la bolsa de aire, se encuentra en la caja de fusibles/relés interior en el extremo izquierdo del panel de instrumentos.
  c) Antes de comenzar a trabajar, espere, al menos, dos minutos hasta que el suministro de energía de respaldo se agote.
  d) Desmonte la bolsa de aire para las rodillas del lado del conductor (vea el Capítulo 11) y desconecte el conector de la bolsa de aire del lado del conductor en la columna de dirección (vea el Capítulo 10).
  e) Abra y deje caer la puerta de la guantera (vea el Capítulo 11) y desconecte el conector de la bolsa de aire del lado del pasajero **(vea la ilustración).**

Activación del sistema

9   Para activar el sistema de bolsas de aire, siga los pasos siguientes:
  a) Gire el interruptor de ignición hasta la posición Lock y quite la llave.
  b) Vuelva a conectar los conectores de las bolsas de aire del lado del conductor y del pasajero, asegurándose de que los clips CPA (Asegurador de posición del conector) estén en su lugar, de forma tal que los conectores no puedan desengancharse accidentalmente.
  c) Vuelva a colocar el fusible de la bolsa de aire.
  d) Coloque el interruptor de ignición en la posición On (encendido). Confirme que la luz de advertencia de la bolsa de aire brilla por 6 u 8 segundos y luego se apaga, lo que indica que el sistema funciona correctamente.

Desmontaje e instalación

Bolsa de aire del lado del conductor

10   Desactive el sistema de bolsas de aire (vea el Paso 8). Consulte el Capítulo 10, Sección 17, para ver los procedimientos de desmontaje e instalación de la bolsa de aire del lado del conductor.

Bolsa de aire del lado del pasajero

11   Desactive el sistema de bolsas de aire (vea el Paso 8).
12   Desmonte la guantera y las salidas de aire a los costados del módulo de la bolsa de aire (vea el Capítulo 11).
13   Quite los tornillos y haga palanca suavemente desde la parte trasera del tablero para quitar la unidad de la bolsa de aire **(vea la ilustración).** **Precaución:** *El conjunto de la bolsa de aire es más pesado de lo que parece, use ambas manos para retirarlo del tablero.*
14   La instalación se realiza en forma inversa al desmontaje.

Bolsas de aire contra impactos laterales

15   Algunos modelos SUV tienen bolsas de aire contra impactos laterales que se encuentran en el borde de los respaldos de los asientos, orientadas hacia las puertas. Para desactivar estas bolsas de aire (después de seguir los Pasos 8A hasta 8E), desconecte los conectores amarillos de dos hilos, debajo del asiento del conductor y del asiento del pasajero.

Interruptor de encendido/ apagado de la bolsa de aire del lado del pasajero

16   Los modelos incluidos en este manual tienen un interruptor en el centro del panel de instrumentos, que sirve para apagar el módulo de la bolsa de aire del lado del pasajero **(vea la ilustración).** Si un bebé en una sillita, un niño menor de 12 años o una persona con una afección especial tiene que viajar en el asiento del pasajero delantero, el conductor puede apagar la bolsa de aire de ese lado. Lea el manual del usuario para obtener más información sobre los grupos de riesgo para la bolsa de aire del lado del pasajero.
17   Con la llave del vehículo insertada, presione el interruptor y gire hasta la posición On (encendido) u Off (apagado); luego, retire la llave. Una vez que el pasajero desaloja el asiento delantero derecho, usted debe volver a encender la bolsa de aire para brindar la máxima protección contra impactos a pasajeros adultos. **Advertencia:** *Nunca debe dejar la llave en el interruptor.*

29   Diagramas de cableado - información general

Puesto que es imposible incluir todos los diagramas de cableado de cada año y modelo descrito en este manual, los siguientes diagramas son los más comunes y los que se necesitan con mayor frecuencia.

Antes de realizar el diagnóstico de fallas de cualquier circuito, revise el fusible y los disyuntores (si los tiene) para asegurarse de que estén en buenas condiciones. Asegúrese de que la batería esté correctamente cargada y revise las conexiones de los cables (vea el Capítulo 1).

Cuando revise un circuito, asegúrese de que todos los conectores estén limpios y sin terminales rotos o flojos. Cuando desconecte un conector, no tire de los cables. Tire solamente de los alojamientos del conector.

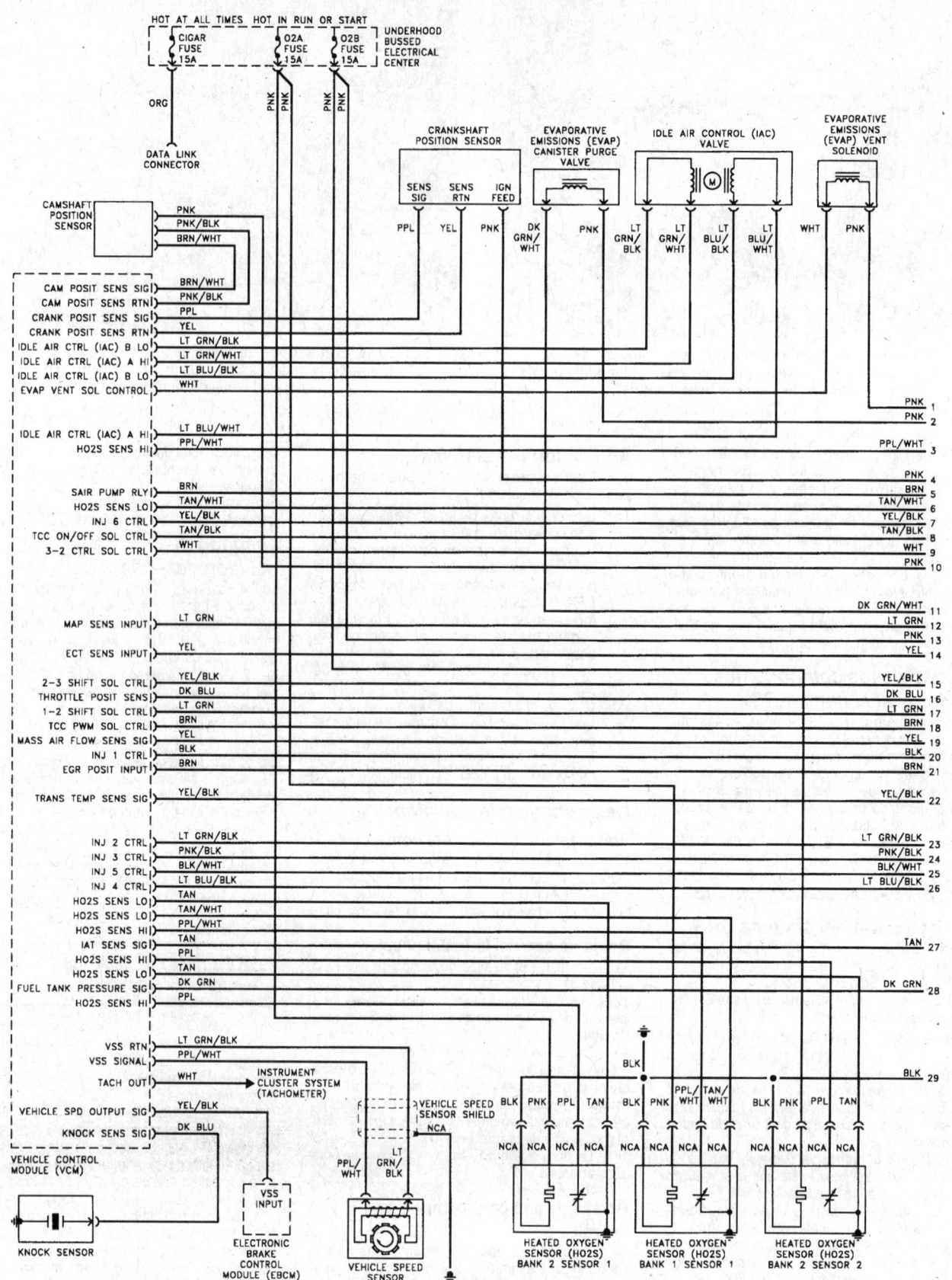

Sistema de control del motor – V6 típico (parte 1 de 4)

Capítulo 12 Sistema eléctrico del chasis 12-21

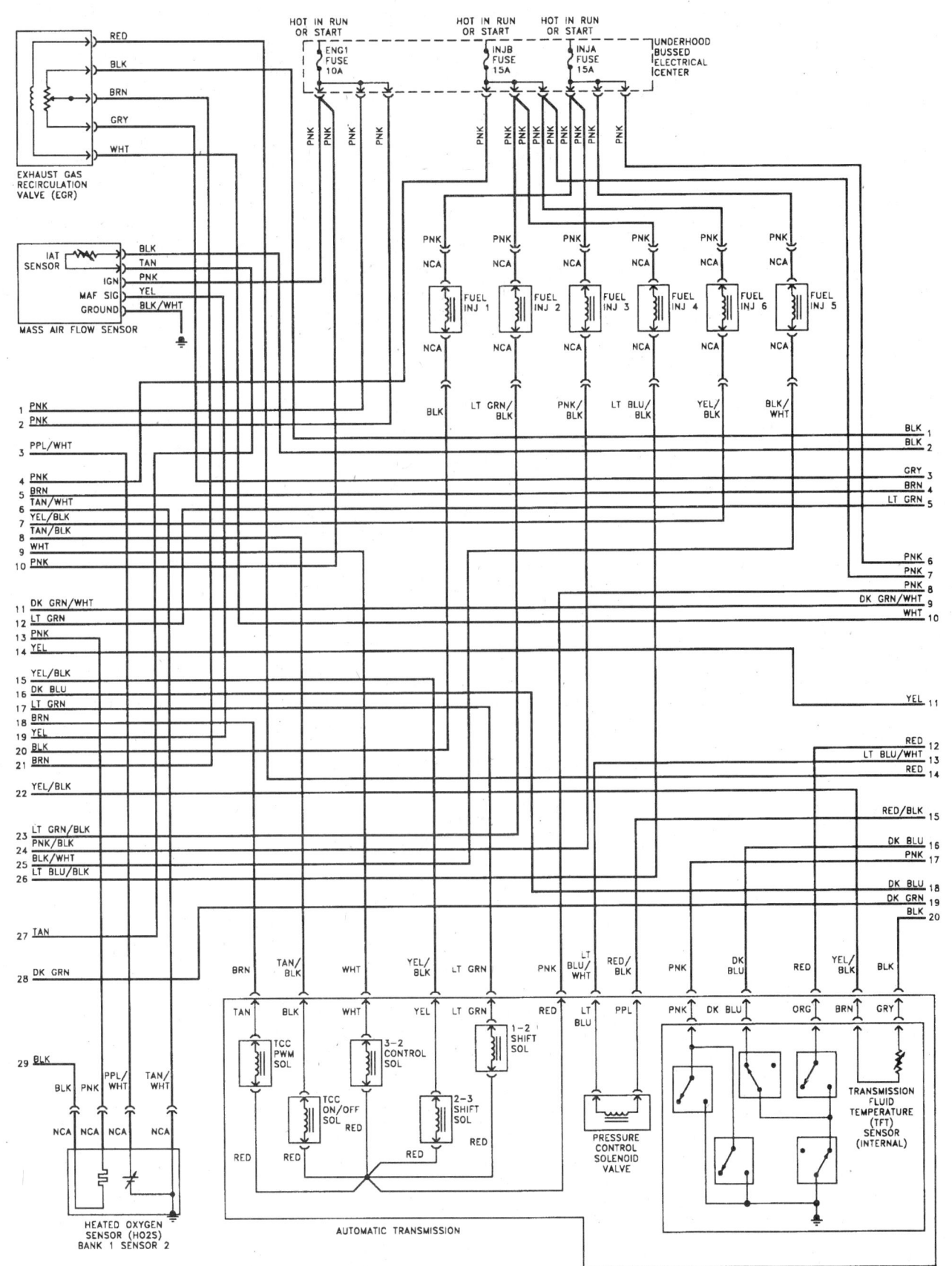

Sistema de control del motor – V6 típico (parte 2 de 4)

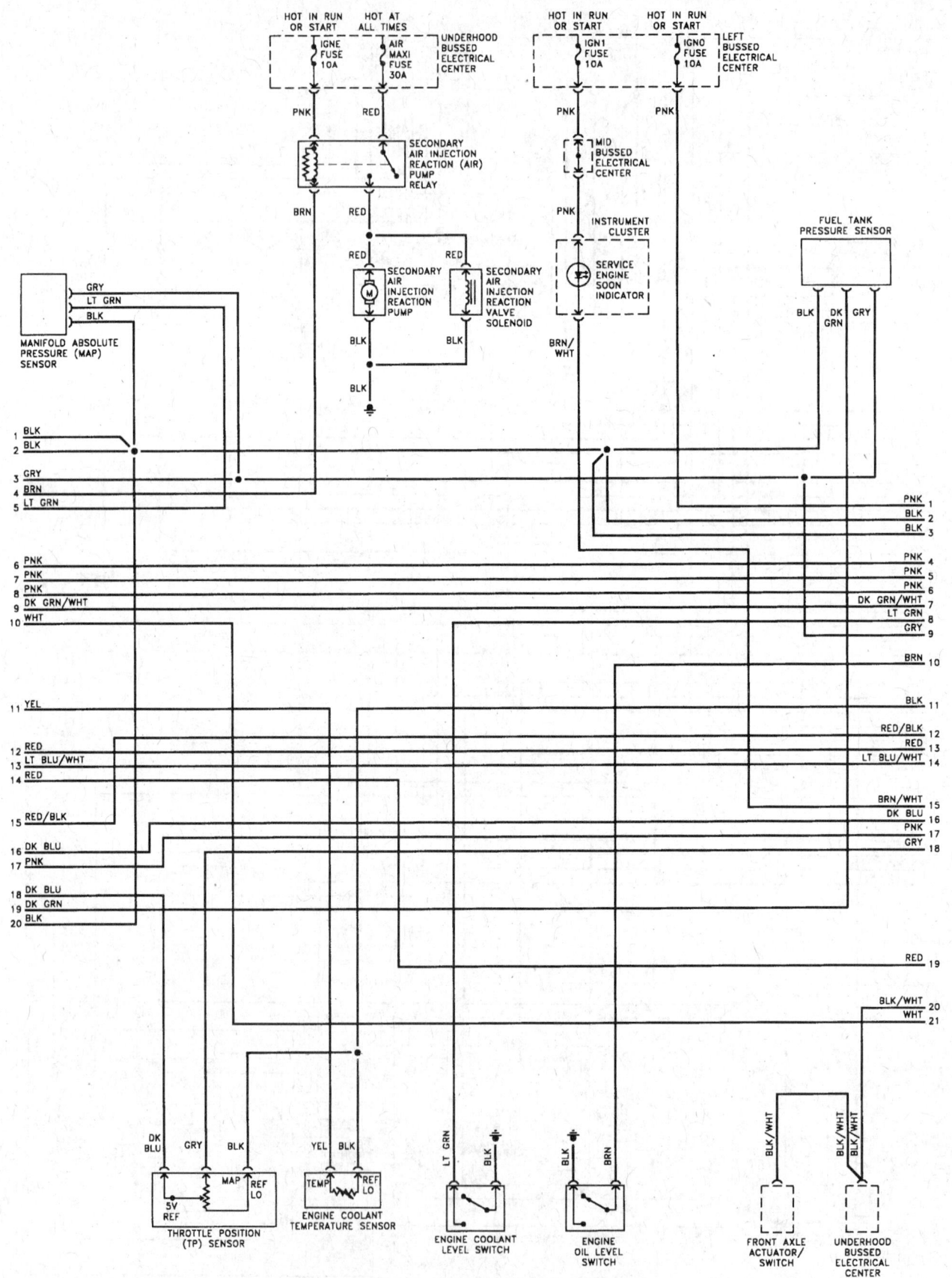

Sistema de control del motor – V6 típico (parte 3 de 4)

Capítulo 12 Sistema eléctrico del chasis 12-23

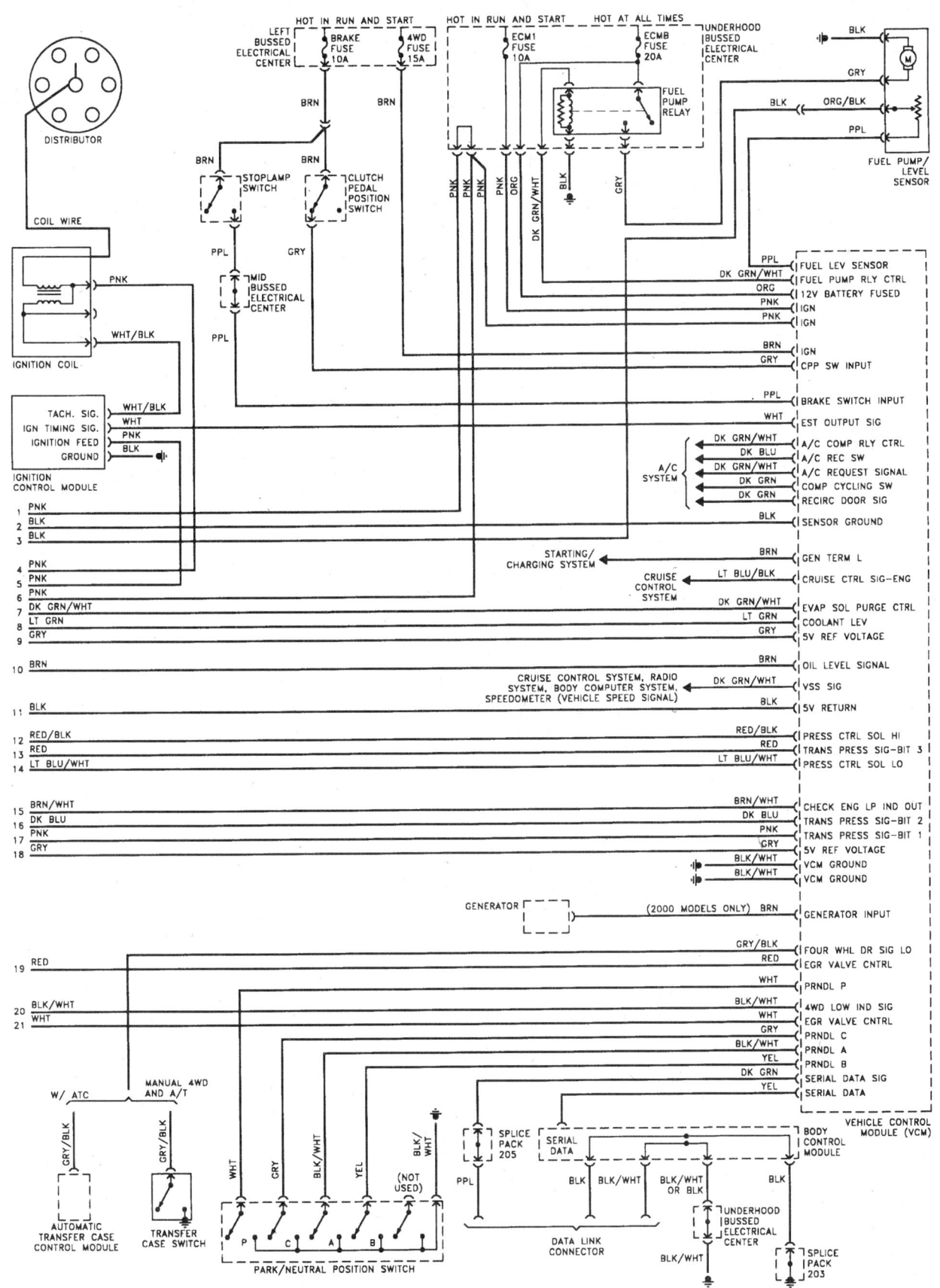

Sistema de control del motor – V6 típico (parte 4 de 4)

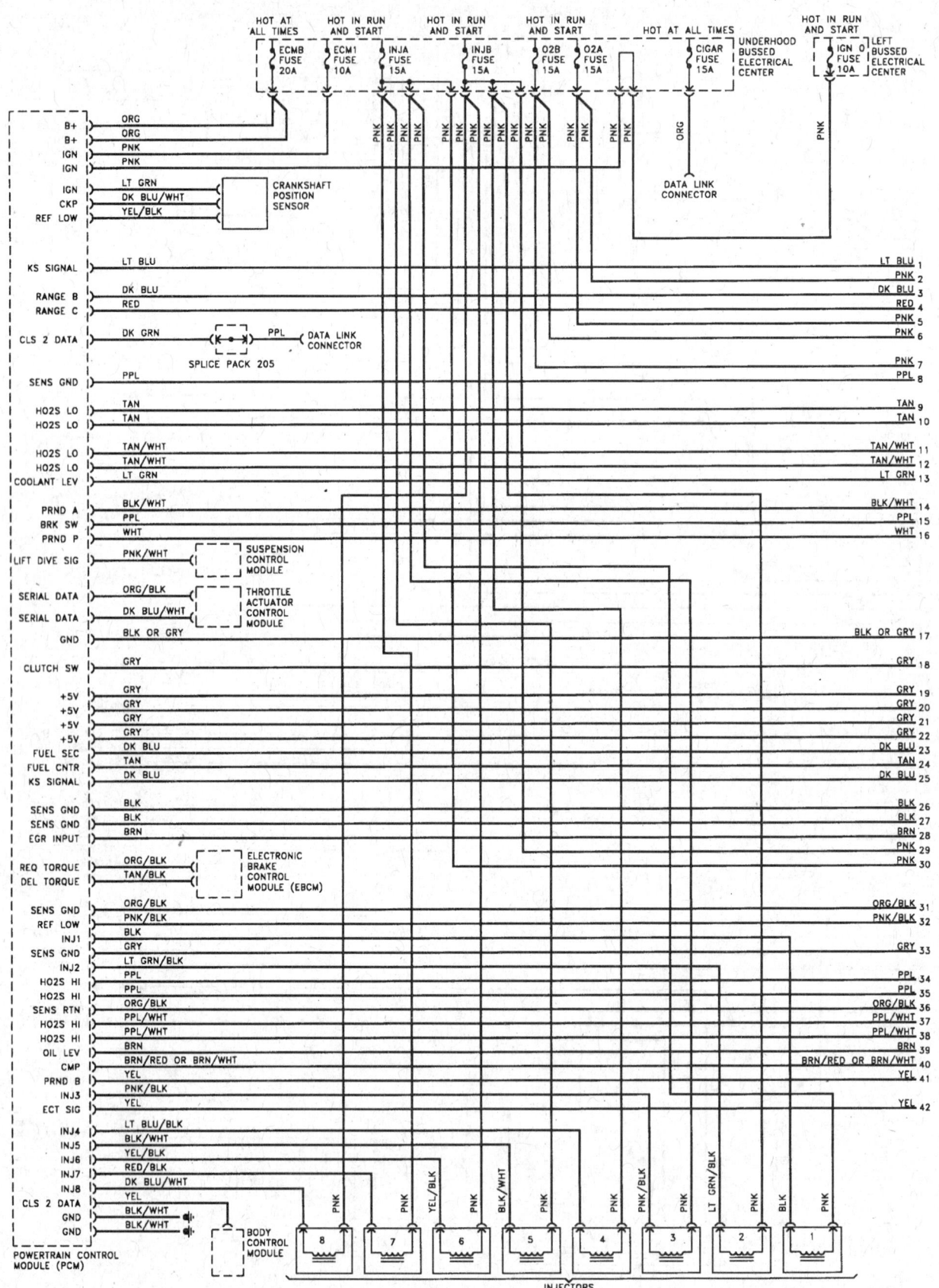

Sistema de control del motor – V8 típico (parte 1 de 4)

Capítulo 12 Sistema eléctrico del chasis   12-25

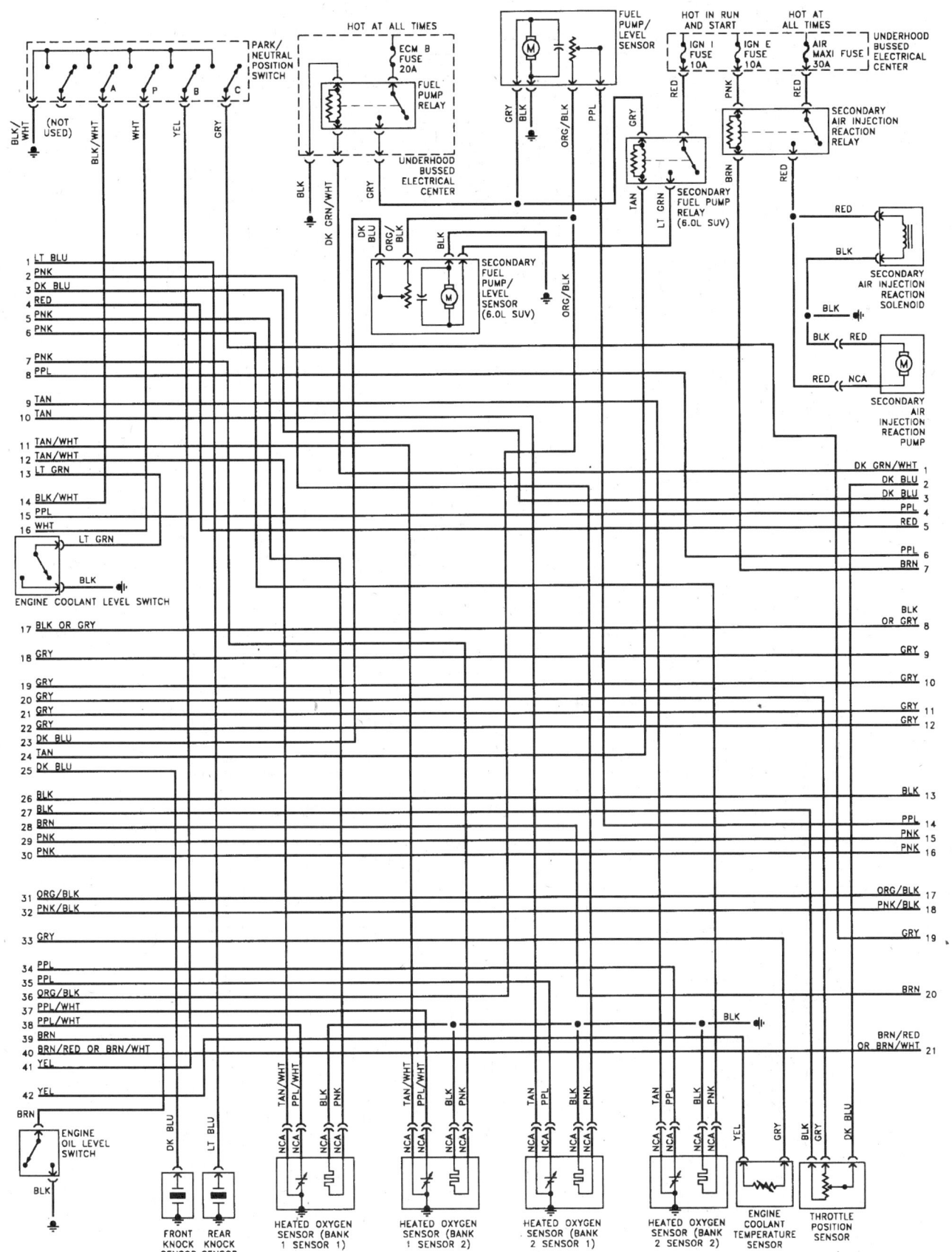

Sistema de control del motor – V8 típico (parte 2 de 4, sin control electrónico de aceleración)

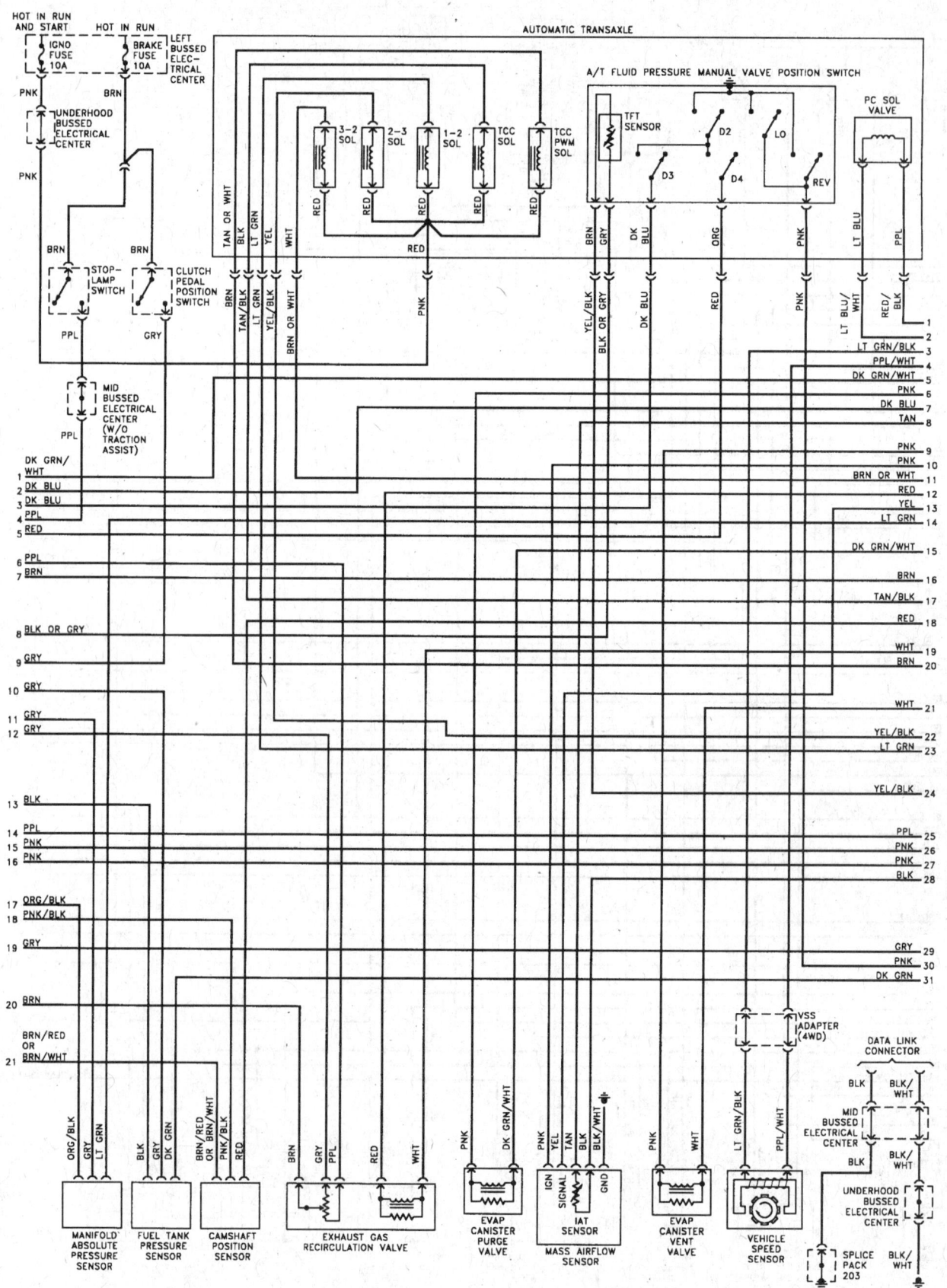

Sistema de control del motor – V8 típico (parte 3 de 4)

Capítulo 12 Sistema eléctrico del chasis

12-27

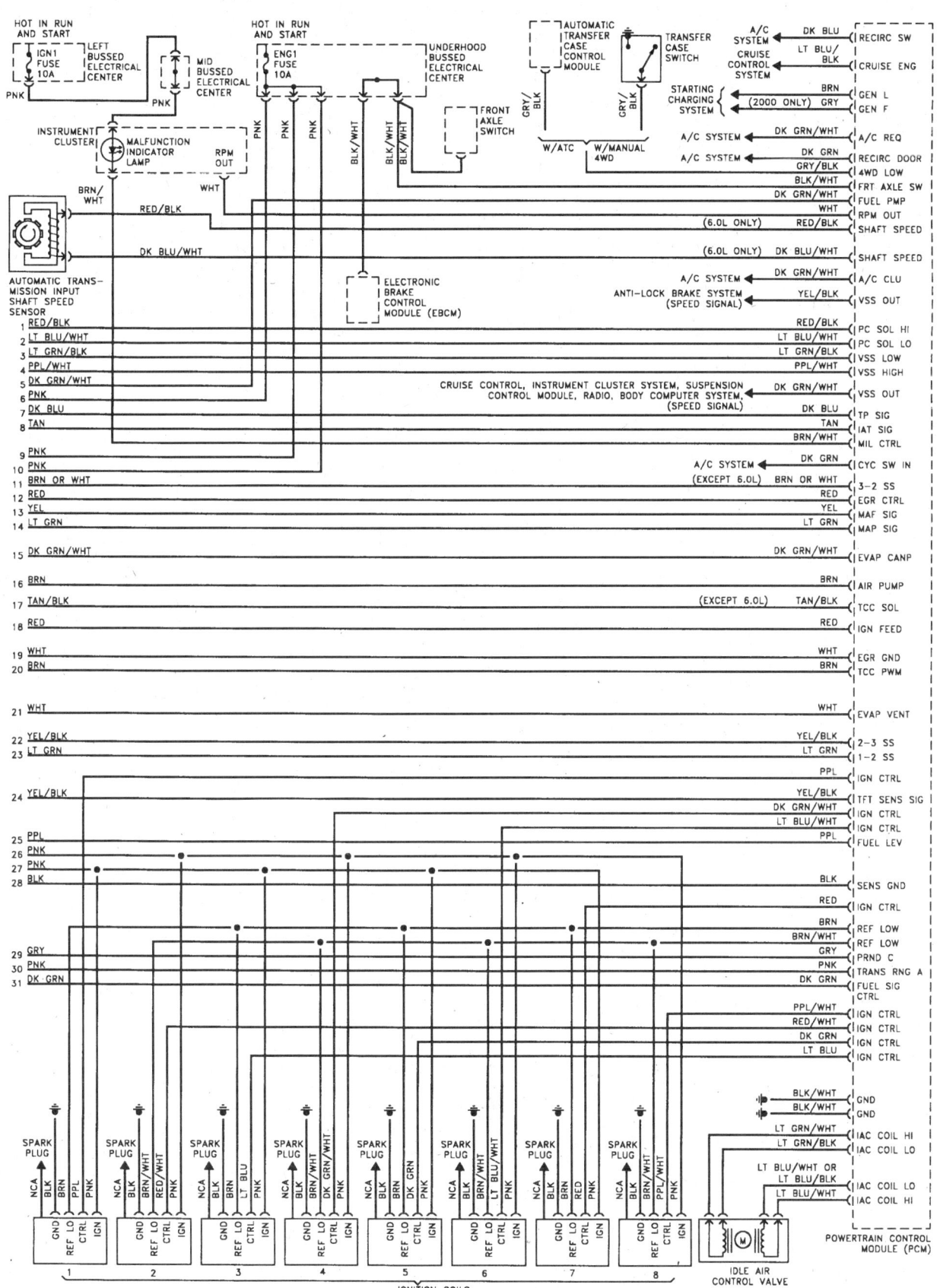

Sistema de control del motor – V8 típico (parte 4 de 4)

Capítulo 12 Sistema eléctrico del chasis

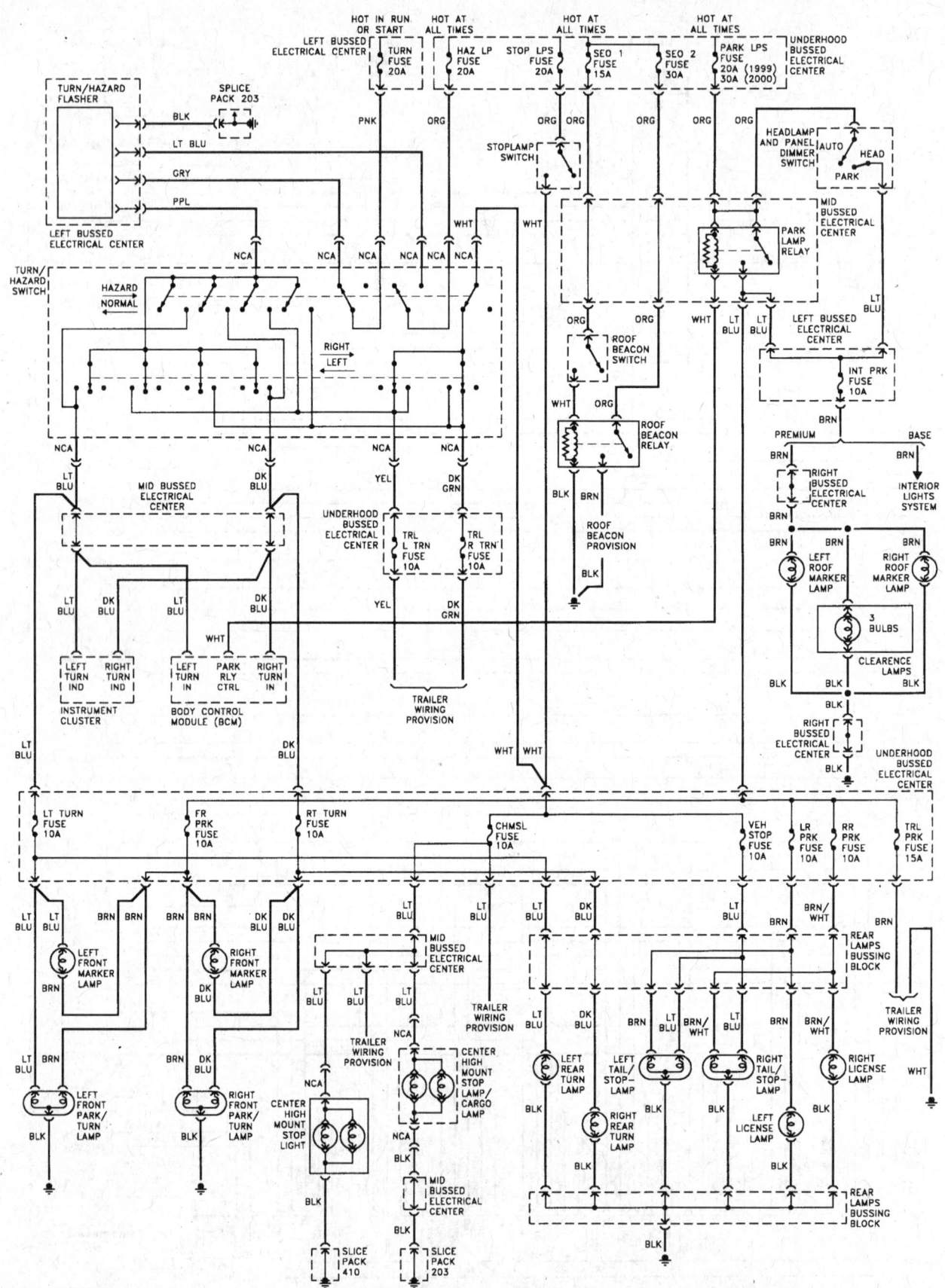

Sistema de luces exteriores - modelos Pick-up típicos (parte 1 de 2)

Capítulo 12 Sistema eléctrico del chasis

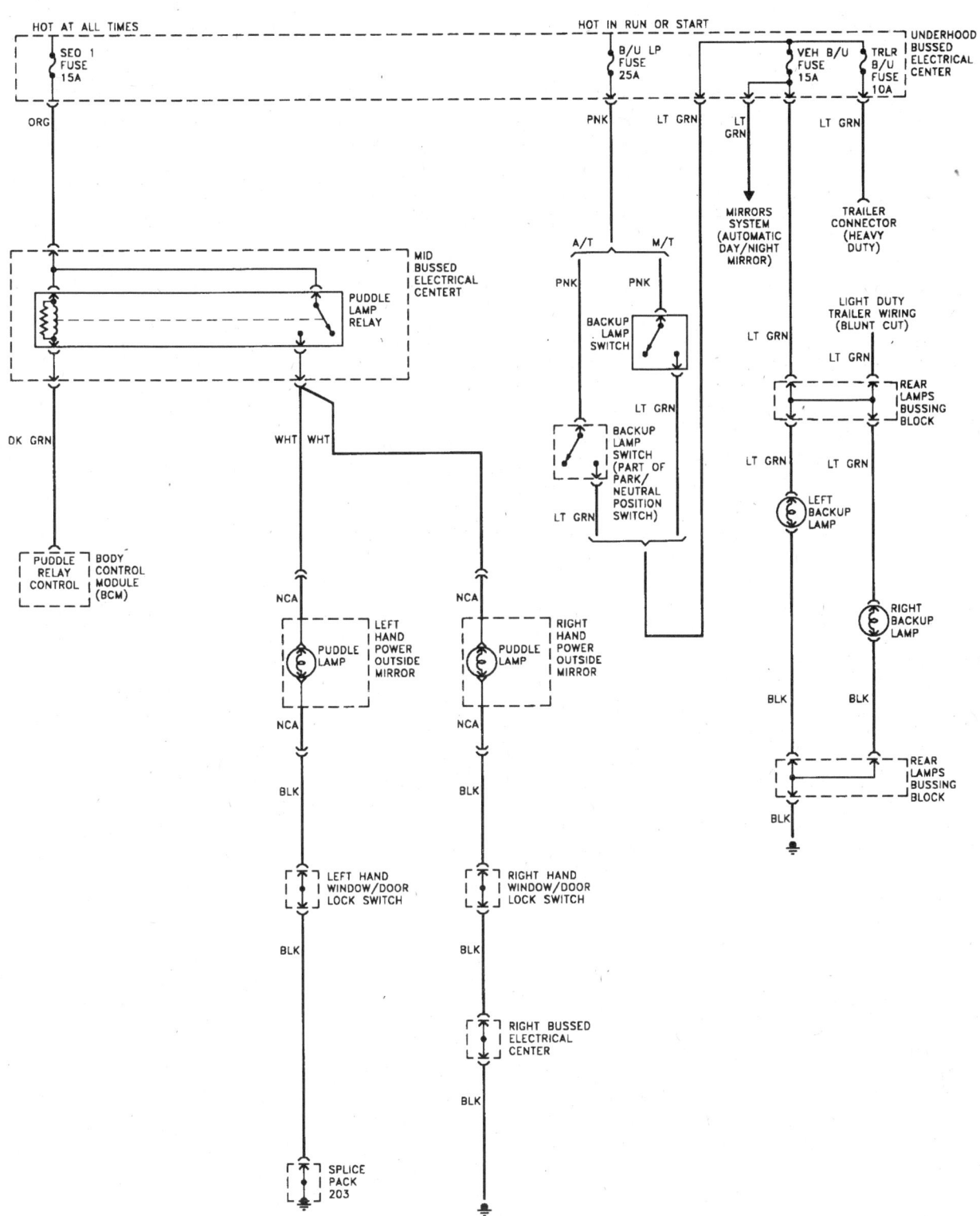

Sistema de luces exteriores - modelos Pick-up típicos (parte 2 de 2)

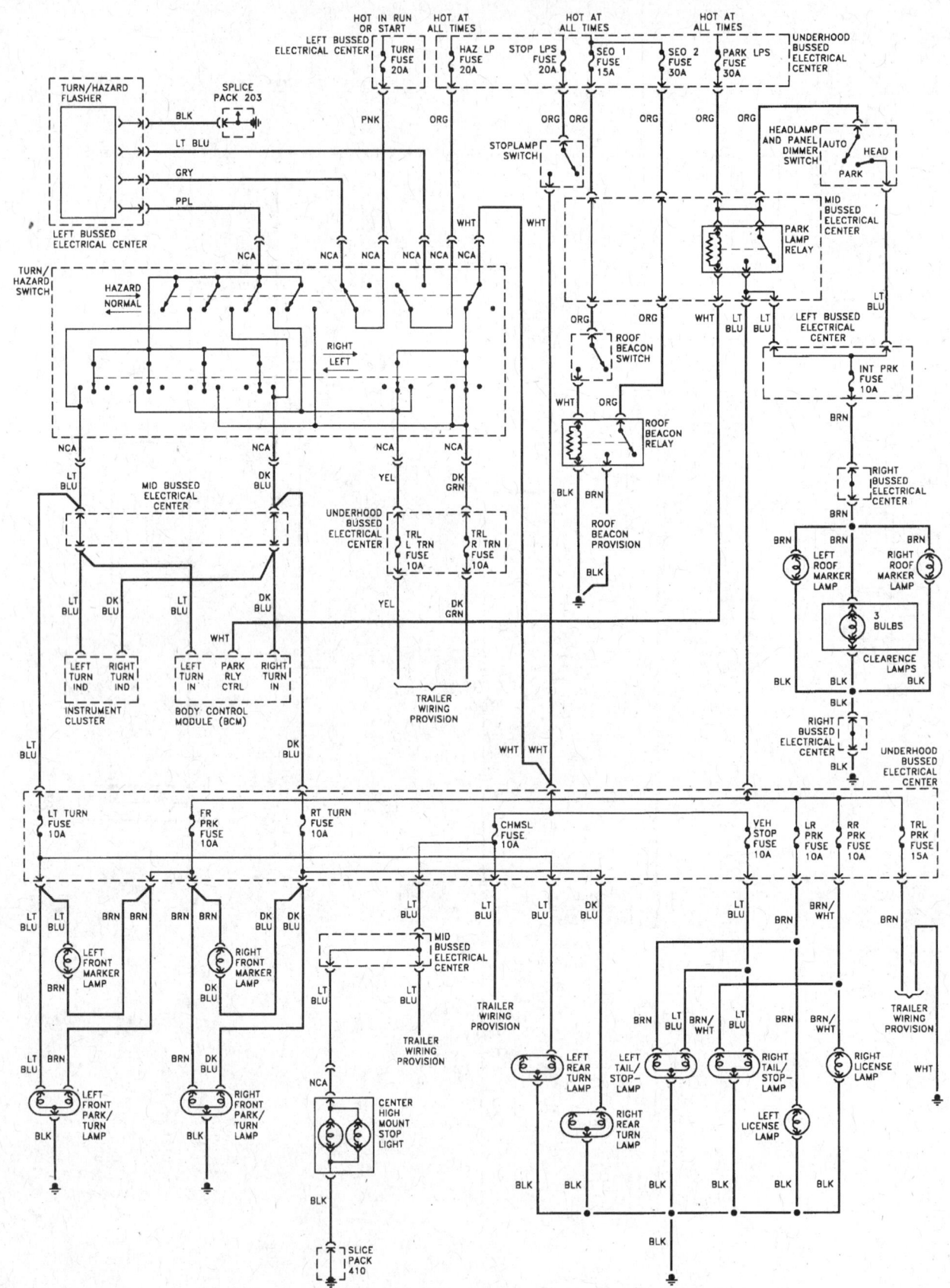

Sistema de luces exteriores - modelos SUV típicos (parte 1 de 2)

Capítulo 12 Sistema eléctrico del chasis 12-31

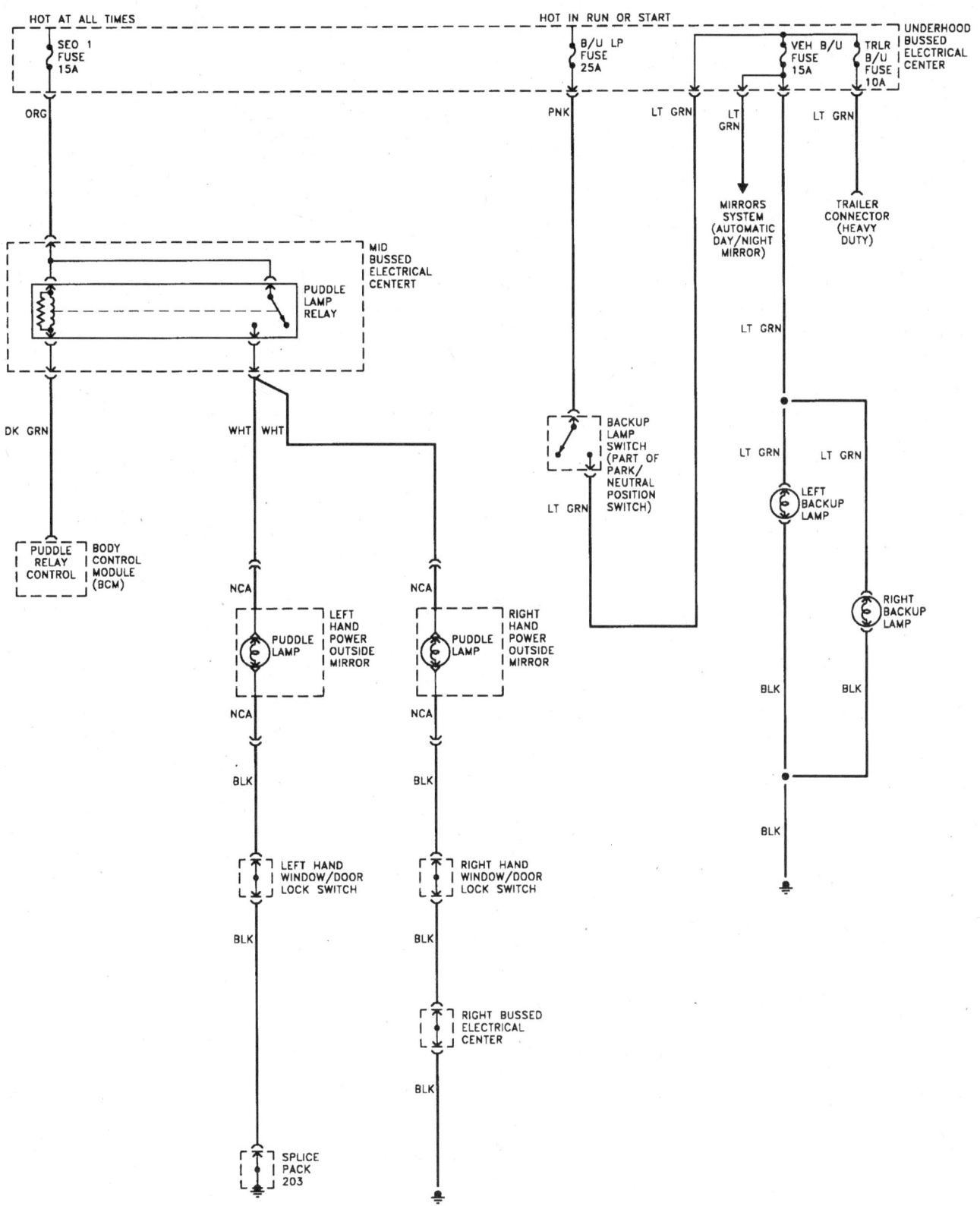

Sistema de luces exteriores - modelos SUV típicos (parte 2 de 2)

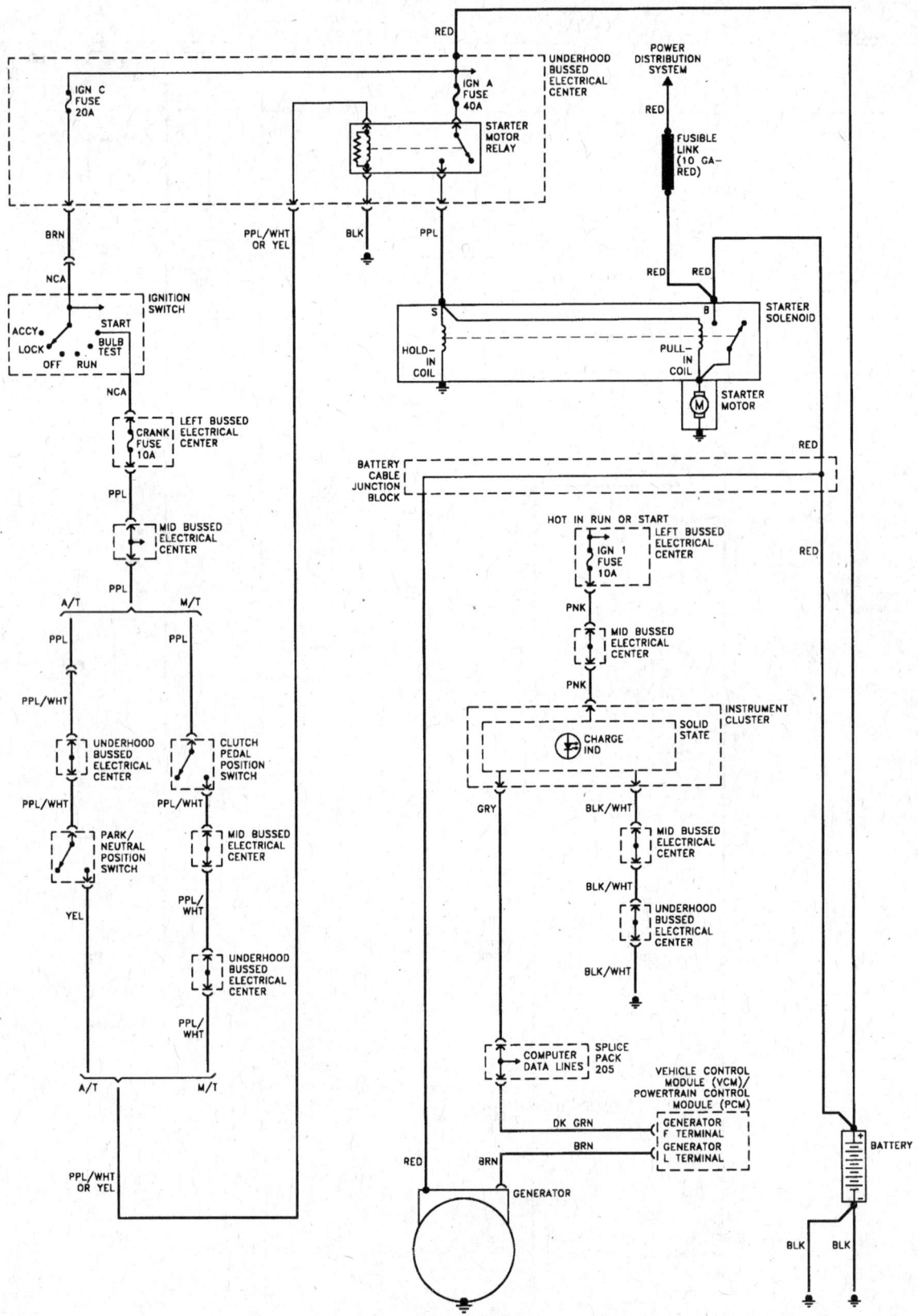

Sistemas de carga y de arranque - típicos

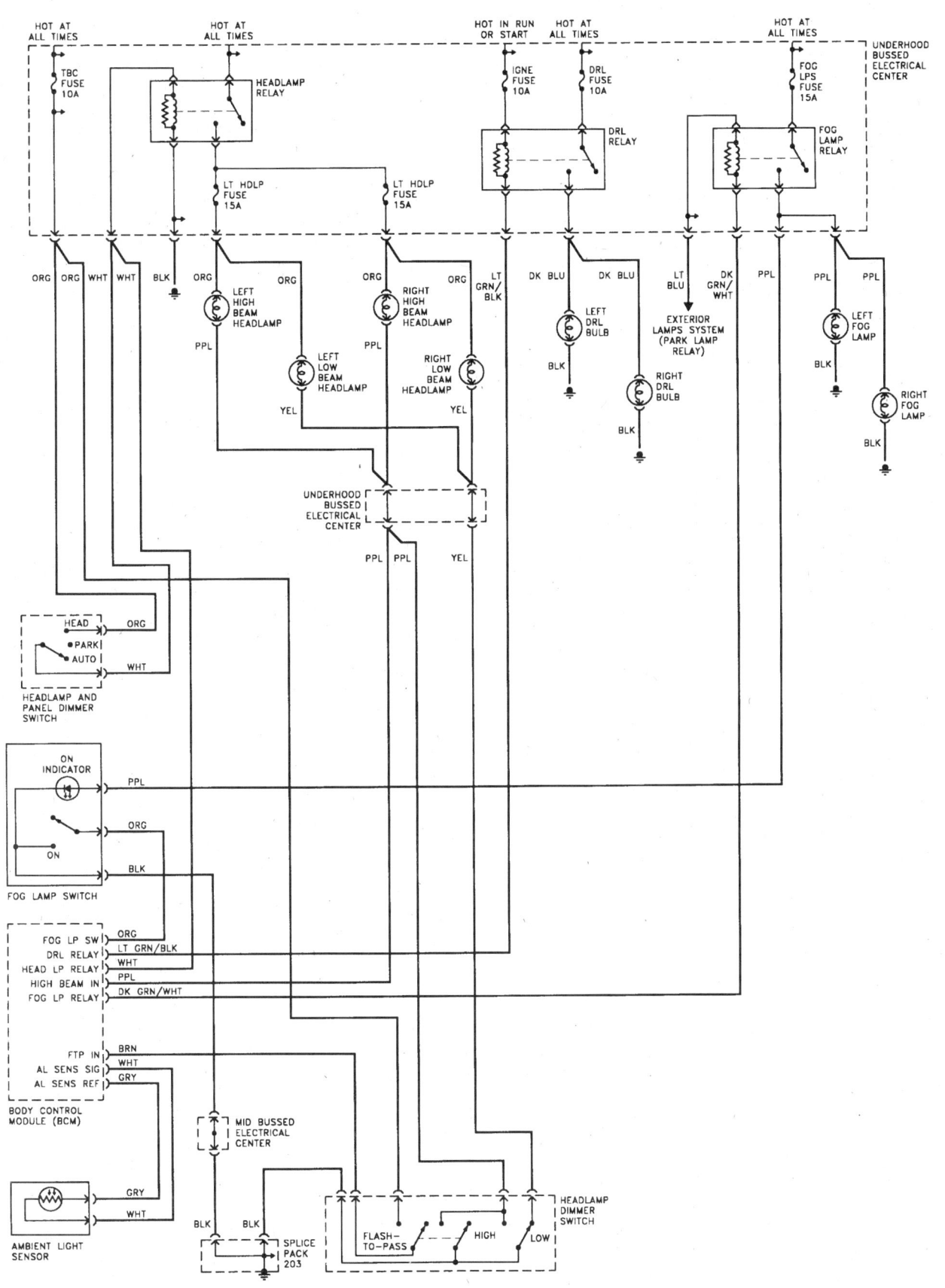

Sistema de faros delanteros - típico

12-34 Capítulo 12 Sistema eléctrico del chasis

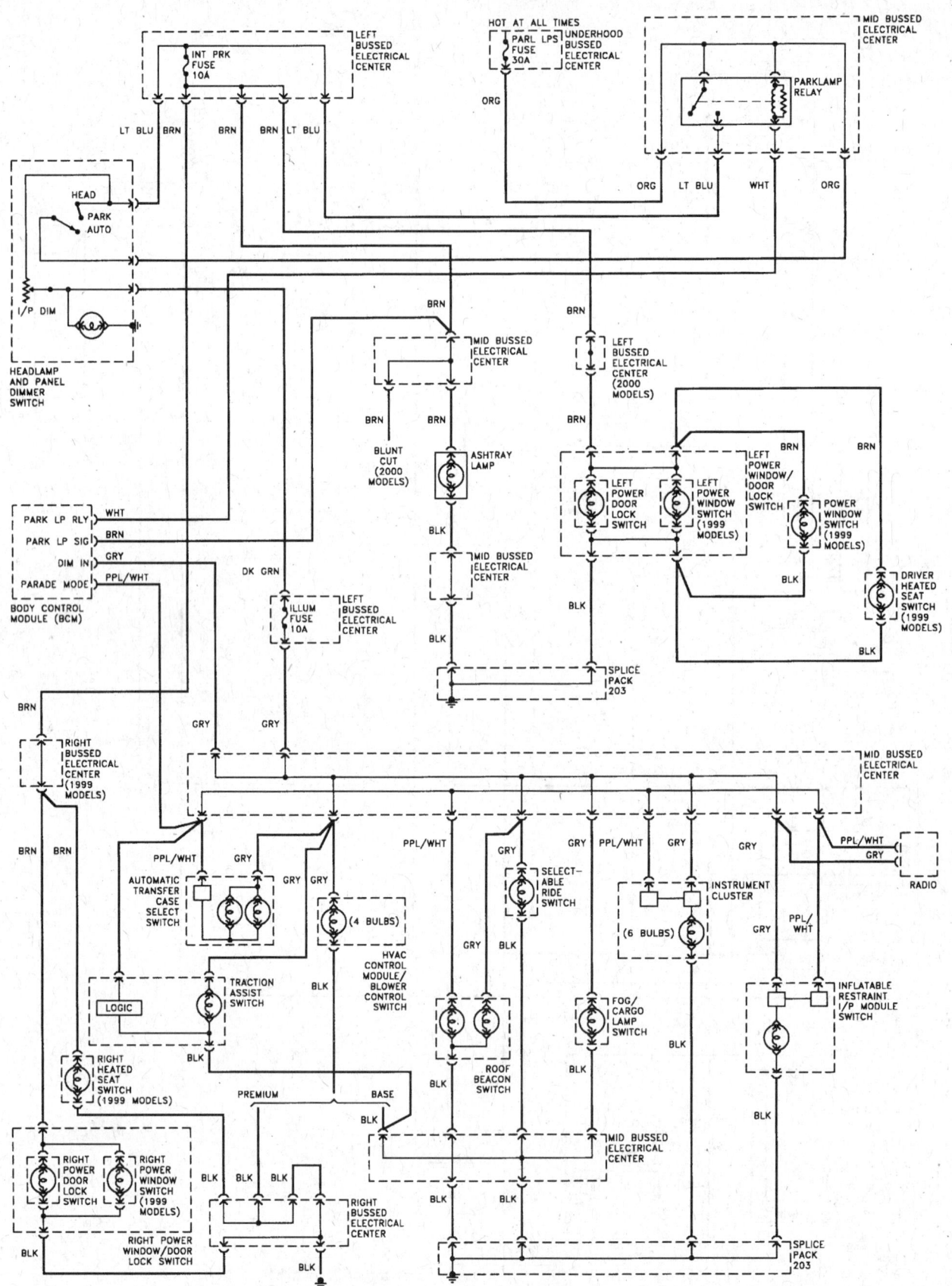

Sistema de iluminación interior - modelos Pick-up típicos

Capítulo 12 Sistema eléctrico del chasis 12-35

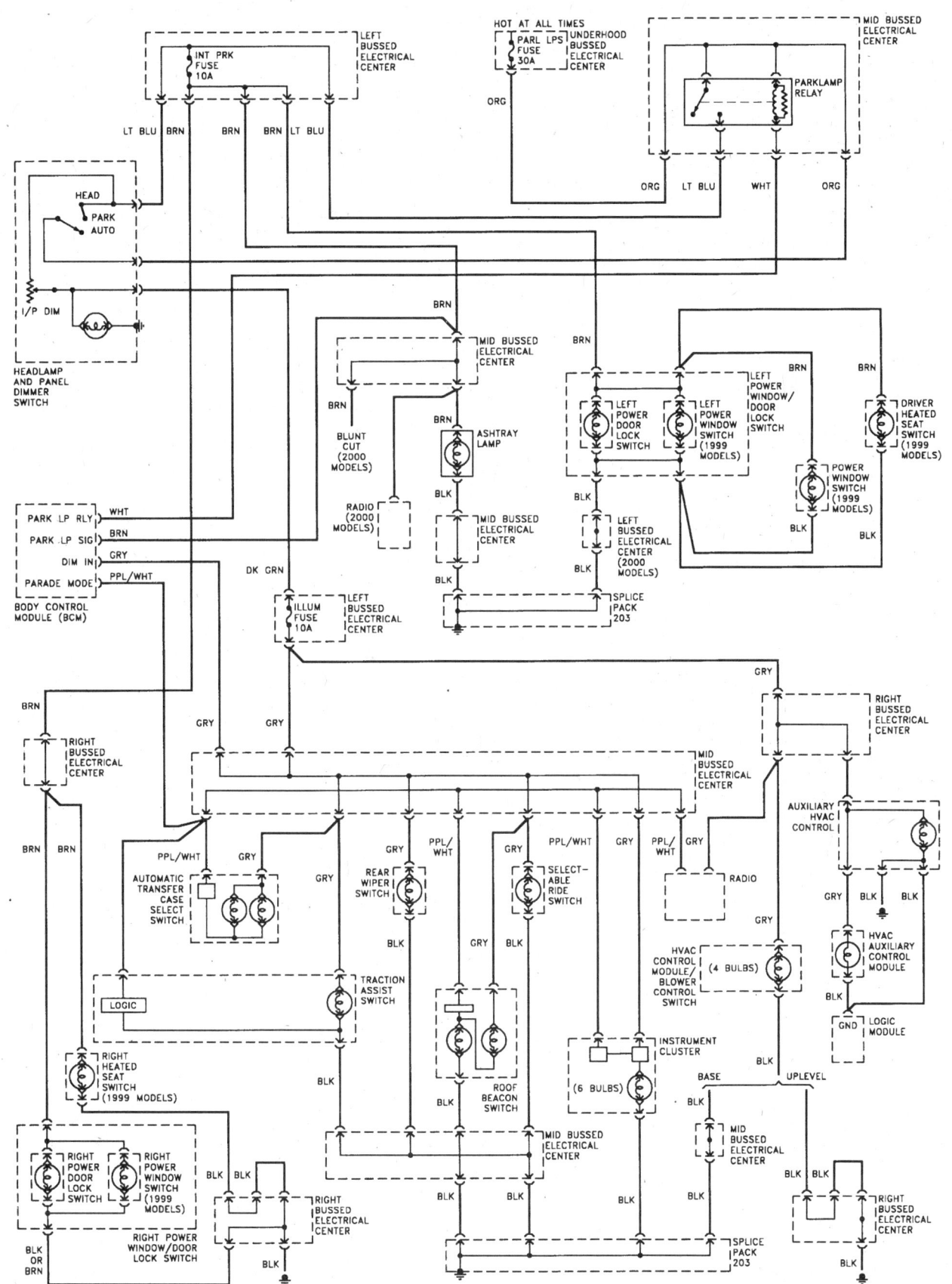

Sistema de iluminación interior - modelos SUV típicos

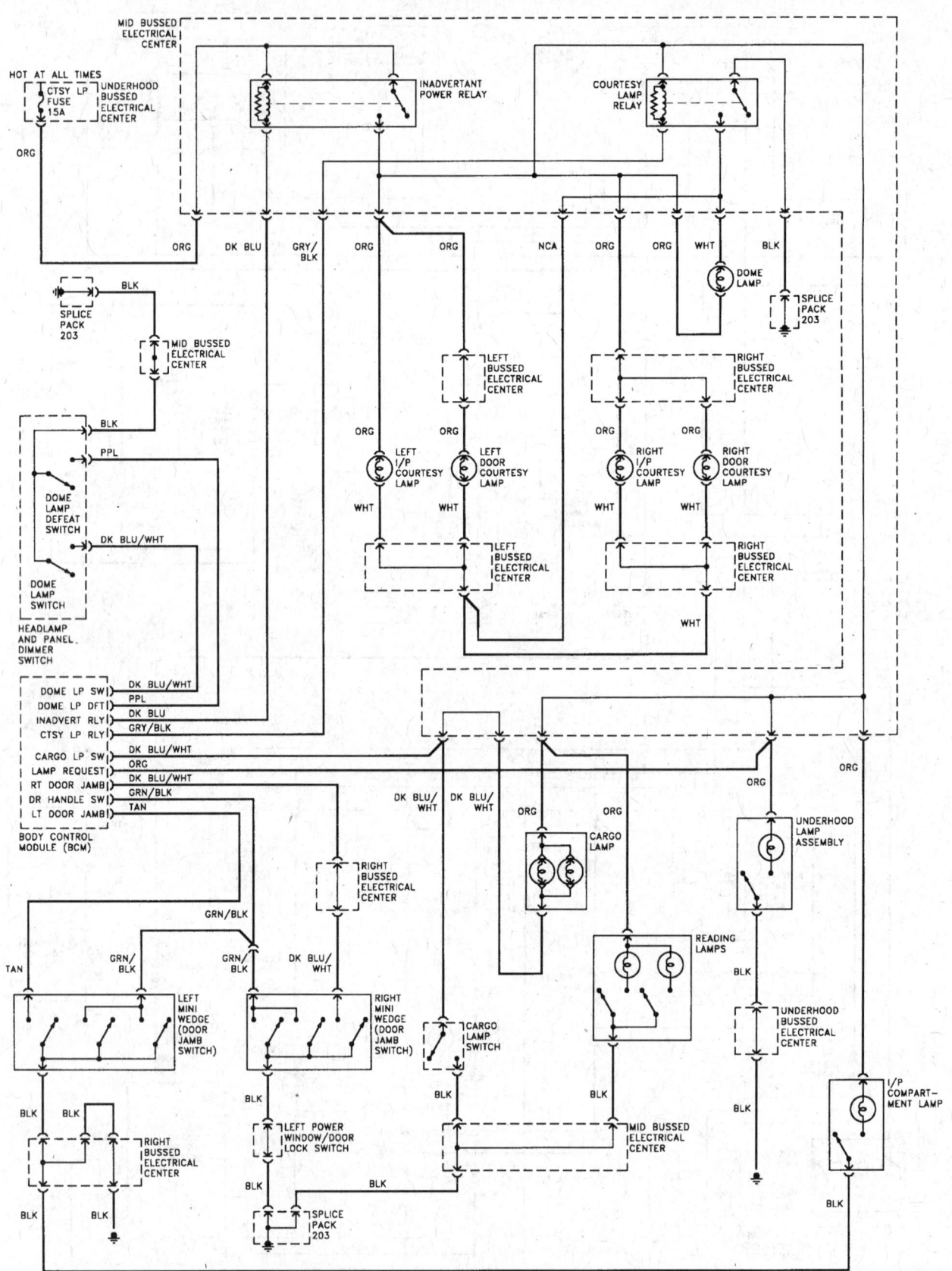

Sistema de iluminación de cortesía - modelos 1999 típicos

Capítulo 12 Sistema eléctrico del chasis 12-37

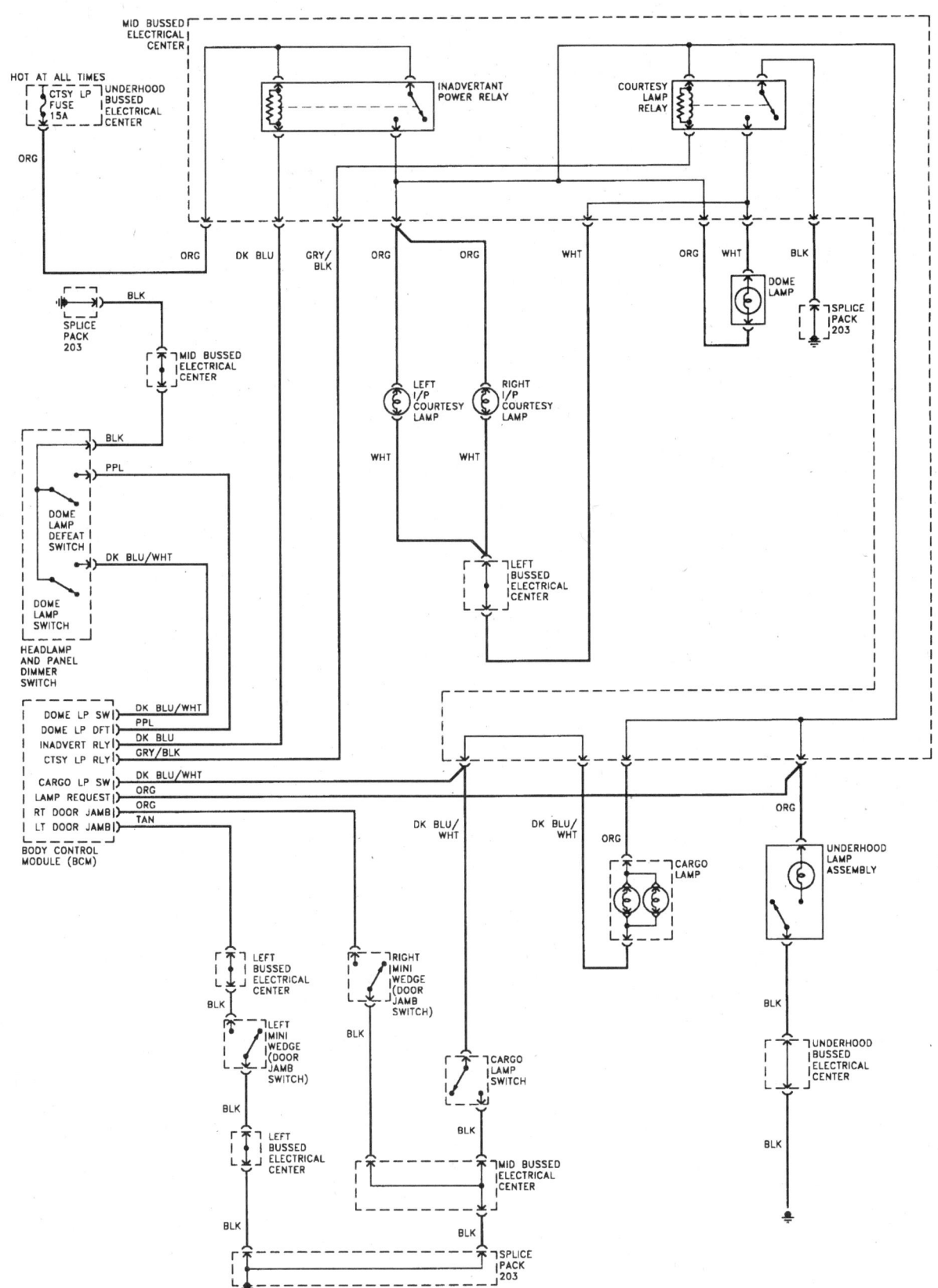

Sistema de iluminación de cortesía - modelos Pick-up 2000 y posteriores típicos

12-38 Capítulo 12 Sistema eléctrico del chasis

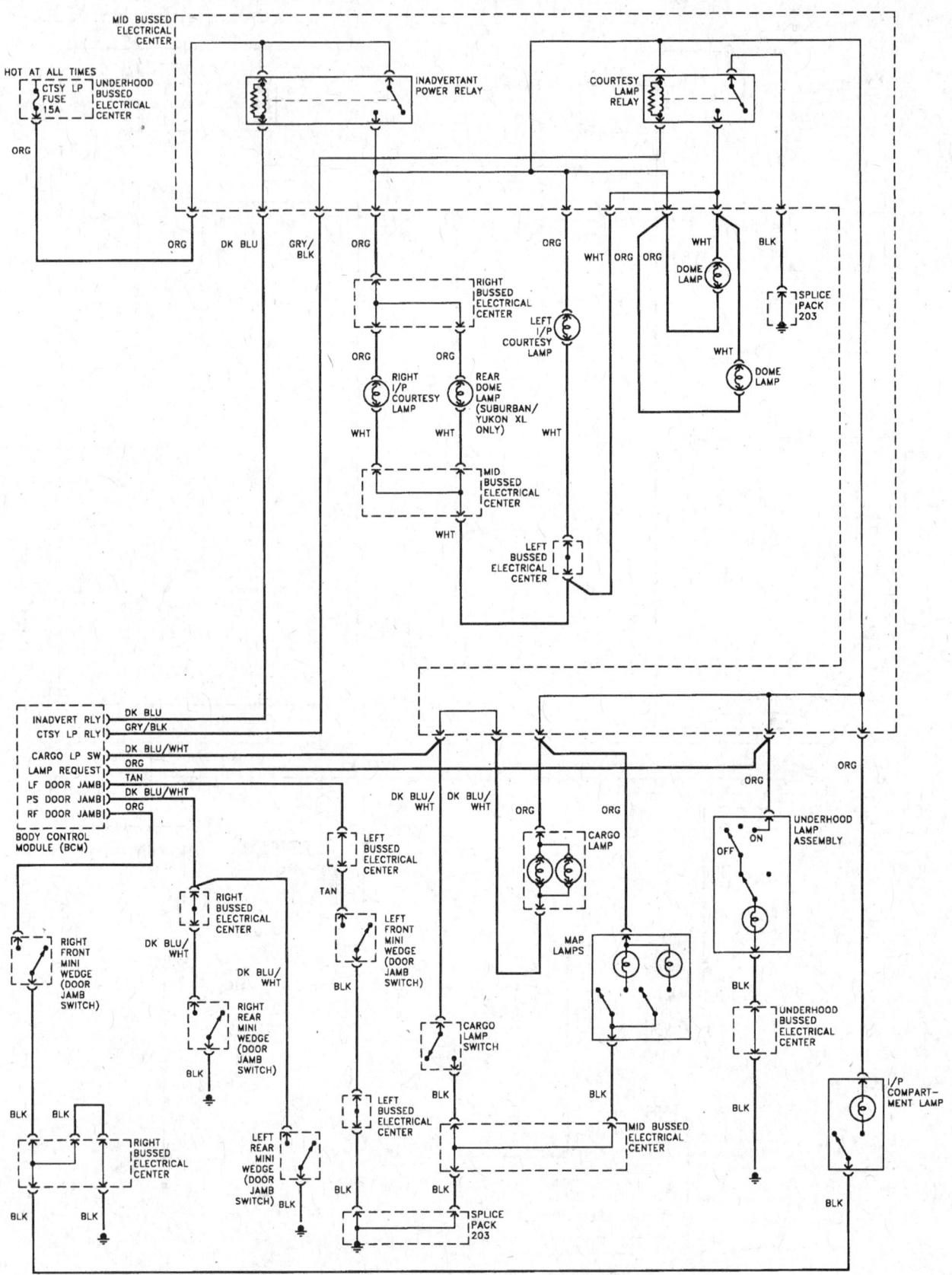

Sistema de iluminación de cortesía - modelos SUV 2000 y posteriores típicos

Capítulo 12 Sistema eléctrico del chasis

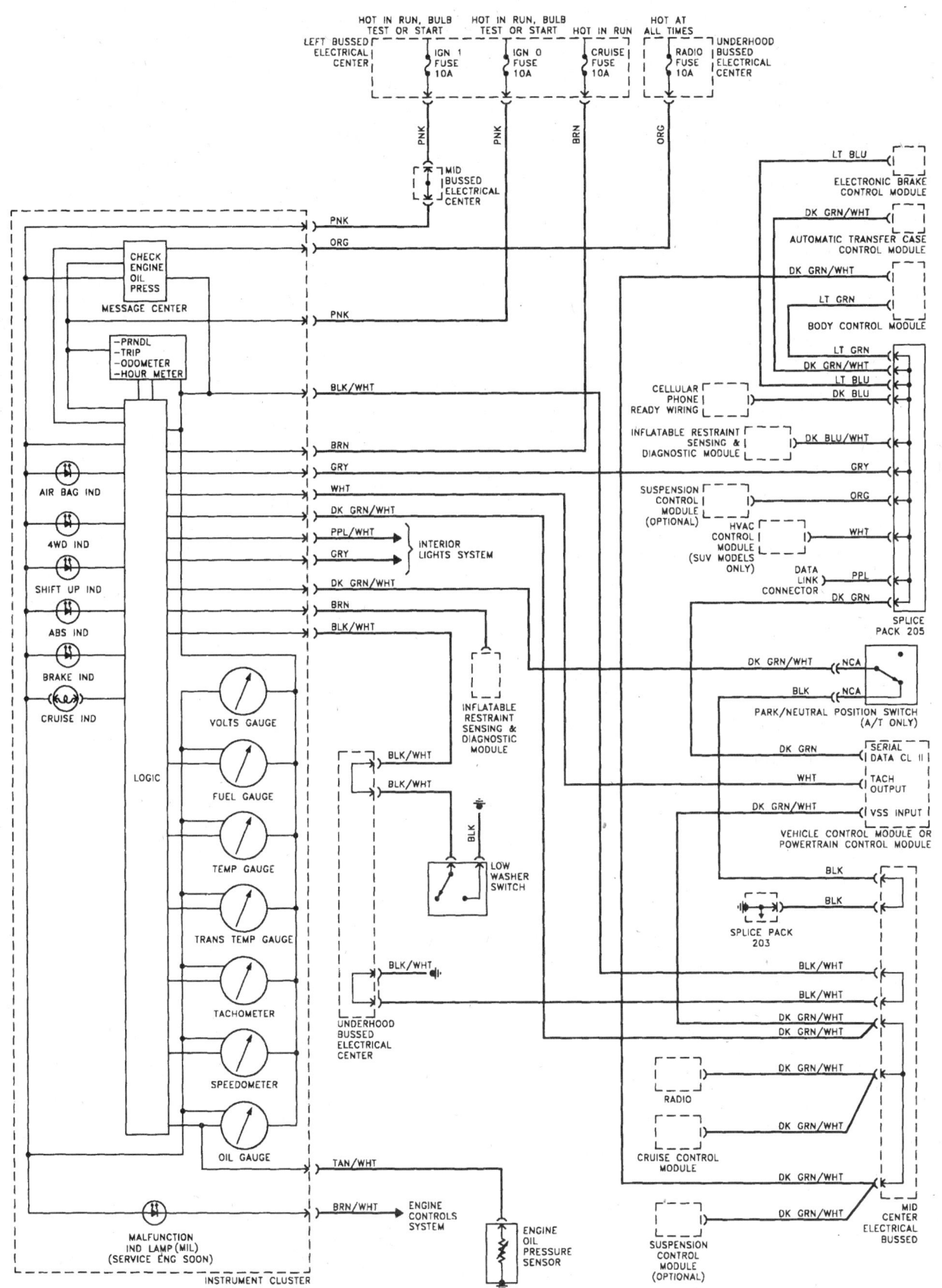

Sistema de iluminación de advertencia - típico (sin bolsas de aire contra impactos laterales)

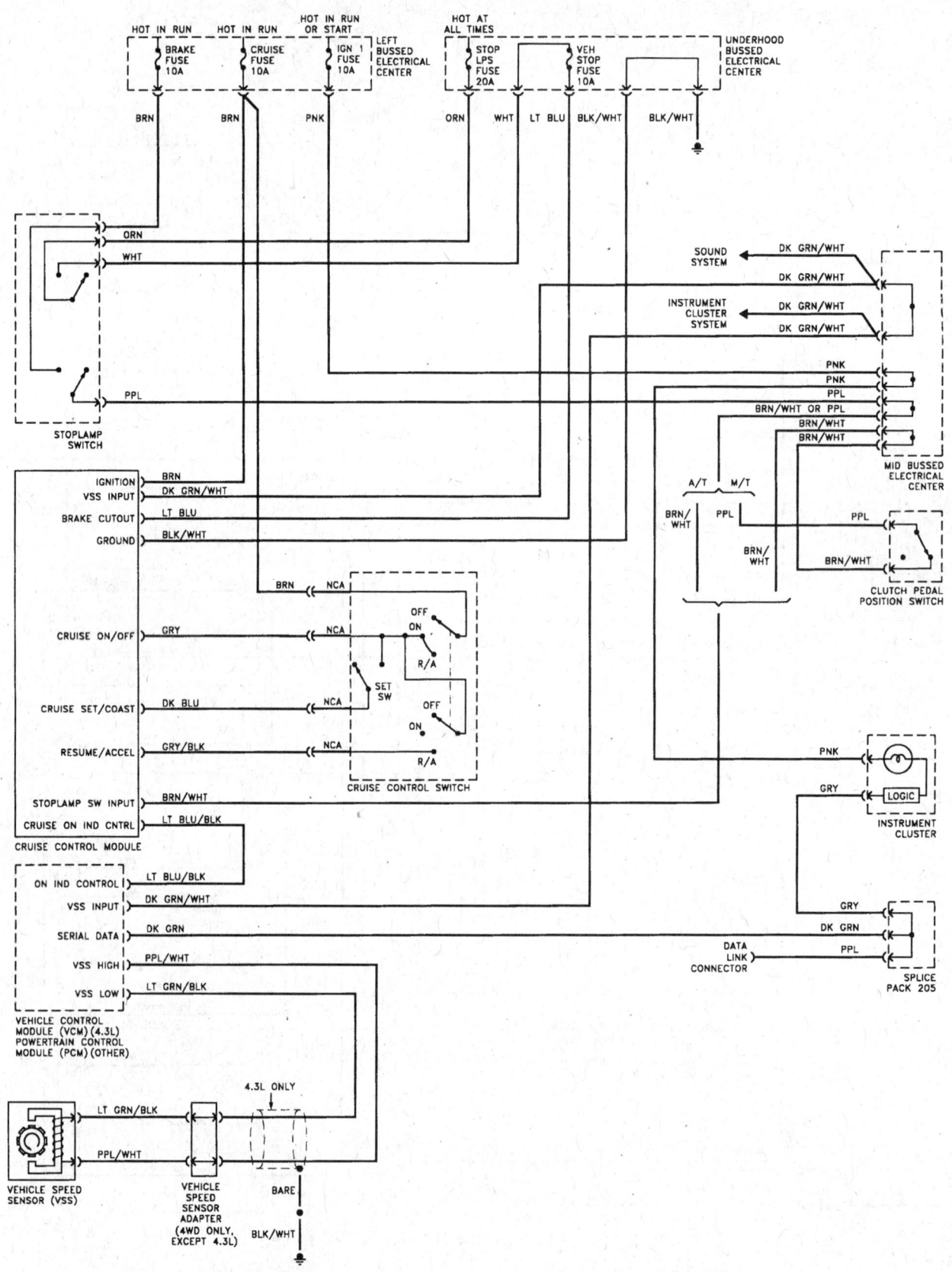

Sistema de control de velocidad crucero - típico

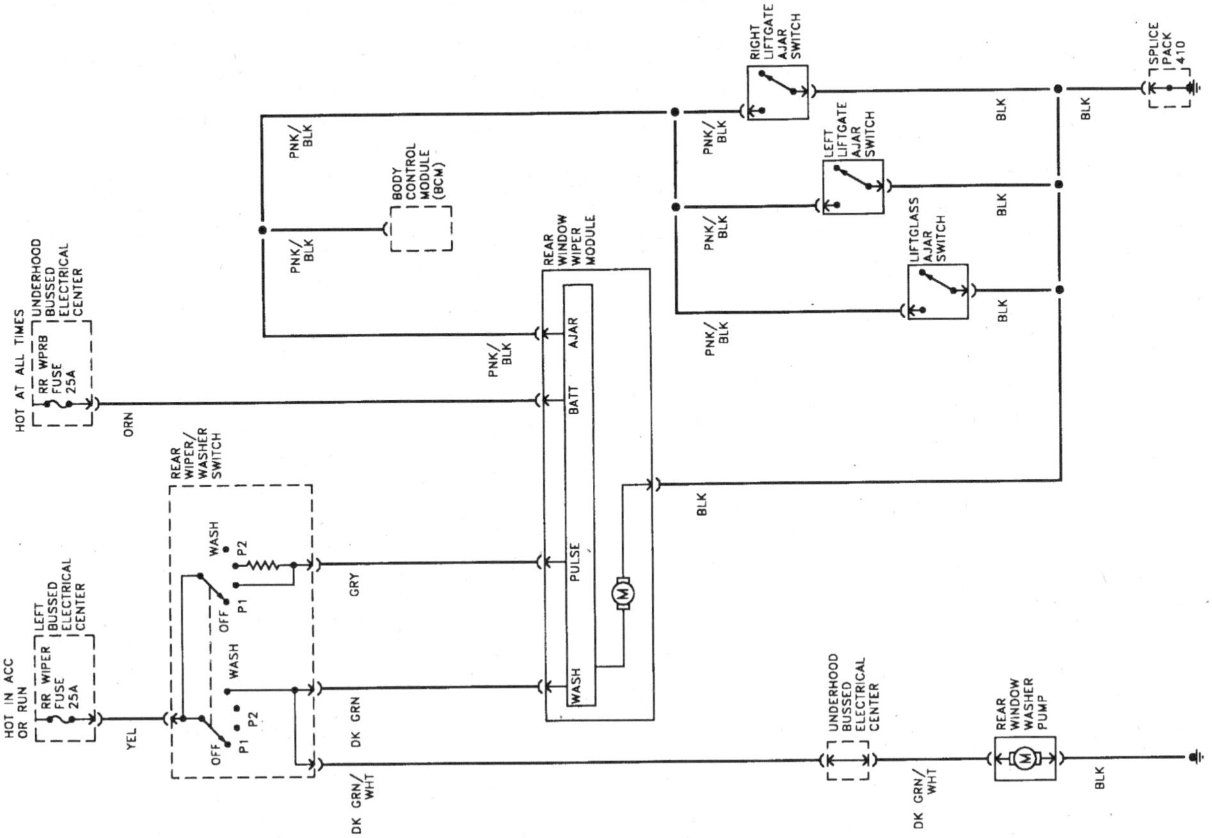

Capítulo 12 Sistema eléctrico del chasis   12-41

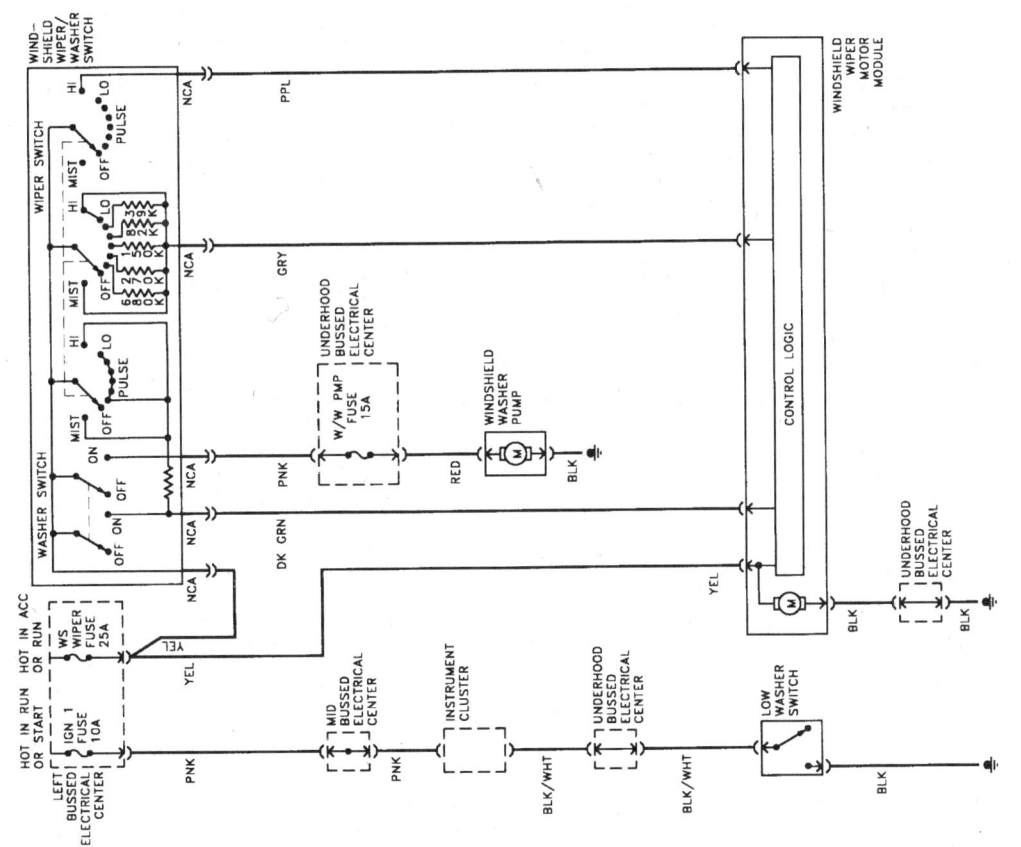

Sistema limpia/lavaparabrisas - típico trasero, modelos SUV 2000 y posteriores

Sistema limpia/lavaparabrisas - típico delantero, todos los modelos

12-42   Capítulo 12   Sistema eléctrico del chasis

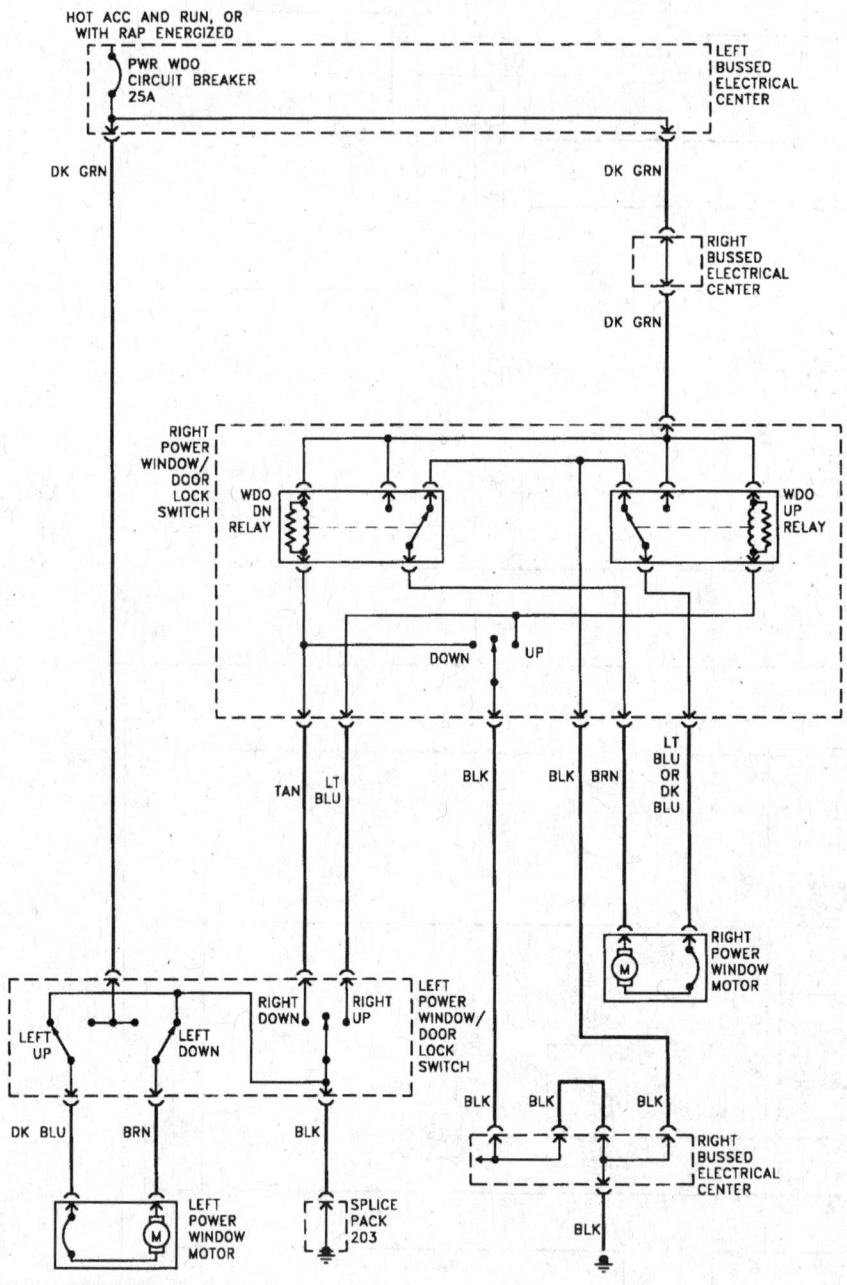

Sistema de ventanas eléctricas - modelos Pick-up típicos

Capítulo 12 Sistema eléctrico del chasis

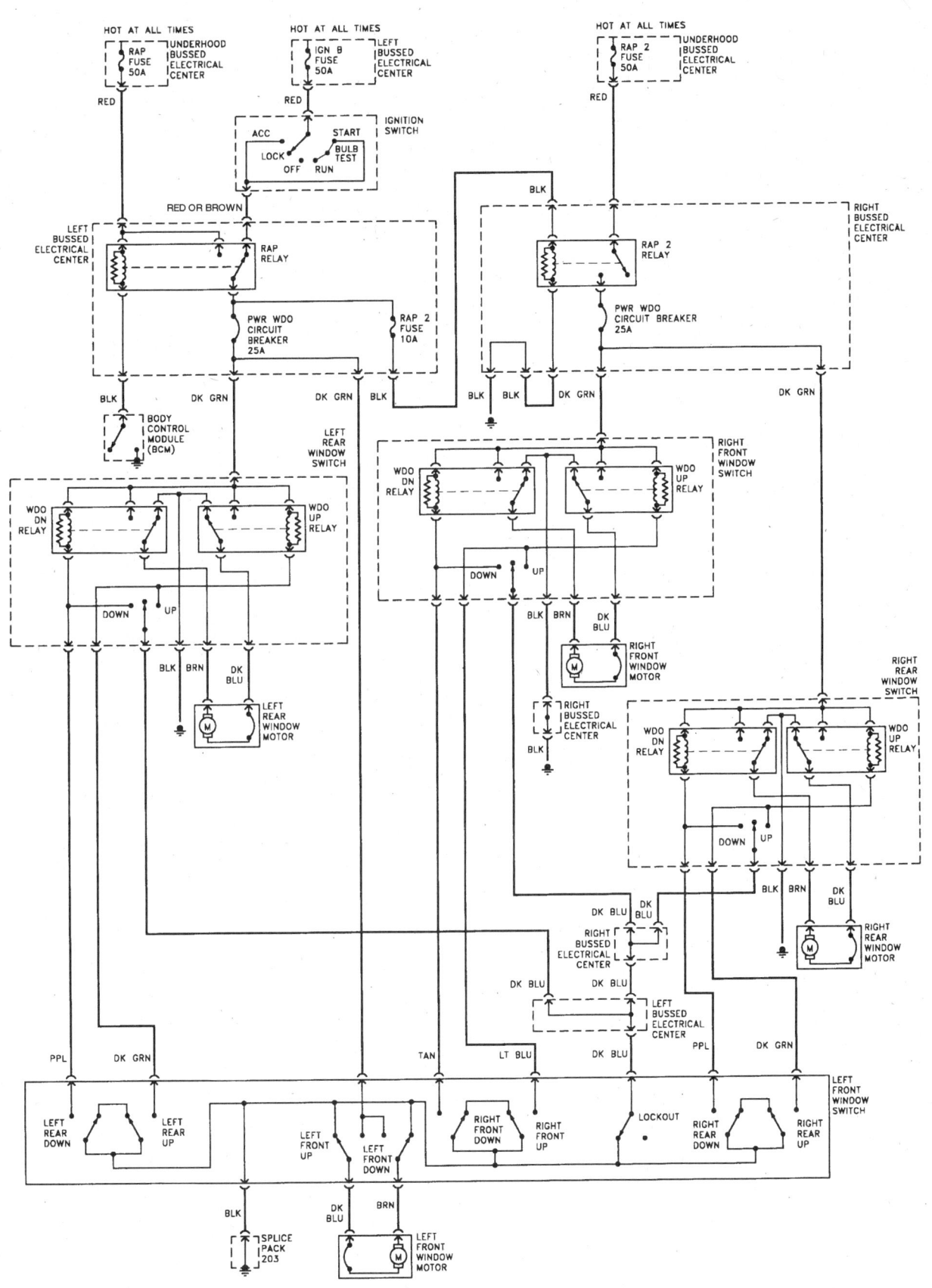

Sistema de ventanas eléctricas - modelos SUV 2000 y posteriores típicos

Capítulo 12 Sistema eléctrico del chasis

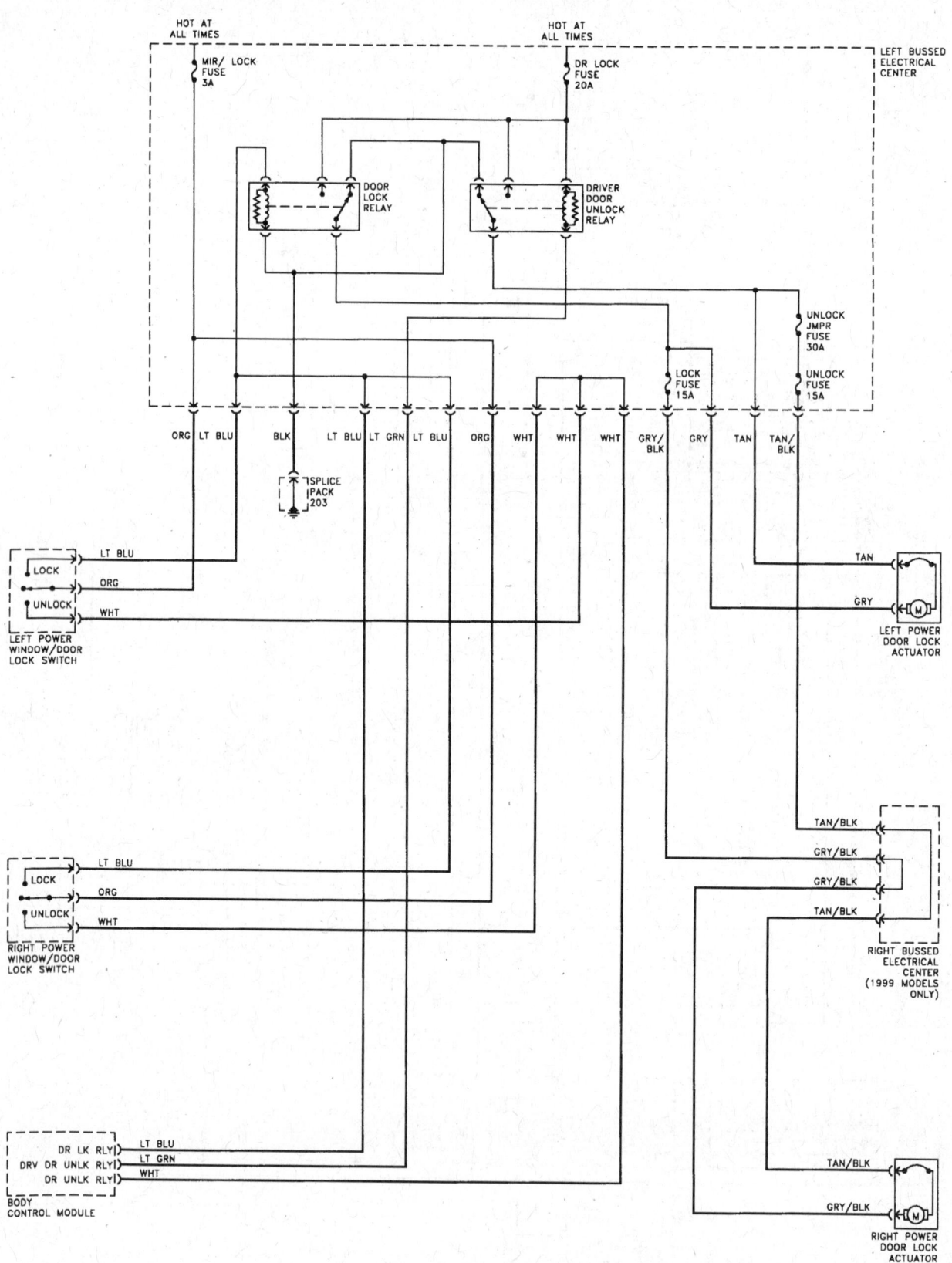

Sistema de seguros eléctricos de las puertas - modelos Pick-up base típicos

Capítulo 12 Sistema eléctrico del chasis 12-45

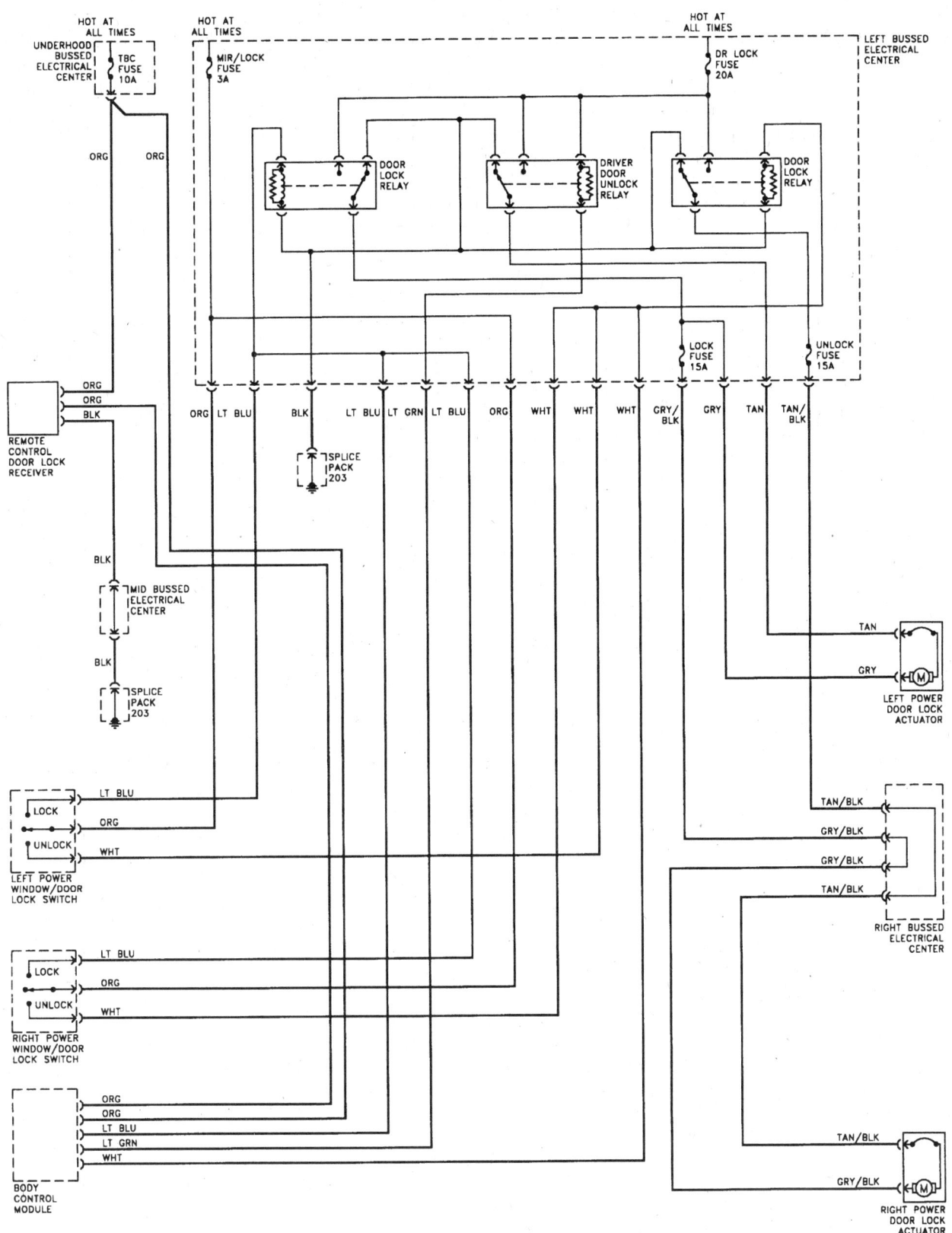

Sistema de seguros eléctricos de las puertas - modelos Pick-up Premium típicos

12-46 Capítulo 12 Sistema eléctrico del chasis

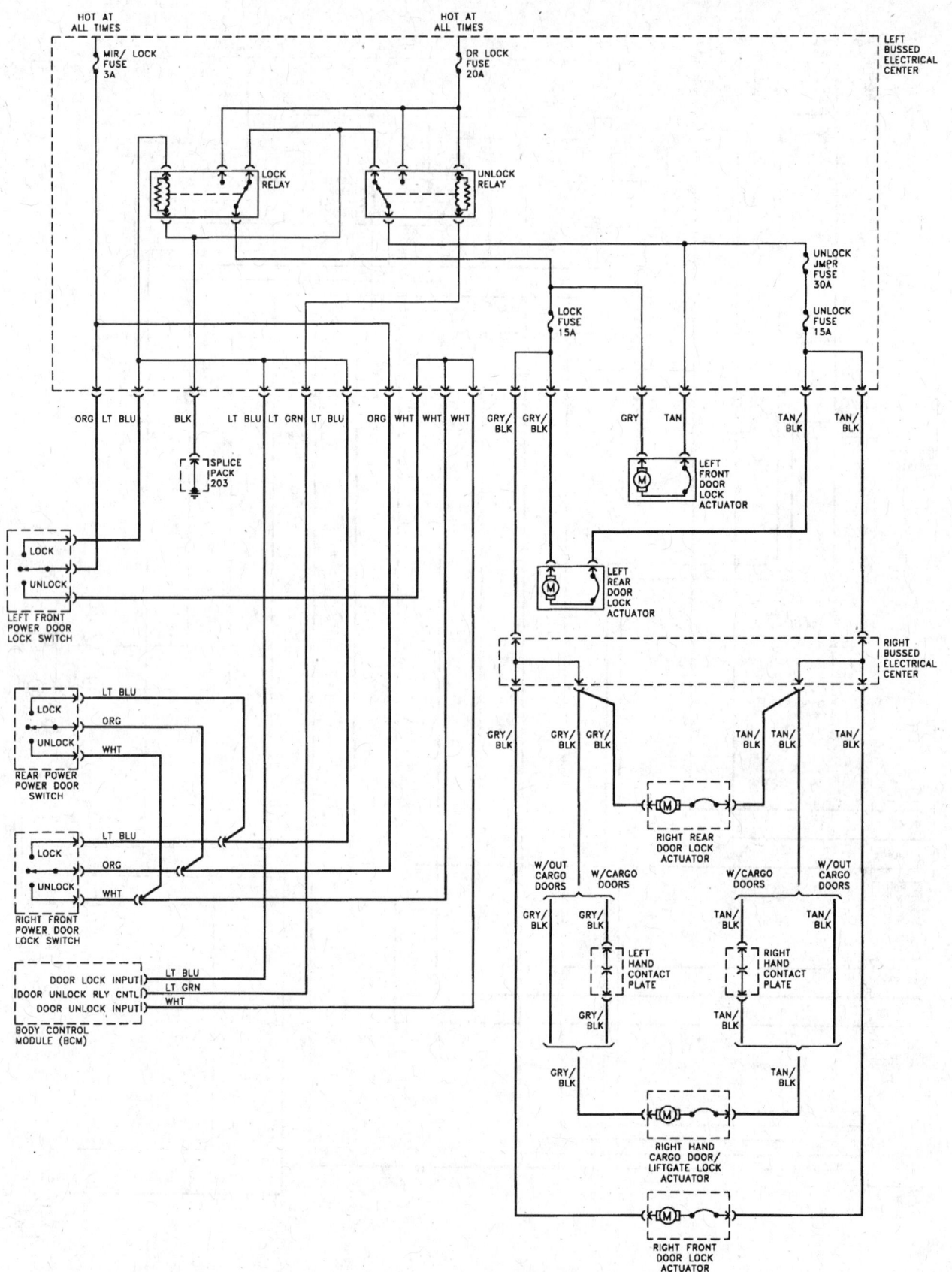

Sistema de seguros eléctricos de las puertas - modelos SUV 2000 y posteriores típicos

Capítulo 12 Sistema eléctrico del chasis   12-47

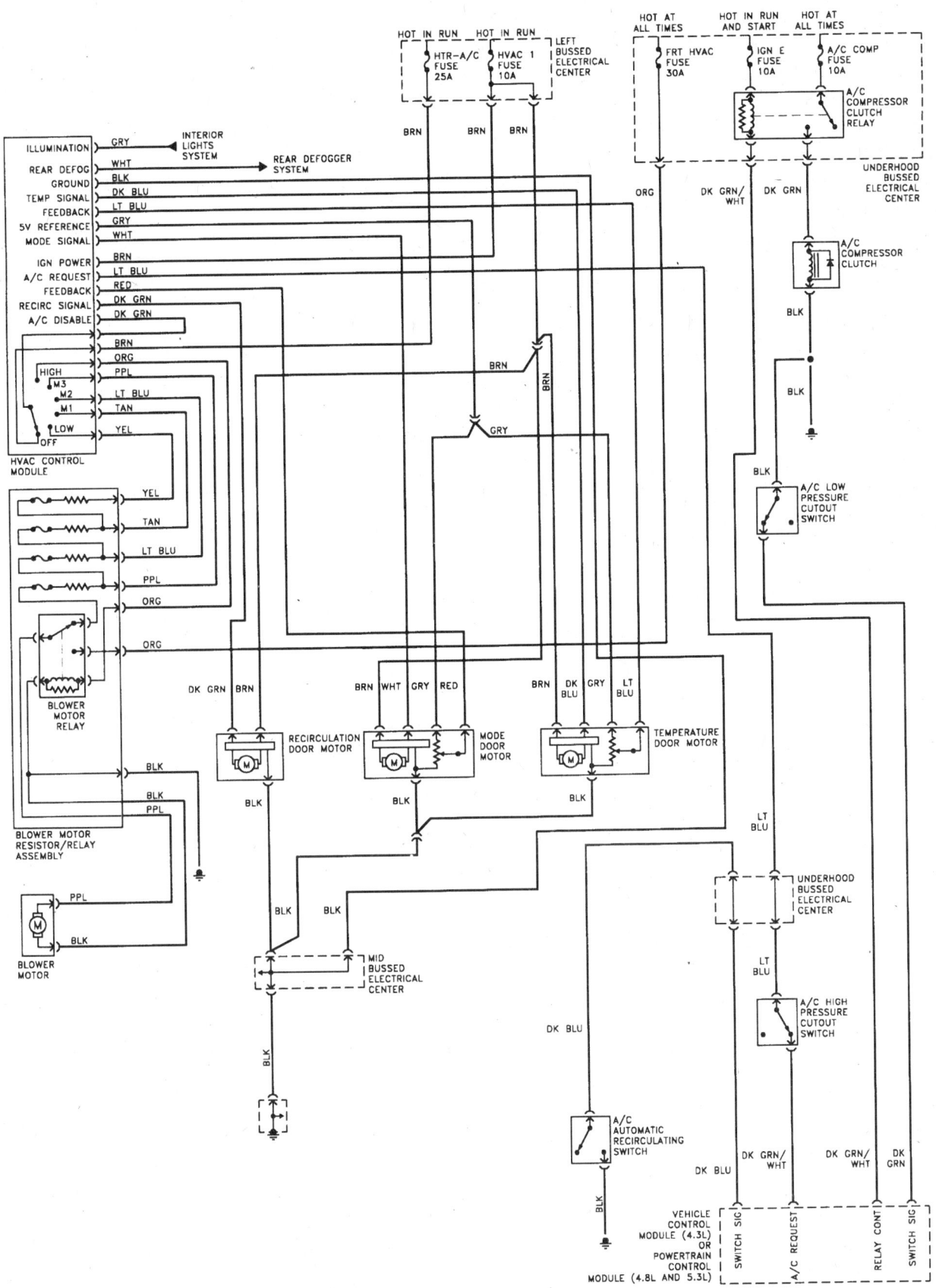

Sistema de aire acondicionado y calefacción - modelos 1999 base típicos

12-48   Capítulo 12   Sistema eléctrico del chasis

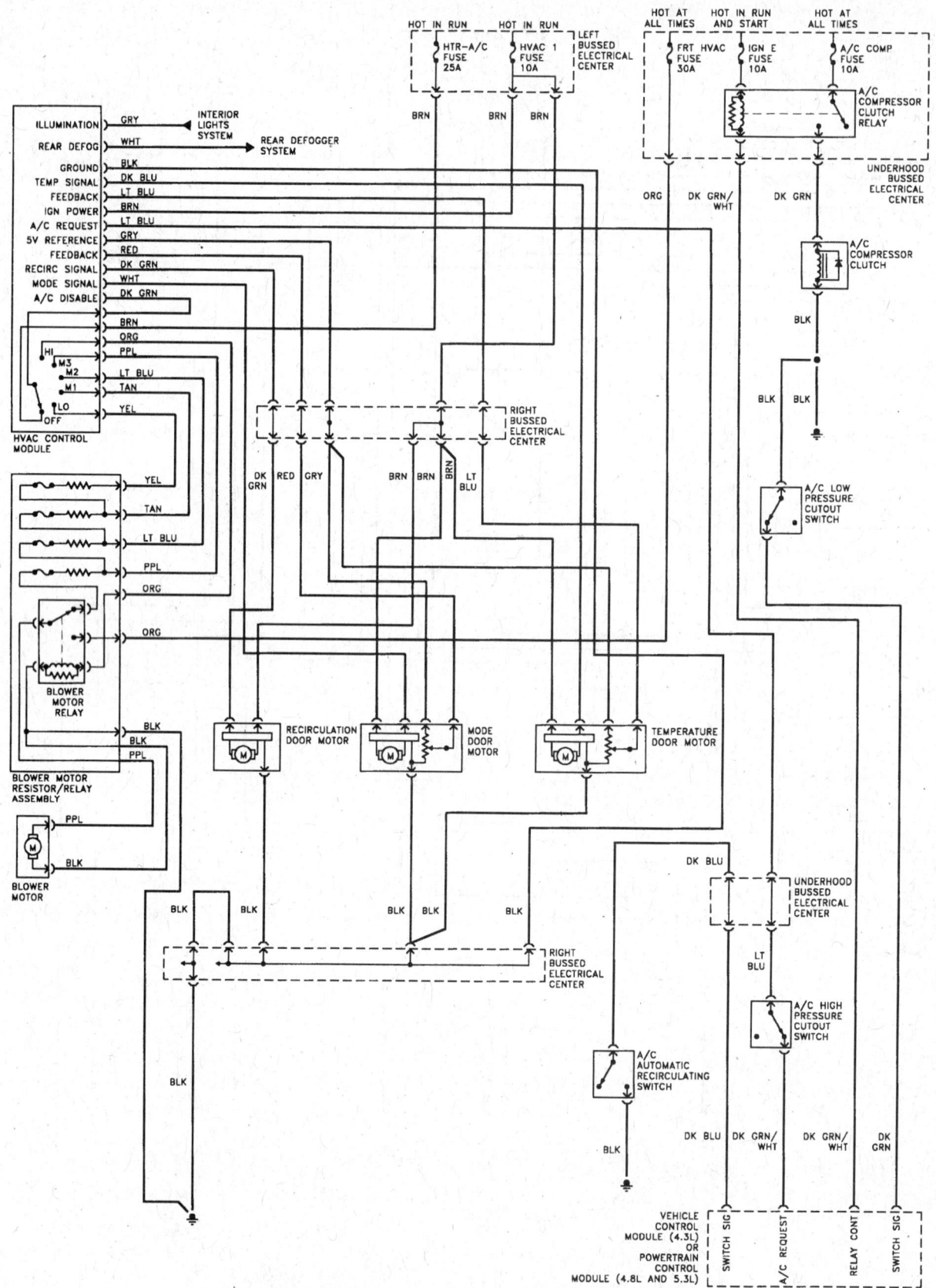

Sistema de aire acondicionado y calefacción - modelos 1999 Premium típicos

Capítulo 12 Sistema eléctrico del chasis 12-49

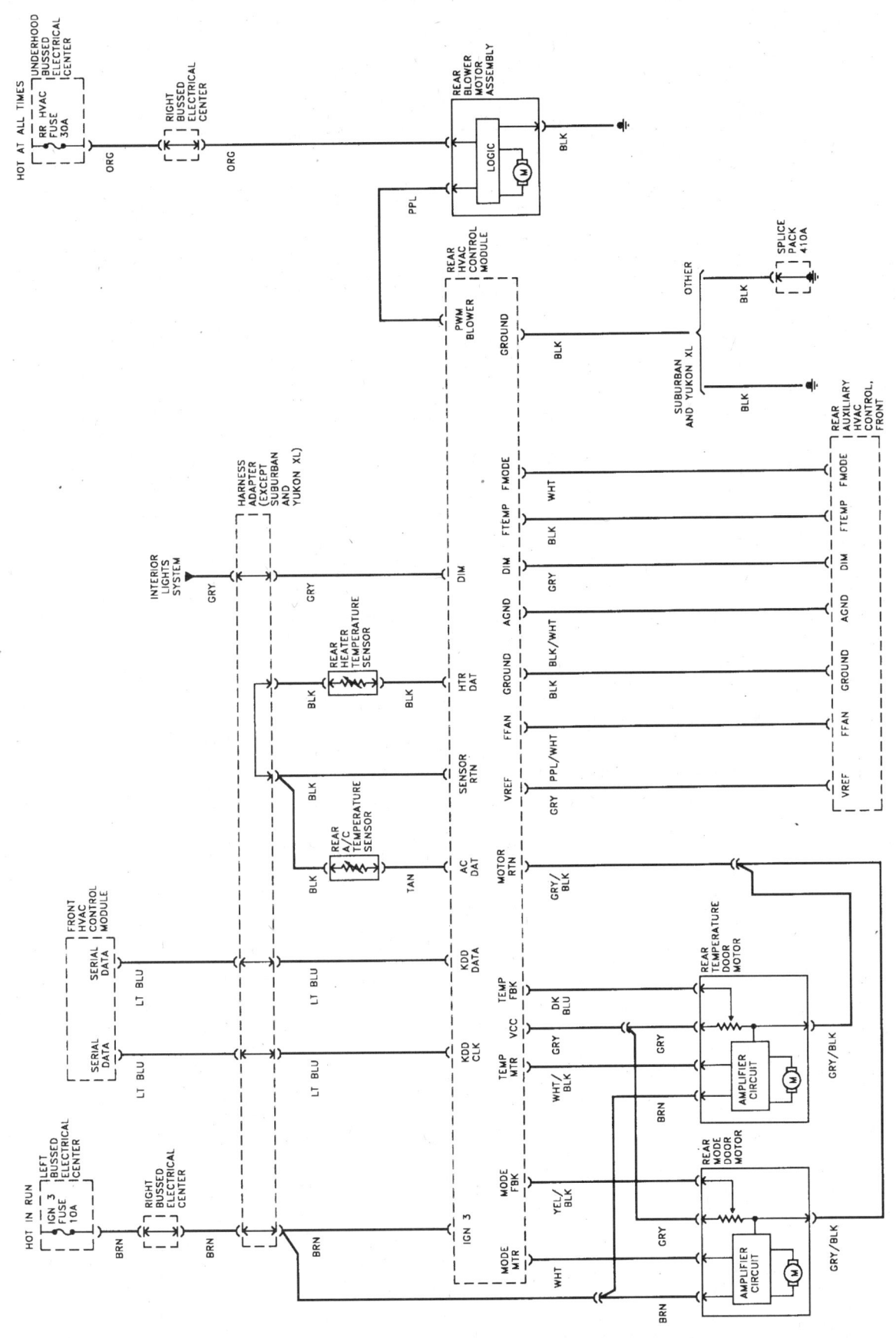

Sistema de aire acondicionado y calefacción - circuito trasero típico, modelos SUV 2000 y posteriores

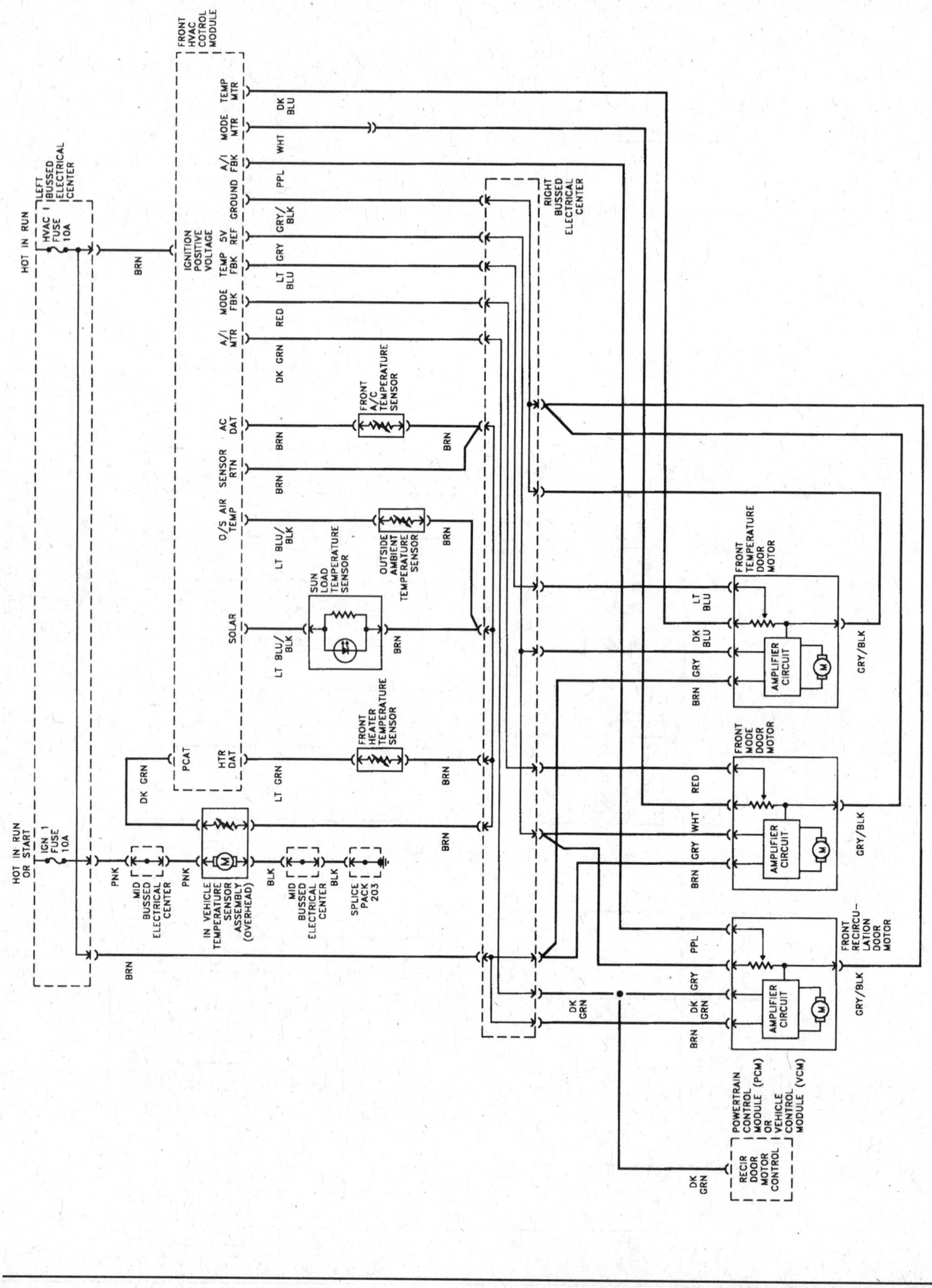

Capítulo 12 Sistema eléctrico del chasis

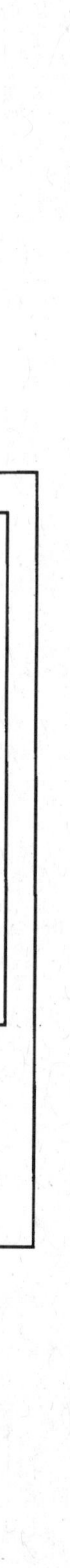

Sistema de aire acondicionado y calefacción - circuito delantero 2000 y posteriores (parte 1 de 2)

Capítulo 12 Sistema eléctrico del chasis

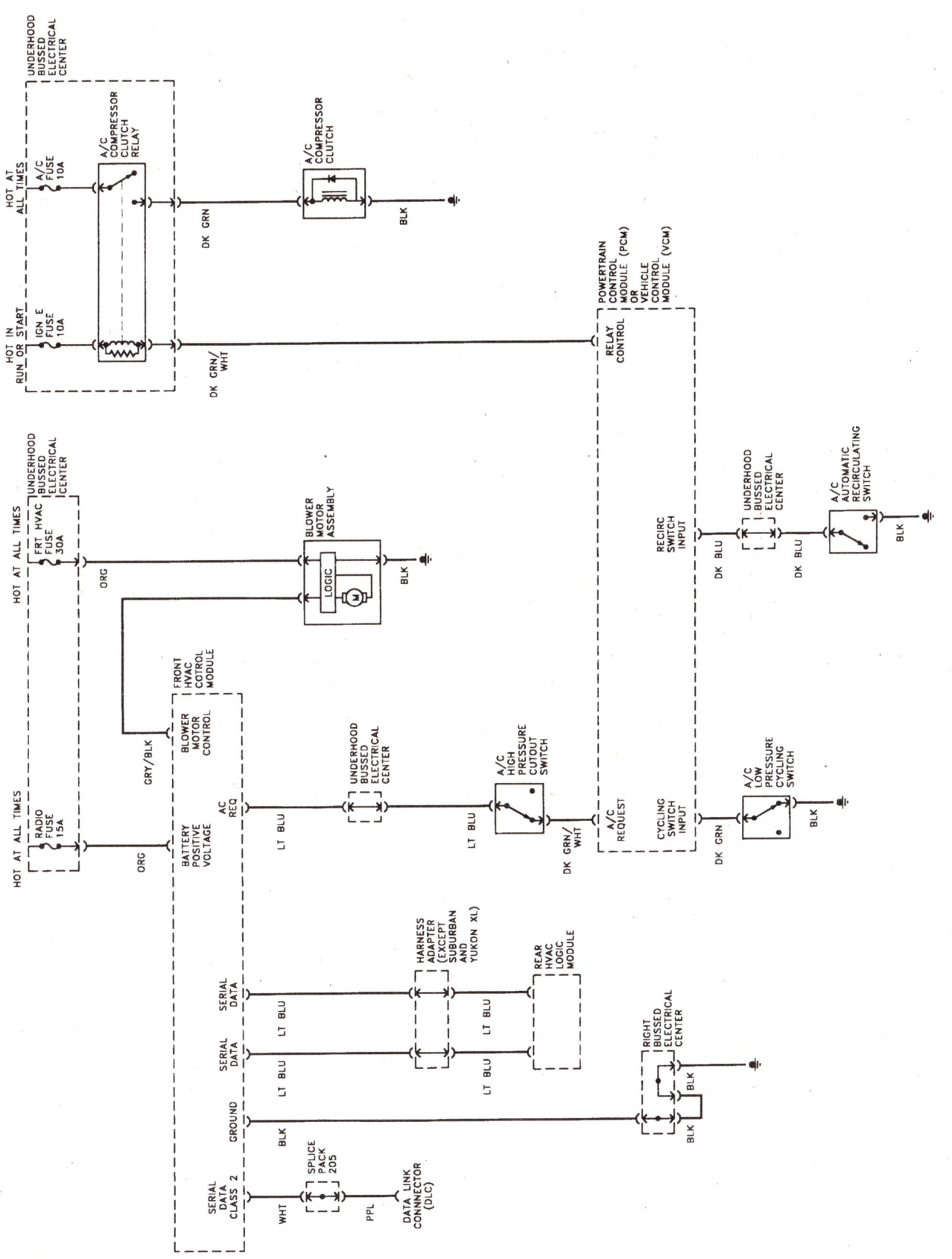

Sistema de aire acondicionado y calefacción - circuito delantero 2000 y posteriores (parte 2 de 2)

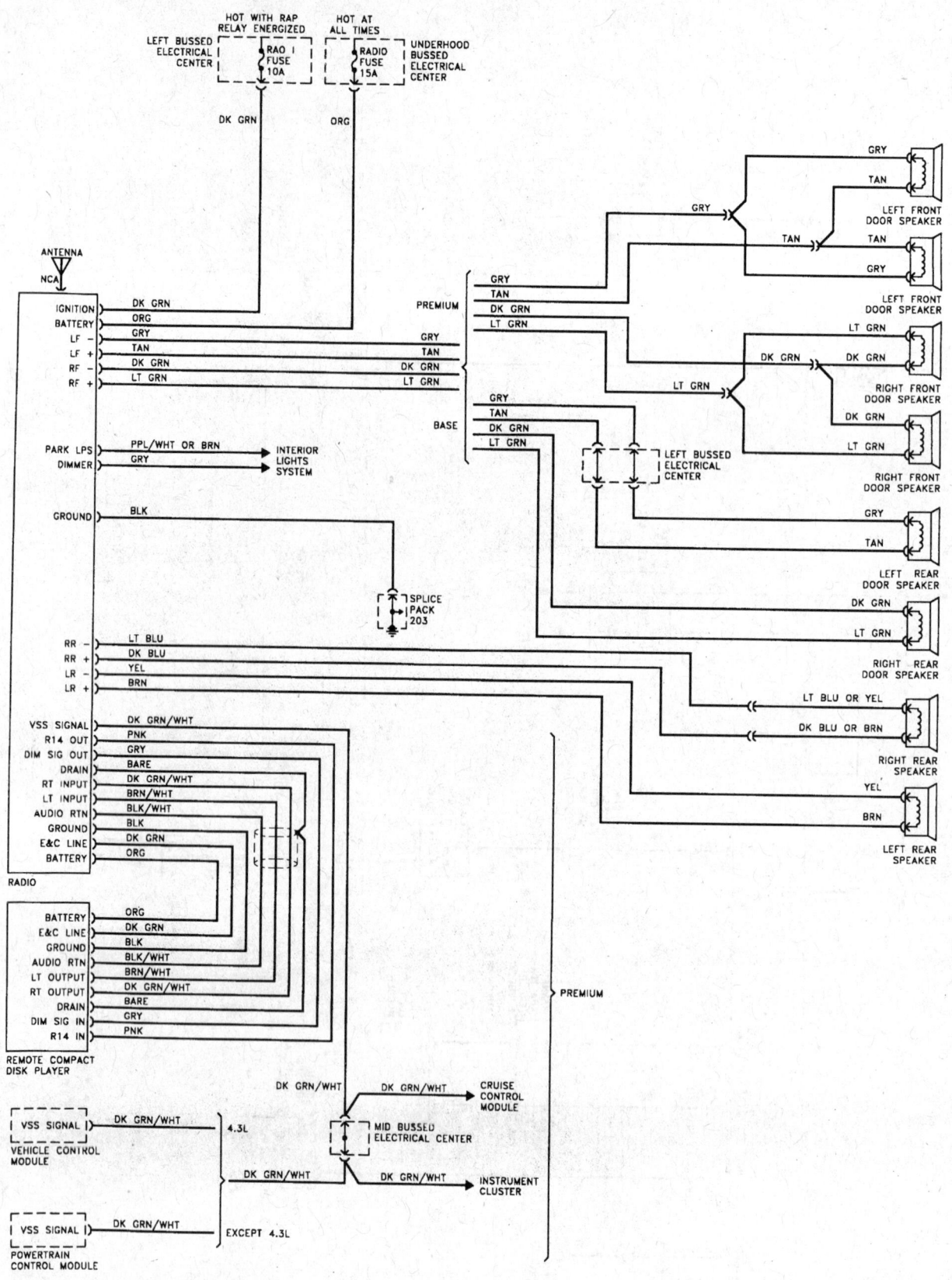

Sistema de audio - típico

Índice

A

Acumulador/compresor - desmontaje e instalación, 3-16
   condensador - desmontaje e instalación, 3-17
   secador del aire acondicionado - desmontaje e instalación, 3-16
   tubo de expansión (válvula tipo tubo) -
      desmontaje e instalación, 3-18
   y sistema de calefacción - revisión y mantenimiento, 3-13
Adorno de vinilo - mantenimiento, 11-2
Afilado de cilindros, 2C-20
Afinación y mantenimiento rutinario, 1-1 a 1-30
Alineación - información general, 10-22
Alineamiento delantero - información general, 10-21
Alojamiento del faro delantero - reemplazo, 12-10
Alternador - desmontaje e instalación, 5-9
Amortiguador - desmontaje e instalación
   delantero, 10-5
   trasero, 10-11
Amortiguador de vibración y polea - desmontaje e instalación
   motor 4.3L V6, 2A-9
   motores V8, 2B-11
Anillos de pistón - instalación, 2C-24
Antena - desmontaje e instalación, 12-8
Anticongelante - información general, 3-2
**Árbol de levas, levantaválvulas y rodamientos -
desmontaje e inspección, 2C-15**
Árbol de levas y levantaválvulas - desmontaje e instalación
   motor 4.3L V6, 2A-12
   motores V8, 2B-14
**Arranque (con cables pasacorriente) de la batería
de refuerzo, 0-16**
**Arranque y asentamiento inicial después del
reacondicionamiento, 2C-30**
Asientos - desmontaje e instalación, 11-22
Asientos servoasistidos - descripción y revisión, 12-17

B

Balanceador del cigüeñal - desmontaje e instalación
   motor 4.3L V6, 2A-9
   motores V8, 2B-11
**Balancines y varillas de empuje - desmontaje,
inspección e instalación**
   motor 4.3L V6, 2A-4
   motores V8, 2B-5
Bandeja de aceite - desmontaje e instalación
   motor 4.3L V6, 2A-13
   motores V8, 2B-15
Barra de torsión - desmontaje e instalación, 10-6
Barra estabilizadora y bujes - desmontaje e instalación
   delantero, 10-6
   trasero, 10-12
Batería
   arranque de emergencia con cables pasacorriente, 0-16
   cables - reemplazo, 5-4
   revisión, mantenimiento y carga, 1-13
   revisión y reemplazo, 5-3
Bisagras y seguros - mantenimiento, 11-6
Bomba de aceite - desmontaje, inspección e instalación
   motor 4.3L V6, 2A-14
   motores V8, 2B-16
Bomba de agua - revisión y reemplazo, 3-6
Brazo de control inferior - desmontaje e instalación, 10-9
Brazo de control superior - desmontaje e instalación, 10-8
**Brazos de suspensión (trasero) - desmontaje
e instalación, 10-13**
Bujías
   cables, tapa del distribuidor y rotor - revisión y reemplazo, 1-29
   reemplazo, 1-23

C

Cable del cambios- desmontaje, instalación y ajuste, 7B-2
Cadena de sincronización
    desmontaje, inspección e instalación, motores V8, 2B-12
    y ruedas dentadas - desmontaje e instalación,
        motor 4.3L V6, 2A-11
Caja de transferencia, 7C-1 a 7C-6
    desmontaje e instalación, 7C-4
    interruptor de control (modelos de cambio eléctrico) -
        cambio de lubricante (modelos doble tracción), 1-21
        cambio de lubricante (modelos doble tracción), 1-28
    mecanismo de cambios (modelos de cambio manual) -
        ajuste, 7C-2
    módulo de control (modelos de cambio eléctrico) -
        reemplazo, 7C-3
    motor de cambio (modelos de cambio eléctrico) -
        reemplazo, 7C-2
    palanca de cambios (modelos de cambio manual) -
        desmontaje e instalación, 7C-2
    reacondicionamiento - información general, 7C-5
    reemplazo, 7C-2
    sello de aceite - reemplazo, 7C-3
    sensores de velocidad (modelos de cambio eléctrico) -
        revisión y reemplazo, 7C-2
Caja del
    filtro de aire - desmontaje e instalación, 4-8
    reemplazo, 1-22
Cambio del filtro y el aceite del motor, 1-12
Capó
    desmontaje, instalación y ajuste, 11-6
    traba y cable de liberación - desmontaje e instalación, 11-7
Carrocería, 11-1 a 11-24
    adorno de vinilo - mantenimiento, 11-2
    asientos - desmontaje e instalación, 11-22
    bisagras y seguros - mantenimiento, 11-6
    capó - desmontaje, instalación y ajuste, 11-6
    compuerta levadiza
        paneles, cilindro de cerradura, traba y tirantes de
            apoyo (modelos SUV) - desmontaje e instalación, 11-16
        y vidrio de compuerta levadiza (modelos SUV) -
            desmontaje e instalación, 11-15
    consola central - desmontaje e instalación, 11-17
    cubierta del panel del parabrisas, desmontaje e instalación, 11-9
    cubiertas de la columna de dirección - desmontaje
        e instalación, 11-19
    defensas, desmontaje e instalación, 11-8
    espejos - desmontaje e instalación, 11-14
    guardafango delantero - desmontaje e instalación, 11-9
    mantenimiento, 11-1
    paneles de adorno del tablero de instrumentos -
        desmontaje e instalación, 11-18
    parabrisas y vidrio fijo - reemplazo, 11-6
    rejilla del radiador - desmontaje e instalación, 11-6
    relleno y pintura, 11-3
    reparación
        daños graves, 11-3
        daños menores, 11-2
    tablero de instrumentos y estructura de soporte del panel
        del parabrisas - desmontaje e instalación, 11-19

    tapicería y alfombras - mantenimiento, 11-2
    traba
        cilindro de cerradura y manijas de la puerta -
            desmontaje e instalación, 11-12
        desmontaje e instalación, 11-11
        paneles de adorno - desmontaje e instalación, 11-10
    traba
        modelos pick-up - desmontaje e instalación, 11-14
        y manija de la puerta trasera (modelos pick-up) -
            desmontaje e instalación, 11-15
    traba del capó y cable de liberación -
        desmontaje e instalación, 11-7
    vidrio de la ventana de la puerta
        desmontaje e instalación, 11-13
        regulador, desmontaje e instalación, 11-1
Cigüeñal
    desmontaje, 2C-18
    inspección, 2C-22
    instalación y juego libre de aceite para el rodamiento
        principal - revisión, 2C-25
Cilindro de la rueda - desmontaje e instalación, 9-10
Cilindro principal - desmontaje, instalación y reemplazo
    del depósito/anillo O, 9-10
Claxon - revisión y reemplazo, 12-14
Columna de dirección
    interruptores - reemplazo, 12-6
    tapas - desmontaje e instalación, 11-19
Combustible
    indicador de temperatura y de presión de aceite - revisión, 12-7
    reemplazo del filtro, 1-22
    regulador de presión - reemplazo, 4-10
    revisión del sistema, 1-19
Compuerta levadiza
    paneles, cilindro de cerradura, traba y tirantes de apoyo
        (modelos SUV) - desmontaje e instalación, 11-16
    y vidrio de compuerta levadiza (modelos SUV) -
        desmontaje e instalación, 11-15
**Conjunto de control del calefactor y aire acondicionado -
desmontaje e instalación, 3-10**
Conjunto de eje (trasero) - desmontaje e instalación, 8-13
Conjunto de rodamiento y cubo - desmontaje e instalación
    delantero, 10-10
    trasero (eje completamente flotante), 8-12
Consola central - desmontaje e instalación, 11-17
Convertidor catalítico, 6-19
Correa de transmisión- revisión, ajuste y reemplazo, 1-15
Cubierta del panel del parabrisas - desmontaje
    e instalación, 11-9
Cubo trasero, rodamiento y sello de rueda
    (eje completamente flotante) - desmontaje,
    reemplazo e instalación del rodamiento/sello, 8-12
Cuerpo del acelerador - desmontaje e instalación, 4-11
Culata de cilindros
    desarmado, 2C-11
    desmontaje e instalación
        motor 4.3L V6, 2A-8
        motores V8, 2B-10
    limpieza e inspección, 2C-12
    rearmado, 2C-14

Índice

D

Defensas, desmontaje e instalación, 11-8
Desempañador de la ventana trasera (modelos SUV) -
  revisión y reparación, 12-14
Diagnóstico de fallas, 0-22
Diagnóstico de fallas eléctricas - información general, 12-1
Diagramas de cableado - información general, 12-19
Dirección hidráulica
  bomba - desmontaje e instalación, 10-20
  revisión del nivel de líquido, 1-11
  sistema de purga, 10-21
Direccional/luces intermitentes de emergencia -
  revisión y reemplazo, 12-5
Distribuidor (modelos V6) - desmontaje e instalación, 5-8
Disyuntores - información general y revisión, 12-4
DRL (luces de día) - información general, 12-14

E

Eje balanceador (motores V6)
  instalación, 2C-26
  y rodamientos - desmontaje e inspección, 2C-16
Eje intermedio - desmontaje e instalación, 10-16
Eje propulsor
  desmontaje e instalación, 8-6
  rodamiento de soporte central - reemplazo, 8-8
  y juntas universales - información general e inspección, 8-6
Eje propulsor derecho, tubo, rodamiento y horquilla de
  cambios (modelos de doble tracción) - desmontaje,
  reemplazo de componentes e instalación, 8-20
Ejes - descripción y revisión, 8-9
Ejes impulsores (modelos de doble tracción)
  desmontaje e instalación, 8-13
  funda - reemplazo, 8-14
  información general e inspección, 8-13
Elevado y remolque, 0-17
Embrague
  cilindro principal - desmontaje e instalación, 8-2
  cilindro y rodamiento de desembrague -
    desmontaje e instalación, 8-3
  componentes, desmontaje, inspección e instalación, 8-3
  descripción y revisión, 8-2
  interruptor de arranque - revisión y reemplazo, 8-6
  sistema hidráulico - purgado, 8-3
Embrague y tren de potencia, 8-1 a 8-22
Equivalentes de fracción/decimal/milímetro, 0-20
Espejos - desmontaje e instalación, 11-14
Espejos eléctricos laterales - descripción y revisión, 12-17
Espárragos, rueda - reemplazo, 10-11
Espárragos de rueda - reemplazo, 10-11
Extremos de la barra de acoplamiento -
  desmontaje e instalación, 10-17

F

Factores de conversión, 0-19
Faros delanteros y luces de niebla - ajuste, 12-9
Foco del faro delantero - reemplazo, 12-9
Freno de estacionamiento
  ajuste, 9-14
  pedal y cables - reemplazo, 9-14
  zapatas - reemplazo, 9-15
Frenos, 9-1 a 9-16
  caliper - desmontaje e instalación, 9-6
  cambio de aceite, 1-22
  cilindro de la rueda - desmontaje e instalación, 9-10
  cilindro principal - desmontaje, instalación y reemplazo
    del depósito/anillo O, 9-10
  disco de freno - inspección, desmontaje e instalación, 9-7
  freno de estacionamiento
    ajuste, 9-14
    pedal y cables - reemplazo, 9-14
    zapatas - reemplazo, 9-15
  interruptor de la luz de freno - revisión, ajuste y reemplazo, 9-16
  líneas y mangueras - inspección y reemplazo, 9-11
  pastillas de freno de disco - reemplazo, 9-4
  recorrido del pedal - revisión, 9-14
  reforzador del freno de potencia - revisión, desmontaje e
    instalación, 9-13
  revisión del sistema, 1-19
  sistema de freno antibloqueo (ABS) - información general, 9-3
  sistema hidráulico - purgado, 9-12
  zapata, freno de tambor - reemplazo, 9-8
Funda del mecanismo de la dirección - reemplazo, 10-16
Fusibles y conexiones de fusibles - información general, 12-3

G

Grupo de instrumentos - desmontaje e instalación, 12-8
Guardafango delantero - desmontaje e instalación, 11-9

H

Herramientas, 0-11

I

Ignición
  bobina y módulo de control de la ignición (modelos V6) -
    desmontaje e instalación, 5-7
  bobinas (modelos V8) - desmontaje e instalación, 5-7
  interruptor y cilindro de cerradura - reemplazo, 12-6
  sistema
    información general, 5-5
    revisión, 5-5
Información general sobre afinación, 1-7
Inspección de la válvula de EGR
  (recirculación de gases de escape), 1-29

Inspección y reemplazo de la hoja del limpiaparabrisas, 1-13
Instalaciones de trabajo, 0-15
Interruptor de la luz de marcha atrás -
   revisión y reemplazo, 7 A-2
Interruptor de posición estacionamiento/neutral (PNP)/
   interruptor de luces de marcha atrás - revisión,
   reemplazo y ajuste, 7B-5
Introducción a Chevrolet Silverado/Camionetas GMC Sierra y
   Chevrolet Tahoe/Suburban y GMC Yukon/Yukon XL SUVs, 0-5

J

Juntas universales, reemplazo, 8-8

L

Lubricación del chasis, 1-18
Lubricante de diferencial
   cambio, 1-29
   revisión del nivel, 1-18

M

Mangueras de debajo del capó - revisión y reemplazo, 1-16
Mecanismo de cambios (modelos de cambio manual) -
   ajuste, 7C-2
Mecanismo de la dirección - desmontaje e instalación, 10-18
Módulo de control del accionador del acelerador,
   reemplazo, 6-15
Módulo y sensor de golpeteos - reemplazo, 6-13
Monturas, motor - revisión y reemplazo
   motor 4.3L V6, 2A-14
   motores V8, 2B-17
Motor de arranque
   desmontaje e instalación, 5-11
   y circuito - revisión, 5-10
Motor de cambio del eje delantero (modelos de doble tracción) -
   reemplazo, 8-19
Motor del limpiaparabrisas - revisión y reemplazo, 12-13
Motor soplador
   y circuito - revisión, 3-7
   desmontaje e instalación, 3-8
Motor V6, 2A-1 a 2A-14
   amortiguador de vibración y polea - desmontaje
      e instalación, 2A-9
   árbol de levas y levantaválvulas - desmontaje e instalación, 2A-12
   balancines y varillas de empuje - desmontaje,
      inspección e instalación, 2A-4
   bandeja de aceite - desmontaje e instalación, 2A-13
   bomba de aceite - desmontaje e instalación, 2A-14
   cadenas de sincronización y ruedas dentadas -
      desmontaje e instalación, 2A-11
   culatas de cilindros - desmontaje e instalación, 2A-8
   monturas - revisión y reemplazo, 2A-14
   múltiple de admisión - desmontaje e instalación, 2A-6
   múltiples de escape - desmontaje e instalación, 2A-7
   punto muerto superior (TDC) - ubicación, 2A-2
   reparaciones posibles con el motor en el vehículo, 2A-2

   resortes, retenedores y sellos de válvulas - reemplazo, 2A-5
   sello de aceite delantero del cigüeñal - reemplazo, 2A-10
   sello de aceite trasero principal - reemplazo, 2A-14
   tapa de válvulas - desmontaje e instalación, 2A-3
   volante del motor/plato de transmisión -
      desmontaje e instalación, 2A-14
Motores
   motor 4.3L V6, 2A-1 a 2A-14
      amortiguador de vibración y polea - desmontaje
         e instalación, 2A-9
      árbol de levas y levantaválvulas - desmontaje
         e instalación, 2A-12
      balancines y varillas de empuje - desmontaje,
         inspección e instalación, 2A-4
      bandeja de aceite - desmontaje e instalación, 2A-13
      bomba de aceite - desmontaje e instalación, 2A-14
      cadenas de sincronización y ruedas dentadas -
         desmontaje e instalación, 2A-11
      culatas de cilindros - desmontaje e instalación, 2A-8
      monturas - revisión y reemplazo, 2A-14
      múltiple de admisión - desmontaje e instalación, 2A-6
      múltiples de escape - desmontaje e instalación, 2A-7
      Punto muerto superior (TDC) - ubicación, 2A-2
      reparaciones posibles con el motor en el vehículo, 2A-2
      resortes, retenedores y sellos de válvulas - reemplazo, 2A-5
      sello de aceite delantero del cigüeñal - reemplazo, 2A-10
      sello de aceite trasero principal - reemplazo, 2A-14
      tapa de válvulas - desmontaje è instalación, 2A-3
      volante del motor/plato de transmisión - desmontaje
         e instalación, 2A-14
   motores V8, 2B-1 a 2B-18
      árbol de levas y levantaválvulas - desmontaje
         e instalación, 2B-14
      balancines y varillas de empuje - desmontaje,
         inspección e instalación, 2B-5
      bandeja de aceite - desmontaje e instalación, 2B-15
      bomba de aceite - desmontaje, inspección e instalación, 2B-16
      cadenas de sincronización - desmontaje, inspección
         e instalación, 2B-12
      cigüeñal
         balanceador - desmontaje e instalación, 2B-11
         sello de aceite delantero - desmontaje e instalación, 2B-12
      culatas de cilindros - desmontaje e instalación, 2B-10
      monturas - revisión y reemplazo, 2B-17
      múltiple de admisión - desmontaje e instalación, 2B-7
      múltiples de escape - desmontaje e instalación, 2B-9
      Punto muerto superior (TDC) para el pistón número uno -
         ubicación, 2B-3
      reparaciones posibles con el motor en el vehículo, 2B-3
      resortes, retenedores y sellos de válvulas - reemplazo, 2B-6
      sello de aceite trasero principal - reemplazo, 2B-17
      tapa de válvulas - desmontaje e instalación, 2B-4
      volante del motor/plato de transmisión - desmontaje
         e instalación, 2B-17
Motores V8, 2B-1 a 2B-18
   árbol de levas y levantaválvulas - desmontaje e instalación, 2B-14
   balanceador del cigüeñal - desmontaje e instalación, 2B-11
   balancines y varillas de empuje - desmontaje, inspección
      e instalación, 2B-5
   bandeja de aceite - desmontaje e instalación, 2B-15
   bomba de aceite - desmontaje, inspección e instalación, 2B-16

cadenas de sincronización - desmontaje, inspección
    e instalación, 2B-12
culatas de cilindros - desmontaje e instalación, 2B-10
monturas - revisión y reemplazo, 2B-17
múltiple de admisión - desmontaje e instalación, 2B-7
múltiples de escape - desmontaje e instalación, 2B-9
Punto muerto superior (TDC) para el pistón número uno -
    ubicación, 2B-3
reparaciones posibles con el motor en el vehículo, 2B-3
resortes, retenedores y sellos de válvulas - reemplazo, 2B-6
sello de aceite delantero del cigüeñal - desmontaje
    e instalación, 2B-12
sello de aceite trasero principal - reemplazo, 2B-17
tapa de válvulas - desmontaje e instalación, 2B-4
volante del motor/plato de transmisión - desmontaje
    e instalación, 2B-17

Múltiple de admisión - desmontaje e instalación
    motor 4.3L V6, 2A-6
    motores V8, 2B-7

Múltiples de escape - desmontaje e instalación
    motor 4.3L V6, 2A-7
    motores V8, 2B-9

Muñón de dirección - desmontaje e instalación, 10-11

**Procedimientos generales de reacondicionamiento
del motor, 2C-1 a 2C-30**
    alternativas de reconstrucción del motor, 2C-8
    anillos de pistón - instalación, 2C-24
    árbol de levas, levantaválvulas y rodamientos -
        desmontaje e inspección, 2C-15
    arranque y asentamiento inicial después del
        reacondicionamiento, 2C-30
    bloque
        inspección, 2C-20
        limpieza, 2C-19
    cigüeñal
        desmontaje, 2C-18
        inspección, 2C-22
        instalación y juego libre de aceite para el
            rodamiento principal - revisión, 2C-25
    culata de cilindros
        desarmado, 2C-11
        limpieza e inspección, 2C-12
        rearmado, 2C-14
    eje balanceador (motores V6)
        instalación, 2C-26
        y rodamientos - desmontaje e inspección, 2C-16
    motor - desmontaje e instalación, 2C-9
    motor - métodos y precauciones para el desmontaje, 2C-9
    pistones/bielas
        desmontaje, 2C-17
        inspección, 2C-21
        instalación y revisión del juego libre de aceite
            para el rodamiento de la biela, 2C-28
    reacondicionamiento del motor
        secuencia de desarmado, 2C-11
        secuencia de rearmado, 2C-24
    revisión de la compresión, 2C-6
    revisión de la presión de aceite, 2C-6
    rodamiento principal y de la biela - inspección, 2C-23
    sello de aceite principal trasero y caja - instalación, 2C-26
    válvulas, servicio, 2C-13
    verificaciones de diagnóstico del medidor de vacío, 2C-7

N
Núcleo del calefactor - desmontaje e instalación, 3-10
Números de identificación del vehículo, 0-6

P
Palanca de cambios
    desmontaje e instalación, (modelos de cambio manual), 7C-2
    y alojamiento - desmontaje e instalación, 7A-1
**Paneles de adorno del tablero de instrumentos -
    desmontaje e instalación, 11-18**
Parabrisas y vidrio fijo - reemplazo, 11-6
Pastillas de freno de disco - reemplazo, 9-4
PCM - desmontaje e instalación, 6-8
Piezas compradas, 0-8
Pistones/bielas
    desmontaje, 2C-17
    inspección, 2C-21
    instalación y revisión del juego libre de aceite para
        el rodamiento de la biela, 2C-28
**Portador delantero del diferencial - desmontaje
    e instalación, 8-21**
**Procedimientos generales de reacondicionamiento
del motor, 2C-1 a 2C-30**
    afilado de cilindros, 2C-20
    anillos de pistón - instalación, 2C-24
    árbol de levas, levantaválvulas y rodamientos -
        desmontaje e inspección, 2C-15
    arranque y asentamiento inicial después del
        reacondicionamiento, 2C-30
    bloque
        inspección, 2C-20
        limpieza, 2C-19
    cigüeñal
        desmontaje, 2C-18
        inspección, 2C-22
        instalación y juego libre de aceite para el rodamiento
            principal - revisión, 2C-25
    culata de cilindros
        desarmado, 2C-11
        limpieza e inspección, 2C-12
        rearmado, 2C-14
    desmontaje e instalación, 2C-9
    eje balanceador (motores V6) - instalación, 2C-26
    eje balanceador y rodamientos (motores V6) -
        desmontaje e inspección, 2C-16
    pistones/bielas
        desmontaje, 2C-17
        inspección, 2C-21
        instalación y revisión del juego libre de aceite para
            el rodamiento de la biela, 2C-28
    reacondicionamiento del motor
        secuencia de desarmado, 2C-11
        secuencia de rearmado, 2C-24
    revisión de la compresión, 2C-6
    revisión de la presión de aceite, 2C-6
    rodamiento principal y de la biela - inspección, 2C-23
    sello de aceite principal trasero y caja - instalación, 2C-26
    válvulas, servicio, 2C-13

Puerta
    cilindro de cerradura y manijas de la puerta - desmontaje e instalación, 11-12
    desmontaje e instalación, 11-11
    paneles de adorno - desmontaje e instalación, 11-10
    seguros eléctricos y sistema de entrada sin llave - descripción y revisión, 12-16

Punto muerto superior (TDC) para el pistón número uno - ubicación
    motor 4.3L V6, 2A-2
    motores V8, 2B-3

Q

Químicos y lubricantes automotrices, 0-18

R

Radiador y tanque de compensación del refrigerante - desmontaje e instalación, 3-5
Radio y bocinas - desmontaje e instalación, 12-8
Reconocimientos, 0-2
Reemplazo de focos, 12-10
Reemplazo del filtro de ventilación interior, 1-21
Reforzador del freno de potencia - revisión, desmontaje e instalación, 9-13
Rejilla del radiador - desmontaje e instalación, 11-6
Relés - información general y prueba, 12-6
Relleno y pintura, 11-3
Reparaciones posibles con el motor en el vehículo
    motor 4.3L V6, 2A-2
    motores V8, 2B-3
Resorte de hojas - desmontaje e instalación, 10-12
Resorte helicoidal - desmontaje e instalación
    delantero, 10-8
    trasero, 10-13
Resortes, retenedores y sellos de válvulas - reemplazo
    motor 4.3L V6, 2A-5
    motores V8, 2B-6
Revisión de la compresión, 2C-6
Revisión de la presión de aceite, 2C-6
Revisión de la suspensión, la dirección y la funda del eje impulsor, 1-25
Revisión de los niveles de líquidos
    aceite del motor, 1-7
    electrolito de batería, 1-19
    líquido de la dirección hidráulica, 1-11
    líquido de transmisión automática, 1-11
    líquido lavaparabrisas, 1-9
    líquidos de freno y embrague, 1-9
    refrigerante del motor, 1-8
Revisión de neumáticos y de presión de neumáticos, 1-9
Revisión del cinturón de seguridad, 1-13
Rodamiento
    del semieje (trasero, eje semiflotante) - reemplazo, 8-11
    rodamientos y sellos de aceite del semieje (delanteros, modelos de doble tracción) - reemplazo, 8-20
    sello de aceite del semieje (trasero, eje semiflotante) - reemplazo, 8-11
    trasera - desmontaje e instalación, 8-10

Rodamiento piloto - reemplazo, 8-5
Rodamiento principal y de la biela - inspección, 2C-23
    programa de mantenimiento, 1-6
    técnicas de mantenimiento, herramientas e instalaciones de trabajo, 0-8
Rotación de neumáticos, 1-17
Rótulas - revisión y reemplazo, 10-9
Ruedas y neumáticos - información general, 10-21

S

¡Seguridad primero!, 0-21
Sello de aceite de la caja de extensión (tracción en dos ruedas) - reemplazo, 7B-6
Sello de aceite del piñón - reemplazo, 8-12
Sello de aceite delantero del cigüeñal - desmontaje, reemplazo e instalación
    motor 4.3L V6, 2A-10
    motores V8, 2B-12
Sello de aceite principal trasero - reemplazo (en el vehículo)
    motor 4.3L V6, 2A-14
    motores V8, 2B-17
Sello de aceite principal trasero y caja - instalación (durante reacondicionamiento), 2C-26
Sensor de APP - reemplazo, 6-15
Sensor de CKP - reemplazo, 6-10
Sensor de CMP (posición del árbol de levas) - reemplazo, 6-11
Sensor de oxígeno - reemplazo, 6-12
Sensor de posición del acelerador (TPS) - reemplazo, 6-9
Sensor de temperatura de refrigerante del motor (ECT) - reemplazo, 6-10
Sensor de temperatura del aire de admisión (IAT) - reemplazo, 6-10
Sensor de velocidad del vehículo (VSS) - reemplazo, 6-14
Sensor MAF - reemplazo, 6-10
Sensor MAP - reemplazo, 6-9
Sistema de arranque - información general y precauciones, 5-10
Sistema de audio antirrobo, 0-16
Sistema de bolsas de aire - información general, 12-18
Sistema de cable del acelerador/ TAC (control del accionador del acelerador), 4-8
Sistema de carga
    información general y precauciones, 5-8
    revisión, 5-9
Sistema de comunicaciones de enlace de datos - descripción, 12-18
Sistema de control de emisiones por evaporación, 6-17
Sistema de control de la velocidad crucero - descripción y revisión, 12-15
Sistema de dirección
    alineación - información general, 10-22
    columna de dirección - desmontaje e instalación, 10-16
    dirección hidráulica
        bomba - desmontaje e instalación, 10-20
        sistema de purga, 10-21
    eje intermedio - desmontaje e instalación, 10-16
    extremos de la barra de acoplamiento - desmontaje e instalación, 10-17
    fundas del mecanismo de la dirección (modelos pick-up 1500 de tracción en dos ruedas) - reemplazo, 10-17

Índice

mecanismo de la dirección - desmontaje e instalación, 10-19
ruedas y neumáticos - información general, 10-21
varillaje - inspección, desmontaje e instalación, 10-18
volante - desmontaje e instalación, 10-14

Sistema de enfriamiento
revisión, 1-17
servicio, 1-24

Sistema de escape
revisión, 1-20
servicio - información general, 4-15

Sistema de freno antibloqueo (ABS) - información general, 9-3
Sistema de Inyección de aire secundario (AIR), 6-18
Sistema de las ventanas eléctricas - descripción y revisión, 12-16
Sistema de recirculación de gases de escape (EGR), 6-16
Sistema de suspensión
amortiguador - desmontaje e instalación
delantero, 10-5
trasero, 10-11
barra de torsión - desmontaje e instalación, 10-6
barra estabilizadora y bujes - desmontaje e instalación
delantero, 10-6
trasero, 10-12
brazo de control inferior - desmontaje e instalación, 10-9
brazo de control superior - desmontaje e instalación, 10-8
brazos de suspensión (trasero) - desmontaje e instalación, 10-13
conjunto de rodamiento y cubo (delantero) - desmontaje e instalación, 10-10
espárragos de rueda - reemplazo, 10-11
muñón de dirección - desmontaje e instalación, 10-11
resorte de hojas - desmontaje e instalación, 10-12
resorte helicoidal - desmontaje e instalación
delantero, 10-8
trasero, 10-13
rótulas - revisión y reemplazo, 10-9

Sistema de ventilación del cárter, 6-15
Sistema eléctrico del chasis, 5-1 a 5-12
alternador - desmontaje e instalación, 5-9
batería
arranque de emergencia con cables pasacorriente, 0-17
cables - reemplazo, 5-4
revisión y reemplazo, 5-3
bobina de ignición y módulo de control de la ignición (modelos V6) - desmontaje e instalación, 5-7
bobinas de ignición (modelos V8) - desmontaje e instalación, 5-7
distribuidor (modelos V6) - desmontaje e instalación, 5-8
motor de arranque
desmontaje e instalación, 5-11
y circuito - revisión, 5-10
sistema de arranque - información general y precauciones, 5-10
sistema de carga
información general y precauciones, 5-8
revisión, 5-9
sistema de ignición
información general, 5-5
revisión, 5-5

Sistema eléctrico del chasis, 12-1 al 12-52
alojamiento del faro delantero - reemplazo, 12-10
antena - desmontaje e instalación, 12-8
asientos servoasistidos - descripción y revisión, 12-17
claxon - revisión y reemplazo, 12-14
desempañador de la ventana trasera (modelos SUV) - revisión y reparación, 12-14
diagnóstico de fallas eléctricas - información general, 12-1
diagramas de cableado - información general, 12-19
direccional/luces intermitentes de emergencia - revisión y reemplazo, 12-5
disyuntores - información general y revisión, 12-4
DRL (luces de día) - información general, 12-14
espejos eléctricos laterales - descripción y revisión, 12-17
faros delanteros y luces de niebla - ajuste, 12-9
foco del faro delantero - reemplazo, 12-9
fusibles y conexiones de fusibles - información general, 12-3
grupo de instrumentos - desmontaje e instalación, 12-8
indicadores de combustible, indicador de temperatura y medidor de aceite - revisión, 12-7
interruptor de ignición y cilindro de cerradura - reemplazo, 12-6
interruptores de la columna de dirección - reemplazo, 12-6
interruptores del panel de instrumentos - reemplazo, 12-6
motor del limpiaparabrisas - revisión y reemplazo, 12-12
radio y bocinas - desmontaje e instalación, 12-8
reemplazo de focos, 12-10
relés - información general y prueba, 12-4
seguros eléctricos de las puertas y sistema de entrada sin llave - descripción y revisión, 12-16
sistema de bolsas de aire - información general, 12-18
sistema de comunicaciones de enlace de datos - descripción, 12-18
sistema de control de la velocidad crucero - descripción y revisión, 12-15
sistema de las ventanas eléctricas - descripción y revisión, 12-16

Sistema OBD y códigos de falla, 6-2
Sistema Park/Lock (estacionamiento/bloqueo) - descripción y reemplazo de los componentes, 7B-4
Sistemas de combustible y escape, 4-1 a 4-16
bomba/presión de combustible - revisión, 4-3
caja del filtro de aire - desmontaje e instalación, 4-8
conducto de combustible e inyectores (modelos V8) - desmontaje e instalación, 4-14
cuerpo del acelerador - desmontaje e instalación, 4-11
cuerpo del medidor de combustible e inyectores (modelos V6) - desmontaje e instalación, 4-12
líneas y conexiones - reparación y reemplazo, 4-4
módulo de la bomba de combustible - desmontaje e instalación, 4-7
procedimiento para aliviar la presión del combustible, 4-3
regulador de presión - reemplazo, 4-11
servicio del sistema de escape - información general, 4-15
sistema de cable del acelerador/TAC (control del accionador del acelerador) - reemplazo, 4-8
sistema de inyección de combustible
información general, 4-10
revisión, 4-10
tanque
desmontaje e instalación, 4-6
limpieza y reparación - información general, 4-7
unidad de envío de nivel de combustible - reemplazo, 4-8

Sistemas de enfriamiento, calefacción y aire acondicionado - 3-1 a 3-18
acumulador/compresor - desmontaje e instalación, 3-16
condensador - desmontaje e instalación, 3-17
secador del aire acondicionado - desmontaje e instalación, 3-16

tubo de expansión (válvula tipo tubo) -
desmontaje e instalación, 3-18
y sistema de calefacción - revisión y mantenimiento, 3-13
anticongelante - información general, 3-2
bomba de agua - revisión y reemplazo, 3-6
conjunto de control del calefactor y el aire acondicionado -
desmontaje e instalación, 3-10
motor soplador
desmontaje e instalación, 3-8
y circuito - revisión, 3-7
núcleo del calefactor - desmontaje e instalación, 3-10
radiador y tanque de compensación del refrigerante -
desmontaje e instalación, 3-4
termostato - revisión y reemplazo, 3-2
unidad de envío de temperatura del refrigerante -
revisión e instalación, 3-7
ventilador de enfriamiento y embrague del motor -
revisión y reemplazo, 3-4

Sistemas de suspensión y dirección, 10-1 a 10-22
Sistemas del motor y de emisiones, 6-1 a 6-20
convertidor catalítico, 6-19
módulo y sensor de golpeteos - reemplazo, 6-13
PCM - desmontaje e instalación, 6-7
sensor de CKP - reemplazo, 6-10
sensor de CMP (posición del árbol de levas) - reemplazo, 6-11
sensor de oxígeno - reemplazo, 6-12
sensor de posición del acelerador (TPS) - reemplazo, 6-8
sensor de temperatura de refrigerante del motor (ECT),
reemplazo, 6-10
sensor de temperatura del aire de admisión (IAT) -
reemplazo, 6-10
sensor de velocidad del vehículo (VSS) - reemplazo, 6-14
sensor MAF - reemplazo, 6-10
sensor MAP - reemplazo, 6-8
sistema de control de emisiones por evaporación, 6-17
sistema de Inyección de aire secundario (AIR), 6-18
sistema de recirculación de gases de escape (EGR), 6-16
sistema de ventilación del cárter, 6-15
sistema OBD y códigos de falla, 6-2
válvula IAC - reemplazo, 6-14

Sobre este manual, 0-5

T

Tablero de instrumentos
interruptores - reemplazo, 12-6
y estructura de soporte del panel del parabrisas -
desmontaje e instalación, 11-19
Tapa de válvulas - desmontaje e instalación
motor 4.3L V6, 2A-3
motores V8, 2B-4
Tapicería y alfombras - mantenimiento, 11-2
Termostato - revisión y reemplazo, 3-2
Traba
modelos pick-up - desmontaje e instalación, 11-14
y manija de la puerta trasera (modelos pick-up) -
desmontaje e instalación, 11-15

Transmisión automática, 7B-1 a 7B-10
diagnóstico - generalidades, 7B-1
sello de aceite de la caja de extensión (tracción en dos ruedas) -
reemplazo, 7B-6
cambio del líquido y filtro, 1-27
revisión del nivel de líquido, 1-11
monturas - revisión y reemplazo, 7B-7
sistema Park/Lock (estacionamiento/bloqueo) - descripción y
reemplazo de los componentes, 7B-4
interruptor de posición estacionamiento/neutral (PNP)/
interruptor de luces de marcha atrás - revisión,
reemplazo y ajuste, 7B-5
desmontaje e instalación, 7B-7
cable del cambios- desmontaje, instalación y ajuste, 7B-2
Transmisión manual, 7A-1 a 7A-4
interruptor de la luz de marcha atrás - revisión y reemplazo, 7 A-2
cambio de lubricante, 1-28
revisión del nivel de lubricante, 1-21
reacondicionamiento - información general, 7A-3
desmontaje e instalación, 7A-3
palanca de cambios y alojamiento - desmontaje
e instalación, 7A-1

U

**Unidad de envío de temperatura del refrigerante -
revisión e instalación, 3-7**

V

**Válvula de ventilación positiva del cárter (PCV)
reemplazo, 1-29**
Válvula IAC - reemplazo, 6-14
Válvulas, servicio, 2C-13
**Varillaje de la dirección - inspección, desmontaje
e instalación, 10-18**
**Ventilador de enfriamiento y embrague del motor -
revisión y reemplazo, 3-4**
Verificaciones de diagnóstico del medidor de vacío, 2C-7
Vidrio de la ventana de la puerta
desmontaje e instalación, 11-13
regulador, desmontaje e instalación, 11-14
Volante de dirección - desmontaje e instalación, 10-14
**Volante del motor y plato de transmisión -
desmontaje e instalación**
motor 4.3L V6, 2A-14
motores V8, 2B-17

Z

Zapata, freno de tambor - reemplazo, 9-8
Zapata del freno de tambor - reemplazo, 9-8

Manuales automotrices Haynes

NOTA: Si usted no puede encontrar su vehículo en esta lista, consulte con su distribuidor Haynes, para información de la producción más moderna.

ACURA
- **12020** Integra '86 thru '89 & Legend '86 thru '90
- **12021** Integra '90 thru '93 & Legend '91 thru '95
- **12050** Acura TL all models '99 thru '08

AMC
- Jeep CJ - see JEEP (50020)
- **14020** Mid-size models '70 thru '83
- **14025** (Renault) Alliance & Encore '83 thru '87

AUDI
- **15020** 4000 all models '80 thru '87
- **15025** 5000 all models '77 thru '83
- **15026** 5000 all models '84 thru '88
- **15030** Audi A4 '02 thru '08

AUSTIN-HEALEY
- Sprite - see MG Midget (66015)

BMW
- **18020** 3/5 Series '82 thru '92
- **18021** 3-Series incl. Z3 models '92 thru '98
- **18022** 3-Series, '99 thru '05, Z4 models
- **18025** 320i all 4 cyl models '75 thru '83
- **18050** 1500 thru 2002 except Turbo '59 thru '77

BUICK
- **19010** Buick Century '97 thru '05
- Century (front-wheel drive) - see GM (38005)
- **19020** Buick, Oldsmobile & Pontiac Full-size (Front-wheel drive) '85 thru '05
  Buick Electra, LeSabre and Park Avenue; Oldsmobile Delta 88 Royale, Ninety Eight and Regency; Pontiac Bonneville
- **19025** Buick, Oldsmobile & Pontiac Full-size (Rear wheel drive) '70 thru '90
  Buick Estate, Electra, LeSabre, Limited, Oldsmobile Custom Cruiser, Delta 88, Ninety-eight, Pontiac Bonneville, Catalina, Grandville, Parisienne
- **19030** Mid-size Regal & Century all rear-drive models with V6, V8 and Turbo '74 thru '87
- Regal - see GENERAL MOTORS (38010)
- Riviera - see GENERAL MOTORS (38030)
- Roadmaster - see CHEVROLET (24046)
- Skyhawk - see GENERAL MOTORS (38015)
- Skylark - see GM (38020, 38025)
- Somerset - see GENERAL MOTORS (38025)

CADILLAC
- **21030** Cadillac Rear Wheel Drive '70 thru '93
- Cimarron - see GENERAL MOTORS (38015)
- DeVille - see GM (38031 & 38032)
- Eldorado - see GM (38030 & 38031)
- Fleetwood - see GM (38031)
- Seville - see GM (38030, 38031 & 38032)

CHEVROLET
- **10305** Chevrolet Engine Overhaul Manual
- **24010** Astro & GMC Safari Mini-vans '85 thru '05
- **24015** Camaro V8 all models '70 thru '81
- **24016** Camaro all models '82 thru '92
- **24017** Camaro & Firebird '93 thru '02
- Cavalier - see GENERAL MOTORS (38016)
- Celebrity - see GENERAL MOTORS (38005)
- **24020** Chevelle, Malibu & El Camino '69 thru '87
- **24024** Chevette & Pontiac T1000 '76 thru '87
- Citation - see GENERAL MOTORS (38020)
- **24027** Colorado & GMC Canyon '04 thru '08
- **24032** Corsica/Beretta all models '87 thru '96
- **24040** Corvette all V8 models '68 thru '82
- **24041** Corvette all models '84 thru '96
- **24045** Full-size Sedans Caprice, Impala, Biscayne, Bel Air & Wagons '69 thru '90
- **24046** Impala SS & Caprice and Buick Roadmaster '91 thru '96, Impala - see LUMINA (24048)
- **24047** Impala & Monte Carlo all models '06 thru '08
- **24048** Lumina & Monte Carlo '95 thru '05
- Lumina APV - see GM (38035)
- **24050** Luv Pick-up all 2WD & 4WD '72 thru '82
- Malibu '97 thru '00 - see GM (38026)
- **24055** Monte Carlo all models '70 thru '88
- Monte Carlo '95 thru '01 - see LUMINA (24048)
- **24059** Nova all V8 models '69 thru '79
- **24060** Nova and Geo Prizm '85 thru '92
- **24064** Pick-ups '67 thru '87 - Chevrolet & GMC, all V8 & in-line 6 cyl, 2WD & 4WD '67 thru '87; Suburbans, Blazers & Jimmys '67 thru '91
- **24065** Pick-ups '88 thru '98 - Chevrolet & GMC, full-size pick-ups '88 thru '98, C/K Classic '99 & '00, Blazer & Jimmy '92 thru '94; Suburban '92 thru '99; Tahoe & Yukon '95 thru '99
- **24066** Pick-ups '99 thru '06 - Chevrolet Silverado & GMC Sierra '99 thru '06, Suburban/Tahoe/Yukon/Yukon XL/Avalanche '00 thru '06
- **24067** Chevrolet Silverado & GMC Sierra '07 thru '09
- **24070** S-10 & S-15 Pick-ups '82 thru '93, Blazer & Jimmy '83 thru '94,
- **24071** S-10 & Sonoma Pick-ups '94 thru '04, including Blazer, Jimmy & Hombre
- **24072** Chevrolet TrailBlazer, GMC Envoy & Oldsmobile Bravada '02 thru '09
- **24075** Sprint '85 thru '88 & Geo Metro '89 thru '01
- **24080** Vans - Chevrolet & GMC '68 thru '96
- **24081** Chevrolet Express & GMC Savana Full-size Vans '96 thru '07

CHRYSLER
- **10310** Chrysler Engine Overhaul Manual
- **25015** Chrysler Cirrus, Dodge Stratus, Plymouth Breeze '95 thru '00
- **25020** Full-size Front-Wheel Drive '88 thru '93
- K-Cars - see DODGE Aries (30008)
- Laser - see DODGE Daytona (30030)
- **25025** Chrysler LHS, Concorde, New Yorker, Dodge Intrepid, Eagle Vision, '93 thru '97
- **25026** Chrysler LHS, Concorde, 300M, Dodge Intrepid, '98 thru '04
- **25027** Chrysler 300, Dodge Charger & Magnum '05 thru '09
- **25030** Chrysler & Plymouth Mid-size front wheel drive '82 thru '95
- Rear-wheel Drive - see Dodge (30050)
- **25035** PT Cruiser all models '01 thru '09
- **25040** Chrysler Sebring, Dodge Avenger '95 thru '05 Dodge Stratus '01 thru 05

DATSUN
- **28005** 200SX all models '80 thru '83
- **28007** B-210 all models '73 thru '78
- **28009** 210 all models '79 thru '82
- **28012** 240Z, 260Z & 280Z Coupe '70 thru '78
- **28014** 280ZX Coupe & 2+2 '79 thru '83
- 300ZX - see NISSAN (72010)
- **28018** 510 & PL521 Pick-up '68 thru '73
- **28020** 510 all models '78 thru '81
- **28022** 620 Series Pick-up all models '73 thru '79
- 720 Series Pick-up - see NISSAN (72030)
- **28025** 810/Maxima all gasoline models, '77 thru '84

DODGE
- 400 & 600 - see CHRYSLER (25030)
- **30008** Aries & Plymouth Reliant '81 thru '89
- **30010** Caravan & Plymouth Voyager '84 thru '95
- **30011** Caravan & Plymouth Voyager '96 thru '02
- **30012** Challenger/Plymouth Saporro '78 thru '83
- **30013** Caravan, Chrysler Voyager, Town & Country '03 thru '07
- **30016** Colt & Plymouth Champ '78 thru '87
- **30020** Dakota Pick-ups all models '87 thru '96
- **30021** Durango '98 & '99, Dakota '97 thru '99
- **30022** Durango '00 thru '03 Dakota '00 thru '04
- **30023** Durango '04 thru '06, Dakota '05 and '06
- **30025** Dart, Demon, Plymouth Barracuda, Duster & Valiant 6 cyl models '67 thru '76
- **30030** Daytona & Chrysler Laser '84 thru '89
- Intrepid - see CHRYSLER (25025, 25026)
- **30034** Neon all models '95 thru '99
- **30035** Omni & Plymouth Horizon '78 thru '90
- **30036** Dodge and Plymouth Neon '00 thru'05
- **30040** Pick-ups all full-size models '74 thru '93
- **30041** Pick-ups all full-size models '94 thru '01
- **30042** Pick-ups full-size models '02 thru '08
- **30045** Ram 50/D50 Pick-ups & Raider and Plymouth Arrow Pick-ups '79 thru '93
- **30050** Dodge/Plymouth/Chrysler RWD '71 thru '89
- **30055** Shadow & Plymouth Sundance '87 thru '94
- **30060** Spirit & Plymouth Acclaim '89 thru '95
- **30065** Vans - Dodge & Plymouth '71 thru '03

EAGLE
- Talon - see MITSUBISHI (68030, 68031)
- Vision - see CHRYSLER (25025)

FIAT
- **34010** 124 Sport Coupe & Spider '68 thru '78
- **34025** X1/9 all models '74 thru '80

FORD
- **10320** Ford Engine Overhaul Manual
- **10355** Ford Automatic Transmission Overhaul
- **36004** Aerostar Mini-vans all models '86 thru '97
- **36006** Contour & Mercury Mystique '95 thru '00
- **36008** Courier Pick-up all models '72 thru '82
- **36012** Crown Victoria & Mercury Grand Marquis '88 thru '10
- **36016** Escort/Mercury Lynx all models '81 thru '90
- **36020** Escort/Mercury Tracer '91 thru '02
- **36022** Escape & Mazda Tribute '01 thru '07
- **36024** Explorer & Mazda Navajo '91 thru '01
- **36025** Explorer/Mercury Mountaineer '02 thru '10
- **36028** Fairmont & Mercury Zephyr '78 thru '83
- **36030** Festiva & Aspire '88 thru '97
- **36032** Fiesta all models '77 thru '80
- **36034** Focus all models '00 thru '07
- **36036** Ford & Mercury Full-size '75 thru '87
- **36044** Ford & Mercury Mid-size '75 thru '86
- **36048** Mustang V8 all models '64-1/2 thru '73
- **36049** Mustang II 4 cyl, V6 & V8 models '74 thru '78
- **36050** Mustang & Mercury Capri '79 thru '86
- **36051** Mustang all models '94 thru '04
- **36052** Mustang '05 thru '07
- **36054** Pick-ups & Bronco '73 thru '79
- **36058** Pick-ups & Bronco '80 thru '96
- **36059** F-150 & Expedition '97 thru '09, F-250 '97 thru '99 & Lincoln Navigator '98 thru '09
- **36060** Super Duty Pick-ups, Excursion '99 thru '10
- **36061** F-150 full-size '04 thru '09
- **36062** Pinto & Mercury Bobcat '75 thru '80
- **36066** Probe all models '89 thru '92
- **36070** Ranger/Bronco II gasoline models '83 thru '92
- **36071** Ranger '93 thru '10 & Mazda Pick-ups '94 thru '09
- **36074** Taurus & Mercury Sable '86 thru '95
- **36075** Taurus & Mercury Sable '96 thru '05
- **36078** Tempo & Mercury Topaz '84 thru '94
- **36082** Thunderbird/Mercury Cougar '83 thru '88
- **36086** Thunderbird/Mercury Cougar '89 and '97
- **36090** Vans all V8 Econoline models '69 thru '91
- **36094** Vans full size '92 thru '05
- **36097** Windstar Mini-van '95 thru '07

GENERAL MOTORS
- **10360** GM Automatic Transmission Overhaul
- **38005** Buick Century, Chevrolet Celebrity, Oldsmobile Cutlass Ciera & Pontiac 6000 all models '82 thru '96
- **38010** Buick Regal, Chevrolet Lumina, Oldsmobile Cutlass Supreme & Pontiac Grand Prix (FWD) '88 thru '07
- **38015** Buick Skyhawk, Cadillac Cimarron, Chevrolet Cavalier, Oldsmobile Firenza & Pontiac J-2000 & Sunbird '82 thru '94
- **38016** Chevrolet Cavalier & Pontiac Sunfire '95 thru '05
- **38017** Chevrolet Cobalt & Pontiac G5 '05 thru '09
- **38020** Buick Skylark, Chevrolet Citation, Olds Omega, Pontiac Phoenix '80 thru '85
- **38025** Buick Skylark & Somerset, Oldsmobile Achieva & Calais and Pontiac Grand Am all models '85 thru '98
- **38026** Chevrolet Malibu, Olds Alero & Cutlass, Pontiac Grand Am '97 thru '03
- **38027** Chevrolet Malibu '04 thru '07
- **38030** Cadillac Eldorado, Seville, Oldsmobile Toronado, Buick Riviera '71 thru '85
- **38031** Cadillac Eldorado & Seville, DeVille, Fleetwood & Olds Toronado, Buick Riviera '86 thru '93
- **38032** Cadillac DeVille '94 thru '05 & Seville '92 thru '04 Cadillac DTS '06 thru '10
- **38035** Chevrolet Lumina APV, Olds Silhouette & Pontiac Trans Sport all models '90 thru '96
- **38036** Chevrolet Venture, Olds Silhouette, Pontiac Trans Sport & Montana '97 thru '05
- General Motors Full-size Rear-wheel Drive - see BUICK (19025)
- **38040** Chevrolet Equinox '05 thru '09 Pontiac Torrent '06 thru '09

GEO
- Metro - see CHEVROLET Sprint (24075)
- Prizm - '85 thru '92 see CHEVY (24060), '93 thru '02 see TOYOTA Corolla (92036)
- **40030** Storm all models '90 thru '93
- Tracker - see SUZUKI Samurai (90010)

GMC
- Vans & Pick-ups - see CHEVROLET

HONDA
- **42010** Accord CVCC all models '76 thru '83
- **42011** Accord all models '84 thru '89
- **42012** Accord all models '90 thru '93

(Continuación)

Haynes North America, Inc., 861 Lawrence Drive, Newbury Park, CA 91320-1514 • (805) 498-6703 • http://www.haynes.com

Manuales automotrices Haynes (continuacíon)

NOTA: Si usted no puede encontrar su vehículo en esta lista, consulte con su distribuidor Haynes, para información de la producción más moderna.

42013 Accord all models '94 thru '97
42014 Accord all models '98 thru '02
42015 Accord models '03 thru '07
42020 Civic 1200 all models '73 thru '79
42021 Civic 1300 & 1500 CVCC '80 thru '83
42022 Civic 1500 CVCC all models '75 thru '79
42023 Civic all models '84 thru '91
42024 Civic & del Sol '92 thru '95
42025 Civic '96 thru '00, **CR-V** '97 thru '01, **Acura Integra** '94 thru '00
42026 Civic '01 thru '10, **CR-V** '02 thru '09
42035 Odyssey all models '99 thru '04
42037 Honda Pilot '03 thru '07, **Acura MDX** '01 thru '07
42040 Prelude CVCC all models '79 thru '89

HYUNDAI
43010 Elantra all models '96 thru '06
43015 Excel & Accent all models '86 thru '09
43050 Santa Fe all models '01 thru '06
43055 Sonata all models '99 thru '08

ISUZU
Hombre - see CHEVROLET S-10 (24071)
47017 Rodeo, Amigo & Honda Passport '89 thru '02
47020 Trooper & Pick-up '81 thru '93

JAGUAR
49010 XJ6 all 6 cyl models '68 thru '86
49011 XJ6 all models '88 thru '94
49015 XJ12 & XJS all 12 cyl models '72 thru '85

JEEP
50010 Cherokee, Comanche & Wagoneer Limited all models '84 thru '01
50020 CJ all models '49 thru '86
50025 Grand Cherokee all models '93 thru '04
50026 Grand Cherokee '05 thru '09
50029 Grand Wagoneer & Pick-up '72 thru '91 Grand Wagoneer '84 thru '91, Cherokee & Wagoneer '72 thru '83, Pick-up '72 thru '88
50030 Wrangler all models '87 thru '08
50035 Liberty '02 thru '07

KIA
54070 Sephia '94 thru '01, **Spectra** '00 thru '09

LEXUS
ES 300 - see TOYOTA Camry (92007)

LINCOLN
Navigator - see FORD Pick-up (36059)
59010 Rear-Wheel Drive all models '70 thru '10

MAZDA
61010 GLC Hatchback (rear-wheel drive) '77 thru '83
61011 GLC (front-wheel drive) '81 thru '85
61015 323 & Protegé '90 thru '00
61016 MX-5 Miata '90 thru '09
61020 MPV all models '89 thru '98
Navajo - see Ford Explorer (36024)
61030 Pick-ups '72 thru '93
Pick-ups '94 thru '00 - see Ford Ranger (36071)
61035 RX-7 all models '79 thru '85
61036 RX-7 all models '86 thru '91
61040 626 (rear-wheel drive) all models '79 thru '82
61041 626/MX-6 (front-wheel drive) '83 thru '92
61042 626, MX-6/Ford Probe '93 thru '01

MERCEDES-BENZ
63012 123 Series Diesel '76 thru '85
63015 190 Series four-cyl gas models, '84 thru '88
63020 230/250/280 6 cyl sohc models '68 thru '72
63025 280 123 Series gasoline models '77 thru '81
63030 350 & 450 all models '71 thru '80
63040 C-Class: C230/C240/C280/C320/C350 '01 thru '07

MERCURY
64200 Villager & Nissan Quest '93 thru '01
All other titles, see FORD Listing.

MG
66010 MGB Roadster & GT Coupe '62 thru '80
66015 MG Midget, Austin Healey Sprite '58 thru '80

MITSUBISHI
68020 Cordia, Tredia, Galant, Precis & Mirage '83 thru '93
68030 Eclipse, Eagle Talon & Ply. Laser '90 thru '94
68031 Eclipse '95 thru '05, **Eagle Talon** '95 thru '98
68035 Galant '94 thru '03
68040 Pick-up '83 thru '96 & **Montero** '83 thru '93

NISSAN
72010 300ZX all models including Turbo '84 thru '89
72011 350Z & Infiniti G35 all models '03 thru '08
72015 Altima all models '93 thru '06
72020 Maxima all models '85 thru '92
72021 Maxima all models '93 thru '04
72030 Pick-ups '80 thru '97 **Pathfinder** '87 thru '95
72031 Frontier Pick-up, Xterra, Pathfinder '96 thru '04
72032 Frontier & Xterra '05 thru '08
72040 Pulsar all models '83 thru '86
Quest - see MERCURY Villager (64200)
72050 Sentra all models '82 thru '94
72051 Sentra & 200SX all models '95 thru '06
72060 Stanza all models '82 thru '90
72070 Titan pick-ups '04 thru '09
Armada '05 thru '10

OLDSMOBILE
73015 Cutlass V6 & V8 gas models '74 thru '88
For other OLDSMOBILE titles, see BUICK, CHEVROLET or GENERAL MOTORS listing.

PLYMOUTH
For PLYMOUTH titles, see DODGE listing.

PONTIAC
79008 Fiero all models '84 thru '88
79018 Firebird V8 models except Turbo '70 thru '81
79019 Firebird all models '82 thru '92
79025 G6 all models '05 thru '09
79040 Mid-size Rear-wheel Drive '70 thru '87
For other PONTIAC titles, see BUICK, CHEVROLET or GENERAL MOTORS listing.

PORSCHE
80020 911 except Turbo & Carrera 4 '65 thru '89
80025 914 all 4 cyl models '69 thru '76
80030 924 all models including Turbo '76 thru '82
80035 944 all models including Turbo '83 thru '89

RENAULT
Alliance & Encore - see AMC (14020)

SAAB
84010 900 all models including Turbo '79 thru '88

SATURN
87010 Saturn all S-series models '91 thru '02
87011 Saturn Ion '03 thru '07
87020 Saturn all L-series models '00 thru '04
87040 Saturn VUE '02 thru '07

SUBARU
89002 1100, 1300, 1400 & 1600 '71 thru '79
89003 1600 & 1800 2WD & 4WD '80 thru '94
89100 Legacy all models '90 thru '99
89101 Legacy & Forester '00 thru '06

SUZUKI
90010 Samurai/Sidekick & Geo Tracker '86 thru '01

TOYOTA
92005 Camry all models '83 thru '91
92006 Camry all models '92 thru '96
92007 Camry, Avalon, Solara, Lexus ES 300 '97 thru '01
92008 Toyota Camry, Avalon and Solara and Lexus ES 300/330 all models '02 thru '06
92015 Celica Rear Wheel Drive '71 thru '85
92020 Celica Front Wheel Drive '86 thru '99
92025 Celica Supra all models '79 thru '92
92030 Corolla all models '75 thru '79
92032 Corolla all rear wheel drive models '80 thru '87
92035 Corolla all front wheel drive models '84 thru '92
92036 Corolla & Geo Prizm '93 thru '02
92037 Corolla models '03 thru '08
92040 Corolla Tercel all models '80 thru '82
92045 Corona all models '74 thru '82
92050 Cressida all models '78 thru '82
92055 Land Cruiser FJ40, 43, 45, 55 '68 thru '82
92056 Land Cruiser FJ60, 62, 80, FZJ80 '80 thru '96
92060 Matrix & Pontiac Vibe '03 thru '08
92065 MR2 all models '85 thru '87
92070 Pick-up all models '69 thru '78
92075 Pick-up all models '79 thru '95
92076 Tacoma, 4Runner, & T100 '93 thru '04
92077 Tacoma all models '05 thru '09
92078 Tundra '00 thru '06 & **Sequoia** '01 thru '07
92079 4Runner all models '03 thru '09
92080 Previa all models '91 thru '95
92081 Prius all models '01 thru '08
92082 RAV4 all models '96 thru '05

92085 Tercel all models '87 thru '94
92090 Sienna all models '98 thru '09
92095 Highlander & Lexus RX-330 '99 thru '06

TRIUMPH
94007 Spitfire all models '62 thru '81
94010 TR7 all models '75 thru '81

VW
96008 Beetle & Karmann Ghia '54 thru '79
96009 New Beetle '98 thru '05
96016 Rabbit, Jetta, Scirocco & Pick-up gas models '75 thru '92 & Convertible '80 thru '92
96017 Golf, GTI & Jetta '93 thru '98 & **Cabrio** '95 thru '02
96018 Golf, GTI, Jetta '99 thru '05
96020 Rabbit, Jetta & Pick-up diesel '77 thru '84
96023 Passat '98 thru '05, **Audi A4** '96 thru '01
96030 Transporter 1600 all models '68 thru '79
96035 Transporter 1700, 1800 & 2000 '72 thru '79
96040 Type 3 1500 & 1600 all models '63 thru '73
96045 Vanagon all air-cooled models '80 thru '83

VOLVO
97010 120, 130 Series & 1800 Sports '61 thru '73
97015 140 Series all models '66 thru '74
97020 240 Series all models '76 thru '93
97040 740 & 760 Series all models '82 thru '88
97050 850 Series all models '93 thru '97

TECHBOOK MANUALS
10205 Automotive Computer Codes
10206 OBD-II & Electronic Engine Management
10210 Automotive Emissions Control Manual
10215 Fuel Injection Manual, 1978 thru 1985
10220 Fuel Injection Manual, 1986 thru 1999
10225 Holley Carburetor Manual
10230 Rochester Carburetor Manual
10240 Weber/Zenith/Stromberg/SU Carburetors
10305 Chevrolet Engine Overhaul Manual
10310 Chrysler Engine Overhaul Manual
10320 Ford Engine Overhaul Manual
10330 GM and Ford Diesel Engine Repair Manual
10333 Engine Performance Manual
10340 Small Engine Repair Manual, 5 HP & Less
10341 Small Engine Repair Manual, 5.5 - 20 HP
10345 Suspension, Steering & Driveline Manual
10355 Ford Automatic Transmission Overhaul
10360 GM Automatic Transmission Overhaul
10405 Automotive Body Repair & Painting
10410 Automotive Brake Manual
10411 Automotive Anti-lock Brake (ABS) Systems
10415 Automotive Detaiing Manual
10420 Automotive Electrical Manual
10425 Automotive Heating & Air Conditioning
10430 Automotive Reference Manual & Dictionary
10435 Automotive Tools Manual
10440 Used Car Buying Guide
10445 Welding Manual
10450 ATV Basics
10452 Scooters 50cc to 250cc

SPANISH MANUALS
98903 Reparación de Carrocería & Pintura
98904 Carburadores para los modelos Holley & Rochester
98905 Códigos Automotrices de la Computadora
98910 Frenos Automotriz
98913 Electricidad Automotriz
98915 Inyección de Combustible 1986 al 1999
99040 Chevrolet & GMC Camionetas '67 al '87
99041 Chevrolet & GMC Camionetas '88 al '98
99042 Chevrolet & GMC Camionetas Cerradas '68 al '95
99043 Chevrolet/GMC Camionetas '94 al '04
99055 Dodge Caravan & Plymouth Voyager '84 al '95
99075 Ford Camionetas & Bronco '80 al '94
99077 Ford Camionetas Cerradas '69 al '91
99088 Ford Modelos de Tamaño Mediano '75 al '86
99091 Ford Taurus & Mercury Sable '86 al '95
99095 GM Modelos de Tamaño Grande '70 al '90
99100 GM Modelos de Tamaño Mediano '70 al '88
99106 Jeep Cherokee, Wagoneer & Comanche '84 al '00
99110 Nissan Camioneta '80 al '96, **Pathfinder** '87 al '95
99118 Nissan Sentra '82 al '94
99125 Toyota Camionetas y 4Runner '79 al '95

Sobre 100 manuales de motocicletas también están incluidos

8-10

Haynes North America, Inc., 861 Lawrence Drive, Newbury Park, CA 91320-1514 • (805) 498-6703 • http://www.haynes.com